Die sechsjährige Grundschule
Geschichtliche Entwicklung und gegenwärtige Gestalt aus pädagogischer und politischer Perspektive

STUDIEN ZUR BILDUNGSREFORM
Herausgegeben von Wolfgang Keim
Universität – Gesamthochschule – Paderborn

BAND 27

PETER LANG
Frankfurt am Main · Berlin · Bern · New York · Paris · Wien

Jochen Riege

Die sechsjährige Grundschule

Geschichtliche Entwicklung und
gegenwärtige Gestalt aus pädagogischer
und politischer Perspektive

PETER LANG
Europäischer Verlag der Wissenschaften

Die Deutsche Bibliothek - CIP-Einheitsaufnahme

Riege, Jochen:

Die sechsjährige Grundschule : geschichtliche Entwicklung und
gegenwärtige Gestalt aus pädagogischer und politischer
Perspektive / Jochen Riege. - Frankfurt am Main ; Berlin ;
Bern ; New York ; Paris ; Wien : Lang, 1995
     (Studien zur Bildungsreform ; Bd. 27)
     Zugl.: Marburg, Univ., Diss., 1995
     ISBN 3-631-48771-1

NE: GT

Dissertation an der Philipps-Universität Marburg

D 4
ISSN 0721-4154
ISBN 3-631-48771-1
© Peter Lang GmbH
Europäischer Verlag der Wissenschaften
Frankfurt am Main 1995
Alle Rechte vorbehalten.

Printed in Germany 1 2 3 4 6 7

Vorwort des Herausgebers

Zweihundert Jahre nach den großen Plädoyers der französischen Revolutionszeit für eine einheitliche allgemeine Schule ist die bildungspolitische wie pädagogische Debatte über die Organisation des öffentlichen Schulwesens noch lange nicht am Ende, werden vor allem entsprechende schulpolitische Entscheidungen nach wie vor hart umkämpft. Dies zeigt nicht nur das Beispiel der Gesamtschule, sondern ebenso die fortwährende Diskussion über die Dauer der Grundschule. Sie ist in der überwiegenden Mehrzahl der Bundesländer nach wie vor auf vier Jahre begrenzt, obwohl eine Vielzahl von pädagogischen Argumenten für ihre Ausdehnung auf mindestens sechs Jahre spricht und die jahrzehntelangen Erfahrungen mit einer verlängerten Grundschulzeit eindeutig sind. Angesichts der ungebrochenen Aktualität und zugleich weitreichenden Bedeutung dieser Frage verdient vorliegende, von Wolfgang Klafki in Marburg angeregte und betreute Untersuchung von Jochen Riege über die sechsjährige Grundschule besondere Beachtung. Sie kann als die z.Zt. umfassendste und zugleich differenzierteste Untersuchung zu diesem Fragenkomplex gelten, und zwar nicht nur aufgrund ihrer Materialfülle, sondern ebenso aufgrund ihrer Verbindung von historisch-systematischer Analyse mit empirischer Befragung und eigener Unterrichtsbeobachtung.

Zunächst einmal gelingt es dem Verfasser auf der Grundlage einer breiten Quellenbasis sowie einer Auswertung schulgeschichtlicher Forschungsarbeiten, die historisch-gesellschaftliche Genese der Problematik zu rekonstruieren. Die Schwerpunkte der Darstellung liegen auf der Zeit nach dem Ersten Weltkrieg, also der Entstehungsphase der einheitlichen Grundschule, und der Besatzungszeit nach 1945, als die entscheidenden Weichenstellungen für die bundesrepublikanische Schulstruktur erfolgt sind. Dabei berücksichtigt der Verfasser für den gesamten Zeitraum seit der Französischen Revolution die gesellschaftlich-politischen Rahmenbedingungen und analysiert ihren Einfluß auf die schulpolitische Diskussion. Ebenso verortet er die schulpolitisch relevanten Akteure im politisch-sozialen Spektrum und arbeitet sorgfältig die schulpolitisch-pädagogischen Argumentationsmuster der gesellschaftlichen Interessengruppen und ihrer Repräsentanten heraus. Als durchgängiger Grundzug zeigt sich eine erstaunliche Kontinuität gesellschaftlicher Interessenkonstellationen und politisch-pädagogischer Argumentationsmuster, deren Kenntnis für eine Einschätzung aktueller Debatten zu Fragen der Schulorganisation unverzichtbar sind.

Besonders hilfreich ist die gründliche Analyse des Verfassers zu den Auseinandersetzungen um die einheitliche sechsjährige Grundschule in Berlin, die bekanntlich ein Relikt der im Berliner Schulgesetz von 1947 verankerten achtjährigen Einheitsschule darstellt und viele Jahre lang besonders hart umkämpft war. Riege belegt, wie es den progressiven schulpolitischen Gruppierungen in Berlin, insbesondere der SPD und der GEW, im Verlaufe der Nachkriegsjahrzehnte - gegen starken Widerstand konservativer Kräfte - gelungen ist, die sechsjährige Grundschule allmählich im Bewußtsein von Lehrer- wie Elternschaft zu verankern, wobei empirische Forschung eine wichtige unterstützende Funktion übernommen hat. Diese Tendenz bestätigt eine Umfrage des Verfassers vom Dezember/Februar 1990/91 unter den 250 Leitern und Leiterinnen ehemals Westberliner Grundschulen nachdrücklich; nur ca. 4% von ihnen votieren für die Reduzierung der Grundschule auf vier Jahre; eine Mehrheit von über 85% dagegen sieht die besonderen Möglichkeiten einer verlängerten Grundschulzeit gerade für die Förderung von Kindern mit *unterschiedlicher* Leistungsfähigkeit und für wechselseitige Anregungen von Kindern mit *unterschiedlichen* Voraussetzungen und Interessen. Ebenso plädiert eine große Mehrheit nach wie vor für den Verzicht auf äußere Differenzierung und engagiert sich statt dessen für binnendifferenzierende Maßnahmen, die sich an diesen Schulen offensichtlich bewährt haben.

Die positiven Ergebnisse nahezu fünfzigjähriger praktischer Erfahrungen mit einer sechsjährigen Grundschule in Berlin werden aufgrund der Beobachtungen des Verfassers an einem hessischen Schulversuch voll bestätigt, so daß sich nach Abschluß der Lektüre den Leser(inne)n die Frage stellen mag, warum man nicht schon längst die sechsjährige Grundschule im gesamten Bundesgebiet eingeführt hat. Die Arbeit macht deutlich, daß bildungspolitische Entscheidungen hier wie anderswo seit mehr als 200 Jahren eben nicht in erster Linie pädagogischen Erkenntnissen oder dem Wohl von Kindern folgen, sondern vor allem gesellschaftlichen Interessen; sie dienen nicht zuletzt dem Erhalt von Macht und Privilegien. Will man daran etwas ändern, muß man über den Bereich von Schule hinaus andere politische Mehrheiten finden.

Paderborn, Juli 1995   Wolfgang Keim

V

VII

Kapitel 4: Die sechsjährige Grundschule in West-Berlin von der Diskussion des Rahmenplans (1959) über die schulpolitischen Auseinandersetzungen der Reformphase (1968 - 1974) bis heute

VIII

Kapitel 5: Der hessische Modellversuch "Sechsjährige Grundschule" der Otto-Ubbelohde-Schule Marburg: Verbindung von äußerer und innerer Reform - und die Perspektive für die Entwicklung sechsjähriger Grundschulen in der Bundesrepublik

1

Einleitung: Aufbau, Bedeutung, Fragestellung und Forschungsgrundlage dieser Arbeit

Hinter den in dieser Arbeit behandelten Auseinandersetzungen um die Dauer der Grundschule steht die Frage, ob Kinder bzw. Jugendliche besser gemeinsam oder nach bestimmten Kriterien getrennt unterrichtet werden sollten. Werden sie - wie heute üblich - zunächst gemeinsam, später getrennt unterrichtet, gilt es zu entscheiden, in welchem Alter die Trennung einsetzt und auf welche Weise der Unterricht differenziert wird.

Dieser Problemkreis beschäftigte Bildungspolitiker und -politikerinnen sowie die Erziehungswissenschaftlerinnen und -wissenschaftler in Deutschland in unterschiedlichen gesellschaftlichen Situationen und Intensitäten seit mindestens 200 Jahren. Dabei wurde die Debatte vor 1918 primär unter dem Titel "Einheitsschule" geführt. Erst als sich zu Beginn dieses Jahrhunderts die Einrichtung der für alle Kinder gemeinsamen Grundschule abzeichnete, wurde um die Frage der "Grundschuldauer" gestritten. Obwohl die heftigsten Debatten in den Zeiten nach dem Ersten und Zweiten Weltkrieg stattfanden und heute im alten Bundesgebiet die vierjährige Grundschule etabliert scheint, ist dieses Problem keineswegs historisch abgeschlossen: In West-Berlin dauert die Grundschule seit mehr als 40 Jahren sechs Jahre, Ost-Berlin und Brandenburg übernahmen im Zuge der Eingliederung der ehemaligen DDR das West-Berliner Modell. In Hessen existiert ein Schulversuch "Sechsjährige Grundschule", und hier wie in Bremen gibt es aktuelle Diskussionen um die Einrichtungen weiterer Schulversuche mit verlängerter Grundschuldauer. Daher widmet sich diese Arbeit auch ausführlich den neueren Auseinandersetzungen um die sechsjährige Grundschule und ihrer Perspektive.[1]

Insgesamt wird in dieser Arbeit versucht, **vier Leitfragen** zu beantworten:
(1) Welche politisch-administrativen, ökonomischen und soziokulturellen Faktoren beeinflußten in den jeweiligen historischen Situationen die Debatten um die Grundschuldauer auf welche Weise?
(2) Welche Akteure traten in den Auseinandersetzungen mit welcher Relevanz und Strategie und in welchen Bündnissen auf?
(3) Welche Argumente wurden von den jeweiligen Akteuren zu welchen Zeiten benutzt?
(4) Wie sah und sieht die pädagogische Praxis der sechsjährigen Grundschule bzw. ähnlicher Reformmodelle aus und wie wird sie von den beteiligten Personen eingeschätzt?

Um den zeitbedingten Kontext zu berücksichtigen, bin ich um eine weitgehend chronologische Darstellung bemüht und durchbreche dieses Prinzip nur vereinzelt, wenn zeitübergreifende Sachzusammenhänge oder regionale Entwicklungen zu analysieren sind.

---

[1] Abschlußdatum ist der 1.7.1994. Nachfolgende Geschehnisse konnten nicht mehr berücksichtigt werden.

Auch wenn diese Arbeit den **Zeitraum** von etwa 200 Jahren bildungspolitischer und pädagogischer Kontroversen umfaßt, werden für die Zeit von der **Französischen Revolution bis zum Ersten Weltkrieg (Kapitel 1)** keine neuen historischen Forschungsergebnisse erarbeitet, da erst mit Einführung der Grundschule nach dem Ersten Weltkrieg die sechsjährige Primarschule eine Realisierungschance besaß. Vielmehr übernimmt dies Kapitel zwei andere Funktionen: Zum einen wird auf Grundlage der historischen Entwicklung und der kontroversen Akteure und Argumente in Abschnitt 1.6. versucht, ein **Strukturmodell** zu erarbeiten, das Rückbezüge erleichtert und den Zusammenhang von Fragen des Schulaufbaus und gesellschaftlicher Entwicklung aufzeigt. Zum anderen möchte ich mit diesem Kapitel die historische Ausgangslage meines Themas klären; denn die durch verschiedene politische Konflikte, ökonomische und demographische Veränderungen, ideengeschichtliche Grundlagen und Einheitsschulforderungen geprägten Blockbildungen des 19. Jahrhunderts bestimmten wesentlich die Auseinandersetzungen um die sechsjährige Grundschule in der Weimarer Republik und der Bundesrepublik Deutschland bis heute.[2]

Kapitel 2 schließt daran mit einer näheren Untersuchung der Zeit an, in der die sechsjährige Grundschule das erstemal in Deutschland Realisierungschancen hatte, nämlich bei der Einführung der allgemeinen Grundschule zu Beginn der **Weimarer Republik** 1919/20. Nachdem die **politischen Auseinandersetzungen** und alle potentiell einflußreichen Kräfte betrachtet werden,[3] gehe ich ausführlich auf die **Argumentationsstränge der Verbandsvertreter und Erziehungswissenschaftler** ein. Anschließend zeige ich anhand der **reformpädagogischen Praxisversuche** der damaligen Lebensgemeinschaftsschulen, welche - bis heute relevanten - Momente der pädagogischen Ausgestaltung schon damals erprobt wurden, um Schulen mit verlängertem gemeinsamem Lernen zu ermöglichen. Den Schluß dieses Kapitels bildet die kurze Analyse der Kontroversen um die **mögliche Verkürzung der Grundschuldauer auf drei Jahre** Mitte der 20er Jahre und die Politik der **nationalsozialistischen** Indoktrination und Elitenbildung bei Beibehaltung der Grundschuldauer in den 30er Jahren.

Die Bedingungen für die Diskussionen um die Grundschuldauer zu **Anfang der Bundesrepublik**, die schulpolitischen Vorstellungen der verschiedenen Gruppen und der Auseinandersetzungsprozeß in den Ländern nach 1945 werden im **Kapitel 3** reflektiert. Es erweist sich als unmöglich, für die Kontroversen repräsentative Länder auszuwählen, da sich die Konflikte um die Grundschuldauer in fast allen Ländern unterschieden. Bei der mehr oder weniger intensiven Behandlung des Prozesses der Auseinandersetzung in den Ländern werden jedoch gleiche Kategorien von Einflußfaktoren betrachtet.

---

[2] Entsprechende Zusammenhänge und historische Vorbedingungen sind im Kontext der Elementar- und Mittelschulentwicklung des 18. und 19. Jahrhunderts noch sehr viel gründlicher von Leschinsky und Roeder erarbeitet worden. Leschinsky, Achim und Roeder, Peter Martin: Schule im historischen Prozeß: zum Wechselverhältnis von institutioneller Erziehung und gesellschaftlicher Politik, Frankfurt a.M., Berlin, Wien 1983

[3] Auch versäumte Einwirkungschancen haben eine politische Bedeutung.

Im **Kapitel 4** untersuche ich die sechsjährige Grundschule in **West-Berlin** von der Diskussion des Rahmenplans (1959) über die schulpolitischen Auseinandersetzungen der Reformphase (1968 - 1974) bis heute. Ergänzt werden diese Abschnitte durch die Analyse von Einschätzungen der West-Berliner sechsjährigen Grundschule, die mir über 100 **Grundschulleitungen**, mehrere **Grundschulexpertinnen und -experten** und viele **Verbandsvertreterinnen und -vertreter** zusandten.

Im vierten umfangreichen Teil meiner Arbeit, dem **Kapitel 5**, geht es um die politische Durchsetzung, die Initiierung, das pädagogische Konzept und die Praxis des einzigen **Schulversuchs "Sechsjährige Grundschule"** in Hessen: der Otto-Ubbelohde-Schule Marburg. Auch dieses Kapitel wird durch Stellungnahmen von beteiligten Gruppen bereichert. Abgerundet wird es zudem durch eine Einschätzung der **aktuellen Erfolge, Probleme und Perspektiven** des Schulversuchs aus Sicht des Verfassers und durch einen Blick auf die **Chancen für weitere ähnliche Schulversuche in Hessen und anderen Bundesländern.** Um eine verständliche zeitübergreifende Zusammenfassung besonderer Art bemühe ich mich im Schluß-**Kapitel 6**. Hier werden **in Form eines fiktiven Interviews** die m.E. wichtigsten Fragen zu den Ergebnissen meiner Arbeit in vereinfachender Weise beantwortet.

Wie schon anhand des Titels und des geschilderten Aufbaus dieser Arbeit erkennbar, werden **sowohl die pädagogische als auch die politische Dimension** der Auseinandersetzungen um die Grundschuldauer berücksichtigt. Sicher ist es unbestritten, daß das Problem, in welcher Schulform Zehn- bis Zwölfjährige unterrichtet werden, eine pädagogische Frage ist. Erziehungswissenschaftliche Forschung muß - z.T. im Verbund mit der Psychologie - klären, ob gemeinsamer Unterricht mit den inzwischen entwickelten Methoden Kinder in diesem Alter kognitiv, emotional und sozial eher fördert oder hemmt.

Daher liegt die Forderung nahe, die Frage der Grundschuldauer dürfe nur von Pädagogen und nicht von Bildungspolitikern, Eltern und Verbänden entschieden werden. Einerseits ist es sicher sinnvoll, bei den zu treffenden Entscheidungen den Ergebnissen der Erziehungswissenschaften ein großes Gewicht beizumessen. Andererseits geht diese Forderung an der Tatsache vorbei, daß die Dauer des gemeinsamen Unterrichts und mit ihr die gesamte Gestaltung des Schulwesens sowohl soziale Einstellungen und Positionen als auch gesellschaftlich nutzbare Leistungsfähigkeit beeinflussen kann und daher eine nicht zu leugnende politische Dimension hat. Wie in dieser Arbeit näher belegt wird, bewirkt die nicht zuletzt durch Bildung vermittelte Zuweisung zu sozialen Stellungen, daß verschiedene Gesellschaftsgruppen unterschiedliche Interessen an Fragen der Schulorganisation haben. Solche unterschiedlichen Interessen oder auch unterschiedliche gesellschaftliche Zielvorstellungen prägen die Debatte um die Grundschuldauer. Wer eine Gesellschaft zum Ziel hat, in der die Gemeinschaftsorientierung und Solidarität betont und soziale Unterschiede abgebaut werden sollen, wird eher für nichthierarchische Schulformen plädieren, in denen möglichst lange gemeinsam gelernt wird. Wer dagegen auf eine Gesellschaft setzt, die durch ein soziales Gefälle und individuelles Durchsetzungsvermögen geprägt wird und in der Anreize im Vordergrund stehen, durch Leistung oder andere Eigenschaften gegenüber den Mitmenschen Vorteile zu erlangen, wird eher für ein hierarchisch gegliedertes Schulsystem votieren, in dem es möglichst früh die Möglichkeit der hervorgehobenen Absonderung von den Kindern gibt, die - durch welche Ursachen auch immer - privilegierter, motivierter oder befähigter sind als andere Kinder.

Wer diese Thesen so nicht teilt, muß zumindest zugestehen - und meine Arbeit wird dies unterstreichen -, daß die Auseinandersetzungen um die Schulorganisation faktisch von Parteien und Verbänden bestimmt waren, sind und vermutlich sein werden. Auch wenn sich die Frage stellt, ob nicht die gesellschaftlichen Wirkungen einer Verlängerung des gemeinsamen Lernens überschätzt wurden, ist schon aufgrund der Realität der Auseinandersetzungen bei dem Problem der sechsjährigen Grundschule die pädagogische Perspektive mit der politischen verschränkt.

Eine weitere Vorbemerkung betrifft den **exemplarischen Charakter** der Auseinandersetzungen um die Grundschuldauer. Bei der Frage des Zeitpunktes und der Art des Übergangs von der Primar- zur Sekundarschule finden die Träger politischer und pädagogischer Grundanschauungen ein reiches Betätigungsfeld für argumentative und polemische Debatten. An dieser Nahtstelle des Schulwesens treffen unterschiedliche Auffassungen sowohl über die organisatorische als auch über die pädagogische Gestalt der Schulen in Deutschland besonders hart aufeinander. Die sechsjährige Grundschule steht damit nicht nur für Diskussionen um die **äußere**, sondern auch für Kontroversen um die **innere Reform**.

Dabei konstatierte Bernfeld schon 1925 ironisierend zur Politik im Spannungsfeld von äußerer und innerer Reform, "daß die Organisation des Erziehungswesens das entscheidende Problem" sei, das die gesellschaftlich führenden konservativen Kreise aus Gründen der Machterhaltung "konsequent und unerbittlich" ihrem "Einfluß vorbehalten müssen, während Lehrplan- und Unterrichts-, selbst Erziehungsfragen beruhigt den Pädagogen, ja selbst Sozialdemokraten überlassen" werden könnten.[4] Andererseits begünstigten m.E. Entwicklungen der "inneren", Inhalte und Methoden betreffenden Schulreform wie "Binnendifferenzierung", "Projektunterricht" und "Gestaltung der Schule als Lebensraum" eine Abkehr von der Auffassung, Schulkinder aufgrund ihrer auseinanderdriftenden kognitiven Entwicklung früh trennen zu müssen.

Die Auseinandersetzungen um die Grundschuldauer besitzen aber nicht nur für Debatten um die innere und äußere Gestaltung des Schulwesens exemplarischen Charakter, sondern sie bieten auch Aufschluß über **generelle Durchsetzungsstrategien und Argumentationsmuster der Parteien, Verwaltungen, Wissenschaftler und Verbände**. Dabei wird zu klären

---

[4] Bernfeld, S.: Sisyphos oder die Grenzen der Erziehung, 1925, Wiederaufl. Frankfurt a.M.1967, S.98

5

sein, ob die Auffassung von Hars zutrifft, der meint, daß sie als "Exempel für die ungebrochene Durchsetzungskraft des konservativen Gestaltungswillens auf der einen, für die teilweise selbstverschuldete Ohnmacht der vorwärtstreibenden Reformkräfte auf der anderen Seite" stehen.[5] Auch wenn für viele historische Situationen diese These nicht von der Hand zu weisen ist, sei an dieser Stelle vorgreifend darauf hingewiesen, daß zumindest die hier dargestellte Entwicklung in Berlin belegt, daß es auch Fälle von starker Durchsetzungsbereitschaft und -kraft der Anhänger der sechsjährigen Grundschule gab. Daher ist im folgenden eine differenzierte Betrachtung der geschichtlichen Entscheidungsabläufe zu leisten.

Angesichts der in diesen Zitatpassagen von Hars relativ unbestimmt auftauchenden Begriffe "konservativ" und "vorwärtstreibend" erscheint es mir zugleich sinnvoll zu erwähnen, daß es für eine wissenschaftliche Arbeit über die Auseinandersetzungen zur Grundschuldauer m.E. notwendig ist, der Debatte zugrundeliegende Strukturen und Bedeutungen der gewählten zentralen Bezeichnungen zu klären sowie benutzte Methoden, Forschungsgrundlagen und eigenes Vorverständnis zu nennen. Während ich im Abschnitt 1.6. auf die Strukturen und Bezeichnungen eingehe, sollen Methoden und Forschungsgrundlagen meiner Arbeit und mein eigenes Vorverständnis bereits hier in der Einleitung genannt werden.
Methodisch wird es nicht nur darum gehen, **deskriptiv** Grundlagen der Auseinandersetzungen, Handlungen und Argumente der Akteure sowie Elemente der schulischen Praxis aufzuführen, sondern auch darum in **hermeneutischer** Forschung Hintergründe zu erhellen, **ideologiekritisch** die Interessenlage der Akteure zu berücksichtigen und thematisch oder zeitlich übergreifende Handlungs- und Argumentationsmuster **strukturierend** herauszuarbeiten. Zudem werden von mir Daten **empirischer** Untersuchungen berücksichtigt. Einen wichtigen Bestandteil dieser Arbeit bildet auch die Auswertung einer von mir 1990/91 durchgeführten schriftlichen Befragung, bei der etwa die Hälfte aller West-Berliner Grundschulleitungen zu Fragen ihrer Einschätzung der schulischen Praxis der dortigen sechsjährigen Grundschule antwortete. Weiterhin beobachtete ich in **teilnehmender Handlungsforschung** das Schulleben der sechsjährigen Grundschule in Marburg, führte gemeinsam mit einer Grundschulpädagogin **Interviews** mit dortigen Schülerinnen und Schülern durch und wertete diese und in der wissenschaftlichen Begleitung entstandene offene Interviews mit Lehrkräften und Eltern in qualitativer Form aus. Damit wird die **Makroanalyse** der West-Berliner sechsjährigen Grundschule durch eine **Mikroanalyse** des Schulversuchs der Otto-Ubbelohde-Schule ergänzt. Mit dieser methodischen Vorgehensweise baue ich auf unterschiedliche erziehungswissenschaftliche Traditionen auf, die m.E. von Klafki in sinnvoller Form integriert und in ihrer Synthese begründet dargelegt wurden.[6]

[5] Hars, Rudolf: Die Bildungsreformpolitik der Christlich-Demokratischen Union in den Jahren 1945 - 1954, Frankfurt a.M. 1981, S.4
[6] Klafki, Wolfgang (d): Neue Studien zur Bildungstheorie und Didaktik, Weinheim und Basel 1985, S.46ff

6

Aus meiner Sicht wird damit ein sinnvoller Beitrag zur bisherigen, in Details ausreichenden, im Gesamtüberblick aber ungenügenden **Forschungssituation** zu dem Thema der Grundschuldauer geliefert. Bisher liegen nur Arbeiten vor, die die hier behandelte Problematik für bestimmte Zeiten, für einzelne Regionen oder - wie der genannte Hars - mit anderen Schwerpunkten betrachten. Für den Abschnitt der Weimarer Republik seien hier die Werke von Nave, Führ und Sienknecht hervorgehoben.[7] Neben weiteren Autoren greife ich vor allem auf Akten der Oberschulbehörde in Hamburg sowie auf Protokolle der Reichsschulkonferenz und der Nationalversammlung zurück. In bezug auf die Praxis der Lebensgemeinschaftsschulen beziehe ich mich vorwiegend auf die Darstellungen in mehreren neueren (Rödler, Daschner, Lehberger, Hagener, Amlung u.a.) und älteren Einzel- oder Sammelstudien (Karsen, Hilker, Porger, Zeidler, Petersen, Dresdner Versuchsschule, Gebhardt, Gläß, Engel, Karstädt, Paulsen).

Für die Besatzungszeit nach 1945 liegen mehrere partei-, länder- oder zonenspezifische Arbeiten vor. Für die britische Zone sind vor allem die Werke von Halbritter, Pakschies, Leski, Cloer, Heumann und Eich zu nennen; für die amerikanische Zone Hearnden, Bungenstab, Huelsz, Kuhlmann, Froese, Schlander, Lange-Quassowski, Thron und Klafki sowie für die französische Zone Winkeler, Vaillant, Ruge-Schatz, Wolfrum und Küppers. Im Hinblick auf die Schulpolitik der sowjetischen Besatzungsmacht und die Auseinandersetzungen um die Grundschuldauer in Berlin nach 1945 ist besonders die Studie von Klewitz hervorzuheben. Leider erfahren wir dort nichts mehr über die Berliner Schulpolitik ab Mitte der 50er Jahre, so daß ich hier u.a. auf Materialien bzw. eine Denkschrift des Berliner Schulsenators, statistische Erhebungen zu Übergangszahlen und Abiturientenquoten und die Arbeiten von Grothe und Füssl/Kubina zurückgreife. Außerdem waren für die Untersuchung der West-Berliner sechsjährigen Grundschule von mir eigene Erhebungen vorzunehmen, da keine ausreichenden Forschungsergebnisse zu aktuellen Einschätzungen der pädagogischen Profilierung, der Probleme und der Erfolge sowie der politischen Stabilität der West-Berliner sechsjährigen Grundschule vorliegen.

Zwar ist inzwischen auch über den Schulversuch der sechsjährigen Grundschule in Marburg eine Veröffentlichung von seiten des Hessischen Instituts für Bildungsplanung und Schulforschung erschienen,[8] sie ist jedoch m.E. partiell eher als Werbeschrift für diese Schulform denn als kritisch-distanzierte Untersuchung zu bezeichnen, so daß mir die Forschungssituation auch in diesem Fall ergänzungsbedürftig erscheint. Zudem halte ich es für notwendig, die aufschlußreichen, aber bisher nicht oder nur in verkürzter Form veröffentlichten Materialien und Interviews der wissenschaftlichen Begleitung (insbesondere diejenigen der Konrektorin

---

[7] vgl. zu den hier und im folgenden genannten Werken die entsprechenden Kapitel oder das Literaturverzeichnis
[8] Kubina, Christian (Hrsg.): Die sechsjährige Grundschule in Marburg. Zur Alltagspraxis eines Schulversuchs und zur Geschichte einer pädagogischen Idee. Hessisches Institut für Bildungsplanung und Schulentwicklung (HIBS), Materialien zur Schulentwicklung H.17, Wiesbaden 1992

Christina Elschner-Heuberger) heranzuziehen. Eine Untersuchung der politischen Auseinandersetzungen um die sechsjährige Grundschule in Hessen seit Mitte der 80er Jahre fehlt bisher völlig, so daß ich hier eigene Befragungen und Briefwechsel als Grundlage meiner Analysen verwende.

Obwohl ich hoffe, durch vielfältige Methoden ein umfassendes und abgerundetes Bild über die sechsjährige Grundschule zu bieten und einige Forschungslücken zu schließen, möchte ich hervorheben, daß es **noch mehrere ausstehende Forschungsaufgaben** zu dem Problem der Grundschuldauer gibt. So ist meine Arbeit regional auf das Gebiet der ehemaligen Bundesrepublik konzentriert und greift internationale und ostdeutsche Entwicklungen nur dort auf, wo sie Einfluß auf die Auseinandersetzungen in Westdeutschland und West-Berlin hatten. Zudem bietet diese Arbeit **keine empirische Vergleichsstudie**, die statistisch abgesichert Erfolgsdaten der Klassen 5 und 6 in der sechsjährigen Grundschule in Beziehung zu Ergebnissen in den gleichen Klassen des dreigliedrigen Schulwesens oder der Orientierungsstufe bzw. Förderstufe setzt. Dennoch können m.E. aufgrund der Analyse historischer und aktueller Hintergründe, Konzepte, Argumentationen und Entscheidungen sowie aufgrund der Auswertung der Fragebögen, Unterrichtsbeobachtungen und Interviews nicht nur neue Erkenntnisse in bezug auf die sechsjährige Grundschule in der Vergangenheit, sondern auch in Hinblick auf aktuelle Probleme und Erfolge ihrer pädagogischen Praxis aufgehellt und bildungspolitische Entscheidungshilfen geboten werden.

Zudem erscheint es mir an dieser Stelle noch erwähnenswert, daß ich neben Versuchen, Perspektiven zu **prognostizieren**, sowohl in den historisch geprägten Abschnitten meiner Arbeit als auch in den Berichten über die Berliner und Marburger sechsjährige Grundschule sowie insbesondere im Schlußkapitel bewußt **Bewertungen** vornehme und somit die vier genannten Hauptfragen um die Frage nach den zu ziehenden Schlußfolgerungen erweitere. Dies geschieht aus zwei Gründen. Erstens sollte m.E. schulpolitische bzw. erziehungswissenschaftliche Forschung Ausblicke auf mögliche bzw. sinnvolle Konsequenzen geben, um Entscheidungsträgern - und das sind in einer Demokratie mehr oder weniger alle Bürgerinnen und Bürger - Anhaltspunkte oder Denkanstöße zu bieten.

> "Die normative Komponente der Politologie muß um so ausgeprägter sein, je mehr sie sich nicht nur als Wissenschaft von der Macht und des Prozesses der politischen Willensbildung versteht, sondern nach den Ergebnissen dieser Prozesse fragt."[9]

Zweitens ist es m.E. in Anlehnung an die Ergebnisse der Frankfurter Schule angemessener, Bewertungen und eigene Interessenlagen offen darzulegen, als sie - sonst kaum vermeidbar - in verdeckter Form in den Text einfließen zu lassen.

---

[9] Hartwich, Hans-Hermann: Sozialstaatspostulat und gesellschaftlicher status quo, Köln 1970, S.274

Insofern möchte ich auch nicht verschweigen, daß ich die Motivation für diese Arbeit aus meinem früheren Einsatz für eine sechsjährige Grundschule im Rahmen meiner Tätigkeit als Stadtverordneter in Marburg gezogen habe. Als bildungspolitisch und forschend tätiger Gymnasiallehrer einer hessischen Provinzstadt wurde ich sehr bald jedoch auch mit gegenteiligen Positionen, Grenzen und möglichen Problemen der sechsjährigen Grundschule sowie den Fehlern und Schwächen in der Argumentation der sie befürwortenden Kräfte vertraut, so daß dieser Arbeit neben dem Bemühen um historische Wahrheitsfindung m.E. auch die nötige kritische Haltung zugrunde liegt.

Kapitel 1: Schulorganisationsmodelle in ihrer Beziehung zu gesellschaftlichen Gruppen und Entwicklungen von der Französischen Revolution bis zum Ersten Weltkrieg

1.1.Einheitsschulkonzepte der Französischen Revolution:

Die schulpolitischen Auseinandersetzungen in der Französischen Revolution bilden sowohl in Hinblick auf systematische Gesichtspunkte als auch in Hinblick auf ihre historische Reichweite den Ausgangspunkt der Konflikte um ein längeres gemeinsames Lernen aller Kinder. Zum einen begann hier der Einheitsschulgedanke in der Verbindung mit dem politischen und emanzipatorischen Aufstiegsstreben des Bürgertums zum konkreten gesellschaftspolitisch reflektierten Programm zu werden. Zum anderen fand auch der schulpolitische Konservatismus erst in der Abwehr dieses Programms seinen Ursprung.[1]

Mit dem Wandel der Produktionsverhältnisse stand dem ökonomischen Machtzuwachs des französischen Bürgertums kein adäquater politischer Machtzuwachs gegenüber, so daß es sich der aufgeklärten Ideenwelt öffnete und in einem revolutionären Prozeß versuchte, die politische Macht zu erobern. Aus dem Gedankengebäude des Rousseauschen "Contrat social", nach dem dem einzelnen privatautonomes Vertragshandeln ermöglicht werden sollte, entstand zugleich ein Gesellschaftskonzept, das auf Chancengleichheit und Durchsetzung der leistungsfähigsten untereinander konkurrierender freier Subjekte beruhte.[2]

Nach der vorherrschenden Meinung in der französischen Nationalversammlung sollte diese gesellschaftspolitische Veränderung nicht "ohne tiefgreifende Einwirkung auf die Erziehung und die Organisation des Schulwesens" bleiben.[3] Viele Erziehungsprogramme, Petitionen und Reformvorschläge erschienen, die Bildung als ein von Herkunft, Alter und Geschlecht unabhängiges Bürgerrecht verstanden. Sie verlangten eine wissenschaftlich-rationale Lehrweise sowie eine Allgemeinbildung an Stelle einer berufs- oder standesbezogenen Bildung. Die Auslese sollte nach Begabung und Leistung erfolgen. Zudem wurde ein einheitliches, stufenförmig gegliedertes, weltliches und öffentliches Schulwesen gefordert.

---

[1] Johann Amos Comenius (Komensky) forderte zwar schon 1628 eine sechsjährige Grundschule für jedes Dorf, aber entsprechende Forderungen fanden zu jener Zeit kaum breite Unterstützung. Vgl. ders. in: Große Didaktik (Didactica magna); in neuer Übersetzung hrsg. von Andreas Flitner, Düsseldorf, München 1959. Zur Begründung der angeführten These vgl. auch Hars, Rudolf: Die Bildungsreformpolitik der Christlich-Demokratischen Union in den Jahren 1945-1954, Frankfurt a.M./Bern 1981, S.59 sowie Stubenrauch, Herbert: Die Gesamtschule im Widerspruch des Systems, 2. Aufl. München 1972, S.21

[2] vgl. Hars S.60; Herrlitz, Hans-Georg/Hopf/Titze: Deutsche Schulgeschichte von 1800 bis zur Gegenwart, Königstein 1981, S.26f

[3] Michael, Berthold und Schepp, Heinz-Hermann: Politik und Schule von der Französischen Revolution bis zur Gegenwart, Bd.I, Frankfurt a.M. 1973, S.104; vgl. Furck, L. u.a.: Condorcet, Weinheim 1966, S.20; Stübig, Frauke: Erziehung zur Gleichheit. Die Konzepte der "éducation commune" in der Französischen Revolution. Dissertation Marburg 1973; Hars S.60

Unter allen Konzepten fand der im April 1792 der Nationalversammlung vorgetragene, umfassende und systematische Plan des Marquis de **Condorcet** die breiteste Zustimmung bei den liberalen und bürgerlich-demokratischen Kreisen.[4] Condorcet schlug eine für alle **gemeinsame Grund- bzw. Primarschule** vor, die in der Regel mit dem 10. Lebensjahr abgeschlossen werden sollte. Durch "innere Differenzierung"[5] sollte es jedoch möglich sein, daß begabte Kinder diese Schule in **drei** Jahren durchliefen, während langsam lernende Kinder sie **bis zu sechs Jahren** besuchten, bevor sie dann in das Erwerbsleben eintraten. Für die leistungsfähigen Kinder, die nicht sofort in den Arbeitsprozeß eintreten mußten, war nach der Primarschule eine drei- bis vierjährige Sekundarschule vorgesehen, auf die nach weiteren Selektionen Gymnasien und Universitäten aufbauen sollten.[6]

Die ökonomische Situation der Land- und Arbeiterfamilien machte eine möglichst frühe Eingliederung ihrer Kinder in den Erwerbskampf nötig. "Weiterführende" Glieder des Schulsystems für die Kinder der "niederen Stände" "können daher auch noch nicht als konkurrierende Zweige jenseits der Elementarschule in einem mehrgliedrigen System in Erscheinung treten."[7] Einer gleichberechtigten Einbeziehung der "unteren Volksschichten" in das Schulwesen "standen die objektiven politischen Interessen der an die Macht gekommenen Bourgeoisie und der historische Stand der Produktionsverhältnisse entgegen."[8]

Condorcet, der die Lebensumstände des Proletariats berücksichtigte, schlug vor, von einer allein ökonomischen Verwertungsinteressen folgenden, berufsbezogenen Ausbildung abzuweichen. Ohne Rücksicht auf den späteren Stand und die spätere Tätigkeit sei stattdessen der Entfremdung durch Fabrikarbeit als integratives Moment die allgemeine Menschenbildung entgegenzusetzen.

> "So würde die Vervollkommnung der mechanischen Künste für einen Teil der Menschheit eine Ursache des Stumpfsinns werden, ... eine demütigende Ungleichheit mit sich bringen und einen Keim gefährlicher Unruhen, wenn nicht ein umfassender Unterricht den Individuen gerade dieser Klasse ein Hilfsmittel böte gegen die unausbleibliche Wirkung der Einförmigkeit ihrer täglichen Beschäftigungen."[9]

---

[4] vgl. Alt, Robert (Hg.) (a): Erziehungsprogramme der Französischen Revolution, Berlin/Leipzig 1949, S.16; Furck; Drechsel, W.U.: Erziehung und Schule in der Französischen Revolution, Frankfurt a.M. 1969, S.11; Kirsch, Hans-Christian: Bildung im Wandel, Frankfurt a.M. 1980, S.93; Hars S.61; Günther, Karl-Heinz/Hofmann/Hohendorf/König und Schuffenhauer (Hg.): Geschichte der Erziehung, 12. Aufl. Ost-Berlin 1976, S.165; Nave, Karl-Heinz: Die allgemeine deutsche Grundschule, Weinheim 1961, S.17; Stubenrauch S.23; Sienknecht, Helmut: Der Einheitsschulgedanke, Weinheim, Berlin 1968, S.35; Michael/Schepp Bd.I S.104; Keim, Wolfgang (Hg.): Sekundarstufe I - Modelle, Probleme, Perspektiven, Königsstein i.T. 1978, S.50

[5] "Innere Differenzierung" bedeutet eine unterschiedliche Behandlung einzelner oder Gruppen von Kindern innerhalb des Klassenverbandes.

[6] vgl. Furck S.23ff; Sienknecht S.33; Hars S.62; Stübig S.185

[7] Scheuerl, Hans (a): Die Gliederung des deutschen Schulwesens, Stuttgart 1968, S.95

[8] Stubenrauch S.24

[9] Condorcet zit. nach Alt (a) S.72,; vgl. auch Rang, Adalbert: Historische und gesellschaftliche Aspekte der Gesamtschule. In: Zeitschrift für Pädagogik, 14.Jg., 1968, S.5

Trotz dieser vorausschauenden Konzeption, die die historischen Bedingungen beachtete und als fortschrittlich zu werten ist, wurde der Plan des Girondisten Condorcet von den radikalen Jakobinern kritisiert, da er eine erneute, in diesem Fall durch Bildung vermittelte Ungleichheit schaffe. Sie meinten, eine freie Nation brauche keine Gelehrtenkaste.[10] So bezweifelte der Jakobiner **Lepeletier,** dessen Erziehungsplan nach seiner Ermordung durch königstreue Truppen von Robespierre im Juli 1793 vorgetragen wurde, daß für alle gleiche Rechte auf Bildung zu gleichen Schulausbildungen führen. Aus Sorge um die Unterschichtkinder sah sein Konzept deshalb vor, alle Kinder vom fünften bis zum zwölften Lebensjahr unter Abschottung äußerer Einflüsse in einer **internatsähnlichen siebenjährigen "Nationalerziehungsanstalt"** zu unterrichten.[11]

Das aufgestiegene **Besitz- und Großbürgertum** leistete aus eigenem Herrschaftsinteresse mit völlig anderer Zielrichtung Widerstand gegen Condorcets Bildungsplan. Die "gleichheitsfeindlichen, antirationalistisch-theologisierenden, konservativen Bildungspolitiker" im Nationalkonvent **lehnten** in defensiver Grundhaltung die für alle **gemeinsame Primarschule ab** und meinten, jeder solle den ihm von der "ordre naturel" zugewiesenen Platz in seinem Stande einnehmen.[12] Sie wiesen zudem den wissenschaftlichen Rationalismus, generelle Gleichheitsansprüche, die Koedukation und die Trennung von Schule und Kirche zurück und beklagten ein "Zuviel" an Bildung für die Unterschichten sowie einen angeblich drohenden Niveauverlust. Statt "äußerer" Schulorganisationsveränderungen verlangten sie "innere" Reformen der familiären, moralisch-emotionalen Erziehung.[13] Da die Gymnasien Oberschichtkinder verschiedenen Intellekts unterrichteten, also hinsichtlich der Begabung quasi "Gesamtschulen" waren und sein sollten, trat der später gegen Einheitsschulvorstellungen vorgebrachte Einwand, Kinder mit unterschiedlichen kognitiven Fähigkeiten würden sich beim gemeinsamen Unterricht gegenseitig hemmen, hier noch nicht auf.[14]

Sofortige Auswirkungen der Französischen Revolution auf die schulorganisatorische Realität sind jedoch nur bedingt festzustellen. Das Schulwesen blieb in begrenzte volkstümliche Bildung für die unteren Schichten und in intensive Ausbildung für Kinder der führenden Kreise in Form von Gymnasial-, Privatschul- und Hausunterricht getrennt.

---

[10] vgl. Rang S.19 und Alt (a) S.18
[11] Mädchen sollten diese Schule nur bis zum 11. Lebensjahr besuchen. Vgl. Stübig S.144ff und S.200ff, insb. S.149, S.175ff und S.185; Alt (a) S.18; Kirsch S.93; Günther S.166
[12] vgl. Drechsel S.35; Hars S.62f
[13] Hars S.63
[14] vgl. Rang S.11

1.2. Die preußischen Schulreformer und die feudale Reaktion:

Mit der napoleonischen Besetzung deutscher Gebiete (1806/1807) stärkten die Vorstellungen der Französischen Revolution zunehmend auch in Deutschland aufklärerische Tendenzen. Aus dem **machtpolitischen Motiv,** die französische Herrschaft zu beenden, nahmen sogar die preußischen Obrigkeiten den entstehenden Reformdruck auf und lenkten ihn in das Leitbild des sich für die Nation im Parlament und im Heer engagierenden Bürgers um. So konnten sich innerhalb des preußischen Adels liberale Kräfte durchsetzen, die wie Freiherr vom und zum Stein und Fürst von Hardenberg eine Agrar-, Städte-, Verwaltungs- und Heeresreform propagierten. Offiziere wurden nunmehr stärker nach **Bildung** und Führungsqualitäten, nicht nur nach vornehmer Herkunft ausgewählt. Die Prügelstrafe in der Armee wurde abgeschafft. So konnte Preußen in den Befreiungskriegen (1813) ein erfolgreiches Volksheer mobilisieren. Da die Stein-Hardenbergschen Reformen keinen Rückhalt in einer starken politischen Gruppierung hatten, waren sie abhängig vom Gutdünken der alten verunsicherten Führungs-stände und gerieten damit zu einem "Balanceakt zwischen revolutionärer Erneuerung und Verhinderung jeder Revolution".[15]

Ein Ansatzpunkt der zunächst eingeleiteten Reformen lag im Erziehungswesen, das nunmehr die Voraussetzung für ein "patriotisch-engagiertes" Bürgerbewußtsein bieten sollte. Die schon Ende des 18.Jahrhunderts und in den napoleonischen Kriegen in Preußen entwickelten Vorar-beiten für eine Reformierung des Schulwesens gewannen an Bedeutung. Ab 1809 erarbeitete Wilhelm von **Humboldt** als Leiter der preußischen Kultussektion Pläne, die den Einfluß von Kirche und Staat im Schulwesen zurückdrängen und eine individuelle Selbstbestimmung und eine "allgemeine Menschenbildung" anhand der Literatur und der Sprache des klassischen Altertums mit Vorrang vor aller speziellen Berufsausbildung hervorbringen sollten.[16] Weil er meinte, ein einheitlich allgemeinbildender Unterricht erfordere einheitsschulähnliche Modelle, schlug Humboldt einen zweistufigen Schulaufbau mit einer Elementarschule für alle und einem humanistischen Gymnasium für wenige vor, der Condorcets Konzept glich.

---

[15] Hars S.65; vgl. auch Blankertz, Herwig: Die Geschichte der Pädagogik, Wetzlar 1982, S.117; Leschinsky, Achim und Roeder, Peter Martin: Schule im historischen Prozeß: zum Wechselverhältnis von institutioneller Erziehung und gesellschaftlicher Politik, Frankfurt a.M., Berlin, Wien 1983, S.163ff; Wehler, Hans-Ulrich (a): Deutsche Gesellschaftsgeschichte. Bd.2. München 1987, S.306ff; Koselleck, Reinhart: Preußen zwischen Reform und Revolution, Stuttgart 1967 (2.Aufl. 1975). Koselleck (S.434 und S.446) spezifiziert, daß der Adel seine Stellung in der Verwaltung von 1825 bis 1848 ausbauen konnte, dieses Phänomen jedoch "gegenläufig zur allgemeinen sozialen Entwicklung, der Bewegung auf dem Rittergutsmarkt und in der freien Wirtschaft" verlief, gerade deshalb also ein Umlenkungsprozess des zunehmend gebildeten Bürgertums von staatlichen Berufsständen auf den ab 1830 prosperierenden Wirtschaftssektor stattfand. Er kommt zu dem Schluß, daß "gerade weil sich der Adel den liberalen Kriterien unterwerfen mußte," er seine Stellung halten konnte. "Die Liberalisierung der Reform reichte gerade so weit, um indirekt den Adel zu festigen. ... Aber sie war eine Reform, die die Revolution nur hinausschob, nicht verhinderte, weil sie sich nur innerhalb der führenden Staatsstände abgespielt hatte."(S.437)
[16] vgl. Condorcets Auffassung zur Allgemeinbildung als integratives Moment. Vgl. Kirsch S.135; Blankertz S.119ff; Michael/Schepp Bd.I S.190; Sienknecht S.59; Hars S.65f

"(Der) gesamte Unterricht kennt daher auch nur ein und dasselbe Fundament. Denn der gemeinste Tagelöhner, und der am feinsten Ausgebildete muß in seinem Gemüth ursprünglich gleich gestimmt werden, wenn jener nicht unter der Menschenwürde roh, und dieser nicht unter der Menschenkraft sentimental, chimärisch und verschroben werden soll."[17]

Zwar sollte der Gleichheitsgedanke in gleichen Bildungsinhalten berücksichtigt werden und jeder Mensch das Recht erhalten, alle seine "Kräfte" auszubilden, doch leitete Humboldt hieraus keineswegs ab, daß die Kinder aller Sozialschichten gemeinsam die gleiche Elementarschule besuchen sollten. So kommt Blankertz zu der Einschätzung, daß Humboldt "die Abhängigkeit des Schulbesuchs vom Vermögensstand der Eltern (...) für selbstverständlich" hielt.[18] Humboldts Einwände gegen "Mittelschulen" und seine konzeptionelle Beschränkung des allgemeinbildenden Sekundarschulwesens auf Gymnasien wurden in den nachfolgenden Jahren der politischen Reaktion zudem zur Abwehr des aufstrebenden Bürgertums verwandt:

"Auf diese Weise sehe ich keinen Mangel, dem durch eine Mittelschule abgeholfen werden müßte. Der ganz Arme schulte seine Kinder in die wohlfeilsten oder unentgeltlichen Elementarschulen, der weniger Arme in die besseren oder wenigstens teureren. Wer noch mehr anwenden könnte, besuchte die Gelehrten Schulen, bliebe bis zu höheren Klassen oder schiede vorher aus ..."[19]

Kann man Humboldt also für ein bildungstheoretisch motiviertes Einheitsschuldenken durchaus in Anspruch nehmen, so ist in bezug auf die Forderung des gemeinsamen Lernens aller Schichten in einer Schule Adolf Meyer zuzustimmen, der zu folgendem Schluß kommt:

"Sein Programm lautet hier: erweiterter Elementarunterricht durch Anregung und Übung aller Grundkräfte des menschlichen Geistes für die gesamte Nation im Sinne einer Volksbildung durch ein breites Angebot von Schulen, die im einzelnen durchaus die bestehenden gesellschaftlichen Unterschiede berücksichtigen. ... Völlig verfehlt wäre es, in Humboldts Schulkonzeption die Vorstufe eines Organisationsmodells erkennen zu wollen, das in die Einheitsschule sozialer Egalität einmündet."[20]

"Soziale Egalität" stand angesichts der gesellschaftlichen Realität Anfang des 19.Jahrhunderts nicht auf der Tagesordnung. Wohl aber wurde durchdacht, wie die Organisation des Schulwesens abhängig von der Gesellschaftsform und ökonomischen Entwicklungen gestaltet sein könnte. Unter diesem Blickwinkel entwickelte der in verschiedenen Staatskommissionen tätige Pädagoge und Theologe Friedrich **Schleiermacher** in seinen Vorlesungen von 1813-1826 Überlegungen, die stärker als Humboldt das Schulorganisationsmodell der späteren

---

[17] Humboldt, Wilhelm von: Gesammelte Schriften. Hrsg. von der Preußischen Akademie der Wissenschaften, BdI - XVII, Berlin 1903 - 1936; hier: Bd XIII, S.278 (der litauische Schulplan)
[18] Blankertz S.121; vgl. auch Nave S.25
[19] Humboldt Bd XIII S.266 (der königsberger Schulplan). Vgl. auch Kosellek (S.444ff), der die Abwehr des preußischen Kultusministeriums gegen Mittel- und Realschulen beschreibt.
[20] Meyer, Adolf: Wilhelm von Humboldt. In: Scheuerl, Hans (Hrsg.) (b): Klassiker der Pädagogik, Bd.1, München 1979, S.212f und S.214

bürgerlichen Gesellschaft antizipierten. In dialektischer Argumentation begründete Schleiermacher eine Mehrgliedrigkeit des Schulsystems nicht mit Standesunterschieden, sondern mit der Notwendigkeit der unterschiedlichen Behandlung verschieden begabter Kinder. Unter der Voraussetzung, daß sich Begabungsdifferenzen erst spät entwickeln bzw. erst unter dem Einfluß pädagogischer oder sozialer Einwirkung entstehen, dürfe die Trennung der Kinder und damit der Übergang von der von Kindern aller Schichten gemeinsam besuchten Elementarschule zur "niederen" bzw. "höheren" Bürgerschule erst spät eintreten.[21]

Schleiermachers Leistung ist in diesem Zusammenhang an drei Aspekten festzumachen: Erstens begründete er das auf eine gemeinsame Grundschule aufgebaute, anschließend nach Begabung gegliederte, schulorganisatorische **Gabelungsmodell**. Johann Wilhelm Süvern, der Nachfolger Humboldts in der preußischen Kultusabteilung, übernahm dieses Grundmodell in seinen Gesetzentwurf von 1819, der Stadtschulen und Gymnasien aufbauend auf obligatorischen Elementarschulen vorsah.[22] Zweitens erkannte er die in der Bundesrepublik bis etwa 1965 häufig verdrängte Tatsache, daß schulische **Begabung** nicht nur angeboren, sondern auch **Produkt schichtenspezifischer Sozialisation** ist. Und drittens machte er den **politischen Gehalt** der Entscheidung über die **Dauer** der gemeinsamen **Grundschule** und die Abhängigkeit dieser Entscheidung von der Gesellschaftskonzeption deutlich. Ein aristokratischer Staat müsse "die Begünstigten noch mehr begünstigen" und von Anfang an schulisch trennen. In diesem Fall würden die Oberschichtkinder von der Hausbildung direkt in das Höhere Schulwesen eintreten. Das werfe aber das Problem auf, daß "die niedere Klasse nach dieser verbotenen Ausbildung des Geistes" in revolutionärer Weise strebt.[23] Wie alle preußischen Schulreformer, so wollte auch Schleiermacher Revolutionen durch evolutionäre Gesellschaftsveränderungen ersetzen. Deshalb folgerte er, ein demokratischer und effizienter Staat müsse einen Kompromiß zwischen Differenzierung und Einheit im Bildungswesen finden, die Grundbedürfnisse aller Schichten befriedigen und ökonomischen Anforderungen gerecht werden.[24] Anders als Humboldt forderte er daher,

- daß alle Kinder zunächst gemeinsam unterrichtet werden, um die Begabten erkennen und herauslesen zu können;
- daß die Ausbildung der weniger Begabten aus den "niederen Klassen" nicht mit der Elementarschule endet, sondern in einer Volksschuloberstufe fortgeführt wird;
- daß das Höhere Schulwesen berufsorientiert in wissenschaftliche Gelehrtenausbildung und niveauvolle gewerbliche Ausbildung differenziert wird.

Von den bürgerlichen Vorstellungen Schleiermachers und den Konzeptionen des aufgeklärten Adels um von Humboldt unterscheiden sich wiederum die an Lepeletiers Plan orientierten

---

[21] vgl. Schleiermacher, Friedrich: Pädagogische Schriften I. Die Vorlesungen aus dem Jahre 1826. Hrsg. von Erich Weniger, Frankfurt a.M. 1983, S.115ff; Scheuerl (a) S.97
[22] vgl. Michael/Schepp Bd.I S.190
[23] vgl. Schleiermacher S.120; Sienknecht S.62ff
[24] vgl. Scheuerl (a) S.98; Hars S.66; Stubenrauch S.25f

radikaldemokratischen Schulreformvorschläge von Heinrich **Stephani** und Johann Gottlieb
Fichte. Sie entwickelten Johann Heinrich Pestalozzis Ideen der verstärkten Bildung der
unteren Schichten fort und behaupteten, gleiche Chancen auf Bildung hätten junge Menschen
nur in gemeinsamer Erziehung. Stephanis Plan sieht deshalb die **acht- bis zehnjährige
gemeinsame Elementarschule** vom fünften bis zum dreizehnten bzw. fünfzehnten Lebensjahr vor. Diese Elementarschulen sollten gut ausgestattet sein, denn "nur da, wo schlechte
Elementarschulen sind, haben gebildete Stände Ursache, sich nach besseren Bildungsanstalten
für ihre Kinder umzusehen."[25]

Fichte forderte, daß die Erziehung der gesamten deutschen Jugend gemeinsam in internatsähnlichen "Anstalten zur Nationalerziehung" stattfinden sollte. Nur bei gleicher und
gemeinsamer Bildung könne das integrierende und gesellschaftsstabilisierende Nationalgefühl
entstehen. Fichtes Entwurf ist zwar ideengeschichtlich von Bedeutung, die herausragende
Figur der Volksschullehrerbewegung, Johannes Tews, bezeichnet Fichte als "Vater der nationalen Einheitsschule", da er aber zu seiner Zeit nicht von gesellschaftlich relevanten Kräften
getragen wurde, fand er keinen direkten Niederschlag in den schulpolitischen Erneuerungs-
bewegungen. Überhaupt muß festgestellt werden, daß die praktische Wirkung der preußischen Ansätze zur Volksschulreform für die Bevölkerungsmehrheit beschränkt blieb und "die
preußische Schulpolitik insgesamt eher schwankend zwischen Förderung und Eindämmung
des Elementarschulwesens" stand.[26]

Dies galt auch deshalb, weil nach der Vertreibung Napoleons (1813-1815) den Modernisie-
rungs- und Emanzipationstendenzen der Aufklärer gestärkte Kräfte der **alten aristokratischen Oberschicht** gegenüberstanden.[27] Sie konnten im Bündnis mit einer kleinen staatstragenden Bürokratie auf die Emanzipation breiter Volksmassen verzichten.[28] Zugleich waren
sie nicht bereit, die finanziellen Lasten eines Ausbaus des Volksschulwesens zu tragen.[29] Eine
die Mündigkeit stärkende, generelle Volksbildung wurde von ihnen als gefährlich eingeschätzt. Daher sollte die Schulaufsicht und die starke Stellung der Kirchen beibehalten

---

[25] Stephani, Heinrich: System der öffentlichen Erziehung, Berlin 1805, (2.Aufl. Erlangen 1830), S.180; vgl.
auch König, Helmut (Hg.): Zur Geschichte der Nationalerziehung in Deutschland im letzten Drittel des
18.Jahrhunderts, Monumenta Paedagogica Bd.I, Ost-Berlin 1960, S.160ff, S.170ff, S.196ff, S.417ff und S.426
(König behandelt auch Resewitz, Rochow und Lachmann als weitere Reformer); Fichte: Reden an die deutsche
Nation, 1807; Tews, Johannes (a): Ein Jahrhundert preußischer Schulgeschichte, Leipzig 1914, S.60f; Rang
S.12; Kirsch S.131; Nave S.18f
[26] Leschinsky/Röder S.429, vgl. auch S.122ff
[27] vgl. Wehler (a) Bd.2 S.478ff und Kuhlemann, Frank-Michael: Modernisierung und Disziplinierung:
Sozialgeschichte des preußischen Volksschulwesens 1794 - 1872, Göttingen 1992. Wie Wehler versucht
Kuhlemann m.E. berechtigt, die von 1794 bis 1872 stattfinden, "bisher kontrovers diskutierten Prozesse einer
durch Bildung vermittelten politisch sozialen Mobilisierung oder aber Disziplinierung in einem übergreifenden
Interpretationsmodell explizit >zusammenzudenken< und den epochalen volksschulhistorischen
Modernisierungsprozeß im Sinne einer Gleichzeitigkeit eigentlich ungleichzeitiger Entwicklungen
paradigmatisch zu erfassen."(Kuhlemann S.345)
[28] vgl. Wehler (a) Bd.2. S.299ff; Hars S.66
[29] vgl. Leschinsky/Röder S.122ff

werden, um die Kinder der Unterprivilegierten zu obrigkeits- und kirchentreuen Untertanen zu erziehen.

1819, kurz bevor mit den Karlsbader Beschlüssen die reaktionäre Metternichsche Kulturpolitik begann, trat besonders Ludolph von Beckedorff, der spätere Leiter des preußischen Volkschulreferats, mit heftiger Kritik an Süverns und Schleiermachers Plänen hervor.[30] Die Hauptpunkte der Beckedorffschen Kritik gründen sich auf aristokratisch-großbürgerliche Bildungsvorstellungen und verbinden eine **Bildungsbegrenzung** der unteren Schichten mit einer **religiösen Gesinnungserziehung**. Der Gleichheitsgrundsatz wird mit dem Argument abgelehnt, es gäbe eine überhistorische, positiv zu bewertende, **naturgemäße Ungleichheit,** die ihren Ausdruck in der Ungleichheit der Schulbildung haben müsse.[31] Mit der Dominanz der Reaktion wurden einheitsschulähnliche Pläne zurückgedrängt und die finanzielle und ideelle Aufmerksamkeit allein dem Höheren Schulwesen zugewandt.[32] Humboldts neuhumanistische Bildungskonzeption wurde - z.T. sinnverkehrend - allein in das Gymnasium aufgenommen, um Bildung und Besitz als soziale Privilegien zu sichern.[33] Neben Privat- und Hausunterricht wurden für die Kinder der führenden Kreise eigene, durch hohes Schulgeld gewinnabwerfende und gut ausgestattete **Vorschulen** der Gymnasien ausgebaut. Neben dem Schulgeld, der Ausstattung und dem ständespezifischen Schulbesuch sorgten auch die gesellschaftliche Herkunft und Stellung der Lehrergruppen und die "staatlich sanktionierten Berechtigungs- und Abschlußebenen" für ein von Grund auf hierarchisch ausgeprägtes Schulwesen.[34]

Der folgende Abschnitt wird jedoch zeigen, daß der **bildungspolitische Prozeß** nicht allein von konservativen Bestrebungen gekennzeichnet war, sondern **vielschichtig, ambivalent und umkämpft** blieb.

---

[30] vgl. Blankertz S.134; Herrlitz u.a. S.46ff

[31] vgl. Schweim, Lothar: Schulreform in Preußen 1809-1819, Weinheim 1966, S.222ff; Hars S.67. Leschinsky/Röder (S.460) heben den Widerspruch der preußischen Reformpläne zur tatsächlichen Klassengliederung der preußischen Gesellschaft hervor.

[32] vgl. Leschinsky/Röder S.431

[33] vgl. Hars S.68; Sienknecht S.81

[34] Stubenrauch S.25

1.3. Die Organisation der Volksschullehrer und -lehrerinnen und liberale Einheitsschul-
ideen nach dem Protest von 1848

Die schulischen Weichenstellungen im 19.Jahrhundert entwickelten sich besonders im Volksschulwesen zeitlich und lokal unterschiedlich. Auf der einen Seite standen **Landschulen und**
städtische Armenschulen, deren finanzielle und räumliche Ausstattung **katastrophal** war.
Kinderarbeit bewirkte auf dem Land große Schulbesuchsrückstände, insbesondere im
Sommer. In städtischen Industrieregionen wurden Kinder in Fabrikschulen beschäftigt. Aber
auch in der Heimarbeit und in kleinen Handwerksbetrieben behinderte die Kinderarbeit eine
förderliche Entwicklung und Ausbildung dieser jungen Menschen.[35] Nicht nur in ökonomisch
beeinflußten Fragen blieb die Schule abhängig von den Interessen der obrigkeitsstaatlichen
Verwaltung und ihrer konservativ-ständisch und religiös dominierten Bildungsideologie.
Auch die Ausbildung der Volksschullehrer und -lehrerinnen sollte nach Auffassung der am
alten System festhaltenden Bildungspolitiker in gesonderten Seminaren bewußt begrenzt
werden, damit unter den Kindern der Unterschicht keine liberalen Gedanken verbreitet
würden. Oft mußten die Lehrkräfte der Volksschule Nebentätigkeiten nachgehen, um ihre
Gehälter und Pensionen zu sichern. "Angesichts dieser Lebens- und Arbeitsbedingungen
überrascht es nicht, daß sich der Stand des Volksschullehrers ausschließlich aus der niederen
'Volksklasse' rekrutierte," so daß sich seine Klasseninteressen und seine berufsständischen
Interessen deckten.[36]
Auf der anderen Seite wurde die konservativ-ständische Bildungspolitik jedoch "in ihrer
Wirksamkeit - phasenweise, lokal wie auch regional - durch Ansätze reflektierter Rationalität
und Aufklärung unterschwellig relativiert" und durch eine "partielle Modernisierung" kontra-
stiert.[37] Die Schulbesuchsquote nahm ebenso zu wie der Ausbau vieler städtischer Volksschulen zu vollentwickelten Schulen mit Jahrgangsklassensystem. Einige gut ausgestattete
städtische Volksschulen gewannen an Anerkennung und eröffneten deren Lehrkräften und
Absolventen Aufstiegschancen. Auch die durch "liberal denkende Beamte und Seminar-
direktoren" getragene zunehmende Etablierung von Unterrichtsdidaktik und Lehrerausbildung

---

[35] Die allgemeine Schulbesuchsquote differierte 1816 zwischen 80% (Sachsen, Städte) und 20% (Posen,
ländliche Regionen). Zwischen 68 (1822) und 86 (1840) Kinder kamen im Durchschnitt auf eine Lehrkraft. Mit
der Landflucht und Industrialisierung begann die Ausbeutung der kindlichen Arbeitskraft bis zu 15 Stunden
täglich in fabrikmäßig organisierter Form. Die Schulpolitiker der Reaktion, Altendorf und Beckedorf, deckten
diesen Beitrag zur Ungleichheit der Standeserziehung und behaupteten, daß die Fabrikschulen aufgrund ihrer
Produktivität sowohl dem Profit der Fabrikanten als auch dem Verdienst der Eltern, als auch den Kindern
dienen, da sie sich früh an ausdauernde Tätigkeiten gewöhnen. Dagegen setzten Kräfte um Diesterweg und von
Bodelschwingh im preußischen Kultusministerium nach Mißerfolgen in den 20er Jahren 1839 eine vorsichtige
Begrenzung der Fabrikarbeit von Kindern durch. Vgl. Kuhlemann S.107ff, S.113ff und S.122ff; Lundgreen,
Peter: Sozialgeschichte der deutschen Schule im Überblick, Teil 1, Göttingen 1980; Wehler (a) Bd.2 S.478ff;
Herrlitz u.a. S.50ff; Günther S.234ff; Tews (a) S.104ff
[36] Herrlitz u.a. S.54f; vgl. auch Kuhlemann S.277ff und S.347; Tews (a) S.47. Kuhlemann betont, daß es an
manchen städtischen Volksschulen auch gut besoldete Lehrkräfte mit Aufstiegsmöglichkeiten gab.
[37] Kuhlemann S.347, S.41ff, S.345

18

wirkte der von der Regierung angeordneten religiös-obrigkeitsstaatlichen Bildungsideologie entgegen. So kommt Wehler zu dem Schluß, "was Beckedorff anordnete oder ... empfahl, wurde noch längst nicht die Schulrealität in Ostpreußen oder Sachsen, geschweige denn im Rheinland oder in Westfalen."[38]

Im Prozeß der Industrialisierung und "partiellen Modernisierung" konnte von den regierenden konservativ-ständischen Kreisen auch nicht verhindert werden, daß sich die "freigesetzten" Individuen ihrer Interessen zunehmend bewußter wurden und begannen, sie **organisiert** zum Ausdruck zu bringen. Auch die Volksschullehrerinnen und -lehrer schlossen sich ab 1830 in Verbänden zusammen, um ihre materielle Not und die Bevormundung durch die Kirche zu mildern und ihr geringes Sozialprestige zu steigern.[39] Nachdem die neue Phase der Reaktion 1840 zu einer Politisierung der Vereinsarbeit der Lehrerinnen und Lehrer geführt hatte, erregte vor allem die organisierte Form der öffentlichen Interessenartikulation den Widerspruch der Obrigkeit und ihrer Behörden.[40] Die Wortführer der Volksschullehrerbewegung, Adolf Diesterweg und Karl Friedrich Wilhelm Wander, wurden entlassen bzw. versetzt, die Bildung von **Lehrervereinen untersagt.**[41]

Innerhalb der Volksschullehrerschaft löste deshalb die bürgerliche Revolution von **1848** eine begeisterte Betriebsamkeit aus. Im April trafen sich in Berlin mehr als 500 preußische Lehrerinnen und Lehrer, im September desselben Jahres fand auf Anregung von Wander die Gründungsversammlung des **"Allgemeinen Deutschen Lehrervereins"** in Eisenach statt.[42] Neben der Schulgeldfreiheit, der Einrichtung von Simultanschulen,[43] der Ablehnung der kirchlichen und kommunalen Bevormundung wurde in § 1 der dort gefaßten Beschlüsse "die einheitliche vom Kindergarten bis zur Hochschule aufwärtsgegliederte ... Volksschule" gefordert. Konkreter noch wurde in der Aprilversammlung beschlossen, daß "die Grundlage aller Bildung für alle ohne Ausnahme ... die Volksschule" sein sollte, "die normal gefaßt, den Schüler etwa bis zum 14. Jahre behält, wo er unmittelbar ins praktische Leben oder in eine Höhere Schule übergeht."[44]

Damit war die Forderung der Einheitsschule in Form der allgemeinen Volksschule als **achtjährige Grundschule** erstmals in der deutschen Geschichte nicht nur von einzelnen

---

[38] Wehler (a) Bd.2 S.484; vgl. auch Kuhlemann S.315, S.346 und S.277ff

[39] vgl. ebenda S.316ff; Rissmann, Robert: Geschichte des deutschen Lehrervereins, Leipzig 1908, S.24ff; Tews (a) S.112; Herrlitz u.a. S.55; Nave S.20

[40] Die preußische Kulturabteilung war der Auffassung, es sei "weder der Stellung des Lehrers angemessen noch ihrer eigenen Sache förderlich, ein Verfahren zur Verbesserung ihrer äußeren Lage planmäßig zu organisieren, zu diesem Zwecke besondere Vereine zu bilden und die Wahl von Repräsentanten derselben zu veranlassen." Herrlitz u.a. S.56

[41] vgl. Rissmann S.31; Pretzel, Carl Louis Albert: Geschichte des deutschen Lehrervereins, Leipzig 1921, S.29; Sienknecht S.88; Tews (a) S.120f; Herrlitz u.a. S.56

[42] vgl. Herrlitz u.a. S.57; Rissmann S.34 u. S.70f; Pretzel S.33; Nave S.28; Sienknecht S.101; Tews (a) S.123f; Günther S.295; Hars S.70; Michael/Schepp Bd.I S.382ff

[43] Simultanschulen sind nichtkonfessionelle christliche Volksschulen mit konfessionell getrenntem Religionsunterricht.

[44] Rissmann S.35

Theoretikern gestellt, sondern fand in der Gruppe der Volksschullehrerschaft einen gesellschaftlichen Träger. Bei ihnen verband sich der langsam aufkeimende Einheitsschulgedanke mit der Forderung nach einem einheitlichen Lehrerstand, also einer universitären Ausbildung auch der Volksschullehrer und -lehrerinnen. Gleichzeitig verknüpften sie damit ihre gruppenspezifischen, sozialen und materiellen Aufstiegsinteressen (Einheitslehrerforderung) mit Forderungen nach der Einheitsschule und Schulgeldfreiheit, die der sozialen Klasse, der sie entstammten, Aufstiegschancen eröffnen sollten.

Der Volksschullehrerbewegung kam deshalb auch unter dem Gesichtspunkt einer generellen bürgerlichen Emanzipation "eine innovative, stimulierende Funktion zu." Langfristig konnte diese Liberalisierung selbst durch verschärfete Restriktionen, die nach dem Scheitern der Revolution von 1848 gegenüber der Volksschullehrerschaft eingeleitet wurden, nicht verhindert werden.[45] Unterstützt durch liberale Zeitungen gründeten Lehrkräfte an Volksschulen ab 1860 wieder Landesverbände und schlossen sich 1871 zum zweitenmal im gesamten deutschen Gebiet zum **"Deutschen Lehrerverein (DLV)"** zusammen.[46]

Zunächst beschäftigten den DLV innerorganisatorische Spannungen, da sich mit der Entwicklung des Mittelschulwesens und in Folge des Kulturkampfes Mittelschullehrerverbände bzw. katholische und evangelische Lehrervereine abspalteten.[47] Dennoch stiegen die Mitgliederzahlen des DLV von 5.000 (1874) über 50.000 (1890) auf 132.000 (1914).[48] Der Gedanke der Einheitsschule tauchte reichsweit 1892 wieder auf. In dieser Phase bedeutete der Begriff "Einheitsschule" aber nur den gemeinsamen Volksschulbesuch aller Kinder vom 1.- 4. Schuljahr, bei gleichzeitiger Abschaffung der gymnasialen Vorschulen.[49]

Wie im Kapitel 2 näher erläutert wird, griff reichsweit bedeutend erst der Generalsekretär und die treibende Kraft des DLV, Johannes Tews, 1916 die weitergehenden Forderungen des Jahres 1848 auf. Der engagierte Volksschullehrer und liberale Demokrat befürwortete eine **sechsjährige**, für alle gemeinsame **Grundschule**.[50] Allerdings hatte er mit dieser Forderung noch nicht den gesamten DLV hinter sich. Auf dem Kieler Verbandstag von **1914** hatte nicht Tews, sondern mit großer Zustimmung der Münchener Pädagoge und Stadtschulrat Georg

---

[45] Vgl. Jeismann, Karl-Ernst und Lundgreen, Peter (Hg.): Handbuch der deutschen Bildungsgeschichte. Bd. III 1800 - 1870. Von der Neuordnung Deutschlands bis zur Gründung des Deutschen Reiches, München 1987. Dort heißt es m.E. zutreffend auf S.110: "Vergleicht man die wirklichen Zustände von 1800 und 1870, kann nur ein Absehen von der Bedingtheit aller historischen Prozesse zu der Klage führen, daß sich eine strikte Demokratisierung der Bildungsorganisationen und eine Egalisierung der Erziehungsangebote nicht eingestellt habe."

[46] Kuhlemann S.327, S.335ff und S.341

[47] vgl. Pretzel S.141ff

[48] ebenda S.112f

[49] vgl. Nave S.31f; Michael/Schepp Bd.I S.443ff und S.509

[50] vgl. Tews, Johannes (b): Die Deutsche Einheitsschule, Leipzig 1916, S.41. Tews schrieb z.B. für den liberalen Wahlverein die Schrift: "Die preußische Schulvorlage"; Hrsg. Wahlverein der Liberalen, Berlin 1906; vgl. auch Tews, Johannes (c): Ein Volk - eine Schule, Osterwieck 1919, S.91

Kerschensteiner über die "nationale Einheitsschule" gesprochen, die seiner Vorstellung nach auf einer nur **vierjährigen Grundschule** basierte.[51]

Kerschensteiner war der bildungspolitische Sprecher der Fortschrittlichen Volkspartei. Diese liberaldemokratische Partei hatte sich nach mehreren Abspaltungen und Zusammenschlüssen aus der 1861 gegründeten Deutschen Fortschrittspartei, der Deutschen Volkspartei und der Freisinnigen Volkspartei (bzw. Vereinigung) nach der Jahrhundertwende entwickelt.[52] Dabei ist zu beachten, daß eine **Verbindung zwischen Volksschullehrerschaft und liberaldemokratischen Parteien** bestand. "Vielleicht nicht die Mehrheit der Lehrerschaft, sicher aber die führenden Kreise in ihr, standen auf liberalem Boden."[53]

Neben Gruppen wie der Volksschullehrerschaft artikulierten Kreise des Handwerks und freier Berufe ihre Interessen mit Hilfe der liberaldemokratischen Parteien.[54] Wegen ihrer oppositionellen Haltung gegenüber der Regierung Bismarck im Kampf um die Heeresreform und gegenüber den Agrariern und Großindustriellen in der Schutzzollfrage wurden auch die liberalen Demokraten nach der obrigkeitsstaatlichen Reichsgründung 1871 zu Reichsfeinden erklärt.[55] Angesichts der fortschreitenden Industrialisierung und des Bedarfs an technisch-qualifizierten Arbeitskräften konnten sich die Liberalen allerdings mit der verstärkten Einrichtung von **Berufs-, Fach- und Mittelschulen sowie Realgymnasien** durchsetzen. Besonders Kerschensteiner hatte sich dabei mit der Betonung handwerklich-berufsorientierter Bildung hervorgetan.

Zusammenfassend soll hier für die Volksschullehrerschaft und die liberalen Gruppen festgehalten werden, daß sie das anhand von Schleiermachers Vorstellungen behandelte **schulorganisatorische Gabelungsmodell befürworteten**, jedoch zur Dauer der Grundschule verschiedene Forderungen auftauchten, deren Argumentationsstränge in Kapitel 2 näher erläutert werden.

---

[51] vgl. Michael/Schepp Bd.I S.521; Nave S.33; Sienknecht S.154; Günther S.422

[52] vgl. Presse- und Informationszentrum des Deutschen Bundestages (Hg.): Fragen an die deutsche Geschichte, Bonn 1983, Anhang

[53] Pretzel S.85

[54] vgl. Michael/Schepp Bd.I S.437

[55] vgl. Fragen an die deutsche Geschichte S.179, S.204, S.212

1.4. Einheitsschulvorstellungen und Organisation der Arbeiterbewegung

Das Jahr 1848 markierte nicht nur den Anfang der Organisation der Volksschullehrerschaft und des liberalen Bürgertums, auch die deutsche Arbeiterbewegung begann sich - z.b. auf dem Arbeiterkongreß (23.8.-3.9.1848) - zusammenzuschließen. Im Zuge zunehmender Industrialisierung und Proletarisierung wurde dann 1863 der **"Allgemeine Deutsche Arbeiterverein"** und 1869 die von Marx beeinflußte **"Sozialdemokratische Arbeiterpartei"** gegründet. Nach dem Einigungsparteitag der beiden Parteien in Gotha 1875 gewann in der Folge der Sozialistengesetze die revolutionäre Richtung in der Sozialdemokratie zunehmend an Einfluß.[56] Ihre Utopie war die **klassenlose Gesellschaft.** Nach Marx bestimmte die sozioökonomische Basis den politisch-ideellen und rechtlichen Überbau. Das durch die kapitalistische Entwicklung zwangsläufig verelendete Proletariat würde in einem revolutionären Akt die Herrschaft übernehmen und Entfremdung, Ausbeutung und gesellschaftliche Unterschiede beenden. In der Marxschen Utopie sollte jeder Mensch alle seine Fähigkeiten zum Wohle der nichthierarchischen Gesamtgesellschaft nutzen.[57]

Nach den Forderungen des Arbeiterkongresses von 1848 sollte das Volksschulniveau angehoben und den Produktionsverhältnissen angepaßt werden, die Schulpflicht bei gleichzeitigem Verbot der Kinderarbeit bis zum 14. Lebensjahr durchgesetzt, die Beendigung des Einflusses der Kirchen auf die Schule erreicht und unentgeltlicher Unterricht obligatorisch werden. Einen Wandel der Schule in Richtung der 1869 verlangten achtjährigen Einheits-Grundschule ("obligatorischer Unterricht in Volksschulen") erwarteten große Teile der sozialistischen Bewegung aber erst durch eine proletarische Revolution.[58] Nach dieser Position konnte der von Marx und Engels neben Kinderarbeit und mangelnder polytechnischer Erziehung kritisierte Klassencharakter des großbürgerlich-ständischen Erziehungswesens nur durch das Ende der bürgerlichen Gesellschaft überwunden werden. Daher habe sozialistische Erziehung vorrangig den proletarischen Klassenkämpfer herauszubilden. Forderungen nach Änderungen der Schulorganisation **innerhalb** der **bürgerlichen Gesellschaft** waren nach diesem Konzept verlorene Mühe.[59]

> "Bei aller theoretischen Entschiedenheit blieb das politischpraktische Interesse der SPD an Fragen der Schulreform bis zur Jahrhundertwende vergleichsweise untergeordnet. ... Erst zu Beginn des 20. Jahrhunderts - die Partei war inzwischen zur stärksten Fraktion im Reichstag angewachsen - nahm sie programmatisch wie praktisch-politisch den Kampf gegen die restriktive Schulpolitik der herrschenden

---

[56] vgl. Kocka, Jürgen: Lohnarbeit und Klassenbildung. Arbeiter und Arbeiterbewegung in Deutschland 1800 - 1875, Berlin, Bonn 1983, S.175f, S.179ff, S.188fff und S.191f; Wehler, Hans-Ulrich (b): Das deutsche Kaiserreich 1871 - 1918, Göttingen 4.Aufl. 1980 (1.Aufl. 1973), S.87f; Hars S.70 und S.75
[57] vgl. Böhret S.440ff
[58] vgl. Hars S.70 und S.75
[59] vgl. Wehler (b) S.89; Günther S.326ff

Schichten auf und besann sich auf die Durchsetzung jener bereits im Vormärz erhobenen Forderungen."[60]

Mit zunehmenden parlamentarischen Erfolgen wuchsen auch unter Sozialdemokraten Hoffnungen auf evolutionäre Verbesserungen im Schulwesen. Zudem machten die quantitativen und qualitativen Ausweitungen des Bildungsangebots zu Beginn des 20.Jahrhunderts und die damit verbundenen Aufstiegschancen die für alle gemeinsame Einheitsschule nicht nur für das kleinbürgerliche Milieu und die aufgrund "des erhöhten Nachwuchsbedarfs selbstbewußter gewordene Volksschullehrerschaft" interessant. Auch für "Teile der Sozialdemokratie, in der bislang die Furcht vorherrschend gewesen war, daß im Schulwesen, vor allem in den Höheren Schulen, die eigenen Kinder politisch und sozial der Klasse und Partei entfremdet würden," gewann die konkrete Hoffnung auf sozialen Aufstieg durch für alle gleiche Bildung an Bedeutung.[61]

Auf dem **Mannheimer SPD-Parteitag 1906** benannten die bildungspolitischen Sprecher Heinrich Schulz und Clara Zetkin als sozialdemokratische Leitforderungen die Weltlichkeit und Einheitlichkeit des Schulwesens, die Unentgeltlichkeit des Unterrichts und der Lehrmittel, die sozialistische Erziehung und den Arbeitsunterricht sowie schließlich die Gleichstellung der Volksschullehrer mit den übrigen Lehrergruppen.[62]

1911 konkretisierte Heinrich Schulz, dessen Positionen im Kapitel 2 noch ausführlich dargestellt werden, die Einheitsschulvorstellungen der SPD. Vom 4.-7. Lebensjahr war für alle Kinder der Besuch eines gemeinsamen Kindergartens vorgesehen, vom 8.-14. Lebensjahr der Besuch einer anschließenden gemeinsamen Elementarschule. Die 15-18jährigen sollten in einer Mittelschule aufgenommen werden, die für theoretische und praktische Ausbildung zweigeteilt konzipiert war. Daran schlossen sich nach den Vorstellungen von Schulz verschiedene Hochschularten an.[63] Damit war die **sechs- bzw. achtjährige Grundschule bis zum 14. Lebensjahr ab 1911 fester Bestandteil sozialdemokratischer Bildungsforderungen.**

Mit der Stärkung des reformerisch-evolutionären Flügels der SPD wurde auch eine **Zusammenarbeit mit bürgerlichen Kräften** nicht mehr ausgeschlossen. Im schulpolitischen Kontext vollzog Heinrich Schulz diese Veränderung nach:

---

[60] Hars S.76

[61] Langewiesche, Dieter und Tenorth, Heinz-Elmar (Hg.): Handbuch der deutschen Bildungsgeschichte. Bd V 1918 - 1945. Die Weimarer Republik und die nationalsozialistische Diktatur, München 1992, S.161

[62] vgl. Michael/Schepp Bd.I S.484f; Günther S.447. Die innerparteilichen Auseinandersetzungen zwischen dem gewerkschaftlich-revisionistischen und dem marxistischen Flügel verhinderten eine Debatte über die Leitforderungen. Das Schulzesche Referat wurde als Parteimeinung veröffentlicht, Clara Zetkins Rede nicht. Die im Kern angelegte Spaltung der SPD konnte aber vorerst verhindert werden.

[63] vgl Schulz, Heinrich (a): Die Schulreform der Sozialdemokratie, Dresden (1.Aufl. 1911), erneute Aufl. 1919, S.50ff

"Die proletarische Schulreform muß bei den Tatsachen des gegenwärtigen Schulwesens anknüpfen. ...Dazu haben wir heute aber noch nicht die Macht, wir müssen daher versuchen, indem wir zugleich die bürgerlichen Parteien zur Mitarbeit und zur Hergabe der Mittel zwingen, das heutige Schulhaus vom Bodenrummel und Kehrricht früherer Zeiten zu befreien und neue zweckmäßige Einrichtungen und An- und Umbauten herzustellen. Daraus geht hervor, daß die sozialdemokratische Schulreform ein gut Stück des Weges mit der ernsten bürgerlichen Schulreform, besonders mit der fortschrittsfreudigen Lehrerschaft Hand in Hand gehen kann."[64]

So ging z.B. in München "die 'reformistische Schulpolitik' der Sozialdemokratie mit den Positionen des 'progressiven Bürgertums'" ein Bündnis gegen die "klerikal-konservative Front" ein, obwohl mit dem Münchner Stadtschulrat Kerschensteiner starke Differenzen in Hinblick auf eine antisozialistische "staatsbürgerliche" Erziehung der Schule bestanden.[65] Trotz Übereinstimmungen in manchen Forderungen agierten Sozialdemokraten und Volksschullehrerschaft bzw. liberale Parteien dennoch in der Regel nicht als gemeinsamer schulpolitischer Block.[66] Am schulorganisatorischen Programm des DLV kritisierte Schulz vor allem, daß eine Einheitsschule nur bis zum zehnten Lebensjahr konzipiert war.[67] In Hinblick auf die Einheitsschule gingen die Kräfte der Arbeiterbewegung also vor dem Ersten Weltkrieg über die Forderungen des liberalen Bürgertums und der Volksschullehrerschaft hinaus.

---

[64] ebenda S.33
[65] Berg, Christa (b) (Hg.): Handbuch der deutschen Bildungsgeschichte. Bd. IV 1870 - 1918. Von der Reichsgründung bis zum Ende des Ersten Weltkriegs, München 1991, S.191
[66] vgl. Schulz (a) S.82ff, S.247ff; Nave S.12; Wehler (b) S.89. Die Streitreden im Reichstag 1912 - 1914 zwischen Schulz (SPD) und Kerschensteiner (Fortschrittspartei) mögen ein Beleg dafür sein.
[67] vgl. Schulz (a) S.57; Nave S.12

1.5. Die schulpolitische Blockbildung der feudalen, klerikalen und großbürgerlichen Kräfte

Das gemeinsame Interesse der 1848er Opposition aus Großbürgertum, Arbeitern, Bauern und Kleinbürgern war aufgehoben, als Teilforderungen des Großbürgertums erfüllt wurden. Um die bereits erlangten Privilegien gegenüber den Unter- und Mittelschichten zu verteidigen und die Arbeitskraft von Kindern und Jugendlichen zu nutzen, fand sich die nationalliberale Bourgeoisie schnell zum Kompromiß mit dem Adel bereit.

"Eine z.T. skeptische, gleichgültige oder sogar abwehrende Haltung gegenüber einer progressiven Entfaltung der Elementarschule nahmen nicht etwa nur agrarische Gruppen oder konservative Regierungskreise ein, sondern in der Regel auch die frühe Unternehmerschaft, das liberale Wirtschaftsbürgertum. Solange die Wirtschaft in den zur Industrialisierung übergehenden Produktionsbereichen mit der Elementarschule um die Arbeitszeit und -kraft der Kinder konkurrierte, so kann man schließen, war jeder bildungspolitischen Initiative zum Ausbau des Elementarschulwesens und zur rigorosen Verwirklichung der Schulpflicht von vornherein ihre Durchschlagskraft genommen."[68]

So unterstützt, konnte die konservative Regierung im Bereich der Volksschulbildung erneut eine **restriktive Schulpolitik** betreiben und den Volksschullehrern aufgrund deren engagierter Beteiligung an den Aufständen von 1848 das Vereinsgründungs- und Versammlungsrecht sowie das Recht auf politische Betätigung entziehen.[69] Vom Adel, Klerus, Junkertum und Großbürgertum gleichermaßen als **politische** Maßnahmen begrüßt, wurden mit den **"Stiehlschen Regulativen"** von 1854 wissenschaftliches Denken, Pädagogik und Psychologie zurückgedrängt.[70] Auch wenn in der Praxis die Absichten der Regierungen keineswegs ungebrochen durchgesetzt wurden und liberale Kräfte in der Volksschullehrerschaft, in den Schulverwaltungen und Seminaren auch emanzipatorisches Gedankengut verbreiteten, bleibt festzuhalten, daß es das Ziel der herrschenden Schichten war, die Kenntnisse der Volksschülerinnen und -schüler auf das Notdürftigste zu beschränken. Dafür wurde der Lernstoff mit auswendig zu lernenden Kirchenliedern, Bibelsprüchen usw. angehäuft und die Erziehungsgrundsätze aus der Bibel hergeleitet. In bedürfnislosen, treuen Christen sah man die beste Gewähr für den regierenden Schichten ergebenen Untertanen. Die kirchlich-volkstümliche Bildung wurde erneut zum politischen Mittel der Herrschaftsstabilisierung.[71] Was

---

[68] Leschinsky/Röder S.165

[69] vgl. Hars S.69; Nave S.29. Z.B. wurde die Teilforderung des an den Besitz gekoppelten Wahlrechts erfüllt. In seinem Vortrag vor dem Lehrerseminar 1849 ließ der preußische König Friedrich Wilhelm der IV keinen Zweifel, wen er für den Urheber der Märzerhebung hielt: "All das Elend, das im verflossenen Jahre über Preußen hereingebrochen, ist Ihre, einzig Ihre Schuld der Afterbildung, der irreligiösen Menschenweisheit, die Sie als echte Weisheit verbreiten, mit der sie den Glauben und die Treue in dem Gemüthe Meiner Untertanen ausgerottet und deren Herzen von Mir abgewandt haben." Michael/Schepp Bd.I S.313f; Kirsch S.165

[70] vgl. Michael/Schepp Bd.I S.60; Kirsch S.165ff; Wehler (b) S.125f. Den Volksschullehrerinnen und -lehrern wurde die Lektüre der "sogenannten klassischen Literatur" verboten, ihre Ausbildung blieb konfessionell getrennt.

[71] vgl. Hars S.71

Leschinsky/Röder für die vorangegangenen Jahrhunderte konstatieren, galt damit auch noch für das 19.Jahrhundert:

> "Kirchliche Funktionsträger sind es zunächst, die der Landesherr als weltliches Oberhaupt der Kirche zur Kontrolle der Durchsetzung seiner Schulpolitik anhält."[72]

Dagegen sollten die Kinder der "höheren" Schichten für Führungsaufgaben in von vorneherein abgetrennter gymnasialer Bildung qualifiziert werden,[73] was wiederum Privilegien für die Lehrkräfte des weiterführenden Schulwesens zur Folge hatte.

Giesecke meint, daß schon zu diesem Zeitpunkt die die Konflikte um die Grundschuldauer prägende Blockbildung entstand:

> "In der Mitte des vorigen Jahrhunderts hatte sich eine schulpolitische Grundkonstellation gebildet, die seither nur noch variiert wurde. Auf der einen Seite standen die ökonomischen Interessen des Großgrundbesitzes und der Bourgeoisie; mit ihnen verband sich das gesellschaftliche Interesse der Kirchen an der Herrschaft über die Schule sowie das Statusinteresse der bürgerlichen Intellektuellen, also auch der Gymnasiallehrer und der Hochschullehrer."[74]

Auf der anderen Seite sieht Giesecke allein die Volksschullehrer; Hars ergänzt, sie wären damals schwach unterstützt gewesen "von demokratischen Kräften, fortschrittlichen Pädagogen und einer sich erst in den Anfängen befindenden Arbeiterbewegung."[75]

M.E. ist dagegen in der zweiten Hälfte des 19.Jahrhunderts weder eine völlige Übereinstimmung der liberalen und sozialdemokratischen Kräfte noch eine Harmonie in der "Interessenkoalition" des Industriebürgertums mit den agrarischen Großgrundbesitzern, dem Klerus und der feudal-aristokratischen bzw. bürokratischen Oberschicht festzustellen.[76]

Herrlitz u.a. weisen für die konservativen Gruppierungen mit Recht darauf hin, daß die **Spannung zwischen "Herrschaftssicherung und Modernisierungszwang"** erst in einem "Kompromiß zwischen den Ansprüchen der traditionellen Bildungs- und Beamtenelite einerseits sowie den Ansprüchen des modernen Wirtschaftsbürgertums andererseits" mühsam gelöst werden mußte.[77]

Für die These von Interessenunterschieden zwischen Modernisierung und Herrschaftssicherung, die mit der Beschleunigung des Industrialisierungsprozesses zwischen 1850 und 1872 zunahmen und erst in Vereinbarungen ausgeglichen werden mußten, sprechen auch die unterschiedlichen Parteiengründungen und Koalitionen innerhalb des großbürgerlich-ständischen Spektrums. Die starke **"Nationalliberale Partei"** wurde u.a. vom industriellen Großbürger-

---

[72] Leschinsky/Röder S.428
[73] vgl. Wehler (b) S.127ff
[74] Giesecke, Herrmann (a): Bildungsreform und Emanzipation. Ideologische Skizzen. München 1973, S.65
[75] Hars S.73
[76] vgl. ebenda
[77] Herrlitz u.a. S.87

tum getragen, während der größte Teil der Agrarier, der Beamtenelite, des Militärs und Adels die **"Konservative Partei"** und die **"Reichspartei"** unterstützte. Durch eine Kompromiß-politik zwischen nationalliberalen und konservativen Positionen konnte der Reichskanzler Bismarck jedoch alle diese Parteien nach der Reichsgründung 1871 zur Unterstützung der Regierung gewinnen.[78]

Mit ihrer Mehrheit verhinderten sie Schulreformen und verteidigten das "grundständig-verti-kal getrennte Isolationssystem".[79] Zwar löste ideologisch die Trennung nach Begabung die Aufgliederung nach Herkunft ab. Da aber nur die Besitzenden das Schulgeld der Höheren Schulen bzw. Privatschulen aufbringen konnten, war die aufstiegssichernde Bildung an den Besitz gekoppelt. Die formale Chancengleichheit geriet real zur Farce.

Die Abschirmung der Höheren Schule richtete sich nach Leschinsky/Röder aber nicht nur "gegen die Kinder von Arbeitern, sondern auch gegen die des Kleinbürgertums, das mit der Mittelschule von 1872 beziehungsweise ihren Vorläufern eine wiederum gegen das 'Proletariat' durch Vorschulen und Schulgeld abgesicherte Schule erhält, mit ihr jedoch keinen Zugang zu höheren Stufen des staatlichen Bildungswesens."[80]

Auseinandersetzungen zwischen Nationalliberalen und Konservativer bzw. Reichspartei fanden zunächst auf der Ebene der **"höheren" Bildung** statt. Dabei zeigen die langsame Entwicklung der Oberrealschulen, der modernen Fremdsprachen und Naturwissenschaften, des Mittel- und Fachschulwesens und vor allem die späte Anerkennung des Oberrealschulab-schlusses als Hochschulzugangsberechtigung, wie mühsam die Durchsetzung ökonomischer Modernisierungsinteressen im Schulwesen war. Scheuerl konstatiert, daß die Entwicklung zur Dreigliedrigkeit des Schulwesens auf ökonomisch bedingten politischen Entscheidungen beruhte und nicht ein irgendwie gearteter "natürlicher" oder pädagogisch begründeter Entfal-tungsprozeß war.[81] Das stürmische Wachstum der Industrie von 1850 bis 1873 und der gestiegene Bedarf an qualifizierten Arbeitskräften erforderte nicht nur den Wandel des Höheren Schulwesens, sondern machte auch deutlich, daß die Bildungsbegrenzungspolitik der Stiehlschen Regulativen im Volksschulwesen nicht fortgesetzt werden konnte.[82] Die Durch-setzung **ökonomischer Modernisierungsinteressen** im Schulwesen erfolgte auch, weil

---

[78] vgl. Fragen an die deutsche Geschichte S.201ff
[79] Hars S.71
[80] Leschinsky/Röder S.431
[81] vgl. Scheuerl (a) S.100
[82] vgl. Leschinsky/Röder S.166f; Fragen an die deutsche Geschichte S.168; Herrlitz u.a. S.93: Der in der liberalen Ära (1870 - 1879) wirkende preußische Kultusminister Falk begründete den Ausbau der Volksschulbildung und das neue Erziehungsziel des "erwerbs- und urteilsfähigen" Volksschülers wie folgt: "Die Lebensbedingungen unseres Volkes, die Entwicklung der Industrie, die starke Bewegung in der Bevölkerung, welche ja in ganzen weiten Destrikten den Unterschied zwischen Dorf und Stadt vollständig verwischt hat, haben es meiner Meinung nach dem Staate zur Pflicht gemacht, für ausreichend gebildete Lehrer der Volksschule zu sorgen."

Liberalisierungen als **herrschaftspolitisches** Mittel gegen die wachsende Sozialdemokratie erfolgversprechend schienen.[83]

> "Kaum im Sinne der Sozialdemokratie, eher ihr präventiv entgegen hatten liberale Schulpolitiker schon lange die besitzenden Klassen zu einem verstärkten Aufbau des Elementarschulwesens aufgerufen."[84]

Doch die u.a. zur Abwehr weitergehender Ansprüche eingeleitete Regierungspolitik blieb nicht konsequent bei Liberalisierungen, sondern schwankte zwischen begrenzter Modernisierung und restriktiver Herrschaftssicherung. 1878/79 wurde aus Anlaß zweier Attentate auf Kaiser Wilhelm I. und des Auseinanderbrechens der nationalliberalen Fraktion an der Schutzzollfrage die konservative Doppelstrategie der Sozialistengesetze und der Sozialgesetzgebung eingeführt.[85] Auf schulpolitischer Ebene beschäftigte Wilhelm II. 1889 der Gedanke, "die Schule in ihren einzelnen Abstufungen nutzbar zu machen, um der Ausbreitung sozialistischer und kommunistischer Ideen entgegenzuwirken."[86] Phasenweise und lokal unterschiedlich wurde von Seiten der Regierung im Volksschulwesen wieder Bildungsbegrenzung und herrschaftstreue Disziplinierung betont.[87] Vor allem in Norddeutschland wurde die Volksschule stark vernachlässigt, so daß sich dort die Vorschulen für die Kinder der herrschenden Schichten rapide vermehrten, während sie im liberaleren bzw. antipreußischen Süddeutschland unterentwickelt blieben.[88]

Der Kampf der Nationalliberalen bzw. Konservativen Partei gegen innenpolitische Feinde war aber nicht nur gegen die SPD und die Fortschrittspartei gerichtet. Auch der **politische Katholizismus** und die ihn vertretende Partei des **"Zentrum"** wurden zeitweise zu Reichsfeinden erklärt.[89] Gründe dafür mögen die reichsoppositionelle Haltung der polnisch-katholischen Minderheit, der gegen die preußische Hegemonie gerichtete Protest des katholisch dominierten Süddeutschlands und die wegen seiner Verbindung zum Papsttum übernationale Position des Katholizismus sein. Zudem war die Konfessionalisierung und katholische Inbeschlagnahme der Schule gegen Modernisierungs- und Rationalisierungsabsichten der

---

[83] vgl. Falk zitiert nach Herrlitz u.a. S.98:" Ich habe, bald nachdem jene Allgemeinen Bestimmungen erschienen, in einer sozialdemokratischen Zeitung gelesen, sie seien ein neuer Versuch, die moralischen Säulen des Staates und der Gesellschaft zu stützen, und es wurde hinzugesetzt, ein Versuch, der der Sozialdemokratie gefährlicher sein könnte als die Weiterführung des Erziehungswesens nach den Regulativen - und ich denke, Unrecht hatte das Blatt nicht."

[84] Leschinsky/Röder S.168

[85] vgl. Fragen an die deutsche Geschichte S.196

[86] Michael/Schepp Bd.I S.409

[87] vgl. Herrlitz u.a. S.100. Unter dieser Bildungsunterdrückung hatten besonders alle Schülerinnen zu leiden. Auch im gesonderten weiterführenden Mädchenschulwesen war das Qualifikationsniveau gering. Das Problem der schulpolitischen Benachteiligungen der Mädchen bleibt jedoch anderen bildungspolitischen Arbeiten vorbehalten und kann hier nicht näher untersucht werden.

[88] vgl. Nave S.29f

[89] vgl. Fragen an die deutsche Geschichte S.194

Nationalliberalen gerichtet. Schließlich verband der Kampf gegen gemeinsame Feinde das nationalliberale Bürgertum und die preußisch-protestantischen Aristokraten.

Der Kulturkampf und seine Schulmaßnahmen (z.B. Zurückdrängung der kirchlichen Schulaufsicht) unterbrachen das schulpolitische Bündnis zwischen katholischer Kirche und konservativen Gruppen allerdings nur für kurze Zeit.[90] Nach dem Machtverlust der Nationalliberalen und dem Ende der Liberalisierungsphase konnte die katholische Kirche wieder in das konservative Bündnis eingegliedert werden, da die kirchlich-autoritäre Erziehung obrigkeitsstaatliche Sozialisationsfunktionen erfüllte und sich damit großbürgerlich-ständische Herrschaftsinteressen und kirchliche Eigeninteressen deckten.[91]

Dennoch behielt der politische Katholizismus im Zentrum eine gewisse Eigenständigkeit. So sorgte 1896 das Zentrum z.b. dafür, daß die kirchliche Schulaufsicht wieder eingeführt wurde und die Konfessionalisierung der Volksschule bestehen blieb.[92]

Festzuhalten ist, daß sich Großbürgertum, Großagrarier, Adel, Beamte und Kirchen aufgrund der gesellschaftspolitischen Bedeutung, die sie dem Schulwesen zumaßen, trotz aller inneren Spannungen zur Abwehr liberal- und sozialdemokratischer Gleichheits- bzw. Aufstiegsansprüche schon vor dem Ersten Weltkrieg zu einem schulpolitisch "konservativen Block" zusammenschlossen.

---

[90] vgl. Tews (a) S.161; Berg, Christa (a): Die Okkupation der Schule, Heidelberg 1973, S.110
[91] vgl. Kunz, Lothar: Reformerische und restaurative Tendenzen der schulpolitischen Auseinandersetzungen zur Zeit der Weimarer Republik. In: Dithmar, Reinhard und Willer, Jörg (Hg.): Schule zwischen Kaiserreich und Faschismus. Zur Entwicklung des Schulwesens in der Weimarer Republik. Darmstadt 1981, S.142
[92] vgl. Tews (a) S.218, S.226, S.233; Günther S.412

1.6. Strukturelemente der Auseinandersetzungen um die Schulorganisation

(1) Das Schulwesen wird durch historisch gewordene und aktuelle gesellschaftliche Bedingungen im **administrativ-politischen, ökonomischen und soziokulturellen System** bestimmt.[93] Die Aufgliederung der Gesellschaft in diese drei Teilbereiche, die von Systemtheoretikern (Parsons, Luhmann) erarbeitet und von Habermas u.a. Soziologen kritisch erweitert wurde, erweist sich für die Analyse der schulpolitischen Entwicklungen aufgrund ihrer Erklärungskraft als hilfreich.[94] Die historische Betrachtung zeigte, daß die Schule und ihr Aufbau nicht rein nach wissenschaftlichen Erkenntnissen gestaltet wurde, aber soziokulturelle Aspekte wie Wissenschaft, Religion und allgemeine Bewußtseinslage durchaus eine wichtige Rolle spielten. Hier sei nur an Diskussionen in Hinblick auf Begabungstheorien, an die wachsende Bedeutung von Wissenschaften generell und an die Rolle der Kirche im Zusammenhang mit der Untertanenerziehung erinnert.

Auch lassen sich Veränderungen im Schulwesen als Bestandteil des "Überbaus" genauso wenig in deterministischer Weise aus der "ökonomischen Basis" erklären wie am Beschäftigungssystem orientierte Ansätze allein nicht ausreichende Deutungskraft besitzen.[95] Andererseits können Einflüsse des ökonomischen Systems auf die Veränderung von Schule und Schulaufbau nicht geleugnet werden.[96] So bewirkte z.B. der mit der Industrialisierung erfolgte Wechsel der Produktionsbedingungen die Verlängerung und Verbesserung der Volksschulausbildung und die Einrichtung des Mittel-, Fach- bzw. Berufsschulwesens. Unterschiedliche Besitzverhältnisse ermöglichten es bestimmten Familien, Privatschulen, Hauslehrer oder Vorschulen für ihre Kinder zu bezahlen.

Schließlich haben Veränderungen im politischen Herrschaftssystem ihre Auswirkungen auf das Schulwesen. Hier seien als Beispiele die Revolutionen von 1792 und 1848, die Kriege von 1813 und 1866 und die verschiedenen Koalitionen von Nationalliberalen, Konservativen und Zentrum genannt.

> "Jedesmal mit dem Zusammenbruch der autoritär-elitären Staatsordnung (1806, 1848, 1918, 1945) wurden sie (die Schulreformpläne, d.V.) neu aktualisiert, um dann allerdings regelmäßig - quasi als bloße Krisenphänomene - nach dem historischen Auslaufen der politischen Umbruchversuche in der restaurativen Folgezeit erneut in der Versenkung zu verschwinden."[97]

---

93 vgl. insbesondere Leschinsky/Roeder, vor allem ihre "Thesen über die Entwicklung der Elementar- und Mittelschule im Wechselspiel ökonomischer und politisch-sozialer Interessen und Bedürfnisse", ein Wechselspiel, das "nie allein aus dem Zusammenspiel aktuell einflußnehmender Faktoren zu verstehen, sondern auch aus ihrem geschichtlich entstandenen 'Reaktionspotential' " zu erklären sei.(ebenda S.433)
94 vgl. Habermas, Jürgen (c): Legitimationsprobleme im Spätkapitalismus, Frankfurt am Main 1973, S.15ff
95 vgl. Hars S.8 und Rolff, Hans-Günter (b): Soziologie der Schulreform, Weinheim 1980, S.34ff
96 vgl. dazu vor allem die Ergebnisse der mehrfach angeführten Studie von Leschinsky und Röder
97 Hars S.59; vgl. Kuhlmann, Caspar (a): Schulreform und Gesellschaft in der Bundesrepublik Deutschland 1946-1966. In: Robinsohn, Saul B.: Schulreform im gesellschaftlichen Prozeß I, Stuttgart 1970, S.82

Zweifelsohne beeinflussen sich die genannten drei Systeme auch untereinander.[98] Dennoch werden sie aufgrund ihrer unterschiedlichen Wirkungen auf Schule und Schulaufbau gesondert behandelt.

Dabei ist neben den aktuellen Veränderungen zugleich auf die prägende Einflußnahme der historischen Auseinandersetzungen zu achten, da sie - wie etwa die schulpolitischen Blockbildungen zeigen - sehr langfristige Nachwirkungen haben können.

(2) Nach ihrer Herkunft aus den genannten drei gesellschaftlichen Bereichen können auch die **schulpolitischen Akteure** unterteilt werden in:
- administrative (z.B. Kultusverwaltungen) und politische Gruppen (z.B. Parteien),
- wirtschaftspolitische Gruppen (z.B. Arbeitgeber- und Arbeitnehmerverbände),
- soziokulturelle Gruppen mit häufig stärkeren Eigeninteressen (z.B. Lehrer-, Schüler-, Eltern-, Hochschulverbände und Kirchen) und solche mit meist geringeren Eigeninteressen (z.B. Wissenschaftler).

Bei der Betrachtung von gruppenspezifischen Eigeninteressen zeigte sich, daß sie sich mit klassenspezifischen Interessen überlagern können.[99]

(3) Neben der mehr formalen Gliederung der Akteure, die bei der Betrachtung der Entscheidungsebenen hilfreich sein wird, hat sich in der historischen Betrachtung eine Unterteilung der Gruppierungen nach **gesellschaftspolitischen Grundpositionen** als ergiebig erwiesen. Im wesentlichen lassen sich für den betrachteten Zeitraum drei Idealpositionen herausarbeiten:
- die Verteidigung ständischer Gesellschaftsmomente,
- das Modell der bürgerlichen Gesellschaft,
- die Utopie der klassenlosen Gesellschaft.[100]

Unter der Anwendung eines abgewandelten Ausgangsmodells von Schumann werden diese Positionen im folgenden in bezug auf ihre Träger, Inhalte, Ziele und Legitimationsfunktionen tabellarisch dargestellt:[101]

---

[98] Als Beispiel für die Wechselbeziehungen zwischen ökonomischem und politischem System sei hier das in der Geschichte des industriellen Wachstums erst relativ spät erfolgte Ausbilden von Facharbeitern erwähnt. Ähnliche Wechselbeziehungen bestehen mit dem soziokulturellen System. Hier sei nur der von Max Weber herausgearbeitete Einfluß des protestantischen Konsumverzichtideals auf die Entwicklung des Kapitalismus genannt.

[99] Cloer gliedert ähnlich in: administrativ-politische Ebene, gesellschaftliche Gruppen und Kirchen und in die Ebene der universitären Pädagogik. Er vernachlässigt dabei die wirtschaftspolitischen Einwirkungen. Vgl. Cloer, Ernst: Bildungspolitik und universitäre Pädagogik in der Geburtsstunde des Landes Niedersachsen 1945-1948. In: Overesch, Manfred (Hg.): Zeitenwende, Hannover 1986, S.85 - S.111

[100] Auch Keim kommt im Vorwort der Abhandlung von Hars (S.XII) zu dem Schluß, daß dessen Unterteilung in eine konservative und eine progressive Seite die Differenz zwischen Liberalismus und utopischem Kommunismus bzw. ihren schulpolitischen Vorstellungen nicht deutlich genug macht.

[101] vgl. Schumann, Hans-Gerd: Konservativismus, Köln 1974, S.17. Schumann nennt "Ziele" in seinem Konservatismusmodell "Funktionen". Da Adressaten meist alle Gesellschaftskreise sind, ist hier m.E. der Aspekt der Legitimationsfunktion ergiebiger. Die Positionen werden sowohl von den "Trägergruppen" als auch bereits erfolgreich erreichten Adressaten artikuliert.

Position:	ständisch	bürgerlich - liberal	Utopie der klassen-losen Gesellschaft
Träger:	Aristokratie Offizierskorps Beamte Agrarier Kirchenführer	aufstrebendes Mittel- und Kleinbürgertum Intellektuelle	Arbeiter Intellektuelle
Inhalte:	hierarchische Gesellschaft von Natur gegeben mit unterschiedlichen Rechten	hierarchische Gesellschaft durch Leistung gegeben mit formal gleichen Rechten	Gesellschaft mit sozialer Gleichheit und gleichen Rechten
	feste Bindungen an Gruppen	autonom handelndes, freies Individuum	freies Individuum mit Gemeinschaftsbindungen
	geringe soziale Mobilität	große soziale Mobilität	soziale Gleichheit
	feste, übernatürliche und ewige Werte	durch rationale Diskussion wandelbare Werte	durch rationale Diskussion wandelbare Werte
Ziel:	Herrschaftssicherung der Elite	Aufstiegsmöglichkeiten für Bürgertum	Aufstiegsmöglichkeiten auch für Arbeiterschaft
Legitimationsfunktion:	transzendentale und ideelle Zufriedenstellung durch Kirche bzw. soziale Bindungen	eigener Aufstieg und Nichtaufstieg der Arbeiter wird mit Begabungsunterschieden und Chancengl. legitimiert	eigener Aufstieg wird mit Gleichstellung aller gerechtfertigt

Bevor dieses Ausgangsmodell kommentiert und differenziert wird, sind die Funktionen von Schule in diesen Gesellschaftspositionen zu ergänzen.

(4) Die Schule hat in den drei Konzepten unterschiedliche **Erziehungs- bzw. Sozialisationsfunktionen, Bildungs- bzw. Qualifikationsfunktionen und Auslese- bzw. Allokationsfunktionen** zu erfüllen.[102]

Alle Positionen machen der Schule zur Aufgabe, die Werte der jeweiligen Gesellschaft zu reproduzieren und die junge Generation entsprechend zu erziehen. Die Schule als Teil des kulturellen Systems ist deshalb grundsätzlich auf Erhaltung ausgerichtet, tradiert Bewußtseinslagen und wirkt damit tendenziell konservativ auf sich selbst zurück.[103] Innerhalb der

---

[102] vgl. Hars S.46ff und Rolff (a) S.21ff. Allokation bedeutet hier Zuweisung von gesellschaftlichem Status, Beruf und Einkommen aufgrund von Schulabschlüssen.

[103] vgl. Hars S.48; Hentig, Hartmut von: Aufwachsen in Vernunft, Stuttgart 1981, S.237ff

Sozialisationsaufgabe spielt neben der Reproduktions- die Integrationsfunktion für alle Gesellschaften eine wichtige Rolle. Wenn nicht durch gemeinsamen Unterricht ein Gefühl erzeugt wird, alle seien Teil einer zusammengehörigen Gesellschaft (Staat, Nation, Gemeinschaft), so müssen die Träger jeder der Grundpositionen die gesellschaftliche Integration durch andere Mittel erreichen.

Unverzichtbar ist für alle Grundvorstellungen auch die Qualifikationsfunktion von Schule, da die komplexen Aufgaben in den modernen Gesellschaften eine Steigerung der Fähigkeiten der Gesellschaftsmitglieder nötig machen und jedes Gesellschaftssystem auf Effektivitätssteigerung ausgerichtet ist. Eine Allokationsfunktion besitzt die Schule vor allem in der bürgerlichen Gesellschaft, da hier die soziale Stellung von der Bildung abhängig ist. Zwar hat auch die Schule in der ständischen Gesellschaft Allokationsfunktion, die Auslese ist aber vorschulisch, d.h. der Schulbesuch ist schon von der Herkunft bestimmt. Die soziale Stellung wird nicht innerhalb der Schullaufbahn bestimmt, sondern im wesentlichen schon vorher. In der Utopie der klassenlosen Gesellschaft muß die Schule nicht sozial selektieren, da keine sozial ungleichen Positionen in der Gesellschaft existieren. Wenn überhaupt, findet hier eine Allokation - der Idee nach - fachlich orientiert ohne Hierarchisierung statt.

Der Zusammenhang zwischen gesellschaftlicher Grundposition, Funktionszuschreibung von Schule und den daraus abgeleiteten Schulorganisationsmodellen sei hier mit Beispielen tabellarisch dargestellt:

Position:	ständisch	bürgerlich - liberal	Utopie der klassenlosen Gesellschaft
Sozialisationsfunktion:	Erziehung dazu, Unterschiede als natürlich vorgegeben zu akzeptieren, deshalb Begegnungsmöglichten der Kinder unterschiedlicher Schichten verringern	Erziehung zu Mobilität, Konkurrenz, hierarchischem, aber rationalem und demokratischem Denken	Erziehung zu sozialem Verhalten, Solidarität, Bekämpfung sozialer Ungleichheit, Bedürfnisbegrenzung, rationalem u. demokratischem Denken
	Integration über christliche, Gemeinschaftsgefühl vermittelnde Werterziehung	Integration über Rechtsstaats- oder Nationalgefühl, Chancengleichheit, gleiche Rechte und Allgemeinbildung	Integration über soziale Gleichheit, Allgemeinbildung
Qualifikationsfunktion	Elitenqualifikation und Bildungsbegrenzung der Unterschichten	Elitenqualifikation u. berufsspezif. Ausb. der Mittel- u. Unterschichten	Niveaugleiche, allseitige, polytechnische und kognitive Bildung
Allokationsfkt.:	nach Herkunft, vorschulisch	nach Leistung, durch Schulabschl.	nicht sozial gestuft

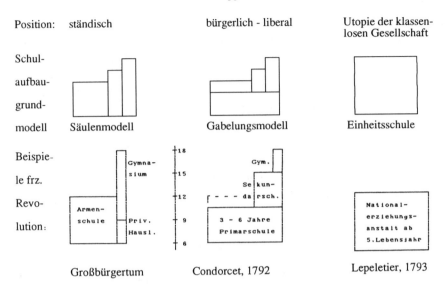

Position:	ständisch	bürgerlich - liberal	Utopie der klassen- losen Gesellschaft

Schul-
aufbau-
grund-
modell   Säulenmodell   Gabelungsmodell   Einheitsschule

Beispie-
le frz.
Revo-
lution:

Großbürgertum   Condorcet, 1792   Lepeletier, 1793

(5) Diese Grundpositionen wurden in der Praxis des betrachteten Zeitraums jedoch kaum in Reinform vertreten. Widersprüche zwischen verschiedenen Funktionen von Schule innerhalb einzelner Positionen waren feststellbar, etwa zwischen der Sozialisationsfunktion "Allgemeine Menschenbildung" und der Qualifikationsfunktion "berufsspezifische Ausbildung". Daneben gab und gibt es innerhalb der Grundpositionen noch offene Fragen. So sagt etwa das bürgerliche Gabelungsmodell noch nichts darüber aus, in welchem Alter getrennt werden sollte. Je nach Nähe zu den verschiedenen gesellschaftlichen Standpunkten wird die **Frage der Grundschuldauer unterschiedlich beantwortet** werden. Dabei tendieren ständische Vorstellungen aus ihrem Grundmodell heraus zu frühen Trennungen, während egalitäre Gesellschaftsanschauungen eine sehr lange gemeinsame Schulzeit implizieren. Die tabellarische Übersicht zeigt aber, daß es grundsätzlich ein Unterschied ist, ob die **sechsjährige Grundschule als erster Schritt zur zehnjährigen Einheitsschule** ohne erzwungene Trennungen der Schülerinnen bzw. Schüler und ohne hierarchisierende Abschlüsse gewünscht wird **oder** ob sie als **abgeschlossenes Modell** gefordert wird, bei dem das Gabelungssystem grundsätzlich akzeptiert ist.[104]
Weiter bestanden Differenzen zwischen Idee und Praxis der jeweiligen Gesellschaftsvorstellungen. So wird z.B. das Prinzip der Chancengleichheit ohne Kompensation der Vorausset-

---

104 Die integrierte Gesamtschule ist m.E. als ein Zwischenmodell zwischen der zehnjährigen undifferenzierten Einheitsschule und der Grundschule mit anschließenden präjudizierenden Gabelungen zu betrachten. Insofern ist es m.E. auch ein Unterschied, ob die sechsjährige Grundschule als isolierte und ausreichende Maßnahme oder mit dem Ziel einer anschließenden Verlängerung des gemeinsamen Lernens in einer integrierten Gesamtschule eingefordert wird.

zungen zur Farce. Auch das Versprechen der bürgerlichen Position, jedem durch tendenziell gleiche Bildung den Zugang zu gesellschaftlichen Spitzenstellungen zu eröffnen, führt bei zwangsläufiger Nichterfüllung zu Unzufriedenheit. Versuchen die führenden konservativen Kreise, das ständische Programm "gesellschaftliche Stabilität durch standesgemäße Bildungsbegrenzung und religiöse Gesinnungsbildung" zu realisieren, so geraten sie - wie dargestellt - in Konflikt mit Modernisierungsabsichten.[105] Daher waren besonders bei Unternehmern und Nationalliberalen sowohl Elemente der bürgerlichen Leistungsgesellschaft wie auch ständischer Herrschaftssicherung zu beobachten. Da aber Unternehmer und Großbürger ihre gesellschaftliche Position und Macht verteidigen wollten, unterschieden sich ihre Auffassungen von denen des Kleinbürgertums und der Arbeiterschaft so stark, daß sie sich mit der Aristokratie und dem Klerus zum **"konservativen Block"** zusammenschlossen. Dies war auch deshalb möglich, weil die Aristokratie aufgrund der Entwicklung zur bürgerlichen Gesellschaft gezwungen war, sich an liberale Positionen anzunähern.

Ebenso bot sich auf der anderen Seite eine **bedingte Zusammenarbeit von Kleinbürgertum und Arbeiterschaft**, von liberaldemokratischen und sozialistischen Gruppierungen an, um die eigenen Aufstiegsambitionen machtvoller durchsetzen zu können. In der Gruppe derer, die kommunistischen bzw. sozialistischen Ideen anhingen, war nämlich bei der langsamen Entstehung und Verfestigung der bürgerlichen Gesellschaft eine Differenz zwischen denjenigen zu sehen, die innerhalb dieser Gesellschaft wirken, und denjenigen, die sie grundsätzlich revolutionieren wollten. Das hatte Konsequenzen für den schulischen Bereich. Die ersteren akzeptierten das Gabelungsmodell und betonten stärker soziale Gerechtigkeit als soziale Gleichheit. Dadurch versuchten sie, wenn schon in der bürgerlichen Gesellschaft der Aufstieg des ganzen Proletariats nicht zu erreichen war, wenigstens den Aufstieg eines Teils des Proletariats durchzusetzen, nämlich den der "Begabten". Damit konnte eine Annäherung des Reformflügels der Arbeiterpartei bzw. -bewegung an bürgerlich-liberaldemokratische Positionen erfolgen, die partielle Bündnisse ermöglichte.

Insofern macht die Verwendung des Begriffspaars "konservativ" und "progressiv" m.E. durchaus Sinn, wenn damit die vielgestaltigen Zwischenräume der drei Grundpositionen bzw. die jeweiligen Tenzenzen innerhalb des bürgerlichen Gesellschaftsmodells bezeichnet werden. Die beiden Begriffe "konservativ" und "progressiv" sind also eher dynamisch als Abwehr bzw. Anstreben von Aufstiegschancen zu verstehen.[106] Dennoch können hinter diesen Begriffen jeweils unterschiedliche gesellschafts- und schulpolitische Orientierungen verborgen sein. Insofern hoffe ich, mit Hilfe der hier aufgeführten Strukturierungen für die folgenden Kapitel einen klärenden Ausgangspunkt geschaffen zu haben, so daß schulorganisatorische Vorstellungen und weitere Entwicklungen eingeordnet werden können und historische Vorbedingungen deutlich geworden sind.

---

[105] vgl. Herrlitz u.a. S.49; Sienknecht S.46
[106] vgl. Hars S.19

Kapitel 2.: Politische und pädagogische Kontroversen um die Gestalt und Dauer der Grundschule nach dem Ersten Weltkrieg

2.1. Die administrativ-politischen, ökonomischen und soziokulturellen Rahmenbedingungen

Fast überall mit Begeisterung und scheinbar geeint stand die deutsche Nation 1914 hinter der zum Krieg aufrufenden Aristokratie. Doch schon nach wenigen Monaten kam der militärische Vormarsch und mit ihm die Kriegsbegeisterung zum Erliegen. Die SPD hatte sich mit ihrer mehrheitlichen Bewilligung der Kriegskredite zur staatstragenden Partei entwickelt.[1] Um einen Verständigungsfrieden und eine parlamentarische Monarchie zu erreichen, arbeitete sie ab 1917 mit dem Zentrum und der Fortschrittlichen Volkspartei (FVP), der späteren Deutschen Demokratischen Partei (DDP), im "interfraktionellen Ausschuß" zusammen. Im selben Jahr trennte sich der revolutionäre Parteiflügel der Sozialdemokraten unter dem Namen "Unabhängige"-SPD (USPD) von dem reformistischen "Mehrheits"-teil der SPD (MSPD). Aus der kommunistischen "Spartakus-Gruppe" entwickelte sich 1918/19 die KPD, die sich an der russischen Revolution orientierte.

Als die Reichsführung erkannte, daß der Krieg verloren war, und als die ersten Matrosenaufstände entflammten, stimmte sie im Oktober 1918 der Einführung des parlamentarischen Systems zu, um die Existenz der Monarchie zu retten und die Verantwortung für den verlorenen Krieg abzuschieben.[2] Doch die Regierungskoalition aus MSPD, Zentrum und FVP unter Reichskanzler Max von Baden konnte auch mit ihrer Reformpolitik die Ausbreitung der Aufstände nicht mehr verhindern. Nachdem angesichts der Novemberrevolution Wilhelm II. und mit ihm die Monarchie am 9.11.1918 abgedankt hatte, begünstigte die **politische Lage** für die MSPD ein Eingehen auf die sich bildenden revolutionären Arbeiter- und Soldatenräte und ihre Ziele (Rätesystem, Sozialisierung der Schwerindustrie und des Großgrundbesitzes). "Selbst die bürgerlichen Parteien und Gruppierungen waren zunächst gezwungen, die Ergebnisse der Revolution zu akzeptieren."[3] Mit zunehmenden Erfolg erkämpfte sich die MSPD die führenden Positionen in den Revolutionsorganen, z.B. in dem aus drei MSPD- und drei USPD-Mitgliedern ab dem 10.11.1918 provisorisch regierenden "Rat der Volksbeauftragten".

---

[1] Greiffenhagen veranlaßte diese Tatsache zu einer zynischen Bemerkung: "Seit Sozialdemokraten von Wilhelm II. in den Rang von Deutschen erhoben wurden, halten sie in politisch bewegten Zeiten immer mehr vom Staat als von der Demokratie." Greiffenhagen, Martin: Tendenzwende oder Gegenreform? In: Die Neue Gesellschaft, 1976, S.25f

[2] vgl. Presse- und Informationszentrum des Deutschen Bundestages (Hg.): Fragen an die deutsche Geschichte, Bonn 1983 S.240f

[3] Kunz, Lothar: Reformerische und restaurative Tendenzen der schulpolitischen Auseinandersetzungen zur Zeit der Weimarer Republik. In: Dithmar, Reinhard und Willer, Jörg (Hg.): Schule zwischen Kaiserreich und Faschismus. Zur Entwicklung des Schulwesens in der Weimarer Republik, Darmstadt 1981, S.127; vgl. auch Fragen an die deutsche Geschichte S.243

Das Ziel der MSPD blieb aber die Zurückdrängung einer Revolution nach russischem Vorbild und der Aufbau einer parlamentarischen Demokratie. Um dieses Ziel durchzusetzen, ging sie auch Teilbündnisse mit monarchisch-antirepublikanischen Kräften ein und beließ z.T. die Verwaltung des Kaiserreichs und die Militärs im Amt, so daß die **Administration** trotz Ausnahmen konservativ durchsetzt blieb. Anfang Januar 1919 wurde der Spartakusaufstand in Berlin mit Hilfe antidemokratischer Freikorps niedergeschlagen. Die Macht der Arbeiter- und Soldatenräte verringerte sich, so daß auch ihr Protest gegen die Durchführung von Wahlen zur Nationalversammlung erfolglos blieb.

Die Wahlen vom 19.1.1919 brachten der USPD 22, der MSPD 163, der DDP 75, dem Zentrum 91, der Deutschen Volkspartei (DVP) 19 und der Deutsch-Nationalen Volkspartei (DNVP) 44 Mandate. Damit hatten weder die beiden sozialdemokratischen noch die konservativ bzw. monarchistisch orientierten Parteien die Mehrheit. MSPD und DDP hätten gemeinsam eine Regierung bilden können.[4] Doch die Abwendung der MSPD von den Zielen der Novemberrevolution und ihre Entwicklung zur tragenden Kraft des bürgerlichen Staates sowie die Absicht der DDP, das Zentrum in die Regierung zu integrieren, um die eigene Position als "Vermittler" zu verbessern, schließlich auch die bereits erprobte Zusammenarbeit im "interfraktionellen Ausschuß" ließ die Einbeziehung des Zentrums in die Koalition für die MSPD und die DDP wichtig erscheinen. Nach heftigen innerparteilichen Auseinandersetzungen entschied sich das Zentrum für den Eintritt in die Koalition unter vier Bedingungen: Schutz des Privateigentums, keine Sozialisierungen, Föderalismus und Zugeständnisse in der Kultur- und Schulfrage. Der Beitritt wurde vollzogen, als die MSPD in der Bekenntnisschulfrage ein "gewisses Entgegenkommen" zeigte;[5] davon wird noch zu sprechen sein.

Die Koalition erwies sich als labil. Erstens erwartete die Arbeiterschaft unter dem Eindruck der in der Revolutionszeit geweckten Hoffnungen von der MSPD eine wesentliche Verbesserung ihrer Situation. Zweitens waren die alten aristokratischen und großbürgerlichen Schichten in Verwaltung und Militär kaum abgelöst worden. Drittens waren innerhalb der Koalition z.T. sehr verschiedene Vorstellungen zu integrieren. Und viertens lasteten außenpolitisch der verlorene Krieg, die damit verbundenen Reparationsleistungen und die "Dolchstoßlegende" auf der neuen Regierung. Aber gerade wegen dieser schwierigen Situation schien es der MSPD, der DDP und dem Zentrum nötig zu sein, ihre 76% der Stimmen in einer Koalition zu vereinen.

Angesichts der hier nachgezeichneten Situation war unter **herrschaftspolitischem** Aspekt nach einer ersten Phase revolutionärer Schulforderungen eine vorsichtige Schulreformpolitik zu erwarten, die möglichst bei keiner Gruppe auf entschiedenen Widerstand stoßen sollte. Innerhalb der Koalition und zwischen den Parteien und Verbänden konnte eine solche Politik trotzdem zu Auseinandersetzungen führen, da die politischen Positionen sich nicht glichen.

---

[4] vgl. Giesecke (b) S.167
[5] Morsey, Rudolf: Die Deutsche Zentrumspartei 1917-1923, Düsseldorf 1966, S.167ff, S.171

Die **ökonomische Situation** war von der Reichsgründung bis zum Ersten Weltkrieg durch starkes Bevölkerungswachstum (von 41 auf 68 Millionen), den raschen Wandel Deutschlands vom Agrarland zum exportorientierten Industrieland und durch einen großen Einkommensgewinn der privilegierten Kreise gekennzeichnet gewesen. Der Erste Weltkrieg mit 8,7 Millionen Toten, Verwüstungen weiter Landstriche und hoher Staatsverschuldung schwächte die beteiligten Staaten gewaltig. Die Siegermächte wollten sich nun den teuren Wiederaufbau durch im Versailler Vertrag festgelegte enorme Reparationsleistungen in erheblichem Ausmaß vom besiegten Deutschland bezahlen lassen. Zusätzlich waren die im Krieg zu hohen Gewinnen gekommenen neutralen Staaten zu Konkurrenten auf dem Weltmarkt geworden.[6] Aufgrund der Verminderung ihres Vermögens durch die beschleunigte Inflation wurden kleinbürgerliche Sparer häufig zu Republikfeinden. Die reicher und mächtiger gewordenen Konzerne bzw. ihre Verbände erkannten auf Druck der sozialdemokratischen Parteien während der Novemberrevolution am 15.11.1918 im Stinnes-Legien-Abkommen die Gewerkschaften als Partner in Verhandlungen über Löhne und Arbeitsbedingungen an, da diese im Gegenzug auf ihre Sozialisierungsforderungen verzichteten. Veränderungen im ökonomischen System und an der kapitalistischen Wirtschaftsform blieben begrenzt.[7] Ein mit Schulreformen verbundener Anstieg der Qualifikation der Arbeiterschaft konnte jedoch auch aus Sicht bürgerlicher Parteien und Gruppierungen für den Wiederaufbau der deutschen Industrie durchaus nützlich sein.

> "Darauf ist es zurückzuführen, wenn sich schon vor dem Kriege in Kreisen bestimmter Industrien schulreformfreundliche Neigungen zeigten, die sich während des Krieges noch verstärkten, ..."[8]

Auch Einheits- und Grundschulbefürworter argumentierten häufig mit der **Ausschöpfung von "Begabungsreserven"**.[9] Jedes Talent sollte für die deutsche Ökonomie nutzbar gemacht werden, "um auf dem Weltmarkt wettbewerbsfähig zu bleiben."[10] Allerdings waren die meisten Unternehmen nicht an weitreichenden Einheitsschulreformen interessiert, sondern an Qualifikationsteigerungen auf verschiedenen Niveaus. Ein starker Eingriff in die Grundschuldebatte war von Unternehmerverbänden, aber auch von Gewerkschaften nicht zu erwarten, da sich beide auf den Kampf um Sozialisierungsforderungen konzentrierten. Dennoch konnten bildungsökonomische Argumente der Kriegszeit unter dem Motto "Freie Bahn dem Tüchtigen" wiederaufleben.[11]

---

[6] vgl. Fragen an die deutsche Geschichte S.256f
[7] ebenda S.243
[8] Schulz, Heinrich (a): Die Schulreform der Sozialdemokratie, Dresden 1911, erweiterte Aufl. 1919, Nachwort S.231
[9] Damit werden volkswirtschaftliche Reserven durch bisher nicht genügend geförderte Volksschüler und -schülerinnen bezeichnet.
[10] Nave S.56
[11] vgl. Schulz (a), Nachwort der Auflage von 1919, S.231: Schulz erwähnt, daß nun auch konservative Schulpolitiker vom "Aufstieg der Begabten" sprachen. Vgl. auch den Buchuntertitel: "Freie Bahn jedem Tüchtigen" in Tews, Johannes (b): Die Deutsche Einheitsschule, 2. Aufl. Leipzig 1916.

Die **Tendenz zum breiten Konsens** (Sozialpartnerschaft), die sich nach der Abwehr der Revolution im politischen System ergeben hatte, wurde durch die vorherrschenden Tendenzen im ökonomischen System verstärkt.

Das **soziokulturelle Leben** des wilhelminischen Deutschlands war durch die konservative Haltung der Beamten, Offiziere, Klerikalen und des Adels, die ein von Arbeitern und Bauern abgeschottetes Leben führten, geprägt worden.

Ab 1914 wurde dagegen vom monarchischen Staat und den ihn tragenden Kräften die **nationale Einheit** beschworen, um Arbeiter und Bauern für den Krieg zu motivieren. Das veranlaßte liberale und soziale Demokraten zur Annahme, daß der gemeinsame Kampf im Krieg die Unterschiede zwischen den Bevölkerungsgruppen verwischen und deshalb Gleichheitsvorstellungen und Einheitsschulreformen auf eine breite Übereinstimmung treffen würden.[12]

Wenn auch ständische Ideologien ihre Rechtfertigungskraft verloren, so setzte dennoch ab 1915/16, in Reaktion auf die konkretisierten Einheitsschulforderungen von SPD, DLV und verschiedenen Pädagogen sowie auf erste kleine parlamentarische Erfolge, eine starke Gegenbewegung privilegierter Kreise in Zeitungen, Broschüren und Parlamentseingaben für die Beibehaltung des vertikal getrennten Schulwesens ein, und man versuchte, es neu zu legitimieren.[13] Die dabei hervortretenden Personen und Argumentationen sind in Teil 2.3. ebenso näher zu beleuchten wie die Ergebnisse der neu einsetzenden empirisch-psychologischen Forschungen.

An dieser Stelle sei nur darauf hingewiesen, daß die im Bereich der Wissenschaften an Bedeutung gewinnende Psychologie sich von der Jahrhundertwende ab verstärkt der **Begabungsforschung** zugewandt hatte. Dabei ging es um Fragen, inwieweit Begabung vererbt oder erworben wird, ob festgestellte Begabung Leistungen prognostizierbar macht, von welchem Alter ab sie diagnostizierbar ist, ob sie sich nach Höhe oder Richtung unterscheidet und ob sie schichtspezifisch bedingt ist. Diese Forschungen intensivierten die Aufmerksamkeit für schulspezifische Differenzierungen nach Begabung und boten Argumente für die Forderung nach Gabelungs-, aber auch nach Säulensystemen. Wie noch gezeigt wird, ließen die Ergebnisse der Begabungsforschung insgesamt verschiedene Interpretationen und Schlüsse hinsichtlich der Grundschulfrage zu.

Durch den Wandel der Bewußtseinslage innerhalb des soziokulturellen Systems wurde die **Ablösung des Säulenschulaufbaus durch das Gabelungsmodell** begünstigt; Auseinandersetzungen um konkrete Formen wie z.B. die Grundschuldauer wurden aber nicht ausgeschlossen.[14]

---

[12] vgl. Nave S.55; Schulz (c): Der Weg zum Reichsschulgesetz, Leipzig 1920, S.124
[13] vgl. Nave S.54; Tews, Johannes (c): Ein Volk - eine Schule, Darstellung und Begründung der deutschen Einheitsschule, Osterwieck/Harz 1919, S.8 und S.312
[14] vgl. hierzu auch 1.6.

2.2. Die politischen Auseinandersetzungen auf administrativer und parlamentarischer Ebene

2.2.1. Die verpaßte Schulreform in der revolutionären Phase (Nov. 1918 - Jan. 1919) und die klerikale Reaktion

Die Übernahme der Macht im November 1918 durch die Arbeiter- und Soldatenvertreter lenkt zunächst die Aufmerksamkeit auf die Positionen der Arbeiterbewegung. Trotz vorliegender konkreter Pläne der Arbeiterparteien zur sechs- oder achtjährigen Einheits- bzw. Grundschule[15] war dieses Schulkonzept im Bewußtsein der Arbeiterschaft kaum verankert.

> "Die Forderungen nach einer Einheitsschule waren in einigen programmatischen Erklärungen, Resolutionen und Bekanntmachungen der sich im übrigen auf das ökonomische und politische System konzentrierenden Räte enthalten, aber nur sehr allgemein als `Aufbau der Durchführung der Einheitsschule' bezeichnet. Unter Einheitsschule wurde zumeist eine gemeinsame vierjährige Elementarschule verstanden."[16]

Obwohl innerhalb der Lehrerschaft die Revolution in Großstädten wie Hamburg eine enorme Aufbruchstimmung für Schulreformen bewirkte, von der zunächst auch die Versuchsschulbewegung getragen war, wurde die Dauer der Grundschule und die damit verknüpfte Frage des sozialen Aufstiegs auch von den **Arbeiter- und Soldatenräten** nicht als vorrangiges Problem einer sozialistischen Bildungspolitik erkannt.[17]

Dagegen gingen von den im November 1918 neugebildeten sozialistischen Länderregierungen verstärkt schulreformerische Impulse aus.[18] Doch wie in Preußen infolge der Polarität der beiden gleichberechtigten Kultusminister, des antirevolutionären Konrad Haenisch (MSPD) und des Sozialisten Adolf Hoffmann (USPD), verlief auch die Schulpolitik der beiden sozialdemokratischen Parteien in Disharmonie.[19] Während Haenisch eine abwartende Politik

[15] vgl. z.B. Schulz (a) 1911

[16] König, Helmut (Hg.)(b): Monumenta Paedagogica. Beiträge zur Bildungspolitik (1918-1923), Bd.IV, Ost-Berlin 1968, S.124

[17] "Die zu Beginn der Revolution von den Arbeiter- und Soldatenräten in vielen Orten ausgeübte Macht führte zu keinen Veränderungen im schulpolitisch traditionell reformfreudigen Hamburg zeigen jedoch, daß es in den verschiedenen Regionen zu sehr unterschiedlichen Entwicklungen kam. Doch auch wenn, wie in Hamburg, auf Betreiben von Kreisen der Lehrerschaft der Arbeiter- und Soldatenrat Schulreformen anging, die die Einheitsschule, Selbstverwaltung und den Religionsunterricht betrafen, konnten die Schulbehörden durch geschickte Verzögerungstaktiken die Veränderungen bremsen. Vgl. Ullrich, Volker: Arbeiter- und Soldatenrat und Schulreform 1918/19, in: de Lorent/Ullrich (Hrsg.): Der Traum von der freien Schule, Hamburg 1988, S.11 - S.24. Zur Aufbruchstimmung in Hamburg vgl.: Rödler, Klaus: Vergessene Alternativschulen, Weinheim und München 1987, S.129 - S.149 und Lehberger, Reiner: "Schule als Lebensstätte der Jugend". Die Hamburger Versuchs- und Gemeinschaftsschulen in der Weimarer Republik. In: Amlung, Ullrich/Haubfleisch, Dietmar/Link, Jörg-W./Schmitt, Hanno (Hg.): Die alte Schule überwinden. Reformpädagogische Versuchsschulen zwischen Kaiserreich und Nationalsozialismus. Frankfurt am Main, 1992, S.32

[18] vgl. Hars S.80; Landé, Walter: Die Schule in der Reichsverfassung, Berlin 1929, Anmerkung 48

[19] vgl. König (b) S.113f. Diese Disharmonie zeigte sich auch in den übrigen Politikbereichen.

betrieb und auf das Verbleiben der kaiserlichen Beamten drängte, wollte Hoffmann Spartakisten beteiligen.[20] Auf seine Ankündigung, "die Einheitsschule ist gesichert", folgte ein Dementi Haenischs.[21]

Quarck berichtete von inneramtlichen Vorberatungen mehrerer Kultusverwaltungen in Berlin vom 9.-12. Dezember 1918, in denen man sich darauf einigte, einen "einheitlichen und unentgeltlichen Elementarunterricht" in der Verfassung vorzugeben und die weiteren Fragen wie Konfessionalität, **Grundschuldauer** etc. wegen ihrer Problemhaltigkeit, möglichen Widerständen und Länderdifferenzen auf eine spätere Gesetzgebung **zu verschieben**.[22] Als besonders folgenreich erwiesen sich die von Haenisch und Hoffmann unterschriebenen Erlasse vom Ende Nov. 1918 über die Aufhebung der Pflicht zum Besuch des Religionsunterrichts und der kirchlichen Schulaufsicht.[23] Nachdem schon die Berufung von Hoffmann - u.a. aufgrund seiner fehlenden Gymnasialbildung - zu heftigen Protesten seitens der Philologen und der Geistlichkeit geführt hatte, setzte nun, von diesen Gruppen initiiert, ein Demonstrationssturm gegen sein "handstreichartiges Vorgehen", seine "Jakobinermaßregeln" und seine "Kulturdiktatur" ein.[24] Das im Kulturkampf entstandene und erprobte Zentrum hatte wieder einen äußeren Feind, der den inneren Zusammenschluß, die Überwindung des Revolutionsschocks und die Neuorientierung erleichterte. Nach den Massenveranstaltungen gegen sozialistische Schulpolitik und dem Aufbegehren der katholischen Bischöfe in einem Hirtenbrief vom 20.12.1918 nahm Haenisch die Verordnungen zurück.[25]

Zum Jahreswechsel 1918/1919 verließen die drei USPD-Vertreter aus Protest gegen die Niederschlagung des Aufstandes der "Volksmarinedivision" in Berlin den "Rat der Volksbeauftragten", die preußischen "Doppelminister" der USPD traten zurück, und mit ihnen verabschiedete sich Hoffmann aus dem Kultusministerium.[26]

Im Januar 1919 war zwar die revolutionäre Phase beendet, aber nicht der **Protest der konservativ-klerikalen Gruppen,** die auch Haenisch mißtrauten. Nachdem die Berliner Protestversammlung am Neujahrstag mit 60.000 Teilnehmern zur größten Zentrumskundgebung überhaupt geworden war und dort die Rettung der Bekenntnisschulen gefordert worden war, wurde den Mitgliedern des Zentrums deutlich, daß sich dieses Thema sowohl zur innerparteilichen Stärkung wie auch zum Wahlkampf eignete. Auch nach den Wahlen wurde das Zentrum neben unverminderten katholischen Initiativen selbst von evangelischen Bevölke-

---

[20] Die Spartakisten lehnten jedoch eine Regierungsbeteiligung oder Mitarbeit ab.
[21] vgl. König (b) S.130; Nave S.58
[22] vgl. Quarck, Max: Schulkämpfe und Schulkompromisse im deutschen Verfassungswerk 1919. In: Die neue Zeit, Bd.38 I, Jg. 1, 1919/20, S.7; Landé S.29ff
[23] vgl. Führ S.32; Michael/Schepp Bd.2 S.68f
[24] vgl. Hars S.81; Führ S.129; Giesecke (b) S.163; Maaßen, Nikolaus: Geschichte der deutschen Mittelschulbewegung, Hannover 1959, S.14
[25] vgl. Morsey S.110ff; Führ S.129, Anm. 46 und S.32; Werner Lemm u.a.: Schulgeschichte in Berlin, Berlin-Ost 1987, S.114
[26] vgl. Morsey S.112, Anm.11. Orginalton Hoffmann zum Kultusministerium: "Brutnest für systematische Gehirnlähmung" und: "Hier sieht mir keiner wieder." Maaßen S.14

rungskreisen massiv unterstützt. Die mit 4 Millionen Unterschriften versehene Petition des evangelischen Kirchenausschusses vom 13.3.1919 zur Aufrechterhaltung des christlichen Charakters der Volksschulen war die umfangreichste, die bis dahin ein deutsches Parlament erreicht hatte.[27] Damit zeigte sich, daß Kirche und Zentrum - vermutlich auch dank der religiösen Volksschulerziehung der Mehrheit der Bevölkerung - großen Einfluß besaßen.

Doch die liberal- und sozialdemokratische Mehrheit in der Nationalversammlung und im Verfassungsausschuß[28] ließ sich in der Frage der Bekenntnisschule zunächst nicht zu Konzessionen bewegen.

"Im Gegenteil wuchs die Gefahr, daß sich die Stellung des Religionsunterrichts auf Drängen der sächsischen Regierung, der liberalen Lehrerschaft und der SPD hin noch verschlechtern würde. Die parlamentarischen Verhältnisse ließen es für das Zentrum ausgeschlossen erscheinen, durch weiteren Sturmlauf in der Öffentlichkeit die Linksmehrheit umstimmen zu können."[29]

Das änderte sich schlagartig mit dem Auseinanderbrechen der Koalition (18.6.-20.6.1919) aus Anlaß der Verhandlungen über den Versailler Friedensvertrag.[30] Nachdem die DDP bei Annahme des Friedensvertrages eine weitere Regierungsbeteiligung ausgeschlossen hatte, verlangte das Zentrum für die weitere Mitwirkung in der Regierung Zugeständnisse in der Schulfrage. Um die Annahme der Verfassung zu erreichen, gab die MSPD in Geheimverhandlungen schließlich der Zentrumsforderung nach, die Entscheidung über die Bekenntnisschulfrage den Eltern zu überlassen. Dieser erste **Weimarer Schulkompromiß** wurde von der DDP, von Lehrer- bzw. Lehrerinnenverbänden, von der USPD wie von der Parteibasis der MSPD als "Verschacherung der Schule an das Zentrum" bezeichnet.[31] Im zweiten Weimarer Schulkompromiß gelang es zwar, die DDP einzubeziehen, letztlich blieb aber doch das Zentrum mit dem Erhalt der Bekenntnisschule erfolgreich.[32]

Wir halten folgende Ergebnisse, die die Frage der Grundschuldauer beeinflußten, fest:

1) Ein gemeinsames offensives Vorgehen der **sozialdemokratischen Parteien** in Fragen der Schulreform kam infolge ihrer unterschiedlichen Verfassungsziele und der in der revolutionären Phase aufgetretenen Konflikte nicht zustande.

2) Das sozial- und liberaldemokratische Vorgehen, das Thema Weltlichkeit des Schulwesens vor dem Problem Einheitsschule anzugehen, führte zur Mobilisierung und Zusammenarbeit

---

[27] vgl. Morsey S.115f; Führ S.34

[28] Der Verfassungsausschuß beendete seine Arbeit am 18.6.1919; vgl. Landé S.40

[29] Morsey S.212

[30] Für die Unterzeichnung stimmten 4 MSPD- und 3 Zentrumsminister; dagegen 3 MSPD-, ein parteiloser und 3 DDP-Minister; vgl. Morsey S.186

[31] Der Weimarer Schulkompromiß interessiert hier nur, insoweit er die Auseinandersetzungen zur Grundschuldauer beeinflußte; zur genaueren Analyse vgl. Morsey S.212; Grünthal, Günther: Reichsschulgesetz und Zentrumspartei in der Weimarer Republik, Düsseldorf 1968, S.53f und S.57ff; Kunz S.130; Schulz (c) S.171ff.

[32] Schließlich gab es 55% evangelische und 29% katholische Bekenntnisschulen, 15% Simultanschulen und nur 1% weltliche Schulen; vgl. Führ S.345; Hars S.88; Günther S.580

aller klerikalen und konservativen Kräfte und zu einer **Überlagerung** des Grundschulproblems durch die **Bekenntnisschulfrage**. Zugleich entfernten sich die MSPD- und DDP-Parteiführungen mit dem Weimarer Schulkompromiß von ihren Schulprogrammen und den sie stützenden Gruppierungen.

> "Gerade den revolutionären Ungeschicklichkeiten des preußischen Kultusministeriums ist es zu danken, daß die Revolution die volle Befreiung der Schule von der Kirche nicht gebracht hat, sondern durch Stärkung des Zentrums und der evangelischen Orthodoxie die entgegengesetzten Tendenzen in der Schulpolitik wieder sehr schnell hat Wurzeln fassen lassen. ... Anstatt daß man die volle Kraft der öffentlichen Meinung und der Gesetzgebung für die Verwirklichung der sozialistisch-demokratischen Schulideale einsetzen kann, muß man einen Teil der Kraft gegen die durch die Revolution eigentlich erledigten Bremsbestrebungen von rechts verwenden."[33]

3) Der Erfolg der konservativen und kirchlichen Parteien "auf der Straße" und im Parlament stärkte ihr Selbstbewußtsein für die kommende Auseinandersetzung um die Grundschule und intensivierte die ohnehin vorhandene **Aufmerksamkeit des Konservatimus** für die Schul- und Kulturpolitik.

4) Die MSPD und das durch den Erfolg in der Nationalversammlung zu Reichsregelungen motivierte Zentrum sorgten dafür, daß die Schulfragen nicht auf Länderebene, sondern durch **Reichsgesetzgebung** entschieden wurden.

> "Auch die Auseinandersetzungen um die deutsche Grundschule und ihre Zeitdauer spielten sich daher in der Folgezeit bis zum Jahre 1945 auf der Ebene des gesamten Deutschen Reiches ab, wenn auch der eigentliche Widerstand gegen eine allgemeine Grundschule auf die Gebiete beschränkt blieb, die vor 1918 Vorschulen besaßen, also auf die Länder nördlich des Mains und auf Württemberg."[34]

2.2.2. Vorüberlegungen der Parteien in den Verfassungsberatungen im Frühjahr 1919

Wie ich im Abschnitt 2.1. gezeigt habe, war zu diesem Zeitpunkt aufgrund der Dominanz, die die mehrheitssozialdemokratischen und liberaldemokratischen Kräfte sowie die christlichsozialen Gruppen des Zentrums gegenüber den national-konservativen besaßen, eine Ablösung des Säulenschulaufbaus mit Vorschulen durch das Gabelungssystem mit Grundschulen zu erwarten. Umkämpft blieb allerdings, in welcher Klassenstufe die Gabelung einsetzen sollte. Im Verfassungsentwurf von Reichsinnenminister Preuß hieß es dazu:

> "Das Schul- und Unterrichtswesen ist in allen Gliederstaaten so einzurichten, daß sich auf die Volksschulbildung der Unterricht in den mittleren und höheren Lehranstalten aufbaut."[35]

---

[33] Schulz (a) Nachwort Aufl. 1919, S.230
[34] Nave S.60
[35] ebenda S.61

Wörtlich genommen, legt die Interpretation dieses Satzes nahe, daß die weiterführenden Schulen erst nach der **achtjährigen** Elementar- bzw. Volksschule beginnen sollten.[36] Folgerichtig fragte der Zentrumsabgeordnete Gröber in dem zur Detailberatung eingerichteten Verfassungsausschuß am 3.4.1919 den Minister Preuß, welche Dauer für die Grundschule vorgesehen wäre und ergänzte:

> "Die vier Jahre vom 14. bis 18. Lebensjahr würden nicht genügen, um Latein und Griechisch so zu betreiben, wie es bisher als Grundlage des humanistischen Gymnasiums als Vorschule die Universität vorgesehen war."[37]

Diesem, wie wir im folgenden sehen werden, verbreiteten Argumentationsmuster der Philologen fügte Gröber die ihm wünschenswerte Interpretation des Verfassungsentwurfs an:

> "Die Bestimmung kann aber auch so gedacht sein, daß nur ein gewisser Abschluß in der Volksschulbildung erreicht werden muß und daß dann schon vor dem 14. Lebensjahr, also zu irgendeiner - ich sage absichtlich - erheblich früheren Zeit der Übergang von dem gemeinsamen Unterbau der Volksschule in die mittlere und höhere Schule erfolgen soll."[38]

Die MSPD-Abgeordnete Pfülf wollte "die mehr methodische Frage" nicht im Verfassungsausschuß erörtert wissen, plädierte aber anschließend mit dem Hinweis auf Skandinavien und die USA für die achtjährige Grundschule.[39] Preuß antwortete, in der Verfassung solle eine für alle **gemeinsame Schule als Prinzip** festgelegt werden, **ohne über ihre Dauer zu entscheiden**. Diese sollte erst nach Beratungen mit Experten und Verbänden auf einer Reichsschulkonferenz in einer späteren Reichsschulgesetzgebung festgeschrieben werden. Bei einer achtjährigen Dauer müßten Methoden und Inhalte der Grundschule geändert werden.

In internen Vorverhandlungen kam der Antrag der Abgeordneten Seyfert, Weiß (DDP) und Frau Pfülf (MSPD) für die erste Lesung im Verfassungsausschuß zustande, der dann von beiden Parteien unterstützt wurde:

> "Das öffentliche Schulwesen ist organisch auszubauen. Auf einer für alle Klassen und Bekenntnisse gemeinsamen Grundschule (der allgemeinen Volksschule) baut sich das mittlere und höhere Schulwesen auf. Für diesen Aufbau ist die Mannigfaltigkeit der Lebensberufe, für die Aufnahme eines Kindes in eine bestimmte Schule dessen Anlage und Neigung, nicht die wirtschaftliche und gesellschaftliche Stellung seiner Eltern maßgebend."[40]

Neben der Verankerung des Leistungsprinzips fällt der Ersatz des im Preuß-Entwurf gebrauchten Begriffs "Volksschule" durch den neuen Begriff "**Grundschule**" auf, den der DDP-Abgeordnete Richard Seyfert einbrachte. Dadurch wurde nahe gelegt, daß nur ein Teil

---

[36] vgl. Führ S.34; Nave S.61; Landé S.81 Anm.198
[37] Berichte Nationalversammlung Bd. 391 S.208f
[38] ebenda S.208; vgl. auch Nave S.65
[39] vgl. ebenda S.210
[40] Berichte Nationalversammlung Drucksache 88, auch abgedruckt bei Nave S.61; vgl. auch Landé S.34

der Volksschuljahrgänge als Grundstufe für den späteren Aufbau des weiterführenden Schulwesens dienen sollte. Seyfert hatte 1918 beschrieben, daß er mit dem zur Erläuterung der "Grundschule" in Klammern dahinter gesetzten Begriff "allgemeine Volksschule" eine vierjährige Elementarschule bezeichnet.[41]

Dagegen trat der DDP-Abgeordnete Weiß in der ersten Lesung für die sechsjährige Grundschule ein, während Frau Pfülf (MSPD) noch zwischen Sechs- oder Achtjährigkeit schwankte.[42] Daß die **Grundschuldauer noch offen** und die Fraktionen im Frühjahr 1919 noch nicht festgelegt waren, zeigt auch das zweimalige Eintreten des Zentrumsabgeordneten Rheinländer im Verfassungsausschuß für die achtjährige Volksschule als gemeinsamen Unterbau des Schulwesens.

Es wird ungeklärt bleiben, ob zu diesem Zeitpunkt des Aufbruchs und der offenen Entscheidungssituation eine Reichsschulkonferenz und eine breitere öffentliche Diskussion über die Problematik der Grundschuldauer eine Unterstützung der Einführung der sechs- oder achtjährigen Grundschule hätte bringen können. Zumindest war die Chance dafür Anfang 1919 größer als im Jahr 1921, als die Entscheidung für die vierjährige Grundschule im Grunde gefallen war. So stellt Heinrich Schulz (MSPD) 1920 fest:

> "Damals war der eigentliche psychologische Augenblick für eine solche Konferenz, und wenn sie auch in etwas eiligerer Form hätte berufen werden müssen... . Sie hätte vor allem die Reichsverfassung in ihren Schulartikeln stark zu beeinflussen vermocht ... ."[43]

Im Frühjahr 1919 hielten es die reformfreudigen Parteien DDP und MSPD aber angesichts der Furcht vor einem - neben der Bekenntnisschulfrage - zweiten Konfliktfeld für günstiger, mit der Durchsetzung einer längeren Grundschuldauer zu warten und zunächst die Grundschule als Prinzip einzuführen, zumal sie diese generelle Entscheidung stärker als die Frage der Dauer gewichteten.[44]

Hatten MSPD und DDP versäumt, rechtzeitig eine Verlängerung der Grundschulzeit in die Verfassungsverhandlungen einzubringen, so verschlechterten sich die Bedingungen dafür nach dem Regierungsaustritt der DDP vom 20.6.1919 und den nachfolgenden "Weimarer Schulkompromissen" (in der Bekenntnisschulfrage) zusehends.[45] Die MSPD und Heinrich Schulz kamen gegenüber der USPD und ihrer eigenen Anhängerschaft mehrfach in Rechtfer-

---

[41] vgl. Seyfert, Richard und F.W. Foerster (b): Für und Wider die allgemeine Volksschule, Leipzig 1918, S.6: "Eine allgemeine Volksschule ist zu fordern: 1. Für alle Kinder vom 6. bis zum 10. Lebensjahr. 2. Für die Kinder im Alter von 10 bis 14 Jahren, die keine höhere Schule besuchen." Landé (Anm.198) kommt in Verkennung dieses Tatbestandes zu dem Schluß, Seyfert habe die Grundschuldauer offen lassen wollen.
[42] vgl. Berichte Nationalversammlung Bd.332 S.4763
[43] Schulz (c) S.145
[44] vgl. Schulz (a) Nachwort; Berichte Nationalversammlung Bd.328 S.1681 D; Nave S.81
[45] Naves Auffassung, die Pläne für eine "sechs- bis achtjährige Grundschule" seien daran gescheitert, "daß in der Nationalversammlung ohne die Stimmen des Zentrums kein Mehrheitsbeschluß zustande kommen konnte", ist aufgrund der Mehrheit von MSPD, USPD und DDP nicht haltbar. vgl. Nave S.129

tigungszwänge.[46] Der Forderung der - allerdings kleinen - Gruppierung der sozialistischen Lehrer und Lehrerinnen vom 4.7.1919, die gemeinsame Grundschule vom 7.-14. Lebensjahr einzuführen, verschafften sie zu diesem Zeitpunkt nicht mehr eine breitere öffentliche Basis.[47] Schulpolitisch kaum mehr in der Offensive, zog es die MSPD vor, das Thema Grundschuldauer in der zweiten und dritten Lesung der Schulartikel der Verfassung nicht mehr aufzugreifen. Lediglich der DVP-Abgeordnete Beuermann sprach sich dort in einer Nebenbemerkung für die vierjährige Grundschule aus.[48] Generell ist für die Verhandlungen über die Schulfrage in der Nationalversammlung noch zu bemerken, daß auch die auffallend häufige Verwendung der Formel "meiner Meinung nach" o.ä. darauf hindeutet, daß zu diesem Zeitpunkt noch keine festen Fraktionsbeschlüsse zum Thema Grundschuldauer existierten.

Die grundsätzliche Entscheidung für das **Gabelungssystem** wurde in den von der Konfessionsschulfrage überlagerten Verfassungsberatungen der Nationalversammlung von keiner Partei angezweifelt; sie behielt bis heute ihre Gültigkeit. Das galt ebenso für die in der Verfassung festgelegte **Änderung des Auslesekriteriums** gegenüber der Zeit vor dem Ersten Weltkrieg, als die sozioökonomische Situation der Eltern statt der "Begabung" über den Schulbesuch entschied. Stubenrauch beurteilt die entsprechende Formulierung im Rückblick folgendermaßen:

"Die Primärdeterminanten des Begabungsprozesses (Sozialisationsmilieu: wirtschaftliche und gesellschaftliche Stellung der Eltern) wurden damit lediglich ersetzt durch die Sekundärfolgen dieser Determinanten (Anlage und Neigung), die dann ausschließlich Bildungsweg und Sozialchance bestimmten."[49]

Trotz dieser nicht ganz unberechtigten Kritik Stubenrauchs eröffnete der formale Wechsel des Selektionskriteriums jedoch einer weit größeren Zahl von unterprivilegierten Kindern einen erweiterten Schulabschluß als vor dem Ersten Weltkrieg.

Mit dem Inkrafttreten der Weimarer Verfassung am 11.8.1919 war daher in Hinblick auf die Abkehr von ständischen Gesellschaftsmomenten mit dem veränderten Zuweisungskriterium und der Geburtsstunde der Grundschule ein historischer Fortschritt erreicht, die konkrete Ausgestaltung und Dauer der Grundschule mußte aber noch gesetzlich festgelegt werden.

---

[46] vgl. Berichte Nationalversammlung Bd.328 S.1699ff und Bd.329 S.2163. Schulz war inzwischen zum Unterstaatssekretär im Reichsinnenministerium aufgestiegen.
[47] vgl. König (b) S.140
[48] vgl. Berichte Nationalversammlung Bd.328 S.1696 D
[49] Stubenrauch S.31f

2.2.3. Vorentscheidung der Kultusverwaltungen im Herbst 1919

Da das Reich schulpolitisch nur Richtlinienkompetenz hatte, mußte die Gesetzgebung in Zusammenarbeit mit den Länderregierungen erfolgen. Diese waren noch empört, daß sie nicht an den Schlußberatungen der Schulverfassungsartikel beteiligt wurden.[50] Nach heftiger Kritik und scharfen Auseinandersetzungen trafen sich die Kultusverwaltungen der Länder schließlich mit den Reichsbeamten in der vorentscheidenden **Kultusministerkonferenz** vom 20.-22. Oktober, um die Frage der Grundschuldauer zu klären.[51] Schon vorher hatten sich die Kultusverwaltungen von Bayern, Hessen und Württemberg in einer gemeinsamen Vorbereitung am 22. und 23. August auf eine vorläufig vierjährige Grundschule geeinigt.[52] In einem Ergänzungsschreiben vom 6.10.1919 zur Vorbereitung der Kultusministerkonferenz übersandte das zuständige Reichsinnenministerium den Länderadministrationen die gemeinsam mit der preußischen Unterrichtsverwaltung erarbeiteten Leitsätze für ein kleines Grundschulgesetz, in denen es hieß:

> "II. Einzelheiten der Neugestaltung:
> 1. Die gemeinsame Grundschule muß mindestens vierjährig sein; es soll aber den Schulträgern gestattet sein, den gemeinsamen Unterricht bis zu sechs Jahren weiter auszubauen. Versuche mit der weiter ausgebauten Grundschule werden in möglichst weitem Umfang zugelassen."[53]

Die Stellungnahme von Heinrich Schulz dazu ist im Protokoll der Konferenz wie folgt festgehalten:

> "In der Frage der Grundschule hält Unterstaatssekretär Schulz eine vorläufige Einigung auf den in den Leitsätzen aufgeführten Grundlagen für erwünscht und möglich. Er wäre persönlich für den sechsjährigen Unterbau eingetreten, man habe sich aber auf den vierjährigen Unterbau geeinigt."[54]

Nachdem Reichsinnenminister Koch (DDP) vorgeschlagen hatte, die weitere Debatte dieser Frage dem Reichsschulausschuß vorzubehalten, wünschte niemand der wenigen nachfolgenden Redner eine Verlängerung der Grundschule. Der Hamburger Vertreter faßt zusammen: "Es bestand viel Meinung dafür, die Grundschule unter Zurückstellung weitergehender Wünsche auf 4 Jahre festzulegen."[55] Schien die Dauer der Grundschule in den Verfassungsberatungen noch offen, so fiel in dieser Konferenz im Oktober 1919 die **Vorentscheidung zugunsten der Vierjährigkeit** durch die Kultusverwaltungen bzw. die überwiegende Mehrheit der Kultusministerien und das Reichsinnenministerium, das mit Vertretern der DDP und

---

[50] vgl. Nave S.60
[51] vgl. Führ S.40ff und S.176ff
[52] vgl. Akten der Oberschulbehörde Hamburg, Staatsarchiv Hamburg, Vg. 114b Bd.I, (meist sind keine Seitenangaben vorhanden)
[53] ebenda
[54] ebenda S.18
[55] ebenda

der MSPD besetzt war. Insofern ist als ein bisher in dieser Deutlichkeit so noch nicht veröffentlichtes Forschungsergebnis zu formulieren, daß die Weichenstellung für die Vierjährigkeit der Grundschule **auf administrativer und nicht auf parlamentarischer Ebene** gefallen ist. Die Parteien waren nur indirekt über ihre Mitglieder in den Kultusverwaltungen an der Vorentscheidung beteiligt. Zwar sympathisierten MSPD- und einige DDP-Mitglieder und Minister dieser Parteien mit der sechsjährigen Grundschule, doch setzten sie sich gegenüber dem unter den 117 Konferenzteilnehmern scheinbar überwiegenden Teil der zu vorsichtigen Lösungen tendierenden - z.T. ehemals kaiserlichen - Kultusbeamten nicht entschieden durch.[56] Dabei mag auch eine Rolle gespielt haben, daß unter administrativen Gesichtspunkten die Einführung der vierjährigen Grundschule sehr viel weniger Schwierigkeiten erwarten ließ als die Einführung der sechsjährigen Grundschule, die auch eine Veränderung des Sekundarschulwesens nach sich gezogen hätte.

Im Unterausschuß V des ersten **Reichsschulausschusses**, der vom 27.11.-3.12.1919 tagte und in dem Reichs- und Ländervertreter das Thema Grundschuldauer weiter berieten, wurde das Ergebnis der Kultusministerkonferenz mit folgender Begründung bestätigt:

> "Der Unterausschuß war in seiner Mehrheit der Ansicht, daß einer mehr als vierjährigen, etwa sechsjährigen Grundschule wohl die Zukunft gehören werde, wenn in der Grundschule der Arbeitsunterricht durchgeführt und Fürsorge für begabtere Kinder durch Einrichtungen von Sonderkursen (bes. in Fremdsprachen) getroffen sei. Gegenwärtig werde man sich auch im Hinblick auf die mannigfachen starken Widerstände aus dem Kreise der höheren Schulen wie einzelner Länder mit der vierjährigen Grundschule begnügen müssen."[57]

Neben dem frühen Hinweis auf eine ins Auge gefaßte förderstufenähnliche Gestalt einer verlängerten Grundschule erscheint mir bei diesem Zitat besonders interessant, daß - wie schon bei der Bemerkung von Preuß zum notwendigen Methoden- und Inhaltswechsel - eine Verknüpfung von äußerer und innerer Reform (Arbeitsunterricht) gesehen wird. Allerdings hatte dieser Gedanke hier auch den Effekt, organisatorische Veränderungen zu verschieben, bis erfolgreiche innere Umgestaltungen vorgenommen sein würden.

Schließlich setzte sich in diesem Reichsschulausschuß entgegen den meisten anderen Vertretern diesmal der bayerische Abgesandte für die sechsjährige Grundschule ein und beklagte, daß diese "unter dem Gesichtspunkt des politischen Kompromisses" fallengelassen würde.[58]

So wurde beschlossen, die "mindestens **vierjährige Grundschule**" als Gesetzentwurf einzubringen, die **sechsjährige Grundschule als Möglichkeit und Versuch** jedoch nicht zu vergessen.

---

[56] Im Gegensatz zu Führ meine ich, die Protokolle dahingehend interpretieren zu können, daß Schulz sich nicht entschieden für eine sechsjährige Grundschule einsetzte. vgl. Führ S.43, Anm.107

[57] Akten der Oberschulbehörde. Der Ausschuß meinte, die Wünsche der Volksschullehrer bzw. -lehrerinnen nach sechsjähriger Grundschule seien wegen der Philologenproteste "zur Zeit nicht durchführbar".

[58] ebenda, Bericht des Reichsschulausschusses S.39

2.2.4. Die Entscheidung der Parteien zur Grundschuldauer und die Parlamentsdebatten zum Grundschulgesetz im Frühjahr 1920

Länder und Gemeinden drängten nun auf eine baldige gesetzliche Regelung, um mit dem Schuljahrsbeginn zu Ostern 1920 mit dem Abbau der Vorschulen und der Einrichtung von Grundschulen zu beginnen. Damit dies reichseinheitlich geschehen konnte, war im Reichsschulausschuß beschlossen worden, entgegen dem ursprünglichen Plan noch vor der zu Ostern geplanten Reichsschulkonferenz im März ein **provisorisches "kleines Reichsschulgesetz"** einzubringen, nachdem dort klar geworden war, daß zu jenem Zeitpunkt ein "großes Reichsschulgesetz" aufgrund der vielen strittigen Probleme nicht durchsetzbar war.[59]

So sind z.B. die Debattenbeiträge der MSPD und DDP nur unter dem Gesichtspunkt dieses Gesetzes-Provisoriums zu verstehen. Die Vertreterinnen und Vertreter dieser Parteien hofften, ihre z.T. weitergehenden Vorstellungen in einem später zu verabschiedenden "großen Reichsschulgesetz" durchzusetzen. Entsprechend den Beratungen im Reichsschulausschuß lautete der am 4.3.1920 eingebrachte Entwurf, der am 8.3.1920 in erster Lesung beraten wurde, in § 1:

> "Die Volksschule ist in den untersten vier Jahrgängen als für alle gemeinsame Grundschule, auf der sich auch das mittlere und höhere Schulwesen aufbaut, einzurichten. ...Für besondere Fälle kann durch die Landeszentralbehörden zugelassen werden, daß noch weitere Jahrgänge der Volksschule als Grundschulklassen eingerichtet werden..."[60]

In der Begründung hieß es, "eine **Verlängerung der Dauer der Grundschule**" ist zulässig, doch dürften "derartige Ausnahmen die zu erstrebende Einheitlichkeit im Aufbau des deutschen Schulwesens nicht beeinträchtigen."[61]

Gegen die dreijährige Dauer wird sowohl mit dem für den längeren gemeinsamen Schulbesuch sprechenden sozialen Motiv des gemeinsamen Lernens von Kindern aller Bevölkerungskreise als auch mit der optimalen Begabtenauslese argumentiert. Soziale Motive - in Abschnitt 1.6. eher sozialistisch-egalitären Grundanschauungen zugeordnet - werden hier mit Leitvorstellungen des bürgerlichen Gesellschaftsmodells, die der Schule eine starke Selektionsfunktion zuweisen, verbunden und damit unterprivilegierte Schichten für dieses Schul- und Gesellschaftssystem motiviert. Das Spannungsverhältnis von konkurrenzorientiertem Auslesen und solidarischem Fördern war damit von vornehrein angelegt.[62]

Nachdem der Antrag der MSPD, das Grundschulgesetz noch am 8.3.1920 in drei Lesungen zu verabschieden, auf Intervention des Zentrums, das die Einführung der Simultanschule befürchtete, zurückgezogen wurde, konnten alle **Parteien** in den drei Lesungen (8.3., 16.4.

---

[59] vgl. Nave S.69f; Kunz S.132
[60] Berichte Nationalversammlung Bd.341 S.2514, Drucksache 2319
[61] ebenda Bd.341 S.2515f, Hervorhebung durch den Verfasser
[62] vgl. Keim (a) S.68

und 19.4.1920) und in einer Ausschußsitzung ausführlich zur Grundschuldauer Stellung nehmen.

Die **USPD**, die sich auf Teile der Arbeiterschaft und der Intellektuellen stützte, vertrat Forderungen der Revolution nach Sozialisierungen und dem Rätesystem, operierte aber auch parlamentarisch. Im Dezember 1920 zerbrach sie an der Frage des Anschlusses an die KPD, den die Mehrheit vollzog.[63] Die Minderheit vereinigte sich wieder mit der MSPD zur SPD.[64] Im Bereich Bildung versuchte die USPD, das sozialistische Schulprogramm durchzusetzen, das Heinrich Schulz 1911 beschrieben hatte.[65] Analog zu dessen Vorschlag von 1911 beantragte sie in der Ausschußberatung und in der zweiten Lesung die achtjährige Grundschule.[66] Besonders scharf kritisierten die USPD-Abgeordneten Heinrich Schulz und die MSPD, "die in der Frage des Grundschulgesetzes zugunsten eines Kompromisses mit dem Zentrum und der DDP nun schon zum zweiten Mal in zentralen Punkten von ihrem eigenen Schulprogramm" abgewichen wären.[67]

Zur Begründung der achtjährigen Grundschule führte der USPD-Redner Kunert vor allem soziale und pädagogische Motive an. So hätte die verlängerte Grundschuldauer integrative Sozialisationsfunktionen und brächte "insbesondere für Kinder der unteren Volksschichten" Qualifikationsvorteile.[68] Zwar begrüßte Kunert die Abschaffung der Vorschulen als Standesschulen. Er war jedoch der Auffassung, daß das Beispiel der Länder ohne Vorschulen beweise, daß die Abschaffung der Vorschulen allein nicht ausreiche, um zum sozialen Ausgleich zu kommen. Einen Bezug von Schule und Gesellschaftssystem herstellend meinte Kunert, ein sozialer Ausgleich geschehe erst "auf der Grundlage einer neuen Gesellschaftsordnung, auf der Grundlage einer neuen Produktions- und Distributionsform."[69]

Die in die Defensive gedrängte **MSPD** wurde von Schulz verteidigt:

> "Der Herr Abgeordnete Kunert hat eine längere Dauer der Grundschule gewünscht und hat sich dabei auf eine von mir als Schriftsteller eingenommene Stellung berufen. ...Ich habe diese Stellungnahme niemals verleugnet und stehe noch zu der Auffassung, daß die Dauer der Grundschule länger sein sollte. Aber es kann bei diesem Gesetz nicht auf meine persönliche Auffassung allein ankommen, sondern auf das, was zu erreichen und durchzusetzen ist."[70]

---

[63] Die KPD nahm sich die sowjetische Schule zum Vorbild, in der zukünftigen weltlichen und "proletarischen Einheitsschule" sollten die Inhalte am Leitbild des Marxismus ausgerichtet sein. Nach dem obligatorischen Kindergarten von 4 - 8 sollte die allgemeine Schule mit Sommerlager, Kinderhaus und -stadt bis zum 14. Lebensjahr folgen, darauf für zwei Jahre alternativ eine industrielle und eine landwirtschaftliche Fachschule mit anschließendem praktischen Jahr, erst danach war eine Differenzierung in akademische Hochschulbildung und weitere Fachschulbildung vorgesehen. Vgl. Fritz Ausländers Aufsatz von 1927 in Alt, Robert (Hg.) (b): Das proletarische Kind, Ostberlin 1958, S.203ff

[64] vgl. Michael/Schepp Bd.II S.111f

[65] vgl. Schulz (a)

[66] vgl. Berichte Nationalversammlung Bd.343 Drucksache 2584 und 2609

[67] vgl. Kunz S.133

[68] Berichte Nationalversammlung Bd.333 S.5208 C; vgl. auch Abschnitt 1.6.

[69] ebenda Bd.332 S.4770 D; vgl. auch Kunz S.133; Nave S.76

[70] ebenda Bd.333 S.5211; vgl. auch Schulz (c) S.186

Dieses Zitat mag veranschaulichen, in welche Schwierigkeiten die MSPD u.a. im Schulbereich durch die Differenz zwischen einer programmatisch kaum geänderten sozialistischen Haltung und einer auf vorsichtige Reformen gerichteten praktischen Politik gebracht wurde.[71] Obgleich die Mehrheitssozialdemokraten weiterhin eine längere Grundschuldauer anstrebten, wenn sie auch von der Schulzschen Forderung des Jahres 1911 - der Grundschule bis zum 14. Lebensjahr - z.T. abrückten und zur sechsjährigen Grundschule bis zum 12. Lebensjahr tendierten,[72] verzichteten sie in den Debatten auf eine nachdrückliche Verteidigung der längeren Grundschulzeit. In der Hoffnung, nach der Reichsschulkonferenz eine Verlängerung erreichen zu können, befürworteten sie die Haltung der Regierung und der Kultusverwaltungen, zunächst die Vierjährigkeit der Grundschule zu beschließen.

Indem die MSPD in ihrer Argumentation für die längere Grundschuldauer zumeist betonte, daß soziale Ungleichheiten bzw. Ungerechtigkeiten ausgeglichen werden müßten, war sie sich sicherlich bewußt, daß es dabei um unterschiedliche Interessen verschiedener Bevölkerungsschichten ging, daß das Problem der Grundschuldauer also ein politisches war. So hatte Schulz schon 1911 formuliert:

"Daraus ergibt sich, daß der Kampf um die Schule nicht nur mit den Mitteln der Schulreform geführt werden darf, sondern daß er im wesentlichen *ein politischer Kampf*, ein Teil des großen politischen Ringens des modernen Proletariats mit den Mächten des Klassenstaates ist, und daß er daher in erster Linie mit den Mitteln dieses Kampfes geführt werden muß."[73]

Nach der politischen Niederlage in der Bekenntnisschulfrage war die MSPD unter der bildungspolitischen Führung von Schulz bemüht, weitere schulpolitische Konfliktfelder zu vermeiden und Entscheidungen auf die Ebene pädagogischer Expertengremien zu verlagern. Schon in der Kultusministerkonferenz war Schulz rhetorisch umgeschwenkt und hatte geäußert, die Schule dürfe nicht zum Gegenstand politischer Auseinandersetzungen gemacht werden, "der Schulboden müsse heiliger Boden sein." So argumentierte er auch im April 1920, die Frage der Grundschuldauer müsse von den "Fachleuten" der Reichsschulkonferenz entschieden werden, und es sei besser, "die Schule immer mehr aus dem Kampfe der politischen und religiösen Parteien herauszuziehen und die vereinte Kraft aller Parteien und Volkskreise zur technischen Hebung und Vollendung unseres deutschen Schulwesens zusammenzufassen."[74]

---

[71] vgl. Michael/Schepp Bd.II S.113 und S.121

[72] Der MSPD-Abgeordnete Hellmann forderte die "mindestens sechsjährige Grundschule", die MSPD-Abgeordnete Pfülf meinte, die Grundschule sollte "acht Jahre - wenigstens die ersten sechs Jahre" dauern. vgl. Berichte Nationalversammlung Bd.333 S.5195 C und Bd.332 S.4758 C

[73] Schulz (a) S.257; vgl. auch Wynekens Rede auf der Reichsschulkonferenz: "Für uns ist die Frage der Einheitsschule gegenwärtig eine rein politische Frage." Die Reichsschulkonferenz von 1920. Amtl. Bericht des Reichsministeriums des Innern, Leipzig 1921, S.493

[74] Akten Oberschulbehörde und Schulz (c) S.195

Diese Argumentation war offensichtlich taktisch angelegt. Zugleich wird daraus m.E. ein allgemeiner Sachverhalt erkennbar: Meistens ist es ein Ausdruck politischer Absichten angesichts politischer Kräfteverhältnisse, ob ein Problem als "politisch" oder aber als "technisch" definiert wird und dafür eingetreten wird, die Entscheidung entweder politischen Gremien oder "Expertenkommissionen" zu übertragen, die in Wahrheit in erheblichem Maße selbst unter politischen Aspekten besetzt werden:

> "Spätestens an dieser Stelle wird unübersehbar, daß sich die genuin *politische* Frage der Schulreform auf die ideologische Metaebene des "Weltanschauungs-streits" erhoben hatte, und das wohl in erster Linie deshalb, weil sich ihre politisch befriedigende Lösung, trotz aller gegebenen Machtfülle, für die progressive Seite faktisch auszuschließen schien. Ihre vorläufige Vertagung war daher zu diesem Zeitpunkt ebenso naheliegend, wie sie dem konservativen Interesse entgegenkam."[75]

Schwankten die MSPD-Abgeordneten in ihrer persönlichen Auffassung zwischen der sechs- und achtjährigen Grundschule, so waren sich die liberaldemokratischen Abgeordneten der **DDP**, die im wesentlichen die Politik der Fortschrittspartei fortführte (liberale Rechtspolitik, Beibehaltung der Privatwirtschaft und Mittelstandsförderung)[76], nicht einig, ob die Grundschule vier oder sechs Jahre dauern sollte. Ihr Abgeordneter Weiß äußerte in der ersten Lesung:

> "Es gibt Herren meiner Fraktion, die es begrüßt hätten - und ich geselle mich ihnen zu - , wenn diese Grundschule nicht eine vier-, sondern eine sechsjährige Dauer hätte."[77]

Seiner Meinung nach hätte sich die Höhere Schule nach der Volksschule zu richten und nicht umgekehrt die Volksschule bzw. Grundschule in Inhalt und Dauer nach dem Lehrplan der Gymnasien.[78]

Wie der bereits erwähnte DDP-Abgeordnete Seyfert sprach sich dagegen in der zweiten Lesung sein Parteikollege Külz - vor allem um den USPD-Antrag auf eine achtjährige Grundschule zu konterkarieren - für die Begrenzung auf vier Jahre aus.[79]

Die Deutsche Volkspartei (**DVP**) unterstützte zwar wie die DDP die Forderungen des handwerklichen und bäuerlichen Mittelstandes, war aber weniger liberaldemokratisch, vielmehr stärker national und arbeitgeberfreundlich orientiert. So erhielt die sich weitgehend aus ehemaligen Mitgliedern des rechten Flügels der Nationalliberalen Partei zusammensetzende DVP den meisten Rückhalt beim wirtschaftlich interessierten Großbürgertum.[80]

---

[75] Hars S.84
[76] vgl. Fragen an die deutsche Geschichte S.203; Michael/Schepp Bd.II S.107f
[77] Berichte Nationalversammlung Bd.332 S.4763
[78] vgl. ebenda S.4764 und S.4769; Nave S.87
[79] vgl. ebenda Bd.333 S.5204
[80] vgl. Fragen an die deutsche Geschichte S.253; Michael/Schepp Bd.II S.109f

Der schulpolitische Sprecher der DVP Runkel wollte in der ersten Lesung die Dauer der Grundschule auf vier Jahre festgesetzt wissen, um dann abzuwarten, "was daraus wird."[81] In der zweiten Lesung zeigte er sich gegenüber Argumentationen der USPD, die eine ungenügende soziale Wirkung der vierjährigen Grundschule bemängelte, durchaus offen:

> "Daß die Grundschule vierklassig ist, ist auch meiner Meinung nach das Mindestmaß, daß man sehen muß. Wollte man die Gesichtspunkte, die hier immer mit großem Pathos vorgetragen werden, in den Vordergrund stellen, nämlich daß die Grundschule eine soziale sein soll, dann ist der Antrag der Unabhängigen Sozialdemokraten folgerichtiger, insofern er acht Jahre Grundschule haben will; denn daß in vier Jahren der Grundschule in sozialer Hinsicht nicht viel geleistet werden kann, ist für jeden Schulmann klar."[82]

Um die Interessen der Höheren Schulen zu wahren, lehnte die DVP den USPD-Antrag auf achtjährige Grundschule dennoch ab.

Da sie hoffte, ihre Position in den Wahlen vom 6.6.1920 verbessern zu können und damit mehr Einfluß auf die Schulgesetzgebung zu gewinnen, schlug sie in der ersten Lesung vor, das Grundschulgesetz erst nach den Wahlen zu verabschieden. Nach Meinung von Kunz waren dann aber wahltaktische Gründe dafür verantwortlich, daß sich die DVP schließlich doch hinter den sofortigen Beschluß zur vierjährigen Grundschule stellte.[83]

Die mit dem Zentrum eng zusammenarbeitende Bayerische Volkspartei (**BVP**) hatte mit dem Grundschulgesetz wenig Probleme, da es in Bayern kaum Vorschulen gab. Lediglich die Höheren Mädchenschulen verloren ihre vier Elementarklassen, und das fand den Beifall des BVP-Abgeordneten Leicht und seiner Partei.[84]

Wie die BVP, so war das **Zentrum** föderalistisch orientiert und vertrat die parlamentarische Demokratie. Getragen vom politischen Katholizismus zielte das Zentrum zuallererst auf die Absicherung der "bürgerlichen Freiheiten im Rahmen christlicher Grundsätze" und auf die "Erhaltung der auf persönlichem Eigentum beruhenden, nach dem Solidaritätsprinzip dem Gesamtwohl der Gesellschaft untergeordneten Privatwirtschaft."[85] Der versuchte Durchbruch zur bekenntnisübergreifenden christlichsozialen Volkspartei scheiterte, so daß das Zentrum eine bürgerlich katholische Partei mit einem allerdings nicht geringen Arbeiteranteil blieb.[86]

Auf die konfessionell getrennte Schule fixiert, schien das Problem der Grundschuldauer die Zentrumsabgeordneten kaum zu interessieren. Sie befürchteten vor allem, daß über das Grundschulgesetz die Simultanschule als die für alle allgemeine Grundschule eingeführt würde. Als dann die Konfessionsschule im Grundschulgesetz abgesichert worden war,

---

[81] Berichte Nationalversammlung Bd.332 S.4766 D
[82] ebenda S.5206 C
[83] vgl. Kunz S.133
[84] vgl. Berichte Nationalversammlung Bd.332 S.4772; Nave S.84
[85] Fragen an die deutsche Geschichte S.253
[86] vgl. Michael/Schepp Bd.II S.138f

stimmten sie dem Gesetz zu, ohne sich auf eine bestimmte Grundschuldauer festzulegen oder dazu Stellung zu nehmen.[87] Es blieb als Hauptgegner der Grundschule und ihrer längeren Dauer die Deutsch-Nationale-Volkspartei (**DNVP**). In dieser direkten Nachfolgeorganisation der beiden konservativen Parteien des Kaiserreichs (Konservative Partei und Reichspartei) vereinigten sich monarchistische und evangelisch-konservative Interessengruppen mit denen aus Landwirtschaft, Großgrundbesitz und Schwerindustrie. Mit nationalen, antisemitischen und antirepublikanischen Tönen trat die DNVP für die Erneuerung der Monarchie und den Schutz des Privateigentums ein.

Entscheidend für das Verhalten der DNVP (und z.T. auch der DVP) in der Grundschulfrage war ein innenpolitisches Ereignis. Fünf Tage nach der ersten Lesung des Grundschulgesetzes, am 13.3.1920, kam es durch aufständische Generäle und ihre Anhänger, die die Demokratie beseitigen und die Monarchie wiederherstellen wollten, ausgehend von Berlin zum rechtsextremen **Kapp-Putsch**. Als die Reichswehr ihrer Pflicht zur Niederwerfung des Aufstandes nicht nachgekommen war, verließ die Regierung Berlin. Sozialdemokraten und Gewerkschaften riefen den Generalstreik aus. Daraufhin brach der Putsch zusammen. Die Antwort auf die Rechtsverschwörung waren sozialistische Aufstände im Rheinland und in Sachsen-Thüringen, die diesmal von der Reichswehr niedergeschlagen wurden. Die innenpolitischen Radikalisierungen in Folge des Kapp-Putsches trugen nun dazu bei, eine Verständigung der Deutsch-Nationalen mit den übrigen Parteien vorerst zu verhindern.[88] Um die von der DNVP befürchtete Diskreditierung zu beenden und dem Eindruck entgegen zu treten, die Partei unterstütze rechtsextreme Tendenzen, wie sie im Kapp-Putsch zum Ausdruck kamen, trat sie in der Folgezeit im Parlament gemäßigter auf, also auch in der zweiten und dritten Lesung des Grundschulgesetzes.

Dagegen hatte der DNVP-Abgeordnete Oberfohren in der ersten Lesung noch für den Privatunterricht und gegen die Pflicht zum Besuch von staatlichen Grundschulen gestritten:

> "Das heißt ja praktisch, daß jedes Elternpaar direkt von Staats wegen mit den rigorosesten Mitteln gezwungen wird, seine eigenen Kinder ausgerechnet in die Grundschule zu schicken, die der Staat einrichtet. ...Das ist, meine Damen und Herren, ein Kinderzwangszuchthaus."[89]

Diese Polemik war - wie sich später herausstellen sollte - nicht folgenlos. Die DNVP setzte sich nämlich damit durch, die Möglichkeiten zur Umgehung der Grundschule zu erleichtern, indem die Formulierung "in besonders dringenden Fällen" abgeschwächt und Privatunterricht "in besonderen Fällen" gestattet wurde.[90]

---

[87] vgl. Nave S.84f; Kunz S.133; Berichte Nationalversammlung Bd.332 S.4762
[88] vgl. Nave S.93
[89] Berichte Nationalversammlung Bd.332 S.4760
[90] Nave S.69

Der bürgerlich-antiständischen Forderung, die Vorschulen abzuschaffen, konnte sich aber auch die DNVP nicht ganz verschließen. Sie plädierte für diese Abschaffung, wie sich ihr Redner ausdrückte, "nicht weil die Vorschule eine Standesschule ist, sondern weil die Groß-stadtvolksschulen ausgemachte Proletarierschulen und damit eigentliche Standesschulen sind."[91]

In der Frage der Grundschuldauer vertrat die DNVP die Position der Philologen, die den Erhalt des neunjährigen Gymnasiums forderten. Wohl ließ die Regierung die neunjährige Gymnasialzeit unangetastet und erhöhte damit die Gesamtdauer der Schulzeit für Gymnasia-sten, die bis dahin z.t. nur eine dreijährige Vorschulzeit absolviert hatten, auf 13 Jahre, aber die MSPD-Abgeordnete Pfülf hatte den "Abbau der höheren Schule um ein Jahr" angeregt.[92] Deshalb brachte der DNVP-Abgeordnete Mumm den Vorschlag ein, alle begabten Schüler und Schülerinnen nach der zweiten Grundschulklasse zusammenzufassen und in insgesamt **dreijähriger Grundschulzeit** auf das Gymnasium vorzubereiten.[93] Ohne formal gegen die vierjährige Grundschule zu sprechen, wollte die DNVP mit diesem Vorschlag zumindest partiell eine Ersatzlösung für die alten dreijährigen Vorschulen schaffen. Damit deutete die DNVP die kommende Schulpolitik konservativer Bevölkerungskreise, Parteien und Verbände schon hier an.

Mit der z.t. dreijährigen Grundschuldauer und der Ablehnung des Grundschulgesetzes konnte die DNVP in der Nationalversammlung jedoch keine Mehrheit erlangen. Solange sich die bürgerlichen Parteien keine indirekten Verbindungen mit rechtsextremen Kreisen nachsa-gen lassen wollten, trug auch der unmittelbare Eindruck des Kapp-Putsches neben den schon erwähnten konsensstärkenden Momenten des politischen, ökonomischen und kulturellen Systems zu einer breiten Mehrheit für das Grundschulgesetz bei.[94]

Auf der anderen Seite wurde der Antrag der USPD auf eine **achtjährige Grundschule** von allen anderen Parteien **abgelehnt**.

Spekulation bleibt, ob sich bei entsprechender Vorbereitung der Kultusministerkonferenz bzw. einer frühzeitigen Reichsschulkonferenz in der Nationalversammlung eine Mehrheit für einen MSPD-Antrag auf eine sechsjährige Grundschule gefunden hätte. Rein numerisch hätten MSPD und USPD nur 27 von 75 Stimmen der in dieser Frage gespaltenen DDP benötigt. Das schien so aussichtslos nicht, zumal DVP, BVP und Zentrum noch keineswegs zu einer sicheren Ablehnung der sechsjährigen Grundschule entschlossen waren. Daß die MSPD einen solchen Antrag 1920 nicht eingebracht hat, mag an der Niederlage in der Konfessionsschulfrage, an der optimistischen Einschätzung der Wahlperspektiven und der Reichsschulkonferenz und an der für vorrangig gehaltenen Verabschiedung des Grundschul-

---

[91] Berichte Nationalversammlung Bd.332 S.4760 B
[92] ebenda S.4759
[93] vgl. ebenda Bd.333 S.5242; Nave S.87f
[94] vgl. Nave S.97

prinzips gelegen haben.[95] Die Gefahr weiterer Rechtsputsche, die hohe Staatsverschuldung und die Folgen der Kriegsniederlage erforderten aus Sicht der MSPD zudem die Bildung von breiten Mehrheiten statt einer Zusammenarbeit mit der USPD.

Immerhin war eine für alle gemeinsame **vierjährige Grundschule** und damit eine Fortentwicklung vom ständischen zum bürgerlichen Schulsystem **erreicht** worden. Da die Furcht vor einer kommunistischen Revolution auch die Handlungen der konservativen Kräfte wesentlich bestimmte, wurde von dieser Seite die vierjährige Grundschule bis Mitte 1920 offenbar als unvermeidliches Zugeständnis an die gewandelten politischen Verhältnisse betrachtet. Erst nachdem mit der Niederschlagung der Arbeiteraufstände in der Folge des Kapp-Putsches die Revolution machtpolitisch überwunden worden war und die Diskreditierung der am Kapp-Putsch beteiligten Rechten im Sommer 1920 nachgelassen hatte, wäre vermutlich auch das, was in der Nationalversammlung noch selbstverständlich erschien, in der Folgezeit durch den Aufschwung der konservativ-monarchistischen Kreise kaum durchsetzbar gewesen. Auch das als Provisorium vorgezogene Grundschulgesetz wäre daher nach den Wahlen von 1920 wohl wie das Reichsschulgesetz nicht mehr verabschiedet worden.[96]

---

[95] vgl. Schulz (c) S.191: "Eine rückläufige politische Bewegung ist aber für das neue Deutschland aller Voraussicht nach nicht zu erwarten. Im Gegenteil, ..."
[96] Zu ähnlicher Überzeugung gelangt Nave (S.129).

2.3. Analyse der verbandspolitischen und pädagogischen Positionen und Argumentationen auf der Reichsschulkonferenz

2.3.1. Vorbemerkungen zur Bedeutung, Zusammensetzung und zum Zeitpunkt der Reichsschulkonferenz

Die Analyse der Diskussionen um die Dauer der Grundschule soll in diesem Abschnitt primär nicht wie im vorangehenden aus der politischen, sondern aus der **pädagogischen Perspektive** versucht werden. Dies ist mit einigen Schwierigkeiten verbunden.

Zum einen durchdringen sich pädagogische und psychologische Intentionen intensiv mit gesellschafts-, partei- oder verbandspolitischen. Entsprechend vielschichtig sind die verschiedenen Argumentationen, und es gilt, durch eine klare Strukturierung die dahinter stehenden Interessen (z.b. verbandspolitische) und pädagogischen Grundanschauungen zu erkennen.

Zum zweiten beginnt diese Debatte schon zu Beginn des Jahrhunderts und verebbt erst Mitte bis Ende der 20er Jahre, um dann nach dem Zweiten Weltkrieg wieder aufzuleben. Dabei finden je nach den wechselnden politischen, ökonomischen und soziokulturellen Rahmenbedingungen Verschiebungen in der Auseinandersetzung statt.

Ohne daß zeitliche Aspekte vernachlässigt werden sollen, ist m.E. eine Fokussierung der Diskussion sinnvoll. Nachdem bereits die Debatte auf administrativer und parlamentarischer Ebene wiedergegeben wurde, scheint mir für eine pädagogische Betrachtung die **Reichsschulkonferenz von 1920** am geeignetsten. Obwohl ihre Wirkung nicht überschätzt werden sollte, nimmt ihre Analyse hier einen relativ breiten Raum ein, da sich bei dieser Gelegenheit die meisten Vertreter der verschiedenen Standpunkte zur Dauer der Grundschule direkt gegenüberstehen. Früher oder später geäußerte Argumente, psychologische Forschungsergebnisse und dort nicht zu Wort gekommene Positionen werden an geeigneten Stellen ergänzend eingeschoben.

Um eine Übersicht über die verschiedenen Standpunkte zu erhalten, werde ich in Abschnitt 2.3.2. zunächst die Positionen so darstellen, wie sie auf der Reichsschulkonferenz von den Verbänden und Einzelpersonen geäußert wurden. Anschließend möchte ich unter 2.3.3. die Argumentationen nach der Position zur Grundschuldauer gruppieren, anhand von strukturierenden Hypothesen wesentliche Begründungen herausarbeiten und sie systematisch und ideologiekritisch untersuchen. Erst dann sollen in 2.3.4. die Ergebnisse und Verhandlungen der Reichsschulkonferenz nach den Aspekten "Größe der Gruppen", "Strategien", "Bündnisse", "Mehrheitsverhältnisse" und "Beschlüsse" behandelt werden.

Zunächst sind jedoch noch einige Vorbedingungen für die Reichsschulkonferenz zu erörtern. So waren die **Reichstagswahlen** vom 6.6.1920 für sie eine entscheidende **Determinante**. Sie brachten für die drei Koalitionsparteien MSPD (von 163 auf 102 Mandate), DDP (von 75 auf 39) und Zentrum (von 91 auf 64) aufgrund außerparlamentarischer Radikalisierungen eine herbe Niederlage.[97] Da für die bürgerlichen Parteien eine Koalition mit der erfolgreichen USPD (von 22 auf 84) nicht in Frage kam und die konservativen Parteien DVP (von 19 auf 65) und DNVP (von 44 auf 71) ihre Abgeordnetenzahlen mehr als verdoppeln konnten, wurde die Regierung "Fehrenbach" (Zentrum) aus DDP, Zentrum und DVP gebildet.[98] Entgegen der Hoffnung der Sozialdemokraten hatten sich damit die Chancen für eine sechsjährige Grundschule minimiert.[99] Nave formuliert daher:

> "Auch die Reichsschulkonferenz, die nur 5 Tage nach den für die deutsche Schulgeschichte so entscheidenden Reichstagswahlen von 1920 zusammentrat, wurde, wenn man die Sache nur vom politischen Standpunkt betrachtet, zur Sinnlosigkeit."[100]

Diese Auffassung wird der Situation m.E. jedoch nicht völlig gerecht; denn für die obligatorische Grundschule der Weimarer Republik war nicht unwichtig, welche Legitimation sie von pädagogischer Seite erhielt. Wäre die Zustimmung zur Abschaffung der Vorschulen auf der Reichsschulkonferenz nicht so breit gewesen, wäre die politische Durchsetzung dieser Grundentscheidung in den folgenden Jahren wahrscheinlich noch schwieriger geworden. Andererseits muß zugegeben werden, daß die **politische Bedeutung** der Reichsschulkonferenz durch die Reichstagswahlen **abnahm**, da Reformimpulse seither weniger politische Unterstützung erwarten konnten.

Die Konferenz war schon 1917 von Schulz beantragt worden. Nachdem der günstige Zeitpunkt im Frühjahr 1919 versäumt war, fand sie infolge der Verzögerungen durch den Kapp-Putsch erst im Juni 1920 - von großen Erwartungen begleitet - statt.

Nach den Äußerungen des Reichsinnenministers Koch (DDP) konnte ihre Aufgabe keine parlamentarische Entscheidungsfindung sein, sondern nur gutachterliche Beratung, da es nicht möglich sei, "mit Stimmenmehrheit wissenschaftliche Wahrheiten in diesem Kreise festzulegen."[101]

Die Konferenz war aber keine wissenschaftliche Fachtagung; Einladungen erhielten Repräsentanten verschiedener politischer und pädagogischer Richtungen aus drei Ebenen:

1) Mitglieder der Ministerien (administrative Ebene);

2) Verbandsvertreter der Wirtschaft (ökonomische Ebene);

3) Interessenvertreter verschiedener Schulvereine und Verbände bzw. "unabhängige" Wissenschaftler (soziokulturelle Ebene). [102]

---

[97] Ergebnisse der Wahlen vgl. Michael/Schepp Bd. II S.160f, vgl. auch Fragen an die deutsche Geschichte, Anhang. Inwieweit die Verabschiedung des Grundschulgesetzes Auswirkungen auf das Wahlergebnis hatte, ist nicht festgestellt worden. Der Stimmenanteil der drei Koalitionspartner sank von 76% auf 44%.

[98] vgl. Michael/Schepp Bd. II S.162: Im Laufe der Legislaturperioden wurden die Koalitionen häufig gewechselt.

[99] Nave behauptet, es bestand "keine Aussicht mehr", S.101

[100] Nave S.102; vgl. auch Blankertz S.235; Führ S.47; Kunz S.135

[101] vgl. Reichsschulkonferenz S.441

[102] Als Parteienvertreter wurde niemand geladen, jedoch waren die bildungspolitischen Sprecher der Parteien als Einzelpersonen anwesend; vgl. auch Abschnitt 1.6.

Diese drei Bereiche waren jedoch quantitativ unterschiedlich vertreten. Während nur wenige Delegierte der Wirtschaftsverbände anwesend waren, erschienen die Repräsentanten der Administration zahlreicher. Sie waren besonders an der Erforschung der schulpolitischen Meinungen interessiert und hielten sich in den Auseinandersetzungen und Abstimmungen zurück. Vor allem sollte nach ihrer Ansicht "manche Meinung, die auf dem Papier schroff einer anderen entgegenzustehen schien, ausgeglichen" werden.[103] Außerdem erhoffte sich die Regierung, mit der Konferenz eine Art fachlich autorisierte Instanz zu schaffen, auf die sie sich bei der Gesetzgebung berufen konnte.

Diese Harmonisierungs- und Legitimationsaufgaben sollten nach der Absicht der einladenden Instanzen der Kultusadministrationen gegenüber der Funktion, die der Konferenz ursprünglich zugedacht worden war, nämlich Reformimpulse zu initiieren, in den Vordergrund rücken. Hatte die sozialdemokratische preußische Landesregierung 1918 noch gefordert, die Reichsschulkonferenz solle "aus freiheitlich, neuzeitlich und sozial gerichteten Pädagogen und Sachverständigen bestehen und die gründliche Erneuerung des deutschen öffentlichen Schul- und Erziehungswesen vorbereiten", so sollten nach Meinung des die Zusammensetzung festlegenden Ausschusses nunmehr "alle Strömungen auf dem Gebiet des Schul- und Erziehungswesen zu Wort kommen."[104]

Nachdem von diesem Vorbereitungsausschuß wesentlich mehr Vertreter der Kirchen, Gymnasial- und Hochschulverbände als Reformkräfte aus dem Spektrum des Deutschen Lehrervereins (DLV) und der Entschiedenen Schulreformer eingeladen wurden, kam es darüber in der zweiten Sitzung des Reichsschulausschusses (24./25.2.1920) zur Kontroverse.[105] Auf Betreiben von einigen Ländervertretern[106] wurde zwar die Zahl der DLV-Delegierten erhöht, doch durch eine spätere stärkere Berücksichtigung der Vertreter des Höheren Schulwesens neutralisiert.[107] So kommt Hohendorf in einer scharfen Kritik der

---

[103] Reichsschulkonferenz S.441

[104] ebenda S.448. Der Ausschuß war durch die Kultusministerkonferenz bzw. den Reichsschulausschuß eingesetzt worden. Der Reichsschulausschuß war als zwischen Reichs- und Länderkultusverwaltungen koordinierendes Gremium eingerichtet worden.

[105] vgl. Akten der Oberschulbehörde. Die Teilnehmerzahl der Reichsschulkonferenz stieg von den ursprünglich vorgesehenen 50 auf über 700 an, wobei noch 4300 Teilnahmegesuche abgelehnt werden mußten. Vgl. Nave S.103; Schorb, Alfons-Otto/Fritzsche, Volker: Schulerneuerung in der Demokratie. Ein kritischer Vergleich: Die Reichsschulkonferenz von 1920 und der Deutsche Ausschuß für das Erziehungs- und Bildungswesen, Stuttgart 1966, S.21: "Manche Verbände und Gruppen hatten ihre Vertreter wohl nur aus Prestigegründen zur Reichsschulkonferenz entsandt oder um darüber zu wachen, daß alles beim alten bleibe, jedenfalls was ihr besonderes Interessengebiet betraf."

[106] Dies waren die Vertreter aus Braunschweig, Bayern, Preußen, Hamburg, Detmold und Mecklenburg. Innenminister Koch und Staatssekretär Schulz versuchten die Proteste zu dämpfen, vgl. Akten Oberschulbehörde.

[107] Der Vorbereitungsausschuß erwähnte, daß "der Ausschuß der Volksschule nicht die überragende Anzahl von Vertretern (hat) zubilligen können, die ihr nach der Zahl der Lehrkräfte und nach dem Umfange der Bevölkerungskreise, die durch sie gegangen sind, zustehen würden." Man meinte, das Interesse des höheren Schulwesens "an den einzelnen Schularten berücksichtigen" zu müssen, und da es "reich verzweigt" sei, müßten "die einzelnen Gruppen von Schulen, ja selbst Unterrichtsfächer mitberücksichtigt werden"; vgl. ebenda.

Zusammensetzung der Reichsschulkonferenz zu dem Ergebnis, daß die konservativen Kräfte überwogen. Dabei hält er für bezeichnend, daß der Sprecher des DLV, Tews, erst nachträglich als Berichterstatter für den Bereich Schulorganisation durchgesetzt werden konnte.[108] Der DLV-Vertreter Wigge meinte damals: "Schon aus der Verteilung der Plätze ging hervor, daß eine reaktionäre Mehrheit vorhanden war."[109]

So eindeutig kann aber die politische Zusammensetzung im Plenum der Reichsschulkonferenz für den DLV 1920 nicht gewesen sein; denn gerade dieser drängte gemeinsam mit den Entschiedenen Schulreformern auf Schlußabstimmungen aller Delegierten über die Fragen des Schulaufbaus und der Lehrer- bzw. Lehrerinnenbildung. Andererseits zeigte sich nach einem "Hammelsprung", daß sich die Reformkräfte zumindest hier tatsächlich in der Minderheit befanden.[110] Da die Zusammensetzung demokratischen Kriterien nicht genügte, war der Mehrheitsbeschluß, auf Plenumsabstimmungen zu verzichten, jedoch verständlich.

War die Reichsschulkonferenz in Hinblick auf die ursprüngliche politische Intention der Regierung, Schulreformen zu unterstützen, angesichts der Zusammensetzung des Plenums und des allgemeinpolitischen Klimas nach den Wahlen kaum mehr von Bedeutung, so ist die **pädagogische Relevanz** dieser Konferenz nicht zu unterschätzen. Erstmals konnten in konzentrierter Weise fast alle beteiligten Gruppen und Personen ihre Standpunkte und Argumentationen zu den einzelnen Schulfragen, also auch zur Frage der Grundschuldauer, präsentieren. Zugleich war aufgrund der Konfrontation mit anderen Positionen im Plenum und in Arbeitsgruppen eine pädagogische Auseinandersetzung möglich. Und drittens konnten sich Differenzierungen, Gewichtungen, Bündnisse, Leitgruppen und -argumentationen sowie - wenn auch nicht repräsentative, so doch informative - Mehrheitsverhältnisse herauskristallisieren. Insofern gibt es m.E. kaum ein Dokument, das in so verdichteter Form Aufschluß über die pädagogischen und bildungspolitischen Auseinandersetzungen jener Zeit erlaubt wie der "Amtliche Bericht des Reichsinnenministerium über die Reichsschulkonferenz von 1920"[111], der daher Grundlage der folgenden Darstellung der verschiedenen Positionen, der Analyse der Argumentationen und der Betrachtung der Verhandlungen und Ergebnisse der Reichsschulkonferenz sein wird.

---

[108] vgl. Hohendorf, Gerd (a): Die pädagogische Bewegung in den ersten Jahren der Weimarer Republik, Ost-Berlin 1954, S.36ff und S.87f; Schorb/Fritzsche S.21; Nave S.103; Schulz (c) S.150. Bei Hohendorf ist zu beachten, daß er z.T. stark gefärbte "DDR-Geschichtsschreibung" praktizierte und den Kampf gegen die Reformpädagogik in der DDR anführte. Nach eigenen Einordnungsversuchen anhand des ausführlichen Teilnehmerverzeichnisses komme ich zu dem Schluß, daß etwa 20% dem sozial- und liberaldemokratischen bzw. sozialistischen, etwa 15% dem kirchlichen, circa 32% dem konservativ-philologischen Spektrum angehörten und ungefähr 33% der Teilnehmer nicht festzulegen waren.

[109] Hohendorf (a) S.39

[110] Der Hammelsprung ist ein Abstimmungsverfahren bei dem bei knappen Mehrheiten zur genauen Auszählung alle Stimmberechtigten den Raum verlassen und durch die "Ja", "Nein" oder "Enthaltung"-Tür wieder betreten. 203 Personen sprachen sich für Plenumsabstimmungen, 256 dagegen aus. Vgl. Reichsschulkonferenz S.879ff, S.917ff

[111] zitiert als "Reichsschulkonferenz", im folgenden "RSK" abgekürzt

2.3.2. Die Positionen der Verbände auf der Reichsschulkonferenz

2.3.2.1. Lehrer- und Lehrerinnenverbände

Berufs- und Standesinteressen verbanden sich bei dem "Vereinsverband akademisch gebildeter Lehrer Deutschlands" aufs innigste mit einer konservativen Grundhaltung. Die Frage der Grundschuldauer war dabei für den **Philologenverband** der entscheidende schulpolitische Punkt.[112] Da sich die hier zusammengeschlossenen Lehrer und Lehrerinnen der Höheren Schulen nicht dem Vorwurf aussetzen wollten, Standesschulen zu schützen, gestanden sie den Reformern den Abbau der Vorschulen zu. Durch die Errichtung von dreijährigen Begabtenzügen in der Grundschule sollte jedoch ein adäquater Ersatz für die Vorschulen geschaffen werden.[113] Der Philologenverband befürchtete nämlich, daß bei einer obligatorischen vierjährigen Grundschule, die Dauer der Höheren Schule auf acht Jahre verkürzt würde, um die Schulzeit nicht von 12 auf 13 Jahre zu verlängern. Eine Reduzierung der Höheren Schule wollte der Philologenverband aber in jedem Fall verhindern. So heißt es in den Leitsätzen seines Berichterstatters Prof. Binder auf der Reichsschulkonferenz zum Thema Grundschule:

> "6. Die Grundschule ist höchstens vierjährig. Eine weitere Ausdehnung des gemeinsamen Unterrichts ist unbedingt abzulehnen, da sonst der Unterricht der Studienanstalten (höhere Schulen) mit den ihnen eigentümlichen Fächern und Methoden zum Schaden des Gesamtergebnisses zu spät einsetzen würde. Es müssen Einrichtungen geschaffen werden, die den begabten Schülern ermöglichen, in drei Jahren das Ziel der Grundschule zu erreichen.
> 7. Ein stufenförmiger Aufbau des Schulwesens ist abzulehnen. Vielmehr verzweigt sich die Schule von der Grundschule aus in Volksschulen, Mittelschulen und Studienanstalten (höhere Schulen)."[114]

Binder meinte, daß allenfalls in wenigen Orten die Unterstufen der Höheren Schulen mit denen der Mittelschulen zusammengefaßt werden könnten. "Aufbauschulen" und "Deutsche Oberschulen" lehnte der Philologenverband ab.[115]

---

[112] vgl. Nave S.112

[113] vgl. DNVP-Vorschlag in der Grundschuldebatte

[114] RSK S.81f

[115] Aufbauschulen schlossen an einen sieben- bzw. achtjährigen Volksschulbesuch an und konnten Hochschulzugangsberechtigungen erteilen. Deutsche Oberschulen waren Reformgymnasien mit einem Schwerpunkt in deutschkundlichen Fächern, die zudem flexiblere und fachübergreifende Unterrichtsgestaltungen ermöglichten. Oft wählten reformpädagogisch ausgerichtete Höhere Schulen wie z.B. die Lichtwarkschule in Hamburg und die Schulfarm Scharfenberg in Berlin diese Organisationsform. Vgl. Lehberger, Reiner: "Schule als Lebensstätte der Jugend". Die Hamburger Versuchs- und Gemeinschaftsschulen in der Weimarer Republik. In: Amlung, Ullrich/Haubfleisch, Dietmar/Link, Jörg-W./Schmitt, Hanno (Hg.): Die alte Schule überwinden. Reformpädagogische Versuchsschulen zwischen Kaiserreich und Nationalsozialismus. Frankfurt am Main, 1992, S.41f. Aufbauschulen und Deutsche Oberschulen wurden eingerichtet, damit mehr Schüler und Schülerinnen vom Land und aus den Arbeiterschichten ermöglicht wurde, die Hochschulzugangsberechtigung zu erreichen. Zwar forderten deshalb die Initiatoren der Deutschen Oberschule, daß von ihren Absolventen nur einer Fremdsprache verlangt werden müsse, doch wurde die Deutsche Oberschule in Preußen 1922 unter Richerts Federführung mit zwei Pflichtfremdsprachen eingerichtet, um den deklarierten Ansprüchen einer "höheren Bildung" zu genügen. Vgl. dazu z.B.: H.Richert: Die Ober- und Aufbauschule, Leipzig 1923. Später wurde die Deutsche Oberschule von der NSDAP zum Haupttypus Höherer Schulen erklärt und in die nationalsozialistische Ideologie eingebettet.

Da die Höheren Schulen die wichtigste Aufgabe im Staat hätten, nämlich "führende Persönlichkeiten" zu entwickeln, sollte nach Philologenmeinung die neunjährige Höhere Schule im wesentlichen beibehalten und das restliche Schulwesen danach ausgerichtet werden. Auch im Krieg hätten sich die Leistungen der durch die Höheren Schulen gebildeten "hervorragenden Männer" und "des Alten" gezeigt, deshalb müsse "das historisch gewordene" Bewährte beibehalten werden. Geschickt das durch Kriegsniederlage und Versailler Frieden verletzte Nationalgefühl ausnutzend, machten die Philologen die Auseinandersetzung um die Grundschuldauer zur Streitfrage über die Bewertung des Krieges und der kulturellen Leistungen des deutschen Volkes.[116]

Nachdem sie - wie auch die deutschnationalen Bünde - schon vor den Wahlen 1920 in innerschulischen Agitationen Schüler bzw. Schülerinnen und Eltern zum Protest gegen Schulreformen aufgerufen hatten, fühlte sich der Philologenverband nach den Wahlen als schulpolitischer Wortführer der konservativen Kräfte stark im Aufwind. Den ersten Vertreter der Jugendverbände, den Studenten Alfken, und die Volksschullehrer bzw. -lehrerinnen versuchten sie lächerlich zu machen und ihnen mit dem Argument der fehlenden akademischen bzw. humanistischen Ausbildung das Mitspracherecht abzustreiten.[117]

Als die große konservative Übermacht eine Reformarbeit im Philologenverband unmöglich gemacht hatte, gründeten im Sommer 1919 ehemalige Mitglieder des Verbandes wie Oestreich, Kawerau, Karsen und Hilker den **"Bund entschiedener Schulreformer"**.[118]

Schon während der ersten Vortreffen, im Januar 1919, hatte man sich auf die Forderung der "differenzierten Einheitsschule" und auf die Abschaffung des Berechtigungswesens geeinigt. Auf dem Gründungskongreß (18.9.1919) wurde dann die kompromißlose Öffentlichkeitsarbeit für eine Schulreform zur Hauptaufgabe erklärt und eine Politik der kleinen Schritte abgelehnt. Für den Eintritt in den Bund war ein Bekenntnis zur neuen Republik nötig.[119]

Die Aufgaben des Bundes und sein Verhältnis zur Regierung umriß Paul Oestreich in seinen Reden auf dem Gründungskongreß wie folgt:

---

[116] vgl. Nave S.112; Cauer behauptete 1916, daß der Krieg zeige, daß Deutschland keine Einheitsschule benötige. Nach dem Kriege wurde argumentiert, daß nur durch die Höhere Schule Deutschlands Aufstieg aus der Niederlage erreicht werden könne. Vgl. Cauer, Paul in Wychgram S.50 und RSK S.85ff, S.460ff

[117] vgl. Nave S.111; Akten Oberschulbehörde; RSK S.509: Zu diesen Angriffen bemerkte ein Vertreter der Volksschullehrerinnen und -lehrer: "Es ist sehr fraglich, ob, wenn die Reichsschulkonferenz früher abgehalten worden wäre als jetzt nach den Wahlen, die Stimmung dieselbe gewesen wäre und ob vielleicht auch solche Ausdrücke gefallen wären." Vor allem war den Philologen die These Wynekens zuwider, die Jugend solle Subjekt, nicht Objekt der Erziehung sein.

[118] vgl. Neuner, Ingrid: Der Bund entschiedener Schulreformer 1919 - 1933, Bad Heilbrunn/OBB. 1980, S.25ff; Eierdanz, Jürgen: Auf der Suche nach der neuen Erziehung, Dissertation Gießen 1984 und ders. mit Bernhard, Armin (Hg.): Der Bund der Entschiedenen Schulreformer. Eine verdrängte Tradition demokratischer Pädagogik und Bildungspolitik, Frankfurt a.M. 1991. Die zeitweise bis zu 6000 Mitglieder kamen größtenteils aus der "Arbeitsgemeinschaft sozialdemokratischer Lehrer und Lehrerinnen Deutschlands". Vgl. Eierdanz/Bernhard S.50

[119] vgl. Oestreich, Paul (Hg.) (d): Entschiedene Schulreform, Vorträge, Berlin 1920 S.158ff

"Wir entschiedenen Schulreformer sind nicht parteipolitisch und doch politisch, denn wie könnte man das Bildungswesen reformieren ohne klare Ansichten vom Staate. ... Unser Bund soll ein Stoßtrupp sein, der den neuen Geist in die Reihen der akademisch gebildeten Lehrerschaft zu tragen hat. ...Wenn die Regierung revolutionär und republikanisch ist, ernst und unerschütterlich Reformen aufbaut, meinetwegen langsam, aber nicht im Zick-Zackkurs ..., dann, *aber auch nur dann*, stehen wir der Regierung zur Verfügung."[120]

Oestreich sagte dies insbesondere dem preußischen Kultusminister Haenisch, der die fehlenden Reformen und die Politik der MSPD mit den schon klassischen Argumenten verteidigt hatte, daß die Finanzsituation keine Reformen zulasse, die Koalitionspartner die Reform hemmen und es an reformtragenden Personen fehle.[121]

In dem sehr regen und öffentlichkeitswirksamen Vorstand traten ab Oktober 1919 erste Kontroversen auf. Oestreich plädierte im Gegensatz zu Karsen u.a. gegen die praktische Mitwirkung in Schulversuchen - von denen in Kapitel 2.4. berichtet wird - und die Übernahme von Ämtern, weil er dadurch die Möglichkeit zu radikaler Kritik und Agitation eingeschränkt sah.[122]

Obwohl die MSPD-Abgeordnete Frau Wegscheider und Karsen noch vor Beginn der Reichsschulkonferenz aus dem Vorstand ausgetreten waren, hielt Karsen dort das Referat für den Bund.[123] Sein Vorschlag für den Schulaufbau ging von einer pädagogisch völlig veränderten "Erlebnisschule" aus. Im Gegensatz zum Unterricht in einer einseitig auf kognitive Schulung abzielenden, streng methodisch organisierten Lernschule sollte die neue Schule, die Schülerinnen und Schüler durch eigenständige individuelle Erfahrungen und schöpferische Tätigkeit für die Gemeinschaft bilden. Diese innere Reform sollte mit organisatorischen Änderungen verknüpft werden. Um den für alle verbindlichen allgemeinbildenden Kernunterricht gruppierte sich individueller Wahlunterricht in speziellen Neigungs- und Begabungskursen. Zu dieser Zeit, 1920, war der "Bund für entschiedene Schulreformer" z.T. noch in alten Philologenvorstellungen verhaftet. So wurde z.B. noch die "äußere Differenzierung" vertreten, allerdings mit mehr Übergangsmöglichkeiten zwischen den Schulen und Kursen.[124] Erst durch Oestreichs Plan von 1921 wurde die äußere Differenzierung bis zum 16. Lebensjahr konzeptionell vollständig durch die "innere" ersetzt. Das Modell der integrierten Gesamt-

---

[120] ebenda S.3ff

[121] vgl. ebenda S.6f; Stubenrauch S.29

[122] Der äußere Druck des Kapp-Putsches führte die sehr individuellen Vorstandsmitglieder zunächst noch einmal zusammen, bevor die Konflikte wieder aufbrachen. Vgl. dazu Neuner S.124ff und Eierdanz/Bernhard S.54f

[123] Oestreich hatte ihn wegen einer Krankheit zum ursprünglichen Apriltermin um seine Vertretung gebeten. Auf der Reichsschulkonferenz traten dann beide auf, wobei Oestreich Karsens Einführung ergänzte bzw. korrigierte. In einer Nachbetrachtung machte Oestreich die Differenzen mit Karsen z.T. in Form von persönlichen Diffamierungen deutlich. Vgl. Oestreich, Paul: Ein großer Aufwand, schmählich!, ist vertan - Rund um die Reichsschulkonferenz, Leipzig 1920, S.27, Anm. 1

[124] vgl. Neuner S.64f; Nave S.117f. "Äußere Differenzierung" bedeutet leistungsbezogene Trennung in verschiedene Schulen, Kurse o.ä..

schule hat damit seinen Ursprungsort bei den Entschiedenen Schulreformern, wie auch der Begriff "Gesamtschule" von ihnen (Kawerau) geprägt wurde.[125] Wie heutige Gesamtschulbefürworter meinten auch Oestreich und Karsen auf der Reichsschulkonferenz, daß durch Sekundarschulen mit Kern-Kurssystem, die in der Regel Schüler und Schülerinnen aller Niveaus umfassen sollten, die Frage der Grundschuldauer relativ belanglos werde.[126] Sie schlugen vor, zunächst nach der vierten Klasse mit ersten Differenzierungen zu beginnen. In der dann folgenden fünfjährigen Mittelstufe sollten die "Normalbegabten" Kernunterricht an fünf Tagen in der Woche je drei Stunden bekommen, die "Intellektuellbegabten" dagegen nur an drei Tagen pro Woche.[127] Die übrige Zeit war für die freien Arbeitsgemeinschaften in wissenschaftlichen Fächern, für Wanderungen, Sport, Spiel u.ä. gedacht. Erst nach dem neunten Schuljahr sollte bei Abschaffung des Hochschulberechtigungswesens[128] eine dreijährige Oberstufe mit diversen Fach-, Fortbildungs- und wissenschaftlichen Oberschulen beginnen.

Mit Oestreichs Bemerkungen zu Karsens Bericht beginnt auf der Reichsschulkonferenz der Übergang von der eher individualistischen "Erlebnisschulkonzeption" des Bundes zum Modell der "Lebens- und Produktionsschule", die stärker Verbindlichkeit und gemeinschaftsverbindende Inhalte betont und die Erlebnismethode nicht mehr als alleinige in den Mittelpunkt stellt.[129]

Mit diesem Konzept konnten die Entschiedenen Schulreformer eine Alternative zum herkömmlichen Schulsystem bieten, die organisatorische mit pädagogischen Forderungen verknüpfte und andeutete, wie ein gemeinsames, länger als vier Jahre dauerndes Lernen sinnvoll gestaltet sein könnte.

Gerade solche Alternativen wollten die Mittelschullehrer und -lehrerinnen verhindern. Sie standen dem Philologenverband nahe, gründeten aber erst 1923 einen eigenen Verband auf Reichsebene. Auf der Reichsschulkonferenz wurden sie deshalb noch vom "**preußischen Verein für das mittlere Schulwesen**" vertreten.

Wie bei den Philologen gesellte sich auch bei den Mittelschullehrern und -lehrerinnen zu einer konservativen Grundeinstellung ein berufsständisches Motiv, nämlich das Interesse, "die Stellung der Mittelschule und ihre Eigenart zu wahren."[130] Da die Vereinigung mit den Volksschullehrern und -lehrerinnen für sie einen sozialen Abstieg bedeutet hätte, kämpften

---

[125] vgl. Neuner S.75; Sienknecht S.160; Stubenrauch S.30
[126] vgl. RSK S.111, S.463, S.481; Sienknecht S.158; Neuner S.79
[127] vgl. RSK S.111, Neuner S.65
[128] vgl. RSK S.927f
[129] Eine analoge Entwicklung zu mehr Verbindlichkeit ist laut mündlicher Auskunft der Freien Schulen in Bochum und Marburg auch bei den heutigen "Freien Schulen" zu beobachten.
[130] Maaßen S.13. Dadurch hofften sie auch ihre eigene Stellung zu sichern. Maaßen war Vorsitzender des Verbands für das Mittelschulwesen von 1934 bis 1944. Seine Darstellung trägt nationalistische und reaktionäre Züge.

64

sie, die sich gerade erst vom unterprivilegierten Volksschulstand gelöst hatten, besonders verbissen gegen den "Einheitslehrer" und die "Einheitsschule". Schon im Dezember 1918 hatten sie die Dreigliedrigkeit des Schulwesens mit einer selbständigen Mittelschule, aufbauend auf einem vierjährigen gemeinsamen Unterbau aller Schulen, gefordert. Ihre "fieberhafte" Tätigkeit fand nicht nur bei dem zuständigen preußischen Sachbearbeiter Pfingsten 1919 Aufmerksamkeit.[131]

Auf der Reichsschulkonferenz wurde vom ersten Vorsitzenden des Verbandes des preußischen Mittelschulwesens Buhtz zwar die Schaffung der Grundschule akzeptiert, allerdings nur solange sie vierjährig sei. In dieser Form gefährdete sie die selbständige Mittelschule nicht. An dreijährigen Begabtenschulen hatten die Mittelschullehrer und -lehrerinnen im Gegensatz zum Philologenverband kein Interesse, da sie durch die vierjährige Grundschule keine Verkürzung der bisherigen Mittelschuldauer befürchten mußten. Buhtz war sich aber mit den Studienräten einig, daß eine gemeinsame Unterstufe aus Mittelschule und Höherer Schule gebildet werden könne. Er wollte die Mittelschule eher in Richtung Höherer Schule als in Richtung Volksschule orientiert wissen. Auf jeden Fall wollten die Mittelschullehrer und -lehrerinnen verhindern, daß - wie sie formulierten - "das Niveau der deutschen Volksbildung sinkt", und sie traten folglich "gegen gefährliche Experimente" auf.[132]

Selbst der Vertreter der Aufbauschulen Gagelmann sah durch die sechsjährige Grundschule die Notwendigkeit für die von ihm vertretenen Schulformen gefährdet und äußerte daher, daß eine vierjährige Grundschule genüge, wenn für die Landkinder spätere Aufstiegsmöglichkeiten durch Aufbauschulen geschaffen würden.[133]

Für die sechsjährige Grundschule traten dagegen die Volksschullehrer und -lehrerinnen ein. So hatte der **"Deutsche Lehrerverein"** (DLV) parallel zu den Verfassungsberatungen (Pfingsten 1919) ein Schulprogramm beschlossen, welches im wesentlichen auf Forderungen von Johannes Tews aus dem Jahre 1916 aufbaute.[134]

Obwohl Tews als Generalsekretär des DLV 120.000 Volksschullehrer und -lehrerinnen vertrat, die ca. 90% der Schüler bzw. Schülerinnen unterrichteten, protestierte der Philologenverband dagegen, daß er kurz vor Beginn der Reichsschulkonferenz als Berichterstatter zugelassen wurde.[135]

Tews Leitsätze sahen die auf einen freiwilligen Kindergarten folgende sechsjährige Grundschule vor. Darauf sollte in einem zweigliedrigen System eine zweijährige "Bürgerschule" für die bisherigen Volksschülerinnen und -schüler und daneben eine dreijährige Mittelschule für

---

[131] vgl. Maaßen S.14.
[132] Maaßen S.13ff; RSK S.710, Antrag Tews, Behrend, Buhtz u.a.
[133] vgl. RSK S.699
[134] vgl. Michael/Schepp Bd.II S.147 und Kapitel 1: Einheitsschule und Simultanschule, Schul- und Lehrmittelfreiheit, akademische Volksschullehrer- und lehrerinnenbildung
[135] vgl. RSK S.465; Hohendorf (a) S.87f

die bisherigen Ober- und Mittelschüler bzw. -schülerinnen aufbauen. Erst danach sollte sich das Schulwesen weiter in Berufs-, Fach- und Höhere Schulen verzweigen.[136] Dem DLV ging es vor allem darum, die Stellung der Volksschule und der Volksschullehrer und -lehrerinnen zu verbessern; insofern spielten auch hier Interessen des Berufsstandes eine große Rolle. Von einem Besuch aller Schülerinnen und Schüler der Volks- bzw. Grundschule in den ersten sechs Jahren erhofften sie sich eine Expansion und wachsende Bedeutung ihrer Schulform sowie durch die Aufhebung der Ausgliederung der leistungsfähigeren Schüler und Schülerinnen ein günstigeres Lernklima. Auch bessere Übergangsmöglichkeiten insbesondere für Landkinder waren ihnen ein Anliegen.[137] Über schulorganisatorische Forderungen hinausgehende pädagogische Reformen schlugen sie dagegen kaum vor. Während sich die Entschiedenen Schulreformer stärker um die differenzierte Einheitsschule in Verbindung mit inneren Reformen kümmerten, konzentrierten sich also Tews und die Vertreter des DLV auf der Reichsschulkonferenz auf die äußeren Reformen und die Frage der Grundschuldauer, so daß vom DLV der stärkste Impuls für die sechsjährige Grundschule zu spüren war.

Da auf der Reichsschulkonferenz keine Parteidelegierten reden sollten, hielt sich z.b. Heinrich Schulz als Versammlungsleiter und führender MSPD-Bildungspolitiker sehr zurück und war auch nicht im Ausschuß für den Schulaufbau anwesend. Allerdings waren Vertreter der "**Arbeitsgemeinschaft sozialdemokratischer Lehrer und Lehrerinnen Deutschlands**" eingeladen.[138] Ihr Mitglied Lohmann setzte sich in Anlehnung an die Argumentation des DLV mit einem Antrag für die sechsjährige Grundschule ein.[139] Im übrigen spielte diese Gruppierung auf der Reichsschulkonferenz eine ebenso untergeordnete Rolle wie **kommunistisch organisierte Lehrerinnen und Lehrer.**

Letztere konnten auf der Reichsschulkonferenz nur als Einzelpersonen auftreten. Da Clara Zetkin, die erst zwei Tage vor Konferenzbeginn eingeladen worden war, es ablehnte, sich von dem "Verräter" Schulz und seiner Partei berufen zu lassen, "deren Symbol für alle Zeiten der vom Arbeiterblut triefende Säbel Noskes bleiben" werde, sprach auf der Konferenz von dieser Seite nur der sich selbst als religiöser Kommunist bezeichnende Hierl; er plädierte für den Bruch mit allem Alten und forderte eine achtjährige Grundschule.[140]

---

[136] vgl. RSK S.149ff; Tews (c) S.91; Nave S.106; Hars S.78; Hohendorf (a) S.87ff; König (b) S.125f

[137] vgl. Tews, RSK S.479; siehe auch Abschnitt 2.3.3.7.

[138] vgl. Krause-Vilmar, Dieter (Hrsg.): Lehrergewerkschaft, Republik und Faschismus 1918 - 1933, Köln 1978. Krause-Vilmar meint, daß die ASL nach Protesten gegen den Weimarer Schulkompromiß zur besseren Anbindung der Kritiker an die Parteiführung gegründet worden sei.

[139] vgl. RSK S.711. Auch in der Vorbereitung der RSK forderte die ASL neben der Arbeitsschule die sechsjährige Grundschule. Dies geschah in der Hoffnung, es müßte "möglich sein, die parteigenössischen Schulreformer auf der Grundlage einer vorläufigen, für die politische Arbeit zu erhebende Forderung des sechsstufigen Grundschule zu vereinigen. Das hätte den Vorteil, daß damit auf der Reichsschulkonferenz eine breite Front für diese Forderung geschaffen würde." Krause - Vilmar S.54

[140] Hohendorf (b) S.111 u. S.95; vgl. auch RSK S.499f

2.3.2.2. Eltern- und Jugendverbände

Elternverbände wurden zur Reichsschulkonferenz nicht eingeladen, da es noch keine reichsweit institutionalisierte Elternmitbestimmung und noch kein entwickeltes Elternverbandswesen gab.[141] Allerdings wurde die Elternmitwirkung auf der Reichsschulkonferenz diskutiert und fand dort viel Zustimmung.

Die Zuordnung der Mehrheit der Elternvertretungen zum "konservativen Block" war zu Beginn der Weimarer Republik noch keineswegs erfolgt. Im Herbst 1920 schlossen sich viele Arbeitereltern im "Bund der freien Schulgesellschaften Deutschlands" zusammen, der die weltliche Einheitsschule forderte und bereits zum Jahresende über 100.000 Mitglieder hatte. Die Kommunisten setzten große Hoffnungen in die Mitbestimmung der Elternräte, in denen zunächst die Sozialdemokraten Erfolge erzielten. Nach den gegen die kirchliche Schulaufsicht und den Religionsunterricht gerichteten preußischen Novembererlassen 1918 lenkten aber in noch stärkerem Maße die konservativen Gruppierungen ihre Aktivitäten auf die Elternvertretungen. Unter dem täuschenden, aber taktisch klug gewählten Titel "christlich-unpolitische Elternlisten" gewann die religiös-konservativ orientierten Elternvertreter schließlich in den Wahlen zu den Elternbeiräten in Preußen 1920 die Mehrheit. Aber erst als sie auch die Elternbeirats-Wahlen von 1922 für sich entscheiden konnten und sich die Eltern der Höheren Schulen, die u.a. die Grundschule bekämpfen wollten, zunehmend organisierten, kann man von einer Dominanz der konservativ-religiös ausgerichteten Elternverbände sprechen.[142] Auf der Reichsschulkonferenz 1921 nahmen jedoch weder reformorientierter oder ungebundene noch konservative Vertreterinnen bzw. Vertreter von Eltern zur Grundschulfrage Stellung.

Ein Novum für die Beratungen zu jener Zeit war die Beteiligung zweier Redner der Jugendverbände. Zwar gab es noch kaum Schüler- bzw. Schülerinnenmitbestimmung und -organisationen, aber die Jugendbewegung konnte mehrere Vertreter entsenden. Der Abgesandte der "Freideutschen Jugend", der Jenaer Student Alfken, unterstützte die Reden der entschiedenen Schulreformer und die vom Pädagogen Wyneken erhobenen Forderungen nach Lebensgemeinschaftsschulen.[143] Scharf griff er die konservativen Vorstellungen der Philologen an.

---

[141] Nur in Hamburg und Preußen gab es erste Elternräte bzw. Elternbeiräte und neugegründete Elternvereinigungen. Vgl. zum gesamten Abschnitt Wagner-Winterhager, Luise: Schule und Eltern in der Weimarer Republik. Untersuchungen zur Wirksamkeit der Elternbeiräte in Preußen und der Elternräte in Hamburg 1918 - 1922, (Dissertation Göttingen), Weinheim und Basel 1979, hier das Vorwort von Christoph Führ und Wolfgang Mitter S.V

[142] vgl. Wagner-Winterhager S.277ff, S.283; Kunz S.141; Kuhlmann (a) S.95; Günther S.591; König (b) S.163. Bei den Elternbeiratswahlen 1922 unterlag selbst in Berlin die Einheitsliste aus SPD, USPD und KPD den sich als unpolitisch und christlich gebenden Bürgerblock-Eltern. Vgl. Alt, Robert (Hg.) (b): Das proletarische Kind, Ostberlin 1958, S.155ff, S.162ff, S.187ff

[143] vgl.RSK S.492ff und S.514f. Zu Alfken siehe auch Keim in Radde 1993, S.175ff

Alfken, der häufig durch beleidigende Zurufe von Seiten der Philologen unterbrochen wurde, rief dazu auf, mit der alten Schule zu brechen. Er forderte, daß den Schülern und Schülerinnen, die das wünschten, der Weg zur für alle gemeinsamen Einheitsschule mit Wahlarbeitsgemeinschaften freigemacht werde.

Daraufhin trat der Student Vogel für die "Nationalvereinigung der evangelischen Jugendbündnisse Deutschlands" auf und verteidigte das Gymnasium, ohne in der Schulorganisationsfrage konkreter zu werden.

In jenem Ausschuß, der auf der Reichsschulkonferenz über die Grundschuldauer diskutierte, waren Jugendvertreter nicht anwesend. Insgesamt scheint mir ihr Einfluß in dieser Frage nicht erheblich gewesen zu sein.

2.3.2.3. Kirchen

Das Bündnis mit den konservativen Kreisen in der Bekenntnisschulfrage hatte die meisten Kirchenvertreter - besonders die Katholiken - schulpolitisch eng an den konservativen Block gebunden, so daß sie sich z.T. auch in anderen Schulorganisationsfragen als Reformgegner zu Wort meldeten.[144] Insofern erscheint es als politischer Fehler der Befürworter der weltlichen Einheitsschule, daß sie das Problem der Bekenntnisschule vor der Klärung der Grundschulfragen in Angriff nahmen.

Im Ausschuß für den Schulaufbau verlangte der Vertreter des katholischen Lehrerverbandes Topp die Begrenzung der Grundschule auf vier Jahre.[145] Insgesamt hielten sich die Kirchenvertreter auf der Reichsschulkonferenz in der Frage der Grundschuldauer jedoch weitgehend zurück.

2.3.2.4 Hochschulverband und Erziehungswissenschaftler

Neben dem Philologenverband bildete auf der Reichsschulkonferenz der "**Verband der deutschen Hochschulen**" die zweite, auch zahlenmäßig starke Säule der Schulreformgegner. Wie die Studienräte, so waren auch die Universitätsvertreter der Meinung, die Qualität der Bildung der Elite bestimme die Leistungsfähigkeit und Kultur eines Volkes. Da sie zudem voraussetzten, daß nur Hochschulabgänger zur Elite gehören könnten, folgerten sie, daß sich die Schule auf die Förderung leistungsfähiger Studenten konzentrieren müsse. Auch in ihrem eigenen Interesse forderten sie eine voruniversitäre Bildung, die die kognitiv-theoretischen

---

[144] Zu prüfen wäre, ob die konservative Einstellung der führenden kirchlichen Kräfte mit einer überwiegenden Zugehörigkeit zur privilegierten Oberschicht einhergeht.
[145] vgl. RSK S.702 und S.129; Hohendorf (a) S.73. Auch der Bekenntnisschulbefürworter Voß sprach als Berichterstatter ebenso für die vierjährige Grundschule wie der Priester Tschirn im Ausschuß für Schulaufbau. Vgl. RSK S.698

Aspekte betone und die zukünftigen Studenten früh auf die Universität vorbereite, was eine lange Grundschuldauer verbiete. Daher vertrat der Hochschulverband durch seinen Delegierten Michels die Auffassung: "Die vierjährige Grundschule ist das Maximum, nicht das Minimum."[146]

Die **Erziehungswissenschaftler**[147] hoben sich von den bisher betrachteten Gruppen dadurch ab, daß sie nur z.T. in Interessenverbänden organisiert waren. Da ihre Schulorganisationsentwürfe für die Auseinandersetzungen relevant sind, werden ihre Vorschläge hier dennoch kurz benannt und ihre pädagogischen Argumentationen im nächsten Abschnitt intensiver behandelt.

Der bereits erwähnte Professor Georg **Kerschensteiner** trat auf der Reichsschulkonferenz als unabhängiger Berichterstatter auf und genoß dort das größte Ansehen. Trotz seiner konservativen Grundhaltung fand er auch unter den Volksschullehrern und -lehrerinnen große Anerkennung. Er machte es den DLV-Vertretern nicht leicht, für die sechsjährige Grundschule zu argumentieren, weil sie nach seiner Rede auf der DLV-Verbandsversammlung 1914 nur die vierjährige Einheitsschule gefordert hatten.[148] Deshalb ist Kerschensteiners Einfluß in der Entscheidung für die vierjährige Grundschule nicht zu unterschätzen. Auf der Reichsschulkonferenz nahm er weniger zu konkreten Schulaufbauproblemen Stellung, sondern befaßte sich mit allgemeinen Leitsätzen, wie z.B. mit dem Recht auf und der Pflicht zur Erziehung. Eine erste Differenzierung nach "Begabung" sollte nicht vor dem zehnten, eine zweite, einschneidendere nicht vor dem vierzehnten Lebensjahr erfolgen. Seinen Vorschlag von 1914, das Mittel- und Volksschulwesen bis zur sechsten Klasse gemeinsam zu führen, erneuerte er auf der Reichsschulkonferenz nicht.[149]

Wie Kerschensteiner stellte der Jenaer Professor Wilhelm **Rein** seine Konzeption als "mittlere Linie" dar. Hatte Rein noch 1913 die sechsjährige Grundschule mit Differenzierungen von der vierten Klasse ab (vergleichbar mit der heutigen Förder- bzw. Orientierungsstufe) gefordert, so vertrat er auf der Reichsschulkonferenz das sogenannte Frankfurter System. Dies sah den gemeinsamen Unterricht der Mittel- und Oberschüler bzw. -schülerinnen in den Klassen 5 und 6 vor.[150]

Weiter als diese beiden Erziehungswissenschaftler ging Reins späterer Jenaer Nachfolger, der Hamburger Professor Peter **Petersen**. Als Vorstandsmitglied des reformfreudigen **"Deutschen Ausschusses für Erziehung und Unterricht"** wünschte Petersen eine sechsjährige Grundschule, in der von der vierten Klasse ab Fremdsprachenkurse für Begabte einge-

---

[146] RSK S.699
[147] Zu bedenken ist, daß die Erziehungswissenschaft 1920 noch kaum mit eigenständigen Lehrstühlen an den Universitäten etabliert war.
[148] vgl. Sienknecht S.153f; Hohendorf (a) S.64; Kapitel 1
[149] vgl. Nave S.45ff und S.118ff; RSK S.114ff, S.453ff, S.1013ff
[150] vgl. RSK S.487; Nave S.89 und S.114; Sienknecht S.151f und S.154

richtet werden sollten. Für Versuche mit sogenannten "Lebensgemeinschaftsschulen" fand Petersen die breite Zustimmung der Reichsschulkonferenz.[151]

Auch Hermann **Lietz** trug mit seiner schon 1911 vorgeschlagenen "allgemeinen deutschen Volksschule", in der alle Kinder bis zur neunten Klasse gemeinsam unterrichtet werden sollten, zur Verbreitung und Vielfalt der Schulreformideen bei.[152] Wie bei den Entschiedenen Schulreformern sollten Differenzierungsmöglichkeiten durch freie Wahlkurse gegeben sein. Als Begründer der Landerziehungsheime versuchte Lietz sein um eine innere Reform erweitertes Konzept in die Praxis umzusetzen.

Seine Schüler und Nachfolger in der Landerziehungsbewegung, Paul **Geheeb** und Gustav **Wyneken**, traten auf der Reichsschulkonferenz für Versuchsschulen ein, die die Jugend gemeinschaftlich unterrichten und die Jugendlichen selbst durch eigene Tätigkeit zum Träger der Erziehung machen sollten.[153]

Obwohl es sicherlich plausibel war, den breiten Konsens anzustreben, die Schulreformvorschläge intensiver zu erproben, durch die Praxis zu überzeugen und entsprechende Schulen mit lokaler bzw. regionaler Unterstützung einzuführen, so blieb es ein Problem für die heterogenen Reformbefürworter, daß konservative Gruppierungen mit der Zustimmung zu Schulversuchen meinten, den Reformwünschen genüge getan zu haben, und faktisch von der reichsweiten Einführung der sechsjährigen Grundschule ablenkten.

2.3.2.5 Gewerkschaften und Arbeitgeberverbände

Im Gegensatz zu den kaum vertretenen Arbeitgebern nahmen verschiedene Gewerkschaften auf der Reichsschulkonferenz zur Frage der Grundschuldauer Stellung. Während der Vertreter des "**Allgemeinen Deutschen Gewerkschaftsbundes**" Quist meist gemeinsam mit den Entschiedenen Schulreformern, sozialdemokratischen Lehrern und Lehrerinnen und dem DLV stimmte, wünschte sich der Delegierte der "**christlichen Gewerkschaften**" Stroh nur Versuche mit der sechsjährigen Grundschule; im übrigen wollte er die vierjährige Grundschule eingeführt wissen.[154]

Damit ist festzuhalten, daß auf der Reichsschulkonferenz weniger gesamtökonomische als Berufsstands- und Verbandsinteressen eine Rolle spielten. Verbände der Philologen, Mittelschullehrer und Hochschullehrer waren die entschiedensten Gegner einer verlängerten Grund-

---

[151] vgl. Sienknecht S.156; RSK S.710, Antrag Petersen - Kerschensteiner. Petersens Beitrag zum Schulaufbau, zu dem ihn eine Hamburger Lebensgemeinschaftsschule anregte, lag in dem Vorschlag, die Klassenverbände aufzulösen, je drei Jahrgänge zu einer Stammgruppe zusammenzufassen und stärker solidarische Schulgemeinschaften zu bilden, in denen eigenständiges Arbeiten Grundmethode sein sollte. Vgl. dazu Petersen, Peter (c): Der kleine Jena-Plan, Langensalza 1927

[152] vgl. Sienknecht S.149ff. Lietz trat jedoch nicht auf der Reichsschulkonferenz auf.

[153] vgl. RSK S.492ff. Obwohl die Vertreter der Landerziehungsheimbewegung kaum Erziehungswissenschaftler waren, sind sie hier zu nennen, weil sie als prominente Reformpädagogen gehört wurden.

[154] vgl. RSK S.709 und S.699

schuldauer. Kirchen-, Eltern- und Arbeitgebervertreter hielten sich auf dieser Tagung zurück. Jugend- und Gewerkschaftsvertreter äußerten wie die Erziehungswissenschaftler unterschiedliche Standpunkte. Während der Bund entschiedener Schulreformer gesamtschulähnliche Möglichkeiten des verlängerten gemeinsamen Lernens favorisierte, trat der DLV als gewichtigster Befürworter der sechsjährigen Grundschule auf.

2.3.3. Systematische Analyse der Argumentationen zur Grundschuldauer

2.3.3.1. Vorbemerkungen zur Strukturierung der Positionen

Nach der Darstellung der Positionen der Verbände soll nunmehr eine strukturierte Analyse der Argumentationen zur Grundschuldauer erfolgen.

Zunächst fällt auf, daß Forderungen nach Erhaltung der Vorschulen auf der Reichsschulkonferenz nicht geäußert wurden. Zum einen waren wichtige Repräsentanten dieser Richtung nicht eingeladen worden,[155] zum anderen trat aber auch niemand sonst aus dem konservativen Lager auf der Reichsschulkonferenz für Vorschulen ein.

Dies mag seinen Grund darin haben, daß das Grundschulgesetz und die Verfassung, die beide Vorschulen ablehnten, bereits verabschiedet worden waren. Angesichts des späteren Kampfes um die Auflösung der Vorschulen wird die Ausblendung entsprechender Forderungen während der Reichsschulkonferenz nur verständlich, wenn wahrgenommen wird, daß das pädagogische und politische Klima nach der Novemberrevolution und der Niederschlagung des Kapp-Putsches 1920 derart war, daß Befürworter der Vorschulen kaum damit hätten rechnen können, ernst genommen zu werden.

So ging es im konservativen Lager darum, die Höhere Schule in ihrer neunjährigen Gestalt zu retten und eine frühe Absonderung von Kindern gymnasialorientierter Eltern innerhalb der Grundschule durch Sonderklassen als Ersatz für Vorschulen zu erreichen. Für die Umgehung der Grundschule schienen stille Wege der Privatschule und der Erhaltung eines Teils der Vorschulen mit finanziellen Begründungen erfolgversprechender als der Versuch, sich auf der Reichsschulkonferenz mit entsprechenden Forderungen hervorzuwagen.[156]

Diese Situation war vor und im Ersten Weltkrieg noch anders gewesen. Die Argumentation der Vorschulbefürworter aus jener Zeit soll daher hier ergänzt werden; damit werden im folgenden fünf Leitpositionen zu untersuchen sein. Das Eintreten

1) für die Erhaltung der Vorschule,

2) für eine vierjährige Grundschule mit gesonderten dreijährigen Begabtenzügen (mit anschließender neunjähriger Höherer Schule),

---

[155] Zu den wichtigsten Repräsentanten dieser Richtung vgl. Abschnitt 2.3.3.4.
[156] vgl. dazu Abschnitt 2.5.

3) für eine vierjährige Grundschule (ggf. differenziert und mit anschließender zweigeteilter Mittelstufe und weiter ausdifferenzierter Oberstufe),

4) für eine sechsjährige Grundschule,

5) für längeres als sechsjähriges gemeinsames Lernen (z.b. im Kern-Kurssystem einer Gesamtschule).

Um die Begründungen dieser Positionen vergleichen zu können und Klarheit in die Vielzahl von Argumenten zu bringen, sind aus den bisherigen Darstellungen hergeleitete Hypothesen hilfreich, die auftauchende Kategorien und Grundargumente wiedergeben. Dabei ist zunächst eine Unterscheidung in Positionen möglich, die von Interessen der Gemeinschaft und solche, die vom Individuum ausgehen.

Zum Verständnis der Positionen, die das Individuum und seine Begabung in den Mittelpunkt rücken, ist aber vor der Formulierung der Hypothesen eine Analyse der schon in Kapitel 2.1. angedeuteten Begabungsforschung nötig.

2.3.3.2. Ergebnisse der Begabungsforschung

Um die nachfolgenden Argumentationen in bezug auf Begabung im forschungshistorischen Kontext zu beleuchten, ist zu klären, ob bis 1968, als der Deutsche Bildungsrat die unter der Leitung von Heinrich Roth erstellten Gutachten zur Begabungsfrage herausgab, ein statischer oder dynamischer Begabungsbegriff vorherrschte, ob also für die Zeit bis zur beginnenden Weimarer Republik Begabung in erster Linie als angeborene oder erworbene Anlage aufgefaßt wurde.[157] Als Grundlage dazu dienen die Veröffentlichungen von Wilhelm Stern und Ernst Meumann, ergänzt um Arbeiten von Willy Heinecker und Jacob van den Wyenbergh.[158] Die Fragen, mit denen sich die Begabungsforschung beschäftigte, waren 1918 wie 1968 ähnlich:

a) Was ist **Begabung** und von welchen Faktoren ist sie, abgesehen vom altersbedingten Entwicklungsstand, **abhängig,**

   - von der **ererbten** Anlage?

---

[157] Roth faßte Begabung als förderbare, dynamische Eigenschaft auf. Roth, Heinrich (Hrsg.): Begabung und Lernen, Stuttgart 1968

[158] vgl. Stern, Wilhelm (a): Psychologische Begabungsforschung und Begabungsdiagnose; in Petersen, Peter (Hg.)(a): Der Aufstieg der Begabten, Leipzig/Berlin 1916, S.105 - S.120; ders. (b): Die differentielle Psychologie in ihren methodischen Grundlagen, Leipzig 1911; ders. (c): Die Intelligenzprüfung an Kindern und Jugendlichen, 2.Aufl. Leipzig 1916; ders. in: Reichsschulkonferenz S.649f, S.784f, S.990f; Meumann, Ernst: Vorlesungen zur Einführung in die experimentelle Pädagogik und ihre psychologischen Grundlagen, Bd.2 und Bd.3, 2.Aufl. Leipzig 1913, hier 2. erweiterte Aufl. Leipzig 1920; Heinecker, Willy: Das Problem der Schulorganisation auf Grund der Begabung der Kinder, Langensalza 1913; Wyenbergh, Jakob van den: Die Organisation des Volksschulwesens auf differentiell-psychologischer Grundlage, Diss. Gießen, Leipzig 1918; vgl. zum gesamten Abschnitt auch Ingenkamp, Karlheinz: Pädagogische Diagnostik in Deutschland 1885 - 1932, Bd.I der Reihe "Geschichte der Pädagogischen Diagnostik", hrsg. von demselben und Laux, Hermann, Weinheim 1990, S.38ff und S.140ff

- von der frühkindlichen Sozialisation vor allem im **Elternhaus**?
- von der späteren Förderung vor allem in der **Schule**?
b) Welche Konsequenzen sind daraus in bezug auf **Chancengleichheit** zu ziehen?
c) Von welchem **Alter** ab ist die weitere Leistungsentwicklung voraussagbar bzw. bis zu welchem Alter nicht **prognostizierbar**?
d) Welche **Konsequenzen** sind daraus für die **schulische Differenzierung** zu ziehen?

Gehe ich anhand dieser Fragen die einzelnen Begabungsforscher durch, so ergibt sich folgendes Bild:

zu a) Begabung wurde zunächst als potentielle Leistungsfähigkeit, meist in bezug auf den Intellekt, angesehen.[159] Damit bestand Einigkeit unter den Forschern, daß Begabung nicht vollständig (etwa durch Vererbung) determiniert sei.

Der Begabungsbegriff wurde nun zwiefach differenziert: die sogenannte "qualitative Differenzierung" bezog sich auf die Scheidung in **"Begabungsrichtungen"**, womit gemeint war, daß jeder Mensch in bestimmten Bereichen mehr Fähigkeiten entwickelt als in anderen, die sogenannte "quantitative Differenzierung" auf Unterschiede in der allgemeinen **"Begabungshöhe"**.[160]

Stern nahm an, daß die "Begabungshöhe" in der Bevölkerung analog zur Gaußschen Normalverteilung ausgeprägt sei.[161] Für Meumann war sie vor allem an der Problemlösungsfähigkeit und Phantasie erkennbar.[162] Als Begabungstypen wurden bei ihm Analytiker und Synthetiker, Anschauungstyp und Vorstellungstyp[163], bei Stern rezeptiver und schöpferischer, auditiver und visueller sowie verstandesorientierter und phantasiebetonter Typ[164] herausgearbeitet.

In der für die Schulgestaltung wesentlichen Frage, inwieweit Vererbung, Elternhaus und Schule selbst die "Begabungshöhe und -richtung" beeinflussen, wurde nun von den wichtigsten Psychologen **keineswegs die statische Auffassung vertreten**, daß die angeborene Anlage allein entscheidend sei. Vielmehr war man schon damals der Ansicht, daß **drei Faktoren** - die Vererbung, die Sozialisation durch das Elternhaus und die schulische Förderung - **die Leistungsfähigkeit prägen**. Stern nannte dies den "Konvergenzstandpunkt".[165] Die Gewichtungen der drei Aspekte wurden jedoch unterschiedlich vorgenommen. Grundlage dieser Diskussion waren Untersuchungen, die vor allem von Binet und Simon[166] sowie von Hartnacke durchgeführt wurden und einen Zusammenhang von Begabung und sozialer Lage der Eltern

[159] vgl. Stern (a) S.105 u. 110: "Rohstoff"; Meumann S.459; Wyenbergh S.12: "intellektuelle Befähigung"
[160] vgl. Stern (a) S.107ff; Meumann Bd.II S.522 u. S.538
[161] ebenda S.108
[162] vgl. Meumann Bd.II S.707
[163] ebenda S.522 u. S.538; vgl. auch Ingenkamp S.37ff
[164] vgl. Stern (a) S.107
[165] Stern (a) S.111
[166] vgl. Meumann Bd.II S.131ff; Stern (a) S.112; (b) S.29ff; Wyenbergh S.13ff; Binet et Simon: Nouvelles recherches sur la mesure du niveau intellectuel chez les enfants d'école, année psychologique 17, 1911

behaupteten.[167] Stern schloß daraus, daß neben der Rasse und dem Geschlecht auch der Familienstatus in den Erbanlagen verankert sein könne, daß diese Faktoren also die Begabung genetisch determinierten.[168]

> "... die Tatsache, daß Idiotie und Debilitas, Geistesdefekte, die meist auf angeborene Schwäche zurückzuführen sind, bei den Kindern der armen Bevölkerungsklasse häufiger vorkommen als bei denen besser situierter Eltern, daß aus der ärmeren Bevölkerung ein bedeutend höherer Prozentsatz in die Hilfsschulen übergeht als aus der wirtschaftlich leistungsfähigeren, daß ferner auch der Alkoholismus in den tiefer stehenden Volksschichten eine größere Rolle spielt, läßt es keineswegs ausgeschlossen erscheinen, daß auf der Seite der sozial niederen Schichten ein Minus an angeborener Begabung vorhanden ist."[169]

Zugleich waren Stern und andere Forscher aber auch der Meinung, daß die soziale Lage der Eltern über die frühkindliche Sozialisation die Begabung in starkem Maße beeinflusse. Bessere Ernährung, bessere Wohn- und Milieuverhältnisse, mehr Zeit, Zuwendung und Einfluß der Eltern sowie ein individuelleres und sprachlich elaborierteres Eingehen der Eltern auf ihre Kinder begünstigten seiner Ansicht nach sowohl die "Begabungshöhe" als auch eine kognitive Ausrichtung der Fähigkeiten.[170]

Auch war man schon damals der Auffassung, diese Verhältnisse beeinflußten auch die **Leistungsmotivation** (Wille, Gemüt, Fleiß, Interesse), die wiederum ein relevanter Faktor für die Leistungsfähigkeit bzw. Begabung sei.[171]

War die Begabung durch die frühkindlichen Verhältnisse beeinflußbar, so konnte sie nichts Statisches sein. Dagegen sprach auch die Berücksichtigung des dritten Faktors, die Bedeutung des Schulunterrichts.[172] Anders als van den Wyenbergh, der behauptete, "was sehr gut anfängt, bleibt sehr gut, mittel bleibt mittel, schlecht bleibt schlecht"[173], begriff Meumann - wie im übrigen auch Karstädt[174] - die **Schule als wesentliche Einwirkungsinstanz** :

> "Die durch alle diese Einflüsse dem Individuum sozusagen 'vermachte' Anlage trägt nun aber durchaus 'dispositionellen' Charakter, d.h. sie ist in keiner Weise etwas Fertiges, Abgeschlossenes, sondern sie erscheint als bildungs-, ja als umgestaltungsfähig, ..."[175]

> "Begabungsunterschiede 'sind' nach Möglichkeit auszugleichen und Begabungsmängel durch besondere Übungen zu beseitigen."[176]

---

167 vgl. Wyenbergh S.35 u. S.47; W. Hartnacke: Zur Verteilung der Schultüchtigen auf die sozialen Schichten, Zeitschrift für Päd. Psychologie und Experimentelle Pädagogik, 18.Jhrg., Heft 1/2, 1917

168 vgl. Stern (a) S.111f;

169 Wyenbergh S.47

170 vgl. Stern (a) S.112; Heinecker S.43; Meumann Bd.II S.283ff u. S.767ff; Wyenbergh S.8 u. S.33

171 vgl. Stern (a) S.111; Meumann Bd.II S.459 u. S.283ff; Wyenbergh S.19. Damit waren die wesentlichen im Gutachten von H.Roth u.a. aufgeführten Gesichtspunkte für die Beeinflußung der Leistungsentwicklung schon damals bekannt.

172 vgl. Stern (a) S.112; Meumann S.297ff u. S.302ff

173 Wyenbergh S.29

174 vgl. Ingenkamp S.212f

175 Meumann Bd.II S.302f

176 ebenda S.763

Halten wir fest: Während es Stern u.a. vor allem darum ging zu zeigen, daß nicht von einer allein durch Vererbung statisch festgelegten und über alle Bevölkerungskreise gleichmäßig verteilten Begabung gesprochen werden könne, sondern die Kinder privilegierter Elternstände auch durch ihre soziale Lage "Begabungsvorteile" besäßen und von daher ein Anrecht auf bessere Schulbildung hätten, versuchte Meumann stärker auf die **dynamischen** Aspekte der Begabung hinzuweisen, um die Benachteiligungen der Unterprivilegierten durch Verbessungen in Schule und Elternhaus zu kompensieren.

zu b) Aus diesem Grund waren auch die Konsequenzen in bezug auf die Frage der Chancengleichheit bei diesen beiden Forschern verschieden.

Stern wollte, daß nicht alle "Hochbegabten", sondern nur etwa 2% der Volksschüler bzw. -schülerinnen, die er als "höchstbegabt" einschätzte, gegen 25% "minderbegabte" Schüler bzw. Schülerinnen der Höheren Schulen ausgetauscht werden und daß eine eigene Mittelschule für "hochbegabte" Volksschüler und -schülerinnen geschaffen würde.[177] Meumann dagegen schloß aus der "absoluten intellektuellen Abhängigkeit des Kindes von der sozialen Lage der Eltern"[178] die Notwendigkeit von **Ausgleichsmaßnahmen**:

> Die Tatsache jener Abhängigkeit "spricht ... nicht prinzipiell gegen die Einheitsschule, denn sie sagt zunächst nur, daß bei dem gegenwärtigen Stand und in der augenblicklichen Lage der Volksschule das intellektuelle Niveau der großen Masse der Kinder, die vorwiegend aus der Arbeiter- und Handwerkerkreisen stammen, unter der Schüler aus den wohlhabenderen Ständen steht. Damit ist aber natürlich noch nicht gesagt, daß das dauernd so bleiben müsse, und noch nichts darüber entschieden, ob sich nicht durch geeignete Kindergärten oder ähnliche Vorbildungsanstalten das durchschnittliche geistige Niveau des Volksschülers so heben ließe, daß diese Kluft ausgeglichen wird."[179]

zu c) Auch die Antwort auf die Frage nach Zeitpunkt und Möglichkeit der Prognostizierbarkeit von Begabung hängt davon ab, welche Faktoren als Einflußgrößen betrachtet wurden. Wer wie Stern hauptsächlich Vererbung und frühkindliche Entwicklung für entscheidend hielt, konnte schon mit dem Eintritt in die Schule die Leistungsfähigkeit für festgelegt und vorhersagbar halten. Motiviert durch das eigene berufsspezifische Interesse, den Psychologenstand aufzuwerten, forderten Stern und andere Autoren eine die Beobachtung der Lehrpersonen erweiternde Begabungsdiagnose, die z.T. durch Intelligenztests und Schulpsychologen schon früh zu erstellen sei.[180] Offenbar waren sie mit Ihren Veröffentlichungen nicht wirkungslos, denn Ingenkamp stellt fest:

> "Man kann davon ausgehen, daß mindestens ab 1905 eine breite, über die Kreise der Wissenschaftler hinausgehende Diskussion über neue Methoden der Begabungsdiagnostik einsetzt und in Deutschland für gut zwei Jahrzehnte fortgeführt

---

[177] vgl. Stern (a) S.109; Ingenkamp S.145
[178] Meumannn Bd.II S.765, vgl. auch Ingenkamp S.212ff
[179] ebenda S.297f
[180] vgl. Stern (a) S.115 und RSK S.784f, S.990; Ingenkamp S.39

wird. Auch die 'Begabungslehre' ... hat in ihrer experimentellen Variante viele Lehrer berührt und die Auffassung über die Schülerbeurteilung beeinflußt."[181]

Andererseits waren die Ergebnisse der Forscher der Pädagogischen Diagnostik begrenzt und umstritten. So erkannte man Schwierigkeiten in der Erkennbarkeit der Begabung u.a. aufgrund fließender Begabungsübergänge.[182] Auch war unklar, ob "man bei 14jährigen die Höhe der Begabung schon feststellen könne."[183] Die Forscher gaben keine oder widersprüchliche Anhaltspunkte, mit welchem Alter eine sichere Begabungsfeststellung möglich sei. Zwar zitierte van den Wyenbergh Kerschensteiner, daß eine Diagnose der qualitativen Begabungsrichtung im Alter von 9 bis 12 Jahren möglich sei, er selbst sei aber mit Hartnacke der Ansicht, daß sich bis zum Alter von 14 Jahren nur quantitative Begabungsunterschiede feststellen ließen.[184]

In Hinblick auf die Frage der Grundschuldauer, die in der Weimarer Diskussion von dem Alter, in dem Begabungsunterschiede feststellbar auftreten, abhängig gemacht wurde, läßt sich zusammenfassen, daß für die Angabe eines solchen Alters in der psychologischen Forschung keine verläßlichen Ergebnisse vorlagen bzw. daß man sich bei Vorhersagen über die Begabungsentwicklung der großen Unsicherheitsfaktoren bewußt war.[185] Trotzdem ging insbesondere Stern von einer frühen Einteilung nach Begabung aus. Da aber **keine psychologischen Untersuchungen** vorhanden waren, die nachgewiesen hätten, daß **Begabungsdifferenzen mit 9 oder 10 Jahren** hinsichtlich der zukünftigen Entwicklung einigermaßen stabil **diagnostizierbar** wären, wurde die Empfehlung früher Trennung mit der Forderung verbunden, zusätzlich spätere Übergangsmöglichkeiten zu schaffen.[186]

zu d) Die Konsequenzen für die schulischen Differenzierungsmaßnahmen fielen bei den verschiedenen Autoren unterschiedlich aus. Heinecker und Stern waren für die Beibehaltung des **klassenweisen Fortschreitens** im Stoff. Nur müßten die Unbegabten und die besonders Begabten aus dem Normalunterricht ausgeschieden werden, da sie von der mittleren Linie des Schwierigkeitsgrades des Unterrichts allzu stark abwichen. Für Stern war dies durch einen Austausch einer geringen Zahl "höchstbegabter" Volksschüler und -schülerinnen gegen unbegabte Gymnasiasten möglich. Heinecker dagegen forderte das Mannheimer System von Sickinger, nämlich statt getrennter Schulen im Primarbereich größere Schulen mit verschiedenen Zügen und Übergangsmöglichkeiten.[187]

---

181 Ingenkamp S.41
182 vgl. Heinecker S.53
183 Ingenkamp S.164
184 vgl. Wyenbergh S.17f
185 vgl. Stern, RSK S.784
186 vgl. Kerschensteiner, Georg (a): Das einheitliche deutsche Schulsystem, Leipzig/Berlin 1922, S.64f. Nach Verabschiedung des Grundschulgesetzes beschäftigte sich die z.T. früh Elitegedanken und präfaschistisches Gedankengut verbreitende Begabungsforschung primär mit der Übergangsauslese. Vgl. Ingenkamp S.148f und S.209ff
187 vgl. Stern (a) S.109; Heinecker S.24ff, S.58f u. S.61

"Eine starke Isolierung der einzelnen Begabungsschichten, wie sie in den Gedanken der Sonderschulen liegt, ist unbegründet; sie ist weder sozial erwünscht, noch
didaktisch notwendig. Den pädagogischen Anforderungen genügen Sonderklassen
für die verschiedenen Befähigungsgrade im Rahmen einer für alle einheitlichen
Organisation."[188]

Stärker für eine innere statt äußere Differenzierung sprach sich Meumann aus. Gerade weil
die Leistungsfähigkeit vor allem vom selbständigen und produktiven Denken abhänge, sei die
Selbsttätigkeit und der **Arbeitsunterricht** als die richtige Methode zu fordern. Nötig sei eine
Individualisierung des Unterrichts und ein Ausgleich der Begabungsunterschiede durch
besondere Förderung in der Klasse und durch kompensatorische Kindergärten.[189]

Gegen eine Förderung schwacher Schüler und Schülerinnen im Klassenverband wendete
Wyenbergh ein, daß dies mit viel Aufwand zwar möglich, aber nicht wünschenswert sei, da es
auf Kosten der übrigen Schülerinnen und Schüler gehe. Daher plädierte er wie Heinecker für
die äußere Differenzierung im Sinne des Mannheimer Systems.[190]

Zum Schluß möchte ich noch auf eine merkwürdige **Ambivalenz** in den Untersuchungen der
Psychologen hinweisen. Obwohl man Begabung durch die frühkindliche Erziehung oder
durch schulische Maßnahmen für beeinflußbar hielt, operierte man mit dem Begriff an
anderen Stellen so, als ob sie etwas Feststehendes sei und gab z.b. Prozentzahlen über die
Verteilung der Begabungshöhe in der Bevölkerung an.[191] Insofern ist die Untersuchungsfrage,
ob zu jener Zeit in den Theorien der Psychologen ein statischer Begabungsbegriff
vorherrschte, nicht eindeutig zu beantworten. Fest steht aber,

- daß Einigkeit darin bestand, daß Begabung bzw. Leistungsfähigkeit nicht allein durch die
Vererbung determiniert, sondern beeinflußbar sei;
- daß der Einfluß der frühkindlichen Sozialisation festgestellt wurde, um vorhandene Standesprivilegien mit einer dadurch bedingten höheren durchschnittlichen Begabung zu legitimieren (Stern);
- daß der Einfluß von Schule und Elternhaus genannt wurde, um Kompensationsmaßnahmen
und methodische Reformen zu fordern (Meumann);
- daß sehr verschiedene Begabungstypen ausdifferenziert wurden, die sich keineswegs auf
einen theoretischen und praktischen Typ reduzieren ließen;
- daß keine gesicherten Untersuchungen über den Zeitpunkt, zu dem stabil bleibende
Begabungsunterschiede festgestellt werden könnten, vorlagen;

---

[188] Heinecker S.61. Ingenkamp berichtet, daß Petersen u.a. Begabungsforscher keine Absonderung von
Begabten, sondern eine Erhöhung der Chancengleichheit forderten, wohingegen Petzold, Lammer, Niedlich u.a.
mit verschiedenen Nuancen eine gesonderte Begabtenförderung für Arbeiterkinder befürworteten. In Berlin
wurden ab 1917 Begabtenschulen, in Hamburg Begabtenklassen, sogenannte F-Klassen mit Fremdsprache an
Volksschulen eingerichtet. Vgl. Ingenkamp S.142f und S.149ff
[189] vgl. Meumann Bd.II S.716f, S.121, S.297 u. S.762f
[190] vgl. Wyenbergh S.23 u. S.27
[191] vgl. Meumann Bd.II S.770; Stern (a) S.109; Ingenkamp (über Meumann) S.213

- daß dennoch die Begabungsforschung mit dem Begriff Begabung z.T. so operierte, als bezeichne er eine feststehende Größe, so daß in den Debatten um die Grundschuldauer die Forschungsergebnisse von einflußreichen Personen wie Kerschensteiner so rezipiert wurden, als ob Begabung in vielen Fällen frühzeitig feststellbar sei.

2.3.3.3. Struktur der Debatte über die Grundschuldauer

Die fünf genannten Leitpositionen (erstens die Befürwortungen der Vorschulen, zweitens Begründungen für dreijährige Begabtenzüge, drittens Argumentationen für die vierjährige bzw. viertens für die sechsjährige Grundschule und schließlich fünftens Positionen, die ein längeres als sechsjähriges gemeinsames Lernen zu begründen suchen) sollen nun dahingehend analysiert werden, in welcher Weise und Gewichtung die in den folgenden beiden Hypothesen genannten Aspekte verwendet wurden. In analoger Struktur zur vorangehend behandelten Begabungsforschung können die Argumentationen zur Grundschuldauer m.E. in zwei Hauptpunkte mit jeweils drei bzw. vier Einzelaspekten ausdifferenziert werden:

(1) Hypothese auf der politisch-gesellschaftlichen Ebene:
Politische Emanzipations- und **nationale** (a) sowie **soziale** (b) Integrationsbemühungen geben schulischen Integrationsbestrebungen Auftrieb, finden aber[192] ihre Grenze in **ökonomisch** und **beruflich** (c) motivierter Differenzierung.

(2) Hypothese auf der Ebene der Entwicklung des Individuums:
Auffassungen, es gäbe eine sozial oder erblich individuell höchst **unterschiedlich determinierte Begabungshöhe** und -richtung (a), der durch materielle **Chancengleichheit** (b) in gerechter Form zur zunehmenden Entfaltung verholfen werden kann, führten dazu, Gabelungsmodelle zu favorisieren, deren erster **Differenzierungszeitpunkt** (c) mit 9 - 10 Lebensjahren angesetzt wird und deren **Differenzierungsart** (d) nach Leistungsniveau (äußere Differenzierung) für notwendig gehalten wird.

Bevor nun anhand dieser Hypothesen die einzelnen Leitpositionen und ihre Vertreter behandelt werden, die aufgrund ihrer Bedeutung, Repräsentativität, Involviertheit in die mündliche und schriftliche Diskussion und Gruppenzugehörigkeit ausgewählt wurden, ist noch eine Bemerkung zu der Beteiligung von Frauen an der Diskussion nötig. Keine Frau trat als Vertreterin einer dieser Positionen dominant hervor, obwohl z.B. bei den Entschiedenen Schulreformern Frauen durchaus an hervorragender Stelle engagiert waren. Auf der Reichsschulkonferenz kritisierten die anwesenden Frauen ihren geringen Einfluß und forderten, daß Frauen stärker in den höheren Schulpositionen vertreten sein sollten. In ihren Debattenbeiträ-

---

[192] neben den in der Hypothese (2) aufgeführten Aspekten

gen, die sich primär auf das Mädchenschulwesen bezogen, waren sie mehrheitlich der Auffassung, daß das Mädchenschulwesen im Aufbau wie das Jungenschulwesen gestaltet werden und die Koedukation die Ausnahme bleiben sollte. Obwohl einige Rednerinnen äußerten, daß die vierjährige Grundschule mit anschließendem sechsjährigem Lyzeum der sechsjährigen Grundschule vorzuziehen sei, ist festzustellen, daß Frauen auch auf der Reichsschulkonferenz zur Frage der Grundschuldauer kaum Stellung nahmen.[193]

Nun zu den einzelnen Begründungen der fünf Positionen:

2.3.3.4. Befürwortung des Erhalts der Vorschule (Friedrich Wilhelm Foerster, Ferdinand Jakob Schmidt, Emil Ries, Hugo Müller)

Als wichtigste Vertreter dieser Richtung, die sich für den Erhalt des Vorkriegsschulsystems und gegen die Einheitsschulideen wandten, sind der Herausgeber einer Frankfurter Schulzeitung, der Volksschullehrer Emil Ries[194], der Gymnasiallehrer Prof. Hugo Müller[195], der Münchner Pädagogik- und Philosophieprofessor und entschiedene Kriegsgegner Friedrich Wilhelm Foerster[196] sowie der Berliner Pädagogikprofessor Ferdinand Jakob Schmidt[197] anzusehen.

zu (1a): Schmidt und Müller betonten zwar die Berechtigung nationaler Argumente, **nationale** Einheit dürfe aber nur als ethische **Erziehung**, die ein nationales Kollektivbewußtsein schaffe, zur Geltung gebracht werden, könne jedoch nicht die Organisationsform von Schule und Unterricht bestimmen; Unterricht müsse den verschiedenen Typen der Individuen gemäß differenziert gestaltet werden.[198] Im übrigen entspringt nach Ansicht von Foerster und Schmidt der Einheitsschulgedanke nicht national motivierten Anschauungen, sondern sozialistischen Gleichheitsgedanken und verbandspolitischen Interessen der Volksschullehrer und -lehrerinnen.[199] Diese lehnten sie ab.

---

[193] vgl. RSK S.700ff, S.1020, S.1022ff

[194] vgl. Ries, Emil: Die Gefahren der allgemeinen Volksschule, 1901; Kühnhagen, Oskar: Die Einheitsschule im In- und Auslande. Kritik und Aufbau, Gotha 1919, S.29f

[195] vgl. Hugo Müller: Die Gefahren der Einheitsschule für unsere nationale Erziehung, Gießen 1907; Kühnhagen S.32ff

[196] vgl. R. Seyfert und F.W. Foerster: Für und Wider die allgemeine Volksschule, Leipzig 1918; F.W. Foerster: Programm einer Lebensarbeit, Freiburg 1961; Oppermann, Detlef: Gesellschaftsreform und Einheitsschulgedanke. Zu den Wechselwirkungen politischer Motivation und pädagogischer Zielsetzungen in der Geschichte des Einheitsschulgedankens, Frankfurt am Main 1982, S.260ff; Kühnhagen S.125

[197] vgl. F.J. Schmidt: Das Problem der nationalen Einheitsschule, Jena 1916; Kühnhagen S.42ff; Oppermann S.262ff

[198] vgl. Schmidt S.4ff und S.11ff; Müller S.130f. 1916 forderte Schmidt in Wychgram auf S.337 "Nationalerzieher".

[199] vgl. Foerster S.46f; Schmidt S.15

zu (1b): Soziale Argumente, durch eine Grundschule eine Angleichung der Gesellschafts-
schichten zu erreichen, hielten die Vorschulbefürworter für idealistisch und nicht berechtigt,
da von einer Beibehaltung der unterschiedlichen Klassen auszugehen sei. Einen Ausgleich der
Stände strebten sie nicht an und hielten ihn für eine Utopie.[200]
An dieser Stelle setzte ihre Hauptkritik an den Grundschulbefürwortern ein. Foerster konstatierte, daß der Wechsel der sozialen Klasse nicht zum "Prinzip der pädagogischen Organisation" werden dürfe.[201] Der soziale Frieden könne durch die Beibehaltung der Vorschulen eher
erhalten bleiben.[202] Einen Wechsel der Schicht könne das begabte Arbeiterkind psychisch
kaum verkraften.[202] Außerdem führe der "Aufstieg der Begabten" zu einer intellektuellen
Verarmung der Volksschule und der Arbeiterklasse.[203] Autoren, die diese Auffassungen
vertraten, warnten davor, daß Begabte aus den unteren Schichten sich durch den Besuch
Höherer Schulen von der eigenen Klasse entfernten. Sie plädierten dafür, den ihrer Meinung
nach falschen Ehrgeiz von Eltern dieser Kinder zu stoppen.[204]
Schmidt und Ries hielten die Überlegenheit der Wohlhabenden für eine Tatsache, daher wäre
es eine Vergewaltigung der Freiheit dieser Familien, die Vorschulen abzuschaffen; das führe
nur dazu, daß auf die Privatschulen ausgewichen würde.[205]
Im übrigen seien die Diskrepanzen der Klassen so groß, daß das Zusammensitzen von
Kindern verschiedener Schichten in einer Grundschule statt zum sozialen Ausgleich zu sittli-
cher Verwahrlosung, grausamen Feindseligkeiten und zu Neid führen würde, da Kinder die
Gegensätze in diesem Alter noch nicht verarbeiten könnten.[206] Außerdem bringe die Grund-
schule einen unpädagogischen "Drill" aller Kinder auf das Gymnasium mit sich, wenn sie die
Aufgabe der Vorbereitung auf die Höhere Schule leisten müsse.[207]
Im Gegensatz zu den übrigen Vorschulbefürwortern hatte Foerster besonders die Arbeiterkinder im Blick und argumentierte von einer Position aus, die man "sozial verantwortlichen
Katholizismus" nennen kann. Er forderte statt des individuellen Aufstiegs einzelner Begabter
aus den unteren Schichten eine kollektive Anhebung der Volksbildung. Insbesondere dürfe
der Unbegabte aus dem Volk nicht "links liegen" gelassen werden. Eine Förderung leistungsfähiger Arbeiterkinder dürfe nicht über die in die oberen Schichten führende Höhere Schule
erfolgen, sondern über Sondereinrichtungen, die Abschaffung des Berechtigungswesens und
kirchliche und andere Weiterbildungsmaßnahmen. Wenn an dieser Stelle auch Berüh-
rungspunkte mit sozialistischen Anschauungen aufzutauchen scheinen und Foerster entschiedener Gegner der Kriegspolitik monarchistischer und nationalistischer bzw. später national-

---

[200] vgl. Kühnhagen S.29f und S.42ff; Müller S.113
[201] Foerster S.53
[202] vgl. Müller S.116ff
[203] vgl. Schmidt S.13; Foerster S.41f; Kühnhagen S.29f
[204] vgl. Oppermann S.261
[205] Mit dieser Prognose sollten sie nicht so Unrecht behalten. Vgl. Schmidt S.16ff; Kühnhagen S.29f
[206] vgl. Schmidt S.15; Foerster S.50f
[207] vgl. Kühnhagen S.29f

sozialistischer Machthaber war, so bleibt doch festzuhalten, daß Foerster in dieser bildungs-politischen Debatte einer **ständischen Gliederung** das Wort redete.[208]

zu (1c): Ökonomisch zeigte sich nach Ansicht der Vorschulbefürworter auch im Vergleich mit dem Ausland das gegliederte Schulwesen überlegen. Die Vorschulen hätten sich mit dem wirtschaftlichen Fortschritt ausgebreitet. Ein gemeinsamer Elementarunterricht sei ein Zeichen der Not und werde der Ausdifferenzierung des ökonomischen Systems nicht gerecht.[209] Foersters Auffassung, daß der Wiederaufbau nach dem Krieg begabte Köpfe der Arbeiterklasse benötige, bestätigt seinen besonderen Blickwinkel.[210]

zu (2a): Den Vorschulbefürwortern ging es darum zu belegen, daß ein positiver Zusammenhang zwischen Schichtzugehörigkeit und Begabung besteht. Dabei behaupteten zwar einige Autoren, daß sich in den höheren Schichten durch die Generationen hindurch eine bessere genetische Anlage herausgebildet habe, überwiegend wurde aber argumentiert, daß für die Leistungsfähigkeit und das Interesse in erster Linie nicht die Vererbung, sondern die **frühkindliche Erziehung entscheidend** sei. Aufgrund der unterschiedlichen frühen Sozialisation, bei der das Arbeiterkind eine praktische und lebensnahe, wegen materieller Not auf das Naheliegende bezogene Erziehung erhalte, das Kind gehobener Schichten aber eine von materieller Not freie, auf einen erweiterten Lebenskreis, auf sprachliche und formale Bildung gerichtete Erziehung genieße, sei eine von vornherein unterschiedliche Schulbildung nötig, nämlich eine praktische Volksschulbildung und eine theoretische Vorschulbildung.[211] Diese folgenreiche Auffassung vom Primat des Faktors "frühkindliche Erziehung" gegenüber der Vererbung kann das folgende bei Foerster positiv aufgenommenes Zitat von Chatterton-Hill belegen:

> "Diese Ausrüstung für eine bestimmte Funktion, mit der ganzen Summe der physischen und seelischen Dispositionen und der sittlichen Kräfte, die für die Ausführung der betreffenden Leistung nötig ist, werde nicht biologisch, durch Vererbung, sondern sozial, d.h. durch erzieherische Übertragung eines 'Patrimoniums' von Generation zu Generation, gesichert."[212]

Die sich durch die frühkindliche Erziehung herausbildende unterschiedliche "Volksintelligenz" und "Gelehrtenintelligenz" sei jede für sich etwas zu Bewahrendes.[213] Die praktische Intelligenz benötige nach Schmidt eine Bildung der "Kenntnis" (Ries: praktische Kenntnisse und Zucht[214]) und dürfe nicht "künstlich aufgepeitscht"[215] werden. Die theoretische

---

[208] vgl. Foerster S.41f, S.43, S.55 und S.64f sowie Franz Pöggeler in: Keim, Wolfgang (Hg.): Erziehungswissenschaft und Nationalsozialismus - Eine kritische Positionsbestimmung, Marburg 1990, S.73 - S.86
[209] vgl. Foerster S.49f, S.58; Müller S.114, Schmidt S.15;
[210] vgl. Foerster S.62
[211] vgl. ebenda S.53; Schmidt S.14
[212] Foerster zitiert hier Chatterton-Hill als "anerkannten Soziologen", S.53
[213] Foerster S.57
[214] Ries nach Kühnhagen S.30
[215] Foerster S.48

Intelligenz brauche eine Bildung zur "Erkenntnis". Wer wie begabt sei, stehe schon wegen der schichtspezifischen Erziehung mit sechs Jahren fest, eine spätere Begabungsfeststellung mit Hilfe der Psychologie brächte kaum neue Resultate.[216]

zu (2b-d): Da die schichtspezifische Gliederung der Schule nach Ansicht dieser Gruppe beibehalten werden sollte und begabte Arbeiterkinder in der Volksschule verbleiben sollten, wurden Maßnahmen zur Annäherung an das Prinzip "Chancengleichheit" nicht gefordert. So hielten diese Autoren etwa eine Angleichung der frühkindlichen Erziehung durch Kindergärten für eine Utopie bzw. für nicht wünschenswert.[217] Entsprechend entfielen Fragen nach der Grundschuldauer. Auch Möglichkeiten der inneren Differenzierung wurden nicht diskutiert.

2.3.3.5. Plädoyers für eine vierjährige Grundschule mit gesonderten dreijährigen Begabtenzügen (Hermann Binder, Felix Behrend, Gustav Louis, Ernst Goldbeck, Paul Cauer, Gustav-Adolf von Harnack)

Auf der Reichsschulkonferenz übernahm diese Gruppe der Philologen und Hochschullehrer die Führung innerhalb des konservativen Bereichs. Sie alle traten als Redner oder Berichterstatter im Plenum auf, konzentrierten sich auf den Ausschuß für Schulorganisationsfragen und waren z.T. als Autoren tätig.[218]

Nachdem ihre Position unter verbandspolitischen Aspekte schon kurz dargestellt wurde, sollen ihre Argumente nun anhand der erarbeiteten Teilhypothesen untersucht werden:

zu (1a): Wie die Vorschulbefürworter waren sie der Ansicht, daß das nationale Element in der Erziehung primär nicht in der Schulorganisation, sondern in der Vermittlung eines **nationalen Bewußtseins** zur Geltung kommen sollte. Dies habe zwar zur Konsequenz, daß das Schulwesen "organisch" und zusammenhängend sowie ohne Vorschulen gestaltet werden müsse, aber nicht, daß es undifferenziert sein dürfe. So solle das Höhere Schulwesen als Deutschlands nationaler Stolz und Garant für eine Überlegenheit gegenüber dem Ausland unverändert erhalten bleiben, weil die besondere Ausbildung von Führerpersönlichkeiten im nationalen Interesse sei und nur abgesondert und bei neunjähriger Dauer erfolgreich sein könne.[219]

zu (1b): Bei der Diskussion sozialer Argumente schwankten die Philologen und Professoren zwischen der Anerkennung des bürgerlichen Leistungsprinzips und der Verteidigung ständi-

[216] Schmidt S.18
[217] vgl. Ries nach Kühnhagen S.29f
[218] vgl. Die Reichsschulkonferenz 1920 (RSK); Behrend, Felix (a): Die Zukunft des deutschen höheren Schulwesens, Breslau 1925; ders. (b): Bildung und Kulturgemeinschaft, Leipzig 1922; ders. (c): Die Stellung der höheren Schule im System der Einheitsschule, Tübingen 1919; Cauer, Paul: Aufbau oder Zerstörung?, Münster 1919; Louis, Gustav: Neugestaltung des Schulwesens, Berlin 1920
[219] vgl. Binder, RSK S.84f und S.460; v.Harnack, RSK S.705;

scher Vorstellungen. Einerseits wurden die dreijährigen Begabtenzüge als sozial berechtigt legitimiert, da nach Begabung und nicht nach Stand selektiert werde. Und das Kriterium Leistung wurde herangezogen, um zu begründen, daß die Höheren Schulen nicht durch eine Überspannung des sozialen Gedankens gefährdet werden dürften.[220] Andererseits scheuten die Philologen sich nicht, ständische Argumente zu benutzen. So wäre etwa eine **sechsjährige Grundschule unsozial**, weil den höheren Ständen schon der Verzicht auf besondere Förderung ihrer Kinder durch private Vorschulen aufgezwungen worden sei und weitergehende Entsagungen dieser Stände auf besondere Bildungsförderung "ungerecht gegen einen hochwertigen und beträchtlichen Teil des Volkes" sein würden.[221] Zudem griffen Cauer u.a. zwei Argumente der Vorschulbefürworter auf, um gegen ein gemeinsames Lernen zu votieren. Erstens sei nicht entschieden, ob der gemeinsame Unterricht von Kindern verschiedener sozialer Schichten zum sozialen Ausgleich führe, zumal sich im Krieg trotz Vorschulen ein gutes Verständnis zwischen Offizieren und Mannschaft gezeigt habe. Zweitens bringe der "Aufstieg der Begabten" durch eine lange Grundschulzeit mit Übergangsmöglichkeiten zur Höheren Schule eine Verschlechterung der Lernsituation in der Volksschule und eine Auszehrung der unteren Schichten mit sich. Besser sei es, die sozialen Klassen "nicht anzurühren" und eine Hebung der unteren Schichten durch eine verbesserte Volksschule als Ganzes zu erreichen.[222]

zu (1c): Um die ökonomische Leistungsfähigkeit des Staates zu steigern, war den Gymnasial- und Hochschullehrern bzw. -lehrerinnen der "Aufstieg der Begabten" wiederum recht, allerdings nur, solange er wenige betraf; denn die Wirtschaft brauche nicht nur Kopfarbeiter. Für die ökonomische Stellung des Staates im internationalen Vergleich sei die Ausbildung von Spitzenkräften im Gymnasium entscheidend, die daher nicht beeinträchtigt werden dürfe.[223] Insbesondere brauche der Beruf des Wissenschaftlers eine früh einsetzende und lange Schulung und müsse daher nach drei Jahren Grundschulbesuch in einem humanistischen Gymnasium erfolgen.

zu (2a): Den Begabungsbegriff verwendete die Gruppe der Philologen und Hochschulvertreter ähnlich wie die Vorschulbefürworter und betonte zu geringerem Teil die Vererbung, vor allem aber die frühkindliche Prägung durch das soziale Milieu. Wegen der nach ihrer Meinung schlechteren Förderung durch das Elternhaus gehörten Kinder aus den unteren Schichten für sie nur in den seltensten Fällen zu den Begabtesten, woran auch ein längeres gemeinsames Lernen nichts ändern werde, da die Begabung früh festgelegt bzw. beeinflußt werde. Anders als die Vorschulbefürworter wollte diese Gruppe aber dem Kriterium

---

[220] vgl. Behrend (b) S.245; Louis S.IV
[221] Binder, RSK S.91
[222] vgl. Cauer S.9 und S.33; Kühnhagen S.28; Binder, RSK S.90
[223] vgl. Behrend, RSK S.480; Binder, RSK S.460

Begabung eine entscheidende Bedeutung zumessen und befürwortete eine entsprechende Auslese der wenigen leistungsfähigsten Unterschichtkinder innerhalb der für alle gemeinsamen Grundschule.[224]

Insofern befürwortete sie auch die psychologische Begabungsmessung und hielt sie inzwischen für soweit verbessert, daß in den meisten Fällen eine frühzeitige Begabungsfeststellung und Prognose der weiteren Entwicklung möglich sei.[225]

Mit dem Begabungsbegriff arbeiteten die Vertreter der gymnasialen und universitären Bildung auch, um die Höheren Schulen zu legitimieren. In Anlehnung an Kerschensteiner und Spranger behaupteten sie, es gebe zwei sich grundsätzlich unterscheidende Begabungsarten, die "**praktische**" und die "**theoretische**", wobei die theoretische die seltenere und die höherwertige ist. Dies mache zwei **artverschiedene Schultypen** notwendig. Zwar lehnte Louis die Unterscheidung von Kenntnis und Erkenntnis ab, wie sie von dem Vorschulbefürworter F.J. Schmidt getroffen wurde, aber auch die akademischen Lehrer und Lehrerinnen forderten entsprechende Differenzierungen und lehnten Humboldts Prinzip der "einen Erziehung" ausdrücklich ab.[226] So sollte in den Höheren Schulen nach wissenschaftlichen Methoden, mit universellen und antiken Weltbildern, Lernstoffen und Zielen, mit einem auf "bitterer Entsagung" und "strenger Pflichterfüllung" und hohen Anforderungen verbundenen Unterrichtsstil und mit einer Ausrichtung auf den Beruf des Wissenschaftlers unterrichtet werden, dagegen in Volks- und Mittelschulen "lebensnäher", mit religiösen und pragmatischen Inhalten, geringeren Anforderungen und stärker praktischer Berufsbezogenheit.[227]

zu (2b): Entsprechend ihrer Auffassung von Begabung und deren schichtspezifischer Verteilung plädierten Binder, Cauer und ihre Kollegen für eine finanzielle Förderung weniger begabter Minderbemittelter, die jedoch auch aus Finanzgründen nicht zu sehr ausgedehnt werden dürfe.[228]

Da die Philologen in der frühkindlichen Sozialisation den entscheidenden Faktor für die Begabungsausprägung sahen, wäre zu erwarten gewesen, daß sie hier Kompensationsmaßnahmen forderten. Zwar waren sie auch der Auffassung, soziale Nachteile in der vorschulischen Erziehung sollten durch Kindergärten für die Unterschichtkinder vermindert werden, doch wollten sie es zugleich den Oberschichten nicht verwehren, ihre Kinder besonders zu fördern.[229] Von daher hielten sie Bemühungen um **Chancengleichheit** für **Utopie** und entsprechende Forderungen für unangemessen.

---

[224] vgl. Binder, RSK S.86
[225] vgl. ebenda
[226] vgl. Kley, Otto: Die deutsche Schulreform der Zukunft. Tatsächliches und Grundsätzliches zur Einheitsschulfrage, Köln 1917, S.123; Louis S.35f
[227] vgl. ebenda; Cauer, Aufbau oder Zerstörung S.25f; Goldbeck, RSK S.511f; v. Harnack, RSK S.524ff; Binder, RSK S.88, S.91 und S.94; Behrend, RSK S.479f
[228] vgl. Cauer, RSK S.483, Aufbau oder Zerstörung S.7; Binder, RSK S.86
[229] vgl. Binder, RSK S.87

Die Möglichkeit zum Abbau der Chancenungleichheit durch eine längere Grundschulzeit sah diese Gruppe nicht. Durch eine allgemeine Grundschule für die ersten drei bis vier Jahre und Beihilfen für wenige hochbegabte Unterschichtkinder meinten sie, werde einer angemessenen Verteilung der schulischen Aufstiegschancen genüge getan; eine sechsjährige Grundschule sei unnötig.

zu (2c): Die Dauer der Grundschule sollte nach Meinung der Philologen und Hochschullehrer auf vier bzw. für Begabte auf drei Jahre begrenzt bleiben, weil sie sich nach der **neunjährigen Dauer der Höheren Schule** zu richten habe, da sonst die Hochschulreife gefährdet sei. Das Höhere Schulwesen insgesamt sei organisch gewachsen, es dürfe generell, insbesondere aber das bewährte humanistische Gymnasium nicht angetastet werden.[230] Louis und Binder argumentierten auch entwicklungspsychologisch gegen die sechsjährige Grundschule. Das Alter von 10 bis 12 Jahren sei für das Erlernen von Fremdsprachen und Mathematik und damit für sprachliche und logischformale Bildung am besten geeignet. Im übrigen müßten die Begabten in diesem Alter besonders gefordert werden, da sonst Weichlichkeit entstehe. Beides spreche dafür, in diesem Alter die Höhere Schule einsetzen zu lassen.[231] Soziale Argumente für ein längeres gemeinsames Lernen seien nicht triftig, da die verfassungskonforme konfessionelle Trennung dies verhindere und es auch hinsichtlich einer besseren Begabungsfeststellung auf ein oder zwei Jahre weniger Grundschule nicht ankomme.[232] Einen horizontalen Schulaufbau und eine gesonderte, verschiedene Begabungen integrierende Mittelstufe lehnte diese Gruppe ab, weil sie zu häufigerem Schulwechsel führe.[233] Da sich bei den meisten theoretisch Begabten ihre Anlage schon mit **9 Jahren** zeige und sich der Schulaufbau nicht nach den Ausnahmefällen richten könne, dürfe die Grundschule nach Meinung der Philologen für diese Kinder nur dreijährig sein. Spätentwicklern sei durch "harte" Aufbauschulen oder in Ausnahmefällen durch spätere Übergangsmöglichkeiten Rechnung zu tragen. Davon dürfe jedenfalls nicht der Schulaufbau als Ganzes geprägt werden; daher müßten noch ungesicherte pädagogische Reformideen, so auch das Konzept des längeren gemeinsamen Lernens, sich zunächst in langen **Versuchen** bewähren.[234] Solange dies nicht geschehen sei, sei eine vier bzw. dreijährige Grundschuldauer richtig.

zu (2d): Generell hielten diese Autoren, die ja von einer notwendigen Artverschiedenheit des Unterrichts für die verschiedenen Begabungsgruppen ausgingen, **äußere Differenzierung** mit

---

[230] vgl. ebenda S.85, S.88; v. Harnack, RSK S.526. Für das humanistische Gymnasium setzten sich Autoren von Kerschensteiner, Litt, Spranger bis Max Weber ein. Vgl. dazu den von Giesecke-Teubner angeregten und verlegten Sammelband: Das Gymnasium und die neue Zeit, Leipzig/Berlin 1919
[231] vgl. Binder, RSK S.88; Louis S.62
[232] vgl. Binder, RSK S.91; Louis S.61
[233] vgl. Behrend, RSK S.480; Binder, RSK Punkt 7 seiner Leitsätze
[234] vgl. Behrend, RSK S.703; Binder, RSK Punkt 11 seiner Leitsätze; Goldbeck, RSK S.700

geringer Durchlässigkeit für nötig. Wegen der angeblich früh möglichen Begabungsfeststellung und entsprechenden Förderungsnotwendigkeit war für sie äußere Differenzierung durch Begabtenzüge nach dem Mannheimer System sogar von Beginn an in der Grundschule sinnvoll.[235]

Der Arbeitsunterricht wurde nicht als Unterrichtsprinzip begriffen, das innere Differenzierung ermöglicht, sondern als Fach, das auch auf den Gymnasien unterrichtet werden könnte. Entsprechend wurde es von Binder nicht als Argument für ein gemeinsames längeres Lernen mit innerer Differenzierung akzeptiert.[236] Auch andere pädagogische Reformen, die das Lernen in streng getrennten Lerngruppen überwinden könnten, wie "freie Betätigung", Arbeitsgemeinschaften, das Kern-Kurssystem, die Erlebnismethode und das sich vermeintlich ohne festen Stoffplan am Interesse des Jugendlichen orientierende Unterrichtskonzept der Entschiedenen Schulreformer und der Landerziehungsbewegung[237] wurden abgelehnt, weil ein Stoffplan für die Entwicklung eines "universellen Weltbildes" für nötig gehalten wurde und die Autorität der Lehrkraft in Gefahr geraten könnte. Das gleichmäßige Fortschreiten in einem festen Kanon unter Führung einer mit Autorität ausgestatteten Lehrperson wurde für eine an geschichtlichen Werten orientierte und normativ feststehende Bildung als unabdingbar angesehen. Binder konnte sich allenfalls begrenzte Wahlmöglichkeiten in der Oberstufe als sinnvolle Reform vorstellen.[238] Generell schieden für diese Gruppe jedoch Methoden der Auflockerung des Klassenverbandes und der inneren Differenzierung, die ein längeres gemeinsames Lernen hätten begünstigen können, aus.

Somit meinten die Philologen und Hochschullehrer alle Argumente, die für eine verlängerte Grundschuldauer sprechen, ausgeräumt bzw. widerlegt zu haben.

2.3.3.6. Argumentationen für eine vierjährige Grundschule (Georg Kerschensteiner, Eduard Spranger, Anton Sickinger, Wilhelm Rein, Richard Seyfert)

Waren die zuletzt behandelten Gruppen Einheitsschulgegner, so zählen die folgenden, obgleich sie sich untereinander sehr unterschieden, zu den Einheitsschulbefürwortern. Für die Argumentationen zugunsten der Position der durchgängig vierjährigen Grundschule sind die Pädagogikprofessoren Kerschensteiner, Spranger und Rein,[239] der Mannheimer Schulrat Sickinger und bildungspolitische Sprecher der DDP Seyfert hervorzuheben, also vorwie-

---

[235] vgl. Behrend (b) S.247; Binder, RSK Punkt 12 seiner Leitsätze; Louis S.62f
[236] vgl. Binder, RSK S.90f
[237] Dieses Konzept wurde jedoch in den meisten Landerziehungsheimen gar nicht umgesetzt.
[238] vgl. ebenda Punkt 15 seiner Leitsätze; Behrend, RSK S.708; v. Harnack, RSK S.708; Kerschensteiner, RSK S.1017
[239] Obwohl Rein zunächst die sechsjährige Grundschule mit gesonderten Fremdsprachenklassen gefordert hatte, wird er in dieser Gruppe behandelt, weil er auf der Reichsschulkonferenz die vierjährige Grundschule forderte. Vgl. Abschnitt 2.3.2.4. und RSK S.486f. Zu Kerschensteiner und Spranger siehe auch Anmerkung 243.

gend Personen aus dem erziehungswissenschaftlichen und liberalen Spektrum, die - und hierbei ist besonders Kerschensteiner zu nennen - ein hohes Ansehen genossen und ihre Positionen in vielen Veröffentlichungen verbreiteten.[240]

zu (1a): Nationale Argumente tauchten bei diesen Personen stärker in der Form der Staatsorientiertheit auf und wurden zur Begründung der obligatorischen Grundschule herangezogen. Zwar sei der Zusammenhang des Schulwesens und die Erziehung zu nationaler Gesinnung auch nötig, um einen nach außen wehrhaften Staat[241] zu schaffen, aber vorwiegend ging es den Vertretern dieser Position um den inneren Zusammenhalt. So sollten die "Bremsklötze für die Entwicklung der Staatsgesinnung", nämlich der "Internationalismus des Kapitals wie des Proletariats"[242], nicht durch deutschnationale Gesinnungsschulung, sondern durch eine "**staatsbürgerliche**" und demokratische Erziehung ausgeräumt werden.[243] Dazu sei auch die Gestaltung des Schulwesens durch den Staat und eine Beschränkung des Privatschulwesens nötig.[244]

Zwar setzten Seyfert und noch stärker Spranger z.T. andere Akzente, indem sie neben der Differenzierung ("Freiheit") und der Chancengleichheit ("Gleichheit") vor allem den "Volksgemeinschaftsgedanken" ("Brüderlichkeit") betonten und das "deutsche Volkstum", "Heimat, Vaterland, nationale Arbeit" und den "preußisch-deutschen Pflichtgedanken" als Grundlage der staatsbürgerlichen Erziehung empfahlen.[245] Dennoch ging es dieser Gruppe - nimmt man die demokratiekritische Position Sprangers einmal aus - bei der Forderung nach einer in den ersten vier Jahren gemeinsamen und durch den Staat gestalteten Schule überwiegend um die Erzielung eines für alle gleichen Bekenntnisses zum Staat und seiner demokratischen Verfassung und nicht um nationale Volkstümeleien. Für diese einheitsstiftende Erzie-

---

[240] vgl. Kerschensteiner, Georg (a): Das einheitliche deutsche Schulsystem, Leipzig/Berlin 1922 (2.Aufl.), (1.Aufl. 1916); Spranger, Eduard (a): Lebensformen, Halle (Saale) 1921 (2.Aufl.), (1.Aufl. 1914); ders.(b): Die drei Motive der Schulreform. In: ders.: Kultur und Erziehung, Leipzig 1925, S.115 - S.137; ders. (c): Volk, Staat, Erziehung, Leipzig 1932; Sickinger, Anton: Arbeitsunterricht, Einheitsschule, Mannheimer Schulsystem, Leipzig 1920; Rein, Wilhelm: Die nationale Einheitsschule, Osterwieck-Harz und Leipzig 1918 (2.Aufl.); Seyfert, Richard (a): Das schulpolitische Programm der Demokratie, Leipzig 1919 (in der Reihe: Flugschriften aus der DDP); ders. mit F.W. Foerster (b): Für und Wider die allgemeine Volksschule, Leipzig 1918

[241] vgl. Seyfert (b) S.11; Kerschensteiner (a) S.163

[242] Kerschensteiner (a) S.234

[243] vgl. Kerschensteiner (a) S.119ff, S.246, RSK S.116; Sickinger S.51; Seyfert (a) S.8, (b) S.10. Während Kerschensteiner den demokratischen Staat der Weimarer Republik durch diese Erziehung festigen wollte, war Spranger gegenüber der Kultur und der Demokratie in dieser Epoche partiell eher ablehnend orientiert. So kritisierte Spranger vor allem die "rationale Richtung der Demokratie" ((b) S.125), meinte, daß "sich der Gleichheitsgedanke als schädlich für den Bildungsgedanken" und den "Gemeinschaftsgeist im Volke"((b) S.124 und S.128) erwiesen habe, und forderte mehr Religiosität und betonte den "Führergedanken" ((b) S.129ff): "Befehlen und Dienen gehören in der politischen Erziehung ... zusammen," und "Einordnung ist das pädagogisch erste." ((c) S.15 und S.77) Vgl. auch Michael Löffelholz bzw. Theodor Wilhelm in: Scheuerl, Hans (Hrsg.): Klassiker der Pädagogik II, München 1979, S.107 bzw. S.261f; Kerschensteiner, Georg (b): Der Begriff der staatsbürgerlichen Erziehung; Vorwort zur 6.Aufl., München 1928

[244] vgl. Seyfert (a) S.16f; Kerschensteiner RSK S.116

[245] Spranger (b) S.136; Seyfert (a) S.13, (b) S.37. Für Spranger sei hier erneut betont, daß er keine demokratische und egalitäre "Volksgemeinschaft" anstrebte, sondern hierarchische Strukturen verteidigte.

hung hielten sie - anders als die vorangegangenen Gruppen - eine nationale Gesinnungsschulung in getrennten Einrichtungen für nicht ausreichend. Der Staat müsse für die ersten vier Jahre für alle gemeinsame Schulen schaffen und einen staatsbürgerlichen Unterricht einrichten.

> "... dieser staatsbürgerliche Gesichtspunkt zwingt im Sinne der inneren Einheitlichkeit des Erziehungswesens dazu, die letzten Reste der als naturwidrig empfundenen Gruppierung der Schüler nach äußeren Gesichtspunkten (Standesschule) zu beseitigen und durch die allein als naturgemäß und gerecht erkannte, nach inneren, psychologisch-pädagogischen Gesichtspunkten gegliederte Einheitsschule (Begabungsschule) zu ersetzen."[246]

zu (1b): Neben dem "staatsbürgerlichen Gesichtspunkt" spricht für diese Autoren auch der **soziale Ausgleich** der Klassen für die Einheitsschule bzw. obligatorische Grundschule. Der soziale Gedanke muß dabei für Kerschensteiner darin seinen Ausdruck finden, daß die Erziehung zur Gemeinschaft in den Mittelpunkt gestellt wird und die Vorschulen als Standesschulen abgeschafft werden.[247] Da die sozialen Aspekte aber den Begabungsdifferenzierungen **untergeordnet** seien, dürfe die Grundschule nicht zu lange dauern und solle differenziert sein.[248]

zu (1c): Die wirtschaftlichen Verhältnisse erforderten nach Auffassung dieser Pädagogen und Schulpolitiker ein dreigegliedertes Gabelungssystem: Für die untere Schicht der zukünftigen Bauern und Arbeiter sei eine praktische Schulung, für die mittlere Schicht des zukünftigen Bürgertums eine mittlere Bildung und für die späteren höheren Klassen eine theoretische Schulung nötig.[249] Entsprechend widersprach Seyfert auf der Reichsschulkonferenz der These von Wyneken, daß es "keine **prästabilierte Harmonie zwischen den Anlagen und dem Beruf und den Bildungswegen**" gebe und plädierte dafür, "daß in der neuen Schulorganisation die Berufsvorbereitung in vertiefter und vergeistigter Form verwirklicht werden muß."[250] Zugleich wurde von dieser Gruppe die gegabelte Einheitsschule für ökonomisch vorteilhaft gehalten, weil die Auslese nach Leistungsfähigkeit vorgenommen werde und die Bildung insgesamt durch begabungshomogene Gruppen steige.[251]

---

[246] vgl. Sickinger S.51

[247] vgl. Kerschensteiner (a) S.8, RSK S.114f; Rein S.15 und S.22, S.25; Seyfert (b) S.27f. Spranger paßt sich hier eher der ständischen Argumentation an, indem er sich gegen einen schnellen Aufstieg von Unterschichtkindern und gegen die Entleerung der Volksschule "von den Tüchtigsten und Besten" ausspricht und damit für eine schulische Trennung nach sozialen Gesichtspunkten plädiert. Siehe Oppermann S.260f und Spranger (b) S.183

[248] vgl. Kerschensteiner (a) S.67; Sickinger S.89ff; Seyfert (a) S.26f; Spranger (b) S.127

[249] vgl. Rein S.15ff. Dieses Modell von der sogenannten "prästabilierten Harmonie" zwischen Begabung, Schulaufbau sowie ökonomischer und gesellschaftlicher Schichtung entwarf Friedrich Paulsen zu Beginn des Jahrhunderts. Vgl. Langewiesche, Dieter und Tenorth, Heinz-Elmar (Hg.): Handbuch der deutschen Bildungsgeschichte, Bd V 1918 - 1945, München 1992, S.198.

[250] RSK S.680f, Fettdruck nicht im Orginal

[251] vgl. Seyfert (a) S.6, (b) S.17

zu (2a): Der Begabungsaspekt erweist sich bei dieser Gruppe als der zentrale Argumentationspunkt. Anders als bei den bisher erwähnten Autoren wurden hier Einwirkungen der Erziehung auf die Begabung und durch unterschiedliche soziale Bedingungen erworbene schichtspezifische Verschiedenheiten in der Leistungsfähigkeit gegenüber der **ererbten Begabungsanlage** als unerheblich und im Laufe der Zeit verschwindend angesehen. Eine Trennung der Schüler und Schülerinnen nach Begabung führe daher zu einer Verteilung, die Kinder aller Schichten annähernd repräsentativ umfasse und deshalb im Gegensatz zu den ständischen Trennungen sozial legitim sei.[252]

Nun ist nach Auffassung dieser Pädagogen nicht nur die "Begabungshöhe (Quantität)" im wesentlichen angeboren, sondern auch ein "Begabungstyp (Qualität)".[253] Die **Typenlehre** wurde vor allem von Spranger und in Anlehnung an ihn von Kerschensteiner in die Diskussion gebracht. Spranger behauptete, daß es "zeitlose Idealtypen" gebe, die zwar nicht empirisch nachzuweisen seien, aber "Schemata" für pädagogische Differenzierungen böten.[254] Er konstatierte weiter: die Ausrichtungen des Geistes "wohnen uns ihrem Sinne nach ... a priori inne."[255] Und auch Kerschensteiner meinte: "Unsere Triebe, Anlagen und Neigungen bestimmen eben zunächst das Gebiet unserer spontanen Tätigkeit ...".[256] Dabei solle jeder in seinen veranlagten Stärken besonders gefördert werden und dem Sprangerschen Grundsatz folgen: "Sei, was Du kannst."[257]

Sprangers Typenlehre führte Kerschensteiner fort, indem er zunächst den theoretischen, kontemplativen vom praktischen, aktiven Typ abgrenzte. In einer weiteren Unterscheidung arbeitete Kerschensteiner sechs Grundformen heraus: den theoretischen und als dessen Nebentyp den ästhetischen Menschen, den ökonomischen, den sozialen und den Machtmenschen als Untertypen des praktischen Menschen sowie als Sonderform den religiösen Typ.[258] Zwar würden diese Formen kaum in Reinform auftreten, aber: "In jedem Menschen wird eine oder mehrere der sechs Formen das Übergewicht haben ...".[259]

Für diese unterschiedlichen Menschengruppen, so schlossen Kerschensteiner, Spranger u.a., sei eine differenzierte schulische Förderung mit typenbedingten Methoden in verschiedenen Zweigen nötig. Diese müsse, da die Unterschiede der Begabungstypen und der Leistungsfähigkeit mit wachsendem Alter stiegen, mit den Schuljahren zunehmen (sukzessive Diffe-

---

[252] vgl. Kerschensteiner (a) S.20f, S.59f; Rein S.15, S.22ff; Sickinger S.33, S.41 und S.51; Seyfert (b) S.25ff
[253] vgl. Kerschensteiner (a) S.23, S.279
[254] Spranger (a) S.103,
[255] ebenda S.103f
[256] Kerschensteiner (a) S.208ff
[257] ebenda. Auf der Reichsschulkonferenz forderte Kerschensteiner, daß von der Formel "idem cuique, jedem dasselbe an Bildungsmitteln" zur Formel "suum cuique, jedem das Seine" übergegangen werden müsse. RSK S.118f
[258] vgl. Kerschensteiner (a) S.196ff und S.205ff; Spranger (a) S.109ff, S.130ff, S.149ff, S.171ff, S.188 und S.211ff
[259] Kerschensteiner (a) S.207

renzierung) und immer feiner werden (simultane oder pädagogisch-psychologische Differenzierung).[260]

zu (2b): Abbau der Chancenungleichheit konnte nach Auffassung dieser Argumentationslinie durch finanzielle schulische Förderungen in hinreichendem Maße erreicht werden, da vorhandene, aber nicht entfaltete Begabung im wesentlichen nur durch materielle Einschränkungen gehemmt worden sein könne; im Prinzip aber komme der Vererbung im Verhältnis zu Unterschieden in der frühen Kindheit, die durch soziale Faktoren bedingt seien, das größere Gewicht zu.[261] Rein und Seyfert hielten allerdings auch eine verbesserte Förderung der Kinder der Unterschichten in Kindergärten für sinnvoll.[262] Das Schwergewicht legte diese Gruppe aber auf die **finanzielle Förderung begabter** Schulkinder. Aus dem Grundsatz des "gleichen Rechts für alle" "ohne Rücksicht auf Vermögen und Herkunft" folgte für sie, daß es Stipendien, Schulgeld- und Lehr- bzw. Lernmittelfreiheit für leistungsfähige Minderbemittelte geben müsse.[263]

> "Die allgemeine öffentliche Schule im Rechtsstaate muß jedem Kind ohne Ausnahme jene Erziehung ermöglichen, auf die es nach Maßgabe seiner Veranlagung Anspruch erheben kann."[264]

zu (2c): War diese Gruppe der Auffassung, daß aus Gründen der Chancengleichheit, des sozialen Ausgleichs und der Begabungserkennung alle Kinder zunächst in eine gemeinsame Grundschule eingeschult werden sollten, so hielten sie einen Sonderunterricht für nötig, sobald erste Leistungsunterschiede auftauchten. Kerschensteiner meinte, daß sich zunächst die praktischen und erst später die theoretischen Fähigkeiten und Neigungen herausbilden und von daher keine Differenzierung vom ersten Schultag ab notwendig sei.[265] Aufgrund der starken Unterschiede von praktischer und theoretischer Begabung, die bei einigen Kindern schon mit **9 oder 10** Jahren aufträten, wurde aber von allen diesen Personen eine erste Trennung nach vier Jahren Grundschule und eine **weitere Differenzierung mit 12 bzw. 14** Jahren für unabdingbar gehalten.[266] Eine längere als vierjährige Grundschule gefährde insbesondere die wissenschaftliche Ausbildung der theoretisch Begabten.[267] Dies zeige im übrigen auch das Negativbeispiel der USA.[268]

---

[260] vgl. Kerschensteiner (a) S.76, RSK S.115, S.123ff; Seyfert (a) S.23ff und (b) S.6; Spranger (b) S.136; Rein in Wychgram S.300

[261] vgl. Seyfert (b) S.25, Spranger (b) S.127

[262] vgl. Rein S.24; Seyfert (b) S.26

[263] Kerschensteiner (a) S.13, S.17 und S.55; Seyfert (a) S.22 und S.26, RSK S.114f

[264] Kerschensteiner (a) S.26, vgl. auch RSK S.114

[265] vgl. Kerschensteiner (a) S.210

[266] vgl. ebenda S.64ff, S.97 und S.101, RSK S.115, S.119, S.123; Seyfert (a) S.23ff; Sickinger S.55ff; Rein, RSK S.486f. Kerschensteiner argumentierte, daß zwischen 6 und 10 Jahren zunächst quantitative und erst ab dem 10ten Jahr qualitative Unterschiede auftreten.

[267] vgl. Spranger (b) S.124

[268] vgl. Kerschensteiner (a) S.66

Zwar müsse bei der Begabungserkennung heute noch weitgehend auf das Urteil der Eltern-
und Lehrer bzw. Lehrerinnen vertraut werden, aber mit der Begabungsforschung werde es in
Zukunft möglich, sicherer und früher den richtigen Bildungsweg festzulegen.[269] Da Fehler in
der Begabungsbeurteilung auftauchen könnten, Begabungen zumeist nicht punktuell und
sprunghaft, sondern in einem kontinuierlichen Prozeß aufträten und einige Kinder zunächst
auf dem Land blieben oder sich erst nach dem 9. oder 10. Lebensjahr entwickelten, seien nach
Meinung von Kerschensteiner und Seyfert spätere Übergänge oder weiterführende Einrichtungen für Volksschüler und -schülerinnen wie z.b. durch Aufbauschulen und Fortbildungs-
schulen nötig.[270]

Eine bessere Möglichkeit für Übergänge und begabungsangepaßte Förderung sah diese
Gruppe in dem von Sickinger entwickelten **Mannheimer System**, bei dem schon vom dem
zweiten Schuljahr ab innerhalb der Grundschule ein Zug für Begabte, ein Hauptzug und eine
Klasse mit Minderbegabten sowie eine Aussonderung der "Hilfsschüler" erfolgte.[271] Das
Mannheimer System böte unter Wahrung der sozial positiven gemeinsamen Grundschule für
die Kinder den Vorteil, schon mit 7 Jahren begabungsgerecht beschult zu werden, durch
Zusammenfassung von Gleichen ein gleichmäßiges Fortschreiten und gute Stoffbewältigung
im Klassenverband zu ermöglichen, das Sitzenbleiben zu verhindern und auch die "von der
Natur benachteiligten" Schülerinnen und Schüler in speziellen Förderklassen auf ihrem
Niveau zu bilden.[272] Sie zogen eine Bildung von homogenen Gruppen vor, weil sich die
Anregung von unterschiedlich Leistungsstarken nur in Richtung "untere Nivellierung"
bewegen würde und ein gemeinsames Lerntempo nötig sei.[273] Die genannten Vorteile galten
nach Ansicht von Sickinger u.a. auch für die mit zunehmenden Alter notwendiger werdenden
Differenzierungen, so daß er und andere Autoren eine Installierung von nach Begabung
gegliederten Zügen auch in der Volksschuloberstufe vorschlugen.[274]

Eine speziell auf die theoretisch Begabten ausgerichtete Schulung hielt diese Gruppe spätestens nach vier Jahren für nötig und lehnte die sechsjährige Grundschule daher ab.[275] Hatte
Wilhelm Rein zunächst argumentiert, daß die Grundschule bei Einführung von fremdsprachlichen Begabungsklassen nach dem Mannheimer System den Differenzierungsaspekt genügend berücksichtige, so daß aus sozialen Gründen die Grundschule sechsjährig sein könne,

---

[269] vgl. Seyfert (a) S.23ff; Sickinger S.69
[270] vgl. Kerschensteiner (a) S.65 und S.118; Seyfert (b) S.19, S.34
[271] vgl. Sickinger S.41ff, S.55ff; Rein S.19 und RSK S.486f, S.704 S.710; Spranger (b) S.127; Seyfert (b) S.6;
Kerschensteiner (a) S.60, RSK S.1020 und S.120. Das Mannheimer System fand auf der Reichsschulkonferenz
breite Zustimmung.
[272] vgl. Sickinger S.35ff, S.55ff, S.66ff, S.69ff, S.89ff, RSK S.475f
[273] vgl. ebenda S.69ff: "Schnecke und Heuschrecke sind nicht in ein Tempo zu bringen."
[274] vgl. ebenda S.55; Kerschensteiner (a) S.70f; Seyfert (b) S.6
[275] vgl. z.B.Kerschensteiner (a) S.67ff

revidierte er auf der Reichsschulkonferenz seinen Standpunkt zugungsten der Vierjährig-keit.[276]

Für die Vierjährigkeit der Grundschuldauer sprach für diese Autoren auch, daß sie die "mittlere Linie" sei und die größte gesellschaftliche Konsenschance besitze.[277]

zu (2d): Wie gerade anhand des Mannheimer Systems erläutert, war für diese Gruppe das Prinzip homogener Klassenbildung, also äußerer Differenzierung, der für einen Lernerfolg für alle entscheidende Gesichtspunkt. Der Arbeitsunterricht und das selbsttätige Lernen wurden zwar z.T. als sinnvolle pädagogische Elemente propagiert, aber nicht als Möglichkeiten zu innerer Differenzierung.[278]

So hielt Kerschensteiner die "elastische Einheitsschule" der Entschiedenen Schulreformer wegen des Kern-Kurssystems als ein Modell, das Differenzierung und Integration verbindet, für interessant, meinte aber, daß theoretisch und praktisch Begabte wegen der gegenseitigen Hemmungen nicht zusammen unterrichtet werden sollten:[279]

> "Es wird sich dann zeigen, daß frühzeitig zu geistiger Arbeit Berufene niemals (und zwar auch nicht in den Kernfächern) gemeinsam mit den auf praktische Ziele Eingestellten sich unterrichten lassen, ohne daß die ersteren in ihrer Entwicklung stark gehemmt oder die letzteren stark überlastet werden."[280]

Kerschensteiner hielt aber Schulformen, die der heutigen additiven Gesamtschule ähneln, für möglich.[281] Damit schloß er eine argumentative Lücke dieser Gruppe, die zwar Begründungen für nach Begabung getrennte Klassen anführte, gleichzeitig aber die in bezug auf staatsbürger-liche Erziehung, sozialen Ausgleich und Gerechtigkeit sich ergebenden Vorteile einer für alle gemeinsamen Schule priesen.

2.3.3.7. Positionen für eine sechsjährige Grundschule (Johannes Tews, Paul Natorp, Aloys Fischer, Peter Petersen, Heinrich Schulz)

Wie in der vorher behandelten Gruppe, so traten auch hier Pädagogen aus verschiedenen Bereichen hervor, die die Hauptbegründungen veröffentlichten. Da waren zunächst die Erzie-hungswissenschaftler Peter Petersen und Aloys Fischer, der Marburger Philosoph und "Sozialpädagoge" Paul Natorp, weiter sind dazuzurechnen die bereits erwähnten Vertreter

---

[276] vgl. Rein S.18ff, RSK S.486f, S.704, S.710
[277] vgl. ebenda S.710, S.120. Sickinger hielt eine spätere Einführung der sechsjährigen Grundschule für möglich. Vgl. RSK S.699
[278] vgl. Sickinger S.5ff, S.29; Seyfert (a) S.7; zum Arbeitsschulbegriff von Kerschensteiner, der eine Trennung in Hand- und Kopfarbeiter und eine starke Systematiesierung ohne individuelle Freiräume im Arbeitsprozeß anstrebte, vgl. Hackl, Bernd: Die Arbeitsschule, Wien 1990, S.69 - S.77
[279] vgl. Kerschensteiner (a) S.106ff, S.265ff; RSK S.1016
[280] Kerschensteiner (a) S.108
[281] vgl. ebenda

verbands- bzw. parteipolitischer Interessen: Johannes Tews (DLV) und Heinrich Schulz (MSPD). Natorp veröffentlichte schon 1904 bzw. 1908 seine Argumentation für die Einheitsschule[282], Fischer schrieb 1914 für die Kieler Tagung des DLV in Ergänzung zu Kerschensteiner sein Buch zum "Einheitsgedanken in der Schulorganisation",[283] und Petersen veröffentlichte 1919 "eine Kritik der Begabungsschule" und seine Begründungen für eine sechsjährige Grundschule, nachdem er 1916 für den "Deutschen Ausschuß für Erziehung und Unterricht" zunächst den Schwerpunkt auf den "Aufstieg der Begabten" gelegt hatte.[284] Tews und Schulz sind hier nicht zu übergehen, nicht nur weil sie für viele Volksschullehrer und -lehrerinnen bzw. Sozialdemokraten standen, sondern auch, weil sie wesentliche Begründungen für die sechsjährige Grundschule gaben.[285]

zu (1a): Eine **Verschiedenheit** der Begründungen fällt schon im Bereich nationaler und politischer Argumente auf.

Natorp stellte in der Vorkriegszeit in Reaktion auf imperialistische Tendenzen das Moment nationaler Identitätsbildung und Überlegenheit durch eine auf Anhebung der Bildung aller Volksschichten und Nationalerziehung ausgerichtete Einheitsschule in den Vordergrund. Sie bringe mehr nationale Stärke und weniger Verschwendung von Geldern als eine zunehmende Bewaffnung, und sie fördere zugleich ein menschenwürdigeres Dasein für alle.[286] Zudem wünschte er sich eine Veränderung des Staates von unten in Richtung auf genossenschaftliche Strukturen. Den neu geschaffenen freien Gemeinden sollte auf der Ebene der Schule ein ebenso gestalteter **genossenschaftlicher Aufbau von Schulgemeinden** folgen.[287]

Stellte Natorp eine auf nationale und dezentrale Gemeinschaft ausgerichtete Argumentation für eine mindestens sechsjährige Einheitsschule[288] in den Mittelpunkt, so zeigten Fischers Begründungen unter diesem Aspekt Parallelen mit den Vorstellungen von staatsbürgerlicher Erziehung der Gruppe um Kerschensteiner und Seyfert. Auch für ihn war die Einheitsschule mit einer Erziehung zum verfassungstreuen Staatsbürger ein notwendiges Analogon zum nationalen Einheitsstaat mit "Staatsbürgern gleichen Rechts und gleicher Prägung".[289]

---

[282] vgl. Natorp, Paul (a): Volk und Schule Preußens, Festrede gehalten auf der Deutschen Lehrerversammlung zu Dortmund 1908, Gießen 1908; ders. (b): Sozialpädagogik, 2. vermehrte Aufl. Stuttgart 1904

[283] vgl. Fischer, Aloys: Der Einheitsgedanke in der Schulorganisation, Jena 1914

[284] vgl. Petersen, Peter (Hrsg.)(a): Der Aufstieg der Begabten, Leipzig/Berlin 1916; ders. (b): Gemeinschaft und freies Menschentum, Eine Kritik der Begabungsschulen, Gotha 1919

[285] vgl. Tews, Johannes (b): Die Deutsche Einheitsschule, Freie Bahn jedem Tüchtigen, 2. Aufl. Leipzig 1916; ders. (c): Ein Volk - eine Schule, Darstellung und Begründung der deutschen Einheitsschule, Osterwieck/Harz 1919; Schulz, Heinrich (a): Die Schulreform der Sozialdemokratie, Dresden 1911, erweiterte Aufl. 1919; ders. (b): Sozialdemokratie und Schule, 2. Aufl. Berlin 1919 (1. Aufl. 1907); ders. (c): Der Weg zum Reichsschulgesetz, Leipzig 1920. Zur Entwicklung von H. Schulz vgl. auch: Neumann, Frank: Heinrich Schulz und die sozialdemokratische Bildungspolitik im wilhelminischen Deutschland 1893 - 1906, Diss. Marburg 1979

[286] vgl. Natorp (a) S.20f, (b) S.234

[287] vgl. Natorp, RSK S.173f, (a) S.21ff

[288] vgl. Natorp (a) S.24, (b) S.236, RSK S.174f

[289] Fischer S.38, vgl. auch S.7f und S.37; Oppermann S.197

Während Petersen hier nicht national oder politisch argumentierte, finden wir bei Tews das Motiv, daß "die deutsche Einheitsschule" - nun nach dem Krieg - besonders wichtig sei für eine Erziehung zur deutschen Volkseinheit und zum pflichtbewußten Staatsbürger und zugleich, um international wieder Bedeutung zu erlangen. Auch die Verminderung der überbetonten alten Fremdsprachen durch "deutsche" Bildungsgüter und deutsche Sprache in der Einheitsschule begünstige eine Bildung zu nationalem Bewußtsein. Entsprechend sei die Einheitsschule nicht aus sozialistischen Motiven, nicht aus Partikularinteressen des DLV oder sozialdemokratischer Parteien, sondern aus liberalem Gedankengut im nationalen Interesse des ganzen Staates geboren.[290]

Anders als Tews argumentierte Schulz nicht mit nationalen, sondern mit sozialistischen Motiven. 1911 lehnte er auch die staatsbürgerliche Erziehungsvorstellungen Kerschensteiners und Seyferts sowie die Forderungen nach einem liberalbürgerlichen Staat (Tews) ab, da der bestehende Staat als Klassenstaat durch einen sozialistischen Staat abzulösen sei, dessen angemessene Schulform die von ihm vorgeschlagene Einheitsschule sei.[291] Obwohl er das Gesamtwerk Natorps ebenso befürwortete wie freie Schulgenossenschaften und Versuchsschulen, erwartete Schulz kaum Veränderungen durch einen genossenschaftlichen Weg "von unten". Prinzipielle Veränderungen seien nur durch die Übernahme staatlicher Macht durch die Arbeiterorganisationen und -parteien zu erreichen. Diese sah er unaufhaltsam heranziehen. Entsprechend blieb er staatsorientiert, forderte Reichsschulregelungen, erwartete und begründete die sechsjährige Grundschule und weitere Einheitsschulreformen, gab sich allerdings 1920 aus politisch-pragmatischen Gründen vorläufig mit der vierjährigen Grundschule zufrieden.[292] Im sozialen Moment der **Aufhebung des Klassencharakters der Schule** und insbesondere der Vorschule in Verbindung mit dem **Erziehungsziel** des **Gemeinschaftsbewußtseins** sahen diese Pädagogen den für die Schulorganisation entscheidenden Grundsatz.[293] Im Gegensatz zu den früher erörterten Gruppen waren sie der Auffassung, daß dieses soziale Ziel nur erreicht werden könne, wenn der Unterricht möglichst lange für alle gemeinsam in derselben Schule und in heterogen zusammengesetzten Klassen erteilt werde.[294] Sie erwarteten, anders als z.B. Foerster, daß sich Kinder verschiedener sozialer Schichten leichter zusammenfinden würden als es Erwachsene tun.[295]

---

[290] vgl. Tews (b) S.4f, S.11, S.39, S.77, S.89, S.96; (c) S.129ff, S.278f. "Volk und Vaterland werden neu erstehen,...". "Deutschland, Deutschland über alles, über alles in der Welt." (b) S.286 und S.289, RSK S.152

[291] vgl. Schulz (a) S.148ff, (b) S.34, S.52

[292] vgl. Schulz (a) S.34ff, S.211ff; (c) insbesondere das Vorwort, S.186f und S.189ff

[293] vgl. Natorp (b) S.233ff; Fischer S.35ff; Petersen (b) S.22; Sienknecht S.156; Tews (b) S.93

[294] Natorp und Tews schlossen das Mannheimer System allerdings nicht aus. Tews verwarf es nur für das Land und die Kleinstädte, zog ein Überspringen einzelner Klassen dem Mannheimer Sonderklassensystem vor, da Begabte nicht zu früh zu überanstrengen seien und sonst höhere Schichten wegen der auf kognitive Leistung ausgerichteten frühkindlichen Erziehung bevorteilt seien. Schulz lehnte es ausdrücklich ab, weil der Intellekt zu sehr betont werde und es bei der frühen Differenzierung zu Ungerechtigkeiten komme. Vgl. Natorp (a) S.24; Tews (b) S.42, S.45, S.64, (c) S.64f, S.88, S.100; Schulz (a) S.181

[295] vgl. Tews (c) S.249

In Absetzung von der besonderen Aufmerksamkeit, die die zuletzt behandelten Personen den Begabten zumaßen, meinte Natorp, die soziale Verpflichtung zwinge gerade dazu, sich um die "Untüchtigen" zu kümmern und sie innerhalb der Gemeinschaft besonders zu fördern.[296] Petersen ergänzte:

"Jede Begabung, welcher Art sie auch sei, ist als wertvoll zu betrachten."[297]

Tews betonte immer wieder, daß die soziale Benachteiligung der Landkinder, die bisher aufgrund schlechter Verkehrsverbindungen und enger häuslicher Bindungen kaum eine Höhere Schule besuchen könnten, durch eine lange Grundschuldauer, späte Differenzierungen und Übergangsmöglichkeiten aufzuheben sei.[298]

In ihren sozialpolitischen Ansätzen unterschieden sich die Vertreter dieser Gruppe untereinander. Während Natorp sich mit seiner Vorstellung einer genossenschaftlichen Gliederung für einen Abbau der schichtspezifischen und schulischen Gegensätze stark machte, wollte Tews zwar auch den sozialen Ausgleich, strebte aber zugleich eine aufgrund von Leistungsunterschieden gegliederte Gesellschaft und eine dementsprechend differenzierte Sekundarschule an.[299]

"Die Einheitsschule verlangt *nicht dasselbe für jeden*, sondern für jeden *das seine*."[300]

Dagegen wollte Schulz eine hierarchische Sozial- und Schulstruktur aufheben.[301] Er forderte - anders als die übrigen Autoren - das gemeinsame Lernen nicht wegen eines erhofften sozialen Ausgleichs und weniger, weil er sich Wirkungen von der Schule auf die Gesellschaft versprach, sondern umgekehrt, weil der politisch voranschreitende gesellschaftliche Ausgleich eine adäquate Schulorganisation nötig mache.[302]

Während das gemeinsame längere Lernen nach Schulz, Natorp und Petersen nicht von Individualismus, sondern von der Arbeit in der Gemeinschaft geprägt sein sollte,[303] betonten Tews und Fischer die besseren Entwicklungs-, Leistungs- und Aufstiegsmöglichkeiten der Einzelpersönlichkeiten durch eine sechsjährige Grundschule. Ihnen ging es bei der Anführung des "sozialen Motivs" also stärker um soziale Gerechtigkeit als um die von Natorp und Schulz hervorgehobene Erziehung zu sozialer Einstellung und zur Anpassung an die erwartete Abschaffung sozialer Schichtungen.[304]

---

[296] Natorp (b) S.233; vgl. Oppermann S.196
[297] Petersen (b) S.15
[298] vgl. Tews (b) S.9
[299] vgl. Tews (b) S.30, S.95
[300] Tews (c) S.276, Hervorhebungen im Original.
[301] vgl. Schulz (a) S.3, S.15f
[302] vgl. Schulz (b): Sozialdemokratie und Schule, 2. Aufl. Berlin 1919 (1. Aufl. 1907), S.34
[303] vgl. Schulz (a) S.3, S.10f, S.170, S.187; Natorp (b) S.232 und S.236, (a) S.22; Petersen (b) S.16, S.37ff, RSK S.705
[304] vgl. Fischer S.25, S.35ff; Tews (c) S.273, (b) S.30, S.37, S.95

Einig waren sich diese Pädagogen aber in der Ablehnung des Arguments, durch eine sechsjährige Grundschule mit verbesserten Bildungsmöglichkeiten für Unterschichtkinder werde
die Arbeiterschicht ihrer Begabungen beraubt. Wenn es auch Schulen für praktisch Höchstbe-
gabte und Fachhochschulen gebe, wäre nach Meinung von Tews gewährleistet, daß leistungsfähige Menschen innerhalb der praktisch tätigen Schichten blieben und ihre Möglichkeiten
sogar gesteigert würden.[305]

zu (1c): Mit ökonomischen Begründungen operierte in dieser Gruppe vor allem Tews. Ein
Wettbewerb in der Grundschule und ein nach Begabung gegliedertes Sekundarschulwesen
ließen seiner Meinung nach eine **höhere Leistungsfähigkeit** als das bestehende Schulwesen
erwarten, das begabte Volksschüler und -schülerinnen vom Aufstieg fernhalte und durch
große Mengen von Wiederholern sowie infolge einseitiger finanzieller Bevorzugung der
Höheren Schulen ineffizient sei.[306]

Dagegen lehnten es Petersen und Natorp ab, ökonomische und berufliche Argumente gegenüber sozialen in den Vordergrund zu rücken, weil dadurch die Aufmerksamkeit zu sehr auf
die Begabten gelegt und die übrigen Kinder vernachlässigt würden.[307]

"Denn die Sonderung ist allein durch die verschiedenen Erfordernisse der einzelnen Berufe bedingt, die Berufsbildung aber ist nach Pestalozzis Grundsatz
unbedingt unterzuordnen der humanen Bildung ..."[308]

Obwohl Tews die These von Seyfert, daß eine Vielgestaltigkeit des Wirtschaftslebens eine
analoge Gestalt des Schulwesens erforderlich mache, nicht bestritt, war er der Meinung, daß
die **Erziehungsfunktion Vorrang** vor der Qualifikationsfunktion habe.[309] Zudem war der
volkswirtschaftliche Bedarf an höheren beruflichen Stellungen nach seiner Auffassung nicht
gedeckt, was wiederum für einen durch eine sechsjährige Grundschule erleichterten Aufstieg
begabter Volksschüler spräche.[310] In jedem Fall sahen die Vertreter dieser Gruppe keinen
Grund, aus ökonomischen oder beruflichen Motiven die Grundschulzeit nicht auf sechs Jahre
auszudehnen.

zu (2a): In bezug auf die Begabungstheorien wurde von dieser Gruppe sowohl gegen die
These argumentiert, die Leistungsfähigkeit sei durch frühkindliche Sozialisation festgelegt,

---

[305] vgl. Tews (b) S.29, S.42
[306] vgl. ebenda S.12, S.23ff, S.38 und S.68, S.72f, (b) S.7, S.287, RSK S.531. Schulz kritisierte diese finanzielle
Ungleichbehandlung ebenfalls und hielt die bisherige Trennung des Schulwesens für volkswirtschaftlich
ineffektiv. Das hätten diejenigen Unternehmer, die fachlich gebildete Arbeitskräfte benötigten, inzwischen
ebenfalls erkannt. Vgl. Schulz (a) S.11, S.17, S.19
[307] vgl. Petersen (b) S.15; Natorp (b) S.233ff, (a) S.23
[308] Natorp (b) S.234f
[309] vgl. Hars S.77. Schulz und Fischer meinten, daß berufliche Notwendigkeiten erst gegen Ende der
Volksschulzeit für eine Differenzierung sprächen. Vgl. Schulz (a) S.55; Fischer S.18; Tews (b) S.29, (c) S.45
[310] vgl. Tews (b) S.73, (c) S.251f, S.265

als auch der Behauptung widersprochen, die ererbten Anlagen machten eine frühe Differenzierung nötig. Zwar wurde sowohl dem Vererbungs- als auch dem Erziehungsaspekt die Relevanz nicht abgesprochen.[311] So meinte z.b. Fischer:

> "Gewiß leugne ich nicht, daß die Verschiedenheit der Anlage von Anfang an vorhanden, daß die gute Kinderstube ein großer Vorteil ist; das gepflegte Kind der bemittelten Schichten mit seinem reicheren Spielzeug und seinen vielen Anregungen lernt besser sprechen, besitzt mehr Vorstellungen und Kenntnisse, verfügt für ein graphisches Ausdrucksleben über mehr Hilfsmittel ...".[312]

Auch die bessere Ernährung, stärkere Zuwendung und vermehrtes Zutrauen bevorteilten die Oberschichtkinder. Daraus sei jedoch nicht zu folgern, daß eine frühe Abtrennung der privilegierten Kinder richtig sei. Erstens wirke sich diese Bevorteilung nicht in der entscheidenden "produktiven Begabung" aus, zweitens würden sich **mit steigendem Alter die "wahren" Begabten durchsetzen**,[313] drittens gäbe es auch begabte Arbeiterkinder, denen ein Aufstieg ermöglicht werden müsse.[314]

Den Befürwortern von frühen Differenzierungen und vierjähriger Grundschule, die ihre Thesen darauf stützten, daß die Leistungsfähigkeit im wesentlichen durch Vererbung festgelegt und damit früh erkennbar sei, hielt allein Fischer entgegen, daß sich das Bildungsangebot nicht nur nach dem Entwicklungsstand des Kindes richten solle, sondern auch umgekehrt das Bildungsangebot den Entwicklungsstand beeinflusse:

> "Auf der einen Seite *soll sich die Erziehung nach der Entwicklung richten*, ihr treu sein, *folgt ihr also nach*; auf der anderen Seite hängt die Entwicklung aber gerade von der Erziehung ab, die ein Mensch genießt, *geht also* die Erziehung der Entwicklung *voran*."[315]

Daher müßten alle Kinder umfassend gefördert und - hier war man sich in dieser Gruppe einig - die Sozialisationsbedingungen angeglichen werden.[316] Und weil sich die langfristig wirksamen Fähigkeiten erst spät zeigten und ein genügend langer Vergleich für eine Differenzierung nach Begabung und nicht nach Stand nötig sei, so folgerten diese Autoren weiter, müßte die gemeinsame Grundschulzeit mindestens sechs Jahre dauern.[317]

---

[311] vgl. Petersen (b) S.22; Fischer S.25; Tews (b) S.10, S.13f, S.22, S.29, S.60f, (c) S.3, S.17ff; RSK S.148f, S.466f; Schulz (a) S.47

[312] Fischer S.20; vgl. auch Petersen (b) S.22

[313] vgl. Fischer S.20f; Tews (b) S.62, S.65f, (c) S.69

[314] vgl. Fischer S.25; Tews (b) S.78: "Bahn frei jedem Tüchtigen".

[315] Fischer S.33 (Hervorhebungen im Original). Tews betonte dagegen wie die vorher dargestelllte Gruppe zur Abwehr ständischer Positionen den Vererbungsaspekt der Begabung und sah weniger als Fischer, daß die Schule die Leistungsfähigkeit beeinflußt. Vgl. Tews (c) S.17ff und Schulz (a) S.51

[316] "Die neue Schule gedenkt dieser Tatsache sozialer Ungleichheit Rechnung zu tragen; solche Kinder sollen im Kindergarten zusammengefaßt werden, um sie gleichsam schulreif zu machen." Petersen (b) S.22; vgl. Schulz (a) S.51f, S.122ff, S.129

[317] vgl. Fischer S.22, S.31; Petersen (b) S.20

Einzig Schulz hielt der Argumentation von Kerschensteiner und anderen, es gäbe eine grundlegende Differenzierung der Begabung in theoretische und praktische Typen, die niemals zusammen zu unterrichten seien, entgegen, daß die Unterschiede in theoretischer und praktischer Fähigkeit zunächst zu vermindern seien, da sie Klassengegensätze verfestigen würden.

> "Es muß aber Aufgabe der Erziehung sein, jetzt nicht bei den Kindern die Trennung zwischen körperlicher und geistiger Betätigung eintreten zu lassen, die in dem erwähnten Stadium der gesellschaftlichen Entwicklung so erheblich zur Klassenscheidung beigetragen hat, sondern vielmehr fortab die engen Beziehungen zwischen körperlicher und geistiger Arbeit, wie sie in Wirklichkeit vorhanden sind, durch die erzieherischen Maßnahmen aufs innigste miteinander zu verknüpfen."[318]

zu (2b): In punkto "Chancengleichheit" forderten die Vertreter dieser Gruppe umfassende Maßnahmen. Neben der Kompensation frühkindlicher Bedingungen durch Kindergärten sollte der Unterricht unentgeltlich sein und Lehrmittelfreiheit gelten; begabte Unbemittelte sollten durch Kindergeld, Förderung des Lebensunterhalts und Schüler- bzw. Jugendheime unterstützt werden. Zudem versprachen sich diese Personen von der **längeren Grundschulzeit eine Verbesserung der Bildungschancen** für Landkinder, Spätentwickler und durch geringe frühkindliche Förderung gehemmte unterprivilegierte Kinder.[319]
Natorp und Petersen kam es dabei weniger als Tews, Fischer und der in Abschnitt 2.3.3.6 dargestellten Gruppe auf die Gleichheit der Chancen als auf die Gleichheit der Förderungsintensität an.[320]

zu (2c): Für die sechsjährige Dauer der Grundschule wurde an erster Stelle angeführt, daß ein erstes ausreichend **sicheres Urteil** über die Befähigung bei den meisten Kindern **frühestens mit 12 Jahren** möglich sei, bei manchen sogar erst später.[321] Eine Unterstützung durch die Schulpsychologie wurde zwar gewünscht, doch könne auch sie bei jüngeren Kindern keine sichere Entscheidung ermöglichen.[322] Vor einem "zu hastigen Urteil"[323] wurde gewarnt, denn nicht die Eltern, sondern die Fähigkeiten und Neigungen des Kindes sollten über den weiteren Schulweg entscheiden.

> "Was ist damit gewonnen, wenn die Kinder die ersten drei bis vier Jahre ihrer Schulzeit noch die gleichen Schulen besuchen, wenn aber gerade dann, wenn sich die ersten Verschiedenheiten in der Konstitution bemerkbar machen, ..., eine brutale Scheidung der Kinder nicht nach ihrer Veranlagung, sondern nach dem Kapitalvermögen der Eltern eintritt!"[324]

---

[318] Schulz (a) S.55. Tews sprach dagegen von "Werkmenschen und Wissensmenschen". RSK S.701
[319] vgl. Tews (b) S.9, S.46, S.50ff, (c) S.203, S.208, S.218ff; RSK S.148, S.151; Schulz (a) S.51f, S.71ff, S.136f, S.122ff, S.129, in Wychgram S.357; Petersen (b) S.20; Fischer S.14ff, S.25
[320] vgl. Natorp (b) S.232f; Petersen (b) S.37
[321] vgl. Tews (c) S.100f, S.46f, (b) S.31, S.86, RSK S.151, S.467, S.530, S.698; Nave S.107; Natorp (b) S.237; Petersen (a) S.79f, (b) S.20; Fischer S.31ff
[322] vgl. Petersen (a) S.83, (b) S.27f
[323] Petersen (b) S.26
[324] Schulz (a) S.57

Für die Entwicklung der Fähigkeiten, einen "fairen Wettbewerb" und Möglichkeiten, die Entscheidungen des Kindes miteinzubeziehen, müsse genügend Zeit vorhanden sein, weil Kompensationen von Sozialisationsdefiziten nicht schnell griffen.[325] Eine Trennung mit 9 oder 10 Jahren führt nach Meinung von Tews zu verstärkten Anstrengungen der Eltern der höheren Schichten, durch Zusatzunterricht schon in den ersten Klassen ihre Kinder zu privilegieren, damit aber auch zu überfordern.[326] Da sich die Begabungen zu individuell verschiedenen Zeitpunkten zeigten, seien zudem eine gewisse Elastizität und spätere Möglichkeiten beim Übergang sinnvoll.[327] Die enorme Zahl von Schülerinnen und Schülern, die auf dem Gymnasium repetierten bzw. völlig scheiterten, bewies für Tews, daß die Entscheidung für den weiteren Schulweg viel zu früh fiel.[328] Schulz meinte ergänzend, daß bei einer Trennung mit 14 Jahren die Jugendlichen ihre Neigungen und Fähigkeiten länger erproben und kennenlernen und sich dann sicherer und selbstverantwortlicher für einen Berufsweg entscheiden könnten.[329] Nach seiner zunächst veröffentlichten Ansicht sollte die sechsjährige Grundschule daher vom 8. - 14. Lebensjahr dauern, den Zeitraum von 6 - 12 verteidigte er später eher aus politisch-pragmatischen Gründen als aus pädagogischen Überlegungen.[330]

Auftretenden Leistungsunterschieden innerhalb der sechsjährigen Grundschule wäre nach Meinung von Petersen und Schulz mit veränderten Lerninhalten und Methoden oder mit der Einrichtung von speziellen Sprachkursen zu begegnen (siehe 2d).[331] Petersen war im übrigen im Gegensatz etwa zu Tews der Meinung, daß sich **verschiedene Begabungen anregen** und von daher ein längeres gemeinsames Lernen in heterogenen Gruppen möglich sei, ja sogar jahrgangsübergreifendes Unterrichten wünschenswert wäre.[332] Die Begründung, die praktisch und theoretisch Begabten müßten früh getrennt werden, entfällt nach Schulz, da zunächst beide Fähigkeiten entwickelt werden sollten. Auch die Ausbildung für unterschiedliche Berufe mache keineswegs eine Trennung mit 10 Jahren nötig.[333]

Pädagogisch empfand es nicht nur Schulz als sinnvoller, die endgültige Entscheidung über den Bildungsweg sogar bis zum vierzehnten Lebensjahr hinauszuschieben; aber die übrigen Vertreter dieser Gruppe hielten eine erste Zweiteilung im Alter von 12 für angemessen, um den dann stärker auftretenden Leistungsunterschieden gerecht zu werden.[334] Die Aufteilung sollte jedoch nicht endgültig sein. Spätentwicklern und Landkindern sollte der **Übergang**

---

[325] Fischer S.22, vgl. auch Tews (c) S.69f, (b) S.72, RSK S.530
[326] vgl. Tews (c) S.65
[327] vgl. Fischer S.31ff
[328] vgl. Tews (b) S.25f
[329] vgl. Schulz (a) S.58f, S.185f
[330] vgl. Schulz (a) S.55, S.61, in Wychgram S.356
[331] vgl. Petersen (b) S.21ff; Schulz (b) S.58
[332] vgl. Petersen (b) S.22ff; Tews (c) S.51ff
[333] vgl. Schulz (a) S.55, S.185f
[334] vgl. Fischer S.33

noch **mit 14 Jahren** ermöglicht werden. Durch die längere Grundschulzeit und die späteren Übergangsmöglichkeiten wäre so eine längere Bindung an die Familie und bessere Überwindung der Verkehrsschwierigkeiten gewährleistet. Tews wollte daher eine nur zweigegliederte Mittelstufe eingeführt wissen, in der für alle eine stärker deutsch- und naturkundliche als altsprachliche Bildung betrieben werde.[335] Die Sechsjährigkeit der Grundschule als isolierte Maßnahme wurde also von dieser Gruppe für nicht ausreichend erklärt. Ihre Argumente zielten darauf, eine endgültige Festlegung des Bildungsweges vor dem Ende der Volksschulzeit zu vermeiden und allenfalls eine erste orientierende Unterteilung mit 12 Jahren vorzunehmen.

zu (2d): Die **Verlängerung der Grundschulzeit als isolierte Maßnahme** hielt diese Gruppe auch deshalb **nicht** für **ausreichend**, da der gemeinsame Unterricht bei höchst verschiedenen Kindern bis 12 Jahren auch **pädagogische Veränderungen** erfordere. Einig waren sich die Befürworter der sechsjährigen Grundschule dabei, daß verstärkt "Arbeitsunterricht" stattfinden und die Orientierung auf rein kognitive Lehrweisen aufgegeben werden müsse.[336] Während Tews und Fischer aber weiterhin davon ausgingen, daß gleichmäßig im Klassenverband fortgeschritten wird[337], schlugen Petersen und Natorp Maßnahmen der inneren Differenzierung vor. Natorp war sich dabei bewußt, daß eine veränderte Lehrerbildung, kleinere Klassen und mehr Lehrer erforderlich seien.[338]

Schulz begrüßte zwar die pädagogischen Reformen der Landerziehungsheime "als Vorarbeiten für die zukünftige sozialistische Erziehung", wünschte sich die Schule als Lebensraum und forderte weitere Versuchsschulen, die innere Reformen erproben, sich aber noch stärker für weitere Kreise öffnen sollten; dennoch finden sich auch bei ihm kaum Hinweise auf die Möglichkeit der inneren Differenzierung.[339]

---

[335] vgl. Tews (b) S.7, S.9, S.41f, (c) S.125ff, RSK S.698

[336] vgl. Schulz (a) S.12, S.58; Petersen (b) S.23; Oppermann S.198; Natorp (a) S.23f; Tews in RSK S.151

[337] vgl. Tews (c) S.51f, S.54, S.88. Tews hielt zwar eine völlige Homogenität der Gruppen für unnötig und eine gegenseitige Anregung unterschiedlich Befähigter beschränkt für möglich, ging aber vom lehrerzentrierten Unterricht ("einer lehrt und alle anderen lernen") in relativ homogenen Klassen ("Gleiche zu Gleichen") als der effektivsten Form aus. Insofern regte er auch das Überspringen von Klassen an.

[338] vgl. Natorp (a) S.23f, RSK S.173ff. Schon 1908 faßte er für die höheren Klassen eine Art Kern-Kurssystem ins Auge. Petersen war in seinem Werk von 1919 noch nicht eindeutig. Einerseits schrieb er, es könne "mit annähernd gleich Begabten rüstig fortgeschritten werden", plädierte für die Bildung leistungshomogener und fächerspezifischer Arbeitsgemeinschaften, andererseits empfahl er, reicher Befähigte in heterogenen Gruppen zur Anregung der anderen zu nutzen. In jedem Fall aber befürwortete er die Aufhebung des gleichmäßigen Fortschreitens in festen Jahrgangsklassen. Auf der Reichsschulkonferenz unterstützte er Entwicklungen zur Gemeinschaftsschule entsprechend den Hamburger Versuchen. Sein gemeinsamer Antrag mit Kerschensteiner, in den Grundschulen "die Förderung der Kinder auch in freieren Gemeinschaften als in Klassengemeinschaften möglich" zu machen, wurde auf der Reichsschulkonferenz mit nur drei Gegenstimmen angenommen. Vgl. Petersen (b) S.31, S.23f und (c) sowie RSK S.708ff

[339] vgl. Schulz (a) S.132, S.170ff; auch Tews und Petersen forderten auf der Reichsschulkonferenz sechs- oder achtjährige Grundschulen zumindest als Versuchsschulen, vgl. RSK S.701

So bleibt festzustellen, daß die wesentlichen Impulse für die Verknüpfung des gemeinsamen längeren Lernens mit inneren Reformen, trotz entsprechender Vorarbeiten von Natorp, nicht von den Hauptprotagonisten der sechsjährigen Grundschule, Tews und Schulz, sondern - wie im folgenden zu zeigen sein wird - von den Entschiedenen Schulreformern und sozialistischen Pädagogen ausgingen. Jedoch ist noch einmal zu unterstreichen: Obwohl Schulz und Tews den Schwerpunkt auf die äußere Reform legten, wurde die sechsjährige Grundschule auch von ihnen nicht als isolierte Maßnahme gesehen.

2.3.3.8 Positionen für ein längeres als sechsjähriges gemeinsames Lernen (Paul Oestreich, Fritz Karsen, Kurt Löwenstein, Gustav Wyneken, Ernst Hierl)

Für dieses Anliegen traten auf der Reichsschulkonferenz, sich z.T. gegenseitig unterstützend,[340] die Repräsentanten des Bundes Entschiedener Schulreformer[341], Paul Oestreich[342] und Fritz Karsen[343], der Berliner Schulrat und USPD-Abgeordnete Kurt Löwenstein[344], der Leiter der Freien Schulgemeinde Wickersdorf und zeitweilige Mitarbeiter im preußischen Kultusministerium Gustav Wyneken[345] und der sich als religiösen Kommunisten bezeichnende Münchner Stadtrat Ernst Hierl[346] in den Vordergrund.

zu (1a): Alle diese Personen waren sich des **starken Zusammenhangs** der Frage Einheitsschule und ihrer Gestaltung mit **gesellschaftspolitischen** Entwicklungen bewußt. So hielt etwa Wyneken die äußere Reform im Sinne der Einheitsschule für eine "rein politische

---

[340] vgl. RSK S.533, S.707f, S.1033f

[341] Als weitere wichtige Personen des Bundes wären Anna Siemsen, Olga Essig, Hildegard Wegscheider, Franz Hilker, Siegfried Kawerau, Otto Koch, Adolph Grimme, Fritz Helling, J. Rudolf und P. Meschkat zu nennen. Vgl. dazu z.B. Neuner sowie Eierdanz, Jürgen: Auf der Suche nach der neuen Erziehung, Dissertation Gießen 1984 und ders. mit Bernhard, Armin (Hg.): Der Bund der Entschiedenen Schulreformer. Eine verdrängte Tradition demokratischer Pädagogik und Bildungspolitik, Frankfurt a.M. 1991

[342] vgl. Oestreich, Paul (a): Die elastische Einheits-, Lebens- und Produktionsschule, Vorträge gehalten in der pädagogischen Osterwoche 1921 des Zentralinstituts für Erziehung zu Berlin, Berlin 1923; ders. (Hrsg.) (b): Schöpferische Erziehung, Berlin 1920; ders. (c): Ein großer Aufwand, schmählich!, ist vertan - Rund um die Reichsschulkonferenz, Leipzig 1920; ders. (Hrsg.) (d): Entschiedene Schulreform, Vorträge, Berlin 1920; ders. (Hrsg.) (e): Menschenbildung - Ziele und Wege der entschiedenen Schulreform, Vorträge, Berlin 1922; ders. (f): Die Schule zur Volkskultur, Leipzig 1923; ders. (h): Entschiedene Schulreform, Textsammlung eingeleitet, ausgewählt und erläutert von H. König und M. Radke, Berlin-Ost 1978

[343] vgl. Karsen, Fritz: (a) Die Schule der werdenden Gesellschaft, Stuttgart/Berlin 1921; ders. (b): Deutsche Versuchsschulen der Gegenwart und ihre Probleme, Leipzig 1923; Radde, Gerd: Fritz Karsen, Berlin 1973

[344] vgl. (Kerlow)-Löwenstein, Kurt: (a) Sozialistische Schul- und Erziehungsfragen, 2. veränd. Aufl. Berlin 1922; ders. mit Adler, Max (Hrsg.: Bund der freien Schulgesellschaften Deutschlands) (b): Soziologische und schulpolitische Grundfragen der weltlichen Schulen, Magdeburg 1925

[345] vgl. RSK S.492ff, S.675f

[346] vgl. Hierl, Ernst (a): Lehrer und Gemeinschaft, München 1919; ders. (b) in Wychgram, Jakob: Die Deutsche Schule und die deutsche Zukunft, Leipzig 1916, S.162 - S.165

Frage", eine Frage der "sozialen Gerechtigkeit", die er im Sinne der unterprivilegierten Klasse gelöst wissen wollte.[347] In der Beurteilung der politischen Entwicklungen herrschte in der frühen Phase der Weimarer Republik bei diesen Reformern durchweg eine optimistische Grundstimmung. Z.B. ging Karsen noch 1921 davon aus, daß die bürgerliche Gesellschaft als vom "Profit" regiert und "amoralisch" erkannt und mit ihr das dreigliedrige Schulwesen abgelöst werde.[348] Entsprechend plädierte diese Gruppe für "volle Verstaatlichung" "als Garant für die einheitliche Durchsetzung der Schulreform", jedoch gekoppelt mit "pädagogischer Freiheit" der Schulen.[349] Für diese Durchsetzung ihrer schulischen Ideen bauten sie auf eine starke emanzipatorische Strömung, die sie in einer "werdenden Gesellschaft"[350] anbrechen sahen. Träger dieser gesellschaftlichen Bewegung war für sie die **Arbeiterklasse**. So standen sie alle den Arbeiterparteien nahe und planten ihre Schulmodelle im Sinne einer Erziehung für eine sozialistische Gesellschaft.[351]

Sie erwarteten dabei weniger eine Veränderung der Gesellschaft durch die Schule, sondern wollten umgekehrt den vermuteten gesellschaftlichen Veränderungen in der Form einer Reformierung der Schule Gestalt geben. Entsprechend **lehnten** sie **sozialistische Indoktrination ab** und setzten auf die Ausstrahlungskraft von selbst angeeigneten Erfahrungen.

> "Eine approbierte sozialistische Überzeugung kann die neue Schule ihren Schülern aber umso weniger geben wollen, als sie ja davon überzeugt ist, daß dogmatischer Drill jeder Art pädagogisch verwerflich ist. Die Macht der erkannten Tatsachen muß im reifen Menschen durch sich selbst die Überzeugung bilden."[352]

So sehr sie emanzipatorische politische Bewegungen als Begründungen für die Einheitsschule anführten, so sehr widersprachen sie sowohl den konservativen Argumentationen, die Schule sei zwar nicht für alle gemeinsam, aber in einheitlichem nationalen Geist zu gestalten, als auch bürgerlichen Anschauungen, die Einheitsschule sei zur Stabilisierung des bürgerlichen

---

[347] vgl. Neuner S.55ff; Karsen (b) S.1f; Kawerau, Siegfried: Sozialistische Pädagogik, 2. Aufl. Leipzig 1924 (1. Aufl. 1921); Radde S.44, S.49ff; RSK S.493. Wyneken legte sein Hauptaugenmerk auf die für ihn zusätzlich notwendige pädagogische Veränderung der inneren Gestaltung der Schule. Siehe dazu (2d).
[348] Karsen (a) S.7ff
[349] Neuner S.61
[350] vgl. Buchtitel Karsen (a) und S.13ff; Oestreich in RSK S.535
[351] vgl. Oppermann S.370f, Neuner S.55ff. Die Entschiedenen Schulreformer hielten allerdings trotz Zugehörigkeit ihrer meisten Mitglieder zu sozialdemokratischen bzw. zu geringerem Teil zu kommunistischen Parteien immer eine gewisse Distanz zu diesen Parteien. Vgl. dazu z.B. Oestreich (e) S.191 und in (c) S.126 den Brief von Oestreich an Hierl, der ihn aufgerufen hatte, mit den Kommunisten "gemeinsame Sache zu machen". (Auch Wyneken hatte zu den Arbeiterparteien eher ein instrumentelles Verhältnis.) Umgekehrt distanzierte sich die KPD von dem "kleinbürgerlichen" Bund Entschiedener Schulreformer, weil sie Schulreformen innerhalb der bürgerlichen Gesellschaft für Utopie oder für Scheinreformen hielt, die nur dem Verwertungsinteresse des Kapitals nützten und sozialistische Schulen verhinderten, unter der sie bis zum 17. Lebensjahr undifferenzierte und klassenkämpferische "Arbeitseinheitsschulen" verstand. Vgl. Alt, Robert (Hg.) (b): Das proletarische Kind, Ostberlin 1958, S.88ff, S.92f, S.101, S.120ff, S.124f, S.139, S.172ff, S.192ff, S.205ff, S.220
[352] Vorwort von Herausgeber und Schriftleitung der Zeitschrift "Die Neue Erziehung", 1 Jg. 1919, S.3, zitiert nach Neuner S.58

Nationalstaates nötig. So meinte Löwenstein, Sozialisten müßten dem Nationalismus konsequent entgegentreten, und sprach sich **gegen den nationalen Geist** des "monarchistischen Deutschlands", "gegen den Geist des Militarismus, gegen Völker-, Rassen und Konfessionsverhetzung" aus.[353]

zu (1b): Im Hinblick auf die Diskussion sozialer Motive wandte sich diese Gruppe sowohl gegen Argumentationen, das gemeinsame Lernen von Kindern aus verschiedenen Schichten sei sozial unverträglich bzw. soziale Gesichtspunkte seien minder wichtig, als auch gegen Auffassungen, die Grundschule sei nötig, um sozialen Ausgleich durch den Aufstieg begabter Unterschichtkinder zu erzielen.

Daher wurden erstens die Vorschulen und Höheren Schulen als obrigkeitsstaatliche Klassenschulen, die Privilegien vererbten bzw. Leistung verhinderten, abgelehnt und ihre Abschaffung als erster Schritt zu einer sozialistischen Bildung gefordert.[354] Die Zulassung des Aufstiegs einiger begabter Kinder aus den Arbeiterschichten erklärten sie damit, daß die herrschenden Schichten die Notwendigkeit zur "Auffrischung" ihrer "Klasse" erkannt hätten.[355] In Fortsetzung dieser Argumentationslinie sprachen sich diese Personen daher zweitens dagegen aus, den Aufstieg der Tüchtigsten aus den unteren Schichten zu fordern, weil die Gefahr, daß die Aufgestiegenen ihre soziale Herkunft verleugneten, zu groß sei. Daher hielten sie auch nichts von den "linksliberalen" Argumentationen, die nach dem Begabungsprinzip gestaltete Grundschule schaffe den Klassenausgleich. Vielmehr empfanden sie die aus diesem Blickwinkel angeführten "nationalen, sozialen und ökonomischen Gründe" als wenig überzeugend.[356] Aus sozialen Beweggründen dürfe nach ihrer Ansicht nämlich nicht nach dem Motto verfahren werden, "wer hat, dem wird gegeben". Statt des Aufstiegs weniger Begabter strebten sie den sozialen Aufstieg und die **kollektive Anhebung der Möglichkeiten zur Bildungserweiterung für Arbeiter- und Landkinder** an.[357]

Den Vorschlag von Hierl, gesonderte Höhere Bildungseinrichtungen für Proletarierkinder zu schaffen, lehnte Oestreich jedoch ab, weil er, "das soziale Motiv sehr ernst" nehmend, darauf zielte, daß sich "aus Klassen langsam ein Volk bildet, indem sich gleichzeitig die wirtschaftlichen Verhältnisse entsprechend wandeln."[358]

Aus der Kritik an den übrigen Argumentationen zu sozialen Gesichtspunkten zog diese Gruppe nun zwei Konsequenzen. Zum einen genüge es, unter der Voraussetzung, daß der schulische und soziale Aufstieg für die Unterschichten als Ganzes angestrebt werde, keines-

[353] vgl. Löwenstein (a) S.40f, Oppermann S.370
[354] vgl. Löwenstein (a) S.17, S.51, S.54, (b) S.39
[355] vgl. Löwenstein (a) S.18
[356] vgl. Löwenstein (a) S.40ff, S.55f, (b) S.39; Oppermann S.384f
[357] vgl. Löwenstein (a) S.45; Neuner S.62; Oestreich in RSK S.536
[358] Oestreich (a) S.28; vgl. auch Hierl (a) S.30ff; Oestreich (f) S.106; Oppermann S.386; Böhm, Winfried: Kulturpolitik und Pädagogik Paul Oestreichs, Bad Heilbrunn/OBB 1973, S.248

wegs, das gemeinsame Lernen nach vier oder sechs Jahren zu beenden.[359] Von daher wurden Konzeptionen für eine Einheitsschule entwickelt, die das darüber hinaus gehende gemeinsame Lernen in sinnvoller Form ermöglichen sollten.[360] Zum anderen müsse im Mittelpunkt der Einheitsschule die **Erziehung zur Gemeinschaft** stehen. Nicht das um sozialen Aufstieg konkurrenzorientiert kämpfende Individuum, das bei einer nach dem Begabungsprinzip gestalteten Grundschule die Folge wäre, sei das Ziel, sondern Menschen, die Prozesse durchlebt hätten, die wir heute mit dem Begriff "soziales Lernen" umschreiben würden. Freie und persönliche Entfaltung sollte durch Wahlmöglichkeiten, nicht durch individuelles Aufstiegsstreben erfolgen, für alle gleichartig und an die Gemeinschaft rückgebunden sein.[361]

zu (1c): Keine Gruppe sah einen so starken Zusammenhang zwischen ökonomischem und schulischem System wie diese mit den Lehren des Marxismus vertrauten Personen. Die Forderungen nach der "Auslese der Tüchtigsten" führten Karsen und Löwenstein etwa auf wirtschaftliche Interessen des liberalen Bürgertums zurück. Zwar sahen sie die Ökonomie als einen wesentlichen Einflußfaktor für das Bildungswesen an, aber nicht als determinierend. So könnten z.b. "negative" Bestimmungsgründe für die Gesellschaft und Schule aus ihr abgeleitet werden, aber nicht "positive", d.h. ein angemessenes Schulmodell könne nicht allein aus wirtschaftlichen Überlegungen her entwickelt werden.[362]

Dennoch sei die Konzentration der Pädagogen und des Bürgertums auf das Begabungs- und Leistungsprinzip eine Begleiterscheinung der gesellschaftlich notwendigen kapitalistischen Entwicklung. Aufgabe der heutigen Pädagogen sei es aber, ein Schulmodell für die im Werden befindliche neue, sozialere, nicht-kapitalistische Gesellschafts- und Wirtschaftsform zu entwerfen.[363] Für diese sei nicht die Förderung weniger Begabter, sondern die Ausweitung der Bildung und der Fähigkeit zu selbsttätigem Arbeiten für alle Schichten auch unter ökonomischen Gesichtspunkten sinnvoll.

> "Neue Wirtschafts- und Staatsverfassungen mußten und müssen kommen, damit die Kraft der Verantwortungsübernahme sich entwickeln kann, durch welche unter gerechtem Besitzausgleich und Vergeistigung der Arbeit der Ertrag der Wirtschaft sich vergrößern läßt und dann soziale Gerechtigkeit möglich wird."[364]

---

[359] Löwenstein (a) S.40ff

[360] vgl. Kap. 2.3.2.1.. Schon in der Zusammenlegung von Schulformen wurden soziale Vorteile gesehen. Vgl. Karsen (b) S.8

[361] vgl. Löwenstein S.9ff. Oppermann sieht daher Parallelen in den Forderungen der französischen Revolution und der Entschiedenen Schulreformer: Elastizität und Wahlkurse entspricht Freiheit, hierarchielose Struktur entspricht Gleichheit, Gemeinschaftserziehung entspricht Brüderlichkeit. Vgl. Oppermann S.373ff

[362] vgl. Karsen (b) S.4ff, (a) Vorwort, (b) S.10ff; Oestreich in RSK S.537; Löwenstein (a) S.8f. Auch die Tendenzen zur "Bewegungsfreiheit" auf der Oberstufe führt Karsen auf die zunehmende ökonomische Ausdifferenzierung zurück.

[363] vgl. Löwenstein (a) S.43, S.54; Karsen (a) S.12

[364] Oestreich (a) S.53, vgl. auch RSK S.536f

Das hierfür angemessene Modell glaubten Oestreich u.a. in der Lebens- und Produktionsschule gefunden zu haben. Diese sollte zwar nicht auf ökonomische Effizienz und auf
industrielle Massenfertigung ausgerichtet sein, aber eine gewisse wirtschaftliche Autonomie
erbringen und vor allem ein Produzieren in Arbeitsgemeinschaften erproben und damit für
das Wirtschaftsleben **effizienter und zur Zusammenarbeit fähiger** geschulte Jugendliche
ausbilden.[365] Dies schien besonders wichtig, weil eine Umgestaltung in Richtung **sozialistischer** Wirtschaftsformen erwartet wurde.[366]

Im Gegensatz zu Seyfert behauptete Wyneken, wie schon in früheren Zusammenhängen
hervorgehoben wurde, daß es **keine "prästabilierte Harmonie" zwischen Begabungstypen
und** gesellschaftlich sinnvoller **Berufsstruktur** gebe. Daher entfalle das Argument, daß eine
entsprechende Typenbildung von Schulen angemessen sei.[367]

zu (2a): Auch in bezug auf die Begabungsdiskussion unterschied sich diese Gruppe von den
vorangehenden und nahm am entschiedensten **gegen das Begabungsprinzip** Stellung.
Erstens, so wendeten Löwenstein und Oestreich ein, werde häufig **Anpassungs- mit
Leistungsfähigkeit verwechselt**:

> "In der Klassengliederung mit dem aufreibenden Konkurrenzkampf ist der der
> Begabteste, der durch Anpassung an seine Umgebung oder durch Überflügelung
> in einer Sonderbefähigung über den anderen obsiegt."[368]

Da dies aber eine Gemeinschaftserziehung verhindere und zudem Oberschichtkinder aufgrund
ihrer anerzogenen Anpassungsbereitschaft und größeren Affinität zum schulischen Milieu
bevorzuge, dürfe diese Art von Auslese nach Begabung nicht zum allgemeinen Bildungsprin-
zip werden.[369]

Zweitens wurde Theorien widersprochen, die Begabung als etwas Stabiles und Prognostizier-
bares auffaßten. Insbesondere wandte sich Oestreich gegen Hartnacke und andere Psychologen, die erbbiologische Vorteile der Oberschichtkinder behauptet hatten.[370] Nicht bestritten
wurde der Einfluß der frühkindlichen Sozialisation und des sozialen Milieus auf die Fähigkeiten der Kinder. Daraus dürfe aber kein Nachteil für die schulische Förderung der Unterschichtkinder erwachsen. Stattdessen käme es darauf an, "körperliche und geistige Unter-
ernährung" und "dürftige häusliche Verhältnisse" zu **kompensieren** und die frühkindliche
Erziehung als öffentliche Aufgabe zu begreifen.[371]

---

365 vgl. Oppermann S.386ff
366 vgl. Karsen (a) S.13ff, S.17; Oestreich in RSK S.535
367 vgl. RSK S.494, S.680f
368 Löwenstein (a) S.15; vgl. auch Böhm S.258
369 vgl. Löwenstein (a) S.16
370 vgl. Böhm S.257f; Oestreich (h) S.95ff
371 Oestreich (b) S.24; vgl. auch Neuner S.80; Löwenstein (a) S.24ff, RSK S.481. Oestreich forderte
obligatorische Kindergärten mit den Methoden von Montessori und Fröbel.

Aber nicht nur das Elternhaus habe Einfluß auf die Leistungsfähigkeit, sondern auch die **Schule** und ihre Art der Förderung wurde als wichtiger Faktor gesehen. Es ist dabei als wesentlich festzuhalten, daß nicht erst durch die für den Deutschen Bildungsrat erarbeitete bahnbrechende Studie der Gruppe um Heinrich Roth die Aspekte "Selbstvertrauen", "Gefühl der Solidarität" sowie "Schulmethode" als die Leistungsfähigkeit beeinflussende Momente gesehen wurden; denn schon Löwenstein machte 1922 darauf aufmerksam, daß diese Faktoren eine nicht unerhebliche Rolle spielen.[372]

Der dritte Einwand dieser Gruppe knüpft an die vorangehenden an. So wurde nicht nur kritisiert, daß die positiven Kompensationsmöglichkeiten der Schule und einer öffentlichen und materiell ausgleichenden frühkindlichen Erziehung vernachlässigt werden, sondern auch, daß bei der Einschätzung der Leistungsfähigkeit neben der Anpassungsbereitschaft zugleich zu sehr auf die **sprachlichen** Möglichkeiten geachtet werde. Löwenstein bezweifelte nämlich nicht den Gedanken der Vorschulbefürworter, daß die sprachlichen Fähigkeiten der Oberschichtkinder aufgrund ihrer häuslichen Umgebung elaborierter und in der herkömmlichen Schule vorteilhafter seien, er folgerte aber daraus, daß die Sprachen nicht das wichtigste Bildungsmittel für alle sein dürfen und die "Sprach- und Lernschule" daher "pädagogischer Unfug" sei.[373]

Viertens sprach sich diese Gruppe wie schon Schulz gegen die Trennung nach theoretischer und praktischer Begabung aus, da als Bildungsziel der vielseitige Mensch, der sowohl theoretisch als auch praktisch arbeite, angestrebt wurde. Oestreich wandte sich dabei insbesondere gegen eine "Verkopfung" der Schule.[374] Zugleich nahm er **gegen die Typenlehre** in der Interpretation Kerschensteiners Stellung. Dieser gehe zu Unrecht von einer "festen Persönlichkeit" aus, an die die passenden Kulturgüter herangebracht werden müßten. Eine elastische Einheitsschule mit Kern-Kurssystem fordernd, kritisierte Oestreich Kerschensteiners Vorstellung eines festen Gabelungssystem. Dessen "vierästiger Spalierbaum" habe "zu wenig Stamm", sei zu unelastisch und berücksichtige nicht, daß "sich das Leben nicht in vier Komplexen" erschöpfe.[375]

> "Der Mensch ist nur in den seltensten Exemplaren einseitig alt- oder neusprachlich oder mathematisch oder naturwissenschaftlich 'begabt'. ... Starre zwei-, dreioder vierzinkige Gabelung kann unter Umständen für Menschen mit gestreuter Begabung ein größeres Unglück bedeuten als die alte Ganzfrontschule."[376]

---

[372] vgl. Löwenstein (a) S.46; Roth

[373] vgl. Löwenstein (a) S.52

[374] vgl. Oestreich (a) S.53; Oppermann S.385; Löwenstein (a) S.22, S.45. Löwenstein lehnt hier ebenfalls Einseitigkeiten ab und meint, der Mensch sei mehr als eine Einzelbegabung. Karsen hält dagegen z.T. an der Trennung in praktische und theoretische Begabungen fest. Vgl. Radde S.181

[375] vgl. Oestreich (a) S.13, S.16; Böhm S.250, S.253, S.258f. Auch Karsen kritisierte die Typisierung in RSK S.463.

[376] Oestreich (a) S.16

Aus allen diesen Gründen lehnten sie den Begabungsbegriff sowohl als täuschende, uneindeutige, standespolitisch motivierte,[377] für die weitere Leistungsentwicklung wenig aussagekräftige Kategorie als auch als Selektionskriterium ab und forderten stattdessen eine Einheitsschule mit einem Kern-Kurssystem für den Sekundarbereich, weil sie die Gleichwertigkeit und Flexibilität der Fähigkeiten berücksichtige, eine Erziehung zur Gemeinschaft erlaube und Unterschichtkinder nicht benachteilige.[378]

zu (2b): Wie schon Natorp und Petersen, so legte auch diese Gruppe weniger Gewicht auf die formale Gleichheit der Chancen als auf die **verstärkte Förderung unterprivilegierter** Kinder. So sollte der obligatorische und aus sozialerzieherischen Gründen für alle Schichten gemeinsame Kindergarten "die Anregungs- und Entwicklungsdefizite des Arbeiterkindes gegenüber dem Kind aus 'besserem Milieu'" etwa durch Methoden von Maria Montessori "ausgleichen", vor allen Dingen sprachliche Mängel beheben sowie einen flexiblen Übergang zur Grundschule ermöglichen.[379] Zugleich sollte der Wandel in Richtung Arbeitsschule sprachlich benachteiligte Kinder gleichstellen und ihre praktischen Fähigkeiten aufwerten.[380] Auch die Chancen für Landkinder sah man durch die elastische Einheitsschule verbessert, da diese als integriertes System auch in kleineren Städten eingerichtet werden könne.[381] Der geforderte Verzicht auf Schulgeld und die finanzielle Unterstützung Unbemittelter dürfte nach Karsen zudem nicht als Wohltat begriffen werden, da alle Menschen ein **Recht** auf angemessene Förderung besäßen.[382]

zu (2c): Aus der Ablehnung des Begabungsprinzips folgte für diese Personen, daß es **keinen** Zeitpunkt gebe, an dem eine Aufgliederung des Schulsystems nach Begabung sinnvoll wäre. Fähigkeiten und Neigungen würden sich vielmehr in individuell unterschiedlichem Alter zeigen, dabei gebe es keinen Einschnitt, sondern fließende Entwicklungen, für die die Schule Zeit lassen müsse.[383] Die Entschiedenen Schulreformer argumentierten in Fortsetzung dieser Überlegungen, daß die elastische Einheitsschule mit Kern-Kurssystem deshalb positiv sei, weil sie solchen Entwicklungen und Erprobungen durch allmählich zunehmende Wahlmöglichkeiten Raum gebe. Erst wenn die Jugendlichen mit etwa **16** Jahren ihre Neigungen erlebt und überprüft hätten, sei eine nunmehr eigenständigere Berufswahl mit entsprechender Weiterbildung

---

[377] Oestreich (h) S.71 - S.76
[378] vgl. Neuner S.62; Oestreich (d) S.19; (f) S.101ff, S.106ff, S.116f. Oestreich entwickelte diese Kritik erst nach der Reichsschulkonferenz und war 1919 - wie Karsen noch 1928 - den Begabungstheorien gegenüber nicht abgeneigt. Vgl. dazu (f) S.18; Radde S.181. Außerdem schloß die Kritik am dominierenden Begabungsbegriff für diese Autoren nicht aus, daß sie ihn selbst verwendeten.
[379] vgl. Böhm S.262f; Neuner S.80f; Löwenstein (a) S.24ff
[380] vgl. Neuner S.63
[381] vgl. Böhm S.268
[382] vgl. Karsen (b) S.11; Hierl (b) S.162; Oestreich (f) S.105
[383] vgl. Löwenstein (a) S.47; Neuner S.61f; Oestreich (b) S.26, (f) S.117

angemessen.[384] Von daher müsse der Volksschulbesuch für alle "bis zum 16. Lebensjahr ausgedehnt" bzw. die Einheitsschule als zehnjährige Gesamtschule mit einer integrierten Grundschule, fließenden Übergängen und zunehmenden Differenzierungen durch Wahlkurse gestaltet werden.[385] Dazu formulierten Paul Oestreich und Anna Siemsen:

> "Innerhalb dieser Einheitsschule ist die Dauer der Grundschule nun ziemlich belanglos ..., denn alle Kinder bleiben ja zusammen, nur eine innere, stets revidierbare und fließend kursweise 'Sonderung' findet statt."[386]

> "Durchschnittlich wird dieses Ziel (der Grundschule, d.V.) mit dem vollendeten 13. Lebensjahr erreicht sein; doch soll auch hier nicht das Alter, sondern der Entwicklungsgrad des Schülers den Übergang bestimmen."[387]

Da diese Einheitsschule alle Kinder und Jugendlichen umfassen sollte, hielt Oestreich auch Aufbauschulen für überflüssig, die Löwenstein als Fortsetzung einer ohne starres Klassen- und Jahrgangssystem gestalteten Volksschule vom 8. - 14. Lebensjahr favorisierte.[388] Nach dessen Ansicht konnte diese Volksschule mit einer ggf. als "Deutsche Oberschule" mit nur einer Fremdsprache eingerichteten Aufbauschule als Versuch für eine Einheitsschule fungieren. Auch Karsen hielt aus denselben Gründen wie Oestreich eine Aufbauschule zunächst für obsolet, leitete aber selbst - als sich die elastische Einheitsschule nicht durchsetzte - eine Lebensgemeinschaftsschule mit Aufbauschule und vertrat dann auch konzeptionell ein Schulmodell mit achtjähriger Elementarstufe und nachfolgender Aufbauschule für Begabte.[389]

zu (2d): Wie erwähnt, waren schon die Befürworter der sechsjährigen Grundschule der Auffassung, daß neben der organisatorischen Reform zugleich eine pädagogische nötig sei. Diese Gruppe um Oestreich und Löwenstein legte nun den **Schwerpunkt** ihrer Argumentation auf die **innere Umgestaltung** der Schule. Dabei sollte nicht nur der Elementarschulbereich etwa durch Gesamtunterricht, Montessori-Methoden, Ganztagsunterricht und die

---

[384] vgl. Oestreich (f) S.101ff; Böhm S.262
[385] vgl. Abschnitt 2.3.2.1. und Oestreich (a) S.57; RSK S.707, S.699; Böhm S.254f; Neuner S.81ff. Bis zur Reichsschulkonferenz schlugen die Entschiedenen Schulreformer eine nur vierjährige Grundschule vor, der zwar eine für alle gemeinsame Mittelstufe folgen sollte, die aber nicht frei von äußeren Differenzierungen nach Begabung war. Vgl. Karsen in RSK S.111. Zur Veränderung dieser Position vgl. z.B. Neuner S.64ff; Radde S.47ff
[386] Oestreich: Umriß einer Versuchs-Einheitsschule als einer Schule der Menschenbildung und Selbstentdeckung, in: Oestreich, P. und Müller, I.: Die freie studentische Produktionsgemeinschaft als Vorstufe der Einheitsschule, Berlin-Fichtenau 1920, S.10, zitiert nach Neuner S.79; vgl. auch RSK S.481
[387] Siemsen, Anna: Möglichkeit der Linienführung in Grundschule und Aufbau. In: Porger, Gustav (Hg.): Neue Schulformen und Versuchsschulen, Bielefeld und Leipzig 1925, S.280ff; identisch in: Oestreich, Paul (Hg.): Zur Produktionsschule (Entschiedene Schulreform III), 3.Aufl., Berlin 1922, S.24 - S.27
[388] vgl. Oestreich (a) S.57f, (e) S.27; Löwenstein (a) S.56ff
[389] vgl. Karsen (a) S.48f, RSK S.112; Radde S.33, S.57ff. Wie stark Karsen z.T. noch in den dominierenden Begabungstheorien und trotz Vorstellungen von verlängerter obligatorischer Elementarstufe in Auffassungen von einer wenn auch revidierbaren Differenzierung nach vier Jahren verhaftet war, mag folgendes Zitat zeigen: "Anstatt der Trennung in Volks- und Höhere Schule erfolgt nach vier Jahren eine Trennung in mehr praktische oder mehr theoretisch befähigte Schüler, die bei einem Wechsel der Begabung jederzeit innerhalb derselben Schule ausgetauscht werden können." Karsen in: Das pädagogische Programm der Dammwegschule, Sonderdruck, Berlin 1928, zitiert nach Radde S.181

Einführung der Schulgemeinde verändert werden,[390] sondern auch die Sekundarschulen. Dort sollte mit der Einführung des **Kern-Kurssystems** und des Lernens in Arbeitsgemeinschaften sowohl den Neigungen und Fähigkeiten der Jugendlichen als auch der Bildung von Gemeinschaftsbewußtsein entsprochen werden.[391] Das gegenseitige Anregen und Helfen in heterogenen Gruppen wurde für eine Bildung für alle von Vorteil gehalten. Sofern sie nicht mit Arroganz verknüpft sei, sei auch die Eigenart und Individualität in der Gemeinschaft notwendig. Entsprechend wurde die **innere Differenzierung** der äußeren vorgezogen, da sie die Gemeinschaft erhalte.[392]

Wyneken brachte als Grundaxiom seines Schulmodells in die Debatten der Reichsschulkonferenz den Gedanken der sich selbst erziehenden Jugend ein und wurde darin mit Vorschlägen zur Schülerselbstverwaltung und zum selbstbestimmten Lernen von den übrigen Personen dieser Gruppe unterstützt. Gegen Wynekens Einwurf, eine veränderte pädagogische Einstellung sei nötig, die die "**Jugend als Subjekt der Erziehung**" sehe und sich dagegen wende, "daß Jugend ein Stück Material ist, das so und so geformt werden muß",[393] sprach sich auf der Reichsschulkonferenz Binder als Vertreter der Philologen in scharfer Form aus:

> "Entsagen sollst Du, sollst entsagen. Dazu müssen wir unsere Jugend noch erziehen. Ausleben, damit kommt das deutsche Volk nicht hoch. (Stürmischer Beifall). Dieses strenge Wort wollen wir unserer Jugend von früh auf ins Gedächtnis, ins Gefühl und in den Willen einhämmern. ... Solange der Mensch noch nicht reif und noch nicht fertig ist - das trennt mich allerdings grundsätzlich und für alle Zeiten von der Auffassung des Herrn Wyneken -, muß der Erwachsene mit seiner Lebenserfahrung und seiner Bildung und seinem Erzieherwillen eintreten."[394]

Auch Kerschensteiner wendete sich gegen diesen Gedanken von Wyneken und amüsierte sich darüber, daß er in seiner Konsequenz bedeute, daß alle vom Embryo zu lernen hätten.[395]

Das Ziel, Jugendliche stärker selbst als Gestalter ihres Lernprozesses wirken zu lassen, wollte Wyneken dadurch erreichen, daß die Lerninhalte nicht mehr fest vorgeschrieben und die eigenständige Erprobung von Neigungen und ein selbsttätiges Arbeiten ermöglicht würden.

Im Ausschuß der Reichsschulkonferenz für Schülerfragen fanden Wyneken u.a. mit diesem Gedanken stärkeren Widerhall, denn dort wurde die Einschränkung der Pflichtfächer zugunsten von Wahlmöglichkeiten und Arbeitsgemeinschaften beschlossen:

---

[390] vgl. Oppermann S.378, Böhm S.263 und S.267; Karsen in Oestreich (d) S.141

[391] vgl. Löwenstein (a) S.75ff, S.85f; RSK S.111; Karsen in RSK S.99ff, S.707; Neuner S.65; Oestreich (a). Hierl schlug schon 1916 für die Höheren Schulen verstärkte "Wahlfreiheit" vor, wiederholte diesen Vorschlag 1919 für eine berufsberatende Mittelschule und sprach sich auch auf der Reichsschulkonferenz für das Kurssystem aus. Vgl. Hierl (b) S.162, (a) S.33ff, RSK S.699.

[392] vgl. Löwenstein (a) S.16ff, S.46f, S.59f; Oestreich in RSK S.699, S.704, S.707, S.1033; zum Wechsel der Position der Entschiedenen Schulreformer von der äußeren zur inneren Reform vgl. Oppermann S.373; Neuner S.64ff, S.79ff

[393] vgl. RSK S.493f, S.533f, S.787f; Karsen in Oestreich (d) S.136f; Radde S.55f; Kawerau in Oestreich (b) S.78; Löwenstein (a) S.85ff

[394] RSK S.538f

[395] vgl. RSK S.541ff

"Durch die Umgestaltung der Schule zu einer vielgestaltigen Arbeitsgemeinschaft wird die Auslese für die Berufe vorbereitet durch eine Selbstauslese in der selbständigen Bewältigung von Aufgaben des Erkennens, Gestaltens und des Handelns."[396]

Ein fester Lehrplan wurde abgelehnt, weil die Schule stärker auf Erlebnisse und auf das Leben eingehen solle, das sich nicht in unveränderbare Strukturen pressen lasse. Auf den Vorwurf der Philologen, der Verzicht auf feste Lernstoffe und Systematik schaffe gesellschaftliche Abgehobenheit der Individuen, reagierte Oestreich, indem er statt des individuellen "Erlebens" stärker die Arbeit an gemeinschaftsbezogenen Inhalten und damit die Arbeitsgemeinschaft als entscheidende Institution in den Vordergrund rückte.[397] Wenn auch eine Verlagerung von der "Erlebnisschule" auf die **"Lebens- und Produktionsschule"** stattfand, blieb doch der Gedanke, daß das am festen Lehrplan orientierte klassenweise Fortschreiten "in einer Front" abgelöst werden solle durch einen gemeinschaftsbezogenen **"Arbeitsunterricht"**, der "Selbsttun", "Versuche" und "lebendige Anschauung" ermögliche.[398]

Trotz z.T. kritischer Distanz wurden von den Personen dieser Gruppe Landerziehungsheime begrüßt (bzw. von Wyneken selbst gestaltet). Sie sympathisierten aber vorwiegend mit anderen Reformschulen, wie z.b. mit den Lebensgemeinschaftsschulen, oder entwarfen eigene Gesamtschulmodelle. Auf der Reichsschulkonferenz setzte sich diese Gruppe daher besonders für die Gründung und Unterstützung von verschiedenen **Versuchsschulen** ein.[399]

Festzuhalten bleibt, daß die konsequenten Vertreter dieser Gruppe nicht - wie etwa Tews - von begrenzten organisatorischen Veränderungen wie der verlängerten Grundschuldauer ausgingen und innere Reformen für die Begründung von äußeren Reformen anführten, sondern umgekehrt umfassende pädagogische Reformen zum Ausgangspunkt nahmen, und zwar so, daß sich von ihren Konzepten her keine Notwendigkeit zu einer äußeren Niveaudifferenzierung ergab.

2.3.3.9. Zusammenfassende Kritik der Argumentationen zur Grundschuldauer

Im folgenden soll anhand der Hypothesen eine zusammenfassende und vergleichende Bewertung vorgenommen werden.

Zur **Hypothese (1)**: **Politische** Emanzipations- und **nationale** (a) sowie **soziale** (b) Integrationsbemühungen geben schulischen Integrationsbestrebungen Auftrieb, finden aber ihre Grenze in **ökonomisch** und **beruflich** (c) motivierter Differenzierung.

---

[396] RSK S.792
[397] vgl. Oestreich in RSK S.534f, S.481, S.1016, S.1018; Neuner S.69; Radde S.34f; Karsen in RSK S.98, S.107ff, S.113
[398] vgl. Löwenstein (a) S.53ff, S.83; Neuner S.67; Karsen (b) S.17, RSK S.102f. Der Arbeitsunterricht sollte dabei nicht auf Handtätigkeiten beschränkt sein, sondern selbsttätiges Arbeiten bedeuten.
[399] vgl. Löwenstein (a) S.87; Karsen (a) S.38f, (b); Radde S.55ff; RSK S.494, S.1034

Unter den mit nationalem oder politischem Motiv operierenden Argumentationen zeichneten sich drei Grundtendenzen ab. Die erste, von den Philologen und Vorschulbefürwortern vertreten, hielt die Erziehung zu einer gemeinsamen nationalen Grundeinstellung für nötig, lehnte jedoch schulorganisatorische Integrationskonzepte ab. Die zweite, von den liberal ausgerichteten Protagonisten der vierjährigen Grundschule, aber auch von Tews und Fischer verfochtene Position, forderte eine gemeinsame staatsbürgerliche Erziehung für alle Schülerinnen und Schüler. Diese am Prinzip formal gleicher Rechte für im Prinzip gleiche Staatsbürger orientierte Argumentation stützte sicher auch die Forderung nach der obligatorischen staatlichen Grundschule, blieb aber im Hinblick auf eine längere Grundschuldauer ohne Wirkung, da ihr mit der für alle Kinder gleichen Primarschule und der Einführung der Staatsbürgerkunde genüge getan schien. Die dritte Richtung war mit der Hoffnung auf eine Veränderung der Gesellschaft hin zum Sozialismus verbunden und wurde von Schulz und den Befürwortern längeren gemeinsamen Lernens repräsentiert. Sie wollten für den erwarteten politischen Aufstieg der Arbeiterklasse ein schulisches Äquivalent schaffen und begründeten ihre Forderungen nach längerem gemeinsamen Lernen entsprechend auch politisch.

Hierbei wird deutlich, daß die Befürworter längeren gemeinsamen Lernens ihre politischen und sozialen Motive offen nannten und sie insbesondere im Hinblick auf die äußeren Reformen als wesentlichste Begründung in den Mittelpunkt stellten.[400]

Bei den Philologen und Vorschulbefürwortern tauchten häufig interessenverschleiernde Begründungselemente auf. So diente die Argumentation, daß den unteren Schichten und der Volksschule die Leistungsfähigen nicht entzogen werden dürften, nicht - wie vorgegeben - dem Wohl des Arbeiterkindes, sondern der Absicherung der Privilegien der führenden Schichten; denn wer, wie die Vorschulbefürworter, die ständische Gesellschaftsgliederung erhalten wollte, konnte kaum für sich in Anspruch nehmen, für die Interessen des Arbeiterkindes zu sprechen. Die Aufnahme der Forderung durch die Philologen, die begabten Unterschichtkinder sollten der Arbeiterschaft und der Volksschule erhalten bleiben und die gesellschaftlich führenden Schichten sollten in den Höheren Schulen ausgebildet werden, widersprach sowohl ihrer zur Begründung einer nur drei- bzw. vierjährigen Grundschulzeit angeführten These von der Notwendigkeit leistungshomogener Gruppen als auch der Beteuerung, keine Standesschule anzustreben. Sie zeigt zugleich, daß bei den sich zu den führenden Schichten rechnenden Philologen der Paradigmenwechsel, nicht mehr der Stand, sondern die Begabung solle über den Schulweg entscheiden, nur scheinbar und zum Zwecke der Legitimation vollzogen wurde. Soweit sie sich auf bürgerliche Grundpostulate wie z.B. soziale Gerechtigkeit und das Leistungsprinzip beziehen, diente diese Argumentation zur Verschleierung ständischer Interessen und trug deshalb ideologischen Charakter.[401]

---

[400] Das galt bis 1920 auch für Schulz, der dann jedoch aus taktischen Gründen die politische Seite der Grundschulfrage dementierte. Vgl. Abschnitt 2.2.4. und 2.3.3.8. (1a) z.B. Wynekens Argumentation.
[401] vgl. Blankertz S.235ff; RSK S.84ff, S.460, S.479, S.498

Ähnliches gilt auch für das Kaschieren verbandspolitischer Interessen, die sowohl der Philologen-, der Mittelschul- als auch der Volksschullehrerverband betrieben. Obwohl jeder von ihnen die eigene Schulart bewahrt bzw. aufgewertet wissen wollte, die Philologen vom Höheren Schulwesen als "nationalem Stolz" sprachen und Tews "die deutsche Volksschule" zur alle Schularten umgreifenden Schule ausgebaut wissen wollte, wiesen sie Vorwürfe zurück, solche Wertungen bzw. Forderungen seien Ausdruck verbandspolitischer Orientierungen.[402]

Offener waren die Vorschulbefürworter, indem sie den sozialen Aufstieg der Unterschichten und eine Aufhebung der ständischen Schulorganisation explizit ablehnten. Dagegen verbreiteten die Befürworter der vierjährigen Grundschule Illusionen, indem sie postulierten, daß in vier Schuljahren sozial bedingte Erziehungsdefizite behoben werden könnten. Einschränkend muß jedoch erwähnt werden, daß sie offen die Unterordnung des sozialen Motivs unter das Begabungsprinzip benannten; damit stellten sie - im Gegensatz zu den Befürwortern längeren gemeinsamen Lernens - den Differenzierungs- vor den Integrationsgesichtspunkt.

Die vorangestellte Hypothese, daß politische Emanzipations- und nationale sowie soziale Integrationsbemühungen schulischen Integrationsbestrebungen Auftrieb gaben, wurde zwar durch die genauere Betrachtung der unterschiedlichen Argumentationen bestätigt, jedoch wurde zugleich deutlich, daß diese gesellschafts- und schulpolitischen Bestrebungen und Argumentationslinien auf den Widerstand relevanter Gruppen stießen und in ihrer Wirkung begrenzt blieben. Sowohl für die grundlegende Erziehung zu gemeinsamem nationalen oder staatsbürgerlichen Bewußtsein als auch für den Ausgleich sozial bedingter Unterschiede in der Fähigkeitsentwicklung von Kindern wurde eine vier Jahre dauernde Grundschule von den meisten Autoren[403] für ausreichend erklärt. Da die für eine sozialistische Gesellschaft bzw. für den sozialen Aufstieg der Arbeiterschicht als ganzer eintretenden Kräfte ebensowenig auf der Reichsschulkonferenz wie im Reichstag in der Mehrheit waren, konnten Argumentationen kaum greifen, die ein sechsjähriges oder längeres gemeinsames Lernen mit der notwenigen sozialen Emanzipation der Arbeiterklasse begründeten. Politischen und sozialen Argumentationen dafür, den gesellschaftlichen Veränderungen adäquate schulische Reformen folgen zu lassen und einen sozialen Aufstieg durch Bildung zu ermöglichen, glaubte die Mehrheit der Debattenteilnehmer mit der vierjährigen Grundschule für alle und mit der Auslese weniger leistungsfähiger Unterschichtkinder für die Höheren Schulen genüge getan zu haben.

Der zweite Teil der Hypothese macht auf eine weitere Beschränkung der schulischen Integrationsbemühungen aufmerksam, nämlich auf ökonomisch und beruflich motivierte Differenzierungsbestrebungen. Hier sei an die von dem liberalen Kultusminister Seyfert vertretende Behauptung erinnert, es bestehe eine "prästabilierte Harmonie" zwischen der ökonomisch-beruflichen Gesellschaftsstruktur und der Verteilung der Begabungstypen, die sich in der

---

[402] vgl. Tews in 2.3.3.7 und RSK S.466 sowie Philologen in 2.3.3.5.
[403] nämlich denen der Gruppen 1 bis 3

Schulorganisation wiederfinde und erhalten bleiben müsse. Wynekens Widerspruch hat die Mehrheit der Teilnehmer der Reichsschulkonferenz offensichtlich nicht überzeugen können. Auch bei der Diskussion, ob eine besondere Förderung der Leistungsfähigsten oder eine gleichmäßige Unterstützung aller bzw. gar eine kompensatorische Förderung der sozial bedingt schwächeren Schülerinnen und Schüler die ökonomisch effizienteste Form sei, standen sich die Meinungen gegenüber, ohne daß Ergebnisse empirischer Forschung Klarheit verschaffen konnten. Eine Ausnahme bildete hier die Argumentation von Tews, die klar belegte, welche finanziellen Vorteile die Höheren Schulen genossen, wie fehlerhaft die frühe Auslese für die Höheren Schulen und wie ineffizient die große Anzahl von Schulversagern war. Insgesamt blieben Begründungen mit ökonomischem Akzent aber untergeordnet bzw. wurden von Pädagogen wie Petersen und Natorp sogar abgelehnt. Vertreter der Arbeitgeberverbände traten kaum in Erscheinung. Das weist darauf hin, daß die Entwicklung hin zur vierjährigen Grundschule, zur Verstärkung des Leistungsprinzips, zu mehr Fachschulen und weiterer schulischer Differenzierung im Sekundarbereich bei gleichzeitiger Begrenzung der Akademikerzahlen ihren ökonomischen Interessen nicht widersprach bzw. daß ihre Argumente in der Debatte durch Sprecher anderer Gruppen genügend vertreten waren. Von einer Verschleierung dieser ökonomischen Interessen kann kaum die Rede sein. Das Verschweigen der sozialisationsbedingten, indirekten Privilegierung der Oberschichtkinder bei der Auswahl für die Höheren Schulen resultierte wahrscheinlich eher aus sozialen als aus ökonomischen Motiven.

Die soziale Benachteiligung der meisten Unterschichtkinder und das ökonomische Interesse der Arbeitgeberschaft am Aufstieg weniger leistungsfähiger Arbeiterkinder deckten Löwenstein und die Entschiedenen Schulreformer auf. Sie interpretierten das gegenüber dem Integrationsprinzip größere Gewicht des Leistungs- und Konkurrenzprinzips zugleich als der bürgerlichen und kapitalistischen Ordnung adäquate Entwicklung. Auch wenn sie deren Überwindung anstrebten, so stützten sie damit gleichzeitig Argumentationen der Gruppen, die Gabelungssysteme mit frühen Differenzierungen als historisch angemessene Schulform betrachteten und unter ökonomischen Gesichtspunkten - wie in der Hypothese formuliert - Integrationsbestrebungen begrenzen wollten.

Zur **Hypothese (2)**: Auffassungen, es gäbe eine sozial oder erblich individuell höchst **unterschiedlich determinierte Begabungshöhe** und -richtung (a), der durch materielle **Chancengleichheit** (b) in gerechter Form zur zunehmenden Entfaltung verholfen werden kann, führten dazu, Gabelungsmodelle zu favorisieren, deren erster **Differenzierungszeitpunkt** (c) mit 9 - 10 Lebensjahren angesetzt wird und deren **Differenzierungsart** (d) nach Leistungsniveau (äußere Differenzierung) für notwendig gehalten wird.

Im Hinblick auf die individuelle Entwicklung konzentrierte sich die Diskussion auf die Frage der "Begabung" und die sie beeinflussenden Faktoren. Dabei waren schon 1920 durch die

Pädagogische Diagnostik und durch Löwenstein und andere Autoren sehr verschiedene Einflußfaktoren in die Debatte gebracht worden:

- die Vererbung (genetische Grundlage, bei der strittig war, ob Oberschichtkinder positiver ausgestattet sind)
- das Elternhaus (quantitative, sprachliche und qualitative Vorprägung)
- die Schule (Leistungssteigerung durch motivierende Methoden, Selbstvertrauen und Solidarität vermittelnde intensive Förderung).

Das Elternhaus als zentrale begabungsbestimmende Größe aufzufassen und gleichzeitig statt sozialer, schulischer und vorschulischer Kompensationsmaßnahmen eine frühe Trennung zu fordern, die eine stärkere Wirkung der frühkindlichen Sozialisationsfaktoren bedeutete, hieß eine ständische Gliederung der Gesellschaft im Schulwesen zu reproduzieren und zu legitimieren. Während die Vorschulbefürworter diesen Standpunkt offen vertraten, operierten die Philologen hier verschleiernd. Von ihrem Berufsinteresse her wäre zu erwarten gewesen, daß sie für ihre Schulform diejenigen auszulesen wünschten, die sich unabhängig von der Schichtzugehörigkeit in der Grundschule als die Leistungsfähigsten erwiesen. Demgegenüber schlug bei dieser Gruppe vermutlich stärker das eigene Empfinden, zu den führenden Schichten der Gesellschaft zu gehören, zu Buche; man favorisierte die Auffassung, Oberschichtkinder seien in ihrer Leistungsfähigkeit sozialisationsbedingt im Vorteil, und betrieb ihre Privilegierung. Diese ständische Orientierung wurde dadurch verschleiert, daß behauptet wurde, die schulische Auslese solle schichtunspezifisch nur nach der Begabung erfolgen, andererseits aber Oberschichtkinder für von vornherein begabter bezeichnet wurden und die Wirkung von sozialisationsbedingten Einflüssen durch eine möglichst frühe Auslese erhöht werden sollte.

In Reaktion auf die Argumentation der Vorschulbefürworter und der Philologen stuften die Befürworter der vierjährigen Grundschule die Wirkungen des Elternhauses auf die Leistungsfähigkeit weit geringer ein. Sie betonten den Faktor Vererbung, der nach ihrer Einschätzung - im Gegensatz zu manchen Vorschulbefürwortern - eine Privilegierung der führenden Schichten in der schulischen Auslese ausschloß. Mit dieser Argumentation waren sie weit wirkungsvoller als die Gruppe um die Entschiedenen Schulreformer, die den Einfluß des Elternhauses nicht leugneten, daraus aber die Notwendigkeit von Kompensationsmaßnahmen und einen Abbau der Dominanz sprachlicher Anforderungen in der Schule folgerten. Sie sahen die Beeinflußung der kindlichen Leistungsfähigkeit keineswegs als mit der Phase der frühen Kindheit abgeschlossen an, hielten ihre Förderung durch die Schule vielmehr für möglich und erforderlich und lehnten daher eine die "Begabten" in gesonderten Schulen privilegierende Ausbildung ab.

Die Hypothese ist also dahingehend zu modifizieren, daß nicht nur soziale und erbbiologische, sondern weitere die schulische Leistungsfähigkeit von Kindern beeinflussende Aspekte in die Diskussion eingebracht wurden. Solche Argumente gewannen aber nicht die Durchschlagskraft der Auffassungen der Gruppe um Kerschensteiner, die die Einflußfaktoren im Kern auf den Vererbungsaspekt reduzierten und die Leistungsfähigkeit nach Begabungshöhe und Begabungstyp im wesentlichen als genetisch festgeschrieben sahen, so daß die Aufmerksamkeit weniger der schulischen Förderung als der richtigen Begabungserkennung galt.

Welche Gründe können nun dafür angegeben werden, daß sich fast alle Redner und Autoren von diesen nativistischen Begabungstheorien, die bis heute eine so starke Wirkung besitzen, nicht frei machen konnten? Erstens richten sich diese Theorien gegen ständische Privilegiensicherung und bergen damit ein Moment von Progressivität in sich. Zweitens legitimieren die Theoreme von den festen Begabungstypen die bestehende Gliederung des Schulwesens und begrenzen die Schulreform auf eine kurze Grundschulzeit. Dadurch unterstützen sie drittens die These von der prästabilierten Homogenität zwischen Schul- und Berufsstruktur und festigen damit bestehende hierarchische Gesellschaftsstrukturen. Viertens räumen sie, ohne umfangreiche finanzielle und schulische Kompensationsmaßnahmen zu erfordern, formale Chancengleichheit ein und entsprechen damit der bürgerlichen Rechtsstruktur. Fünftens befriedigen sie das Bedürfnis nach überschaubaren Einteilungen und eingängigen Erklärungsmustern. Schließlich entsprechen sie sechstens mit der Hervorhebung des Leistungsgedankens und mit der Eröffnung begrenzter sozialer Aufstiegschancen Strukturen der bürgerlichen Gesellschaft sowohl in politischer als auch in ökonomischer Hinsicht.[404]

Mit der Durchsetzung der Lehre von den erblich festgelegten Begabungstypen und daraus folgend von Gabelungssystemen war zwar deutlich, daß der Differenzierungs- den Integrationsaspekt dominierte; der Zeitpunkt und die Art der Differenzierung waren damit aber noch nicht präjudiziert. Es lagen nämlich keine gesicherten wissenschaftlichen Erkenntnisse darüber vor, in welchem Alter zuverlässige Prognosen über die zukünftige Leistungsentwicklung und Neigung möglich seien; im Grunde bestand unter den Psychologen und Pädagogen sogar Einigkeit darin, daß, wenn überhaupt solche Prognosen möglich wären, dafür kein festes Lebensalter genannt werden könne. Dennoch war die Mehrheit der Konferenzteilnehmer der Auffassung, daß die entscheidende Trennung spätestens mit 10 Jahren erfolgen sollte, da andernfalls die höher bzw. theoretisch "Begabten" Schaden nehmen könnten.

Bei den Philologen spielten verbandspolitische Interessen, die auf den Erhalt der Neunjährigkeit der Höheren Schulen gerichtet waren, eine so starke Rolle, daß sie sogar eine Abtrennung der Begabten innerhalb der Grundschule und einen Übergang zur Höheren Schule mit 9 Jahren forderten.

Bei einem Vergleich mit der in Abschnitt 1.6. dargestellten Struktur zeigt sich auch hier, daß in der Argumentation im wesentlichen drei Positionen zu beobachten sind. Auf der einen Seite standen die Vorschulbefürworter mit ständischer Orientierung, zu der in den meisten Punkten auch die Philologen zu rechnen sind, weil sie den Ersatz des Auslesekriteriums

---

[404] vgl. Abschnitt 1.6.

"Stand" durch "Begabung" überwiegend aus Legitimationsgründen proklamierten, in Wahrheit aber die alten Strukturen wie auch einen Ersatz für die Vorschulen in der Form von dreijährigen Begabtenzweigen erhalten wollten.

Für die liberal-bürgerliche Position standen die Befürworter der vierjährigen Grundschule, weil sie die hierarchische Gesellschaftsgliederung nur durch begrenzten sozialen Aufstieg antasten, das Leistungskriterium in den Vordergrund rücken, formal gleiche Rechte realisieren, das Individuum und den Konkurrenzgedanken zum Ausgangspunkt machen und feudale Privilegien abschaffen wollten sowie Aufstieg durch Bildung verkündeten. Entsprechend hielten sie die äußere Differenzierung nach Begabung zum frühest möglichen Zeitpunkt für nötig, gestatteten aber geringe Übergangsmöglichkeiten. Insofern verwundert es nicht, daß sie besonders das Mannheimer System befürworteten. Konsequenter wäre nach ihrer Argumentation die Fortführung dieses Systems in der Sekundarstufe in Form der additiven Gesamtschule gewesen, so wie es Kerschensteiner nahelegte. Da die Frage, ob die äußere Differenzierung in getrennten Zweigen oder getrennten Schulen vollzogen wird, für sie jedoch von untergeordneter Rolle war, konnten nach ihrer Ansicht, auch wenn sie eine gemeinsame Mittelstufe der Höheren Schulen befürworteten, die bestehenden Strukturen im Sekundarschulwesen im wesentlichen erhalten bleiben, während aus sozialen Gründen in den ersten vier Jahren eine gemeinsame Schule nötig sei.

Als dritte sich herauskristallisierende Argumentationslinie ist die der Personen um die Entschiedenen Schulreformer zu nennen, die wegen ihrer Berufung auf die Arbeiterschaft, auf Gemeinschaft, allseitige und polytechnische Bildung und soziale Gleichheit, wegen der Ablehnung des Prüfungs- und Auslesewesens und wegen der durchgängigen Einheitsschulvorstellungen zur sozialistischen Grundrichtung zu rechnen sind. Mit ihren Vorstellungen der für alle bis zum 16. Lebensjahr gemeinsamen Schule mit innerer Differenzierung und pädagogischen Reformen boten sie die eigentliche Alternative zur vierjährigen Grundschule.

Die Begründungen für die sechsjährige Grundschule, die auf der Reichsschulkonferenz vorgetragen wurden, wirkten dagegen zwiespältig und wenig geschlossen und durchschlagskräftig. Wird - wie z.B. bei Tews und Fischer - der Begabungsansatz akzeptiert, so mag zwar zutreffen, daß die zukünftige Leistungsentwicklung mit 12 Jahren besser als mit 9 oder 10 Jahren zu prognostizieren ist und die soziale und erzieherische Wirkung durch die Kontinuität des gemeinsamen Lernens über sechs Jahre wichtiger ist als eine möglicherweise qualifikationssteigernde Trennung nach vier Jahren; dennoch blieb das Gewicht dieser Argumente aufgrund der z.T. vernachläßigten pädagogischen Perspektive und der Verlängerung der Grundschule um nur zwei Jahre gering. Sofern man jedoch den genossenschaftlichen Ansatz von Natorp, den jahrgangsübergreifenden Ansatz von Petersen oder den politischen Ansatz von Schulz konsequent fortführte und innere Differenzierung und pädagogische Reformen forderte, konnte die sechsjährige Grundschule nur als erster Schritt zur oder als Unterstufe der Einheitsschule, wie sie die Entschiedenen Schulreformer konzipierten, betrachtet werden.

Dennoch konnten sich, wie in der zu differenzierenden zweiten Hypothese formuliert wurde, weder die Befürworter der sechsjährigen noch der zehnjährigen gemeinsamen Schule argumentativ durchsetzen.[405] War die verlängerte Grundschule aus sozialer Perspektive nur von den ständischen Vorschulbefürwortern umstritten, so können für ihre geringe Durchschlagskraft neben den politischen Gründen[406] aus pädagogischem Blickwinkel folgende Momente zusammenfassend genannt werden:

- Die Lehre von den Begabungstypen, die besagt, daß mit gesonderten Methoden und Inhalten getrennt unterrichtet werden müßte, setzte sich durch.

- Die Behauptung, die Leistungsentwicklung sei in den meisten Fällen mit 10 Jahren prognostizierbar, wurde - wenn auch nicht bewiesen - so doch auch nicht wissenschaftlich widerlegt.

- Die vierjährige Grundschule konnte gegenüber den Vorschulen berechtigt als pädagogischer Fortschritt gelten.

- Die sechsjährige Grundschule wurde, obwohl mit inneren reformpädagogischen Veränderungen verbunden, stärker als äußere Reform vertreten, auf die aufgrund ihres geringen Alternativcharakters notfalls zugunsten eines Konsenses verzichtet werden konnte.

- Die als Alternative konzipierte Lebens- und Produktionsschule der Entschiedenen Schulreformer schien zu wenig erprobt und war daher leicht auf das Versuchsschulfeld zu verweisen.

- Die reformorientierten Pädagogen traten zu wenig geschlossen auf.

2.3.4. Ergebnisse und Auswirkungen der Reichsschulkonferenz: die Phase der Stagnation

> "Die Verhandlungen zeigten einerseits, wie in der Frage der Grundschuldauer deutlich zwei Parteien auseinandertreten, andererseits spiegeln sie die Mannigfaltigkeit der divergierenden Ansichten über die Gestaltung des Sekundarschulbereichs wider."[407]

Im Ausschuß, der über die Grundschuldauer abstimmte, standen 17 Stimmen des DLV (6) und anderer Volksschullehrer (2), der Entschiedenen Schulreformer (Karsen und Oestreich), der reformgeneigten Pädagogen (Fischer und Petersen), der sozialdemokratischen Lehrer und Lehrerinnen (3), des religiösen Kommunisten Hierl und des Vertreters des ADGB (Quist) fast doppelt so vielen, nämlich 32, der Philologenvereine (13, davon zwei für die Deutsche Oberschule eintretende Neuphilologen), des Mittel-, Real- und Aufbauschulwesens (4), der

---

[405] Die Entschiedenen Schulreformer fanden allerdings große Beachtung, was als ein Indiz für ihre schlüssigere und überzeugendere Argumentation gewertet werden kann.

[406] Zu den in den Abschnitten 2.1. und 2.2. genannten Aspekten, sind noch die Macht der konservativen Verbände (insb. Philologen- und Hochschullehrerverbände) und der Einfluß der Gruppe um Kerschensteiner zu nennen, die ihre Position, ohne daß dies ein pädagogisches Argument ist, als "mittlere Linie" bei den Konsensbemühungen der Reichsschulkonferenz in den Mittelpunkt stellen konnte.

[407] Sienknecht S.163f

konservativen Hochschullehrer (5), der kirchlichen Gruppen (7) und der reformabgeneigten Vertreter der DVP und DNVP (3) gegenüber. 27 Personen, die sich in die Teilnahmeliste eingetragen hatten, rechneten sich wie die Pädagogen Kerschensteiner, Rein, Gaudig und Sickinger eher zu mittleren Positionen oder waren weniger festgelegt, so auch die Vertreter bzw. Vertreterinnen des Fachschulwesens (6 Techniker, Sportvertreter u.a.), des Mädchenschulwesens (9), der Städte- und Landgemeinden (3) und sonstige (5).[408] Aufgrund dieser Zusammensetzung hatten die **Schulreformgegner** ein deutliches **Übergewicht**, so daß der Antrag des Sozialdemokraten Lohmann ("Die Grundschule ist in der ganzen deutschen Republik mindestens sechsjährig.") gegen 17 Stimmen abgelehnt wurde. Allerdings erhielt auch der Gegenantrag der Philologen ("Die neunjährige höhere Schule wird unmittelbar auf die vierjährige Grundschule aufgesetzt.") keine Mehrheit.[409] Der von Tews und dem DLV erreichte Beschluß, die sechs- bzw. achtjährige Grundschule in möglichst vielen Orten als Versuchsschulen zuzulassen, wurde dann wieder mit einem erfolgreichen Anschlußantrag der Philologen konterkariert, dies dürfe nur an Orten geschehen, in denen dadurch der Bestand der bestehenden Schularten nicht gefährdet werde.[410]

Auch der von Kerschensteiner zwar nicht befürwortete, aber in den Mittelpunkt gestellte, wichtigste Antrag der Entschiedenen Schulreformer, der die für alle gemeinsame Sekundarstufe mit schulinnerer Differenzierung im Kern-Kurssystem forderte, wurde von der konservativen Mehrheit mit 36 gegen 20 Stimmen abgelehnt. Daraufhin versuchte Tews, gemeinsam mit den Vertretern der "Deutschen Oberschule" einen Kompromißantrag mit geringen Reformen im Sekundarbereich auszuarbeiten. Oestreich schilderte dieses Vorgehen so:

> "Tews, der alte, ruhmbedeckte Kämpe, sehnsüchtig nach Verwirklichungen ausschauend, ließ sich durch die Schul-'rechte' zu Kompromissen bestimmen: Die 'Entschiedenen Schulreformer' lehnten jede gemeinsame Plattform ab."[411]

Trotz bzw. eventuell auch gerade wegen dieser kompromißlosen Haltung gewannen die Entschiedenen Schulreformer innerhalb der auf Schulreformen abzielenden Positionen auf der Reichsschulkonferenz die führende Stellung. So bezeichnete Kerschensteiner in seinem Schlußbericht für den Schulorganisationsausschuß auf der einen Seite die Philologen und auf der anderen Seite die Entschiedenen Schulreformer als Exponenten der Grundpositionen. Die Leipziger Lehrerzeitung schrieb, daß "auf der Reichsschulkonferenz nicht der Deutsche

---

[408] vgl. RSK S.696f. Die Einteilung erfolgte anhand der Teilnehmerliste, wobei zu berücksichtigen ist, daß meist nur zwischen 40 und 60 Personen sich an den Abstimmungen beteiligten.
[409] vgl. RSK S.711f und S.1020. Für den Antrag der Philologen stimmten nur etwa 17 Personen.
[410] vgl. RSK S.710 und S.1014f
[411] vgl. Oestreich, (c) S.56. Die Haltung der Entschiedenen Schulreformer ist aus ihrer optimistischen Zukunftssicht zu verstehen.

Lehrerverein die Führung in dem Kampf um den Fortschritt hatte, sondern daß sie ... in den Händen der Entschiedenen Schulreformer" lag.[412]

Schließlich entstand auf der Grundlage des Schulmodells von Rein ein gemeinsamer Antrag, der bis auf die entschiedensten Vertreter der jeweiligen Positionen im Ausschuß für den Schulaufbau von allen angenommen wurde.[413] Er sah eine **vierjährige Grundschule** vor.[414] Darauf sollte ein differenzierter vierjähriger Volksschuloberbau und parallel dazu ein dreijähriger gemeinsamer Unterbau von Mittelschule und Höherer Schule folgen. Des weiteren enthielt dieser Antrag die Aufforderung zu Schulversuchen mit Lebensgemeinschaftsschulen und die Möglichkeit, alte Schulen fortsetzen zu können. So konnte Kerschensteiner als Berichterstatter des Ausschusses im Plenum feststellen, "daß die vierjährige Dauer der Grundschule von allen grundsätzlich gebilligt" worden war.[415]

Da Abstimmungen im Plenum nicht mehr stattfanden, gab es - wie von konservativer Seite intendiert - kaum konkrete Handlungsaufträge an die Regierungen. Die faktischen Auswirkungen der Reichsschulkonferenz blieben in der Folge gering. Ihr Wert kann in der Bekanntgabe und Dokumentation der Positionen, Ideenspektren, Argumentationen, Einflüsse und Interaktionen der jeweiligen Gruppen gesehen werden, weshalb sie auch hier in den Mittelpunkt der Analyse der pädagogischen Kontroversen gestellt wurde.[416]

Wegen der geringen Ergebnisse machte sich schon bald Enttäuschung bei den Reformern breit.[417] Auf der der Reichsschulkonferenz folgenden Reichsschulausschußsitzung (27.-30.Okt.1920) erläuterte Reichsinnenminister Koch den Kultusverwaltungen wie erwartet, daß die Protokolle der Reichsschulkonferenz bei der zukünftigen Gesetzgebung von Fall zu Fall mitberücksichtigt würden, daß aber konkrete Handlungsaufträge aufgrund fehlender Abstimmungen im Plenum nicht erfolgt wären. Mit der Antwort von Koch auf Anfragen von Hamburg, Bremen und Städtebundvertretern, die die verlängerte Grundschule anstrebten,

---

[412] vgl. Neuner S.90; Sienknecht S.159; Nave S.123. Nave sieht den DLV und den Philologenverband als die dominanten Pole der RSK. Die Entschiedenen Schulreformer ordnet er als dazwischenstehende Gruppe ein, die sich schließlich den DLV-Positionen angeschlossen habe. M.E. ist die Frage der Führung der Reformgruppen differenzierter zu beurteilen: Während der DLV seine schulpolitische Bedeutung aus der großen Zahl von Mitgliedern und seinem organisatorischen Apparat zog, erhielt der Bund entschiedener Schulreformer seine starke Wirkungskraft durch die innovative Qualität ihrer mit großer Leidenschaft, unabhängig von Interessenvertretungen und Parteien vorgebrachten Vorschläge. Ab 1925 nahm jedoch die Ausstrahlungskraft des Bundes ab, u.a. weil - obwohl die Konzeptdiskussion bis dahin weitgehend beendet war - die führende Person des Bundes, Paul Oestreich, den Verzicht auf Konkretisierungen in der Praxis durchsetzte, so daß viele Mitglieder den Bund verließen. Vgl. Neuner S.89, S.103, S.280ff.

[413] Im Plenum gab es, wie erwähnt, keine Abstimmungen.

[414] Eine Differenzierung nach dem Mannheimer System mit dreijährigen Höchstbegabtenzügen wurde begrüßt.

[415] vgl. RSK S.1014

[416] vgl. Nave S.127; Kunz S.136; Schorb/Fritzsche S.33f; Führ S.49

[417] vgl. Sienknecht S.168; Nave S.127. Schulz stellte fest, daß das Neue nicht gesiegt habe und das Alte nicht unterlegen sei.

wird die **politische Auseinandersetzung um die sechsjährige Grundschule** für die nächsten 25 Jahre endgültig **beendet**:[418]

"Wir sind der Meinung, daß die vierjährige Grundschule auf absehbare Zeit die Form ist, mit der zu rechnen sein wird. Ich bitte also nicht daran zu denken, daß wir in Kürze eine Änderung des Grundschulgesetzes vornehmen."[419]

Zwar war man sich auf dieser Reichsschulausschußsitzung einig, daß Versuche mit der sechsjährigen Grundschule erfolgen könnten, aber niemand - auch Schulz nicht - trat noch entschieden für die Verlängerung der Grundschulzeit auf.[420]

Nur in **Sachsen und Thüringen** wurden von den sozialistischen Regierungen aus USPD und MSPD noch eine Verlängerung des gemeinsamen Lernens betrieben. Dabei erschien es der Regierung Thüringens bei der Verabschiedung eines Einheitsschulgesetzes am 24.2.1922 vorerst nicht möglich zu sein, die sechs- oder achtjährige Grundschule umzusetzen; denn zunächst wurde nur der Kompromißbeschluß der Reichsschulkonferenz mit dem dreijährigen gemeinsamen Unterbau von Mittlerem und Höherem Schulwesen durchgeführt. In Sachsen nahm der USPD-Volksbildungsminister Fleißner die vom sächsischen Lehrerverein (Untergliederung des DLV) erarbeitete Konzeption einer für alle gemeinsamen zehnjährigen Schule auf, die eine sechsjährige Grundschule und eine nachfolgende vierjährige Mittelstufe mit Kern-Kurs-System, gemeinsamem Kollegium und gemeinsamer Leitung beinhaltete. Nach einer Finanzkrise und dem Eintritt der KPD in die Regierung Thüringens zwang der Einmarsch der Reichswehr in Thüringen und Sachsen 1923 die sozialistischen Regierungen zum Rücktritt und ersetzte sie durch bürgerliche Regierungen unter Einschluß rechter Sozialdemokraten. Im April 1924 wurde das dreigliedrige Schulwesen in Thüringen wieder eingeführt.[421]

Zunehmend wurden Bemühungen, Schulreformen auf der Ebene von Reichsgesetzänderungen zu erreichen, chancenloser; sie verlagerten sich mit wenigen Ausnahmen auf die umfangreichen und kreativen Realisierungen in Versuchsschulen.

---

[418] vgl. Akten der Oberschulbehörde: Der Hamburger Schulrat erwähnt, daß "in Hamburg ... der Plan, über die vierstufige Grundschule hinauszugehen, von einer Seite sehr angegriffen" wird. So verhinderten Proteste von konservativen Gruppierungen, daß entsprechende Pläne in der Schulbehörde nicht konkret wurden. In Bremen sprach sich die "Kommission wegen der Einheitsschule" des Senats für die sechsjährige Grundschule aus. Dort sollten aber die Regelungen der Reichsregierung abgewartet werden, von der man schon Ostern 1920 die Antwort erhielt, daß es vermutlich bei der vierjährigen Grundschule bliebe. Vgl. Hagener, Dirk: Radikale Schulreform zwischen Programmatik und Realität. Die schulpolitischen Kämpfe in Bremen vor dem Ersten Weltkrieg und in der Entstehungsphase der Weimarer Republik. Bremen 1973, S.202 und S.205

[419] ebenda

[420] vgl. Akten der Oberschulbehörde

[421] vgl. Keim (a) S.55ff und (b) S.217 - S.224; Sienknecht S.169ff; König (b) S.178ff; Oppermann S.414ff. Keim ((b) S.223f und S.218) erläutert, daß der sächsische Lehrerverein zunächst von der Konzeption "vierjährige Grundstufe mit sechsjähriger differenzierter Mittelstufe in einer Schule" ausging, dann aber auf der abschließenden Beratung in Bautzen am 15.4.1924 das hier erwähnte Modell mit sechsjähriger Grundschule beschloß.

2.4. Die reformpädagogischen Praxisversuche

Die **Versuchsschulgründungen** der Volksschullehrer und -lehrerinnen, der Entschiedenen Schulreformer, der Landerziehungsheimbewegung und Anthroposophen sowie anderer Pädagogen zielten nicht in erster Linie auf bloße Veränderungen im Schulaufbau oder auf sechsjährige Grundschulen ab, sondern auf umfassende Reformen, die die innere Umgestaltung der Schule einschlossen.[422] Obwohl nicht alle schulreformerischen Kräfte von der Einrichtung einer begrenzten Zahl von Versuchsschulen überzeugt waren, glaubten doch die meisten Reformer durch Versuchsschulen konkrete Verbesserungen für die diese Schulen besuchenden Kinder erreichen zu können und positive Ausstrahlungen auf die innere und äußere Gestalt des Regelschulwesen zu bewirken.[423] Und tatsächlich stärkten oder begründeten sie Reformtraditionen, die vor allem in Städten wie Berlin, Hamburg und Bremen auch die Auseinandersetzung nach dem Zweiten Weltkrieg prägten und von daher Einfluß auf die Frage der sechsjährigen Grundschule gewannen.[424] Auch wenn die sechsjährige Grundschule nicht direkt und explizit erprobt wurde, so fanden doch Versuche mit einem gemeinsamen Lernen bis zum 14.Lebensjahr (oder darüber hinaus) statt, die Aufschluß über eine günstige innere Gestaltung sechsjähriger Grundschulen geben könnten.

Nun ist es nicht Ziel dieser Arbeit, neue Forschungsergebnisse für die Versuchsschulen der Weimarer Republik zu gewinnen, diese werden inzwischen zunehmend anhand von Einzelfallstudien erbracht, vielmehr ist es notwendig, die bisherige Forschungsliteratur danach zu befragen, welche Elemente der reformpädagogischen Versuchsschulen der 20er Jahre sich in der Praxis dieser Schulen positiv auf das gemeinsame Lernen über das vierte Schuljahr hinaus ausgewirkt haben. Dabei ist zunächst zu klären, inwieweit die reformpädagogischen

---

[422] Zwar gewannen die Versuchsschulen erst mit der Novemberrevolution an Verbreitung, erste Forderungen und entsprechende Konzepte tauchten jedoch z.B. in Hamburg schon vor 1900 auf. Vgl. Hagener, Caesar: Die Hamburger Versuchsschulen der Weimarer Jahre - Ihre Programmatik und Realität im Umfeld gesellschaftlicher Bewegungen. In: Daschner/Lehberger S.26 - 41, insb. S.27ff

[423] Hier tat sich im Gegensatz zu Oestreich, der ab Mitte 1920 praktische Versuche ablehnte, weil man dabei unter den gegebenen Bedingungen unvermeidbar Kompromisse eingehen müßte, besonders Fritz Karsen hervor. Auch die KPD lehnte Versuchsschulen ab, weil dadurch die Behörden einer Pflicht zur Gesamtreform aller Schulen eher entledigt würden. In der Praxis setzten Kommunisten diese Position aber meist nicht um, denn es beteiligten sich sowohl Kommunisten als Lehrkräfte als auch als Entscheidungsträger an der Einrichtung von Versuchsschulen. Zu den damals geführten Debatten um die Sinnhaftigkeit von Versuchsschulen vgl. Schmitt, Hanno (a): Topographie der Reformschulen in der Weimarer Republik: Perspektiven ihrer Erforschung. In: Amlung, Ullrich/Haubfleisch, Dietmar/Link, Jörg-W./Schmitt, Hanno (Hg.): Die alte Schule überwinden. Reformpädagogische Versuchsschulen zwischen Kaiserreich und Nationalsozialismus. Frankfurt am Main, 1992, S.11ff

[424] Zu den Einflüssen der Versuchsschulen auf die Höheren Schulen vgl. Schmitt (a) S.21ff

Versuchsschulen auch **nach** dem **vierten** **Schuljahr** **alle** **Kinder** **gemeinsam**
unterrichteten.[425]

So zielten die Versuche im Bereich der Höheren Schulen (Karl-Marx-Schule[426], Schulfarm Scharfenberg[427], Lichtwarkschule[428], Gaudigschule[429], Versuche von Schwarz in

[425] Für weiterreichende Informationen siehe die folgende Literatur: Amlung, Ullrich/Haubfleisch,
Dietmar/Link, Jörg-W./Schmitt, Hanno (Hg.): Die alte Schule überwinden. Reformpädagogische Versuchsschulen zwischen Kaiserreich und Nationalsozialismus. Frankfurt am Main, 1992; Rödler, Klaus: Vergessene Alternativschulen, Weinheim und München 1987; Karsen, Fritz: (a) Die Schulen der werdenden Gesellschaft, Stutt-
gart/Berlin 1921; ders. (b): Deutsche Versuchsschulen der Gegenwart und ihre Probleme, Leipzig 1923; ders.
(c): Die neuen Schulen in Deutschland, Langensalza 1924; Hilker, Franz (Hrsg.): Deutsche Schulversuche,
Berlin 1924; Porger, G. (Hrsg.): Neue Schulformen und Versuchsschulen, Bielefeld und Leipzig 1925; Nydahl,
Jens: Das Berliner Schulwesen, Berlin 1928, S.52 - S.61; Lemm, Werner u.a.: Schulgeschichte in Berlin, Berlin-
Ost 1987; Zeidler, Kurt (a): Die Wiederentdeckung der Grenze, Jena 1926, (Neuausgabe: Kommentar und prag-
matische Bibliographie von Uwe Sandfuchs, Hildesheim und New York 1985; Lehberger in: de Lorent/Ullrich
(Hrsg.): Der Traum von der freien Schule, Hamburg 1988, S.273 - S.287; Daschner, Peter und Lehberger, Reiner
(Hrsg.): Hamburg - Stadt der Schulreformen, Hamburg 1990; Hagener, Dirk: Radikale Schulreform zwischen
Programmatik und Realität. Die schulpolitischen Kämpfe in Bremen vor dem Ersten Weltkrieg und in der
Entstehungsphase der Weimarer Republik. Bremen 1973, S.202ff; Petersen, Peter (c): Der Kleine Jena-Plan,
Langensalza 1927; 1.Jahresbericht (1921-1922) der Schule am Georgsplatz: Unterrichtspraxis und jugendkund-
liche Beobachtung an der Dresdener Versuchsschule, Leipzig 1922; Gebhard, Julius (a): Die Schule am
Dulsberg. Das Werden einer neuen Hamburger Volksschule, Jena 1927; Lebensgemeinschaftsschule, Mitteilungsblatt der neuen Schulen in Deutschland, Langensalza 1924 - 1926; Schmid, Jakob Robert: Freiheitspädagogik. Schulreform und Schulrevolution in Deutschland 1919 - 1933, Reinbek 1973; Gläß, Theodor: Die Entstehung der Hamburger Gemeinschaftsschulen und die pädagogischen Aufgaben der Gegenwart, Gießen 1932;
Engel, Ernst: Die Gemeinschaftsschule, Leipzig 1922; Scheibe, Wolfgang: Die reformpädagogische Bewegung
1900 - 1932, Weinheim 1962; Karstädt, Otto (a): Neuere Versuchsschulen und ihre Fragestellungen. In: Jahrbuch des Zentralinstituts für Erziehung und Unterricht, Nr.4, 1922, S.87 - S.133; ders. (b): Versuchsschulen und
Schulversuche. In: Nohl, Hermann/Pallat, Ludwig (Hrsg.): Handbuch der Pädagogik, Bd.4, Langensalza 1928,
S.333 - S.364; Paulsen, Wilhelm (a): Die Überwindung der Schule. Begründung und Darstellung der Gemeinschaftsschule, Leipzig 1926; Deiters, Heinrich (Hrsg): Die Schule der Gemeinschaft. Im Auftrage des Zentralinstituts für Erziehung und Unterricht, Leipzig 1925; Gebhard, Julius (b): Ertrag der Hamburger Erziehungsbewegung, Hamburg 1955

[426] vgl. Radde; Karsen (c) S.181 - S.200. Die Karsenschule hieß später "Karl-Marx-Schule" und war ein Schu-
lenkomplex aus einem von Karsen übernommenen Realgymnasium, einer reformpädagogisch neugegründeten
Aufbauschule, eines Arbeiter-Abiturientenkurszweiges und schließlich ab 1927 einer kooptierten weltlichen
Volksschule. Ihr Anliegen war die besondere Förderung leistungsfähiger Arbeiterkinder, die Gemeinschaftserziehung mit Selbsttätigkeit und Produktivität, die Veränderung des Leistungsbegriffes, ein ganzheitliches Lernen
im Kern-Kurssystem, aber auch eine bildungsökonomische Rationalisierung mit großen Schüler- bzw. Schüle-
rinnenzahlen in funktionalen Neubauten.

[427] vgl. Wilhelm Blume in: Hilker, Franz (Hrsg.): Deutsche Schulversuche, Berlin 1924, S.312 - 330. Die
Scharfenbergschule nahm die Schüler erst nach dem 14.Lebensjahr auf, u.a. weil eine zuverlässige Begabungserkennung vorher nicht für möglich gehalten wurde. Vgl. ebenda S.326. 1994 ist mit dem Abschluß der Dissertation von Dietmar Haubfleisch, Universität Marburg, zu rechnen. Vgl. auch Haubfleisch, Dietmar: Schulfarm
Insel Scharfenberg. Reformpädagogische Versuchsschularbeit im Berlin der Weimarer Republik. In: Amlung,
Ullrich/Haubfleisch, Dietmar/Link, Jörg-W./Schmitt, Hanno (Hg.): Die alte Schule überwinden. Reformpädagogische Versuchsschulen zwischen Kaiserreich und Nationalsozialismus. Frankfurt am Main, 1992, S.65 - S.88

[428] vgl. Porger, G. (Hrsg.): Neue Schulformen und Versuchsschulen, Bielefeld und Leipzig 1925, S.148 - S.156;
Rödler S.250ff; Arbeitskreis Lichtwarkschule (Hrsg.): Lichtwarkschule, Hamburg 1979; Petersen, Peter: Innere Schulreform und neuere Erziehung, Jena 1925. Die Lichtwarkschule wurde unter der Leitung von Petersen
1921 von einer Realschule in ein drei Zweige umfassendes Gymnasium neueren Typs mit Kern-Kurssystem
umgewandelt, das die Gemeinschaftsschulideen fortsetze, allerdings mit einer ausgelesenen Schülerschaft.

[429] vgl. Hackl S.77 - S.87; Karsen (b) S.24ff: "Die Schule der freien geistigen Arbeit" von Hugo Gaudig in
Leipzig bestand u.a. aus einem "höheren Lehrerinnenseminar", in dem eigene reformpädagogische Praxisversuche auf ihre unterrichtstheoretische Qualität hin analysiert wurden.

Lübeck[430]) nicht auf das gemeinsame Lernen aller 10-13-jährigen ab. Sie sind daher wie die Landerziehungsheime aufgrund der ausgelesenen Schülerschaft bzw. Internatssituation für die obige Fragestellung in Hinblick auf die sechsjährige Grundschule wenig ertragreich und werden daher trotz der in ihnen gewonnenen zahlreichen pädagogischen Erfahrungen hier nicht behandelt.[431]

Im Bereich der Volksschulen wurden dagegen seit 1919, gespeist aus der Arbeiter-, Frauen-, Jugend-, Kunsterziehungs- und Lehrerbewegung[432] für die Gestalt der sechsjährigen Grundschule aufschlußreiche **Lebensgemeinschaftsschulen** gegründet. Sie waren z.t. schon vor dem Ersten Weltkrieg gefordert und eingeleitet worden und fanden nun, von Hamburg ausgehend, in Berlin,[433] Leipzig, Halle, Dresden, Bremen und weiteren Städten, vor allem in Arbeiterregionen, Verbreitung.[434] Daneben gab es auch auf dem Lande viele einklassige Versuchsschulen, die bisher noch relativ wenig erforscht sind.[435] Schmitt kommt in seinem Quantifizierungsversuch zu folgenden Zahlen für reformpädagogisch geprägte Versuchsschulen in Deutschland am Ende der Weimarer Republik:[436]

- 99 Volksschulen in Städten[437]

- 17 Höhere Schulen in Städten

[430] vgl. Sebald Schwarz in:Hilker, S.303 - S.311; zu anderen Versuchen mit Bewegungsfreiheit auf der Oberstufe siehe Karsen: Deutsche Versuchsschulen und ihre Probleme, Leipzig 1923, S.12ff

[431] Die Karsenschule und Scharfenberg sowie die Lichtwarkschule bildeten zusammen mit den Lebensgemeinschaftsschulen in Berlin bzw. Hamburg einen Schulenverbund mit eingeschränktem Einheitsschulcharakter; denn, wenn auch ein Leistungsbegriff vorherrschte, der nicht nur die kognitiven Fähigkeiten umschloß, so nahmen alle drei dennoch nur die leistungsfähigsten Schülerinnen bzw. Schüler auf, um sie zum Abitur zu führen. Vgl. zu Scharfenberg Blume in: Hilker S.317; zur Karsenschule, Radde; zur Lichtwarkschule Rödler S.250ff.

[432] vgl. z.B. Karsen (b) S.103ff

[433] Vor allem der Wechsel des Leiters der Hamburger Versuchsschule Tieloh-Süd Wilhelm Paulsen in das Amt des Stadtschulrates von Berlin führte dort zur Einrichtung von Gemeinschaftsschulen. Paulsen versuchte nach seiner Abwahl in Berlin schließlich Ende der 20er, Anfang der 30er Jahre als Honorarprofessor in Braunschweig eine Fortführung seiner Ideen und propagierte in Zusammenarbeit mit dem Braunschweiger Lehrerverein die allgemeine sechs- oder siebenjährige Grundschule bzw. für den preußischen Lehrerverein eine sechsjährige Grundschularbeit innerhalb einer zehnjährigen Volksschule unter formaler Beibehaltung der vierjährigen Grundschule, die er zu diesem Zeitpunkt für politisch unerschütterbar hielt. Vgl. Paulsen, Wilhelm (b): Das neue Schul- und Bildungsprogramm, Osterwieck am Harz 1930, S.18ff; ders. (c): Der Neuaufbau unseres Schulwesens. Im Auftrage des Geschäftsführenden Ausschusses des Preußischen Lehrervereins, Osterwieck am Harz 1931, S.19

[434] Auch die Privatschule von Berthold Otto und die Freie Waldorfschule arbeiteten mit leistungsheterogenen Gruppen von der Einschulung bis zur Oberstufe und begriffen sich wie die Lebensgemeinschaftsschulen als Einheitsschulen.

[435] vgl. Aufsatz und Literaturhinweise von Schmitt (a) in Amlung u.a. S.19f

[436] vgl. Schmitt (a) S.21 und (b): Versuchsschulen als Instrumente schulpädagogischer Innovation vom 18.Jahrhundert bis zur Gegenwart. In: Jahrbuch für Historische Bildungsforschung Bd.1, hrsg. von der Historischen Kommission der Deutschen Gesellschaft für Erziehungswissenschaft, Weinheim und München 1993, S.153 - S.178. Zur Fassung des Begriffs Versuchsschulen vgl. Schmitt (a) S.16, (b) S.167f und Karstädt (b)

[437] Nach Schmitt ((a) (S.21) und (b) S.162ff) hatte jede zweite Großstadt mit mehr als 100.000 Einwohnern Versuchsschulen eingerichtet. Der Schwerpunkt lag in Berlin (27), Hamburg (14), Dresden (4), Breslau (4), Bremen (3) und Halle (3). Die Höhe der Zahlen kann nur daraus erklärt werden, daß Schmitt auch reformpädagogisch arbeitende Volksschulen, die keinen Versuchsschulstatus innehatten, zu den Versuchsschulen zählt. So gibt z.B. Radde für Berlin nur 11, Lehberger für Hamburg nur 4 Versuchsschulen an. Vgl. ihre Aufsätze im gleichen Band von Amlung u.a. auf S.35 und S.94.

- 21 Landerziehungsheime
- 62 ländliche Reformschulen

Darunter sind die nicht seltenen Reformschulen noch nicht mitgezählt, die unter dem Status einer der etwa 300 bekenntnisfreien und meist proletarischen **"weltlichen** bzw. Sammel-**Schulen"** ("Bund freier Schulgesellschaften") firmierten.[438] Insgesamt kommt Schmitt auf etwa 200 bis 300 reformpädagogisch geprägte Versuchschulen am Ende der Weimarer Republik, wobei er den Beginn der 30er Jahre als quantitativen Höhepunkt ausmacht. Eine Auswahl der bekanntesten dieser Versuchsschulen, die von mir auch unter dem von ihnen häufig gewählten Begriff "(Lebens-)Gemeinschaftsschulen" behandelt werden, sei im folgenden in einem kurzen Überblick angegeben.[439]

Auswahl der bekanntesten Versuchsschulen im Bereich der Volksschulen:

Ort/Name	Leitung/wichtige Pers.	Zeit	Schwerpunkte/Charakteristika
Hamburg:			
1) Berlinertor	Lottig/Hoffmann	1919-1933	selbstregulierende Gemeinschaft, Arbeitsunterr., experimentell, flexible Strukturen
2) Wendeschule/Breitenf.str.	Siegel/Zeidler	1919-1924	Jugendbewegung, radikal-idealistische Ablehnung jegl. Struktur, Wende ab 1921
3) Telemannstraße	Götze/Köhne	1919-1933	kontinuierl. planvolle Struktur, stärkere Fächerung, Kurse, Arbeitsunt., Elternarb.
4) Tieloh-Süd	Paulsen/Henningsen	1920-1933	unterstützende prolet. Elternschaft, jahrgangsübergreifender Arbeitsunterricht
5) Burgstraße	Höller	ab 1921	Naturwissensch., Schulgemeinde, Orientierung an Stadtteil u. Arbeiterbewegung
6) am Dulsberg/Ahrensb.str.	Lorenz/Gebhard	ab 1922	Geisteswissensch., interne Spannung, geplanter Gesamtunterr., Selbstverwaltung
7) Langenhorn	Köster/Hein	ab 1921	Stadtteilorientierung, Siedlergemeinschaft[440]

Zur Hamburger Schulengemeinschaft gehörten zusätzlich noch die Schulen Humboldtstr., Schillerstr., Billbrookdeich, Hopfenstr., Methfesselstr., Tieloh-Nord.

---

[438] vgl. Breyvogel, Wilfried und Kamp, Martin: Weltliche Schulen in Preußen und im Ruhrgebiet. Forschungsstand und statistische Grundlagen. Sandfuchs, Uwe: Die weltlichen Schulen im Freistaat Braunschweig: Schulpolitischer Zankapfel und Zentren der Schulreform. Beide in: Amlung u.a., S.185 - S.246. Beispielsweise schloß sich die Karl-Marx-Schule in Berlin mit der weltlichen Schule von Karl Linke zu einem Gesamtschulverbund zusammen. Vgl. Radde S.80ff. In Preußen gab es 1925 256 (1931/32: 289) weltliche Schulen und 1757 weltliche Sammelklassen. So existierten z.B. in Essen neben der aufgeführten Schule Essen-Borbeck mehrere weitere "Freie Schulen". Vgl. Bajohr/Behrens/Schmidt: Freie Schulen, Essen 1986, insb. S.35 und S.59ff. Auch der Berliner Schulsenator Jens Nydahl kommt 1928 zur Ansicht, daß sich die weltlichen Schulen (Sammelschulen) "mehr und mehr dem Typ der Versuchsschulen anzugleichen bemüht" haben. Vgl. J. Nydahl: Das Berliner Schulwesen, Berlin 1928, S.52; Lebensgemeinschaftsschule 1926, Nr.3, S.40ff; Nr.4/5, S.49f und S.53ff. Zu den einklassigen Arbeitsschulen vgl. z.B. Münch in:Porger S.176ff; Lebensgemeinschaftsschule 1926, Nr.1, S.8ff; Karstädt S.97. Zu den weiteren Hamburger Lebensgemeinschaftsschulen ohne Versuchsschulstatus siehe Rödler S.249, Gläß S.59; Engel S.5.

[439] Zur Begrifflichkeit vgl. Schmitt (b) S.167f. Wie Schmitt ((a) S.11) zudem zutreffend anmerkt, "verfügen wir derzeit über keinerlei grundlegende Übersichten, Bestandsverzeichnisse, Findbücher" zu reformpädagogischen Praxisversuchen, so daß diese Übersicht weder als vollständig noch als gesichert gelten kann. Sie kann daher nur der ersten Orientierung dienen.

[440] vgl. z.B. Rödler S.253f

124

Berlin:			
8) Neukölln-Rütlistr.41	Jensen	1923-1933	musisch-künstlerischer-literarischer Schwerpunkt, Kreativität, aktive Eltern
9) Neukölln-Rütlistr.42	Wittbrodt	1923-1933	proletarisch-sozialist. ausgerichtet, Feier, Gemeinschaftsleb., Abtrennung von 8)
10)Neukölln-K.-Friedrichstr.	Casparius	1923-1933	Naturwissenschaft, Experiment, Arbeitsunterr., Umweltkunde, Abtrennung von 8)
11)Neukölln-Hertzbergplatz		1930-1933	weltliche Schule ohne Versuchsschulstatus, nannte sich aber Versuchsschule
12)Lichtenberg-Pfarrstr.	Schulz/Schlicker	1923-1933	
13)Lichtenb.-Scharnweberstr.	Lenz	1923-1933	
14)Lichtenberg-Marktstr.	Priebe	1923-1933	
15)Spandau-W.-Adamstr.	Schultze	1923-1933	Schulgarten
16)Spandau-Neust.-Mittelstr.	Hübner/Fechner	1923-1933	künstlerischer Schwerpunkt, Feste, proletarischer Charakter
17)Treptow-Oberschönew.	Domdey	1923-1933	
18)Pankow-Niederschönhaus.	Ziechert/Hahn	1928-1933	künstlerischer Schwerpunkt, Sprechchor, Gemeinschaftsgedanke, Schulfeiern
19)Wedding-Leopoldsplatz	Kreuziger	1930-1933	weltliche Schule mit spätem Versuchsschulstatus, karitativ, gegenseitige Hilfe
20)Wedding-Pankstr.	Hädicke		weltl. Schule ohne Versuchsschulstatus
21)Reinickendorf-Ost	Wolf		weltl. Schule ohne Versuchsschulstatus
Bremen:			
22) Schleswiger Str.	Scharrelmann	ab 1920	mystifizieren Kind und Gemeinsch., antiintellekt., führerorientiert, Abstinenzler
23) Helgoländerstr.	Aevermann/Paulmann	ab 1922	Verbindlichkeit und Gesellschaftsbezug, intensive Elternarbeit, Arbeitsschule[441]
24) Staderstr.	Heege/Böttcher	ab 1921	aktives Steuern des Lern- und Gemeinschaftsprozesses, Schulentlassenenbetreu.
sonstige:			
25) Dresden-Georgsplatz	Schwenzer, Weckel	ab 1920	Neigungslernen, Kinderpsychologie, Gemeinschaftserziehung, Gesamtunterr.
26) Dresden-Hellerau	Nitzsche	ab 1914	Dorfschulcharakter, Gemeinschaft, Arbeitsschule, Bezirkszwang, Feiern
27) Leipzig-Connewitz	Wicke/Schnabel	1921-1925	Arbeitsschule, "Gelegenheitsunterricht", Bezirkszwang, Altersklassen
zusätzlich Versuchsschulklassen in Leipzig-Großzsoscher[442]			
28) Chemnitz-Humboldtsch.	Uhlig	ab 1920	Fachlehrerprinzip, bis 1923 Bezirkszwang, Gemeinschaftsprinzip, Arbeitssch.
zusätzlich Versuchsschulzweig in der Bernsdorfschule			
29) Jena-Universitätsschule	Petersen	1924-1950	jahrgangsübergreifend, klein, Schulgemeinde, Wochenarbeitspl., fachübergr.
30) Gotha-Sundhausen		1919-1924	Arbeitsunterr., sozialist. Orient., nach Schulstreik durch christ. Volksch. ersetzt
31) Magdeburg-W.-Sedanring	Rauch	ab 1922	ganzheitl. orientierte Gemeinschaftserziehung "vom Kinde aus", viele Widerstände
32) Magdeburg-Buckau	Rötscher	ab 1924	karitatives Engagement, von Arbeitereltern initiiert, Kurse, Werkstättenprinzip
33) Magdeburg-Neustadt	Faulbaum	ab 1924	
34) Gera	Jahn		proletarisch orientiert
35) Essen-Borbeck	Bünger		Gemeinschaftsarbeit, freies Gespräch, Experimente, Garten, Werkarbeit, Kochen
36) Krefeld-Lehmheide	Jungstand		proletarisch orientiert
37) Dortmund	Darkenspeck		Arbeitsschule

[441] Hermann Stöcker (Bremen) arbeitet an einer Dissertation über diese Schule.
[442] vgl. Porger S.250ff

38) Frankfurt-Röderberg	Schüßler	ab 1921	Koedukation, Gartenbau, Werkstättenarbeit, selbsttätige Arbeit
39) Frankfurt-Schwarzburg		ab 1921	Arbeitsunterricht
40) Worpswede	Vogeler		Kunstschaffen, Lebensgemeinschaftsarb.

zusätzlich kleinere einklassige Arbeitsschulen wie z.b. Oberappenfeld (bei Homberg im Knüll, Leiter: Töpfer), Tiefensee (1933 - 1939: Leiter Adolf Reichwein),[443] Isert bei Altenkirchen im Westerwald,[444] Brambach im Vogtland, Holbeck bei Luckenwalde, Bornim bei Potsdam, Elias-Holl-Schule in Augsburg, Goldisthal-Thüringen und Sonnsträhn[445]

private Schulen:

41)Berlin-Lichterfelde	B. Otto	ab 1906	Hauslehrerschule, Gesamtunterricht, freies Gespräch, jahrgangsübergreifend
42)Waldorfschule-Stuttgart	R. Steiner	ab 1919	anthroposophisch, musisch-künstlerischer Schwerpunkt, Betonung d. Gemeinschaft

Inwieweit faßten sich diese Schulen nun auch organisatorisch als die Dreigliedrigkeit durchbrechende Schulen und damit als verlängerte Grundschulen auf?

Zunächst ist vorauszuschicken, daß in den 20er Jahren generell etwa 80 bis 90% der 10 - 13-jährigen die Volksschule besuchten,[446] also schon von daher leistungsheterogene Gruppen existierten. Diesen Trend verstärkte die intensive Bindung vieler Lebensgemeinschaftsschulen an die Arbeiterschaft, die in der Regel ihre Kinder auch bei hoher Leistungsfähigkeit nur selten zur Höheren Schule schickte.

Im Gegensatz zu den übrigen Volksschulen galt für viele Gemeinschaftsschulen aber auch, daß sie alle Kinder über das vierte Grundschuljahr hinaus zusammenhalten wollten, die Selektionsfunktion ablehnten und - obwohl sie sich nie so bezeichneten - letztlich die **sieben- oder achtjährige Grundschule** anstrebten und häufig weitgehend praktizierten.[447] So heißt es in einem programmatischen Text der Hamburger Versuchsschule Berlinertor:

"Welche Anmaßung liegt darin, die Menschen in Begabte und Unbegabte zu scheiden! Es gibt keine Unbegabten!! ... Aber was macht denn den Wert des Menschen aus? Ist es wirklich die Begabung (es gibt auch hochbegabte Verbrecher), oder ist es der Charakter? Der Charakter aber bildet sich in der Lebensgemeinschaft. Und das weist den Weg zur wahren Einheitsschule! Die Gemeinschaftsschule ist die Schule der Zukunft!"[448]

Ähnliches schreibt Nicolaus Henningsen, späterer Schulleiter der Hamburger Versuchsschule Tieloh-Süd, im November 1920:

---

[443] Einen Überblick und weitere Literaturhinweise gibt Amlung, Ullrich: Adolf Reichweins Alternativschulmodell Tiefensee 1933 - 1939. Ein reformpädagogisches Gegenkonzept zum NS-Erziehungssystem. In: Amlung u.a. S.268 - S.288

[444] vgl. Link, Jörg-W.: Das Haus in der Sonne. Eine Westerwälder Dorfschule im Brennpunkt internationaler Landschulreform. In: Amlung u.a. S.247 - S.267

[445] vgl. z.B. Münch in: Porger S.176ff; Lebensgemeinschaftsschule Nr.1 1926, S.8ff; Karstädt (a) S.98

[446] vgl. Müller, Detlev K. und Zymek, Bernd: Sozialgeschichte und Statistik des Schulsystems in den Staaten des Deutschen Reiches, 1800 - 1945, Datenhandbuch zur deutschen Bildungsgeschichte, Göttingen 1987, S.178. Der Anteil der Sextaner stieg danach von etwa 5% bis 1918/19, über 8% (1926) auf 10% (1931) an, ehe er 1939 wieder auf 8% zurückfiel.

[447] vgl. Rödler S.247ff; Lebensgemeinschaftsschule Nr.5 1925, S.67

[448] Willi Lottig (der Jüngere), zitiert nach Rödler S.248. Vgl. auch Rödler S.186

"In letzter Zeit sind mehrfach Schüler aus der Oberrealschule und anderen höheren Schulen zu uns gekommen. Das ist unser Ziel, daß die Schule zur wahren Einheitsschule werde, die die bisherige Volks- und höhere Schule ersetzt ..."[449]

In Hamburg, Berlin und Dresden versuchten die Gemeinschaftsschulen den Einheitsschulgedanken auch in Form **eigener Oberstufen** fortzusetzen. Dabei wurden in Hamburg zwei Möglichkeiten ins Auge gefaßt: Verlängerung der Gemeinschaftsschulen bis zum zwölften Schuljahr oder zentrale Oberstufe für alle Gemeinschaftsschulen. 1920 schlug Lottig entsprechend der ersten Möglichkeit vor:

"Ihr fragt, was nun Ostern 1920 geschehen soll? Gar nichts. Wir haben in Hamburg drei Gemeinschaftsschulen; neue wollen entstehen. Ostern bleiben alle Kinder der 5.Klasse bei uns. Aus der obersten Klasse gehen die Fünfzehnjährigen, die abgehen wollen oder sollen, ab. Die, welche nach ihrem oder ihrer Eltern Willen und nach Beratung mit dem Lehrer weitergehen wollen, bleiben das 10., 11. und 12. Schuljahr bei uns. Alle Begabungen sollen auch bei uns in freien Arbeitsgemeinschaften ihre besondere Förderung finden. Das Gemeinschaftsleben aber ist uns das wesentlich Bildende, Erziehende!"[450]

1921 wurde beim Zusammenschluß zur "Hamburger Schulgemeinschaft" der zweite Weg verkündet:

"Damit unsere Schüler nicht genötigt sind Ostern 1921 in andere Schulanstalten (Gymnasien, Realschulen, Aufbauschule, Seminar, Fortbildungsschule) überzutreten, ihren inneren Entwicklungsgang also abzubrechen und das Gemeinschaftsleben aufzugeben, haben sich die Schulen Berliner Tor, Tieloh, Breitenfelderstr., Telemannstr., Humboldtstr., Schillerstr., Hopfenstr. und Billbrook zusammengeschlossen. Auf einer gemeinsamen Oberstufe sollen alle Schüler im 9.Schuljahr und darüber hinaus zu neuen Arbeits- und Lebensgemeinschaften vereinigt werden, in denen mannigfache Begabungen und Neigungen der älteren Jahrgänge weitere Bildungs- und Entwicklungsmöglichkeiten finden. ..."[451]

Es sollten eine Tagesschule und Nachmittags- und Abendkurse eingerichtet werden. Der Aufruf endete mit einem Appell von Paulsen, diesen Plan einer Fortsetzungsschule nun bald umzusetzen.[452] Dies geschah jedoch nicht. Dafür schloß sich die ähnlich arbeitende Lichtwarkschule der Schulengemeinschaft als Höhere Schule an und übernahm einen Teil der Jugendlichen aus den Gemeinschaftsschulen, allerdings nur die Leistungsfähigsten.[453] Einzelne Gemeinschaftsschulen versuchten, einen eigenen dreijährigen Oberbau einzurichten, der nach der siebten Klasse begann und mit der "Mittleren Reife" abschloß. Im Gegensatz zur

---

[449] Henningsen zit. nach Lehberger in Amlung u.a. S.46

[450] Lottig zit. in Rödler S.249. Auch die Hamburger Wendeschule versprach die Einrichtung einer eigenen Oberstufe. Vgl. Röhl in: Porger S.227

[451] "Die Neue Erziehung. Zeitschrift für entschiedene Schulreform und freiheitliche Schulpolitik, zugleich Organ des Bundes Entschiedener Schulreform", hrsg. von Baege und Kawerau, Berlin 1921 (3), S.29f

[452] vgl. Rödler S.249, siehe auch Lehberger in Amlung u.a. S.43ff

[453] Auch in Magdeburg ging man ab 1924 den Weg, eine reformpädagogisch orientierte Höhere Schule, die Berthold-Otto-Schule, zu gründen und die leistungsfähigsten Kinder der Versuchsschulen dort aufzunehmen. Vgl. den Beitrag von Bergner in Amlung u.a. S.174ff.

Schule Berlinertor setzte die Schule Telemannstr. diesen 1921/22 begonnenen Versuch fort, und auch die Schule Tieloh-Süd bekam Ende der 20er Jahre einen solchen Oberbau. Darüber hinaus boten die in Hamburg bereits 1920 eingerichteten Aufbauschulen den nach der siebten Klasse übergehenden Volksschülerinnen und -schülern eine Möglichkeit zur Erlangung des Abiturs.[454] In Berlin gab es ähnliche Bemühungen. So veröffentlichte der aus Hamburg gekommene neue Stadtschulrat Paulsen am 26.2.1921 Leitsätze, in denen der Einheitsschulidee folgende Gemeinschaftsschulen gefordert und "experimentelle Schülerauslese und Begabtenschulen" abgelehnt wurden.[455] 1923 hieß es dann in einem nichtamtlichen Schreiben an die neugegründeten und untereinander verbündeten Gemeinschaftsschulen:

> "Die A u f b a u s c h u l e n in Neukölln, in der Fürbringerstraße und in Scharfenberg versuchen, auf der O b e r s t u f e die neuen Schulreformen durchzuführen. Sie fügen sich der Gemeinschaftsschulbewegung ein."[456]

Obwohl Karsens Aufbauschule in Neukölln (die Karl-Marx-Schule) dann tatsächlich den Gemeinschaftsschulgedanken fortsetzte, kann m.E. nicht von einem vollständigen Einheitsschulsystem gesprochen werden, weil diese Aufbauschule nicht alle Jugendlichen unabhängig von ihren Leistungen umfaßte, sondern nach strengen Leistungskriterien auswählte.[457] Daran änderte sich auch nichts, als sich die Karl-Marx-Schule 1927 mit der unter der Leitung von Karl Link stehenden weltlichen Volksschule zu einem Komplex zusammenschloß. Erst nach den 1928 veröffentlichten Plänen einer auch architektonisch neu gestalteten Gesamtschule[458] sollten alle Jugendlichen in der Mittelstufe vom fünften bis neunten Schuljahr vereinigt werden. Aufgrund von Verzögerungen durch die wirtschaftliche Situation und der Bekämpfung dieser Schule durch die Nationalsozialisten konnte dieses Projekt nicht mehr verwirklicht werden.

Wie in Berlin wurde schließlich auch in Dresden die Versuchsschularbeit durch eine Aufbauschule fortgesetzt, die es auch den leistungsfähigsten Kindern ermöglichte, bis einschließlich zum siebten Schuljahr die Gemeinschaftsschulen zu besuchen.[459]

In Braunschweig erreichten die vier reformpädagogisch orientierten weltlichen Schulen, die eine zehnjährige "organisch ausgebaute Einheitsschule" bzw. eine eigene Aufbauschule forderten, daß dort ein neuntes Schuljahr eingerichtet wurde.[460]

---

[454] vgl. Rödler S.250; Lehberger in de Lorent/Ullrich S.275 und ders. in Amlung u.a. S.47f; C.Hagener in: Daschner/Lehberger S.40

[455] Karsen (c) S.163; vgl. auch C.Hagener in: Daschner/Lehberger S.33

[456] ebenda S.180. Hervorhebungen im Orginal. Auch in den "Richtlinien für die Organisation der Gemeinschaftsschule in Neukölln" wurde angekündigt, daß der Gemeinschaftsschule eine Aufbauschule nachfolgen sollte. Vgl. Porger S.238ff und Engel S.35ff

[457] vgl. Radde S.80ff und S.180ff.

[458] vgl. Fritz Karsen und Bruno Taut: Die Dammwegschule Neukölln, Berlin 1928

[459] vgl. Lebensgemeinschaftsschule Nr.4/5 1926, S.52

[460] vgl. Sandfuchs in Amlung u.a. S.239

Auch die Hauslehrerschule von Berthold Otto und die Freie Waldorfschule traten bewußt als Schulen auf, die leistungsheterogene Gruppen unterrichteten, sogar bis zum 18. Lebensjahr ohne äußere Differenzierung.[461] So wurden von dem Vertreter der Waldorfschulen Stockmeyer z.b. die Unterscheidung in Volks- und Höhere Schule sowie begabungsbezogene Differenzierungen scharf angegriffen und die später erreichte Ausweitung der Waldorfschule zu einer "einheitlichen Volks- und höheren Schule" gefordert.[462]

Wie versuchten solche Privatschulen und die weit zahlreicheren Gemeinschaftsschulen, bis zum 13. Lebensjahr oder darüber hinaus Lernen in leistungsheterogenen Gruppen in die Praxis umzusetzen? Welche Probleme gab es und welche Erfolge waren zu verzeichnen? M.E. lassen sich sechs Aspekte der Gemeinschaftsschulpraxis hervorheben, die - obwohl die Frage der leistungsheterogenen Gruppen nicht im Vordergrund stand - hier unter der Perspektive zusammengefaßt werden, inwieweit sie Aufschluß über günstige Bedingungen für eine entsprechend strukturierte verlängerte Grundschule geben könnten:

(1) Sich selbst regulierende Gemeinschaft

Zunächst sei vorausgeschickt, daß der Aspekt der Selbstregulierung in den verschiedenen Gemeinschaftsschulen bzw. im Laufe der Entwicklung einzelner dieser Schulen unterschiedlich praktiziert wurde und die hier anfangs in den Vordergrund gestellten Extrema nicht über den an den meisten Lebensgemeinschaftsschulen situationsangemessenen Umgang mit Selbstregulierungsprozessen hinwegtäuschen sollen.

Für das Lehrer-Schülerverhältnis bedeutete der Gedanke der sich selbst regulierenden Gemeinschaft, daß die Lehrperson auf ihre formale Ordnungs- und Strafautorität weitgehend verzichtete und abwartete, was die Schülerinnen und Schüler selbst an Ordnung entwickelten. Wie von der Lehrerschaft z.T. einkalkuliert, führte dies bei einigen hier besonders radikal vorgehenden Schulen (Berlinertor-Schule und Wendeschule) angesichts der Schülerschaft, die an die alte wilhelminische Schule mit weitverbreiteter Prügelstrafe[463] gewöhnt war, zunächst zu großem **Chaos**.

> "Es war eine richtige Schulrevolution, die sich unter Führung der Lehrer vollzog. Im Nu war die Schule in einen Tummelplatz losgelassenen Lebensdranges verwandelt. Es wogte mit Ungestüm durch die Räume. Das Haus erdröhnte vom Lärm der Tausend. Zum Fenster hinaus hingen sie. Auf den Gittern saßen sie. Sie durften ja tun und treiben, was sie wollten. Sie durften kommen, wann sie wollten, und die, die nicht kommen wollten, durften zu Hause bleiben, ..."[464]

---

[461] vgl. Otto in Porger S.137 - S.147 und Karsen (b) S.40 - S.55; Stockmeyer in Porger S.132 - S.136. Außer in Stuttgart gab es in Hamburg, Essen, Berlin und Hannover freie Waldorfschulen. Vgl. Schmitt (a) S.19
[462] ebenda S.136
[463] Der in den Gemeinschaftsschulen konsequent durchgeführte Verzicht auf die Prügelstrafe war z.T. Grund für die Neuanmeldung von Kindern auf die Gemeinschaftsschulen. Er wurde von den Kindern als Erleichterung empfunden. Vgl. Interview mit dem ehemaligen Schüler der Jenaer Universitätsschule Dieter Höhne, in Riege, Jochen: Peter Petersen und Jena-Plan-Schule, unveröffentlichte Hausarbeit, Marburg 1986, S.79
[464] W. Lamzus in: Karsen (c) S.36

129

Anfangs blieben an diesen Schulen 10 - 20% der Kinder der Schule fern, "an eine geregelte Schularbeit im unterrichtlichen Sinne"[465] war nicht zu denken. Zeidler beschrieb die Stimmung mancher Lehrer an der Wendeschule:

> "Vielen von uns fehlte es aber nach einiger Zeit nicht so sehr am Mut zum Chaos als an der Kraft und den Nerven, das Chaos länger zu ertragen."[466]

Über die ersten Reaktionen an der Berlinertor-Schule wird berichtet:

> "Die Folge war das hemmungslose Losbrechen des Versuchs der rohesten Elemente unter den Schülern, eine Diktatur der rohen Kraft und Brutalität zu verwirklichen. - Gebot für die Lehrer und Lehrerinnen, das sich daraus ergab: Preisgabe jeder Minute während der Dauer des Schulbesuchs an ein stetes Zusammensein mit den Kindern, Einreihung der Lehrerpersönlichkeit in die erstrebte Gemeinschaft und damit Notwehr gegen Übergriffe der brutalen Rücksichtslosigkeit zunächst gegen die Person des Lehrers, dann aber auch gegenüber den zarter organisierten Kindern."[467]

Durch ein kameradschaftliches Verhältnis der Lehrpersonen zu den Schülerinnen und Schülern wurde an dieser Schule in der Folgezeit versucht, die Probleme zu beheben. Dabei wurde die Lehrkraft nicht mehr nur als abwartendes, sondern auch als handelndes Subjekt begriffen.[468] Im Gegensatz zur "alten Schule" sollte das Eingreifen der Lehrerin oder des Lehrers nunmehr nicht ein auf Amtsautorität beruhendes Disziplinieren, sondern ein auf Menschlichkeit und Freundschaftlichkeit basierendes Schützen sein. Die Wendeschule versuchte dagegen zunächst, stärker am Ideal des nicht eingreifenden Lehrers festzuhalten, so daß es hier zu verstärkten Krisen innerhalb der Lehrerschaft kam, die schließlich nach einem Revirement zur Rücknahme weitgehender reformpädagogischer Arbeitsweisen führten. Von ihrem ab 1921 eingesetzten Schulleiter, Kurt Zeidler, wurde diese Veränderung vorangetrieben und in der Schrift "Wiederentdeckung der Grenze" ausführlich begründet.[469] Andere Versuchsschulen legten von vornherein ein stärkeres Gewicht auf den Gemeinschafts- als auf den Selbstregulierungsgedanken.[470]

An der Berlinertor-Schule wehrte man sich gegen Zeidlers Vorwürfe, die Gemeinschaftsschulen praktizierten Bindungslosigkeit:

---

[465] Bericht der Schule Berlinertor zit. nach Rödler S.165
[466] Zeidler zit. nach Rödler S.231
[467] Bericht der Schule Berlinertor zit. nach Rödler S.164; vgl. auch 1. Jahresbericht Dresden S.33ff.
[468] vgl. Rödler S.200ff
[469] vgl. Zeidler (a): Die Wiederentdeckung der Grenze, Jena 1926; ders. in: Porger S.257ff: Die andere Seite der neuen Schule; Rödler S.224ff; zur Kritik an der Wendeschule auch Karsen (b) S.128 und Lehberger in Amlung u.a. S.37f.
[470] vgl. z.B. die Berichte über die Hamburger Schule Telemannstraße oder Dresden-Hellerau. Dabei ist zu unterscheiden, welche Art der Gemeinschaftsbildung betrieben wurde. So propagierten z.B. die Vertreter der Waldorfschule die dort intensiv geförderte Gemeinschaftsbildung nicht im Sinne einer Selbstregulierung und sprachen von einem "Autoritätsbedürfnis des jugendlichen Menschen" (vgl. Oldendorff in: Hilker S.193ff). Der Begriff "Gemeinschaft" wurde insofern unter den Reformpädagogen uneinheitlich gebraucht, so daß er z.T. nach 1933 ungebrochen in die nationalsozialistische Führerideologie eingebettet werden konnte. Die Lebensgemeinschaftsschulen verwandten ihn jedoch überwiegend im demokratischen Sinne.

"Unser Freiheitsbegriff faßte den der Bindung in sich. Niemals haben wir ge-
glaubt, daß ein Zusammenleben ohne Vereinbarungen und Rücksichten möglich
sei; wir waren von vorneherein zu solchen bereit; aber sie sollten sich als notwendig und nützlich erweisen! So stellten wir übliche Formen von Bindung in Frage,
um zu erfahren, welche davon überflüssig und störend seien. Störend in dem
Sinne, daß sie das Wachsen INNERER Bindungen hinderten. Denen den Weg zu
bahnen, die Kinder fähig zu machen zum SICH binden, zum SICH einordnen, zur
SELBSTERZIEHUNG sie die Notwendigkeit von Bindung und Ordnung erleben,
Wege zur Ordnung FINDEN zu lassen unter unserer Beihilfe; ... Dieser unser
Weg, zu einer dienenden Ordnung zu kommen, ist lang; aber er scheint mir
gründlicher als der, eine Ordnung zu SETZEN."[471]

Bei anderen der auf Disziplinierungen verzichtenden Versuchsschulen wurde das eigene

Handeln überprüft und Selbstregulierung durch Anregungs- und Aushandlungsprozesse

ergänzt.[472] Dabei war ein Mit- und Selbstverantwortungsgefühl in den Kindern leichter zu

stärken, die von Schulbeginn an zur **Selbstbestimmung und Solidarität** erzogen und nicht

durch die "alte Schule" vorgeprägt wurden.[473] Viele Gemeinschaftschulen stellten Regeln auf

oder richteten Schülergerichte[474] ein. Nach einigen Schuljahren intensiven Kennenlernens von

Klassen und Lehrkräften überwiegen Berichte von gelungenen Erziehungen zur selbstregulie-

renden Gemeinschaft. Die Schülerinnen und Schüler halfen sich gegenseitig, entwickelten

eine eigenständige Arbeitsmotivation und fanden die in den Bedürfnissen der Gemeinschaft

begründete Grenze der Selbstbestimmung. Wie dieser Prozeß gelang, wie stark er auf

Impulse der Erwachsenen oder auf Bedürfnisse und Kräfte der Kinder zurückging, wird in

den Berichten allerdings nicht immer deutlich.[475]

---

[471] Lottig (der Jüngere) zit. nach Rödler S.167; vgl. auch Petersen (c) S.10ff. Zwar gelang es gerade aufgrund
dieser aktiven Haltung der Lehrerschaft an der Berlinertor-Schule, langsam ein Gemeinschaftsbewußtsein in der
Schülerschaft zu erzeugen, doch mußte die Schule aufgrund der durch ihre radikale Haltung bedingten sinkenden Anmeldezahlen zum Ende der Weimarer Republik schließen. Vgl. Rödler S.166ff, S.206ff und Lehberger in Amlung u.a. S.35ff

[472] Vgl. dazu die Entwicklung in Magdeburg-Wilhelmstadt, beschrieben in Bergner in Amlung u.a. S.171f. In
der Schule Bremen-Staderstr. war dafür ein Verzicht der Lehrkräfte auf rein passives Verhalten notwendig,
stattdessen wurde aktiv versucht, Verantwortungsbewußtsein zu erzeugen. Vgl. Heege in: Karsen (c) S.142

[473] vgl. Behrens in: Karsen (c) S.107f. Auch in der koedukativen Erziehung wurden erste Erfolge erzielt, wenn
sie auch nicht generell in den Gemeinschaftsschulen durchgeführt wurde. Vgl.z.B. Hennigsen in: Porger S.218f;
Weise in: Porger S.248 und Behrens in: Karsen (c) S.110

[474] Schülergerichte, -ausschüsse, -versammlungen gab es nur in einigen Gemeinschaftsschulen, z.B. in der
Berthold-Otto-Schule (vgl. Kerner in: Hilker S.48) und in Berlin und Bremen (vgl. Heege in: Karsen (c) S.142
und ebenda S.179; zu Versuchen mit der Telemannstr. vgl. Hennigsen in: Porger S.219). Meistens wurde die
Mitbestimmung der Schüler und Schülerinnen weniger formell institutionalisiert in den Klassen gehandhabt
(vgl. Rödler S.215).

[475] vgl. Rödler S.166; Behrens in: Karsen (c) S.108. Ein Beispiel aus Dresden, in dem der Lehrer von einer
Unterredung erzählt, in der die Kinder vom Lehrer energisches Eingreifen verlangen: "Ich setzte dem Erstaunen
der Kinder über meine passives Verhalten mein Erstaunen über ihre Zumutung entgegen und übertrieb den
Gegensatz zwischen ihrer Auffassung vom Leben an der Versuchsschule und meiner Auffassung so weit, daß die
Jungen beschämt merkten: Der hat Euch mehr zugetraut als ihr geleistet habt. ... Ich fragte, was zu tun sei. Die
erste, umfangreiche Gruppe der Vorschläge forderte Autorität und Eingreifen des Lehrers. Ich lehnte ab. Nach
grenzenlosem Erstaunen machte einer den Vorschlag: 'Da müssen wir eben auf Ordnung halten - alle auf
Ordnung halten.'" 1. Jahresbericht Dresden S.34; vgl. auch ebenda S.49ff

Rödler meint, daß an dieser Entwicklung die Bildung von **Elterngemeinschaften** wesentlichen Anteil hatte.[476] Auf sie wurde im Gegensatz zur Wendeschule an den übrigen Versuchsschulen großer Wert gelegt. So war z.b. für die Hamburger Schule Tieloh-Süd der Zusammenschluß der Barmbeker Eltern in der Genossenschaft "Produktion" des Wohnblocks am Schleidenplatz Mitinitiator für die Gründung der Schulgemeinde und Garant für eine stabile Unterstützung.[477] Besonders erfolgreich waren die Solidargemeinschaften zudem in der Überwindung von damals sehr bedrängenden materiellen Nöten.[478] Gemeinsame Arbeiten und Aufwendungen schweißten zusammen und halfen gleichzeitig, Mängel, wie z.b. fehlende Tische, zu beseitigen.[479] Durch Schulfahrten, Aufführungen und Feiern konnte die Schulgemeinschaft weiter gestärkt werden.[480] Konflikte gab es, wenn **parteipolitische Auseinandersetzungen,**[481] insbesondere zwischen KPD und SPD, in der Elternschaft auftraten. So versuchten die Versuchsschulen bewußt, Parteipolitik herauszuhalten, regten aber politische und pädagogische Diskussionen in der Schulgemeinschaft durchaus an.

Die Elternarbeit erwies sich insbesondere in der Anfangszeit aufgrund von Verunsicherungen in der Elternschaft als äußerst notwendig.[482] Obwohl viele Versuchsschulen von sozialdemokratischen Stadtschulräten unterstützt wurden,[483] hatten die Schulen mit "Bezirkszwang" besondere Schwierigkeiten, weil hier auch Eltern bzw. Schüler und Schülerinnen in die Ver-

---

[476] vgl. W.Lottig zit. in Rödler S.19ff; Rödler S.170f, S.236ff; Lehberger in de Lorent/Ullrich S.276f; Schwenzer in: Karsen (c) S.119; Paulmann ebenda S.126

[477] vgl. z.B. C. Hagener in Daschner/Lehberger S.32

[478] vgl. Rödler S.161, Lehberger in de Lorent/Ullrich S.275, S.278; Heege in: Karsen (c) S.141

[479] vgl. z.B. Schönherr, Bericht Dresden, Nitzsche in: Hilker S.208, S.233, S.278ff; Behrens in: Karsen (c) S.111

[480] vgl. Versuchsschulberichte der in der Übersicht angegebenen Literatur

[481] C.Hagener kritisiert, daß die Versuchsschulen mit abnehmender Verbreitung der sozialistischen Gesellschaftsperspektive einen a-politischen Kurs steuerten. Trotz dieser Tendenz sind die meisten Versuchsschulen im Vergleich zu den Regelschulen jedoch weitaus politisierter gewesen. Vgl. C.Hagener in: Daschner/Lehberger S.41; Frings-Lambrecht, Gabriele: Parteilich oder neutral? Die Hamburger Versuchsschulen in der Weimarer Republik. In: Demokratische Erziehung 12 (1986), H.3. S.26 - S.29; Lamszus in: Karsen (c) S.75f; für die Schule Berlinertor Rödler S.291ff und S.263ff, für Chemnitz Uhlig in: Hilker S.295; für die Telemannstr. Lehberger in de Lorent/Ullrich S.284ff. Der Gegensatz KPD/SPD setzte sich auf den Kongressen der Lebensgemeinschaftsschulen in den Diskussionen um pädagogische versus politisch-proletarische Ausrichtung und in der Frage, ob die Gemeinschaftsschulen zum Klassenkampf erziehen sollten, fort. Karsen und Paulsen versuchten jedoch, diese Auseinandersetzung zu dämpfen, ohne die Bedeutung der Politik zu mißachten: "Wenn so der flüchtige Blick auf benachbarte Länder die Wichtigkeit der politischen Macht für die Entwicklung unserer neuen Schule zeigt, so werden wir begreifen, daß *endgültig* unseren Schulen nur geholfen werden kann, wenn es gelingt, der Arbeiterklasse die politische Macht in weitem Umfang zu sichern... ." Vgl. Lebensgemeinschaftsschule Nr.1 1926, S.5 und Nr.4 1925, S.49f; Nr.5 1925, S.66f

[482] vgl. Rödler S.164f

[483] Auch wenn nach Zeidlers Schrift 1925 die Schulbehörde in Hamburg durch eine beabsichtigte - schließlich aber nur z.T. umgesetzte - verbindliche Festschreibung der Lehrziele einen die pädagogische Freiheit der Versuchsschulen begrenzenden Kurs steuerte, wurden die meist in Städten mit SPD-Mehrheiten gelegenen Versuchsschulen von den von der SPD eingesetzten Stadtschulräten überwiegend unterstützt. Vgl. Karsen: Unsere Osterzusammenkunft. In: Lebensgemeinschaftsschule Nr.5 1925, S.69; Baumgart S.41f; Rödler S.291 und verschiedene Beiträge in Amlung u.a. S.36, S.93, S.164 und S.235

suchsschule gezwungen wurden, die sie ablehnten.[484] Das führte - unterstützt durch die örtliche Presse, die DVP und DNVP sowie genährt durch entstellende Berichte von Hospitanten - zu wütenden **Protesten** und gerichtlichen Klagen der sich "christlich-unpolitisch" nennenden Elterngruppen.[485] Willkommene Aufhänger für solche Proteste waren z.b. auch die Nacktgymnastik und das Nacktbaden,[486] das in Versuchsschulen z.T. gepflegt wurde, sowie die fehlende Disziplin und Lehrerautorität. In Chemnitz verweigerten die Kirchen den Schülerinnen und Schülern der Versuchsschule aufgrund des fehlenden konfessionellen Religionsunterrichtes die Konfirmation.[487] In Gotha-Sundhausen wurde die Versuchsschule nach einem Schulstreik eines Großteils der "Bauerneltern" schrittweise aufgelöst.[488]

Bei einem solchen **Druck von außen** war es sehr von Vorteil, wenn die Schule einen starken Rückhalt in der Elternschaft oder gar, wie z.b. die Schule Tieloh-Süd, als gemeindeorientierte Schule im Stadtteil hatte, so daß der äußere Druck sogar den inneren Zusammenhalt erhöhen konnte.[489]

Dazu kam, daß die Versuchsschulen oft in Arbeitervierteln gegründet wurden und damit eine gewisse Homogenität in der Elternschaft vorhanden war, zumindest meist eine starke **Bindung** der Versuchsschulen **an** die politisch bewußte **Arbeiterschaft** bestand, die am ehesten bereit war, die neuen pädagogischen Ideen zu tragen; Arbeitereltern schickten bei genügend Aufnahmekapazität ihre Kinder z.T. aus weit entfernten Stadtvierteln an diese Schulen.[490]

---

[484] Hierzu zählten z.B. Leipzig, in der ersten Zeit die Wendeschule Hamburg und Magdeburg, Hamburg-Langenhorn, Gotha-Sundhausen. Vgl. Pehnke in Amlung S.124ff; Baumgart, Stefan: Die Hamburger Lebensgemeinschaftsschulen. Geschichte und Praxis. Unveröffentlichte Pädagogische Hausarbeit, Universität Marburg 1988, S.9, Röhl in: Porger S.222; Behrens in: Karsen (c) S.107; Lebensgemeinschaftsschule Nr. 1/2 1924, S.14; Nr.5 1925 S.69; Nr.4 1924, S.59ff (Argumentation für Bezirkszwang); Nr.5 1924, S.75ff und Nr.4 1925, S.60ff (Gegenargumentation).

[485] Auch wenn sich diese Gruppen "unpolitisch" nannten, standen sie den konservativen Parteien nahe. Vgl. Hilker S.207f und S.293f. In Berlin gab es von Beginn an Proteste dieser Gruppen gegen die von Paulsen initiierten Gemeinschaftsschulgründungen. Vgl. Karsen (c) S.167, S.170; Lebensgemeinschaftsschule Nr.4 1924, S.55ff; Nr.1 1925, S.12ff; Nr.5 1925, S.69; Nr.1 1926, S.5ff

[486] Gerade diese für die damalige Zeit schockierenden, aus der Jugendbewegung kommenden Lebens- und Umgehensweisen, wie z.B. auch das Küssen von Lehrern und Lehrerinnen innerhalb der Schule, prägten häufig viel stärker als pädagogische Strukturen dieser Schulen das Bild in der Öffentlichkeit. Vgl. Rödler S.195f, S.266; Karsen (b) S.164f; Lamszus in: Karsen (c) S.60ff; Lebensgemeinschaftsschule Nr.7 1925, S.106

[487] vgl. M.Uhlig in: Hilker S.293f

[488] vgl. Lebensgemeinschaftsschule Nr.2 1925, S.23 - S.28

[489] Dies gelang jedoch nicht immer. So mußte die Schule Berlinertor trotz erfolgreicher Arbeit aufgrund sinkender Anmeldezahlen wegen der Verunsicherung und parteipolitischer Auseinandersetzungen innerhalb der Elternschaft schließlich die Versuchsschulklassen auslaufen lassen, während die meisten anderen Versuchsschulen trotz des sich wandelnden politischen Klimas hohe Anmeldezahlen hatten und erst durch die Nationalsozialisten 1933 gewaltsam geschlossen wurden. Vgl. Rödler S.260ff, S.306, S.310; Baumgart S.42, Lehberger in de Lorent/Ullrich S.275f; Riege (Interview) S.81; 1. Jahresbericht Dresden S.37ff

[490] vgl. z.B. Lamszus in: Hilker S.263. In der Lebensgemeinschaftsschule (Nr.4 1925, S.59ff) wurde dies für Dresden und Chemnitz kritisiert, die zu reinen "Proletarierschulen" geworden seien. Lehberger (in de Lorent/Ullrich S.275f) weist für die Telemannstr. auf die für Auswärtige beschränkte Aufnahme hin. Die Jenaer Universitätsschule war eine Ausnahme, weil die Schülerinnen und Schüler weniger aus der Arbeiterschaft als aus liberalen und sozialdemokratischen Akademikergruppen kamen. Vgl. Interview mit Schüler der Universitätsschule Jena Riege S.80. 1926 wird das politische "Ermüden" der proletarischen Elternschaft als Grund für die abnehmende Gemeinschaftsschularbeit angeführt. Vgl. Lebensgemeinschaftsschule Nr.4/5 1926, S.51.

Hilfreich waren sicherlich auch die verschiedenen Zusammenschlüsse der Versuchsschulen zu **Schulengemeinschaften**[491] und ab 1924 der gemeinsame Austausch auf Tagungen und in der von Karsen herausgegebenen Zeitschrift "Lebensgemeinschaftsschule. Mitteilungsblatt der neuen Schulen in Deutschland".[492]

Wesentlich für den Erfolg der Versuchsschulen war auch, wie kooperationsfähig und homogen die Lehrerschaft war. Zwar erwuchsen die Versuchsschulen zum großen Teil aus Lehrergemeinschaften, aber nicht immer wurde die Chance des Versuchsschulstatus mit **Wahlkollegium** und kollegialer Schulleitung erfolgreich wahrgenommen.[493] Gerade in der unsicheren Anfangszeit war ein intensiver Austausch im Kollegium notwendig. Er wurde an einigen Schulen fast in jeder Pause und an den meisten Nachmittagen durchgeführt.[494] In einigen Fällen stellten sich große Divergenzen heraus, Schulleiter verhielten sich überraschend intolerant,[495] die stark individuell ausgeprägten Ansichten ließen sich kaum noch unter einen Hut bringen und die Vorbildfunktion für die Schülergemeinde wurde nicht immer positiv ausgefüllt. Angesichts des Umstandes, daß sich gerade in umstrittenen Schulen trotz eines gewissen Spielraums für die einzelne Lehrperson ein geschlossenes Auftreten und ein vertrauensvolles Kooperieren des Kollegiums als nötig erwiesen, waren **Spaltungen** fast unvermeidlich. Sie erfolgten dann auch z.B. an der Hamburger Wendeschule, den Bremer Schulen Schleswigerstraße und Staderstraße und der Berliner Schule Rütlistraße.[496] Einige der

---

[491] Zwar lehnte die Hamburger Oberschulbehörde die zu den vier genehmigten Lebensgemeinschaftsschulen zusätzlichen Anträge von 13 weiteren Schulen auf den Versuchsschulstatus ab, meist stellten diese ihre Arbeit aber dennoch um. Vgl. für Hamburg: Rödler S.247ff; Lamszus in: Hilker S.262; C.Hagener in: Daschner/Lehberger S.33ff. In Berlin gab es unter Paulsen eine gemeinsame Gründung und Zusammenarbeit der Gemeinschaftsschulen. Vgl. Karsen (c) S.160ff. In Bremen gaben die Schulen Helgoländerstr. und Staderstr. eine gemeinsame Zeitung heraus. Vgl. Aevermann in: Karsen (c) S.136

[492] Langensalza 1924 - 1926. Weitere Artikel erschienen in "Die Neue Erziehung. Zeitschrift für entschiedene Schulreform und freiheitliche Schulpolitik. zugleich Organ des Bundes Entschiedener Schulreform", hrsg. von Baege und Kawerau, Berlin 1919ff

[493] So kam es z.B. in der Hamburger Wendeschule und in der Schule am Dulsberg sowie in der Bremer Schule Schleswiger Str. anfangs häufig zu massiven Auseinandersetzungen in der Lehrerschaft. Vgl. Rödler S.231ff, Gebhard S.14 und Scharrelmann in: Hilker S.254. Zeidler beschreibt die ungenügend geplante Auswahl der Kollegien an seinem eigenen Beispiel in Sandhaus/Zeidler (a) S.115: "Vor Beginn einer Versammlung der 'Gesellschaft der Freunde' habe sich Jöde plötzlich vor ihn gestellt, ihm mit dem Finger auf die Brust getippt und gesagt: 'Der gehört auch dazu!'(zum neuen Kollegium der Wendeschule, d.V.) ... Dazu Zeidler: "Wir waren schlecht zusammengestellt, planlos wurden heterogene Elemente mit teilweise krassem Individualismus nur auf Gefühl, Instinkt und guten Glauben hin zusammengebracht." Die Vorzüge eines Wahlkollegiums konnten daher nicht greifen. Die anderen gleichzeitig eingerichteten Versuchsschulen seien auch in dieser Hinsicht entschieden planvoller vorgegangen. Aus der sicher nicht repräsentativen negativen Erfahrung der Wendeschule mit der kollegialen Schulleitung und der Selbstverwaltung der Schule heraus trat Zeidler als entschiedener Gegner dieser Forderungen hervor, prägte die Legende von deren Scheitern und war nach dem Zweiten Weltkrieg bis in die heutige Zeit in Hamburg dafür mitverantwortlich, daß diese Maßnahmen starke Gegnerschaft behielten. Vgl. dazu genauer Hans-Peter de Lorent in: Daschner/Lehberger S.57 - S.67.

[494] vgl. Lehberger in de Lorent/Ullrich S.275

[495] z.B. Scharrelmann in Bremen-Schleswiger-Str. und Rausch in Bremen-Staderstr., vgl. Aevermann und Heege in: Karsen (c) S.132 und S.137

[496] vgl. Aevermann, Heege in: Karsen (c) S.132, S.137; Rödler S.224ff; Lebensgemeinschaftsschule Nr.5 1925, S.69

Lehrkräfte verließen die Schulen, weil sie die kraftraubenden Verhältnisse nicht bewältigen konnten,[497] andere aus pädagogischen Gründen.

Wesentlich für die Erfolge der Versuchsschulen erscheint nun, ob nach einer Zeit der Klärungen, hohen Fluktuationen und Abspaltungen das Kollegium - solidarisch und ohne die Ziele aus dem Auge zu verlieren - die eigenen Ergebnisse überprüft und Fehlentwicklungen in einem kontinuierlichen Prozeß abgebaut hat, wie es fast überall gelang.[498] Neben einer vertrauensvollen Lehrergemeinschaft bildete sich eine stärkere Kontinuität im Lehrer-Schülerverhältnis, wobei sich das auch in der Berliner Berthold-Otto-Schule und der Waldorfschule bewährende Klassenlehrerprinzip positiv auswirkte.[499]

Die Waldorfschule und einige Versuchsschulen, die nicht warteten, bis die Schüler und Schülerinnen ihre eigene Ordnung schufen, sondern selber Regeln und Normen setzten, zeigten schließlich, daß der Effekt des Zusammenhalts mehr noch als durch die Selbstregulierung durch die Betonung des Schüler-, Eltern- und Lehrerschaft umfassenden Gemeinschaftsgedankens erzielt wurde.

Im Zusammenhang mit der Frage nach der Gestaltung des Lernens in leistungsheterogenen Gruppen ist daher für die besonders in den höheren Jahrgängen der verlängerten Grundschule unterschiedlich leistungsfähigen Jugendlichen festzuhalten, daß eine starke Verwirklichung des Gedankens der **Gemeinschaftsorientierung** einen Zusammenhalt schaffen kann, der ein **Auseinanderfallen in Leistungsgruppen verhindert**. Heterogene Klassen sollten dabei vor allem zu Beginn nicht einem Prozeß der ausschließlichen Selbstregulierung überlassen bleiben, sondern bedürfen einer Orientierung auf gemeinschaftsbewußte Selbst- und Mitverantwortung.

Angesichts der Übernahme des autoritätsorientierten Gemeinschaftsgedankens durch die Nationalsozialisten - an der auch Reformpädagogen wie Petersen beteiligt waren - sollten heutige Reformschulen zudem deutlich an die Traditionslinie der Mehrheit der Lebensgemeinschaftsschulen anknüpfen, die - wie etwa Karsen - "Gemeinschaft" im Sinne von demokratisch-solidarischer Konfliktregelung und nicht im Sinne von Unterordnung unter einen Führer begriffen.

---

[497] Die zu den 29 Pflichtstunden kommenden vielen Konferenzen und Sonderaufgaben konnten praktisch nur durch zusätzliche Arbeiten an freien Nachmittagen und Wochenenden abgeleistet werden, so daß von einer ständigen Überarbeitung der meisten Lehrpersonen ausgegangen werden muß. Vgl. C.Hagener in: Daschner/Lehberger S.34

[498] vgl. C.Hagener in: Daschner/Lehberger S.34f

[499] vgl. Rödler und Berichte in Hilker, Porger und Karsen (c). Positive Erfahrungen wurden mit einem Lehrpersonaustausch an einem Tag in der Woche gemacht. Vgl. Lebensgemeinschaftsschule Nr.5 1925, S.70; Petersen (c) S.53

(2) Neigungslernen

Dem Prinzip der Selbstbestimmung versuchte man nicht nur in bezug auf Disziplin, sondern auch in bezug auf Lerninhalte Rechnung zu tragen. Dabei sollten erstens die in der gesamten Lerngruppe behandelten Stoffe "vom Kinde aus"[500] bestimmt werden, ein **Lehrplan entfallen** und in der radikalsten Form die Lehrpersonen "ohne eigenes Ziel" sein.[501] Zweitens sollte die Möglichkeit individuellerer Angebote durch Kurse bzw. Arbeitsgemeinschaften geschaffen werden.

Bei der Verwirklichung des ersten Ziels offenbarten sich schnell große Unterschiede zwischen und innerhalb der Schulen. Sie führten beispielsweise in Bremen zu starken Auseinandersetzungen um Freiheit versus Verbindlichkeit. Während in der Schule Schleswigerstr. eine Minderheit um Scharrelmann an der unabhängig von gesellschaftlichen Bedingungen scheinbar allein vom Kinde aus gewonnenen Inhaltsbestimmung festhielt, befürwortete die Mehrheit um Aevermann eine Orientierung der Lerninhalte an wirtschaftlichen und sozialen Notwendigkeiten.[502] Auch in der Schule Stader Str. wurde wie an der Schleswiger Str. gestritten, ob ein Kind auch zu unangenehmen Tätigkeiten und Beendigungen angefangener Arbeiten angehalten werden müsse, ob ihm Vorgaben gemacht werden sollten und ob es eine völlige Freiheit für die Lehrpersonen oder eine Bindung an eine gemeinsame Linie des Kollegiums geben sollte. So war die Mehrheit dieser Schulen entgegen den Schulleitern folgender Ansicht:

"Die Schule ist ein Organismus mit einer bestimmten Richtung und mit bestimmten Zielen, die notwendigerweise nur von der Mehrheit der Lehrergemeinschaft bestimmt werden und für deren Innehaltung das Kollegium sich verantwortlich fühlt. Die Klassen und Arbeitsgruppen sind nicht als seelische, nur durch Liebe gebundene Gemeinschaften zu betrachten, sondern als Arbeitsgemeinschaften, in denen die Arbeitsmöglichkeit gesichert werden muß, was unter Umständen für den einzelnen Zwang bedeutet und auch als solcher empfunden wird."[503]

---

[500] Ellen Key hatte 1900 in einem Buchtitel "Das Jahrhundert des Kindes" ausgerufen und damit starken Anklang unter den Reformpädagogen gefunden. Vgl. auch Gläser, Johannes (Hrsg.): Vom Kinde aus, Aufsätze des Päd. Ausschusses Hamburg, Hamburg/Braunschweig 1920, Auszüge in: Porger S.203 - S.216

[501] vgl. Lebensgemeinschaftsschule Nr.5 1925, S.65ff; Baumgart S.11. In der "Ablehnung des Stoffprinzips" (d.h., daß sich das zu Lernende nicht vom Kind unabhängig aus dem Stoff ableiten läßt) bestand weitgehende Einigkeit unter den Gemeinschaftsschulen. Vgl. Lebensgemeinschaftsschule Nr.4 1925, S.50. Um die Unabhängigkeit von behördlichen Lehrplänen kam es z.T. zu heftigen Auseinandersetzungen zwischen Schulverwaltungen und Gemeinschaftsschulen. Vgl. z.B. Lehberger in Amlung u.a. S.33ff

[502] vgl. D.Hagener S.235; 1. Jahresbericht Dresden S.9ff

[503] vgl. Aevermann in: Karsen (c) S.132, siehe auch S.114ff, S.123, 131ff, S.140ff und Zeidlers Streitschrift für mehr Verbindlichkeiten: Die Wiederentdeckung der Grenze. Obwohl es für ihn noch eine offene Frage war, meinte der neue Schulleiter der Stader Str., Heege, (in: Karsen (c) S.138 und S.147), daß die Lehrpersonen verpflichtet seien, die Kinder zu Verständnis und Mitarbeit an heutigen Kulturaufgaben zu bringen und damit die völlig freie Wahl der Themen durch das Kind eingeschränkt sei. Vgl. auch Lebensgemeinschaftsschule Nr.4/5 1926, S.62.

An der Stader Str. ging der Schulleiter, an der Schleswiger Str. blieb er und schuf mit der Minderheit ein zunehmend mystisch-religiöses und antiintellektuelles Schulklima, das schließlich von faschistoiden Tendenzen nicht mehr frei war.[504] Andere Schulen wie die in Magdeburg-Wilhelmstadt, Leipzig-Connewitz und in Hamburg-Telemannstr. arbeiteten von Beginn an stärker in traditioneller Weise mit Lehrplänen.[505] Wieder andere versuchten, den immer wieder auftauchenden Forderungen der Schulbehörden nach Lehrplänen dadurch gerecht zu werden, daß sie statt Jahreszielen zumindest Stufenziele für das Ende der vierten, z.T. sechsten sowie achten Klasse aufstellten und erreichen wollten.[506] Insgesamt scheint es an den meisten Gemeinschaftsschulen zwar keinen starren und behördlich vorgeschriebenen Stoffplan gegeben zu haben, aber eine Orientierung an den Lehrzielen der Volksschulen. Zumindest wurden die Inhalte von den Lehrkräften, die die Bedürfnisse der Kinder mehr oder weniger zu antizipieren versuchten, meist vorgegeben, z.T. durch die Schüler und Schülerinnen ergänzt:

> "Wenn das neue Schuljahr begann, haben wir unseren Stundenplan selbst erarbeitet. Die Vorgabe unseres Lehrers war zum Beispiel: Wir müssen in eine Woche hineinpacken von Deutsch soundsoviel, Rechnen so viel, beispielsweise Erdkunde. Und dann: "Was wollt Ihr noch?" "[507]

Als Ergänzung zu dem stärker von den Kindern aus bestimmten jahrgangsübergreifenden Gemeinschaftsunterricht fanden in Berlin-Neukölln verpflichtende Lehrgänge statt, die für alle Schülerinnen und Schüler Lernpensen in den Kulturtechniken vorschrieben.[508] Überall wurden dagegen **Kurse** und Arbeitsgemeinschaften[509] eingerichtet, die den Kindern ermöglichen sollten, im Kernunterricht nicht befriedigten, individuellen Neigungen nachzugehen und aus verschiedenen Themen, Fächern und Tätigkeiten auswählen zu können.

---

[504] vgl. D.Hagener S.237; Scharrelmann in: Hilker S.127f. Die Mehrheit unter Aevermann übernahm die Schule Theodorstr., später Helgoländerstr. als Versuchsschule.

[505] vgl. Rödler S.157f; Lehberger in de Lorent/Ullrich S.279; ders. in Amlung u.a. S.39; Bergner in Amlung u.a. S.169; Pehnke in Amlung u.a. S.117

[506] vgl. z.B. für Berlin Karsen (c) S.177; Radde in Amlung u.a. S.94. Ähnliches galt für Bremen. Die Hamburger Behörden waren verstärkt ab 1925 gegen Lehrplanlosigkeit. Vgl. Rödler S.291f; Schmid, Jakob Robert: Freiheitspädagogik. Schulreform und Schulrevolution in Deutschland 1919 - 1933, Reinbek 1973, S.144.; Lehberger in Amlung u.a. S.33ff

[507] Schüler der Berlinertor-Schule, zit. nach Rödler S.304

[508] vgl. Porger S.238ff und Radde in Keim, Wolfgang (Hg.) (b): Kursunterricht - Begründungen, Modelle, Erfahrungen, Darmstadt 1987, S.177 - S.193. Die Lehrgänge hießen hier Kurse und sind nicht zu verwechseln mit den Wahlkursen der übrigen Schulen.

[509] Vgl. die verschiedenen Beiträge in Amlung u.a. (Lehberger/Hamburg S.36; S.39; Radde/Berlin S.95; Pehnke/Leipzig S.121f; Bergner/Magdeburg S.173; Sandfuchs/Braunschweig S.237) und in Keim (b) S.165ff, S.177ff, S.194ff und S.219ff. In Leipzig wurde im 7. und 8.Schuljahr ein Kern-Kurssystem eingerichtet. In Neukölln u.a. Schulen hießen die altersgemischten Wahlkurse "Arbeitsgemeinschaften", meist wurden sie "freie Kurse" oder einfach nur "Kurse" genannt. Vgl. Richtlinien Neukölln in: Porger S.238ff. In Jena hatten die Kurse eher die Aufgabe, mit einem kleinen Teil der Gruppe Defizite aufzuarbeiten oder in neue Arbeitstechniken einzuführen; durchgängig nach "Begabungen" gegliederte Kurse wurden abgelehnt; vgl. Petersen (c) S.51ff, S.15ff.

Zudem waren die Teilnehmerzahlen in diesen Kursen meist geringer als im Kernunterricht[510], so daß individueller auf die Schüler und Schülerinnen eingegangen werden konnte. Dieser zweite Aspekt des Lernens nach Neigungen, der die für die Frage der sechsjährigen Grundschule besonders wichtige Problematik der Individualisierung durch gesonderte Kurse oder innerhalb des Kernunterrichts betrifft, soll hier zunächst anhand von ausführlicheren Zitaten aus den Gemeinschaftsschulen behandelt werden. So wurde aus Leipzig berichtet:

"Wir haben von Anfang an, um dem Prinzip der Differenzierung und starken Neigungen gerecht zu werden - um ausgesprochene Begabungen handelt es sich selten -, f r e i e K u r s e eingerichtet. Sie liefen in der normalen Arbeitszeit und wurden von Lehrern und Kindern als Störung der Klassenarbeit empfunden. Es gab viel Abgänge. Die individuelle Gestaltung der Klassenarbeit gestattete auch denen mit besonderen Neigungen in vielen Fällen genügende Auswirkungsmöglichkeiten. Ihre Mithilfe fehlte oft zur rechten Zeit. Es ging gegen das Wesen der Gemeinschaft, daß regelmäßig zu bestimmter Zeit gewisse Köpfe und Hände fehlten - es handelte sich oft um Führer bei der Arbeit. ... Wir haben deshalb von Ostern ab die Kurse auf Nachmittage verlegt, haben die Teilnehmerzahlen auf höchstens zwanzig und die Kurse selbst beschränkt. Die Teilnahme ist wieder freiwillig, aber für längere Zeit verbindlich. Wir meinen zumeist, daß wir im Interesse des Kindes handeln, wenn wir für seinen Stimmungswechsel wohl Verständnis, nicht aber immer Nachgiebigkeit zeigen. ... Wir erwarten auch mehr oder weniger kurzfristige Kurse, die sich aus der Notwendigkeit ergeben, eine Arbeit im Rahmen der Klassenarbeit außerhalb des Klassenzimmers und zu besonderer Zeit auszuführen. Für solche Fälle wird freiwillige Lehrerarbeit geleistet. Wir glauben nicht mehr an eine Notwendigkeit starker Differenzierung."[511]

Ähnlich berichtete Zeidler, daß die Kurse beschränkt wurden, weil sie die Arbeit in der Kernklasse gefährdeten.[512] In Chemnitz wurde die Forderung nach Begabtenklassen ebenso abgelehnt. Weiter hieß es:

"Die anscheinend soziale Begründung dieser Forderung (freie Bahn *jedem* Tüchtigen, Aufstieg der Begabten) ist nur ein Mäntelchen, das die Wiederauferstehung der alten Standesschule schamhaft verbergen soll. Die versuchte psychologische Begründung der Forderung ergab bald die Einsicht, daß es unmöglich ist, Begabung hinreichend sicher zu erkennen, zu messen, zu sortieren, ergab überhaupt Unstimmigkeit in der Bezeichnung, dessen was Begabung ist. Die Forderung, für jede Begabung Sonderklassen zu schaffen, war mit Leichtigkeit ist organisatorisch unmöglich abzutun. Und doch blieb die Forderung der Sonderausbildung jeder Art von Begabung als berechtigt bestehen.
Folgende Erwägungen führten zu neuer Organisation: kein unverbildetes Kind tut etwas gegen seine Eigenart, zumindest dann nur auf kurze Zeit. Überlassen wir

---

[510] So berichtet Lamszus (in: Hilker S.271) von Problemen durch zu große Klassen:"Waren die Kindergruppen schon viel zu groß (40 und mehr), als daß sie auch nur zu übersehen wären, geschweige, daß jeder zu seinem Leben gelangen konnte, drohten wir ständig in der Quantität stecken zu bleiben, war es an sich schon unnatürlich, täglich stundenlang mit 40 Menschenkindern in einem Wohnzimmer 'natürlich' zusammen zu sein, so wirkt sich darin eben nur die Unnatur der Großstadt ... auch in der Schule aus. ... Hier rangen wir um Dezentralisation. Schulfarm, Schulboot, Ausflüge und Reisen waren Notbehelf." Vgl. auch Schwenzer in: Karsen (c) S.115f
[511] Versuchsschule Leipzig-Connewitz, Ph. Schönherr in: Hilker, Deutsche Schulversuche S.213f, Hervorhebung im Orginal
[512] vgl. Zeidler in Porger S.235ff

dem Kinde die Wahl der Tätigkeit, so erkennen wir in Kürze mit Sicherheit seine Neigung, also seine Begabung. Die Grade der Begabung sind nicht an Altersstufen gebunden. Größte Förderung der Begabung fordert darum Mischung der Altersstufen mindestens für den Neigungsunterricht. Gemeinschaften bilden sich nicht einförmig nach Begabungsarten, sondern wachsen frei auf Grund ganz anderer Gesetze. Die soziale Erziehung fordert auch möglichst bunte Zusammensetzung der Klassengemeinschaft. Die Gesellschaft fordert von jedem ein Mindestmaß an Kenntnissen. Das führt zur Forderung eines für alle verbindlichen Kernunterrichtes.

1922 versuchten wir die Frage der Sonderausbildung so zu lösen, daß an 2x2 Stunden wöchentlich die Kinder der letzten vier Jahrgänge sich das Fach selber wählen konnten ... . Zwei Jahrgänge wurden dabei stets zusammengefaßt. ... Zur Zeit laufen an unserer Schule folgende Kurse: Englisch, Esperanto, Stenographie, Algebra, Gartenarbeit in Verbindung mit Biologie oder Physik, Gesang..., im ganzen 36. Sie dauern ganz- und mehrjährig. Folgende Mängel sind noch vorhanden: die Wahlfreiheit ist beschränkt. Kurse möchten nicht nur nach Fächern, sondern nach Einzelthemen eingerichtet werden und z.T. kurzfristiger laufen. ... Es ist unsere Aufgabe, sie bei aller vorhandenen Bindung (Stundenzahl) noch breiter und beweglicher auszubauen."[513]

Meist wollte man aber, wie im Bericht aus Leipzig und im folgenden aus Dresden deutlich wird, den Umfang der Kurse insgesamt oder für die Jüngeren beschränken:[514]

"Wir nahmen aber an, daß in den oberen Klassen diese innere Differenzierung so weit fortgeschritten wäre, daß ihr in Kursen Rechnung getragen werden müßte. Wir versuchten, ob es möglich sei, alle gleichgerichteten Neigungen und Begabungen der Oberstufe in besonderen Abteilungen oder Kursen zusammenzufassen, stunden- oder tageweise, ohne Rücksicht auf Alter und Geschlecht. Darum lösten wir die acht Oberklassen zunächst an einem Wochentage in zwölf zweistündige Kurse auf. ... Es soll nicht verschwiegen werden, daß uns die Durchführung solcher Kurse erhebliche Schwierigkeiten bereitete. Die besonderen Neigungen der älteren Kinder ließen sich ja verhältnismäßig leicht durch sorgfältige Beobachtungen erkennen, einwandfreie Methoden aber zur Feststellung von Begabungen konnten wir nicht anwenden. Vielfach deckte sich Neigung und Begabung gar nicht, besondere Neigungen rief bei manchen Kindern die Person des Lehrers hervor oder seine hervorragende Leistung auf einem Unterrichtsgebiet. Nicht immer ließ sich der Einfluß des Elternhauses bei der Meldung der Kinder unterdrücken, mitunter übte auch der Wunsch, mit dem Freunde gemeinsam arbeiten zu können oder die geschickte Formulierung und Ankündigung der Arbeitsaufgaben eine entscheidende Wirkung aus. ... Die Lehrerschaft hat bis jetzt beobachtet und erfahren, daß ausgeprägte B e g a b u n g s t y p e n entgegen der allgemein üblichen Annahme e r s t später, vielleicht nach dem zwölften Lebensjahr, auf keinen Fall aber schon im zehnten Lebensjahr mit Sicherheit festzustellen sind. Aus diesem Grund sind wir neuerdings dazu gekommen, besondere Kurse erst vom zwölften Lebensjahr an einzurichten. Wir halten organisatorische Sondereinrichtungen vor diesem Zeitpunkt für unnötig. Wesentlich günstiger sind unsere Erfahrungen mit solchen Kursen, die nicht vorher planmäßig festzulegen waren, die begannen, wenn sie notwendig wurden."[515]

---

[513] Versuchsschule Humboldtschule M., Chemnitz, Max Uhlig in: Hilker, Deutsche Schulversuche S.296f; vgl. auch Lebensgemeinschaftsschule Nr.5 1925, S.67ff

[514] Karsen berichtete auf der Ostertagung der Lebensgemeinschaftsschulen: "Die Erfahrungen, die sich jetzt auf 5 - 6 Jahre erstrecken, zeigen fast überall ein Zurückgehen der Kurse." Lebensgemeinschaftsschule Nr.4 1925, S.50 und Nr.5 1925, S.68. Vgl. auch Keim (b) S.165ff

[515] Versuchsschule Dresden-Georgsplatz, Bericht der Lehrerschaft in: Hilker, Deutsche Schulversuche S.242f, Hervorhebung im Orginal; vgl. auch 1. Jahresbericht Dresden S.16ff

Die Problempunkte, die in diesen Berichten benannt werden, lassen sich demnach wie folgt zusammenfassen:

Erstens gefährdeten die Kurse den Kernunterricht, weil die Zeit für die Ausbildung der Gemeinschaft eingeschränkt wurde und z.T. die Leistungsfähigsten für die gemeinsame Arbeit fehlten. Zweitens stimmte die Neigung nicht immer wie angenommen mit der Leistung überein, so daß auch die Kursgemeinschaften leistungsheterogen blieben, insbesondere dann, wenn, wie es häufig geschah, die Kurse jahrgangsübergreifend stattfanden. Hierarchisch gruppierte Leistungskurse, wie wir sie heute aus Gesamtschulen kennen, wurden in der Regel nicht eingerichtet. Stattdessen differenzierten sich die meisten Kurse nach Fächern oder Themen,[516] wobei eingeräumt werden muß, daß Kurse wie Englisch oder Stenographie meist nur von den Leistungsfähigsten gewählt wurden, so daß hier ausnahmsweise eine relativ homogene Leistungsgruppierung zu beobachten war.[517] Drittens wurden die Kurse häufig nach ganz anderen Kriterien als nach der "Begabungsrichtung" ausgewählt, zumal sich viertens bestimmte "Begabungsrichtungen" meistens gar nicht mit hinreichender Sicherheit feststellen ließen.

Für die Frage der verlängerten Grundschule bedeuten die Ergebnisse der Versuchsschulen unter dem Vorbehalt der geringen empirischen Absicherung und der historischen Bedingtheit der Erfahrungen:

- daß eine **äußere Differenzierung** nach Leistungen unter bestimmten Bedingungen selbst in sehr heterogenen Gruppen **nicht nötig** ist bzw. ein solches Bedürfnis in den Versuchen der Gemeinschaftsschulen kaum auftrat, zumindest nicht formuliert wurde;

- daß äußere Differenzierung nach Neigung sich in bezug auf die Kriterien der Wahl als problematisch erwies und wenn überhaupt, dann kurzfristiger nach Bedarf, weniger fach-, eher themenspezifisch und **flexibel** in Form von Arbeitsgemeinschaften eingerichtet wurde;

- daß die gemeinsame Arbeit im Kern nicht von vielen gleichzeitig angesetzten Kursen eingeschränkt werden darf; **Binnendifferenzierung** und Arbeitsteilung im Klassenverband erwiesen sich als Formen, die gemeinsames Lernen und individuelle Interessen berücksichtigten, und sie wurden zunehmend realisiert.

Insgesamt zeigte sich in den meisten Gemeinschaftsschulen das Eingehen auf die Neigungen der Schüler und Schülerinnen erfolgreich, wobei mit zunehmender Erfahrung Freiheiten aus Rücksicht auf die Lerngemeinschaft eingeschränkt wurden, auf notwendige Vorbedingungen und obligatorische Lerninhalte geachtet wurde und **verbindliche Regelungen** (z.B. kontinuierliche Teilnahme bei einmal getroffener Kurswahl) zunahmen.[518] Sowohl im Klassenverband als auch in Kursen scheint es häufig gelungen zu sein, unterschiedlichen Neigungen

---

[516] vgl. z.B. 1. Jahresbericht Dresden S.16 - S.26
[517] vgl. Behrens in: Karsen (c) S.110; Bericht Telemannstr. zit. in Lehberger in de Lorent/Ullrich S.279 und Zeidler in Porger S.235; siehe für Bremen-Staderstr. Heege in: Karsen S.146
[518] vgl. z.B. Lebensgemeinschaftsschule 1926 Nr.4/5, S.52

gerecht zu werden. Starre, z.T. kinderferne Lehrpläne wurden aufgegeben. Zugleich zeigte sich aber, daß häufig gesellschaftlich für relevant gehaltene Problem- und Fähigkeitsbereiche nicht allein "vom Kinde aus" zur Sprache kamen, also von den Lehrenden eingebracht werden mußten. Trotz aller Schwierigkeiten besonders in der Anfangszeit konnte durch Flexibilität der Lehrpersonen, Berücksichtigung der Wünsche der Kinder und Verzicht auf vorgeschriebene Jahrespensen bei den Schülern und Schülerinnen ein größeres Maß an **Motivation** und Selbstbestimmung erreicht werden, wenn beispielsweise mit dem Erlernen der Kulturtechniken erst im dritten Schuljahr begonnen, dann aber schneller, mit mehr Freude und z.b. im schriftsprachlichen Bereich in der Form des "Freien Schreibens" sehr erfolgreich gearbeitet wurde.[519]

(3) Selbsttätiges Arbeiten

Der Gedanke des Lernens durch Selbsttätigkeit war eng mit der Arbeitsschulbewegung[520] verbunden. Man trifft auf drei schwerpunktmäßige Ausprägungen:
- Veranschaulichung, "Greif"-barkeit oder "Erleben" der Lerninhalte;
- produktive Arbeit bzw. Projektcharakter des Unterrichts;
- Verzicht auf gleichmäßiges und gleichzeitiges Fortschreiten im Klassenverband.

Hinsichtlich der ersten Dimension gingen die Gemeinschaftsschulen davon aus, daß die "alte Schule" mit ihrer Konzentration auf reproduktive Lernanforderungen wie Auswendiglernen und Abschreiben sowie auf Lehrervortrag und Lehrbuch auch unter lernpsychologischen Gesichtspunkten versagt habe. Sie waren dagegen der Auffassung, daß etwas leichter aufzunehmen und zu behalten sei, wenn es mit vielen **Sinnen** (Tast-, Seh-, Hör- oder gar Geruchssinn) wahrgenommen werden könne oder durchlebte und verarbeitete **Erfahrung** sei.[521] Wurde diese Annahme konsequent umgesetzt, was nicht alle sich programmatisch zum Arbeitsschulgedanken bekennenden Lehrkräfte taten, so zeigten sich sichtbare Erfolge.[522] Sie konnten besonders in den Gebieten erzielt werden, in denen der Unterricht **Projektcharakter** erhielt bzw. auf die Herstellung von Produkten ausgerichtet war. So wurde z.B. aus der Schule Telemannstr. berichtet, daß ein Projekt "Kreuz und quer durch Afrika" 11 Stunden pro Woche durchgeführt wurde und eigenständige praktische Arbeit im Mittelpunkt aller Fächer stand.[523] Weiter hieß es:

---

[519] vgl. Rödler S.296; Baumgart S.26. Das "Freie Schreiben" wurde besonders von Jensen und Lamszus verbreitet. Vgl. Baumgart S.27
[520] vgl. z.B. Hackl, Bernd: Die Arbeitsschule, Wien 1990
[521] vgl. Karsens Plädoyer für die Erlebnisschulmethode auf der Reichsschulkonferenz.
[522] vgl. Reinlein in: Porger S.157 - S.169; Münch in: Porger S.170 - S.187. Oestreich kritisiert in: Porger (S.275): " 'Arbeitsschule' ist es nicht, wenn Abstrakta im Frage-Antwort-Geplänkel 'erarbeitet' werden". Vgl. auch den Bericht über die Arbeitsschule von Seinig in: Karsen (b) S.18ff. Zwar wird sie von Karsen gelobt, zugleich bemängelt er aber, sie sei begrenzt auf die Methode der anschaulichen Darstellung und Handarbeit. Seine Parteiname für den Erlebnisunterricht gab Karsen Mitte der 20er Jahre auf. Siehe auch Hackl S.94 - S.113.
[523] vgl. Lehberger in de Lorent/Ullrich S.279 und S.282ff; Lebensgemeinschaftsschule 1925 Nr.7, S.103ff, Nr.8, S.113ff, Nr.10, S.145ff; siehe auch Werk- und Gartentätigkeit unter Abschnitt 4)

"Daneben sind es Dinge, die dem Kinde das mechanische Lernen gewisser Fähigkeiten im Rechnen und Lesen erleichtern sollen: Einmal wie beim Krämerladen in mehr spielender Art; ein anderes Mal beim Kleben eigener Fibeln etwa, in strengerer Form. In einzelnen Fällen sind daneben auch schon besondere Stunden der Werktätigkeit freigegeben. Immer ist diese Sonderarbeit in innigster Verbundenheit zur Klassenarbeit geleistet worden. ... Schon auf dieser Stufe muß die besondere Heranziehung der manuellen Arbeit zum Schulfest, zum Theaterspiel, zur Vervollkommnung des Klassenraums erwähnt werden."[524]

Umstrittener war der Gedanke der **"Produktionsschule"**. Schließlich setzte sich bei der Mehrheit der Gemeinschaftsschulen eine Auffassung durch, wonach Lernen nicht nach den Gesetzen der industriellen Produktion (Massenfertigung, Rentabilität usw.) ausgerichtet sein dürfe, daß aber die Herstellung von Produkten, soweit sie unter pädagogischen Gesichtspunkten erfolgt, aus der Motivation der Schüler bzw. Schülerinnen entspringt und einen Ertrag für die Schulgemeinschaft bringt, sehr fruchtbar sein könne.[525]

Der dritte Akzent, der **Verzicht auf gleichmäßiges und gleichzeitiges Fortschreiten** im Klassenverband, bedeutete, daß Schüler und Schülerinnen individuell Einfluß darauf gewannen, wann, wie lange und was sie in welchem Umfang, wie und mit wem bearbeiteten. So wurde z.B. aus der Hamburger Schule Tieloh-Süd berichtet, daß "der größte Wert auf das Selbsterarbeiten seitens der Kinder gelegt wird."[526] Und vom Berlinertor verlautete: "... Arbeitsgemeinschaft, das hieß auch: Verzicht auf Gleichtakt und stattdessen innere Differenzierung bzw. Aufgabenteilung".[527] Wie hier, so wurden in der auch an den anderen Gemeinschaftsschulen praktizierten Binnendifferenzierung verschiedene bzw. unterschiedlich umfangreiche Aufgaben in Eigen- oder Gruppenarbeit geleistet. Auch wenn deren Anteile nicht genau aus den Quellen hervorgehen, scheinen sie ein beträchtliches Ausmaß angenommen zu haben[528] und von den Kindern verstärkt gefordert worden zu sein:

"Jedenfalls äußern unsere nicht durch Zwang oder Furcht gehemmten Kinder deutlich, daß gemeinsame Arbeit an einem Stoff keinen zu großen Raum in unserer Arbeit einnehmen soll, daß sie viel lieber sich selbst beschäftigen wollen."[529]

Der verstärkte Einsatz von Einzel-, Partner- und Gruppenarbeit fand seine konsequente Fortsetzung in einer Veränderung der Sitzordnung, die durch Ersatz der festen Bankreihen durch

---

[524] Bericht der Schule Telemannstr., zit. nach Lehberger in de Lorent/Ullrich S.282. "Werken" wurde als alle Fächer durchziehendes Prinzip und als gesonderter Unterricht gegeben.
[525] Während Krefeld-Lehmheide als proletarisch ausgerichtete Gemeinschaftsschule die Bedeutung der Produktion in der Schule hervorhob, warnte z.B. Chemnitz vor einer "Produktionsschule nach russischem Muster". Die Auseinandersetzung über diese Frage und über die russischen Produktionsschulen wurde in der Zeitschrift "Lebensgemeinschaftsschule" ausführlich geführt. Vgl. ebenda Nr.8 1925, S.116ff, S.124ff, Nr.12 1925 S.177 und weitere Aufsätze 1925 und 1926; Schwenzer in: Karsen (c) S.121; Rödler S.269ff; Hackl S.119ff, S.131 - S.155; Oestreich (h) S.80
[526] Bericht der Schule Tieloh-Süd in: Porger S.230; vgl. auch C.Hagener in: Daschner/Lehberger S.35
[527] Rödler S.183; vgl. auch Petersen (c) S.45f
[528] vgl. Rödler S.215; Schönherr in: Hilker S.212; Petersen (c) S.47f; 1. Jahresbericht Dresden S.55f
[529] Lottig nach Rödler S.212; vgl. Lamszus in: Karsen (c) S.65f; Bericht Tieloh-Süd in: Porger S.228

Tische flexibel gestaltet werden konnte und sich im Bewußtsein der Kinder als Zeichen einer anderen Schule niederschlug.[530]

Dazu kam, daß die Schüler und Schülerinnen lernten, sich gegenseitig zu helfen[531] und ihr eigenes Arbeiten zu strukturieren. Schnell hatte sich an den Gemeinschaftsschulen gezeigt, daß der Wegfall der üblichen Stundenpläne keinesfalls kollektive und individuelle **Arbeitspläne** erübrigte. Zunehmend wurden solche Pläne aufgestellt, die allen Beteiligten Vorausschau, Strukturierung und Einhaltung ihrer Arbeits- bzw. Lernprozesse abverlangten. Im Gegensatz zu den "alten" Stundenplänen entstanden sie aus sich ergebenden Arbeitsnotwendigkeiten und waren der Situation angemessen und flexibler.[532] So berichtete Zeidler: "...die Gruppen fanden an der planmäßigen Arbeit Gefallen. Alle gelangten zu irgendeiner Regelmäßigkeit."[533] Als wichtiges Beispiel sei hier der Wochenarbeitsplan der Jenaer Schule genannt.[534]

Ließen sich die aus den Gemeinschaftsschulen berichteten Erfolge mit dem selbsttätigen Arbeiten, das sich sicher nicht auf alle Unterrichtsformen ausweiten läßt bzw. ausgeweitet wurde, bestätigen, wären sie für die Gestalt der sechsjährigen Grundschule insofern bemerkenswert, als sie zeigen würden, daß ein binnendifferenzierter Unterricht, der unterschiedliche Tempi, Arbeitsweisen und Lernformen berücksichtigt, auch noch in leistungsheterogenen höheren Jahrgängen ermöglicht, m.a.W.: daß er das Problem der **Unterforderung** des einen Teils der Klasse und der **Überforderung** des anderen löst oder mindestens **mildert**.

(4) Ganzheitliches Lernen

Das Moment des auf praktisches Tun und "Durchleben" der Unterrichtsthemen ausgerichteten selbsttätigen Arbeitens war in der Praxis der Gemeinschaftsschulen in den Zusammenhang ganzheitlich orientierten Lernens eingebettet.

Nicht mehr das spezialisierte Fachwissen strukturierte den Unterricht, stattdessen wurde ein **Gesamtunterricht** erteilt, der von der kindlichen integrierten Weltsicht ausging, jedoch an den verschiedenen Schulen unterschiedlich gehandhabt wurde. So wurde an der Berliner Berthold-Otto-Schule darunter eine nicht thematisch gebundene freie Aussprache im Plenum der Schule oder einzelner Lerngruppen verstanden.[535] An der Schule Telemannstr. gab es mit

[530] vgl. Petersen (c) S.22f, S.32; Riege S.79
[531] vgl. z.B. Petersen (c) S.48; Riege S.81f; 1. Jahresbericht Dresden S.40ff
[532] ebenda S.82
[533] Zeidler (a) S.26; vgl. ders. in: Porger S.257ff. In Tieloh-Süd kam es zur Wiedereinführung eines Stundenplans, am Berlinertor blieb man bei flexibleren Arbeitsplänen. Vgl. Rödler S.185
[534] vgl. Petersen (c) S.50ff
[535] Im Gesamtunterricht Ottos saßen alle 50 - 60 Kinder, Jugendliche und Lehrpersonen im Kreis beisammen; dabei stellten die Schüler und Schülerinnen vorher eingegebene oder spontane Fragen oder berichteten Erlebnisse, daraufhin antworteten zunächst andere Schüler bzw. Schülerinnen, die Jüngeren zuerst; es entstand eine freie Aussprache, bei der jedoch die Lehrpersonen - besonders Otto selbst - zu dominieren schienen. Karsen empfand bei Besuchen, daß ohne Zwang und zur richtigen Zeit gelernt würde, kritisierte aber die Otto-Schule als zu kognitiv und aufgrund ihres Privatschulstatus zu wenig an reale politische Verhältnisse gebunden. Vgl. Karsen (b) S.42 und S.55; Georg Kerner in: Hilker S.35 - S.57 (siehe insb. das notierte Gesprächsprotokoll)

der "Gemeinschaftsstunde" eine ähnliche Einrichtung.[536] Meist wurde aber unter Gesamtunterricht nicht die thematisch völlig freie Aussprache, sondern ein Unterricht über fachübergreifende Themen verstanden.[537] Z.T. hatte er Projektcharakter, häufig war er - wie an der Waldorfschule - epochal gestaltet, so daß konzentriert an einem Thema gearbeitet werden konnte.[538]

Ganzheitliches Lernen bedeutete aber auch die Überwindung einer fast ausschließlich kognitiven Orientierung durch stärker **handwerklichen, naturbezogenen, emotionsbetonten und künstlerisch-kreativen** Unterricht.[539] Schule sollte nicht nur Unterricht, sondern auch "Leben" sein, so daß bewußt der Name "**Lebens**gemeinschaftsschule" gewählt wurde. Der Werkunterricht wurde zum Unterrichtsprinzip erhoben,[540] überall errang Schulgartenarbeit eine hohe Bedeutung, häufig gab es Landheimaufenthalte mit landwirtschaftlicher Betätigung,[541] zahlreiche Schulfahrten[542] begeisterten die Schulgemeinschaft ebenso wie viele Schultheateraufführungen,[543] musische Darbietungen, Ausstellungen, Schulfeste und Feiern.[544]

Das Schulgebäude wurde meistens während des ganzen Tages genutzt. Die Ganztagsangebote beschränkten sich aber nicht nur auf die Schüler und Schülerinnen, viele Schulen boten außerdem Elternkurse mit Volkshochschulcharakter an, so daß Schule die Funktion eines **kulturellen Mittelpunkts** im Stadtteil oder Dorf bekam.[545]

Insgesamt zeigte sich in den Gemeinschaftsschulen, daß für die leistungsheterogenen Gruppen der verlängerten Grundschule ein im Vergleich zur Regelschule nicht nur auf kognitive und sprachliche Anforderungen ausgerichtete Schulgestalt, vielmehr ganzheitliches Lernen und ein Ganztagsangebot, das Schulleben nicht nur auf den Unterricht begrenzt, wichtig ist, um unterschiedliche Fähigkeiten anzusprechen und zu fördern, damit auch Kinder

---

[536] vgl. Hennigsen in: Porger S.218 und C.Hagener in: Daschner/Lehberger S.37

[537] vgl. z.B. 1. Jahresbericht Dresden S.15; Bergner in Amlung u.a. S.169ff

[538] An der Waldorfschule hieß dieser Unterricht "Hauptunterricht". Vgl. Oldendorff in: Hilker S.195f. Auch in den Gemeinschaftsschulen in Bremen wurde epochal unterrichtet. Vgl. Aevermann in: Karsen (c) S.131

[539] Auf künstlerisch-kreativem Gebiet tat sich besonders die Waldorfschule hervor, die damals noch stärker zur allgemeinen Schulreformbewegung gerechnet wurde als heute. So attestierte ihr Karsen, der auf der Reichsschulkonferenz selbst die Erlebnismethode und die kreativen Momente in den Mittelpunkt gestellt hatte, "alle Fähigkeiten des Menschen entbinden" zu helfen und große Erfolge durch einen auf Harmonie, Körpererziehung, Eurhythmie, Musik und Kunst ausgerichteten Unterricht zu erzielen. Vgl. Karsen (b) S.94; P. Oldendorff in: Hilker S.192

[540] vgl. Schönherr in: Hilker S.213

[541] vgl. z.B. Gartenarbeitsschulen Neukölln, A.Heyn in: Hilker S.221; zum Schulgarten oder Landbau/Landheim: Rödler S.176; Aevermann in: Karsen (c) S.136f; Lebensgemeinschaftsschule Nr.5 1925, S.52ff; Nr.10 1926, S.152ff; Nr.7 1926, S.103ff

[542] vgl. Lebensgemeinschaftsschule Nr.1, Nr.2, Nr.3 und Nr.9 1925, S.129ff; 1. Jahresbericht Dresden S.63ff und C.Hagener in: Daschner/Lehberger S.37

[543] vgl. Lebensgemeinschaftsschule Nr.3 1925

[544] vgl. Schönherr in: Hilker S.214ff; Petersen (c) S.57; 1. Jahresbericht Dresden S.5f; Lebensgemeinschaftsschule Nr.5 1925, S.71ff; Nr.6 1925, S.81ff; Nr.7 S.97ff

[545] vgl. Lehberger in de Lorent/Ullrich S.277; Stahl in: Porger S.255f; Riege S.82

und Jugendliche mit handwerklichen, künstlerischen und emotionalen Fähigkeiten hervorragen können und Anerkennung genießen.

(5) Jahrgangsübergreifende Gruppen

Auch von der Durchbrechung des Altersklassensystems erhofften sich viele Gemeinschaftsschulen ein besseres und "natürlicheres" Schulklima, weil sich Kinder auch außerhalb der Schule zu altersgemischten Gruppen zusammenschließen würden. Die Umsetzung dieses Prinzips in den Versuchsschulen geschah auf unterschiedliche Weise. In einigen waren nur die Kurse jahrgangsübergreifend. In anderen wurde die Bildung der Stammgruppen nach den spontanen Wünschen der Kinder und Jugendlichen eingerichtet.[546] Jedoch hatte das in der Bremer Schule Staderstr. zur Folge, daß bei dieser Gruppenbildung alte Klassenbindungen fortgeführt wurden, aber die schwierigen Kinder übrig blieben und aus ihnen zwei neue Gruppen gebildet werden mußten, die große Probleme schufen.[547] Auch an der Wendeschule wurde die Möglichkeit, spontan die Gruppe zu wechseln, kaum genutzt.[548]

Dies gilt auch für die Schule Berlinertor, die u.a. aufgrund von sinkenden Anmeldezahlen nach den guten Erfahrungen mit Patenschaften zwischen Kindern verschiedenen Alters zu dem Mittel der jahrgangsübergreifenden Gruppen griff.[549] Ebenso wurde an anderen Gemeinschaftsschulen, die als Dorfschulen geringe Schülerzahlen hatten, wie an allen kleinen Volksschulen altersgemischt unterrichtet, mit dem Unterschied, daß in den Gemeinschaftsschulen generell versucht wurde, diese Situation produktiv zu nutzen und sie nicht als Notlage anzusehen. Das galt auch für die in vier Gruppen gegliederte Berthold-Otto-Schule.[550]

An der Schule Tieloh-Süd in Hamburg wurde unter der Leitung von Paulsen sehr viel planmäßiger ein Versuch erprobt, bei dem neben parallel laufenden Altersklassen jeweils Gruppen gebildet wurden, die **drei Jahrgänge** umfaßten.[551] Da zum Jahreswechsel immer zwei Drittel der Gruppe zusammenblieben, war stets für Kontinuität und Aufrechterhaltung der solidarischen Gruppenatmosphäre gesorgt. Wer nicht mit seinen Altersgenossen mithalten konnte, verblieb länger in der Gruppe ohne die Diskriminierungs- und Wechselprobleme von Repetenten zu haben. Auch die Schulanfänger hatten es einfacher, da sie sich an den älteren Kindern ihrer Gruppe orientieren konnten. Zugleich wirkte das neu hinzugekommene Drittel als angemessene Belebung. Außerdem war so dafür gesorgt, daß die Kinder und Jugendlichen

---

[546] vgl. z.B. Richtlinien Neukölln in: Porger S.239
[547] vgl. Heege S.145f. D.Hagener (S.235f) bestätigt, daß alle Bremer Gemeinschaftsschulen gewisse Auflösungen des Jahrgangsprinzips erprobten.
[548] vgl. Zeidler (a) S.27
[549] vgl. C. Hagener in: Daschner/Lehberger S.38 sowie Rödler S.274ff und S.159: "Die Kinder haben - mit gewissen Beschränkungen - die Möglichkeit, aus ihrer Klasse in eine andere überzusiedeln. Diese Freizügigkeit hat zur Folge, daß in manchen Klassen Kinder der verschiedensten Altersklassen sind."
[550] vgl. entsprechende Abschnitte in Hilker, Karsen (b), Porger und Karstädt, Otto: Neuere Versuchsschulen und ihre Fragestellungen. In: Jahrbuch des Zentralinstituts für Erziehung und Unterricht, Jg.4 1922, Berlin 1923, S.87 - S.133
[551] vgl. Rödler S.158f; Baumgart S.23; Karstädt (a) 1922, S.130

im Laufe ihrer Schullaufbahn unterschiedliche Rollen durchliefen und zeitweise zu den dominierenden und helfenden Älteren, aber auch zeitweise zu den hilfsbedürftigen Jüngeren gehörten. Auch steigerte diese Gruppenstruktur das Voneinanderlernen der Kinder ohne den gemeinsamen Unterricht unter Leitung der Lehrperson aufgrund zu großer Altersdiskrepanzen unmöglich zu machen. Später wurde dieser Versuch ausgiebig unter der wissenschaftlichen und schulischen Leitung von Petersen an der Universitätsschule Jena fortgeführt, ausgeweitet und in Publikationen dargestellt und begründet und gelangte schließlich unter dem Titel **"Jena-Plan"** zu beträchtlichem Bekanntheitsgrad.[552]

Die in diesem Zusammenhang erzielten Ergebnisse könnten für den Unterricht in verlängerten Grundschulen insofern von Bedeutung sein, als hier einerseits die **Leistungsheterogenität im jahrgangsübergreifenden Unterricht**[553] im Vergleich zu leistungsheterogen zusammengesetzten Jahrgangsklassen noch **verstärkt** wird, daß diese Heterogenität aber nicht primär als Diskrepanz der Leistungsfähigkeit zwischen einzelnen Kindern in Erscheinung tritt, sondern vorwiegend auf als natürlich und legitim empfundenen Altersunterschieden beruht. Die unterschiedliche Leistungsfähigkeit kann hier positiv wirken, weil ein konkurrenzfreieres Klima herrschen und selbstverständlicher **voneinander gelernt** werden kann, wechselnde Altersrollen erreicht werden und dadurch eine angemessene Entwicklung von Selbstbewußtsein und Selbsteinschätzung bei allen die Folge wäre.[554] Andererseits erfordern jahrgangsübergreifende Gruppen Überschaubarkeit und gleichzeitige, oben beschriebene Veränderungen; sie erschweren ggf. Lehrgangs- und Plenumsformen. Als interessanter Befund ist aber auch folgende Feststellung zu werten: Es konnte kein starkes Bedürfnis nach altersgemischten Gruppen seitens der Schüler und Schülerinnen selbst beobachtet werden.[555]

(6) Verzicht auf Benotung

Die Erweiterung der Schulgestalt von der "Unterrichtsanstalt" zur "Lebensgemeinschaft" und das veränderte Verhältnis der Lehrpersonen zu den Schülerinnen und Schülern legte für die Versuchsschulen auch einen anderen Umgang mit Bewertungen nahe. Da das Kind als ganz-

---

[552] vgl. Peter Petersen: Der Kleine Jena-Plan, Langensalza 1927 (1. Aufl.), 56-60 Aufl. Weinheim 1980, insb. S.15ff, S.26f, S.29, S.38ff; ders.: Schulleben und Unterricht einer freien allgemeinen Volksschule nach den Grundsätzen Neuer Erziehung, Weimar 1930; ders.: Die Neueuropäische Erziehungsbewegung, Weimar 1926; ders.: Führungslehre und Unterricht, Braunschweig 1953, (1. Aufl. 1937); Theodor Rutt (Hrsg.): Peter und Else Petersen, Die Pädagogische Tatsachenforschung, Paderborn 1965; Riege, Jochen: Peter Petersen und Jena-Plan-Schule, unveröffentlichte Hausarbeit unter der Leitung von Prof. Klafki , Marburg 1986

[553] Ähnliche Effekte erwarten die Befürworter von Integration Behinderter in Regelschulklassen. Im Gegensatz zu den meisten anderen Gemeinschaftsschulen wollte auch Petersen die "Hilfsschüler" in der Schule halten. Vgl. Petersen: Der Kleine Jena-Plan S.17ff

[554] vgl. dazu auch die Konzepte heutiger Jena-Plan-Schulen bzw. der Reformschule Kassel: Förderverein Reformschule Wahlershausen (Hrsg.): Festschrift zur Eröffnung der Reformschule in Kassel Wilhelmshöhe/Wahlershausen, Kassel 1988; K.H. Willführ: Individualisierung und Differenzierung, ein Beispiel aus der Jenaplanschule Steinau-Ulmbach. In: Grundschule, Heft Nr.5, (13) 1981; Verein der Freunde und Förder der Peter-Petersen-Schule" (Hrsg.): Schule kann auch anders sein, Peter Petersens Jenaplan, Frankfurt a.M. 1981

[555] vgl. Heege S.145f; Zeidler (a) S.27

heitliche Persönlichkeit gesehen wurde, man Konkurrenzorientierung abschaffen und individuell angemessene Formen finden wollte, sah man das Ziffernzeugnis als unzureichend und kontraproduktiv an.[556]

Daher verzichteten die meisten Gemeinschaftsschulen völlig oder bis auf die Abgangszeugnisse auf Ziffernbenotung und erprobten verschiedene Formen der **verbalen** Leistungs- und Verhaltensbeurteilungen. In Jena wurde ein sogenannter "objektiver Bericht" an die Eltern und ein kindorientierter ("subjektiver") Brief an die Schülerinnen und Schüler geschrieben.[557] Die Schule Telemannstraße führte z.b. Gegenberichte der Eltern ein und praktizierte eine "ständige Führung von Beobachtungsheften, periodische Berichte in größeren Zeitabständen, in der Zwischenzeit Einzelberichte nach Bedarf".[558] Zwar berichtet Rödler, daß diese Schule Ziffernzeugnisse vergab, aber Lehberger klärt auf, daß dies auf Anordnung der Behörde und wie in den meisten anderen Gemeinschaftsschulen nur in der Abgangsklasse geschah.[559]

Im Gegensatz dazu vergab die Berlinertor-Schule überhaupt keine Ziffernzeugnisse und bereitete bewußt auch im Abschlußjahrgang nicht auf die Höhere Schule vor.[560] Dieser völlige Verzicht auf Benotung brachte mehrere Probleme mit sich. Erstens sammelten sich in den Klassen viele leistungsschwache Schüler und Schülerinnen, die andere Volksschulen zur **"Hilfsschule"** geschickt hätten bzw. die von Eltern anderer Bezirke in den Gemeinschaftsschulen angemeldet wurden, da sie an den Regelschulen nicht mehr dem Unterricht folgen konnten. Auch andere Gemeinschaftsschulen hatten mit diesem Problem zu kämpfen. Als es in der Schule Berlinertor auf Veranlassung eines Lehrers, der die damit verbundenen Schwierigkeiten nicht mehr bewältigen konnte, zu 15 Umschulungen auf die "Hilfsschule" kam, entbrannte ein heftiger Streit in der Schulgemeinde. Man einigte sich schließlich darauf, das Dogma "keine Abschulungen" zu durchbrechen, strebte aber an, auf sie soweit möglich zu verzichten.[561]

Zweitens folgte aus dem Verzicht auf Benotung ein **abnehmender Leistungsdruck**, der, verbunden mit der Möglichkeit des selbstbestimmten Lernens, zu Mängeln in der Beherrschung der Kulturtechniken führen konnte. Ob dies tatsächlich geschah, wie in vereinzelten Berichten von ehemaligen Schülern und Schülerinnen geäußert wurde, läßt sich kaum mehr feststellen, da die Vergleichsmöglichkeiten und die empirische Grundlage hierfür nicht ausreichen.[562] Die Berichte lassen allenfalls die Hypothese zu, daß an den Gemeinschafts-

---

[556] vgl. zur Ablehnung des Ziffernzeugnisses auch Karsen (b) S.123

[557] vgl. Petersen (c) S.63ff

[558] vgl. Hennigsen in Porger S.217f; Lehberger in Amlung u.a. S.39

[559] vgl. Rödler S.239; Lehberger in de Lorent/Ullrich S.280; Röhl in: Porger S.226; Radde in Amlung u.a. S.95; Nitsch und Stöcker in Amlung u.a. S.139; Sandfuchs in Amlung u.a. S.235

[560] vgl. Rödler S.282. Eine Abbildung eines verbalen Abgangszeugnisses dieser Schule ist bei Rödler (S.263) abgedruckt.

[561] vgl. Rödler S.286ff; Lebensgemeinschaftsschule Nr.4/5 1926, S.52

[562] vgl. Rödler S.278ff; Riege S.83

schulen weniger umfangreiches Wissen, als Fähigkeiten zum eigenständigen Lernen und im künstlerischen und lebenspraktischen Bereich vermittelt wurden.

Dennoch hatten einige Gemeinschaftsschulen drittens als Folge des Verzichts auf Noten und Leistungsdruck mit einer **Verunsicherung der Eltern- und Lehrerschaft** zu kämpfen. So kam es auf der Schule Berlinertor zu einigen Abmeldungen. In der Mehrzahl konnten die Unsicherheiten der Eltern durch die intensive Arbeit in der Schulgemeinde aber kompensiert werden.[563] Die Lehrer und Lehrerinnen aber standen häufig selbst in einem großen Dilemma. Einerseits wollten sie auf die Schüler und Schülerinnen keinen Druck ausüben, ihnen bei der Themenwahl Einfluß einräumen, ihnen Zeit lassen und die kognitive Orientierung zurückdrängen, andererseits mußten sie den Eltern und der Öffentlichkeit beweisen, daß die Lernergebnisse an der Gemeinschaftsschule nicht schlechter waren als an den übrigen Volksschulen.[564] Zeidler beschreibt diesen Zwiespalt wie folgt:

"Heimlich erhoffte man wohl gar eine gesteigerte Leistungsfähigkeit der Schule... . Diese Zwitterhaftigkeit der Schulreformbewegung wurde ihr zum Verhängnis und führte die Schule in eine schwere und heute noch nicht überwundene Krise. ... So war der Lehrer schließlich auf Wohlwollen und guten Willen der Jugend angewiesen. Vielleicht wäre beides leichter zu erlangen gewesen, wenn man sich zu einer großzügigen Änderung der Lehrpensen hätte verstehen können. Aber daran war nicht zu denken."[565]

Viertens trugen Angriffe von außen, die Gemeinschaftsschule sei eine "Spielschule", in der nichts gelernt werde, dazu bei, die mit dem Verzicht auf Benotung und Leistungsdruck verbundenen Unsicherheiten zu steigern.[566] Dies galt besonders, wenn den Jugendlichen etwa von den Handels- und Gewerbekammern prophezeit wurde, kein Betrieb würde sie mit einem Gemeinschaftsschulzeugnis einstellen, schon gar nicht, wenn es keine Ziffern enthalte.[567] Konkret scheint es aber nie zu Problemen bei der Lehrstellensuche und dem späteren Berufsweg gekommen zu sein. Das mag auch darin seinen Grund haben, daß sich die Gemeinschaftsschulen intensiv um ihre Abgänger und Abgängerinnen kümmerten, Gruppen von Ehemaligen bildeten und bei der **Lehrstellensuche halfen**.[568] Negative Meldungen vom Arbeitsamt oder aus Betrieben, in denen Abgängerinnen bzw. Abgänger von Gemeinschaftsschulen arbeiteten, gab es nicht. Im Gegenteil berichtete Karsen:

"Ein Zeugnis, das uns wertvoller erscheint als alle Urteile von Fakultäten, stellte uns der Vorsitzende des Hamburger Arbeitsamtes aus. Wenn unsere Jungen nach der Berufsberatungsstelle kommen, um sich Rat über ihren zukünftigen Beruf zu holen, brauchen sie nicht erst wie sonst die Kinder einem hochnotpeinlichen

---

[563] Rödler S.284f; Interview mit Petersenschüler Riege S.83

[564] Z.T. legte man sogar selbst die F-Klassen der Volksschulen, die auf die Höheren Schulen vorbereiteten, als Vergleichsmaßstab an.

[565] Zeidler (a) S.10ff

[566] vgl. Lehberger in de Lorent/Ullrich S.275

[567] vgl. Lebensgemeinschaftsschulen Nr.4 1924, S.51

[568] vgl. Rödler S.301f; Lebensgemeinschaftsschule Nr.5 und Nr.6 1924, S.93f

Verhör unterworfen zu werden, um auf die einfachsten Fragen mühsam Rede und Antwort zu stehen, sondern sie selber übernehmen das Fragen. Sie erkundigen sich nach dem Beruf und allem Zubehör. Sie wissen Bescheid um sich, wissen, was sie können und was sie nicht können."[569]

Zusammenfassend läßt sich feststellen, daß die Schwierigkeiten stärker auf der Ebene der Lehrpersonen, der Eltern und der Öffentlichkeit gelegen haben; vor allem hätten die Lehrer und Lehrerinnen stärker entlastet werden müssen.

Trotz der beschriebenen Probleme scheint der Verzicht auf Ziffernzeugnisse und Leistungsdruck aber zur Konsistenz und zu positiven Wirkungen der Konzepte der Gemeinschaftsschulen beigetragen zu haben, weil dadurch die Eigenmotivation aller Schüler und Schülerinnen erhalten blieb und es zu weniger Frustrationen kam.[570] Unter diesem Blickwinkel könnte dieses Ergebnis der Gemeinschaftsschulen auch für heutige verlängerte Grundschulen relevant sein, weil die Unterschiedlichkeit der Leistungsstärke weniger herausgestellt wird, der **Konkurrenzcharakter abnimmt**, in den verbalen Beurteilungen auch den Leistungsschwächeren Mut gemacht und ihnen individuell angemessener Rückmeldung gegeben werden kann.

Insgesamt kann man im Hinblick auf die Gemeinschaftsschulen m.E. trotz großer Probleme, Abspaltungen, Schließungen und Rückgaben des Versuchsschulstatus keineswegs von einem Scheitern sprechen. Es überwiegen die positiven Berichte. Auch wenn man diesen eine gewisse wohlwollende Voreingenommenheit unterstellt, lassen sich die vielen Äußerungen der ehemaligen Schüler und Schülerinnen nicht leugnen, die übereinstimmend berichten, sie hätten die Gemeinschaftsschulen mit viel **Freude** besucht und seien dort mit viel persönlicher Wärme und erfolgreich auf ihr späteres Leben vorbereitet worden.[571]

Zwar können die Ergebnisse der Gemeinschaftsschulen aufgrund der veränderten historischen Situation und der noch nicht abgesicherten Forschungslage nur erste Anhaltspunkte für die heutige Frage nach der Berechtigung sechsjähriger Grundschule bieten, aber - und das ist als Zwischenergebnis festzuhalten - sie sprechen dafür, daß **sechsjährige Grundschulen mit einer inneren reformpädagogischen Umgestaltung durchaus erfolgreich** arbeiten können. Welche Einschränkungen, Aktualisierungen oder Erweiterungen für die pädagogische Arbeit heutiger sechsjähriger Grundschulen nötig sind, wird allerdings anhand der für Berlin und Marburg in Kapitel 4 und 5 aufgezeigten Ergebnisse zu überprüfen sein.

---

[569] Karsen (c)S.27; vgl. auch Baumgart S.33
[570] Auch die verschiedenen Berichte in Amlung u.a. bestätigen dies als vorherrschenden Eindruck.
[571] vgl. Rödler S.188ff, S.285, S.305; Riege S.79ff

2.5. Die Kämpfe um eine Verkürzung der Grundschuldauer in den Perioden der Reaktion und des Faschismus

Die hier dargestellte Diskussion der für die Frage der inneren Gestalt der sechsjährigen Grundschule wichtigen Aspekte der Gemeinschaftsschulen darf jedoch nicht darüber hinwegtäuschen, daß diese Schulen in der Weimarer Republik die Ausnahme und nicht die Regel der Schulrealität darstellten. Das Ausmaß ihrer **Auswirkungen auf das Regelschulwesen** ist heute umstritten. Trotz der aufschlußreichen Versuche, der Vielzahl von Hospitationen, Publikationen, Kongressen und der kontroversen Beurteilung dieser Schulen in der Öffentlichkeit war die Resonanz im DLV verhältnismäßig gering. So wurde in der Zeitschrift "Lebensgemeinschaftsschule" das mangelnde Interesse des DLV beklagt. In Gera traten die Lehrpersonen der Versuchsschulen sogar aus dem DLV aus und auch in Leipzig gab es aufgrund der reformpädagogisch orientierten weltlichen Schulen Differenzen zwischen dem Leipziger Lehrerverein und dem DLV.[572] Während daher Richter eine relativ geringe Durchdringung in der Breite der Lehrerschaft durch die Reformpädagogik konstatiert, gelingt es Schonig anhand von Lebensgeschichten der Lehrer und Lehrerinnen und Schmitt anhand von "Jahresberichten der höheren Lehranstalten Preußens", Richters These sehr stark in Frage zu stellen. Nach Schonig und Schmitt ist davon auszugehen, daß viele einzelne Lehrpersonen zumindest partiell reformpädagogische Ideen umsetzten und es eine "direkte Ausstrahlung der Versuchsschulpraxis auf die ortsansässigen Regelschulen" gab.[573]

Auf der anderen Seite machten sich im Bereich der Grundschule die Bemühungen konservativer Elternkreise um eine **Verkürzung der Grundschulzeit** bemerkbar, die nach der Verabschiedung des Grundschulgesetzes einsetzten und hier im folgenden behandelt werden.

Vorangehend hatte ich die Anfangszeit der Weimarer Republik in die revolutionäre Phase (Nov. 1918 - Jan. 1919), die Reformphase (Jan. 1919 - Juni 1920) und die Phase der Stagnation (Juni 1920 - 1923) unterteilt. Der folgende Zeitraum läßt sich in die Perioden der Reaktion (1924 - 1929), der ökonomischen und politischen Krisen mit Tendenzen zur Faschisierung (1929 - 1933) und der nationalsozialistischen Herrschaft (1933 - 1945) gliedern.[574]

---

[572] vgl. Lebensgemeinschaftsschule Nr.7 1925, S.109 und Nr.4/5 1926, S.51, Pehnke in Amlung u.a. S.112f
[573] vgl. Richter, Wilhelm: Berliner Schulgeschichte, Berlin 1981, S.94; Schonig, Bruno: Berliner Reformpädagogik in der Weimarer Republik. In: Schmoldt, Benno (Hg.): Schule in Berlin. Gestern und heute. Berlin 1989, S.31 - S.53; Schmitt (a) in Amlung u.a. S.24
[574] Die Benennung der Phasen bezieht sich auf die gesamtgesellschaftliche Situation. (Sie wird hier sehr vereinfachend skizziert. Als Stichworte seien beispielhaft genannt: Rechtsregierungen ab 1924, ökonomische und politische Krise 1929, Aufstieg der Nationalsozialisten.) Die Kennzeichnung dieser Perioden mit den Begriffen "Reaktion" und "Krisen mit Tendenzen zur Faschisierung" schließt - wie im folgenden deutlich wird - nicht aus, daß es im Schulwesen, vor allem im Versuchsschulwesen, auch in der Zeit von 1924 bis 1933 noch Reformbemühungen gab.

2.5.1. Revision des Grundschulgesetzes in der Phase der Reaktion:

Nachdem die DNVP bei den Wahlen vom Mai 1924 erneut stark an Mandaten dazugewonnen hatte und in der im Januar 1925 aus Zentrum, DDP, DVP und DNVP gebildeten Koalition den für Bildung zuständigen Innenminister (Schiele) stellte, brachte sie wie die DVP sofort einen Antrag ein, besondere dreijährige Grundschuleinrichtungen für Begabte zu schaffen.[575] Dabei konnte sie sich auf bildungsbürgerliche Elternkreise stützen, die schon mit der Einführung der Grundschule im April 1921, also bevor die Rechtsparteien zu parlamentarischen Mehrheiten gelangten, durch lautstarkes Auftreten die in und nach der Novemberrevolution demonstrierenden Gruppen der Arbeiterschaft und der reformfreudigen Intellektuellen in der Öffentlichkeit als dominierende Kraft ablösten. Bisher gewöhnt, über die Bildung ihrer Kinder autonom zu entscheiden, empfanden es die führenden Schichten besonders in den Ländern, in denen es Vorschulen gegeben hatte, als Zumutung, ihre Kinder gemeinsam mit den Arbeiterkindern in die "Armenschulen" schicken zu müssen, zumal dort die Klassenfrequenzen sehr viel größer waren.[576]

Zwar wurden die **öffentlichen Vorschulen abgebaut**, aber eine Übergangsregelung gestattete es den privaten Vorschulen im Falle "erheblicher wirtschaftlicher Härten", die Auflösung bis zum Schuljahr 1929/30 aufzuschieben. Durch **Neugründung von privaten Vorschulen** hatte sich die Zahl der Privatschülerinnen und -schüler in den Jahren 1918-1920 lokal sogar verdoppelt. Insbesondere unter konservativen Länder- und Gemeinderegierungen war dieser Weg sehr erfolgreich.[577] Die andere häufig genutzte Möglichkeit, die Grundschule zu umgehen, bestand darin, den Kindern Krankheitsatteste ausschreiben zu lassen, die den Besuch öffentlicher Volksschulen nicht erlaubten. Die reichsten Familien behielten so für ihre Kinder die Hauslehrer. Andere Bildungsbürger schlossen sich zusammen, um sogenannte **Familienschulen** zu betreiben. Die hohe Arbeitslosigkeit der Lehrerinnen und Lehrer erleichterte diese Vorhaben.[578] Nachdem das Reichsgericht 1924 entschieden hatte, das Grundschulgesetz habe für die Länder keine bindende Gesetzeskraft, war es für die Reichsregierung schwer, das Grundschulgesetz konsequent durchzuführen. Aufgrund der ungeklärten

---

[575] vgl. Michael/Schepp Bd.II; Kunz S.140; Nave S.140

[576] vgl. Nave S.129f und S.132: "Die national gesinnten bürgerlichen Gesellschaftskreise sahen in der obligatorischen Grundschule in erster Linie ein 'Produkt der Revolution' bzw. ein `Machwerk der Novemberverbrecher' ... und wehrten sich erbittert gegen den ihren Kindern zugemuteten Grundschulzwang." Neben den ideologischen Bedenken gab es aber auch die objektiv schlechtere Ausstattung der Volksschulen: Nur 13% der Volksschulkinder hatte damals Unterricht in Klassen mit weniger als 40 Schülerinnen und Schülern. Vgl. Langewiesche, Dieter und Tenorth, Heinz-Elmar (Hg.): Handbuch der deutschen Bildungsgeschichte, Bd. V, 1918 - 1945, München 1992, S.167

[577] vgl. Führ S.161f, Grundschulgesetz §2, Abs. 2; Langewiesche S.170 und S.194; König (b) S.163f. "Die privaten Vorschulen waren daher bald einem starken Andrang solcher Kinder ausgesetzt, für die ihre Eltern eine Ausbildung an der staatlichen Volksschule vermeiden wollten, und mancher dieser Schulen gelang es in den Jahren zwischen 1920 und 1933, ihren Lehrbetrieb beträchtlich zu erweitern." Nave S.141

[578] vgl. Nave S.141; König (b) S.164ff

Entschädigungsfrage wurde der Abbau der privaten Vorschulen schließlich 1927 ausgesetzt und erst 1936 von den Nationalsozialisten abgeschlossen.[579] Obwohl das Vorhaben der Reichsregierung, bis 1924/25 den Abbau aller Vorschulen abzuschließen, mißlang, konnte die Zahl der Vorschulen insgesamt im Laufe der Weimarer Republik beträchtlich reduziert werden. Während 1921/22 im Deutschen Reich noch 76.776 Kinder an privaten und öffentlichen Vorschulen unterrichtet wurden, waren es 1926/27 nur noch 22.532.[580] Oder anders ausgedrückt: Während 1921 47,3% der Schüler und Schülerinnen der Höheren Schulen aus Grundschulen kamen, waren es 1926 bereits 91,3% und 1931 95,8%.[581] Da die öffentlichen Vorschulen abgebaut wurden und die privaten Bildungsmöglichkeiten kostspielig waren, blieb der Druck konservativer Eltern erhalten, mit einer Veränderung des Grundschulgesetzes ihren Kindern Sonderkurse zu sichern und den Übergang in das Höhere Schulwesen nach drei Jahren zu ermöglichen.[582]

Darauf zielten nun die Anträge der Rechtsparteien im Jahre 1925. Das Zentrum schwächte diese jedoch derart ab, daß im April 1925 ein Gesetz verabschiedet wurde, das zwar "besonders begabten Kindern" schon nach **drei** Jahren ermöglichte, auf die Höheren Schulen zu wechseln, doch wurden **keine Sondereinrichtungen** geschaffen.[583]

Preußen versuchte zudem, den Begriff "besonders begabt" per Erlaß äußerst eng zu fassen. Wieder fanden große Protestkundgebungen konservativer Eltern statt. Der DLV initiierte weniger erfolgreich Gegenkundgebungen von grundschulfreundlichen Eltern. Wie beim Kampf um die Bekenntnisschule, so zeigte sich auch hier, daß Bürgeraktionen sehr viel leichter "gegen" Vorhaben von Regierungen zu organisieren sind, als "für" solche Vorstöße.[584] Außerdem erleichterte der bessere Bildungsstand den konservativen Eltern der Höheren Schule das Auftreten in öffentlichen Diskussionen. Die preußische Regierung gab schließlich dem Protest nach und lockerte die Ausführungsbestimmungen.[585]

Die Auseinandersetzungen um die Grundschuldauer fanden damit ihren vorläufigen Abschluß. Der "konservative Block" hatte seine Ziele weitgehend erreicht, so daß gegen Ende

---

[579] vgl. Müller, Detlev K. und Zymek, Bernd: Sozialgeschichte und Statistik des Schulsystems in den Staaten des Deutschen Reiches, 1800 - 1945, Datenhandbuch zur deutschen Bildungsgeschichte, Göttingen 1987, S.132 und S.294ff; Langewiesche S.194

[580] vgl. ebenda

[581] vgl. Langewiesche/Tenorth S.168

[582] vgl. Herrlitz u.a. S.111; Nave S.140ff

[583] vgl. Nave S.147. Da das Zentrum als Regierungspartei 1920 die vierjährige Grundschule mitbeschlossen hatte, sie immer noch akzeptierte und sein Ziel mit der Festigung der Bekenntnisschule erreicht hatte, verteidigte es das Prinzip einer für alle gemeinsamen Grundschule.

[584] vgl. Nave S.150. Wenn auch diese These - wie fehlende Bürgerproteste bei der Revision des Grundschulgesetzes zeigen - nicht in jedem Fall zutrifft, so scheint sie mir doch ein allgemeines politisches Phänomen zu kennzeichnen und durch die Bürgerinitiativen in den siebziger und achtziger Jahren bestätigt worden zu sein. Wer etwas zu verteidigen hat, engagiert sich eher als sich auf die Regierung verlassende Befürworter von Veränderungen. Zudem ist es in den meisten Fällen einfacher, sich über negative pauschalisierende Kritik zu profilieren als über notwendigerweise zu differenzierende Befürwortung, da die Regierungspraxis partiell immer Problempunkte aufweist.

[585] vgl. Nave S.150

der 20er Jahre die Erregung der Oberschichtseltern abflaute. Die für alle gemeinsame Grundschule war als Prinzip erhalten geblieben, Sondereinrichtungen für Großbürgerkinder waren auf das Privatschulwesen beschränkt, statt in der Regel in vier Jahren konnte die Grundschule auch in drei Jahren durchlaufen werden.

Warum aber wurde von letzterer Möglichkeit immer **seltener Gebrauch gemacht**?[586] M.E. waren dafür drei Gründe ausschlaggebend. Erstens schickten die Eltern, die Sondereinrichtungen, die das staatliche Schulwesen nicht bot, für ihre Kinder wünschten, diese zu Privatschulen. Zweitens brachte das Auslassen der vierten Grundschulklasse im Grunde keine Vorteile; im Gegenteil fehlte diesen Kindern auf der Höheren Schule in Konkurrenz zu denjenigen, die vier Grundschuljahre durchlaufen hatten, ein Entwicklungsjahr. Drittens erlebten die Oberschichten, die ihre Kinder in die staatliche Grundschule schickten, daß diese aufgrund sozialisationsbedingter Vorteile auf der Grundschule leistungsmäßig dominierten und daher vorzugsweise zur Höheren Schule empfohlen wurden, ihre Privilegien also durch die vierjährige Grundschule kaum gefährdet waren.

In den Stadtstaaten und dicht besiedelten Ländern existierten meist zunehmend gut ausgebaute und z.T. relativ modern bzw. reformpädagogisch ausgerichtete Schulen. Anders sah es jedoch häufig in kleinen Konfessionsschulen besonders in katholisch ländlichen Gebieten aus, in denen Adel, konservative Bürger und Klerikale für eine autoritätsorientierte Schulerziehung sorgten.[587]

Weitere Beschlüsse zur Grundschule und zu vielen anderen Problemen im Schulbereich konnten durch eine Regelung in einem Reichsschulgesetz nicht verabschiedet werden, da parlamentarische **Pattsituationen** oder Koalitionsdifferenzen bzw. entschiedene Widerstände, mal von konservativer, mal von liberaler oder sozialistischer Seite, dies nicht zuließen.[588] Angesichts dieser Situation stand auch die weitergehende Forderung nach einer Verlängerung der Grundschule 1924 - 1929 nicht auf der Tagesordnung.

---

[586] vgl. Nave S.161. Mir sind kein Zahlenmaterialien und keine Forschungsergebnisse bekannt, die diese im folgenden plausibel gemachte These widerlegen.

[587] vgl. Kunz S.141f. Die länderspezifischen Unterschiede sollten auch nach dem Zweiten Weltkrieg fortwirken. Z.B. gab es in Bayern und Baden-Württemberg einen nur dreijährigen Volksschuloberbau, der wie der fünfjährige in Schleswig-Holstein z.T. mit der Mittelstufe gemeinsam geführt wurde.

[588] Eine genauere Behandlung dieser Auseinandersetzungen ist nachzulesen in: Hars S.90; König (b) S.169; Kunz S.139

2.5.2. Von den Reformbemühungen zum Ende der Weimarer Republik und der faschistischen Durchdringung der Schule bis zur "Machtergreifung" der Nationalsozialisten

Bedingt durch die Weltwirtschaftskrise und die Notverordnungspolitik wurden ab 1929 im Schulwesen Sparmaßnahmen durchgesetzt, die Reformmöglichkeiten erschwerten.[589] In Verbindung mit der ökonomischen und politischen Krise radikalisierten sich traditionell antidemokratische Positionen und trafen sich vielfach mit nationalsozialistischen Anschauungen, und zwar in verstärktem Maße unter Jugendlichen und Lehrpersonen der **Höheren Schulen**.[590] Der DLV bekämpfte diese nicht entschieden genug, und auch die sozialistischen Schulreformer und -reformerinnen waren zu schwach, gegen die aufkommende **Faschisierung der Höheren Schule** entscheidende Wirkung zu erzielen, zumal beide Gruppen im Höheren Schulwesen kaum präsent waren. Herrlitz u.a. sehen in dem auch mit der Einführung der allgemeinen Grundschule verbundenen Zuwachs an Schülern und Schülerinnen, die auf Höhere Schulen überwechselten, das Abitur ablegten und zu einer steigenden Akademikerarbeitslosigkeit und damit zur Enttäuschung der Aufstiegsambitionen der Mittelschichten beitrugen, einen Grund für die erhöhte Unzufriedenheit dieser Gruppen, die sie zu nicht geringem Teil dem Nationalsozialismus zuführte.[591]

Die gesamtgesellschaftlich zunehmend gegen Demokratie und Reform gerichtete Tendenz wirkte sich im Volks- und Versuchsschulwesen jedoch noch nicht entscheidend aus. Zum einen kam es Anfang der dreißiger Jahre, z.T. um die Reformdiskussion wieder aufzugreifen, z.T aus Sorge über den als zu groß empfundenen Andrang auf die Höheren Schulen sowie aus Vereinheitlichungs- und Leistungsoptimierungsgründen, zu einer Debatte über die Neuordnung des Sekundarbereichs. Es wurde angestrebt, die Volks- und Mittelschulbildung zu verbessern und für die Klassen 5 - 7 eine Art differenzierten Mittelbau zu schaffen, der u.a. die Schüler und Schülerinnen besser auslesen sollte. Kuhlmann bemerkt dazu jedoch: "Eine gemeinsame und differenzierte sechsjährige Grundschule wurde nicht befürwortet."[592] Ab 1933 versandeten diese Ansätze, durch eine **reformierte Mittelstufe** das Problem der Akademikerarbeitslosigkeit zu lösen. Stattdessen bauten die Nationalsozialisten das Mittelschulwesen aus und vereinheitlichten den Schulaufbau in Richtung auf eine deutliche Dreigliedrigkeit.[593]

---

[589] Z.B. scheiterte das Gesamtschulprojekt Dammweg von Karsen an fehlenden finanziellen Mitteln. Vgl. Radde und Karsen/Taut

[590] vgl. Kunz S.126 und S.143ff

[591] vgl. Herrlitz u.a. S.123f

[592] Kuhlmann (a) S.34; vgl. auch Keim (a) S.60f. Schmitt ((b) S.167) erwähnt, daß 1931 auch die Schulreformer Franz Hilker, Ludwig Pallat und Gertrud Bäumer unter Vorsitz des Kultusministers Adolf Grimme an der Reformierung der Volksschuloberstufe arbeiteten, diese Arbeiten jedoch aufgrund von finanziellen Problemen zurückgestellt und später von den Nationalsozialisten nicht weitergeführt wurden.

[593] vgl. Langewiesche, Dieter und Tenorth, Heinz-Elmar (Hg.): Handbuch der deutschen Bildungsgeschichte, Bd V., 1918 - 1945, München 1992, S.168ff und S.202; Lehberger, Reiner: Hamburgs Schulen unterm Hakenkreuz: Die nationalsozialistische "Reform" des Hamburger Schulwesens. In: Daschner/Lehberger S.84

Zum anderen erlebten die **Lebensgemeinschaftschulen** zum Ende der Weimarer Republik einen - zumindest quantitativen - **Aufschwung**. So hat sich nach Schmitt die Anzahl der Schülerinnen und Schüler in Versuchsklassen von 1927/28 bis 1932 von 17820 auf 40149 mehr als verdoppelt.[594] Mit der Machtübernahme durch die Nationalsozialisten wandelten sich auch die Überlebenschancen der Lebensgemeinschaftsschulen. Wirkten die Phasen von 1920 bis 1933 in der Frage der Grundschuldauer und der Reichsschulgesetzgebung regressiv, so ließen sie doch auf der Ebene der Versuchsschulen weitgehende Realisierungen zu. Das sollte sich unter der Herrschaft der NSDAP weitgehend ändern.[595]

Die Schulpolitik der Nationalsozialisten konzentrierte sich auf **Bildungsbegrenzung und Indoktrination**, war aber keineswegs konsistent und widerspruchsfrei.[596] So hatte etwa der schul- und bildungspolitische Sprecher der NSDAP im Reichstag, Dr. Martin Löpelmann, im November 1930 im Auftrage Goebbels noch die achtjährige Grundschule mit nachfolgender vierjähriger, als eine Art Volksuniversität gestalteter Berufsschule und einen universitär ausgebildeten und einheitlichen Lehrerstand als wesentlichste Elemente der nationalsozialistischen Schulkonzeption angegeben.[597] Jedoch ist für die spätere Umsetzung dieser angeblichen nationalsozialistischen Essentials Lehbergers These zuzustimmen: "Die sozialrevolutionäre Propaganda konnte die rigide sozialkonservative Wirklichkeit nicht verdecken."[598] Das beweist auch der abnehmende Anteil von Kindern aus Unterschichten an den Universitäten während der faschistischen Herrschaft.[599]

---

[594] vgl. Schmitt (a) S.21. Schmitt gibt keine Erklärung für diesen Sachverhalt. M.E. kann er möglicherweise darauf zurückzuführen sein, daß auch die häufig an die Lebensgemeinschaftsschulen gebundenen sozialistischen Gruppen einen verstärkten Zulauf registrierten und/oder daß die Lebensgemeinschaftsschulen durch ihre Erfolge und zunehmende Stabilität weitere Kreise der Elternschaft und Schulverwaltungen überzeugten.

[595] Rödler und Richter berichten, daß es bei einzelnen Versuchsschulen schon vor 1933 Auflösungstendenzen gab. Fast alle Lebensgemeinschaftsschulen wurden jedoch erst mit Beginn der "Machtergreifung" der Nationalsozialisten des Versuchsschulstatus enthoben oder geschlossen. Vgl. z.B. die Berichte in Amlung u.a. (Lehberger für Hamburg S.57, Radde für Berlin S.100, Pehnke für Leipzig S.130, Nitsch und Stöcker für Bremen S.152, Bergner für Magdeburg S.178 und Sandfuchs für Braunschweig S.230). Schonig (S.50f) macht darauf aufmerksam, daß z.T. jedoch weiterhin in der Regelvolksschule (vgl. Amlung, Ullrich: Adolf Reichweins Alternativschulmodell Tiefensee 1933-1939. Ein reformpädagogisches Gegenkonzept zum NS-Erziehungssystem. In: Amlung u.a. S.268 - S.288) oder im Exil (vgl. Feidel-Mertz, Hildegard (Hg.): Schulen im Exil. Die verdrängte Pädagogik nach 1933, Reinbek bei Hamburg 1983) eine reformpädagogische Praxis im ursprünglichen Sinn fortlebte, z.T. aber auch innerhalb des Systems der Gefahr unterlag, in nationalsozialistische Ideologien eingebettet zu werden (vgl. z.B. Link, Jörg-W.: Das Haus in der Sonne. Eine Westerwälder Dorfschule als Brennpunkt internationaler Landschulreform. In: Amlung u.a. S.247 - S.267).

[596] vgl. Herrlitz u.a. S.124ff. Ausführliche Literaturangaben über Forschungsergebnisse zum Thema "Schule und Nationalsozialismus" liefert Keim, Wolfgang (c): Erziehung im Nationalsozialismus. Ein Forschungsbericht. Beiheft zur Zeitschrift "Erwachsenenbildung in Österreich", Wien 1990

[597] vgl. Lehberger im Rückgriff auf Schnorbach in Daschner/Lehberger S.86

[598] ebenda S.90

[599] ebenda und Herrlitz u.a. S.135ff

Die Akademikerarbeitslosigkeit wurde in dieser Diktatur durch Begrenzung und Verringerung der Zulassungszahlen an Universitäten bewältigt.[600] Weiterhin richtete man einige faschistische **Eliteschulen** wie "Nationalpolitische Erziehungsanstalten" und die "Adolf-Hitler-Schulen" ein. Das Reichsschulpflichtgesetz von 1938 behielt die Möglichkeit des Übergangs zur Höheren Schule nach drei Jahren Grundschule bei. Schließlich war noch die Verkürzung der Dauer der Höheren Schulen um ein Jahr wesentlich.

In der insgesamt mehr auf körperliche Ertüchtigung und Antiintellektualismus ausgerichteten Schulpolitik wurden die internen Widersprüche jedoch bald sichtbar. Die Klagen eines Niveauverlustes, zudem geschürt durch den Mangel an Lehrpersonen, durch die Abstellungen zu den häufigen Versammlungen, Feiern und Sonder- sowie später Kriegsaufgaben, führten schließlich im Zweiten Weltkrieg zu interner Kritik am Schulaufbau. Begünstigt durch den sogenannten "Anschluß Österreichs" im Jahre 1938 verkündete das nationalsozialistische Erziehungsministerium 1942 die Umorganisation der Volksschuloberstufe zu Hauptschulen nach österreichischem Muster, allerdings ohne die Regelungen zur Grundschuldauer zu revidieren.[601] Außerdem verminderten die Nationalsozialisten 1940 die Schulzeit der Abiturientinnen und Abiturienten von 13 auf 12 Jahre durch eine Reduzierung der Höheren Schulen und nicht, "wie eine Zeitlang von verschiedenen Stellen wieder erwogen" wurde, durch eine Verkürzung der Grundschuldauer auf drei Jahre.[602]

Obwohl sie das schulpolitische Patt der Weimarer Zeit beendet und die politische Linke ausgeschaltet hatte, änderte die nationalsozialistische Diktatur im übrigen kaum etwas am äußeren Schulaufbau.[603] Zum einen ist dies ein Grund, diese historische Phase hier nicht intensiver zu behandeln. Zum anderen deutet dieser Sachverhalt darauf hin, daß das frühzeitig differenzierende Gabelungsmodell im Prinzip auch die Sozialisations-, Qualifikations- und Allokationsbedürfnisse eines hierarchisch aufgebauten Elite-Masse-Gesellschaftsmodells des Faschismus befriedigte. Dies führte allerdings nicht zu einer Identifizierung dieses im wesentlichen schon vorher existierenden Schulaufbaus mit dem nationalsozialistischem Herrschaftssystem, wie die nach dem Krieg im Gegensatz zu den Besatzungsmächten ausbleibende Kritik der meisten Deutschen uns noch zeigen wird.

Trotz **Beibehaltung des Schulorganisationsprinzips** veränderten sich die Inhalte von Schule nach 1933 erheblich in Richtung einer rassistisch-völkischen Ideologie. Der Einfluß der NSDAP auf die Lehrerschaft, die in Scharen dieser Partei beitrat, und die Wirkung der Staatsjugend HJ auf Schülerinnen und Schüler nahm in vielen Fällen enorme Dimensionen an.

Auch die katholische Kirche hatte gegen eine Zusage zur Ausweitung von Bekenntnisschulen im Reichsschulkonkordat vom 20.7.1933 das Naziregime anerkannt. Das bewahrte sie jedoch

---

[600] Besonders Frauen wurden benachteiligt und wieder an Haushalts- und Erziehungsaufgaben verwiesen. Vgl. dazu Herrlitz u.a. S.129ff
[601] vgl. Langewiesche S.168ff und S.202; Lehberger in Daschner/Lehberger S.88f
[602] Langewiesche S.195
[603] vgl. Michael/Schepp S.204 und S.216; Nave S.151

nicht davor, daß die Nationalsozialisten nach Festigung ihrer Macht die Kirchen aus dem Schulwesen zurückdrängten und das Konfessionsschulwesen zerstörten. Dies verschuf nach dem Krieg - wie im folgenden Kapitel gezeigt wird - den kirchlichen Forderungen nach Wiederaufleben der Bekenntnisschulen in den Augen der Bevölkerungsmehrheit eine moralische Berechtigung.

Kapitel 3: Auseinandersetzungen um die sechsjährige Grundschule in der Besatzungszeit und zu Beginn der Bundesrepublik (1945 - 1958)

3.1. Die administrativ-politische, ökonomische und soziokulturelle Ausgangslage

Mit dem Tag der bedingungslosen Kapitulation des faschistischen deutschen Regimes, dem 8. Mai 1945, änderten sich die herrschaftspolitischen Bedingungen grundlegend. Nunmehr besaß der alliierte Kontrollrat der Siegermächte UdSSR, USA, Großbritannien und Frankreich die Entscheidungsbefugnis über politische, ökonomische und kulturelle Strukturen Deutschlands. Er konnte damit im Prinzip auch das Schulwesen nach eigenen Vorstellungen und Interessen gestalten.[1]

Für den **administrativ-politischen Bereich** hatte es schon in Teheran 1943 Überlegungen bei den Alliierten gegeben, Deutschland nach dem Krieg radikal aufzuteilen, um es für lange Zeit als kriegsinitiierende Nation auszuschalten. Im Februar 1945 einigten sie sich in Jalta auf vorläufige Besatzungszonen und Grundlinien zur Behandlung Deutschlands nach dem Krieg. Auf der Konferenz von Potsdam vom 17.7. bis 2.8.1945 bestätigten sie dann die Grundziele ihrer Deutschlandpolitik: Demilitarisierung, Demontage (d.h. Reparationen und z.T. Dezentralisierungen), Denazifizierung und Demokratisierung.[2] Zwar richteten die Siegermächte deutsche Verwaltungsstellen ein und zogen deutsche Institutionen - wie z.B. die Kirchen - zu Rate, ihre Entscheidungen mußten aber in Deutschland formal nicht einer demokratischen Legitimation und öffentlichen Diskussion unterzogen werden.[3] Da sie ihre Entscheidungsbefugnis auch im Schulwesen durch Erziehungsoffiziere wahrnahmen und deutsche Stellen bis 1949 nur mit ihrer Zustimmung legislativ tätig werden konnten, sind die Besatzungsmächte zumindest potentiell als wichtigster Akteur in dem Konflikt um die Grundschuldauer zu betrachten. Der Einfluß deutscher Kräfte hing von der jeweiligen Demokratisierungspolitik der Siegermächte ab.

Für den **ökonomischen Bereich** wiesen Huster u.a. nach, daß deutsche Industrieanlagen relativ geringen bzw. schnell reparablen Zerstörungen ausgesetzt waren.[4] Verluste durch Reparationsleistungen betrafen vor allem die französische und die sowjetische Zone. Letztere litt besonders unter der zonalen Zerrissenheit des Wirtschaftsgebietes und unter dem durch starke Auswanderung erzeugten Mangel an geeigneten Arbeitskräften. Für die sowjetzonalen Planungsinstanzen war es deshalb aus ökonomischen Gründen notwendig, "das allgemeine Niveau zu heben und das Schulsystem anzuregen, in wachsendem Maße ihre Abgänger auf Facharbeiterberufe vorzubereiten."[5] Die ohne qualifizierten Ersatz vorgenommene Liquidie-

---

[1] vgl. Winkeler (a) S.5
[2] vgl. Huster/Kraiker S.22f. Die Einrichtung von zentralen Verwaltungsstellen wurde von Frankreich blockiert.
[3] vgl. Winkeler (a) S.5
[4] vgl. Huster/Kraiker S.92ff; Balfour S.17 und S.22
[5] vgl. Hearnden S.75

rung des Mittelschulwesens der SBZ zeigt jedoch, daß sich auch dort mittlere Qualifikationen erfordernde ökonomische Aspekte gegenüber gesellschaftspolitischen Zielvorstellungen nicht immer sofort durchsetzten.

Da die Westzonen fast zwei Drittel der industriellen Kapazitäten Deutschlands besaßen und nicht unter Facharbeitermangel litten, schien hier der wirtschaftliche Aufschwung ohne Reformen im Bildungswesen möglich zu sein.[6] Wie wir noch sehen werden, sollte die Bestätigung dieses Faktums auch für die relative Reformfeindlichkeit im Bildungswesen in den 50er Jahren mitentscheidend sein.

Zonale Differenzen wurden noch durch die unterschiedlichen Wirtschaftssysteme verstärkt. Auf der Potsdamer Konferenz hatte es keine Einigung über die ökonomische Verfassung Deutschlands gegeben. Auch der Wandel der ökonomischen Strategie der unter den westlichen Alliierten dominanten USA spielte eine Rolle für Veränderungen im Bildungswesen. Der Wechsel von der Morgenthaudoktrin, die eine ökonomische Schwächung Deutschlands forderte, zum Marshallplan, der eine Stärkung zum Zwecke der Westintegration und den Aufbau einer stabilen demokratischen und kapitalistischen Macht im Zentrum Europas zur Abwehr möglicher sowjetkommunistischer Expansion vorsah, fand ab 1947 nämlich seine schulpolitische Parallele in den amerikanischen Bemühungen, das Gesamtniveau des deutschen Bildungswesens anzuheben und es zu demokratisieren.[7]

Waren die Zerstörungen im investiven Bereich relativ schnell zu beheben, so galt das nicht für die Infrastruktur und die konsumtiven Versorgungsengpässe. Im Bereich des Erziehungswesens kam zu Schulraumnot und Lehrmittelmangel in den Westzonen eine Flut von Schülern und Schülerinnen durch die Flüchtlingsströme hinzu.[8] Der Überhang an Lehrkräften im höheren Schulwesen, ihr Mangel im Volksschulwesen und die fehlenden Schulräume hoben nach Meinung von Kuhlmann die scharfe Trennung der verschiedenen Schularten auf, denn durch Austausch und Zusammenlegung entstanden nicht selten kooperativen Gesamtschulen ähnliche Zustände.[9] Doch war man, wie im allgemeinen, so auch hier bestrebt, aus der Notlage geborene Zustände zu überwinden.

Vor allem die enormen Versorgungsschwierigkeiten in den Primärbereichen (Nahrung, Kleidung, Heizung) und die Zerstörungen der Schulinfrastruktur ließen den ökonomischen und schulischen Wiederaufbau als wesentlich wichtiger erscheinen als Fragen der Schulreform.

Dies hatte auch Einfluß auf den **soziokulturellen Bereich**, denn im Bewußtsein des größten Teils der Bevölkerung spielte die Schulreform eine untergeordnete Rolle. Eine amerikanische Befragung[10] von deutschen Arbeitern ergab eine sehr geringe Bereitschaft, von neuen Bil-

---

[6] vgl. Hearnden S.75; Huster/Kraiker S.92; Herrlitz u.a. S.153

[7] vgl. Bungenstab S.31; Froese S.14

[8] vgl. Huelsz S.108ff; Kuhlmann (b) S.44f; Huster/Kraiker S.92; Herrlitz u.a. S.140

[9] vgl. Kuhlmann (b) S.45

[10] vgl. Schlander S.178ff; Halbritter S.247; Merritt, Richard L.: Öffentliche Perspektiven zur amerikanischen Erziehungspolitik. In: Bildung und Erziehung, Köln 1981, S.161 - S.180

dungschancen Gebrauch zu machen. Die frühzeitige Eingliederung ihrer Kinder in das Arbeitsleben schien angesichts der ökonomischen Situation erfolgversprechender als eine Verlängerung der Ausbildung. Alte Gewohnheiten und Einstellungen blieben fest verwurzelt.

Die alliierte Entscheidungsgewalt über die deutsche Politik und die Folgen der Totalität der nationalsozialistischen Okkupation aller gesellschaftlichen Bereiche ließen die meisten Nachkriegsdeutschen zwischen Antipathie und Desinteresse an Politik und Reformen schwanken.[11] Eine Umfrage unter Marburger Studenten und Studentinnen ergab im Juni 1946, daß diese sich als Objekte und nicht als Subjekte zukünftiger politischer Entscheidungen empfanden. Sie waren meist individualistisch orientiert, blickten hoffnungslos in die Zukunft und waren kaum bereit, sich politisch zu engagieren.[12] Die überwiegende Mehrheit bejahte den Satz: "The mass of the people is stupid, unable to govern themselves."[13] Mag diese Einstellung angesichts der zur historischen Realität gewordenen Wahlsiege der Nationalsozialisten 1933 nicht unverständlich sein, so zeugt sie zugleich von einem geringen Selbstvertrauen in die eigene Demokratiefähigkeit. Die faschistischen Zerstörungen der ohnehin geringen deutschen Demokratietraditionen wirkten hier nach. Überdies erklärt sich die Politikabstinenz vieler Deutscher aus der Angst, ihre frühere Mitgliedschaft in der NSDAP oder einer ihrer Gliederungen könnten allzu bekannt werden, wenn sie sich öffentlich betätigten und ihre "politische Vergangenheit" rechtfertigen müßten.

Auf Grund dieser geringen demokratischen Basis fielen vor allem Vorstellungen auf fruchtbaren Boden, die die Herausbildung einer "humanen Elite" zur Führung und Regierung Deutschlands und damit ein hierarchisches Schulsystem mit einer neunjährigen Höheren Schule befürworteten, die von Georg Ried als "Schule der Aristopädie" bezeichnet wurde.[14] Diese Auffassung wurde im übrigen von konservativen Schulpolitikern wie dem bayerischen Kultusminister Hundhammer damit legitimiert, daß angeblich die Absolventen des humanistischen Gymnasiums die entschiedensten Antifaschisten gewesen wären:

> "Ist die Katastrophe von 1933 eine Folge unserer Schule und müssen wir daraus
> Konsequenzen ziehen für die Neuordnung? Diese Frage möchte ich verneinen. Ich
> möchte aber darauf hinweisen, daß gerade der Kreis der humanistisch Gebildeten
> ... dem Nationalsozialismus gegenüber die stärkste Widerstandskraft bewies."[15]

---

[11] Balfour (S.83 und S. 93) spricht von einem Zustand "seelischer Betäubung" in der Bevölkerung, so daß es schwierig gewesen sei, "Deutsche für ein Interesse an Politik und Verwaltung zu gewinnen".

[12] Auch Heinrich Deiters bemerkt, daß seine Schülerinnen und Schüler sich 1945 nicht zu politischen Themen äußern wollten. Vgl. Deiters, Heinrich: Bildung und Leben. Erinnerungen eines deutschen Pädagogen. Hrsg. und eingeleitet von Detlef Oppermann. Köln, Wien 1989, S.160f.

[13] Schlander S.180f. Eine Umfrage unter Marburger Schülerinnen und Schülern im November 1946 ergab im übrigen, daß die Mehrheit der 12- bis 14jährigen Jugendlichen der Meinung war, daß der Nationalsozialismus eine gute Idee gewesen sei, die nur schlecht durchgeführt worden sei. Vgl. Kropat, Wolf-Arno: Hessen in der Stunde Null, Wiesbaden 1979, S.295.

[14] Ried, Georg: Kulturauftrag der höheren Schule und sechsjährige Grundschule, in: Pädagogische Welt 1948, S.77 - S.87

[15] Lange-Quassowski, Jutta-B.: Neuordnung oder Restauration. Das Demokratiekonzept der amerikanischen Besatzungsmacht und die politische Sozialisation der Westdeutschen: Wirtschaftsordnung - Schulstruktur - Politische Bildung, Opladen 1979, S.177

160

Daß die Wertschätzung einer auf dem humanistischen Gymnasium gebildeten Elite eine generelle Tendenz im deutschen Nachkriegsbewußtsein bildete, bestätigt Kuhlmann:

> "Den einzig möglichen Aufstieg des Landes stellte man sich allgemein über die geistige Hochleistung einer schmalen Elite und die Breitenarbeit eines Heeres von Ausführenden vor."[16]

Wohl hatte die Niederlage der faschistischen Diktatur und Ideologie bei den meisten Deutschen große Irritationen erzeugt. Sozialpsychologisch konnte diese Unsicherheit aber zwei Folgewirkungen haben. Auf die erste, reformfördernde weist Hars hin, wenn er von einer "Hellsichtigkeit" und "Offenheit" der Nachkriegsphase spricht, in der "das bestehende politisch geistige Vakuum noch Utopien zuließ", so daß "natürlich auch das Schulwesen in den allgemeinen Kontext von Gesellschaftskritik und politischer Neuorientierung einbegriffen" wurde.[17] Auch Herrlitz u.a. sprechen von einer "bildungspolitischen Bewegung", gestehen aber ein, daß es sich dabei um Bemühungen einzelner Akteure handelt, ohne eine breite Verankerung in der Bevölkerung.[18]

Die zweite, allerdings reformhemmende Folgewirkung der Unsicherheit, die bedeutete, daß nicht allein alte Ordnungen in Frage gestellt, sondern ebensosehr gefestigt wurden, sollten sich als wirksamer herausstellen:

> "Durch die Erschütterung von Traditionen, durch das Zusammendrängen der Bevölkerung und durch die Anweisungen der Militärregierung erschien damals zwar eine Neuordnung der Schule möglich, die - in Übereinstimmung mit früheren deutschen Reformentwürfen - auf eine gründliche Demokratisierung des Bildungswesens abzielte. Aber andererseits führte gerade die Vollständigkeit des Zusammenbruchs zu einer sofortigen Restituierung alter, durch den Nationalsozialismus bedroht gewesener Ordnungen wie Kirche und Universität, die sich auf integere moralische und geistige Werte stützten und diese nun durch Elitebildung zu tradieren suchten."[19]

Trotz der keineswegs immer distanzierten Haltung der von jeher in Deutschland anerkannten Institutionen, Kirche und Universität zum Nationalsozialismus unterstellten die Bevölkerung und die Alliierten ihnen ohne Prüfung eine humane und faschismusferne Grundhaltung. In der Meinung, die Kirchen und Universitäten seien unpolitisch, akzeptierten die westlichen Besatzungsmächte sie sogar als Gesprächspartner in Schulreformfragen, bevor sie politische Parteien oder Gewerkschaften und Verbände des Bildungsbereichs zuließen.[20] Indem die Kirche den Faschismus primär als "Abfall vom christlichen Glauben" und als "Materialismus" interpretierte und Parallelen zwischen Liberalismus, Sozialismus und Nationalsozialismus -

[16] Kuhlmann (b) S.50
[17] Hars S.111
[18] vgl. Herrlitz u.a. S.140f. M.E. kann deshalb im Gegensatz zu 1918 - dort forderten breite Bevölkerungskreise die Abschaffung der Vorschulen - nicht von einer "bildungspolitischen Bewegung" gesprochen werden.
[19] Kuhlmann (b) S.48
[20] vgl. Hars S.94; Grosser S.331f; Kuhlmann (a) S.95 und S.170: "Erstaunlich selbstbewußt boten die drei großen Institutionen, Kirche, Universität und Gymnasien, ihr über den Nationalsozialismus hinweg gerettetes idealistisches Wertfeld dem verstörten Volk als ersten Schutz an."

etwa in der Bekenntnisschulfrage - herstellte, wies sie demokratische Forderungen nach Entkonfessionalisierung und Integration des Schulwesens als "unchristlich" zurück. Daraufhin ließen die westlichen Siegermächte z.t. wieder Bekenntnisschulen zu und gaben dem religiösen Unterricht Vorrang, weil durch ihn "vorerst Schulkinder von der Straße geholt und moralisch zur Wahrung von Sitte und Ordnung angehalten werden" könnten.[21] Die Mehrheit der Bevölkerung nahm die Konzentration auf das Christentum und alte deutsche Traditionen dankbar an, da sie dadurch ohne allzu großen Bewußtseinswandel Wertsicherheit wiedererlangen konnte. Adorno faßte 1950 das deutsche Nachkriegsbewußtsein folgendermaßen zusammen:

> "Der Nachkriegsgeist, in allem Rausch des Wiederentdeckens, sucht Schutz beim Herkömmlichen und Gewesenen ... Es ist als ständen die Menschen unter einem geistigen Bann. Unfreiheit und Autoritätsglaube, wäre es auch bloß der Glaube an die Autorität dessen, was nun einmal ist, sind ins allgemeine Bewußtsein eingewandert ... Fast empfindet man den Gedanken, der über den Umkreis des Bestehenden und Approbierten hinausgeht, als Frevel."[22]

Diese an alte Traditionen anknüpfende soziokulturelle Gesamtlage wirkte sich dementsprechend auf die Einstellung der Bevölkerung zum herkömmlichen Schulwesen und zur sechsjährigen Grundschule aus. Befragungen von 2900 Deutschen in der Britischen Zone ergaben im Februar 1948 eine eindeutige Ablehnung der sechsjährigen Grundschule bei durchschnittlich 2/3 bis 3/4 der Befragten:[23]

Angaben in % der Befragten	wünschten 6 Jahre Grundschule für alle Kinder		wünschten keine sechsjährige Grundschule		keine Meinung	
Bundesland	Männer	Frauen	Männer	Frauen	Männer	Frauen
NRW	27	21	65	67	8	12
Niedersachsen	21	16	74	79	5	5
Schleswig-Holstein	17	17	79	76	4	7
Hamburg	27	39	68	50	5	11
Städte mit über 100.000 Einwohnern	25	23	69	67	6	10
Kleinstädte	23	16	73	75	4	9
ländl. Gegend	26	25	64	66	10	9
Alter						
17 - 24	35	15	56	78	9	7
25 - 32	22	20	72	71	6	9
33 - 40	22	21	72	70	6	9
41 - 48	25	25	68	65	7	10
49 - 56	26	20	71	73	3	7
57+	21	18	70	66	9	16

---

[21] Pakschies S.160; vgl. auch Winkeler (a) S.31; Herrlitz u.a. S.145
[22] Adorno S.472f; vgl. auch Kuhlmann (a) S.173; Cloer S.85ff; Stubenrauch S.33: "Die 'Bewältigung der Vergangenheit' stellte sich weiterhin so dar, als würde die Bewegung des Mantels genügen, um den Staub einer schlechten Wegstrecke abzuschütteln, wobei die Richtung selbst jedoch unverändert bleiben könne."
[23] vgl. Pakschies S.257ff (Tabelle ebenda S.258)

Angaben in % der Befragten	wünschten 6 Jahre Grundschule für alle Kinder		wünschten keine sechsjährige Grundschule		keine Meinung	
	Männer	Frauen	Männer	Frauen	Männer	Frauen
Konfession						
Katholisch	24	22	67	67	9	11
Evangelisch	22	20	73	71	5	9
andere	35	17	57	74	8	9
Länge der Schulbildung						
7 Jahre	10	22	78	57	12	21
8 Jahre	27	23	65	67	8	10
9-11 Jahre	19	16	76	77	5	7
12 oder mehr	25	13	72	83	3	4

Am ehesten plädierten Konfessionslose, junge Männer, Volksschulabsolventen und Einwohner von Hamburg für eine sechsjährige Grundschule. Da in der Befragung nicht nach dem Berufsstand und Parteizugehörigkeit unterschieden wurde, läßt sich anhand dieser Zahlen nur vermuten, daß in traditionsgemäß reformorientierten Städten mit einer politisch bewußten jungen Arbeiterschaft die größten Sympathien für die Verlängerung der Grundschule gehegt wurden.

Bemerkenswert ist auch Kuhlmanns Äußerung zu der häufiger werdenden Benutzung von Meinungsumfragen. Er stellt fest, daß zwar "weder in spontanen Äußerungen noch auf Befragen hin laute Kritik an dem Schulaufbau und seinem selektiven Verfahren geübt wurde. Umso bemerkenswerter ist dann das Ergebnis von Intensivinterviews, in denen eine Welle von Enttäuschung über den geringen persönlichen Bildungsstand an die Oberfläche kommt."[24] Daher ist Kuhlmann skeptisch gegenüber der politischen Verwendung von Umfragen, die die Entscheidungsträger ermutigten, alles beim alten zu lassen.

Für die Besatzungsmacht war aus den Antworten dieser Befragung jedoch nur abzulesen, daß Stadt- und Landbevölkerung, Junge und Alte, Katholiken und Protestanten, Gebildete und weniger Gebildete, Frauen und Männer mit meist geringen Unterschieden durchweg keine Grundschulzeitverlängerung wünschten.

Damit ergaben sich zwar von der politisch-administrativen Seite reformfördernde Aspekte, da alle Alliierten demokratische Schulreformen befürworteten und diejenigen deutschen Kreise, die prinzipiell Veränderungen zugunsten breiter Schichten ablehnten, zunächst geschwächt schienen. Der Vorrang des ökonomischen Wiederaufbaus vor Schulreformfragen, der Facharbeiterüberhang in den Westzonen und die rückwärtsgewandte soziokulturelle Gesamtlage Deutschlands mit der Stärkung der elitär ausgerichteten Kirchen, Universitäten und Gymnasien schufen dagegen ungünstige Voraussetzungen zur Einrichtung von sechsjährigen Grundschulen.[25]

---

[24] Kuhlmann (a) S.103f
[25] Auch Cloer (S.89) meint, daß in den bisher erschienen Arbeiten über die schulpolitischen Konflikte nach 1945 der "Nachvollzug des 'Zeitgeistes'" eine zu geringe Rolle spielt.

3.2. Positionen der Akteure

3.2.1. Administrativ-politischer Bereich

3.2.1.1. Besatzungsmächte

a) Reedukation- und Demokratisierungsideen

Wie das Hauptziel der Alliierten, Militarismus und Nationalismus als kriegstreibende Momente in Deutschland zu beseitigen, verwirklicht werden sollte, hing u.a. von der Interpretation ihrer Ursachen ab.[26] Die Verbrechertheorie, die für die Nürnberger Kriegsverbrecherprozesse Bedeutung gewann, hob den kriminellen - nicht politischen - Charakter des Nationalsozialismus hervor und unterschied scharf zwischen Nationalsozialisten und übrigen Deutschen.

Dagegen betonte die neomarxistische Theorie Zusammenhänge von kapitalistischer Wirtschaftsform bzw. dem Verhalten führender Unternehmer und dem Aufstieg des Nationalsozialismus.[27] Sie ging - wie zunächst auch deutsche Politiker bis in die Reihen der CDU - davon aus, daß nur durch eine Veränderung der Wirtschafts- und Gesellschaftsstruktur der Nationalsozialismus ausgerottet werden könne. Dabei unterschied sie zwischen Unterstützern der Nationalsozialisten und Antifaschisten. Wichtig ist, daß letzteren damit bei der Entnazifizierung und bei dem Wiederaufbau eine entscheidende Rolle zukam. Diese Theorie wurde von der Sowjetunion vertreten. Nachdem die erwarteten internen deutschen Aufstände gegen die Faschisten ausgeblieben waren, gewann auch für die UdSSR die **Kollektivschuldthese** zeitweise an Bedeutung.

Diese dritte Theorie ging davon aus, daß alle Deutschen eine Mitschuld am Faschismus träfe und dieser nur ein Ausdruck einer deutschen Volkskrankheit wäre, die sich mindestens bis zum aggressiven und obrigkeitsstaatlichen Preußentum zurückverfolgen lasse. Da das deutsche Volk nach dieser Theorie von den Westalliierten mit dem amoralischen Nationalsozialismus weitestgehend identifiziert wurde, behandelten sie zunächst auch Antifaschisten wie Besiegte und beteiligten kaum Deutsche am Wiederaufbau des Erziehungswesens.

Aus dieser Nationalsozialismusinterpretation erwuchs bei den Besatzungsmächten der Gedanke der **Reeducation** (Umerziehung) eines ganzen Volkes.[28] Vor allem die Amerikaner

---

[26] vgl. Huelsz S.18; Pakschies S.75f; Huster/Kraiker S.27; Wieck (a) S.32; Balfour S.82ff; Bungenstab S.156ff; Weniger S.403; Froese S.14; Hars S.111

[27] vgl. Huster/Kraiker S.27

[28] vgl. Balfour S.95ff; Pakschies S.75. Die Kollektivschuldthese wurde am schärfsten von den Vertretern des britischen Vansittarismus, von der französischen Besatzungsmacht und von den amerikanischen Anhängern der Ideen Morgenthaus expliziert. Hatten zunächst linksliberale Amerikaner den Begriff "Reeducation" geprägt, um die Deutschen auf demokratische Wurzeln zurückzuführen, so wurde er von der Gruppe um Morgenthau übernommen und mit negativ sanktionierender Umerziehung gleichgesetzt. Während der Vansittarismus schon vor Kriegsende die vorherrschende Position verlor, sprachen die US-Amerikaner erst nach der Debatte um die Ideen Morgenthaus weniger von deutscher Schuld als von deutscher Verantwortung. Vgl. Bungenstab S.20f; Pakschies S.25ff

waren anfangs von dem illusionären Glauben erfaßt, man könne mit Hilfe pädagogischer Mittel die Bevölkerung binnen kürzester Zeit von außen her umerziehen. Gestützt auf die Thesen des Pädagogen John Dewey nahmen sie an, daß die unmündigen Mitglieder einer Gesellschaft durch demokratische Leitbilder, wie Entwicklung der Persönlichkeit, soziales Verhalten, politisches und staatsbürgerliches Engagement, zu Demokraten erzogen werden könnten. Sie wollten ihre eigenen liberaldemokratischen Traditionen auf deutsche Verhältnisse und Bildungsinstitutionen übertragen. Dazu zählten sie z.B das Ziel der Chancengleichheit, das von ihren Präsidenten Jefferson und Jackson propagiert und mit Begabtenauslese verknüpft wurde, und ihren zukunftsorientierten Pragmatismus. Positive gesellschaftliche Werte sollten nicht durch eine wie auch immer geartete Elite, sondern durch einen rationalen Interaktionsprozess mündiger Personen entstehen. Daraus schlossen sie die Notwendigkeit, die **Demokratiefähigkeit** und **Bildung aller** Gesellschaftsmitglieder zu **steigern.**[29]

Damit stand das liberal-bürgerliche Modell einer pluralen demokratischen Gesellschaft der amerikanischen Besatzungsmacht in völligem Gegensatz zum deutschen Nachkriegsbewußtsein, das bis weit in die Reihen der SPD rückwärtsgewand und mystifizierend einen normativen Grund in festen Werten des "christlichen Abendlandes" suchte und in einer humanen Führungsschicht die beste Gewähr für einen humanen Staat sah.[30] Zudem wurde auf deutscher Seite die z.T. pauschalisierende amerikanische Kritik an deutscher Kultur und Mündigkeit, die Kollektivschuldthese und die daraus abgeleitete teilweise Nichtbeteiligung Deutscher am Wiederaufbau des Erziehungswesens als verletzend empfunden und der später erfolgte Wandel in der Reeducationpolitik kaum mehr wahrgenommen.[31]

Die global und negativ formulierte Reeducationpolitik, bei der Entnazifizierung und einschränkende Maßnahmen im Vordergrund standen, wurde nämlich nach den deutschen Widerständen besonders in der amerikanischen Zone in der zweiten Phase der Besatzungszeit (etwa ab 1947) durch positive Demokratisierungsmaßnahmen abgelöst, die den Schwerpunkt von der Erwachsenenumerziehung zur Jugenderziehung verlagerten.[32] Erst durch diese Verlagerung wurde dem Schulwesen erhöhte Aufmerksamkeit geschenkt. Der Wandel, der seine ökonomische Parallele im Wechsel vom Morgenthau- zum Marshallplan hatte, manifestierte

---

[29] vgl. Dewey, John: Democracy and Education, 1916; Huelsz S.24f; Schlander S.293ff; Lange-Quassowski Kap.2; Hessische Beiträge zur Schulreform. Grundsätzliches zur Demokratisierung des deutschen Bildungswesens. Ein Beitrag zur hessischen Schulreform der Education and Cultural Relations Division der Militärregierung in Hessen, Wiesbaden 1949; Thron, Hans-Joachim: Schulreform im besiegten Deutschland. Die Bildungspolitik der amerikanischen Militärregierung nach dem 2.Weltkrieg. Diss. München 1972

[30] vgl. 3.1. und 3.3., insbesondere Adolf Grimmes Wirken in Niedersachsen und Otto Kochs Position in NRW, vgl. dazu: Himmelstein, Klaus (Hg.): Otto Koch - Kinder des deutschen Erziehungselends, Frankfurt a.M. 1992.

[31] Dies wird besonders in der Kritik von Froese (S.13ff) und Weniger (S.403ff) an der fehlenden alliierten Selbstkritik und der amerikanischen "Erziehungsmissions-"haltung deutlich, die gerade Antifaschisten in ihrem Selbstbewußtsein kränkte. Vgl. auch Klewitz S.94f und Böhme, Günther: Franz Hilkers Tätigkeit nach dem Zweiten Weltkrieg in Hessen, mit Dokumenten. Frankfurter Beiträge zur Historischen Pädagogik, hrsg. von Hans-Michael Elzer, Richard Freyh und Martin Rang. Frankfurt a.M., Berlin, Bonn, München 1967, S.23

[32] vgl. Pakschies S.77, S.269; Bungenstab S.18, S.46, S.85 und S.180; Froese S.21; Hars S.115; Klafki (b) S.257; Huelsz u.a. S.18; Winkeler (a) S.8; Schlander S.100

sich auch im Ersatz des Begriffs "Reeducation" durch "Reconstruction" und "Reorientation", Begriffe, die die Zurückführung der Deutschen auf ihre eigenen demokratischen Wurzeln hervorheben sollten.[33]

Wie die USA um die Demokratisierung Deutschlands im Sinne der Transformation eigener, liberaler Werte bemüht war, so muß auch der UdSSR ein Demokratisierungsinteresse in Verbindung mit der Übermittlung sozialistischer Werte bescheinigt werden. Dieses Interesse der UdSSR war nach Auffassung von Huster u.a. nicht als Expansionsabsicht zu deuten.[34] Demokratisierungsabsichten und Wahrnehmung der Besatzungsbefugnisse schlossen sich bei den Überlegungen der Alliierten nicht aus:

"Die Verbindung zwischen beidem besteht allerdings nicht darin, daß die Besatzungsherrschaft selbst in irgendeiner Form als 'demokratisch' anzusehen ist, sondern in der Tatsache, daß die Okkupation von seiten der westlichen Demokraten nur in der Verbindung mit einem Demokratiegründungsprozeß zu rechtfertigen war und nur bei einem Erfolg dieses Prozesses sinnvoll abgeschlossen werden konnte."[35]

Die Betrachtung des Zeitraums 1945-1949 als **Periode der Demokratiegründung** und damit als Vorgeschichte der Bundesrepublik kann erklären, daß die Entscheidungsbefugnisse der Besatzungsmächte an Bedeutung verloren und ihre Absicht, Demokratie "von oben" zu verordnen, zu Widersprüchen führen mußte.

"Wenn die Siegermächte - wie die USA und Frankreich eine energische, aktive Umerziehungspolitik mit autoritären Mitteln verfolgten, provozierten sie den Widerstand der Deutschen, die sie an ihren eigenen demokratischen Maßstäben beurteilten und Anti-Besatzer-Ressentiments mobilisierten; verlegten sich die Alliierten aber - wie die britische Besatzungsmacht - auf pragmatischere Methoden des 'indirect rule', so war ihr Einfluß auf die deutschen Kräfte von vorneherein begrenzt."[36]

Diesem Widerspruch und dem Vorwurf des ausländischen Oktroi versuchte sich die UdSSR zu entziehen, indem sie deutsche kommunistische Emigranten und ihnen vertraute Personen mit dem vorsichtigen Aufbau eines demokratischen, sozialistischen Gesellschafts- und Schulsystem beauftragte.[37] Eine demokratische Legitimation konnten diese gesinnungstreuen Emigranten jedoch nicht beanspruchen. In der britischen Zone scheiterte die Beteiligung von

---

[33] vgl. Bungenstab S.21 und S.28

[34] vgl. Huster/Kraiker S.11ff

[35] Niclauß S.19, vgl. auch ders. S.10

[36] Herrlitz u.a. S.144

[37] vgl. Klewitz S.24ff; Michael/Schepp Bd.II S.231; Huden, Daniel P.: Gleichheit und Elitestreben in der Erziehungspolitik der Besatzungszeit. In: Bildung und Erziehung, Köln 1981, S.150 - S.160 sowie Deiters S.164, S.169, S.172, S.205 und S.240ff. Deiters beschreibt die Zusammenarbeit zwischen Deutschen und sowjetischer Militärregierung als Prozeß zahlreicher verwaltungsinterner Besprechungen, in denen die sozialistische Orientierung von vornherein und die ausführenden Beschlüsse häufig schon feststanden. Z.T. überließen die Sowjets aber den Deutschen auch die Entscheidungen (z.B. im Falle der Einrichtung der Potsdamer Hochschule), zumindest suchten sie die deutsche Beteiligung an Entscheidungsprozessen. Erst im Laufe der 50er Jahre nahm Deiters zunehmend den Verwaltungs- und Politikstil der Sowjets und der Führungskader als inhaltlich eng und diktatorisch wahr.

Emigranten an der inneren Zerstrittenheit der britischen Exil-SPD und in der französischen Zone an dem Mißtrauen, das die französische Militärverwaltung gegenüber allen Deutschen an den Tag legte, während die US-Administration den Einsatz von Emigranten "aus psychologischen Gründen" ablehnte.[38]

b) Vorbereitende Planungen und Schulpolitik in der ersten Phase

In den Vereinigten Staaten gab es zwar während des Krieges mehrere Planungsgruppen für das zukünftige deutsche Erziehungswesen, konträre Auffassungen und Kompetenzstreitigkeiten verhinderten aber eine geschlossene Vorbereitung. Schließlich äußerte Präsident Roosevelt, daß er nicht einsehe, detaillierte Pläne für ein Land ausarbeiten zu lassen, welches noch nicht besetzt sei.[39] Die britischen Vorplanungen waren wegen fehlender Institutionalisierung, Systematik, Kontinuität und Koordination völlig unzureichend.[40] Die französischen Widerstandsgruppen waren seit 1943 in Algier mit Plänen zur Reform des Erziehungswesens beschäftigt. Doch auch sie kamen nicht zur Vorlage konkreter Programme über die zukünftige Gestaltung des deutschen Schulwesens. Obwohl mit Emigranten gewisse grobe Vorplanungen erarbeitet wurden, die an Weimarer Schulreformvorschläge anknüpften, hatte selbst die sowjetische Militärregierung zum Kriegsende keine detaillierten Schulaufbaurichtlinien erstellt.[41]

Ausgearbeitete Schulreformpläne sind damit bis zum Kriegsende **bei keiner Besatzungsmacht** auszumachen. Das grenzte ihre Reformmöglichkeiten ein, eröffnete dafür aber deutschen Gruppen Spielräume für Schulaufbaureformen.[42]

Die erste Maßnahme im Bildungswesen, die die Siegermächte bei Kriegsende ergriffen, war die Schließung der Schulen. Dann galt es die Probleme der Entnazifizierung der Lehrerschaft, der Lehrplan- und Schulbuchrevisionen und des Mangels an Lehrmaterial und Schulgebäuden zu lösen und Schulaufräumarbeiten zu leisten.[43] In Berlin konnten die antifaschistischen Ausschüsse durch solche Arbeiten Anerkennung erlangen. Von ihnen gingen auch die ersten

---

[38] vgl. Bungenstab S.26ff und S.39; Pakschies S.44ff und S.76; Winkeler (a) S.17; Balfour S.346

[39] vgl. Schlander S.90; Boehling, Rebecca: Das antideutsche Vorurteil in den USA und seine Wirkung auf die Nachkriegspolitik in der US-Zone 1943 - 1947, in: Bildung und Erziehung 1981, S.132 - S.149; Lange-Quassowski Kap. 3 sowie dieselbe in: Heinemann S.53ff. Wie in der generellen Deutschlandpolitik, so waren das Außen-, Kriegs- und Finanzministerium auch in der Schulpolitik nicht einig.

[40] vgl. Pakschies S.79

[41] vgl. Froese S.40 und S.84ff; Klewitz S.24 und S.28ff; Klafki (b) S.258f. Klafki führt an, daß zum einen im "Befehl Nr.40 der sowjetischen Militäradministration (SMA)" vom 25.8.45 kein Hinweis auf Schulorganisationsreformen zu finden sei und im Gegenteil von "Volksschulen", "Höheren Schulen" usw. gesprochen wird sowie zum anderen der Leiter der SMA, Marshall Schukow, den Führer der deutschen Emigrantengruppe, Walter Ulbricht, auf fehlende Schulreformarbeiten hinwies.

[42] vgl. Klafki (a) S.142; (b) S.258; Schlander S.95 und S.101; Hearnden S.19; Winkeler (a) S.8f; Klewitz S.34; Bungenstab S.85ff; vgl. auch Fuchs, Hans Werner und Pöschl, Klaus Peter: Reform oder Restauration? München 1986, S.25ff, S.78 und S.123 (US-Besatzungspolitik), S.40ff, S.79 und S.120 (GB), S.50ff, S.80 und S.120 (F), S.58ff und S.81 (Sowj.)

[43] vgl. Pakschies S.159 und S.167; Bungenstab S.73f und S.77; Klewitz S.44; Herrlitz u.a. S.144; Michael/Schepp Bd.II S.229

Ansätze für eine Wiederaufnahme des Unterrichts aus. Die Angst vor Verwahrlosung der Jugend und die Absicht, mit Hilfe der Schulen die Demokratisierung voranzutreiben, waren schließlich der Anlaß zur baldigen **Wiedereröffnung der Schulen.** Dabei wurde häufig zuerst Religionsunterricht erteilt.[44]

Als erste erließ die sowjetische Militärregierung am 11.6.1945 "vorläufige Richtlinien für die Wiedereröffnung des Schulwesens". Aufgrund fehlender Vorplanungen und Sachkenntnis nahm sie die vorläufige Reetablierung des dreigliedrigen Schulsystems in Kauf.[45] Jedoch ließ sie von vornehmerein keinen Zweifel daran, daß die zukünftige deutsche Schule nur die Einheitsschule sein könne. Im Vertrauen auf die z.T. in der UdSSR geschulten deutschen Verwaltungsspitzen und gestützt auf antifaschistische Gruppen konnte die sowjetische Militärverwaltung eine Umstrukturierung des Schulwesens vorsichtig und mit Rücksicht auf die Bevölkerungsakzeptanz in Angriff nehmen. In Stetigkeit und Zielstrebigkeit den westlichen Alliierten überlegen, führte sie im ersten Jahr vorerst bedächtig Reformen in den Fragen des Religionsunterrichts, der Privatschulen, der Lehrerbildung und des Volksschulaufbaus durch.[46]

In der Frage der Grundschuldauer spielte die Orientierung am eigenen Schulaufbau für alle Besatzungsmächte eine große Rolle. Da das sowjetische Schulsystem den gemeinsamen Unterricht aller Kinder vom siebten bis zum vierzehnten Lebensjahr vorsah, ist es nicht verwunderlich, daß die Sowjetadministration beabsichtigte, die **achtjährige** Grundschule zu realisieren.[47]

Das gelang ihr im Mai 1946 durch das "Gesetz zur Demokratisierung der deutschen Schule".[48] Dieses Gesetz wurde nicht von den erst ein halbes Jahr später gewählten Landtagen, sondern von "Blockausschüssen der antifaschistischen Parteien" gebilligt. Der Sowjetverwaltung und ihren deutschen Vertrauten war es damit in Anknüpfung an Weimarer Einheitsschulforderungen gelungen, in vorsichtiger und geschickter Volksfrontpolitik Sozialdemokraten und Kommunisten, aber auch Liberale und Konservative, ohne große Auseinandersetzungen, für eine radikale Schulorganisationsreform einzuspannen.

Weniger zielstrebig erwies sich die **französische** Militärverwaltung, die häufig zwischen einem zunächst vorherrschenden "Dominanzkonzept", das mit Befehlen und Anordnungen operierte und ohne Rücksicht auf die Vorstellungen der deutschen Institutionen Strukturen des eigenen Landes auf die französische Zone übertragen wollte, und einem sich ab 1947/48

---

[44] vgl. Pakschies S.160; zur quantitativen Ausbreitung des Höheren Schulwesens in der Bizone vgl.: Kullnick, Max: Wegweiser durch das deutsche höhere Schulwesen in der amerikanischen und britischen Besatzungszone, Schuljahr 1948, Frankfurt a.M. 1950
[45] vgl. Klewitz S.35; Klafki (b) S.259
[46] vgl. Klewitz S.40
[47] vgl. Hars S.329, Anm.35; Marburger Forschungsstelle S.36
[48] abgedruckt bei Froese S.91; vgl. auch Froese S.46ff; Keim (a) S.61; Baske, Siegfried und Engelbert, Martha: Zwei Jahrzehnte Bildungspolitik in der Sowjetzone, Berlin 1966, S.24ff. Der zuletzt genannte Dokumentenband sei auch empfohlen für die hier in den Länderbetrachtungen ausgesparte SBZ.

langsam und mit Brüchen durchsetzenden "Integrationskonzept" schwankte, daß die deutschen Akteure als selbstbestimmungsfähige Partner im Rahmen der Westintegration akzeptierte. Bildungspolitisch konzentrierte sich die französische Besatzungsmacht auf die Entnazifizierung und Umerziehung der Lehrkräfte, auf curriculare Reformen, und zwar besonders auf die unterrichtliche Vermittlung französischer Sprache und Kultur, weiterhin auf Strukturveränderungen in der Lehrerbildung sowie auf Eingriffe in die Universitäten und Gymnasien. Dabei ließ das anfangs bestimmende Dominanzkonzept, in dem die eigene Skepsis gegenüber deutscher Demokratisierungsbereitschaft vorherrschte, die französischen Militärbehörden zunächst nur selten Kompromisse mit deutschen Stellen schließen, so daß sie bald Anti-Besatzer-Ressentiments erzeugte. Andererseits bewirkten die widerstreitenden Ansichten innerhalb der französichen Besatzungsbehörden bzw. zwischen den Besatzungsbehörden und dem kompromißbereiteren französischen Außenministerium, daß einmal getroffene Anordnungen zurückgenommen wurden oder ihre Nichtdurchführung toleriert wurde. Ein Beispiel dafür bot die Anordnung der Militärbehörden, das humanistische Gymnasium abzuschaffen, die auf so starken deutschen Widerstand gestoßen war, daß sie schließlich zurückgenommen wurde.[49]

Im übrigen wurde die französische Schulpolitik während der Besatzungszeit auch durch ungenügende Vorplanungen erschwert. Sie führten im Herbst 1945 zu einer Wiedereröffnung der deutschen Schulen nach dem Muster der Dreigliedrigkeit des Weimarer Schulsystems, obwohl eine Angleichung an das französische Schulsystem beabsichtigt war.[50]

In Frankreich besuchten zu jener Zeit die Sechs- bis Elfjährigen die fünfjährige Primarschule. Gegen Kriegsende hatte aber der Einheitsschulgedanke unter dem Motto "Demokratisierung der Schule" einen mächtigen Auftrieb bekommen. Die Langevin-Wallon Reformkommission hatte nämlich einen bedeutenden Schulplan mit einer Orientierungsstufe im Kern-Kurssystem für die Elf- bis Fünfzehnjährigen entwickelt, der nach dem Krieg umgesetzt werden sollte. So ist es zu erklären, daß sich schließlich auch die französische Zonenverwaltung **für die Verlängerung** der Grundschulzeit aussprach,[51] obwohl sie in der ersten Phase der Besatzungszeit (bis 1947) noch nicht versuchte, diese Maßnahme zu realisieren und weiterhin partiell elitäre Momente des französischen Bildungssystems in den Köpfen der Besatzungsoffiziere fortlebten und zu einer widersprüchlichen Schulpolitik führten.[52]

---

[49] vgl. Winkeler (a) S.29; Hars S.329, Anm.35; Vaillant, Jérôme (Hrsg.): Französische Kulturpolitik in Deutschland 1945 - 1949, Konstanz 1984, S.17ff und darin den Abschnitt von dem Vorsitzenden der Abteilung für öffentliche Bildung der französischen Besatzungsbehörden Raymond Schmittlein: Die Umerziehung des deutschen Volkes, S.161 - S.185; Wolfrum, Edgar: Französische Besatzungspolitik und deutsche Sozialdemokratie, Düsseldorf 1991, S.23ff und S.76ff; Ruge-Schatz, Angelika (a): Umerziehung und Schulpolitik in der französischen Besatzungszone 1945 - 1949, Frankfurt a.M. 1977, S.21ff, S.68ff und S.78ff; Ruge-Schatz, Angelika (b): Grundprobleme der Kulturpolitik in der französischen Besatzungszone. In: Scharf, Claus und Schröder, Hans-Jürgen (Hrsg.): Die Deutschlandpolitik Frankreichs und die französische Zone 1945 - 1949, Wiesbaden 1979, S.91 - 110
[50] Ruge-Schatz (a) S.68ff; Vaillant S.19; Ruge-Schatz in Vaillant S.122f
[51] vgl. Nieser S.5; Hearnden S.21; Winkeler (a) S.20; Schola 1948, S.234; Ruge-Schatz (b) S.93f
[52] vgl. Ruge-Schatz (a) S.79f

Das gilt ähnlich für die **britische** Besatzungsmacht. Auch sie reetablierte mit der Wiedereröffnung der Schulen das Weimarer System und beschränkte sich zunächst auf Lehrplan- und Lehrmittelrevisionen und eine Entnazifizierung der Lehrkräfte. Für die erste Besatzungsphase bis 1947 ist daher m.E. folgender These von Pakschies zuzustimmen:

> "Die Briten haben somit die Möglichkeit, nach der Besatzung Deutschlands ein Schulsystem ohne die traditionelle Trennung von Massen- und Elitebildung zu initiieren, nicht in Erwägung gezogen. Diese Haltung ist einmal in dem [britischen, d.V.] Reeducation-Grundsatz, eine Siegermacht könne einem anderen Volk kein Bildungssystem oktroyieren, und in den materiellen und personellen Konsequenzen begründet, die ein weitgehendes politisches und wirtschaftliches Engagement der Briten in Deutschland gefordert hätten."[53]

Als 1946 die britische Militärverwaltung immer noch keine klaren Schulorganisationsreformen entwickelt hatte und die Reeducationpolitik weiter zurückhaltend betrieb, breitete sich in Teilen der britischen Öffentlichkeit Unzufriedenheit aus. Im Frühjahr 1946 kritisierten sozialistische Labourabgeordnete diesen Handlungsverzicht und legten Änderungsvorschläge vor: Die Entnazifizierung sollte entschlossener vorangetrieben werden, konstruktive grundlegende Veränderungen im Schulwesen sollten erfolgen, das passive Besatzungspersonal müßte ausgewechselt werden und deutsche Emigranten und Antifaschisten sollten in verbesserter Zusammenarbeit mit britischen Stellen Schulreformaufgaben übernehmen.

Zudem ist zu bedenken, daß es in Großbritannien schon während des Krieges eine Schulreformdebatte gegeben hatte, die ihren Abschluß im Schulgesetz von 1944 fand. Zwar gab es danach noch immer große Nischen für abgetrennte Eliteerziehung, für die große Mehrheit wurde aber "die sechsjährige Grundschule und ein vom Anspruch her horizontales, de facto aber dreifach gegliedertes, vertikales Schulsystem" ab Klasse 7 verankert.[54] Die Debatte im eigenen Land mag die britischen Erziehungsoffiziere nun veranlaßt haben, "eine Verlängerung der Grundschule von 4 auf 6 Jahre vorzuschlagen" bzw. Schulgesetze nur zu genehmigen, wenn sie eine sechsjährige Elementarschulerziehung realisierten.[55]

Man gab auch zu, daß die Entnazifizierung und die indirekten Versuche zur Demokratisierung nicht ausreichten; außenpolitische Erwägungen führten jedoch Ende 1946 zu einer anderen Konsequenz. Nachdem sich nämlich die Deutschlandpolitik der westlichen Alliierten ab September 1946 gewandelt hatte und eine Stärkung der besetzten Westzonen gegen den kommunistisch besetzten Teil und damit die "Ära des kalten Krieges" eingeleitet wurde, beschloß die britische Regierung, darauf zu verzichten, Maßnahmen gegen westdeutschen Widerstand vorzunehmen. Konsequent wurden in der "Verordnung 57" vom 1.12.1946 Kompetenzen in einigen Bereichen, unter ihnen das Erziehungswesen, an deutsche Verwaltungsstellen übergeben.[56]

---

[53] Pakschies S.161f
[54] ebenda S.78
[55] Halbritter S.45; vgl. auch Pakschies S.247 und S.257; Hars S.329, Anm.35
[56] vgl. Pakschies S.224ff und S.231; Halbritter S.39; Tenorth S.50

So wurde von den Briten nicht versucht, die sechsjährige Grundschule gegen den Willen der deutschen Länderregierungen durchzusetzen. Zwar nahmen sie sich aus Anlaß eines vertraulichen Schreibens der allerhöchsten SPD-Vertreter in den Kultusverwaltungen der britischen Zone, Grimme, Landahl, Kuklinski und Koch, Ende 1947 vor, keine Schulgesetze zu genehmigen, die die sechsjährige Grundschule nicht enthielten, doch verzichteten sie auf Interventionen, solange kein Gesetz vorgelegt wurde.[57] Auch die erwähnten Meinungsumfragen von 1948 in den britischen Zonen mögen ein Grund für ihre Zurückhaltung in dieser Frage gewesen sein, zumal sich in den Ländern Hamburg, Schleswig-Holstein und Niedersachsen Entwicklungen zur sechsjährigen Grundschule abzeichneten.

Da die britische Militärverwaltung bei ihrer Reeducationpolitik der **"indirect rule"** auch ab 1947 blieb, ist hier im Gegensatz zu der im nächsten Abschnitt beschriebenen US-Schulpolitik keine zweite "positive Phase" zu beobachten.[58]

c) Die Direktive 54 und der Wandel der US-Schulpolitik ab 1947

Nachdem auch die amerikanischen Besatzungsbehörden den dreigliedrigen Schulaufbau wiedereingerichtet hatten und ohne Zustimmung des Hauptquartiers neue Schulorganisationen oder -typen nicht zugelassen wurden, bereiteten die Differenzen zwischen Demokratisierungsansprüchen und zurückbleibenden Realitäten sowie die fehlenden Vorgaben in ihren Militärverwaltungen zunehmende Unzufriedenheit.[59] Schulpolitisch relevant war zudem, daß in der Deutschlandpolitik der USA ab 1947 die erste "negative Phase", in der sicherheitspolitisch motivierte Einschränkungen wie Demilitarisierung, Denazifizierung, Dezentralisierung und Demontage im Vordergrund standen, durch die zweite **"positive Phase"** abgelöst wurde, in der die Stärkung und Demokratisierung Westdeutschlands und Neugestaltungen das Ziel waren.[60] So war es nur folgerichtig, daß aus Anlaß eines dreiwöchigen Besuches deutscher Schulen in der US-Zone durch eine zehnköpfige amerikanische Erziehungsexpertengruppe unter Leitung von George Zook und unter Mitarbeit der deutschen Pädagogen Ernst Hylla und Franz Hilker auch die Neugestaltung des Schulwesens für die Militäradministration der Vereinigten Staaten eine große Bedeutung gewann.[61]

Der Bericht der **Zook-Kommission** kam zunächst geschickt der deutschen Bewußtseinslage entgegen, indem er alte deutsche Kulturleistungen würdigte und vorrangig die Beseitigung

---

[57] vgl. Eich, Klaus -Peter: Schulpolitik in Nordrhein-Westfalen 1945 - 1954, Düsseldorf 1987, S.20ff
[58] vgl. Pakschies S.240. Dennoch befürworteten britische Organisationen wie die New Education Fellowship auch weiterhin statt der Dreigliedrigkeit einen horizontalen Schulaufbau. Vgl. dazu entsprechenden Bericht "Die umfassende Schule" in: Bildung und Erziehung, Wiesbaden 1951, S.28 - S.38.
[59] vgl. Schlander S.104f; Michael/Schepp Bd.II S.230, Direktive vom 7.7.1945; Huden S.150 - S.160
[60] vgl. Hars S.115; Huelsz S.106 und S.114; Bungenstab S.47 und S.52f; Klafki (a) S.138ff; (b) S.270; Froese S.16, S.25f und S.43f; Keim (a) S.62; Pakschies S.240
[61] vgl. Zook-Kommission; Klafki (b) S.273ff; Bungenstab S.48ff und S.87ff; Froese S.28f; Herrlitz u.a. S.141; Keim (a) S.62; Hars S.112; Halbritter S.46; Michael/Schepp Bd.II S.233; Bericht Franz Hilkers in: Kropat S.293 und in Böhme S.39ff

des Hungers und wirtschaftlicher Zerrüttung forderte.[62] Ganz entschieden machte die Kommission jedoch deutlich, daß eine weitere notwendige Bedingung für eine demokratische Gesellschaft ein demokratisches Schulwesen sei. Deshalb war ihre Hauptkritik gegen die - ihrer Meinung nach - undemokratische frühzeitige Aufgliederung der Schüler gerichtet:

> "Sehr früh, tatsächlich schon am Schluß des vierten Schuljahres, zerfiel die Schule bisher in zwei Teile: einen für die 5 oder 10% der geistig, sozial oder wirtschaftlich Begünstigten, die zur höheren Schule, zur Hochschule und in die höheren Berufe übergingen; und einen anderen für die große Gruppe, die weitere vier Jahre die schulgeldfreie Grundschule [gemeint ist: Volksschule, d.V.] und drei oder mehr Jahre die Berufsschule besuchte. Schon im Alter von 10 Jahren oder früher sieht sich ein Kind eingruppiert oder klassifiziert durch Faktoren, auf die es keinen Einfluß hat, wobei diese Einstufung fast unvermeidlich seine Stellung für das ganze Leben bestimmt. Dieses System hat bei der Mehrzahl der Deutschen ein Minderwertigkeitsgefühl entwickelt, daß jene Unterwürfigkeit und jenen Mangel an Selbstbestimmung möglich machte, auf denen das autoritäre Führerprinzip gedieh."[63]

Die Zook-Kommission empfahl deshalb der US-Militärverwaltung, in einer "Politik geduldiger Festigkeit" eine Reform des Schulaufbaus umzusetzen. Der erste Teil ihrer Vorschläge lautete:

> "Die Entwicklung eines umfassenden Erziehungssystems für alle Kinder und Jugendlichen ist von allergrößter Bedeutung. Die Bezeichnungen 'elementar' und 'höher' in der Erziehung sollten in erster Linie nicht als zwei verschiedene *Arten* oder *Qualitäten* des Unterrichts angesehen werden (wie es die deutschen Worte *"Elementarschule"* und *"höhere Schule"* tun), sondern als zwei aufeinanderfolgende Schulabschnitte, wobei die Elementarschule die Klassen 1 bis 6, die höhere Schule die Klassen 7 bis 12 umfaßt."[64]

Neben den Kernforderungen nach sechsjähriger Grundschule und horizontalem Schulaufbau enthielt der Bericht Empfehlungen zur inneren Reform, die zu den neuen Schulformen adäquat waren und den Schüler stärker als aktiven Träger des Lernvorgangs in den Vordergrund stellten.[65] Schließlich wurde noch die Wiederzulassung des Deutschen Lehrervereins gefordert, da dieser antidemokratischen Tendenzen entgegengewirkt habe und ein relevanter deutscher Träger für Schulreformbemühungen sein könne.[66]

Nachdem der Zook-Kommissionsbericht am 21.9.46 dem stellvertretenden amerikanischen Militärgouverneur Clay vorgelegt und in 20.000 Exemplaren in deutscher Sprache der Öffentlichkeit vorgestellt worden war, erklärte Clay am 10.1.1947 im sogenannten "OMGUS-Telegramm" die Grundsätze des Berichts für die amerikanische Zone für verbindlich.

---

[62] vgl. Zook-Kommission S.9ff
[63] ebenda S.27
[64] ebenda S.29f, Hervorhebungen im Original
[65] vgl. ebenda S.30 und Bericht Hilkers in: Kropat S.293f. Hier zeigt sich eine Parallele zu Vorschlägen der Entschiedenen Schulreformer der 20er Jahre, die die Verbindung von äußerer und innerer Schulreform betrafen.
[66] vgl. Zook-Kommission S.31

Wegen ihrer dominanten Stellung unter den Westalliierten und der auf sowjetischer Seite
ohnehin schon beschlossenen Schulreform gelang es den Amerikanern im Juni 1947 sogar,
die wesentlichen Aspekte des OMGUS-Telegramms in der Direktive 54 des Alliierten
Kontrollrats für ganz Deutschland festzuschreiben. Dort tauchte die Forderung nach einem
horizontalen Schulaufbau unter Punkt 4 auf:

> "Die Begriffe 'Volksbildung' und 'höhere Bildung' sollen zwei aufeinanderfol-
> gende Bildungsebenen kennzeichnen, nicht zwei sich überschneidende Ebenen
> verschiedener Art und Güte."[67]

Obgleich diese Formulierungen etwas vage waren und konkrete Festlegungen zur sechsjährigen Grundschule fehlten, so brachten sie doch Impulse für entsprechende Initiativen auf
französischer und vor allem auf amerikanischer Seite. Während die Briten es mit dem Geist
der Direktive für vereinbar hielten, "daß getrennte Schulen mit stark divergierenden Lehrplänen künftig weiter bestehen" könnten,[68] legten die US-Behörden die Direktive 54 als
verbindliche Entscheidung für die sechsjährige Grundschule aus:

> "Wenn die Auswahl nicht, wie es wünschenswert wäre, nach achtjähriger Grund-
> schulausbildung vorgenommen werden kann, so ist es unbedingt erforderlich, sie
> nach sechs Jahren vorzunehmen."[69]

Entsprechend entschieden verfolgte die US-Militärverwaltung ab 1947 die Vereinheitlichung
des Sekundarschulwesens und die sechsjährige Grundschule, und zwar - wie die länderspezifische Betrachtung zeigt - auch in Ländern wie Bayern, dessen Kultusminister sich gegen die
sechsjährige Grundschule sträubte. Dabei ist der Auffassung Kühnls zu folgen, der die Nach-
kriegsliteratur kritisiert, die zugunsten eines Kontinuitätsnachweises aktive amerikanische
Demokratisierungsbemühungen ignoriert, welche nicht weiter geführt wurden oder sich nicht
in diese Kontinuität einordnen lassen.[70]

d) Parallelen zwischen sowjetischer und amerikanischer Schulpolitik

Obwohl - wie erwähnt - von einer gemeinsamen Besatzungspolitik im Erziehungswesen nicht
gesprochen werden kann, fanden sich ab 1947 dennoch partielle Kongruenzen in der Schul-
organisationspolitik - insbesondere - der USA und der UdSSR, die von einigen Autoren mit

---

[67] Klafki (b) S.271; vgl. auch Helling, Fritz und Kluthe, Walter: Dokumente zur demokratischen Schulreform in
Deutschland 1945-1948, Schwelm 1960 S.20f. Sie sind mit Abweichungen übersetzt auch bei Froese S.102 und
Michael/Schepp Bd.II S.234 zu finden. Erläutert wird die Direktive 54 in: Hessische Beiträge zur Schulreform.
Grundsätzliches zur Demokratisierung des deutschen Bildungswesens. Ein Beitrag zur hessischen Schulreform
der "Education and Cultural Relations Division" der Militärregierung in Hessen, Wiesbaden 1949
[68] Halbritter S.47; vgl. auch Pakschies S.240ff
[69] Hessische Beiträge zur Schulreform. Grundsätzliches zur Demokratisierung des deutschen Bildungswesens.
Ein Beitrag zur hessischen Schulreform der "Education and Cultural Relations Division" der Militärregierung in
Hessen, Wiesbaden 1949, S.13. Auch Hilker berichtet (in Böhme S.39f), daß die Zook-Kommission der Auffassung war, daß die höhere Schule eine Art Gesamtschule sein sollte und "daß bis mindestens zum 14.Lebensjahr
der Schulweg offen bleiben müßte."
[70] vgl. Huelsz S.16

Erstaunen festgestellt werden. Während Weniger den Grund für die gemeinsame Direktive 54 im pädagogischen Enthusiasmus der amerikanischen Erziehungsoffiziere und im gemeinsamen nationalsozialistischen Gegner sieht, macht Froese dafür die "politische Naivität der damaligen Führung der Vereinigten Staaten gegenüber tatsächlichen Absichten Stalins" verantwortlich.[71] Wenn auch die UdSSR und USA gewiß verschiedene Vorstellungen über Wesen und Struktur einer demokratischen Gesellschaft hatten, so ist mit amerikanischer Naivität allein sicher nicht zu erklären, daß man sich noch zu diesem Zeitpunkt auf dem bildungspolitischen Sektor "zu substantiellen, politisch konsequenzenreichen Willensbekundungen wie der gemeinsamen Kontrollratsdirektive 54 zusammenfinden und eine vergleichbare Reformpraxis auch noch zu einem Zeitpunkt betreiben konnte, als der Vier-Mächte-Kontrollrat politisch bereits ausgehöhlt war und die machtpolitischen Differenzen in Form des 'kalten Krieges' offen zutage lagen, ... "[72]

Drei in Verbindung stehende Erklärungen scheinen plausibel:

1. Die USA hatten aus Sicherheitsgründen ein Interesse daran, daß die Bildung und **Demokratiefähigkeit** aller Deutschen so groß wurde, daß diese sich nicht erneut eine faschistische Regierung wählten. Diesem Interesse schien die Konzentration des Bildungswesens auf eine schmale Elite zu widersprechen. Das demokratische Element in den bürgerlichen Gesellschaftsanschauungen der US-Amerikaner war deshalb 1947 gestärkt.

2. Wie die anderen Alliierten tendierten auch die USA dazu, ihr **eigenes Schulwesen,** das den gemeinsamen Unterricht auch in der Sekundarschulzeit vorsah ("comprehensive school" mit Kern-Kurssystem), auf das deutsche Bildungssystem zu übertragen. Dabei werden in dem Bildungswesen der USA Ausleseprozesse erst gegen Ende der Mittel- bzw. Oberstufe und in dem - z.T. auch finanziell - differenzierten Universitätssystem vollzogen.

3. Liberaldemokratische und sozialistische Bildungsplanung haben in der französischen Revolution bzw. in der 1848er Erhebung die **gleichen Ursprünge.**[73] Beide wehren sich gegen ständische Schulorganisationsvorstellungen und erkennen den Gleichheitsgrundsatz - wenn auch in unterschiedlicher Weise (Chancengleichheit/kompensatorische Bildung) - an. Zwar zeigte sich, daß sie sich unter dem Aspekt Selektion und Allokation prinzipiell unterscheiden. In dem Moment aber, wo innerhalb der liberalbürgerlichen Positionen das demokratische Element hervortritt (vgl. 1.6.) und in dem sozialistischen Modell innerhalb der bestehenden Gesellschaftspraxis Schule gesellschaftliche Zuweisungsfunktionen übernehmen muß, kommen sich die beiden Positionen sehr nahe.

---

[71] Froese S.25; vgl. auch Weniger S.74
[72] Hars S.118f; vgl. auch Klafki (b) S.271; Hearnden S.23
[73] vgl. Hars S.119 in Anlehnung an Schepp; Kuhlmann S.82

So ist es zu erklären, daß liberale amerikanische Schulorganisationsvorstellungen mit sozialistischen, z.T. auch sowjetischen, in Aspekten wie der langen gemeinsamen Schulzeit mit
anschließendem Kern-Kurssystem ähnlichem Oberbau tendenziell übereinstimmen. Diese
Gemeinsamkeit fand ihren Ausdruck in der Verabschiedung der Direktive 54 und in dem
Versuch der amerikanischen Militärregierung bis in das Jahr 1949 hinein, wenn auch mit
nachlassender Intensität, konsequent diese Direktive durchzusetzen.

Ihre Entschiedenheit ließ aber im Zuge des kalten Krieges seit 1948 schrittweise nach,[74]
zumal in den USA auch Gegenstimmen laut wurden. So nahm der Francis-Lane-Senatsunter-
suchungsausschuß am 28.2.1948 eindeutig gegen die Forderungen nach horizontaler Gliederung des deutschen Schulwesens Stellung.[75] Mit der Übernahme der Erziehungsabteilung
durch Grace im Sommer 1948 erfolgte dann die **allmähliche Abkehr** von der durch Befehle
und Direktiven vorgetragenen Reformpolitik. Der Terminus "Schulreform" sollte gestrichen
werden. Das in der SBZ verwirklichte Einheitsschulsystem mit achtjähriger Grundschule
entwickelte sich aufgrund des aufkommenden Antikommunismus zum abzulehnenden sozialistischen Gegenmodell. Die erwünschte Westorientierung erforderte es, Spannungen
zwischen amerikanischen und deutschen Verwaltungen

> "auf gesamtpolitisch weniger wichtig erscheinenden Feldern wie dem der
> Bildungspolitik abzubauen und die Restauration von Verhältnissen, die bis dahin
> mit Recht als Elemente einer un- oder antidemokratischen gesellschaftlichen
> Entwicklung kritisiert worden waren, mehr und mehr zu tolerieren. Mit der
> Gründung der Bundesrepublik endeten die Möglichkeiten amerikanischer
> Einflußnahme auf die Kultur- und Bildungspolitik deutscher Länder endgültig."[76]

3.2.1.2. Deutsche Schulverwaltungen

Die untere und mittlere Ebene der deutschen Schulverwaltungen sind neben der Spitze der
Kultusadministration als gesonderte Akteure zu betrachten. Auch sie besaßen einen großen -
allerdings anders gestalteten - Einfluß. Die Beamten der unteren und mittleren Ebene sorgten
nämlich in der Regel pflichtbewußt und technokratisch dafür, daß das "Schulchaos", welches
durch Zusammenlegung von verschiedenen Schultypen Einheitsschultendenzen förderte,
durch Wiederherstellung der ursprünglichen Formen beendet wurde.[77] Dies geschah in den
meisten Fällen auch ohne schulpolitisch konservativ motivierte Absicht. Andererseits gab es
vor allem in den Stadtstaaten Schulräte, die schulpolitisch bewußt entschieden reformativ

---

[74] vgl. Länderstudie Bayern (Abschnitt 3.3.1.1., Teil e))
[75] vgl. Merkt, H.: Dokumente zur Schulreform in Bayern, hrsg. vom Bayerischen Ministerium für Unterricht
und Kultus, München 1952, S.209f; Hars S.136, Anm.60f; Huelsz S.125´
[76] Klafki (a) S.147; vgl. auch Schlander S.271 - S.284; Bungenstab S.97f; Biebel, Charles D.: Erziehungspolitik
gegen Ende der Besatzung, in: Bildung und Erziehung, Köln 1981, S.181 - S.195. Die letzte Aussage gilt
entsprechend für die französische und für die ohnehin zurückhaltende britische Besatzungsmacht.
[77] vgl. Kuhlmann (b) S.46

wirkten. Häufig standen sie den sozialdemokratischen Kräften nahe. Auch die Spitze der Schulverwaltungen in den Ländern war meist parteipolitisch besetzt.[78] Da die Macht der Parteien infolge ihrer Selbstfindungsprobleme und Abhängigkeit von den Alliierten oft noch sehr gering war, wirkten sie im Schulbereich hauptsächlich personalpolitisch über ihre Verwaltungsspitzen, die **Kultusminister.** Die Kultusminister wurden wie alle Regierungsmitglieder in der ersten Besatzungsphase von den Siegermächten eingesetzt. Sie stellten daher häufig eine von den Parteien nicht unmittelbar abhängige Größe dar. Aufgrund der an sie gerichteten konkret tagespolitischen Anforderungen legten sie ein größeres Engagement in Schulorganisationsfragen an den Tag als ihre jeweiligen Parteien und erarbeiteten - ohne sich gemeinsam auf ein Modell einigen zu können - fast alle eigene Pläne für einen veränderten Schulaufbau.[79] Wie die Untersuchung der Länder zeigen wird, war die unterschiedliche Parteizugehörigkeit und persönliche Auffassung der Kultursminister oft ein entscheidender Faktor in der Auseinandersetzung um die sechsjährige Grundschule.[80]

3.2.1.3. Antifaschistische Gruppen ehemaliger deutscher Widerstandskämpfer

Die meist politisch heterogenen Widerstandsgruppen und nichtsozialistischen Widerstandskämpfer waren, soweit sie sich mit Schulreformvorstellungen beschäftigten, meist weit von Einheitsschulplänen mit sechsjähriger Grundschule entfernt. Der Kreisauer Kreis (von Moltke, Mierendorff, Reichwein u.a.), der Freiburger Kreis, Bonhoeffer, Goerdeler, Beck, Leuschner und Jünger ordneten Schulorganisationsfragen durchweg Problemen der inneren Reform unter.[81] Meist versuchten auch sie, dem Nationalsozialismus Werte des Christentums und der Antike entgegenzustellen, und sie propagierten, faschistische Führungseliten durch humanistisch gebildete zu ersetzen. So schlug der Kreisauer Kreis eine besonders elitäre Universitätsausbildung vor, die allein Absolventen des humanistischen Gymnasiums offenstehen sollte. Zwar konnten die progressiven Gruppenmitglieder erreichen, daß der Dualismus von Volksschulen und höheren Schulen in Frage gestellt wurde, eine Einigung fand hier jedoch nicht statt.

Froese und Klafki werfen dem Freiburger Kreis mit seinen Vorschlägen zur Verchristlichung und zum Ausbau des humanistischen Gymnasiums ebenso wie Bonhoeffer vor, in einem "romantisch-organologischen Denkmodell befangen" zu sein.[82] Goerdeler ging sogar von

---

[78] vgl. Halbritter S.66ff und die Länderbetrachtungen in Abschnitt 3.3.

[79] vgl. Kuhlmann (a) S.174; Herrlitz u.a. S.142; Lange-Quassowski S.199; Schola 1948, S.370; Helling S.51f; Froese S.104; Bericht über das Treffen der Kultusminister in Kempfenhausen (20/21.4.1949) in: Pädagogische Welt 1949, S.435f

[80] Wenngleich personenbezogene Geschichtsschreibung oft zweifelhaft bleibt, ist in diesem Fall aufgrund der gesonderten Stellung der Kultusminister ihr persönliches Wirken zu berücksichtigen.

[81] vgl. zu diesem Abschnitt Klafki (b) S.262f; Schlander S.145 - S.161; Froese S.20

[82] Froese S.20; Klafki (b) S.263; vgl. auch Schlander S.149

einer Verkürzung der Grundschuldauer auf 3 Jahre aus. Damit boten die Vorschläge dieser Widerstandskämpfer die Legitimation und Grundlage für einen **konservativ-christlichen** Entwurf.

Klafki bemerkt, daß die sozialistischen und kommunistischen Mitglieder von Widerstandsgruppen nach dem Krieg ihre Gedanken in der SPD bzw. KPD einbrachten, so daß eigene Schulreformvorschläge solcher Widerstandsgruppen nicht vorliegen.

3.2.1.4. Zurückkehrende Emigrantengruppen

Als für das Bildungswesen wichtigste Emigrantengruppe in Großbritannien ist der auf Anregung einiger englischer Pädagogen entstandene Zusammenschluß der **"German Educational Reconstruction (G.E.R.)"** zu nennen, zu dem Karl Mannheim, W. Milch, Fritz Borinski und die Nelsonianer Minna Specht und Gustav Heckmann gehörten und zu der auch Elisabeth Blochmann Kontakt hatte.[83] Tenorths und Klafkis Vermutungen, wonach weder die G.E.R. noch andere Emigrantengruppen alternative schulorganisatorische Reformkonzeptionen vorgelegt hätten, sind m.E. zu modifizieren; denn Pakschies belegt, daß Specht und Heckmann u.a. Mitglieder der G.E.R. 1943 zusammen mit der **"Landesgruppe deutscher Gewerkschafter in Großbritannien"** sehr wohl einen Schulreformplan vorlegten.[84] Darin wurde die bereits vorher von Specht vorgeschlagene siebenjährige Elementarschule namens "Gemeinschaftsschule" programmatisch in eine zehnjährige differenzierte Einheitsschule abgewandelt, die in den ersten fünf oder sechs Jahren ohne äußere Differenzierungen auskommen sollte. Dem standen in der G.E.R. konservative Konzeptionen wie die von Zuntz vorgeschlagene Ausweitung des humanistischen Gymnasiums gegenüber, so daß sich die G.E.R. nicht auf einen gemeinsamen Plan einigen konnte. Daher konzentrierte sie sich nach dem Krieg auf ihre Mittlerfunktion zwischen Deutschen und britischer Besatzungsmacht, auf den Abbau vansittaristischer Vorurteile der Briten, auf die Ausrichtung von Konferenzen in Großbritannien mit Beteiligung deutscher Bildungspolitiker (Grimme, Landahl) und auf Austauschprogramme und Hilfestellungen bei Lehrmaterialdefiziten.[85] Die fortschrittlichen Mitglieder der G.E.R. verpaßten jedoch nach dem Krieg die - wenn auch durch die Reserviertheit der britischen Regierung gegenüber der G.E.R. begrenzte - Chance, in schulorganisatorischen Fragen auf die Entwicklung in Deutschland entschieden Einfluß zu nehmen.[86] Auch die volksfrontähnliche deutsche Emigrantengruppe in Großbritannien, die "Freie Deutsche Bewegung", wurde trotz der Erarbeitung eines Konzepts "eines einheitlichen, antifaschi-

---

[83] vgl. Froese S.21; Klafki (b) S.264, (a) S.142f; Schlander S.171; Pakschies S.80ff
[84] vgl. Tenorth S.132; Klafki (b) S.264; Pakschies S.98ff
[85] vgl. Pakschies S.102 und S.112f
[86] vgl. ebenda S.80ff

stischen, demokratischen Schulsystems vom Kindergarten bis zur Hochschule"[87] nach dem Krieg in den westlichen Zonen schulorganisatorisch nirgends wirksam. Den meisten ihrer Mitglieder erschien ein Agieren in der SBZ erfolgversprechender.

Die "**Arbeitsgemeinschaft für deutsche Fragen an der Universität Chicago**", eine Gruppe von 13 emigrierten Professoren, lehnte sogar alle von der Zook-Kommission vorgeschlagenen Reformbestrebungen kategorisch ab. Ihr Plädoyer für das dreigliedrige Schulsystem, aufbauend auf einer nur vierjährigen Grundschule, und ihre Tendenz, "lieber die europäischen Gymnasien nach Amerika zu verpflanzen als die amerikanische Highschool nach Europa", wußte besonders die Bayerische Landesregierung für ihre Argumentation zu nutzen.[88] Während die französische Besatzungsmacht sehr skeptisch gegenüber der Instrumentalisierung von Emigranten für eine deutsche Schulreform und Umerziehung war, da sie befürchtete, daß Emigranten von deutscher Seite "ein grundsätzliches Mißtrauen" entgegengebracht würde,[89] sei hier für die SBZ noch einmal auf die Bedeutung der kommunistischen deutschen Emigranten hingewiesen, die in der UdSSR, hauptsächlich in der Kominternschule, für ihre Doppelaufgabe vorbereitet wurden. Einerseits schafften sie es, daß die Schulreform in einem vorsichtigen Volksfrontbündnis von deutschen Kräften ausging und die UdSSR vom Oktroyationsvorwurf bedingt befreit wurde. Zugleich erreichten sie andererseits, sowjetischen Schulreformvorstellungen gerecht zu werden, die sich allerdings größtenteils mit Weimarer Plänen deutscher Schulreformer deckten.[90] Dieser Tatbestand macht deutlich, welche Schulreformchancen in einer vertrauensvollen Zusammenarbeit von westlichen Alliierten und deutschen Emigranten gelegen hätten. Andererseits bleibt zweifelhaft, welche der Schulreformen in der SBZ mit demokratischen Wahlen verbundenen Entscheidungen standgehalten hätten.

3.2.1.5. Parteien

Bei der Betrachtung der Parteien ist zu beachten, daß sie im Gegensatz zur Zeit nach dem Ersten Weltkrieg nach dem zweiten in ihrer Existenz und in ihren Einflußmöglichkeiten vom Wohlwollen der Besatzungsmächte abhängig waren.

a) CDU/CSU

Der Gründungsprozeß der neuen Parteien CDU und CSU in den Jahren 1946-1950 zeigt, daß sie als Sammelbecken von heterogenen Strömungen zu betrachten sind, die 1945 vor ver-

---

[87] vgl. Klafki (b) S.264
[88] vgl. Schlander S.172ff; Klafki (b) S.283; Froese S.28f
[89] Schmittlein in Vaillant S.179
[90] vgl. Froese S.21ff; Leonhard, Wolfgang: Die Revolution entläßt ihre Kinder, Köln 1961, S.331ff und Deiters S.161ff. Zu der z.T. noch ungeklärten Frage der Sowjetisierung der Pädagogik in der SBZ arbeiten seit der Wende mehrere Forschungsprojekte.

schiedenen parteipolitischen Organisationsoptionen standen.[91] Da die durch den Faschismus erfolgten Erfahrungen zu neuen Antworten drängten, schien die Gründung einer konservativen Rechtspartei zunächst genausowenig erfolgversprechend wie die Wiederherstellung der Weimarer Parteien Zentrum, BVP, DVP und DNVP. Daher konnten sich entsprechende Bemühungen nur begrenzt bzw. regional durchsetzen. Dagegen wurde die politische Sammlung katholischer und evangelischer Kräfte in einer **christlichen Union,** anknüpfend an die Zusammenarbeit während des Faschismus, fast überall zum Ausgangspunkt der Gründung der CDU.

Stand anfangs auch noch die Bildung einer nichtmarxistischen **"Partei der Arbeit"** in Anlehnung an christliche Gewerkschaften im Vordergrund, so setzte sich doch bald der Kölner Kreis um Adenauer mit einer an Privateigentum und an der katholischen Soziallehre orientierten, durchweg konservativen Linie durch. Sie löste nicht ohne Erfolg das zu jener Zeit werbewirksame Wort "Sozialismus" vom Marxismus, ergänzte es zum Begriff des "christlichen Sozialismus", benutzte jedoch bald diesen Begriff eher zur Gewinnung des gegnerischen Wählerklientels als ihn mit adäquatem politischen Inhalt zu füllen. Dabei half die Fundamentierung in der alle gesellschaftlichen Gruppen vereinenden christlichen Weltanschauung der CDU, ihren Charakter als Interessenpartei zu verschleiern und sich entsprechend der vom Berliner Kreis unterstützten Option als **"Volkspartei der Mitte"** darzustellen.[92]

Die Betonung des Christentums und der weltanschaulichen Diskussion, die weder konkret wurde noch auf einer Analyse der gesellschaftlichen Realität beruhte, erfüllte die Funktion, unterschiedliche Parteiflügel zu integrieren und zu einer Erhöhung der Wählerstimmen beizutragen. Auf dem schulpolitischen Feld lenkte sie zudem von möglichen Organisationsreformen ab.[93] Für die CDU/CSU gewährleistete allein die Orientierung des politischen Handelns an den für ewig und übergeschichtlich gültig gehaltenen Werten der abendländischen christlichen Lehre eine neue Sinngebung und Zielrichtung, ohne daß an einer Stelle explizit ausgeführt worden wäre, welche Werte das im einzelnen sind. Nach Auffassung der Unionsparteien hatten Werterelativismus, Säkularisierung, Fortschrittsgläubigkeit, Materialismus und der Rationalismus mit seinem Bild vom autonomen Menschen seit dem 18. und 19. Jahrhundert zum Nationalsozialismus geführt. Da diese Tendenzen auch im Liberalismus und Kommunismus verankert seien, müßten auch letztere als gefährlich angesehen werden.[94] Teile der CDU (z.B. E. Stein) argumentierten zugleich mit kulturkritischem Akzent. Da die Industriekultur mit ihrem Rationalismus, Nihilismus und ihrer Vermassung den Verlust des bodenständigen Volkstums und des "gesunden bäuerlichen Elements" mit sich gebracht habe,

---

[91] vgl. Wieck (a) S.8 und S.212; Hars S.96ff; Fuchs/Pöschl S.94f
[92] vgl. Hoffmann S.45; Halbritter S.75; Hars S.97ff und S.105; Wieck (a) S.73
[93] vgl. Hoffmann S.81 und S.85; Halbritter S.78; Hars S.106; Helling S.24; Kuhlmann (a) S.87
[94] vgl. Halbritter S.35 und S.76; Hars S.50, S.65 und S.73; Schlander S.186; Huelsz S.35ff

müsse ein christlicher Wandel "des einzelnen Menschen und der Völker vom Geistigen her" erfolgen. Dabei wurde in der geistigen Struktur des Mittelstandes der zentrale Bezugspunkt für eine "neue Ordnung" gesehen.[95] Jedem sollte seine feste Gruppenbindung und sein Platz in der als sozial immobil verstandenen Gesellschaft frühzeitig zugewiesen werden. Die Bildung von entsprechenden ständisch-klerikalen Weltanschauungen wurde für wichtiger gehalten als die Steigerung von Kenntnissen und Fähigkeiten. Obwohl die CDU/CSU mit der Kulturkritik und dem Primat der schulischen **Erziehungsfunktion** vor der Qualifikationsfunktion auf die Dauer in einen gewissen Gegensatz zur Industrie und z.t. auch den Universitäten geraten mußte, ließ sich angesichts der ökonomischen Bedingungen ein solcher Konflikt bis in die 60er Jahre hinein verhindern.

War die Schulpolitik der CDU/CSU in den ersten Nachkriegsjahren zumindest regional noch relativ offen, so galt es spätestens ab 1947 für die Mehrheit der Unionsmitglieder angesichts von Reformanstrengungen der Alliierten und der sozialistischen Kräfte "in rascher defensiver Wendung die Weichen so zu stellen, daß der Zug der Reform nach Möglichkeit erst gar nicht ins Rollen kam."[96] Dabei sollte die Verchristlichung der Gesellschaft durch die Wiedereinführung von Konfessionsschulen und entsprechende "innere" Schulumgestaltungen gewährleistet werden. Die Ausweitung des Elternrechts und des Privatschulwesens und die Ablehnung des staatlichen Schulmonopols wurde sicherlich häufig zugleich zur Stärkung der Institution Familie und zur Absicherung von Privilegien propagiert.[97] Eine Änderung des traditionellen dreigliedrigen Schulwesens lehnten die Unionsparteien in der Regel genauso ab wie Wünsche nach vermehrten Abschlußchancen:

> "Der Zugang zur höheren Schule soll erschwert werden, da es im Interesse des Volkes liegt, in den kommenden Jahrzehnten der Armut und harten Arbeit die Schicht der führenden Berufe qualitativ zu befördern und quantitativ zu beschränken."[98]

Das Mittelschulwesen sollte nach ihrer Meinung für den Mittelstand und das humanistische Gymnasium für die Führungsschicht ausgebaut werden. Statt breiter Demokratisierung sah die Union entsprechend der Bevölkerungsmehrheit die gesellschaftliche Antwort auf den Nationalsozialismus in der Ausbildung einer humanistischen Elite.

Zwar leitete die CDU - ähnlich wie Comenius vor über 300 Jahren - aus der theologischen einheitlich-organischen Weltsicht auch die Forderung nach Einheitlichkeit im Schulwesen ab, verstand darunter aber nur die **einheitliche inhaltliche Ausprägung in christlicher**

---

[95] Halbritter S.77; Hoffmann S.91ff

[96] Hars S.119 und S.93. Klafki ((a) S.145) hebt für die erste Zeit insbesondere den Arbeitnehmerflügel der CDU als politisch noch offen hervor. Vgl. zudem auch Positionen der Kultusminister Stein und Bäuerle in Helling S.41ff und Positionen der CSU in Huelsz S.37 und S.145.

[97] vgl. Hoffmann S.65, S.69 und S.84; Schlander S.164ff; Huelsz S.40 und S.43; Scharfenberg S.1, S.9f und S.18; Kuhlmann (a) S.87

[98] Politisches Jahrbuch der CDU 1950 zit. nach Scharfenberg S.7

Gestalt.[99] Jegliche organisatorische Einheit wurde mit dem Argument der drohenden Nivellierung abgelehnt. Folgerichtig wurde auch die **sechsjährige Grundschule** von der CDU/CSU fast ausnahmslos[100] **verworfen,** weil sie "die begabten Kinder am Vorwärtskommen hindere".[101]

Die Regelung der **dreijährigen Grundschule** für "Begabte" wurde - mit Ausnahme der Hamburger Fraktion, die sie weniger ernsthaft als rhetorisch-taktisch einbrachte - von der CDU/CSU allerdings nach dem 2. Weltkrieg nicht mehr gefordert. Aus den in Abschnitt 2.5.1. dargestellten Gründen hatte der Übergang nach dem dritten Schuljahr (ohne Sondereinrichtungen) den in der Weimarer Republik Beteiligten offenbar keine wesentlichen Vorteile gebracht, die diese Forderung für die konservativen Gruppierungen erfolgversprechend erscheinen ließ.[102]

Schließlich bleibt zu erwähnen, daß für die Unionsparteien aufgrund weitgehender Übereinstimmungen in den bildungspolitischen Anschauungen eine Zusammenarbeit mit der katholischen Kirche nahelag und praktiziert wurde.

b) FDP

Bürgerliche, altliberale und nationaldenkende Gruppen, die eine sozialistische Wirtschaftsordnung ablehnten und nicht in erster Linie an die Kirchen gebunden waren, schlossen sich ab 1946 unter unterschiedlichen Namen zu Landesverbänden der dann im Juni 1949 gegründeten FDP zusammen.[103] Dabei kamen besonders in den nördlichen Landesverbänden unverhohlen deutschnationale Tendenzen zum Ausdruck, die sich später jedoch nicht durchsetzen konnten.[104]

Ab Mai 1946 begannen die Gruppierungen der späteren FDP die kultur- bzw. schulpolitische Debatte. Als Ziel bezeichneten sie die Wiedergewinnung "des hohen Bildungsstandes, der das Erbe unserer stolzen Vergangenheit [!] war."[105] Zugleich kamen sie zu dem Schluß, daß die Ursache des Nationalsozialismus das Fehlen einer "wirklichen einheitlichen Nationalkultur", aufbauend auf den beiden Fundamenten Christentum und Antike, gewesen sei. Deshalb müßten die Schulen "einer kulturell zur Führung berufenen Elite die Möglichkeit geben, die ganze abendländische Kulturerfahrung lebendig und umfassend in sich aufzunehmen."[106] Der

[99] Die konfessionelle Trennung verwickelte die CDU hier in Widersprüche.
[100] Zu den Ausnahmen vgl. die Länderanalysen: In West-Berlin forderte die CDU die sechsjährige Grundschule als Kompromiß, mit dem Ziel die achtjährige Grundschule zu verhindern bzw. zu revidieren. Analog schlug sie in Hamburg 1949 sechsjährige Grundschulen mit Begabtenklassen vor. In Württemberg-Baden und Hessen befürwortete sie zeitweise bzw. in Teilen die Einführung einer sechsjährigen Grundschule mit einer förderstufenähnlichen Gestalt.
[101] Huelsz S.42; vgl. auch Hoffmann S.64
[102] Erst im Bundestagswahlkampf 1969 taucht sie wieder auf, allerdings auch nicht als gewichtige Forderung. Vgl. Scharfenberg S.143 und S.149; Hars S.120; Klafki (a) S.135; Abschnitt 2.5.1. und 3.3.3.2. (Hamburg)
[103] vgl. Wieck (b) S.201ff; Schlander S.186
[104] vgl. Wieck (b) S.207f; Halbritter S.81
[105] Syker programmatische Richtlinien zit. nach Gerhardt S.90
[106] Der Hamburger FDP-Senator Biermann-Ratjen zit. nach Halbritter S.82

heutige FDP-Landesvorsitzende Hessens, Wolfgang Gerhardt, belegt, daß auch bei den Altliberalen wie bei der CDU kulturkritische Haltungen und Auffassungen überwogen, die die "ewig jungen Werte der Antike, des Humanismus und des deutschen Idealismus" und entsprechend das **humanistische Gymnasium** anpriesen.[107] Sie betonten überraschenderweise nicht liberale Vorstellungen des Rationalismus und der Aufklärung, sondern wandten sich gegen die "Überbewertung der Verstandeskräfte" und bekannten sich zu einem "geläuterten Liberalismus", der frei gewählte, aber feste Bindungen an objektive Werte betont, die keinem immerwährenden diskursiven Prozeß ausgesetzt werden dürften.[108]

Auch der Wunsch, statt "äußerer Schulreform" ausschließlich eine innere vorzunehmen, zeigt, wie nahe die FDP den konservativ-ständischen bildungstheoretischen Überlegungen der CDU stand. Entsprechend forderten die meisten Untergliederungen der FDP, daß das "bewährte" dreigliedrige Schulwesen mit Stärkung des humanistischen Gymnasiums und eigenständigem Mittelschulwesen konserviert werden sollte. Bis auf zeitweise den Hessischen, den Bremer und den West-Berliner Landesverband äußerten sich die liberalen und freidemokratischen Landesverbände eindeutig **gegen die sechsjährige Grundschule**. Sie begründeten dies damit, daß sonst den Begabten zwei Jahre Gymnasium entgingen, finanzielle Probleme auftauchen würden und bundeseinheitliche Regelungen fehlten.[109]

Andererseits wurde in Teilen der FDP das nationale Motiv der Einheitsschule und eine verbesserte Auslesemöglichkeit bei der sechsjährigen Grundschule durchaus gesehen. Um die Begabtenauslese ohne gravierende Eingriffe in das Schulsystem zu optimieren, wurde analog zum Modell des niedersächsischen SPD-Kultusministers Grimme vorgeschlagen, die Lehrpläne der fünften und sechsten Klassen anzugleichen und so spätere Übergänge in das weiterführende Schulwesen zu erleichtern.[110] Hier deutete sich die Möglichkeiten an, den Übergang nach Klasse 6 unter Effizienzkriterien einer Leistungsgesellschaft zu favorisieren, welche die SPD und z.T. auch die FDP in der Variante der Förderstufe später aufgreifen sollte.[111]

Anders als die CDU verfocht die FDP eine Hochschulausbildung der Volksschullehrerinnen und -lehrer und knüpfte in der anfangs dominanten Diskussion der Konfessionsschulfrage an die altliberalen Forderungen nach der christlichen Gemeinschaftsschule an.[112] Diese Aspekte können jedoch den Gesamteindruck der Nachkriegs-FDP nicht verdecken, die ähnlich der CDU/CSU auf bleibende Traditionen - wie etwa auf das dreigliedrige Schulwesen und auf das humanistische Gymnasium - fixiert war und in der Auseinandersetzung um die sechsjährige Grundschule meist reformhemmend wirkte.[113]

---

107 vgl. Gerhardt S.189, S.197 und S.203; Scharfenberg S.1ff
108 vgl. Gerhardt S.84f, der aus "Geistige Freiheit und sittliche Bindung" von Prof. Lichtenberg zitiert; vgl. auch Scharfenberg S.5f; Huelsz S.63f
109 vgl. Gerhardt S.189ff und S.200ff; Scharfenberg S.14 und S.17; Halbritter S.82f
110 vgl. Gerhardt S.199, der diesen Vorschlag FDP-Schulrat Mütze zuschreibt.
111 vgl. nachfolgende Länderanalysen
112 vgl. Huelsz S.60 und S.63; Gerhardt S.197; Halbritter S.81
113 vgl. Gerhardt S.211; Halbritter S.93

c) SPD

Durch den Faschismus "moralisch" gestärkt, aber personell geschwächt konnten die Sozialdemokraten im Gegensatz zum bürgerlich-konservativen Spektrum an ihre alte Parteiorgani-
sation anknüpfen. Während sie in der SBZ mit der KPD zur SED vereinigt wurde, erfolgte in
den westlichen Besatzungszonen (mit Ausnahme Badens) sehr bald eine scharfe Abgren-
zungspolitik zur KPD und zu Vorstellungen des real existierenden Sozialismus im Osten.
Dies schlug sich in einer **"Liberalisierung der SPD"**[114] auch programmatisch nieder. Der
Marxismus wurde zwar als wissenschaftliche Methode zur Gesellschaftsanalyse anerkannt,
aber der Glaube an die Zwangsläufigkeit des Geschichtsablaufs wurde aufgegeben. Kulturpolitische Argumentationen, die von philosophisch-ethischen und von religiösen Gedanken her
zum Sozialismus führten, drangen in den Vordergrund. Der Einfluß der religiösen Sozialisten
und des niedersächsischen Kultusministers Grimme war so groß, daß die SPD die Kirche
sogar für "unentbehrlich" erklärte.[115]

> "Theorie und Praxis der SPD zeigen eine ungleich größere Variabilität (was leicht
> durch das Festhalten an alten Organisationsformen und Leitformeln verdeckt
> wird), als dies bei der - auf ein Detailprogramm verzichtenden - konservativen
> Gruppe der Fall ist, deren Leitideen über Generationen hin gleichgeblieben
> sind."[116]

Im ökonomischen Bereich verblieb die Programmatik der SPD vorläufig noch in sozialistischen Bahnen, doch auch hier sollte in den 50er Jahren der Wandel zur Volkspartei folgen.
Die "Doppelbödigkeit" der SPD, einerseits die sozialistische Bewegung integrieren, andererseits eine regierende Volkspartei werden zu wollen, zeigte sich auf der Ebene der Bildungspolitik in der theoretischen Anknüpfung an traditionell sozialistische Schulreformforderun-
gen, die in der konkreten aktuellen politischen Praxis aufgegeben wurden, wenn wahltaktische Gründe dies erforderten.[117]
Die philosophisch geprägte innerparteiliche Debatte zwischen "religiösen" und "ethischen"
Sozialisten im Kulturausschuß, der 1947 auch das Schulprogramm der SPD ausarbeiten sollte,
zeigte, daß die SPD zwar die Partei der wissenschaftlichen Bildung blieb, aber anfällig
gegenüber religiösen Argumentationen konservativer Kreise war. Allerdings nahm der
sogenannte "echte Humanismus" der schließlich dominierenden ethischen Sozialisten eine
grundsätzlich Welt gestaltende Stellung ein.[118]
Bildungspolitisch hatte die SPD den statischen Begabungsbegriff noch nicht überwunden und
unterschied zwischen Chancengleichheit und sozialer Gleichheit. Soziale Ausgangsunter-
schiede sollten wohl ausgeglichen werden, ab einem gewissen Punkt aber müßte die unglei-

---

[114] vgl. Dahrendorf zit. nach Hoffmann S.394
[115] vgl. Hoffmann S.346ff und S.351; Halbritter S.85f
[116] Kuhlmann (a) S.90
[117] vgl. Hoffmann S.355ff; Kuhlmann (a) S.92; Hars S.206; Klafki (a) S.152; Fuchs/Pöschl S.96
[118] vgl. Halbritter S.87ff; Hoffmann S.373 und S.378

che erbliche Befähigung den Menschen notwendig zu sozialer Ungleichheit führen. Man war der Meinung, daß sich die ständische Ordnung auflösen und an ihre Stelle "die mobile Leistungsgesellschaft" treten würde und solle, wenn die auf Besitz oder Herkunft beruhende Führungsschicht durch eine auf Begabung und Leistung fußende abgelöst werde.[119] Orientieren wir uns an der Strukturierung in Abschnitt 1.6., so zeigt sich auch im bildungstheoretischen Bereich in der Angleichung der SPD-Vorstellungen an die meisten Merkmale des bürgerlich-liberalen Leistungsmodells die "Liberalisierung der SPD". Damit wird der **pragmatische Wandel** der SPD von **1920,** der die Zustimmung zum bürgerlichen Gabelungsmodell brachte, **1947** von ihr **bildungstheoretisch** nachvollzogen und begründet. Zugleich war die SPD - wie besonders in den Länderbetrachtungen deutlich werden wird - auch nach dem 2. Weltkrieg die Partei, die die meisten Impulse für ein gemeinsames längeres Lernen brachte. In den ersten beiden Besatzungsjahren weisen jedoch alle SPD-Programme in den praktischen schulorganisatorischen Aspekten große Defizite auf, so auch der gemeinsame Aufruf von KPD und SPD von 1945.[120] Dieser Mangel eröffnete wiederum den SPD-Kultusministern große Spielräume und verstärkte länderspezifische Unterschiede.

Erst als die Alliierten mit der Direktive 54 den konkreten Handlungsbedarf aufdeckten und die Unionsparteien die SPD kulturpolitisch in den Hintergrund drängten, gab die Kulturzentrale der SPD in Hannover im September 1947 ein offizielles Schulprogramm heraus. Während das gesamte Schulprogramm, das weitgehend an die Weimarer Schulreformvorstellungen angelehnt war,[121] aufgrund landespolitischer Differenzen nie verabschiedet wurde, beschloß der SPD-Parteitag 1948, "die Durchführung einer Schulreform mit mindestens sechsjähriger Grundschule" sowie die Schulgeld- und Lernmittelfreiheit "in allen Ländern beschleunigt zu betreiben."[122]

Im Unterschied zum von Heinrich Schulz erarbeiteten Programm von 1911 begriff die SPD nunmehr die sechsjährige Grundschule nicht mehr als ersten Schritt zu einer Einheitsschule ohne Selektionsfunktion in einer zukünftigen klassenlosen Gesellschaft, sondern als Bestandteil des liberal-bürgerlichen Gabelungsmodells. Ohne dazu in Widerspruch zu geraten, befand sie allerdings, daß im Alter von elf bzw. zwölf Jahren besser und gerechter ausgelesen werden könne als mit neun oder zehn. Die in den 60er Jahren von SPD-Schulpolitikern geforderte Gesamtschule wurde zu diesem Zeitpunkt nicht favorisiert. Dies erscheint

---

[119] vgl. Hoffmann S.393ff; Huelsz S.51; Helling S.29: Eine SPD-Tageszeitung forderte, den "Begabten Förderung und Aufstieg" zu gewährleisten.

[120] Dort wurde zwar ein "einheitliches Schulsystem" gefordert, im Grunde aber vom Fortbestand der "Volks-, Mittel-, höheren" Schulen ausgegangen. Vgl. Helling S.26ff

[121] Angesichts der Nichtverwirklichung und Aktualität dieser Forderungen kann ich mich nicht der Meinung von Hoffmann (S.387) und Kuhlmann ((a) S.93) anschließen, die diese Tatsache als Defizit betrachten.

[122] Scharfenberg Bd.I S.5; vgl. auch Schulte am Hülse, Heinrich: Die verbindliche sechsjährige Grundschule in Bremen als Politikum (1949 - 1957), Bremen 1970, S.94; Helling S.91: Auch der SPD-Landesverband Bayern forderte die sechsjährige Grundschule.

im Hinblick auf die fehlende Überwindung des statischen Begabungsbegriffs und die noch nicht vollzogene Hinwendung zur Forderung nach Bildungsexpansion konsequent.[123]

> "Im ganzen hat die SPD nach dem Krieg der Dreigliedrigkeit des Schulwesens - zögernd - ihr Plazet gegeben. Man akzeptierte bzw. tolerierte im Grunde elitäre Theorien und übersah dabei, die im gleichen Zeitraum vorgelegten wissenschaftlichen Arbeiten, die die Berechtigung der Schultypologie... in Frage stellten."[124]

Festzuhalten bleibt jedoch, daß der SPD nicht abgestritten werden kann, bis auf wenige Ausnahmen im entscheidenden Zeitraum 1947/48 mehr oder weniger aktiv als **Befürworter der sechsjährigen Grundschule** aufgetreten zu sein.[125]

d) KPD

Die KPD konnte sich als eine der ersten Parteien wiedergründen. Ihre Volksbündnisstrategie veranlaßte sie, sehr vorsichtige und allgemein formulierte Forderungen zum Schulwesen aufzustellen. So fehlten in ihren Aufrufen von 1945 schulorganisatorische Konsequenzen aus ihrer Kritik am überkommenen Bildungswesen. Das dreigliedrige Schulwesen wurde zunächst nicht angetastet. Dort wo die Machtkonstellation wie in der SBZ und in Berlin günstig war, knüpfte die KPD an ihre traditionellen Vorstellungen von der **achtjährigen Grundschule** an und setzte sie z.t. mit Hilfe der sowjetischen Besatzungsmacht durch. Auch der bayrische Landesverband der KPD forderte die achtjährige Grundschule.[126] Außerdem lehnte die KPD das Privat- und Konfessionsschulwesen ab. Meist hielt sie sich in den westlichen Zonen mit solch konkreten Forderungen jedoch merklich zurück. In den Auseinandersetzungen um die sechsjährige Grundschule stand sie aber konsequent auf der Seite der Befürworter und trat gegen jede Form der äußeren Differenzierung in den Klassen 5 und 6 ein.[127]

Ihre Chance, Reformimpulse geben zu können, sank jedoch immer stärker, da mit der zunehmenden Verschärfung des "Kalten Krieges" jedes Engagement der KPD für die Verlängerung der Grundschulzeit einen aufgrund der Diskreditierung aller Maßnahmen der SBZ für die Durchsetzungsmöglichkeiten negativen Effekt gehabt hätte. Deshalb war das Vorgehen der KPD noch stärker als das der übrigen Parteien von **Taktik** als von bildungspolitischen oder gesellschaftlichen Grundpositionen bestimmt.

---

[123] Von Bayerns SPD wurde eine vierte Universität abgelehnt, weil sie ein revolutionäres akademisches Proletariat hervorbringen könnte. Vgl. Huelsz S.90

[124] Kuhlmann (a) S.93; vgl. auch Halbritter S.91

[125] In den 50er Jahren ließ das Engagement der SPD für die sechsjährige Grundschule allerdings stark nach. Vgl. Scharfenberg S.5 - S.81

[126] vgl. Helling S.92

[127] vgl. Klafki (a) S.143; Kuhlmann (a) S.101, Anm.339

3.2.2. Soziokulturelle Gruppen

3.2.2.1. Lehrer- und Lehrerinnenverbände

In den westlichen Besatzungszonen wurde die Neu- bzw. Wiedergründung von Lehrerverbänden zunächst verboten oder nur regional zugelassen. Erst spät erlaubten die Alliierten bundesweite Zusammenschlüsse.[128]

a) Philologenverband

Auch der Philologenverband konnte aufgrund später Zulassung erst ab 1948/49 in die schulpolitischen Auseinandersetzungen eingreifen. Aus eigenen Statusinteressen und konservativer Grundhaltung heraus lehnten die Gymnasiallehrerinnen und -lehrer die sechsjährige Grundschule mit dem Argument der drohenden Leistungsnivellierung ab.[129] Im Grunde vertrat der Philologenverband nach dem 2. Weltkrieg dieselben konservativen Begründungen und Inhalte wie in der Weimarer Republik, so daß sich hier eine ausführlichere Darstellung erübrigt.[130] Taktisch versuchte der Verband, sich nicht als radikaler Schulreformgegner darzustellen, sondern die Debatte auf "innere" Reformen zu lenken und "äußere" mit dem Argument, sie seien sorgfältig zu prüfen, zeitlich zu **verzögern.**[131]

Während der Auseinandersetzungen 1947, also vor der erneuten Verbandsgründung, arbeiteten viele Studienräte in den schulpolitischen Gremien der CDU/CSU mit und stellten so später eine enge und wirkungsvolle Verbindung zwischen Unionsparteien und Philologenverband her. So konnte der hessische Philologenverband die Einrichtung von Gymnasialklassen in der Jahrgangsstufe 5 im Jahre 1949 als einen Erfolg betrachten, der im gemeinsamen Kampf mit Elternbeiräten und Mittelschullehrerverband durch Denkschriften, Rücksprachen im Ministerium und Schreiben an alle Landtagsabgeordneten erreicht worden war.[132]

b) Mittelschullehrerverband

Seit seiner Wiedergründung 1947 in NRW und Hessen und 1949 bundesweit griff auch der Mittelschullehrerverband in die schulpolitischen Auseinandersetzungen auf konservativer Seite ein. Schon allein um als Mittelschullehrerverband Existenzberechtigung zu haben, setzte er sich für die selbständige Mittelschule in einem dreigliedrigen Schulsystem ein. Die sechsjährige Grundschule und der niedersächsische differenzierte Mittelbau (Vereinigung von Haupt- und Realschule) schienen eine ernste Bedrohung für die Mittelschule zu sein. Deshalb

---

[128] vgl. Kopitzsch S.62; Klafki (b) S.265

[129] vgl. Hars S.124f; Tenorth S.98

[130] vgl. z.B. die Stellungnahme der Arbeitsgemeinschaft Deutsche Höhere Schule und des Deutschen Lehrerbunds Bremen im Bremer Konflikt um die Grundschuldauer: Senat der Freien Hansestadt Bremen (Hrsg.): Gutachten des Bremer Grundschul-Ausschusses, Bremen 1955, S.60 - S.71 und S.93ff

[131] vgl. Schlander S.262

[132] vgl. Kuhlmann (a) S.178

lehnten ihre Verbandsvertreter ähnlich vehement wie ihre Weimarer Vorgänger Schulreformen ab.[133]

Zwar konnten die Mittelschullehrer aufgrund der 1947/48 fehlenden Organisation in den Stadtstaaten, in Schleswig-Holstein, Rheinland-Pfalz und Südwürttemberg nicht als politische Gegenkraft wirken, in den Ländern Nordrhein-Westfalen, Niedersachsen und Hessen zeigte sich aber laut Verbandsvertreter Maaßen, "was eine solche zielbewußte, schlagkräftige Organisation zu leisten und zu erreichen vermag".[134] Vor allem dort bemühte man sich häufig erfolgreich in Kontakten zu den Kultusministerien um die Restauration des dreigliedrigen Schulaufbaus, der an eine nur **vierjährige Grundschule** anschließen sollte.

Ab 1952 verschafften sich schließlich der Mittelschullehrerverband, der Deutsche Philologenverband, der Verband deutscher Handelslehrer und verschiedene christliche Lehrervereine mit dem Zusammenschluß zur "Gemeinschaft Deutscher Lehrerverbände (GDL)" in den westdeutschen Flächenstaaten ein entscheidendes Übergewicht gegenüber reformbereiten Lehrerorganisationen.[135]

c) Bund entschiedener Schulreformer

Obwohl nicht alle Mitglieder des "Bundes entschiedener Schulreformer" eine antifaschistische Grundhaltung innehatten und der Bund ein "höchst ambivalentes Verhältnis zum deutschen Faschismus" aufwies, wurden führende Vertreter wie Paul Oestreich, Richard Meschkat und Fritz Helling zeitweise verhaftet bzw. mit Berufsverbot belegt.[136] Nachdem der Bund im Frühjahr 1933 aufgelöst worden war, schlossen sich ihre früheren Mitglieder nach dem Krieg nicht wieder zu einer Organisation zusammen, wirkten aber in **loser Zusammenarbeit** in z.T. einflußreichen Positionen weiter. Da wegen der zeitbedingten großen Schwierigkeiten ein organisiertes, zonenweites, gleichzeitiges Auftreten für eine sechsjährige Grundschule ausblieb, kam jedoch ein geschlossener und einschneidender Reformimpuls durch die ehemaligen Vereinsmitglieder nicht zustande. Im Gegensatz zum Reformelan der Weimarer Zeit sind zudem bei allen Vorschlägen der entschiedenen Schulreformer - mit Ausnahme von Oestreich[137] - vorsichtigere Schulorganisationsveränderungen festzustellen. Dennoch blieben

---

[133] Bemerkenswert ist, daß Verbandsvertreter wie Maaßen, der die "sog. Entnazifizierung" der Lehrerschaft für "unsinnig" hielt, z.T. noch nach dem Krieg von nationalsozialistischen Tendenzen nicht frei waren. Vgl. Maaßen S.51

[134] Maaßen S.52

[135] vgl. ebenda S.100

[136] Eierdanz in Eierdanz/Bernhard S.105. Eierdanz beschreibt in diesem Buch in seinem Aufsatz "Zwischen Widerstand, Anpassung und euphorischem Bekenntnis - Der Bund Entschiedener Schulreformer und der Nationalsozialismus" (S.103 - S.133) die höchst unterschiedliche Haltung der einzelnen Mitglieder des Bundes zum Nationalsozialismus. Vgl. auch Neuner S.279

[137] vgl. Ellerbrock, Wolfgang: Der Beitrag Paul Oestreichs zur Umgestaltung und Neuordnung des Berliner Schulwesens nach 1945. In: Eierdanz, Jürgen und Bernhard, Armin (Hg.): Der Bund der Entschiedenen Schulreformer. Eine verdrängte Tradition demokratischer Pädagogik und Bildungspolitik, Frankfurt a.M. 1991, S.166 - S.195

Grimme, Landahl, Schröder, Hilker, Hylla, Oestreich u.a. beim Ziel der differenzierten Einheitsschule und bewirkten als **Kultusminister** oder als **Schulräte** neben den Alliierten noch am ehesten Schulreformen in Richtung sechsjähriger Grundschule.

d) Gewerkschaft Erziehung und Wissenschaft (GEW)

Im Januar 1947 wurden in der britischen Zone die Bemühungen von Schulreformern aus Braunschweig, Hamburg und Bremen mit der Gründung des nunmehr alle Schularten und beide Geschlechter umfassenden "Allgemeinen Deutschen Lehrer- und Lehrerinnenverbands (ADLLV)" erfolgreich gekrönt. Wenn auch die Volksschullehrer und -lehrerinnen zahlreicher vertreten waren, so hatte doch die Fachgruppe für das weiterführende Schulwesen einen nicht zu unterschätzenden Einfluß. Nach Interzonenkonferenzen der Jahre 1947/1948 schlossen sich auf den Vertreterversammlungen die entsprechenden Verbände der Trizone zusammen und vollzogen unter dem Namen "Gewerkschaft Erziehung und Wissenschaft (GEW)" den Anschluß an den Deutschen Gewerkschaftsbund.[138]

Für die sechsjährige Grundschule setzten sich besonders die Landesverbände Hessens und der Stadtstaaten ein, während der bayerische Lehrerverein 1947 eine Art Förderstufe vorschlug.[139] Wie z.B. in dem Beschluß des ADLLV von 1948, in dem ein vom niedersächsischen Landesverband entworfener gemeinsamer, differenzierter Mittelbau gefordert wurde, stand in der Argumentation häufig die bessere Begabtenauslese als Begründung des längeren gemeinsamen Lernens im Vordergrund.[140] Auch die sechsjährige Grundschule wurde in den Gremien des ADLLV bzw. der GEW wie schon vom DLV häufiger als optimierter Bestandteil eines auf Leistung und Selektion ausgerichteten dreigliedrigen Schulwesens in die Debatte eingebracht, statt ihre Möglichkeiten des von frühen Leistungsanforderungen verschonten, gemeinschaftsorientierten Lernens zu betonen oder sie gar als ersten Schritt für eine Verlängerung in Form von integrierten Gesamtschulen o.ä. zu konzipieren.

Die meisten Landesverbände der Lehrergewerkschaft beschäftigten sich zudem in ihren Anfängen fast ausschließlich damit, den eigenen organisatorischen Aufbau voranzutreiben, die materielle, soziale und rechtliche Situation der Lehrerschaft sowie die räumlichen und personellen Bedingungen der Schulen zu verbessern. Schulpolitische Impulse gingen - wenn überhaupt - von den Vorständen aus. Die Mitgliederversammlungen äußerten sich dazu selten.[141]

Z.T. schlossen sie sich an das Programm des DLV von 1919 an und forderten die Einheitsschule, ohne aber konkrete Umsetzungsschritte zu verlangen. Im Gegensatz zum alten DLV hielten sie das "christliche Humanitätsideal" für das oberste Erziehungsziel, allerdings wurde

---

138 vgl. Kopitzsch S.40 und S.44ff; Kuhlmann (a) S.98f; Michael/Schepp Bd.II S.240; Fuchs/Pöschl S.97
139 vgl. Schlander S.261; Kopitzsch S.47; Merkt S.121f; Huelsz S.85f
140 vgl. Michael/Schepp Bd.II S.240ff; Merkt S.121ff; Cloer S.102f
141 vgl. Ratzke S.236ff; Kopitzsch S.29ff; Schlander S.259ff; Cloer S.103

das Konfessionsschulwesen abgelehnt.[142] Vorläufig sollten alle Reformen vom Bestand des dreigliedrigen Schulwesens ausgehen. Die sechsjährige Grundschule konnte nach ihrer Auffassung erst nach langen Versuchen und bundesweiten Koordinationen eingeführt werden, so daß man sie nicht als vordringliches Reformziel betrachtete.

In bezug auf die Wirkung der GEW bis in die fünfziger Jahre und der Lehrerverbände in den Jahren 1945-1947 ist also Klafki zuzustimmen:

> "Weder haben jene frühen Lehrerverbände der ersten Jahre nach 1945 ein konkretes schulpolitisch-schulorganisatorisches Programm entwickelt oder sind als selbständige Faktoren in die jeweiligen schulpolitischen Auseinandersetzungen ihrer Länder eingetreten, noch gilt Entsprechendes für die Zeit nach 1949 für die Gewerkschaft Erziehung und Wissenschaft oder auch den Deutschen Gewerkschaftsbund als ganzen."[143]

Dafür können m.E. mehrere Gründe angeführt werden:

1. Um überhaupt einen handlungsfähigen Verband zu konstituieren, mußte primär die eigene **Reorganisation** betrieben werden.[144]

2. Steigende Mitgliederzahlen aus allen Lehrerständen und die heterogene Zusammensetzung legten eine pluralistische bzw. neutrale schulpolitische Haltung nahe. Allgemein- und schulpolitische **Apathie** und mangelnde Kommunikationsmöglichkeiten ließen die Vorstände die Unterstützungsbereitschaft der Mitglieder für durchgreifende Schulreformen gering einschätzen.

3. Der Wunsch, alle Lehrergruppen zu vereinigen, verbunden mit der Befürchtung, einige potentielle Mitglieder durch schulpolitische Forderungen zu verschrecken, war stärker als das Bedürfnis nach einer organisatorischen Neuordnung.

4. Die GEW versprach sich von einer **abwartenden**, langsam erprobenden **Schulversuchsarbeit** langfristig größere Durchsetzungsmöglichkeiten, da sie fälschlicherweise annahm, die politischen Realisierungschancen für Schulreformen würden wachsen.[145]

3.2.2.2. Elternverbände

Wie Klewitz für die Berliner Auseinandersetzungen nachweist, war sozialdemokratischen und kommunistischen Schulreformern nach den Erfahrungen der Weimarer Republik durchaus bewußt, wie wichtig es sein würde, die Elternschaft für ihre Neuordnungspläne - wo vorhanden - zu gewinnen.[146] Gerade die zahlreichen Bevölkerungskreise der Unterschichten, die bisher abseits gestanden und Schulfragen kaum als wesentliche Probleme ihrer Lebensgestaltung

---

[142] vgl. Schlander S.260; Helling S.33
[143] Klafki (a) S.144
[144] Dort wo wie in den Stadtstaaten die Organisation einfacher war, war die Lehrerschaft schulpolitisch aktiver.
[145] vgl. Ratzke S.238f
[146] vgl. Klewitz S.202ff; zur Berliner Gründung des"Arbeitskreises Neue Erziehung (ANE)" siehe Helga Gürtler in: Peter Heyer/Renate Valtin (Hrsg.): Die sechsjährige Grundschule in Berlin, Frankfurt a.M. 1991, S.55f

erkannt hatten, sollten für die - für ihre Kinder potentiell günstigere - Einheitsschule mobilisiert werden. Auch wenn, wie z.b. in Mannheim, in manchen Städten die Eltern der Volksschülerinnen und -schüler die sechsjährige Grundschule forderten,[147] gelang es nur in den seltensten Fällen bildungsferne Schichten schulpolitisch zu aktivieren. In der Regel waren die Eltern der weiterführenden Schulen wesentlich aktiver als die der Volksschulen.

Dafür können vor allem drei Gründe angeführt werden: Erstens waren die selber mit Real- oder Gymnasialbildung ausgestatteten Eltern in Auseinandersetzungen kompetenter und begriffen eher, daß Schulfragen eine für ihre Kinder wesentliche, determinierende Lebensbedeutung hatten, die ihren Status absichern konnte. Unterschichteltern waren zweitens angesichts der ökonomischen Situation vielzusehr mit der Absicherung ihrer materiellen Lebensgrundlagen beschäftigt, um sich in zeit- und energieaufwendigen schulpolitischen Auseinandersetzungen zu engagieren. Drittens wurde das bereits genannte Phänomen, daß Gegner einer Maßnahme häufig stärker aktiv werden als Befürworter, auch hier wirksam.[148]

So entstand gegen Ende der 40er Jahre in den Ländern mit Schulreformabsichten eine regional wirksame **oppositionelle Elternbewegung**.[149] Die zur Schulreform entschlossenen Länder versuchten angesichts der Erfahrungen von 1919, Elternbeiräte aufgrund von parteipolitischen Listen wählen zu lassen sowie durch Begrenzung bzw. Konzentration der Elternmitsprache auf schuleigene Elternausschüsse Elternaktionen gegen die sechsjährige Grundschule in ihrer Wirkung zu begrenzen und gleichzeitig der konservativ-klerikalen "Elternrechts"-Argumentation zu begegnen. Dennoch konnte die Verstärkung des konservativen Blocks durch Elternausschüsse und -beiräte nicht verhindert werden.[150] Zudem standen Schulreformer von der Weimarer Republik bis heute vor dem Dilemma, Elternmitbestimmung vergrößern zu wollen, damit aber gleichzeitig die Einflußmöglichkeiten konservativer Eltern gegen jegliche Reformen zu steigern.

3.2.2.3. Schülerinnen-, Schüler- und Jugendverbände

Diese Gruppen werden in der schulpolitischen Literatur für die Zeit nach 1945 als mögliche Akteure kaum untersucht. Aufzufinden waren zwei Stellungnahmen von Jugendverbänden, die, ohne ihre Forderung genau zu erläutern, das Ausleseprinzip, das dreigliedrige Schulwesen, die Konzentration auf die Konfessionsschulfrage und die fehlende öffentliche Diskussion kritisierten und die "gegliederte Einheitsschule" forderten.[151]

---

[147] vgl. Bungenstab S.93
[148] vgl. Kuhlmann (b) S.50; Hars S.50; Klewitz S.209
[149] vgl. z.B. Zentralelternbeirat in Bremerhaven in: Senat der Freien Hansestadt Bremen (Hrsg.): Gutachten des Bremer Grundschul-Ausschusses, Bremen 1955, S.91f
[150] vgl. Kuhlmann (a) S.178
[151] vgl. Helling S.35f

Gingen von Jugendverbänden in den Weimarer Auseinandersetzungen einige reformfördernde Impulse aus, so sind nach 1945 keine Wirkungen von ihnen bekannt geworden. Von dem knappen Drittel (253.706) aller Jugendlichen zwischen 12 und 20 Jahren, das am 1.1.1948 in der französischen Besatzungszone in Jugendverbänden organisiert war, gehörten über 68% katholischen und 11% evangelischen Jugendorganisationen an. Die potentiell Schulreformen unterstützende Gewerkschaftsjugend folgt mit nur 4%.[152]

Von einer **Jugendbewegung** kann **kaum** gesprochen werden.[153] Schien die Novemberrevolution bei Jugendlichen Mobilisierungsenergien freigesetzt zu haben, so war die vollständige Integration auch der jüngsten Menschen in die faschistische Ideologie und Kriegsmaschinerie nach der totalen Niederlage dafür verantwortlich, daß vor jeglicher Bewegung und aktiver politischer Einflußnahme eine Neuorientierung der Jugendlichen stattfinden mußte.

3.2.2.4. Hochschulverbände

Noch bevor am 21.4.1949 die erste westdeutsche Rektorenkonferenz zusammentrat, gaben Hochschulgremien mit gelegentlicher studentischer Beteiligung einheitliche Stellungnahmen zu Schulreformfragen ab. Sie wiederholten aktualisiert die Kernforderungen, die die Hochschulverbände auf der Reichsschulkonferenz 1920 aufgestellt hatten: Erstens sollte nach dem Leistungsverfall der NS-Zeit die alte Anspruchshöhe wiederhergestellt werden, zumal die andrängenden Studentenmassen künftig schon im Gymnasium abgewehrt und reduziert werden müßten. Zweitens könnte die notwendige innere Reife der Hochschulzugänger nur durch den frühzeitigen Beginn von Latein und möglichst auch Griechisch gewährleistet werden. Und drittens wäre es nur durch eine neunjährige höhere Schule möglich, die für die Universität notwendigen Kenntnisse und Geistesprägungen zu erlangen.[154] Damit lehnten alle **Gutachten** der deutschen Universitäten zugleich Änderungen an der **vierjährigen Grundschulzeit** ab.[155]

Der sechsjährige gemeinsame Grundschulbesuch bedrohte ihrer Meinung nach den Zusammenhalt gymnasialer und universitärer Bildungstradition und die Ausbildung von Spitzenqualifikationen. Das Eigeninteresse der Hochschulen war zu jener Zeit nämlich vor allem darauf ausgerichtet, eine ausgesuchte qualifizierte Elite von Hochschulzugängern zu bekommen. Eigene quantitative Erweiterungsinteressen wie in den 70er Jahren traten vorerst zurück, da der Andrang auf das Studium Expansion ohnehin jederzeit zuzulassen schien und fehlende

---

[152] vgl. Schola 1948, S.277
[153] An dieser Stelle ist auch an die in Abschnitt 3.1. erwähnte resignative Haltung vieler Studenten zu erinnern.
[154] vgl. Kuhlmann (a) S.95ff; Tenorth S.85f; Hars S.125
[155] vgl. Kuhlmann (a) S.39; Merkt S.259; Klafki (b) S.280f; Senat der Freien Hansestadt Bremen (Hrsg.): Gutachten des Bremer Grundschul-Ausschusses, Bremen 1955, S.74 - S.82

Aufnahmekapazitäten und die Furcht vor einem akademischen Proletariat in den Positionen der Hochschulverbände dominierten.[156]

Schließlich ermöglichte das hohe Ansehen es den Universitäten, für ihre Eigeninteressen unter dem Deckmantel wissenschaftlich legitimierter Begründungen als entschiedene Gegner jeder Schulreform - wie z.b. der sechsjährigen Grundschule - äußerst wirksam aufzutreten.[157]

3.2.2.5. Kirchen

Auch den Kirchen kam aufgrund der ihnen zugewiesenen hohen moralischen Autorität und ihrer Anerkennung als vielerorts erste deutsche Verhandlungspartner der Alliierten eine Schlüsselrolle in den schulpolitischen Auseinandersetzungen zu.[158]

Vor allem die katholische Kirche stellte ihre Forderung nach der Konfessionsschule mit der Betonung des naturrechtlich begründeten **Elternrechts** in den Mittelpunkt der schulpolitischen Diskussion.[159] Nicht der Staat, sondern die "natürlichen" Eltern sollten in Gemeindeabstimmungen über den Schulbesuch ihrer Kinder entscheiden. Da aber die katholische Kirche in allen Verlautbarungen und Predigten erklärte, katholische Kinder dürften nur katholische Bekenntnisschulen besuchen, verkehrte sich der vorgegebene demokratische Gehalt der Abstimmungsforderung in sein Gegenteil.[160]

Mit ihrem scharfen Propagandafeldzug, der sich auch die Tatsache zunutze machte, daß das **Bekenntnisschulwesen** vom Nationalsozialismus aufgelöst wurde, erreichte es die katholische Kirche, daß in Bayern, Rheinland-Pfalz, Nordrhein-Westfalen und Teilen Niedersachsens überwiegend Konfessionsschulen eingerichtet wurden.[161]

Zwar unterstützte die evangelische Kirche in Bayern diese Bekenntnisschulpolitik, in anderen Regionen hielt sie sich aber stark zurück. Das gilt ähnlich für die inhaltliche Ausgestaltung von Schule und Unterricht. Auch hier versuchte stärker die **katholische Kirche**, das gesamte Schulwesen in seiner Erziehungsaufgabe im Dienste der Wiederverchristlichung zu funktionalisieren. Mit ihrer Konzentration auf die Bekenntnisschule und innere Reformen in christlichem Geist lenkte die katholische Kirche von Schulorganisationsfragen ab und wirkte wie in der Weimarer Republik schon allein dadurch reformhemmend.

Zu klären bleibt, warum die sechsjährige Grundschule den Interessen der Kirchen so sehr widersprach, daß sie diese meist entschieden ablehnten. Die Kirchen selbst führen als Argumente für ihre die sechsjährige Grundschule ablehnende Haltung an, die Ausbildung des

---

[156] vgl. Kuhlmann (b) S.50
[157] vgl. Merkt S.199
[158] vgl. Winkeler (a) S.114f und Abschnitt 3.1.
[159] "Bis zum heutigen Tag steht dem kein hinreichend fixiertes Kindesrecht auf optimale Bildungschancen gegenüber." Klafki (a) S.138; vgl. auch Klewitz S.147; Pakschies S.187
[160] vgl. Hars S.121
[161] vgl. Klafki (a) S.138, (b) S.267; Pakschies S.186ff; Herrlitz u.a. S.145

theologischen Nachwuchses mit dem frühen Latein und Griechisch werde durch die Verkürzung des humanistischen Gymnasiums gefährdet, im übrigen habe die Kirche gegen Vermassung, Materialismus und Nivellierung, also auch gegen Einheitsschultendenzen zu kämpfen. Mit dem Argument, daß durch das verlängerte gemeinsame Lernen das "Grundrecht der Kinder auf ungehemmte Entwicklung" verletzt werde, nahm auch die evangelische Kirche Bayerns **gegen die sechsjährige Grundschule** Stellung.[162]

M.E. kommt als weiteres Ablehnungsmotiv der Kirchen das **Bündnis mit den konservativen Kräften** - besonders der CDU/CSU - in der Konfessionsschulfrage hinzu, da es eine Fortsetzung der Zusammenarbeit auch in anderen schulpolitischen Fragen nahelegte, zumal die Besetzung der führenden Positionen der Kirchen durch konservative Personen eine Rolle gespielt haben wird.

Damit knüpften die Kirchen an den Schulkampf, die Positionen und Bündnisse der Weimarer Republik an und übernahmen erneut den Part, divergierende soziale Interessen auf religiöse Weltanschauungsfragen zu lenken und die bestehenden Ungleichheiten im Bildungswesen zu rechtfertigen und zu festigen.[163]

3.2.2.6. Erziehungswissenschaftler

Nur wenige Pädagogen setzten sich nach 1945 für weitreichende Schulorganisationsreformen ein. Gleichwohl hätte mit einigen vorgelegten Untersuchungsergebnissen die Forderung nach der sechsjährigen Grundschule wissenschaftlich gestützt werden können. So konstatierten Erich Hylla u.a. Forscher die Unhaltbarkeit der statischen Begabungstheorie und der Trennung in drei Begabungstypen (praktisch, theoretisch, praktisch-theoretisch). Weiterhin wurde die Benachteiligung der Arbeiterkinder und die Fehlerhaftigkeit von Schullaufbahnprognosen festgestellt und gleichzeitig belegt, daß im fünften Schuljahr z.T. die absolute Zahl der Kinder mit guten Testergebnissen auf der Volksschule größer war als auf dem Gymnasium, zumindest aber 25% - 30% der "besten Zehntel" des Jahrgangs sich auf den Volksschulen befinden.[164]

Niemand übernahm jedoch die Arbeit der Dokumentation, der breiten öffentlichen Darstellung und politischen Verwertung dieser Ergebnisse. Auch wenn man den Erziehungswissenschaftlern die eingeschränkten Publikationsmöglichkeiten der ersten Nachkriegsjahre zugute hält, so ist dennoch im Vergleich zum Beginn der Weimarer Republik nach 1945 eine

---

[162] Die evangelische Landeskirche Hessens lehnte die sechsjährige Grundschule jedoch nicht ab. Vgl. Kuhlmann (a) S.38f; Merkt S.196; Huelsz S.70 und S.74ff
[163] vgl. Hars S.122; Herrlitz u.a. S.145
[164] vgl. Hylla, Ernst: Vergleichende Leistungsmessung im vierten und fünften Schuljahr, München 1949; Kuhlmann (b) S.52. Der durch H.Roth vorangetriebenen dynamischen Begabungstheorie gelang erst in den 60er Jahren der Durchbruch.

Reformmüdigkeit unter den Pädagogen zu beobachten, die sie Chancen zur politischen Umsetzung ihrer Ergebnisse versäumen ließ.[165] Engagierter zeigten sich **biologistisch argumentierende Erziehungswissenschaftler**, die Schulreformen verhindern wollten. So wurden z.b. die "sozialanthropologischen" Thesen von Karl Valentin Müller, der eine Breitenförderung ablehnte, weil sie das Sozialgefüge durcheinanderbrächte, sehr schnell in den politischen Prozeß einbezogen. Dabei ging für Müller "die Anerkennung der Notwendigkeit einer hierarchischen Gesellschaftsordnung" zwingend aus begabungsstatistischen Untersuchungen hervor, denn "der Sozialpyramide entspricht eine biologische Begabungspyramide".[166] Zwar stellte auch Müller "Begabungsreserven" fest, doch folgerte er daraus die Notwendigkeit von verbesserten Begabungstests und Selektionsmaßnahmen, um die genetisch am besten ausgestatteten Menschen in Führungspositionen zu bringen, und lehnte Förder- und Kompensationsprogramme und die sechsjährige Grundschule ab, weil durch sie "die letzten begabungsmäßigen Fettaugen" und "minderbegabten Protektionskinder" "mitgeschleppt" und "emporgeschleust" würden.[167]

Geradezu unglaublich erscheint, wie skrupellos derartige Deklassierungen ganzer Menschengruppen direkt nach den faschistischen Erfahrungen von konservativen Politikern übernommen wurden und Sozialanthropologen wie v. Hartnacke, der in der NS-Zeit zeitweilig Kultusminister in Sachsen gewesen war, Weinstock und Müller von Kultusministerien aller politischen Couleur mit Aufträgen nur so überhäuft wurden.[168] Hier zeigt sich, daß faschistische und sozialdarwinistische Ideologien in vielen deutschen Köpfen der Nachkriegszeit weiterwucherten.

Auch damals anerkannteste Erziehungswissenschaftler wie Eduard Spranger forderten vor allem eine "sittlich und geistig geadelte Führerschicht"und beteiligten sich an der Verhinderung von Schulorganisationsreformen, indem sie allein innere Umgestaltungen für nötig erklärten.[169] Nach Klafkis zutreffender Einschätzung reduzierte "die deutsche Schulpädagogik in Theorie und Praxis" "ein dialektisches Verhältnis auf einen seiner Pole", wenn sie sich "fast ausschließlich auf Fragen der 'inneren' Schulreform konzentrierte."[170]

Wurden sie gutachterlich zur sechsjährigen Grundschule befragt, so trat die Mehrzahl der deutschen Erziehungswissenschaftler für eine **frühere Selektion** vom zehnten Lebensjahr ab ein.[171]

---

[165] vgl. Kuhlmann (b) S.49 und S.52

[166] zit. nach Kuhlmann (a) S.125; vgl. auch Heinrich, Irma: Ist die höhere Lehranstalt eine Standesschule? In: Pädagogische Welt 1947, S.162

[167] zit. nach Kuhlmann (b) S.54; vgl. auch Bartel, Karl-Max: Tests und Schulpolitik 1945 - 1980, Gießen 1989, S.225ff

[168] vgl. Kuhlmann (a) S.125; Bartel S.225; Senat der Freien Hansestadt Bremen (Hrsg.): Gutachten des Bremer Grundschul-Ausschusses, Bremen 1955, S.83 - S.87

[169] Kuhlmann (b) S.56; vgl. auch Bäuerle S.24

[170] Klafki (a) S.135

[171] vgl. Kuhlmann (a) S.32

Eine **Zwischenstellung** nahmen einflußreiche Pädagogen wie Herman Nohl, Wilhelm Flitner und Erich Weniger ein, die gemeinsam mit sozialdemokratischen Bildungspolitikern wie Heinrich Landahl, Otto Koch und Adolf Grimme im August 1945 die sogenannten "Marienauer Pläne" erarbeiteten. Zwar knüpften sie an Weimarer Schulreformpläne an, aber auch sie blieben in national-traditionell und christlich motivierter Überbetonung der inneren Schulreform stecken. An Schulorganisationsveränderungen schlugen sie lediglich **Lehrplanangleichungen der Klassen 5 und 6** aller Schulstufen mit größerer Durchlässigkeit vor, ohne grundsätzlich die Dreigliedrigkeit des Schulwesens aufheben zu wollen.[172] Häufig durch die Kritik der Besatzungsmächte an deutschen Traditionen gekränkt, vermochten es diese Pädagogen nicht, eine distanzierte Haltung gegenüber dem tradierten, hierarchischen Schulaufbau zu entwickeln und Reformideen wie der sechsjährigen Grundschule entscheidende Impulse aus deutschen Kräften zuzuführen. Sie stärkten damit die konservative Seite nicht unerheblich, die den Alliierten vorwarf, ihre eigenen Schulsysteme den Deutschen oktroyieren zu wollen.

3.2.3. Akteure aus dem ökonomischen Bereich

3.2.3.1. Gewerkschaften

Die Gewerkschaften der westlichen Zonen konzentrierten sich in der Nachkriegszeit auf Entscheidungen über das Wirtschaftssystem und ökonomische Fragen des Wiederaufbaus. Auf bildungspolitische Verlautbarungen wurde bewußt verzichtet. So äußerte der Vertreter des Gewerkschaftsbundes Axe auf der ADLLV-Versammlung im Mai 1947:

> "Die Gewerkschaft vertritt berufliche, wirtschaftliche und soziale Interessen, aber nicht die Fragen der Schulpolitik. Man kann innerhalb der Gewerkschaft wohl über diese Fragen sprechen, kann aber nicht erwarten, daß die Gewerkschaft dazu Stellung nimmt bzw. daß sie sich für diese Dinge einsetzt."[173]

Die schulpolitischen Forderungen der Einheitsgewerkschaft DGB auf ihrem Gründungskongreß im Oktober 1949 beschränkten sich auf den Ausbau des Berufsschulwesens und auf die Forderung nach einer Auslese, die nach Anlage und Fähigkeiten, nicht aber nach sozialer und finanzieller Lage der Eltern erfolgt. Im Gewerkschaftsblatt der britischen Zone hieß es:

---

[172] vgl. Kuhlmann (a) S.122 und Cloer S.89ff. Cloer entdeckte das Gesamtprotokoll der Marienauer Tagung neu und zeigt den großen Einfluß dieser Pläne besonders für Niedersachsen. Auch Herman Nohl und Adolf Grimme beteiligten sich z.T. an der Verbreitung der Gedanken von Karl Valentin Müller, obwohl sie ihnen sicher nicht vorbehaltlos zustimmten. Vgl. dazu auch Leski, Horst: Schulreformprogramme des Niedersächsischen Kultusministeriums 1945 - 1970, Hannover 1991, S.29; Halbritter S.107; Pakschies S.191; Froese S.21f; Leski S.26f
[173] zit. nach Kopitzsch S.45

"Selbstverständlich soll und wird auch immer ein Aufstieg bestehen bleiben, aber es muß ein Aufstieg der Allerbesten aus allen Schichten des Volkes sein, kein Aufstieg nur aus einer finanziell besser gestellten Mittelmäßigkeit."[174]

Zieht man die in Abschnitt 1.6. erarbeitete Struktur heran, so entsprechen diese Vorstellungen des DGB eher bürgerlich-liberalen Grundpositionen einer nach Leistung gegliederten Gesellschaft und Schule als sozialistischen Positionen, die eine klassenlose Gesellschaft und eine nicht-hierarchische Schule anstreben.

Für die Auseinandersetzungen um die sechsjährige Grundschule von 1945 bis 1950 ist schließlich festzuhalten, daß die Gewerkschaften **nicht eingriffen.**[175]

3.2.3.2 Unternehmerverbände

Zwar waren weite Kreise des Unternehmertums durch eine Zusammenarbeit mit dem Faschismus diskreditiert, aber recht bald verhalf der wirtschaftliche Aufschwung Arbeitgeberverbänden zu neuem Ansehen.

Schon in einer ersten Erklärung der Industrie- und Handelskammern im Jahre 1949 wurde vor unnötigen und aufwendigen Schulreformen und "Experimenten" gewarnt. "Die Verteilung der Kinder des fünften Schuljahres je nach Leistungsgruppen auf die einzelnen Bildungsbahnen" habe sich bewährt.[176] Das für sie unter ökonomischen Gesichtspunkten sicher nicht sehr interessante humanistische Gymnasium unterstützten die Unternehmerverbände vermutlich wegen seiner Auslesefunktion. Stärker noch forderten sie einen beschleunigten Aufbau eines am ökonomischen Bedarf orientierten Mittel- und Fachschulwesens. Einem **dreigegliederten Aufbau** der Wirtschafts- und Sozialstruktur mit 3-5% Führungskräften, 11-12% Vorarbeitern, Meistern, Beamten usw. und 85% Arbeitern, Handwerkern und Bauern schien für die Unternehmerverbände ein analog gegliedertes Schulwesen angemessen zu sein.[177] Das mit einem unreformierten, hierarchisch geordneten Schulwesen erlangte Wirtschaftswachstum ließ die Unternehmerschaft vorerst kaum an Qualifikationssteigerungen einer breiten Arbeitnehmerschicht denken.

Zudem legte die antisozialistische Grundhaltung und die wirtschaftspolitische Zusammenarbeit mit der CDU/CSU für die Unternehmerverbände nahe, sich ab 1949 auch bildungspolitisch in die konservative Phalanx der **Gegner** von Schulreformen und **sechsjähriger Grundschule** einzureihen.

174 Helling S.32
175 vgl. Faulstich; Klafki (a) S.144; Merkt S.265
176 zit. nach Kuhlmann (a) S.62, vgl. auch ebenda S.61
177 vgl. ebenda S.64f; Hars S.125

3.3. Der Auseinandersetzungsprozeß in den Ländern

Anders als zu Anfang der Weimarer Republik fanden die schulpolitischen Auseinandersetzungen ab 1945 in den hier zu betrachtenden Westzonen auf Länderebene statt. Gründe dafür waren die faktische Trennung Deutschlands in Besatzungszonen, einhergehend mit Zerstörungen der Infrastruktur und des Kommunikationswesens, die anfangs starken Dezentralisierungsabsichten der Alliierten und förderalistische Bemühungen in der deutschen Kulturpolitik, die als eine Reaktion auf den nationalsozialistischen Zentralismus zu werten sind.

Die in den vorangehenden Betrachtungen dargestellten unterschiedlichen Absichten und Konstellationen der beteiligten Gruppen ließen eine länderspezifisch unterschiedliche Entwicklung der Debatten und Entscheidungen zur Grundschuldauer erwarten. Da - mit Ausnahme einiger Länder der französischen Besatzungszone (z.B. Baden und Rheinland-Pfalz) - in kaum zwei Bundesländern die Auseinandersetzungen um die Grundschuldauer annähernd gleich verliefen und die Ausgangsbedingungen sehr unterschiedlich waren, behandele ich jedes Land gesondert, um die Entscheidungsprozesse aus der landesspezifischen Entwicklung heraus differenziert nachzeichnen und erklären zu können. Zwar liegen zu der schulpolitischen Entwicklung in einigen Ländern (z.B. Bayern, NRW, Niedersachsen, Württemberg-Hohenzollern, Saarland, Bremen und Berlin)[178] bereits ausgezeichnete Arbeiten vor, doch sind sie sehr unterschiedlich strukturiert und meist nicht auf die Frage der Grundschuldauer ausgerichtet. Um einen vollständigen Überblick[179] zu ermöglichen und Vergleiche anhand einer ähnlichen Betrachtungsweise zu erleichtern, entschloß ich mich daher, die Entwicklung der Auseinandersetzung um die sechsjährige Grundschule auch in diesen Ländern in analoger Strukturierung und Fragestellung zu bearbeiten.

Neben der differenzierten Beschreibung der Auseinandersetzungen anhand von Sekundärliteratur, vorliegenden Dokumenten, Denkschriften und in verschiedenen pädagogischen Zeitschriften der damaligen Zeit erschienenen Aufsätzen wird vor allem nach Ursachen für die realen Entwicklungen und nach dem Gewicht verschiedener Einflußgrößen und Ausgangsbedingungen auf den Entscheidungsprozeß im Problemkomplex "sechsjährige Grundschule" gefragt.

Als wichtigste solcher Einflußgrößen und Ausgangsbedingungen, die am Beginn jedes Länderabschnittes behandelt werden, haben sich in den vorliegenden und eigenen Forschungen folgende Faktoren erwiesen:

1. Position und Entschiedenheit der **Besatzungsmacht**;

2. Reformbereitschaft und Parteizugehörigkeit des **Kultusministers**;

---

[178] vgl. die in den jeweiligen Länderabschnitten angegebene Literatur
[179] Am Schluß der Länderanalysen steht der Versuch eines tabellarischen Überblicks.

3. Konstellation und schulpolitisches Engagement der **Parteien**;

4. Einfluß der **Kirchen** und konfessionelle Bevölkerungszusammensetzung;

5. Aktivität der **Verbände** (Lehrer, Hochschulen usw.);

6. Schulpolitische **Traditionen** und **Bevölkerungsmeinungen**.[180]

Auch wenn die Entwicklungen in fast allen Ländern unterschiedlich verliefen, können sie zwecks besseren Überblicks in Hinblick auf die Auseinandersetzungen um die sechsjährige Grundschule in Länder ohne Ansätze zur sechsjährigen Grundschule, Länder mit Teilansätzen zum längeren gemeinsamen Lernen und in Länder mit zeitweiser bzw. dauerhafter sechsjähriger Grundschule (West-Berlin) gegliedert werden.

3.3.1. Länder ohne Ansätze zur sechsjährigen Grundschule

3.3.1.1. Bayern

a) Grundbedingungen

Bayern war ein Land mit:

1. einer ab 1947 zur Reform entschiedenen Besatzungsmacht USA,

2. einem extrem reaktionären und ultra-katholischen CSU-Kultusminister Hundhammer,

3. einer ab 1947 dominanten und reformfeindlichen CSU,

4. einer schulpolitisch engagierten und einflußreichen katholischen Kirche, deren Politik von der evangelischen Kirche unterstützt wurde,

5. reformfeindlichen Universitäten, deren Durchsetzungskraft weit stärker war als die der sich konkret engagierenden Lehrergewerkschaft,

6. einer traditionell konservativ und eigenstaatlich denkenden ländlichen Bevölkerung.

b) Die erste Periode: Juli 1945 - Dezember 1946

Wie in den Weimarer Auseinandersetzungen ging dem Streit um die sechsjährige Grundschule der Kampf um die **Bekenntnisschule** mit den benannten Prägungen der öffentlichen Diskussion, der Bündnisse und der Kräfteverhältnisse voraus. Nach einer Aufforderung durch den katholischen Klerus erließ der von der US-Militärverwaltung eingesetzte Kultusminister Hipp - unter Berufung auf das Reichskonkordat von 1933 - schon im Juli 1945 eine Verordnung "zur Wiedereinrichtung von Bekenntnisschulen". Im Oktober 1945 entließ die amerika-

---

[180] Die aus der ökonomischen Lage abgeleiteten Bedingungen wirkten in den Westzonen nicht so unterschiedlich, daß sie über das in Abschnitt 3.1. hinaus Gesagte noch länderspezifisch behandelt werden müßten. Vgl. auch Hars S.126. Klafki ((a) S.132f) typisiert die Länder nach dem dritten Aspekt, bezieht jedoch auch die übrigen Aspekte in seine Betrachtungen ein.

nische Administration, vermutlich nicht zuletzt wegen des einseitig konservativen-prokatholischen Kurses, die Regierung Schäfer (BVP) und den Kultusminister Hipp und ersetzte sie durch das SPD-Gespann Hoegner/Fendt.[181] Nachdem Kultusminister Fendt die Bekenntnisschulerlasse im November 1945 aufgehoben hatte, erfolgte sofort ein heftiger Protest der katholischen Kirche. Der folgende einjährige kulturpolitische Kleinkrieg fand am 21.12.1946 in einem offiziellen "Einvernehmen" von Fendt, Hoegner und beiden Kirchen zugunsten der Bekenntnisschulen seinen vorläufigen Abschluß. Im gleichen Monat wurde mit Zustimmung der US-Behörden die von der SPD-Regierung eingebrachte Verfassung verabschiedet, die das Konfessionsschulwesen festschrieb. Auch in den Folgejahren stand in den schulpolitischen Debatten des Parlaments die Bekenntnisschule im Vordergrund.[182]

Auch die **Reetablierung des dreigliedrigen Schulwesens** und die bis zu diesem Zeitpunkt fehlenden Reforminitiativen schafften die Voraussetzungen zur Stabilisierung klerikaler und hierarchischer Schulstrukturen. Diese konnten durch entschiedene US-Initiativen ab 1947 kaum noch modifiziert, geschweige denn revidiert werden.[183] Selbst die SPD-Politiker Hoegner und Fendt vertraten keine entschiedene Schulreformpolitik. Ministerpräsident Hoegner suchte das Einverständnis mit den Kirchen, u.a. um eine **eigenständige bayerische Politik** betreiben zu können. Zugleich legte Fendt einen Plan vor, der "durch Gabelung der Bildungswege in Pflichtschule und Ausleseschule" hierarchische Gliederungen vorsah. Während Mittel- und Volksschüler bzw. -schülerinnen noch bis zur sechsten Klasse eine gemeinsame Schule besuchen sollten, war die Grundschuldauer für die Kinder, die auf das Gymnasium wechselten, auf **vier Jahre** festgelegt. Nachdem dieser Plan sowohl bei der Militärregierung als auch bei der Öffentlichkeit auf heftige - aber unterschiedliche - Kritik gestoßen war, wurde er fallengelassen.[184]

c) Amerikanische Reforminitiativen, erster Schulreformplan Hundhammers und Verbändestellungnahmen 1947

Mit dem Jahreswechsel 1946/47 fanden zwei entscheidende Veränderungen statt. Zum einen wurde die US-Militärverwaltung mit dem **OMGUS-Telegramm** vom 10.1.1947 schulpolitisch aktiv. Zum anderen gewann die CSU bei der Landtagswahl im Dezember 1946 die absolute Mehrheit und die Regierungsmacht.[185] Kultusminister, Fraktionsvorsitzender und beherrschende Figur der CSU wurde Aloys **Hundhammer.** Über ihn notiert Grosser:

---

[181] vgl. Merkt S.15; Klafki (b) S.267f; Huelsz S.110ff; Hars S.127f; Buchinger, Hubert: Volksschule und Lehrerbildung im Spannungsfeld politischer Entscheidungen 1945 - 1970. Schulgeschichte Bayerns. München 1975, S.23ff

[182] vgl. Merkt S.30f, S.47 und S.50ff; Klafki (b) S.270; Hars S.129f; Huelsz S.89; Buchinger S.35ff; Mayer, Josef: Der Wiederaufbau des bayerischen Volksschulwesens, Passau 1965

[183] vgl. Merkt S.28; Buchinger S.39

[184] vgl. Hars S.129; Schmelzle, Karl (a): Zur Frage der Schulreform. In: Pädagogische Welt 1947, S.75 - S.104 und S.208 - S.219

[185] Landtagswahl 1946: CSU 57,8%; SPD 30%; WAV 7,1%; FDP 5,1%

"Dieser ehemalige Führer der Bayerischen Volkspartei, der unter dem Hitler-Regime lange Zeit interniert war, hat von 1946 bis 1950 als Kultusminister eine regelrechte Moraldiktatur über das Bildungswesen und das bayerische Kulturleben ausgeübt, wobei er in den Schulen die Prügelstrafe wieder einführte und den Rundfunk mit einer Zensur belegte. Mit seinem großen schwarzen Bart war er ein Symbol des Klerikalismus und der Intoleranz."[186]

Ausgerechnet zu diesem Zeitpunkt und mit diesem Kultusminister versuchte die US-Administration entschieden Schulreformen durchzusetzen, die ihr oberster Erziehungsoffizier Taylor wie folgt erläuterte:

"Die Dauer der nach dem 4. Jahr innerlich gegliederten Grundschule ist am besten auf 6 Jahre festzulegen. ... Die höhere Schule im alten deutschen **Sinn,** die privilegierte Schule, ist ein Unrecht gegen die Massen des deutschen Volkes und ein Anachronismus in einer demokratischen Welt."[187]

Mit dem OMGUS-Telegramm und dieser Rede war schon im Januar 1947 von den US-Behörden klar ausgedrückt, daß eine **sechsjährige Grundschule** mit innerer Differenzierung und darauf aufbauend ein mit zunehmendem Alter stärker differenzierendes **Gesamtschulsystem** eingerichtet werden sollte. Weiter forderten sie eine Hochschulausbildung aller Lehrerinnen und Lehrer, Schulgeld- und Lernmittelfreiheit und die Simultanschule. Darüber hinaus wurde das bayerische Kultusministerium beauftragt, bis zum 1.4.1947 "eine Aufstellung der allgemeinen Aufgaben und Ziele" entsprechend den amerikanischen Grundlinien zu erarbeiten. Bis zum 1.7.1947 sollte ein konkreter "Erziehungsplan auf lange Sicht" vorgelegt werden.[188]

Im Gegensatz zur Weimarer Zeit fanden die schulpolitischen Auseinandersetzungen um die Grundschuldauer im folgenden nicht im Parlament, in Kultusministerkonferenzen, "auf der Straße" oder auf einer Schulkonferenz statt, sondern in mündlichen und schriftlichen Kontakten zwischen Militärverwaltung und Kultusministerium, das z.T. durch andere Gruppen unterstützt wurde.

Am 7.3.1947 erhält die US-Administration einen umfangreichen **Zwischenbericht** Hundhammers. Nach betonter, aber vorgeschobener Reformbereitschaft und nach Appellen an die amerikanische Demokratisierungsabsicht, den Deutschen kein Schulsystem aufzwingen zu wollen, beinhaltet er eine prinzipielle Reformgegnerschaft. So lehnt Hundhammer mit einem Hinweis auf Kerschensteiner die sechsjährige Grundschule und alle Maßnahmen ab, die das dreigliedrige Schulwesen gefährden könnten.[189]

Neben ökonomisch-pragmatischen Gründen führt er die Behauptung an,

---

[186] Grosser S.226

[187] Merkt S.56f. Die Entschiedenheit der US-Administration wird auch durch die Tatsache belegt, daß Taylor als Leiter der Sektion Erziehung beim amerikanischen Oberkommando in Berlin speziell für seine Rede nach München kam.

[188] vgl. ebenda S.55ff; Klafki (b) S.276f

[189] vgl. Merkt S.59; Klafki (b) S.277; Huelsz S.48; Hars S.131

"daß die Begabung für höhere Bildungsziele von der Natur nun einmal nur einem zahlenmäßig begrenzten Personenkreis vorbehalten ist; und ... daß diese Begabungen sich zwar auf alle Stände und Klassen der Bevölkerung verteilen, nicht aber so, daß sie prozentual völlig gleichmäßig unter den einzelnen sozialen Schichten verteilt sind. Diese biologisch gegebene Ungleichheit kann durch keine zivilisatorische Maßnahmen beseitigt werden, auch nicht durch die Änderung unseres sogenannten zweispurigen Schulsystems zugunsten eines Einheitsschulsystems ... ."[190]

Wieder dient entsprechend der modifizierten konservativ-ständischen Grundposition, bei denen die Herkunft formal nicht mehr direkt, sondern vermittelt über die Begabung über den Schulweg entscheidet, das statische Begabungsmodell zur Legitimation von Privilegienbildung in einem dreigliedrigen Schulwesen, indem es mit der These verbunden wird, daß in den führenden Schichten eine höhere Begabung vererbt wird. Folgerichtig werden auch Schulgeld- und Lehrmittelfreiheit, die Vorteile der finanzstarken Kreise mindern, von Hundhammer abgelehnt.

Gerade rechtzeitig zum 31.3.1947 legte Hundhammer den **ersten Schulplan** vor. Hinter geschickten Formulierungen und Vorschlägen zur "inneren Reform" versteckt, vermied er jede schulorganisatorische Reform.[191] Nachdem die US-Behörden diesen ersten Plan, wie übrigens auch die Pläne aller anderen Länder ihrer Zone, abgelehnt und den 1.10.1947 als Termin für eine Neuvorlage festgesetzt hatten, bediente sich Hundhammer in den folgenden Auseinandersetzungen dreier wesentlicher Elemente:

- der Taktik des hinhaltenden Widerstands,[192]
- der Scheinzugeständnisse und verbalen Reformbereitschaft
- und der engen Zusammenarbeit mit unterstützungsbereiten Gruppen.

So äußerte er z.B. in einem Schreiben vom 10.5.1947 seine Bereitwilligkeit, an ausgewählten Volksschulen getrennte gymnasiale Zubringerklassen 5 und 6 einzurichten und damit den Übergang von der Volksschule zur Höheren Schule nach der sechsten Klasse zu erproben.[193] Nachdem im Juni 1947 in der Direktive 54 die Haltung der USA von allen Alliierten bekräftigt wurde, fand Hundhammer in seiner Ablehnung der sechsjährigen Grundschule noch im selben Moment Unterstützung in den Gutachten der Bayerischen Akademie der Wissenschaften und der **Universität** München.[194] Dagegen zeigt der Plan des Schulausschusses der CSU vom September 1947 durchaus Reformansätze. So enthält er Forderungen nach Lehrplanangleichungen der Klassen 5 bis 7, nach Schulversuchen mit der sechsjährigen Grundschule und der differenzierten Einheitsschule sowie nach Schulgeldfreiheit und Hoch-

---

[190] Merkt S.62f
[191] vgl. ebenda S.66ff
[192] vgl. Klafki (b) S.279f
[193] vgl. Merkt S.76 und Pädagogische Welt 1947, S.315: Zum Schuljahr 1947/48 wurde z.B. an der Münchner Volksschule Gebelestr. Latein- bzw. Englischunterricht in Zubringerklassen 5 eingerichtet, die nach einer Prüfung nach Klasse 6 den Übergang zur Höheren Schule ermöglichten.
[194] vgl. Merkt S.77ff und S.82ff

schulausbildung aller Lehrer.[195] Dennoch unterstützte auch der CSU-Schulausschuß Hundhammer im fortschreitenden Konflikt.

Im Sommer 1947 legten auch die bayerische **SPD** und der sich später der GEW anschließende "Bayerische Lehrerverein" (**BLV**) Schulpläne vor. In bewußter Anknüpfung an Weimarer Schulreformkonzepte unterstützen sie die amerikanischen Bemühungen. Weiterhin brachte die SPD-Fraktion einen Antrag ein, der u.a. die sechsjährige Grundschule beinhaltete, ohne daß er allerdings bei den Mehrheitsverhältnissen im Landtag eine Chance zur Durchsetzung gehabt hätte.[196] Entgegen der schulpolitischen Zurückhaltung der Lehrergewerkschaften in den meisten anderen deutschen Flächenstaaten bezog der BLV in Betonung eigener demokratischer Wurzeln konsequent Stellung.[197] Sein Plan sah, wie der der SPD, nach einer sechsjährigen Grundschule eine zweizügige Gliederung der Mittelstufe (7.-9. Schuljahr) und eine weitere Differenzierung in der Oberstufe (10.-12. Schuljahr) vor. Während die SPD den Unterricht in Klasse 5 und 6 in leistungshomogenen Gruppen innerhalb einer Klasse (innere Differenzierung) stattfinden lassen wollte, schlug der BLV ein **förderstufenähnliches** Modell mit Bildung von zwei sich überschneidenden, leistungshomogenen Abteilungen (Klassen, Kursen) vor. Dabei argumentierten BLV und SPD beide entsprechend der selektionsorientierten Grundposition (bessere Begabtenauslese) mit demokratischen und sozialen Akzenten (Abbau von sozialen Schranken).[198]

Obwohl der Schulreformplan der bayerischen FDP vom 3.12.1947 reformfreudiger war als der anderer Landesverbände und Hildegard (Hamm-)Brücher das Kultusministerium heftig kritisierte, ist zur Forderung der FDP, die Grundschuldauer nach den Vorschlägen eines Beirats durch das Kultusministerium entscheiden zu lassen, zu bemerken, daß dies bei der bekannten Haltung von Hundhammer faktisch einer Ablehnung der sechsjährigen Grundschule gleichkam.[199]

d) Der zweite Hundhammersche Schulreformplan

Einen Tag vor dem Stichtag 1.10.1947 legte Hundhammer seinen zweiten - angeblich neuen - Schulreformplan vor, der auch diesmal ohne Beteiligung der Fachgremien zustandegekommen war. Mag man einige marginale Verschiebungen in der Volksschullehrerausbildung, im Mittelschulwesen und im Versprechen der Lehrplanangleichung der Klassen 5-7 wahrneh-

---

[195] vgl. ebenda S.112ff; Klafki (b) S.280; Schmelzle, Karl (b): Die bayerische Schulreform. In: Pädagogische Welt 1947, S.467 - S.471

[196] vgl. Merkt S.119ff und S.94ff; Klafki (b) S.281; Buchinger S.255; Schmelzle (b) S.467ff. Der Plan der SPD-Fraktion erschien im Juni/Juli 1947, der der SPD-Partei im August und der des BLV im September 1947.

[197] vgl. Huelsz S.86

[198] vgl. Merkt S.96f und S.122f; Huelsz S.53. Der sozialrevolutionäre Kurs des SPD-Abgeordneten Löwenstein konnte sich nicht durchsetzen. Der Vorschlag des BLV fand dagegen selbst bei kompromißbereiten konservativen Philologen wie Karl Schmelzle Anklang, der meinte, "die differenzierte Einheitsschule" sei "tragbar", falls ein 13. Schuljahr und eine Förderstufe eingerichtet wären. Siehe: Schmelzle (a) S.219

[199] vgl. Merkt S.166; Buchinger S.40ff und S.64ff; Huelsz S.64; Schulreform in den Ländern der Westzone. In: Pädagogische Welt 1949, S.439

men, so stimmt dieser Plan in allen wesentlichen Punkten, wie der **Ablehnung der sechsjährigen Grundschule** und der Beibehaltung des dreigliedrigen Schulwesens, mit dem ersten
überein.[200]

In der parlamentarischen Auseinandersetzung Ende 1947 wird Hundhammers Plan zwar von
SPD, FDP und WAV[201] angegriffen, die CSU-Mehrheit stellt sich jedoch voll hinter ihren
Minister.

Nachdem das Berliner US-Oberkommando am 1.12.1947 noch einmal erläutert hatte, daß die
sechsjährige Grundschule in allen Ländern einzurichten sei, und die New York Times über
die Zentralstellung Bayerns in dem Konflikt sowie die bayerische Ablehnung amerikanischer
Vorschläge und eine vermutliche Absetzung Hundhammers berichtet hatte, sandte die US-
Behörde in Bayern am 23.12.1947 ein Schreiben an den Ministerpräsidenten Hans Ehard
(CSU). Darin wurde Hundhammers zweiter Schulreformplan abgelehnt und eine Neuvorlage
bis zum 1.2.1948 verlangt, die noch einmal genau vorgeschriebene Veränderungen enthalten
sollte.[202] Am Silvestertag antwortete Ehard taktisch nicht unklug - mit der Behauptung, "daß
die Bayerische Staatsregierung offenbar die Politik der amerikanischen Militärregierung
bisher mißverstanden" habe, indem sie davon ausgegangen sei, daß die Anweisungen der US-
Administration entsprechend ihrer Demokratisierungsbemühung keinen **verbindlichen**
Charakter hätten. Weiter schrieb er, er könne für die amerikanischen Anweisungen keine
Verantwortung übernehmen, und fragte nach, welche Punkte verbindlich seien. Angesichts
der bundesweiten Aufmerksamkeit gab die US-Verwaltung nun ihre Zurückhaltung endgültig
auf und antwortete am 14.1.1948, daß alle Punkte als **Befehle** aufzufassen wären.[203]

Eine Woche später distanzierte sich Hundhammer in einem publikumswirksamen **Rundfunk-
vortrag** von einem nun erzwungenen Schulreformplan mit Hinweisen auf erhöhte finanzielle
Ausgaben und auf den Bestrafungscharakter, den eine Nivellierung des Bildungssystems
habe.[204] Zudem berief er sich auf inzwischen eingegangene Unterstützungsschreiben von 13
in die USA emigrierten deutschen Professoren, von beiden Kirchen, katholischen Lehrerverbänden und Universitäten.[205]

---

[200] vgl. Klafki (b) S.282; Hars S.134; Merkt S.136; Schola 1948, S.140 (Bericht von Hildegard Hamm-Brücher,
19.2.1948)
[201] WAV = Wirtschaftliche Aufbau Vereinigung; vgl. Hars S.134
[202] vgl. Merkt S.162f und S.170; Mayer S.70ff. Die Schulreformpläne der anderen Länder wurden von den US-
Behörden nicht abgelehnt. Zwar wurde Hundhammers Absetzung von dem für Bayern zuständigen Erziehungsoffizier Alexander betrieben, er hatte dafür jedoch nicht die Zustimmung von seinem Vorgesetzten General
Clay, der die Amtsenthebung verhinderte. Dies zeigt zugleich die Uneinigkeit und Schwäche der amerikanischen
Schulpolitik während der Besatzungszeit in Bayern. Vgl. Heinemann S.82
[203] vgl. Merkt S.182
[204] vgl. ebenda S.188f und Pädagogische Welt 1948, S.107 - S.111. Interessant ist seine taktische Bemerkung,
die Amerikaner verlangten, "der Übertritt zur höheren Schule" dürfe "nicht mehr nach der 4., sondern erst nach
der 5.Volksschulklasse erfolgen." Die US-Militärregierung hat nach den vorliegenden Quellen immer von der
sechsjährigen, nie von der fünfjährigen Grundschule gesprochen.
[205] vgl. Merkt S. 146ff, S.177ff, S.193ff und S. 234; Schola 1948, S.140; Pädagogische Welt 1948, S.77 - S.87.
Am 16.8.1948 kam noch ein Unterstützungsschreiben der IHK hinzu.

e) Der dritte Schulreformplan

Wiederum einen Tag vor dem fälligen Termin reichte Hundhammer am 31.1.1948 den unausweichlichen dritten Schulreformplan "nach den Weisungen der Militärregierung" ein, in dem die **sechsjährige Grundschule** verankert war.[206] Dennoch wurde hier nicht nur versucht, die Militärregierung zu veranlassen, das humanistische Gymnasium beizubehalten und die Grundschule nur fünfjährig auszugestalten, sondern auch festgeschrieben, ab Klasse 7 das Schulwesen dreigliedrig fortzuführen. Daher kommt Klafki zu dem Schluß, daß die Inhalte des dritten Schulreformplans "selbst noch im Falle der Realisierung des Planes die Bewahrung wesentlicher Elemente des überkommenen Systems ermöglicht hätten, bei flüchtiger Lektüre aber leicht überlesen werden konnten."[207]

Doch obwohl die amerikanische Militärverwaltung diesen Plan - trotz festgestellter Mängel - am 4.2.1948 akzeptierte, sollte er **nicht realisiert** werden.[208] Zwar beauftragten die Amerikaner am 1.4.1948 das Kultusministerium mit der Durchführung des dritten Planes und berichteten optimistisch von einer nun voranschreitenden Schulreform, doch wirkte sich inzwischen die veränderte Deutschlandpolitik und der "Kalte Krieg" auch im Bereich der Bildungspolitik aus. Erste vorsichtige **amerikanische Rückzugsabsichten** wurden schon am 29.1.1948 in einem Pressebericht angedeutet, in dem förderstufenähnliche sechsjährige Grundschulen und humanistische Gymnasien akzeptiert wurden.[209] Im folgenden konzentrierten sich die US-Behörden stärker auf die akademische Lehrerbildung und die Schulgeld- und Lernmittelfreiheit, da sie hier eine größere Unterstützung der Öffentlichkeit erwarteten.

Hundhammer erkannte den nachlassenden Druck und kündigte an, daß erst 1950 alle Kinder gemeinsam das fünfte Schuljahr besuchen sollten.[210] Zuvor hatte er am 5.4.1948 mit amerikanischer Zustimmung eine Kommission (genannt "Wallenburg-Stiftung") zur Vorlage von Detailplänen einrichten lassen. Die US-Behörden bedachten dabei nicht, daß eine solche Kommission ein zur Reformverhinderung geeignetes Verzögerungsmittel war, denn dieses vom Kultusministerium mit schulpolitisch unterschiedlich ausgerichteten Vertretern besetzte Gremium tagte das erstemal erst im September. Während nun die Wallenburg-Stiftung arbeitsschulorientierte Methoden diskutierte, mühsam nach Kompromissen in den Fragen der Grundschuldauer bzw. der "differenzierten Beobachtungs- und Förderstufe" und des differenzierten Mittelbaus suchte und die sechsjährige Grundschule angeblich vorbereiten sollte, ergriff Hundhammer im Sommer 1948 entgegengesetzte Maßnahmen und stellte die Fortführung der Zubringerklassen ein.[211]

---

[206] vgl. Merkt S.197
[207] Klafki (b) S.285
[208] vgl. Schola 1948, S.139
[209] vgl. Hars S.136; Schola 1948, S.140; Huelsz S.127, Anm.42
[210] vgl. Schola 1948, S.141
[211] vgl. Hars S.139; Merkt S.217 und S.232; Klafki (b) S.290; Buchinger S.256

Zur selben Zeit erlitt die Militärregierung eine entscheidende Niederlage im Eklat um die Schulgeld- und Lernmittelfreiheit. Nachdem der Landtag beschlossen hatte, diese Gesetzentwürfe bis nach Schuljahrsbeginn zu vertagen, befahl die US-Administration deren sofortige Einführung, mußte aber schließlich den Befehl zurücknehmen.[212]

Als dann im Herbst 1948 auch noch alle Universitätsgutachten die sechsjährige Grundschule abgelehnt hatten, beschloß die Wallenburg-Stiftung Detailpläne, die zwar viele progressive Ansätze zur inneren Reform enthielten, aber in den schulorganisatorischen Vorschlägen hinter den amerikanischen Reformvorstellungen zurückblieben.[213]

Auf diesen schulorganisatorischen Plänen bauten die Ausarbeitungen auf, die Hundhammer der Militärregierung am 21.3.1949 übersandte. Sie sahen vor, den Übergang zu höheren Schule nach der 6. Klasse in einigen Versuchsschulen zu erproben und Kurzformen der weiterführenden Schulen einzurichten.

> "Im übrigen soll der Übertritt in die höheren Lehranstalten wie bisher von der 4. Volksschulklasse aus erfolgen."[214]

Die US-Behörden reagierten darauf mit einem Rückzug der eigenen Positionen, der, um die Autorität zu wahren, nach außen anders dargestellt wurde. Am 15.4.1949 erging nämlich ein Schreiben der Militärverwaltung an den Ministerpräsidenten Ehard, in dem diese Vorschläge Hundhammers als "Fortschritte des ganzen Schulreformprogrammes" und als mit den amerikanischen Vorstellungen "vollkommen" übereinstimmend bezeichnet wurden.[215] Zwar waren die Amerikaner noch 1950 mit erfolglosen Initiativen zur Abschaffung des Konfessionsschulwesen aktiv. Aber Klafkis These, die US-Behörden hätten noch nach der Gründung der Bundesrepublik bis zum Frühjahr 1950 entschieden auf Schulorganisationsreformen gedrängt, und seine Bemerkungen zu diesem Schreiben, die Amerikaner hätten das Kultusministerium ggf. nicht richtig verstanden bzw. gemeint, taktisch zu handeln, scheinen mir ergänzungsbe-

---

[212] vgl. Hars S.138; Merkt S.245ff; Klafki (b) S.287ff; Mayer S.79ff

[213] vgl. Klafki (b) S.291; Buchinger S.68ff; Pädagogische Provinz 1949, S.124 - S.129; Mayer S.78; Cramer, Hans und Strehler, Adolf: Schulreform in Bayern. Arbeitsergebnisse der Stiftung zum Wiederaufbau des bayerischen Erziehungs- und Bildungswesens, Bad Heilbrunn/Obb. 1953; Cramer für den Philologenverband in: Neues Land 1950, S.1 - S.5 und S.25 - S.28; Schön, Alfred: Dauer der Grundschule und der höheren Schule. In: Pädagogische Welt, Donauwörth 1950, S.57 - S.63; Bericht über: Schulreform in Bayern. In: Pädagogische Welt, Donauwörth 1949, S.113 - S.116 und 1950, S.438 - S.440; Bericht von den Ergebnissen der "Wallenburg-Stiftung". In: Pädagogische Welt, Donauwörth 1948, S.495 - S.502 und S.555 - S.563; Bericht von den Ergebnissen des Grundschulausschusses der "Wallenburg-Stiftung". In: Pädagogische Welt, Donauwörth 1948, S.632 - S.635. Während der Unterausschuß "Volksschule" bzw. "Grundschule" der Wallenburg-Kommission für die sechsjährige Grundschule plädiert hatte, forderten die Philologen und Hochschullehrer die Vierjährigkeit. Man einigte sich darauf, daß es neben inneren Reformen in Richtung des Arbeitsschulgedankens einen Wettbewerb zwischen den beiden Modellen geben sollte und sechsjährige Grundschulen, Förderstufen und additive Gesamtschulen ähnliche Modelle als Versuchsschulen erprobt werden. Diese Versuche wurden jedoch nur selten durchgeführt bzw. früh beendet. Die Wallenburg-Stiftung wurde am 1.12.1952 aufgelöst.

[214] Merkt S.282f. Die Einrichtung von Versuchsschulen und Kurzformen der weiterführenden Schulen wurde am 17.5.1949 angeordnet.

[215] vgl. ebenda S.282f; Mayer S.82ff

dürftig zu sein.[216] Folgt man der Sichtweise von Huelsz und Hars und betrachtet die amerikanischen Schulinitiativen im Lichte veränderter Deutschlandpolitik, so ergibt sich ein geschlosseneres Bild. Unter dem Blickwinkel des ab Mitte 1948 zunehmenden "geordneten Rückzugs", der sich mit "allmählich breiteren Bildungsmöglichkeiten für eine größere Zahl", verbesserter Lehrerbildung und in Aussicht gestellter Schulgeld- und Lernmittelfreiheit zufrieden gab, erklärt sich auch das amerikanische Zugeständnis bzgl. der Frage der Grundschuldauer in dem Schreiben vom April 1949.[217] Damit war der Konflikt um die sechsjährige Grundschule zugunsten des bayerischen Kultusministeriums entschieden. Er machte die Grenzen einer auf Demokratisierung ausgerichteten US-Besatzungsmacht ebenso deutlich wie ihren Fehler, ausgerechnet in einem Land wie Bayern - mit seinen ab 1947 eindeutig reformhemmenden Bedingungen - mit Schulreformen ansetzen zu wollen, um von dort aus auf andere Länder einwirken zu können.[218] Dabei reichten selbst Besatzungsstatuten und Unterstützungen der SPD und des BLV nicht aus, fehlende Mehrheiten und geschicktes Taktieren des Kultusministers zu kompensieren. Die CSU und ihr Minister konnten zudem auf Auffassungen in der bayerischen Bevölkerung zurückgreifen (bzw. sie verstärken), die amerikanische Vorschläge als Strafmaßnahmen zur Senkung des deutschen Bildungsniveaus empfanden und deutsche Schulreformvorschläge der Weimarer Zeit verdrängten.[219]

3.3.1.2. Nordrhein-Westfalen

a) Grundbedingungen

1. Die britische Besatzungsmacht verzichtete, bis auf die allgemeine Order von Mitte 1947, wonach die Entwicklung zu sechsjährigen Grundschulen nicht verhindert werden dürfte, auf Eingriffe.[220]

2. Die CDU-Kultusministerin Christine Teusch, ihre Vorgänger und die Mehrheit der Schulverwaltung lehnten ebenso wie eine einflußreiche ultrakonservative Gruppe um Schnippenkötter eine sechsjährige Grundschule ab. Die Auseinandersetzungen konzentrierten sich auf diese Akteure und auf die Frage der Sprachenfolge der Höheren Schulen und die Wiedereinführung von Bekenntnisschulen.[221]

---

[216] vgl. Merkt S.303ff; Klafki (b) S.292ff
[217] vgl. Merkt S.315; Huelsz S.126; Hars S.140f
[218] vgl. Klafki (b) S.267; Merkt S.161
[219] vgl. Huelsz S.16
[220] vgl. Hars S.232
[221] vgl. Halbritter S.70 und Eich, Klaus-Peter: Schulpolitik in Nordrhein-Westfalen 1945 - 1954, Düsseldorf 1987

3.　Bei weitgehendem sozialdemokratischen Desinteresse konnte die CDU in der ersten Allparteienregierung und auch in der nächsten Legislaturperiode eine schulpolitische Dominanz erringen.

4.　Die besonders im Rheinland mächtige katholische Kirche unterstützte massiv die Einrichtung von Bekenntnisschulen und die Verhinderung von Maßnahmen, die eine sechsjährige Grundschule ermöglicht hätten.

5.　Obwohl kaum Interessengruppen für die sechsjährige Grundschule auftraten und sie in NRW nie ernsthaft zur Debatte stand, wurden bei minimalen Reformplänen in Richtung späterer Übergangsmöglichkeiten konservative Verbände mit Protesten aktiv.

6.　Die heterogene Bevölkerung war in ihrer großen Mehrheit Gegner der sechsjährigen Grundschule.[222]

b) Elitebildung und Rekonfessionalisierung 1945 - 1947

Schon vor der Gründung des Landes Nordrhein-Westfalen (Herbst 1946) konnten sich in den zunächst entscheidenden **Schulverwaltungen konservative, klerikale und auf Eliten orientierte** Personen wie **Schnippenkötter**, Platz und Lammers durchsetzen. Sie entwickelten die sogenannte "rheinisch-westfälische Schulreform", die eine Konzentration auf die gymnasiale Elitenbildung mit einem für alle Höheren Jungenschulen **obligatorischen Beginn des Lateinunterrichts in Klasse 5** vorsah, und führten entsprechende Veränderungen, unterstützt von dem CDU-Fraktionsvorsitzenden und späterem Bundeskanzler, Konrad Adenauer, und toleriert durch die britische Militärregierung, ein.[223] Eine Möglichkeit des späteren Übergangs zur Höheren Schule nach Klasse 6 war durch den frühen Beginn des Lateinunterrichts damit für Jungen nicht möglich.

Zugleich setzten sie sich erfolgreich für die Wiedereinführung des Bekenntnisschulwesens und den Schulgottesdienst ein und konnten so neben Adenauer, dem Philologenverband und den Schuldirektorien auch die Kirchen zu ihren Bündnispartnern machen.[224]

Vom Herbst 1946 bis zur Regierungsumbildung im Juni 1947 hatten in dem von zwei kommissarisch eingesetzten Allparteienregierungen unter dem parteilosen Rudolf Amelunxen verwalteten NRW die SPD (71 Sitze) und die KPD (34) die Mehrheit gegenüber CDU (66), Zentrum (18) und FDP (9). Dennoch nutzten sie diese kurze Phase nicht zur Initiierung einer Schulreform und überließen das Kultusressort zunächst dem Zentrumsvertreter Wilhelm

---

[222] vgl. Umfrage in Abschnitt 3.1. und Pakschies S.258
[223] vgl. Halbritter S.67, S.71, S.110f und Anm.49; Eich S.30f, S.53f, S.56ff, S.63ff; Heumann, Günther: Die Entwicklung des allgemeinbildenden Schulwesens in Nordrhein-Westfalen (1945/46 - 1958), Frankfurt a.M. 1989, S.29ff, S.34ff. Die Gruppe um Schnippenkötter schenkte dem Mädchenschulwesen wenig Aufmerksamkeit, so daß hier die moderatere Oberschulrätin Luise Bardenhewer ihre Vorstellungen durchsetzen konnte und Englisch als erste Fremdsprache eingeführt wurde.
[224] vgl. Eich S.71ff

Hamacher, anschließend Rudolf Amelunxen und dem an der Erhaltung des status quo interessierten CDU-Mitglied Heinrich Konen.[225]
Nach dem Landtagswahlsieg (April 1947) von CDU (37,5% = 92 Sitze) und Zentrum (9,8% = 20 Sitze) ging die SPD (32% = 64 Sitze) zwar eine Koalition mit diesen beiden Parteien ein, ergriff aber ebenso selten wie die KPD (14% = 28 Sitze) und die FDP (5,9% = 12 Sitze) die Initiative, um die schulpolitischen Auseinandersetzungen prägen zu können. Da zudem die Mehrheit des Landtages mit der Rekonfessionalisierung und Reetablierung des dreigliedrigen Schulwesens zufrieden waren, fanden kaum schulpolitische Debatten im Landtag statt.[226] Doch gab es außerhalb des Landtagsplenums durchaus intensive Auseinandersetzungen um das Schulwesen Nordrhein-Westfalens. Sie wurden aber meist innerhalb des konservativen Lagers zwischen der zurückhaltenden neuen **Kultusministerin Christine Teusch** und der reaktionär-klerikalen Gruppe um Schnippenkötter geführt.[227] Obwohl mit Ministerialdirektor Otto Koch (SPD) seit Ende 1946 ein engagiertes ehemaliges Mitglied der entschiedenen Schulreformer stellvertretender Kultusminister war, der sich auch um die Verlängerung der Grundschuldauer bemühte, waren die schulpolitischen Aktivitäten der **SPD,** u.a. wegen ihrer wirtschafts- und sozialpolitischen Prioritätensetzung und wegen innerparteilicher Zwistigkeiten und Unstimmigkeiten mit Koch, nicht entschieden genug, um den konservativen Gruppen Paroli bieten zu können. Der mit einer internen Rücktrittsforderung an Koch verbundene Vorwurf der SPD-Fraktion, Koch setze sich nicht entschieden genug gegen die konservative Politik des Kultusministeriums zur Wehr, bestand jedoch zu Unrecht.[228]

c) Reformbemühungen und ihre Abwehr 1947 - 1949
Immerhin hatte Koch - u.a. mit dem Ziel, die sechsjährige Grundschule einzuführen - während der krankheitsbedingten Abwesenheit von Kultusminister Konen im Sommer und Herbst 1947 einen Referentenentwurf des Kultusministerium mit dem Titel "Denkschrift über die Reform der Schulorganisation" erarbeitet. Zwar war er von Ministerialrat Conradsen unterstützt worden, doch hatte die Leiterin der Abteilung Höhere Schulen, Luise Bardenhewer, protestiert, weil sie, obwohl sie Übergangsmöglichkeiten nach der sechsten Klasse

---

[225] vgl. Hars S.229 und Anm.71; Eich S.35ff; Heumann S.36f
[226] vgl. Halbritter S.114f; Hars S.233. Die von der KPD verlangte Schulgeldfreiheit wurde auch von der SPD mit Finanzargumenten abgelehnt.
[227] vgl. Hars S.229 und Anm.59; Eich S.59ff
[228] vgl. Eich S.100ff und Himmelstein, Klaus (Hg.): Otto Koch - Wider das deutsche Erziehungselend, Frankfurt a.M., Bern, New York, Paris 1992, S.87ff, S.304, S.352ff. Koch war im übrigen zu Beginn des wichtigen Jahres 1947 aufgrund einer schweren Krankheit geschwächt und zu einem Kuraufenthalt in der Schweiz. Vgl. Heumann S.109 und S.127ff. Während seine schulreformerischen Aktivitäten m.E. kaum zu kritisieren sind, besteht jedoch der Vorwurf von Himmelstein (S.70) bezüglich Kochs Demokratieauffassung zu recht: "Kochs Demokratieentwurf von 1945 trägt deutliche totalitäre Tendenzen, denn seine Grundannahme ist das ideologisch einheitliche, christlich-deutsche Volk und nicht die plurale, konflikthafte bürgerliche Gesellschaft, die ihre Legitimation und Identifikation aus den potentiellen Möglichkeiten der Beteiligung aller an Prozessen und Institutionen der Machtausübung bezieht."

befürwortete, an der vierjährigen Grundschule festhielt. Unter Vermittlung von Ministraldirigent Bernhard Bergmann kam es nach heftigen innerministeriellen Diskussionen schließlich zum Vorschlag, humanistische Gymnasien mit Klasse 5 und die übrigen Gymnasien mit Klasse 7 beginnen zu lassen und zuvor Englisch als erste Fremdsprache auch an den Jungengymnasien einzuführen. Für die Denkschrift einigte man sich auf folgende Formulierung von Koch:

> "So wird auch die sechsjährige nach Begabungsrichtung und Begabungshöhe in fünftes und sechstes Schuljahr differenzierte Grundschule zwar als Fernziel grundsätzlich empfohlen, aber ihre Einführung im gegenwärtigen Zeitpunkt infolge des Fehlens bestimmter, erst zu schaffender schultechnischer Voraussetzungen für schwer durchführbar erachtet."[229]

Weiterhin fand Ende November 1947 ein von Koch und seinem Freund Adolf Vogt (SPD) initiiertes und vom Kultusministerium durchgeführtes schulpädagogisches Forum in Gelsenkirchen statt, auf dem die Denkschrift vorgestellt und kontrovers über die sechsjährige Grundschule debattiert wurde. Hier stimmte der Vertreter des Kultusministeriums, Ministerialrat Busley, - Koch war nicht anwesend - der Forderung von Schulrat Sprenger zu, daß die sechsjährige, differenzierte Grundschule "die zukünftige Form" sein müsse, jedoch wiederholte er die Kompromißformel, daß sie erst einiger Vorbereitungen bedürfe.[230] Obwohl auch die auf der Tagung gebildeten Arbeitskreise Mittelschule und Oberschule gegen die sechsjährige Grundschule votierten, sprachen sich die meisten Redner, wie der Arbeitskreis Volksschule, für das Ziel der Verlängerung der Grundschule aus und forderten vorbereitende Maßnahmen.[231]

Zudem beteiligte sich Koch für Nordrhein-Westfalen am 1.12.1947 an einer Geheimsitzung der führenden SPD-Landesvertreter der Kultusverwaltungen der britischen Zone, an denen auch sein Freund Grimme für Niedersachsen, Landahl für Hamburg und Kuklinski für Schleswig-Holstein teilnahmen. Dort war beschlossen worden, die britische Militärregierung aufzufordern, die Länder zu ersuchen, die sechsjährige Grundschule einzuführen. Die britische Militärregierung hatte sich daraufhin nach internen, kontroversen Diskussionen vorgenommen, nur Landesschulgesetzgebungen zu genehmigen, die die sechsjährige Grundschule vorsahen.[232]

Das Haupthindernis für eine verlängerte Grundschule war zunächst der Beginn des Lateinunterrichts der Höheren Schulen für Jungen in Klasse 5. Entsprechend ersuchte der sozial-

---

[229] vgl. Denkschrift NRW S.6; Eich S.70f; Heumann S.130ff, S.158 und S.163f. Die Denkschrift ist auch in Himmelstein S.301 - S.313 abgedruckt. Im folgenden vertraten die Referenten öffentlich weniger diesen Kompromiß als ihre unterschiedlichen Meinungen zur Grundschuldauer.
[230] Vogt, Adolf (Hrsg.): Schule des Volkes. Die Referate der pädagogischen Tagung in Gelsenkirchen mit der Denkschrift des Kultusministeriums Nordrhein-Westfalens über die Reform der Schulorganisation, Gelsenkirchen 1947, S.17, S.29; vgl. auch Eich S.140; Heumann S.154ff; Himmelstein S.85ff
[231] vgl. Vogt S.7ff, S.12ff, S.39ff, S.71ff
[232] vgl. Eich S.20f, Leski S.30 und (Abdruck des Gesprächsprotokolls) S.115f

demokratische Vertreter im Kulturausschuß, Paul Rhode, Anfang 1948 die neue Kultusministerin Teusch, eine Verfügung zu erlassen, der Forderung des Deutschen Städtetages folgend, ab Ostern 1948 Englisch statt Latein als erste Fremdsprache zuzulassen.

Obwohl Teusch keine entsprechenden Pläne hatte, startete die Gruppe um Schnippenkötter über ihre Verbündeten, den Philologenverband, die Direktoren-Vereinigung, die Kirchen und über persönliche Kontakte zu Konrad Adenauer umgehend eine Kampagne, um ihre rheinisch-westfälische Schulreform zu sichern.[233] Diese Bemühungen hatten zunächst Erfolg, da auch Teusch 1948 aufgrund ihrer wenig gefestigten Position Ausnahmeregelungen ablehnte, die den Beginn des Lateinunterrichts für Jungengymnasien auf die Klasse 7 verschoben.[234] Als Legitimation für die Aufschiebung der Entscheidung und damit der Beibehaltung der Grundschuldauer und der Sprachenfolge bewährte sich auch hier eine vom März 1948 bis Juli 1949 tagende Sachverständigenkommission namens "Landesschulkonferenz", der man nicht vorgreifen wollte und die keine Veränderungsimpulse zur Grundschuldauer und zur Sprachenfolge brachte.[235]

Da es jedoch wegen des für Jungen der Höheren Schulen ausschließlichen Beginns des Lateinunterrichts in Klasse 5 immer wieder zu Problemen mit Überwechslern aus anderen Ländern kam, konnte sich die Kultusministerin schließlich 1949 der Forderung nach Veränderungen in der Sprachenfolge nicht mehr verschließen. Ein **Erlaß**, der den **Beginn mit Englisch an einigen Jungengymnasien ausnahmsweise** zuließ, wurde vorbereitet und in den kulturpolitischen Ausschuß des Landtages eingebracht. Erneut mobilisierten Schnippenkötter und seine Bündnispartner alle Kräfte, um eine Ablehnung dieses Erlasses im Landtag zu erreichen.[236]

Zugleich stellte die SPD einen Antrag auf Einführung von **Englisch als 1. Fremdsprache** in allen Gymnasien, um eine spätere Lehrplanangleichung aller fünften Klassen zu erleichtern bzw. die sechsjährige Grundschule einzuführen. Da die reformorientierte Denkschrift des Kultusministeriums aus dem Jahre 1947 noch nicht widerrufen war, schien die von der SPD 1949 vorgeschlagene vorbereitende Maßnahme zur Veränderung der Sprachenfolge nur folgerichtig, um die Kultusministerin, die nie eine Einführung der sechsjährigen Grundschule betrieben hatte, an die früheren Empfehlungen ihres Hauses zu erinnern.[237]

Obwohl die britische Militärregierung auf direkte Interventionen verzichten wollte,[238] mußten die konservativen Gruppen insbesondere nach der Direktive 54 damit rechnen, daß die SPD nicht nur die Sprachenfolge, sondern auch die sechsjährige Grundschule in die öffentliche

---

[233] vgl. Eich S.67ff und S.140f; Heumann S.138ff, S.145ff
[234] vgl. Eich S.140ff und S.108: Teusch distanzierte sich am 27.2 1948 auch von Gerüchten, daß sie eine sechsjährige Grundschule befürworte. Zugleich versuchte sie anders als ihre Vorgänger, den Einfluß ihrer Referenten zu begrenzen.
[235] vgl. Halbritter S.116f; Hars S.233; Eich S.135ff
[236] vgl. Eich S.142ff
[237] vgl. Heumann S.187
[238] vgl. z.B. Heumann S.122

Diskussion einbringen und administrativ durch die Besatzungsmacht unterstützten lassen könnte. Diese Drohung brachte die CDU-Fraktion schließlich dazu, sich geschlossen hinter ihre Kultusministerin und den CDU-Vorsitzenden des kulturpolitischen Ausschusses, Josef Hofmann (CDU), zu stellen und Ausnahmeregelungen in der Sprachenfolge zuzulassen. Hofmanns Bericht über die Sitzung des Kulturausschusses an Schnippenkötter, Adenauer und den Prälaten Böhler faßt Eich zusammen:

> "Die Vertreter der SPD hätten den Antrag gestellt, sofort in allen neusprachlichen und mathematisch-naturwissenschaftlichen Gymnasien Englisch als Eingangssprache einzuführen. Bei diesen Verhältnissen sei ihm deutlich geworden, daß bei einer Ablehnung des Erlasses die SPD ihren Antrag im Landtag einbringen könnte. Es sei nicht vorauszusehen, welche Mehrheiten dort herauskommen könnten. Außerdem liege bereits ein Gesetzentwurf der SPD auf Einführung der sechsjährigen Grundschule vor. Diese zwei Fragen müßten unbedingt getrennt gehalten werden. Gegen die Einführung der sechsjährigen Grundschule müsse nun die ganze CDU-Fraktion mobilisiert werden. Deshalb habe er es für zweckmäßig gehalten, daß die Vertreter der CDU für den Erlaß des Kultusministeriums stimmten, weil ein Auseinanderfallen der Stimmen allen Deutungen Tür und Tor geöffnet hätte. Die SPD habe schließlich den Antrag zurückgezogen. Bei Stimmenthaltung der FDP sei der Erlaß angenommen worden, ferner die Entschließung, daß damit einer endgültigen Regelung der Sprachenfolge nicht vorgegriffen würde."[239]

d) Fehlende Realisierungen 1949 - 1952

Zwar wurden nun 1949 Ausnahmen bei der Sprachenfolge zugelassen, doch blieb die versprochene endgültige Regelung aus. Nur 6,5% der höheren Jungenschulen begannen bis zum April 1951 mit Englisch als Anfangssprache.[240]

Der Protest der Anhänger der rheinisch-westfälischen Schulreform war so stark gewesen, daß sich die Befürworter von gemeinsamem längeren Lernen mit den geringen Erfolgen in der Sprachenregelung zufriedengaben und im folgenden weder eine Angleichung der Lehrpläne in Klasse 5 und 6 noch eine sechsjährige Grundschule in Angriff nahmen.[241] Daher resümiert Hars:

> "Offenbar war der Schulreformzug in Nordrhein-Westfalen erst gar nicht in Fahrt gekommen. Die Frage der schulischen Neuordnung war unter der Ägide christlicher Kulturpolitiker - bei weitgehendem sozialdemokratischen Desinteresse und bei toleranter Haltung der britischen Militärbehörden - frühzeitig von der Strukturfrage auf eine ausschließlich 'innere Schulreform' abgelenkt worden."[242]

Daß unter "innerer Reform" von der nach den Landtagswahlen im Juni 1950 neugebildeten CDU-Zentrum-Regierung weiterhin vor allem die rheinisch-westfälische Schulreform und die Rekonfessionalisierung des Schulwesens verstanden wurde, zeigte sich schließlich mit dem

---

[239] Eich S.143
[240] vgl. Eich S.149
[241] Koch bedauert noch einmal in einem Brief an Grimme aus dem Jahre 1952, daß die "Kernfrage der Schulreform", die sechsjährige Grundschule in NRW nicht durchgesetzt werden konnte. Vgl. Himmelstein S.326
[242] Hars S.233; vgl. auch Halbritter S.116f

Schulgesetz von 1952, das die Bekenntnisschule zur Regel machte und keine Ansätze in Richtung sechsjähriger Grundschule ermöglichte.

Neben der Tatsache, daß in Nordrhein-Westfalen weder die Besatzungsmacht noch die SPD als druckvoller Akteur für die sechsjährige Grundschule auftraten und die an der sechsjährigen Grundschule interessierten Gruppen ihre Kräfte auf die Veränderung der Sprachenfolge konzentrierten, belegen die Erfahrungen aus diesem Land, daß die in der ersten Phase der Besatzungszeit getroffenen Entscheidungen nur schwer rückgängig gemacht werden konnten und eliteorientierte Gruppen die schulpolitischen Entscheidungen maßgeblich beeinflußten. Zudem ist erneut festzuhalten, daß, obwohl die beiden Probleme auf den ersten Blick kaum etwas miteinander zu tun zu haben scheinen, eine starke Betonung der Konfessionsschule die Verlängerung der Grundschuldauer in den Hintergrund drängte.

3.3.1.3. Württemberg-Hohenzollern

a) Grundbedingungen

1. Die französische Besatzungsmacht war zunächst nicht gewillt, deutschen Stellen schulpolitische Entscheidungen zu überlassen, und ergriff ab 1947 wenig effektiv und konsequent schulorganisatorische Initiativen.

2. Die zunächst vom humanistisch orientierten und gemäßigt reformbereiten SPD-Politiker Carlo Schmid geführte Kultusverwaltung war ab 1947 durch Albert Sauer fest in der Hand der CDU.

3. Die mit absoluter Mehrheit ausgestattete, kaum reformbereite CDU bemühte sich - nicht zuletzt um die eigene Spaltung zu verhindern - vor allem um die Konfessionsschulfrage.

4. Die katholische Kirche, die die Bevölkerungsmehrheit vertrat, arbeitete aus einer starken Position heraus aktiv auf die Rekonfessionalisierung des Schulwesens hin.

5. Die später zugelassenen Verbände engagierten sich bis auf konfessionelle Lehrervereine kaum schulpolitisch.

6. Die meist ländliche Bevölkerung interessierte sich fast ausschließlich für die Tradition des Bekenntnisschulwesens.[243]

b) Administrative Phase mit der Konzentration auf den Bekenntnisschulkonflikt

Nachdem im Juni 1945 die Kultusdirektion in Stuttgart unter Carlo **Schmid** (SPD) und Theodor **Bäuerle** (CDU) den Wiederaufbau des Schulwesens in Angriff genommen hatte, setzte die französische Militärverwaltung am 16.10.1945 Schmid mit "überragender Macht-

---

[243] vgl. Hars S.171

212

fülle" als Leiter sowohl der provisorischen Regierung als auch des Kultusressorts ein und bestellte das SPD-Vorstandsmitglied Dieter **Roser** zu seinem Stellvertreter.[244] Gemeinsam mit der Militärverwaltung zogen sie nur beide **Kirchen** zu den weitgehend unter Ausschluß der Öffentlichkeit stattfindenden schulpolitischen Diskussionen der ersten administrativen Phase hinzu. Aufgrund dieser konkurrenzlosen Stellung - Verbände und Parteien waren noch nicht zugelassen - gelang es den Kirchen, alle Aufmerksamkeit auf die **Konfessionsschulfragen** zu lenken und schulorganisatorische Probleme an den Rand zu drängen.[245] Wegen der Unkenntnis der Militärregierung vermochte es die katholische Kirche, unterstützt von massiven Bevölkerungsprotesten, gegen die Kultusverwaltung und die evangelische Kirche die Bekenntnisschule durchzusetzen.[246]

Diese Entwicklung führte dazu, daß die Schulpolitik in der **CDU** intensiv diskutiert wurde und ein hohes Gewicht bekam. Da die evangelische Seite befürchtete, von der katholischen in der Bekenntnisschulfrage majorisiert zu werden, wurde die CDU vor eine schwere Zerreißprobe gestellt. Daher kam 1947 in der Union der Einigkeit in der Frage der Reetablierung des dreigliedrigen Schulwesens und der Ablehnung der sechsjährigen Grundschule ein hohes Gewicht zu. Letzteres galt ähnlich für die liberale **DVP**.[247]

Die von Carlo Schmid geprägte **SPD** beschäftigte sich kaum mit Schulaufbaufragen. Zwar hatte Roser, allerdings bis 1947 vergeblich, versucht, diese Probleme in die öffentliche Diskussion zu bringen, aber die SPD Württemberg-Hohenzollerns hatte kein schulorganisatorisches Gesamtkonzept. Wie DVP und KPD meinten die Sozialdemokraten, mit der Verhinderung der Bekenntnisschule genug zu tun zu haben.[248] Im übrigen stand bei diesen Parteien die Schulpolitik in der Prioritätenliste hinter wirtschafts- und sozialpolitischen Themen. Zwar forderte die **KPD** im August 1946 die "unentgeltliche und demokratische Einheitsschule", hielt sich aber insgesamt aus wahltaktischen Gründen in Schulfragen sehr zurück, zumal sie aufgrund ihrer geringen Mandatzahl und isolierten Stellung wenig Einfluß gewinnen konnte.[249]

Ein weiterer potentieller Unterstützer von Schulreformen, der nicht-konfessionelle **Lehrerverein**, wurde erst 1949 gegründet und zugelassen und hatte in seiner Satzung politische Neutralität verankert, so daß er nicht in die Auseinandersetzungen eingriff. Im übrigen war er durch die konfessionellen Lehrervereine starker Konkurrenz ausgesetzt.[250]

---

[244] Wolfrum S.179; vgl. auch Winkeler (a) S.10ff; Hars S.170. Carlo Schmid war zunächst parteilos, bevor er ab 1946 Vorsitzender der SPD Südwürttembergs wurde. Theodor Bäuerle (CDU) war ab 1947 Kultusminister von Württemberg-Baden.
[245] vgl. Winkeler (a) S.43; Wolfrum S.68ff; Ruge-Schatz in Vaillant S.123ff
[246] vgl. Winkeler (a) S.43ff; Hars S.171 und S.178ff
[247] vgl. Winkeler (a) S.53ff und S.59; Hars S.178ff
[248] vgl. Winkeler (a) S.64ff; Hars S.181ff
[249] vgl. Winkeler (a) S.68f
[250] vgl. ebenda S.70ff; Hars S.183

c) Auseinandersetzungen um die Grundschuldauer eingeleitet durch die Direktive 54

Obwohl die französische Militärregierung schon im Juni 1945 die deutsche Kultusverwaltung mit der Erstellung eines Plans zur Neuordnung des Schulwesens beauftragte, hatte sie u.a. wegen fehlender eigener Vorplanungen zunächst die Wiedereinrichtung des dreigliedrigen Schulwesens akzeptiert und sich auf die Entnazifizierung, die Lehrerausbildung und die Hochschul- und Gymnasialreform konzentriert. So hatte sie bereits im Oktober 1946 angeordnet, daß alle Höheren Schulen - ob Jungen- oder Mädchenschulen - einheitlich mit Französisch als Anfangssprache beginnen müßten und erst ab Klasse 8 eine zweite Fremdsprache (Latein oder Englisch) gelehrt werden solle. Außerdem sollten aus den ersten drei Klassen der Höheren Schulen eine Art Förder- bzw. Orientierungsstufe gemacht und den Volksschulkindern damit ein leichterer Eintritt in das Gymnasium verschafft werden.[251] Zugleich deutete bereits der Langevin-Wallon-Plan auf die Sympathie der französischen Regierung für die sechsjährige Grundschule hin. So konnten die Vorstöße der Amerikaner, die am 25. Juni 1947 zur **Direktive 54** führten, "auf französischer Seite nur mehr offene Türen einrennen."[252]

Schon zwei Tage nach dem Erscheinen der Direktive forderte die Militärregierung das nunmehr CDU-geführte Kultusministerium unter Albert Sauer auf, einen entsprechenden Reformplan auszuarbeiten.[253] Die Verwirklichung der französischen Zentralforderung, in Zukunft "nur mehr Schüler zu den höheren Schulanstalten" zuzulassen, "die der Volksschulpflicht vollständig genügt haben", hätte de facto die **achtjährige Grundschule** bedeutet.[254] Diese Weisung kam jedoch zu einem solch späten Zeitpunkt ohne Absprache mit deutschen Schulreformern so **unvermittelt**, daß sie bei allen deutschen Stellen als Radikalkur und Diktat der Besatzungsmacht empfunden und **abgelehnt** wurde.[255]

Im Gegensatz zu manchen anderen Landesverbänden arrangierte sich die SPD Württemberg-Hohenzollerns schulpolitisch mit der CDU, um Einfluß in Wirtschaftsfragen und eine Regierungsbeteiligung zu erreichen. Ohne hinreichende Diskussion versagte die SPD der achtjährigen Grundschule mit dem Hinweis auf drohende Leistungsniveausenkungen und den zwangsfreien Einführungscharakter die Zustimmung. Weil die "Verstümmelung der Humanistischen

---

251 vgl. Ruge-Schatz in Vaillant S.123f und S.129; Ruge-Schatz (a) S.82f; Ruge-Schatz (b) S.100; Schola, Offenburg 1947, S.17: Diese Maßnahme wurde zwar in diesem Zeitungsartikel unterstützt, jedoch von den meisten anderen deutschen Akteuren, insbesondere den Philologen und von der katholischen Kirche, deren Bischof Stohr meinte, daß "die beste Schulreform die Ruhe wäre", heftig bekämpft. Vgl. auch die Anmerkung der Redaktion der Zeitschrift Schola (1948, S.40) zu Grimmes These, daß sich die Lehrplanangleichungen in Klasse 5 und 6 und der Beginn des Lateinunterrichts der Höheren Schule ab Klasse 7 bundesweit durchsetzen: "Wir brauchen unsere Leser wohl kaum darauf hinzuweisen, wie weit die diesbezüglichen Reformen in der französischen Zone im Einklang stehen mit diesen Vorschlägen, ja sie sogar in mustergültiger Weise vorweggenommen haben."
252 Hars S.173, vgl. auch S.176 und S.184
253 Die Landtagswahl vom 18.5.1947 hatte (nach Storbeck S.85ff) in Württemberg-Hohenzollern folgendes Ergebnis: CDU 54,2%; SPD 20,8%; FDP/DVP 17,7%. Die Regierung wurde aus diesen drei Parteien mit einer Dominanz der CDU gebildet.
254 vgl. Winkeler (a) S.102 und (b): Das Scheitern einer Schulreform in der Besatzungszeit, in: Heinemann S.211 - S.228; Hars S.185; Ruge-Schatz (a) S.87f
255 vgl. Ruge-Schatz (a) S.88f

Gymnasien" die Ausbildung ihres Theologennachwuchses gefährde, protestierten auch sogleich die beiden Kirchen - in Absprache mit dem Kultusministerium - gegen die Verlängerung der Grundschulzeit.[256]

In zunehmendem Maße dienten Meinungsumfragen der Legitimation eigener Positionen. So wurde die Beibehaltung der vierjährigen Grundschule vom Kultusministerium vor dem Landtag mit dem Ergebnis einer Abstimmung unter Lehrkräften begründet.[257] Durch die Legitimation als demokratisch gewählte Institution gestärkt und mit nunmehr erweiterten Entscheidungskompetenzen ausgestattet, forderte das Ministerium nach dem bayerischen Vorbild des "hinhaltenden Widerstands" am 22.8.1947 die Militärregierung auf, von einer Anwendung der Weisungen bis zur endgültigen Durchführung der Schulreform abzusehen.[258] Als diese abgelehnt hatte, sagte das Kultusministerium zu, die Frage der Grundschuldauer zu prüfen und einen Schulreformplan vorzulegen. Ohne je ernsthaft diesen Plan verwirklichen zu wollen, sandte es am 23.10.1947 den ersten Teil der Militärbehörde zu. Er sah eine jeweils **vierjährige Grundschule,** Mittelstufe und Oberstufe vor. Die Mittelstufe gliederte sich in einen Normalzug mit fakultativem Französischunterricht und einen Gymnasialzug, der ab der 7. Klasse in einen Englisch-, Latein-, und Realschulzug geteilt wurde. Ein gemeinsamer sechsjähriger Grundschulbesuch war also nur für die Mittel- und Oberschüler vorgesehen.[259]

Anfang 1948 hatte nun die französische Militäradministration zu entscheiden, ob sie trotz der schwerwiegenden Abweichungen von ihren Anweisungen diesen Plan genehmigen oder eine Neuvorlage verlangen sollte, denn eine Einführung der sechsjährigen Grundschule auf Befehl der Militärverwaltung kam aufgrund der Verfügung 95 nicht in Frage. Das Dilemma, in dem die französische Militärverwaltung steckte, macht der Bericht des Leiters der Abteilung öffentliche Bildung, Raymond Schmittlein, vom Januar 1948 sehr deutlich:

> "Wir müssen eingestehen, daß unsere Autorität allenfalls noch moralischer Natur ist. Die Deutschen verstehen von Tag zu Tag besser, daß es ... ungefährlich ist, jede offizielle Anfrage, die mit dem Erziehungswesen zu tun hat, für null und nichtig zu erklären. Das einzige juristische Argument, das uns noch zu Gebote steht, ist negativer Natur, denn die Verfügung 95, die den deutschen Länderregierungen die Macht überträgt, erläutert im Paragraph 4, daß alle Pläne, die ... das Erziehungswesen tangieren, dem französischen Oberbefehlshaber vorgelegt werden müssen, bevor sie im Landtag zur Sprache kommen. Das bedeutet auf gut französisch, daß im Endeffekt eine deutsche Regierung, die Lust verspürt, an der Demokratisierung mitzuwirken, zunächst um die Erlaubnis nachsuchen müßte. Wenn sie aber - wie alle hier - der Meinung ist, daß es nichts Besseres als die gute deut-

---

[256] vgl. Hars S.185 und S.188f; Winkeler (a) S.102f und Anm.73

[257] vgl. Kuhlmann (a) S.103

[258] vgl. Winkeler (a) S.103; Ruge-Schatz (a) S.86

[259] vgl. Winkeler (a) S.104 und Anm. 81; Hars S.186; Reimers, Hans in: Schulbehörde der Hansestadt Hamburg (Hrsg.): Die Neuordnung des Hamburger Schulwesens. Entwurf und Erläuterungen zu einem Gesetz über das Schulwesen der Hansestadt Hamburg, Hamburg 1949, S.111 - S.115

sche Schulauffassung gibt, befindet sie sich in der glücklichen Lage, um nichts nachsuchen zu müssen, alles steht zum besten in der besten aller Welten."[260]

Angesichts dieser Situation wie des geschlossenen **Widerstands aller deutschen Gruppen** und aufgrund der geringen Zugeständnisse in der Schulgeldfrage **genehmigte** die französische Militärverwaltung schließlich im Juli 1948 den Plan des Kultusministeriums. Außerdem erließ sie die Anordnung, den Plan umgehend dem Kabinett zuzuleiten und anschließend dem Landtag zur Verabschiedung vorzulegen.

Zu einer Landtagsberatung kam es jedoch nicht. Sie wurde mit dem Argument verzögert, die zum gleichen Zeitpunkt stattfindenden Bemühungen zur Vereinigung der drei südwestdeutschen Länder würden durch vollendete Tatsachen im Schulwesen erschwert.[261] Ohne ihre Weisungen zurückzuziehen, duldete die Militärregierung stillschweigend, daß sie im folgenden Zeitraum **nicht durchgeführt** wurden und Kultusminister Sauer eine Umsetzung des Reformplans nicht ernsthaft betrieb. Als der Kultusminister den Schulplan schließlich erst im Frühjahr 1950 der Öffentlichkeit vorstellte, stieß er u.a. wegen seiner Substanzlosigkeit auf allgemeines Desinteresse.[262]

Wie in Bayern, so konnte sich also auch in Württemberg-Hohenzollern die Besatzungsmacht mit ihren späten Initiativen zur Verlängerung der Grundschulzeit nicht gegen ein reformunwilliges Kultusministerium durchsetzen, das hier sogar von fast allen deutschen Akteuren unterstützt wurde. Dafür scheinen verantwortlich:

- eine unzureichende Zusammenarbeit zwischen französischer Militärregierung und deutschen Schulreformern,[263]
- geringe Vorarbeiten sowie ungeschickte und unvermittelte Vorstöße der französischen Behörden,
- eine durch die dominante Auseinandersetzung um die Konfessionsschule erzeugte Ideologisierung der Schulfrage, verbunden mit einem allgemeinen Desinteresse an Schulaufbaufragen,
- eine zu späte Zulassung des nichtkonfessionellen Lehrervereins und dessen politische Neutralität,

---

[260] Schmittlein in Vaillant S.183f. Der Bericht endet mit der Aufforderung an die französische Regierung, die Gestaltung des deutschen Erziehungswesens wieder den französischen Behörden vorzubehalten.

[261] vgl. Winkeler (a) S.104

[262] vgl. Hars S.187

[263] Das tiefe Zerwürfnis in der Schulpolitik zwischen der Militärbehörde (insbesondere in der Person von Schmittlein) und allen deutschen Parteien und ihren Vertretern im Kabinett und im Landtag macht besonders Schmittleins Bericht in Vaillant (S.180f) deutlich, der das geringe intellektuelle Niveau und den nationalsozialistischen Hintergrund der Abgeordneten beklagt und zu dem Schluß kommt: "Die Länderregierungen von Koblenz, Freiburg und Tübingen haben die Schulreform ... sabotiert". Vgl. dazu auch Ruge-Schatz ((b) S.105 und (a) S.81 und S.86), die erwähnt, daß sich die französische Militärregierung sogar der Hilfe des Geheimdienstes bediente, um die Absichten der deutschen Stellen auszuspionieren.

- eine SPD, die ohne schulorganisatorisches Konzept Schulthemen zugunsten von Wirtschaftsfragen und Regierungsbeteiligung zurückstellte.[264]

3.3.1.4. Baden

a) Grundbedingungen

1. Die französische Militärregierung setzte sich, nachdem sie Antibesatzer-Ressentiments hervorgerufen hatte, auch hier mit ihrer Forderung nach verlängerter Grundschulzeit nicht durch.

2. In Baden stellte die CDU mit Leo Wohleb den Kultusminister, der - wie die meist konservative Schulverwaltung - Gegner der sechsjährigen Grundschule war.[265]

3. Nachdem besonders die badischen Sozialdemokraten mit einer sozialistischen Ausrichtung in der Anfangsphase der Besatzung einen von der Zentrale abweichenden Weg gegangen waren, gewann die reformfeindliche CDU in Baden schnell die absolute Mehrheit.

4. Auch hier trat die katholische Kirche mit der Bekenntnisschulforderung in den Vordergrund.

5. Für Baden sind keine Verbandsaktivitäten für die Verlängerung der Grundschule zu registrieren.[266]

6. Die Forderung nach einer verlängerten Grundschuldauer fand in der meist ländlichen Bevölkerung dieser in bezug auf Schulreformen traditionell konservativen Region keinen Widerhall.

b) Erste Phase (1945 - 1947): frühe Dominanz konservativer Kräfte gegenüber sozialistisch ausgerichteter SPD

Parteipolitisch ist das Land Baden zunächst als Sonderfall zu betrachten, da nicht nur die CDU bis zum Dezember 1947 als "Badische Christlich-Soziale Volkspartei (BCSV)" kandidierte, sondern auch die SPD mit ihrer Öffnung zur KPD und dem Namen "Sozialistische Partei Land Baden (SP)" bis zum November 1946 eine von der Parteizentrale in Hannover nicht gebilligte Strategie beschritt.[267] Die Namensgebung und die sozialistische Ausrichtung der badischen Sozialdemokraten hatte zur Folge, daß in diesem ehemals ohnehin vom Zentrum dominierten Land in den ersten Kreiswahlen 1946 die bürgerlich-konservativen

---

[264] vgl. auch Winkeler (b) S.211 - S.228 und (c): Die Diskussion um die Orientierungsstufe in den Schulformansätzen seit 1945. In: Die Schulwarte H.8/9 1974, S.41 - S.63 und in: Ziegenspeck, Jörg (Hrsg.): Bestandsaufnahme Orientierungsstufe, Braunschweig 1975, S.18 - S.55
[265] vgl. Schola 1948, S.232
[266] Wegen der dürftigen Quellenlage ist diese These unter Vorbehalt zu betrachten.
[267] vgl. Wolfrum S.83ff

Parteien BCSV (60,4%) und DP (14,3%) gegenüber der SP (17,6%) und der KPD (7,7%) einen verstärkten Zulauf hatten und entsprechend in den Allparteienregierungen die BCSV die stärkste Position innehatte, so daß sie im Dezember 1946 mit Leo Wohleb auch den Nachfolger des parteilosen Kultusministers Ott stellte. Zwar waren nach einer Kurskorrektur der Sozialdemokraten und einer Rückkehr zum Namen "SPD" bei der Landtagswahl im Mai 1947 leichte Stimmengewinne der SPD zu verzeichnen, doch bestätigten die Wahlen letztlich die Vorherrschaft der BCSV (55,9%) gegenüber der SPD (22,4%), der KPD (7,4%) und der (Freien) Demokratischen Partei (14,3%), so daß sie ab Januar 1948 allein regierte.[268]

c) Zweite Phase (1948 - 1951): Denkschriften ohne Reformimpulse für die sechsjährige Grundschule

Nachdem es wie in Württemberg-Hohenzollern auch in Baden zu heftigen Protesten gegen die Anordnungen der Militärregierung bezüglich der Gymnasialreform gekommen war, stellte das Kultusministerium nach den Forderungen der französischen Besatzungsmacht zur Verlängerung der Grundschulzeit 1948 einen Schulreformentwurf der Öffentlichkeit vor, bei dem zwar Möglichkeiten des späteren Übergangs geschaffen werden sollten, jedoch eine Verlängerung der Grundschuldauer nicht vorgesehen war.

Auch wenn sich das badische Kultusministerium in der Erarbeitung von Denkschriften durchaus als rührig erwies, wurde die **Einführung der sechsjährigen Grundschule** auch in den folgenden Jahren von ihm **nie ernsthaft betrieben**.[269]

So kritisierte H.Espe in der Zeitschrift Schola 1949, daß die Denkschrift des badischen Kultusministeriums mit Ausnahme der Einrichtung von Fachoberschulen keine positiven Ansätze bringe und alles beim alten lasse. Zwar würde für "höhere Schüler" eine Orientierungsphase gefordert, aber für Volks- bzw. Grundschüler abgelehnt. Nötig sei nach Ansicht des Autors vielmehr eine Art Orientierungsstufe für alle Schüler und Schülerinnen der Klassen 5 und 6.[270]

Solche Stimmen blieben jedoch selten, so daß man für Baden feststellen kann, daß mit Ausnahme der französischen Besatzungsmacht keine Gruppe die Einführung einer sechsjährigen Grundschule entschieden vorantrieb.

---

[268] vgl. Wolfrum S.151ff und S.155, Anm.14; Storbeck S.447 und S.81ff;

[269] vgl. Denkschrift Baden; Kuhlmann (a) S.174; Ruge-Schatz (a) S.88; Stenographische Berichte über die Sitzungen der Bürgerschaft zu Hamburg, Hamburg 1949, 11. Sitzung (27.5.1949), S.362. Reimers (in: Neuordnung des Hamburger Schulwesens S.111 - S.115) betont, daß nur in Baden die Frage der sechsjährigen Grundschule nicht geprüft worden sei.

[270] vgl. H. Espe: Die soziale Gestaltung der Schule, in: Schola, Offenburg 1949, S.834 - S.838

3.3.1.5. Rheinland - Pfalz

a) Grundbedingungen

1. und 4. - 6.: vgl. Baden

2. Die CDU stellte mit Ernst-Albert Lotz (ab Dezember 1946) und Adolf Süsterhenn (ab Juni 1947) die Kultusminister, die statt organisatorischer Reformen die Einführung der Bekenntnisschule zu ihrem zentralen Anliegen machten.

3. In den Allparteienregierungen und im Parlament von Rheinland-Pfalz hatte die CDU die vorherrschende Position und stellte die mit Abstand stärkste Fraktion.

b) Kooperationsbekundungen ohne Konsequenzen (1946/47)

Auch in Rheinland-Pfalz konzentrierten sich die schulpolitischen Auseinandersetzungen auf die von der CDU und der katholischen Kirche eingebrachte Frage der Bekenntnisschule. Zwar sprach sich die SPD gegen konfessionell getrennte Schulen aus, doch befaßte sie sich im wesentlichen mit der Wirtschafts- und Sozialpolitik und stellte im Gegensatz zur KPD keine Einheitsschulforderungen.[271]

Wie in den anderen Ländern unterließ es die französische Administration, den reformorientierten Lehrerverein bis 1947 wiederzuzulassen, so daß eine mögliche Unterstützung von Maßnahmen zur Verlängerung der Grundschule von dieser Seite ausblieb.[272]

Stattdessen kam es auch hier zu Protesten des konservativen Blocks, als die französischen Militärbehörden die Aufrechterhaltung der Gemeinschaftsschulen, die Reform des Abiturs und die Einführung von Französisch als generelle Anfangssprache für Gymnasien anordneten.[273] Doch versuchten die Akteure in Rheinland-Pfalz zunächst, einen Konfrontationskurs zu vermeiden. Dem Vertreter der französischen Militäradministration, der am 4.9.1947 seine Kompromißbereitschaft vor dem kulturpolitischen Ausschuß des Koblenzer Landtags bekundete, entgegnete die Staatssekretärin im Kultusministerium, Mathilde Gantenberg, daß man bereit sei, die "Standesschule" abzuschaffen und das Volksschulzeugnis zum entscheidenden Übergangskriterium zu machen, man wolle dafür aber nicht die Unterstufe der Gymnasien opfern. Daraufhin versprach der französische Kulturoffizier, sich für die Verschiebung des Erlasses einzusetzen, und der Landtag beschloß auf Antrag der CDU, die Regierung zu ersuchen, "eine Schulreform im Sinne einer durchgreifenden Demokratisierung zu unterbreiten."[274]

---

[271] vgl. Ruge-Schatz (a) S.102ff und S.66 sowie (b) S.97; Storbeck S.271ff zum Landtagswahlergebnis im Sommer 1947: CDU 47,2%, SPD 34,3%, FDP 9,8%, KPD 8,7%. Ab April regierte die CDU gemeinsam mit der SPD.

[272] vgl. Ruge-Schatz (a) S.100

[273] vgl. Pädagogische Welt H.1 1949, S.60; Schmittlein in Vaillant S.181

[274] vgl. Ruge-Schatz (a) S.88f

c) Parteipolitisch geschlossene Konfrontation gegenüber der Besatzungsmacht zur Abwehr der sechsjährigen Grundschule (1948 - 1950)

Als aber in der Folgezeit, nachdem das Kultusministerium immer noch keine Aktivitäten für eine Schulreform gezeigt hatte,[275] von der Besatzungsmacht die Anweisung erfolgte, für das Schuljahr 1948 die Grundschule auf sechs Jahre zu verlängern, formierte sich ein breiter Widerstand, der keine Kompromißbereitschaft mehr erkennen ließ. Dazu schreibt der SPD-Vertreter Josef Rudolf im selben Jahr:

"Unterdessen ist in Rheinland-Pfalz diese Bestimmung zunächst wieder geändert worden, und es blieb alles beim alten. Der Landtag hat sich einstimmig gegen die Neuordnung entschieden und die aufgehobenen Sexten wieder unter neuem Namen (Selekta) eingeführt."[276]

Nach dieser geschlossenen Ablehnung wurden Entwürfe zur Schulreform in Rheinland-Pfalz durch den Landtag nicht mehr öffentlich diskutiert. Stattdessen rechtfertigte der kulturpolitische Ausschuß entsprechende Untätigkeiten im Juli 1949 damit, daß "die Schulreform von unten her" zu kommen habe und "nicht von oben, von der Bürokratie".[277] Für eine "Reform von unten" waren aber keine Ansätze zu erkennen, und schließlich erließ das Kultusministerium Ende Februar 1950 die Bestimmung, daß die nunmehr drei Typen des Gymnasiums (alt-, neusprachlich und naturwissenschaftlich) eine neunjährige Dauer haben sollten und es bei der vierjährigen Grundschule bleibe.[278]

Auch wenn die bewußte Gegnerschaft der deutschen Parteien gegenüber der französischen Militärregierung den einstimmigen Beschluß des Landtags gegen die sechsjährige Grundschule erklären mag, so verdeutlicht er doch, welche politischen Spannbreiten zwischen den verschiedenen Landesverbänden der Parteien zu diesem Zeitpunkt noch bestanden und wie stark das schulpolitische Desinteresse bzw. wie konservativ die bildungspolitische Haltung einiger SPD-Landesverbände war. Zugleich wird erneut bestätigt, daß die ungeschickt und mit intern widerstreitenden Grundhaltungen operierende Besatzungsmacht gegen den geschlossenen Widerstand der deutschen Parteien und Verwaltungen die Einführung der sechsjährigen Grundschule nicht durchsetzen konnte bzw. wollte und entsprechende Anordnungen schließlich zurücknahm.

---

[275] vgl. Ruge-Schatz (a) S.89
[276] Rudolf in Schola (1948) S.130; Kuhlmann (a) S.174
[277] vgl. Stenographische Protokolle des Landtages von Rheinland Pfalz, I. Wahlperiode, 9.Sitzung, 29.8.1947, S.84f und Protokoll der Sitzung des kulturpolitischen Ausschusses vom 11.7.1949: Ruge-Schatz S.89
[278] vgl. Ruge-Schatz S.90

3.3.1.6. Saarland

a) Grundbedingungen

1. Die französische Besatzungsmacht ordnete bald schulpolitische Vorstellungen den eigenen machtpolitischen Interessen und Annektionsplänen unter.[279]

2. Der Chef der Erziehungsabteilung des Regierungsbezirkes Saarland, Straus (CVP), verfolgte eine an den Grundsätzen der katholischen Kirche orientierte Schulpolitik.

3. Die konservative CVP konnte die absolute Mehrheit erringen und damit Schulorganisationsveränderungen verhindern.

4. Auch hier beherrschte die katholische Kirche mit ihrer Bekenntnisschulforderung die schulpolitische Diskussion.

5. Es traten keine Verbände für die Verlängerung der Grundschule auf; der dominierende "Verband katholischer Erzieher des Saarlandes" widmete seine Aufmerksamkeit im wesentlichen der Konfessionsschule.

6. Die Bevölkerung war eher an der Beibehaltung konservativer Schultraditionen interessiert als an Schulreformen.

b) Französisches Besatzungsoktroi in der Anfangsphase 1945/46

In der ersten Zeit der Besatzung versuchte die französische Militärverwaltung unter Schmittlein, zunächst das französische Bildungssystem und die französische Kultur auf das Saarland zu übertragen, zumal eine Integration des Saarlandes in den französischen Staat im Raum stand. Nach Meinung von Schmittlein waren "engagierte Eingriffe" nötig, um die deutsche Standesschule in eine Leistungsschule zu verwandeln. Zu solchen Eingriffen sollten eine Universitätsreform, eine Entnazifizierung des Lehrkörpers, eine Veränderung in der Einstellung der Lehrkräfte vom autoritären zum partnerschaftlichen Leitbild, neue Lehrbücher und Lehrpläne, ein Zentralabitur, das 20-Punkte-System, eine veränderte Sprachenfolge mit Bevorzugung des Französischen, ein neuntes Volksschuljahr und eine Umwandlung des konfessionellen in ein weltliches Schulsystem gehören. Zwar war auch an eine Grundschulzeitverlängerung gedacht, doch hatte dieser Aspekt keine hervorragende Stellung innerhalb des französischen Umwandlungskonzeptes.[280]

Auf deutscher Seite waren kaum Impulse in Richtung auf eine Verlängerung der Grundschuldauer zu registrieren. Zwar schlug Hugo Burghardt in einem Artikel der Neuen Saarbrücker Zeitung zum Jahreswechsel 1946/47 vor, "Einheitsschulen" und "laizistische" (weltliche) Schulen zu schaffen, nach Küppers hatten solche Anstöße "aber schon im Frühjahr 1946 im Saarland keine Chance mehr, realisiert zu werden."[281]

---

[279] zu diesem Kapitel vgl. Küppers, Heinrich: Bildungspolitik im Saarland 1945 - 1955, Habilitationsschrift 1983.
[280] vgl. ebenda S.49ff
[281] ebenda S.99

Für das frühe Scheitern der bildungspolitischen Besatzungspolitik im Saarland können mehrere Gründe angeführt werden: Die Erziehungsoffiziere zeigten sich wenig vorbereitet, uneinig und stießen mit ihrem autoritären Verhalten und ihrer fehlenden Kooperationsbereitschaft schnell auf Ressentiments deutscher Stellen. Zudem waren die Widersprüche in ihrem Schulkonzept - auf der einen Seite sich mit der verlängerten Grundschuldauer sozial zu geben, auf der anderen Seite aber elitäre Leistungsschulen zu bevorzugen - wenig überzeugend.[282]

So setzte sich auch der 1946 von der Militärverwaltung als Chef der Erziehungsabteilung des Regierungsbezirkes Saarland eingesetzte Emigrant und später führende CVP-Politiker Straus vor allem für das Gymnasium ein. Laut Küppers war für ihn die "eigentliche Neuformung eines geistigen Lebens an der Saar und das Wiedererstehen einer demokratisch-liberalen Weltanschauung" in erster Linie eine Aufgabe des Gymnasiums, "da die abgehenden Abiturienten in gewissem Sinne in die führenden Stellen des Landes einrücken werden." Entsprechend zeigt für Küppers "der Vorrang des gymnasialen Bereichs in der Umerziehungsfrage ... schon an, daß im Saarland im Gegensatz zum übrigen Deutschland der Neuaufbau des öffentlichen Bildungswesens kaum mit schulreformerischen Gedanken in Verbindung gebracht worden ist."[283]

Schließlich verlor sich auch bald das Interesse der französischen Regierung an einer forcierten Schulpolitik im Saarland, so daß derselbe Autor resümiert:

> "Frankreich sah in der zustimmenden Haltung der einheimischen Bevölkerung zudem eine erste Voraussetzung für eine in seinem Sinne erfolgreiche Saarpolitik. Auseinandersetzungen um die Schule, wie sie Baden-Baden [Hauptquartier, d.V.] aus einer antikirchlichen Haltung heraus in den Jahren von 1945 bis 1947 provozierte, hätten aber mit Sicherheit bald zu einer blockierten Verfremdung geführt. Andererseits zeigt die Zurückhaltung der französischen Militärregierung in Saarbrücken in gesellschaftspolitischen Fragen an, daß Paris in der unmittelbaren Nachkriegszeit zwar Annexionspläne im politischen Sinne erwogen hat, daß es aber nicht in der Lage und Willens war, energisch und planvoll eine solche Intention in die Tat umzusetzen. Tatsächlich konzentrierte sich seine Politik von Anfang an primär auf die Kontrolle der Saarwirtschaft im Rahmen einer halbautonomen Eigenstaatlichkeit."[284]

c) Wandel der französischen Besatzungspolitik und Machtübernahme der deutschen Parteien ab 1947/48

Nicht zuletzt, um die eigenen Annexions- bzw. Autonomiepläne nicht zu gefährden, erwirkte die französische Regierung ab 1947 eine Aufgabe der bildungspolitischen Pläne der Erziehungsoffiziere im Saarland. Schon im Frühjahr desselben Jahres verständigte sich der Oberkommandierende des Saarlandes, General Koenig, mit Außenminister Bidault, daß die eigene Militäradministration in Schulfragen zurückhaltender sein und vor allem Konflikte um das

---

[282] vgl. ebenda S.54ff
[283] ebenda S.98
[284] ebenda S.74

Konfessionsschulwesen vermeiden sollte. Im Herbst 1948 bestätigte der neue Außenminister Schuman diese Haltung und empfahl, daß "Schulangelegenheiten künftig nur noch Sache der Deutschen" sein sollten. Schließlich verlor die französische Militärregierung 1949 mit dem Inkrafttreten des neuen Besatzungsstatuts die Verfügungsgewalt über die deutsche Schule.[285] Allein den obligatorischen Französischunterricht an den Volksschulen versuchten die Erziehungsoffiziere im Einvernehmen mit Straus gegenüber den deutschen Volksschullehrern zu verteidigen. Diese, überwiegend im "Verband katholischer Erzieher des Saarlandes" vertreten, waren weniger an solchen Maßnahmen interessiert, die die sechsjährige Grundschule vorbereiten sollte, als an einer Bewahrung der herkömmlichen Gestalt der Volksschule.[286] Dazu gehörte auch die konfessionelle Ausrichtung der Schule. So gingen 1950 83% aller Schülerinnen und Schüler des Saarlandes auf eine Bekenntnisschule, und 54% der Bevölkerung sprachen sich für konfessionelle Volksschulen aus.[287]

An der Bewahrung des konfessionellen und dreigliedrigen Schulwesens war auch die ab 1947 mit absoluter Mehrheit regierende "Christliche Volkspartei (CVP)" beteiligt.[288] Dagegen trat die "Sozialdemokratische Partei des Saarlandes (SPS)" gegen die Bekenntnisschule auf, konnte sich aber nicht durchsetzen. Initiativen für eine Verlängerung der Grundschuldauer ergriff die SPS genausowenig wie der mit der "Evangelischen Erziehergemeinschaft" liierte "Verband saarländischer Lehrer".[289]

Anfang der 50er Jahre konzentrierten sich dann die Auseinandersetzungen sowohl auf dem allgemein- als auch auf dem schulpolitischen Feld um die Orientierung an Frankreich oder Deutschland. Dabei wandten sich die Lehrkräfte des Saarlandes gegen eine zu Frankreich-freundliche Politik von Straus und bewirkten dessen Entlassung. Schließlich wurden diese Auseinandersetzungen durch die Volksabstimmung vom 23.10.1955 entschieden, die zu einer Intergration des Saarlandes in die Bundesrepublik Deutschland führte.

Insgesamt ist für das besetzte Saarland das Fazit zu ziehen, daß eine Verlängerung der Grundschuldauer zu keinem Zeitpunkt ernsthaft zur Debatte stand. Weder hatte eine solche Maßnahme Priorität bei der ohnehin ungeschickt operierenden französischen Besatzungsmacht noch wurde sie von relevanten deutschen Organisationen oder Einzelpersonen favorisiert. Im übrigen bestätigt die Entwicklung im Saarland, daß in Ländern, in denen deutsche Gruppen und Institutionen kein Interesse an einer Verlängerung der Grundschule zeigten, selbst mit voller Machtfülle ausgestattete Besatzungsmächte ihre schulpolitischen Vorstellungen nicht durchsetzen konnten, im Gegenteil sogar schulreformerisch umso kontraproduktiver wirkten, je massiver und autoritärer sie auftraten.

---

[285] vgl. ebenda S.56 und S.58f
[286] vgl. ebenda S.107, S.155 und S.239
[287] vgl. ebenda S.51 und S.154
[288] Landtagswahlergebnisse vgl. Küppers S.153 und S.232: 1947: CVP 51,2%, SPS 32,8%, DPS (Liberale) 7,6%, KP 8,4%; 1951: CVP 54,7%, SPS 32,4%, DVP (Liberale) 3,4%, KP 9,5%
[289] vgl. ebenda S.147ff, S.152 und S.155

3.3.2. Länder mit Teilansätzen zum verlängerten gemeinsamen Lernen

3.3.2.1. Niedersachsen

a) Grundbedingungen

1. Die britische Besatzungsmacht griff kaum in schulpolitische Auseinandersetzungen ein.

2. Der Kultusminister von 1946-1948, Adolf Grimme (SPD), vertrat einen religiös geprägten, vorsichtigen Reformkurs, den sein Nachfolger Richard Voigt (SPD) fortsetzte.

3. Innerhalb der Allparteienregierungen besaß stets eine SPD die Vormachtstellung, die der Schulpolitik ihrer Kultusminister zustimmte, jedoch meist schulpolitisch abstinent blieb.[290]

4. Die evangelische Kirche, der 77,3% der niedersächsischen Christen angehörten,[291] hielt sich in den schulpolitischen Kontroversen um die Grundschuldauer zurück, setzte aber wie die katholische Kirche das Kultusministerium in der Frage der Bekenntnisschule unter Druck.

5. Während der Philologenverband auch vorsichtige Bemühungen in Richtung sechsjähriger Grundschule verhindern wollte, erarbeitete die Lehrergewerkschaft mit dem Konzept des "differenzierten Mittelbaus" eine Alternative zur verlängerten Grundschuldauer, die aber zunächst auf Versuche beschränkt bleiben sollte.

6. Obwohl sich in Braunschweig und Hannover traditionell Zentren von Schulreformern befanden, erwies sich die meist ländliche niedersächsische Bevölkerung zu Dreivierteln als Gegner der sechsjährigen Grundschule.[292]

b) Lehrplanangleichungen im Rahmen des vorsichtigen Hannover-Plans und Proteste des konservativen Blocks (1945 - 1947)

Ohne daß die britische Besatzungsmacht eingegriffen hätte, war in dem erst am 1.11.1946 konstituierten Bundesland Niedersachsen das dreigliedrige Schulwesen ebenso reetabliert worden wie z.T. das Bekenntnisschulwesen.[293] Auch hier gelangte mit dem früheren preußischen Kultusminister (1930-1932), Adolf **Grimme,** eine starke und einflußreiche Persönlichkeit an die Spitze der Kultusverwaltung. Grimme war 1923 Mitglied des Bundes entschiedener Schulreformer gewesen. Dort hatte er ebenso wie nun in der Bundes-SPD eine Sonderstellung als religiöser Sozialist eingenommen. Durch eine gezielte Personalpolitik, in der

[290] vgl. Hars S.239; Storbeck S.232: Landtagswahlergebnis im April 1947: SPD 43,3%, CDU 19,9%, DP 17,9%, FDP 8,8%, KPD 5,6%, sonstige (Zentrum) 4,4%
[291] vgl. Hars S.241: Anteil der Katholiken: 18,8%
[292] vgl. Pakschies S.258 und Tabelle Abschnitt 3.1.
[293] vgl. Halbritter S.66; Hars S.239

Schulreformer wie Günther Rönnebeck, Otto Haase, Katharina Petersen und Hans Alfken ins Kultusministerium geholt wurden, die seine bildungspolitischen Auffassungen teilten, konnte er innerhalb der reformfreudigen Kräfte Niedersachsens eine unangefochtene Position erreichen.[294]

Mit seinem "evolutionären Weg" wollte Grimme eine **Vermittlerposition** zwischen der auf das dreigliedrige Schulwesen setzenden Schulpolitik Bayerns und Nordrhein-Westfalens und den Einheitsschulansätzen Berlins und der SBZ einnehmen. Er selbst sah sich den "östlichen" Vorstellungen näher. In seinen Demokratieauffassungen und seinen Schulreformvorschlägen tendierte Grimme jedoch zu der Vorstellung, die Herausbildung einer humanen Elite sei wichtiger als die breite Massenbildung.[295] So schrieb er u.a., Ziel müsse es sein, daß die humanen "Minoritäten das Gesicht einer Zeit und einer Nation bestimmen und daß nicht die Gosse die Schlüsselstellungen umspült." Weiter heißt es:

"Demokratie kann nur heißen: Jedem eine Chance geben, daß er sein Menschtum entfaltet, was nichts anderes bedeutet, als daß Demokratie im Grunde nichts anderes ist als die Chance für das Werden einer echten Aristokratie."[296]

In Anlehnung an die "Marienauer Pläne" konzentrierte sich Grimme schon früh auf innere Reformen, Weltanschauungsfragen und auf die Förderung der Begabtenauslese.[297] Und auch sein Mitarbeiterkreis legte das Augenmerk eher auf reformpädagogische Umgestaltungen als auf Schulorganisationsveränderungen.[298] So erging schon im Januar 1947 eine Aufforderung an alle Kreise, mindestens eine Reform- bzw. Versuchsschule einzurichten.[299]

Während führende Schulreformer in der Provinz Braunschweig 1946 im "Braunschweiger Einheitsschulprogramm" u.a. eine sechsjährige Grundschule forderten,[300] verfolgte das Kultusministerium neben der Schulgeldfreiheit zunächst nur eine **Angleichung der Lehrpläne** der Klassen 5 und 6. So verlangte der sogenannte Hannover-Plan "Zum Neubau des Schulwesens" und ein Erlaß Grimmes im Februar 1946 für die Provinz Hannover, für alle Schulen in Klasse 5 Englisch als erste Fremdsprache einzuführen. Zum Jahreswechsel 1946/47 wurde diese Anordnung um die Verschiebung des Lateinbeginns in Klasse 7 und

[294] vgl. Halbritter S.66f und S.105; Hars S.239; Cloer S.86 und S.92; Leski S.19ff. Leski bemerkt, daß das Führungspersonal im Kultusministerium zwar sehr engagiert, aber wenig verwaltungserfahren, stringent und einheitlich arbeitete.
[295] vgl. Sauberzweig S.120; Halbritter S.109; Leski S.27 und S.104f
[296] Sauberzweig S.136; vgl. auch Halbritter S.125
[297] Einen Überblick über die Begabtenauslese in Oldenburg, die selbst durch die Einführung eines Probeunterrichts kaum zu einer Verringerung der Abbrecherquote auf den weiterführenden Schulen führte, gibt Erich Weingardt: Die Auslese im Spiegel der Bewährungskontrolle. In: Bildung und Erziehung, Wiesbaden 1951, S.751 - S.768; vgl. auch Leski S.29 und S.112f.
[298] vgl. Leski S.20f und S.28
[299] vgl. ebenda Dokument S.122
[300] vgl. ebenda Dokument S.123

eine Parallelisierung der Lehrpläne der 5. und 6. Klassen erweitert.[301] Wie schon in den Marienauer Plänen vorgeschlagen, sollten die Angleichungen auf die sechsjährige Grundschule vorbereiten und Übergänge nach der 6. Klasse erleichtern. Zwar bezeichnete Grimme die sechsjährige Grundschule als sein Ziel und setzte sich dafür wie die anderen höchsten SPD-Vertreter in den Kultusverwaltungen der britschen Zone bei der Militärregierung vertraulich ein, sie sollte aber nicht eingerichtet werden, bevor nicht eine länderübergreifende Regelung erreicht sei.[302]

> "In diesem Bemühen um eine Einheit [in der Frage des Lateinbeginns und der Lehrplanangleichungen, d.V.] sind wir nun auch mit Süddeutschland weitergekommen, so daß hinsichtlich der organisatorischen Form unseres Schulwesens immerhin eine nicht zu unterschätzende Übereinstimmung besteht, die von Schleswig-Holstein über Hamburg und Niedersachsen nach Württemberg-Baden und Hessen reicht und ins rheinische Mädchenschulwesen. Da hat man überall eingesehen, daß die verschiedenen Schularten vom 1. bis zum 6. Schuljahr in Parallele laufen müssen, damit der Übergang auch noch im 12., 13. und 14. Lebensjahr möglich ist."[303]

Grimmes Vorschläge des "mittleren Weges" zeugten nicht nur von einer falschen Situationseinschätzung, sie erhielten zudem Kritik von beiden schulpolitischen Polen.[304] Schon im Frühjahr 1946 war auf einer Anhörung über die Neuordnung des Schulwesens deutlich geworden, daß selbst bescheidene Schritte wie die Lehrplanangleichungen oder die Zusammenlegung von mittlerem und höherem Schulwesen von der Mehrheit der anwesenden Schulleiter, Schulräte, Parteien- und Kirchenvertreter weitgehend abgelehnt wurden. Zwar äußerten im Juni 1946 die Kulturausschußmitglieder der CDU bei einem Gespräch im Ministerium, daß sie ihre "Bedenken gegen den späten Beginn des lateinischen Unterrichts" zurückstellen könnten, wenn die Stundenzahl für Latein in der 7. und 8. Klasse erhöht werde, doch blieb der Widerstand gegen die Sprachenfolgeregelung von seiten der Hochschulen und Gymnasien sowie vor allem im Emsland und in Oldenburg virulent.[305]

---

[301] vgl. Leski S.27, S.99ff und S.110 (Abdruck der Dokumente); Schmelzle, Karl. Zur Frage der Schulreform. In: Pädagogische Welt 1947, S.100ff
[302] vgl. Grimme, Adolf: Lateinunterricht an den höheren Schulen. In: Die Schule, Hannover 1947, H.10/11 S.1 - S.6, und in: Schola, Offenburg 1948, S.34 - S.41; Leski S.28; Halbritter S.122 und Anm. 298; Eich S.20ff; Hars S.240; Reimers in: Neuordnung des Hamburger Schulwesens S.111 - S.115; Cloer S.95 und Hundhammers zweiten Schulreformplan in: Merkt S.136
[303] Grimme, Adolf: Lateinunterricht an den höheren Schulen. In: Schola, Offenburg 1948, S.40
[304] vgl. Halbritter S.107; Leski S.30f und Auseinandersetzungen um die Grundschuldauer in der Zeitschrift "Die Schule", Hannover 1947, S.25 - S-28 und S.56 - S.59: Hier wurde in einer Arbeitsgrundlage des Erziehungswissenschaftlichen Ausschusses des Lehrerverbandes Niedersachsen von H. Müller die achtjährige Grundschule mit inneren Differenzierungen gefordert und das statische Begabungskonzept zugunsten einer "Bewährung an wachsenden konkreten Leistungen" kritisiert. In einer Replik auf Müller antwortet W. Meyer, daß die sozial unausgeglichene Begabungsverteilung berechtigt zu einem Übergewicht der "höheren Schichten" in der Höheren Schule führe und daß "die höheren Begabungen", die "nahezu das einzige Kapital" darstellen, "das wir noch besitzen", unbedingt schon ab Klasse 5 in gesonderten Schulen unterrichtet werden müßten.
[305] vgl. Leski S.30 und S.105

Auf der anderen Seite blieb die SPD, obwohl sie am 11.12.1946 die Vorlage eines neuen Schulgesetzes beantragte, schulpolitisch zurückhaltend.[306] Die KPD war hier aktiver und befürwortete in einer Stellungnahme vom 14.3.1946, daß "die Differenzierung der Schulen ... möglichst spät vorzunehmen" sei. Zwar glaubte die KPD im März 1946 noch wie Grimme und seine Mitarbeiter, daß es günstiger sei, mit schulorganisatorischen Reformen zu warten, bis für alle Länder einheitliche Grundformen geschaffen seien; im August desselben Jahres wurde aber von sozialistisch orientierten Vertretern im Club zu Hannover massiv kritisiert, daß das Ministerium nicht den Schulgesetzen der SBZ entsprechende Maßnahmen durchführe.[307]

Das Kultusministerium hielt es angesichts der parlamentarischen Lage und der fehlenden Mitarbeit der Mittel- und Oberschullehrkräfte jedoch weiterhin für günstig, auf eine breite Unterstützung zu bauen und eine gemäßigte, auf dem Verordnungsweg operierende Strategie beizubehalten. Als sich dann der Widerstand gegen bescheidenen Reformvorschläge vor allem durch die CDU und die DP[308] formierte, zeigte sich Grimme nicht willens, einen konfliktbereiten, entschiedenen und festen Reformkurs zu steuern.[309] Stattdessen äußerte er schon im Februar 1947, als er meinte, daß sich seine Pläne zur Oberstufenreform und zur Einführung einer Mittel-Oberschule nicht durchsetzen ließen,[310] erste Anzeichen von **Resignation** und schrieb an den Kultusminister von Württemberg-Baden, Theodor Bäuerle:

> "Wenn die Reform, zu der auch meine Vorlage auf Schulgeldfreiheit gehört, nicht durchkommen sollte, wüßte ich nicht, wozu überhaupt noch weiterarbeiten."[311]

Als der Landtag am 25.3.1947 beschloß, die Beratung des Gesetzentwurfs zur Schulgeld- und Lehrmittelfreiheit aus Gründen der Finanzknappheit zurückzustellen, ließ Grimme enttäuscht den Gesetzentwurf fallen und griff ihn auch später nicht wieder auf.[312] Da durch das vorläufige Plazet der britischen Militärregierung auf Druck beider Kirchen und der CDU, der DP und des Zentrums die meisten Anträge auf Einrichtung von Bekenntnisschulen bereits genehmigt waren, blieb auch der parlamentarische Sieg der SPD und FDP in dieser Frage fast ohne Wirkung.[313]

---

[306] vgl. Leski S.36 und S.112

[307] vgl. Leski S.101ff und S.106ff (Abdruck der KPD-Stellungnahme und einer Aktennotiz eines Gesprächs der KPD mit Rönnebeck im Kultusministerium sowie eines Berichtes über eine "schulpolitische Diskussionen im Club zu Hannover.")

[308] DP = "Deutsche Partei", bis 1947 "Niedersächsische Landespartei (NLP)"

[309] vgl. Halbritter S.118f. Leski (S.109f) dokumentiert ein Schreiben von Rönnebeck an das Braunschweigische Staatsministerium aus Anlaß der Zusammenlegung der Kultusabteilungen im Zuge der Gründung des Landes Niedersachsen vom 15. November 1946, in dem Rönnebeck mitteilt, daß es bei der vierjährigen Grundschule bleibt.

[310] vgl. Leski S.30 und S.113f

[311] Halbritter Anm.233

[312] vgl. Leski S.36

[313] vgl. ebenda S.37; Halbritter S.120; Hars S.242ff. Ab 1952 entbrannte der Konfessionsschulstreit erneut.

Entscheidend war schließlich, daß **CDU, DP, Zentrum und FDP** mit Unterstützung des Philologenverbandes, der Hochschulen und der Kirchen für das grundständige humanistische Gymnasium (Beginn des Lateinunterrichts in Klasse 5) und gegen Grimmes Vorschlag der Lehrplanangleichungen agierten.[314]

c) Gescheiterte Versuche, die sechsjährige Grundschule über die Besatzungsmacht bzw. den Verordnungsweg einzuführen (1948)

Ende 1947 war es offenbar auch Grimme klar, daß das Kultusministerium auf dem eingeschlagenen Weg die sechsjährige Grundschule kaum durchsetzen konnte. Daher wandte er sich nach der geheimen Tagung vom 1.12.1947 in Bremen, auf der u.a. die Absicht zur gemeinsamen Einführung der sechsjährigen Grundschule beschlossen wurde, gemeinsam mit Kultusminister Kuklinski (SLH), Ministerialdirektor Koch (NRW) und Senator Landahl (HH) mit der Bitte an die britische Militärregierung, neben anderen Maßnahmen auch die Einführung der sechsjährigen Grundschule zum 1.4.1948 anzuordnen.[315]

Daraufhin teilte die britische Militärregierung in einem Schreiben vom 26.1.1948 mit, daß kein Schulgesetz genehmigt werde, das nicht die sechsjährige Grundschule enthalte. Nicht zuletzt wegen der vom Kultusministerium noch im Februar 1948 geäußerten Ansicht, die sechsjährige Grundschule würde sich durch Lehrplanangleichungen langsam einbürgern, blieb die britische Militäradministration jedoch bei ihrer Haltung, die Einführung der sechsjährigen Grundschule nicht selbst direkt anzuordnen, sondern "so wenig wie möglich in die Neuordnung des Schulwesens einzugreifen".[316]

Die im Juni 1948 vor dem Landtag abgegebene Regierungserklärung des Ministerpräsidenten Kopf (SPD) machte zudem deutlich, daß die Koalitionsregierung aus SPD, CDU und Zentrum im Bildungsbereich ihren Schwerpunkt auf materielle und personelle Verbesserungen legen wollte und Schulreformen nur "in engem Benehmen mit anderen Ländern geplant und durchgeführt werden" sollten.[317] Dieser Satz wurde zumindest von der CDU so interpretiert, "daß die Schulreform in Niedersachsen einstweilen zurückgestellt werden" sollte.[318] Insofern erschienen dem Kultusminister alle parlamentarischen Initiativen für eine Verlängerung der Grundschulzeit im Jahre 1948 sinnlos.

Diese Situation im Landtag bestärkte Grimme, Schulreformen auf dem Wege der Verordnung zu betreiben. Die Umgehung des parlamentarischen Weges im Landtag weckte jedoch besonders bei der CDU und der DP heftige Skepsis und hinterließ auch in der Öffentlichkeit den

---

[314] vgl. Cloer S.96ff; Halbritter S.120; Pakschies S.195 Anm.5

[315] vgl. Leski S.30 und S.115ff

[316] vgl. Leski S.31, S.46, S.108 und S.116f

[317] vgl. Leski S.35f. Die materielle und personelle Lage im Schulbereich war in Niedersachsen wie in Hamburg und Bremen in der Nachkriegszeit besonders ungünstig.

[318] Artikel von Reimar Hollmann in der Zeitung "Hannoversche Neueste Nachrichten" vom 19.10.1948 abgedruckt in Leski S.118ff, vgl. auch ebenda S.36f

Eindruck nicht demokratisch legitimierten Handelns. Als Grimme am 20.7.1948 per Erlaß den Schulträgern nahelegte, daß aus Kostengründen "Schulen verschiedener Art in einem Gebäude unterrichten und daß auf einer gemeinsamen sechsjährigen Unterstufe Volks-, Mittel- und Oberschulzüge aufgebaut werden" sollten, wurde das Kultusministerium - unterstützt von Teilen der Presse - von der DP und der CDU scharf attackiert, eine Schulreform "hinten herum, auf dem kaltem Verwaltungsdienstwege" zu betreiben.[319] Grimmes zunächst geäußerter Optimismus, mit zunehmender Zeitdauer einen breiten Konsens für die sechsjährige Grundschule sowohl in Niedersachsen als auch zonenübergreifend zu gewinnen, erwies sich damit schließlich als ebenso hemmend und trügerisch wie seine Hoffnung, durch Unterstützung der Militärregierung oder auf dem Verwaltungswege Schulreformen durchsetzen zu können.[320] Statt für seine Positionen weiter entschieden zu kämpfen, übernahm Grimme schulpolitisch resigniert die Position des Generaldirektors des Nordwestdeutschen Rundfunks und überließ Ende 1948 Richard **Voigt** den Posten des Kultusministers und die Fortsetzung seiner Pläne.[321]

d) Konzentration auf die Einführung des Schulversuchs "Differenzierter Mittelbau" unter Kultusminister Voigt (ab 1949)

Auch Voigt traf zunächst im Herbst 1949 der Vorwurf, am Parlament vorbei Schulreformen zu initiieren. So monierten CDU und DP, einige Regierungsvertreter und Schulverwaltungen hätten mit angekündigten verstärkten Zuschüssen Druck auf die Schulträger ausgeübt, damit diese auf die sechsjährige Primarschulzeit folgende Aufbauschulklassen statt grundständige Mittelschulen einrichteten.[322] Zu Recht widersprachen die Abgeordneten der CDU und DP dem Kultusminister, der diese Einrichtung von Aufbauschulen und -klassen als administrative Maßnahme bezeichnete, der keine politische Bedeutung zuzumessen sei.[323]

Schließlich verfolgten fünf von sechs Bezirksregierungen die vom Kultusministerium empfohlenen Maßnahmen nicht weiter. Sie berichteten, viele Eltern hätten Skepsis geäußert, ob das Abschlußzeugnis der Aufbauklassen der mittleren Reife von grundständigen Mittelschulen gleichgestellt sei.[324]

Infolge der heftigen Angriffe der beiden konservativen Parteien distanzierte sich das Kultusministerium und die SPD Ende 1949 von der "Schulreform" als Begriff, da dieser zu sehr "mit politischen Ressentiments" besetzt sei. Anfang 1950 leugnete Rönnebeck für das Kultusministerium dann auch Inhalte der Schulreform, die wie die Einrichtung von sechsjährigen Grund-

---

[319] Leski S.38 und S.118ff. Der niedersächsische Lehrerverbandsvorsitzende, Gustav Heckmann, lehnte diese Vorgehensweise ab.
[320] vgl. Leski S.46
[321] vgl. Hars S.240; Cloer S.85ff; Halbritter S.110 und S.124; Tabelle Abschnitt 3.1.
[322] vgl. Leski S.38f und S.121f
[323] vgl. Leski S.39f
[324] vgl. Leski S.40

schulen und Aufbauklassen zuungusten von grundständigen Mittelschulen zweifellos Ziele vorangegangener Schulpolitik waren.[325] Zugleich gab das Kultusministerium den Versuch auf, auf dem administrativen Weg die sechsjährige Primarschule und Aufbauschulen durchzusetzen, und legte ab 1949/50 den reformerischen Schwerpunkt auf den Schulversuch "Differenzierter Mittelbau", der auf freiwilliger Basis eingerichtet werden konnte und nach Voigts Worten auf "stille, keineswegs jedoch heimlichtuerische Art viel größere Sympathie erweckt als zum Teil große und programmatische Erklärungen, denen in der Praxis dann nicht recht etwas folgte".[326] Die Vorbereitungen zum "**Differenzierten Mittelbau**" hatten schon 1948 begonnen, nachdem der Einführung der sechsjährigen Grundschule kaum noch Erfolgschancen eingeräumt wurden. Die Reformer im Kultusministerium konkretisierten dabei einen Vorschlag, der in Anknüpfung an preußische Bemühungen von 1932 von der Arbeitsgemeinschaft "Einheitsschule" des niedersächsischen **Lehrerverbandes** unter der Leitung des Vorsitzenden dieses Verbandes, Gustav Heckmann, zum Jahreswechsel 1947/48 entworfen worden war. Großen Einfluß auf die Konzeption hatte auch der Leiter der Pädagogischen Landesstelle der GEW, Helmut Müller, der schon 1946 eine achtjährige Grundschule gefordert und begründet hatte und später den ersten Schulversuch mit dem "Differenzierten Mittelbau" in Hannover leitete.[327] Obwohl zunächst die Zusammenlegung aller Schüler und Schülerinnen der Klassen 5 bis 8 in einem Kern-Kurssystem vorgesehen war, wurden später unter Fortbestand des mittleren und höheren Schulwesens nur innerhalb der Volksschule Förderklassen für den Besuch der weiterführenden Schulen ab Klasse 9 erprobt.[328] Ziel des Versuchs sollte es sein, den Streit um die Grundschuldauer zu überwinden, "das Niveau der Schülerschaft auf der Volksschuloberstufe zu heben", einen Gemeinschaftsinn trotz differenzierter Unterrichtskurse zu erzeugen, die Zusammenarbeit von Lehrkräften verschiedener Schultypen zu erproben und vor allem die Begabungsauslese zu verbessern.[329] Wie in dem förderstufenähnlichen Vorschlag des Bayerischen Lehrerverbandes taucht also auch hier erneut die bürgerlich-liberale Grundposition auf, die die Selektionsfähigkeit der Schule in den Mittelpunkt rückt. Nachdem nun am 1.4.1948 der Niedersächsische Lehrerverband eine Entschließung verabschiedet hatte, die eine gesetzliche Einführung dieses Schulversuchs forderte, das Modell im Kultusministerium unter Leitung von Turn konkretisiert worden war und einige Versuche

---

[325] vgl. Leski S.40f

[326] Leski S.41, vgl. auch S.40. Im Gegensatz zur DP war auch die CDU mit Schulversuchen einverstanden.

[327] vgl. Leski S.31f

[328] vgl. Halbritter S.124; Erlaß "Schulversuche: Förderklassen an Volksschulen mit gemeinsamem Unterbau für weiterführende Schulen ("differenzierter Mittelbau")", abgedruckt in: Bildung und Erziehung 1951, S.387ff

[329] Kuhlmann (a) S.34; vgl. auch Niedersächsische Lehrerzeitung April 1950; Cloer S.102f; Hars S.240f; Halbritter S.124; Leski S.32 und S.41

schon begonnen hatten, wurden am 3.4.1951 per Erlaß offiziell 19 Versuchsschulen mit Zustimmung des Schulträgers, der Lehrer- und der Elternschaft eingerichtet, davon 14 in ländlichen Gebieten.[330]

Da das Gymnasium nicht angetastet wurde und die Aufstiegschancen der Volksschülerinnen und -schüler verbessert schienen, gelang es bis 1964 dem besonders aktiven Mittelschullehrerverband selbst nach heftigen Protesten nicht, die Bevölkerung und den "konservativen Block" so zu mobilisieren, daß der "Differenzierte Mittelbau" verhindert wurde. Die Beschränkung auf 19 Modellschulen wurde jedoch aus Angst vor einer Ausweitung der Proteste nie aufgehoben, so daß eine flächendeckende Einführung nicht stattfand. Trotz nachgewiesener Erfolge[331] wurde der originär niedersächsische Schulversuch "Differenzierter Mittelbau" 1964 von der neuen SPD/FDP-Landesregierung abgebrochen, da die angekündigte Versuchsdauer auslief, die Gemeinden zu denselben Kosten inzwischen Mittelschulen errichten konnten und die Schulreformer der GEW, des Deutschen Ausschusses und der SPD inzwischen die zweijährige Förderstufe favorisierten. Diese wurde dann mit veränderter Konzeption und verändertem Titel ("Orientierungsstufe") unter dem CDU-Kultusminister Langeheine Ende der 60er Jahre vorbereitet und in den 70er Jahren unter den Kultusministern von Oertzen (SPD) und Remmers (CDU) eingeführt.[332]

Festzuhalten bleibt aber, daß in den schulpolitischen Auseinandersetzungen unmittelbar nach dem 2.Weltkrieg Niedersachsens "mittlerer Weg" in Hinblick auf das verlängerte gemeinsame Lernen nur zu minimalen Schulorganisationsreformen geführt hat. Dafür können m.E. folgende Gründe angeführt werden:

1. Die SPD war nicht fähig bzw. willens, Schulreformen in den Koalitionsregierungen gegen den Widerstand der CDU durchzusetzen, und auch die übrigen zur Schulreform bereiten Kräfte unterstützten das Kultusministerium bei der Vorbereitung und Durchsetzung der sechsjährigen Grundschule kaum.

2. Zwar kann Grimme der Reformwille nicht abgesprochen werden, doch seine aristokratische Tendenz begünstigte elitäre Bildungsauffassungen, und sein Harmonisierungskonzept spielte schulorganisatorische Fragen und unterschiedliche Interessenlagen herunter, überschätzte Einigungsmöglichkeiten und blieb in Lehrplanangleichungen stecken.

3. Gemäßigte Schulreformpläne garantierten nicht gemäßigten Protest. Als selbst die bescheidenen Maßnahmen auf den heftigen Widerstand konservativer Gruppen und Parteien stießen, Konfessionsschulstreitigkeiten ausbrachen und Niederlagen bei den Abstimmungen über das Schulgeld- und Lernmittelfreiheitsgesetz zu verzeichnen waren, zeigte das Kultusministerium wenig Durchsetzungsbereitschaft.

---

[330] vgl. Leski S.33 und die Zeitschrift: Bildung und Erziehung 1951, S.387. Die meisten dieser Schulen besaßen auch Aufbauklassen 9 und 10.

[331] vgl. Der Niedersächsische Kultusminister (Hrsg.): Der Differenzierte Mittelbau, Hannover 1963; Fiedler, Rudolf: Differenzierter Mittelbau - Förderstufe - Hauptschule, 1964

[332] vgl. Maaßen S.54 und S.58f; Hars S.240f; Leski S.33f und S.46ff

4. Das Kultusministerium blieb aufgrund des illusionären Glaubens, die sechsjährige Grundschule werde zonenübergreifend eingeführt, zu abwartend.

5. Die britische Militärregierung gab kaum dezidierte Reformimpulse und war nicht bereit, dem Wunsch Grimmes nachzukommen, die sechsjährige Grundschule anzuordnen.

6. Die Strategie, auf dem Verwaltungswege sechsjährige Primarschulzeiten und Aufbauklassen zu initiieren, scheiterte an den Bezirksregierungen und dem Protest der CDU und DP und diskreditierte den Begriff und den Inhalt der Schulreform.

7. Die Entscheidung des Jahres 1948, das Augenmerk auf Versuche mit dem "Differenzierten Mittelbau" zu lenken, brachte keine flächendeckende Reform. Der Schulversuch kann aber, obwohl er 1964 auslief, als Erfolg gewertet werden, zumal er in den Plänen zur niedersächsischen Orientierungsstufe 1968/69 nachwirkte.

3.3.2.2. Württemberg-Baden

a) Grundbedingungen

1. Die amerikanische Besatzungsmacht ergriff auch hier 1947 Schulreforminitiativen, allerdings nicht so hartnäckig wie in Bayern.

2. Der CDU-Kultusminister Theodor Bäuerle trat für eine Schulreform mit förderstufenähnlicher sechsjähriger Grundschule ein.

3. Keine der großen Parteien konnte aufgrund der starken DVP eine eindeutige Vorherrschaft erreichen, wobei die CDU trotz mancher Kompromißbereitschaft zusammen mit der DVP tendenzieller Gegner der sechsjährigen Grundschule war.

4. Sowohl die die Bevölkerungsmehrheit vertretende evangelische als auch die katholische Kirche begnügten sich bis 1950 mit der christlichen Gemeinschaftsschule.[333]

5. Während der Volksschullehrerverein die sechsjährige Grundschule befürwortete, wurde sie durch den Philologenverband, die Hochschulen, den Mittelschullehrerverband und die IHK aktiv bekämpft.

6. Die Bevölkerung zeigte sich bei der öffentlichen Beteiligung von 1949 in der Frage der Grundschuldauer gespalten. Der ländliche Teil plädierte eher für die Vierjährigkeit.[334]

b) Impulse zum verlängerten gemeinsamen Lernen durch die Besatzungsmacht und den Kultusminister von 1947 bis 1949

Zunächst wurde auch in Württemberg-Baden das dreigliedrige Schulwesen reetabliert. Doch nach den US-Initiativen von 1947 äußerte Kultusminister Bäuerle, daß ein "Neuaufbau des

---

[333] vgl. Bäuerle S.7
[334] vgl. ebenda S.40f

Schulwesens" im Sinne der "Einheitsschule" notwendig sei. "Sie muß jedem Schüler ohne Rücksicht auf Herkunft und Vermögen dieselben Aufstiegsmöglichkeiten geben." Dazu müsse "das Arbeiter- oder Bauernkind wissen, daß es überall in einer und derselben Schule ist,...". Auf der Kultusministerkonferenz im Februar 1948 entgegnete Bäuerle dem bayerischen Minister Hundhammer, daß es durchaus eine Schuld der Schule an der Katastrophe von 1933 gäbe und die Konsequenz in der Erziehung zur Demokratiefähigkeit aller Menschen liegen müsse.[335]

Wie beim Bayerischen Lehrerverein und beim hessischen Kultusminister Stein entstand auch bei Bäuerle als schulorganisatorische Folge seiner bipolaren Auffassungen von "gerechter Auslese" und "gemeinsamer Förderung" das liberale Grundmodell der **Förderstufe**. Am 30.4.1949 stellte er seine "differenzierte sechsjährige Grundschule" genannte Konzeption der Öffentlichkeit mit der Bitte um Stellungnahme vor.[336] Nach seinem Entwurf sollten alle Schüler sechs Jahre in der Grundschule bleiben und ab Klasse 5 im Fach **Englisch** in **leistungshomogene Züge** aufgeteilt werden.

c) Diskussionen um verschiedene Modelle des längeren gemeinsamen Lernens
In der regen öffentlichen Diskussion wandten sich besonders die Philologen gegen die differenzierte sechsjährige Grundschule; falls sie aber eingeführt werden sollte, so doch mindestens mit weiteren Differenzierungen in Deutsch und Mathematik. Dazu widersprüchlich, aber deshalb nicht unberechtigt, argumentierten sie weiter, daß die zeitweise Trennung von Kindern, die normalerweise zusammen unterrichtet werden, viel nachteiligere psychologische Konsequenzen habe als die dauerhafte Trennung, da die Schülerinnen und Schüler direkter und dauerhafter mit der Auslese konfrontiert werden und die Konkurrenz härter werde.[337]

Viele Schulräte, Volksschuleltern und am stärksten die Volksschullehrerinnen und -lehrer waren - vor allem in städtischen Gebieten - für die Verlängerung der Grundschule, und zwar eher in undifferenzierter, z.T. sogar achtjähriger Form. Dagegen plädierten die Lehrkräfte und Eltern des höheren Schulwesens gemeinsam mit den Hochschulen, Kommunalverbänden,[338] Pfarrern und dem Großteil der Presse für die Beibehaltung der vierjährigen Grundschule. Die Gliederung der Mittelstufe als additive Gesamtschule wurde allgemein akzeptiert, wobei die Mittelschullehrkräfte und Eltern und die IHK noch einen dritten mittleren, sogenannten "praktisch-geistigen" Zug eingeführt wissen wollten.[339]

---

[335] vgl. Helling S.42f
[336] In Paragraph 5 hieß es zur "Grundstufe": "Sie umfaßt die ersten sechs Schuljahre." Siehe "Entwurf eines Gesetzes über den Aufbau des Bildungswesens in Württemberg-Baden", abgedruckt in: Schule und Gegenwart, H.5 1949, S. 28ff; vgl. auch Bäuerle, Theodor: Die Schulreform im Urteil der Bevölkerung, Stuttgart 1950, S.40
[337] vgl. Bäuerle S.30, S.48 und S.53f
[338] Die Kommunen argumentierten häufig gegen die Verlängerung der Grundschule damit, daß dadurch die Kosten steigen würden.
[339] vgl. ebenda S.29 - S.41

Von den Parteien äußerten sich in der Debatte am 15.6.1949 die KPD und SPD positiv zu dem Entwurf des CDU-Kultusministers. Die CDU befürwortete dagegen teilweise eine Verschiebung der Reform, zum anderen Teil lehnte sie - wie die DVP - die sechsjährige Grundschule ab.[340] Dabei ist zu beachten, daß die DVP mit Reinhold Maier den Ministerpräsidenten und bis zum Dezember 1946 mit Theodor Heuss den Kultusminister einer CDU/SPD/DVP-Regierung stellte und eine starke Stellung in der Koalition innehatte.[341] Zu den unsicheren parlamentarischen Mehrheitsverhältnissen kam für Bäuerle die Schwierigkeit konkurrierender Modelle hinzu. Während er auf seinem Förderstufenkonzept bestand, vertrat der Schulplanungsausschuß des Landtags seinen 1948 vorgelegten Entwurf, der neben anderen Reformvorschlägen für die ländliche Regionen eine sechsjährige Grundschule und für die Städte eine achtjährige "Hauptschule" vorsah, die ähnlich wie der niedersächsische "differenzierte Mittelbau" bzw. die späteren integrierten Gesamtschulen gestaltet sein sollte.[342] Die unnachgiebige Haltung Bäuerles und seine fehlende Zusammenarbeit mit dem produktiven Schulplanungsausschuß führt Kuhlmann als Grund an, daß sich schließlich keiner der beiden Entwürfe durchsetzte.[343]

d) Aufgabe der Ansätze zur sechsjährigen Grundschule mit der Vereinigung der südwestdeutschen Länder

Nach der Landtagswahl vom November 1950, die eine neue Regierung aus SPD und der schulreformabgeneigten DVP hervorbrachte, wurde Bäuerle durch den SPD-Kultusminister Schenkel abgelöst.[344] Doch auch Schenkel setzte die Einführung der sechsjährigen Grundschule nicht durch, da die Bemühungen um einheitliche schulorganisatorische Regelungen bei der Vereinigung der drei südwestdeutschen Länder eine solche Reform nicht opportun erscheinen ließen. So nimmt Kuhlmann an, "daß die vorgesehene Neuordnung des württemberg-badischen Schulwesens den politischen Kompromißverhandlungen bei der Gründung eines neuen süddeutschen Bundeslandes zum Opfer fiel." Weiter heißt es:

> "Die Staatspräsidenten und Kultusminister von Baden und Hohenzollern bestanden in ihren Ländern auf der Beibehaltung der vierjährigen Grundschule. ... Württemberg-Baden seinerseits strebte nach der politischen Führungsrolle bei der Zusammenlegung der Länder, für die wahrscheinlich kulturpolitische Zugeständnisse zu machen waren."[345]

---

[340] vgl. ebenda S.41
[341] vgl. Storbeck S.84ff: Landtagswahlergebnis November 1946: CDU 38,4%, SPD 30,9%, FDP/DVP 19,5%
[342] vgl. Bericht: Von der Arbeit der Württembergisch-Badischen Schulplanungsausschüsse. In: Die Gewerbeschule, Karlsruhe H.5/6 1948, S.93 - S.107, siehe auch S.164 - S.169; Reimers in: Neuordnung des Hamburger Schulwesens S.111 - S.115; Kuhlmann (a) S.37; siehe auch Abschnitt 3.3.2.1. Niedersachsen
[343] vgl. Kuhlmann (a) S.37
[344] vgl. Storbeck S.84ff: Landtagswahlergebnis November 1950: CDU 26,5%, SPD 33,0%, FDP/DVP 21,0%
[345] Kuhlmann (a) S.37

3.3.2.3. Hessen

a) Grundbedingungen

1. Auch in Hessen versuchte die US-Besatzungsmacht 1947/48, Schulreformen wie die sechsjährige Grundschule zu forcieren.
2. Das Kultusministerium wurde bis 1950 von der CDU besetzt. Dabei trat Erwin Stein als prägende und reformgeneigte Figur hervor, die sich aber den amerikanischen Vorstellungen nicht unterwarf.
3. Wegen Zugeständnissen der CDU in Wirtschaftsfragen nutzte die SPD ihre Mehrheit mit der KPD nicht aus und überließ die Schulpolitik ihrem in der Anfangsphase noch reformbereiten Regierungspartner CDU.[346]
4. Im konfessionell gemischten Hessen war der Einfluß beider Kirchen im Vergleich zu Süd- und Westdeutschland relativ gering. Da es dort seit 1817 bzw. 1876 keine Bekenntnisschulen gab, wurde die Einigung auf die christliche Gemeinschaftsschule möglich, so daß dieses Thema kaum Schulaufbaufragen überdecken konnte.[347]
5. Ab Mitte 1948 standen der zurückhaltenden Lehrergewerkschaft aktive, zur Reformverhinderung entschlossene Hochschul-, Philologen-, Mittelschullehrer- und Elternverbände gegenüber.
6. Schulreformen hatten für Hessens Bevölkerung Tradition.[348]

b) Vorarbeiten der Kultusminister in der ersten Phase 1945/46

Da die CDU Hessens anfangs noch Sozialisierungsmaßnahmen und im Schulbereich Unterrichtsgeld- und Lernmittelfreiheit sowie christliche Gemeinschaftsschulen befürwortete, verliefen die Verfassungsberatungen zwischen den drei Parteien SPD, CDU und KPD im am 16.10.1945 neugebildeten Land Hessen relativ reibungslos, so daß die im Oktober 1946 von der Landesversammlung verabschiedete und von den US-Behörden nach einem positiven Volksentscheid bestätigte Verfassung viele sozialreformerische Aspekte enthielt. Im Gegenzug überließen KPD und SPD der CDU das Kultusressort, das nun in den kommenden Jahren die in der Verfassung offen gelassene Frage des Schulaufbaus klären und ein neues Schulgesetz vorlegen mußte.[349]

Die ersten Bemühungen des ab November 1945 amtierenden Kultusministers Franz Böhm (CDU), die auf den Erhalt des dreigliedrigen Schulwesens und des humanistischen Gymna-

---

[346] vgl. Hars S.192; Keim (a) S.65; Helling S.69; Kuhlmann (a) S.99; Schlander S.209. Die CDU stimmte z.B. für die Sozialisierungsartikel der Verfassung, für die die US-Verwaltung eine gesonderte Volksentscheidung verlangte.
[347] vgl. Hars S.192; Stein, Erwin (b): Wiedergutmachung nationalsozialistischen Unrechts im hessischen Schulwesen. In: Die Pädagogische Provinz 1950, S.3 - S.16
[348] vgl. Schlander S.192
[349] vgl. Hars S.192; Kropat S.287f

siums gerichtet waren, stießen schon bald auf den Widerstand der US-Behörden, die ihn schließlich als "Reaktionär" bezeichneten und im Februar 1946 zum Rücktritt veranlaßten.[350] Anschließend übernahm bis zum Januar 1947 mit Franz Schramm (CDU) ein toleranter christlicher Humanist das Kultusministerium. Er holte auch den sozialistisch orientierten Jakob Renneisen (KPD) und das Mitglied der Zook-Kommission, Franz Hilker, als Referenten ins Kultusministerium. Ohne Aufforderung der Amerikaner ließ er einen Schulaufbauplan erarbeiten,[351] der aufbauend auf eine vorerst nur vierjährige Grundschule eine vierjährige zweizügige additive Gesamtschule und Lehrplanangleichungen in Klasse 5 und 6 sowie einen obligatorischen Englischunterricht ab Klasse 5 vorsah. Huster und Schweiger belegen jedoch die schon in diesem Entwurf vorhandene Tendenz zur sechsjährigen Dauer der Grundschule:

> "Als dieses Papier Ende 1946 in einer mehrtägigen Ministerbesprechung über einen Entwurf zu 'Grundlegungen für ein deutsches Schulgesetz' vorgelegt wurde, enthielt es den Zusatz: 'Die sechsjährige Grundschule einzuführen, ist im Rahmen des Gesamtplanes der hessischen Einheitsschule möglich!' Die Akten des Hessischen Hauptstaatsarchivs aus dem Jahre 1946 vermitteln eine intensive Diskussion, wobei innerhalb des Ministeriums wohl starke Verfechter der sechsjährigen Grundstufe anzutreffen waren, während die Argumente für die vierjährige Grundschule vor allem pragmatischer, zeitbedingter, nicht aber grundsätzlicher Natur waren."[352]

Zwar traf damit das OMGUS-Telegramm im Januar 1947 in Hessen auf ministerielle Vorarbeiten zur Schulreform, sie genügten der US-Administration jedoch nicht.

c) Auseinandersetzungen zwischen Kultusminister Stein und US-Behörden um den ersten Schulreformplan 1947-1948

Die eigentliche Antwort auf das OMGUS-Telegramm wurde nach der Landtagswahl[353] von dem im Februar 1947 zum Kultusminister gewählten Erwin **Stein** geliefert. In seinem Brief vom 31.3.1947 an die Militärregierung bestritt Stein zunächst den amerikanischen Standpunkt, allein der Besatzungsbehörde stehe in kultur- und schulpolitischen Fragen eine Weisungsbefugnis zu. Er betonte, daß für ihn die hessische Verfassung relevant sei und die US-Militärregierung zwar für die Exekutive, nicht aber für die Legislative bindende Vorschriften erteilen könne.[354] Allerdings wolle er die Ansinnen der Militärregierung "nach Möglichkeit" berücksichtigen, da auch er eine Schulreform für nötig halte und "gleiche

---

[350] vgl. Kropat S.288

[351] vgl. Schlander S.210ff, S.193 und S.269; Helling S.69 und S.73; Hars S.193; Kropat S.288, S.302ff und S.308ff; Böhme S.30 und S.39; Huster, E.U. und Schweiger, H.: Die vergessene Einheitsschule - Schulpolitik in Hessen zwischen Neuordnung und Restauration 1945 - 1951. In: Die Deutsche Schule, Hannover 1979, S.740 - S.758

[352] Huster/Schweiger S.742

[353] vgl. Storbeck S.210 zum Landtagswahlergebnis von Anfang 1947: SPD 42,7%, CDU 30,9%, LDP (FDP) 15,7%, KPD 10,7%

[354] vgl. Kuhlmann (a) S.100

Bildungs*möglichkeiten* für alle" gegeben sein müßten.[355] Neben der Übereinstimmung in einigen Forderungen ließ der Bericht im folgenden aber den Zeitpunkt des Übergangs von der Grundschule zur Mittelstufe offen.[356] Des weiteren berichtete Stein, daß seit dem Februar 1947 eine "Arbeitsgemeinschaft Neue Schule" mit 229 Personen zur detaillierten Vorbereitung der Schulreformen tagte.[357]

Nachdem die Militärregierung Steins Zwischenbericht vom März am 4.6.1947 bis auf bemängelte Unklarheiten in der Sekundarstufengliederung gebilligt, die sechsjährige Grundschule "als entscheidenden Punkt" bezeichnet und die Erarbeitung eines konkretisierten Plans bis zum 1.10.1947 gefordert hatte, legte der Kultusminister am 26.9.1947 einen ersten Schulreformplan vor, der neben der Schulgeld- und Lehrmittelfreiheit eine **Förderstufe** vorsah.[358] Für dieses Modell sprach für Stein neben dem sozialen Motiv des längeren und von der Herkunft unabhängigen gemeinsamen Unterrichts[359] vor allem der Aspekt der Erprobung und Auslese:

> Die Förderstufe "gibt im 5. und 6. Schuljahr neben dem für alle gleichen und gemeinsamen Kernunterricht denen, die es wünschen, die Möglichkeit, ihre besondere Leistungsfähigkeit zu erproben. Dies geschieht durch Kurse, die eine Fremdsprache mit zusätzlicher Deutschkunde lehren. Diese beiden Schuljahre sind also die Zeit der ersten allgemeinen Auslese."[360]

Mit dem Beginn des Lateinunterrichts ab Klasse 5 sollte aber für einen kleinen Teil der Schülerinnen und Schüler schon eine gewisse Vorentscheidung über die künftige Schullaufbahn getroffen werden, da Latein nur im Gymnasium weiterunterrichtet wurde.[361]

Unterstützung erhielt Stein durch seinen Vorgänger Schramm, der prognostizierte, daß die sechsjährige Grundschule mit Ausnahme von NRW sowohl in der britischen als auch in der amerikanischen Zone überall eingeführt werden würde. Schramm glaubte, daß sich auch die

---

[355] Stein (a) S.174, Hervorhebung im Original

[356] vgl. Schlander S.227ff

[357] Diese Arbeitsgemeinschaft wird in ihren Grundtendenzen von verschiedenen Autoren unterschiedlich eingeschätzt. Während Schlander (S.263 Anm.467) dieses Gremium nicht für sehr wirkungsvoll hielt, hebt Hars (S.196) seine "stark restaurative" Bedeutung hervor. Dagegen weist Kuhlmann ((a) S.102) darauf hin, daß der Landesschulbeirat noch 1950 die differenzierte Einheitsschule in Form der additiven Gesamtschule mit erleichterten Übergängen forderte.
In einem Bericht in der Zeitschrift "Pädagogische Provinz" (1949, S.702ff) über eine Besprechung zwischen dem Kultusministerium und dem Landesschulbeirat in Bad Schwalbach wird von über 500 Personen gesprochen, die im Verlauf von zweieinhalb Jahren im Rahmen dieses Beirates in über 600 Sitzungen an der Gestaltung der Schulreform mitgearbeitet haben. Insofern ist anzunehmen, daß dieser Beirat eher curriculare Detailarbeit leistete und keine homogene schulpolitische Ausrichtung und Wirkung besaß.

[358] vgl. Schlander S.231f; Hars S.196; Kuhlmann (a) S.99; Helling S.75f; Reimers in: Neuordnung des Hamburger Schulwesens S.111 - S.115; Huster/Schweiger S.749ff

[359] vgl. Schlander S.218ff

[360] Stein nach Kuhlmann (a) S.35

[361] Obwohl Stein der "Bewegung für moralische Aufrüstung" angehörte und ausgehend von der christlichen Wertlehre die Priorität von humanistischem Gymnasium und innerer Reform betonte, war er insgesamt betrachtet offen gegenüber liberalen Schulreformen, die den Leistungs- und Differenzierungsgedanken berücksichtigten. Vgl. Schlander S.215ff und Bezugssystem in Abschnitt 1.6.

Länder der französischen Zone und NRW auf die sechsjährige Grundschule als Kompromiß einlassen könnten, wenn dafür in der SBZ und in Berlin auf die achtjährige Grundschule verzichtet und Steins Vorschlag der äußeren Differenzierung in Deutsch und der ersten Fremdsprache akzeptiert würde.[362] Zudem wurde das Förderstufenmodell durch den Beschluß des Sonderausschusses für Kulturpolitik beim Länderrat vom 9.2.1948 bestätigt, der die Einführung der differenzierten sechsjährigen Grundschule in der ganzen US-Zone empfahl.[363] Entscheidend war nun, daß die **Militärregierung** den ersten Schulplan zwar im allgemeinen billigte, aber zugleich auf der Einführung einer **undifferenzierten sechsjährigen Grundschule** bestand.[364]

Gegenüber der Kritik Kuhlmanns[365] an dieser Entscheidung ist folgendes zu bemerken: Erstens ist es zweifelsohne nicht unwahrscheinlich, daß bei einer Zustimmung der US-Militärregierung zur Förderstufe diese von dem CDU-Kultusminister Stein 1948 oder 1949 eingeführt worden wäre und bei einem somit zeitweise gegebenen Parteienkonsens in den späteren Jahren erhalten geblieben wäre. Zweitens ist aber zu bedenken, daß die US-Behörden den Steinschen Förderstufenkompromiß ablehnten, weil sie im Herbst 1947 die Durchsetzung weitergehenderer Schulreformen für möglich hielten, während sie 1949 eine Förderstufenregelung sicherlich akzeptiert hätten.

Stein versuchte nunmehr verstärkt, die Parteien im Hessischen Landtag für sein Modell zu gewinnen. Dabei wurde er von der SPD-geführten Landesregierung unterstützt, obwohl die ansonsten schulpolitisch abstinente **SPD-Fraktion** - wie die KPD - am 11.3.1947 ebenfalls die sechsjährige Grundschule gefordert hatte.[366] Auch die anfangs politisch offene **CDU-Fraktion** begrüßte den SPD-Antrag vom März 1947. Um keine übereilten Entscheidungen zu treffen, sollte er jedoch dem Kultusministerium als Material zugeleitet werden. Mit diesem Anliegen setzte sich die CDU in der Abstimmung schließlich durch. Im Herbst 1947 unterstützte dann auch sie das Förderstufenmodell Steins, obwohl sich die Vertretertagung des "Landesverbandes Hessen für Höhere Schulen" zum gleichen Zeitpunkt gegen Einheitsschultendenzen und für den Erhalt der "biologisch begründeten" Dreiteilung des Schulwesens und die evangelische Kirchenleitung für das neunjährige humanistischen Gymnasium aussprachen.[367]

---

[362] vgl. Schramm, Franz (a): Gedanken und Bedenken zur Schulreform. In: Pädagogische Provinz 1948, S.321 - S.328

[363] vgl. dazu den Bericht: Zur Schulreform. In: Die deutsche Berufsschule 1948, S.269

[364] vgl. Helling S.79; Kuhlmann (a) S.100; Hars S.198; Hessische Beiträge zur Schulreform der "Educational and Cultural Relations Division" der Militärregierung in Hessen S.13

[365] vgl. Kuhlmann (a) S.102

[366] vgl. Drucksache des Hessischen Landtags, I.Wahlperiode, Abt. I.B.1, No.155, S.255ff; Schlander S.224ff und S.247; Huster/Schweiger S.748. Auf die sechsjährige Grundschule sollte eine differenzierte Mittelstufe ohne scharfe Trennung der Schulformen aufbauen.

[367] vgl. Hars S.198; Kropat S.316ff

238

Dagegen trat die nationalorientierte Oppositionspartei LDP (später FDP) entschieden gegen den SPD-Antrag und das angebliche amerikanische Oktroi auf und forderte die Beibehaltung der vierjährigen Grundschule, da sie ein Absinken des Leistungsniveaus verhindere.[368] Nachdem sich das weitere Verfahren u.a. durch die Beauftragung des Landesschulbeirats mit der Detailplanung verzögert hatte, ein SPD-Dringlichkeitsantrag vom März 1948 zurückgewiesen worden war[369] und Stein keinen neuen Schulaufbauplan vorgelegt hatte, ordnete die **Besatzungsmacht** am 9.8.1948 an, kein Schüler dürfe im beginnenden Schuljahr die 5.Klasse der mittleren und höheren Schule besuchen, die **sechsjährige Grundschule gelte ab sofort.**[370] Wie in Bayern kam es damit auch in Hessen in der Frage der Grundschuldauer zum Machtkampf zwischen den US-Militärbehörden und dem Kultusministerium. Und auch hier wurde vom Kultusminister das Mittel der Verzögerung gewählt. Durch eine **Verlegung des Schuljahrsbeginns** um ein halbes Jahr auf das Frühjahr 1949, die Demonstrationen von Schülerinnen und Schülern nach sich zog, gelang Stein zunächst ein Aufschub.[371] Im Gegensatz zu Hundhammer sprach sich aber Stein nur gegen eine überstürzte Einführung der sechsjährigen Grundschule aus, verteidigte diese Schulform im Prinzip jedoch in den folgenden Auseinandersetzungen.[372]

d) Zweiter Schulreformplan und Proteste des konservativen Blocks 1948/49

Am 27.10.1948 stellte Stein seinen zweiten Schulreformgesetzentwurf der Öffentlichkeit in 16.000 Exemplaren vor. Er enthielt nunmehr die undifferenzierte sechsjährige Grundschule und die additive Gesamtschule, erlaubte aber weiterhin den Beginn des Lateinunterrichts in Klasse 5.[373]

Trotz vielfacher Zustimmung der nichtorganisierten Bevölkerungskreise traten nun Philologen- und Mittelschullehrerverband, Hochschulen, die katholische Kirche und die IHK entschlossen als **Reformgegner** auf. Die Mainzer Bischof Stohr sah in der sechsjährigen Grundschule eine eklatante Verletzung des "Grundrechts der Kinder auf ungehemmte Entwicklung". Die IHK lehnte den Entwurf zur Schulreform rundweg ab und forderte eine eigenständige Mittelschule in einem dreigliedrigen Schulwesen. Auch die vier hessischen Hochschulen und die Elternbeiräte der weiterführenden Schulen[374] wandten sich in Stellungnahmen und Briefen

---

368 vgl. Hars S.201; Schlander S.251 und S.254; Huster/Schweiger S.748
[369] vgl. Schlander S.258. Stein beruhigte die SPD mit der Auskunft, ein Schulreformplan sei in Arbeit.
[370] vgl. Helling S.80; Schlander S.235f; Kuhlmann (a) S.100; Huster/Schweiger S.750
[371] vgl. Schola 1948, S.677f; Huster/Schweiger S.750
[372] vgl. Schlander S.236; Hars S.200; Begründung Stein in: Kropat S.312ff
[373] vgl. Huster/Schweiger S.751
[374] vgl. Hars S.199; Kropat S.291 und S.319ff; Huster/Schweiger S.752f; Kuhlmann (a) S.100ff; Schlander S.236; Schramm, Franz (b): Das Hessische Schulgrundgesetz. In: Die Pädagogische Provinz 1949, S.65 - S.68 und S.408 - S.411; Sporn, Carl: Schulgrundgesetz und Humanismus. In: Die Pädagogische Provinz 1949, S.193 - S.196, siehe auch S.197 - S.201; Stellungnahme der evangelischen Kirche in Hessen und Nassau zur Schulreform bzw. zum "Schulgrundgesetz". In: Die Pädagogische Provinz 1948, S.524 - S.532 und 1949, S.513 - S.515

an die Landtagsabgeordneten gegen sechsjährige Grundschulen und differenzierte Einheits-schulen. Besonders aggressiv traten die Lehrerverbände der weiterführenden Schulen gegen die geplanten Schulreformen auf. Als 1951 die sechsjährige Grundschule schon gar nicht mehr zur Debatte stand, rief der Mittelschullehrerverband zu "höchster Alarm- und Abwehr-bereitschaft" auf, "um die Würger unserer Schulart endlich und für alle Zeiten zum Schwei-gen zu bringen."[375] Hatte der Landesverband der höheren Schulen Hessens im September 1947 noch betont, daß man zwar für den Erhalt des Gymnasiums eintrete, sich aber einer Schulreform, solange sie nicht übereilt sei, nicht in den Weg stellen wolle, so wollte der Ver-band, als die konkreten Pläne schließlich vorlagen, Veränderungen auf eine "geistige Reform" beschränkt wissen und aktivierte alle Kräfte gegen eine äußere Schulreform.[376] Am 2.10.1949 stellte der Vorstand des hessischen Philologenverbandes befriedigt fest, "daß es zum großen Teil das Verdienst unserer Bemühungen ist," daß das Gesetz "ruht". Weiter heißt es:

> "Wir haben uns nicht mit Denkschriften und Rücksprachen im Ministerium begnügt. Wir haben die Elternbeiräte im ganzen Land in Bewegung gesetzt. Der Zentralelternbeirat ... hat ein eigenes Informationsblatt zur Schulreform herausge-geben. ... Dieses Informationsblatt hat im Ministerium Aufsehen und Mißbehagen erregt, weil es sich weitgehend mit unseren Forderungen deckt. ... Wir haben bei dem Kampf um die Schulreform es zuwege gebracht, daß wir das öffentliche Interesse wachgerufen haben. Ich glaube, wir können es zum großen Teil unseren Bemühungen zuschreiben, daß wir zu Ostern 1949 Sexten bekommen werden."[377]

Gegenüber diesen massiven und koordinierten konservativen Aktivitäten traten die gemäßig-ten Positionen der evangelischen Kirche und die positiven Stellungnahmen zum zweiten Steinschen Reformplan in den Hintergrund. Die evangelische Kirche warnte zwar vor einer Übernahme amerikanischer Vorstellungen in Hinblick "auf eine waagerechte Zusammenfas-sung aller Zweige in einem Schulgebäude", weil sie "Riesensysteme" produziere, dennoch sprach sie sich für entsprechende Schulversuche aus und befürwortete pädagogische Refor-men wie Arbeits- und Gruppenunterricht und die Steinschen Vorschläge zur "inneren Auf-lockerung". In der Frage der Grundschuldauer zeigte sie eine für die Kirche jener Zeit überra-schende Selbstbeschränkung und hielt sich "nicht für sachlich zuständig".[378]
Obwohl die Lehrergewerkschaft (ADLLV) die sechsjährige Grundschule einforderte, hielt sie sich wie der Gewerkschaftsbund im öffentlichen Auftreten zurück. Da sie erst im Sommer 1948 zugelassen worden war und sich noch im Selbstfindungsprozeß befand, konzentrierte sie sich auf die unstrittige Verbesserung der materiellen Bedingungen.[379]

---

[375] vgl. Hars S.201ff; Kuhlmann (a) S.38ff
[376] vgl. Schlander S.261ff und "Denkschrift des Landesverbandes Hessen der Lehrkräfte an den höheren Schu-len zur Schulreform" abgedruckt in: Pädagogische Provinz 1949, S.136 - S.139
[377] Hessischer Philologenverband, Mitteilungsblatt, Heft 1, 1.Jahrgang 1949/50, S.7f
[378] Stellungnahme der evangelischen Kirchen in Hessen zur Schulreform. In: Die Pädagogische Provinz 1948, S.527f
[379] vgl. Schlander S.260f; Kuhlmann (a) S.41; Hars S.203

Durch das zunehmende religiöse Engagement Steins verärgert und vorwiegend an Fragen der wirtschaftlichen Struktur interessiert, versäumten es auch SPD und KPD, den 2. Schulreformplan zu unterstützen. Für den SPD-Staatssekretär im Kultusministerium, Brill, tauchte die sechsjährige Grundschule schon im März 1949 nicht mehr unter den vorrangigen Forderungen auf.[380]

Durch die konservativen Verbände beeinflußt, wendete sich diesmal zudem die CDU - wie zuvor die FDP - gegen den Schulreformplan ihres Parteimitglieds Stein und vertrat die Auffassung, daß die sechsjährige Grundschule zwar in wenigen Versuchsschulen erprobt werden könne, die "bewährte" vierjährige Grundschule aber "nicht ohne zwingende Not" abgeschafft werden sollte.[381]

Anstatt auf die Einführung der sechsjährigen Grundschule zu drängen, vollzogen im Zuge der Politik der Westintegration ab dem Herbst 1948 auch ihre entschiedensten Verfechter, die US-Erziehungsbehörden, einen langsamen und - aufgrund interner Differenzen - diskontinuierlichen Rückzug.[382]

e) Verschiebung und Rücknahme der Pläne für ein verlängertes gemeinsames Lernen 1949/50

Der Klimawechsel 1948/49 in der Öffentlichkeit und die **mangelnde** parlamentarische und alliierte **Unterstützung** bewogen schließlich Stein im Februar 1949, die Entscheidung über die Dauer der Grundschule ein weiteres Jahr zu verschieben. Gleichzeitig erließ er Lehrplanangleichungen der Klassen 5 und 6, "doch sind aus diesem Erlaß in den weiterführenden Schulen keine praktischen Folgerungen gezogen worden".[383]

Als dann Stein im November 1950 auf Druck der FDP und des Mittelschullehrerverbands die Realschule ab Klasse 5 einführte, war ein weiteres Faktum geschaffen, das gegen eine Einführung der sechsjährigen Grundschule sprach. Dennoch bekundete Stein wiederholt, daß er gedenke, das von ihm vorgeschlagene förderstufenähnliche Modell zu realisieren.

Als Stein nach dem SPD-Wahlsieg von 1950 durch den SPD-Kultusminister Metzger abgelöst wurde, entschied sich die SPD jedoch dafür, weder die sechsjährige Grundschule noch die Förderstufe flächendeckend einzuführen.[384] Allerdings geriet Steins Modell nicht völlig in

---

[380] vgl. Hars S.203f; Schlander S.259; Kuhlmann (a) S.36, S.40 und S.101. Eine die differenzierte Einheitsschule fordernde Stellungnahme eines SPD-Vertreters ist in der Zeitschrift Pädagogische Provinz (1949, S.197 - S.201) abgedruckt.

[381] vgl. Hars S.200; Huster/Schweiger S.751f; Kuhlmann (a) S.100. Solche Versuchsschule wurden jedoch nicht eingeführt, sieht man einmal von der Odenwaldschule ab, bei der 1950 auf der Grundschule eine Werkstudienschule erst ab Klasse 7 aufbaute. Vgl. dazu Bildung und Erziehung, Wiesbaden 1951, S.217

[382] vgl. Schlander S.271ff; Kuhlmann (a) S.101; Hars S.204; Huster/Schweiger S.753f

[383] Retzlaff, Max: Die höhere Schule in Hessen 1945 - 1961. In: Die Höhere Schule. Düsseldorf 1962, S.102; vgl. auch Huster/Schweiger (S.754f), die von gegenseitigen Schuldzuweisungen der Parteien in der Debatte am 6.9.1950 berichten, daß kein Schulgesetz verabschiedet wurde.

[384] vgl. Kuhlmann (a) S.102; Hars S.205; Schlander S.259; Maaßen S.59f. Metzger konzentrierte sich u.a. auf die Ausweitung von Aufbauschulen.

Vergessenheit, so daß in Hessen die Förderstufendebatte im Zuge der Diskussion um den Rahmenplan recht bald wiederauflebte, sehr früh einzelne Versuche durchgeführt wurden und Stein später die Kontinuität der hessischen Schulpolitik in der Förderstufenfrage hervorhob.[385] Da wegen des frühen Rückzugs der US-Militärregierung und des fehlenden Engagements der SPD und der Gewerkschaften die kurz vor ihrer Einführung stehende sechsjährige Grundschule wie auch die Förderstufe - trotz günstiger Voraussetzungen - verpaßt wurden, kann man aus Sicht der Befürworter in Hessen m.E. dennoch von **"versäumten Chancen"** sprechen.[386]

3.3.3. Länder mit zeitweiser sechsjähriger Grundschule

3.3.3.1. Schleswig-Holstein

a) Grundbedingungen

1. Die britische Militärregierung verhielt sich auch hier passiv.
2. Der sozialdemokratische Volksbildungsminister vom April 1946 bis zum Januar 1949, Wilhelm Kuklinski, war ein Mann des zweiten Bildungswegs und verfocht aus dieser Perspektive die Hebung des Bildungsniveaus der Mehrheit des Volkes.
3. Die SPD stellte bis 1950 allein die Regierung und unterstützte den Schulreformkurs ihres Ministers.
4. In Schleswig-Holstein verhielt sich die evangelische Kirche zurückhaltend gegenüber Schulreformen.
5. Nach der Verabschiedung des Schulgesetzes wurde den verstärkt in die Öffentlichkeit tretenden konservativen Verbänden von anderen Verbänden kaum etwas entgegengesetzt.
6. Die ländliche Bevölkerung war mehrheitlich gegen die sechsjährige Grundschule eingestellt.[387]

b) Einführung der sechsjährigen Grundschule 1948

Nachdem - wie schon an anderer Stelle erwähnt - auf dem vertraulichen Treffen am 1.12.1947 in Bremen Volksbildungsminister Kuklinski mit den hochrangigsten schulpolitischen SPD-Vertretern der britischen Zone die Einführung der sechsjährigen Grundschule als Ziel verabredet hatte und entsprechende Ersuche um baldige Anordnung der verlängerten Grundschule

---

385 vgl. Abschnitt 4. und 5, Huster/Schweiger S.755 sowie Jürgens, Eiko: 20 Jahre Orientierungsstufe, Sankt Augustin 1991, S.9. Jürgens betont, daß neben Niedersachsen nur in Hessen in den 50er und 60er Jahren ausreichend Versuche mit einem Kern- und Kursunterricht in den Jahrgängen 5 und 6 gemacht wurden.
386 vgl. Kuhlmann (b) Überschrift S.43
387 vgl. Tabelle Abschnitt 3.1.

an die britische Militärregierung ergangen waren,[388] entschloß sich das schleswig-holsteiner Ministerium als erstes Land auch ohne britische Hilfe, die sechsjährige Grundschule umgehend einzurichten. So wurde die schnelle Schulreformvorbereitung des Volksbildungs-ministeriums schon am 1.4.1948 sowohl durch das am 5.3.1948 mit der SPD-Mehrheit von 41 gegen 17 Stimmen der CDU und 5 Enthaltungen des Süd-Schleswigschen-Wählerverbandes (SSW) verabschiedete **Gesetz zur Verlängerung der Grundschule** als auch durch die Schulgeld- und Lernmittelfreiheit umgesetzt.[389]

In der Gesetzesbegründung standen sich auch hier solidarische Förderung aller Schüler und leistungsbezogene Selektion in Spannung gegenüber. Zudem wurde auf die Stuttgarter Tagung der Kultusminister der Länder im Februar 1948 verwiesen, auf der angeblich besprochen wurde, die sechsjährige Grundschule bundesweit einzuführen. In der Stuttgarter Entschließung taucht die sechsjährige Grundschule aber nicht auf.[390]

c) Proteste und Erfolge des konservativen Blocks 1949 - 1951

Der Optimismus des Volksbildungsministers Kuklinski, daß "der Gedanke der sechsjährigen Grundschule marschiert", wurde jedoch schon bald enttäuscht.[391] Nachdem das Gesetz, durch die Briten genehmigt, in Kraft getreten war, formierte sich der "Verein zur Erhaltung und Förderung der Schulbildung e.V." aus Vertretern der konservativen und liberalen Parteien, Verbänden, Universitäten, Pädagogischen Hochschulen und Elternbeiräten. Sein **Protest gegen die sechsjährige Grundschule** in der Resolution vom 14.12.1949 und seine konservative Argumentation traf auf eine ähnlich eingestellte Bevölkerung. Spezielle Umfragen im Januar und Februar 1948 hatten gezeigt, daß es gerade in Schleswig-Holstein besonders wenige Befürworter der sechsjährigen Grundschule gab (17% bzw. 31%). Schon 1948 hatte die CDU deshalb eine Volksabstimmung angeregt, allerdings ohne Erfolg.[392]

Die schnelle gesetzliche Einführung der sechsjährigen Grundschule brachte bei der Realisierung dieser relativ isolierten Maßnahme große Schwierigkeiten, da offenbar die nachkriegsbedingten Mängel und fehlende Vorbereitungen nicht kompensiert werden konnten. So war bei dem parteiinternen Ministerpräsidentenwechsel im August 1949 selbst der SPD klar, daß mit einem neuen Schulgesetz Maßnahmen verabschiedet werden mußten, die den Bedenken der Opposition, die ein Absinken des Leistungsniveaus in Schleswig-Holsteins Schulen beklagte, Rechnung trugen. Daher war schon zu Beginn des Jahres 1949 der Hamburger

---

[388] vgl. Leski S.30 und S.115f

[389] vgl. Hamburger Lehrerzeitung H.1 1948, S.15

[390] vgl. Härtig, Paul: Schulreform an der Wasserkante. In: Pädagogische Welt, Donauwörth 1950, S.401ff; Schola 1948, S.370; Helling S.51f; Froese S.104. Auch auf dem Treffen der Kultusminister in Kempfenhausen (20/21.4.1949) wurde nicht die sechsjährige Grundschule beschlossen, sondern nur empfohlen, daß der Übertritt zur Höheren Schule in allen Ländern nach der sechsten Klasse möglich sein sollte. Vgl. Bericht in: Pädagogische Welt 1949, S.435f

[391] Halbritter S.104f; vgl. auch Klafki (a) S.149; Hars S.220ff

[392] vgl. Hars S.221 und Tabelle Abschnitt 3.1.

Schulreformer Siegel als Sonderbevollmächtigter und schließlich ab August als Volksbildungsminister eingesetzt worden, um ein umfassendes Schulgesetz nach Hamburger Vorbild zu erarbeiten, bei dem Begleitmaßnahmen die sechsjährige Grundschule in einen Gesamtrahmen einbetten und festigen sollten.[393] Die Aktivitäten der SPD gegen den zunehmenden Zuspruch, den die konservativen Gruppierungen und Parteien erhielten, kam jedoch zu spät. Sie verlor bei den Wahlen vom 9.7.1950 die Mehrheit. Da die SPD die sechsjährige Grundschule in der Verfassung verankert hatte, war jedoch für eine Änderung der Grundschuldauer eine Zweidrittelmehrheit im Parlament nötig. Doch sogar diese Hürde schaffte die neugebildete Koalitionsregierung aus CDU, FDP, DP und BHE unter dem neuen Volksbildungsminister Pagel und kehrte am 3.2.1951 mit der Aufhebung des Schulgesetzes zur **vierjährigen Grundschule** zurück.[394] Damit haben sich in Schleswig-Holstein in bezug auf die Einführung und Aufhebung der sechsjährigen Grundschule die parteipolitischen Mehrheitsverhältnisse als entscheidendes Kriterium erwiesen. Zudem wurde deutlich, daß die schnelle Einführung der verlängerten Grundschuldauer nicht zu ihrer Stabilisierung beitrug.

3.3.3.2. Hamburg

a) Grundbedingungen

1. Auch in Hamburg griff die britische Besatzungsmacht nicht in die schulpolitischen Kämpfe ein, zumal deren Entwicklung bis 1949 mit ihren Vorstellungen übereinstimmte.[395]

2. Der Kultussenator der SPD, Heinrich Landahl, der aus der Weimarer Schulreformtradition kam, und die Schulverwaltung steuerten einen gemäßigten, aber stetigen Reformkurs.

3. Die bis 1951 dominierende SPD arbeitete trotz Koalition mit der reformfeindlichen FDP in Schulfragen mit der KPD zusammen und setzte sich für die sechsjährige Grundschule ein.[396]

4. Im protestantisch geprägten Hamburg konzentrierte sich die evangelische Kirche auf den Religionsunterricht.

---

[393] vgl. Stenographische Berichte über die Sitzungen der Bürgerschaft zu Hamburg, 20. Sitzung (31.8.1949), S.792

[394] vgl. Hars S.222; Kuhlmann (a) S.31; Halbritter S.105; Klafki (a) S.149 und Storbeck S.341 zum Wahlergebnis 1951: "Deutscher Wahlblock" (CDU 19,7%, DP 6%, FDP 7%) 32,7% = 34 Sitze); GB/BHE 23,4% = 14 Sitze; SPD 27% = 20 Sitze; Partei der dänischen Minderheit 4 Sitze; KPD 2,2%.

[395] vgl. Hars S.284

[396] zum Wahlergebnis vom 13.10.1946 vgl. Hars S.223 und Anm.26: SPD 43,1% = 82 Sitze; CDU 26,7% = 16 Sitze; FDP 18,2% = 7 Sitze; KPD 10,4% = 4 Sitze

5. Den starken konservativen Verbänden standen ebenso aktive reformfreudige Lehrergewerkschaften gegenüber.

6. Organisatorische und pädagogische Schulreformen (z.B. Aufbauschulen, Lebensgemeinschaftsschulen u.a.) hatten in Hamburg eine große Tradition, so daß die städtische Bevölkerung an Schulversuche gewohnt war.

b) Vordiskussionen 1945-1948

Vor allem die schon 1805 von reformwilligen Volksschullehrern gegründete "Gesellschaft der
Freunde des vaterländischen Schul- und Erziehungswesens" (später GEW), die fortschrittlichen Lehrkräfte in der "Hamburger Schulsynode" und die "Arbeitsgemeinschaft sozialdemokratischer Lehrer und Lehrerinnen Deutschlands" (ASL) erwiesen sich in der Anfangsphase
der Besatzungszeit als **treibende Schulreformkräfte.** Sie hatten in der KPD und SPD sowie
in Heinrich Landahl (bis 1933 Liberaler, ab 1945 SPD) als Kultussenator und Heinrich
Schröder als Oberschulrat sich der Tradition der Hamburger Lebensgemeinschaftsschulen
bewußte Unterstützer.[397] So konnten die Reformer nicht nur auf die jahrelangen und vielfältigen Erfahrungen der Hamburger Versuchsschulen zurückgreifen, sondern sich auch auf die
schon 1899 gestellte Forderung der Hamburger Schulsynode und der Bürgerschaft nach einer
obligatorischen und verlängerten Grundschule berufen.[398]

Landahls Kurs der gemäßigten schrittweisen Veränderungen, der zunächst auf die Behebung
der schwersten materiellen Mängel zielte,[399] und seine Pläne zur Einführung der sechsjährigen Grundschule gingen den veränderungswilligen **Lehrerverbänden** und den sozialdemo-
kratisch organisierten Lehrkräften z.T. allerdings nicht schnell und nicht weit genug. Im
Frühjahr 1947 forderte die ASL neben der Selbstverwaltung der Schulgemeinden und der
Abschaffung des Religionsunterrichts die achtjährige Grundschule mit innerer Differenzierung nach dem Berliner Vorbild. Sie war jedoch in den innerparteilichen Diskussionen um die
Grundschuldauer gegenüber dem pragmatischen Reformkurs Landahls unterlegen. Dieser
hatte auf der Delegiertenversammlung der SPD am 12.6.1947 die Verlängerung der Grundschulzeit auf sechs Jahre gefordert.[400]

---

[397] vgl. Helling S.60 und S.65ff; Halbritter S.97ff; Hars S.223; Zeidler, Kurt (b): Der Wiederaufbau des
Hamburger Schulwesens nach dem Zusammenbruch 1945, Hamburg 1974, S.7 und S.26. Die KPD unterstützte,
obwohl in der Opposition, durchgängig die Schulreformpläne der SPD und des Schulsenators, kritisierte aber
häufig eine zu langsame Vorgehensweise und eine zu geringes finanzielles Engagement des Senats. Vgl.
Stenographische Berichte über die Sitzungen der Bürgerschaft zu Hamburg, 11. Sitzung 1949 (27.5.1949),
S.365f; 20. Sitzung 1949 (31.8.1949), S.786ff; 21. Sitzung (2.9.49), S.817; 15.Sitzung 1951 (12.7.1951), S.693
[398] vgl. Schulbehörde der Hansestadt Hamburg (Hrsg.): Die Neuordnung des Hamburger Schulwesens. Entwurf
und Erläuterungen zu einem Gesetz über das Schulwesen der Hansestadt Hamburg, Hamburg 1949, S.40f
[399] vgl. Landahls Rückblick in: Die Neuordnung des Hamburger Schulwesens, S.5ff; Zeidler (b) S.8, S.16ff,
S.19ff; Fiege, Hartwig: Fritz Köhne - Ein großer Hamburger Schulmann 1979 - 1956, Hamburg 1986, S.96f
[400] vgl. Stenographische Berichte über die Sitzungen der Bürgerschaft zu Hamburg, Hamburg 1949, 11. Sitzung
(27.5.1949), S.363

Nachdem Landahl nach vielen Beratungen "im inneren Kreis der Behörde" das Konzept und die Einbettung der verlängerten Grundschuldauer in übergreifende Reformen genügend durchdacht schien, stellte er im November 1947 den **ersten Entwurf** für ein Hamburger Schulgesetz, der die sechsjährige Grundschule beinhaltete, der Öffentlichkeit vor.[401] Zugleich verabredete er mit den ranghöchsten SPD-Vertretern Nord- und Westdeutschlands eine weitgehend gemeinsame Einführung der verlängerten Grundschuldauer und ein Ersuchen um Unterstützung an die britische Militärregierung.[402] Daß die **länderübergreifende Einführung der sechsjährigen Grundschule** eine Hauptsäule der Hamburger Argumentation war, die später auf ihre Vertreter zurückschlug, zeigt auch folgender Satz in der Begründung des Schulgesetzes:

"Auf sie [die mit dem Hamburger Gesetzentwurf erstrebte Schulreform, d.V.] steuert die Entwicklung in allen deutschen Ländern zu. Mehrere Konferenzen der Kultusminister aller vier Besatzungszonen Deutschlands haben erkennen lassen, daß innerhalb weniger Jahre wahrscheinlich schon die deutsche Schule in allen diesen Ländern diese Gestalt haben wird."[403]

Ab Dezember 1947 wurde zudem in vielen Elternversammlungen, Stadtteilgeprächen und Deputationsberatungen der erste Rahmenentwurf zur künftigen Schulreform unter lebhafter Beteiligung der Öffentlichkeit zur Diskussion gestellt. Neben vielen zustimmenden Stimmen[404] äußerte sich hier zugleich der **Protest** der Gymnasialelternbeiräte, Philologenverbände, "Hamburger Bürgervereine", Universitäten und konservativen Parteien. Er richtete sich mit den schon bekannten Argumentationen, Ablenkungs- und Verschleppungsmanövern vor allem gegen die Grundschulzeitverlängerung und bestritt die von der Schulbehörde vertretene These, daß die sechsjährige Grundschule "eine unausweichliche Folge der inneren Schulreform" sei.[405] Auch wenn die CDU anerkannte, daß die Schulbehörde ihre Pläne rechtzeitig offengelegt hatte und genügend Zeit zur Diskussion war, argumentierte sie wie die rechtsliberale FDP und die nationalistische DP wiederholt, daß angesichts der schwierigen materiellen und finanziellen Bedingungen die Schulreform zu früh käme, eine Erprobung und bundeseinheitliche Regelungen abzuwarten und "innere" statt "äußere" Schulreformen nötig seien.[406] Unter Berufung auf Eduard Spranger, der die Erziehung einer "sittlich und geistig

---

[401] vgl. Neuordnung des Hamburger Schulwesens S.6

[402] vgl. Leski S.30 und S.115f

[403] Neuordnung des Hamburger Schulwesens S.14; vgl. auch Stenographische Berichte über die Sitzungen der Bürgerschaft zu Hamburg, Hamburg 1949, 11. Sitzung (27.5.1949), S.360f

[404] vgl. Stenographische Berichte Hamburg 1949, 11. Sitzung (27.5.1949), S.354

[405] vgl. Neuordnung des Hamburger Schulwesens S.5f und S.13; Stenographische Berichte Hamburg 1949, 11. Sitzung (27.5.1949), S.357

[406] vgl. Stenographische Berichte Hamburg 1949, 20. Sitzung (31.8.1949), S.778 und S.784ff; Neuordnung des Hamburger Schulwesens S.5ff; Hars S.224 und Halbritter S.100

geadelten Führerschicht" in den Mittelpunkt stellte, forderte der konservative Block auch in Hamburg vor allem den Erhalt des neunjährigen humanistischen Gymnasiums.[407] Die evangelische Kirche konzentrierte sich daneben auf den Erhalt des Religionsunterrichts, beeinflußte aber die Diskussionen um die Grundschuldauer zunächst kaum.[408] Interessant scheint, daß der CDU-Bürgerschaftsabgeordnete de Chapeaurouge meinte, über eine **Verkürzung der Grundschuldauer auf drei Jahre** nachdenken zu müssen. Dies war aber m.E. eine taktische und nur ein einziges Mal geäußerte Position.[409] In der Regel vertrat die CDU die Vierjährigkeit und bot sogar im Gegensatz zur FDP und DP an, die sechsjährige Grundschule unter der Bedingung zu akzeptieren, daß spezielle Begabtenklassen oder - wie in Hessen beabsichtigt - Lateinklassen eingerichtet würden bzw. daß die sechsjährige Grundschule von den Eltern des jeweiligen Schulbezirks mehrheitlich beantragt würde.[410] Dagegen unterstützte die in der "Gesellschaft der Freunde des vaterländischen Schul- und Erziehungswesens" organisierte **Lehrerschaft**, nachdem sie anfänglich "mit einer gewissen Zurückhaltung an die Frage der Schulreform" herangegeangen war, die Verlängerung der Grundschuldauer. Schließlich einigten sich die gegen die sechsjährige Grundschule votierende "Fachschaft höhere Schule" und die für späte Übergänge plädierende "Fachschaft Volksschule" am 18.10.1948 auf eine "mit überwältigender Mehrheit angenommene" "Entschließung zu einem künftigen Schulgesetz". Sie sah für die ersten vier Grundschuljahre Gesamtunterrricht vor. Darauf sollten zwei Schuljahre (5/6) mit starker innerer Differenzierung folgen, die in eine äußere Differenzierung in Form von dreijährigen Zweigen (7-9) mündete, so daß alle Schülerinnen und Schüler eine neunjährige differenzierte Einheitsschule besuchen sollten. Diese Organisation habe gegenüber der einfachen Verlängerung der Grundschule nach Meinung der hier organisierten Lehrerschaft zudem den Vorteil, daß verschiedene Lehrergruppen zusammenarbeiteten.[411]

c) Einführung der sechsjährigen Grundschule 1949

Der Schulsenator ging jedoch weder auf die Vorschläge der CDU noch auf das Schulorganisationsmodell der "Gesellschaft der Freunde des vaterländischen Schul- und Erziehungswe-

---

[407] vgl. Spranger, Eduard (d): Innere Schulreform. In: E.Spranger: Pädagogische Perspektiven. Beiträge zu Erziehungsfragen der Gegenwart. 1.Aufl. Heidelberg 1950 (6. Aufl. 1960), S.58ff

[408] vgl. Halbritter S.99

[409] Es findet sich mit dieser Zielrichtung nur eine einzige Äußerung, nämlich die des CDU-Abgeordneten de Chapeaurouge in der Sitzung vom 31.8.1949: "Wir müssen uns aber darüber klar sein, daß der Gedanke, ob es sich nicht empfiehlt, die dreijährige Grundschule wieder einzuführen, ein Problem bildet, das ernsthafter Prüfung bedarf." Stenographische Berichte Hamburg 1949, 20. Sitzung (31.8.1949), S.783; vgl. auch Hars S.225

[410] vgl. Stenographische Berichte Hamburg 1949, 11. Sitzung (27.5.1949), S.363; 21.Sitzung (2.9.1949) S.815, 23.Sitzung (23.9.1949) S.928f; Hars S.225

[411] Hamburger Lehrerzeitung H.7 1948, S.1, S.3f und S.5ff, H.8 1948, S.17ff, H.6 1948, S.5ff; vgl. auch Helling S.64; Halbritter S.98; Gebhard, Julius: Ertrag der Hamburger Erziehungsbewegung, Hamburg 1955, S.87ff und S.94ff. Auch der aus der Versuchsschulbewegung kommende Gebhard plädiert eher für einen "elastischen Mittelbau" mit kleinen Klassen, die in "aufgelockerter Arbeitsweise" mit innerer und äußerer Differenzierung arbeiten, als für eine schlichte Verlängerung der Grundschulzeit.

sens" näher ein, sondern brachte angesichts der widerstreitenden Positionen, die auf der einen Seite die vierjährige Grundschule, auf der anderen Seite die neunjährige differenzierte Einheitsschule empfahlen, schließlich im März 1949 seinen **Gesetzentwurf mit sechsjähriger Grundschule** als "mittleren Weg" unverändert ein. Für die Grundschule waren zwar innere Differenzierungen, aber keine Latein- bzw. Begabtenklassen vorgesehen. Darauf sollten - vom Primarbereich getrennt - drei Typen sechsjähriger Oberschulen aufbauen.[412]

Zur Begründung der Verlängerung der Grundschule führte die Schulbehörde und die SPD sowohl soziale als auch Ausleseaspekte an. So dürfe "der Strom der Begabungen ... nur seinen eigenen Gesetzen unterworfen sein," was bei längerer Auslesezeit besser gewährleistet sei und weniger Versager auf den Oberschulen mit sich bringe. Eine Differenzierung "nach den drei großen Begabungsrichtungen" sei ab dem 7.Schuljahr nötig.[413] Auch im Gesetz heißt es, daß die sechsjährige Grundschule vor allem den verschiedenen "Begabungsrichtungen" und "Begabungshöhen" gerecht werden solle.[414]

Daneben wird das soziale Motiv gestellt und betont, die Gemeinschaftserfahrung sei für die Kinder wichtig; der "Sinn für Gemeinschaft" sei zu wecken.[415] Das Schulwesen dürfe nicht den gesellschaftlichen Entwicklungen hinterherhinken, weshalb der wirtschaftlich-technischen Reform wie im Ausland eine sozialorientierte Schulreform folgen müsse. Im Rückgriff auf Theodor Litt und Goethes Wilhelm Meister bezeichnete Landahl die Lebenstüchtigkeit als wichtigstes Bildungsziel und betonte das Kindesrecht gegenüber dem Elternrecht.[416] Den daraus abgeleiteten inneren Reformen müßten nun notwendig äußere Reformen folgen, die die sechsjährige Grundschule beinhalteten. Die Gegenargumente der 20er Jahre, daß die innere Gestaltung dieser Schulform nicht erprobt sei, waren nach Landahls Ansicht durch die Versuche der Hamburger Lebensgemeinschaftsschulen inzwischen überholt. Insofern hielt es Landahl für wichtig und war optimistisch, daß die Lehrkräfte, Eltern und Jugendlichen die Schulreform nun umsetzten und unterstützten und die anderen Bundesländer dem Hamburger Beispiel folgten.[417]

In seinem Plädoyer für die Neuordnung des Hamburger Schulwesens wurde er ergänzt durch den schulpolitischen Sprecher der SPD, Hans-Joachim Heydorn, und die Oberschulräte Heinrich Schröder und Ernst Matthewes sowie durch Carl Schietzel und Hans Reimers, die auf nationale und internationale Parallelen hinwiesen, den Gesamt- und Arbeitsschulunterricht, Projekt- und Gruppenunterricht und innere Differenzierungen als tragende Prinzipien der zukünftigen sechsjährigen Grundschule hervorhoben und sich neben der Einrichtung von

---

[412] vgl. Neuordnung des Hamburger Schulwesens, insb. S.17 - S.25
[413] ebenda S.11 und S.14; vgl. auch Stenographische Berichte Hamburg 1949, 11. Sitzung (27.5.1949), S.358ff
[414] Neuordnung des Hamburger Schulwesens S.20
[415] ebenda S.20 und S.45ff; vgl. auch Stenographische Berichte Hamburg 1949, 11. Sitzung (27.5.1949), S.357f
[416] vgl. Neuordnung des Hamburger Schulwesens S.5ff
[417] vgl. ebenda S.13ff und S.53f; Stenographische Berichte Hamburg 1949, 11. Sitzung (27.5.1949), S.355 und S.360f, 23. Sitzung (23.9.1949), S.815f

mehreren Versuchsschulen wünschten, daß die drei folgenden Oberschulzweige in Form von additiven Gesamtschulen realisiert würden.[418] Hervorzuheben und äußerst aktuell erscheint mir Matthewes Argumentation, der die Veränderungen der kindlichen Lebensbedingungen für die Begründung des Gesamtunterrichts und der verlängerten Grundschuldauer anführt. Seiner Meinung nach lebte das Kind früher ganzheitlich und sozial gefestigt in der Familie. In der modernen Gesellschaft würde sich nunmehr zunehmend dieser Ganzheitlichkeit und soziale Sicherheit bietende Faktor auflösen, so daß an dessen Stelle stärker die Schule treten und entsprechende neue Angebote und Strukturen bieten müsse.[419]

Während die reformorientierten Lehrerverbände den Gesetzentwurf unterstützten,[420] der im übrigen auch den Reformwünschen der zurückhaltenden britischen Militärregierung entsprach, stieß er umgehend auf den Widerstand der konservativen Parteien und Verbände.[421] Hierbei zeigte sich insbesondere die **FDP als radikaler Gegner** der sechsjährigen Grundschule und wies mehrmals darauf hin, daß sich die übrigen Länder entgegen der Argumentation von Landahl nicht für dieses Modell entschieden und auch die Gutachten der Erziehungswissenschaftler Flitner und Wenke in der Denkschrift der Universität Hamburg einen Übergang zum Gymnasium direkt nach dem 10.Lebensjahr aus psychologischen, physischen und pädagogischen Gründen für nötig hielten.[422]

Nach scharfen Debatten in den Medien und in der ersten Lesung (27.5.1949) richtete die SPD zur Legitimation gegenüber öffentlichen Protesten in erprobter Taktik einen "Sonderausschuß" ein, der überwiegend mit reformfreundlichen Mitgliedern besetzt wurde.[423] Als dieser dann alle Akteure angehört hatte, empfahl er - bei Teilzugeständnissen hinsichtlich der siebenjährigen Dauer der Gymnasien und des christlichen Religionsunterrichts - mehrheitlich die **Annahme** des Gesetzes.[424]

Im **September 1949** wurde schließlich nach gescheiterten Verzögerungsversuchen der Opposition das Schulgesetz und damit die Einführung der sechsjährigen Grundschule mit 78 Stimmen aus SPD und KPD gegen 17 Stimmen von CDU, FDP und DP **beschlossen**.[425]

---

[418] vgl. Neuordnung des Hamburger Schulwesens S.26ff, S.49, S.57ff und S.103ff; Stenographische Berichte Hamburg 1949, 20. Sitzung (31.8.1949), S.771ff.

[419] vgl. Neuordnung des Hamburger Schulwesens S.69ff

[420] vgl. Hamburger Lehrerzeitung 1949, H.12 (Dez.1948), S.10, H.13 (Jan.1949), S.5ff und S.12, H.14, S.1ff und S.12f, H.1, S.6ff, H.4, S.13f, H.9, S.1ff, H.10, S.1ff, H.12, S.16ff. Die "Gesellschaft der Freunde des vaterländischen Schul- und Erziehungswesens" unterstützte 1949 die Schulreform mit Argumenten, die auf die reformpädagogische innere Umorientierung und die historische Fundierung der verlängerten Grundschuldauer abstellten, und richtete Arbeitskreise zum Thema "Gesamtunterricht in der Grundschule" ein.

[421] vgl. Halbritter S.100; Hars S.224; Stenographische Berichte Hamburg 1949, 11. Sitzung (27.5.1949), S.361ff und S.367ff

[422] vgl. Stenographische Berichte Hamburg 1949, 11. Sitzung (27.5.1949), S.367f und Denkschrift der Universität Hamburg: Die Schule in unserer Zeit, Hamburg 1949, S.38 und S.40ff

[423] vgl. Stenographische Berichte Hamburg 1949, 11. Sitzung (27.5.1949), S.353; S.369 und S.377

[424] vgl. Halbritter S.101

[425] vgl. Hars S.225; Halbritter S.101; Helling S.63

Mit der Einführung der sechsjährigen Grundschule im Jahre 1950 gelang es dem "konservativen Block", die latent gegen die längere Grundschuldauer eingestellten Bevölkerungskreise verstärkt zu mobilisieren.[426] Mehrmals startete die Opposition Versuche, die Schulreform zu revidieren. So beantragte sie am 14.4.1950 die Einrichtung eines Überprüfungsgremiums und die Einführung von Latein in Klasse 6, am 13.12.1950 die Einrichtung von humanistischen Gymnasien, am 4.4.1951 die Bildung von grundständigen Gymnasien für Überwechsler aus anderen Bundesländern und am 12.7.1951 die Rücknahme der Schulreform aus Gründen der finanziellen Mangelsituation.[427] Obwohl von seiten der "Gesellschaft der Freunde des vaterländischen Schul- und Erziehungswesens" die sechsjährige Grundschule verteidigt und die Vorwürfe entkräftet wurden,[428] erreichten es die Oppositionsparteien gemeinsam mit der Universität und dem Philologenverein, die in der Broschüre des Schulsenators "Schule in Not, Jugend und Zukunft bedroht" zugegebenen materiellen Mängel in eine generelle Ablehnung der sozialdemokratischen Schulpolitik zu lenken und vorhandene **Elternproteste** gegen Schulraumnot und den Schichtunterricht durch Parolen und Schlagwörter wie "Sozialismus kostet Geld", "Landahlismus" und "Schulchaos" mit Protesten gegen die Schulreform zu verbinden.[429] Gestärkt durch die Erfahrungen in Schleswig-Holstein drohte der CDU-Fraktionsvorsitzende Blumenfeld bereits am 12.7.1951 dem Schulsenator Landahl in der Bürgerschaft:

"Wenn Sie Ihre reformatorischen Pläne nicht aufgeben, dann werden Sie es 1953 zu verantworten haben. Ich bin sicher, meine Damen und Herren, wenn wir dann an der Regierung sein werden, dann brauchen Sie sich nicht mehr darum zu kümmern. Wir werden diese Schulreform wieder auf das zurückführen, was richtig ist."[430]

Nachdem sie die **Kampagne gegen die sechsjährige Grundschule** auch 1952 und 1953 fortgesetzt hatten,[431] schlossen sich die drei Parteien **CDU, DP und FDP** - nicht zuletzt wegen ihrer schulpolitischen Übereinstimmung - zum "Hamburger Block" zusammen und **gewannen mit einem schulpolitisch geführten Wahlkampf im November 1953 knapp die Wahlen.**[432]

---

[426] vgl. Tabelle in Abschnitt 3.1.; Schwänke, Ulf: Das Hamburger Schulwesen - Ein Leitfaden, Hamburg 1981, S.90

[427] vgl. Stenographische Berichte Hamburg 1950, S.335ff, S.342f, S.1115 und 1951, S.186ff, S.684ff

[428] Die "Gesellschaft der Freunde des vaterländischen Schul- und Erziehungswesens" befürwortete die sechsjährige Grundschule, obwohl sie mit den konkreten Bedingungen an den Hamburger Schulen sehr unzufrieden war. Vgl. Hamburger Lehrerzeitung 1950, H.16, S.6ff; 1952, H.1, S.2ff; zur argumentativen Stützung der sechsjährigen Grundschule vgl. vor allem den Aufsatz von Anne Banaschewski: 1953, H.9, S.1ff.

[429] vgl. Stenographische Berichte Hamburg 1951, S.692ff

[430] Stenographische Berichte Hamburg 1951 S.705

[431] vgl. Stenographische Berichte Hamburg 1952, S.414ff und S.1035ff, 1953, S.93ff, S.192, S.255ff

[432] vgl. Maaßen S.69; Hars S.225f: Hamburger Block 50% = 62 Sitze; SPD 45,2% = 58 Sitze; KPD 3,2% = 0 Sitze. Zum Vergleich Wahlen 1949: SPD 42,8% gegenüber zusammen 47,8% der damals getrennt angetretenen konservativen Oppositionsparteien CDU, FDP und DP. Dennoch konnte die SPD in der Sitzverteilung die Mehrheit gewinnen. Zu den schulpolitischen Vorstellungen der Parteien im Wahlkampf 1953 vgl. Hamburger Lehrerzeitung 1953, H.15, S.1ff.

Obwohl die SPD mehr Stimmen erhielt als bei den vorangegangenen Wahlen und nur durch die geringe Stimmenzahl der KPD und die Blockbildung der Oppositionsparteien unterlag, wurde der Erfolg der konservativen Parteien in den Reihen der SPD als verheerende Reaktion auf die Kampagne des geschlossenen "konservativen Blocks" gegen die sechsjährige Grundschule interpretiert. Zugleich hatte die Wahlniederlage bundesweite Ausstrahlung auf viele sozialdemokratische Politiker, die in den späteren Jahren reformorientierten Gruppen das Hamburger Beispiel immer wieder als Warnung gegenüber schulorganisatorischen Forderungen nach verlängertem gemeinsamen Lernen entgegenhielten.

d) Rücknahme der sechsjährigen Grundschule

Als eine der ersten Maßnahmen des neuen Senats wurde bereits im November 1953 die umgehende Rücknahme des Hamburger Schulgesetzes vom CDU-Fraktionsvorsitzenden Blumenfeld angekündigt und in der Regierungserklärung von Bürgermeister Sieveking (CDU) im Dezember bestätigt. Die neue Regierung ließ sich nun genausowenig, wie es die alte Regierung getan hatte, auf Versuche der Opposition und Bitten der "Gesellschaft der Freunde des vaterländischen Schul- und Erziehungswesens" ein, die Umsetzung ihrer schulpolitischen Positionen zu verlangsamen und zu überdenken.[433] So wurde bereits am 3.3.1954 mit 61 Stimmen des Hamburger Blocks gegen 58 Stimmen der SPD eine Gesetzesänderung beschlossen, die auf Antrag der Erziehungsberechtigten den Übergang zum Gymnasium nach dem **vierten** Schuljahr zu Schuljahresbeginn (Ostern) 1954 ermöglichte. Zwar blieb noch die fakultative sechsjährige Grundschule erhalten, doch war - wie sich der SPD-Abgeordnete Nevermann in der Bürgerschaft äußerte - offensichtlich, daß dies keine sinnvolle Lösung von Dauer sein konnte:

> "Wenn diese Gemeinschaft aller Kinder in den sechs Grundschuljahren ... aufgehoben wird, ist der Sinn des längeren Verbleibens für andere Kinder auch aufgehoben. ... Man kann schon heute sagen, daß die Eltern, dann die sechsjährige Grundschule aufgeben werden, weil der Sinn hinfällig geworden ist."[434]

Tatsächlich bewirkte die vom Hamburger Block als "behutsamer Revisionsschritt" bezeichnete Maßnahme, daß die meisten Eltern, die ihre Kinder zum Gymnasium schicken wollten, sie nach dem vierten Schuljahr wechseln ließen.

Trotz der vorentscheidenden Rücknahme der obligatorischen sechsjährigen Grundschuldauer wurde im Februar 1954 eine um Konsens bemühte "unabhängige Kommission" aus Sachver-

---

[433] vgl. Stenographische Berichte Hamburg 1953, 17.Sitzung (20.11.1953) S.672ff und 19.Sitzung (9.12.1953) S.691; 1954, 3.Sitzung (17.2.1954) S.54f; 4.Sitzung (3.3.1954) S.87ff; Hamburger Lehrerzeitung 1953, H.17, S.2ff und H.18, S.1ff
[434] Stenographische Berichte Hamburg 1954, 4.Sitzung (3.3.1954) S.96f

ständigen und Laien eingesetzt, die u.a. die Frage der Grundschuldauer noch einmal überprüfen sollte.[435] Mit diesem Beschlußkomplex (Übergangsmöglichkeit nach Klasse 4 plus "unabhängige Kommission") war anschließend auch die "Gesellschaft der Freunde des vaterländischen Schul- und Erziehungswesens" zufrieden, die sich nach der Wahlniederlage der SPD bereits am 13.1.1954 für entsprechende Kompromisse ausgesprochen hatte.[436] Sie reagierte damit auch darauf, daß sogar engagierte Schulreformer in der Lehrerschaft durch die Auseinandersetzungen und die schwierigen materiellen und personellen Bedingungen Mitte der 50er Jahre in ihrer pädagogischen Innovationskraft erlahmt zu sein schienen. So schildert Gebhard die Situation 1955:

> "Ernüchtert durch viele Enttäuschungen der Kriegs- und Nachkriegszeiten hat die junge Generation nicht mehr den Ehrgeiz, zu den vielen Neuerungen weitere hinzuzufügen und in grundsätzlichen Erwägungen ihr eigenes Tun immer wieder in Frage zu stellen."[437]

Entsprechend hielt sich auch die vom Senat eingesetzte Kommission mit Reformvorschlägen zurück und forderte, in Anlehnung an die "Mehrzahl der übrigen Länder" die vierjährige Grundschule in Hamburg wiedereinzuführen. Zugleich empfahl sie aber auch, die Klassenstufen 5 und 6 neu zu gestalten und diese beiden Jahrgänge generell als Übergangsphase einzurichten. Hier sollten wie in der Grundschule die von der alten Regierung vorangetriebenen inneren Reformen - wie Gruppen- und Arbeitsunterricht - ihren Platz finden. Ihre äußere Gestalt sollte unterschiedlich sein: Für etwa 60% des Jahrgangs genüge die Volksschule, für einen kleinen Teil des Jahrgangs sei der sofortige Besuch eines neunjährigen Gymnasiums sinnvoll. Außerdem gebe es aber noch eine mittlere Gruppe, für die ein "Zweig Mittelbau" als möglichst selbständige Schulform entsprechend den Förderstufenplänen des Deutschen Ausschusses mit einem Kern-/Kurssystem einzurichten sei.[438] Nachdem die Kommission damit nach dreijähriger Arbeit die vom Hamburger Block durchgesetzten Veränderungen im wesentlichen bestätigt und damit zusätzlich legitimiert hatte und der SPD-Opposition mit methodischen Reformen und Versuchsschulen zum "Zweig Mittelbau" Angebote gemacht worden waren, wurde **1957 die faktisch gewordene vierjährige Grundschule einstimmig gesetzlich verankert**.[439] Auffällig ist dabei, wie sehr Landahl für die SPD ab 1955 die Ergebnisse der Gutachterkommission begrüßt und die Gemeinsamkeit mit den konservativen Parteien in Schulfragen betont hatte:

---

[435] vgl. Senat der Freien und Hansestadt Hamburg (Hrsg.): Empfehlungen und Gutachten der unabhängigen Kommission für das Hamburger Schulwesen, Hamburg 1957; S.9ff

[436] vgl. Bremer Lehrerzeitung Heft 2 1954, S.27

[437] Gebhard S.9

[438] vgl. Senat der Freien und Hansestadt Hamburg (Hrsg.): Empfehlungen und Gutachten der unabhängigen Kommission für das Hamburger Schulwesen, Hamburg 1957; S.24ff, S.28ff, S.34ff und S.40

[439] vgl. Stenographische Berichte Hamburg 1957, 6.Sitzung (27.3.1957) S.195

"Wir stellen uns eindeutig auf den Boden dieses Gutachtens und seiner Vorschläge. Das gilt auch - ich will es ausdrücklich auch hier betonen - für die grundsätzliche Anerkennung der vierjährigen Grundschule im Rahmen der gegenwärtigen gesetzlichen Regelung und in Verbindung mit anderen Vorschlägen der Kommission."[440]

Dies zeigt zugleich, wie stark die Wahlentscheidung von 1953 der Einführung der sechsjährigen Grundschule angelastet wurde und wie sehr die SPD ihren Kurs an die Interpretation dieser Wahlentscheidung anpaßte. So entschloß sie sich unter dem wieder zum Schulsenator gewählten Heinrich Landahl auch nach ihrem Wahlsieg 1957 nicht, in dieser Phase allgemeiner schulpolitischer Restauration die obligatorische sechsjährige Grundschule wiedereinzuführen.[441]

Zwar wurden von 1956 ab in Hamburg neben Versuchen mit Jena-Plan-Schulen die von der "unabhängigen Kommission" vorgeschlagenen förderstufenähnlichen Modelle erprobt und die vom Deutschen Ausschuß ausgelöste Diskussion um die Förder- bzw. Orientierungsstufe genutzt, um die Debatte für ein verlängertes gemeinsames Lernen in veränderter Form erneut zu beginnen sowie Gesamtschulen und einzelne Orientierungsstufen einzurichten; eine flächendeckende Orientierungsstufe wurde jedoch zum Unmut vieler Hamburger Schulreformer bis heute nicht eingeführt.[442]

Da die sechsjährige Grundschule in Hamburg bei einem Wahlsieg der SPD 1953 aller Voraussicht nach erhalten geblieben wäre, ist für diesen Stadtstaat festzuhalten, daß neben den wichtigen Faktoren des auf eine sechsjährige Grundschule drängenden Kultussenators und der aktiven Verbände die Mehrheitsverhältnisse der Parteien im Senat (Kriterium 3.) die entscheidende Rolle spielten. Offenbar reichte der kurze Zeitraum von 1950 bis 1953 aufgrund der restaurativen soziokulturellen Gesamtlage und der schwierigen materiellen und personellen Bedingungen nicht aus, die sechsjährige Grundschule als selbstverständliche Gegebenheit zu etablieren. Zugleich zeigt das Hamburger Beispiel aber auch, daß es für Parteien bei mehrmals wechselnden Mehrheitsverhältnissen offenbar nicht vermittelbar ist, die Schulorganisation erneut zu ändern, so daß - wie im übrigen auch die Situation der hessischen Förderstufe beweist - einmal rückgängig gemachte Neueinführungen kaum wiederaufgelegt werden.

---

[440] Stenographische Berichte Hamburg 1955, 20.Sitzung (23.11.1955) S.842, vgl. auch Stenographische Berichte Hamburg 1957, 3.Sitzung (13.2.1957)
[441] vgl. Klafki (a); Maaßen S.69; Hars S.226. In der von der Hamburger Schulbehörde um 1960 herausgegebenen Broschüre "Schule und Universität - Spiegel der Zeit, 1945 - 1960, 15 Jahre Hamburgisches Schul- und Erziehungswesen" wurde die sechsjährige Grundschule sogar so verdrängt, daß sie mit keinem Wort erwähnt wird.
[442] vgl. Schulbehörde der Freien und Hansestadt Hamburg (Hrsg.): Schule und Universität - Spiegel der Zeit, 1945 - 1960. 15 Jahre Hamburgisches Schul- und Erziehungswesen. Hamburg o.J. [um 1960], S.92 und S.110ff; Lemke, Dietrich: Bildung 2000 in Hamburg, Hamburg 1988, S.56, S.64ff und S.68.

3.3.3.3. Bremen

a) Grundbedingungen

1. Die US-Besatzungsmacht unterstützte ab 1947 intensiv die Einführung der sechsjährigen Grundschule und ging mit ihrer Forderung nach Sekundarschulen, die additiven Gesamtschulen ähnelten, noch weiter als die deutschen Schulreformer.

2. Der Kultussenator, Christian Paulmann (SPD), strebte zusammen mit Verbündeten der Weimarer Schulreformzeit die sechsjährige Grundschule an.[443]

3. Die mit einer parlamentarischen Mehrheit ausgestattete SPD trieb die Schulreformen in einer Koalition mit der liberalen Bremer Demokratischen Volkspartei (BDV) mit Unterstützung der KPD stetig voran.[444]

4. Die evangelische Kirche hielt sich in der Frage der sechsjährigen Grundschule zurück.

5. Reformorientierte Schulräte und Lehrergewerkschaften schränkten das Wirken konservativer Verbände bis 1950 ein.

6. Im Stadtstaat Bremen war noch eine alte Schulreformtradition lebendig.[445]

b) Vorbereitungen zur sechsjährigen Grundschule 1945 - 1947

Schon im Laufe der ersten beiden Jahre der Besatzungszone hatte sich in Bremen eine Parteienlandschaft konstituiert, die unter Führung von Wilhelm Kaisen (SPD) ein "breites Bündnis von Arbeitern und Kaufleuten" suchte. Obwohl die SPD schon nach den Wahlerfolgen 1946/47 dominierte, hat Kaisen während seiner zwanzigjährigen Amtszeit als Bürgermeister eine **Koalition** mit der altliberalen Bremer Demokratischen Volkspartei (BDV) geführt, die 1951 und 1955 - mehrheitspolitisch nicht notwendig - um die CDU erweitert wurde und nur eine Zusammenarbeit mit der national-konservativen Deutschen Partei (DP) ausschloß.[446]

Auch wenn die SPD ihren Schwerpunkt in der Wirtschafts- und Sozialpolitik sah, so hat sie doch von Beginn der Besatzungszeit an unter Leitung ihres Schulsenators Christian Paulmann und seines Stellvertreters Fritz Aevermann mit Unterstützung von Schulräten und der KPD **kontinuierlich** an einer **Schulreformpolitik** gearbeitet.[447] Paulmann, der schon am 6.6.1945 von der US-Militärverwaltung zum Schulsenator eingesetzt worden war, und Aevermann standen in der Tradition des Bremer Lehrervereins und hatten in der Weimarer Republik bereits in der reformpädagogisch orientierten Lebensgemeinschaftsschule an der Helgolander

---

[443] vgl. Halbritter S.101ff
[444] vgl. Hars S.226f und Anm.47; Storbeck S.170f
[445] vgl. Halbritter S.101
[446] vgl. Schulte am Hülse, Heinrich: Die verbindliche sechsjährige Grundschule in Bremen als Politikum (1949 - 1957), Bremen 1970, S.11f
[447] vgl. ebenda S.17ff. Obwohl die KPD die Schulreform durchgängig in den Debatten und Abstimmungen unterstützte, ist ihre Formulierung, die Schulreform sei das "gemeinsame Werk von KPD und SPD" sicher unrichtig, da sie an der Erarbeitung innerhalb Schulbehörde nicht beteiligt wurde. Vgl. Bremer Lehrerzeitung (hrsg. vom VBLL ab Jan.1951), H.8 1954, S.9

Straße unterrichtet bzw. sie geleitet (Aevermann). Diese Verbindung mit Vertrauten der Weimarer Schulreformzeit wurde in dem nach dem Landschulheim dieser Schule genannten und von Paulmann initiierten "Risteder Kreis" nach dem Zweiten Weltkrieg wieder aufgenommen und in der Besetzung der schulpolitisch wichtigsten Posten wirksam.[448]

Bereits am 26.1.1946 schlugen Paulmann und Aevermann in einem "Bericht über die Neuorganisation der bremischen Schule" der Militärregierung vor, daß eine gemeinsame sechsjährige Grundschule für Volks- und Mittelschulkinder mit fakultativem Englisch ab Klasse 5 geschaffen werden sollte, von der "für die höhere Schule als geeignet anerkannte" Kinder nach der vierten Klasse überwechseln können sollten. Zudem sollten die **Tradition der Bremer Versuchsschulen** wieder aufgenommen und entsprechende Reformschulen gegründet werden. Schon zwei Monate später wurde die angekündigte Reform des Volksschuloberbaus durchgeführt. Wie die vermutlich von Paulmann verfaßten, aber nicht veröffentlichten "Thesen zu einer sozialistischen Schul- und Erziehungspolitik" belegen, sollte diese Reform eine spätere sechsjährige Grundschule für alle Kinder vorbereiten. Die Spitze der **Schulverwaltung** strebte also zwar schon **1946/47** eine für alle Kinder verbindliche **sechsjährige Grundschule** an und gedachte damit eine Forderung des Bremer Lehrervereins aus den Jahren 1909 und 1925 zu erfüllen. Sie wollte diese Reform aber sowohl materiell, personell und didaktisch als auch parlamentarisch über einen **längeren Zeitraum vorbereiten**, in eine verschiedene Aspekte umfassende Schulreform einbetten und möglichst eine mit den Ländern der britischen Zone koordinierte Einführung erreichen.[449]

Da die Schülerinnen und Schüler vorerst immer noch nach der vierten Klasse zur Höheren Schule überwechseln konnten, kam von konservativer Seite zu diesem Zeitpunkt noch kein Protest. Sie konzentrierte sich vielmehr auf die vom Schulsenator ebenfalls angekündigte Regelung des Religionsunterrichts und der Konfessionsschulen. Zwar waren sich die Kirchen, die CDU und der BDV in der Frage der Bekenntnisschule nicht einig, doch forderten sie alle einen christlich bzw. konfessionell gestalteten Religionsunterricht.[450]

Anders als die Schulbehörde drängte die bremische **US-Militärverwaltung** ab 1947 unter ihrem Leiter Harold Crabill auf eine sofortige Umsetzung der Direktive 54 und eine schnelle Einführung der sechsjährigen Grundschule. Sie behielt diese Position und eine in Schulreformen unnachgiebige Haltung selbst noch 1949/50 bei, als sie sich in den übrigen Ländern der US-Zone schon mit minimalen Zugeständnissen abfand.[451] Von ihrem eigenen Schulsystem und den Ideen Deweys ausgehend, strebte sie ein horizontales Stufensystem mit den eigenen

---

[448] vgl. Schulte am Hülse S.28 und S.77ff
[449] vgl. Wulff, Hinrich (b): Geschichte der Bremischen Volksschule, Bad Heilbrunn/Obb. 1967, S.120, ders. (a): Schule und Lehrer in Bremen 1945 - 1965, Bremen 1966, S.126 und S.233; Schulte am Hülse S.18ff, S.28ff und S.66ff. In Bremerhaven wurde Englisch Pflichtfach für alle Kinder ab Klasse 5. Vgl. ebenda S.112. Zum bereits mehrfach erwähnten vertraulichen Treffen von Grimme, Landahl, Kuklinski, Koch und Paulmann am 1.12.1947 in Bremen vgl. Eich S.20 und Leski S.30 und S.115f.
[450] vgl. Schulte am Hülse S.22ff
[451] vgl. ebenda S.80ff und S.87

Organisationseinheiten einer sechsjährigen Grundschule und einer sechsjährigen Oberschule in einer der additiven Gesamtschule ähnlichen Form an.[452] Schulte am Hülse weist darauf hin, daß im Gegensatz zum deutschen biologistischen Begabungskonzept das behavioristische Begabungsverständnis der US-Behörden eine horizontale Gliederung nahelegte und daher Brüche in der Begründung der verlängerten Grundschuldauer vermied.[453] Daß dagegen die Schulbehörde noch in statischen Begabungsmodellen verhaftet war, wurde auch in der auf Anregung und z.T. in nicht-öffentlicher Zusammenarbeit mit der Militärverwaltung im Jahre 1947 erarbeiteten **Denkschrift zur Schulreform** deutlich, die, im Oktober 1947 verfaßt, der Militärbehörde vorgelegt und mit Einschränkungen genehmigt wurde.[454] Diese Denkschrift plädierte zunächst für die obligatorische sechsjährige Grundschule, in der in den Klassen 1 bis 4 im wesentlichen Gesamtunterricht und in den Klassenstufen 5/6 Fachunterricht erteilt werden sollte. Zwar enthielt die ursprüngliche Fassung der Denkschrift noch einen an den amerikanischen Vorstellungen orientierten horizontalen Aufbau mit einer Mittelschule für die Klassen 7 bis 9 und einer Oberschule für die Klassen 10 bis 12, doch korrigierte schon das von Paulmann verfaßte Nachwort die Vorstellung, daß künftig alle Schülerinnen und Schüler in gemeinsamen Schulkomplexen unterrichtet würden. Stattdessen sollte nach der Vorstellung des Schulsenators die alte vertikale Struktur nunmehr ab Klasse 7 in zwei Hauptzügen in verschiedenen Schulgebäuden zur Geltung kommen und die sechsjährige Grundschule in den Rahmen der alten Volksschule eingebettet werden.[455]

Diese Unklarheiten zwischen dem Hauptteil der Denkschrift und dem Nachwort und die in statischen Begabungstheorien verhafteten pädagogischen Begründungen der sechsjährigen Grundschule führten zu konzeptionellen Brüchen, die den Gegnern der Schulreform genügend Angriffspunkte boten. Entsprechend warfen diese der sich mit der Forderung nach einer sechsjährigen Grundschule nunmehr identifizierenden SPD vor, die Verlängerung der Grundschule im wesentlichen nur aus sozial- und gesellschaftspolitischen Motiven zu verfolgen und sich als Erfüllungsgehilfe der US-Besatzer zu betätigen.[456] Entsprechend argumentierten die CDU, die Mehrheit der sich artikulierenden Eltern und die "Fachgruppe höheres Schulwesen" des Bremer Lehrerverbandes, aber auch einige Volksschullehrerinnen und -lehrer gegen die sechsjährige Grundschule mit dem Hinweis, sie befürworteten pädagogisch begründete innere Reformen, nicht aber politisch motivierte äußere Reformen.[457]

---

[452] vgl. ebenda S.80ff, S.96ff
[453] vgl. ebenda S.127 - S.134 und S.349ff
[454] vgl. ebenda S.113ff
[455] vgl. ebenda S.101, S.105ff, S.107ff und S.122ff. Schulte am Hülse (S.111) weist darauf hin, daß der technische und wirtschaftliche Zweig zu diesem Zeitpunkt trotz entsprechender Absprachen verschiedener Kultusminister noch nicht im Bremer Schulaufbauplan enthalten war.
[456] vgl. ebenda und Senat der Freien Hansestadt Bremen (Hrsg.): Gutachten des Bremer Grundschul-Ausschusses, Bremen 1955, S.49
[457] vgl. Schulte am Hülse S.144, S.146, S.155, S.159, S.168, S.178ff und S.322; vgl. z.B. Zentralelternbeirat in Bremerhaven in: Senat der Freien Hansestadt Bremen (Hrsg.): Gutachten des Bremer Grundschul-Ausschusses, Bremen 1955, S.91f

Geschürt wurden die Proteste gegen die sechsjährige Grundschule durch strategisch-taktische **Fehler innerhalb der Schulverwaltung,** die Gerüchten Vorschub leisteten, die sechsjährige Grundschule würde übereilt innerhalb von drei Monaten noch zu Ostern 1948 durchgesetzt. Zum Jahreswechsel 1947/48 befand sich die Schulbehörde nämlich in einer z.t. selbst verschuldeten schwierigen Situation. Auf der einen Seite drängte die US-Militärverwaltung, nachdem sie die Denkschrift genehmigt hatte, auf deren schnelle Durchführung und war nicht bereit, Gesetze zu akzeptieren, die Zwischenlösungen vorsahen. Auf der anderen Seite glaubte Paulmann zu Unrecht, daß die sechsjährige Grundschule nur im Rahmen eines neuen Schulpflichtgesetzes einzuführen wäre, für das eine Zweidrittelmehrheit des Parlaments und mithin die Zustimmung der BDV nötig gewesen wäre.[458] Da diese Zustimmung aber noch nicht gewonnen war, überhaupt eine parlamentarische Vorbereitung genauso fehlte wie eine genügende didaktische Präzisierung und eine noch notwendige Überzeugungsarbeit in der Lehrerschaft, da zudem die geringe Zahl der Lehrkräfte, der Schichtunterricht und die Raumnot der Schulen große Probleme aufwarfen und erste Prosteste laut wurden, entschied sich die Führung der Schulbehörde dafür, die Schulreform im Stillen vorzubereiten, keine öffentlichen Diskussionen zu provozieren und - zur Beruhigung der US-Behörden - an der Einführung der sechsjährigen Grundschule intensiv zu arbeiten, sie aber nicht zu Ostern 1948 durchzusetzen.[459] Diese Strategie der **Nichtveröffentlichung der Planungen** wurde jedoch durch unbedachte Äußerungen von Schulrat Blanke konterkariert, der in einer Schulleiterversammlung am 20.1.1948 ankündigte, daß die Einführung der sechsjährigen Grundschule geplant sei. Im Glauben, die sechsjährige Grundschule werde in einer "Überrumpelungsaktion"[460] schon zu Ostern 1948 eingeführt, protestierten sofort die Eltern, die ihre Kinder auf die Höhere Schule schicken wollten. Die CDU griff diese Proteste in der Bürgerschaft auf und führte heftige Angriffe gegen die SPD und die Schulbehörde. Sie konnte dabei mit einer Unterstützung der BDV rechnen, die sich umgehend an Bürgermeister Kaisen gewendet hatte, um die schnelle Einführung der sechsjährigen Grundschule zu verhindern.[461] Sicher auch aufgrund der ungenügenden Vorbereitung war sogar die Mehrheit der Lehrerschaft gegen diese Maßnahme. So sprachen sich im März 1948 bei einer vom VBLL durchgeführten Urabstimmung von 1282 befragten Lehrkräften 817 gegen eine sofortige (!) Einführung der sechsjährigen Grundschule aus.[462]

Paulmann reagierte noch im Februar 1948 umgehend, brach seine bisherige Strategie ab und trat mit einer Rundfunkansprache an die Öffentlichkeit, in der er verkündete, daß das Gesetz

---

[458] vgl. Schulte am Hülse S.153ff
[459] vgl. ebenda S.147ff
[460] Der Begriff wurde unbedacht von der SPD-Abgeordneten Mevissen in der Bürgerschaftsversammlung im Februar 1948 verwendet. Vgl. auch Schulte am Hülse S.164
[461] vgl. ebenda 151ff und 155f
[462] vgl. Wulff, Hinrich (a) S.126 und Schulte am Hülse S.150 und S.159. Es wurde nicht gefragt, wer generell für oder gegen die Einführung einer sechsjährige Grundschule sei.

zur Schulreform nicht "durchgepeitscht" werde. Wenn es vom Senat und der Bürgerschaft bis 1.4.1948 nicht beraten sei, dann werde es **verschoben**.[463] Gegenüber der US-Militärbehörde argumentierte er mit seiner falschen Rechtsauffassung, daß erst das Reichsschulpflichtgesetz aus der nationalsozialistischen Epoche von der US-Administration aufgehoben werden müsse, weil erst dann eine einfache Mehrheit auch ohne die BDV die sechsjährige Grundschule per Gesetz einführen könnte. Zugleich wurde die schon häufig von der Militärverwaltung ange-mahnte Veröffentlichung der 1947 erarbeiteten Denkschrift vorgenommen.[464] Zwar wurden darin die Direktiven der Militärbehörde als "Begleitumstände" der Denkschrift angegeben, doch beantwortete Paulmann in der Öffentlichkeit die Frage, ob die sechsjährige Grundschule auf Betreiben der Schulbehörde mit Unterstützung der US-Administration oder auf Befehl der Besatzungsmacht eingeführt werden solle, je nach Situation unterschiedlich oder ausweichend.[465]

Dies hatte zur Folge, daß die sechsjährige Grundschule in den Auseinandersetzungen zu Beginn des Jahres 1948 neben dem Vorwurf der "**Überrumpelungsaktion**" und der "politisch" motivierten Tat auch mit dem Ruch des **Besatzungsoktroi** belastet wurde, so daß in den späteren Jahren entsprechende Angriffe Erfolg versprachen.

Da der Zeitraum zur Beratung und Verabschiedung eines Schulgesetzes zu kurz war, wurde die Einführung der sechsjährigen Grundschule 1948 zunächst aber um ein Jahr verschoben.[466] Dies hieß jedoch nicht, daß sich die öffentliche Debatte beruhigte, denn die CDU und ihre Anhänger hatten schnell erkannt, daß sie mit Angriffen auf die Schulreform Schwächen der Regierungskoalition aufdeckten.[467] Auch die Elternversammlungen im Jahre 1948 spiegelten die Bedeutung und Strittigkeit der Frage der Grundschuldauer wieder. Während die Volks-schulversammlungen in der Mehrheit für die sechsjährige Grundschule plädierten oder keine Stellungnahme abgaben, wandten sich die Schulversammlungen der Höheren Schulen eindeutig gegen die Reformpläne der Schulbehörde.

Da die Proteste der Gegner in Öffentlichkeit und in der Presse wesentlich wirkungsvoller zur Geltung kamen,[468] fühlten sich bald sogar die Besatzungsbehörden veranlaßt, öffentliche Werbekampagnen für die sechsjährige Grundschule durchzuführen bzw. die Schulbehörde dazu aufzurufen.[469] Doch in der Bevölkerung und der Lehrerschaft wirkte das massive Auftreten der Besatzungsbehörden für die Schulreform nicht unbedingt positiv. Insofern versuchte die Schulbehörde damit zu überzeugen, daß die sechsjährige Grundschule nicht nur auf Veranlassung der Amerikaner eingeführt wurde, sondern ein altes Anliegen deutscher

---

[463] vgl. Schulte am Hülse S.156
[464] vgl. ebenda S.160
[465] vgl. ebenda S.162f, 173ff, 193ff und S.113ff; Wulff (a) S.236
[466] vgl. Schulte am Hülse S.163f
[467] vgl. ebenda S.164ff
[468] vgl. ebenda S.167f und S.191ff
[469] vgl. ebenda S.243ff

Schulreformer sei. Dennoch fühlte sich die Militärbehörde offenbar am 24.5.1948 genötigt anzuorden, daß zum nächsten Schuljahrsbeginn zu Ostern 1949 die Direktive 54 einschließlich der sechsjährigen Grundschule umgesetzt sein müsse.[470] Paulmanns Rückgriff auf die Besatzungsmacht ist vermutlich darauf zurückzuführen, daß er glaubte, auf diese Weise dem Koalitionspartner BDV die Zustimmung zum Schulgesetz zu erleichtern, da ja ein solches Schulgesetz ohnehin von der Besatzungsmacht gefordert werde. In diesem Punkt sollte Paulmann schließlich recht behalten, denn nachdem sich die **BDV** an den im Jahre 1948 durchgeführten Debatten in den Deputiertenberatungen kaum beteiligt hatte, äußerte sie bei den Abstimmungen zu Beginn des Jahres 1949 keine generellen Bedenken mehr gegen das Schulgesetz.[471] Die BDV war auch deshalb leichter zur Zustimmung zu gewinnen, weil die veränderten Schulorganisationsbestimmungen in ein unstrittiges Schulpflichtgesetz eingebettet wurden und die BDV Teilerfolge in der Lateinfrage und bei dem Zeitpunkt der Einführung der sechsjährigen Grundschule erzielte.[472]

Im Februar 1949 kam es nämlich zwischen der BDV und der Militärbehörde zu Verhandlungen über die Fremdsprachenregelungen und den Termin der Einführung der verlängerten Grundschuldauer, in deren Verlauf Paulmann und Kaisen als Vermittler auftraten. Crabill, als Vertreter der Besatzungsmacht, wollte dem Ersuchen der BDV-Senatoren, Latein als erste Fremdsprache in Klasse 5 zuzulassen, nicht nachgeben, da jegliche äußere Differenzierungen in den Klassen 5 und 6 vermieden werden sollten. Er gestand aber schließlich zu, daß in einigen wenigen Versuchsschulen entsprechende Lateinkurse erprobt werden könnten.[473] Auch dem Anliegen der BDV, das Gesetz zwar vor dem 1.4.1949 zu verabschieden, die sechsjährige Grundschule aber erst zum Schuljahr 1950/51 beginnen zu lassen, gab die Militärbehörde schließlich nach, erreichte dafür aber neben dem Versprechen der BDV, sich für das Schulgesetz einzusetzen, Kaisens Zustimmung, daß die nunmehr vier Zweige der Oberschule (praktisch, technisch, wirtschaftlich, wissenschaftlich) in Schulkomplexen zusammengefaßt würden und damit eine Horizontalisierung des Schulwesens erreicht wäre.[474]

Zu einem Aufschub des gesamten Schulgesetzes war die Bremer US-Militärbehörde allerdings nicht mehr bereit. Auch Paulmann hielt eine weitere Verschiebung des Gesetzentwurfs nicht mehr für ratsam, da er bei einer Reise durch die USA den Eindruck gewann, daß in Zukunft mit einer nachlassenden Unterstützung der Militäradministration bei Schulreformen zu rechnen sei.[475]

Um die Lehrerschaft, deren Bedeutung für einen Erfolg der sechsjährigen Grundschule der Schulbehörde bewußt war, auf die Schulreform vorzubereiten, wurden im Januar und Februar

---

[470] vgl. ebenda S.174, S.188ff und S.191; Wulff (a) S.236
[471] vgl. ebenda S.194ff
[472] vgl. ebenda S.211f
[473] vgl. ebenda S.215
[474] vgl. ebenda S.219ff und S.223ff
[475] vgl. ebenda S.212f und S.216

1949 fast alle **Lehrerinnen und Lehrer**, die in der sechsjährigen Grundschule unterrichten sollten, in den sogenannten "Huchtinger Lehrgängen" in verschiedenen Methoden des Arbeitsschul-, Gruppen- und Gesamtunterrichts **fortgebildet**. Schulte am Hülse berichtet von seiner eigenen Teilnahme an diesen Kursen und schildert, daß trotz dieses Angebotes die meisten Lehrkräfte gegenüber den Neuerungen skeptisch blieben, da sie ihnen zu sehr von oben durch die US-Erziehungsoffiziere und Schulbehörde aufgedrängt erschienen.[476]

c) Einführung der sechsjährigen Grundschule und schwierige Bedingungen in der Praxis 1950 - 1954

Am 31.3.1949 gelang schließlich mit den 46 Stimmen der SPD, 9 Stimmen der KPD und 13 Stimmen der BDV gegen 22 Stimmen der CDU und eine Stimme der BDV[477] die Verabschiedung eines Schulgesetzes, das die **Einführung der sechsjährigen Grundschule** zum 1.4.1950 vorsah. Auf die Grundschule bauten vier formal gleichberechtigte Oberschulzweige auf, die aber ab Klasse 7 den Fortbestand des bisherigen dreigliedrigen Schulwesens in verschiedenen Schultypen gewährleisteten.[478]

Während in der Stadt Bremen die Vereinbarung zur räumlichen Integration des Sekundarschulwesens von der Schulbehörde trotz zunächst anderslautender Absichten nicht umgesetzt und zum Fernziel erklärt wurde, war man sich in **Bremerhaven** einig, daß die Formulierung des Schulgesetzes, "die vier Züge der Oberschule sind räumlich zusammenzufassen", verlangte, die Volksschulen in sechsjährige Grundschulen umzuwandln und die weiterführenden Schulen zu Schulkomplexen auszubauen, die den heutigen additiven Gesamtschulen gleichen. Entsprechend wurden in Bremerhaven alle sechs Oberschulen mit verschiedenen Zweigen ausgestattet.[479]

Die fehlende Auflösung des vertikalen Systems in Bremen und die Ausnahme der Lateinklassen ab dem fünften Schuljahr, die die elitäre Tradition des humanistischen Gymnasiums fortsetzte, diskreditierten nach Meinung von Schulte am Hülse die sechsjährige Grundschule zusätzlich.[480] So gestand auch Schulrat Klaus Böttcher in seiner ersten "Zwischenbilanz" 1952 ein, daß "Bremen etwas von Bremerhaven lernen könne" und die Lateinklassen "nicht ganz ungefährlich" seien.[481] Die späteren Erfahrungen von Berlin zeigen m.E. jedoch, daß auch bei einer Beibehaltung der Vertikalisierung der Sekundarschulen und einem klein

[476] vgl. ebenda S.201 - S.209; zu den Diskussionen um den Gesamtunterricht vgl. z.B. Bremer Lehrerzeitung H.10 1951, S.141f und Senator für das Bildungswesen (Hrsg.): 10 Jahre Wiederaufbau - Die Bremischen Schulen 1945 - 1955, Bremen 1955, S.14

[477] vgl. genauer Schulte am Hülse S.267; Senator für das Bildungswesen: 10 Jahre Wiederaufbau S.11

[478] vgl. Abdruck des Gesetzes in Schulte am Hülse Anlage

[479] vgl. ebenda S.241ff, S.280ff und S.356f; Bremer Lehrerzeitung H.10 1951, S.139

[480] vgl. Schulte am Hülse (S.357f), der sich hier auch auf die 1974 geäußerte Meinung der Bremer SPD-Schulpolitikerin Annemarie Mevissen beruft.

[481] vgl. Bremer Lehrerzeitung H.5 1952, S.65 - S.73, insb. S.68 und S.70

gehaltenen Ausweichventil für eliteorientierte Eltern (Lateinklassen) die sechsjährige Grundschule nicht gefährdet sein muß.

Schwerwiegender wirkten sich die **negativen Bedingungen der Nachkriegsjahre**, wie hohe Klassenfrequenzen, Schichtunterricht und ungünstige Schüler-Lehrerrelationen aus, die durch die neu hinzugekommenen Gymnasialschülerinnen und -schüler der Klassen 5/6 die Situation an den Grund- und Volksschulen weiter erschwerten.[482] Sie waren auch Ausgangspunkt für den Anfang 1950 initiierten Versuch der CDU, den Start der sechsjährigen Grundschule erneut zu verhindern. Durch das für sie günstige Bundestagswahlergebnis von 1949 gestärkt, stellte die CDU - taktisch-argumentativ nicht unklug - den Antrag, die Einführung der sechsjährigen Grundschule weiterhin zurückzustellen, da die notwendigen Voraussetzungen nicht gegeben seien und zudem bundesweit andere Lösungen der Grundschuldauer bevorzugt würden, so daß Bremen schulpolitisch in die Isolation gerate.[483] Mit dieser Begründung erhielt die CDU z.T. Zustimmung bei der BDV, so daß unter den Vorzeichen des Wahlkampfes **1951 eine erneute scharfe Kontroverse** über die Grundschuldauer in der Bürgerschaft begann. Da der Schulsenator der BDV versicherte, daß bundeseinheitliche Regelungen zur Zeit nicht zu erzielen seien[484] und, obwohl man immer noch mit schwierigen materiellen Bedingungen der Schulen rechnen müsse, alles mögliche getan werde, um die Bedingungen für die Schulen zu verbessern, wurde schließlich der Antrag der CDU mit 61 zu 27 Stimmen abgelehnt und die **sechsjährige Grundschule 1950 eingeführt**.[485]

Dennoch blieben die schwierigen räumlichen und personellen Voraussetzungen der Schulen erhalten, die z.T. sogar zu Schulstreiks führten.[486] Zudem hatten die Lehrkräfte mit Maßnahmem zur Binnendifferenzierung wenig Erfahrung und führten sie auch wegen der hohen Klassenfrequenzen, des gekürzten Unterrichtspensums, des starren Mobiliars und der dürftigen Ausstattung mit Materialien selten durch. Der Zwist in der Öffentlichkeit tat ein übriges, daß sich einige Lehrkräfte nicht an der positiven Umsetzung der Schulreform beteiligten und die schwierige schulische Situation dem Modell "sechsjährige Grundschule" anlasteten. Da die Zahl der zur tätigen Mitarbeit motivierten Lehrkräfte ohnehin nicht groß war, hatte sich schon bald auch in der **Volksschullehrerschaft** eine **skeptische Grundhaltung** gegenüber schulorganisatorischen Reformen verbreitet, die sich selbstverständlich auch auf die Qualität der Reformpraxis niederschlug und manche Anhänger der Reform demotivierte.[487]

---

[482] vgl. Schulte am Hülse S.368

[483] vgl. auch Wulff (a) S.237

[484] Seine frühere Argumentation, daß auch in den anderen Ländern die sechsjährige Grundschule kommen werde, hielt er nicht mehr aufrecht.

[485] vgl. ebenda S.270ff und S.278; Senator für das Bildungswesen: 10 Jahre Wiederaufbau S.12. Für den Antrag stimmte die CDU, die DP und fünf Abgeordnete der BDV.

[486] vgl. Wulff (a) S.234

[487] vgl. Schulte am Hülse S.144ff, S.351 und 368; Gutachten des Bremer Grundschul-Ausschusses S.120f, S.144f und S.102; Senator für das Bildungswesen: 10 Jahre Wiederaufbau S.7ff und S.14

Auch der als Landesverband der **GEW** 1946 früh wieder gegründete Verband Bremer Lehrer und Lehrerinnen (VBLL) ließ bis zur Mitte der 50er Jahre ein entschiedenes Engagement für die sechsjährige Grundschule vermissen. Im Gegensatz zur Zeit vor dem 2.Weltkrieg gehörte diesem Verband nunmehr auch eine "Fachschaft Höhere Schule" an, die in einem Schreiben an den Senator bereits im September 1947 die Beibehaltung der vierjährigen Grundschule gefordert hatte.[488] Sie konnte schließlich durchsetzen, daß der VBLL nicht immer eindeutig zur sechsjährigen Grundschule Stellung bezog und eher Formen des differenzierten Mittelbaus forderte.[489] Zwar bestand kein Zweifel, daß der VBLL Schulreformen für nötig hielt und "den Generalkurs" der Schulbehörde im ganzen mittrug, doch weigerte er sich z.b., sich in den schulpolitisch akzentuierten Wahlkämpfen von 1951 und 1955 mit "Stellungnahmen in Streitfragen" zu engagieren.[490]

Dagegen griff der "**Bremer Elternbund**" mit einem Flugblatt, in dem der angeblich "absinkende Leistungsstand der bremischen Schulen" der sechsjährigen Grundschule angelastet wurde, durchaus massiv in den Wahlkampf von 1951 ein.[491]

Da zudem inzwischen in Schleswig-Holstein die Grundschuldauer wieder auf vier Jahre verkürzt wurde, war die Situation für die Oppositionsparteien CDU und DP entsprechend günstig, mit andauernden Attacken gegen die sechsjährige Grundschule die Senatskoalition zu schwächen. Einen ersten Erfolg konnten sie bereits im Mai 1951 mit dem sicher nicht ganz freiwilligen **Rücktritt von Paulmann** erzielen, der im Zuge von Unregelmäßigkeiten seiner Behörde bei der Schulspeisung aus dem Amt schied.[492]

Bei der Bürgerschaftswahl 1951 behielten zwar SPD (43 Sitze) und die mit der FDP fusionierte BDV (12 Sitze) trotz Stimmenverlusten die Mehrheit, da aber die DP mit 16 Sitzen enorm an Stimmen gewann und zur zweitstärksten Fraktion wurde und die BDV/FDP nach dem schleswig-holsteiner Vorbild zu einem Zusammenschluß der konservativen Kräfte neigte, war die SPD unter Kaisens Führung bereit, die CDU in eine große Koalition SPD/FDP/CDU einzuschließen. Schulpolitisch einigte man sich auf eine **Phase der Konsolidierung**. Zwar gestand die CDU in den Koalitionsverhandlungen im November 1951 der SPD zu, daß sie "nicht die Absicht habe, die Schulreform zu torpedieren", sie betonte aber, daß "diese Frage für die CDU von erheblicher Bedeutung" und eine abschließende Entscheidung damit noch nicht getroffen sei.[493]

---

[488] vgl. Schulte am Hülse S.135f

[489] vgl. Bremer Lehrerzeitung H.11 1951, S.155, H.12 1954, S.1f, H.2 1955, S.3, H.4 1955, H.8 1955, S.1ff und H.9 1955, S.4ff; Wulff (a) S.240ff

[490] vgl. Bremer Lehrerzeitung H.7 1951; Wulff (a) S.125 und 241f

[491] vgl. Wulff (a) S.233f

[492] vgl. Schulte am Hülse S.292 und S.296

[493] vgl. ebenda S.296

Der neue Schulsenator, Willy Dehnkamp (SPD), ließ zwar keinen Zweifel an seiner Bereitschaft, das Beschlossene loyal durchzuführen, von ihm waren aber keine weiteren reformerischen Absichten zu erwarten.

Während in der Stadt Bremen die Koalitionsvereinbarungen CDU und FDP zunächst zur Mäßigung zwangen, starteten sie in **Bremerhaven** als **Wahlblock**, der der SPD als gleichstarker Gegener gegenüberstand, schon im April 1952 eine erneute Kampagne gegen die sechsjährige Grundschule und verlangten äußere Differenzierungn in den Klassen 5 und 6.[494] Zwar errangen die entsprechenden Anträge zunächst keine Mehrheit, aber als 1953 der Hamburger Block mit seiner Forderung nach einer Rücknahme der sechsjährigen Grundschuldauer die Hamburger Wahlen knapp gewann und sich bundesweit konservative Tendenzen im Schulwesen etablierten, brachten die CDU und die DP im Verein mit dem Philologenverband das Thema Grundschuldauer erneut mit heftigen Angriffen in die öffentliche Debatte, an deren Erfolg selbst der nun verstärkt positiv zur sechsjährigen Grundschule bzw. zum differenzierten Mittelbau Stellung nehmende VBLL nichts änderte.[495]

Nachdem die DP im Anschluß an Beschlüsse der Ministerkonferenz zur Vereinheitlichung des deutschen Schulwesens im Februar 1954 einen Antrag auf Wiedereinführung der vierjährigen Grundschule in die Bürgerschaft eingebracht hatte und sowohl die CDU als auch die FDP ihre Befürwortung der vierjährigen Grundschule auf Parteitagen festgelegt hatten, kam es zu einer offenen **Koalitionskrise**. Zwar gestand die SPD den Koalitionspartnern zu, daß man über die zukünftige Grundschuldauer sachlich reden könne, obwohl für ein Urteil die bisherigen Erfahrungen nicht ausreichten,[496] sie verlangte aber von der CDU und der FDP, die Koalitionsabsprachen vom November 1951 einzuhalten und den Antrag der DP abzulehnen. Daraufhin kam es im Vermittlungsausschuß der Koalition zur bemerkenswerten und entscheidenden Einigung, daß die Frage der Grundschuldauer nicht von politischen Gremien, sondern von **pädagogischen Sachverständigen** zu klären sei.[497] Letztlich hieß dies, diese zwar pädagogische, zugleich aber auch unzweifelhaft politische Frage von einer mehr oder weniger zufälligen Zusammensetzung der Expertenkommission und ihres Verhandlungsgeschickes abhängig zu machen.

Zwar versuchte die CDU in der Bürgerschaft noch die Frage dadurch vorzuentscheiden, daß der Auftrag der Kommission sich darauf beschränken solle, wie die vierjährige Grundschule eingeführt werde, doch setzte sich die SPD schließlich damit durch, daß der Sachverständigenausschuß in seinem Ergebnis bezüglich der Grundschuldauer nicht festgelegt wurde.

---

[494] vgl. ebenda S.298f; Bremer Lehrerzeitung H.5 1952, S.73f; Senator für das Bildungswesen: 10 Jahre Wiederaufbau S.56

[495] vgl. Schulte am Hülse S.299f; Bremer Lehrerzeitung H.9 1954, S.1f, H.11 1954, S.3; Senator für das Bildungswesen: 10 Jahre Wiederaufbau S.56; Wulff (a) S.235 und S.240ff

[496] vgl. Senator für das Bildungswesen: 10 Jahre Wiederaufbau S.12

[497] vgl. Schulte am Hülse S.301ff; Bremer Lehrerzeitung H.8 1954, S.3ff und H.10 1954, S.3; Senator für das Bildungswesen: 10 Jahre Wiederaufbau S.56, Wulff (a) S.235f

263

Allerdings erklärte sich die SPD bereit, daß sie sich einem Votum der Kommission in der Frage der Grundschuldauer beugen werde.[498]

d) Die Sachverständigenkommission und die Rücknahme der obligatorischen sechsjährigen Grundschule 1955 - 1957

So blieb die sechsjährige Grundschule auch nach ihrer Umsetzung in der öffentlichen Diskussion ständigem Druck konservativer Kräfte ausgesetzt und stand unter ungeheurem Erfolgszwang. Obwohl über Erfahrungen mit der verlängerten Grundschuldauer angesichts der schwierigen Nachkriegssituation und der kurzen Zeit noch kaum verläßliche Aussagen gemacht werden konnten, erhielt der Ende Oktober nach erneuten heftigen koalitionsinternen Auseinandersetzungen eingesetzte und auch vom VBLL begrüßte "Bremer Grundschul-Ausschuß" etwa zu gleichen Anteilen positive und negative Erfahrungsberichte bzw. Stellungnahmen von Schulen, Verbänden, Wissenschaftlern und anderen Städten.[499] In dem am 7.6.1955 von sieben der zehn Mitglieder unterzeichneten Gutachten zur Frage der Grundschuldauer wurden - ohne ein endgültiges Urteil über die Dauer der Grundschule auszusprechen - die Vor- und Nachteile der sechsjährigen Grundschule differenziert aufgelistet und verschiedene Perspektiven aufgezeigt. So war man sich einig, daß bei einem Beibehalt der sechsjährigen Dauer die Klassen kleiner sein müßten, die Zusammenarbeit und Fortbildung der Lehrkräfte verbessert und Differenzierungsmaßnahmen durch entsprechende personelle und materielle Ausstattung forciert werden müßten.[500] Die letztendlich entscheidende Stellungnahme des Ausschusses zur Grundschuldauer blieb sicherlich von den parallel laufenden Auseindersetzungen der Parteien und Verbände nicht unbehelligt. Während z.B. der ab 1951 agile Philologenverband auf eine von dem Mitglied der Sachverständigenkommission Henning durchgeführte Befragung der Lehrkräfte des Lehrervereins Bremen-Nord verwies, bei der sich 69,4% für die vierjährige Grundschule ausgesprochen hatten, versuchte Oberschulrat Warninghoff in der vom VBLL herausgegebenen Bremer Lehrerzeitung in vier Artikeln die sechsjährige Grundschule zu verteidigen.[501] Entsprechend war der Grundschul-Ausschuß unter großem Druck, ein Ergebnis zu liefern, daß sowohl den Anhängern der vierjährigen Grundschule genügte als auch den Vertretern der sechsjährigen Dauer die Möglichkeit gab, das Gesicht zu wahren. Obwohl die sechsjährige Grundschule von der Sachverständigenkommission im wesentlichen als begründet und unter den gegebenen Bedingungen als erfolgreich angesehen wurde, die Abgabe eines abschließenden Urteil über die Frage der Grundschuldauer allerdings abgelehnt wurde, einigte sich die Mehrheit schließlich auf eine vorläufige Empfehlung, die vorsah,

498 vgl. Schulte am Hülse S.310ff; Bremer Lehrerzeitung H.8 1954, S.9
[499] vgl. Senat der Freien Hansestadt Bremen (Hrsg.): Gutachten des Bremer Grundschul-Ausschusses, Bremen 1955 und Schulte am Hülse S.314ff; Bremer Lehrerzeitung H.11 1954, S.3, Wulff (a) S.237ff
[500] vgl. Gutachten des Bremer Grundschul-Ausschusses S.51ff
[501] vgl. Bremer Lehrerzeitung H.12 1954 und H.1 - 3 1955 sowie Schulte am Hülse S.322f

- daß Differenzierungsmöglichkeiten im 5. und 6. Schuljahr verbessert werden müßten;
- daß entsprechend dem differenzierten Mittelbau oder den Jena-Plan-Schulen Versuchsschulen geschaffen werden sollten, die ein längeres als sechsjähriges gemeinsames Lernen aller "Begabungen" in Kern-Kursform erproben;
- daß "für Kinder mit früh erkennbarer theoretischer Begabung" ("höchstens 10%") die **Möglichkeit** geschaffen werden müßte, **nach dem vierten Schuljahr in den Gymnasialzweig (D-Zweig) überzutreten;**
- daß die sechsjährige Grundschule aber ansonsten beibehalten werden sollte.[502]

Während die CDU und FDP auch nach der Veröffentlichung des Mehrheitsgutachtens die vierjährige Grundschule forderten, schwenkte die Bremer SPD noch vor den Wahlen im Herbst 1955 auf die Linie des Grundschul-Ausschusses ein, da sie den Angriffspunkt, den die obligatorische sechsjährige Grundschule in ihren Augen bot, vermeiden wollte.[503] Zudem war sie auch gegenüber der nach den Wahlen 1955 erneut mit der CDU und FDP gebildeten Koalition im Wort, den Ergebnissen des Gutachtens entsprechende Beschlüsse folgen zu lassen.

Bei ihrer Entscheidung, im Wahlkampf 1955 im Gegensatz zu den übrigen Parteien den **Schulbereich nicht zu thematisieren,** wurde die **SPD** von der **GEW** unterstützt. Wulffs Äußerung, daß die SPD "gut beraten war; denn die Frage der Grundschuldauer war offensichtlich kein Kriterium für die Stimmabgabe", macht m.E. deutlich, wie sehr die **Hamburger Vorkommnisse** die Einschätzung der Bremer Situation prägten.[504] Nach den Wahlen wandte sich die GEW in ihrer Erklärung zur schulpolitischen Lage nicht grundsätzlich "gegen den Übergang nach vier Grundschuljahren", lehnte aber entsprechende isolierte Maßnahmen ab und setzte sich für die Umsetzung des Gesamtvorschlags des Mehrheitsgutachtens ein.[505] Sie plädierte zudem dafür, daß nicht Übergangsprüfungen im vierten Schuljahr stattfänden und nicht die Anfang 1956 geplante Regelung in Kraft trete, die auch einen Übergang in den Zweig B nach der vierten Klasse vorsah, sondern daß die nicht nach der vierten Klasse zum Gymnasium wechselnden Kinder in einer Art Förderstufe bzw. differenziertem Mittelbau unterrichtet werden sollten. Beim Schulsenator beklagte sie sich, daß sie nicht genügend an

---

[502] vgl. Gutachten des Bremer Grundschul-Ausschusses S.55, siehe auch S.98 - S.135: Zwei Minderheitengutachten lehnten diese Rücknahme der sechsjährigen Grundschule ab, ein Einzelgutachten wollte den Übergang für alle Kinder nach vier Jahren Grundschule gewährt wissen.

[503] vgl. Wulff (a) S.240ff

[504] vgl. Wulff (a) S.243. Daß ein engagiertes Eintreten der GEW für die sechsjährige Grundschule fehlte und dadurch die weiteren Entscheidungen in der SPD und der Schulverwaltung beeinflußt wurden, zeigt ein Schreiben des Schulsenators Dehnkamp auf den in der Bremer Lehrerzeitung im Anschluß an das Gesetz von 1957 gemachten Vorwurf von seiten der GEW, daß die Veränderung von 1957 gegenüber dem Schulgesetz von 1949 ein Rückschritt sei. Dehnkamp beklagte sich darin, daß sich die GEW nicht rechtzeitig für die Erhaltung der sechsjährigen Grundschule eingesetzt hätte und 1954/55 Plädoyers der GEW für das Schulgesetz von 1949 mutig und notwendig gewesen wären, sie 1957 aber nur noch "das Eingeständnis des eigenen Versagens" seien. Vgl. Wulff (a) S.247f; BLZ H.6 1957, S.79f und H.10 1957, S.139

[505] Wulff (a) S.245

den Planungen zum künftigen Übergang beteiligt wurde. Mit ihrer Forderung nach der Einführung des 9.Volksschulpflichtjahres und nach Differenzierungsmaßnahmen in den Klassen 5 und 6 statt der erweiterten Übergangsmöglichkeit in den B-Zweig hatte die GEW schließlich trotz gegenteiliger Ansichten des Schulsenators in den Abstimmungen der Bürgerschaft Erfolg.[506]

Dennoch wurde auf dem Höhepunkt der bildungspolitischen **Restauration (1957)** auch in Bremen trotz absoluter SPD-Mehrheit[507] entsprechend den 1955 gemachten Koalitionsabsprachen der mit Vorbehalt gemachte Vorschlag der Sachverständigenkommission dergestalt umgesetzt, daß die von Paulmann 1946 eingeführte Regelung ähnlich wieder gültig wurde, daß nämlich der Besuch des Gymnasiums nach der vierten Klasse ermöglicht wurde, obwohl formal die sechsjährige Grundschule fortbestand.[508]

Trotz der vielen Aspekte in dem Mehrheitsgutachten, die auf Verbesserungen des verlängerten gemeinsamen Lernens hinzielten, lief die Einräumung des früheren Übergangs auf eine Störung der Kontinuität in den sechsjährigen Grundschulen hinaus; denn im Vergleich zum Übergang auf den wissenschaftlichen Zweig nach Klasse 6 ließen etwa doppelt, später dreimal soviele Eltern ihre Kinder nach Klasse 4 auf Gymnasialklassen übergehen.[509]

Die von der Sachverständigenkommission zusätzlich empfohlene und schon in der Neuregelung 1957 angedeutete Differenzierung in den Klassen 5 und 6 (Mathematik, Englisch und z.T. Deutsch),[510] die im Rahmenplan des Deutschen Ausschusses in Form des Förderstufenvorschlags wieder auftauchte, wurde erst ab 1965 begonnen und in der "Neufassung des Gesetzes über das Schulwesen der Freien Hansestadt Bremen" vom 1.6.1967 endgültig gesetzlich verankert. Eine Ablösung der sechsjährigen Grundschule durch eine eigene Schulstufe für die Jahrgänge 5 und 6 wurde in Bremen schließlich erst in den 70er Jahren zugunsten der nunmehr obligatorischen schulformunabhängigen **Orientierungsstufe** vorgenommen, die aber nicht an die Grundschulen, sondern an die Sekundarschulen angegliedert wurde.[511]

Das Beispiel Bremen zeigt nun,

---

[506] vgl. Bremer Lehrerzeitung H.8 1955, S.7f, H.11 1955, S.1 und S.14, H.9 1956, H.3 und H.4 1957; Wulff (a) S.240ff und S.244ff; (b) S.125.
[507] vgl. Wulff (a) S.243: Wahlergebnis 1955: SPD 52 Sitze, CDu und FDP je 18 Sitze.
[508] vgl. Hars S.227f; Klafki (a) S.150; Halbritter S.101f und Anm.196; Keim (a) S.73, Anm.1; Storbeck S.137; Schulte am Hülse S.330ff
[509] vgl. Senator für das Bildungswesen (Hrsg.): Die bremischen Schulen 1955 - 1965, Bremen 1966, S.12f. Übergänge zum Gymnasium 1959 (1965) nach Klasse 4: 10,9% (18,1%); nach Klasse 6: 5,8% (6,9%) des jeweiligen Jahrgangs. Für die füheren Jahre vgl. Senator für das Bildungswesen: 10 Jahre Wiederaufbau, Bremen 1955, S15: Übergang zur Höheren Schule nach Klasse 4 1946 - 1949 im Durchschnitt 17%, Übergang zum D-Zweig nach Klasse 6 1952 - 1955 im Durchschnitt 15%. Diese Zahlen zeigen m.E., daß in Bremen - im Gegensatz zur Kampagne "Bildungsausweitung" in den sechziger Jahren - die unterschiedliche Grundschuldauer die Übergangszahlen in den vierziger und fünfziger Jahren kaum beeinflußte.
[510] vgl. Abdruck der Neuregelung in: Schulte am Hülse S.336ff
[511] vgl. Jürgens, Eiko: 20 Jahre Orientierungsstufe, Sankt Augustin 1991, S.6 und S.17; vgl. Senator für das Bildungswesen (Hrsg.): Die bremischen Schulen 1955 - 1965, Bremen 1966, S.11 sowie aktuelle Diskussion in Abschnitt 5.6.2.

- daß der sechsjährigen Grundschule die mit der Nachkriegssituation verbundenen Schwierigkeiten angelastet wurden;
- daß in der Zeit der bildungspolitischen Restauration in den 50er Jahren Formen verlängerten gemeinsamen Lernens zum Hauptangriffspunkt der mit Wahlerfolgen gestärkten konservativen Parteien wurden;
- daß die SPD aus wahl- und koalitionstaktischen Erwägungen die sechsjährige Grundschule nicht immer verteidigte und entsprechend einer Formulierung von Schulsenator Dehnkamp bereit war, "die Schule den jeweiligen Zeitströmungen anzupassen";[512]
- daß die partielle Aufhebung der obligatorischen sechsjährigen Grundschule durch Einrichtung von Gymnasialklassen 5 (mit Englisch als erster Fremdsprache) die Idee des gemeinsamen längeren Lernens desavouierte und faktisch zu ihrer gänzlichen Auflösung führte.

3.3.4. Berlin als Land mit dauerhafter sechsjähriger Grundschule

a)   Grundbedingungen

1.   Die besondere Situation der Vier-Mächte-Kontrolle wirkte sich durch die starke sowjetische Position und ihre stetige Reformunterstützung in Form einer gezielten Personalpolitik bis 1948 für Schulorganisationsveränderungen fördernd aus, zumal die Westmächte die sowjetische Entdemokratisierungspolitik zwar zunehmend bekämpften, eine demokratisch legitimierte längere Grundschulzeit aber befürworteten.

2.   Dem weniger einflußreichen Schuldezernenten Nestriepke (SPD) stand eine sich für die achtjährige Grundschule engagierende, mächtige sozialistische und sozialdemokratische Schulverwaltung zur Seite.

3.   Trotz gesamtpolitischer Spannungen arbeitete die bis Ende 1950 die Mehrheit behauptende SPD aufgrund einer innerparteilich starken sozialistischen Schulreformgruppe in Schulfragen mit kommunistischen Kräften zusammen.

4.   Die in Berlin dominante evangelische Kirche beschränkte sich zunächst auf das Privatschulwesen und die Verankerung eines christlichen Religionsunterrichts.

5.   Die zur Verlängerung der Grundschuldauer entschlossenen Lehrergewerkschaften und Schulrätekonferenzen konnten den Einfluß konservativer Verbände einschränken.

6.   Durch die proletarisch geprägte städtische Bevölkerung Berlins und die alte Schulreformtradition bestand eine für die längere Grundschuldauer günstige Atmosphäre.[513]

---

[512] Anders als in Berlin, das als Zugeständnis an die konservative Kritik des verlängerten gemeinsamen Lernens die Verkürzung der Grundschuldauer von acht auf sechs Jahre vornehmen konnte, blieb in Bremen in den Augen des SPD-Senats nur die partielle Aufhebung der sechsjährigen Grundschule als Möglichkeit. Siehe auch Schulte am Hülse S.335
[513] vgl. Hearnden S.30

b) Erste Phase (April 1945 - April 1946): Dominanz sozialistischer Akteure

Mit der Besetzung Berlins durch sowjetische Truppen am 28.4.1945 begann dort die Phase der Hegemonie der UdSSR, die trotz des Eintreffens der westlichen Alliierten und des Vier-Mächte-Status' bis zum Herbst 1946 anhielt.[514]

Die **sowjetische Militärverwaltung** setzte mit Otto Winzer und Ernst Wildangel allgemein anerkannte Männer in Führungspositionen ein, die ebenso wie sie eine sozialistische **Volksfrontpolitik** mit antifaschistischer Blockbildung bzw. eine vorsichtige und schrittweise vorbereitete Bildungspolitik in enger Zusammenarbeit mit den Schulreformern der Weimarer Zeit, Paul Oestreich, Max Kreuziger und Richard Schröter betrieben.[515] Die "Richtlinien für die Wiedereröffnung des Schulwesens vom 11. Juni 1945" beinhalteten demgemäß keine prinzipielle Neuordnung des Schulwesens, aber sie bereiteten durch Lehrplanangleichung u.ä. die Verlängerung der Grundschuldauer vor. Zugleich wurde das Ziel Einheitsschule im Oktober und November 1945 mit einem gemeinsamen Aufruf von KPD und SPD, mit öffentlichen Versammlungen und vielen Zeitungsartikeln vorbereitet.[516]

Gegen das sowjetische Vorhaben, zum Schuljahr 1946/47 die achtjährige Grundschule einzuführen, wandten sich jedoch schon am 19.11.1945 die **amerikanischen und britischen Militärbehörden**. Sie empfahlen eine sechsjährige Grundschule und die Verschiebung der Entscheidung über die Schulorganisation, bis demokratische Wahlen erfolgt seien. Dabei unterstützten sie die Positionen der evangelischen **Kirche** und der sich von der antifaschistischen Blockpolitik ablösenden Parteien **CDU** und **LDP** zwar nicht in der Ablehnung der verlängerten Grundschulzeit, wohl aber in Fragen des Privatschulwesens und des Religionsunterrichts.[517] Der reale Einfluß konservativer Politik blieb allerdings, bedingt durch das sozialistische Übergewicht im politisch-administrativen System, zunächst äußerst gering und nahm erst mit den Folgen der zunehmenden Ost-Westspannungen ab 1947 sukzessive zu.

Die für den späteren Erfolg der Schulreform entscheidende Bedingung lag in der engen schulpolitischen **Zusammenarbeit** von **KPD, SPD**, besonders ihrer Lehrerarbeitsgemeinschaft (**ASL**), dem **Hauptschulamt**, der **Schulrätekonferenz**, der **Lehrergewerkschaft** und einiger **Reformpädagogen**. Durch diese günstigen Voraussetzungen war Berlin für viele aktive Schulreformer aus verschiedensten Regionen attraktiv.[518] Da zudem Schulreformer wie Paul Oestreich aus den Erfahrungen der Weimarer Zeit den Schluß zogen, daß zur inneren

---

[514] vgl. Hars S.144; Klewitz S.30; Hearnden S.30; Fuchs, Hans Werner und Pöschl, Klaus Peter: Reform oder Restauration? München 1986, S.160f

[515] vgl. Klewitz S.31ff und S.61; Ellerbrock S.167ff; Helling S.54; sowie Radde, Gerd und Fedke, Hubertus (Hrsg.): Reform und Realität in der Berliner Schule, Braunschweig 1991, S.164ff

[516] vgl. Klewitz S.14 und S.107ff; Helling S.53; Hars S.147; Froese S.87; Fuchs/Pöschl S.160f

[517] vgl. Klewitz S.40, S.73, S.86f und Anm.30; Ellerbrock S.172ff; Hearnden S.31ff; Hars S.144; Fuchs/Pöschl S.161ff

[518] vgl. Klewitz S.61ff und S.106f; Hars S.145ff; Helling S.54; Lemm S.50. Die Schulräte gehörten wie die Mitglieder des Hauptschulamtes fast alle der SPD und der KPD an. Der Vorsitzende der Lehrergewerkschaft, Richard Schröter, war gleichzeitig SPD-Stadtverordneter. Von 485 Gewerkschaftsdelegierten gehörten 341 zunächst der SED an.

268

Reform auch die äußere, schulorganisatorische gehöre, galt ihre Aufmerksamkeit auch der Verlängerung der Grundschuldauer. Ein anderes Mitglied des Bundes entschiedener Schulreformer, Albert Goße, gründete 1946 die progressive Elternvereinigung "Arbeitskreis Neue Erziehung (ANE)". Alle diese Reformgruppen waren sich - bis auf z.T. noch zögernde Sozialdemokraten - einig, daß die **achtjährige** Grundschule nötig sei.[519] Dabei stießen sie zunächst sogar bei dem ungebundenen **"Kulturbund zur demokratischen Erneuerung Deutschlands"**[520] und bei Teilen der **LDP** auf Zustimmung. Die LDP versuchte nämlich 1946/47, durch Zugeständnisse an die sozialistische Mehrheit an der Regierung beteiligt zu werden und sich aus der politischen Isolation zu befreien, in die sie sich z.b. durch ihre Haltung zur Sozialisierungsfrage begeben hatte. Aufgrund der für die konservativen Gruppen ungünstigen Perspektive forderten Kirchen, Philologen und Universitäten nur noch die "mindestens sechsjährige höhere Schule." Selbst in dem Vorschlag des CDU-Landesvorsitzenden Landsberg tauchten Elemente der verlängerten Grundschulzeit auf.[521]

c) Zweite Phase (April 1946 - Oktober 1946): Aufschiebung der Einführung der sechsjährigen Grundschule

Nachdem sich in scharfer Frontstellung zur UdSSR und KPD am 7.4.1946 in West-Berlin eine selbständige SPD gebildet hatte und am 14.4.1946 in Ost-Berlin Teile der SPD mit der KPD zur SED vereinigt wurden, kam es zu einer schweren Belastungsprobe für die Zusammenarbeit von Sozialdemokraten und Sozialisten.[522]

Die schulpolitischen **Differenzen** bezogen sich zum einen auf die Frage, ob die Schule zur kommunistischen **Bewußtseinsbildung** zu erziehen habe, zum anderen auf den nach dem Vorbild der SBZ geplanten **undemokratischen Durchsetzungsmodus**.[523] Ähnlich wie das von der Schulrätekonferenz im Oktober 1946 vorgestellte Konzept hatte der Neuordnungsplan (vom Juni 1946) des Hauptschulamtleiters Ernst Wildangel (KPD/SED) nur eine sechsjährige Grundschule vorgesehen. Trotzdem lehnte die SPD die nicht demokratisch legitimierte Durchführung des Hauptschulamt-Planes zu diesem **Zeitpunkt**, kurz vor den Wahlen, ab. Gemeinsam mit den westlichen Alliierten verhinderte sie das Inkrafttreten einer Verordnung des Hauptschulamtes, wonach zum Beginn des Schuljahrs 1946/47 keine Anfangsklassen im Mittleren und Höheren Schulwesen eingerichtet werden sollten.[524]

[519] vgl. Halbritter S.95; Hars S.147; Klewitz S.118ff und S.133; Ellerbrock S.176ff; Helga Gürtler in: Peter Heyer/Renate Valtin (Hrsg.): Die sechsjährige Grundschule in Berlin, Frankfurt a.M. 1991, S.55
[520] Mitglied war z.B. der konservative Pädagoge Eduard Spranger
[521] vgl. Klewitz S.108f; Hars S.148ff; Fuchs/Pöschl S.166ff. Landsberg wurde später SPD-Mitglied.
[522] vgl. Hars S.151; Hearnden S.31; Klewitz S.129; Lemm S.43f und S.46f
[523] vgl. Halbritter S.95f; Hars S.151
[524] vgl. Klewitz S.130ff und S.157ff; Hars S.152ff

d) Dritte Phase (Oktober 1946 - Juni 1948): Verhinderung des Nestriepke-Plans und Entscheidung für die achtjährige Grundschule

Das Ergebnis der Wahlen vom 20. Oktober 1946 minderte den Einfluß der SED und stärkte die bürgerlichen Parteien.[525] Obwohl die SPD aufgrund ihrer gewonnenen Mehrheit nicht auf die Zusammenarbeit mit anderen Parteien angewiesen war, begann nun ein innerparteilicher Richtungsstreit. Zur Vorbereitung des Schulgesetzes wurde die Abteilung für Volksbildung beim Magistrat mit dem Mitglied des rechten SPD-Flügels, Siegfried **Nestriepke,** als Leiter besetzt. Im Magistrat fand dieser Unterstützung bei Ernst Reuter, der z.b. die Einrichtung von grundständigen humanistischen Gymnasien (d.h. ab Klasse 5) befürwortete. Dem stellten sich der Studienrat und Reformpädagoge Otto Ostrowski als Oberbürgermeister und fast alle Schulpolitiker in der SPD entgegen.[526]

Unter Ausschluß des Volksbildungsausschusses der Stadtverordnetenversammlung und des Hauptschulamtes erarbeitete Nestriepke mit CDU und LDP-Mitgliedern Anfang 1947 einen Plan, der die sechsjährige Grundschule, das grundständige humanistische Gymnasium und Privatschulen vorsah.[527] Hars stellt dazu fest, daß sich führende Kreise der SPD "sehr rasch bereitfanden, übergeordnet erachteten politischen Motiven folgend, das als sekundär eingeschätzte Schulterrain dem in dieser Frage ganz besonders konsequenten innenpolitischen Gegner zu überlassen."[528] Dabei überschätzten Reuter und Nestriepke die Kompromißbereitschaft der CDU, die den Nestriepke-Plan schließlich ablehnte, weil er die christlichen Grundlagen und die Dreigliedrigkeit noch nicht genügend berücksichtige. Und sie unterschätzten das Engagement und die Durchsetzungsfähigkeit der SPD-dominierten Schulrätekonferenz, der SPD-Schulpolitiker, der ASL, der Lehrergewerkschaft, der SED und der Hauptschulamtsmitglieder. Denen gelang es, innerhalb der ersten vier Monate des Jahres 1947 die **SPD-Mehrheit** zur **Ablehnung des Nestriepke-Plans** zu bewegen. So hieß es auf dem SPD-Landesparteitag im April, die SPD solle zwar kritisch und unabhängig von der SED arbeiten, jedoch "in bestimmten Fragen, wie z.B. der Schulfrage, mit ihr zusammengehen...".[529]

Anschließend erarbeitete die Mehrheit aus SED und SPD im **Volksbildungsausschuß** einen Gesetzentwurf mit **achtjähriger Grundschuldauer.** Bis Klasse 4 sollte ungefächerter Gesamtunterricht, ab Klasse 5 Fremdsprachen- und Fachunterricht stattfinden. Für die 7. und

---

[525] vgl. Kaack S.184; Hars S.152; Klewitz S.163: Wahlergebnis in den Westsektoren (in Klammern: Mandatszahl in Gesamt-Berlin): SPD 51,7% = 42 Sitze (63); CDU 24,3% = 20 Sitze (29); SED 13,7% = 11 Sitze (26); LDP 10,3% = 8 Sitze (12)
[526] vgl. Klewitz S.163ff; Hars S.156
[527] vgl. Helling S.54; Lemm S.55; Hars S.155
[528] Hars S.156
[529] Klewitz S.166f; vgl. auch Hars S.156, Ellerbrock S.178

8. Klasse war ein Kern-Kurssystem vorgesehen.[530] Dieser Entwurf fand die breite Unterstützung von über 2000 Lehrerinnen und Lehrern einer Protestversammlung der Lehrergewerkschaft. Doch wer eine Verabschiedung des im Juni 1947 der Stadtverordnetenversammlung vorgelegten Gesetzentwurfs noch vor dem Schuljahrsbeginn (Sommer 1947) erwartete, wurde enttäuscht.[531]

Durch die sich immer stärker abzeichnende Spaltung Berlins gewannen in der SPD wieder die Kräfte die Oberhand, die gemeinsam mit CDU und LDP eine westorientierte Politik betreiben wollten. Obwohl er nicht von der UdSSR bestätigt war, wurde Ernst **Reuter** im Juni 1947 Oberbürgermeister. Nach Verhandlungen der SPD-Führung mit den heftig gegen den Gesetzentwurf protestierenden Parteien CDU und LDP und den Kirchen wurde die Orientierung an den Werten des Christentums, der Antike und des Humanismus und der christliche Religionsunterricht in den Entwurf aufgenommen. Der LDP wurde die Zulassung von Privatschulen besonderer Prägung und die **jahrgangsweise** Einführung der achtjährigen Grundschule zugestanden. Die CDU sperrte sich jedoch weiterhin grundsätzlich gegen das Gesetz, obwohl nach kleinen Abänderungen alle **Schulräte,** auch die wenigen der CDU, (bis auf eine Enthaltung) dem Entwurf des Ausschusses zugestimmt hatten.[532]

Schließlich wurde dieses Gesetz mit 86 Stimmen der SPD, SED und der Mehrheit der LDP gegenüber 30 Stimmen der CDU und LDP-Minderheit am 13. November 1947 angenommen. Nachdem die **Alliierten** im Sommer 1947 für die Ersetzung Nestriepkes durch Walter May (SPD) gesorgt und mit der Direktive 54 dem Plan des Volksbildungsausschusses großen Auftrieb gebracht hatten, **bestätigten** sie schließlich im Juni 1948 das **Gesetz**, das damit in Kraft trat.[533]

Mit Stolz vermerkten die sozialistischen Kräfte, mit der Vorreiterrolle Berlins in der Frage der Grundschuldauer, also mit der achtjährigen Grundschule, ein Gegengewicht zur vierjährigen Grundschule der meisten westdeutschen Ländern geschaffen zu haben, "in der Hoffnung, bei einer späteren reichseinheitlichen Regelung wenigstens die sechsjährige gemeinsame Schulstufe durchsetzen zu können."[534]

Auch die Tatsache, daß die konservativen Gruppierungen mit der gleichen Argumentation, mit der sie in Westdeutschland für die Vierjährigkeit eintraten, nun mit dem Gegenkonzept der sechsjährigen Grundschule operierten, zeigt, daß die Auseinandersetzungen weniger unter pädagogisch-psychologischen Fragestellungen um die drei-, vier-, sechs- oder achtjährige

---

[530] vgl. Paragraphen 20 und 22 des bei Froese (S.106ff) abgedruckten Gesetzes und Klewitz S.304ff; Ellerbrock S.180; Keim (b) S.263ff
[531] vgl. Helling S.55; Hars S.157; Klewitz S.167 und S.187
[532] vgl. Klewitz S.188; Helling S.58
[533] vgl. Radde/Fedke S.166f; Ellerbrock S.178ff
[534] Klewitz S.184

Grundschule erfolgten, sondern daß um die **Verlängerung** der Grundschuldauer aufgrund **politisch-sozialer** Gesichtspunkte gestritten wurde.[535]

e) Vierte Phase (Sommer 1948 - Dez. 1950): Realisierung des Gesetzes zur Einführung der achtjährigen Grundschule

Da sowohl das sozial-egalitäre Moment (solidarische Förderung aller) als auch das bürgerliche Konzept (leistungsbezogene Selektion) in dem Gesetz enthalten war, entsprechend in der 7. und 8. Klasse zugleich gefördert und ausgelesen werden sollte, für eine produktive Lösung dieser Spannung weder genügend Vorplanungen noch Erfahrungen vorhanden waren und zudem die konservativen Gruppierungen die Umsetzung des Gesetzes weiterhin bekämpften, kam es bei der Realisierung der achtjährigen Grundschule zu erheblichen **Problemen**.[536]

Zudem wurde die Stadt u.a. aus Anlaß der Berliner Blockade (Frühsommer 1948 bis Mai 1949) im Dezember 1948 endgültig in einen Ost- und Westteil gespalten. In West-Berlin schlossen sich nun im Zuge von Westorientierung und Kaltem Krieg **SPD, CDU und FDP** zu einer **"Notgemeinschaft"** zusammen.[537] Nachdem im November 1948 Ernst Wildangel als Hauptschulamtsleiter entlassen worden war, die meisten SED-Mitglieder - wie z.b. Paul Oestreich - mehr oder weniger gezwungen in den Ostsektor gegangen waren und die Alliierten sich fast gänzlich aus der Schulpolitik zurückgezogen hatten, oblag die Durchführung des Schulgesetzes in West-Berlin nun der SPD, einzig unterstützt von der Schulrätekonferenz und dem Berliner Lehrerverein (BLV).[538]

Die starke Stellung der SPD (64,5 %) auch nach den Wahlen vom Dezember 1948 und die unnachgiebige Haltung ihrer Schulpolitiker verhinderte vorerst die Aufweichung des Schulgesetzes. Zu Beginn des Schuljahres 1948/49 wurden keine Anfangsklassen des weiterführenden Schulwesens eingerichtet. Erhebliche Schwierigkeiten bereitete die Schaffung von größeren Schuleinheiten für das Kern-Kurssystem, da bis 1950 enorme finanzielle Engpässe zu überwinden waren. Auch die ungenügend vorbereitete pädagogische Gestaltung des Kern-Kurssystems, Materialdefizite und mangelnde Unterstützung und Ausbildung eines Teils der Lehrkräfte brachten die Schulreformer bald in eine defensive Stellung.[539]

---

[535] Die achtjährige Grundschule wurde als Mittel zum gesellschaftlichen Umbau gesehen, da sie versprach, soziale Ungleichheiten abzubauen und die Chancen für einen größeren Teil der Bevölkerung zu erweitern, leitende Stellungen in allen gesellschaftlichen Bereichen zu übernehmen. Zwar wurde von den Bildungspolitikern der Arbeiterparteien an der Existenz gesellschaftlicher Hierarchien nicht gerüttelt, doch sollten nicht nur Begabte gefördert und unabhängig von der Herkunft ausgelesen, sondern alle besser ausgebildet werden. Dies galt vor allem für die bisher benachteiligten Arbeiterkinder. Der gemeinsame Unterricht sollte möglichst lange dauern, damit die Demokratiefähigkeit aller gesteigert und die gesellschaftlichen Ungleichheiten vermindert würden. Vgl. Klewitz S.15, S.108, S.119f, S.168 und S.191.

[536] vgl. Keim (a) S.68; Hars S.160ff; Klewitz S.222ff; Halbritter S.97; Ellerbrock S.180ff

[537] Hars S.160; vgl. auch Keim (a) S.69; Klewitz S.198

[538] vgl. Hars S.161ff; Klewitz S.198ff. Wie Oestreich wurden viele SED-Mitglieder amtsenthoben bzw. in den Ostsektor "versetzt". Vgl. Ellerbrock S.187ff

[539] vgl. Klewitz S.199, S.233f, S.204; Hars S.161f und S.166; Keim (a) S.69; Ellerbrock S.187

Erste Erfolge in der Auflösung der achtjährigen Grundschule hatten die Kirchen mit der Genehmigung von wenigen, ab Klasse 7 beginnenden Gymnasien. Doch die konservativen Gruppierungen, der Stadtelternausschuß, der Erziehungsbeirat und der Philologenverband drängten auf weitere Revisionen.[540] Im September 1949 gelang es der FDP, grundständige Gymnasien für nach Berlin ziehende Westdeutsche durchzusetzen. CDU und FDP bekamen u.a. durch das Anprangern von Entdemokratisierungstendenzen an den Ost-Berliner Schulen immer stärkeren Zulauf. So ermutigt, führten sie den Wahlkampf im Dezember 1950 unter der Parole "Weg mit der roten Einheitsschule" mit schulpolitischem Schwerpunkt.[541]

f) Fünfte Phase (ab 1951): Revision des Grundschulgesetzes und Etablierung der sechsjährigen Grundschule

Erst mit dem **Wahlergebnis von 1950** gewannen die CDU und FDP die parlamentarischen Voraussetzungen zur Revision der achtjährigen Grundschuldauer.[542] Um Mitwirkungsmöglichkeiten zu behaupten, entschied sich die SPD trotz Verlustes der Mehrheit für eine Regierungsbeteiligung, so daß Ernst Reuter Oberbürgermeister blieb.

Bereits in den Verhandlungen vom Dezember 1950 akzeptierte die SPD-Führung die Forderungen der CDU und FDP nach Rücknahme der Grundschuldauer auf **sechs Jahre** und den Beginn des Lateinunterrichts ab Klasse 5. Reuter begründete die Revision vor allem mit der Angleichung an westdeutsche Verhältnisse.[543] Nach Streitigkeiten in Einzelfragen (z.B. technische Mittelschule) stimmte die SPD dennoch gegen den Entwurf des CDU-Schulsenators Tiburtius, der schließlich am 10.5.1951 mit 63 zu 55 Stimmen angenommen wurde.[544] Organisatorisch erwies sich die Verkürzung der Grundschulzeit als relativ einfach, da 1951 nur ein Jahrgang wieder in drei Oberschulzweige aufgegliedert werden mußte.[545]

Trotz der Einigung auf die sechsjährige Grundschule hielt die CDU und ihr Schulsenator den Übergang nach vier Jahren nach wie vor für geeigneter.[546] Nachdem die CDU nach dem Tode Reuters die SPD Ende 1953 aus der Koalition gedrängt hatte, startete sie, unterstützt durch die konservativen Verbände, **1954** den **Versuch**, die Grundschule auf **vier Jahre** zu verkürzen, und stellte entsprechende Anträge im Abgeordnetenhaus.[547]

---

[540] vgl. Füssl, Karl-Heinz und Kubina, Christian (a): Berliner Schule zwischen Restauration und Innovation: Zielkonflikte um das Berliner Schulwesen 1951 - 1968, Frankfurt a.M. 1983, S.53ff und Interview mit Friedrich Weigelt in Füssl, Karl-Heinz und Kubina, Christian (b): Zeugen zur Berliner Schulgeschichte (1951 - 1968), Berlin 1981, S.15. Wie die Aktivitäten des 1946 gegründeten ANE gab es aber auch Elternorganisationen, die für die verlängerte Grundschuldauer eintraten; vgl. Gürtler in Heyer/Valtin S.55f

[541] vgl. Hars S.163; Klewitz S.236ff

[542] vgl. Hars S.165: SPD 44,7%; CDU 24,6%; FDP 23%; DP 3,7%; GB/BHE 2,2%

[543] vgl. Klewitz S.244; Hars S.167

[544] vgl. Hars S.168. Nur die Fritz-Karsen-Schule wurde auf Antrag ihres Kollegiums und ihrer Elternschaft als Einheitsschule mit besonderer pädagogischer Prägung fortgeführt.

[545] vgl. Klewitz S.263

[546] vgl. Füssl/Kubina (a) S.25

[547] vgl. ebenda S.56f

Zwar gab es einige Schulreformer, die wegen der restaurativen Entwicklung der Schulpolitik zu resignieren drohten,[548] aber die Mehrheit, zu der auch Paul Oestreich gehörte, wehrte sich - wie Hars berichtet - gegen die weitere Verkürzung der Grundschuldauer:

> "Hatte die SPD die Rückkehr zur sechsjährigen Grundschule bei stärksten inner-parteilichen und außerparlamentarischen Widerständen noch hingenommen, so formierte sie sich jetzt zur entschlossenen Abwehrfront. Im Verein mit anderen außerparlamentarischen Gruppen, z.b. dem BLV, gelang es ihr, diesen weiteren Restaurationsschritt zu verhindern."[549]

Entscheidender als die Proteste der SPD und des BLV, die in ihrer Wirkungskraft mittlerweile eher begrenzt waren,[550] war jedoch der parlamentarische Mißerfolg der CDU, denn für die **FDP** kamen die Anträge der CDU auf eine Verkürzung der Grundschuldauer zu schnell und zu unvermittelt. Zudem befürchtete sie eine mit den CDU-Anträgen verbundene Konfessionalisierung des Schulwesens. Da sie schließlich Zugeständnisse in den Schulfragen an die Zustimmung der CDU zu dem von ihr gewünschten Besoldungsgesetz koppelte, kam es zwar zur Einrichtung von zwei grundständigen Gymnasien, aber nicht zu einer schnellen Entscheidung in der Frage der Grundschuldauer.[551]

Dennoch bereiteten sich CDU und FDP darauf vor, nach einem Gewinn der West-Berliner Wahlen im Dezember 1954 die vierjährige Grundschule wieder einzuführen. Diese **Wahlen** konnte jedoch die **SPD** mit 44,6% für sich entscheiden. Anfang 1955 bildete sie unter Otto Suhr (SPD) eine gemeinsame Koalition mit der CDU, in der Tiburtius Schulsenator blieb. Schulpolitisch vereinbarten die Koalitionspartner, auf Organisationsänderungen zu verzichten, so daß in dieser Beziehung in den folgenden Jahren **Ruhe** einkehrte und sich das Augenmerk der Schulpolitiker auf innere Reformen und Schulzeitverlängerungen richtete.[552]

Damit zeigt Berlin, daß es für eine konservative Regierung ohne überwältigende Mehrheit äußerst schwierig ist, eine zu einem günstigen Zeitpunkt eingeführte, weitgehende Reform vollständig zurückzunehmen. Die **"Kraft des Faktischen"** ist nicht zu unterschätzen. Da zudem die einflußreiche Expertengruppe der Schulräte und die Lehrergewerkschaft die Schulreform über die gesamte Zeit aktiv mittrugen und verteidigten, die FDP in Berlin sich anders als in Hamburg und Schleswig-Holstein nicht eindeutig in die Phalanx des konservativen Blocks einreihte und die SPD nur eine kurze Zeit von der Regierung ausgeschlossen blieb, konnte auch ohne entschiedene Unterstützung der westlichen Alliierten in West-Berlin als einzigem Bundesland die sechsjährige Grundschule bis heute erhalten werden.

---

[548] vgl. ebenda S.33
[549] Hars S.170, BLV = Berliner Lehrerverband
[550] vgl. Füssl/Kubina (a) S.59
[551] vgl. Füssl/Kubina (a) S.57f
[552] vgl. Füssl/Kubina (a) S.60ff

Tabellarischer Überblick über die Schulreformbereitschaft 1947/48:

	1. Besatzungsmacht	2. Kultusministerium	3. Parteiendominanz	4. Kirchendominanz	5. Verbändedominanz	6. Bevölkerung und Tradition
1. Länder ohne Ansätze zur 6-j. Grundschule						
Bayern	USA ++	CSU --	CSU -	kath. --	konserv. -- (Lehrergew. +)	-
Nordrh.-Westfalen	GB o	CDU -	CDU -	kath. --	*	-
Württemberg-Hohenzollern	F /	CDU -	CDU -	kath. -	*	-
Baden	F /	CDU -	CDU -	kath. -	*	-
Rheinland-Pfalz	F /	CDU -	CDU -	kath. -	*	-
Saarland	F /	CDU -	CDU -	kath. -	*	-
2. Länder mit Teilansätzen zum verlängerten gemeinsamen Lernen						
Niedersachsen	GB o	SPD +	SPD (+)	ev. o	konserv. -- (Lehrergew. +)	städtisch (+) ländlich (-)
Württemb.-Baden	USA +	CDU +	CDU/DVP(-) keine o		konserv. -- (Lehrergew. +)	städtisch (+) ländlich (-)
Hessen	USA ++	CDU +	SPD +	keine o	konserv. -- (Lehrergew. o)	(+)
3. Länder mit zeitweiliger 6-j. Grundschule						
Schleswig-Holstein	GB o	SPD ++ ab1950 CDU--	SPD ++ ab1950 Wbl.--	ev. o	konserv. -- (Lehrergew. o)	-
Hamburg	GB o	SPD ++ ab1953 CDU--	SPD ++ ab1953 Wbl.--	ev. o	Lehrergew. ++ (konserv. --)	+
Bremen	USA ++	SPD ++ ab 1954 o	SPD ++ ab 1954 o	ev. o	Lehrergew. (+) (konserv. --)	+
4. Berlin als Land mit dauerhafter sechsj. Grundsch.	UdSSR ++ GB/USA/F o	SPD + SED ++ ab 1951 CDU-	SPD ++ 1954 CDU - ab 1955 SPD +	ev. o	Lehrergew. ++ (konserv. -)	+

Legende:

++	=	starke Schulreformbereitschaft
+	=	gemäßigte Schulreformbereitschaft
/	=	inkonsequente und ungeschickt operierende Schulreformbereitschaft
o	=	relativ passiv
-	=	keine Schulreformbereitschaft
--	=	entschiedene Gegnerschaft
()	=	schwächer
Wbl.	=	konservativer Wahlblock
konserv.	=	Philologen-, Mittelschullehrer- und Hochschulverbände, Eltern Höherer Schulen
*	=	kaum Schulreformbemühungen, auch nicht der Lehrergewerkscaft, die zu verhindern gewesen wären

Kapitel 4: Die sechsjährige Grundschule in West-Berlin von der Diskussion des Rahmen-
plans (1959) über die schulpolitischen Auseinandersetzungen der Reformphase (1968 -
1974) bis heute

4.1. Die politische, ökonomische und soziokulturelle Ausgangslage

Als auffälligster Unterschied zur Besatzungszeit ist für den politisch-administrativen Bereich
seit den 50er Jahren zu vermerken, daß die westdeutschen Institutionen ihre Entscheidungen
nicht mehr durch einen Eingriff der Besatzungsmächte bedroht sahen und daher einen Wandel
von einer reaktiven zu einer aktiven Politik vollzogen.

Dies traf aber nicht auf die Haltung gegenüber der Sowjetunion zu. Vielmehr ließ der Mehrheit der Bevölkerung in der Bundesrepublik der zunehmende Kalte Krieg und die Stabilisierung der deutschen Teilung Forderungen in allen Politikfeldern als verdächtig erscheinen, die
Parallelen mit Entwicklungen der sozialistischen Länder aufwiesen.

Die stark **antikommunistische Grundhaltung** der Westdeutschen schlug sich auch in der -
allerdings umstrittenen - Politik der Wiederbewaffnung,[1] in den Wahlergebnissen und in der
politischen Kultur nieder:

> "Die politische Kultur, die in den fünfziger Jahren entstand, war geprägt durch
> Rückbesinnung auf traditionelle Werte, durch Konformität in Fragen des politi-
> schen Verhaltens, durch Sehnsucht nach vormodernen Zusammenhängen und
> zugleich durch einen starken Bedarf an privatem Glück."[2]

Wie schon anhand der behandelten Länderwahlergebnisse deutlich wurde, konnten in den
50er Jahren die konservativen Parteien CDU/CSU und FDP, die im Bund eine Regierungskoalition bildeten, die zunächst noch starken kleineren und regionalen Parteien aufsaugen, da
die immer wieder beschworene "sozialistische Gefahr" den Trend zum Zusammenschluß der
konservativen Kräfte förderte und die 5%-Klausel diese Tendenz begünstigte. Schließlich
erreichte das **konservative Lager 1957 eine breite Mehrheit**, der nach dem Verbot der SRP
und der KPD nur noch die SPD als Oppositionspartei gegenüberstand.[3]

Nachdem sich die SPD dann aber 1966 in der Großen Koalition als Regierungspartei etabliert
hatte, konnte sie **1969 bis 1983 in der sozialliberalen Koalition** mit dem bisherigen Regierenden Bürgermeister von West-Berlin, Willy Brandt, der große Reformhoffnungen weckte,
und ab 1974 mit dem pragmatischeren Helmut Schmidt den Bundeskanzler stellen. Mitentscheidend für den Regierungswechsel war die zunehmende Reformbereitschaft des bürger-

---

[1] vgl. Schiller, Theo: Parteientwicklung. Die Einebnung des politischen Milieus. In: Bänsch, Dieter (Hg.): Die
fünfziger Jahre. Beiträge zu Politik und Kultur. Tübingen 1985, S.37 - S.48, hier S.38
[2] Rupp, Hans Karl: "wo es aufwärts geht, aber nicht vorwärts ...", in: Bänsch S.27 - S.36, hier S.30. Er erwähnt
an dieser Stelle auch, daß 1951 fast ein Drittel der Deutschen in einer Meinungsumfrage forderten, daß ein
Deutscher Kaiser eingesetzt werden sollte, und nur ein Drittel dies ablehnte.
[3] vgl. Schiller in Bänsch S.41ff

lich-liberalen Lagers einschließlich der FDP. So forderte etwa die FDP-Abgeordnete Hilde-gard Hamm-Brücher eine Intensivierung der Schulreformen, und Ralf Dahrendorf fand mit seiner Devise "Bildung ist Bürgerrecht" starken Widerhall.[4] Nicht unerheblich für diese Entwicklung waren aber auch die studentischen Demonstrationen der **außerparlamentarischen Opposition (APO) Ende der 60er Jahre**.[5]

> "Traditionelle Normen, Wertsysteme und Verhaltensorientierungen, die bislang den Grundkonsens des sozialen Gefüges repräsentierten, wurden nun radikal in Frage gestellt. Die Kritik an Einkommens- und Besitzverhältnissen, an überkom-menen Entscheidungshierarchien, Machtstrukturen, traditionellen Autoritäten und sozialen Benachteiligungen mündete in provokative Forderungen nach Gesell-schaftsveränderungen und eskalierte bei radikalen Aktionen und Ausschreitun-gen."[6]

Auch wenn dieser Protest[7] und die politischen Forderungen nach Aufhebung der Notstands-gesetze, Bekämpfung des Rechtsextremismus und der Springer-Presse, Beendigung des Vietnam-Krieges und Abbau des Nord-Süd-Konfliktes mit polizeilichen Mitteln eingedämmt wurden und sich aufgrund fehlender Mehrheitsfähigkeit nicht durchsetzen konnten, machten diese auch über die APO hinaus vertretenen kritischen bzw. oppositionellen Aktivitäten sehr deutlich, daß ein Regierungswechsel nötig schien. Von einer neuen Regierung erwartete man daher entschiedene Reformen in verschiedenen Bereichen, auch in der Schulpolitik.[8] Als bildungspolitische Elemente dieser Forderungen nach Demokratisierung nennt Grothe eine verstärkte "Beteiligung an schulischen Entscheidungen", eine "Ausweitung der Bildungschancen" und eine "starke Förderung Benachteiligter".[9] Dennoch konnten so weitge-hende politische und pädagogische Vorstellungen, wie sie etwa studentische Demonstranten vertraten, nicht ungebrochen in Regierungshandeln übersetzt werden. Beispielsweise zeigten die Sympathien der Protestgeneration für die antiautoritäre Erziehung in Kinderläden und Alternativschulen wie Summerhill[10] mehr Parallelen mit einigen Lebensgemeinschaftsschulen und der von Ellen Key um die Jahrhundertwende geforderten "Pädagogik vom Kinde aus" als mit Positionen der von den Regierungen eingesetzten Gremien, die stärker systematisch gesteuerte und leistungsorientierte Lehrprozesse favorisierten.

---

[4] vgl. Hildegard Hamm-Brücher: Auf Kosten unserer Kinder, 1965; Ralf Dahrendorf: Bildung ist Bürgerrecht, Hamburg 1965. Frau Hamm-Brüchers Position fand in Berlin starke Beachtung: vgl. BLZ H.20 1964, S.487 und S.491, H.2 1965, S.9ff

[5] vgl. Franz Rodehüser: Epochen der Grundschulgeschichte, Bochum 1987; Klaus Hildebrandt: Von Erhard zur Großen Koalition 1963-1969. In: Karl-Dietrich Bracher/Theodor Eschenburg/Joachim C. Fest/Eberhard Jäckel (Hg.): Geschichte der Bundesrepublik Deutschland in fünf Bänden, Bd.4, Stuttgart und Wiesbaden 1984

[6] Rodehüser S.539

[7] Im Vergleich zu den späteren terroristischen Aktionen der Rote-Armee-Fraktion war dieser Protest zunächst relativ gewaltfrei.

[8] vgl. Rodehüser S.540ff

[9] Grothe S.27

[10] vgl. Rodehüser S.542

Andere Forderungen der 68er-Bewegung wie die nach verstärkter Bildungswerbung und nach Fördermaßnahmen für sozial schwache Gruppen wurden dagegen offizielles Regierungshandeln. Dies galt insbesondere für West-Berlin, da die dortige Freie Universität einer der Kristallisationspunkte des Studentenprotestes war und diese Maßnahmen von der Schulverwaltung befürwortet wurden.[11] Andererseits bewirkte die führende Rolle West-Berlins bei den Studentenprotesten aber auch, daß hier in den 70er Jahren die Auseinandersetzungen um Extremisten im öffentlichen Dienst besonders erbittert geführt wurden und tiefe Spannungen zwischen "Linken" und "Rechten" innerhalb der SPD und der GEW entstanden.

Während die Berliner GEW durch innergewerkschaftliche Kämpfe geschwächt und phasenweise sogar gespalten wurde, konnte die **SPD** trotz innerparteilicher Spannungen in **West-Berlin** ihren Führungsanspruch behaupten. Mit Ausnahme eines kurzen Zeitraums 1953/54 stellte sie den **Regierenden Bürgermeister**.[12] Dabei führte sie zunächst eine große Koalition mit der CDU an, mit der sie in vielen Bereichen einen Erhalt des Status Quo vereinbarte. Von 1963 bis 1981 hatte sie dann in einer sozialliberalen Koalition bzw. alleinregierend (1971 - 1975) die Chance, angekündigte Reformen zu verwirklichen, und zwar insbesondere im Schulbereich, da sie hier bis 1975 den Posten des Schulsenators besetzte.

Durch die sich stabilisierende Westorientierung und die vorgeschobene isolierte Lage wurde West-Berlin zunehmend zu einem "**Schaufenster zum Osten**". Vor allem nach dem Mauerbau sollte es zum kapitalistischen Konkurrenzmodell ausgebaut werden, so daß hier einerseits Anknüpfungen an Einheitsschulmodelle in den Geruch des Sozialismus geraten mußten,[13]

---

[11] vgl. Grothe S.27ff

[12] vgl. O.Büsch/W.Haus/G.Kotowski/H.J.Reichhardt (Hg.): Berliner Demokratie 1919 - 1985, Bd.2, Berlin - New York 1987. Die verschiedenen Berliner Regierungskoalitionen, Regierenden Bürgermeister und Schulsenatoren bzw. -senatorinnen bis 1981 (spätere Jahre siehe Abschnitt 4.4.) mag folgender Überblick verdeutlichen (ebenda S.406ff):

Zeitraum	Regierung	Regierender Bürgermeister	Schulsenator/in
Dez. 1946 - Dez. 1948	Allparteien-Senat	O.Ostrowski(SPD) ab 1947 E.Reuter(SPD)	S.Nestriepke(SPD) ab 1947 W.May(SPD)
Jan. 1949 - Dez. 1950	SPD/CDU/FDP-Senat	E.Reuter(SPD)	W.May(SPD)
Jan. 1951 - Okt. 1953	CDU/SPD/FDP-Senat	E.Reuter(SPD)	J.Tiburtius(CDU)
Okt. 1953 - Dez. 1954	CDU/FDP-Senat	W.Schreiber(CDU)	J.Tiburtius(CDU)
Jan. 1955 - Dez. 1958	SPD/CDU-Senat	O.Suhr(SPD) ab Okt. 1957 W.Brandt(SPD)	J.Tiburtius(CDU)
Jan. 1959 - Feb. 1963	SPD/CDU-Senat	W.Brandt(SPD)	J.Tiburtius(CDU)
März 1963 - März 1967	SPD/FDP-Senat	W.Brandt ab Dez. 1966 H.Albertz(SPD)	C.H.Evers(SPD)
April 1967 - April 1971	SPD/FDP-Senat	H.Albertz ab Okt. 1967 K.Schütz(SPD)	C.H.Evers ab 3/1970 G.Löffler(SPD)
April 1971 - April 1975	SPD-Senat	K.Schütz(SPD)	G.Löffler(SPD)
April 1975 - April 1979	SPD/FDP-Senat	K.Schütz(SPD) ab Mai 1977 D.Stobbe(SPD)	W.Rasch(FDP)
April 1979 - Juni 1981	SPD/FDP-Senat	D.Stobbe ab Jan. 1981 H.J.Vogel(SPD)	W.Rasch(FDP)

[13] vgl. Grothe S.22f. In der DDR war im Dezember 1959 ein Schulgesetz verabschiedet worden, das die einheitliche "zehnklassige allgemeinbildende polytechnische Oberschule" vorschrieb.

andererseits aber Chancen auf finanzielle Förderungen von Reformprojekten aus dem Bundesgebiet bestanden. Das in den 50er Jahren erheblich gestiegene Bruttosozialprodukt zeigte günstige **ökonomische Rahmenbedingungen** an. Die Arbeitslosigkeit ging zurück, so daß auch materielle Forderungen der Arbeitnehmerschaft befriedigt werden konnten und die Wirtschaftspolitik der Regierung auf breite Zustimmung stieß.[14] Dies gelang, obwohl keine nennenswerten Mittel und Maßnahmen zur Steigerung der Ausbildungsqualifikationen ergriffen wurden. Daher schienen entsprechende bildungspolitische Forderungen Mitte der 50er Jahre kaum Überzeugungskraft zu besitzen. Enzensberger bezeichnete daher diese Zeit als eine Epoche, "wo es aufwärts geht, aber nicht vorwärts."[15]

Die wachsende Öffnung zum Weltmarkt und ein Rückgang des primären Produktionssektors (Landwirtschaft, Forsten, Fischerei) ließen jedoch auch schon in den 50er Jahren erkennen, daß mit einem Provinzialismus, der sich in der Parole "**keine Experimente**" erschöpfte, auf die Dauer keine erfolgreiche Politik betrieben werden konnte.[16] Eine mögliche Verschärfung der weltweiten Wettbewerbsbedingungen und der Sputnik-Schock wurden dann zum Ende der 50er bzw. vermehrt Mitte der 60er Jahre zum Anlaß dafür, die wirtschaftlich und kulturell allein auf Bewahrung setzende Politik zu kritisieren. Hier sei insbesondere an die von Picht und Edding eingeleitete Kampagne mit der bildungspolitischen Forderung erinnert, eine "drohende Bildungskatastrophe" zu verhindern, die die Bundesrepublik im Wettbewerb mit dem Ausland bereits beträchtlich zurückgeworfen habe und in Zukunft noch weiter ins Hintertreffen bringen würde.[17] Bemerkenswerterweise wurde diese Argumentation, die - gestützt durch leicht rückläufige Gymnasialschülerzahlen[18] - die These einschloß, es werde in Zukunft an Fachkräften fehlen, kaum von den Arbeitgeberverbänden vertreten. Eine bereitwillige Aufnahme fanden die Forderungen nach einer Qualifizierungsoffensive vielmehr bei den durch den wirtschaftlichen Aufschwung quantitativ und hinsichtlich ihrer gesellschaftlichen Bedeutung gewachsenen Mittelschichten, die die Bildungschancen ihrer Kinder beim Ausbleiben von Bildungsreformen gefährdet sahen. Unterstützt wurden diese Bedürfnisse nach einer **Bildungsexpansion** von einem wiedererstarkten DGB, der sich, nachdem die Arbeitsplätze und Einkommen weitgehend gesichert und ausgeweitet worden waren, nunmehr der Durchsetzung darüber hinausgehender Ansprüche seiner Mitgliedschaft widmen konnte.

Wie der Berliner Schulexperte Grothe erwähnt, begünstigten die Veränderungen der ökonomischen und soziographischen Lage Ende der 50er und Anfang der 60er Jahre **auch in West-Berlin Bildungsausweitungen und -reformen**:

---

[14] vgl. G.Hardach in Bänsch S.53f, S.57f
[15] Enzensberger zitiert nach Rupp in Bänsch S.27
[16] vgl. G.Hardach in Bänsch S.51f, S.54ff, S.57ff
[17] vgl. Georg Picht: Die deutsche Bildungskatastrophe, Olten und Freiburg i.B. 1964
[18] vgl. Berliner Lehrerzeitung (BLZ) H.3 1964, S.67

279

"Der allgemeine Wiederaufbau der Wirtschaft im Zusammenhang mit der Ordnung des Wirtschaftsgefüges überhaupt erlaubte nun auch, die zwar noch immer knappen Ressourcen doch mit größerer Sicherheit für die kontinuierliche, planmäßige Rekonstruktion des Schulwesens einzusetzen. Aufgabenkonzepte drohten daher nicht von vorneherein, schon allein an materiellen Voraussetzungen zu scheitern."[19]

Da die Anzahl der Berliner Grundschulkinder abnahm und die vorhandenen Lehrkräfte der Grundschule nicht an Sekundarschulen versetzt wurden, konnte die vormals sehr ungünstige Lehrer-Schüler-Relation der West-Berliner Grundschule verbessert werden. Die Kriegsfolgen wirkten aber nach Grothes Meinung trotz des Wirtschaftswunders noch immer negativ auf die Lebensbedingungen der Berliner Kinder, inbesondere in Stadtvierteln wie Kreuzberg.[20]
Nach Überwindung der Rezession 1966/67 gab es bundesweit eine sehr "optimistische Einschätzung der weiteren wirtschaftlichen Entwicklung". Sie wurde aber durch die Ölkrise (1973) gedämpft und verschwand schließlich Ende der 70er Jahre völlig.[21] In der Zeit des Aufbruchs während der Großen Koalition (1966-1969) und in der Ära Brandt/Scheel wurden die Mittel für Bildung erheblich erhöht. Mit anderen Worten: **Bildung hatte Ende der 60er, Anfang der 70er Jahre Konjunktur.** Das galt auch für West-Berlin, das mit dem engagierten Schulsenator Evers, der ersten Gesamtschule und der reformorientierten sechsjährigen Grundschule als Modell für diese Entwicklung stand, obwohl sich mit dem Rücktritt von Evers bereits 1970 ein Umschwung in der Frage der Bildungsfinanzierung andeutete.[22]
Zu diesem Zeitpunkt bestimmte nicht mehr eine mit geringer werdenden Schülerzahlen operierende Argumentation für eine Qualifizierungsausweitung die Debatte, stattdessen wurden wachsende Schülerzahlen als Begründung für die Modernisierung der Schulen und große Neubauten angeführt.[23] Erst ab Mitte der 70er Jahre sanken die Zahlen der Schülerinnen und Schüler wieder, so daß die soziographische Legitimationsgrundlage für eine weitere Bildungsexpansion abnahm.[24]
Jedoch hielt die in den 50er und 60er Jahre einsetzende steigende Entwicklung der Berufstätigkeit von Frauen an, so daß vermehrte Betreuungs- und Förderangebote in der sechsjährigen

---

[19] Grothe S.21, vgl. auch S.25f und S.28
[20] vgl. ebenda S.21f
[21] vgl. ebenda S.27
[22] Evers war auch bundespolitisch eine der treibenden Kräfte in der Horizontalisierung des Schulsystems und der Einberufung eines Bildungsrates. Vgl. z.B. BLZ H.20 1964, S.487. Nachdem Evers 1970 als Schulsenator zurückgetreten und in den SPD-Parteivorstand gewählt worden war, wurde er mit Billigung des Berliner SPD-Innensenators vom Verfassungsschutz observiert. Diese Tatsache und die ungenügende Abwehr der SPD gegenüber den Plänen der Berliner Großen Koalition zur Bildung von sogenannten "Eliteklassen", die die sechsjährige Grundschule seiner Meinung nach gefährden könnten, führten 1993 zum Austritt von Evers aus der SPD. Vgl. Frankfurter Rundschau 3.3.1993.
[23] vgl. Grothe S.30. Füssl/Kubina (a, S.223 und S.253) weisen darauf hin, daß die wirtschaftliche Rezession 1966/67 die Reformeuphorie dämpfte.
[24] vgl. Grothe S.28

Grundschule nicht nur erforderlich waren, sondern zunehmend auch durchgeführt wurden und innere Reformen begünstigten.[25] Hinsichtlich der **Ausgangslage im soziokulturellen Bereich** ist zu erwähnen, daß sich die Proteste der Kirchen dagegen in den 50er Jahren auch in Berlin langsam beruhigten, da im Zuge der Konfessionsschuldebatten das Elternrecht überhöht und der Einfluß der Kirchen auf die Schule auch über Fragen des Religionsunterrichts hinaus gestärkt wurde.[26] Erst mit der wachsenden Säkularisierung der Gesellschaft ab den 60er Jahren nahm ihre Bedeutung ab.

In der Erziehungswissenschaft dominierte in der in den 50er Jahren vorherrschenden "**Geisteswissenschaftlichen Pädagogik**" die u.a. von Eduard Spranger vertretene Auffassung, die wichtigste Aufgabe der Zeit sei die "innere Schulreform"; ihr Zusammenhang mit äußeren Schulorganisationsveränderungen geriet weitgehend aus dem Blickfeld.[27] In den 60er Jahren gewannen - wie wir noch genauer sehen werden - dann aber mit dem zunehmenden weltweiten Austausch von Wirtschaft und Wissenschaft auch in der deutschen Erziehungswissenschaft Ergebnisse **internationaler** Forschung sowie die Entwicklung eigener **empirischer, sozialwissenschaftlich** orientierter pädagogischer Forschung an Bedeutung, nicht zuletzt eine dynamische Begabungstheorie.[28] Neben den schon genannten politischen und ökonomischen Gründen begünstigten auch soziokulturelle Veränderungen Schulreformen.

Seit der Mitte der 60er Jahre veränderte sich in zunehmenden Maße auch die Geisteswissenschaftliche Pädagogik durch die Erweiterung ihres Horizonts um empirische und gesellschaftskritisch-ideologiekritische Fragestellungen und entsprechende Methoden. Das gilt u.a. für die Entwicklung zur "kritisch-konstruktiven Erziehungswissenschaft" im Sinne Wolfgang Klafkis.[29] Die Entfaltung gesellschaftskritisch-ideologiekritischer Perspektiven innerhalb der Pädagogik wurde besonders stark durch die Rezeption der Kritischen Theorie der "**Frankfurter Schule**" (Adorno, Horkheimer, Marcuse, Habermas), die u.a. auch in der APO starke Resonanz fand, vorangetrieben. Diese Theorie war darauf gerichtet, nach "Überwindung der systemimmanenten Machtstrukturen" durch einen "Diskurs im herrschaftsfreien Raum" ideologische Aspekte des gesellschaftlichen Wertesystems aufzudecken und die Ideen der Humanität und der Aufklärung in der Auslegung auf die veränderten wirtschaftlichen, gesellschaftlichen, kulturellen und politischen Verhältnisse der Gegenwart zu verwirklichen.[30]

---

[25] vgl. ebenda S.27 und S.30

[26] vgl. ebenda S.23; Klafki in Bänsch S.138f

[27] vgl. Klafki in Bänsch S.157f

[28] vgl. Heinrich Roth (d): Begabung und Begaben. In: Die Sammlung. 7.Jhrg. 1952, S.395 - S.407. Hatte dieser gegen den statische Begabungstheorie gerichtete Aufsatz 1952 noch kaum Beachtung gefunden, so sollte sich dies in den 60er Jahren mit den erweiterten Ansätzen von Roth ändern. Vgl. Abschnitt 4.3.2. sowie 4.3.5. und Grothe S.20, S.25 und S.30.

[29] vgl. z.B. Wolfgang Klafki: Aspekte kritisch-konstruktiver Erziehungswissenschaft, Weinheim 1976, S.13 - S.49; Rodehüser S.545ff

[30] vgl. Ulrich Gemünder: Kritische Theorie: Horkheimer, Adorno, Marcuse, Habermas, Stuttgart 1985; Rodehüser S.543f

Neben diesen grundlegenden Veränderungen sind schließlich noch die direkt im Zusammenhang mit der sechsjährigen Grundschule stehenden historischen Vorbedingungen zu betrachten. So wirkte die **Reetablierung der vierjährigen Grundschule in Schleswig-Holstein (1951), Hamburg (1954) und Bremen (1957)** sowie die Verknüpfung der Einführung der sechsjährigen Grundschule mit für die SPD ungünstigen Wahlergebnissen verständlicherweise wenig stabilisierend auf die West-Berliner Grundschule. Die CDU konnte immer wieder argumentieren, daß die Sondersituation Berlins in der Frage der Grundschuldauer abgebaut werden, und daß grundständige Gymnasien für Umzügler aus dem Westen geschaffen werden müßten.[31] Auch das Düsseldorfer Abkommen der Kultusminister-Konferenz (KMK) vom Jahre 1955 sicherte die vierjährige Grundschule bundesweit ab und sprach die sechsjährige Grundschule gar nicht als Möglichkeit an. Zugleich unterband es weitere Schulversuche und konservierte damit die bestehenden Übergänge nach Klasse 4.[32]

Die hier und in Kapitel 3 angeführten Weichenstellungen bis 1959 lassen es daher zwar zu, die Bildungspolitik der 50er Jahre in der Bundesrepublik als in vielen Bereichen "rückwärtsgewandt" zu bezeichnen, diesen Zeitraum allerdings allein mit dem Schlagwort "bildungspolitische Restauration" zu betiteln, träfe den tatsächlichen Sachverhalt nicht und täte den in diesen Jahren engagierten Schulreformerinnen und -reformern Unrecht. In geringem Umfang gab es nämlich vor allem im Bereich der "inneren Reform" Ansätze für Innovationen sowohl im Bundesgebiet[33] als auch in West-Berlin.[34]

Jedoch blieb angesichts der gesellschaftlichen Veränderungen zweifellos ein hoher Nachholbedarf an Schulreformen, auf den in den folgenden Jahren ab 1959 Reformgruppen erfolgreich hinwiesen. Insbesondere die **Defizite im Bereich der schulischen Förderung der Arbeiterkinder, Mädchen, Katholiken- und Landkinder** wurden zunehmend nachgewiesen und als Anzeichen fehlender demokratischer Chancengerechtigkeit kritisiert.[35] Die Grundschule sollte daher über soziale Integration hinaus durch differenzierte und individualisierte Fördermaßnahmen einen Beitrag zu einer kompensatorischen Erziehung leisten, die Benachteiligungen verminderte.

---

[31] vgl. Grothe S.22

[32] vgl. Empfehlungen und Gutachten des Deutschen Ausschusses für das Erziehungs- und Bildungswesen 1953 - 1965, Gesamtausgabe besorgt von Bohnenkamp/Dirks/Knab, Stuttgart 1966, S.1004ff; Grothe S.22

[33] vgl. z.B. Klafki in Bänsch S.134 und die Anmerkung von Enderwitz in: Erziehung und Wissenschaft (Mitgliederzeitschrift der GEW), Heft 2 1991, S.31f

[34] vgl. Füssl/Kubina (a) S.61ff

[35] Ralf Dahrendorf: Arbeiterkinder an Deutschen Universitäten, Recht und Staat in Geschichte und Gegenwart, Heft 302/303, Tübingen 1965; K.M. Bolte/D. Kappe/F. Neidhardt: Soziale Schichtung, Struktur und Wandel der Gesellschaft, Reihe B der Beiträge zur Sozialkunde, Opladen 1966; Wather L. Brühl: Schule und gesellschaftlicher Wandel, Stuttgart 1968; Hansgert Peisert: Soziale Lage und Bildungschancen in Deutschland, München 1967; Helge Pross: Über die Bildungschancen von Mädchen in der Bundesrepublik, Frankfurt a.M. 1969; Michael Brühl: Benachteiligte Kinder als pädagogische Provokation, Beiträge zur Reform der Grundschule, Bd.4, Frankfurt a.M. 1970; Karl Erlinghagen: Katholisches Bildungsdefizit in Deutschland, Freiburg i.B. 1965

Die teilweise euphorische Hoffnung, diese Kompensation durch Betonung leistungsorientierter Differenzierung innerhalb einer integrativen Schule zu erreichen, bezog sich aber nicht nur auf die Primarstufe, sondern auch auf die Förder- bzw. Orientierungsstufe und Sekundarstufe und fand z.b. 1968 in der Gründung der ersten **Gesamtschule** in Berlin ihren Ausdruck.

Zusammenfassend läßt sich also sagen: Sowohl politische Veränderungen der Mehrheitsverhältnisse und Forderungen nach Demokratisierung als auch Interpretationen der wirtschaftlichen Notwendigkeiten und der demographischen Lage sowie verbesserte Finanzsituationen, soziale Aufstiegsambitionen und Veränderungen im soziokulturellen Bereich schufen Rahmenbedingungen, die ab Ende der 50er Jahre günstig für Forderungen nach Schulreformen in größerem Maßstab und für entsprechende Vorbereitungen und Realisierungsansätze waren. Ab etwa 1968 ermöglichte die Weiterentwicklung jener Rahmenbedingungen dann die entschiedenere Verwirklichung solcher Reformen.

Dabei wirkte sich aus, daß diese Reformen auf zwei unterschiedlichen gesellschaftlichen Entwicklungen aufbauten: Auf **Modernisierung** im Sinne von Verbesserung der wirtschaftlichen Wettbewerbsfähigkeit und auf **Demokratisierung** im Sinne von vermehrter sozialer Gerechtigkeit. Da beide Tendenzen in ihren bildungspolitischen Implikationen nicht immer harmonisierten, waren Realisierungsprobleme von vornherein angelegt. Da zudem die ökonomischen, gesellschaftlichen und politischen Bedingungen ungünstiger wurden, ließen parallel dazu schon etwa 1972 sowohl auf gesamtstaatlicher Ebene als auch in den meisten Bundesländern die Reformaktivitäten deutlich nach.[36]

Wie sich diese Rahmenbedingungen nun auf die Auseinandersetzungen um die für die Zehn- bis Elfjährigen angemessenste Schulorganisation auswirkte und was dies für die West-Berliner sechsjährige Grundschule bedeutete, wird im folgenden zu behandeln sein. Um eine Grundlage für das Verständnis der weiteren Entwicklungen der sechsjährigen Grundschule in West-Berlin und später in anderen Bundesländern zu bieten, ist jedoch zunächst auf den die folgenden Auseinandersetzungen prägenden Vorschlag einer Förderstufe und die damals in diesem Zusammenhang erfolgten Debatten einzugehen.

---

[36] Das gilt im wesentlichen sowohl für das Bundesgebiet als auch für Berlin, wobei die Entwicklung in Berlin der im Bundesgebiet eher vorausging (beispielsweise in der Gesamtschulfrage, aber auch in der Dämpfung der Reformhoffnungen mit dem Rücktritt von Evers 1970). Auch in Berlin wurden (insbesondere von Evers) immer wieder ökonomische und demokratietheoretische Beweggründe für diese Schulreformen betont. Vgl. z.B. BLZ H.5 1967, S.3

4.2. Der Vorschlag einer Förderstufe im Rahmenplan und im Bremen-Plan

4.2.1. Der Vorschlag der Förderstufe und die Position zur sechsjährigen Grundschule im Rahmenplan

Das Erscheinen des "Rahmenplans" des "Deutschen Ausschusses für das Erziehungs- und Bildungswesen" im Jahre 1959 darf ohne Übertreibung als Wende in der schulpolitischen Diskussion der 50er Jahre bezeichnet werden, die auch die Argumentationen zur sechsjährigen Grundschule beeinflußte.

Zwar war der Deutsche Ausschuß bereits 1953 durch die Kultusministerkonferenz und das Bundesinnenministerium als Beratungsgremium berufen worden, um bildungspolitische Vorschläge durch unabhängige Experten verschiedener gesellschaftlicher Bereiche zu erarbeiten, doch erreichte er erst mit der Herausgabe des Rahmenplans[37] seine volle Wirkung. Die hier induzierte schulpolitische Diskussion stand dann in ihrer Heftigkeit denen von 1919-1921 und 1947-1949 kaum nach und bereitete die Reformforderungen und Umsetzungen der 60er und 70er Jahre vor.[38]

In Hinblick auf die Frage der sechsjährigen Grundschule lassen sich m.E. zwei Komplexe im Vorschlag und in der Diskussion des Rahmenplans unterscheiden:

Der erste Komplex betrifft die Zielsetzung, unter Beibehaltung der Dreigliedrigkeit des Schulwesens behauptete Bildungsrückstände durch breite qualitative und quantitative Ausweitung von Bildungsmöglichkeiten und durch Steigerung der Zahl höherer Schulabschlüsse zu beseitigen.[39] Einen wesentlichen Ansatzpunkt für die Verwirklichung dieses Ziels sah der Deutsche Ausschuß in der Verbesserung der Übergänge von der Grundschule durch eine zweijährige Förderstufe. Damit ist bereits der zweite Komplex der Diskussion bezeichnet.

Die Ausgangsthese des Deutschen Ausschusses zum erstgenannten Bereich lautet: Das deutsche Bildungswesen sei den Umwälzungen nicht nachgekommen, "die in den letzten fünfzig Jahren Gesellschaft und Staat verändert haben."[40]

---

[37] Empfehlungen und Gutachten des Deutschen Ausschusses für das Erziehungs- und Bildungswesen 1953 - 1965, Gesamtausgabe besorgt von Bohnenkamp/Dirks/Knab, Stuttgart 1966, S.59 -S.115. Dieses im folgenden als "Rahmenplan" zitierte Gutachten wurde am 4.2.1959 veröffentlicht, die Abschnitte "Zur Diskussion des Rahmenplans - Kritik und Antwort" (S.117 - S.219, zitiert als "Diskussion Rahmenplan") und "Empfehlungen zum Ausbau der Förderstufe" (S.267 - S.344, zitiert als "Empfehlungen Förderstufe") erschienen am 2.7.1960 bzw. am 16.5.1962.

[38] vgl. Schorb S.9

[39] Im Rahmenplan heißt es: "An der Dreigliedrigkeit im Aufbau unseres Schulwesens (...) hält der Ausschuß grundsätzlich fest." (S.61) Sie wird mit dem "Erfordernis unterschiedlicher Begabungstypen" (S.76) und "mit der Differenzierung und Stufung der Bildungsanforderungen begründet, die eine arbeitsteilige Gesellschaft an ihren Nachwuchs stellt." (S.66)

[40] Rahmenplan S.60, vgl. auch Klafki in Bänsch S.159, Schorb S.16

"Die Reformversuche der Besatzungsmächte verkannten im Ganzen die besonderen Verhältnisse in Deutschland; zudem waren sie von sehr verschiedenen Bildungsvorstellungen bestimmt."[41]

"Die moderne Gesellschaft braucht für ihren Bestand und ihre Entwicklung mehr Nachwuchs mit gehobener Schulbildung als bisher."[42]

Schon aus diesen Zitaten wird die Ambivalenz des Rahmenplans deutlich. Den konservativen Elementen, nämlich der Ablehnung der vergangenen Reformpläne der Alliierten und der Beibehaltung der Dreigliedrigkeit, steht auf der anderen Seite die klare Forderung nach Schulreformen gegenüber, die den konstatierten steigenden Bedarf an höherqualifiziertem Nachwuchs befriedigen sollen.[43] Je nach Einschätzung kann diese Ambivalenz jedoch als widersprüchliche Inkonsequenz oder als geschickt an die Zeitströmungen anknüpfende Reformstrategie betrachtet werden.

Zur Begründung der Dreigliedrigkeit durch die Annahme, es gäbe verschiedene Begabungstypen, und durch Berufsanforderungen der Gesellschaft sei noch erwähnt, daß der Deutsche Ausschuß in seiner späteren Stellungnahme zur Diskussion des Rahmenplans die Auffassung eindeutig ablehnt, daß die Begabung stabil und unabhängig "von der bis dahin durchlaufenen Schule, vor allem aber vom Milieu des Elternhauses"[44] sei. Er ergänzt:

"Eine prästabilierte Harmonie aber zwischen angeborenen Begabungsrichtungen mitsamt der ihnen zugeordneten Begabungshöhe einerseits und der Differenzierung der Berufe und gesellschaftlichen Schichten, wie das noch Kerschensteiner annahm, gibt es nicht."[45]

Damit hatte sich der Deutsche Ausschuß im Grunde die eigenen Argumentationsgrundlagen für das Festhalten an der Dreigliedrigkeit entzogen.

Die erwähnte Zwiespältigkeit setzt sich in seinen Vorschlägen zur Verbesserung des Übergangs von der Grundschule auf die drei weiterführenden Schultypen fort. Zunächst wurde - z.T. anknüpfend an konservative Argumentationen - vom Deutschen Ausschuß beklagt, das Aufstiegsstreben vieler Eltern führe dazu, daß ihre Kinder auf den Höheren Schulen das Niveau drückten und versagten. Zudem kritisierte er, daß die Grundschule sich zu sehr an den Höheren Schulen orientiere. Da gleichzeitig aber ein vermehrter Bedarf an Abiturienten bestehe, scheidet nach Meinung des Deutschen Ausschusses die konservative Variante der Begrenzung des Zugangs zu den Höheren Schulen auf privilegierte Kreise aus. Vielmehr sei die Auslese so zu verbessern, daß mehr und - wie es in der damaligen Terminologie hieß - "begabungsmäßig" geeignetere Kinder die Höheren Schulen besuchten. Seinem eigenen

---

[41] Rahmenplan S.65
[42] ebenda S.68; vgl auch Empfehlungen Förderstufe S.271f
[43] vgl. auch Rahmenplan S.75
[44] Andererseits verwendet er wiederholt die Begriffe "Begabungshöhe und -richtung". Vgl. Diskussion Rahmenplan S.152 und S.180
[45] ebenda S.152f; vgl. auch Empfehlungen Förderstufe S.268

Gegenargument, daß die Volksschule "Restschule" zu werden drohe, suchte der Deutsche Ausschuß dadurch zu entgehen, daß er gerade für die Volksschule verstärkte Bildungsanstrengungen forderte und mit ihrer Umwandlung in eine zehnjährige Hauptschule entsprechende Vorschläge machte.[46] Um die Auslese für die drei an die Grundschule anschließenden Schultypen zu verbessern, müßte - so die weitere Argumentation des Ausschusses - auf den geschlossenen Übergang nach Klasse 4 verzichtet werden. Eine Prognose über die zukünftige Entwicklung des Begabungstyps sei erstens bei den meisten Schülerinnen und Schülern im Alter von zehn Jahren noch nicht möglich und zweitens nur durch eine Erprobung der Kinder am Stoff der weiterführenden Schulen hinreichend zuverlässig zu begründen. Da die Grundschule ganz anders als die Sekundarstufen arbeite, könne die Ausleseentscheidung auch nicht allein anhand der Grundschulbeobachtung getroffen werden.[47] So formulierte Heinrich Roth, den Ausschuß unterstützend:

"Jeder Zehnjährige hat bis zum eindeutigen Beweis des Gegenteils das Recht auf eine höhere Schule."[48]

Diesen Beweis hielt Roth wie der Deutsche Ausschuß erst mit dem zwölften Lebensjahr für möglich. Zudem überanstrenge die bisherige Regelung der punktuellen Auslese durch Probewochen und Aufnahmeprüfung nach Auffassung des Ausschusses die Kinder, führe bei vielen zu Versagenserlebnissen und lasse selbst bei einer Verlängerung der Probewochen die Spätentwickler unberücksichtigt.[49]

Wie die vierjährige Grundschule, so lehnte der Deutsche Ausschuß im zweiten Argumentationsschritt auch die sechsjährige Grundschule ab:

"Eine undifferenzierte Schule, die alle Kinder einer Klasse durchweg einheitlich unterrichtet, kann aber, wie Erfahrungen und Überlegungen lehren und die Kritik unüberhörbar geltend gemacht hat, über das 4.Schuljahr hinaus den Anforderungen der höheren Bildung nur noch sehr schwer genügen. Sie wird, vor allem wenn sie den Unterrichts- und Lebensstil der Grundschule beibehält, dem Bedürfnis der bildungsfähigeren Kinder nach planmäßigerem und spezialisiertem Lernen nicht mehr hinreichend gerecht. Zwar bedürfen die Kinder auch nach dem zehnten Lebensjahr noch ganzheitlicher Arbeitsweisen, die den kindlichen Beziehungen zur Umwelt entsprechen und sie klären - die Höhere Schule läßt es daran oft noch fehlen -; aber daneben beginnen sie doch auch nach facheigenen, sachlogischen Zusammenhängen zu verlangen. Bei den Befähigteren muß diese Bereitschaft auch schon den Anforderungen begegnen, die zur Zeit von den weiterführenden

---

[46] vgl. Rahmenplan S.67, Diskussion Rahmenplan S.180f und Empfehlungen und Gutachten des Deutschen Ausschusses für das Erziehungs- und Bildungswesen 1953-1965, Gesamtausgabe S.368ff. In der Diskussion des Rahmenplans äußerte der Deutsche Ausschuß zum möglichen residualen Charakter der Volksschule und zur "Verkümmerung der Landschule" (den Begriff "Auspowerung" hielt er für übertrieben), daß die Bildungsgerechtigkeit eine gymnasiale Schulung aller Begabten erfordere und die einzige Alternative zum eigenen Schulorganisationsvorschlag in der Einheitsschule liege, die er jedoch ablehnte. (ebenda)
[47] vgl. Rahmenplan S.69f und Empfehlungen Förderstufe S.271f
[48] Roth (a) S.155
[49] vgl. Rahmenplan S.69f und Diskussion Rahmenplan S.175

Schulen gestellt werden, und das ist in einer undifferenzierten Schule selbst dann nicht möglich, wenn sie mit dem 5.Schuljahr den Stil der Grundschule verläßt. Von diesem Zeitpunkt an dürfen nicht mehr alle Aufgaben für alle Kinder die gleichen sein. Solange sie das bleiben, mangelt es auch an jenen Bewährungen unterschiedlicher Begabung, Neigung und geistiger Arbeitskraft, auf die eine hinreichend verläßliche Auslese angewiesen ist."[50]

Daß eine sechsjährige Grundschule durch eine für die meisten Fächer der Förderstufe von ihm selbst vorgeschlagene innere Differenzierung diesen Bedürfnissen Rechnung tragen könnte, glaubte der Deutsche Ausschuß nicht; vielmehr müsse in Mathematik, der ersten Fremdsprache und ggf. in Deutsch "eine äußere Differenzierung hinzutreten".[51]

Auch die dritte Möglichkeit, die Steuerung der Schulwahl allein den Eltern zu überlassen, lehnte der Deutsche Ausschuß ab, weil sie seiner Meinung nach zu vermehrten Versagenserlebnissen und zur Niveausenkung auf den Höheren Schulen führen werde.[52]

Intensiver diskutierte der Ausschuß die vierte Alternative, den in Niedersachsen erprobten "differenzierten Mittelbau".[53] Als dessen Vorzüge nannte er die verbesserte soziale Koedukation und die Vermeidung einer leistungsmäßigen Auszehrung der Volksschulen sowie zu früher Abstraktionen im Unterricht, die für die Höheren Schulen typisch seien. Stattdessen wären die gegenseitigen Anregungen für die zusammenarbeitenden Lehrkräfte verschiedener Schultypen wie für alle Jugendlichen von Vorteil. Insbesondere könnten Landkinder länger im Elternhaus bleiben und genauso wie Spätentwickler bis zum Abitur geführt werden, so daß insgesamt das Bildungsniveau steige. Nachteilig am differenzierten Mittelbau sei nur, daß die Spannung zwischen der Förderung Begabter und der breiten Bildungsausweitung manche Lehrer und Lehrerinnen überfordere und Eltern und Lehrkräfte der Höheren Schulen den differenzierten Mittelbau ablehnten.[54]

Im übrigen war der Deutsche Ausschuß der Ansicht, daß die Erfahrungen gezeigt hätten, daß diese Probleme des differenzierten Mittelbaus bis zur Klasse 6 nicht aufträten. Daher sei ein nur zweijähriger differenzierter Mittelbau, den der Deutsche Ausschuß "Förderstufe" nannte, die richtige Lösung:[55]

> "In ihr bleibt das gemeinsame Schulleben aller Kinder erhalten, auch der Unterricht wird überwiegend ohne Trennung der Kinder erteilt. Die Kinder erhalten aber gleichzeitig durch getrennte Kurse Gelegenheit, sich an den erhöhten Anforderungen zu bewähren, die schon in diesem Alter sinnvoll sind und nicht hinausgeschoben werden dürfen.[56] ...

---

[50] Rahmenplan S.70f
[51] Diskussion Rahmenplan S.172, S.177
[52] vgl. Rahmenplan S.71f
[53] vgl. Abschnitt 3.3.2.3.
[54] vgl. Rahmenplan S.72f
[55] vgl. ebenda S.83f. Zwar sei die Auslese im vierjährigen differenzierten Mittelbau noch zuverlässiger als in der zweijährigen Förderstufe, aber dies ginge auf Kosten der Schulzeit der Höheren Schulen. Vgl. Diskussion Rahmenplan S.176
[56] Rahmenplan S.76

Die Förderstufe soll also vor allem dazu helfen, daß nach den Maßen der sozialen Gerechtigkeit und des steigenden Bedarfs unserer Gesellschaft an höhergebildetem Nachwuchs jedem Kinde der Weg sich öffnet, der seiner Bildungsfähigkeit entspricht."[57]

Wir halten fest: Die Förderstufe wurde vom Deutschen Ausschuß in erster Linie mit einer verbesserten Auslese, derzufolge mehr und qualifiziertere Abiturienten herangebildet werden könnten und das allgemeine Bildungsniveau angehoben werde, und in zweiter Linie mit einer für sozial sinnvoll und gerecht gehaltenen gemeinsamen Erziehung der Zehn- und Elfjährigen begründet.[58]

Da von dem Besuch der Förderstufe besonders leistungsfähige Kinder ausgenommen sein sollten, blieb auch die Förderstufenplanung des Deutschen Ausschusses zwiespältig:

"Kinder, die schon im letzten Grundschuljahr erkennen lassen, daß sie mit hoher Wahrscheinlichkeit die Hochschulreife erreichen werden, können nach einem Gutachten der Grundschule ... in ... die das 5. bis 13.Schuljahr umfassende 'Studienschule' aufgenommen werden."[59]

Auch wenn sich der Deutsche Ausschuß dagegen wehrte, so wirkte die von ihm vorgeschlagene "Studienschule" doch als Rettungsversuch des "humanistischen Gymnasiums", m.a.W.: als von elitären Tendenzen geprägter Fremdkörper in der Argumentation und dem Organisationsentwurf des Rahmenplans. Andererseits war zu erwarten, daß dadurch die in der Weimarer Republik und der Besatzungszeit überwiegende Kritik aller Versuche, auch den Übergang in altsprachliche Gymnasien später als nach dem 4.Schuljahr anzusetzen, ausbleiben würde, so daß sich dieses Konstrukt der Studienschule für etwa 5% aller Schüler - ob geplant oder nicht - schließlich als geschickter bildungspolitischer Schachzug hätte erweisen können, die Akzeptanz des Gesamtentwurfs des Ausschusses zu erhöhen. Vorbild für diese Möglichkeit, den Protest konservativer Kreise gegen ein gemeinsames Lernen bis Klasse 6 zu dämpfen, mag Berlin gewesen sein, denn hier existierten wenige grundständige humanistische Gymnasien, die die Interessen besonders prestigebewußter Eltern wahrten, ohne die allgemeine sechsjährige Grundschule zu gefährden. Im Gegensatz zum Deutschen Ausschuß pries der Berliner Senat die humanistischen Gymnasien aber nicht besonders an und versuchte erfolgreich, ihre Zahl zu begrenzen.

---

[57] ebenda S.83
[58] An dieser Prioritätensetzung hielt er auch in der späteren Diskussion des Rahmenplans fest. Vgl. Diskussion Rahmenplan S.173f
[59] Rahmenplan S.76. Der Deutsche Ausschuß verteidigte diese Studienschule mit dem Argument, daß der für einen Teil der Schüler notwendige Lateinunterricht den Rahmen der Förderstufe sprengen würde. Vgl. Diskussion Rahmenplan S.182

4.2.2. Modernisierungsbedürfnisse und Elternrecht aus Sicht von Verbänden, Helmut Schelsky und Jürgen Habermas

Angesichts der Zwiespältigkeit und der Bedeutung des Rahmenplans fühlten sich alle schulpolitischen Gruppen zu Stellungnahmen und z.T. zu eigenen Vorschlägen aufgerufen. Auch wenn der Rahmenplan überwiegend mindestens als Denkanstoß gelobt wurde,[60] bemängelte die eine Seite ihn jedoch als zu "radikal", die andere als zu wenig weitgehend. Häufig wurde er - z.T. zustimmend, z.T. abwertend - als "Kompromiß" oder "als "Mitte des ... Streufeldes" der Meinungen bezeichnet.[61]

Erneut beteiligten sich die Gruppierungen, die von ihren Gegnern als "konservativer Block" bezeichnet wurden, unter Führung des Philologenverbandes engagiert an der Debatte. Unter den übrigen schulpolitisch konservativen Akteuren sind noch Mittelschul- und Gewerbelehrerverbände, die CDU und die FDP, kaum Hochschullehrer, einige Eltern- und Landvolkvertreter, konservative Pädagogen und vor allem Helmut Schelsky als Soziologe hervorzuheben. Dem standen als reformfreudige Gruppierungen die "Arbeitsgemeinschaft Deutscher Lehrerverbände" (AGDL, Zusammenschluß von GEW und Bayerischem Lehrerverband), die ASL (Lehrerorganisation der SPD), in geringerem Maße der DGB, einige Erziehungswissenschaftler sowie der Deutsche Ausschuß selber und der Frankfurter Soziologe Habermas gegenüber.

Inhaltlich wurde die Diskussion des Haupteinwandes, den der Philologenverband gegen die Ausgangsthese des Deutschen Ausschusses richtete, Bildung dürfe keine "Rücksicht auf Bedürfnisse des öffentlichen Lebens, des Nachwuchsbedarfs der Wirtschaft, Verwaltung, eines weltweiten Kulturwettbewerbs usw." nehmen,[62] im wesentlichen unter folgender Fragestellung geführt: Ist eine **Anpassung an Aufstiegs-, Demokratisierungs- und Modernisierungsbedürfnisse oder Widerstand dagegen durch Festhalten an alten Bildungsinhalten, an sozialen Bildungsschranken und am Elternrecht** sinnvoll?

Der **Philologenverband** verwarf schon die Prämisse des Deutschen Ausschusses und betonte, daß Gymnasien von zeitbedingten Bedürfnissen der Gesellschaft frei gehalten werden sollten. Zugleich lehnte er die Ausbildung von mehr Abiturienten als "Aufblähung der Gymnasien" ab. Vielmehr sei es Aufgabe des Mittel- und Fachschulwesens, diesen Bedürfnissen gerecht

---

[60] vgl. Schorb S.15. Derbolav äußerte, daß der Deutsche Ausschuß helfe, "zu einer optimalen Verständigung zu gelangen", die CDU-Hessen begrüßte den Rahmenplan als hilfreichen Diskussionsbeitrag, und der Schriftleiter der AGDL, K. Bungardt, empfand ihn als Appell an alle Gruppen, die Diskussion um das bessere Argument und den geeignetsten Kompromiß zu beginnen. Vgl. Schorb S.87, S.112 und S.167f

[61] Schorb S.11, vgl. auch Schelsky, Helmut: Anpassung oder Widerstand, Heidelberg 1961, S.9; Habermas (b) in: Schorb S.100; Stellungnahme der AGDL in: Schorb S.33; Bungardt in: Schorb S.167f; Stellungnahme der FDP in: Schorb S.114; Diskussion Rahmenplan S.217f

[62] Schorb S.16, vgl. auch die vollständige Stellungnahme des Philologenverbandes: Deutscher Philologen Verband (Hg.): Stellungnahme zum Rahmenplan des Deutschen Ausschuß für das Erziehungs- und Bildungswesen, Düsseldorf o.J., circa 1959

zu werden.[63] Dieser Auffassung war auch der **"Deutsche Verband der Gewerbelehrer"**, der die Ausbildung von qualifizierten Fachkräften in die Hände der Fach- und Berufsschulen gelegt wissen wollte und die eigenen Interessen vom Deutschen Ausschuß zu wenig berücksichtigt sah.[64] Statt radikaler Lösungen sollte nach Auffassung der Philologen die alte Kultur und die angeblich "organisch" gewachsene dreigliedrige Struktur des "allgemeinbildenden Schulwesens" beibehalten und weiterentwickelt werden, zumal Chancengleichheit bereits bestehe.[65] In ähnlicher Weise äußerte sich der **Bundeselternrat**, der zur Vorsicht bei Strukturveränderungen mahnte. Er trat dafür ein, begrenzte Reformen zunächst in Schulversuchen zu erproben.[66] Prinzipiell lehnte der Elternrat zu diesem Zeitpunkt (1959) aber Reformvorschläge des Rahmenplans nicht ab. Die Elternvertreter der Höheren Schulen begrüßten jedoch primär das Festhalten des Rahmenplans an der Dreigliedrigkeit[67], widersprachen aber wie der Philologenverband der vom Deutschen Ausschuß vorgeschlagenen Trennung in Gymnasium und Studienschule[68] ebenso wie einer Angleichung der Lernpläne der verschiedenen Schultypen.[69] Weiterhin betonten sie, daß das Elternrecht durch die Förderstufe nicht angetastet werden dürfe.[70] Darin, daß die Entscheidung für den Übergang nach Klasse 6 - wie es im Rahmenplan heißt - primär "auf Grund eines Zeugnisses der Förderstufe" und nur sekundär "mit Zustimmung",[71] aber nicht durch Festlegung der Eltern fallen sollte, sahen viele Vertreter konservativer Gruppierungen eine zu starke Schmälerung des Elternrechts. Einige Verbände wie das **"Niedersächsische Landvolk"** und der **"Verband der katholischen Lehrerschaft"** wiesen jedoch darauf hin, daß eine Beschränkung des Elternrechts hinzunehmen sei, wenn der Bedarf an qualifizierten Kräften dadurch befriedigt werde;[72] schon die bestehende Aufnahmeprüfung begrenze das Elternrecht. Um es genügend zu gewährleisten, solle eine bestandene Aufnahmeprüfung trotz fehlender Förderstufenempfehlung zum Besuch einer Höheren Schule

---

63 vgl. Schorb S.26 und S.128f. Vgl. auch ausführlicher: Deutscher Philologenverband (Hg.): Der Rahmenplan. Stellungnahme des Deutschen Philologenverbandes. Sonderheft der Zeitschrift "Die Höhere Schule", Düsseldorf o.J., c.a. 1959
64 vgl. Schorb S.150. Ähnlich argumentierten die Arbeitgeberverbände, die die betriebliche Bildung statt der schulischen stärken wollten. Vgl. Schorb S.164f
65 vgl. ebenda S.27
66 vgl. ebenda S.108
67 vgl. ebenda
68 Dies gilt insbesondere für die Neuphilologen, die im übrigen der Meinung waren, daß Englisch in der Förderstufe trotz Kursdifferenzierung nicht so gut wie in getrennten Schulformen gelernt werden könne, weil Unbegabte die Begabten zu sehr hemmten. Die Altphilologen begrüßten zwar die besondere Aufmerksamkeit, die der Deutsche Ausschuß der humanistischen Bildung in Form der Studienschule widmete, wollten aber an der altbewährten Form und an dem traditionellen Namen festhalten. Vgl. Schorb S.123ff, S.128f
69 vgl. ebenda S.30f
70 vgl. ebenda S.108
71 Rahmenplan S.77f
72 vgl. Schorb S.45f

ausreichen. Zudem könne die Förderstufe in Zweifelsfällen Empfehlungen für mehrere Schultypen aussprechen, so daß letztlich die Entscheidung den Eltern vorbehalten bliebe.[73] Andere, wie der Direktor der **bischöflichen Hauptstelle** Köln, Krisinger, waren jedoch der Auffassung, daß diese Möglichkeiten nicht ausreichten, um das Recht und die Pflicht der Eltern zu sichern, das Wagnis der Schulwahlentscheidung zu übernehmen und zu verantworten. Diese Schulwahl dürfe nicht von der Begabung abhängen, sondern müsse sich nach dem "Lebenszusammenhang des Kindes und seiner Familie" richten.[74] Diese Position, die die Legitimität ständischer bzw. gesellschaftlicher Privilegien verteidigte, wurde besonders von **Schelsky** ausgebaut. Sie bildete zusammen mit der phasenweise äußerst polemischen Kritik des Philologenverbandes den Auftakt für eine Argumentation, die die Förderstufe aufgrund ihrer Auslesefunktion und der Begrenzung des Elternrechts massiv angriff. In erster Linie wurde dem Deutschen Ausschuß unterstellt, dogmatisierend auf gesellschaftlichen Nutzen und nicht auf individuelle Allgemeinbildung ausgerichtete Erziehung in den Vordergrund zu rücken. So heißt es in einer Stellungnahme des Philologenverbandes:

> "Dieser dogmatische Begriff der Gesellschaft birgt die Gefahr, daß der für die technische Welt taugliche, diesseitig verplante Mensch an die Stelle des zur freien Entscheidung, zu selbständigem Denken aufgerufenen und zur wissenschaftlichen Arbeit fähigen Menschen tritt. Bildung ist offensichtlich für die Verfasser des 'Rahmenplans' die Anpassung an die jeweiligen Gegebenheiten einer technischen Zivilisation. Damit ist in unserem Sinne diese Bildung nichts anderes als Ausbildung."[75]

Auch die sich intensiv an der Diskussion beteiligenden **Kirchenvertreter** stellten z.T. wie der evangelische Oberkirchenrat Niemeier die Frage:

> "Sind trotz aller Vorbehalte doch nicht zu viele Konzessionen an das technische Zeitalter und seine Erfordernisse gemacht und gerät die Menschenbildung nicht ins Hintertreffen gegenüber den Forderungen, die Technik und Wirtschaft lautstark angemeldet haben?"[76]

Zwar fanden die Philologen partiell Unterstützung bei den sich zahlreich, aber wenig einheitlich an der Diskussion des Rahmenplans beteiligenden Vertretern beider Kirchen,[77] insgesamt war deren Kritik am Rahmenplan jedoch relativ gemäßigt, eher von der Unsicherheit geprägt, ob denn das Konfessionsschulwesen hinreichend gesichert bleiben werde. Häufig wurde eine abschließende Stellungnahme von einer Klärung dieser Frage abhängig gemacht, und z.T.

---

[73] vgl. ebenda S.61f. Der Deutsche Ausschuß war der Auffassung, daß es einen Ausgleich zwischen Elternrecht und den Bedürfnissen der Gemeinschaft geben müsse. Bei Differenzen zwischen der Empfehlung der Grundschule und dem Wunsch der Eltern sollte eine Schulkommission eingeschaltet oder ein Probehalbjahr absolviert werden. Im übrigen werde bei Einführung der Förderstufe das Elternrecht durch die verstärkte Elternberatung verbessert und nicht verschlechtert. Vgl. Diskussion Rahmenplan S.154ff
[74] Schorb S.142
[75] ebenda S.27
[76] vgl. ebenda S.109
[77] vgl. ebenda S.15

waren sogar zustimmende Äußerungen zu Teilvorschlägen des Deutschen Ausschusses zu vernehmen.[78]

Letzteres galt auch für den Verband der **Altphilologen**, der zwar auch der Auffassung war, daß die Gymnasien von Anpassungsprozessen an die gesellschaftlichen Bedürfnisse frei gehalten werden sollten; im Gegensatz zur Weimarer Republik gehörte er aber nicht zu den schärfsten Kritikern des neuen Organisationsplanes, weil, wie sich der Redakteur der Zeitschrift "Christ und Welt", Traugott, ausdrückte, dem Ausschuß zugestanden werden könne, daß ihm an der "humanistischen Bildung" gelegen sei und er sich gegen die drohende Gefahr der "sozialen Vermassung" richte.[79]

Auch der "**Gesamtverband Deutscher Mittel- und Realschullehrer**" zeigte in seiner Stellungnahme zum Rahmenplan nicht die Schärfe vergangener Einheitsschulkritik. Das mag darauf zurückzuführen sein, daß der Deutsche Ausschuß die Realschule erhalten und mit erweiterten Aufgaben auf das elfte Schuljahr ausgedehnt wissen wollte. Das schien selbst unter den Gegnern des Rahmenplans nicht unumstritten. Schelsky forderte sogar den generellen Verzicht auf das mittlere Schulwesen.[80] Dennoch wandte sich auch der Realschulverband gegen die Förderstufe und die Argumentation des Deutschen Ausschusses, daß das Schulwesen in den letzten 50 Jahren der gesellschaftlichen Entwicklung nicht nachgekommen sei. Zwar behauptete er nicht wie der Philologenverband, daß die Schule von diesen Entwicklungen unabhängig gestaltet werden sollte, aber er meinte, daß der Rahmenplan seine kritische These nicht genügend belegt habe und als bloßer "Organisationsplan" "keine folgerichtige Herleitung von Bildungsgrundlagen" biete.[81]

Im Gegensatz dazu begrüßte die "**Arbeitsgemeinschaft Deutscher Lehrerverbände**" (AGDL) den Rahmenplan in einer ersten Stellungnahme, obwohl er "keineswegs allen Vorstellungen der AGDL" entspreche.[82] Wie der "**Berliner Verband der Lehrer und Erzieher**" (BVLE)[83] befürwortete die AGDL die Ausgangsthese des Deutschen Ausschusses und betonte den Zusammenhang von bewährten Traditionen und notwendigen Neuerungen für den Entwurf einer "Schule der modernen Gesellschaft":

> "Sie soll der neuen technischen Lebenswirklichkeit des Menschen entsprechen und zugleich den geistigen Zusammenhang mit der kulturellen Überlieferung wahren"[84]

---

[78] vgl. ebenda S.21f, S.58ff, S.65f, S.109, S.144f, S.146
[79] vgl. ebenda S.111 und S.128f. Die FDP befürwortete den Kompromißvorschlag des Rahmenplans: Stärkung der humanistischen Bildung durch die Studienschule bei gleichzeitigen Versuchen mit der Förderstufe. Vgl. Schorb S.114 uns S.116
[80] vgl. Schelsky S.9ff
[81] vgl. Schorb S.117f
[82] ebenda S.33
[83] vgl. Karl Bungardt (Hg.): Der "Bremer Plan" im Streit der Meinungen. Im Auftrage des Vorstandes der AGDL zusammengestellt, Frankfurt a.M. 1962, S.32f
[84] Schorb S.169

Der Bildungsrechtler und Präsident des Volkshochschulverbandes, **Helmut Becker**, war der Ansicht, daß es die Soziologen bisher versäumt hätten, der Öffentlichkeit klar zu machen, daß die "moderne Gesellschaft mehr qualifiziert-Gebildete brauche". Da der Rahmenplan genau dies fordere, sei er zu begrüßen.[85] Der Frankfurter Sozialphilosoph und Soziologe **Jürgen Habermas** ergänzte, daß der Deutsche Ausschuß zwar gut daran getan habe, eine am gesellschaftlichen Bedarf orientierte und realitätsangepaßtere Gymnasialbildung zu konzipieren, die eine größere Anzahl von Abiturienten hervorbringen werde, daß er dieses Reformziel aber zuwenig vom zweiten Ziel, der sozial gerechten Auslese durch die Förderstufe, unterscheide. Daher schlage der "bildungshumanistische Alptraum von der Vermassung", von dem sich der Deutsche Ausschuß genauso wie von der These der "erschöpten Begabungsreserven" zu wenig distanziere, auf beide Reformen zurück.[86]

Weiter sprach sich Habermas wie die AGDL und die **Arbeitsgemeinschaft sozialdemokratischer Lehrer** dafür aus, die Förderstufe für alle Kinder des fünften und sechsten Jahrgangs einzurichten und auf den frühen Übergang einer Teilgruppe in der Form der Studienschule zu verzichten. Damit ist ein wesentliches Element des eigenen Schulorganisationsentwurfs benannt, den die AGDL 1960 unter der Bezeichnung "**Bremen Plan**" mit beachtlicher Resonanz veröffentlichte.[87] Die Verbindlichkeit für alle Zehn- bis Elfjährigen der im Bremer Plan "Mittelstufe" genannten Förderstufe wurde damit begründet, daß auch für die hochbegabten Kinder zu frühe Abstraktionen schädlich seien und es zu einer Reihe von Fehlzuweisungen kommen könnte.[88]

Dieser Meinung war auch die Arbeitsgemeinschaft sozialdemokratischer Lehrkräfte. Die Modernitätsdefizite des Schulwesens hielt sie für so erheblich, daß mit der Einführung der Förderstufe und des 9. und 10. Hauptschuljahres sowie der Schaffung von gleichen und finanziell ausgeweiteten Bildungsmöglichkeiten sofort begonnen werden müßte.[89]

Sogar die **CDU** befürwortete laut Stellungnahme ihrer hessischen Kulturpolitiker den Rahmenplan als Diskussionsbeitrag, um bisher vernachlässigte Bildungs- und Übergangsmöglichkeiten der Volksschüler zu verbessern. In Hinblick auf die Förderstufe und mögliche Gefährdungen der Höheren Schulen, der Realschulen und des Elternrechts wollte sich die CDU aber noch nicht festlegen; sie blieb jedoch der Auffassung, daß die Zahl der Volksschüler nicht verringert werden sollte.[90]

Von der wirtschaftsorientierten und damals bildungspolitisch reformfreudigen **FDP** wurde im Gegensatz zum Philologenverband explizit begrüßt, daß der Rahmenplan eine überfällige und

---

[85] vgl. ebenda S.97
[86] vgl. Habermas (b) in: Schorb S.98f
[87] vgl. Schorb S.169ff und Karl Bungardt (Hg.): Der "Bremer Plan" im Streit der Meinungen. Im Auftrage des Vorstandes der AGDL zusammengestellt, Frankfurt a.M. 1962
[88] vgl. Schorb S.170f
[89] vgl. ebenda S.113
[90] vgl. ebenda S.112

notwendige Anpassung an die "Bildungsbedürfnisse der modernen Gesellschaft" in Angriff nehme.[91]

Das galt auch für die Vertreter der **Arbeitgeber**, allen voran für die im **Ettlinger Kreis** zusammengeschlossenen liberalen Industriellen. Zwar sollte ihrer Meinung nach zur Fundierung weitreichender Reformkonzepte noch die empirische Bildungsforschung verstärkt werden, aber es sei bereits offensichtlich und dem Deutschen Ausschuß zuzustimmen, daß das Schulwesen die in den vergangenen 50 Jahren versäumten Reformen und Anpassungen an die moderne Gesellschaft schleunigst nachzuholen habe. Das Ziel und die im Rahmenplan vorgeschlagenen Maßnahmen, um die Zahl der Abiturienten zu vermehren, wurde von dieser Seite vehement unterstützt und damit der Meinung der Philologen widersprochen.[92]

Etwas zurückhaltender war der **Deutsche Industrie- und Handelstag** in der Unterstützung der Argumentation des Deutschen Ausschusses. Er betonte, die Wirtschaft habe "wiederholt darauf hingewiesen, daß die allgemeinbildenden Schulen sich darauf konzentrieren müssen, die Grundlagen für das immer anspruchsvollere Berufsleben zu verbessern, sich aber nicht mit irgendwelchen Aufgaben einer beruflichen Vor- und Ausbildung belasten sollten."[93]

Auch der DIHT erkannte die Forderung an die Schulen an, auf gesellschaftliche Bedürfnisse Rücksicht zu nehmen und den postulierten Nachholbedarf zu kompensieren. Andererseits sah er weniger einen vermehrten Bedarf an Abiturienten als an "mittleren Führungskräften", den er wie die Philologen vor allem über eine verbesserte Volks-, Real-, Fach- und Berufsschulbildung befriedigt wissen wollte.[94]

Des weiteren unterstütze der DIHT wie der konservative Pädagoge **Heinrich Weinstock** eine mit größter Beachtung vom Soziologen Helmut Schelsky in die Diskussion gebrachte Position: Zwar müsse den Modernisierungsentwicklungen Rechnung getragen werden, aber der Steuerung und Steigerung der sozialen Mobilitätsentwicklungen durch nach den Vorschlägen des Deutschen Ausschusses mit "totalitärer" und "planwirtschaftlicher" Macht auszustattenden Pädagogen müsse ganz entschieden Widerstand entgegengesetzt werden. Mit dem Mittel der Förderstufen könnten nämlich nunmehr die Pädagogen und nicht die Eltern über den weiteren Schulweg und damit über die Sozialchancen der Kinder befinden. So schrieb der DIHT:

---

[91] vgl. ebenda S.114 und S.116. Die FDP wollte die Förderstufe neben anderen Übergangsmöglichkeiten - verschärfte Aufnahmeprüfungen, vermehrter Übergang nach Klasse 6 und Fördergruppen - erprobt wissen.
[92] vgl. Schorb S.22f und S.24f
[93] vgl. ebenda S.156
[94] vgl. ebenda S.156 und S.164f. Statt eines angeblich für viele Jugendliche ungeeigneten 9.Schuljahres sollte nach Meinung des DIHT die betriebliche Ausbildung ausgeweitet werden.

Die Schule "darf und kann nicht als 'zentrale Dirigierungsstelle für das soziale Placement' organisiert werden."[95]

Schelsky bezog diese Kritik insbesondere auf die Förderstufe und trieb sie in seiner bezeichnenderweise mit "**Anpassung und Widerstand**" betitelten Gegenschrift zum Rahmenplan, die trotz aller Polemik sehr stringent, wirkungsvoll und ernst zu nehmen ist, mit folgenden Worten auf die Spitze:

> "Die Förderstufe dokumentiert in der Tat beide Reaktionen: Sie leistet sozial bedingten Bildungs- und Ausbildungswillen der Eltern, ihren sozialen Kontinuitäts- und Aufstiegsbedürfnissen gegenüber, mehr Widerstand als unser bisheriges Schulwesen; sie paßt sich der Zeittendenz, den Lebensweg des Menschen immer mehr von zentralen Regulierungen und objektivistischen Fachurteilen her zu steuern und ihn so erfolgreicher zu manipulieren, besser an als unser bisheriges Ausleesystem. Es dürfte klar geworden sein, daß man über den Ort, wo Widerstand und wo Anpassung zu leisten ist, umgekehrter Meinung sein kann als der Ausschuß."[96]

Dieser Zusammenfassung seiner Streitschrift ging eine längere Argumentationskette voraus, die eine solche Wirkung erzielte, daß sich der Frankfurter Soziologe **Habermas** zu einer detaillierten Replik genötigt sah. Die Argumentationen der beiden Soziologen halte ich für so zentral, daß ich sie im folgenden näher untersuche.

Zunächst griff **Schelsky** den Deutschen Ausschuß wegen der erwähnten Widersprüchlichkeit hinsichtlich der Beibehaltung der Dreigliedrigkeit und der Einführung der Studienschule an.[97] Er **widerspricht** dabei der lange von konservativen Gruppierungen zur Ablehnung der sechsjährigen Grundschule vertretenen Position, es gäbe eine psychologische und soziologische **Begründung für die Dreigliedrigkeit** des Schulwesens. Psychologisch sei die Mittelgruppe der "theoretisch-praktisch Begabten" "nur ein Kompromiß"[98], und soziologisch sei die These von der Dreiklassenstruktur der gesellschaftlichen Berufsgliederung "nun wirklich in der neueren Soziologie als völlig unhaltbar widerlegt worden."[99] In Wahrheit trage eher das Schulwesen eine Trichotomie in die Berufswelt als umgekehrt, und die Dreigliedrigkeit der Sekundarschultypen sei allein durch "Prestigerücksichten auf das bestehende soziale Schicht-

---

[95] Schorb S.156. Ergänzend forderte Weinstock, daß zum einen die "Schule die Jugend für die berechtigten und daher auch bildungsfördernden Ansprüche ihrer Zeit ertüchtigt, zum andern, daß sie die Jugend gegen die bildungsfeindlichen Gefahren der Zeit stark macht." (Schorb S.122). Die "bildungsfeindlichen Gefahren" lagen für Weinstock in dem "entpersönlichenden Sog der modernen Arbeitswelt", wie er insbesondere in der "kollektivistischen Welt" der "Sowjetzone" deutlich werde. (Schorb S.120)

[96] Schelsky S.65. Der Deutsche Ausschuß wehrte sich in seiner späteren Stellungnahme gegen diesen Vorwurf recht allgemein und stellte fest, daß die von ihm geforderte Anpassung an neue Lebensbedingungen nicht bedeute, auf Widerstand gegen Bedrohungen dieser Welt zu verzichten. Vgl. Diskussion Rahmenplan S.144

[97] Er greift hier eine Argumentationsfigur des Bonner Erziehungswissenschaftlers Josef Derbolav auf, der kritisiert hatte, daß der Deutsche Ausschuß zwar einerseits für eine "saubere Trennung von Bildungsbereichen und Schultypen plädiert", andererseits aber die Grenzen zwischen Bildung und Ausbildung verwischt habe. Vgl. Schorb S.85f

[98] Schelsky S.9

[99] ebenda S.10

bewußtsein" und die "Rücksicht auf festgelegte Interessen einer vorhandenen Lehrergruppie-
rung" begründet.[100]

Auch wenn Schelsky im folgenden statt der Dreigliedrigkeit eine Zweigliedrigkeit, und zwar
in Hinblick auf verschiedene Ausbildungsanforderungen begründete,[101] erscheint mir diese
Kritik sehr bemerkenswert. Denn sie zeigt, wie umstritten schon zu diesem Zeitpunkt die
Thesen von der in Begabungsunterschieden oder der gesellschaftlichen Berufsgliederung
begründeten Notwendigkeit, die Dreigliedrigkeit der Schulstruktur zu erhalten, selbst in den
Reihen der Gegner von Einheitsschultendenzen waren, obwohl sie zur Zeit der Weimarer
Republik und zu Beginn der Bundesrepublik auf breite Zustimmung stießen und auch noch
später vertreten wurden.

Habermas stimmte der Kritik Schelskys an der Dreigliedrigkeit und der Studienschule zu.
Schon in seiner ersten Stellungnahme von 1959 hatte er geschrieben, daß die Studienschule
Zeichen eines im Rahmenplan "unausgetragenen Kompromisses" sei, daß der Deutsche
Ausschuß bei seinem Versuch, möglichst viele Interessengruppen zu befriedigen, sich in
Widersprüche verstricke. Im Gegensatz zu Schelsky meinte Habermas aber, daß diese Wider-
sprüche am besten durch die Einrichtung die Förderstufe für alle Zehn- und Elfjährigen, so
wie es der Bremer Plan vorsah, aufzulösen seien.[102]

An der Einführung der Förderstufe, die nach Schelskys Meinung die Entscheidung über den
künftigen Schul- und damit Lebensweg von der Begabung und dem Urteil der Lehrerinnen
und Lehrer zu sehr abhängig macht, entzündete sich auch die zentrale Kontroverse zwischen
Schelsky und Habermas.[103]

Zwar sind sich Habermas und Schelsky einig, daß der Deutsche Ausschuß gut daran tat, sich
in Anschluß an Roth vom im wesentlichen auf angeborene Erbanlagen bezogenen
Begabungsbegriff zu lösen und damit die Einwirkungen der sozialen Umwelt (Eltern, Schule)
zu berücksichtigen.[104] Schelsky kritisiert aber den Ausschuß:

> "Ein dynamisch gesehener und von Umweltfaktoren stark mitbestimmter Fähig-
> keitszustand wird objektiviert und zur einzigen Grundlage der prüfenden Bewer-

---

[100] vgl. ebenda S.10ff und S.25

[101] vgl. ebenda S.13f und S.100. Mit diesem funktionellen Begründungsansatz operiert auch die in Abschnitt
4.3. behandelte Berliner "Denkschrift zur inneren Schulreform". Exemplarisch hatte die "Gewerbliche
Wirtschaft des Landes Hessen" die aus Anforderungen der Wirtschaft erforderliche Trennung dreier klar
abgegrenzter Typen "für ausführende Aufgaben", "für beaufsichtigende und mittlere Führungsaufgaben" und für
"leitende Tätigkeiten ... sowie wissenschaftliche und forschende Aufgaben" formuliert. Schorb S.160.

[102] vgl. Habermas (b) in: Schorb S.100f. Auch Wenke (siehe Schorb S.21) kritisierte, daß die Darlegungen des
Deutschen Ausschusses zur Studienschule "geradezu hymnische und feierliche Formen" annehme.

[103] Daneben widersprach Habermas in seiner Antwort auf Schelsky 1960 vor allem der von diesem vorgeschlagenen scharfen Trennung des 1. und 2.Bildungsweges, weil damit eine Stabilisierung der Privilegien der
Höheren Schulen verbunden sei. Für Habermas war es keineswegs erforderlich, wie von Schelsky empfohlen,
bereits vor dem 7.Schuljahr Differenzierungen in methodisch auf Berufsorientierung und induktives Erklären
einerseits und auf "berufsfreie" Wissenschaftsorientierung und deduktives Erklären andererseits ausgerichtete
Bildungswege vorzunehmen. vgl. Habermas (a) S.251f und S.267ff

[104] vgl. Schelsky S.49f und Habermas (a) S.257 und S.265

tung über den zu eröffnenden 'Weg' der Bildung gemacht. ... Er unterschlägt, daß das Kind zugleich ein 'zoon politikon' ist ... und dem urteilenden Lehrer mit einem sozialen Willen entgegentritt; solange das Kind aber sozial unerwachsen ist, tritt dieser Wille der Schule und allen Ausleseurteilen als der soziale Wille der Eltern gegenüber. Darin, und keineswegs nur in der Entwicklung der Bildungsfähigkeit, liegt die Erziehungsverantwortung der Eltern, die daher grundsätzlich verschieden ist von der des Lehrers und ihnen von ihm auch nicht abgenommen werden kann."[105]

Schelsky versucht nun in Entsprechung zu seiner Kritik, der Ausschuß stütze seine Vorschläge nicht auf empirische Belege,[106] seine Thesen mit Zahlenmaterial zu fundieren. Dabei kommt er zu folgendem Schluß:

"Daß der Schulerfolg nicht nur von der Intelligenz des Kindes, sondern auch von der sozialen Stellung des Elternhauses abhängt, ist seit den 20er Jahren vielfach untersucht und sichergestellt worden."[107]

Heute wisse man:

"Das Schulziel und nicht die soziale Schichtzugehörigkeit erweist sich für die Schulleistung als ein vermutlich mindestens ebenso gewichtiger Faktor wie die sogenannte Intelligenz."[108]

Mit dieser Differenzierung versucht Schelsky, sich vor Vorwürfen zu schützen, er wolle das ständische Vorrecht der gehobenen Schichten auf Privilegien ihrer Kinder in der Schulwegentscheidung legitimieren, indem er nicht die Schichtzugehörigkeit, sondern den scheinbar davon unabhängigen **sozialen Durchsetzungswillen der Eltern als Auswahlkriterium** anerkannt wissen will. Entsprechend könnten seiner Auffassung nach die "Begabungsreserven" nur über eine "Mobilisierung des familienindividuellen sozialen Aufstiegsstrebens durch Schulbesuch" erschlossen werden.[109] Dieses Aufstiegsstreben sei - wie er selbstkritisch gegen seine früheren Äußerungen über die Gesellschaft der Bundesrepublik als "nivellierte Mittelstandsgesellschaft" einwendet - noch nicht stark genug entwickelt.[110]

Habermas legt nun dieses Ablenkungsmanöver in einer scharfen Antwort auf Schelsky offen und belegt, daß **Schulabschlußerwartung und Sozialstatus in einem plausiblen engen Zusammenhang stehen** und dieser Status über den Umweg der Förderungsmöglichkeiten (materielle Bedingungen wie z.B. ein häuslicher Arbeitsplatz, Sprachmöglichkeiten und Schulbildung der Eltern, Nachhilfeunterricht, Familiengröße sowie "Aufzuchtprozeduren / Erziehungspraktiken / Autoritätsverhältnisse") entscheidend die Schulleistungen beeinflus-

---

[105] Schelsky S.50
[106] vgl. Schelsky S.19ff. Habermas wirft Schelsky allerdings vor, daß er seine Behauptungen selbst zu wenig empirisch belege. Vgl. Habermas (a) S.278
[107] Schelsky S.52
[108] Knebel zitiert von Schelsky S.52
[109] Schelsky S.54
[110] ebenda S.57

sen.[111] Daher dürfe die "class position" nicht zum Faktor "Durchsetzungswillen" der Eltern "verflüchtigt" werden.[112] Denn:

> " ... im Maße der Berücksichtigung jenes Faktors wird von vorneherein nicht die Begabung des Schülers als Individuum, sondern eine Zugabe in Form von Statusvorteilen der Familie prämiert. In eine solche Begabungstheorie geht stillschweigend eine Art gesellschaftspolitischer Legitimitätsvorbehalt gegen die (sei's gewollte, sei's geduldete) Veränderung naturwüchsiger Sozialverhältnisse ein."[113]

Damit deckt Habermas meiner Ansicht nach treffend die implizit ständischen, die soziale Schichtung konservierenden Momente in der von Schelsky vertretenen Position auf.

Weiterhin widerspricht Habermas Schelskys Auffassung, daß der soziale Wille des Kindes mit dem der Eltern gleichgesetzt werden dürfe. Das Kind habe einen eigenen Willen, der nach Roth auch den Lernerfolg beeinflusse und durch die Schule wachgerufen werden müsse:

> "Die Unvertretbarkeit des Subjekts im Bildungsprozeß verlangt, das Bildungsstreben *im Kind selbst* hervorzurufen; Eltern können darin eine Stellvertretung nicht übernehmen."[114]

Außerdem folgert Habermas, gestützt auf Roths dynamischen Begabungsbegriff, daß es in jedem einzelnen Fall richtig sei, jedes Kind zu fördern, weil man vorweg niemals mit hinreichender Sicherheit sagen könne, welche Freiheitsgrade innerhalb möglicher erbbestimmter Grenzen beim einzelnen Kind existieren.[115] Es bestehe ein über das Elternrecht hinausgehendes **Recht des Kindes auf Förderung**. Sicher sei Schelsky zuzustimmen, daß der Heranwachsende auch "Nein" zur weiteren Schulbildung sagen dürfe; solange er aber noch zu jung für eine solche Entscheidung sei, müsse seine Bildung so gesteigert werden, daß nicht seine Eltern zu einem frühen Zeitpunkt für ihn vorwegnehmend eine solche Entscheidung treffen, sondern zu einem späteren Zeitpunkt er selbst. Die Möglichkeit des Ja-Sagens zu weiterer Schulbildung dürfe ihm jedenfalls nicht genommen werden.[116]

Im übrigen bestehe nach New Yorker Untersuchungen die berechtigte Vermutung, daß die Schulleistungen von Unterschichtkindern gesteigert werden können.[117] Die Förderstufe sei gerade deshalb sinnvoll, weil sie Möglichkeiten zur Förderung und Erprobung der Fähigkeiten biete und nicht von einer feststehenden Begabung ausginge. Diese **Erprobungsfunktion**

---

[111] vgl. Habermas (a) S.260ff
[112] vgl. ebenda S.264
[113] vgl. ebenda S.260. Habermas meint hier, daß Schelskys Begabungsbegriff Ähnlichkeiten mit dem von K.V. Müller habe, der behauptet, die "Zucht der Tradition" Oberschicht schaffe "spezifische Antriebsanlagen" für ihre Kinder, die ihre Leistungen steigen lassen.
[114] Habermas (a) S.258
[115] vgl. ebenda S.265
[116] vgl. ebenda S.278
[117] vgl. ebenda S.265f

der Förderstufe sei bisher viel zu sehr gegenüber der Auslesefunktion vernachlässigt worden, obwohl sie ihre eigentliche Qualität ausmache.[118] Zudem wendet sich Habermas gegen Schelskys Behauptung, die Förderstufe wäre eine sozialistische und planwirtschaftliche Organisation, die einem **totalitären "Pädagogismus"** Tür und Tor öffne. Schelsky hatte in Erweiterung des Vorwurfs von Heinrich Weinstock und Karl Erlinghagen, der Rahmenplan sei mit der "Organisationsbesessenheit" der "Sowjetzone" zu vergleichen und liege im Trend von Verstaatlichungstendenzen,[119] geschrieben:

> "Das Hauptargument gegen die Förderstufe muß sicherlich darin bestehen, daß hier ein schulorganisatorisches Verteilungsprinzip anstatt einer Bildungsvorstellung zur Grundlage einer Schulgattung gemacht worden ist."[120]

Er wandte sich konkret dagegen, daß fast die ganze Jahrgangsbreite der Zehn- und Elfjährigen die Förderstufe durchlaufen sollte. Schelsky wollte sie nur als Möglichkeit für die bei der Aufnahmeprüfung der Höheren Schule gescheiterten, den Zugang zu diesen Schulen aber weiterhin anstrebenden Schülerinnen und Schüler akzeptieren. Die Förderstufe, so wie sie der Deutsche Ausschuß vorschlage, sei dagegen Ausdruck der von diesem Gremium angestrebten "Dirigierungsfunktion der Schule".[121] Statt dieses planwirtschaftlichen und staatsbezogenen Weges sei der liberale Ansatz der sozialen Marktwirtschaft zu wählen, der als regelnde Einrichtungen nicht staatliche Institutionen wie die Förderstufe, sondern private Entscheidungen, in diesem Fall der Eltern, bevorzuge.[122] Habermas wehrt sich nun gegen diese Argumentation Schelskys und dessen Behauptung:

> "Die sozialistische Gesellschaftskonzeption oder die Vorstellung der verteilenden Gerechtigkeit (gehört) seltsamerweise zu den nahezu unbestrittenen Hintergrundsüberzeugungen fast aller deutschen Pädagogen ... ."[123]

Dagegen wendet Habermas ein:

> "Hingegen war der chancengleiche Zugang zu den öffentlichen Institutionen des Erziehungssystems immer schon *ein liberales Postulat*. Man ging freilich einst davon aus, daß die damals eng mit Eigentumstiteln verknüpften Bildungschancen der Kinder durch die erfolgreiche Machtposition der Eltern ausgewiesen wurden: bei freiem Marktverkehr war dann, dieser Idee zufolge, die Gleichheit der Chancen durch die immanente "Gerechtigkeit" des Preismechanismus gesichert. Die moderne Vorstellung einer Ordnung sozialer Gerechtigkeit ist durch und durch liberalen Ursprungs; die Sozialisten nahmen die Liberalen bloß beim Wort."[124]

---

[118] vgl. ebenda S.254f, S.257, S.266
[119] vgl. Schorb S.120f und S.52f. Auch in der West-Berliner Diskussion des Bremer Plans waren die Hauptkritikpunkte eine zu starke "östliche Prägung" und eine zu geringe Beachtung des verfassungsgeschützten Elternrechts. Vgl. Bungardt S.31ff und S.34
[120] Schelsky S.16
[121] ebenda S.18. Vgl. (Schorb S.113) auch ein ähnliches Bedenken der CDU Hessens, die betonte, daß "jeglicher staatliche Dirigismus vom gesamten Schulwesen fernzuhalten" sei.
[122] vgl. Schelsky S.35ff
[123] ebenda S.153, vgl. Habermas (a) S.275
[124] Habermas (a) S.276

Später sei nun, so fährt Habermas fort, "das ordnungspolitische Modell der liberalen Erfolgsgesellschaft" "von dem der sozialstaatlichen Leistungsgesellschaft weitgehend abgelöst worden"; die soziale Position "wurde nun von einer Bewährung (statt auf dem Markt) in der Schule abhängig gemacht."[125] E. Forsthoff zitierend folgert Habermas weiter: Daß jetzt die Masse "der unter distributiver Gerechtigkeit zu fällenden Entscheidungen"[126] steigt, liege nicht an sozialistischen Planungstendenzen, sondern an der gesellschaftlichen Entwicklung, die den **Staat** zwinge, sich **stärker an der gesellschaftlichen Gestaltung zu beteiligen.**

War sich Habermas noch in seiner ersten kritischen Stellungnahme zum Rahmenplan mit Schelsky einig, daß aus dieser gesellschaftlichen Entwicklung heraus die Schulen auch zu "Zuteilungsämtern in einer Sozialchancen-Zwangswirtschaft"[127] werden, so betonte er in der späteren Replik auf Schelsky, daß innerhalb dieser zur staatlichen Steuerung tendierenden Entwicklung der Rahmenplan eher eine Ausnahme bilde. Dadurch, daß er die Bildungschancen für alle steigere und damit helfe, "die Schulbildung in ihrem Berechtigungscharakter gerade zu entwerten", werde der Zusammenhang von Bildung und Berufsposition zugunsten einer von der Berufsposition unabhängigen Bildung geschwächt; die Bedeutung der Allokationsfunktion von Schule werde abnehmen.[128] Insofern sei auch Schelskys Verteufelung eines "Pädagogismus" unangebracht; denn seine Annahme, daß eine "Pädagogisierung" immer zu totalitären Strukturen führen müsse, gehe von einer **pessimistischen Anthropologie** aus, die unterstellt, daß der Mensch die ihm prinzipiell möglichen Freiheitsgrade de facto nicht wahrnehmen kann.[129] Schelsky hatte eine Beobachtung des Hamburger Erziehungswissenschaftlers Hans Wenke aufgegriffen[130] und kritisiert, daß der Rahmenplan zu sehr von unbegründetem "pädagogischen Optimismus" getragen sei. Der Deutsche Ausschuß formuliere daher häufig postulatorische Sätze, z.B., daß in der Förderstufe die Auslese nicht dominant sein "soll". Daß sie es nicht "soll", bewahre nach Meinung von Schelsky nicht davor, daß die Schule faktisch doch dominant auslese. Man müsse realistischerweise davon ausgehen, daß Lehrpersonen und Eltern die Kinder gerade in der Förderstufe unter einen dauernden und quälenden Auslesedruck stellten.[131] Habermas dagegen meint, daß **zu Optimismus Anlaß** sei, weil die pädagogische Praxis aus sich heraus zu einer Kraftentfaltung fähig sei, die dem Kind in der Förderstufe mehr Schonraum und Erprobungsmöglichkeiten biete und es vor elterlichem Aufstiegsdruck länger schützen könne. Die Tendenzen innerhalb der Schule in Richtung auf Schutz des Kindes (z.B. Abschaffung der Prügelstrafe) ließen sie im Vergleich zu

---

[125] ebenda
[126] Habermas (a) zitiert E. Forsthoff S.277
[127] Habermas (b) in: Schorb
[128] vgl. Habermas (a) S.277 und S.274f
[129] vgl. ebenda S.273
[130] Wenke hatte geschrieben, daß der "pädagogische Optimismus" des Rahmenplans die Erwartung beinhalte, "daß der Erziehungsgedanke über allen anderen in diesem Felde wirksamen sozialen Motive und Zielsetzungen dominiert." (Schorb S.19)
[131] vgl. Schelsky S.21ff und S.28ff

anderen Führungsinstitutionen wie dem Militär, dem Schelsky die Aufgabe der sozialen Koedukation übertragen wolle, als relativ human erscheinen, so daß man noch am ehesten Pädagogen die erzieherische Aufgabenausweitung anvertrauen könne.[132] Schon in seiner ersten Stellungnahme betonte er, es sei gerade der "ingeniöse Trick der ganzen Förderstufe", daß der soziale Druck, der durch manche Eltern entstehe, "ins pädagogische Reservat gleichsam zurückgenommen" werde.[133] Nicht zuletzt deshalb überschrieb Habermas seine Antwort auf Schelskys Schrift mit dem Titel: "Pädagogischer Optimismus vor Gericht einer pessimistischen Anthropologie."

4.2.3. Soziale und pädagogische Ansprüche in bezug auf die Förderstufe

Neben der in den vorangegangenen Abschnitten dargestellten Diskussion um generelle Fragen des Verhältnisses von gesellschaftlichen Entwicklungen und schulischen Anpassungstendenzen sowie von Allokationsmöglichkeiten der Pädagogen, Eltern und Kinder wurde nicht nur von Habermas und Schelsky, sondern auch von den zuvor genannten Gruppierungen um die Förderstufe gestritten. Dabei ging es vor allem um die Frage, ob die Förderstufe (bzw. die gesamte Schulorganisation des Rahmenplanes) ein geeignetes Mittel ist, um gesellschaftlichen Modernisierungsbedürfnissen und sozialen, entwicklungspsychologischen und demokratischen Ansprüchen gerecht zu werden (mehr Abiturienten, qualifiziertere Bildung für alle, bessere Auslese sowie soziale Koedukation und Gerechtigkeit versus Streß durch Dauerauslese, Zwang zur Zusammenarbeit der Lehrkräfte unterschiedlicher Schultypen, Niveausenkung auf den Gymnasien, teure und unpraktikable Schulform).

Im Streit um dieses Problem vertrat der Philologenverband folgende Auffassung: Selbst wenn man auf die gesellschaftlichen Bedürfnisse nach erhöhten Abiturientenzahlen eingehen wollte - eine Position, die er ablehnte -, würde die Förderstufe dies gar nicht leisten könne, weil die erste Prämisse des Deutschen Ausschusses, daß nämlich **"theoretische Begabungsreserven"** in größerem Umfang vorhanden sind, falsch sei.[134] Auch die Arbeitgeberverbände waren der Meinung, daß der Deutsche Ausschuß die "Begabungsreserven" wohl überschätze.[135] Zudem, so ergänzten die Philologen, sei die zweite Prämisse des Deutschen Ausschusses widerlegt, daß eine zuverlässigere Auslese nach Klasse 6 erfolgen könne. Eine bessere Auslese sei stattdessen durch schärfere Aufnahmeprüfungen und optimierte Grundschulgutachten zu erreichen.[136]

---

[132] vgl. Habermas (a) S.271ff und S.256
[133] vgl. Habermas (b) in: Schorb S.98. Die sozialpolitische Funktion der Förderstufe werde vom Deutschen Ausschuß angesichts der überschätzten sozialen Mobilität unterschätzt. Vgl. Habermas (b) in: Schorb S.99
[134] vgl. Schorb S.28
[135] vgl. ebenda S.163
[136] vgl. ebenda S.26 und S.28

Dem entgegnete Habermas, daß Erfahrungen aus der Testpsychologie besagen würden, daß "... eine Prognose um so zuverlässiger sein kann, je später sie getroffen wird."[137] Dies gelte insbesondere, seit Heinrich Roth belegt habe, daß Begabung immer erst herausgefordert, erprobt und gefördert werden müsse, bevor man sie beurteilen könne.[138] Wie bei den meisten Befürwortern, so erfuhr die Förderstufe auch bei der FDP gerade wegen der erwarteten **besseren und gesicherteren Auslese** Zustimmung.[139]

Zwei Argumente, die die verstärkte Allokationsfunktion der Förderstufe nicht bestritten, brachten andere als die bereits genannten konservativen Stellungnahmen ins Spiel. So wurde von dem Direktor der Hauptstelle für Schule und Erziehung des Kölner Bistums, Josef Krisinger, und später von Schelsky im Hinblick auf die durch Roth veränderte Begabungstheorie darauf hingewiesen, daß die Lehrpersonen stark die Begabung und deren Prognose mitbestimmen und eine Prognosesicherheit weder nach 4 noch nach 6 Jahren zu erreichen sei. Daher solle dem Lehrerurteil geringere Priorität als dem Elternurteil eingeräumt werden. Das **Recht der Eltern**, unabhängig von Prognosen über die Leistungsfähigkeit den Schulweg ihrer Kinder zu bestimmen, hielten beide deshalb für wohl begründet.[140] Weinstock und die gewerbliche Wirtschaft ergänzten in ihren Stellungnahmen, daß durch eine verbesserte Auslese bei den Zehn- und Elfjährigen die Gefahr der "Auslaugung der Volksschuloberstufe" steige und sich der Deutsche Ausschuß an dieser Stelle in Widersprüche verstricke.[141] Beide Argumentationen sprachen damit implizit für eine sozial selektive Zuweisung zu den Höheren Schulen.

Dennoch befürwortete die Mehrheit der Gruppierungen, wie z.B. auch große Teile der evangelischen und katholischen Lehrerschaft, die Förderstufe wegen der vermuteten verbesserten Auslese und der erhöhten Qualifikation breiterer Schichten.[142]

Die Argumentationsrichtung der kommenden Jahre in der Befürwortung der Förderstufe deutete Habermas - wie im übrigen 1957 schon Roth - an, wenn er für die vermehrten Bildungsanstrengungen mit folgenden, die **ökonomische Konkurrenzsituation** betonenden, Worten eintrat:

> "Im eisigen Schatten der nuklearen Waffen frieren die Machtverhältnisse, wenn eine Katastrophe vermieden wird, militärisch ein. Der Konflikt zwischen der westlichen und der östlichen Welt wird mit anderen Mitteln ausgetragen werden müssen. Dabei wird die Erziehung der Menschen, so sehr sie uns Selbstzweck dünkt, unvermeidlich auch als ein solches Mittel zum heterogenen Zweck weltpolitischer Konkurrenz beansprucht."[143]

---

137 Habermas (b) S.258
138 vgl. Schorb S.93ff; Roth (c) S.86 und Abschnitt 4.3.5.
139 vgl. Schorb S.45
140 vgl. ebenda S.142 und Schelsky S.61ff
141 vgl. Schorb S.122, S.161 und S.165
142 vgl. ebenda S.145, S.58 und S.60f
143 Habermas (b) in: Schorb S.103; vgl. auch Roth (a) S.113, (c) S.86: "Amerika und Rußland überfügeln uns sonst."

302

Auf einen Wandel in der Argumentation der Schulreformer weist auch der "Gesamtverband Niedersächsischer Lehrer und GEW Nordrhein-Westfalen" hin:

> "Das Hauptargument bei der Einführung des Mittelbaus war die soziale Koedukation; bei der Förderstufe steht jedoch der Gedanke der sinnvollen Lenkung im Vordergrund."[144]

Doch gänzlich entfiel der Aspekt der **sozialen Koedukation und der sozialen Gerechtigkeit** in den Debatten nicht. So stellte Roth fest, es gebe nicht nur die je indiviuelle Intelligenz, sondern auch eine "soziale Intelligenz", die es ebenfalls zu fördern gelte. Die Deutschen seien auch deshalb sozial "unerzogen", weil "auf der ganzen Welt nur wir die Kinder so früh voneinander trennen", so daß statt gegenseitiger Anregung und "social leadership" vorwiegend "soziale Vorurteile" entstehen.[145] Die Forderung nach der Förderstufe hielt Roth auch aus Gründen der sozialen Gerechtigkeit für notwendig. Bernstein habe nachgewiesen, daß Arbeiterkinder durch ihr Elternhaus in ihrer verbalen Entwicklung benachteiligt seien. Daher müsse eine Schule gestaltet werden, die alle Kinder vor gehobene Ansprüche stelle und ihnen durch ausreichende Förderung gleiche Chancen verschaffe.[146]

Noch stärker als der Deutsche Ausschuß und die Befürworter seines Förderstufenkonzepts betonte der Bremen-Plan in seinem Förderstufenvorschlag den Gesichtspunkt der sozialen Koedukation und sozialer Gerechtigkeit. So hieß es dort:

> "Die Schule der modernen Gesellschaft soll eine Schule der sozialen Gerechtigkeit sein, in der Startgleichheit für alle besteht, - in der alle normalen Kinder, indem sie bis zum Abschluß der 6.Klasse zusammenbleiben, echte Gemeinschaftserfahrungen machen, ehe die Unterschiede der Begabung und des Fleißes sich trennend auswirken."[147]

Philologen und Arbeitgeberverbände hielten es für irrig anzunehmen, daß die Förderstufe die "soziale Koedukation" verbessere. Mit wachsenden Begabungsunterschieden würde die ständige Erfahrung großer Fähigkeits- und Leistungsunterschiede bei den "besseren" Schülern zu Überheblichkeit, bei den anderen aber zu Minderwertigkeitsgefühlen führen.[148]
Die Ernsthaftigkeit des sozialen Arguments im Rahmenplan werde, wie Schelsky zutreffend formulierte, "dadurch erschüttert, daß der Ausschuß der konfessionellen Schultrennung" zustimme und die Zehn- und Elfjährigen in Studien- und Förderstufenschüler trenne.[149] Ähnlich wie der Philologenverband und die Arbeitgeberverbände vertrat Schelsky - ein Argument aus den Diskussionen der Reichsschulkonferenz wiederholend - die Auffassung, es

---

[144] Schorb S.91
[145] vgl. Roth (a) S.132ff, S.153
[146] vgl. Roth (a) S.147f. Roths Nebenbemerkung zur DDR zeigt, daß der Kalte Krieg diesem Ansatz Legitimationsprobleme bereitete.
[147] Schorb S.169
[148] vgl. ebenda S.30 und S.165
[149] vgl. Schelsky S.43 und S.45. Beides wurde von konservativen Kreisen der Kirchen und der Altphilologen allerdings massiv eingefordert.

sei zu bezweifeln, daß die "Zwangsgemeinschaft der differenzierten Förderstufe" soziale Gemeinschaftserlebnisse vermitteln könne. Eher sei das Gegenteil zu vermuten, daß nämlich das (Schelskys Meinung nach) noch nicht zur Verarbeitung sozialer Unterschiede fähige Kind dieser Altersstufe "ständig auf sie hingewiesen wird" und dadurch das Gemeinschaftserlebnis eher zu einem sozialen Konflikterlebnis werde.[150]

Aber auch in dieser Frage waren sich keineswegs alle konservativen Kreise einig. So betonte der Verband der katholischen Lehrerschaft Deutschlands den Vorteil der Förderstufe, der besonders für die ländlichen Regionen wichtig sei, daß "das gemeinsame Schulleben" in Klasse 5 und 6 erhalten bliebe.[151]

Bei den Befürwortern der Förderstufe tauchten am Rande auch Argumente auf, die eine Steigerung der Demokratiefähigkeit durch verbreitete Bildungsanstrengungen und eine besonders positive Ausprägung eines neuen Erziehungsstils in der Förderstufe hervorhoben.[152] Die Heterogenität der Klassen mache eine **Abkehr vom Frontalunterricht und eine Zuwendung zu differenzierenden Unterrichtsweisen und Gruppen- und Einzelarbeit** nötig.[153]

Für ein um zwei Jahre verlängertes gemeinsames Lernen wurde auch das Argument ins Feld geführt, durchschnittlich gäbe es etwa **am Ende des 12.Lebensjahres** einen deutlichen **entwicklungspsychologischen Phasenwechsel**. So antwortete z.B. der Deutsche Ausschuß auf die Kritik, der Pubertätsbeginn sei ungeeignet für den Schulwechsel:

> "Dreizehnjährige beginnen ein individuelles Selbstbewußtsein zu gewinnen. Eine neue Schule und eine neue menschliche Umgebung können sie darin unterstützen, indem sie diesem Wandel gerecht werden."[154]

In eine ähnliche Richtung deuteten die entwicklungspsychologischen Untersuchungen über "Die Eigenart der Zehn- bis Zwölfjährigen" von Roth an, deren Ergebnisse unter seiner Mitarbeit in die 1962 vom Deutschen Ausschuß herausgegebenen "Empfehlungen zum Aufbau der Förderstufe" Eingang fanden.[155] Zusammengefaßt lautete sein Ergebnis, daß der

---

[150] Schelsky S.44ff. Schelsky meinte, daß das Militär die beste Form von sozialer Koedukation sei.

[151] vgl. Schorb S.60ff

[152] vgl. ebenda S.106f; Habermas (b) in: Schorb S.102

[153] vgl. Diskussion Rahmenplan S.177 und Roth (a) S.152

[154] Diskussion Rahmenplan S.176

[155] vgl. Empfehlungen Förderstufe S.274ff, die weitgehend auf folgendem Aufsatz beruhen: Heinrich Roth: Zur Epochal- und Sozialpsychologie der Zehn- bis Zwölfjährigen, sowie: Psychologische Ansätze für eine Förderstufenpädagogik, beides in: H.Roth (a): Jugend und Schule zwischen Reform und Restauration, Hannover 1961, S.114 - S.136 bzw. S.137 - S.155; vgl. auch H.Roth (b): Pädagogische Anthropologie, Hannover-Berlin-Darmstadt-Dortmund, Bd.I 1966, Bd.II 1971; H.Roth (c): Pädagogische Psychologie des Lehrens und Lernens, 1.Aufl. Hannover 1957, S.73 - S.90 und S.139 - S.170, (letztere Ausführungen sind eine Erweiterung des Aufsatzes: H.Roth (d): Begabung und Begaben. In: Die Sammlung. 7.Jhrg. 1952, S.395 - S.407.) Weiterhin H.Roth in: Schorb S.93 - S.96, (Ausschnitt aus H.Roth: Zur Psychologie der Zehn- bis Zwölfjährigen mit Konsequenzen für eine Pädagogik der Förderstufe, in: Die Deutsche Schule, 52.Jg., Heft 4 1960, S.206 - S.216). Eine Fortführung dieser Untersuchungen brachte: Karl Josef Klauer: Neuere Untersuchungen zur Psychologie und Pädagogik der Zehn- bis Zwölfjährigen, in: Wilhelm H. Peterßen (Hg.): Orientierungsstufe - Beiträge aus Bildungspolitik, Erziehungswissenschaft, Praxis. Ravensburg 1975

Zehn- bis Zwölfjährige häufig "intellektuell unterschätzt", aber als angeblich "gedächtnismä-
ßig Lernender überschätzt" werde.[156] In diesem Alter entwickelten sich konkret-operationale
Denkbedürfnisse und -fähigkeiten und ein Entdeckerdrang, während die "abstrakten Opera-
tionen" noch kaum zugänglich seien. Insofern sei ein Unterricht in den 4.Grundschulklassen,
der vorwiegend in abstrakter Weise auf das Gymnasium vorbereiten wolle, lernpsychologisch
ebenso verfehlt wie ein Lehrstil in den 5. und 6.Klassen der Höheren Schulen, der stark auf
"Fleiß, Ausdauer, Konzentration, Übung des Gedächtnisses, Auswendiglernen" ausgerichtet
und zu wenig binnendifferenzierend auf ein "phantasiereiches Weiterdenken realistischer
Ausgangspositionen" orientiert sei.[157] Da die Bedürfnisse dieses Alters nach einem
"Handelnd-dabeisein-Wollen" infolge der oft sehr begrenzten Erfahrungsmöglichkeiten der
modernen Gesellschaft - durch die Einschränkung freier Spielräume, die heutige Abwesenheit
der Erwachsenen, die selten handelnd erfahrbare und daher nicht durchschaubare Entwicklung der Technik - selten befriedigt werden könnten, müsse die Schule diese Mängel durch
eine Hinwendung zur ganzheitlichen und "sachlichen Realitätserfassung" und zur eigenge-
steuerten "Entdeckung" von Natur und Technik kompensieren.[158] Roth ergänzte:

> "Eine sechsjährige Grundschule, die dieser Aufgabe nicht gerecht wird, ist ebenso
> falsch wie eine weiterführende Schule, die Zehnjährige nur als Vorbereitungs-
> objekte für ihre Mittel- und Oberstufe wertet und schätzt."[159]

Da die in der frühen Pubertät stehenden jungen Menschen viele Ruhepausen und Stätten der
Sammlung benötigten, hielt Roth auch den durchschnittlichen Gymnasialunterricht in Klasse
5. und 6. für ungeeignet, weil er überhöhte Anforderungen an die Ausdauer der Kinder in
Lernprozessen stelle.[160] Im übrigen sei für das Alter von zehn bis zwölf die "Umstellungs-
phase auf ein selbstgeplantes, systematisches Lernen" kennzeichnend.[161] Daher müsse die
steigende Selbständigkeit des Kindes im Unterrichtsverfahren fördernd berücksichtigt
werden, "um es seinen eigenen Ausbildungs- und Bildungsschwerpunkt finden zu lassen."[162]
Gerade weil das Kind in den Kursen individuelle Schwerpunkte setzen könne, werde seine
Selbstbestimmungsfähigkeit durch das Konzept der Förderstufe besonders gesteigert.

Dieses Argument Roths wäre allerdings nur stichhaltig gewesen, wenn bei der praktischen
Gestaltung der Förderstufe seine schon 1957 vertretene Auffassung verwirklicht worden
wäre, die Kurszusammensetzungen von den Interessen und Wünschen des einzelnen Kindes
und nicht nur von der Einschätzung seiner Leistungsfähigkeit abhängig zu machen.[163] Diese
Forderung wurde aber genauso wenig erfüllt wie die folgende:

---

[156] Roth (a) S.127
[157] ebenda S.121f, S.124ff, S.137ff, S.153
[158] ebenda S.121 und S.127, S.137ff, S.149
[159] ebenda S.128
[160] ebenda S.137 und S.141, S.149
[161] ebenda S.141
[162] ebenda S.147
[163] vgl. ebenda S.150, (c) S.86

"Selbst in den B- und C-Kursen sind Entwicklungen anzustreben und möglich, die am Ende der Förderstufe - nach zwei Jahren Reifen und Lernen unter voller Herausforderung - noch den Übertritt in das Gymnasium empfehlen."[164]

Damit ist der Aspekt der **Kursbildung nach Leistungsniveaus** angesprochen, die Roth, wie das Zitat zeigt, keineswegs völlig ausschließen wollte. In bezug auf diese leistungsbezogenen Kurseinstufungen meinten die Philologen, Arbeitgeberverbände und Schelsky nun aber das überzeugendste Argument gegen die Förderstufe gefunden zu haben. Die "ständige Überprüfung des Kindes" und die häufig wechselnden Kurseinstufungen in der Förderstufe würden nach ihrer Auffassung zu einer "dauernden Beunruhigung" und einen die Psyche des Kindes zu sehr belastenden Leistungsdruck führen. Dieser Druck werde durch Eltern, die den Aufstieg ihres Kindes ggf. durch zusätzlichen Privatunterricht erreichen wollten, noch gesteigert werden. Auch die unterschiedlichen Methoden der Lehrkräfte verschiedener Schultypen trügen zur Beunruhigung der Kinder bei. Gerade die Leistungsschwächeren würden am stärksten unter dem Dauerauslesedruck und permant möglichen Umstufungen leiden, da sie ständig mit ihrem tatsächlichen oder befürchteten Mißerfolg konfrontiert seien.[165] Der Deutsche Ausschuß selbst hatte schon im Rahmenplan auf dieses Problem hingewiesen und gewarnt:

"Da die Aufgabe der Auslese in zwei Jahren gelöst werden muß, droht sie vordringlich zu werden und die Atmosphäre der Schule zu beeinträchtigen."[166]

Er hatte daher gefordert, daß die gemeinsame Erziehung Schwerpunkt der Förderstufe sein müsse.[167] Die Erwartung, daß diese Forderung eingelöst werden würde, hielten die meisten Kritiker jedoch für ebenso realitätsfern wie Habermas Auffassung, die Förderstufe brauche Kinder nicht mit Auslesestreß zu belasten; es könnte mit einem "aus der immanenten Kraft pädagogischer Begründung hervorgetriebenen Gegendruck *soziologisch* gerechnet werden ...".[168] Überzeugender wirkte da schon das Argument der organisierten katholischen Lehrerschaft, die von der Einführung der Förderstufe erwartete, daß die Grundschule vom Auslesedruck befreit werden würde, und die Einschätzung des Deutschen Ausschusses, daß Umstufungen in der Förderstufe die Kinder weniger belasten würden als Frustrationen bei Versetzungen von einem Schultyp in den anderen.[169]

Aber auch solche Argumente konnten für Schelsky, den Arbeitgeberverband und den Philologenverband die These nicht entkräften, in der Förderstufe komme es nicht nur für die Kinder, sondern auch für die **Lehrkräfte** zu einer "Konzentration von Konflikten", da sie mit der Methode der inneren Differenzierung überfordert und trotz unterschiedlicher Herkunft,

[164] ebenda S.150
[165] vgl. Schorb S.29, S.165 und Schelsky S.28ff und S.31
[166] Rahmenplan S.84
[167] ebenda und Diskussion Rahmenplan S.178
[168] Habermas (b) S.255 und Diskussion Rahmenplan S.178f
[169] vgl. Schorb S.61 und Diskussion Rahmenplan S.174f. Ähnlich argumentiert Roth, der die gruppenweisen Kurseinstufungen weniger belastend empfand als die momentane Angst vor der Auslese am Ende der Grundschule, bei der "einzeln ausgesiebt" werde. Roth (a) S.151f

Ausbildung und Bezahlung zur Zusammenarbeit gezwungen würden.[170] Weil dies Argument ernst genommen worden sei, so der Deutsche Ausschuß, hätte er nur eine zweijährige Förderstufe gefordert, deren Einführung überdies auch durch eine veränderte Lehrerbildung vorbereitet werden sollte.[171]

Auch in der Frage, ob die Einführung der Förderstufe notwendigerweise zur **Senkung des Gymnasialniveaus** führen müsse, waren sich nicht alle Teilgruppen des konservativen Blocks einig.[172] Während die Verbandsvertreter der Philologen und Arbeitgeber eine Niveausenkung des Gymnasiums erwarteten, die CDU diese Frage noch untersucht wissen wollte, befürwortete der Verband der Katholischen Lehrerschaft Deutschlands gerade deshalb die Förderstufe, weil sie im Gegensatz zur sechsjährigen Grundschule die gymnasialen Schüler und Schülerinnen nicht zurückhalte.[173]

Vorbehalte hatten katholische und evangelische Lehrerverbände allerdings dagegen, daß die Förderstufe die Volksschule auseinanderreiße und aufgrund der erforderlichen Jahrgangsbreiten zur Schließung von kleinen **Dorfschulen** führen könnte.[174] Um solche möglichen Bündnispartner gegen die Förderstufe zurückzugewinnen, malten die Philologen und der Industrie- und Handelstag die Gefahr der zerschnittenen Volksschule daher in besonders schwarzen Farben.[175]

Dem hielt der Deutsche Ausschuß entgegen, daß durch die Förderstufe die Landkinder zwei Jahre länger den Familien erhalten blieben und Dorfgemeinschaftsschulen ganz unabhängig von der Frage der Förderstufe eingerichtet werden müßten.[176] Die nicht vollständig ausgebaute Dorfschule wurde damals selbst auf dem Lande nicht von allen Gruppierungen als erhaltenswert angesehen. So verband etwa das "Niedersächsische Landvolk" und die AGDL mit der Förderstufe die Hoffnung, daß damit der Auftakt gemacht war zur Einrichtung finanziell gut ausgestatteter Dorfgemeinschaftsschulen für jeweils mehrere Dörfer. Solche Schulen sollten vor allem den Bildungsrückstand auf dem Lande beseitigen.[177]

Zur Frage der **finanziellen Aufwendungen** muß hier noch folgender Tatbestand angemerkt werden: Kennzeichnend für die bildungspolitische Diskussion dieser Jahre war trotz aller Kontroversen darüber, was und wie reformiert werden sollte, daß große Übereinstimmung - von den gewerkschaftlichen Verbänden bis zu den Arbeitgebern - darin bestand, daß die vom

---

[170] vgl. Schorb S.29, S.165 und Schelsky S.26 und S.32ff
[171] vgl. Diskussion Rahmenplan S.181. Vgl. zu dieser Diskussion auch Schorb S.146; Roth (a) S.151
[172] vgl. Schorb S.26, S.51, S.121f und S.165
[173] vgl. ebenda S.60f und S.112
[174] vgl. ebenda S.60ff und S.146
[175] vgl. ebenda S.27 und S.157
[176] vgl. Diskussion Rahmenplan S.179
[177] vgl. Schorb S.47 und S.169f; Rahmenplan S.85

Deutschen Ausschuß eingeforderten finanziellen Mittel für die Reform des Schulwesens nötig und aufbringbar seien.[178]

4.2.4. Argumente für und wider die Förderstufe unter dem Blickwinkel der sechsjährigen Grundschule

Die Debatte um die Förderstufe macht es notwendig, eine kurze **Zwischenbilanz** der Hauptbegründungen zur Organisationsform des Lernens der Zehn- und Elfjährigen zu ziehen. Dabei gilt es u.a. zu klären, ob die Argumente der Gegner der Förderstufe wirklich widerlegt sind oder ob sie nicht für eine sechsjährige Grundschule sprechen.

Zunächst ist festzustellen, daß durch den Förderstufenvorschlag die **Zahl der Gruppen, die einen Übergang nach Klasse 4 befürworteten, gesunken** war. Dabei fällt folgendes auf: Zwar wurden Argumente angeführt, die sich schon bei der Abwehr der sechsjährigen Grundschule "bewährt" hatten, wie etwa die Einschätzung, daß eine Niveausenkung auf den Gymnasien zu befürchten sei. Aber die Anzahl der Kritiker und ihre Wirkung war in der Förderstufendebatte geringer. Der Vorschlag der leistungsbezogenen Kurse entkräftete für einige Gruppierungen diese Befürchtungen.

Verschärft hatten sich dagegen Äußerungen, die unter Berufung auf das Elternrecht mehr oder weniger offen **ständische Positionen** vertraten. So ist Schelskys Versuch, die Aufnahme auf die verschiedenen weiterführenden Schulen nicht von der bis dahin gezeigten oder prognostizierten Leistungsfähigkeit eines Kindes, sondern allein von dem Bildungswillen der Eltern abhängig zu machen, eine klare Abkehr von bürgerlich-liberalen Positionen, für die - zumindest formal - nur die Leistung entscheiden sollte. Die Gruppen, die Schelskys Argumentationen zustimmten, wollten an einem Schulsystem festhalten, in dem nach Meinung des Deutschen Ausschusses "immer noch die ständische Gesellschaftsstruktur der ersten Hälfte des 19.Jahrhunderts" nachwirke und in dem der Besuch der Höheren Schulen zwar formal allen Kindern offen stehe, während diese Möglichkeit real aufgrund unterschiedlicher frühkindlicher Förderung je nach sozialem Status verschieden genutzt werde bzw. werden könne. Entsprechend deutlich trat der Deutsche Ausschuß gegen ständische Begründungslinien auf und rechtfertigte seine Ablehnung der vierjährigen Grundschule mit einer recht deutlichen Kritik an den schichtspezifischen Strukturen des bestehenden Schulsystems:

> "Durch unser bestehendes Schulsystem werden also die Kinder mit dem Abschluß des 4.Grundschuljahres in drei Bildungsschichten aufgeteilt, die in einer Gesellschaft, in der die soziale Stellung primär durch die Schulbildung bestimmt wird, deren spätere Sozialschichtung präformieren. Durch unser Schulsystem wird also

---

[178] vgl. Schorb S.23 und S.165; Rahmenplan S.112. Beispielsweise formulierte Roth ((a) S.109), es existiere für alle Kinder ein "Recht auf schulische Aufwendungen, die eine optimale Selbstverwirklichung im Dienst der Gesellschaft in Aussicht stellen."

diese Schichtung in einer Weise vorbestimmt, die sowohl zu unseren sozialen Prinzipien als auch zu der Dynamik einer mobilen Gesellschaft im Widerspruch steht und in der bis heute das Prinzip der ständischen Ordnung verhängnisvoll nachwirkt. ... Je früher deshalb die Entscheidung darüber fällt, welche Schulart ein Kind besuchen soll, desto größer wird der Vorsprung der Kinder sein, die aus einem gebildeten Elternhaus stammen."[179]

Die Ablehnung des ständischen Charakters des bestehenden Schulwesens, die Distanzierung von allen Einheitsschulvorstellungen[180] und die Betonung der leistungsbezogenen Auslese im Vorschlag der Förderstufe erlauben es, diese Position des Deutschen Ausschusses als **bürgerlich-liberal** im "klassischen" Sinne zu bezeichnen.[181] Die Förderstufen-Konzeption kann in diesem Rahmen als begrenzte Verbesserung des im Gesamtvorschlag des Deutschen Ausschusses weiterhin dominierenden Gabelungsprinzips eingeschätzt werden. Dem Postulat der Chancengleichheit, das programmatisch ja auch für das überkommene System des Schulaufbaus in Anspruch genommen wurde (und bis heute in Anspruch genommen wird), entspricht der Förderstufenvorschlag um einige Grade mehr als jene bisher immer noch überwiegende Lösung, den Übergang der Kinder auf getrennte Schultypen nach der vierjährigen Grundschule vorzunehmen.

Angesichts der bürgerlich-liberalen Position des Deutschen Ausschusses erscheint Schelskys Versuch, dem Rahmenplan sozialistische Grundrichtungen zu unterstellen, als verfehlt. Er deutet eher darauf hin, daß Schelsky dem aufkommenden Bündnis von liberalen und sozialdemokratischen Kräften durch Zuschreibung des Etiketts "sozialistisch" begegnen wollte. Dieser Versuch kann jedoch als wenig überzeugend angesehen werden, wie überhaupt die Argumentationen für die vierjährige Grundschule durch den Rahmenplan eindeutig geschwächt wurden. Dies ist auch daran abzulesen, daß sich viele Gruppen, die an der bildungspolitischen Diskussion teilnahmen, sich zu Gegenvorschlägen genötigt fühlten, die zumindest Teilreformen versprachen.[182]

Zum anderen ging die Schwächung der Positionen, die eine frühe Trennung befürworteten, darauf zurück, daß sich Sozialdemokraten und gewerkschaftlich organisierte Lehrkräfte, die zu jener Zeit keine Chance in der Durchsetzung von durchgängigen Einheitsschullösungen mehr sahen, sich den liberalen Vorschlag der Förderstufe zueigen machten. Seitdem gehört mit Ausnahme Berlins die **sechsjährige Grundschule nicht mehr zu den bildungspolitischen Zielvorstellungen der SPD**.

Stattdessen verbanden Sozialdemokraten und Lehrergewerkschaft das sozial-egalitäre Moment des gemeinsamen Lernens in einer Einheitsschule mit dem liberalen Moment

---

[179] Diskussion Rahmenplan S.147, vgl. auch S.146

[180] vgl. ebenda S.148, S.163

[181] vgl. dazu mein in Abschnitt 1.6. erarbeitetes Strukturmodell

[182] vgl. z.B. den Gegenvorschlag des Kultusministers von Rheinland-Pfalz, einen "gemeinsamen Unterbau" von Realschulen und Gymnasien einzuführen. Dieser Vorschlag ähnelte dem Kompromißvorschlag des Ausschusses für Schulorganisation auf der Reichsschulkonferenz. Vgl. Schorb S.34f

"Differenzierung" und konkretisierten diese Verbindung in dem vom AGDL vorgelegten Förderstufenvorschlag des Bremen-Plans (sowie später im Gesamtschulmodell) konsequenter als es der Deutsche Ausschuß getan hatte. Da diese Konzeption bis auf die Studienschule im wesentlichen mit dem Vorschlag der Förderstufe des Rahmenplans übereinstimmte, trat Anfang der 60er Jahre in Deutschland historisch erstmals eine Situation ein, in der Kräfte, die **liberale,** und Kräfte, die **sozial-egalitäre** Bildungsvorstellungen hatten, **einiger** agierten **als konservative Gruppierungen.** Am überzeugendsten wirkte damals, daß das reformorientierte Bündnis Modernitätsbedürfnisse glaubhaft für den eigenen Schulorganisationsvorschlag in Anspruch nahm. Dadurch, daß die Philologen sich gegen die konstatierten ökonomischen Notwendigkeiten wandten, wurde der konservative Block gespalten. Dabei spielte es kaum eine Rolle, daß weniger die offiziellen Arbeitgeberverbände sich für die ökonomisch begründete Vergrößerung der Abiturientenzahlen und die "Ausschöpfung der Begabungsreserven" aussprachen, sondern eindeutiger Gruppen wie der Ettlinger Kreis, Personen wie Picht und Parteien wie die bildungspolitisch von ihrem sozial-liberalen Flügel geprägte FDP, die überdies die Förderstufe befürwortete. Als günstig für diese Position erwies es sich, daß der Deutsche Ausschuß damals glaubhaft machen konnte, daß die Zahl der Abiturienten vor allem mit Hilfe der Förderstufe zunehmen würde, eine Annahme, die sich in den folgenden Jahren als unzutreffend herausstellen sollte.

Der Erfolg der auf Steigerung der ökonomischen Leistungsfähigkeit des Staates ausgerichteten Argumentation führte dazu, daß der Gesichtspunkt der **besseren Auslese** zuungunsten sozialer Begründungen von den Befürwortern der Förderstufe in den Vordergrund gestellt wurde. Im Unterschied zur Weimarer Republik bedeutete dies aber auch, daß das Motiv, auch Arbeiterkindern den leistungsbezogenen sozialen Aufstieg zu ermöglichen, weniger mit demokratisch-sozialistischen Zielsetzungen verknüpft wurde als mit ökonomischen Notwendigkeiten der Gesellschaft. Auch wenn der Deutschen Ausschuß nicht in erster Linie aus strategischen Motiven operierte, war diese Schwerpunktsetzung kurzfristig politisch sicher taktisch klug, ob sie es auch langfristig und pädagogisch war, wird noch zu prüfen sein.

Einen neuen Impuls in die Auseinandersetzungen um die für die Zehn- und Elfjährigen richtige Schulform brachte auch die **internationale** Entwicklung, wobei sich der Deutsche Ausschuß aber - sicher aus politischem Kalkül - von den Schulreformen in den östlichen Ländern distanzierte und sich stattdessen auf z.T. weitergehende Entwicklungen zu längerem gemeinsamen Lernen in skandinavischen Staaten oder den USA berief:

"Der als Bestandteil des Rahmenplans vorgelegte Vorschlag, in das deutsche Schulwesen die Förderstufe einzubauen, ist im Vergleich zu diesen ausländischen Schulsystemen konservativ; ..."[183]

---

[183] Empfehlungen Förderstufe S.271

Aus der früheren Argumentation der Gegner der sechsjährigen Grundschule nahm der Deutsche Ausschuß auf, daß der notwendige Zeitpunkt für die erste äußere Differenzierungsmaßnahme auch in der Förderstufe bei 10 Jahren liegen müsse, nämlich in der Mathematik und im Englischunterricht, ggf. auch im Deutschunterricht.

Andere, für die Förderstufe angeführte Begründungen des Deutschen Ausschusses und der AGDL hätte man auch für die sechsjährige Grundschule anführen können, wie etwa die sozialen Aspekte des gemeinsamen Lernens, der die Kinder schonende und entwicklungspsychologisch angemessenere Unterrichtsstil und das längere Offenhalten der Schulwahl. Roth hob außerdem hervor, daß die sechsjährige Grundschule in Berlin und Zürich gezeigt hätte, daß die Abiturienten dort nicht weniger leisteten als in Gebieten mit vierjähriger Grundschule.[184]

Für die Frage der sechsjährigen Grundschule ist es nun ebenso wichtig, daß einige der **Argumente gegen die Förderstufe nicht gegen die sechsjährige Grundschule verwendet** wurden bzw. hätten gerichtet werden können.

Neben den Vorwürfen des Soziologismus und Pädagogismus und der ungenügenden Berücksichtigung des Elternrechts, die m.E. zu Unrecht gegenüber dem Deutschen Ausschuß erhoben wurden, ist hier das Argument der Beunruhigung und des Leistungsdrucks durch die leistungsbezogenen Kursumstufungen zu nennen. Auch das UNESCO-Institut für Pädagogik wies darauf hin, die internationale Entwicklung zeige, daß die Förderstufe im Vergleich zur sechsjährigen Grundschule eher der Gefahr unterliege, "die Haupterziehungsaufgaben in besonderem Maße der besonderen Absicht der Auswahl und Lenkung zu unterwerfen."[185] Insofern war Schelskys Befürchtung nicht von der Hand zu weisen, daß in der Förderstufe nicht pädagogische Momente wie der Schutz des Kindes und das Offenhalten der Schulwahl dominieren, sondern soziale Aufstiegsinteressen der Eltern sich durchsetzen und auf die Kinder Druck ausüben würden. Dies galt insbesondere für die Möglichkeit, daß die Förderstufe den Eltern aufgezwungen würde. Übertrieben aufstiegsorientierte Eltern würden in diesem Fall ihre Kinder von Anfang an auf die Einweisung in die A-Kurse hin trimmen, um ihnen wenigstens nach der Förderstufe den möglichst problemlosen Übergang in eine Höhere Schule zu sichern. Für den Fall aber, daß die Förderstufe nicht - wie der Deutsche Ausschuß es empfahl - flächendeckend eingeführt werden würde, konnte als ziemlich sicher gelten, daß der größte Teil der sozial privilegierten Kinder die grundständigen Gymnasien besuchen und damit soziale Koedukation im angestrebten Sinne nicht möglich sein würde.

Auch das Argument der teilweise, vor allem auf dem Land auftretenden Organisationsschwierigkeiten traf eher auf die Förderstufe als auf die sechsjährige Grundschule zu. Während bei letzterer die Klassen 5 und 6 eine Kontinuität gewährleistende Einheit mit der Grundschule bilden, bedeutete die nach Klasse 4 einsetzende Förderstufe einen Einschnitt und erforderte

---

[184] vgl. Roth (a) S.153
[185] Schorb S.166

größere Jahrgangsbreiten, so daß häufig ein Schulwechsel nötig werden und die Landkinder weitere Schulwege haben würden.

Dagegen haben sich dort, wo später Förderstufen eingeführt wurden, die befürchteten Schwierigkeiten bei der Kooperation von Lehrerinnen und Lehrern verschiedener Schultypen als geringes Problem erwiesen.

Unbeschadet der erst noch näher zu untersuchenden Frage, ob der Vorschlag der Förderstufe unter dem pädagogischem Blickwinkel der Interessen der Kinder der sechsjährigen Grundschule überlegen ist, scheint es mir offensichtlich, daß in der historischen Situation der ausgehenden 50er Jahre der Vorschlag der **Förderstufe viel weniger belastet** und politisch weit geschickter war als es der Versuch gewesen wäre, die sechsjährige Grundschule in der Bundesrepublik zu propagieren oder sie sogar durchzusetzen.

Obwohl der Rahmenplan ab 1959 einige Jahre lang ausgiebig diskutiert wurde und obwohl der Deutsche Ausschuß mit seinem Förderstufenvorschlag, die historische Situation sehr geschickt ausnutzend, einen Keil in den konservativen Block treiben konnte, blieb seine **praktische Auswirkung** doch sehr **begrenzt**. Zwar sollten laut der 73. Sitzung der KMK im September 1959 neben der Einführung des 9.Hauptschuljahres und einer Neugestaltung der gymnasialen Oberstufe auch Länderversuche mit der Förderstufe möglich sein, aber von ihrer generellen bundes- wie landesweiten Installierung wurde abgeraten.[186] Die Betrachtung der weiteren Entwicklungen wird denn auch zeigen, daß es kaum zu flächendeckenden Einführungen von Formen der Förderstufe kam.

So bewahrheitete sich die Befürchtung, die der Deutsche Ausschuß im Hinblick auf die notwendige schrittweise Einführung der Förderstufe geäußert hatte:

> "Es muß aber vermieden werden, daß der Umwandlungsprozeß unter der Einwirkung retardierender Kräfte bei einem Teil der Schulen stehenbleibt; sonst wäre die Folge, daß die neuen und die alten Formen sich nebeneinander verfestigen, miteinander rivalisieren und die Neuordnung zur Unordnung machen."[187]

Trotzdem bleibt es ein Verdienst des Deutschen Ausschusses, die Bildungsdiskussion stark vorangetrieben zu haben. Diese Diskussion war eine der Grundlagen für jene Bildungsreform, die Ende der 60er und Anfang der 70er Jahre ihren Höhepunkt in der Verbreitung von Förder- und Orientierungsstufen sowie Gesamtschulen erreichen sollte. Sie stellte allerdings nicht nur die vierjährige, sondern auch die sechsjährige Grundschule in Frage, so daß im folgenden zu beantworten sein wird, wie in West-Berlin der Senat und die Opposition auf die Förderstufenvorschläge des Rahmenplans und dessen ablehnende Haltung zur sechsjährigen Grundschule reagierten.

---

[186] vgl. Schorb S.81
[187] Rahmenplan S.114

312

4.3. Innere Reform und Stabilisierung der West-Berliner sechsjährigen Grundschule infolge neuerer erziehungswissenschaftlicher Forschungen und Förderstufendebatten während der 60er und 70er Jahre

4.3.1. Die West-Berliner "Denkschrift zur inneren Schulreform"[188] zum Förderstufenvorschlag des Rahmenplans

Noch unter dem CDU-Schulsenator Tiburtius erschien 1962 im Anschluß an den Rahmenplan die **"Denkschrift zur inneren Schulreform"**. Sie war vor allem durch den seit 1959 von der SPD als Landesschulrat eingesetzten Carl-Heinz Evers - der 1963 Tiburtius ablösen sollte - und seine Mitarbeiter erarbeitet worden. Schon seit 1960 war sie von den Parteien eingefordert und mit Spannung erwartet worden.[189] Insbesondere die **SPD** hoffte nach den schulpolitisch interpretierten Niederlagen der 50er Jahre, die Denkschrift als eigenen Erfolg herausstellen zu können und durch die Verbindung sozialdemokratischer Bildungspolitik mit den Vorschlägen des Rahmenplans diesen einerseits aufwerten, andererseits aber auch von seiner öffentlichen Wirksamkeit profitieren und allmählich wieder Reformen einleiten zu können.[190] Die Denkschrift nahm daher explizit Bezug auf den Rahmenplan und den Bremer Plan.[191] Sie war überdies durch die Ost-West-Spannung geprägt, die durch den Bau der Berliner Mauer verschärft worden war; für das isolierte Berlin wurde es nun besonders wichtig, wirtschaftlich und kulturell zu investieren und zu expandieren.[192] Mit finanzieller Unterstützung durch die Bundesregierung sollte in Berlin die Abwanderung junger Menschen gestoppt und der Bildungssektor durch Vermehrung der Planstellen, Fördermaßnahmen und Sachmittel intensiv ausgeweitet und zum bundesweiten Reformvorreiter werden.[193] Dieser besonderen Situation Berlins versuchte die Denkschrift dadurch gerecht zu werden, daß sie sich einerseits scharf gegen die Ideologisierung der Schule und die auf Produktion ausgerichtete Bildungsauffassung im totalitären "sowjetischen Machtbereich" wandte,

---

[188] Senator für Volksbildung (Hrsg):Denkschrift zur inneren Schulreform, Berlin 1962.
[189] vgl. Füssl/Kubina (b) S.35, S.58ff. Angesichts der genannten parteipolitischen Konstellation war sie überwiegend um einen breiten Konsens bemüht.
[190] Nachdem die SPD sich in Berlin, da sie Mitte der 50er Jahre glaubte, kein Mandat für entschiedene Schulreformen zu haben, zunächst auf die Verlängerung der Hauptschule (10. Klasse OPZ) konzentriert und diese als "Schule unserer Kinder" hervorgehoben hatte, begann sie Ende der 50er Jahre die eigene Bildungspolitik zu reformieren und - nicht zuletzt durch Evers angeregt- Gesamtschulkonzepte zu entwickeln, die ab 1964 auch bundesweite Ausstrahlung bekamen. Vgl. Füssl/Kubina (a) S.213f und (b) S.9, S.32f, S.38, S.40ff, S.48f, S.58. Der Berliner Landesschulrat Bath (seit 1966) macht für den Umschwung 1959 den Rahmenplan und Bremer Plan, den neuen Landesschulrat Evers und eine rückläufige Schülerzahl verantwortlich, der kleinere Klassen und innere Reformen ermöglichte. Vgl. Füssl/Kubina (b) S.59.
[191] vgl. Denkschrift S.5
[192] vgl. Füssl/Kubina (b) S.10, S.33f
[193] Evers hielt hier zwar ökonomische Gründe nicht für determinierend, aber für sehr bedeutend. Vgl. Füssl/Kubina (a) S.210, S.214, S.223 und S.341ff sowie Anm 30. Siehe auch Berliner Lehrerzeitung (BLZ) 1962, S.241 und die Regierungserklärung von Brandt vom 18.3.1963: "Die innere Schulreform wird eine der wesentlichsten Aufgaben der nächsten Jahre sein." in: BLZ H.6 1963, S.122

anderseits aber auch eine "wertneutrale", individualistische, nur auf "Selbstbildung der Persönlichkeit" ausgerichtete, pragmatische Ausbildungsaufgaben aber vernachlässigende Pädagogik des "Elfenbeinturmes" ablehnte. In Anlehnung an Buber setzte Evers in der Denkschrift gegen beide Bildungsvorstellungen das "dialogische Prinzip", das prozeßhafte Bildung durch kommunikativen Diskurs intendierte.[194]

War am Rahmenplan noch übereinstimmend kritisiert worden, daß seine Begründungen nicht - wie die neueren internationalen Forschungen es nahelegten - empirisch abgestützt waren, so erzielte die Denkschrift dadurch besondere Wirkung, daß sie **Bildungsplanung auf quantitativ fundierte Argumentationen und Prognosen stützte.**[195] Sie wurde damit zum Vorreiter für eine analoge Planungspraxis im übrigen Bundesgebiet. Nicht zuletzt hierauf mag die breite Zustimmung beruhen, auf die die "Denkschrift zur inneren Schulreform" 1962 traf. Sie schuf daher eine Grundlage für die weiteren Berliner Schulreformen und die Stabilisierung der sechsjährigen Grundschule.[196]

Obwohl der Deutsche Ausschuß die sechsjährige Grundschule explizit abgelehnt hatte, sah Evers in der Begründungslinie des Rahmenplans eine **Bestätigung der verlängerten Grundschuldauer.** Er formulierte in der Denkschrift:

> "Die Arbeit der Grundschule, die nach dem Schulgesetz die ersten sechs Jahresklassen umfaßt, wird allgemein anerkannt. ... Das Land Berlin findet sich mit seiner sechsjährigen Grundschule in Übereinstimmung mit der Entwicklung in west- und nordeuropäischen Ländern; daher wären Maßnahmen in Richtung auf eine Förderstufe an Grundschulen in anderen Bundesländern wichtiger als in Berlin."[197]

Evers sah also die Vorschläge des Rahmenplans in bezug auf ein verlängertes gemeinsames Lernen "in der Berliner Schule weitgehend realisiert".[198] Zwar sollten die Anregungen des Deutschen Ausschusses aufgegriffen und die "pädagogische Arbeit" in den Schulen z.B. durch verstärkten Gruppenunterricht verbessert werden, eine äußere Differenzierung hielt die Denkschrift aber nicht für sinnvoll.[199]

---

[194] vgl. Denkschrift S.5 und Füssl/Kubina (a) S.211ff, (b) S.35, S.57, S.61
[195] vgl. Denkschrift S.5 und Füssl/Kubina (a) S.211 und S.216f und (b) S.10, S.36ff, S.60; Grothe S.25. Siehe auch Abschnitt 4.3.5. Daß diese Art der Argumentation insbesondere für die sechsjährige Grundschule zunehmend an Durchschlagskraft gewann, zeigt auch die Schrift von: Fritz Heerwagen: Prüffeld des Neuen - Berlin als Pionier in der Bildungspolitik, Düsseldorf 1966, S.50 und S.63ff.
[196] vgl. Füssl/Kubina (a) S.214 und (b) S.61
[197] Denkschrift S.10 und S.12. Eine Einführung der vom Rahmenplan vorgeschlagenen Förderstufe sollte nicht erwogen werden, bevor nicht weitere Gutachtenergebnisse diese als gesichert überlegen erwiesen. Vgl. Denkschrift S.12
[198] vgl. Füssl/Kubina (a) S.209, (b) S.8 und das Interview mit Evers in Füssl/Kubina (b) S.32
[199] vgl. Denkschrift S.10: "Dennoch wird es auch in Zukunft darauf ankommen, die pädagogische Arbeit weiter zu verbessern." Gruppenunterricht bedeutete nach der Denkschrift (S.12), Neigungsgruppen, Interessensgruppen oder von "Fall zu Fall" Leistungsgruppen einzurichten, aber keine ständigen Leistungskurse, damit es "nicht zum Zerfall des Gemeinschaftsbewußtseins in der Klasse" kommt.

314

Aber auch andere äußere Reformen, wie sie wenige Jahre später durch die Gesamtschulversuche eingeleitet werden sollten, wurden in der Denkschrift nicht gefordert, da das dreigliedrige Schulwesen oberhalb der sechsjährigen Grundschule für effektiv gehalten wurde.[200] So wird in der Denkschrift davon ausgegangen, daß Aufbau und Gliederung der Berliner Schule in den nächsten Jahren nicht wesentlich verändert werden müßten. Daher müsse der **Schwerpunkt auf der inneren Reform** liegen.[201]

Obwohl ab 1961 die erste Berliner Planungsgruppe einen Gesamtschulversuch konzipierte, übte auch die SPD nur vorsichtige Kritik an der Dreigliedrigkeit und äußerte durch ihren Abgeordneten Bloch, daß "Mängel im Aufbau der Schulreform nicht so schlimm sind wie Unruhe in der Schule über ständige Änderungen an dem einmal eingerichteten Zug der Schule."[202]

Neben der durch den Kalten Krieg ermöglichten Diskreditierung von Einheitsschulvorstellungen mag hier erneut das durch die Berliner Wahl 1950 und die Hamburger Wahl 1953 entstandene Trauma der SPD durchgeschlagen haben, die konservativen Parteien gewännen dadurch Wahlen, daß sie der SPD Einheitsschultendenzen unterstellten. Insofern versuchte die SPD bewußt nicht, an die reformpädagogischen und schulorganisatorischen Vorstellungen der Weimarer SPD und der bis in die 50er Jahre wirkenden Schulreformer anzuknüpfen, sondern betonte selbst in den Gesamtschulmodellen die Notwendigkeit einer Leistungsdifferenzierung und ökonomische Überlegungen. So benutzte Evers erfolgreich das Schlagwort "Demokratische Leistungsschule" für die Beschreibung seines Schulzieles, um die Argumentationskraft der Opposition zu schwächen.[203]

Das Plädoyer der SPD für partielle äußere Leistungsdifferenzierungen schlug aber in Berlin nicht auf ihre Position zur sechsjährigen Grundschule durch, da die SPD im Gegensatz zur CDU hier offenbar bis zum zwölften Lebensjahr einen gewissen Schonraum für angemessen hielt und entsprechende Begründungslinien der Denkschrift stützte.[204]

---

[200] "Die Berliner Schule ist in ihrer Struktur geeignet, die dargestellten Aufgaben zu erfüllen." Denkschrift S.6. Vgl. auch Regierungserklärung von Brandt 1963 in BLZ H.6 1963, S.122ff
[201] ebenda S.5
[202] Bloch zit. nach Füssl/Kubina (a) S.214
[203] vgl. Füssl/Kubina (a) S.221 und S.342, Interview mit Evers, Bath (Landesschulrat seit 1966) und Mastmann (1.Schulleiter der W.-Gropius-Gesamtschule) in: (b) S.32, S.46ff, S.57, S.65ff, S.71. In der Senatsbroschüre von 1964 wird für die Berliner Schule vor allem eine leistungsorientierte Modernisierung für die Wirtschaft und die Demokratie gefordert. Neben der 10.Klasse OPZ wurden hier Gesamtschulplanungen unter dem Motto "Förderung statt Auslese", die Erziehung zur Zweisprachigkeit, der Zusammenhang von Schule und Arbeitswelt, die Fünf-Tage-Woche, Medienunterricht und der Frühbeginn einer Fremdsprache diskutiert. Durch die Tagung der 100. Kultusministerkonferenz in Berlin fühlte sich der Schulsenator bestätigt, daß die bildungspolitische Fahrt in Richtung Horizontalisierung, Durchlässigkeit, vermehrte Zahl von erhöhten Abschlüssen, Individualisierung und längeres gemeinsames Lernen in Beobachtungsstufen oder Gesamtschulen ginge. Vgl. Senator für das Schulwesen (Hrsg.): Wege zur Schule von morgen. Entwicklungen und Versuche in der Berliner Schule. Berlin o.J. (vermutlich 1964)
[204] vgl. Füssl/Kubina (a) S.214

315

4.3.2. Der funktionelle Begründungsansatz als Korrektur der statischen Begabungstheorie

Neben dem Bereich der inneren Reform war die Denkschrift von 1962 auch in bezug auf die von Roth kritisierten, bis dahin dominierenden Begabungstheorien innovativ.[205] So hieß es in der Denkschrift explizit, daß "der überkommene statische Begabungsbegriff einer Korrektur bedarf"[206], deren Richtung mit folgenden Worten angedeutet wurde:

> "Begabung in der herkömmlichen Bedeutung als Art und Grad der Leistungsfähigkeit kann nach Auffassung der pädagogischen Forschung aber nicht rein als feste, vorgegebene Größe bezeichnet werden; sie stellt sich erst heraus, wenn sie angesprochen und an geeigneten Aufgaben entwickelt und gemessen wird."[207]

Obwohl in diesem Zitat noch die Auffassung durchschimmert, daß Begabung in gewissem Grad veranlagt sei, aber erst durch die richtigen Impulse zur vollen Entfaltung komme, entfiel die bisherige Legitimation der Dreigliedrigkeit des Schulwesens, weil nunmehr angenommen wurde, daß die Leistungsfähigkeit durch das soziale Umfeld und die Schule beeinflußt werde, und weil die herkömmliche Vorstellung, es gäbe anlagebedingt drei klar voneinander abgrenzbare Begabungstypen, nicht mehr haltbar war.

Da aber weiterhin an der Dreigliedrigkeit festgehalten werden sollte, mußte eine neue Begründung gefunden werden. Hier griff die Denkschrift den Gedanken Seyferts aus den 20er Jahren, daß eine "prästabilierte Homogenität" zwischen Beschäftigungs- und Schulsystem existiere, in der von Schelsky modifizierten Form auf: Zwar gäbe es keine Trichotomie der Berufsschichtung, wohl aber **unterschiedliche Ausbildungsanforderungen** auf die hin sich getrennte Oberschultypen begründende ließen. Während Schelsky auf dieser Basis eine Zweigliedrigkeit des Bildungssystems oberhalb der Grundschule empfahl, behauptete Evers - wie übrigens schon in der Rahmenplandebatte die "Gewerbliche Wirtschaft Hessens" -, daß die Anforderungen des beruflichen Ausbildungswesens **drei typische Ausprägungen** aufwiesen: akademische Hochschulbildung, technische, kaufmännische oder sozialpädagogische höhere Fachschulbildung und praktische Lehre.[208] Das Schulwesen habe die Funktion, diesen Anforderungen differenziert gerecht zu werden. In der neuen "Begründung der Oberschulzweige" wurde dabei der Eindruck erweckt, als ob die Jugendlichen erstens frei zwischen den drei Wegen entscheiden könnten und als ob zweitens die Wege gleichrangig seien, also nicht mehr

[205] vgl. Heinrich Roth (a): Jugend und Schule zwischen Reform und Restauration, Hannover 1961, S.81 - S.113 und Abschnitt 4.3.5.
[206] Denkschrift S.13
[207] ebenda S.6
[208] vgl. Füssl/Kubina (a) S.212 und Anmerkung 20; Schelsky S.13f; Schorb S.160

der festgelegte Begabungstyp, sondern der selbstbestimmte Ausbildungswunsch über den Bildungsweg entscheide.[209] Die Realität der Auslese stellte allerdings diese "**funktionelle Begründung**" ebenso in Frage wie die alte Lehre von den Begabungstypen. Die Denkschrift selbst wies durch empirische Erhebungen nach, daß bei der Übergangsentscheidung weder der angebliche "Begabungstyp" der Zwölfjährigen noch deren Berufswünsche eine Rolle spielten, sondern allein die Zeugnisnoten den Ausschlag gaben, bei denen wiederum soziale Benachteiligungen wirksam wurden.[210] Auch bedauerten die Verfasser der Denkschrift, daß die Wahl der Oberstufenzweige zu sehr von Prestigegründen sozial privilegierter Eltern und der Bescheidenheit von Arbeitereltern geprägt sei.[211]

Als Konsequenz schlug die Denkschrift eine verbesserte Elternberatung, Fördermaßnahmen und verstärkte Beihilfen für sozial Benachteiligte, spätere Übergangsmöglichkeiten und einen Ausbau des 2.Bildungsweges vor, damit die "Begabungsreserven" voll ausgeschöpft würden.[212]

Die "funktionelle Begründung" der Dreigliedrigkeit des Schulwesens blieb nicht unwidersprochen. So kritisierte der Landesschulrat H.Bath aus der sich anbahnenden Gesamtschulperspektive:[213]

> "Der Gedanke der funktionellen Begründung und der Ausprägung hat in einem Augenblick, wo der überkommene Schulaufbau im echten Sinne fragwürdig geworden ist, konservierende und retardierende Wirkung."[214]

Seiner Meinung nach konnten drei Schultypen nicht von beruflichen Anforderungen her, denen angeblich drei Schülertypen entsprächen, begründet werden. Solche festen Typen gäbe es nicht, da Jugendliche in ihrer Entwicklung häufig Schwankungen ihrer Interessen, Fähigkeiten und Leistungen unterliegen. Dabei berief er sich auf Untersuchungen von Schlaak, die, wie in Abschnitt 4.3.4. noch genauer erläutert wird, statt spezifizierbarer Schülertypen für die OPZ und OTZ große Überschneidungen gezeigt hatten. Von daher seien **nicht feste Schulty-**

---

[209] "Eine Anzahl von Jugendlichen wird den Zugang zu wissenschaftlichen Hochschulen anstreben. ... Ein anderer Teil der Jugendlichen wird den Zugang zu Ingenieurschulen oder gleichrangigen Lehranstalten erstreben. ... Schließlich werden erfahrungsgemäß viele Jugendliche den Zugang zur Lehrlings- oder Anlernausbildung mit begleitender Berufsschule oder Berufsfachschule anstreben." Denkschrift S.6, vgl. auch Füssl/Kubina (a) S.212

[210] Als Beispiel wurde die Benachteiligung der Kinder von Alleinerziehenden gegenüber Einzelkindern aus "vollständigen" Familien angeführt. Vgl. Denkschrift S.13

[211] Auf diese Faktoren verwiesen die Ergebnisse der Analyse der bezirksweise stark differierenden Übergänge zu den Oberschulzweigen. Vgl. Denkschrift S.13 und Anlagen 13 und 14 sowie BLZ H.1 1963, S.3: "Man weiß heute, daß die Gleichwertigkeit durch die Praxis nicht belegt werden kann."(F.Weigelt)

[212] vgl. Denkschrift S.13

[213] vgl. Füssl/Kubina (a) S.212, S.215f und S.330, (b) S.62; Berliner Lehrerzeitung 1962, S.122 - S.126

[214] Berliner Lehrerzeitung 1962, S.126. Bath griff auch die von B.Schmoldt in Anlehnung an Weinstock vertretene These von der Notwendigkeit einer "Elitebildung in der Demokratie" an. Vgl. Disput in der Berliner Lehrerzeitung 1962, S.173ff

pen, sondern innere Differenzierungen und ein Wandel des Unterrichtsstils gerade aufgrund der auch in der Denkschrift geforderten Durchlässigkeit der einzuschlagende Weg.[215] Damit deutete Bath die innere Widersprüchlichkeit des funktionellen Begründungsansatzes an, der die Dreigliedrigkeit einerseits aus ökonomischen, **ungleiche** Lebenschancen eröffnenden **Ausbildungs**notwendigkeiten ableitete, andererseits aber die Gleichrangigkeit der Schultypen und den **Bildungs**anspruch des Einzelnen unter **Gleichheits**postulaten suggerierte.[216]

4.3.3. Erfolglose Angriffe des Berliner Philologenverbandes und der CDU auf die sechsjährige Grundschule 1962 und 1965/66

In der bildungspolitischen Diskussion der folgenden Jahre erfuhr die "Denkschrift zur inneren Schulreform" breites Interesse und weite Zustimmung. Sogar der **Philologenverband begrüßte die Denkschrift**, nicht zuletzt, weil sie die Absicht äußerte, die Oberschule des Wissenschaftlichen Zweiges mit einer überdurchschnittlichen Lehrpersonal- und Sachmittelzuweisung auszustatten. Vor allem die Einführung einer Bildungsplanung auf empirischer Grundlage und die Vorschläge zur Reform der gymnasialen Oberstufe und zur Einführung von Fundamentallehrplänen, die den Lehrern und Lehrerinnen größere Spielräume ließen, fanden den Beifall des Philologenverbands.[217]

Andererseits kritisierte er 1962, daß die Denkschrift und der Berliner Senat die sechsjährige Grundschule befürworteten. Die Berliner Schulverwaltung sah nämlich trotz der noch unvollständigen Rezeption der durch Roth veränderten Begabungstheorie in der sechsjährigen Grundschuldauer eine Maßnahme, die der dynamischen Begabungstheorie gerecht werde, weil sie die Wahl der Oberschulzweige hinausschiebe:

> "Die Entscheidung für einen dieser drei Wege darf nicht zu früh fallen und muß auch später zu berichtigen sein.
> Die Berliner Schule ist in ihrer Struktur geeignet, die dargestellten Aufgaben zu erfüllen."[218]

---

[215] vgl. Berliner Lehrerzeitung 1962, S.124ff und S.146 - S.150
[216] Während die Denkschrift zunächst die Durchdringung der "Bildung und Ausbildung" betonte, leitete sie anschließend die Sekundarstufenbildung primär aus Ausbildungsfunktionen ab. Vgl. Denkschrift S.5f und Füssl/Kubina (a) S.212.
[217] vgl. Füssl/Kubina (a) S.214f; Grothe S.41; Mitteilungsblatt des Deutschen Philologenverbandes, Landesverband Berlin, Heft 3 1962, S.18ff, Heft 6 1960, S.2f. In Berlin waren im Philologenverband die Lehrer und Lehrerinnen der OWZ und OTZ organisiert, ihr Mitteilungsblatt erschien ab 1951. Sie beschäftigten sich bis 1961 hauptsächlich mit Besoldungs- und Beschäftigungsfragen sowie der Lehrerbildung, Lateinklassen und Übergangsfragen. Noch 1959 lehnten sie die vom Deutschen Ausschuß geforderte Förderstufe ab, weil sie Mammutschulen bzw. Zerstückelung schaffe und das Niveau senke. Vgl. Mitteilungsblatt des Deutschen Philologenverbandes, Landesverband Berlin, Jahrgänge bis 1961, insb. Heft 4/5 1961, S.51f, Heft 3, 1959, S.3f und folgende Hefte dieses Jahrgangs.
Der hier weniger in Erscheinung tretende "Verband Berliner Lehrer und Lehrerinnen (VBLL) nahm bildungspolitisch eine mittlere Position zwischen dem BVL (ab 1969 GEW) und dem Philologenverband ein.
[218] vgl. Denkschrift S.6

Der erste Vorsitzende des Berliner Philologenverbands, W.Padberg, der ab 1967 auch CDU-Vertreter im Abgeordnetenhaus war,[219] lehnte diese naheliegende Schlußfolgerung im März 1962 ab, indem er die in der Denkschrift vollzogene Abkehr von bisher dominanten statischen und vererbungsbezogenen Begabungstheorien zugunsten der eigenen Forderung nach vierjährigen Grundschulen umdeutete:[220]

> "Im Abschnitt III 'Begründung der Oberschulzweige' wird festgestellt, daß Begabung keine feste Größe bedeutet, sondern daß sie sich herausstellt, wenn sie angesprochen, an geeigneten Aufgaben entwickelt und gemessen wird. Damit wird eindeutig jeder Begabungstheorie, wie sie z.B. früher als Begründung für eine sechsjährige Grundschulzeit und für die einzelnen Zweige der Oberschule angeführt wurde, der Boden entzogen. Eine sichere Feststellung einer Begabungsrichtung bzw. -höhe im Rahmen der Grundschule erscheint demnach nicht möglich. Man kann nur folgern, daß es im Interesse dieser Begabungsfindung erforderlich ist, die in Frage kommenden Kinder so frühzeitg wie möglich, d.h. nach dem 4.Grundschuljahr, den weiterführenden Schulen zuzuführen, um sie dort an geeigneten Aufgaben zu erproben."[221]

In der Konsequenz hätte diese Forderung, die schon vom Deutschen Ausschuß diskutiert und abgelehnt worden war,[222] wahrscheinlich bedeutet, daß noch mehr Kinder auf dem Gymnasium gescheitert wären und die OPZ bzw. OTZ verstärkt mit solchen Abgängern aus der OTZ bzw. OWZ konfrontiert worden wäre. Zudem stellte der Vorsitzende der Berliner Philologen hier die historischen Argumentationen um die Grundschuldauer schlichtweg falsch dar.

Andererseits ist festzuhalten, daß der Philologenverband an dieser Stelle begrüßte, daß die **statische Begabungstheorie aufgegeben** wurde. Allerdings bezeichnete er im folgenden die Begründung der Oberschulzweige durch die Denkschrift von der Berufszielsetzung her als einen Schwenk "in das andere Extrem", bedauerte den Verzicht auf eine originäre Inhaltsbestimmung der Schulzweige und griff, wie auch der Verband Berliner Lehrer und Lehrerinnen (VBLL), die alten statischen Begabungstheorien zur Abwehr der Gesamtschule später erneut auf.

So ließ Padberg schon drei Monate später im Juni 1962 verlauten, daß Elternwunsch und Erbanlagen die für die Wahl der Oberschulzweige entscheidenden Kriterien seien,[223] warf aber der Senatsverwaltung vor, einen statischen Begabungsbegriff zu vertreten:

> "Wer verficht eigentlich einen 'statischen Begabungsbegriff'? Doch wohl am ehesten derjenige, der glaubt, daß ein Grundschulgutachten einen prognostischen Charakter für das Erreichen eines bestimmten Schulzieles besitzen kann, ..."[224]

[219] vgl. Mitteilungsblatt des Deutschen Philologenverbandes, Landesverband Berlin, Heft 6 1967, S.104ff
[220] vgl. Abschnitt 2.3.3.0. und 4.3.5. Die CDU und der Philologenverband waren aber in der Rezeption der dynamischen Begabungstheorien keineswegs konsequent. So verwendeten sie nach wie vor die statische Begabungstheorie, um die Gesamtschule anzugreifen. Vgl. Füssl/Kubina (b) S.50 und (a) S.330
[221] W. Padberg: Eine Denkschrift zur inneren Schulreform. In: Mitteilungsblatt des Deutschen Philologenverbandes, Landesverband Berlin, Heft 3 1962, S.18ff, zit. nach Füssl/Kubina (a) S.215
[222] vgl. Rahmenplan S.71f
[223] vgl. Mitteilungsblatt des Deutschen Philologenverbandes, Landesverband Berlin, Heft 6 1962, S.69
[224] ebenda

Die Zahlen der Denkschrift über Kinder alleinstehender Elternteile und Mehr-Kind-Familien bewiesen für die Philologen, daß vor allem die "besseren" Elternhäuser die Gewähr für einen erfolgreichen Besuch der höheren Schulen böten. Wie Schelsky leiteten sie aus den stärkeren Bildungsantrieben der sozial privilegierten Schichten und der Unsicherheit von Prognosen nicht kompensatorische Maßnahmen von seiten des Staates zugunsten benachteiligter Kinder[225] und ein Hinausschieben der Bildungsentscheidungen ab, sondern wollten den **Elternwunsch** möglichst frühzeitig und unabhängig von Grundschulempfehlungen durchgesetzt wissen. Aus der Tatsache, daß mehr Kinder, die gegen die Grundschulempfehlung auf Höhere Schulen aufgenommen wurden, dort nach dem Probehalbjahr verblieben als Kinder, die gegen die Grundschulempfehlung nach dem Willen der Eltern die OPZ besuchten, nach dem Probehalbjahr auf die OTZ übergeleitet wurden, meinte Padberg schließen zu können, daß der Elternwunsch entscheidender für den erfolgreichen Schulbesuch sei als Einschätzungen von Lehrpersonen der Grundschule.[226] Angesichts der Tatsache, daß Schulen und Eltern oft aus Rücksicht auf die Kinder massive Umschulungen vermeiden möchten, ist m.E. ersichtlich, daß die von Padberg vorgenommene Schlußfolgerung so nicht zulässig ist.

Aus der geringen Zahl von Übergängen nach dem Probehalbjahr von der OPZ auf die OTZ leitete Padberg zugleich her, daß die These von der "Existenz größerer stiller Begabungsreserven" für Berlin widerlegt sei.[227] Erstaunlicherweise behauptete derselbe Padberg 1965, daß die These von Evers, der Philologenverband bestreite das Vorhandensein von Begabungsreserven, völlig aus der Luft gegriffen sei. Der Philologenverband bemühe sich vielmehr schon "seit langem", vorhandene Begabungsreserven zu mobilisieren und die Zahl der Abiturienten zu erhöhen.[228]

Die Wirkungskraft der Argumentationen der Philologen war sicherlich nicht zuletzt infolge solcher Widersprüchlichkeiten sehr begrenzt. Auch wenn der Berliner Philologenverband also in einer Stellungnahme zur Denkschrift die **sechsjährige Grundschule erneut ablehnte** und ihre eher politische als pädagogische Begründung bemängelte, fielen die Angriffe im Vergleich zum Beginn der 50er Jahre doch qualitativ und quantitativ **gemäßigt** aus. Die Abschaffung der sechsjährigen Grundschule erschien den Philologen angesichts der politischen Mehrheitsverhältnisse weniger erreichbar als ihre Modifizierung.[229]

---

[225] Padberg argumentierte (ebenda S.70f), daß die These, daß wirtschaftliche Verhältnisse über den Schulerfolg entscheiden, widerlegt sei, da trotz materiell verbesserter Möglichkeiten die Kinder in den Arbeitervierteln nach wie vor auf den Höheren Schulen unterrepräsentiert seien. Daß, wie die späteren historischen Tatsachen belegen, massive materielle Förderungen einen Einfluß haben, kann er mit dieser Begründung jedoch nicht widerlegen.

[226] vgl. ebenda S.67ff

[227] ebenda S.70

[228] vgl. Mitteilungsblatt des Deutschen Philologenverbandes, Landesverband Berlin, Heft 2 1965, S.34; vgl auch eine entsprechende CDU-Anfrage im Berliner Abgeordnetenhaus, in: ebenda Heft 1 1966, S.10f

[229] So berichtet der Philologenverband in seinen Mitteilungen (Heft 10/11 1965, S.185) von einem Gespräch mit der Berliner Schulverwaltung am 20.9.1965, das deutlich gemacht habe, daß nur eine Veränderung der politischen Verhältnisse die sechsjährige Grundschule beseitigen könne.

Mit eben diesem Ziel forcierte der Berliner Philologenverband, nachdem er erfolgreich eine Begrenzung der Zahl der Gesamtschulversuche auf vier Schulen mitbetrieben hatte, gemeinsam mit der CDU-Opposition Ende 1964 bis 1966 seine Angriffe auf die sechsjährige Grundschule.[230] So kommentierte Padberg die **Förderstufe** im Dezember 1964 erneut mit dem Hinweis auf Berlins schulpolitische Insellage:

> "Die Berliner Schulverwaltung ist bekanntlich davon überzeugt, daß die undifferenzierte sechsjährige Grundschule noch besser ist als die "Förderstufe", obwohl keiner der in der Bundesrepublik aufgestellten Schulreformpläne diese 6jährige Grundschule kennt."[231]

Am 23.2.1965 gab dann der Philologenverband im Rahmen des gegen Willy Brandt gerichteten Bundestagswahlkampfes drei Resolutionen heraus, in denen es u.a. hieß:[232]

> "2. Die sechsjährige undifferenzierte Grundschule ist mit den modernen pädagogischen Erkenntnissen unvereinbar und muß deshalb im 5. und 6. Schuljahr durch eine besondere Förderung der begabten Kinder aufgelockert werden.
> 3. Weitere grundständige Gymnasien auch mit Englisch als Anfangssprache müssen eingerichtet werden, um, dem Wunsch der Eltern entsprechend, eindeutig geeignete Kinder rechtzeitig den gymnasialen Bildungsanforderungen zuzuführen."[233]

Obwohl die CDU[234] und der Philologenverband die sechsjährige Grundschule nunmehr im Prinzip bejahten, versuchten sie, Modifizierungen zu erreichen. So plädierten sie für äußere Differenzierungen, etwa nach dem Beispiel der Förderstufen, außerdem für die Zulassung von nichthumanistischen **grundständigen Gymnasien** und für eine formale Gleichstellung des Übergangs nach Klasse 4. Exemplarisch für diese neuen Strategie mag auch folgendes Zitat aus der Debatte des Berliner Abgeordnetenhauses vom 16.12.1965 sein:

Der CDU-Abgeordnete Lorenz forderte u.a.,

> "daß in der fünften und sechsten Klasse der Grundschule Differenzierung nach Leistung und Begabung erfolgen sollte ... und daß schließlich vielen Kindern schon nach dem 4.Schuljahr die Möglichkeit gegeben werden sollte, eine weiterführende Oberschule zu besuchen, nicht nur eine solche des altsprachlichen Zweiges, sondern auch des mathematisch-naturwissenschaftlichen oder des neusprachlichen Zweiges und auch eine Realschule ... Auch wir bleiben grundsätzlich in unserer Schulpolitik bei der sechsjährigen Grundschule. Die CDU beabsichtigt also nicht, Änderungsanträge einzubringen, die diese Grundschule abschaffen ..."[235]

---

[230] vgl. Füssl/Kubina (b) S.38, S.49ff

[231] vgl. Mitteilungsblatt des Deutschen Philologenverbandes, Landesverband Berlin, Heft 12 1964, S.139

[232] vgl. Mitteilungsblatt des Deutschen Philologenverbandes, Landesverband Berlin, Heft 3 1965, S.48f

[233] Mitteilungsblatt des Deutschen Philologenverbandes, Landesverband Berlin, Heft 3 1965, S.51f

[234] vgl. auch die 1965 von der CDU herausgegebene Schrift "Berlins Kinder brauchen die beste Schule" und ihre Rezeption in der BLZ H.8 1965, S.2ff

[235] Wiedergabe der Debatte im Abgeordnetenhaus vom 16/17.12.1965 in: Mitteilungsblatt des Deutschen Philologenverbandes, Landesverband Berlin, Heft 2 1966, S.37. Vgl. analoge Äußerungen von CDU-Abgeordneten laut Wiedergabe der Debatte im Abge-ordnetenhaus vom 18.12.1964, 11.3.1965 und 8.7.1966 in: Mitteilungsblatt des Deutschen Philologenverbandes, Landesverband Berlin, Heft 2 1965, S.31f; Heft 4 1965, S.111; Heft 9 1966, S.173ff. Vgl. auch Berliner Lehrerzeitung H.1 1965, S.2

Hatten Evers und die SPD auf den **Vorwurf der nationalen Isolation des Berliner Schulwesens** schon mehrmals geantwortet, daß die sechsjährige Grundschule im internationalen Vergleich in der Mitte liege und Berlin "das modernste Schulwesen der Bundesrepublik" habe,[236] so bekräftigte Evers in dieser Debatte erneut:

> "Wäre der Senat und die Mehrheit des Hauses den Vorstellungen in Kreisen der CDU gefolgt, dann wäre manches abgebaut worden, was heute ausstrahlender Bestandteil unseres Schulsystems ist. Das Berliner Schulmodell beeinflußt die bildungspolitische Diskussion in Deutschland und zunehmend auch die bildungspolitische Disposition in der Bundesrepublik ..."[237]

Und der BVL ergänzte:

> "Es ist unzutreffend, die sechsjährige Grundschule als unvereinbar mit modernen pädagogischen Erkenntnissen zu bezeichnen. Eine vierjährige Grundschule gibt es heute nur noch in Westdeutschland und Österreich."[238]

Im übrigen waren Evers und die SPD der Auffassung, daß die sechsjährige Grundschule das **Problem der hohen Versagerquote** in den Klassen 5 und 6 der Gymnasien **vermeide** und sie daher nicht bereit wären, ein "Anknabbern" dieser politischen Entscheidung für die sechsjährige Grundschule durch die Vorschläge der Opposition hinzunehmen.[239]

Argumentativ wurde es allerdings für die Berliner Schulverwaltung schwieriger. Da die CDU und der Philologenverband nun nicht mehr die vierjährige Grundschule, sondern die Förderstufe forderten, stießen Bezüge von Evers auf die in den westdeutschen Ländern durch den Rahmenplan induzierte Verbreitung der Förderstufe ins Leere.[240] Daher beteuerte der Senat jetzt die **Überlegenheit der sechsjährigen Grundschule gegenüber der Förderstufe** und formulierte z.B. im Sommer 1966:

> "Bei verlängerter Grundschulzeit verbessert sich die Möglichkeit, alle Schüler entsprechend ihren Fähigkeiten zu fördern und jeden Schüler auf den ihm gemäßen Bildungsweg zu lenken. Die Einführung von Eingangs- und Förderstufen in der Bundesrepublik entspricht dieser Einsicht, ist aber wegen der bereits einsetzenden Trennung nur eine halbe Maßnahme."[241]

Der Forderung der Philologen nach dem Ausbau grundständiger Gymnasien und Realschulen wurde entgegengehalten, daß sich der Senat um eine Ausweitung der Französisch- und Lateinklassen an den Grundschulen bemühe, obwohl die Nachfrage nach Latein zurückgehe,

---

[236] vgl. Mitteilungsblatt des Deutschen Philologenverbandes, Landesverband Berlin, Heft 2 1965, S.32; Heft 4 1965, S.81; Heft 9 1966, S.173

[237] Mitteilungsblatt des Deutschen Philologenverbandes, Landesverband Berlin, Heft 2 1966, S.39

[238] BLZ H.3 1965, S.3

[239] Mitteilungsblatt des Deutschen Philologenverbandes, Landesverband Berlin, Heft 2 1965, S.32; Heft 9 1966, S.174

[240] vgl. Evers Beitrag in der Debatte des Abgeordnetenhauses vom 8.7.1966; in: Mitteilungsblatt des Deutschen Philologenverbandes, Landesverband Berlin, Heft 9 1966, S.174

[241] Senatsschreiben zit. nach Füssl/Kubina (a) S.235

daß aber diese Klassen aus sozialintegrativen Gründen weiterhin nicht an die Oberschulen, sondern an die Grundschulen angegliedert und in Zukunft Latein- bzw. Französischkurse statt -klassen eingerichtet werden sollten.[242] Hinsichtlich der Fremdsprache Englisch lehnte der Senat die von dem CDU-Abgeordneten Lorenz 1965 in einer kleinen Anfrage geforderten starren äußeren Differenzierungen zugunsten von flexiblen **inneren Differenzierungen** ab.[243] Für leistungsschwächere Kinder sollten die Förderbemühungen bzw. -gruppen verstärkt werden, die Leistungsstärkeren könnten ggf. Klassen überspringen.[244] Im übrigen dürfe Prestigebedürfnissen von Eltern, die neben den humanistischen auch neusprachliche grundständige Gymnasien forderten, zugunsten kindgerechter Entwicklungen nicht nachgegeben werden.[245]

Im Juli **1966** wurde der **Versuch der CDU-Opposition abgewehrt**, den Übergang nach Klasse 4 formal gleichberechtigt neben den Übergang nach Klasse 6 zu stellen.[246] Im Dezember 1967 sprach sich dann auch die **FDP** gegen die Einrichtung weiterer grundständiger Gymnasien aus, weil diese die sechsjährige Grundschule gefährden könnte. Schließlich stellte der **SPD**-Abgeordnete Zehden fest, daß sich die Parteien im schulpolitischen Bereich mit Ausnahme der Frage der Ausweitung der grundständigen Gymnasien "nähergekommen" seien; in dieser Frage gebe es allerdings ein "glasklares Nein" der Berliner SPD.[247] Nachdem diese Position einige Monate später von dem SPD-Abgeordneten Löffler bestärkt worden war und er für die SPD geäußert hatte, daß sie nicht bereit sei, "durch Einführung der Förderstufe in Berlin einen Rückweg auf den status quo minus zu gehen" und er im Gegenteil optimistisch sei, daß auch Westdeutschland in fünf Jahren die sechsjährige Grundschule habe,[248] **verstummte die schulorganisatorische Diskussion um die Förderstufe genauso wie um die sechsjährige Grundschule in den nächsten dreizehn Jahren** fast völlig.[249] Nur vereinzelt waren 1974, 1976, 1978 und 1979 noch Forderungen aus den Reihen der CDU und des

---

[242] vgl. Denkschrift S.11f und Anlage 11 und 12; BLZ H.5 1967, S.9, H.8/9 1967, S.7f; Grothe S.42 und S.105ff. Danach lernten von allen Kindern der Berliner Klassen 5 und 6 in den Jahren von 1955 - 1960 circa 96 - 97% Englisch, 2,5 - 3,5% Latein und 0,5% Französisch als erste Fremdsprache; Latein blieb auch 1966 mit 3,2% im bisherigen Ausmaß, während Französisch auf 1,2% zunahm. Die Ausweitung dieser Klassen wurde immer wieder vom Philologenverband eingefordert. Vgl. Mitteilungsblatt des Deutschen Philologenverbandes, Landesverband Berlin, Heft 1 1963

[243] vgl. Mitteilungen des Präsidenten des Abgeordnetenhauses Nr.40 betreffend kleine Anfrage Nr.282 vom Senat beantwortet am 19.10.1965; BLZ H.1 1966, S.26

[244] vgl. Mitteilungsblatt des Deutschen Philologenverbandes, Landesverband Berlin, Heft 10/11 1965, S.184f

[245] vgl. ebenda

[246] Im Widerspruch zu Grothe (S.42) geht aus dem Abdruck des Schulgesetzes vom 13.9.1966 im Mitteilungsblatt des Deutschen Philologenverbandes, Landesverband Berlin, Heft 10/11 1966, S.191 (§21a), hervor, daß sich die CDU mit ihrem Anliegen, die Übergänge nach Klasse vier formal gleichzustellen, nicht durchsetzen konnte.

[247] vgl. Mitteilungsblatt des Deutschen Philologenverbandes, Landesverband Berlin, Heft 2/3 1968, S.36ff

[248] vgl. Mitteilungsblatt des Deutschen Philologenverbandes, Landesverband Berlin, Heft 4 und Heft 5, S.84

[249] vgl. BLZ, VBE-Informationen, Verband Bildung und Erziehung, Landesverband Berlin und Mitteilungsblatt des Deutschen Philologenverbandes, Landesverband Berlin, der Jahrgänge 1969 - 1981, z.B. Heft 6 1969, S.101

Philologenverbandes nach einer Ausweitung der grundständigen Gymnasien zu hören.[250] Primär hieß es auch hier, daß nunmehr statt schulorganisatorischer Fragen die **inneren Reformen** diskutiert werden müßten.[251]

Festzuhalten bleibt, daß die SPD, die FDP[252] und die von Evers geführte Schulverwaltung, unterstützt durch den BVL, die Ablösung der sechsjährigen Grundschule durch die in Berlin von der CDU und dem Philologenverband favorisierte Förderstufe engagiert verhinderten und daß die Berliner Opposition nicht mehr die Abschaffung der sechsjährigen Grundschule forderte. Hierin sind m.E. **Anzeichen für eine dauerhafte Stabilisierung der verlängerten Grundschuldauer in Berlin ab Mitte der 60er Jahre** erkennbar, die - wie noch zu klären sein wird - sich auch in einer Verlagerung der Debatte um den Schulaufbau auf die Gesamtschulfrage, auf finanzielle Aufwendungen für Bildung und auf Probleme der inneren Reform manifestierte.[253]

4.3.4. Die Stützung der sechsjährigen Grundschule Berlins mit Hilfe empirischer Befunde

Zu dieser Stabilisierung trugen sicher auch die Mitte der 60er Jahre zahlreichen Veröffentlichungen und **empirischen Untersuchungen** bei, die sich für die sechsjährige Grundschule aussprachen. So argumentierte Heerwagen 1966, daß die sechsjährige Grundschule gegenüber der Förderstufe mehr Kontinuität gewähre und den Vorteil der organisatorischen Selbständigkeit besitze.[254]

"Schließlich ist ein Ertrag der Berliner Grundschule auch die Erkenntnis, daß die ganze sechsjährige Grundschule ein geschlossener pädagogischer Raum sein muß. Alle pädagogische Arbeit braucht Kontinuität. Das hat der Deutsche Ausschuß vielleicht nicht genügend berücksichtigt, als er in seinem "Rahmenplan" den Kompromißvorschlag der zweijährigen Förderstufe, die an die vierjährige Grundschule anschließen soll, machte. Die Abtrennung dieses Abschnittes bringt das Kind leicht in die Situation des Langstreckenläufers, der in die letzte Runde geht. Der ganze sechsjährige Abschnitt muß im Zeichen der Beobachtung, Förderung, der zunehmenden Differenzierung stehen; nur so können die pädagogischen Hilfen dem kindlichen Wachstum folgen, und nur so können die unguten Reak-

[250] vgl. Mitteilungsblatt des Deutschen Philologenverbandes, Landesverband Berlin, Heft 7/8 1974, S.129, Heft 3 1976, S.31, Heft 10 1976, S.188, Heft 11 1976, S.222f, Heft 9 1978, S.188, Heft 6 1979, S.144

[251] vgl. Mitteilungsblatt des Deutschen Philologenverbandes, Landesverband Berlin, Heft 11 1973, S.184

[252] vgl. Mitteilungsblatt des Deutschen Philologenverbandes, Landesverband Berlin, Heft 9 1966, S.174

[253] vgl. Mitteilungsblatt des Deutschen Philologenverbandes, Landesverband Berlin Jahrgänge 1968 bis 1981; Stenographische Berichte des Abgeordnetenhauses über die 75. und 76.Sitzung am 9/8.7.1966 S.355ff und S.364ff; Grothe S.42; BLZ der Jahrgänge 1968ff. Auch in anderen Ländern trug die öffentliche Debatte um Bildungsreformen und die Förderstufe seit 1959 dazu bei, daß die Zustimmung der Bevölkerung zum Übergang auf die Oberschulzweige nach Klasse 6 1965/66 wuchs, in Hamburg z.B. auf 54%. Vgl. BLZ H.8 1966, S.21; F.W.Geiersbach/E.Rösner: Orientierungsstufe, in: Ch.Edelhoff/M.Mittelberg (Hg.): Kritische Stichwörter - Gesamtschule, München 1979, S.175f

[254] vgl.Heerwagen S.66ff

tionen bei Kindern, Eltern, Lehrern vermieden werden, die mit dem Eintritt in einen markierten Beobachtungs- und Prüfungsabschnitt unvermeidlich verbunden sind."[255]

Heerwagen sah daher in der Förderstufe gegenüber der sechsjährigen Grundschule einen Rückschritt. Es sei leichter, Zwölf- bis Dreizehnjährige in Klasse 6 und im Probehalbjahr 7 zu beurteilen, als Zehn- bis Elfjährige am Ende der Klasse 4 und 5 in leistungsdifferenzierte Kurse zu unterteilen. Er faßt zusammen, daß, wie auch die **internationale** Entwicklung bestätigt habe, in der sechsjährigen Grundschule

"in einer hinreichend langen Erprobungszeit bewiesen wurde: daß begabte Kinder nicht aufgehalten, sondern besser gefördert werden, daß weniger Leistungsfähige vom längeren Zusammensein mit Begabten profitieren, daß die Möglichkeiten der individuellen Förderung in der Grundschule weit besser sind als in der weiterführenden Schule, daß die längere Grundschulzeit der sozialen Integration dient, daß sie hilft, Begabungsreserven zu erschließen.[256]

Heerwagen stützt sich in seiner Argumentation im wesentlichen auf empirisches Material, auf das schon in der Denkschrift in überzeugender Weise verwiesen worden war.[257]

Diese Daten bildeten auch die Basis der vom Senat angeführten Begründungen der sechsjährigen Grundschule. Ich ergänze diese Belege hier durch die Untersuchungen von Carnap/Edding (1962)[258] und Conrad (1972)[259] sowie weitere Quellen.[260]

Der Senat argumentierte folgendermaßen: **Erstens** gebe es durch die sechsjährige Grundschule in Berlin im Vergleich zu den übrigen Bundesländern **mehr Übergänge auf das Gymnasium bzw. die Realschule**. Daß diese Aussage zutraf, läßt sich eindeutig an nachfolgenden Tabellen erkennen. Zwar haben die Stadtstaaten - wie hier die Angaben für Hamburg zeigen - generell relativ hohe Übergangszahlen von der Grundschule zu den weiterführenden Schulen, doch ist Berlins Stellung hier unbestritten. Das gilt bis in die heutige Zeit, wobei die führende Rolle Berlins im Bereich der Realschulbesucher inzwischen durch diejenige in der Gesamtschulanzahl abgelöst wurde:

---

[255] ebenda S.66f

[256] ebenda S.69f

[257] vgl. ebenda S.50 und S.63f; Füssl/Kubina (a) S.235 und Anm.100, S.442f sowie Anlagen der Denkschrift zur inneren Schulreform und S.5

[258] Carnap, Roderich/Edding, Friedrich: Der relative Schulbesuch in den Ländern der Bundesrepublik 1952 - 1960, Frankfurt a.M. 1962

[259] Conrad, Christof: Schulsysteme im quantitativen Vergleich - Hamburg und Westberlin, Berlin 1972. Hamburg eignet sich hiernach von allen Bundesländern aufgrund analoger Strukturen am besten zum Vergleich mit Berlin. Vgl. Conrad S.6

[260] vgl. Bundesminister für Bildung und Wissenschaft: Grund- und Strukturdaten 1989/90, Bad Honnef 1989; Statistisches Bundesamt (Hrsg.): Fachserie A, Reihe 10, Wiesbaden laufende Jahrgänge; Füssl S.442f, S.445, S.453f, S.429f; BLZ H.1 1964, S.9; H.5 1964, S.102ff; H.16 1964, S.385ff

Tabelle 1a: Der relative Schulbesuch der 13jährigen (ohne Sonderschulen) von 1952 - 1960 in Prozent:[261]

Jahr:	1952			1954			1955			1957			1959			1960		
Zweig:	Gym	RS	HS	Gym	RS	HS	Gym	RS	HS	Gym	RS	HS	Gym	RS	HS	Gym	RS	HS
Berlin:	15,6	21,5	62,9	16,8	23,1	60,1	19,1	24,1	56,8	18,9	24,6	56,5	17,9	23,0	59,1	17,6	23,2	59,2
Hamburg:	11,6	16,0	72,4	14,3	17,8	67,9	14,0	16,7	69,3	16,4	16,2	67,4	13,8	14,5	71,7	14,6	14,6	70,8
Bund:	11,6	4,8[262]	83,6	13,9	6,4	79,7	15,1	7,0	77,9	16,3	9,0	74,7	14,5	8,8	76,7	14,9	9,3	75,8
Rang Bln:	1	1	11	2	1	11	1	1	11	2	1	11	2	1	11	2	1	11

Tabelle 1b: Der relative Schulbesuch im 7. - 9.Schuljahr (ohne Sonderschulen) von 1960 - 1988 in Prozent:[263]

Jahr:	1960			1962			1965			1970				1973			
Zweig:	Gym	RS	HS	Gym	RS	HS	Gym	RS	HS	Gym	RS	HS	GES[264]	Gym	RS	HS	GES
Berlin:	23,7	30,5	45,8	23,6	30,3	46,1	26,7	28,3	45,5	33,3	25,8	33,9	7,0	31,8	27,4	32,8	8,1
Hamburg:	16,9	19,2	63,9	16,5	18,8	64,7	18,9	20,1	61,0	29,2	28,9	36,3	5,6	31,1	30,8	32,2	5,9
Bund:	20,5	15,6	63,9	20,0	16,0	64,0	21,4	18,0	60,6	22,9	21,3	54,8	~1[265]	24,6	23,6	49,6	2,3
Rang Bln:	2	1	11	2	1	11	1	1	11	1	4	11	1	1	4	9	2

Jahr:	1975				1980				1985				1988			
Zweig:	Gym	RS	HS	GES	Gym	RS	HS	GES	Gym	RS	HS	GES	Gym	RS	HS	GES
Berlin:	32,0	23,7	25,2	19,1	34,2	23,4	17,2	25,2	33,4	22,6	15,8	28,2	36,4	21,1	14,3	28,1
Hamburg:	33,2	32,2	28,1	6,5	36,2	32,7	23,6	7,5	34,7	26,5	19,4	19,4	34,7	26,5	19,4	19,4
Bund:	26,4	24,4	45,8	3,4	27,5	28,2	40,3	4,0	27,6	29,3	38,2	4,9	29,6	29,3	35,7	5,4
Rang Bln:	3	8	10	1	3	10	11	1	2	11	11	1	1	11	11	1

Zweitens - argumentierte die Schulverwaltung - gebe es durch die sechsjährige Grundschule in Berlin im Vergleich zu den übrigen Bundesländern **eine gute Erfolgsquote an den Gymnasien mit einer daraus folgenden höheren Abiturientenquote und jüngeren Abiturienten.**

---

[261] vgl. Carnap/Edding Tabelle 7 und 16

[262] ohne Hamburg und Bremen

[263] Für die Jahre 1960, 1965, 1970, 1975, 1980, 1985 und 1988 vgl. Bundesminister für Bildung und Wissenschaft: Grund- und Strukturdaten 1989/90, Bad Honnef 1989, S.54f. Für die Zwischenjahre vgl. Statistisches Bundesamt (Hrsg.): Fachserie A, Reihe 10, Wiesbaden laufende Jahrgänge. Für die Angaben zur Haupt- bzw. Realschule 1962 sind die Zahlen der Mittelschulzüge an den Volksschulen zu denen der Mittelschule hinzugerechnet worden. Da 1960 und 1962 noch nicht überall ein 9. Schuljahr an den Volksschulen eingeführt worden war, täuschen die Zahlen für das Bundesgebiet und Baden-Württemberg, da sie auf das 7. - 9. Schuljahr berechnet wurden, so daß Baden-Württemberg dadurch in der Gymnasialquote über Berlin zu liegen scheint. Vgl. auch die etwas von diesen Zahlen abweichenden Angaben im Mitteilungsblatt des Deutschen Philologenverbandes, Landesverband Berlin, Heft 11 1975, S.203, Heft 6 1979, S.132, Heft 4 1982, S.111, Heft 8 1988, S.103

[264] Die Prozentzahlen der Grund- und Strukturdaten sind mit Angaben für die Gesamtschulen aus dem Jahrbuch der Schulentwicklung Bd.3, S.158 verrechnet worden.

[265] vgl. ebenda. Für 1971 wird auf S.147 1,6% für das Bundesgebiet angegeben.

Tab. 2: Abiturientenquote (Anteil der mit dem Abitur abgehenden Jugendl. an der 19jährigen Bevölkerung):[266]

Jahr:	1950	1954	1957	1960	1961	1963	1966	1969	1986
Berlin:	9,8	8,2 (9,4)	8,9 (9,1)	8,1 (8,3)	9,4	10,1 (10,0)	9,2 (11,5)	9,5	28,3
Hamburg:	5,7	4,6 (5,2)	4,7 (4,6)	4,9 (4,5)	5,4	5,9 (5,9)	6,5	8,7	29,9
Bundesgebiet:	4,3	3,3 (4,0)	4,3 (4,6)	5,6 (5,4)		(7,4)	(8-9)		21,4
Rang Berlin:	1	1	1	1		(1)			3

Auch in der vom Schulsenator 1964 herausgegebenen Schrift "Das Bildungswesen des Landes Berlin" wurde von Evers hervorgehoben, daß in Berlin "der Anteil der vor dem Abitur abgehenden Schüler geringer als im Durchschnitt der Bundesrepublik" ist.[267] Weiter hieß es dort, daß die internationalen Entwicklungen in bezug auf die sechsjährige Grundschule den "Modellcharakter der Berliner Schule für die Überlegungen zur Modernisierung der deutschen Schulstruktur" zeigten.[268]

> "Die Berliner Schule darf ohne Zweifel als modern und leistungsfähig bezeichnet werden. Der Grundsatz, daß es in erster Linie nicht auf Auslese, sondern auf die Förderung aller Begabungen ankommt und daß eine längere und bessere Bildung für immer mehr Menschen erforderlich ist, wird für die weitere Entwicklung der Berliner Schule den Weg weisen."[269]

Nach den statistischen Angaben der 60er Jahre schlossen mehr als die Hälfte der in Klasse 7 gestarteten Berliner Gymnasiasten erfolgreich mit dem Abitur ab. Trotz der relativ hohen Abbrecherquote waren dies mehr Schülerinnen und Schüler als im vergleichbaren Hamburg und mehr als im Bundesdurchschnitt.[270]

---

[266] Für die Jahre 1950 -1960 vgl. Carnap/Edding Tabelle 20; für die in Klammern gesetzten Zahlen 1954-1963, die sich statt auf die 19jährigen auf den Durchschnitt eines Jahrgangs der 19-21jährigen beziehen, vgl. Ständige Konferenz der Kultusminister der Länder der Bundesrepublik Deutschland (KMK): Schulbesuch 1961 bis 1970 - Erster Bericht der Arbeitsgruppe für Fragen der Bedarfsfeststellung, o.O. 1965, S.50ff; für 1961 -1969 vgl. Conrad S.216; für 1986 (Anteil am Durchschnitt eines Jahrgangs der 18-21jährigen) vgl. Jahrbuch der Schulentwicklung Bd.5 S.69; für die in Klammern gesetzten Zahlen 1966 vgl. Senatsschreiben zit. nach Füssl/Kubina S.442 Anm.100, für Bundesgebiet ab 1960 (Anteil an 18jährigen) siehe zusätzlich Bundesminister für Bildung und Wissenschaft: Grund- und Strukdurdaten 1986/87 S.67.

[267] vgl. Senator für das Schulwesen (Hg.): Das Bildungswesen des Landes Berlin, Berlin 1964, S.7. Für den Geburtsjahrgang 1942 wurde dieser Anteil mit 38% für Berlin gegenüber 45% im Durchschnitt der übrigen Länder der Bundesrepublik angegeben.

[268] ebenda S.10; vgl. auch BLZ H.1 1964, S.18 und H.5 1964, S.102ff, H.20 1964, S.487, H.21 1964, S.520, H.23/24 1964, S.574ff

[269] ebenda s.11

[270] vgl. Conrad S.107: Berlin Gymn.: Erfolgsquote von 51,3% (1960), 52,0% (1963), 54,6% (1965), 53,7% (1967); Hamburger Gymn.: Erfolgsquote von 41,7% (1960), 38,1% (1963), 49,2% (1965), 51,8% (1967). Vgl. auch Füssl/Kubina (a) S.442 Anm.100: Berliner Gymn.: Durchlauf 1959 - Abitur 1966: Erfolgsquote von 57,6%, Bund etwa 50%. Zunächst mag es bei diesen Zahlen aus den 60er Jahren erstaunen, daß die Erfolgsquote der Berliner Gymnasiasten über der der Hamburger liegt, obwohl die jährliche Abbrecherquote in Berlin mit circa 10% größer als die in Hamburg (circa 8%) ist. Der scheinbare Widerspruch klärt sich auf, wenn betrachtet wird, daß in Berlin durch die auf sieben Jahre verkürzte Zeit der OWZ die Abbrecherquote zwei Jahre weniger wirkt. Zur Abbrecherquote, die in den 60er Jahren in beiden Bundesländern fällt, vgl. Conrad S.110.

Die Argumentation des Senats, daß die Berliner Abiturienten jünger als im Bundesdurchschnitt seien, stützte sich auf Zahlen, die den Anteil der mehr als 20jährigen Abiturienten für Berlin 1962 mit 21,58% für das Bundesgebiet mit 23,5% angaben.[271] Diese These läßt sich aber für die 70er und 80er Jahre nicht halten.[272]

Obwohl das Argument des Senats, für die sechsjährige Grundschule spreche die Erhöhung der Zahl der Jugendlichen mit Abitur und mittlerer Reife, zweifellos zutraf und heute noch zutrifft, bleibt die Frage der Stichhaltigkeit dieser Argumentation. Ich meine dabei weniger, daß die Quantität der "höheren" Bildung nicht unbedingt mit der Erhöhung der Qualität einhergehen muß; immerhin wurde in Berlin die durchschnittliche Bildungszeit verlängert, und es gibt keine Anhaltspunkte für die Behauptung, daß Berlins Abiturienten weniger qualifiziert seien. Viel brisanter scheint mir bei dieser Argumentation, daß sie zugleich die These, alle Oberschulzweige seien gleichrangig, als ideologisch entlarvt. Werden Abiturienten- und Quartanerquote als Indikatoren für den Erfolg eines Schulwesens angesehen, dann gilt der Besuch der Hauptschule als Mißerfolg. Nur unter der keineswegs selbstverständlichen Prämisse,[273] daß die mit dem Abschluß des Abiturs oder der mittleren Reife verbundene Bildung für möglichst viele Jugendliche das eigentliche Ziel eines Schulwesens ist, gewinnt das Argument, daß die sechsjährige Grundschule ermöglicht, dieses Ziel leichter zu erreichen, seine überzeugende Qualität.

Anders war die Aussage von Längsschnittuntersuchungen der Jahre 1949 und 1962 in Berlin-Tempelhof zu bewerten. Ihr Ergebnis faßt Klauer zusammen:

> "Eine Befragung der Lehrerschaft zeigte, daß die Mehrheit mit einem Leistungsschwund rechnete. Tatsächlich war aber ein fast genereller Leistungsanstieg und in keiner Hinsicht ein Abfall zu verzeichnen. Die Streubreite der Leistungen hatte sich vielfach reduziert, was auf relativ bessere Leistungen der schwachen Schüler zurückzuführen war und vermutlich mit einer relativ besseren Förderung dieser Schüler zusammenhängt.[274]

Dies erklärte man wiederum mit einer besonderen Aufmerksamkeit für die Probleme der Kinder aus Unterschichten. So zielte das folgende Argument der Senatsschulverwaltung auf Personen, die soziale Privilegien im Schulwesen abgebaut wissen wollten.

Drittens sprach nämlich nach Auffassung der Berliner Schulverwaltung für die sechsjährige Grundschule, daß es durch sie in Berlin im Vergleich zu den übrigen Bundesländern **eine geringere Benachteiligung von Unterschichtkindern gebe.**

---

[271] vgl. Füssl/Kubina (a) S.442 Anm.100

[272] vgl. Statistisches Bundesamt (Hrsg.): Fachserie A, Reihe 10, Wiesbaden

[273] Sowohl von konservativer Seite, die zeitweise ein Akademikerproletariat und einen Verlust der Elitestruktur des Höheren Schulwesens befürchtete, als auch von sozialdemokratischen Bevölkerungskreisen, die die OPZ als ihre Schule begriffen und deren Bildung selbstbewußt behauptet wissen wollten, wurde diese Prämisse nicht immer geteilt. Vgl. Füssl/Kubina (a) S.237f und Anm. 126

[274] Karl Josef Klauer: Neuere Untersuchungen zur Psychologie und Pädagogik der Zehn- bis Zwölfjährigen, in: Wilhelm H. Peterßen (Hg.): Orientierungsstufe - Beiträge aus Bildungspolitik, Erziehungswissenschaft, Praxis. Ravensburg 1975, S.111

Daß diese These für Berlin im Vergleich zu Hamburg 1965 und im Vergleich zum Bundesgebiet 1985 ihre Berechtigung hat, zeigen folgende Übersichten:

Tabelle 3a: Prozentualer Anteil der Jugendlichen in 10. und 13. Klassen an öffentlichen und privaten Gymnasien nach der sozialen Stellung des Vaters (Vergleich Hamburg - Berlin 1965):

	10. Klasse Gymnasium				13. Klasse Gymnasium			
Vater:	Arbeiter	Angest.	Beamter	Selbstständiger	Arbeiter	Angest.	Beamter	Selbstständiger
Berlin:	13,8	36,3	23,9	26,0	8,7	38,3	23,3	29,7
Hamburg:	5,0	44,0	21,4	29,6	3,2	42,8	24,5	29,5

Tabelle 3b: Der Zusammenhang von Schulbesuch der 13- und 14jährigen und Sozialstatus 1985:[275]

Beruf Haushaltsvorstand:	Arbeiter					Angestellter				
Zweig:	Gym	RS	HS+S	GES	Alle	Gym	RS	HS+S	GES	Alle
Berlin:	21,9	34,4	26,6	17,2	25,9	47,8	21,1	15,6	15,6	36,4
Hamburg:	23,6	20,0	34,9	21,8	22,0	43,0	15,9	24,3	16,8	42,8
Bund:	12,1	28,2	56,2	3,4	35,0	40,8	29,8	25,2	4,3	28,7
Rang Bln:	2	4	11	2	10	2	10	10	2	2

Beruf Haushaltsvorstand:	Beamter					sonstige				
Zweig:	Gym	RS	HS+S	GES	Alle	Gym	RS	HS+S	GES	Alle
Berlin:	63,0	18,5	0[276]	11,1	10,9	33,3	15,2	24,2	30,3	26,7
Hamburg:	61,8	17,6	0,0	14,7	12,8	32,1	28,6	30,4	8,9	22,4
Bund:	51,2	29,9	18,4	4,5	10,2	23,1	27,5	46,1	3,4	26,1
Rang Bln:	1	10	11	3	6	1	10	11	1	3

Die Auffassung des Schulsenators stützend, resümiert Conrad anhand der Zahlen für die 60er Jahre, daß sich das West-Berliner Schulsystem "dem Ziel der optimalen Begabungsauffassung nach Sozialschichten ... weit mehr" nähert als das Hamburger:

> "1965 war in Hamburg jeder zwanzigste Schüler der 10. Gymnasiumsklasse, in Westberlin dagegen jeder siebte Schüler ein Kind aus einer Arbeiterfamilie; in der 13. Klasse waren in Hamburg etwa 3%, in Westberlin fast 9% Arbeiterkinder. Der Anteil von Akademikerkindern betrug 1965 in Westberlin in der 10. Klasse der öffentlichen und privaten Gymnasien 20%, in Hamburg waren es 31%. In der 13. Klasse des gleichen Jahres belief sich ihr Anteil in Westberlin auf 27%, in Hamburg auf fast 36%."[277]

Auch wenn der Berliner Schulsenator 1962 zwar belegt sah, daß die sechsjährige Grundschule sozial gerechter sei, wies er schon in der Denkschrift darauf hin, daß Arbeiterkinder nach wie vor in beträchtlichem Maße benachteiligt seien.[278] Um dies zu ändern, sollten mehr Beihilfen gewährt und die Beratung der Eltern verstärkt werden. Gleichzeitig unterstützte der Senat die

---

[275] vgl. Sonderauswertung (Dez.1987) des Mikrozensus von 1985 zit. nach Jahrbuch der Schulentwicklung Bd.5 S.71

[276] Da z.T. 30<N<50 können Prozentwerte von 0,0 entstehen.

[277] Conrad S.172

[278] Dieser Tatbestand wurde besonders durch die bezirksweise Analyse des Oberschulbesuchs deutlich. Vgl. Füssl/Kubina (a) S.430 Anm.15; BLZ H.16 1964, S.385ff

"Aktion Bildungswerbung", die Schularbeitszirkel zur außerunterrichtlichen Förderung der Unterschichtkinder anbot.[279] Im Vergleich zum Bundesgebiet, so argumentierte der Senat auf die Angriffe der Opposition, sei aber dank der sechsjährigen Grundschule in Berlin eine größere soziale Gerechtigkeit zu beobachten. Diese hätte ihre Ursache darin, daß ein Gymnasialunterricht ab Klasse 5 aufgrund seiner abstrakt-systematischen und verbalorientierten Struktur den Vorbedingungen der sozial unterprivilegierten Kinder nicht gerecht werde und somit ein beträchtlicher Teil möglicher "Begabungsreserven" bei einer vierjährigen Grundschule unausgeschöpft bliebe.[280] Entsprechende Argumentationen wurden 1963 durch eine **Untersuchung** des ehemaligen Schulleiters einer OPZ und Professors Gustav **Schlaak** zwar belegt, aber in ihren Auswirkungen in Frage gestellt.[281] Angesichts ihrer für die sechsjährige Grundschule der 60er Jahre einmaligen empirischen Anhaltspunkte soll diese Arbeit hier ausführlich behandelt werden. Zunächst verglich Schlaak anhand eines Rechtschreib- und eines Rechentests die Leistungen von Abgängern der 8. Volksschulklasse in Nordrhein-Westfalen und der 9. Klasse OPZ in Berlin.[282] Trotz der verlängerten Schulzeit unterschieden sich die Leistungen im Mittel kaum, die Jugendlichen aus NRW zeigten schlechtere Diktat-, aber bessere Rechenleistungen und wiesen mehr fehlerfreie Arbeiten auf. Daraus schloß Schlaak, daß der erhöhte Übergang zur OTZ und OWZ durch die sechsjährige Grundschule in Berlin mit schlechteren Leistungen und einer geringeren Anzahl von Spitzenergebnissen in der OPZ erkauft wurde, die mehr (beim Diktat) oder weniger (beim Rechnen) durch die längere Schulzeit kompensiert werden könne:

"Hieraus ist recht deutlich zu ersehen, wie nachhaltig die Auslese für die weiterführenden Schulen in Berlin erfolgt."[283]

Die Ergebnisse der Repetentenklassen (B-Klassen)[284] belegen für Schlaak zusätzlich die schon in der Weimarer Republik mit dem Begriff "Auspowerung der Volksschule" bezeichnete These, daß die Ausschöpfung der "Begabungsreserven" und die Bildung von möglichst leistungshomogenen Gruppen für die Leistungsschwächeren eine Leistungsminderung zur Folge hat, weil die gegenseitige produktive Anregung fehlt:

[279] vgl. Denkschrift S.13 und Anlage 13 und 14; Füssl/Kubina S.220 und Anm.15, S.430
[280] vgl. Senatsschreiben zit. nach Füssl/Kubina (a) S.235
[281] vgl. Schlaak, Gustav: Schulleistungen und Schulmodelle - Vergleichsuntersuchungen von Elementarleistungen an verschiedenen Schultypen und Erfahrungen mit den Berliner Schulmodellen der Oberschulen Praktischen und Technischen Zweiges und der sechsjährigen Grundschule, Essen 1963. Siehe dazu auch Füssl/Kubina (a) Anm. 44, S.425.
[282] jeweils einschließlich der das Abgangsziel nicht erreichenden Schüler bzw. Schülerinnen, vgl. Schlaak S.25ff
[283] ebenda S.25
[284] vgl. auch Grothe S.40

"Die Zusammenballung von Schülern mit geringer Ansprech- und Erschließbarkeit für die Welt des Geistigen wirkt sich allem Anschein nach negativ auf die Willensintensität dieser sowieso schon begabungsschwachen Kinder aus."[285]

Schlaak unterstreicht diese These durch die Ergebnisse des Vergleichs der Rechtschreib- und Rechenleistungen in den Abgangsklassen der OPZ 1955 und 1960, bei denen er eine starke Leistungsverschlechterung feststellt, die er auf den verstärkten Weggang leistungsstärkerer Jugendlicher und kompetenter Lehrpersonen von der OPZ sowie auf eine negative Stigmatisierung und auf Versagenserlebnisse der Schülerinnen und Schüler dieses Zweiges zurückführt.[286]

Als Konsequenz aus seinen Ergebnissen schlägt Schlaak wie Schelsky eine **Zweigliedrigkeit** in die Schulart Gymnasium und eine "differenzierte Realschule" vor, die Haupt- und Realschule vereinigt. Diese begründet er zusätzlich mit Vergleichen der Ergebnisse des Rechentests an achten und neunten Klassen der OPZ mit denen der OTZ, die kaum Unterschiede aufzeigen.[287] Im Gegensatz zu Schelsky und in Auseinandersetzung mit dessen Thesen erläutert Schlaak, daß Haupt- und Realschule nicht nacheinander folgen sollten, sondern in Klasse 5 und 6 ein gemeinsamer Unterricht für alle Kinder sinnvoll sei und in Klasse 7 bis 10 die nicht zum Gymnasium wechselnden Jugendlichen zwar in einer gemeinsamen Schule, aber in vier Züge differenziert unterrichtet werden sollten, wobei der Zug A gymnasial weiterzuführen wäre.[288] Damit zieht Schlaak zwar Konsequenzen, die die Stigmatisierung der Hauptschule bzw. der OPZ eventuell aufheben oder mildern könnten, konzipiert aber durch die Nichtantastung des Gymnasiums und die Hervorhebung der A- bzw. B-Züge in den C- und D-Zügen erneut Klassen, bei denen nach seinen vorher dargestellten Ergebnissen die gegenseitige Leistungsanregung gering bliebe.

Für den hier behandelten Gegenstand relevanter sind Schlaaks Untersuchungen[289] zur Frage, ob in Klasse 5 und 6 starke bzw. äußere Differenzierungen notwendig seien, ob also die Förderstufe der sechsjährigen Grundschule vorzuziehen sei und ob die Behauptung des Rahmenplans, daß die sechsjährige Grundschule "den Anforderungen der höheren Bildung nur noch sehr schwer genügen kann",[290] tatsächlich erwiesen sei:

"Bei der Schulleiterkonferenz zur Begutachtung des Bildungsplanes der Berliner Grundschule hörte ich doch sehr zufriedene Stellungnahmen von einigen sonst recht kritisch eingestellten Oberstudiendirektoren über die aus den 6.Klassen den Oberschulen Wissenschaftlichen Zweiges zugeführten Schüler. In längeren persönlichen Gesprächen mit acht Rektoren Berliner Grundschulen klang überwiegend Positives hinsichtlich der Elterneinstellung zur sechsjährigen Grundschule

---

[285] Schlaak S.29
[286] vgl. ebenda S.34ff
[287] vgl. ebenda S.39ff
[288] vgl. ebenda S.79ff und S.103ff
[289] Er befragte acht Grundschulrektoren ausführlich und erhielt von 50 an in Klasse 5 und 6 unterrichtende Lehrer bzw. Lehrerinnen ausgegebenen Fragebögen 33 zurück. Vgl. ebenda S.136 und S.139
[290] Rahmenplan S.11

heraus. Hier scheint sich eine Entwicklung anzubahnen, wie sie die vierjährige Grundschule ab 1920 durchmachte. Auch damals gab es Proteste, Unkenrufe über die fallenden Leistungen und das Aushilfsventil des Springens der Begabten nach dreijähriger Grundschulzeit. Die vierjährige Grundschule hat jetzt ungeteilte Anerkennung gefunden - die sechsjährige ist auf dem Weg dazu."[291]

Als Vorteile der sechsjährigen Grundschule gegenüber der Förderstufe hält Schlaak fest, daß erstens durch die **kontinuierlichere Betreuung** durch eine Lehrperson ein größerer Lernerfolg erzielt werden kann, weil ein Schul- und Personenwechsel nach Klasse 4 und daraus folgende Divergenzen durch Lehrpersonen verschiedener Schultypen vermieden werden kann.[292] Zweitens trage die sechsjährige Grundschule nicht das Problem der Förderstufe in sich,

"den Auslese- und Leistungsauftrag vorrangig vor ihren genuinen, zur Integration tendierenden Bildungsauftrag zu stellen und dadurch nicht bloß aus soziologischen, sondern eben auch aus pädagogischen und psychologischen Gründen die von Helmut Schelsky so überaus stark unterstrichenen Konfliktsituationen eher zu provozieren."[293]

Im weiteren untersucht nun Schlaak die Meinungen der Lehrkräfte zur **Prognosesicherheit** und zu den Leistungsveränderungen in Klasse 5 und 6. Seiner Ansicht nach dokumentieren die Ergebnisse, "daß im 5. und 6. Schuljahr noch merkbare Veränderungen in der Schülerentwicklung hinsichtlich ihrer Übergangsqualifikationen stattfinden müssen," so daß die Hälfte der Lehrerinnen bzw. Lehrer sich nicht zutraut, "früh erkennbare Begabungen" schon nach dem 4.Schuljahr festzustellen.[294] Weil zwischen 20% und 40% der Kinder im Jahrgang 5 und 6 "in beiderlei Richtung - nach oben und unten -" Entwicklungsveränderungen zeigten, sprachen sich 62% für eine Übergangsbegutachtung am Ende des 6.Schuljahrs, 33% am Ende des 5.Schuljahrs und nur 5% am Ende des 4.Schuljahrs aus.[295]

63% hielten dabei "die Fremdsprache zur Beurteilung der zukünftigen Schulentwicklung der Schüler für besonders aufschlußreich."[296] Dazu ist zu bemerken, daß schon Anfang der 50er Jahre viele Berliner Grundschulen auf Leistungen in der Fremdsprache besonderes Gewicht legten und daher störende oder leistungsschwache Kinder im 6. Schuljahr aus dem Englischunterricht herausnahmen und in den Deutsch- oder Rechenunterricht von Parallelklassen schickten.[297]

Aufgrund der in der Befragung geäußerten Meinungen und Beobachtungen kommt Schlaak nun zu dem Schluß, daß zwar eine von Beginn an einsetzende äußere Differenzierung in der Fremdsprache die Vorwegnahme der Auslese und damit eine Minderung der "Sozialchance"

---

[291] Schlaak S.133. Schlaak ergänzt diese Beobachtungen auf den folgenden Seiten durch positive Stellungnahmen zur sechsjährigen Grundschule durch die Professoren Wetterling und Roth.
[292] vgl. die diesbezügliche Kritik Schelskys in Abschnitt 4.2.2.
[293] Schlaak S.135
[294] ebenda S.140
[295] ebenda S.141 und S.144
[296] ebenda S.141
[297] vgl. ebenda S.142 und Grothe S.40

bedeute, daß aber Niveaukurse in der Fremdsprache in der 6. Klasse sinnvoll seien, da hier Beurteilungen in der Fremdsprachenleistung schon als relativ gesichert angenommen werden. Weitere Niveaukurse, wie sie der Rahmenplan für Deutsch und Mathematik forderte, hielt Schlaak nach seiner Ergebnisauswertung nicht für nötig, zumal die Möglichkeiten "innendifferenzierender Arbeitsverfahren" noch nicht ausgeschöpft seien.[298] Die Forderung nach **Niveaukursen im zweiten Fremdsprachenjahr** wird für Schlaak durch die Beobachtungen von 59% der Lehrkräfte gestützt, daß "eine Hemmung der Begabten durch die schwächeren Schüler" stattfinde. Andererseits nahmen die Befragten überwiegend wahr, daß umgekehrt leistungsstarke Schülerinnen bzw. Schüler leistungsschwache nicht (73%) oder kaum (20%) entmutigten, sondern im Gegenteil anregten. Von einer Niveaukursdifferenzierung profitierten hiernach für Schlaak also im wesentlichen die Leistungsstärkeren, während die Leistungsschwächeren, wie er schon nach seinen Untersuchungen in den Repetentenklassen geäußert hatte, davon überwiegend Nachteile hätten.[299] Dennoch schließt sich Schlaak der Forderung seiner befragten Kollegen an, zwei bis fünf "besonders leistungsschwache, aber auch einordnungsschwierige Kinder" aus den Normalklassen auszugliedern, damit dort keine Niveaudifferenzierung nötig sei.[300] Zu fragen bleibt, ob Schlaak hier nicht inkonsequent reagiert; denn nach seinen eigenen Ergebnissen dürfte die Ausgliederung dieser Kinder für sie selbst nur von Nachteil sein.

Die **Tendenz zur Ausgliederung** solcher Kinder war in Berlin besonders groß. Darauf wies auch Heerwagen hin, der den Anteil der dreizehnjährigen Sonderschulkinder im Jahr 1963 in Bayern mit 1,8%, in Berlin aber mit 8,3% angibt.[301] Genauer ist diese Tatsache aus folgenden Tabellen zu entnehmen; sie zeigen, daß Berlin Ende der 50er Jahre bis in die 70er Jahre die höchsten Zuweisungsraten zu Sonderschulen aufwies.

Tabelle 4a: Der relative Schulbesuch der 12jährigen in der Sonderschule 1952 - 1960 in Prozent:

Jahr:	1952	1954	1955	1957	1959	1960
Berlin:	4,4	3,1	3,2	5,3	6,4	6,7
Hamburg:	4,5	4,4	4,1	5,9	5,7	5,9
Bundesgebiet:	2,0	2,4	2,5	3,0	2,9	3,0
Rang Berlin:	2	4	4	2	1	1

Tabelle 4b: Der relative Schulbesuch der Siebtklässler in der Sonderschule 1960 - 1987 in Prozent:[302]

Jahr:	1960	1970	1980	1982	1984	1987
Berlin:	6,4	8,2	4,3	4,3	4,5	4,1
Hamburg:	5,4	6,1	4,7	4,9	5,3	5,0
Bundesgebiet:	2,9	4,8	4,8	3,8	4,5	4,4
Rang Berlin:	1	1	8	6	6	9

---

[298] Schlaak S.142 und S.150, vgl. zur äußeren Differenzierung in der Fremdsprache auch Grothe S.59
[299] vgl. Schlaak S.143f
[300] ebenda S.150 und S.153ff
[301] vgl. Heerwagen S.54; siehe auch Abschnitt 4.3.3.
[302] vgl. Jahrbuch der Schulentwicklung Bd.3 S.151 und Bd.5 S.76

Zwar wurden die ausgegliederten Kinder intensiv in kleineren Gruppen betreut, und ihnen galt eine hohe Aufmerksamkeit der Schulverwaltung. Jedoch ist angesichts begründeter neuerer Tendenzen zur Integration aus dem heutigen Blickwinkel zu fragen, ob die starke Aussonderung dieser Kinder mit der damit verbundenen Stigmatisierung wirklich von Vorteil war, ob die relativ großen Übergangszahlen zum Gymnasium nicht in erheblichem Umfang durch diese Aussonderung erkauft worden sind und ob nicht ein stärker binnendifferenzierender Grundschulunterricht für alle Kinder die bessere Lösung gewesen wäre.[303]

Schlaaks Untersuchung zeigte abschließend, daß 79% der befragten Lehrkräfte für einen Übergang zu den Oberschulzweigen nach dem 6. Schuljahr plädierten.[304] Er führt dies u.a. darauf zurück, daß die Lehrerinnen und Lehrer erkannt hätten, daß sich erst im 5. Schuljahr "für die überwiegende Mehrheit die distanzierende Einstellung zur Objektwelt" vollzieht und "der Heranwachsende von sich aus hellhörig für die große Weichenstellung auf dem Gebiet der Sozialchancen, die durch Schulzuweisungen stattfindet", wird.[305]

Insgesamt sieht Schlaak trotz der geringen empirischen Basis nicht nur die Forderung des Rahmenplans nach einem Übergang zum weiterführenden Schulwesen erst nach dem 6.Schuljahr bestätigt, sondern auch - im Gegensatz zum Rahmenplan - die Berliner Form der sechsjährigen Grundschule.[306]

Die **relativ breite Zustimmung der befragten Lehrerschaft**, die seltener werdenden Veröffentlichungen zur Grundschuldauer und der **abflauende Protest der CDU-Opposition** lassen auf einen nicht zuletzt aufgrund empirisch belegter Argumentationen entstandenen, sich langsam ausbreitenden Konsens schließen, so daß etwa 15 Jahre nach ihrer Einführung ab etwa 1966 die sechsjährige Grundschule in ihrer äußeren Gestalt als stabilisiert gelten kann.

Das schließt jedoch die Notwendigkeit zu Veränderungen durch innere Reformen nicht aus, wie schon der Titel der Denkschrift von 1962 andeutet. Diese inneren Reformen wurden wie die äußeren Reformen zur Sekundarstufe sehr stark von den Veränderungen beeinflußt, die die Begabungstheorien im Laufe der 50er und 60er Jahre durchmachten. Wie zur Zeit der Weimarer Republik waren die Ergebnisse und Rezeptionen der pädagogischen Diagnostik nämlich auch in diesen Jahren von wesentlichem Einfluß auf die Frage der Grundschuldauer. Sie sollen daher im folgenden vertiefend betrachtet werden.

---

[303] Auch Grothe ist - hier in bezug auf die B-Klassen - der Ansicht, daß bei der Ausgliederung der schwierigen Kinder "die Entlastung der 'normalen' Lerngruppen eine mindestens ebenso wichtige Rolle" spielte. Grothe S.40

[304] vgl. Schlaak S.148

[305] ebenda S.146

[306] vgl. Abschnitt 4.2. und Rahmenplan S.11. Entsprechend lehnt Schlaak auch den frühzeitigen Übergang zur Studienschule ab.

4.3.5. Die dynamische Begabungstheorie von Heinrich Roth und dem Deutschen Bildungsrat

Die schon angedeuteten Ansätze etwa von Roth,[307] der schon 1952 und 1957 die alten Begabungstheorien kritisiert hatte, wurden - wie erwähnt - in der Berliner Denkschrift von 1962
noch kaum rezipiert bzw. die Typengliederung durch den funktionellen Begründungsansatz
reetabliert. Das änderte sich erst Mitte der 60er Jahre und fand mit Roths Mitwirkung im
Deutschen Bildungsrat 1969 seinen Höhepunkt. So stellt auch Evers nach Füssl/Kubina im
nachhinein fest:

> "Das Abrücken vom traditionellen Begabungsbegriff konnte ohne volle Kenntnis
> der Ergebnisse sozialisationstheoretischer Forschung, die von der frühen
> Sowjetunion über die angelsächsischen Länder erst relativ spät in die Amtsstuben
> bundesrepublikanischer Schulbehörden gelangten, nicht grundlegend erfolgen."[308]

Daher schlugen trotz der sich ausbreitenden Erkenntnis, daß die **alten Begabungstheorien**
von Weinstock, Müller, Hartnacke und Huth **überholt** seien, immer noch Begriffe wie
"Begabungsrichtung und -höhe" durch, so als ob sie fixierbar wären.

Die genannten Forscher hatten in ihren Veröffentlichungen der 50er Jahre gemeint, die schon
zu Beginn des Jahrhunderts geäußerten Behauptungen, es gebe drei Begabungstypen, die der
"triadisch gegliederten arbeitsteiligen Gesellschaft"[309] entsprächen, nicht nur wissenschaftlich
belegen, sondern auch quantifizieren zu können. So sei der Jahrgangsanteil der mit höherer
Leistungsfähigkeit ausgestatteten theoretisch Begabten mit etwa 5%, der Anteil der für das
Anspruchsniveau der Mittelschulen veranlagten theoretisch-praktisch Begabten mit 10% und
schließlich der der nur für die Volksschule geeigneten praktisch Begabten mit 85% anzuge-
ben.[310]

Zwar waren diese Auffassungen, wie wir gesehen hatten, selbst von konservativen Kritikern
wie Schelsky schon als überholt bezeichnet worden, doch erst durch Heinrich Roth und unter
seinem Einfluß durch den Deutschen Bildungsrat wurden sie durch wissenschaftliche Untersuchungen widerlegt.

In seiner Veröffentlichung "Jugend und Schule zwischen Reform und Restauration" schrieb
Roth im Jahre 1961 die zentralen Sätze:

> "Begabung 'an sich' ist weder aufweisbar noch feststellbar. Begabung kann sich
> deshalb nur in ihrer Entfaltung an einer Aufgabe erweisen. Sie ist etwas Dynami-
> sches und Prozeßhaftes."[311]

---

[307] vgl. Heinrich Roth (d): Begabung und Begaben. In: Die Sammlung. 7.Jhrg. 1952, S.395 - S.407.
[308] Füssl/Kubina (b) S.36
[309] vgl. Klafki in Bänsch S.156
[310] vgl. Klafki in Bänsch S.156f. Dort auch weitere Literaturhinweise zu diesen Forschern.
[311] Roth (a) S.83

Hier wiederholte er auch seine Auffassung von 1952, daß aus der "Anfangsleistung" eines Kindes, die als "Intelligenz", als "Fähigkeit, neuartige Aufgaben zu lösen", bezeichnet werden könnte, keineswegs auf seine "Endleistung" zu schließen sei.[312] Diese sei vielmehr von den gemachten "Erfahrungen und Lernleistungen, Anstrengungen und persönlicher Hingabe abhängig". Zudem sei das Zusammenwirken verschiedener Faktoren für eine günstige Entwicklung entscheidend. Da sich die Leistungsfähigkeit im Auseinandersetzungsprozeß mit der Lebensituation präge, werde neuerdings zu Recht der "Prozeßcharakter des menschlichen Problemlösungsverhaltens" im Austausch mit der Welt betont und "Begabung als produktive Lernfähigkeit" aufgefaßt.[313] 1961 formulierte Roth:

> "Wir wissen überhaupt nicht, welche Freiheitsgrade und Bildsamkeitsgrade ... den Ausgangsfaktoren gegeben sind, zumal wenn sie operativ, in Lernprozessen, zu dem werden können, was sie später bedeuten."[314]

Insofern bedeute Begabung "immer auch begaben" und werde damit eine Aufgabe der Eltern und Lehrkräfte.[315] Und dieser **Prozeß der Begabung** ihrer Kinder sei, wie er schon 1952 zusammengefaßt hatte,

> "... abhängig von der Gesamtpersönlichkeit, ihrem Energieüberschuß, ihrer sozialen Sicherheit und Geborgenheit, der Erfüllung ihrer Ansprechbarkeit mit wertvollen Erlebnissen, der sorgfältig geplanten Verwandlung ihres Tätigkeitsdranges in Gestaltungskraft. Jede Begabung bedarf des Erwecktwerdens, bedarf lockender Bilder und Vorbilder, rechtzeitiger Hilfe und rechtzeitiger Kritik, echter Fortschritte, der Verknüpfung mit der Lebensplanung und Lebenserfüllung."[316]

Für den Bereich des Elternhauses gelte dabei nach den soziolinguistischen Untersuchungen von Bernstein, daß "die Zugehörigkeit zu den oberen Mittelschichten und Oberschichten ... grundsätzlich den verbalen Begabungsfaktor (begünstigt), der umgekehrt wieder vorwiegend als Kriterium für die Höhe der Intelligenz dient."[317] **Unterschichtkinder** müßten, weil ihnen diese familiale Mitgift durchschnittlich in deutlich geringerem Ausmaß zuteil werde, **besonders gefördert** werden.

Als positive schulische Einflußfaktoren für die Leistungsfähigkeit hätten sich Lehrmethoden, die ein Experimentieren zulassen, gestiftete Lernmotivationen, helfende Wärme der Lehrpersonen und Vertrauen der Kinder zu ihnen und zu sich selbst gezeigt. Mindernd auf die Entwicklung der Begabung wirkten dagegen "Zeitdruck, Frustrationen, Erregung, Lebenskonflikte, Einengungen und Einstellungsverhärtungen durch mechanisches Lernen (Rigidität), falsches Binden an Schablonen und Vorurteile, falsche 'sets', das Erzeugen von Angst

---

312 Roth (d) S.396, vgl. zur Unterscheidung von Intelligenz und Begabung auch (c) S.139ff
313 vgl. Roth (d) S.396f und S.398f, (a) S.83, S.87, S.90, S.95ff, S.101
314 Roth (a) S.102
315 vgl. Roth (a) S.102
316 Roth (d) S.406, vgl. auch S.400ff
317 Roth (a) S.112

usw.".[318] Wenn diese Faktoren berücksichtigt werden, ist für Roth eine "Steigerung der geistigen Produktivität ... bei den Begabten und weniger Begabten" möglich.[319]

Von diesem Optimismus war auch das von 1966 bis 1969 unter Roths Leitung erarbeitete **Gutachten** der Bildungskommission des Deutschen Bildungsrates "**Begabung und Lernen**" getragen.[320] Es faßte die im wesentlichen bereits früher aufgestellten Thesen von Roth in 14 Gutachten differenziert und empirisch belegt zu einem Kompendium des damaligen Standes der Begabungsforschung zusammen und sei zu eben diesem Zweck hier abschließend komprimiert wiedergegeben:

1. Durch die human- und phänogenetischen Gutachten habe sich gezeigt, daß der Begriff "Begabung" durch den Begriff "Lernleistungen" ersetzt werden müsse; denn diese Gutachten belegten, "daß die genetische Varianz auch heute noch größer sein muß, als die Erziehungs- und kulturelle Umwelt abfordern", daß Merkmalsunterschiede etwa in der Lernleistung nicht dominant auf genetische Ausprägungen zurückgeführt werden könnten, daß also Umwelteinwirkungen in erheblichem Maße die Lernleistungen bestimmen.[321]

2. Das entwicklungspsychologische Gutachten besage: Je älter das Kind werde, desto entscheidender seien nicht endogene, anlagebedingte Reifevorgänge, "sondern die vorausgegangenen Lernerfahrungen". Wichtig sei also nicht, wie es die z.T. praktizierte "Schonraumpädagogik" von Grundschulen nahelege, abzuwarten, bis Kinder reif für gewisse Lernprozesse geworden sind, sondern Lernprozesse durch gezielte und systematisch aufbauende Lehrprogramme frühzeitig zu induzieren.[322]

3. Das Gutachten über Lernmotivation belege nun nicht nur, daß diese wichtig für Lernleistungen sei, sondern auch, daß die Motivationshaltung selbst wieder erlernt werde, und zwar am günstigsten vor dem Schulbeginn, in Elternhäusern, die hohe Erwartungen stellen, Wert auf Selbständigkeit und Eigenverantwortung legen und mit "liebevoller Zuwendung nach Erfolg und neutraler Reaktion nach Mißerfolg" reagieren. Für den Aufbau einer positiven Lernhaltung innerhalb der Schule hätten sich extrinsische Motivationen wie Belohnung und Strafe der Lehrpersonen als weniger dauerhaft wirksam erwiesen als intrinsische Motivationsanregungen wie sachbezogene Anreize, neue und situationsbezogene Aufgaben mit mittlerem Erreichbarkeitsgrad u.ä. Um diesen mittleren Schwierigkeitsgrad optimal herstellen zu können, schlug das Gutachten fachbezogene "Tüchtigkeitsgruppen" innerhalb eines Gesamtschulsystems vor. Zudem müsse der Schulbeginn mit 5 Jahren erfolgen und Kindergärten für den Aufbau von Lernmotivationen bei unterprivilegierten Kindern eingerichtet werden.[323]

---

[318] vgl. Roth (a) S.106, S.108f, (c) S.78
[319] vgl. Roth (a) S.113
[320] H.Roth (g) (Hg.): Begabung und Lernen. Gutachten und Studien der Bildungskommission des Deutschen Bildungsrates Bd.4, Stuttgart 1969. Zitiert als Bildungsrat.
[321] vgl. Bildungsrat S.19 und S.24ff
[322] vgl. ebenda S.27ff
[323] vgl. ebenda S.31ff

4. Auch der für die Leistungsentwicklung wichtige Schritt des Transfers vom Wissen zum produktiven Denken wird nach Angabe des entsprechenden Gutachtens gelernt. Ein Unterricht ist in diesem Sinne dann günstig, wenn er zum Erfassen struktureller Bezüge und zu Strategien der Begriffsbildung dient. Dabei seien angstfreie Situationen, individuelle und entdeckende Lernwege für ein produktiv schöpferisches Denken wichtiger als die Aneignung von Stoffmassen und Auswendiglernen.[324]

5. Ein weiteres Gutachten wies nach, daß Unterschichtkinder durch ihre spezifischen Sozialisationsbedingungen (schlechte materielle Bedingungen, mit wenig Kompetenz ausgestattete Eltern) und Erziehungseinstellungen der Eltern (wenig Selbständigkeit und Kreativität erlaubende Konformitätstendenzen) benachteiligt werden.[325]

6. Diesen Effekt verstärkt nach Auffassung des soziolinguistischen Gutachtens, der in Elternhäusern der Unterschichten verwendete "restringierte Sprachcode", der sich auf die das Denken konstituierende Sprache der Kinder einschränkend niederschlägt und meist Hauptgrund bei der negativen Einschätzung ihrer "Begabungen" sei.[326] Könnten diese Kinder jedoch so gefördert werden, daß sie einen "elaborierten Code" verwendeten, trete das Dilemma auf, daß sie sich von ihrer sozialen Heimat entfernten.[327]

7. Das Gutachten, das sich mit der Bildungswilligkeit der Eltern beschäftigte, also dem Faktor, den Schelsky für seine Legitimierung schichtspezifischer Unterschiede bei der Schultypenwahl herangezogen hatte, kam zu dem Ergebnis, daß bei leistungsstarken Unterschichtkindern aus Städten weniger materielle Gründe als Ängste der Eltern und Kinder vor den Höheren Schulen und vor einer Entfremdung voneinander ausschlaggebend für den Verbleib auf der Volksschule waren. Bei Unterschichtkindern vom Lande wirkten sich zusätzlich finanzielle Schwierigkeiten der Eltern, benötigte Arbeitskraft auf dem Hof und ein weiter Schulweg hemmend aus.[328]

8. Neben weiteren Gutachten, die die bestehenden Auslese- und Beurteilungsverfahren und die Überbetonung philologisch-sprachlicher Fähigkeiten kritisierten und sich für die Förderstufe aussprachen, kamen Gutachten, die sich mit Konsequenzen für die Schule beschäftigten, zu dem Urteil, daß die Gesamtschule ein "Notruf" in Richtung einer Verbindung von Differenzierung, Durchlässigkeit und Wahlfachleistungsgruppen sei und eine Curriculum-Revision anzustreben wäre, die breitere und realitätsbezogenere Lernangebote schaffe.[329] In diesen Gutachten trifft man allerdings auf eine problematische Tendenz: In den Forderungen nach vorgefertigten Unterrichtsreihen und durch Sprachlabor und Unterrichtsfernsehen individualisiertem programmiertem Lernen wird eine Auffassung erkennbar, die die einzelne Lehrkraft

---

[324] vgl. ebenda S.36ff
[325] vgl. ebenda S.40f
[326] vgl. ebenda S.41ff und S.48
[327] vgl. ebenda S.44
[328] vgl. ebenda S.45f
[329] vgl. ebenda S.46ff und 54ff

in den Hintergrund drängt und sie nicht mehr als individuelle "Lehrerpersönlichkeit" beachtet, sondern nur noch "als Glied des übergreifenden Funktionszusammenhanges des Instruktionsprozesses" sieht.[330] Zur Betonung des Gesichtspunktes der stark differenzierten Lernangebote paßt auch, daß eine möglichst frühe Überweisung Minderbegabter auf Sonderschulen befürwortet wurde.[331]

9. Schließlich wurde - wie ich schon an früherer Stelle andeutete[332] - festgestellt, daß die Lernleistungen nicht nur durch Anlage und Neigung, sondern durch die Vielfalt der hier behandelten Faktoren, und zwar nicht additiv, sondern kumulativ, also insbesondere in ihrem wechselseitigen Zusammenwirken, beeinflußt werden. Insbesondere für Unterschichtkinder könnten die Leistungen durch "gelenkte Lernprozesse in der Schule" verbesssert werden. Aufgrund der Abhängigkeit der Begabung von Lern-, Sozialisations- und Lehrprozessen sei es "auf keinen Fall berechtigt, für jemanden die Abstraktionsebene festzulegen, auf der er allein denken darf (z.B. nur auf der volkstümlichen Ebene), oder die Lernziele festzulegen, die er höchstens erreichen darf, oder die Methoden des Lernens und Denkens, für die er allein aufgeschlossen werden darf."[333]

Vergleicht man die Ergebnisse der 50er Jahre und anschließend die Revision der 60er Jahre mit den Thesen von Meumann und Löwenstein, so ist festzustellen, daß die wissenschaftlichen Begabungsforschungen von Huth, Weinstock und Müller - vermutlich nicht zuletzt durch die Einwirkungen faschistischer und sozialdarwinistischer Rassentheorien der 30er Jahre - weit hinter den Erkenntnissen zu Anfang des Jahrhunderts zurückblieben. Erstaunlicherweise nahm Roth selten Bezug auf die von **Meumann und Löwenstein** aufgestellten Thesen, obwohl sie - wenn auch nicht so differenziert - **im Ansatz zu ganz ähnlichen Ergebnissen gekommen** waren.[334]

Die veränderten Begabungstheorien hatten nun in den folgenden Jahren sowohl im Bundesgebiet als auch in West-Berlin nicht nur Konsequenzen für die Argumentationen im Hinblick auf ein verlängertes gemeinsames Lernen, sondern auch für die innere Gestaltung der Grundschule.[335]

---

[330] vgl. ebenda S.59ff. Auch die Thesen zur Lernmotivation unterstützten diese Tendenz zur Betonung der Sach- vor den personalen Beziehungen. Vgl. ebenda S.33f.
[331] vgl. Bildungsrat S.63
[332] vgl. S.295
[333] vgl. Bildungsrat S.22, S.29, S.34 und S.65f
[334] Eine kurze Erwähnung von Meumann durch Roth findet sich in der Berliner Lehrerzeitung 1962, S.41.
[335] Evers bestätigte die Rolle der Begabungstheoriediskussion bei den Berliner Reformimpulsen der 60er Jahre. Vgl. Füssl/Kubina (b) S.32f (Interview Evers).

4.3.6. Neue Impulse für die pädagogische Gestalt der Berliner Grundschule durch die "Grundschulreform" Ende der 60er Jahre

Zunächst seien kurz die **Veränderungen** genannt, die in der Berliner Schule **bis Mitte der 60er Jahre** bereits vollzogen waren. Trotz des Stillhalteabkommens in puncto Dreigliedrigkeit wurden zwar schon nach der Neuauflage der SPD-geführten großen Koalition Ende 1954 unter Schulsenator Tiburtius (CDU) pädagogische und organisatorische Verbesserungen angestrebt und eingeleitet (Versuche zum 10. Schuljahr der OPZ, Teilungsstunden im Werkunterricht sowie Senkung der Pflichtstunden und Klassenfrequenzen). Vor den anstehenden Wahlen 1958 wurde die entsprechende Senatsvorlage aber aus finanziellen Erwägungen zurückgestellt.[336] In der Fortsetzung der großen Koalition, die nun aufgrund des Ausscheidens der FDP aus dem Abgeordnetenhaus Allparteienregierung war, stimmten SPD und CDU hinsichtlich der Notwendigkeit pädagogischer Verbesserungen überein und forderten den Schulsenator zu einer entsprechenden Vorlage auf, die mit der Denkschrift 1962 später als erwartet fertiggestellt wurde.[337]

Die **Denkschrift** schlug nun vor allem Maßnahmen vor, die den einzelnen Schulen mehr Entscheidungsräume geben, die 6B-Klassen[338] überflüssig machen, den großen Anteil an Repetenten reduzieren und eine Steigerung der Bildungsqualität angesichts der internationalen Wettbewerbsbedingungen bewirken sollten. Neben dem Versuch mit 10. Klassen an der OPZ gehörte dazu die Einführung von fakultativem Unterricht, von Fundamentallehrplänen, von Förderklassen und -kursen, eine verbesserte politische und musische Bildung, Schulgartenarbeit, Sexualerziehung und Familienerziehungshilfen, Schulkindergärten, ein zusätzlicher Einsatz von Lehrkräften, eine Frequenzsenkung, Versuche mit der Fünftagewoche, eine Verbesserung der sogenannten "Beo-klassen" für Verhaltensgestörte, Förderunterricht für Legastheniker und eine frühzeitige Überweisung an Sonderschulen.[339] Die Realisierung dieser Vorschläge ab 1963 wurden ergänzt um Versuche mit dem Frühbeginn der 1. Fremdsprache (Klasse 3), mit Wahlleistungsfächern und Fachleistungskursen.[340]

Statt der generellen Einführung von Leistungkursen in den Hauptfächern der Klassen 5 und 6, wie sie die Förderstufe vorsah, sollte **verstärkt binnendifferenzierender Gruppenunterricht** durchgeführt werden. Darunter verstand die Denkschrift, daß je nach Bedarf und zeitlich begrenzt innerhalb der Klasse Gruppen nach Freundschaften (Neigungsgruppen), nach

---

[336] vgl. Füssl/Kubina (a) S.199ff, S.203 und S.208f

[337] vgl. ebenda S.203ff

[338] Klassen mit Jugendlichen, die mehrmals die Klasse wiederholen mußten, aber der Schulpflicht noch nicht Genüge getan hatten.

[339] vgl. Denkschrift S.6f und S.9ff; Heerwagen S.55 - S.61. Zu weiteren inneren Reformen vgl. Füssl/Kubina (a) S.199 - S.254. Zwar hielt man eine gesonderte schulische Bildung für behinderte Kinder für nötig, strebte aber gemeinsame Veranstaltungen mit Regelschulen und eine außerschulische Integration an. Vgl. Denkschrift S.14

[340] vgl. Füssl/Kubina (a) S.221; Heerwagen S.57ff; Senator für das Schulwesen (Hg.): Das Bildungswesen des Landes Berlin, Berlin 1964; BLZ H.8/9 1967, S.6ff

Thema (Interessengruppen) oder nach spezifischer Leistung (Leistungsgruppen) gebildet werden sollten.[341] Auch Vertreter des BVL unterstützten diese Bemühungen um eine Binnendifferenzierung und wandten sich Mitte der 60er Jahre gegen "Kräfte, die Differenzierung nur als erneute äußere Teilung verstanden wissen" wollten.[342] Eine **äußere Teilung nach Niveaus lehnte auch die Denkschrift ab**, da sie schon im Hinblick auf die Oberschulzweige vorpräge und Schwierigkeiten bei der Notengebung zur Folge habe. Dagegen erhalte die Binnendifferenzierung den Gemeinschaftssinn und lasse die Wege nach vorn offen. Um sie erfolgreich durchzuführen, müßten reformpädagogische Errungenschaften wieder aufgegriffen, die frontale Sitzordnung aufgelockert, Lehrstoffe gekürzt und modernisiert werden, "Lebensnähe" statt "pseudo-wissenschaftlicher Systeme", Ganzheitlichkeit statt "Einstundenpensen" herrschen, der Lehrer als Mitarbeiter statt als autoritärer Belehrer fungieren sowie "Wochenplanung" und Arbeitstechniken für ein eigenständiges Lernen eingeführt und entsprechende Materialien durch das neu eingerichtete Pädagogische Zentrum bereitgestellt werden. Auffällig dabei war, daß dies überwiegend Vorschläge waren, wie sie u.a. schon in den **Lebensgemeinschaftsschulen** der 20er Jahre erprobt worden waren.[343]

Auch wenn diese Anregungen meistens wohl nicht in der skizzierten Breite und mit der Konsequenz der Reformschulen der Weimarer Zeit durchgeführt wurden, so scheint die Grundschullehrerschaft die Reformen überwiegend mitgetragen zu haben, so daß die Erfolgsberichte überwogen. Zugleich begünstigten die äußeren Bedingungen und finanzielle Investitionen die angestrebten Fördermaßnahmen.[344]

1965 beschreibt der Schulsenator die innere und äußere Gestalt der Berliner Grundschule mit folgenden Worten:

> "Die Grundschule umfaßt die ersten sechs Klassen und ist von der Oberschule organisatorisch getrennt. Es gibt über 200 Grundschulen, in der Regel in einem eigenen Gebäude und meist in einer Größe zwischen 12 und 18 Klassen, also zwei- bis dreizügig. In den ersten vier Klassen erhalten die Kinder Gesamtunterricht mit einem heimatkundlich orientierten Sachunterricht als Schwerpunkt. Die Klassen 5 und 6 unterscheiden sich von den vorhergehenden durch das Auftreten der Sachfächer und der Fremdsprache, doch soll in dieser Übergangsperiode nach Möglichkeit der Unterricht durch den Klassenlehrer in gesamtunterrichtlicher Haltung erteilt werden."[345]

Etwa 1967 setzten nun, angeregt durch die Ergebnisse von Roth und später die Vorschläge des Bildungsrats, von Grundschulexperten wie Erwin Schwartz u.a., durch die Gründung des "Arbeitskreises Grundschule e.V." und Grundschulzeitschriften sowie bundesweite Grund-

---

[341] vgl. Denkschrift S.12
[342] H.Mielke: Differenzierung - ein pädagogisches Problem, in: BLZ H.1 1964, S.9
[343] siehe Abschnitt 2.4. und vgl. H.Mielke ebenda S.9 - S.11 sowie BLZ H.2 1965, S.8, H.5 1967, S.4, H.8/9 1967, S.6ff
[344] vgl. Heerwagen S.62; BLZ H.10 1965, S.14
[345] Senator für das Schulwesen (Hg.): Das Bildungswesen des Landes Berlin. 2. unwesentlich veränderte Aufl., Berlin 1965

schulkongresse (z.B. Frankfurt 1969) Entwicklungen zu einer **Grundschulreform** ein, die sich auch in West-Berlin in entsprechenden Forderungen und Veränderungen niederschlugen.[346]

Diese innere Reform fand auf drei Ebenen statt: erstens auf der Ebene der pädagogischen Grundhaltung, zweitens auf der des Curriculums und drittens im Bereich von Differenzierungsmaßnahmen.

War nach dem 2.Weltkrieg die von der reformpädagogischen Bewegung angeregte, "traditionell nachgehende, pflegerische, jede Verfrühung vermeidende Schonraumpädagogik 'vom Kinde aus'"[347] in der Grundschule propagiert - jedoch nur begrenzt umgesetzt - worden, so postulierten die erwähnten entwicklungspsychologischen Studien des Bildungsrates und die "Lern- und Bildsamkeitstheorie" von Erwin Schwartz nun die Notwendigkeit gezielter und früher Lehrprozesse.[348] Statt behutsamer, auf Phasenlehren und Beobachtungen von endogenen Entwicklungen des Kindes beruhender Unterrichtskonzepte wurde nun ein **systematischer und stark fordernder Grundschulunterricht** verlangt, der der kindlichen Entwicklung nicht mehr nach-, sondern vorausgehen sollte.[349]

Diese veränderte pädagogische Grundhaltung sollte sich auch im Curriculum niederschlagen. Hier war die Grundschule bis Mitte der 60er Jahre ganz auf eine sogenannte "volkstümliche Bildung" ausgerichtet, die auch für die Volksschuloberstufe für angemessen gehalten wurde. Die Doppelfunktion der Grundschule, einerseits auf die Höheren Schulen vorzubereiten und andererseits mit der Volksschuloberstufe eine Einheit im Bildungsverständnis zu bewahren, sollte nun durch eine Organisation der Grundschule als **eigenständiger Primarstufe** aufgehoben werden, wobei die Berliner Schule durch ihre Trennung von OPZ und Grundschule für die bundesweiten Forderungen Pate stand. Zu dieser Entwicklung gehörte auch die **Aufgabe des volkstümlichen Bildungsverständnisses**, das zumeist mit Adjektiven wie gemütsbildend, einfach, religiös, aber auch mit ganzheitlich, lebensnah, handlungsbezogen und anschaulich beschrieben wurde.[350] In ihm stand - wie der Schulsenator im oben angeführten Zitat betont hatte - der Heimatkunde- und der Gesamtunterricht im Mittelpunkt. Ende der 60er Jahre wurde nun diesen Unterrichtsbereichen und -formen fehlende Orientierung an der modernen technischen, weltoffenen und Spezifizierung verlangenden Entwicklung vorgeworfen.[351] Das "pädagogisch-psychologische Denken vom Kinde aus" sei das "Grundübel", statt-

---

[346] vgl. Rodehüser S.554 und S.559; BLZ H8/9 1967, S.9ff, S.17f, S.20, S.21ff, S.30ff, H.1 1969, S.16ff, H.2 1969, S.29f, H.10 1969, S.1, H.11 1969, S.11 - S.14, H.12 1969, S.25f, H.3 1970, S.30; H.5 1970, S.1; H.7/8 1970, S.3, H.9 1970, S.1

[347] Rodehüser S.512; vgl. zum folgenden Abschnitt auch Barbara Kochan/Elisabeth Neuhaus-Siemon (Hg.): Taschenlexikon Grundschule, Königstein/Ts 1979, S.167ff und S.170ff

[348] vgl. Erwin Schwartz: Die Grundschule, Funktion und Reform, Braunschweig 1969; Rodehüser S.512ff und S.586ff; BLZ H.8/9 1967, S.9

[349] vgl. Rodehüser S.561ff, S.586ff, S.593ff

[350] vgl. ebenda S.504ff

[351] vgl. ebenda S.510, S.521ff, S.525ff

dessen verlangten die jetzt führenden Primarstufenwissenschaftler einen "sachstrukturell angemessenen und anspruchsvollen Grundschulunterrrricht auf der Grundlage detaillierter Fachlehrpläne".[352] Sachkunde- und zunehmender Fachunterricht ersetzten den Heimatkunde- und Gesamtunterricht.[353]

Unter dem Stichwort **"Wissenschaftsorientierung"** wurde diese Entwicklung hin zu einem zunehmenden Anspruchsniveau, hin zu einer wachsenden, z.T. mit Entpersönlichung behafteten (z.B. programmiertes Lernen), z.T. sicher aber auch angemessenen Versachlichung auch in die Grundschulen getragen. Auch dort wurden nunmehr operationalisierbare und kontrollierbare Lernziele sowie eine verstärkte Systematisierung, Verfachlichung und Spezifizierung der Unterrichtsinhalte und -methoden eingefordert.[354] Mögliche Schwierigkeiten im Erziehungsprozess sollten nicht mehr durch den starken Kind-Klassenlehrer- bzw. -lehrerinbezug bearbeitet werden, sondern - auch hier griff das Prinzip der Spezifizierung - durch die Experten, den schulpsychologischen Dienst.[355]

Grothe stellt für die West-Berliner Grundschulen fest, daß unter dem Schlagwort "Wissenschaftsorientierung" sicher zunächst übertriebene kognitive Anforderungen dominierten, daß diese im Laufe der 70er Jahre jedoch wieder zugunsten einer die Lebenswelt der Grundschulkinder und auch die emotionale Dimension ihrer Auseinandersetzung mit Wirklichkeit berücksichtigenden Pädagogik aufgefangen wurden. Jedoch blieb seiner Ansicht nach auch in den folgenden Jahren eine Unterrichtsgestaltung erhalten, die intellektuelle und rationale Lernstrategien betonte.

Sah der West-Berliner Bildungsplan von 1952 noch einen **Gesamtunterricht für die Klassen 1 - 4** und einen Unterricht in "gesamtunterrichtlicher Haltung" für die Klassen 5 und 6 vor,[356] wobei letzterer in der Praxis jedoch meist doch als Fachunterricht gegeben wurde, so galt ab 1968, daß die Klassen 1 - 4 "vorfachlichen" und die Klassen 5 und 6 "Fachunterricht" erhielten.[357] Vor allem trugen die Akzentuierung von "Mindestanforderungen im Zusammenhang mit den sich entwickelnden besonderen Fördermaßnahmen und die Einführung von Teilungs-

---

[352] ebenda S.555, vgl. auch S.507f, S.516ff, S.519f, S.553, S.560, S.567; BLZ H.8/9 1967, S.11; H.11 1969, S.13f; Erwin Schwartz: Ist die Grundschule reformbedürftig? In: Westermanns Pädagogische Beiträge, Heft 10 1967, S.474f

[353] Ich muß hier die Frage offen lassen, wie weit diese häufig sehr pauschal formulierte Kritik der auch in den 50er Jahren wahrscheinlich variantenreicheren Wirklichkeit des Heimatkundeunterrichts in den Grundschulen und die Heimatkunde-Didaktik tatsächlich traf. Jedenfalls bestimmte jene Kritik und das in ihr wirksame Negativbild nachhaltig die neuen Ansätze. Vgl. Jeziorsky, Walter: Allgemeinbildung in der Grundschule, Hamburg 1948 bzw. ders. Allgemeinbildender Unterricht in der Grundschule, Braunschweig 1965; Fiege, Hartmut: Der Heimatkundeunterricht, (Textsammlung), Bad Heilbrunn 1967 sowie Beiträge von Jeziorsky, Fiege, Junge, Karnick u.a. zum Heimatkunde- bzw. Sachunterricht in der Grundschule in: Westermanns Pädagogische Beiträge seit 1949

[354] vgl. Rodehüser S.556ff, S.596ff, S.600ff

[355] vgl. BLZ H.8/9 1967, S.30ff

[356] Der Hamburger Arbeitsplan für die sechsjährige Grundschule hatte sogar für die 5. und 6.Klassen einen Gesamtunterricht vorgesehen. Der Deutsche Ausschuß hatte einen Gesamtunterricht für die Grundschule befürwortet. Vgl. Rodehüser S.519f, S.517 und S.536

[357] vgl. Grothe S.53ff

stunden (...) zur fachlichen Separierung der Inhaltsbereiche bei."[358] Allerdings gab es auch warnende Stimmen gegenüber zu starker Ausblendung ganzheitlicher und emotionaler Komponenten,[359] so daß der vorfachliche Unterricht sich nach Meinung Grothes nicht überall gänzlich durchsetzen und der Unterricht in dieser Stufe häufig "vor frühzeitiger Verfachlichung bewahrt werden" konnte.[360]

Der dritte Aspekt der Grundschulreform Ende der 60er Jahre, der **Differenzierungsmaßnahmen** betraf, entsprang dem sozialen und emanzipatorischen Motiv, die in den schichtspezifischen Sozialisationsforschungen festgestellten Defizite unterprivilegierter Kinder durch kompensatorischen Unterricht zu beheben und Bildungsgerechtigkeit zu schaffen.[361] Neben besonderer Förderung im Kindergarten und der Schaffung von Eingangsstufen an Grundschulen, in die Kinder mit fünf Jahren eintreten konnten, sollte vor allem die Individualisierung und Differenzierung des Unterrichts Chancengleichheit oder doch eine Annäherung an dieses Prinzip ermöglichen.[362]

Die Hauptauseinandersetzung ging um die Frage, ob eine innere oder äußere Differenzierung für den Grundschulunterricht angemessener wäre. Der wichtigste Verfechter der Grundschulreform, Erwin Schwartz, vertrat die Auffassung, daß verschiedene Formen der äußeren Differenzierung in der Grundschule sinnvoll seien, weil eine innere Differenzierung allein keine Chancengleichheit schaffe und die Grundschule wie die Gesamtschule "jedem das Seine" geben müsse.[363] Dafür schlug er in Zusammenarbeit mit Friedrich Jahr und Georg Rutz drei Modelle vor: zum einen die klassenweise Trennung nach der Leistungsfähigkeit entsprechend dem Mannheimer System von Sickinger, zum zweiten die "Zeit-Differenzierung", die eine zeitweise Ausgliederung verschiedener Schülerinnen und Schüler zur gesonderten Förderung vorsah, zum dritten eine Gliederung nach unterschiedlichen Einschulungszeitpunkten und Verweildauern in der Grundschule.[364] Generell sollte nach Meinung dieser Wissenschaftlergruppe der Grundschulunterricht stärker flexibilisiert werden; die Jahrgangsklasse sollte aufgehoben und ein Kern- und Kursunterricht erteilt werden. Das soziale Motiv des gemeinsamen Unterrichts wurde hier als nachrangig betrachtet, zumal ja auch eine konfessionelle Trennung existiere.[365] Auch das Festhalten an einer einheitlichen Grundschuldauer wurde von

---

[358] Grothe S.175. Teilungsstunden erlaubten für einige Wochenstunden die Möglichkeit, die Klasse in zwei jeweils von einer Lehrkraft betreute Gruppen zu teilen oder die Klasse zu zweit zu unterrichten. Sie sollten nach einem Senatsentwurf 1967 entweder für zusätzlichen Unterricht für leistungsschwächere Kinder oder für Arbeit in Werkräumen bzw. in Sprachlabors mit wenigen Plätzen oder für eine kurzfristige Klassenteilung verwendet werden. Vgl. BLZ H.8/9 1967, S.7

[359] vgl. Rodehüser S.558

[360] Grothe S.175

[361] vgl. Rodehüser S.534ff, S.551, S.562f und S.564ff; Grothe S.175; BLZ H.11 1969, S.11

[362] vgl. Rodehüser S.551ff; Grothe S.62ff und S.115ff; BLZ H.11 1969, S.14

[363] vgl. Erwin Schwartz: Ist die Grundschule reformbedürftig? In: Westermanns Pädagogische Beiträge, Heft 10 1967, S.473ff und S.479

[364] vgl. Friedrich Jahr/Georg Rutz: Drei Modelle zur äußeren Differenzierung in der Grundschule. In: Westermanns Pädagogische Beiträge, Heft 10 1967, S.475ff

[365] vgl. Schwartz S.474

ihnen kritisiert. So sei es durchaus denkbar, daß die Verweildauer in der Grundschule zwischen drei und fünf Jahren differiere und die Einschulung z.t. früher vorgenommen werde.[366] Viele Grundschulexperten bevorzugten aber für die Grundschule eine innere Differenzierung durch unterschiedlich anspruchsvolle Gruppenarbeit o.ä. bzw. ein Mischsystem, bei dem grundsätzlich der Klassenverband erhalten blieb und - wie im "Zeit-Differenzierungsmodell" von Schwartz u.a. - nur in wenigen Stunden besondere Fördergruppen aus dem gemeinsamen Unterricht ausgelagert wurden. Begründet wurde diese sich in der Praxis durchsetzende Position damit, "daß Grundschulkinder vor allem in den ersten Schuljahren die Bindung an den Lehrer und eine Kontinuität der Arbeitsbedingungen brauchen" und "die Gefahr einer gegenläufigen Tendenz zur sozialen Integration (...) dadurch gegeben (war), daß die Schüler aus einem anregungsarmen Milieu bereits bei der Zuordnung zu differenzierten Lerngruppen benachteiligt wären."[367]

Mindestens in der Grundschule konnten sich mit Ausnahme von flexiblen Förder- und Stützmaßnahmen wegen der Gefährdung des gemeinsamen kontinuierlichen Lernens die Maßnahmen zur Binnendifferenzierung eindeutig gegen die Vorstellungen von äußerer Differenzierung durchsetzen. Zugleich wurden sie in vielfältigen Formen als Unterscheidung in der Hilfe der Lehrkraft, im Niveau und der Anzahl der Anforderungen, in der Medienbereitstellung und durch flexible Gruppenbildungen und veränderte Beurteilungs- und Benotungspraktiken erprobt. Einmal mehr fallen hier Parallelen zur Praxis der Lebensgemeinschaftsschulen der 20er Jahre ins Auge, ohne daß sie benannt worden wären.[368]

Für Kinder aus sozial benachteiligten Elternhäusern und für die wachsende Zahl von Kindern der Eltern ausländischer Herkunft wurde gerade in der West-Berliner Grundschule in dieser Zeit des erhöhten finanziellen Bedarfs und Engagements Mitte und Ende der 60er Jahre solche den Klassenverband erhaltenden Fördermaßnahmen sowie vermehrte Sach- und Personalmittel in besonders starkem Maße und z.t. mit Erfolg gefordert.[369]

Nachdem sich **Evers mit seinen expansiven finanziellen Vorstellungen** dann aber nicht mehr gegen die restriktiver eingestellte Senatsmehrheit durchsetzen konnte, **trat er im März 1970 zurück**, um ein Signal zu setzen. Daraufhin kam es zu massenhaften Protesten von Schülern und Schülerinnen, Eltern und dem BVL, der jetzt als "Gewerkschaft Erziehung und Wissenschaft, Landesverband Berlin" eine Arbeitsniederlegung androhte. Die Protestierenden forderten eine Arbeitszeitverkürzung und die Fortsetzung der reformorientierten und kostenaufwendigeren Schulpolitik. Schließlich sagte der neue Schulsenator Gerd **Löffler** (SPD) zu,

---

[366] vgl. Herbert Hasler: Zur Dauer der Grundschule: Um Abstieg und Aufstieg. In: Westermanns Pädagogische Beiträge, Heft 11 1966, S.534f; Rodehüser S.552

[367] Rodehüser S.554

[368] vgl. ebenda S.650ff

[369] vgl. Grothe S.24 und S.64f, S.66ff; BLZ H.11 1969, S.5, H.1 1969, S.16ff, H.2 1969, S.29f, H.11 1969, S.11 - S.14, H.12 1969, S.25f, H.3 1970, S.30; H.5 1970, S.1; H.7/8 1970, S.3, H.9 1970, S.1; Rodehüser S.656ff; Mitteilungen des Deutschen Philologenverbandes, Landesverband Berlin, Heft 5 1968, S.82 und Heft 6 1968, S.94

Evers Kurs fortzuführen und auch die Grundschule mit genügend Personen und finanziellen Mitteln zu versorgen.[370]

Dennoch blieb in den folgenden Jahren in der Berliner GEW-Basis Unzufriedenheit mit der Schulpolitik des Senats erhalten.[371] Hauptgegner waren weniger die CDU und der Philologenverband als die eine Sparpolitik vertretenden Finanzpolitiker der SPD.[372] 1972 rief die GEW eine "Grundschulaktion" und eine Demonstration aus, sammelte 100.000 Unterschriften für kleinere Klassen und verstärkte ihre Bemühungen in den "Grundschultagen 1973", die eine starke Beteiligung von Eltern erreichten. Zwar wurde daraufhin vom Senat ein Schulentwicklungsplan[373] vorgestellt, der die Einrichtung von Eingangsstufen, Ganztagsschulen, die Senkung der Klassenfrequenzen, Teilungsstunden, Förderkurse, flexible Gruppenbildung und innere Differenzierung, Verfachlichung der Klassen 4 bis 6, Wissenschaftsorientierung und Ausrüstung mit Medien vorsah. Die Fachgruppe Grundschule der GEW Berlin hielt jedoch diesen mit dem Schulsenator vereinbarten Kompromiß und die Ziele in bezug auf die Klassenfrequenzen, vor allem aber die ergriffenen Maßnahmen, für unzureichend.[374] Inhaltlich standen also nicht Fragen der äußeren Organisation, etwa der Grundschuldauer, zur Debatte, sondern angesichts der steigenden Zahlen von Schülerinnen und Schülern **Forderungen nach mehr personellen und sachlichen Mitteln für die sechsjährige Grundschule**.[375] Obwohl weiterhin Förderunterricht befürwortet wurde, zeichnete sich etwa ab 1973 eine inhaltliche Präzisierung der Vorstellungen zur Grundschulreform in der Richtung ab, daß sich die GEW von einer zu starken Ausgliederung leistungsschwacher Kinder durch äußere Differenzierung distanzierte. Demgegenüber forderte sie eine bessere Ausstattung für Maßnahmen der **inneren Differenzierung** und betonte, es sei notwendig, den Frontalunterricht durch Formen eigenständiger Arbeit einzuschränken und die Ziffernbenotung durch Lernentwicklungsberichte zu ersetzen.[376]

Im Zeitraum von 1971 bis 1973 erwiesen sich die Vertreter und Vertreterinnen der Fachgruppe Grundschule als besonders aktiv. Sie brachten den Senat dazu, ein "Reformprogramm Grundschule" zu starten, gewannen damit auch innergewerkschaftlich an Einfluß und stellten schließlich ab 1974 die erste Vorsitzende.[377] Ursache hierfür war auch, daß sie im Vergleich

---

[370] vgl. BLZ H.4 1970, S.12 - S.19, H.10 1970, S.1, S.16, H.11 1970, S.2 und S.17, Heft 12 1970, S.11; Mitteilungen des Deutschen Philologenverbandes, Landesverband Berlin, Heft 3/4 1970

[371] Erste Anzeichen für die innergewerkschaftliche Unruhe gab es bereits 1969 und 1970. Vgl. BLZ H.5 1969, S.1, H.9 1970 S.2f, H.11 1970 S.2 und S.17

[372] vgl. BLZ H.7/8 1972, S.1, S.12f, H.9 1972, S.6ff, H.11 1972, S.6, H.12 1972 S.1, S.15ff, H.12 1973, S.6, H.1 1974, S.1

[373] vgl. BLZ H.2 1971, S.9 - S.12. Erstellt wurde dieser von dem Leiter der Abt. Bildungsplanung: H.G.Rolff.

[374] vgl. BLZ H.1 1971, S.19, H.2 1971, S.6f, H.3 1971, S.24, S.29f, H.1 1972, S.1, H.2 1972, S.2f, H.6 1972, S.1f, S.26f, H.7/8 1972, S.1, S.12f, H.9 1972, S.6ff, H.11 1972, S.6, H.12 1972, S.15ff, alle Hefte 1973, H.1 1974, S.1, H.8/9 1977, S.4

[375] vgl. die BLZ-Jahrgänge 1972 und 1973, H.6 1974, S.35f, H.9 1974, S.12, H.12 1974, S.9, H.6 - H.9 1975

[376] vgl. Peter Heyer: Sechs Thesen zur Grundschulreform, in: BLZ H.1 1973, S.21f und BLZ H.9 1972, S.14f, H.9 1973, S.10

[377] vgl. BLZ H.5 1974

zu dem bei zahlreichen Berliner GEW-Mitgliedern als zu kompromißbereit kritisierten alten Vorstand größere Bereitschaft zu Arbeitsniederlegungen zeigten und geringere Distanz zu den in die GEW eintretenden jüngeren Lehrkräften hielten, die sich zu einem nicht geringen Teil als sozialistisch verstanden.[378]

Trotz Vermittlungsbereitschaft konnten sie **innere Spannungen in der GEW** nicht verhindern, die die Energie der Beteiligten absorbierten und die gewerkschaftliche Durchsetzungskraft nach außen verminderten, so daß z.b. 1974 eine Fortsetzung der Grundschulaktionen scheiterte und eine Mobilisierung für Arbeitsniederlegungen, die eine Arbeitszeitverkürzung und kleine Klassen erreichen sollte, in der Urabstimmung mißlang.[379] In dieser zeitlichen Phase 1973/74 verschärften weitere Vorgänge die Spannungen in der GEW: die Berufsverbotepraxis, der von der DGB- und Bundes-GEW verlangte Vorrang der Beschlüsse der Bundeszentrale, der Streit um den Ausschluß von GEW-Mitgliedern, die sich marxistischen Gruppierungen angeschlossen hatten und auf diesem Wege die GEW möglicherweise hätten unterwandern können, darüber hinaus die wachsenden Frustrationen der aus der Studentenbewegung kommenden jungen Lehrerinnen- und Lehrergeneration. Diese Konfliktpotentiale konnten zwar zunächst durch den schlichtenden Vorstand unter der Grundschullehrerin Kujawa bis 1976 begrenzt werden, sie eskalierten dann aber schließlich doch, so daß es 1977 zur **Spaltung der GEW** in eine neugegründete, den Bundesorganen verpflichtete und traditionell ausgerichtete "GEW im DGB" und eine andere, eher der sozialistischen bzw. der wachsenden Alternativ-Bewegung zugewandte und von jungen Lehrkräften getragene "GEW Berlin" kam.[380]

Die GEW Berlin setzte in den Jahren 1977 und 1978 erneut einen Schwerpunkt auf die Grundschulreform, forderte die Abschaffung des "Sitzenbleibens", die Integration von Behinderten, die verstärkte Einführung von Eingangsstufen, die Förderung von Ausländerkindern und Klassenfrequenzsenkungen, wobei es angesichts der sinkenden Zahlen von Grundschulkindern galt, Stellenstreichungen und Klassenzusammenlegungen zu verhindern.[381]

In den folgenden Personalratswahlen kandidierten die beiden GEW-Gruppen gegeneinander, wobei die "GEW Berlin" ein leichtes Stimmenplus verzeichnete.[382] Erst **1979** fand man **wieder zusammen** und führte die von allgemein- und verbandspolitischen Erwägungen geprägte Diskussion wieder stärker auf **Forderungen nach Verbesserungen** der Berliner Schule, auch **der inneren Gestalt der Grundschule** zurück.[383]

---

[378] vgl. BLZ H.6 - H.11 1973, H.3 - H.5 1974
[379] So distanzierte sich auch der DGB von der GEW und der Fortsetung der Grundschulaktionen, und der Schulsenator Rasch lehnte 1976 Gespräche mit der GEW ab. Vgl. BLZ H.7/8 1974, S.24 und H.10 1974, S.1f, H.6 1976, S.1 und S.26, H.10 1976, S.8
[380] vgl. BLZ H.4 1971, S.1 und folgende Hefte, BLZ-Jahrgänge 1973 bis 1979, vgl. insb. H.2 1977, S.3f
[381] vgl. BLZ H.5 1977, H.8/9 1977, H.10 1977, S.12ff, H.12 1977, S.12ff, H.6 1978, H.7/8 1978, S.1ff und S.12ff
[382] vgl. BLZ H.1 1978, S.30ff
[383] vgl. BLZ H.10 1978 bis H.7/8 1979

Zusammenfassend läßt sich feststellen: Im Laufe der 70er Jahre wurde vom Senat nicht zuletzt aufgrund des Drucks der GEW und von Grundschuleltern mit der Einrichtung von Eingangsstufen und von Klassen für Ausländerkinder sowie von Ganztagsgrundschulen begonnen. Die Klassenfrequenzen wurden gesenkt bzw. ein Bandbreitenmodell eingeführt, das wie die Teilungsstunden situationsangemessene Förderung erlauben sollte; der Notendruck wurde durch teilweisen Verzicht auf Ziffernbeurteilung und Versetzungsentscheidungen gemildert. Zudem wurden für besondere Interessen Arbeitsgemeinschaften angeboten, die allen Kindern offenstanden, und Grundschulen konnten sich durch musik- und sportbetonte Züge oder einen früheren Beginn der ersten Fremdsprache besonders profilieren.[384] All dies hat nach Auffassung von Grothe dazu beigetragen, daß die Bildungsqualität und die Abschlüsse der Berliner Schulkinder in besonderem Maße erweitert wurden, auch wenn sich Grenzen der Bildungsförderung auftaten,[385] die GEW mit dem Umfang der Maßnahmen unzufrieden blieb[386] und nach wie vor ein soziales Bildungsgefälle existierte.[387]

Auch ist zu ergänzen, daß die Differenzierungsmaßnahmen sich im wesentlichen auf besondere Gruppen von Kindern beschränkten und nichts daran änderten, daß die meisten Kinder in gleichem Tempo anhand gleicher Instruktionen und Aufgaben fortschreiten mußten. Auf die erprobten Anregungen der Lebensgemeinschaftsschulen der Weimarer Republik wurde nur selten zurückgegriffen, und die neu entstandene Alternativschulbewegung gewann erst Ende der 70er Jahre Aufmerksamkeit in breiteren Kreisen der Reformkräfte.[388]

Im August 1990 charakterisierte die amtierende Schulsenatorin, Sybille Volkholz, die innere Entwicklung und das pädagogische Profil der Grundschule in den 60er und 70er Jahren durch Kontrastierung mit jüngeren Tendenzen m.E. zutreffend:

"Die reformpädagogischen Traditionen dieses eigenständigen pädagogischen Auftrages und Profils - die Orientierung des Unterrichts an den Erfahrungen und Bedürfnissen der Kinder, die Prinzipien von Anschaulichkeit, Selbsttätigkeit und praktischem Handeln, die Öffnung der Schule gegenüber der (Wohn)Umwelt, die Ganzheitlichkeit des Lernens - wurden in den sechziger Jahren durch die Wissenschaftsorientierung des Unterrichts erweitert und im Interesse einer vermeintlichen Effizienzsteigerung teilweise auch ersetzt. Die überwiegende Orientierung des Unterrichts an der Effizienz der Lernprozesse, an ihrer Standardisierung und der Überprüfbarkeit ist mit dem Prinzip der Kindgemäßheit jedoch nur schwer vereinbar. Das ist heute auch ein weitgehend anerkannter Erkenntnisstand. Deshalb wird jetzt die positivistische Wissenschaftsorientierung relativiert, werden die reformpädagogischen Prinzipien als Fundament der Grundschule neu gewichtet."[389]

---

[384] vgl. Grothe, insb. S.175ff und die entsprechenden Jahrgänge der BLZ, insb. H.8/9 1977, S.4

[385] vgl. Grothe S.176

[386] vgl. insb. BLZ H.7/8 1977, .H.4 1977, S.1, H.5 1977

[387] vgl. Abschnitt 4.6.1. und auch Mitteilungen des Deutschen Philologenverbandes, Landesverband Berlin, Heft 12 1972, S.224ff

[388] vgl. hierzu Abschnitt 4.4. In der BLZ erscheint ein erster Artikel zur Tvind-Schule in H.9 1978, S.18 und zur Glocksee-Schule Hannover in H.9 1979, S.31

[389] Niederschrift der Rede von Frau Volkholz, gehalten auf dem Symposium zum 40jährigen Bestehen der Berliner Grundschule am 26.8.1990, S.2

Trotz der berechtigten Kritik trug die **innere Reform** der Berliner sechsjährigen Grundschule im Laufe der 70er Jahre zu ihrer **äußeren Stabilisierung** bei, auch wenn hinsichtlich sozialer Chancengleichheit und angemessener Umsetzung der Differenzierungsforderungen noch erhebliche Wünsche offen blieben.

4.3.7. Auswirkungen der Förder- bzw. Orientierungsstufen- und Gesamtschulentwicklung in den 70er Jahren auf die Berliner sechsjährige Grundschule

Ende der 60er, Anfang der 70er Jahre wurde nicht nur die innere Reform der Grundschule diskutiert, sondern mit dem Strukturplan[390] des Deutschen Bildungsrates, der 1966 den Deutschen Ausschuß ablöste, ein neuer Abschnitt[391] in der Debatte um die organisatorische Gestaltung des Lernens der Zehn- bis Zwölfjährigen eingeleitet: Der Bildungsrat brachte mit dem Vorschlag **"Orientierungsstufe"**[392] eine dem Konzept der Förderstufe ähnliche Eingangsstufe auf die Tagesordnung, die aber nun den Ausgangspunkt eines für *alle* Jugendlichen vorgesehenen horizontalen Schulsystems bilden sollte.

Diese Konzeption und die Vorschläge für die Grundschule gingen im wesentlichen auf die Arbeiten von Roth, Heckhausen und Schwartz zurück.[393] Dabei hatte Roth, der in der Diskussion des Rahmenplans die Förderstufe befürwortete, schon 1957 angesprochen, daß eine Verlängerung des gemeinsamen Lernens um zwei Jahre "ein geschicktes Neben- und Inein-

---

[390] Deutscher Bildungsrat (Hg.): Empfehlungen der Bildungskommission: Strukturplan für das Bildungswesen. Stuttgart 1970. Im folgenden als "Strukturplan" zitiert.

[391] Klafki unterteilt die Auseinandersetzungen m.E. zutreffend in die 1. Phase vor dem 1. Weltkrieg und in der Weimarer Rebublik (siehe Kap.2.), die 2. Phase der Besatzungszeit und des Beginns der Bundesrepublik (siehe Kap.3.), die 3. Phase der Förderstufendebatte um 1959 (siehe Kap.4.2.), die 4. Phase der Orientierungsstufendiskussion nach 1970 (siehe Kap.4.3.7.) und die 5. Phase der landesspezifisch divergenten Entwicklungen seit Ende der 70er Jahre. Vgl. Wolfgang Klafki: "Förderstufe/Orientierungsstufe - gemeinsam länger lernen", in: Gesamtschul - Informationen des Pädagogischen Zentrums Berlin, H.1/2 1985, S.196, insb. S.177f; Ziegenspeck läßt die erste Phase weg und unterschlägt m.E. zu Unrecht auch die Diskussionen um die sechsjährige Grundschule in der Besatzungsphase: vgl. Jörg Ziegenspeck: Von der Förderstufe zur Orientierungsstufe. In: Bernd Frommelt (Hg.): Beispiel Förderstufe Frankfurt a.M. 1980, S.10 - S.30, insb. S.14ff

[392] vgl. Bernd Frommelt (Hg.): Beispiel Förderstufe - Probleme einer strukturverändernden Reform und ihrer wissenschaftlichen Begleitung, Frankfurt a.M. - Berlin - München 1980; Wolfgang Klafki: "Förderstufe/Orientierungsstufe - gemeinsam länger lernen", in: Gesamtschul - Informationen des Pädagogischen Zentrums Berlin, H.1/2 1985, S.177 - S.196; F.W.Geiersbach/E.Rösner: Orientierungsstufe, in: Ch.Edelhoff/M.Mittelberg (Hg.): kritische Stichwörter - Gesamtschule, München 1979; Hans Haenisch/Jörg Ziegenspeck: Die Orientierungsstufe. Schulentwicklung zwischen Differenzierung und Integration, Weinheim und Basel 1977; Jörg Ziegenspeck (Hg.) Bestandsaufnahme Orientierungsstufe, Braunschweig 1975; Jörg Ziegenspeck: Von der Förderstufe zur Orientierungsstufe. In: Bernd Frommelt (Hg.): Beispiel Förderstufe Frankfurt a.M. 1980, S.10 - S.30; Jörg Ziegenspeck: Zum Planungs- und Entwicklungsstand der Orientierungsstufe in den Ländern der Bundesrepublik Deutschland. In: Walter Twellmann (Hg.): Handbuch Schule und Unterricht, Bd. 5.1., Düsseldorf 1981; H.G. Rommel: Förderstufe in Hessen, Stuttgart 1969; Hans Rauschenberger: Allgemeine Lernziele der Orientierungsstufe. In: W.H.Peterßen (Hg.): Orientierungsstufe - Beiträge aus Bildungspolitik, Erziehungswissenschaft, Praxis. Ravensburg 1975; Barbara Kochan/Elisabeth Neuhaus-Siemon (Hg.): Taschenlexikon Grundschule, Königstein/Ts 1979, S.332 - S.334

[393] vgl. Strukturplan S.15 und S.22

ander der Grundschul- und Oberschulpädagogik"[394] verlange. Soziale Gesichtspunkte müßten mit Leistungsinteressen in einer dem differenzierten Mittelbau ähnlichen Organisationsform verknüpft sein, so daß für die Kinder eine **begrenzte Fächerwahl** und nicht nur eine Zuweisung zu verschiedenen Kursniveaus möglich sei.[395] Der Bildungsrat nahm nun diesen Gedanken der Steigerung der Selbstbestimmungsfähigkeit der Zehn- bis Zwölfjährigen durch individuelle Schwerpunktsetzung in seinen Strukturplan auf und betonte, daß zwar Lehrpersonen und Eltern bei der Orientierung der Kinder auf die zukünftigen Bildungswege helfen sollten, daß jedoch besonders "der eigene Suchprozeß und Wille des Schülers gefördert werden" sollte.[396] Dieser Orientierungsprozeß war nach Auffassung des Bildungsrates in freiwilligen Projektgrupppen und durch Wahlmöglichkeiten zwischen verschiedenen Kursangeboten zu realisieren, die sich auch, aber nicht nur nach dem Schwierigkeitsgrad unterscheiden sollten.[397] Gleichzeitig sollte er den Übergang von mehr ganzheitlichem Primarstufen- zu fachlich spezifiziertem Sekundarstufenunterricht erleichtern.[398] Um nicht mit dem Vorwurf konfrontiert zu werden, die Eltern würden aus diesem Prozeß völlig herausgedrängt, wurde eine verstärkte Bildungsberatung der Eltern gefordert.[399] Trotz der **Ähnlichkeit mit dem Förderstufenmodell** sah der Bildungsrat noch eine zweite gravierende Differenz zwischen beiden Vorschlägen:

> "Im Unterschied zur Förderstufe, die als nachträglich eingeführte besondere Stufe in einem selektiven Schulsystem die Funktion hatte, Härten zu mildern und die Auswahl der Kinder auf eine objektivere Basis zu stellen, ist die Orientierungsstufe als ein Abschnitt in dem Kontinuum des sich zunehmend auffächernden und verbreiternden Bildungsangebots der Schule zu verstehen."[400]

Der Bildungsrat erwartete dabei, daß sein Vorschlag des Lernens im Kern-Kurssystem einer Gesamtschule für alle Jugendlichen obligatorisch werden sollte. Dadurch würden die Orientierungsstufenschüler bzw. -schülerinnen - ähnlich wie etwa in den Kern-Kurssystemen der Lebensgemeinschaftsschulen[401] - kaum mehr von dem Auslesedruck belastet, der bei der Förderstufe zu massiver Kritik Anlaß bot.

---

[394] Roth setzte dabei die Grundschulpädagogik mit Spiel und die Oberschulpädagogik mit Arbeit gleich. Vgl. Roth (c) S.77
[395] vgl. Roth (c) S.79ff und S.86
[396] Strukturplan S.141
[397] vgl. ebenda S.142f
[398] vgl. ebenda S.142
[399] vgl. ebenda S.144, S.91ff
[400] ebenda S.141
[401] Auf diese Schulen wird jedoch überraschenderweise selten rekurriert. Eine der wenigen Ausnahmen bietet Hans Rauschenberger: Eine Schulstufe für die Zehn- bis Zwölfjährigen, in: Bernd Frommelt (Hg.): Beispiel Förderstufe - Probleme einer strukturverändernden Reform und ihrer wissenschaftlichen Begleitung, Frankfurt a.M. - Berlin - München 1980, S.107

Bei der Frage der **Zuordnung der Orientierungsstufe** ließ der Bildungsrat zwei Möglichkeiten **offen**, da es für beide Varianten einleuchtende Argumente gäbe:[402] zum einen die Angliederung an die Sekundarstufe I, wobei der Bildungsrat die Entwicklung zur **Gesamtschule** und zu Schulzentren betonte und grundsätzlich von einer nicht bereits durch verschiedene Schulzweige vorgeprägten Orientierungsstufe ausging; zum anderen die Zuordnung zum **Primarbereich**. Von der zuletzt genannten Variante erhoffte sich der Bildungsrat Impulse für eine ähnlich wie in der Orientierungsstufe vorgesehene Auflockerung der Grundschule durch innere und kompensierende Differenzierung. Dabei wurden die bereits genannten Elemente der Grundschulreform: Wissenschaftsorientierung, frühere Einschulung, Versachlichung, Anpassung an die Modernisierung, anspruchsvollerer Unterricht, kleinere Klassen (bis 25 Sch.), Individualisierung und Stützkurse auch vom Bildungsrat erneut eingefordert.[403]
Skeptischer als der Deutsche Ausschuß und Grundschultheoretiker wie Schwartz war der Bildungsrat **gegenüber der äußeren Differenzierung.** Zwar sei diese besser erforscht als die innere Differenzierung, dies würde sich aber in Zukunft verändern, weil weltweit immer mehr erkannt werde, daß die äußere Differenzierung in den "ersten sechs Schuljahren" die Chancengleichheit nicht erhöhe, sondern der Gefahr folgender Fixierungen unterliege:

> "1. Schüler, die frühzeitig in untere Leistungsniveaus eingestuft werden, neigen zur Resignation: Der Antrieb zum Lernen nimmt bei ihnen stetig ab.
>
> 2. Die Lehrer, die solche Schüler - einem statischen Begabungsbegriff folgend - als unveränderlich unbegabt zu beurteilen neigen, fordern sie nicht genügend und nicht angemessen heraus.
>
> 3. Erfolgt eine frühzeitige Auslese durch äußere Leistungsdifferenzierung, dann werden die lernschwächeren Schüler auch nicht genügend durch leistungsstärkere Schüler angeregt. Solche Anregung ist in leistungsheterogenen Lerngruppen mindestens in einem Alter möglich, in dem Unterschiede der Leistungsfähigkeit und Lerngeschwindigkeit noch nicht so stark ausgeprägt sind, daß für einzelne Gruppen Lernbehinderungen erfolgen."[404]

Auch die Orientierungsstufe sollte nach Meinung des Bildungsrates daher die "äußere Differenzierung vermeiden", sich auf den Kernunterricht konzentrieren und eine individuelle oder gruppenweise Differenzierung vorziehen. Ein "streaming" (fachunabhängige Niveaudifferenzierung) wurde völlig abgelehnt, ein "setting" (fachspezifische Leistungsdifferenzierung) auf nur zwei Niveaus in wenigen Fächern, insbesondere in der ersten Fremdsprache, schien dem Deutschen Bildungsrat jedoch akzeptabel.[405]

---

[402] vgl. Strukturplan S.144f. Rauschenberger kritisiert hier, daß der Bildungsrat nicht dem Beispiel der Berliner Grundschule gefolgt sei und nicht konsequent die Angliederung der Orientierungsstufe an die Grundschule empfohlen habe. Vgl. Rauschenberger in Frommelt S.108f

[403] vgl. Strukturplan S.123 - S.140. Zum "frühen Lernen" siehe auch S.40ff, zur Curriculumrevision, Lernzieloperationalisierung und Wissenschaftsorientierung S.33, S.58ff und S.78ff; Rodehüser S.576ff, S.604ff und S.626ff

[404] Strukturplan S.72f; Rodehüser S.640ff

[405] vgl. Strukturplan S.73f und S.142; Kochan/Neuhaus-Siemom S.333

Obwohl erneut die Isolation des Berliner Modells deutlich wurde und - wie schon der Berliner Vorsitzende der Bundes-GEW Erich Frister 1968 zutreffend bemerkte - "man kaum einen Hinweis darauf (findet), daß es in Berlin seit 1951 die sechsjährige Grundschule gibt,"[406] ist in bezug auf den Orientierungsstufenvorschlag des Bildungsrates festzuhalten, daß sich die konzeptionellen Vorstellungen von der organisatorischen Gestaltung des Lernens der Zehn- bis Zwölfjährigen, zumindest auf seiten der nunmehr stärker gewordenen Schulreformgruppen, wieder den **Vorstellungen der sechsjährigen**, nicht äußerlich differenzierten **Grundschule annäherten**.

Entsprechend wurde in den Argumentationen wieder stärker der Gedanke der sozialen Integration und Kompensation als der Aspekt der möglicherweise verbesserten Auslese betont. Gleichwohl ähnelten die Begründungen für und wider die Orientierungsstufe häufig denen der Förderstufendiskussion.[407]

So ist Klafkis Auffassung nicht zu widersprechen, daß die Orientierungsstufe, insbesondere wenn man den Prozeß der praktischen Realisierung innerhalb des weiterhin meist dreigliedrigen Schulsystems und nicht das ursprüngliche Konzept und die Begründungen betrachtet, nichts prinzipiell Neues war, mit denselben Auslesebelastungen und Konzentrationen auf die Niveaukurse konfrontiert wurde und z.t. sogar hinter dem hessischen Modell der Förderstufe in Hinblick auf die eigenen Ziele zurückblieb.[408]

In der landespolitisch unterschiedlichen **Umsetzungspraxis** erwies sich nämlich die Konzeption des Bildungsrates als nur sehr begrenzt durchsetzbar. Im Bericht der Bundesregierung von 1972, dem Bildungsgesamtplan[409] der Bund-Länder-Kommission von 1973 und in der Kultusministerkonferenz von 1974 wurde zwar die bundesweite Einrichtung der Orientierungsstufe bis 1976 empfohlen; soweit CDU-regierte Bundesländer die Orientierungsstufe einführten, bevorzugten sie aber in der Regel die schulformabhängige Orientierungsstufe, die im Grunde ihren Namen nicht verdient, denn eine Orientierung über verschiedene Schulformen ist hier kaum mehr möglich.[410]

Es gab bei der praktischen Realisierung allerdings keine durchgehende Trennlinie zwischen SPD- und CDU-regierten Ländern: Beispielsweise setzte Niedersachsens CDU die unter der SPD begonnene flächendeckende Einführung einer schulformunabhängigen Orientierungsstufe fort, da sich Kultusminister Werner Remmers (CDU) gegen erhebliche Widerstände in

---

[406] BLZ H.7 1968, S.9

[407] Daher sollen hier eher die für Berlin wichtigen Diskussionen betrachtet werden, zum Bundesgebiet vgl. z.B. Ziegenspeck in Frommelt, S.11ff; Josef Hitpass: Zum Streit um Orientierungsstufe und Gesamtschule, in: Die höhere Schule, H.1 1975, S.14 - S.21; vgl. auch weitere Stellungnahmen in: Die höhere Schule, H.4 1977, S.146 - S.155

[408] vgl. Wolfgang Klafki: "Föderstufe/Orientierungsstufe - gemeinsam länger lernen", in: Gesamtschul - Informationen des Pädagogischen Zentrums Berlin, H.1/2 1985, S.177 - S.196, insb. S.179f

[409] vgl. Bund-Länder-Kommission für Bildungsplanung: Bildungsgesamtplan - Teil I, Stuttgart 1973

[410] vgl. dazu ausführlicher: F.W.Geiersbach/E.Rösner: Orientierungsstufe, in: Ch.Edelhoff/M.Mittelberg (Hg.): Kritische Stichwörter - Gesamtschule, München 1979, S.171 - S.176, insb. S.172ff; Ziegenspeck in Twellmann S.233f; Haenisch/Ziegenspeck S.35ff; Rodehüser S.582ff und S.641ff

seiner Partei durchsetzte -, während Hamburg und Nordrhein-Westfalen nur schulformabhän-gige Beobachtungs- bzw. Erprobungsstufen als Regel vorsahen bzw. heute noch vorsehen. In Nordrhein-Westfalen liegt dies vor allem an dem Erfolg des Volksbegehrens, das 1978 von konservativen Gruppierungen gegen die Kooperative Schule eingebracht wurde.[411]

In Hessen, das bereits 1955 mit ersten Förderstufenversuchen begann,[412] behielt man den Namen "Förderstufe" bei; dies sagt jedoch - wie erwähnt - nichts über konzeptionelle Unter-schiede zur Orientierungsstufe aus.

Es bleibt festzuhalten: Dort, wo die Orientierungsstufe eingeführt wurde, existiert im Kern-unterricht statt interessengebundener Wahlmöglichkeiten eine niveaubezogene Zuweisung zu Kursen. Statt freiwilligen Projektunterricht anzubieten, werden meist die leistungsdifferen-zierten Fächer Englisch, Mathematik und Deutsch betont. Statt schulformunabhängig wurde die Orientierungsstufe in einigen Bundesländer schulformabhängig eingerichtet. Statt ein Kontinuum zwischen Grundschule und Gesamtschule zu bieten und den Auslesedruck zu vermindern, wurde die Orientierungsstufe in einem meist weiterhin dreigliedrigen Schul-system mit der Aufgabe der Selektion belastet.[413]

Einerseits haben diese unvollständigen Reformen und "Verwässerungen",[414] die Widerstände konservativer Gruppierungen und die inneren Widersprüche zwischen "Fördern und Ausle-sen" wahrscheinlich viele reformorientierte junge Lehrerinnen und Lehrer enttäuscht, die Anfang der 70er Jahre vermehrt in die Schulen kamen. Andererseits brachte der Unterricht in den Fächern, die nicht niveaudifferenziert wurden, viele praktische und detaillierte Erfahrun-gen über das "Wie" einer binnendifferenzierten Integration. Zudem gewann der Gedanke des "verlängerten gemeinsamen Lernens" öffentliche Aufmerksamkeit und wurde in Form der Gesamtschule sogar über das sechste Schuljahr hinaus bedeutend.[415]

Empirische Untersuchungen[416] wiesen nach, daß durch die Förder- bzw. Orientierungsstufe gewisse Fortschritte hinsichtlich der Zuverlässigkeit der nachfolgenden Schulwahl und der Schulleistungen erzielt und Auflockerungen erreicht wurden. Z.B. wurde etwa die Hälfte der

---

[411] vgl. Geiersbach/E.Rösner S.174; Rodehüser S.645f

[412] vgl. F.Upleger/H.Götz: Die förderstufenähnlichen Schulversuche in Hessen, Hannover - Berlin - Darmstadt - Dortmund 1963; H.G. Rommel: Förderstufe in Hessen, Stuttgart 1969; R.Winkeler: Diskussion um die Orien-tierungsstufe seit 1945, in: Ziegenspeck (Hg.): Bestandsaufnahme Orientierungsstufe, Braunschweig 1975, S.31ff; Ziegenspeck in Frommelt, S.10ff. Die in Hessen Mitte der 80er bis Anfang der 90er Jahre geführten Auseinandersetzungen werden in Abschnitt 5.1. behandelt werden.

[413] vgl. z.B. Hans Haenisch/Jörg Ziegenspeck S.40, S.55, S.80ff, S.86ff; Geiersbach/Rösner S.172ff; Kochan/Neihaus-Siemon S.334 u.a. angegebene Förder-/Orientierungsstufen-Literatur;

[414] Ziegenspeck in Frommelt, S.18. In dieser Beurteilung ist sich die gesamte genannte Förder- und Orientie-rungsstufen-Literatur einig.

[415] Auch weisen einige Forscher darauf hin, daß viele Reformgruppen in den Förder- und Orientierungsstufen "nur einen ersten Schritt zur Horizontalisierung des Schulwesens" sahen. Vgl. Geiersbach/E.Rösner in Edelhoff/Mittelberg S.175f

[416] vgl. hierzu die Zusammenfassung und m.E. zutreffende Interpretation der Ergebnisse durch Klafki in Gesamtschul-Informationen S.186ff und Geiersbach/E.Rösner in Edelhoff/Mittelberg S.175f; H.Haenisch: Förder- und Orientierungsstufe, in: Bernd Frommelt (Hg.): Beispiel Förderstufe - Probleme einer strukturverän-dernden Reform und ihrer wissenschaftlichen Begleitung, Frankfurt a.M. - Berlin - München 1980, S.46 - S.74

Kinder in verschiedenen Fächern in unterschiedlichen Kursniveaus unterrichtet oder wechselte zwischen Niveaus. Weniger deutlich waren die Erfolge hinsichtlich des Abbaus sozial bedingter Chancenungleichheit. Zwar erreichten etwa 10 - 20% mehr Kinder aus sozial schwächeren Schichten höhere Schulabschlüsse, da aber entsprechende Zuwächse auch für die Kinder aus anderen Sozialschichten galten, veränderten sich die relativen Anteile der einzelnen Sozialgruppen nicht bzw. nur wenig. Auch wurden soziale Kontakte nach wie vor meist innerhalb der eigenen Herkunftsgruppe gesucht. Darüber hinaus ergab sich folgender Befund: Trotz positiver Auswirkungen des Schulklimas auf die meisten Kinder blieb ein Teil von etwa 10 - 15% Schülern und Schülerinnen bestehen, der als Problemgruppe bezeichnet werden muß, sich meist in den C-Kursen konzentrierte, sich als minderwertig abgestuft empfand oder von anderen Schülern so eingeschätzt wurde und starke Schulunlust zeigte.[417] Obwohl die meisten dieser Probleme sicherlich durch außerschulische Prozesse bedingt sind, zeigten sich hier jedoch auch negative Auswirkungen des Niveaukurssystems, denn es frustrierte die abgestuften Kinder in diesem Alter doch in erheblichem Maße. M.E. ist jedoch ungeklärt, ob dieser Tatbestand - wie Klafki forderte[418] - durch eine stärkere Betonung des Kernunterrichts weitgehend ausgeräumt werden könnte oder ob er im Kern-Kurssystem als Problem von vornerein angelegt ist und eher durch die sechsjährige Grundschule zu beheben wäre.[419]

Zunächst konnten die **Befürworter des Modells der sechsjährigen Grundschule in Berlin** sich durch die konzeptionelle Ausrichtung der Orientierungsstufe auf die Binnendifferenzierung im wesentlichen **bestätigt** fühlen, auch wenn zu erwarten war, daß die Opposition erneut mindestens Niveaukurse in Klasse 5 und 6 fordern würde.

Tatsächlich verlangte die **CDU** hinsichtlich der inneren Gestaltung der sechsjährigen Grundschule im Anschluß an die Vorlage des Strukturplans 1970 einen **leistungsdifferenzierten Grundschulunterricht ab Klasse 3** nach dem Modell des "streaming", aber sie konnte sich damit wenig Gehör verschaffen.[420] Zu stark war die Berliner Schulpolitik in den 70er Jahren durch die Machtposition und das klare Festhalten der Sozialdemokraten an der sechsjährigen Grundschule bestimmt, als daß die Opposition hier etwas bewegen konnte. Zudem konzentrierte sie ihre Kräfte auf die Abwehr der weitergehenden Horizontalisierung in Form der Gesamtschule.

Zwar blieb die Orientierungsstufe für den CDU-Abgeordneten Diepgen, der später Regierender Bürgermeister wurde, ein interessantes Thema, aber auch er forderte 1973 nur noch "mehr

---

417 vgl. H.Rauschenberger: Eine Schulstufe für die Zehn- bis Zwölfjährigen - Überlegungen zu zwanzig Jahren Förderstufe, in Frommelt S.103 - S.114, insb. S.105f, S.111f; Klafki in Gesamtschul-Informationen S.191
418 vgl. Klafki in Gesamtschul-Informationen S.191
419 In meiner Befragung der Leitungen der West-Berliner sechsjährigen Grundschulen (siehe Abschnitt 4.6.2.) habe ich daher versucht zu ergründen, ob die Maßnahmen der inneren Differenzierung inzwischen hinreichend ausgereift sind, um diese Probleme zu mildern.
420 vgl. BLZ H.10 1970, S.6

Differenzierungsmöglichkeiten" in Klasse 5 und 6.[421] Im Juni 1978 äußerte der schulpolitische Sprecher der CDU Ulzen im Abgeordnetenhaus:

> "Bei einer Reform der Grundschule ist zu überlegen, ob nicht in der 5. und 6.Klasse eine gewisse Differenzierung in den Fächern Deutsch und Mathematik vorgenommen werden sollte."[422]

Doch wurde die sechsjährige Grundschule von der bildungspolitischen Opposition in den 70er Jahren - sei es aus gewandelter Einsicht, sei es wegen mangelnder Erfolgsaussichten - nicht mehr angezweifelt. Auch die **Resonanz auf den Orientierungsstufenvorschlag** des Bildungsrats blieb **in Berlin gering**. Selbst der seit 1971 existierende und ideologisch zwischen Philologenverband und GEW stehende "Verband Berliner Erzieher (VBE)" sprach 1978 in dieser Frage von einer "Berliner Idylle". Und der FDP-Schulsenator Rasch ergänzte auf dem Verbandstag des VBE:

> "Ich bin froh, daß wir in Berlin eine 6-jährige Grundschule haben, die Probleme löst - so meine ich -, die andere Länder mit der Orientierungsstufe lösen wollen. Ich meine das Problem der Verhinderung einer frühzeitigen Auslese. Wir wollen möglichst lange fördern."[423]

Die Freude, von den bundespolitischen Konflikten um die Orientierungs- bzw. Förderstufe verschont zu werden, stieß in Berlin auf breite Zustimmung. Vielmehr beschäftigte man sich, wie geschildert, stärker mit den Fragen der Inhalte und Formen der inneren Grundschulreform und der Verlängerung des gemeinsamen Lernens in Gestalt der Gesamtschule.[424] Daher **verschwand in den 70er Jahren der Protest gegen die sechsjährige Grundschule** völlig und der gegen den Verzicht auf Niveaukurse weitgehend. Vielmehr verschob sich die bildungspolitische Auseinandersetzungslinie von der Kontroverse zwischen SPD und GEW auf der einen und CDU und Philologenverband auf der anderen Seite hin zu massiven Konflikten innerhalb der Reformgruppen, die von der Opposition gern ins Licht der Öffentlichkeit gerückt wurden. Der Schwerpunkt der Kontroversen verlagerte sich von der Frage der Grundschuldauer auf folgende Probleme: die Klassengrößen, sozial kompensatorische Bildungsförderung, Ausländerkinder, die Eingangsstufe, die Ganztagsschule, die Ausweitung der Gesamtschulen[425] und auf allgemeinpolitische Fragen.

---

[421] vgl. Mitteilungen des Deutschen Philologenverbandes, Landesverband Berlin, Heft 11 1973, S.187
[422] vgl. Mitteilungen des Deutschen Philologenverbandes, Landesverband Berlin, Heft 7/8 1978, S.166
[423] VBE-Informationen, Verband Bildung und Erziehung, Landesverband Berlin, Heft 10 1978, S.6, vgl. auch S.1ff
[424] So findet sich in der BLZ kein Hinweis auf eine Berliner Debatte um die Orientierungsstufe.
[425] Zur Berliner Gesamtschuldebatte vgl. z.B. Füssl/Kubina (a) S.222ff, S.330 und S.339ff

4.4. Stärkung des Konsenses über die sechsjährige Grundschuldauer während der 80er Jahre in West-Berlin

4.4.1. Beibehaltung der sechsjährigen Grundschule während der Phase des CDU-Senats in den 80er Jahren

Die sich in den 70er Jahren abzeichnende Verlagerung der Diskussionsfelder setzte sich auch zu Beginn der 80er Jahre fort. Im **Bundesgebiet** geriet die durch einen pragmatischen Regierungsstil gekennzeichnete SPD/FDP-Koalition unter Bundeskanzler Helmut Schmidt unter anderem durch starke pazifistische Bewegungen und ein steigendes Bewußtsein von den Gefahren moderner Technologien und von den Grenzen des Wachstums und der ausbeutbaren Erdressourcen unter Druck. Zugleich verlor sie zunehmend an Bereitschaft zu umfassenden Reformen und an Einigkeit bei der Bewältigung der schwierigen ökonomischen Probleme. Da die Mehrheit der FDP den Schwerpunkt der Wirtschaftspolitik auf verbesserte Bedingungen für Unternehmen setzen wollte, sorgte sie im Herbst 1982 für einen Regierungswechsel, der ab 1983 in Bundestagswahlen mehrmals bestätigt wurde, so daß seit dem die Bundesrepublik von einer konservativen CDU/CSU/FDP-Koalition unter Helmut Kohl regiert wird.

Auch in **West-Berlin** prägten zu Beginn der 80er Jahre Anti-Atomkraft-Bewegung, Hausbesetzungen, Frauenbewegung und Friedensdemonstrationen auf der einen und damit einhergehend ein zunehmender Ruf nach "law and order" auf der anderen Seite das Klima.[426] **Politisch, wirtschaftlich und soziokulturell** zeigten sich immer **größere Divergenzen**. So heterogene Gruppen wie Umweltschützer, Antikapitalisten, Kritiker des auf Wachstum ausgerichteten Gesellschaftsmodells, Hausbesetzer, Atomkraftgegner, Friedens- und Frauenbewegte und soziale Randgruppen sammelten sich bundesweit bei den **GRÜNEN**, in West-Berlin bei der mit den GRÜNEN kooperierenden Alternativen Liste (AL).[427]

Außerdem hatte Anfang der 80er Jahre auch in West-Berlin die seit 17 Jahren ungefährdet regierende SPD bzw. SPD/FDP-Koalition zunehmend die Funktion des Hoffnungsträgers für Reformgruppen verloren.[428] Ihre ökonomisch begründete Sparpolitik verstärkte die Kritik von Gruppen wie der GEW. Diese hielt dem Senat vor, zuwenig gegen die Lehrerarbeitslosigkeit zu tun, die durch sinkende Zahlen der Schüler und Schülerinnen geschrumpften Klassen zusammenzulegen statt zu erhalten und nur ungenügende materielle Bedingungen für pädagogische Verbesserungen der Grundschule zu schaffen.[429]

Zugleich zeigten sich aber auch starke Rückzugstendenzen und Entpolitisierungen innerhalb der ehemals reformbereiten Lehrerschaft. Neben dem fehlenden jüngeren Nachwuchs und den

---

[426] vgl. z.B. BLZ H.10 1981, H.3 1982
[427] Die AL rekrutierte sich strukturbestimmt weniger aus ländlichen Naturschützern als aus städtischen, vornehmlich jungen, wohnungs-, sozial- und gesellschaftspolitisch engagierten Menschen.
[428] vgl. z.B. BLZ H.1 1989, S.10
[429] vgl. z.B. BLZ H.3 bis H.5 1981

356

vorangegangenen, kräfteraubenden innergewerkschaftlichen Auseinandersetzungen spielten dabei vor allem die Enttäuschungen über die Nichterfüllung hochgesteckter Reformerwartungen und die kritisierte "Basisferne" der gewerkschaftlichen Funktionäre eine Rolle.[430] Dennoch wurde von seiten der GEW versucht, 1980/81 das **Grundschulreformprogramm** neu zu **beleben**. Dabei verstärkte sich der bereits angedeutete inhaltliche Wandel. Programmiertes Lernen und fachliche bzw. niveauorientierte Ausdifferenzierung wurden kaum noch propagiert. Nicht mehr große, funktionale Schulen mit ihren vielfältigen Möglichkeiten an differenzierten Angeboten und hohe Erwartungen an eine Steigerung der Leistungsfähigkeit bestimmten Anfang der 80er Jahre das Bild der von der GEW vertretenen Vorstellungen von einer guten Schule. Eine attraktive Grundschule wurde hier vielmehr beschrieben, als ein "Ort, an dem sich alle Kinder entfalten können bei einem Lernen in Muße und Solidarität und in einer Neugier, die sie mitgebracht haben und die durch das erwachsenenzentrierte, 'systematische' Lernen eher systematisch kaputt gemacht wird."[431] Damit gewann der schon zu Beginn des Jahrhunderts aufgetretene Gedanke der "Schonraumpädagogik" in der Lehrer- und Elternschaft wieder an Dominanz.[432] Zugleich wurde er weiterentwickelt und sowohl mit den Ergebnissen der pädagogischen Forschung der 60er und 70er Jahre, die eine Förderung aller Kinder unabhängig von ihren vorgeblichen "Begabungen" verlangte, als auch mit Vorstellungen der antiautoritären Bewegung verbunden, die sich repressionsfreie Selbstbestimmung und solidarische Aushandlungsprozesse in der Schule zum Ziel setzte.

Alte **reformpädagogische Ansätze** wurden **mit neuen Akzenten verknüpft** und fanden in Form von freier Arbeit, Wochenplan, Binnendifferenzierung, ganzheitlichem Projektunterricht, handlungs- und erfahrungsorientiertem Lernen, fach- und jahrgangsübergreifendem Unterricht und einem Verzicht auf Ziffernbenotung Eingang in reformfreudige Grundschulen. In überschaubaren Schulen und in selbstgestalteten, anregenden Klassenräumen sollte ein Schulleben über den Unterricht hinaus (z.T. über den ganzen Tag) sowohl den Lehrenden mehr Bedeutung zumessen als auch den Kindern mehr Freiräume und Bindungen ermöglichen. Besonders intensiv wurden diese Aspekte, die fast alle schon in den Lebensgemeinschaftsschulen der 20er Jahre verwirklicht oder doch zumindest angestrebt worden waren, nun mit den Erkenntnissen der 60er und 70er Jahre und unter veränderten gesellschaftlichen Bedingungen erneut in den sogenannten Alternativschulen erprobt.[433] Entsprechend nahmen in der pädagogischen Literatur und der professionellen und öffentlichen Diskussion die Auseinandersetzungen mit diesen Freien und Alternativen Schulen und mit der Reformpädagogik zu.[434]

[430] vgl. BLZ H.12 1980, S.27f, H.1 1981, S.2, H.2 1981, S.24f, H.1 1982, S.30, H.3 1982, H.6 1988, S.15ff
[431] BLZ H.11 1983, S.18
[432] vgl. Brief von Frau Dr. Laurien vom 15.11.1990 an den Verfasser
[433] vgl. BLZ H.1 1980, S.13f, H.9 1981, S.8ff, H.11 1983, S.26,
[434] vgl. BLZ H.7/8 1981, S.11 - S.14, H.11 1980, S.41, H.9 1981, S.6f, H.10 1982, S.29f, H.4/5 1983, S.30ff, H.7/8 1985, S.4ff, H.10 1985, S.29f, H.12 1986, S.24, H.11 1987, S.25, H.11 1988, S.5ff. Auffallend ist, daß die GEW, die sich an sich für Schulen in staatlicher Trägerschaft aussprach, trotz interner, strittiger Diskussionen die Freien Schulen in Berlin unterstützte, insbesondere dann, wenn diese von einer Schließung bedroht waren.

Die Verbreitung reformpädagogischer Methoden in privaten Alternativ- und staatlichen Versuchsschulen war jedoch ein sehr langsamer, zunächst nur von einzelnen Lehrkräften und Erziehungswissenschaftlerinnen bzw. -wissenschaftlern initiierter Prozeß.[435] Daneben wurden in weit stärkerem Maße die Bemühungen um die Ganztagsschule, die Eingangsstufe, die den Bedürfnissen von Ausländerkindern gerecht werdende Schule und die Integration Behinderter mit zunehmendem Erfolg fortgesetzt. Gerade die Integration Behinderter in den Regelunterricht brachte unter dem Motto: "Die Regelschule muß anders werden!" in der Praxis eine Verstärkung der **Binnendifferenzierung** und eine begrenzte Abkehr vom fragend entwickelnden Frontalunterricht.[436]

Mitten in diese Phase des vereinzelten Neubeginns mit reformpädagogischen Konzepten, des teilweisen Rückzugs ins Private und der verbreiteten Frustration bezüglich der Schulpolitik des Senats stieß der auch bundesweit erkennbare Trend zum Konservativismus und brachte 1981 den Regierungswechsel in West-Berlin.[437] Daß er jedoch von der Lehrerschaft kaum als starker Einschnitt empfunden wurde, lag wohl zum einen daran, daß die Unzufriedenheit über den alten Senat groß war, und zum zweiten daran, daß die **CDU/FDP-Regierung** unter Richard von Weizsäcker und der Schulsenatorin Hanna-Renate Laurien eine **vorsichtige Schulpolitik** betrieb, die Kooperation mit den Schulräten und Schulleitern, die meist SPD-Mitglieder waren, suchte und sich den Lehrplänen und Inhalten zuwenden und nicht "an den Schulformen weiter organisatorisch herumexperimentieren"[438] wollte.

Selbst der Philologenverband kritisierte diese vorsichtige Linie nicht. Im Oktober 1981 war man sich sogar mit der SPD einig, "daß die Sechs-Klassen-Grundschule beibehalten werden sollte," man erwartete aber wie die SPD, "daß über Differenzierungsmöglichkeiten in beiden Klassenstufen nachgedacht werden müsse."[439] Im übrigen vertraute der Philologenverband auf die CDU und forderte für die Legislaturperiode eine Ausweitung der grundständigen Gymnasien.[440]

---

[435] vgl. BLZ H.9 1981, S.8ff

[436] vgl. BLZ H.12 1979, S.9 - S.19, H.3 1980, H.6 1980, S.27ff, H.7/8 1980, H.9 1980, S.32f, H.1 1981, S.6ff, H.11 1981, S.36, H.12 1981, H.3 1982, S.18ff, H.12 1983

[437] vgl. O.Büsch/W.Haus/G.Kotowski/H.J.Reichhardt (Hg.): Berliner Demokratie 1919 - 1985, Bd.2, Berlin - New York 1987. Die verschiedenen Berliner Regierungskoalitionen, Regierenden Bürgermeister und Schulsenatoren bzw. -senatorinnen ab Juni 1981 mag folgender Überblick verdeutlichen (ebenda S.406ff):

Juni 1981 - April 1985	CDU-Senat	R.v.Weizsäcker(CDU)	H.R.Laurien(CDU)
	ab 1983 CDU/FDP	ab Feb.84 E.Diepgen(CDU)	
April 1985 - April 1989	CDU/FDP-Senat	E.Diepgen(CDU)	H.R.Laurien(CDU)
April 1989 - Dez. 1990	SPD/AL -Senat	W.Momper(SPD)	S.Volkholz(parteilos/AL)
ab Jan. 1991	CDU/SPD-Senat	E.Diepgen(CDU)	J.Klemann(CDU)

[438] BLZ H.9 1981, S.41f, z.T. die Regierungserklärung zitierend; vgl. ähnliche Äußerungen von Dr. Laurien in ihrem Brief vom 15.11.1990 an den Verfasser.

[439] vgl. Mitteilungen des Deutschen Philologenverbandes, Landesverband Berlin, Heft 8 1981, S.212

[440] vgl. Mitteilungen des Deutschen Philologenverbandes, Landesverband Berlin, Heft 7 1981, S.168f, Heft 8 1981, S.203, Heft 9 1981, S.237, Heft 1 1982, S.7

358

Obwohl sich die GEW gegen die konservativen Erziehungsvorstellungen der CDU wandte, blieben die Kontroversen bis auf Auseinandersetzungen um das Pädagogische Zentrum und die Arbeitszeitverkürzung zunächst begrenzt. Erst als die GEW die sechsjährige Grundschule durch geplante **grundständige Gymnasien, Hochbegabtenförderung und äußere Niveaukursdifferenzierungen in Klasse 5 und 6** für bedroht hielt, mobilisierte sie zum Protest.[441] In seinem Artikel "1 Jahr Bildungspolitik der CDU" bilanzierte der Grundschulexperte des Pädagogischen Zentrums, Peter Heyer, die GEW habe darauf zu achten, daß Frau Laurien nicht mehr grundständige Gymnasien, "verstecktes streaming" in Deutsch, Mathematik und Englisch und mehr Klassen mit Latein und Französisch als erste Fremdsprache durchsetze. Frau Lauriens Kritik, daß Lernschwache überfordert bzw. vor allem Befähigte unterfordert würden und es keine Fördermaßnahmen für leistungsstarke Kinder gebe, hielt er entgegen, daß die GEW zwar bereit sei, über die Mängel in Klasse 5 und 6 zu diskutieren, daß aber statt Auslese und Aussonderung soziales Lernen, Integration, bessere Lernbedingungen für alle und innere Differenzierungen nötig seien. Auf leistungsstarke Kinder begrenzte Förderangebote und Trennungen aus sozialen und psychologischen Gründen hielt Peter Heyer für ungeeignet, weil sie die leistungsschwächeren Kinder deprimierten.[442]
Nachdem der Philologenverband, der "Verband Bildung und Erziehung" (VBE) und der konservative "Berliner Elternverein e.V."(BEV) 1981/82 auf äußere Leistungsdifferenzierungen in Klasse 5 und 6 gedrängt hatten, die Einrichtung eines weiteren grundständigen Gymnasiums beschlossen und die Verstärkung der Latein- und Französischklassen an den Grundschulen erläßlich geregelt worden war, rief die Fachgruppe Grundschulen der GEW gemeinsam mit dem "Arbeitskreis Grundschule e.V." und dem von reformorientierten Eltern gegründeten "Arbeitskreis Neue Erziehung" (ANE) 1983 dazu auf, die sechsjährige Grundschule in ihrer Gestalt zu bewahren und äußere Leistungsdifferenzierungen zu verhindern.[443]
Ihre **Argumente** waren erstens traditionell für die sechsjährige Grundschule angeführte, auf das Individuum und auf die Gesellschaft bezogene Begründungen: So sprächen eine Verminderung der sozialen Trennungen und gegenseitige soziale und intellektuelle Anregungen sowie ein "kindgemäßes Lernen" für die sechsjährige Grundschule, ein früh einsetzender Leistungsdruck und ein übersteigerter Abstraktionsgrad gegen Leistungsdifferenzierungen in Klasse 5 und 6. Zweitens waren es in der Diskussion der Förder- bzw. Orientierungsstufen und Gesamtschulen angeführte Argumente für ein längeres gemeinsames Lernen: Die Zwölfjährigen könnten an der Wahl ihres späteren Schulweges stärker selbst beteiligt werden, die Lehrkräfte besser kooperieren. Internationale Entwicklungen und empirische Daten (hohe Abiturienten- und Erfolgsquote, jüngere Abiturienten) sprächen für die sechsjährige Grund-

---

[441] vgl. BLZ H.2 1882, S.17f, H.6 1982, S.9f und S.29, H.9 1982, S.6
[442] vgl. BLZ H.9 1982, S.6
[443] vgl. BLZ H.3 1983, S.14f; Mitteilungen des Deutschen Philologenverbandes, Landesverband Berlin, Heft 7 1985, S.186 und S.198

schuldauer, zumal gerade dadurch ein weiteres Lernen in und eine Expansion von Gesamtschulen gefördert werde. Dagegen würden die äußeren Leistungsdifferenzierungen etwa in
Form der Orientierungsstufen die Schulwahl vorverlegen und Wahlmöglichkeiten der Eltern
und Kinder beschränken, da die Entscheidung schon durch die Kurseinstufungen seitens der
Lehrpersonen erfolgt sei, so daß dies eine Verschlechterung der sechsjährigen Grundschule
bedeuten würde:

> "Die meisten Bundesländer haben ihre nur vierjährige Grundschulzeit selbst als
> unzureichend empfunden und deswegen sogenannte "Orientierungsstufen" für die
> 5. und 6. Klassen eingeführt. Dieses Modell hat wegen der Halbherzigkeit des
> Reformansatzes in der Regel weniger Erfolge gebracht als die einheitliche sechs-
> jährige Grundschule in West-Berlin."[444]

Schließlich tauchten drittens angesichts der veränderten historischen Bedingungen neue
Begründungen auf: So würde nach Ansicht der GEW die Integration der Ausländerkinder und
Behinderten durch die Einführung von Niveaukursen erschwert werden. Stattdessen seien
"alternative Unterrichtsreformen", nämlich die Einrichtung gemeindenaher Schulen, "stärkere
Binnendifferenzierung bis hin zu offenem Unterricht" und "Projektunterricht mit möglicher
Interessendifferenzierung" nötig.[445]

Hervorzuheben ist, daß von der Schulsenatorin das **Prinzip der sechsjährigen Grundschule
nicht zur Disposition gestellt** wurde. Zwar war sie laut BLZ und Mitteilungen des Philologenverbandes der Meinung, "daß sie über die sechsjährige Grundschule einmal sehr ernsthaft
nachdenken würde, wenn in jedem Bezirk ein grundständiges Gymnasium gewünscht würde",
und sie peilte Veränderungen in Richtung der Orientierungsstufe an. Aber - obwohl mißtrau-
isch - gestand selbst die GEW Berlin ein, daß Frau Laurien immer wieder "fast schon
beschwörend" betonte, die "gewachsene Realität" der Berliner sechsjährigen Grundschule
nicht verändern und sie "in keiner Weise infrage stellen" zu wollen.[446]

Nach ihrer Auskunft an mich hatte sie sich schon in Rheinland-Pfalz gegen den Widerstand
des Philologenverbandes dafür eingesetzt, daß die Lehrpläne der schulformabhängigen Orien-
tierungsstufe in Klasse 5 und 6 gleich sein sollten, und hatte "als Herr von Weizsäcker und
Helmut Kohl (sie, d.V.) baten, 1981 der Berliner crew beizutreten, ... eine Bedingung gestellt:
Kein Aufleben der Organisationsschlachten, sowohl zum Thema Orientierungsstufe wie zum
Thema Gesamtschule."[447] Entsprechend habe sie, als nach der Wahl "einige Gruppen aus der
Partei" die vierjährige Grundschule gefordert hätten, "nein" dazu gesagt.[448] Weiter schreibt
sie:

---

[444] BLZ H.3 1983, S.15
[445] vgl. BLZ H.3 1983, S.14f
[446] BLZ H.3 1983, S.14; Mitteilungen des Deutschen Philologenverbandes, Landesverband Berlin, Heft 1 1982,
S.7 und Antwort der Schulsenatorin auf eine große Anfrage der CDU vom 13.10.1983 in BLZ H.1 1984, S.19
sowie H.1 1989, S.8f
[447] Brief von Frau Dr. Laurien vom 15.11.1990 an den Verfasser. Vgl. auch BLZ H.1 1989, S.8f
[448] vgl. BLZ H.1 1989, S.8; siehe auch Brief von Frau Wegener (BEV) an den Verfasser

"Ich war und bin der Meinung, daß eine sechsjährige Grundschule hoch leistungsfähige Schülerinnen und Schüler unterfordert, doch geht es bei dieser Frage um
ihren Wert im gesamten Bildungsgefüge und in der politischen Landschaft. Wir
haben in 5 und 6 freiwillige, unzensierte AG ermöglicht, die 'Futter' im o.a. Sinn
vermittelten. Zuerst machten ca. 12 Grundschulen mit, wir veröffentlichten deren
Themen (historische Spurensuche im Bezirk, Sternenkunde u.a.) und nach 2 oder
3 Jahren nahmen ca. 110 - 120 Grundschulen (von 225) diese Möglichkeit war. In
Berlin ist bei Eltern und Lehrern ein starker Vorbehalt gegen, wie man meint,
überhöhte Leistungsanforderungen vorhanden. Vermeidung eines polarisierenden,
die Kräfte bindenden Streits ist für mich eine verpflichtende Linie."[449]

Frau Lauriens Beschreibung, Formen der besonderen Förderung leistungsstarker Kinder zu
finden, die möglichst geringe polarisierende Effekte in der Eltern- und Lehrerschaft erzeugen,
deckt sich hier im wesentlichen mit den in Abschnitt 4.4.2. dargestellten Antworten auf eine
schriftliche Befragung und mit den Aussagen der verschiedenen Lehrerzeitschriften Berlins,
die allerdings auch andere Akzente setzten oder Mutmaßungen äußerten. So unterstellte die
BLZ im März 1983, daß die Schulsenatorin in Wahrheit die vierjährige Grundschule bevorzuge, diese aber "kurz- oder mittelfristig politisch nicht durchsetzbar und auch aus organisatorischen Gründen nicht realisierbar" sei; sie behelfe sich daher mit Vorschlägen wie der
Einrichtung leistungsdifferenzierter Kurse in den Klassen 5 und 6, der Vermehrung der
grundständigen Gymnasien und Latein- und Französischklassen, der Wiedereinführung der
alten Versetzungsordnung und der Einrichtung von Hochbegabtenkursen.[450] Acht Monate
später ergänzte die BLZ, daß Frau Laurien die **Idee der leistungsdifferenzierten Kurse**
wegen Protesten in Lehrer- und Elternschaft aufgegeben habe, aber weiterhin den Gedanken von fakultativen Angeboten für leistungsstarke Kinder verfolge, obwohl neben der GEW
inzwischen sogar der VBE und der BEV dagegen Bedenken hätten, diese sogenannten "Pilot-
projekte" nur für "Hochbegabte" anzubieten, statt die sich abzeichnende Verbesserung der
Schüler-Lehrer-Relation für alle offen stehenden Angebote zu nutzen.[451] Die Vorsitzende des
BEV und CDU-Abgeordnete, Charlotte Wegener, bestätigt diese Aussage, jedoch mit einer
entgegengesetzten Intention:

"Eine echte Leistungsdifferenzierung in den Kl. 5 und 6 der Grundschulen hat
unter Frau Dr. Laurien nicht stattgefunden, was wir sehr bedauert haben. Ihren
Vorschlag, besondere Arbeitsgemeinschaften nur für besonders leistungsfähige
Schüler anzubieten und davon Schüler, die in irgend einer Weise Förderunterricht
erfahren, auszuschließen, mußten wir damals ablehnen, weil u.E. AG's, die ja
zusätzlich zur freien Auswahl angeboten werden, für alle Schüler offen sein
müssen. Die sog. IG-AG's (Interessen-Arbeitsgemeinschaften) sind sicher

---

[449] Brief von Frau Dr. Laurien an den Verfasser. Vgl. auch BLZ H.1 1989, S.8f
[450] vgl. BLZ H.3 1983, S.14. Seitens der FDP waren keine Bemühungen für eine Verkürzung der Grundschuldauer sichtbar, weitere grundständige Gymnasien lehnte sie wie die AL und die SPD tendenziell ab. Vgl.
Mitteilungen des Deutschen Philologenverbandes, Landesverband Berlin, Heft 1 1982, S.7. Im März 1982
beschäftigen sich die Mitteilungen des Deutschen Philologenverbandes, Landesverband Berlin, Heft 3 1982,
S.70f mit den genannten Ansätzen Lauriens und drängen auf äußere Differenzierungen in Deutsch, Mathematik
und 1.Fremdsprache. In den folgenden Heften wird das Thema jedoch nicht wieder aufgegriffen.
[451] vgl. BLZ H.11 1983, S.24, H.1 1984, S.19f, H.9 1984, S.8

weitgehend gut gelaufen, wurden aber nur an einer begrenzten Zahl von Schulen angeboten und sind für eine angemessene Förderung besonders leistungsfähiger Schüler in den Kl. 5 und 6 überhaupt nicht ausreichend."[452]

Der Berliner Philologenverband begrüßte zwar die zusätzlichen Arbeitsgemeinschaften für Leistungsstarke, hielt aber Hochbegabungen für kaum frühzeitig erkennbar, lehnte die Aussonderung von Hochbegabten in eigenen Zügen oder Schulen und Elitegymnasien ab und schenkte diesen "Pilotprojekten" wenig Aufmerksamkeit.[453] Dennoch beteiligten sich - wie Frau Laurien erwähnte - in den folgenden Jahren fast die Hälfte aller 250 West-Berliner Grundschulen an diesen Projekten, die für acht bis zwölf "begabte" Fünft- bzw. Sechstklässler einmal pro Woche zwei Stunden am Nachmittag Zusatzangebote bedeuteten. Sie waren mit Ausnahme einer Grundschule zunächst nicht für alle Kinder offen.[454]

Zudem konnte die Schulverwaltung unter Frau Laurien nach ihrer Mitteilung an mich einen weiteren kleinen Durchsetzungserfolg erzielen:

> "Da haben wir die Wahl von Frz. durch Werbung und organisatorische Anschluß-
> verbesserungen in der Oberschule von knapp 1% auf fast 6% steigern können,
> obwohl die GEW gegen mich Flugblätter verteilte, ich sprengte mit diesem
> gesteigerten Angebot die Klasseneinheit, die nur bei der Wahl von Englisch
> gewährleistet sei ..."[455]

Mit diesen kleinen Erfolgen gaben sich im wesentlichen auch der Philologenverband und z.T. auch der Berliner Elternverband zufrieden, und es trat in diesem Punkt relative Ruhe ein.[456]

Überhaupt zeichnete sich der Berliner **Philologenverband** durch eine keineswegs nur auf Elitebildung und Reformfeindlichkeit ausgerichtete Bildungspolitik aus, sondern sprach sich für die Bestandssicherung der Gesamtschulen aus, beteiligte sich aktiv an der Oberstufen-reform und tolerierte sogar die alternativ orientierten Freien Schulen.[457]

---

[452] siehe Brief von Frau Wegener an den Verfasser

[453] vgl. Mitteilungen des Deutschen Philologenverbandes, Landesverband Berlin, Heft 5 1985, S.140f, Heft 5 1986, S.136, Heft 1 1987, S.7, Heft 5 1987, S.140

[454] vgl. BLZ H.2 1986, S.16f; VBE-Informationen, Heft 5 1986, S.9ff. Inzwischen sind diese "IG-AGs" für alle Kinder offen und werden von allen schulpolitischen Gruppen begrüßt; vgl. Therese Marsoleks Bericht in: Peter Heyer/Renate Valtin (Hrsg.): Die sechsjährige Grundschule in Berlin, Beiträge zur Reform der Grundschule des Arbeitskreises Grundschule e.V. - Band 82, Frankfurt am Main 1991, S.178

[455] siehe Brief von Frau Dr. Laurien vom 15.11.1990 an den Verfasser

[456] Vom März 1982 ab wird das Thema der Organisation der Klassen 5 und 6 nicht wieder in den Mitteilungen des Philologenverbandes aufgegriffen. Die Vorsitzende des Berliner Elternvereins, Frau Wegener, teilte mir mit, daß sich der BEV nach anfänglichen Forderungen nach der vierjährigen Grundschule schließlich der Argumentation von Frau Laurien anschloß, "es sei wichtiger, die Inhalte von Schule zu verändern, statt organisatorische Kreuzzüge gegen die GEW zu führen, die sicher ausgebrochen wären". Siehe Brief von Frau Wegener.

[457] vgl. Mitteilungen des Deutschen Philologenverbandes, Landesverband Berlin, insb. Heft 5 1985, S.130f, Heft 1 1989, S.11 und weitere Jahrgänge der 70er und 80er Jahre. Da in Berlin der Gesamtschulanteil an der Sek.I etwa ein Drittel beträgt, dementsprechend ein nicht geringer Teil der Mitglieder des Philologenverbandes in der Gesamtschule tätig ist, ist dieser in einer eigenen Unter-AG organisierte Teil mächtig genug, die Gesamt-schulinteressen in den Gesamtverband einzubringen. Zumeist beschäftigte sich der Verband aber in den 80er Jahren mit Beschäftigungs- und Besoldungsfragen sowie Schulschließungen, weiterhin mit den Themen: Schul-zeitverkürzung, Leistungsprinzip und -kontrollen, Wirtschaft und Informatik, Lehrplanfragen, Integration Behinderter, Migranten und Rechtsextremismus.

Auf der anderen Seite verstärkte sich gegen die Tendenz der Schulsenatorin Mitte und Ende der 80er Jahre das 1980 eingeleitete **Wiederaufleben reformpädagogischer Gedanken**, insbesondere der Ansätze von Petersen und Freinet.[458] Auch die **GEW** forderte nun verstärkt, daß eine Veränderung in Richtung fachübergreifenden und offenen Grundschulunterrichts gehen müsse, der zugleich auf gesellschaftlich relevante Themen (Schlüsselprobleme) konzentriert werden solle; Umfragen hätten gezeigt, "daß die Schulunlust spätestens im 5/6 Schuljahr einsetzt, wenn die Fachzersplitterung beginnt."[459] Diese Richtung verstand sich auch als Antwort auf jene unter dem Schlagwort "Mut zur Erziehung" - in Berlin besonders vom Landesschulrat Bath - vertretene Tendenz zur Forderung nach konservativer Werteerziehung.[460] Sie beinhaltete u.a. die Betonung der Rechtschreib- und Rechenleistung, die Verfachlichung des Unterrichts, die Orientierung auf Leistungskonkurrenz und die zunehmende Festschreibung von Lehrinhalten. Diesen Forderungen war auch die Schulsenatorin nicht abgeneigt, während sie - im Gegensatz zu vielen Grundschullehrkräften - die Projektorientierung und verbale Leistungsbewertung begrenzt wissen wollte und den reformpädagogischen Forderungen eher skeptisch gegenüberstand.[461]

Aber auch unter den West-Berliner Grundschullehrerinnen und -lehrern waren die reformpädagogischen Tendenzen nicht unumstritten. So gab es hier Stimmen, die befürchteten, daß durch zu starke Binnendifferenzierung die individuellen Leistungen weniger angeglichen würden, weniger gezielt und weniger sozial kompensierend gefördert werde, das Individuum vor die Gemeinschaft gestellt werde und zu wenig auf die keineswegs reformpädagogischen Oberschulmethoden vorbereitet werde. Zugleich wurde gefordert, statt "offenen Unterricht" zu propagieren, solle man die Kräfte gegen die von Frau Laurien initiierten neuen Rahmenpläne, die Ausleseaufgaben betonten, bündeln.[462] Auch der VBE übte Kritik an mit Freiarbeit und Wochenplan gestaltetem "offenem Unterricht", sah hierin die Gefahr der "Überforderung", des "Methodenmonismus" und einen "Mangel an Lernökonomie", sprach sich aber durchaus für einzelne, in den herkömmlichen Unterricht integrierte und methodisch abwechslungsreiche binnendifferenzierende Maßnahmen aus.[463]

---

[458] vgl. BLZ H.11 1983, S.26, H.9 1984, S.8fff und S.17, H.12 1985, S.16f, H.7/8 1986, S.11

[459] vgl. BLZ H.1 1989, S.7 und H.5 1989, S.18. Die Konzentration des Unterrichts auf Schlüsselprobleme wurde bundesweit im Zusammenhang mit der wieder auflebenden Allgemeinbildungsdiskussion, insbesondere von Klafki, gefordert. Vgl. Wolfgang Klafki: Neue Studien zur Bildungstheorie und Didaktik, Weinheim und Basel 1985, S.20ff

[460] vgl. Mut zur Erziehung. Beiträge zu einem Forum am 9./10. Januar 1978 im Wissenschaftszentrum Bonn - Bad Godesberg, Stuttgart 1978. Daß der Berliner Philologenverband im Vergleich zum Bundestrend relativ liberal war, zeigt m.E. seine kritische Haltung gegenüber diesem versuchten Wertewandel. Vgl. Mitteilungen des Deutschen Philologenverbandes, Landesverband Berlin, Heft 3 1978, S.38f und Heft 3 1980, S.53

[461] vgl. hier insbesondere ihre Skepsis gegenüber Umwandlungen in der Paul-Klee-Grundschule, Projekttagen und der Referendarsausbildung in reformpädagogischen Klassen: BLZ H.1 1984, S.20, H.7/8 1986, S.11, H.1 1988, S.4 - S.9, H.1 1989, S.9f; Mitteilungen des Deutschen Philologenverbandes, Landesverband Berlin, Heft 2 1987, S.48

[462] vgl. BLZ H.6 1985, S.6, H.7/8 1985, S.16

[463] vgl. VBE-Informationen, Heft 12 1987, S.10f

Auf der anderen Seite gewannen reformpädagogische Ansätze bei den 1985 nach 12 Jahren wieder von der GEW durchgeführten Grundschultagen die größte Aufmerksamkeit und Zustimmung. So bildete sich unter der Leitung von Helene Buschbeck (Pädagogisches Zentrum) eine aktive "AG Spinnendifferenzierung",[464] in der engagierte Grundschullehrerinnen und -lehrer noch heute versuchen, reformpädagogische Gedanken in die Grundschule zu tragen. Wie sehr bzw. wie wenig dies gelungen ist, werde ich anhand der Befragung von Grundschulleiterinnen bzw. -leitern zu klären versuchen (Abschnitt 4.6.).

So waren aber, nachdem auch die neue CDU/FDP-Koalition 1985 keine Veränderungen in der Schulorganisation geplant und stattdessen "**pädagogische Verbesserungen**" in den Mittelpunkt gestellt hatte,[465] von 1987 ab mögliche weitere Gefährdungen der sechsjährigen Grundschule kein Thema mehr. Auf Nachfrage des Philologenverbands nach Zielen, die das Schulsystem verändern würden, wünschten CDU und FDP **Ruhe in Fragen der Schulorganisation**. Die AL forderte ein bis Klasse 10 verlängertes gemeinsames Lernen für alle, und die SPD sprach sich für den Erhalt der sechsjährigen Grundschule und mittelfristig für Gesamtschulen aus.[466] Selbst die GEW verlor in der Schulorganisationsfrage ihr Mißtrauen gegenüber dem CDU/FDP-Senat und der Schulsenatorin. Und auch wenn Eberhard Welz für die Fachgruppe Grundschule der GEW 1988 die achtjährige Grundschuldauer forderte, verlagerte sich die Auseinandersetzung von der schulorganisatorischen Frage der Grundschuldauer bzw. der möglichen Gefährdung der sechsjährigen Grundschule auf das Problem der inneren Reformen, nämlich der reformpädagogischen Ansätze (Binnendifferenzierung, Projektunterricht, Lernentwicklungsberichte, weniger Leistungsdruck für Kinder, größerer Entscheidungsraum der einzelnen Lehrkraft, insbesondere durch Freiraum verschaffende Rahmenpläne mit Mindestanforderungen), und auf Themen wie Klassenfrequenzsenkung und Teilungsstunden, Eingangsstufe, Ganztagsschule, mädchenorientierter Unterricht, Computer in der Schule, Umsiedlerkinder, interkulturelle Erziehung und Integration Behinderter.[467]

Rückblickend bilanzierte die Berliner GEW 1989 die "CDU-Bildungspolitik" der 80er Jahre:

> "Zwar gab es den befürchteten Angriff auf die äußere Struktur des Berliner Schulwesens nicht, weder auf die sechsjährige Grundschule noch auf die Gesamtschule. Dennoch wurde von der Bildungsreform der 60/70er Jahre - kaum wahr-

---

[464] vgl. BLZ H.3 bis H.6 1985. Der Name "AG Spinnendifferenzierung" wurde gewählt, weil das Thema "Binnendifferenzierung" in einem Kooperationsverbund bearbeitet werden sollte, der wie ein Spinnennetz verwoben war.

[465] vgl. Mitteilungen des Deutschen Philologenverbandes, Landesverband Berlin, Heft 5 1985, S.130f; VBE-Informationen, Heft 5 1986, S.9ff

[466] vgl. Mitteilungen des Deutschen Philologenverbandes, Landesverband Berlin, Heft 3 1985, S.77ff

[467] So spielten mögliche Gefährdungen der sechsjährigen Grundschule bei einem Gespräch zwischen GEW und Frau Laurien zum Jahresende 1986 keine Rolle mehr. Vgl. BLZ H.1 1987, S.26ff und in bezug auf die genannten Themen: BLZ H.11 1983, S.15 - S.26, H.12 1985, S.16f, H.1 1986, H.3/4 1986, S.28f, H.7/8 1986, S.11, H.10 1986, H.11 1986, S.31f, H.4/5 1987, S.23 und S.25f, H.7/8 1987 S.16, H.9 1987, S.30, H.11 1987, S.28f, S.30, S.25f, H.12 1987, S.32 und insbesondere H.1 1988, S.4 - S.9, weiter H.5 1988, S.30f, H.7/8 1988, H.9 1988, S.27f, H.10 1988, S.23f, H.11 1988, S.14ff, H.1 1989, S.19f und S.21ff, H.2 1989, S.11ff. Vgl. auch die VBE-Informationen und Mitteilungen des Berliner Philologenverbandes in den 80er Jahren.

genommen, weil scheibchenweise - soviel abgeschnitten, daß man diese Jahre nur als die mageren acht in der Bildungspolitik bezeichnen kann."[468]

Neben der zunehmenden Besetzung schulpolitisch relevanter Stellen mit konservativen Personen wurde hier von der GEW insbesondere die fehlende Arbeitszeitverkürzung[469] und Einstellung sowie die zu geringe Berücksichtigung der Interessen der Behinderten und Migrantenkinder kritisiert.

Bemerkenswert erscheint mir jedoch, daß die **sechsjährige Grundschule von der Berliner CDU im Prinzip befürwortet** und Bemühungen um äußere Leistungsdifferenzierungen in Klasse 5 und 6 in Richtung Förder- bzw. Orientierungsstufe von der konservativen Regierung aufgegeben wurden. Frau Lauriens schulorganisatorische Bilanz, die Einrichtung nur eines weiteren grundständigen Gymnasiums, die geringe Erweiterung der Latein- und Französischklassen in 5 und 6 und die Zusatzangebote für leistungsstarke Kinder, läßt zwar einerseits gewisse Rücksichten auf ihre konservative Klientel erkennen, im Grunde aber blieben diese Veränderungen gering. Der Gedanke der einheitlichen sechsjährigen Grundschule wurde dadurch m.E. kaum tangiert, eher wurde von Frau Laurien und der CDU/FDP-Regierung in dieser Frage der vorhandene Konsens gesucht und noch gefördert. Diese Einschätzung scheint mir durch Frau Lauriens sympathisch-ehrliche Beurteilung ihres Beitrags und ihrer Strategie in einem Interview mit der BLZ vom Jahreswechsel 1988/89 gestützt:

"Wir haben dann - worin ich meinen Beitrag sehe - die zusätzlichen Arbeitsgemeinschaften im 5. und 6. Schuljahr angeboten. Können Sie sagen schwach - aber okay, dann ist es eben schwach. ... **Vor** der Wahl - ich bin brutal ehrlich - müssen Sie auch denen einen Anziehungspunkt bieten, die eigentlich die vierjährige Grundschule wollen und **nach** der Wahl müssen Sie mit allen Betroffenen reden, was realisierbar und vernünftig ist."

Damit hat sie m.E. die Übereinkunft, daß die Berliner Grundschule sechs Jahre dauern sollte, in einer Form gestärkt, wie es kaum jemandem aus dem schulreformfreundlichen politischen Lager möglich gewesen wäre, denn zunächst galt: Wenn nicht eine CDU/FDP-Regierung, wer sonst sollte in Berlin die sechsjährige Grundschule abbauen?

4.4.2. Befragung zu den Ursachen des breiten Berliner Konsenses in der Frage der Grundschuldauer

In einer kurzen, schriftlichen und offenen Befragung von Berliner **Grundschulexperten, Verbänden und Parteien** versuchte ich nun die Ursachen für diese starke Position der sechsjährigen Grundschule zu ergründen, die dazu führte, daß die Grundschuldauer sogar von der CDU und dem Philologenverband in den 80er Jahren nicht angetastet wurde.

---

[468] BLZ H.1 1989, S.5; vgl. auch S.14f
[469] BLZ H.1 1989, S.5ff und S.19f, H.2 1988, H.3/4 1988, S.37 und S.45, H.5 1988, S.14ff, H.9 und H.10 1988, H.7/8 1988

Nach der Wahl im Dezember 1990 fragte ich danach,[470]

- (1) wie die Maßnahmen des CDU-geführten Senats zur schulorganisatorischen Gestaltung der Klassen 5 und 6 in den 80er Jahren eingeschätzt wurden;

- (2) welche Rolle Verbände und Parteien bei dieser Frage spielten;

- (3) warum nicht durch extrem hohe Anmeldezahlen Druck für die Ausweitung der Zahl der grundständigen Gymnasien gemacht wurde;

- (4) ab welchem Jahr man in Berlin von einem Konsens in der Frage der Grundschuldauer sprechen könne;

- (5) welche Gründe für die Stabilisierung der sechsjährigen Grundschule für ausschlaggebend gehalten wurden und

- (6) inwiefern die sechsjährige Grundschule als politischer Kompromiß bzw. als pädagogisch begründet angesehen wird.

Zu den Fragen (1) und (2) gibt es Unterschiede in der Interpretation der hinter den **Maßnahmen der CDU-Schulsenatorin** stehenden Absichten, jedoch Einigkeit in den Beschreibungen der Auseinandersetzungen.

Alle Briefe bestätigen die oben beschriebenen Versuche der CDU, "Ansätze für äußere Leistungsdifferenzierung in der Berliner Grundschule zu schaffen" und Begabten-AGs, Ausweitung von Französisch und Latein in Klasse 5 und 6 sowie Neueinrichtung von grundständigen Gymnasien (in jedem Bezirk mindestens eins) zu erreichen. Eberhard Welz (SPD) geht dabei sogar so weit, Frau Laurien vorzuwerfen, "Elitediskussionen" mit Sätzen wie "die Guten brauchen mehr Futter" oder mit einer "Einteilung der guten und schlechten Schülerinnen und Schüler in 'Schnelläufer' und 'Sandsäcke'" initiiert zu haben.

Daß die Auseinandersetzung über die **Förderung von leistungsstarken Zehn- bis Zwölfjährigen von der Schulsenatorin begonnen** wurde, bestreiten auch Frau Wegener (BEV), Bernd Schirmer (DPhV) und, wie beschrieben, Frau Laurien selbst nicht.

Während sie aber darin keinerlei Bemühungen um die Abschaffung der sechsjährigen Grundschule sehen, Frau Wegener sogar ihre "schwere" Enttäuschung beschreibt, daß - obwohl, wie sie wisse, "Frau Dr. Laurien im Grunde für die 4-jährige Grundschule plädiert," - sie dennoch "nicht den Versuch machte, die 4-jährige Grundschule wieder einzuführen", sind Peter Heyer (Päd. Zentrum) und Eberhard Welz (SPD) der Auffassung, die CDU und Frau Laurien habe

---

[470] Ausführliche Antworten hierzu erhielt ich von dem Seminardirektor a.D. und Grundschulexperten Helmut Grothe, von den im Pädagogischen Zentrum für Grundschulfragen verantwortlichen Peter Heyer und Helene Buschbeck, von dem ehemaligen Schulleiter der Paul-Klee-Grundschule Siegmund Dobe, für die CDU von der ehemaligen Schulsenatorin Hanna-Renate Laurien und dem heutigen Schulsenator Jürgen Klemann, von dem Vorsitzenden des Fachausschusses Bildung der SPD Eberhard Welz, von dem Vertreter des Landesvorstandes des Berliner Philologenverbandes (DPhV) Bernd-Jürgen Schirmer, von der Leiterin des bildungspolitischen Referats der GEW Monika Falkenhagen und am detailliertesten von der Vorsitzenden des Berliner Elternvereins (BEV) Charlotte Wegener. Zusätzlich schickten der VBE und die AL ihre Positionen zur sechsjährigen Grundschule bzw. eine Rede zu den Entscheidungen zur sechsjährigen Grundschuldauer von der Vorgängerin Klemanns, der ehemaligen Schulsenatorin Sybille Volkholz (AL).

mit diesen Diskussionen und Maßnahmen ausloten wollen, inwieweit sich "in Richtung 4-jährige Grundschule etwas bewegen" ließe. Da aber schon die Beschränkung der zusätzlichen AG auf Begabte auf den "ganz einhelligen Protest unter Einschluß des VBE und des eher konservativen Vereins Berliner Eltern" getroffen sei, wären diese Tendenzen zur Gefährdung der sechsjährigen Grundschule nach Auffassung von Peter Heyer im Ansatz unterbunden worden. Und auch Eberhard Welz meint, daß diese Versuche aufgrund der geringen "Resonanz in der Schulöffentlichkeit" mißlungen seien. "Neben der SPD (als Oppositionspartei) stießen diese Maßnahmen vor allem auf die Kritik bei der GEW sowie bei den Gremien des Berliner Schulverfassungsgesetzes (Landesschulbeirat sowie Landeseltern- und Landeslehrerausschuß)."

Auf der anderen Seite war es vor allem der Berliner Elternverein, der die Schulsenatorin zu Veränderungen in den Klassenstufen 5 und 6 drängte und vorschlug, hier "zumindest in den Hauptfächern Deutsch, Mathematik und Englisch eine Differenzierung einzuführen, um eine bessere Orientierung und Vorbereitung auf die Oberstufe zu ermöglichen."[471]

Frau Falkenhagen (GEW) bestätigt die Aktivitäten der GEW gegen solche Veränderungen und ergänzt, daß die GEW auch die Begabten-AGs "als Versuch, die 6-jährige Grundschule zu unterlaufen", begriffen und "sich massiv gegen dieses Vorhaben gestellt" habe. Die Tatsache, daß Frau Laurien die sechsjährige Grundschule nur modifizieren wollte, begründet Frau Falkenhagen damit, daß die Schulsenatorin "die richtige Einschätzung (hatte, d.V.), daß die Abschaffung der 6-jährigen Grundschule nicht durchsetzbar gewesen wäre." Auch Peter Heyer, Helene Buschbeck und Siegmund Dobe meinen, daß diese Abschaffung weder in den 80er Jahren "bildungspolitisch durchsetzbar" war noch es in der nahen Zukunft sein werde.

Wie nun die ursprünglichen Absichten von Frau Laurien auch immer eingeschätzt werden, sicher ist Bernd Schirmers Antwort zuzustimmen, "daß die Verkürzung der Grundschulzeit im letzten Jahrzehnt nie die hohe Priorität erlangte - auch für Frau Laurien nicht -, die politisches Handeln erforderlich gemacht hätte. Zumal die damalige Schulsenatorin, als sie einige Straffungen in der Grundschule einführen wollte, auf den geschlossenen Protest der Grundschullehrer traf."

Diese Einschätzung der bildungspolitischen "Stimmungslage" in der Grundschulfrage dürfte mehrheitlich auch von der CDU geteilt werden und noch zu Beginn der 90er Jahre zutreffen; denn auch der neue Schulsenator Klemann spricht davon, daß über die Begabten-AG hinausgehende Bemühungen der Umgestaltung der Klassenstufen 5 und 6 "**auf massiven Widerstand diverser Parteien, Fachverbände und Gremien**" gestoßen seien. Von daher stünden ähnliche Versuche momentan nicht zur Debatte.

---

[471] Frau Wegener verweist hier zusätzlich auf die Broschüre: Berliner Elternverein (Hg.): Standpunkte zur schulischen Erziehung, Nr.3: Charlotte Wegener: Forderungen und Vorschläge des Berliner Elternvereins zur Berliner Schulpolitik, Berlin 1981, S.5 und auf die Jubiläumsbroschüre: Berliner Elternverein (Hg.): 1975 - 1985: 10 Jahre Berliner Elternverein, Berlin 1985, S.24 Ziffer 8, vgl. auch S.25ff.

Zur Frage (3), warum nicht durch extrem hohe Anmeldezahlen Druck für die **Ausweitung der Zahl der grundständigen Gymnasien** gemacht wurde, wird übereinstimmend zunächst auf die **besondere Form dieser Oberschulen** als "humanistische" bzw. "französische" Gymnasien mit jeweils besonderer Sprachenfolge (Latein, Griechisch) bzw. Französisch (zunehmend auch als Unterrichtssprache) hingewiesen. Schon von daher sei die Zahl der Interessenten gering. Frau Laurien ergänzt, daß die Eltern - "(wie ich es auch tun würde)" - zudem die Möglichkeit der Französisch- und Lateinklassen bzw. -kurse in den fünften und sechsten Grundschuljahrgängen vorziehen würden und daher für diese Form der "Schulen besonderer pädagogischer Prägung" kaum zusätzlicher Bedarf bestünde. Diese auch vom neuen Schulsenator geäußerte Auffassung, "daß das derzeitige Angebot in bezug auf die Nachfrage als bedarfsdeckend angesehen werden kann", wird von allen Angeschriebenen geteilt, zumal noch zwei Schulen in kirchlicher Trägerschaft als Alternative zur Verfügung stehen.

Frau Wegener (BEV) berichtet, daß seit 1981 vom BEV gefordert wurde, das von ihr mit "antiquiert" bezeichnete alleinige altsprachliche Angebot der mit Klasse 5 beginnenden Gymnasien (Ausnahme Französisches Gymnasium) zu modernisieren und grundständige Gymnasien ohne Griechisch einzurichten. Frau Laurien habe zwar aufgrund dieser veralteten Ausrichtung des humanistischen Gymnasialzuges richtig daran getan, daß nur an einem weiteren Gymnasium ein auch mit Klasse 5 beginnender altsprachlicher Zug neu angeboten werde; Frau Wegener hält aber die Beibehaltung der schulgesetzlichen Festlegung auf diese altsprachliche Linie für "unbefriedigend" und fordert, daß neben dem Übergang nach Klasse 6 auf das Gymnasium auch ein solcher nach Klasse 4 möglich sein sollte, "und zwar mit modernem Sprachenzug."[472]

Siegmund Dobe weist darauf hin, daß sich die Jugendlichen des grundständigen Gymnasiums oft durch einen zu weiten Schulweg belastet sehen und die Schulleitungen und das Lehrpersonal hier "eher als konservativ" und ausgesprochen rigide angesehen werden. Zudem wünschen nach seiner Ansicht "die Eltern auf jeden Fall ein Verbleiben in der alten, gewachsenen Grundschulgemeinschaft", wenn ihre "Kinder in den Klassen 5/6 in ihren Fähigkeiten durch Differenzierung ausreichend gefördert werden."

Dies sieht auch Eberhard Welz als Grund für die **geringe Nachfrage** nach diesen grundständigen Gymnasien. Am wesentlichsten sei jedoch die "breite Akzeptanz der Grundschule verbunden mit der Möglichkeit, die Schullaufbahnentscheidung noch zwei Jahre offen zu halten und das dann breitere Oberschulangebot" zu nutzen.

Peter Heyer erwähnt zusätzlich, daß "doch viele Eltern die Verengung des sozialen Erfahrungsraumes nicht wollen, die in den 'grundständigen Gymnasien' gegeben ist, und es positiv

---

472 vgl. auch Berliner Elternverein (Hg.): Standpunkte zur schulischen Erziehung, Nr.3: Charlotte Wegener: Forderungen und Vorschläge des Berliner Elternvereins zur Berliner Schulpolitik, Berlin 1981, S.15f; Berliner Elternverein (Hg.): 1975 - 1985: 10 Jahre Berliner Elternverein, Berlin 1985, S.26

empfinden, ein bißchen mehr Zeit zu haben, um besser wahrnehmen zu können, wie der weitere schulische Weg ihres Kindes aussehen kann."

Festzuhalten bleibt, daß zwar die grundständigen Gymnasien eine gewisse **Ausweichfunktion** für Eltern haben, die der sechsjährigen Grundschule ablehnend gegenüber stehen, daß sie aber aufgrund der Beschränkung auf die altsprachliche Linie, des bis in die Oberstufe hinein festgelegten Bildungsweges,[473] des teilweise rigiden Schulklimas und der oft recht weiten Schulwege nicht so attraktiv sind, daß hier ein Ausweitungsdruck durch hohe Anmeldezahlen entstanden wäre. Diese z.T. im Berliner Schulgesetz festgelegten **Beschränkungen** aufzuheben und vermehrt neusprachliche Gymnasien ab Klasse 5 anzubieten, dazu fehlte es aber sowohl am nötigen Druck aus Elternkreisen als auch am politischen Willen bzw. an der Bereitschaft, den hier sicher massiv auftretenden Schulkonflikt auszulösen.

Dennoch bleibt festzustellen, daß, wenn überhaupt ein Abbau der sechsjährigen Grundschule in Berlin angestrebt werden sollte, was angesichts des konstatierten breiten Konsenses unwahrscheinlich ist, er an dieser Stelle noch am aussichtsreichsten wäre.

Daß ein solcher **Konsens** existiert, wird von niemandem der angeschriebenen Berliner Bildungspolitiker bzw. -experten bezweifelt. Die Frage (4), ab welchem Jahr man in Berlin von diesem breiten Konsens in der Frage der Grundschuldauer sprechen könne, wird jedoch unterschiedlich beantwortet, so daß die Antworten von 1950/51, Ende der 50er Jahre, über die Mitte der 60er Jahre bis 1982/83 differieren.

Ein stimmigeres Bild erhält man, wenn man wie Eberhard Welz diese Konsensbildung nicht punktuell, sondern als **Prozeß** sieht, der sich "im Laufe der Jahre stabilisiert hat."

Dann ist Jürgen Klemann, Siegmund Dobe und Helene Buschbeck zuzustimmen, daß mit dem Kompromiß der Großen Koalition 1950/51 der Grundstein für diesen Konsens gelegt wurde und daß - wie Jürgen Klemann schreibt - "dieser Parteienkonsens" "bis auf den heutigen Tag gegeben" ist und "sich in der Bevölkerung eine hohe Akzeptanz dieser Organisationsform" mit ihrer zunehmenden Dauer entwickelt hat.

Trotz der Berechtigung dieses Ansatzes ist nicht zu vergessen, daß zu gewissen Zeitpunkten und in unterschiedlichem Maße die Form der sechsjährigen Grundschule ohne äußere Differenzierungen in Frage gestellt wurde. Der Prozeß der Konsensbildung verlief daher nicht kontinuierlich. Frau Falkenhagen weist dabei zunächst auf den Zeitpunkt 1953/54 hin. Und Helmut Grothe schreibt angesichts der Tatsache, daß ab diesem Zeitpunkt meist nicht mehr die vierjährige Grundschule, sondern nur noch den Förder- oder Orientierungsstufen ähnliche Differenzierungen der sechsjährigen Grundschule von ihren Gegnern gefordert wurden, folgendes:

---

[473] Frau Wegener weist darauf hin, daß hier die Wahl von Latein oder Griechisch als Oberstufenleistungskurse verbindlich ist.

"Wenn man zum Kriterium macht, daß ein 'breiter Konsens' mehr ist als eine politische Mehrheit, vielmehr auch eine Mehrheit unter den politischen und verbandlichen Gruppierungen bis hin zur Isolierung einer unter ihnen oder auch nur eines Teils einer solchen, dann kann man seit Ende der 50er Jahre von einem Konsens sprechen. Abgerundet hat sich dieser letztlich unter dem CDU-geführten Senat mit der "Grundschul-Debatte" im Abghs. 1983."

Bernd Schirmer erwähnt m.E. mit Recht zusätzlich die "Mitte der 60er Jahre" als markante Phase, weil seit diesem bildungspolitisch reformgeprägten Zeitabschnitt der Konsens so stabil war, daß selbst bei veränderten Regierungsverhältnissen nicht mit einer Rückkehr zur vierjährigen Grundschule gerechnet werden mußte.

Erkennbar war die Breite dieses Konsenses dann nach der Feststellung von Peter Heyer, Monika Falkenhagen und Charlotte Wegener spätestens 1982/83, als umfassende Proteste schon bei der Veränderung durch Begabten-AGs auftraten und, wie sich Frau Falkenhagen ausdrückt, die "Existenz der 6-jährigen Grundschule nicht mehr grundsätzlich hinterfragt" wurde bzw., wie Frau Wegener meint, man "von einem wirklich breiten Konsens", "dank der pragmatischen Entscheidung von Frau Dr. Laurien, etwa ab 1982 sprechen" kann.

Auch die Berliner Bildungsexperten sind also der Auffassung, daß, nachdem der Parteienkonsens 1950 zu ihrer Einrichtung geführt hatte und die Rückkehr zur vierjährigen Grundschule 1953/54 gescheitert war, die Zustimmung zur sechsjährigen Grundschule mit ihrer wachsenden Etablierung vom Ende der 50er Jahre bis Mitte der 60er Jahre zunahm, der Konsens in den folgenden Jahren stabil blieb und endgültig 1982/83 in den nur noch marginalen schulorganisatorischen Veränderungen der CDU-Regierung bzw. den hierauf folgenden Diskussionen für alle sichtbar wurde.

Interessant sind nun die Antworten zur Frage (5) und (6), welche **Gründe für die Stabilisierung der sechsjährigen Grundschule** für ausschlaggebend gehalten wurden und inwiefern die sechsjährige Grundschule als **politischer** Kompromiß bzw. als **pädagogisch** begründet angesehen wird.

Ich bot zur Frage (5) mehrere Alternativen für die Ursachen der Stabilisierung der sechsjährigen Grundschule an:
- die Kraft des Faktischen,
- die Umwandlung in vierjährige Grundschulen wäre ein organisatorischer und personeller Kraftakt,
- die pädagogische Arbeit der Grundschulen überzeugte,
- eine Leistungsdifferenzierung in Kl. 5 und 6 erwies sich nicht als nötig bzw. konnte in der Grundschule geleistet werden,
- die bessere bzw. gesichertere Auslese überzeugte,
- die vermehrte Zuweisung zu Gymnasien sprach für die sechsjährige Grundschuldauer,
- die durch die sechsjährige Grundschule verlängerte Schonzeit überzeugte,

- die längere Einwirkungsmöglichkeit der Grundschule überzeugte,
- durch die grundständigen Gymnasien gab es ein Ausweichventil.

Monika Falkenhagen macht darauf aufmerksam, daß der bildungspolitische Standpunkt die Einschätzung der Gründe des Konsenses in der Frage der Grundschuldauer und der Gewichtung der politischen bzw. pädagogischen Aspekte beeinflußt. Sie schreibt weiterhin:

> "Die Schulstruktur ist immer eine politische Frage, die 6-jährige Grundschule ist als politischer Kompromiß zu verstehen."

Dieser sei aber zugleich pädagogisch begründet, was die Berliner GEW in den Mittelpunkt stelle, während "die konservativen Kräfte in dieser Stadt" eher die "Kraft des Faktischen" als ausschlaggebend ansähen.

Zwar sieht Frau Wegener tatsächlich im wesentlichen die "Kraft des Faktischen" wirken, sie steht aber mit dieser Einschätzung unter allen Antwortenden selbst im konservativen Lager allein, insofern sie die Wirkung fast aller pädagogischen Aspekte bestreitet, die zur breiten Zustimmung zur sechsjährigen Grundschule geführt haben könnten: Weder die pädagogische Arbeit noch die fehlende äußere Differenzierung noch die längere Einwirkungsmöglichkeit hätten nach ihrer Meinung überzeugen können, letztere, weil sie "von der Grundschule oft leider nicht angemessen genutzt wurde, sondern der Leistungsstand der Grundschulabgänger, insbesondere in bezug auf die Beherrschung der Kulturtechniken, immer mehr sank."

Auch von einer besseren oder gesicherteren Auslese kann man nach Frau Wegener nicht sprechen, da nur 75% der Eltern der Grundschulempfehlung folgen. So sei auch der weniger auf die sechsjährige Grundschule als auf die von Picht ausgelöste allgemeine Bildungsexpansion zurückzuführende Trend zum Gymnasium keineswegs positiv zu bewerten, denn er überfordere viele Jugendliche und führe zum Niveauverlust der Gymnasien.

Auch die Ausweichmöglichkeit des Besuchs grundständiger Gymnasien ist nach Meinung von Frau Wegener kein Faktor, der zur allgemeinen Zufriedenheit mit der Berliner Schule und ihrer sechsjährigen Grundschuldauer geführt habe, weil dieser Schultyp wegen der Begrenzung auf die alten Sprachen kein ausreichendes Ventil sei.

Insofern sieht sie allein politische Gründe und das Faktum, daß die sechsjährige Grundschule "mehr als 30 Jahre Bestand" habe, als Ursachen für deren Stabilisierung an. Die vierjährige Grundschule wäre zwar organisatorisch durchsetzbar gewesen, hätte aber im Abgeordnetenhaus nie eine Mehrheit bekommen. Von daher hält der BEV die sechsjährige Grundschule "ausschließlich für einen politischen Kompromiß, der nur für eine begrenzte Zahl von Schülern pädagogisch begründet werden kann" (längere Schonzeit). Da sie aber für eine Reihe von Kindern Nachteile durch zu geringe Anregung und Anforderung bringe, werde die sechsjährige Grundschule eher aufgrund ihrer in den Jahren erreichten Stabilität und weil sie sich dennoch "im allgemeinen bewährt" hat, nicht mehr bekämpft.

Diese Position wird von den anderen angeschriebenen Personen aus dem konservativen Spektrum nicht geteilt. So sehen Bernd Schirmer vom Philologenverband und Frau Laurien in der sechsjährigen Grundschule einen **politischen Kompromiß**, der sehr wohl **pädagogisch begründet** sei. Zwar halten auch sie die "Kraft des Faktischen" für den am stärksten wirkenden Aspekt, aber im Grunde gebe es ein komplexes Zusammenwirken aller genannten Faktoren bzw. alle genannten Gründe seien zutreffend, insbesondere auch die verlängerte Schonzeit und die grundständigen Gymnasien als "Ausweichventile".

Auch der neue Schulsenator Klemann ist der Auffassung, daß zwar anfangs die sechsjährige Grundschule eher ein politischer Kompromiß gewesen sei, inzwischen hätten aber vor allem "pädagogische Weiterentwicklungen unter Einflußnahme aller politisch relevanten Kräfte zu immer größerem Konsens in der Öffentlichkeit beigetragen." Von daher könnten heute alle oben genannten Faktoren bis auf die "Kraft des Faktischen" und fehlende äußere Leistungsdifferenzierung "als Beleg angeführt werden" für den hohen Zustimmungsgrad zur sechsjährigen Grundschule.

Seine Amtsvorgängerin, Frau Volkholz, bestätigt zwar in einer Rede zur sechsjährigen Grundschule seine Auffassung, daß diese ein pädagogisch begründeter politischer Kompromiß sei, doch hätten die pädagogischen Argumentationen eine große Differenz in den Meinungen über die nötigen Aufgaben der Grundschule gezeigt. So sei auf der einen Seite "die Forderung nach einer gezielten Vorbereitung für das höhere Schulwesen", auf der anderen Seite "die Forderung nach einer kindgemäßen gemeinsamen Schule für alle" in den Mittelpunkt gestellt worden.[474]

In die zuletzt genannte Richtung gehen auch die Antworten von Helene Buschbeck, Siegmund Dobe, Eberhard Welz und Peter Heyer. Während für Siegmund Dobe und Helene Buschbeck am ehesten die pädagogische Arbeit der Grundschule, die verlängerte Schonzeit und die längere Einwirkungsmöglichkeit der Grundschule überzeugten sowie die Funktion der grundständigen Gymnasien als Ausweichventil eine Rolle spiele, sind für Eberhard Welz alle genannten Aspekte "mehr oder weniger ausschlaggebend". Auch er meint jedoch, daß die pädagogische Arbeit der Grundschule am meisten überzeuge, da die Eltern innerhalb der Berliner Schullandschaft die Arbeit der Grundschule am positivsten einschätzten. Das könnte auch darauf zurückzuführen sein, daß hier der Anteil der "engagierten Lehrerinnen und Lehrer" relativ hoch sei.

Zwar schreibt auch Peter Heyer, daß von den genannten Gründen "von allem ein bißchen" zutreffe und für die Eltern das in der Grundschule stärker mögliche soziale Lernen einen großen Stellenwert habe; andererseits ist er wie auch Frau Falkenhagen der Auffassung, daß die pädagogische Arbeit in den Klassen 5 und 6 besser sei als ihr Ruf. Allerdings schreibt

---

[474] Niederschrift der Rede von Frau Volkholz, gehalten auf dem Symposium zum 40jährigen Bestehen der Berliner Grundschule am 26.8.1990, S.1

Frau Falkenhagen, daß die Fachbezogenheit in diesen Klassen zu groß sei und stärker "Binnendifferenzierung und gemeinschaftsfördernder pädagogischer Umgang" nötig seien. Schließlich weist Helmut Grothe darauf hin, daß die verschiedenen Aspekte und die Frage nach dem Charakter des Kompromisses unterschiedlich zu gewichten seien. Er faßt zusammen:

> "Die politischen Debatten waren überwiegend durch eine pädagogische Argumentation geprägt; aber schon unterschiedliche gesellschaftliche und entwicklungspsychologische Konzepte führten natürlich auch zu (gesellschafts- und bildungs)politischen Gewichtungen, weniger 'Begründungen'. Allgemeinpolitische Argumente kamen wesentlich aus dem Zusammenhang der Bildungssysteme der Bundesländer, also unter überregionalem Aspekt."

Von den aufgeführten Gründen gelten nach seiner Ansicht eigentlich alle, "selbstverständlich mit unterschiedlichem Gewicht und von unterschiedlichen Gruppen so gesehen." Vor allem habe sich die Akzeptanz dadurch schubartig vergrößert, "daß zunehmend pädagogische Verbesserungen und vielfältigen Bedürfnissen und Interessen entsprechende Differenzierungen im Rahmen der gemeinsamen Grundschule entwickelt wurden."

> "Natürlich kann nicht übersehen werden, daß auch eine gewisse Verfestigung eine Rolle spielt, vor allem dadurch, daß nach etwa zwei Jahrzehnten die Eltern der dann in die Schule aufzunehmenden Kinder bereits selbst aus der sechsjährigen Grundschule hervorgegangen sind."

Es bleibt festzuhalten, daß überwiegend und fast unumstritten die "**Kraft des Faktischen**" als wesentlicher Grund für den breiten Konsens genannt wird, daß aber von den meisten angeschriebenen Personen auch die anderen Aspekte, vor allem die in der Grundschule geleistete Arbeit, die **pädagogischen Verbesserungen** und die pädagogischen Gründe (verlängerte Einwirkungsmöglichkeit und Schonzeit) für den hohen Zustimmungsgrad zur sechsjährigen Grundschule verantwortlich gemacht werden.

Zugleich ist m.E. insgesamt aus den Antworten der angeschriebenen Personen, die das bildungspolitische Klima in Berlin gut kennen, sehr deutlich geworden, daß ein solch erstaunlich hoher Zustimmungsgrad zur sechsjährigen Grundschuldauer in Berlin tatsächlich existiert, auch wenn für die Klassen 5 und 6 vereinzelt Änderungswünsche in Richtung auf äußere Differenzierung oder mit entgegengesetzter Tendenz in Richtung auf reformpädagogische Maßnahmen und Binnendifferenzierung geäußert werden.

Inwieweit Veränderungen in die zuletzt genannte Richtung, die vor allem in der Zeit der SPD/AL-Regierung 1989/90 angekündigt wurden, auch begonnen wurden und wie sich der Fall der Mauer ausgewirkt hat, ist nun im nächsten Abschnitt zu behandeln.

4.4.3. Die sechsjährige Grundschule während des kurzen Intermezzos des SPD/AL-Senats und des Falls der Mauer 1989/90

Trotz oder - wenn man den Wahlerfolg der rechtsextremen Republikaner, die der CDU Stimmen abgenommen haben, betrachtet - vielleicht gerade wegen des gemäßigten Kurses der CDU/FDP-Koalition setzten sich in den Abgeordnetenwahlen von 1989 überraschenderweise wieder die stärker auf Reformen drängenden Parteien durch.

Von der als Sieger hervorgegangen Koalition aus SPD und AL war nun nicht zu erwarten, daß sie die Grundschuldauer in Frage stellte. Vielmehr war zu vermuten, daß unter der von der AL benannten Schulsenatorin, der früheren 2.Vorsitzenden der GEW, Frau Sybille Volkholz, die von der GEW in den 80er Jahren verlangten Maßnahmen und binnendifferenzierenden Konzepte durchgeführt werden würden.[475]

Entsprechend hieß es in der Regierungserklärung des neuen Bürgermeisters Walter Momper (SPD), die neue Regierung habe das Ziel, "die **reformpädagogischen Ansätze zu stärken** ...", zudem werde sie "besonders für die Grundschule ein Reformprogramm entwickeln, das den Ansprüchen einer modernen Pädagogik gerecht wird."[476] Auch in den Koalitionsvereinbarungen kündigten SPD und AL an, "Angebote für 'Schulleben' und freie Nachmittagsangebote" zu stärken, für ökologische Bildung und "für offenere und binnendifferenzierte Lehr/Lernformen" die Voraussetzungen zu schaffen, dazu die verbale Beurteilung, die Ganztagsschule und - wenn beantragt - Freie Schulen und Gesamtschulen voranzutreiben. Im Vordergrund der schulpolitischen Bemühungen der SPD/AL-Koalition stand aber die Förderung der Kinder ethnischer Minderheiten und die Integration Behinderter.[477]

Um dies zu forcieren, gab die Schulsenatorin das Motto aus: "Reformen dürfen nicht von oben aufgedrückt werden",[478] sondern müssen durch überzeugende Öffentlichkeitsarbeit und Diskussionen innerhalb der Kollegien belebt werden. Dazu wurden eine verwaltungsinterne Arbeitsgruppe und ein Beirat eingerichtet und über das Pädagogische Zentrum die Zeitschrift "Integration konkret" herausgegeben, die Anregungen für Binnendifferenzierung, Freie Arbeit im Wochenplan, verbale Beurteilung, Förderkonzepte und für die Integration Behinderter gab.[479]

Neben einer Veranstaltungsreihe "Berlin macht Schule" wurden zudem die Absichten der SPD/AL-Koalition publizistisch durch eine von der damaligen Schulsenatorin Sybille Volkholz im August 1990 herausgegebene Schrift "**Eine Schule für alle - Nachdenken über die**

---

[475] vgl. BLZ H.5 1989, S.16ff
[476] vgl. Mitteilungen Philologenverband, H.4 1989, S.109 und VBE-Informationen, H.3/89, S.2ff
[477] VBE-Informationen, H.3 1989, S.7, vgl. auch VBE-Informationen, H.2 1990, S.3ff, H.3 1990, S.2ff, H.7/8 1990, S.17ff; BLZ H.5 1989, S.18ff, H.9 1989, S.5ff, H.10 1989, S.29, H.11 1989, S.5f; Mitteilungen Philologenverband, H.4 1989, S.109
[478] Integration konkret - Beiträge zur Berliner Grundschulpraxis, hrsg. vom Pädagogischen Zentrum, Berlin, H.1 1989, S.2
[479] vgl. Pädagogisches Zentrum Berlin (Hg.): Integration konkret, H.1 1989 bis H.4 1990

Berliner Schule" verbreitet.[480] Abgeleitet aus Bedingungen des Aufwachsens von Kindern heute und unter Berufung auf Klafki, Klemm, Rolff, Tillmann und Preuss-Lausitz wurde hier ein ganzheitlich- und problemorientiertes Bildungsverständnis dargelegt. Daran angelehnt wurden "Vorschläge für eine gute Schule" mit den Stichworten "Überschaubarkeit, Bewohnbarkeit, Geduld, pädagogisches Profil, ausgeglichenes soziales Klima innerhalb der Schule, Offenheit gegenüber dem Stadtteil" umrissen.[481] Die Intention und die Berücksichtigung des Berliner Schulklima werden auch aus folgendem Abschnitt deutlich:

"Neue (reform)pädagogische Initiativen können auch Verunsicherungen und Abwehr auslösen, denn sie bedeuten zunächst einmal neue Konfrontationen und Mehrarbeit. Es gibt aber schon viele reformpädagogische Ansätze in einzelnen Berliner Schulen, die noch nicht oder noch zu wenig in der Öffentlichkeit bekannt sind."[482]

Zwar hatten viele Mitglieder an der Basis der AL zu Beginn der Koalitionsverhandlungen gefordert, die historische Einheitsschuldebatte wiederaufzunehmen und auf Gesamtschulen für alle zu drängen, doch waren die Sprecher der AL dagegen, aussichtslos scheinende Kämpfe gegen das dreigliedrige Schulsystems zu führen.[483] Obwohl auch Defizite dieses Schulsystems, wie z.B. zu geringe Durchlässigkeit sowie zunehmende Aussonderung und Nichterreichen des Klassenziels, kritisiert wurden, lag der **Schwerpunkt** der Schrift, die die Politik der von der AL geführten Schulverwaltung beschrieb, auf der "**inneren Reform**".[484] Damit setzte die SPD/AL-Koalition die Strategie der CDU/FDP-Regierung fort, indem sie schulorganisatorische Auseinandersetzungen vermied und sich auf das davon allerdings nicht gänzlich unabhängige Feld der pädagogischen Gestaltung der Schule und insbesondere der Grundschule konzentrierte. Hier waren die Absichten der alten und neuen Regierung jedoch nicht identisch. Zwar strebten beide kleinere Klassen und eine Verstärkung der Fördermaßnahmen an. Während aber Frau Lauriens Tätigkeiten primär auf leistungsstarke Kinder und eine Steigerung der Leistungen in den sogenannten Kulturtechniken sowie auf höhere Anforderungen und eine stärkere Leistungskontrolle ausgerichtet waren, setzte die neue Regierung ihren Schwerpunkt auf **binnendifferenzierenden, offenen Unterricht** und ein Lernen **ohne Aussonderung der leistungsschwächeren, der behinderten bzw. der Migranten-Kinder.** Erhielt die schulpolitische Linie der CDU/FDP von dem Berliner Philologenverband überwiegend Zustimmung, so kritisierte er nun die in dieser Schrift dargestellte Position der SPD/AL-Koalition als niveausenkend und den individuellen Fähigkeiten der verschiedenen Kinder nicht angemessen.[485]

---

[480] Senatsverwaltung für Schule, Berufsausbildung und Sport (Hg.): Eine Schule für alle - Nachdenken über die Berliner Schule, Berlin, August 1990
[481] vgl. "Eine Schule für alle" S.30ff u. S.49ff
[482] "Eine Schule für alle" S.58
[483] vgl. Mitteilungen Philologenverband, H.2 1989, S.43f
[484] vgl. "Eine Schule für alle" S.10ff, S.45ff u. S.49ff
[485] vgl. Mitteilungen Philologenverband, H.7 1990, S.208f

Dagegen begrüßte die GEW die Absicht des Senats, binnendifferenzierenden und offenen Unterricht zu fördern, zumal dieser in keineswegs ausreichendem Maße üblich sei, und versuchte entsprechende Ansätze, die an die Gedanken des Bundes entschiedener Schulreformer anknüpften, selbst publizistisch zu verbreiten.[486] 1990 konnte über eine Ausweitung des Lernens in Projekten berichtet werden, für die nicht zuletzt der vom Arbeitskreis Grundschule e.v. veranstaltete **Frankfurter Grundschulkongreß** vom September 1989 Impulse gebracht hatte.[487]

Dort beschäftigten sich 4000 Teilnehmer bzw. Teilnehmerinnen vor allem mit den Konsequenzen aus einem Wandel der Kindheit durch ein "Leben in zunehmender Vereinzelung, Leben aus zweiter Hand, Leben angesichts bedrohter Zukunft."[488] Das verabschiedete Frankfurter Manifest, das auch die Zustimmung von GEW und VBE fand, forderte ähnlich wie die Broschüre "Eine Schule für alle" des Berliner Senats vor allem "kreatives" und "selbstverantwortetes Lernen", "Individualisierung und Differenzierung", "interkulturelle Erziehung", "die Integration von Behinderten" sowie eine zeitlich extensivere, gesundere und erfahrungsoffenere "Schule als Lebensraum".[489] Nicht nur von der inneren, sondern auch von der schulorganisatorischen Gestalt her **bestätigte** die Frankfurter Tagung die Politik des Berliner Senats bzw. die **sechsjährige Grundschule**, denn im Aufruf zum Frankfurter Grundschulmanifest hieß es explizit: "Anzustreben ist die sechsjährige Grundschule nach dem Berliner Vorbild in allen Bundesländern."[490]

Um diese Impulse in Berlin zu verstärken, wurde vom Arbeitskreis Grundschule e.V. und von der Schulverwaltung Berlin vom 26.8. - 28.8.1990 ein **Symposium zum vierzigjährigen Bestehen der Berliner Grundschule** mit dem Titel: "Sechsjährige Grundschule in der Bewährung" veranstaltet.[491] Ich gehe darauf im folgenden relativ ausführlich ein, um aktuelle Begründungen der sechsjährigen Grundschule wiederzugeben.

Hier wurden in den verschiedenen Reden stärkere Veränderungen in Richtung Binnendifferenzierung gefordert, von allen Rednerinnen und Rednern aber die sechsjährige Grundschule argumentativ unterstützt. So äußerte Frau Valtin vom Arbeitskreis Grundschule e.V., daß die vierjährige Grundschule vermehrten Leistungsdruck und Mißerfolgserlebnisse bringe, mit

---

[486] vgl. BLZ H.5 1989, S.32, H.7/8 1989, S.17f, H.9 1989, S.5ff, H.10 1989, S.29, H.11 1989, S.5f, H.12 1989, S.30, S.23f, H.2 1990, S.17, H.3 1990, S.10 und folgende Hefte

[487] vgl. BLZ H.10 1989, S.23f, H.12 1989, S.23f, H.3 1990, S.7 - S.17, H.7/8 1990, S.22 und H.9 1990, S.16

[488] BLZ H.10 1989, S.23

[489] vgl. Frankfurter Manifest in: Arbeitskreis Grundschule e.V.(Hg.): Informationen - Veröffentlichungen, Frankfurt a.M. 1989, S.5f

[490] Arbeitskreis aktuell. Mitteilungen des Arbeitskreises Grundschule e.V., Frankfurt am Main, Heft 31 September 1990, S.1; vgl. auch Aufruf zum Frankfurter Grundschulmanifest in: Arbeitskreis Grundschule e.V.(Hg.): Informationen - Veröffentlichungen, Frankfurt a.M. 1989, S.7

[491] Eine Zusammenfassung des Symposiums mit ergänzenden Beiträgen liefert das Buch: Peter Heyer/Renate Valtin (Hrsg.): Die sechsjährige Grundschule in Berlin, Beiträge zur Reform der Grundschule des Arbeitskreises Grundschule e.V. - Band 82, Frankfurt am Main 1991; vgl. auch VBE-Informationen H.10 1990, S.12f; Frankfurter Rundschau vom 4.10.1990, S.25

denen kleine Kinder nicht umgehen könnten. Ihrer Ansicht nach klagten Kinder der vierjährigen Grundschule, daß sie ihre Freundinnen bzw. Freunde verlören, und dies geschehe in einem entwicklungspsychologisch wichtigen Moment.[492] Der Grundschulpädagoge Hermann Schwarz resümierte, daß die sechsjährige Grundschule über "günstige strukturelle Grundbedingungen" verfüge, da sie längere gemeinsame soziale Erfahrungen und entspannteres Lernen ermögliche sowie wegen des breiteren Jahrgangsspektrums und der "verläßlicheren Grundlage für Entscheidungen der weiteren Bildungswege von Kindern" zu weniger "schulstufen-provinzialistischer Didaktik" verführe. Allerdings gebe es auch Schwächen der Berliner Grundschule. So werde etwa noch zu wenig für Gemeinschaftsförderung getan und noch zu selten in angemessener Weise in den Klassen 5 und 6 binnendifferenziert.[493] Dies bestätigten Frau Buschbeck und eine Runde von etwa 15 Berliner Grundschulleitungen.[494] Sie wiesen aber zugleich darauf hin, daß die Arbeit in Klasse 3 und 4 der Berliner Grundschulen sich wesentlich von der Arbeit in den entsprechenden Klassen bei nur vierjähriger Grundschule unterscheidet, "weil eben Stufe fünf/sechs da ist."[495] Da sich soziales und demokratisches Verhalten wegen des kontinuierlichen Einflusses besser lernen lasse, hielt Frau Buschbeck die sechsjährige Grundschule zwar für besser als die vierjährige, aber für schlechter als die achtjährige Grundschule. In Hinblick auf innere Reformen verwies sie auf die von ihr geleitete "AG Spinnendifferenzierung", die als Arbeitszusammenhang der für die Verbreitung von reformpädagogischen Umgestaltungen arbeitenden Grundschulkräfte, der Lernwerkstatt der TU und der Hochschule der Künste, des Pädagogischen Zentrums, des Arbeitskreises Grundschule, der GEW-Fachgruppe Grundschulen, der Freinet-Gruppe Berlin und des ANE wie ein Kristallisationskern wirke.[496] Diese Initiative wurde vor allem hervorgehoben, weil viele Berliner Grundschullehrerinnen bzw. -lehrer noch zu fixiert auf den Lehrplan seien.[497] Der Bundesvorsitzende der GEW, Dieter Wunder, lobte die Grundschulen als die lebendigste Schulform, dennoch müßten die Lehrkräfte noch innovativer werden. Das Hauptproblem der 90er Jahre sah er jedoch weniger in inneren Reformen, sondern in den bei schwieriger öffentlicher Finanzsituation steigenden Schülerzahlen, die eine politisierte Lehrerschaft nötig

---

[492] vgl. Frankfurter Rundschau vom 4.10.1990, S.25 und Heyer/Valtin S.8ff

[493] vgl. Abdruck der Rede von Hermann Schwarz in: Heyer/Valtin S.160 und S.164ff. Helmut Grothe wies darauf hin, daß die Klassen 5 und 6 personell und sächlich schlechter als die übrigen Jahrgänge ausgestattet sind. Vgl. Abdruck der Rede von Helmut Grothe in: Heyer/Valtin S.54

[494] Auch Monika Rebitzki betonte auf der Abschlußdiskussion für den Elternverband "Arbeitskreis Neue Erziehung" (ANE), daß sie neben einer Steigerung der Zahl der Ganztagsangebote vor allem eine Verbreitung der Binnendifferenzierung, die in Berlin noch "in den Kinderschuhen" stecke, als dringend nötig empfinde. "Das gilt vor allem für die fünften und sechsten Schuljahre, in denen der Fachunterricht einsetzt" und in denen "erst jetzt" auch die Fragen des fachübergreifenden Arbeitens angegangen werden. (Niederschrift der Abschlußdiskussion.) Vgl. Helga Gürtler: "Der Beitrag der Eltern zur Reform der Berliner Grundschule" in: Heyer/Valtin S.55 - S.59

[495] Frankfurter Rundschau vom 4.10.1990, S.25, zu den weiteren Ergebnisse dieser Runde siehe Abschnitt 4.6.

[496] vgl. Frankfurter Rundschau vom 4.10.1990, S.25; Spinnen-Hefte, hrsg. von der AG-Spinnendifferenzierung (c/o Monika Rebitzki), Berlin 1989; BLZ H.12 1989, S.23f

[497] Dies hoben vor allem Monika Rebitzki und Peter Heyer hervor. Vgl. Frankfurter Rundschau vom 4.10.1990, S.25 sowie nicht veröffentlichte Niederschrift der Abschlußdiskussion.

mache, die sich auf den Erhalt des materiellen Standards und eine längere Betreuung konzentriere. Auf die Frage, ob die Berliner sechsjährige Grundschule ein Beispiel für das gesamte Bundesgebiet sein könnte, antwortete Wunder, daß die sechsjährige Grundschule neben Förder- bzw. Orientierungsstufen und Gesamtschulen nur eine von verschiedenen guten Möglichkeiten sei. Zwar stehe Berlin jetzt eher im Zentrum, doch wäre eine Strategie der flächendeckenden Änderung von der vier- zur sechsjährigen Grundschule für die BRD nicht realistisch; stattdessen müsse der Versuch gemacht werden, mehr Gesamtschulen zu gründen.[498] In seinem schriftlichen Beitrag zum Symposium streicht Dieter Wunder allerdings klar die Vorteile der sechsjährigen Grundschule heraus und wünscht sich, daß in den neuen Bundesländern die polytechnischen Oberschule in "die sechs- oder achtjährige Grundschule" umgewandelt wird.[499]

Auch der VBE-Vorsitzende, Dr. Wilhelm Ebert, hielt mindestens sechs Jahre gemeinsame Schulzeit für notwendig, ein entsprechendes bildungspolitisches Engagement müsse, ohne in Illusionen zu verfallen, vom Pädagogischen her stattfinden und einsichtig gemacht werden.[500] Der ehemalige Grundschulleiter Siegmund Dobe faßte noch einmal die Gründe für die sechsjährige Grundschule zusammen und nannte die Kontinuität in den sozialen Beziehungen, den ohne Bruch schon in der Grundschule stattfindenden Übergang vom vorfachlichen zum Fachunterricht, das bei einer sechsjährigen Grundschule interessantere Arbeitsfeld und die leichtere und nicht zu frühe Entscheidung über den weiteren Schulweg nach Klasse 6 als wichtigste Aspekte.

Auch die damalige Schulsenatorin, Sybille Volkholz, befürwortete sowohl in ihrer Eingangsrede[501] als auch in der Abschlußdiskussion die sechsjährige Grundschule. Zudem hob sie hervor, daß durch die Änderung des Schulgesetzes seitens der SPD/AL-Mehrheit die gemeinsame Erziehung von behinderten und nicht-behinderten Kindern als Regelform verabschiedet wurde.[502] Dies nahm ein Bericht der Frankfurter Rundschau zum Anlaß zu resümieren, daß "trotz der materiell ungünstigen Situation" "die Schulsenatorin erhebliche Fortschritte im Sinne reformpädagogischer Konzepte vorweisen" könne, doch war Frau Volkholz mit dem Verbreitungsgrad von offenen Unterrichtsformen noch keineswegs zufrieden. Angesichts des Anteils der Ausländerkinder von 25% seien die Umgestaltungen noch zu gering, und noch immer würde zu wenig die verbesserte Möglichkeit wahrgenommen, Projektunterricht anzubieten.[503] Wie sehr tatsächlich reformpädagogische Arbeitsweisen in der Berliner Grundschule heute Verbreitung finden, dazu geben die Befragungen der Grundschulexpertinnen und

---

[498] wie auch die folgenden Aussagen laut nicht veröffentlichter Mitschrift der Podiumsdiskussion zum Abschluß des Symposiums zum 40jährigen Bestehen der Berliner Grundschule am 26.8.1990

[499] vgl. Dieter Wunders Beitrag in Heyer/Valtin, S.40f

[500] vgl. dazu auch Wilhelm Eberts Beitrag in Heyer/Valtin, S.36 - S.39

[501] Begründungen und weitere Ausführungen siehe Abschnitt 4.5.1., vgl. auch Heyer/Valtin S.44ff

[502] zu diesem Thema vgl. z.B. Peter Heyers Beitrag in Heyer/Valtin S.124 - S.132

[503] laut nicht veröffentlichter Mitschrift der Podiumsdiskussion

-experten (Abschnitt 4.5.4.) und der Schulleiter bzw. Schulleiterinnen (Abschnitt 4.6.2.) weitere Hinweise.

Auch die Forderungen des Frankfurter Grundschulmanifestes wurden von der damaligen Schulsenatorin Volkholz begrüßt. Jedoch wies sie zugleich darauf hin, man müsse im Auge behalten, "unter welchen Rahmenbedingungen Schritte zu reformpädagogischen Verbesserungen unternommen werden. Innerhalb der nächsten fünf Jahre sehen wir einem unerwartet hohen Schüleranstieg, der sich zunächst vorrangig an den Grundschulen bemerkbar machen wird, entgegen. ... Diese überproportionale Last kann die Stadt aus eigener Kraft nicht bewältigen."[504]

Hier nannte Frau Volkholz den eigentlich dominanten Punkt in den bildungspolitischen Auseinandersetzungen von 1989/90. Durch die hohen Umsiedlerzahlen im Zuge des Falls der Mauer kam es nämlich in Berlin zu einem besonders **starken Zuwachs an Schülerinnen und Schülern**, der **Spannungen in der AL/SPD-Koalition** in der Frage der finanziell möglichen **Einstellungen von Lehrkräften** aufwarf und schließlich Steigerungen der Klassenfrequenzen zur Folge hatte.[505]

So kritisierte auch die GEW, nachdem innergewerkschaftliche Spannungen aufgrund der Wahl eines SEW-Mitglieds[506] zur 1.Vorsitzenden und deren Rücktritt überwunden worden waren, massiv die Frequenzerhöhungen und rief zur Protestveranstaltung auf.[507]

Obwohl auch der Philologenverband die Steigerung der Klassenfrequenzen zu vielfacher Kritik an der Schulsenatorin nutzte, diente der **Fall der Mauer** nur vereinzelt der Forderung nach Rückkehr zur vierjährigen Grundschule. Im wesentlichen befürwortete auch der Berliner Philologenverband die sechsjährige Grundschule für ganz Berlin und z.T. sogar für die neuen Bundesländer.[508] So vermutete auch der Kreuzberger AL-Stadtrat für Volksbildung, Dirk Jordan:

> "In diesem Punkt gibt es offenbar eine große Koalition von CDU bis AL bzw. von GEW bis Philologenverband. Gelingt es, die sechsjährige Grundschule in Ostberlin und in Brandenburg bzw. der gesamten DDR zu verankern, so könnte meines Erachtens (je nach Verbreitungsgrad) über alle anderen strukturellen Fragen relativ unaufgeregt und pragmatisch debattiert werden."[509]

In Berlin reagierten der SPD/AL-Senat und der Magistrat von Ost-Berlin zunächst einmal mit der Einrichtung des **Berliner Bildungsrates**[510] zur Erarbeitung von Vorschlägen für die im

---

[504] Niederschrift der Rede von Frau Volkholz, gehalten auf dem Symposium zum 40jährigen Bestehen der Berliner Grundschule am 26.8.1990, S.2f

[505] vgl. Mitteilungen Philologenverband, H.4 1989; VBE-Informationen H.6 1989, S.26

[506] Die "Sozialistische Einheitspartei West-Berlins" (SEW) ist ein Ableger der ehemaligen SED der DDR.

[507] vgl. BLZ H.4/5 1990, BLZ H.9 1990, S.4

[508] vgl. Mitteilungen Philologenverband, H.3 1990, S.74, H.4 1990, S.123

[509] vgl. BLZ H.10 1990, S.22

[510] Seine - generell reformbereiten - Mitglieder waren für Ost-Berlin: Ursula Drews, Jan Hofmann, Klaus Korn, Hildegard Nickel, und für West-Berlin: Peter Hübner, Klaus Klemm (Essen), Ulf Preuss-Lausitz, Peter Roeder, Renate Valtin. Vgl. Heyer/Valtin S.183 und Arbeitskreis aktuell. Mitteilungen des Arbeitskreises Grundschule e.V., Frankfurt am Main, Heft 31 September 1990, S.1. (Dort wird noch Einhard Rau als Mitglied genannt.)

Zuge der Vereinigung nötige innere und äußere Reform im Primarbereich. Dieser Bildungsrat schlug im Juni 1990 vor: "Die sechsjährige Primarstufe soll nicht zur Disposition gestellt werden."[511] Weiter empfahl er u.a. eine Klassenfrequenzobergrenze von 25, die Integration behinderter Kinder, interkulturelle Erziehung, eine Betreuung über die Unterrichtszeit hinaus, eine Curriculum-Reform, insbesondere in Richtung ökologischer Grundbildung, und verstärkte Fortbildungsangebote für reformpädagogischen Unterricht.[512]

Das Angebot von SPD und AL zu parteiübergreifenden Kompromissen bei Einrichtung von flächendeckenden sechsjährigen Grundschulen mit anschließenden verschiedenen Schultypen unter Einschluß der Gesamtschule erwies sich zwar in den neuen Bundesländern, in denen die CDU dominierte, als nicht realistisch; in **ganz Berlin und Brandenburg**[513] jedoch kam es - ohne daß es darüber eine größere politische Auseinandersetzung gegeben hätte - zu der generellen **Einführung der sechsjährigen Grundschule** mit anschließenden unterschiedlichen Schultypen. So hieß es in einer Presseerklärung der Magistratsverwaltung vom 28.9.1990:

> "Die Magistratsverwaltung für Bildung hat sich in dieser Situation einmütig darauf verständigt, eine einheitliche sechsjährige Grundschule zu schaffen. Klassen mit äußerer Differenzierung - wie z.B. die Klassen mit erweitertem Fremdsprachenunterricht - wird es in der Berliner Grundschule nicht mehr geben."[514]

Zusätzlich sei eine Überarbeitung des Rahmenplans und Lehrerweiterbildung nötig, um "kindorientierte Formen eines binnendifferenzierenden Unterrichts zu verwirklichen"[515] Auch Frau Volkholz bestätigte auf dem erwähnten Symposium die Unumstrittenheit dieser Entscheidung, bei der "keine Stimme etwas anderes gefordert" habe.[516]

Außerhalb Berlins wurden die sechsjährige Grundschule und die Gesamtschule aufgrund der politischen Mehrheitsverhältnisse jedoch nur im von SPD, FDP und Bündnis 90/Grüne regierten Brandenburg und die vierjährige Grundschule mit anschließender Möglichkeit des Gesamtschulbesuchs nur in Mecklenburg-Vorpommern, das von einer CDU/FDP-Koalition regiert wurde, eingerichtet, während die zu Beginn der 90er Jahre von der CDU dominierten

---

[511] Bericht des Berliner Bildungsrates: Zur Entwicklung der Primarstufe/Grundschule in beiden Teilen der Stadt, (veröffentlicht in Berlin am 29.6.1990 von der Geschäftsstelle des Berliner Bildungsrates, Dr. Einhard Rau, Institut für Soziologie der Erziehung (FU Berlin)) S.4, auch abgedruckt in Heyer/Valtin S.183 - S.188

[512] vgl. Bericht des Berliner Bildungsrates S.4ff und Abschnitt 4.6.2. Ergänzend betonte der Stadtrat von Ost-Berlin, Herr Pavlik, auf dem Symposium zur sechsjährigen Grundschule, daß der erhebliche Unterschied in der Lehrerausbildung in Ost und West behoben werden müßte. Zum Thema "Berliner Lehrerausbildung " vgl. auch Heyer/Valtin S.139ff

[513] In einer schriftlichen Mitteilung des Ministeriums für Bildung, Jugend und Sport der Landesregierung Brandenburg an den Verfasser vom 17.12.1990 wurde positiv hervorgehoben, "daß die Grundschuldauer im Land Brandenburg 6 Jahre beträgt." Vgl. auch BLZ H.1 1990, S.8 und H.5 1991, S.8ff zur Umwandlung der alten POS in Gesamtschulen.

[514] Presseerklärung des Magistrats von Berlin und des Presse- und Informationsamtes des Landes Berlin vom 28.9.1990, vgl. auch BLZ H.12 1990, S.17

[515] Presseerklärung des Magistrats von Berlin und des Presse- und Informationsamtes des Landes Berlin vom 28.9.1990

[516] laut eigener Mitschrift

Länder Sachsen, Sachsen-Anhalt und Thüringen das gemeinsame Lernen leistungsheterogener Gruppen trotz gegenteiliger Elternwünsche[517] auf die vierjährige Grundschule beschränkten und keine Gesamtschule vorsahen.[518]

Neben der Frage, was die Vereinigung der beiden Teile Deutschlands bewirkt, ist in der aktuellen Entwicklung auch relevant, welche Positionen und Argumente die Berliner Parteien und Verbände Anfang der 90er Jahre zur sechsjährigen Grundschule haben und was dementsprechend die CDU/SPD-Koalition in dieser Beziehung verwirklicht und plant. Darauf soll in den nächsten Abschnitten eingegangen werden.

---

[517] Bei einer ersten Elternbefragung durch das Pädagogische Seminar der Universität Göttingen zeigte sich noch im März 1991 eine große Unsicherheit in der Bevölkerung der ehemaligen DDR bezüglich der gewünschten Dauer der gemeinsamen Schulzeit: 28% waren bei dieser Frage nicht entschieden oder machten keine Angaben. Nur 13% votierten für die vierjährige Grundschule und auch nur 14% hielten die sechsjährige Grundschule für die optimale Lösung. Dagegen meinten 45%, alle Kinder sollten zehn Jahre gemeinsam in eine Schule gehen. Vgl. Frankfurter Rundschau vom 15.3.1991, S.1. Auf Anfrage des Verfassers schrieb zu der damaligen Situation der Staatssekretär für Bildung, Wissenschaft und Kultur des Landes Sachsen-Anhalt, Dr. Legall, am 5.12.1990: Zwar bestünden im "kleinen Kreis der Mitarbeiter des Ministeriums (z.Z. 7 Mitarbeiter) genaue Vorstellungen zum Schulmodell und Schulgesetz im Land Sachsen-Anhalt. Wichtige Gremien, wie z.B. Projektgruppen der einzelnen Fächer des Fächerkanons, die Schulräte, der Philologenverband Sachsen-Anhalt sind in die Beratungen involviert." Die Diskussionen über die Grundschuldauer seien aber noch nicht zum Abschluß gekommen. Zu den Ergebnissen vgl. Deutscher Lehrerverband (DL) (Hg.): "bildung konkret", Zeitschrift des Deutschen Lehrerverbandes, Heft 4/5 1991, S.13. Nachdem nun wie in den CDU-regierten neuen Ländern Gymnasien ab Klasse 5 angeboten worden waren, stellte sich auch die Stimmung unter den Eltern anders dar. Der Zulauf zu dieser Schulform wurde enorm, denn sie verspricht den leichtesten Zugang zu höherem sozialen Prestige und gutbezahlten Positionen. Erst 1995 wurde in Sachsen-Anhalt unter der neuen Minderheitsregierung aus SPD und Bündnis 90/Grüne wieder über die Einführung einer sechsjährigen Grundschule oder Förderstufe debattiert.

[518] Aufgrund des Umfangs der diesbezüglichen Auseinandersetzungen muß eine Darstellung dieser Ereignisse späteren Untersuchungen vorbehalten bleiben, für die diese Arbeit eine Vergleichsvorlage bieten könnte.

4.5. Positionen und Einschätzungen der Berliner Parteien und Verbände zur sechsjährigen Grundschule Anfang der neunziger Jahre

40 Jahre nach der Einführung der sechsjährigen Grundschule in West-Berlin, im Juni 1990, konnte der Berliner Bildungsrat feststellen:

> "Die 1951 in West-Berlin eingeführte sechsjährige Grundschule ist in ihrer äußeren Struktur unumstritten. Es gibt keine bildungspolitische Position, auch nicht seitens der gegenwärtigen Opposition, mit der Zielsetzung, sie strukturell zu verändern."[519]

Die Frage ist nun, ob diese Einschätzung auch noch nach den Wahlen zum Abgeordnetenhaus im Dezember 1990, die einen deutlichen Wandel brachten, die CDU zur stärksten Partei machten und eine neue Koalition aus CDU und SPD schufen, so zutrifft. Um die zukünftige Berliner Politik hinsichtlich des Problems der Grundschuldauer einschätzen zu können sowie heutige Positionen und Motive zu erfahren, befragte ich die Berliner Parteien und Verbände nicht nur - wie dargestellt - schriftlich nach den Interpretationen der vergangenen Entwicklung in diesem schulpolitischen Bereich, sondern auch nach ihren heutigen Positionen und Argumenten zur sechsjährigen Grundschule.

4.5.1. Parteien

Keine der Berliner Parteien hat Anfang der 90er Jahre das Bedürfnis, die Frage der Grundschuldauer zu thematisieren. Dennoch erhielt ich schriftliche Stellungnahmen der CDU, SPD und AL. Die **FDP** äußert sich zu dieser Thematik kaum und sieht offensichtlich keinen Handlungsbedarf. Dagegen fordert die **PDS** den Erhalt des zehnjährigen gemeinsamen Lernens, nunmehr in Form von flächendeckenden Gesamtschulen.[520]
Die Verbindung **"DIE GRÜNEN/AL"** spricht sich kurzfristig "für eine gemeinsame sechsjährige Grundschule ohne äußere Differenzierung, d.h. ohne Leistungsklassen" aus. Langfristig tritt sie "für eine zehnjährige Schule ein (unter Einschluß der Grundschule)".[521] Weiterhin fordert sie eine überschaubare Größe mit "fester Zuordnung von LehrerInnenteams zu stabilen Lerngruppen, weitgehender Binnendifferenzierung und einer veränderten sozialpädagogischen Betreuung". Zudem sei "die Neuerstellung von Rahmenplänen, die Ausdehnung projektorientierter und fachübergreifender Vorhaben und die Überwindung des Sitzenblei-

---

[519] Bericht des Berliner Bildungsrates S.1, auch abgedruckt in Heyer/Valtin S.183ff
[520] vgl. Mitteilungen Philologenverband, H.9 1990, S.270ff
[521] Wahlkampfbroschüre der Liste "DIE GRÜNEN/AL": Bildung für die 90er Jahre, Berlin 1990; Broschüre der "ALTERNATIVEN LISTE": Schulpolitik von A - Z, Berlin 1989, S.13, vgl. auch Mitteilungen Philologenverband, H.9 1990, S.270ff

bens" sowie die verbale Beurteilung, Nachmittagsbetreuung und Gestaltung der Schule als gesunder Lebensraum nötig.[522]

Als Begründung für die sechsjährige Grundschule nannte die damalige Schulsenatorin der AL, Frau Volkholz, vor allem den längeren Zeitraum der gemeinsamen sozialen Erfahrung, die bei der Gestaltung der "Schule als Lebensraum" besonders fruchtbar sein könne, und die Konstanz der Lerngruppen "bis in die Pubertät hinein".[523] Die sechsjährige Grundschule biete für "offene Unterrichtsformen", "Binnendifferenzierung und Individualisierung", "verbale Beurteilungen" sowie "Kooperationsunterricht und projektorientiertes Lernen" aufgrund der kontinuierlicheren und längeren Einwirkungsmöglichkeiten "als organisatorischer Rahmen günstige Voraussetzungen."[524]

> "Die sechsjährige Grundschule Berlins schafft pädagogische Gestaltungsräume für die gemeinsame Förderung aller Kinder und die Umsetzung eines neuen, den veränderten Bedingungen und Verhältnissen der modernen demokratischen, pluralistischen und multikulturellen Gesellschaft angemessenen Bildungsverständnisses. Die Erweiterung der Grundschulzeit um zwei Jahre gegenüber dem in den meisten anderen Bundesländern üblichen Zeitraum ermöglicht allen Kindern für mehr als die Hälfte der Pflichtschulzeit das gemeinsame Lernen in kindgemäßen Unterrichts- und Erziehungsformen. Auch der Übergang vom vorfachlichen zum Fachunterricht und die Einführung der ersten Fremdsprache in den Jahrgangsstufen 5 und 6 erfolgen noch ohne äußere Leistungsdifferenzierung und ohne abschlußorientierten Leistungsdruck.
> Die sechsjährige Grundschule wird dem Prinzip des altersgemäßen gemeinsamen Lernens aller Kinder während eines möglichst langen Zeitraumes am ehesten gerecht. Sie muß weiter gefestigt und nach Möglichkeit über den derzeit bestehenden Rahmen hinaus ausgebaut werden."[525]

Ähnliche Begründungsstränge finden sich in den bildungspolitischen Broschüren der AL bzw. der GRÜNEN.[526] So wird die sozialpädagogische Begründung der sechsjährigen Grundschule um den Aspekt der besseren Möglichkeiten für interkulturelle Erziehung erweitert und um das Argument der bei verlängerter Grundschuldauer leichteren Verwirklichung reformpädagogischer Maßnahmen ergänzt.

Von den Regierungsparteien tritt die **SPD** ebenfalls eindeutig für die sechsjährige Grundschule ein. Der bildungspolitische Sprecher der Berliner SPD, Eberhard Welz, nennt als "wesentlichstes Argument" für die sechsjährige Grundschule, "daß der Zeitpunkt für den Übergang auf die Oberschulzweige mit den unterschiedlichen Schulabschlüssen um zwei Jahre verschoben wird," weil ein nicht auf Selektion orientierter Unterricht pädagogische Freiräume zulasse.

---

[522] ebenda

[523] vgl. Niederschrift der Rede von Frau Volkholz, gehalten auf dem Symposium zum 40jährigen Bestehen der Berliner Grundschule am 26.8.1990, S.3f, gekürzt abgedruckt in: Peter Heyer/Renate Valtin (Hrsg.): Die sechsjährige Grundschule in Berlin, Beiträge zur Reform der Grundschule des Arbeitskreises Grundschule e.V. - Band 82, Frankfurt am Main 1991, S.44ff; vgl. auch VBE-Informationen H.10 1990, S.12

[524] Niederschrift der Rede von Frau Volkholz, S.5

[525] Niederschrift der Rede von Frau Volkholz, S.5f

[526] vgl. Broschüre der "ALTERNATIVEN LISTE": Schulpolitik von A - Z, Berlin 1989, S.17f

"Diese pädagogische Einstellung hat dann ja auch zu der bildungspolitischen Forderung 'Fördern statt Auslesen' geführt und zu dem von Sozialdemokraten geprägten Begriff 'Chancengleichheit'."[527]

Weiterhin spreche für die sechsjährige Grundschule, daß sie sich in Berlin bewährt und das Wiederholen einer Klassenstufe reduziert habe sowie den vorfachlichen Unterricht und "Formen des 'Offenen Unterrichts' (Wochenplanarbeit), der Integration von Behinderten und verschiedener Förder- und Individualisierungsmaßnahmen" begünstigt habe.[528] Auch bei der SPD finden wir also in der bildungspolitischen Debatte Anfang der 90er Jahre nicht nur sozialpädagogisch geprägte Argumente für die sechsjährige Grundschule, sondern auch reformpädagogisch orientierte.

Dies ist bei der führenden Berliner Regierungspartei, der **CDU**, nicht der Fall. Auch sie "setzt sich für den Erhalt und den Ausbau der sechsjährigen Grundschule als eigenständigen Schultyp ein." Sie fordert aber auch die "Gewährleistung des Übergangs an grundständige Gymnasien nach der 4.Klasse sowie den Übergang in Schulen mit besonderer Prägung."[529] Auch führt die CDU keine Argumente an, die eine reformpädagogische Neuorientierung mit der längeren Grundschuldauer in Verbindung bringen. Vielmehr fordert sie eine stärker an traditionellen Aufgaben und an Leistung orientierte Grundschule, "in der Leistungsanreize gegeben und Leistungsbereitschaft gestärkt wird". "Vorrangiges Ziel der Grundschule bleibt das sichere Beherrschen der Kulturtechniken wie Rechnen, Schreiben und Lesen." Eine Profilbildung sei "im musischen, sportlichen oder fremdsprachlichen Bereich" sinnvoll.[530]

In der Begründung für die Beibehaltung der sechsjährigen Grundschule hebt der Schulsenator der CDU, Jürgen Klemann, die hohe Akzeptanz durch die Bevölkerung hervor. Außerdem vollziehe sich der Übergang vom vorfachlichen zum Fachunterricht behutsamer und in einer vertrauteren Umgebung.

"Der oftmals abrupte Übergang aus dem methodisch-didaktisch stark kindorientierten (Schon-)Raum Grundschule in die primär unter abschlußbezogenen Kriterien arbeitenden Oberschulen wird durch eine zweijährige Übergangszeit gemildert. Überdies bietet die systematische Beobachtung der individuellen Entwicklung der Schülerinnen und Schüler im Fachunterricht in der 5. und 6.Klasse der Grundschule weitaus günstigere Beratungs- und Prognosemöglichkeiten im Hinblick auf die richtige Wahl des Oberschulzweiges. Die soziale Komponente (Begabung ist sozialpflichtig!) einer um zwei Jahre verlängerten gemeinsamen Schulzeit leistungsheterogen zusammengesetzter Schülergruppen wird ebenso als bedeutsam angesehen wie das Angebot von Möglichkeiten zur individuellen Förderung leistungsschwächerer wie leistungsstärkerer Kinder (Leitsatz der CDU: Fördern und Fordern!)"[531]

---

[527] Brief von Eberhard Welz an den Verfasser vom 11.1.1991, S.1f
[528] ebenda S.2, vgl. auch seinen Beitrag in Heyer/Valtin S.60 - S.65
[529] Schulprogramm der CDU Berlin, Berlin 1990, S.8
[530] ebenda S.6ff
[531] Brief von Jürgen Klemann an den Verfasser vom 28.2.1991, S.2

Einerseits wird hier deutlich, wie sehr die Berliner CDU sich den sozialen und pädagogischen Argumentationen für die sechsjährige Grundschule gegenüber geöffnet hat, andererseits machen die Hinweise auf die besseren Beobachtungsmöglichkeiten der Leistungsentwicklung aber auch sichtbar, daß die CDU Berlins der ursprünglichen Begründung und Konzeption der Förderstufe mit der Möglichkeit der äußeren Differenzierung noch immer große Sympathie entgegenbringt, ganz zu schweigen von der Nähe, die sie gegenüber den grundständigen Gymnasien empfindet.

4.5.2. Verbände

Ähnliche Positionen wie die CDU hat der **Landesverband Berlin des "Deutschen Philologenverbandes"** zur sechsjährigen Grundschule. Auch er unterstützt die grundständigen Gymnasien bei genereller Beibehaltung der sechsjährigen Primarschulzeit. Bisher war nach Ansicht seines Vorstandsmitglieds Bernd-Jürgen Schirmer "der Druck der Öffentlichkeit nie so groß, daß zusätzliche Gymnasien für den Besuch ab Klassenstufe fünf hätten eingerichtet werden müssen."

Zwar argumentiert der Philologenverband nicht für die sechsjährige Grundschule, aber auch nicht dagegen; vielmehr stellt er fest:

> "Aus allen Kritiken an der Effizienz des Unterrichts in den fünften und sechsten Grundschulklassen erwuchs jedoch nur selten die Forderung nach einer Verkürzung der Grundschulzeit. Darüber hinaus liefern die fachwissenschaftlichen Analysen auch keine zwingenden Argumente für oder gegen eine Veränderung der Grundschulzeit. Der Berliner Philologenverband sieht daher zur Zeit keinen Grund, die allgemeine Verkürzung der Grundschulzeit auf vier Jahre zu fordern."[532]

Auch der Vorsitzende des **"Verbands Deutscher Realschullehrer, Landesverband Berlin (VDR)"**, Wilfried Schultze, betont, daß sich die sechsjährige Grundschule bewährt hat. Der Realschullehrerverband habe im übrigen zur Zeit "alle Hände voll zu tun, die Realschule in Berlin und Brandenburg einführen zu helfen."[533]

Pädagogisch sei er der Auffassung, daß wegen der partiellen Überforderungen der Leistungsschwachen und der möglichen Behinderungen der Leistungsstärkeren ab der Klasse 4 eine Förderung in Kleingruppen oder ab Klasse 5 eine äußere Leistungsdifferenzierung sinnvoll sei. Aus entwicklungspsychologischen Gründen müsse der Übergang aber nach Klasse 6 stattfinden.

---

[532] Brief von Bernd Schirmer an den Verfasser vom Dezember 1990, S.1; vgl. auch die analoge Position des Verbandsvorsitzenden Jürgen Kramarz in Heyer/Valtin S.179f
[533] Brief von Herrn Schultze an den Verfasser vom 27.4.1991, S.1

Der stellvertretende Landesvorsitzende des **"Verbands Bildung und Erziehung, Landesverband Berlin (VBE)"**, Detlev Arndt, befürwortet die sechsjährige Grundschulzeit sogar ohne solche oder andere Einschränkungen und lobt die in ihr geleistete erfolgreiche Arbeit. Als Argumente hebt er hervor:

"1. Eine zu frühe Eingruppierung von Kindern (9 Jahre) in leistungsdifferenzierte Niveaugruppen verhindert die freie Entwicklung im Leistungs- und Sozialverhalten und manifestiert somit früh die schulische Entwicklung des Kindes.

2. Somit würde die von uns angestrebte Chancengerechtigkeit verringert werden.

3. Die Vielfalt des Berliner Schulsystems (dreigliedrig und Gesamtschule) läßt eine Entscheidung für eine bestimmte Schullaufbahn nach der 6.Klasse in alle Richtungen zu.

4. Wir lehnen eine zu frühe Leistungsauslese mit Rücksicht auf die Entwicklungspsychologie ab. Somit müssen grundständige Gymnasien als "Eliteschulen" die Ausnahme bleiben."[534]

Noch stärker als der Berliner Landesverband des VBE tritt die **GEW Berlin** für das verlängerte gemeinsame Lernen ein und sieht in der Einrichtung und im Ausbau von Gesamtschulen ihr "immer noch vordringliches bildungspolitisches Ziel."[535] Weiter schreibt die Leiterin des bildungspolitischen Referats der GEW Berlin, Monika Falkenhagen:

"Die 6jährige Grundschulzeit ist für uns die Mindestdauer einer gemeinsamen Bildung und Erziehung - verglichen mit anderen Ländern Europas sehr wenig."[536]

Zur Begründung führt sie aus, daß die Grundschule im Gegensatz zu den verschiedenen Oberschulzweigen eher dem Prinzip der Wohnortnähe folge und es von daher leichter habe, "über die reine Stoffvermittlung hinaus auf die Erfahrungen der Kinder in ihrer Lebensumwelt einzugehen" und soziale Beziehungen zu erhalten. Als potentielle Chance der sechsjährigen Grundschule nennt sie weiter:

"Die Schule bietet die Möglichkeit, daß sich wenigstens die Kinder eines Wohnbezirkes mit all der Verschiedenheit ihrer Herkunft sozialer, religiöser, ethnischer Art und auch individueller Unterschiedlichkeit kennenlernen und die Fähigkeit erlernen, einander zu achten und zu respektieren, voneinander und miteinander zu lernen."[537]

Zudem sei durch die große Differenz der Grundschulempfehlungen und der tatsächlich erfolgreich besuchten Oberschulen belegt, daß die "Entwicklung von Kindern und Jugendlichen nicht gradlinig verläuft, sondern daß ihnen Raum und Möglichkeit gelassen werden muß zur

---

[534] Brief von Herrn Arndt an den Verfasser vom 1.2.1991, S.1; vgl. aber auch die im VBE diskutierten Vorschläge für äußere Differenzierungen in den Klassen 5 und 6, in VBE-Informationen H.10 1990, S.19, sowie die Forderungen des VBE in Sachsen nach einer Orientierungsstufe, in VBE-Informationen H.1 1991, S.19
[535] Brief von Monika Falkenhagen an den Verfasser vom 8.1.1991, S.1
[536] ebenda
[537] ebenda S.2

Entfaltung ihrer Fähigkeiten anstatt sie frühzeitig durch Ausleseverfahren in ihrer Entwicklung zu hemmen."

Die Diskrepanz zwischen Grundschulempfehlung und tatsächlich mit Erfolg besuchtem Oberschulzweig, etwa die Tatsache, daß 70% der Kinder mit Realschulempfehlung auf dem Gymnasium erfolgreich seien, legt nach Meinung der GEW außerdem nahe, auf das Probehalbjahr zu verzichten und es bei einer eingehenden Beratung der Eltern zu belassen.[538] Insgesamt betrachtet die GEW Berlin neben dem Aspekt Frequenzsenkungen als ihr wichtigstes Ziel, die inneren Reformen in den Grundschulen voranzutreiben und mehr Binnendifferenzierung und weniger Fachbezogenheit in den 5. und 6. Klassen zu erreichen.[539]

Auch unter den **Elternverbänden** dominiert Anfang der 90er Jahre die Zustimmung zur sechsjährigen Grundschule. Dies wurde auch auf der Podiumsdiskussion der Elternverbände auf dem genannten Symposium im Herbst 1990 deutlich, bei der die sechsjährige Grundschule von niemandem zur Debatte gestellt wurde.

Zwar werde die vierjährige Grundschule nach Auffassung von Frau Rebitzki vom **"Arbeitskreis Neue Erziehung (ANE)"** am ehesten von "Aufsteigerfamilien" gewünscht, "in denen die Ängste vor dem Absteigen am größten sind", doch gehe diese Nachfrage quantitativ kaum über das Angebot der grundständigen Gymnasien hinaus. Der ANE unterstützt Formen des gemeinsamen längeren Lernens auch über sechs Jahre hinaus und strebt eine reformpädagogische Neuorientierung in der Grundschule an.[540]

In der Beurteilung notwendiger innerer Veränderungen unterscheiden sich die Berliner Elternverbände am stärksten; denn im Gegensatz zum ANE fordert der **"Berliner Elternverein (BEV)"** wie die CDU statt reformpädagogischer Maßnahmen eine Intensivierung der Kulturtechniken und höhere Leistungsanforderungen. So schreibt die Vorsitzende des BEV, Frau Wegener:

> "Wir vertreten die Meinung, daß die 6-jährige Grundschule sich in Berlin im allgemeinen bewährt hat. Es gibt aber eine Reihe von Kindern, die in den 5. und 6. Klassen der Grundschule unterfordert sind und nicht genügend Anregung erfahren. Das kann zu Störungen im Unterricht, Sinken der Leistungsmotivation und schließlich Resignation bei den Betroffenen führen, wodurch unter ungünstigen Umständen ein sonst wahrscheinlich sehr positiver Lebensweg unglücklich beeinflußt werden kann. *Wir sind dafür, daß der Übergang insbesondere auf die Gymnasien sowohl nach der 4. als auch nach der 6. Grundschulklasse möglich sein sollte.*"[541]

[538] Laut Mitschrift der Podiumsdiskussion auf dem Symposium vom 28.9.1990
[539] vgl. Brief Falkenhagen S.3; BLZ H.1 1991, S.3 und S.19, H.2 1991, S.16, sowie Bericht über den in der Lenau-Grundschule veranstalteten reformpädagogischen Sommer in BLZ H.3/4 1991, S.24
[540] Mitschrift des Verfassers und Bericht der Frankfurter Rundschau vom 15.3.1991, S.1; vgl. auch Helga Gürtlers Bericht für den ANE in Heyer/Valtin S.55 - S.59
[541] Brief von Frau Wegener an den Verfasser vom 7.12.1991, Hervorhebung im Orginal; vgl. auch Heyer/Valtin S.180 und S.182

Zwar fordert Frau Wegener außerdem eine äußere "Leistungsdifferenzierung in Kl.5 u. 6 mindestens stundenweise in Deutsch, Mathematik u. Englisch", stimmte aber in der Podiumsdiskussion des Symposiums Herrn Moers vom **Landeselternausschuß** zu, der die sechsjährige Grundschule gegenüber der Förderstufe als bessere Alternative bezeichnet hatte. Seiner Meinung nach zeigten die Erfahrungen bei Diskussionen im Bundeselternrat, daß die Förderstufe zu sehr viel Streit und Experimenten führe, während die sechsjährige Grundschule unkomplizierter und solider sei.[542]

Bei einem kurzen Vergleich mit vorangegangenen Diskussionen bis in die 60er Jahre fällt auf, daß die Hochschulen und Kirchen kaum mehr eine Rolle in den Auseinandersetzungen um die Grundschuldauer spielen. Selten sind sie bei Podiumsdiskussionen, Expertenrunden und ähnlichen Veranstaltungen vertreten, in den Verbandszeitungen der Lehrerinnen und Lehrer tauchen keine Stellungnahmen dieser Institutionen mehr auf. Auch die Wirtschaftsverbände beteiligen sich zur Zeit nicht an Diskussionen zur Grundschuldauer. Es verbleiben als relevante Akteure die Erziehungswissenschaftler und -wissenschaftlerinnen, die Parteien und die Verbände der Eltern, Lehrerinnen und Lehrer.

Bei den Berliner Verbänden kann, wie gezeigt worden ist, eine generelle Befürwortung der sechsjährigen Grundschule festgestellt werden. Während aber der Philologenverband, der Verband der Realschullehrer und der Berliner Elternverein in der Begründung ihrer Entscheidung eher die Scheu vor Veränderungen sowie z.T. soziale oder entwicklungspsychologische Gründe hervorheben, die ihren Wünschen nach partiellen äußeren Differenzierungen mit einer stärkeren Betonung des Leistungsgedankens nicht im Wege stehen, betont der VBE und stärker noch die GEW und der ANE die Notwendigkeit, daß Kinder mindestens sechs Jahre frei von Selektions- und Leistungsdruck lernen und sich zu sozialen und kulturell toleranten jungen Menschen entwickeln können. Die hier gegenüber den früheren Zeiträumen auftretenden neuen Aspekte "Integration von Behinderten" und "Interkulturelle Erziehung" begünstigen diese weniger auf Leistung als auf ganzheitliche Entwicklung aufbauende Argumentation für die sechsjährige Grundschule. Zudem stellen die GEW und der ANE Forderungen nach äußerer Differenzierung ein Alternativkonzept entgegen, das reformpädagogisch gestaltete Binnendifferenzierung beinhaltet.

---

[542] laut Mitschrift des Verfassers und Brief von Frau Wegener vom 7.12.1991

4.5.3. Die Politik der Koalition aus CDU und SPD in der Frage der Grundschuldauer Anfang der 90er Jahre

Bei den gemeinsam mit der Bundestagswahl im Dezember 1990 durchgeführten Wahlen zum Berliner Abgeordnetenhaus, die diesmal über den Senat für ganz Berlin entschieden, kam es zu einem erneuten starken Wandel der politischen Mehrheitsverhältnisse. Sicher nicht unbeeinflußt vom Bundestrend, der der CDU und FDP bescheinigte, am wählerwirksamsten die Vereinigung der beiden deutschen Staaten vertreten zu haben, mußten die SPD und die AL starke Verluste hinnehmen; die CDU wurde stärkste Partei. Aufgrund der Mehrheitskonstellation und wegen der Größe der anstehenden Aufgaben wurde eine **große Koalition aus CDU und SPD** gebildet, wobei die CDU mit Eberhard Diepgen den Regierenden Bürgermeister und mit Jürgen **Klemann** den neuen **Schulsenator** stellte. Während des längeren Findungsprozesses schien die SPD kaum Wert auf die Besetzung des für den Schulbereich zuständigen Senatspostens gelegt zu haben. Und auch die CDU wählte keinen prominenten Schulexperten, sondern entschied sich mit Jürgen Klemann für einen Politiker, der in der Berliner Lehrerzeitung als "bildungspolitischer Nobody reinsten Wassers" beschrieben wurde.[543]

Zwar schrieb der Vorsitzende des Berliner Philologenverbandes, Joachim Kramarz, während der laufenden Koalitionsverhandlungen im Januar 1991 mit Blick auf die im Zuge der Europäisierung und Vereinigung Deutschlands aufgetretenen Debatte um das 13. Schuljahr:

> "Die Frage des 13. Schuljahrs muß er (Diepgen, d.V.) für Berlin klären. Wenn er dem Parteitrend bei der CDU - von einem solchen muß man leider sprechen - auch in Berlin folgen will, dann muß er der SPD die Rücknahme der Grundschule auf vier Jahre abverlangen. Damit würde er allerdings die SPD in einem von ihr bisher ehern verteidigten Grundsatz angreifen. Gegen eine Diskussion dieser Frage dürfte die über die Bus-Spur am Kurfürstendamm eine lächerliche Lapalie sein."[544]

Im folgenden wird jedoch deutlich, daß Joachim Kramarz selbst nicht an diese Perspektive glaubte, zumal der Berliner Philologenverband, wie erwähnt, die sechsjährige Grundschule für eine bewährte Einrichtung hält.[545] Allerdings könnte diese Position ggf. revidiert werden, falls es in Berlin zu einer Gymnasialzeitverkürzung käme.[546] Zumindest wird schon zu diesem Zeitpunkt deutlich, daß eine Verbindung der Frage des 13. Schuljahrs mit dem Problem der Grundschuldauer die sechsjährige Grundschule partiell gefährden könnte.

---

[543] BLZ H.2 1991, S.3
[544] Mitteilungen Philologenverband, H.1 1991, S.5
[545] vgl. ebenda und Brief von Herrn Schirmer vom Dezember 1990. Auch in dem von ihm geschriebenen Abschnitt über das Thema "Wie geht es weiter mit der Berliner Schule?" (S.152 - S.157) in dem 1991 erschienen Buch von Radde/Fedke über "Reform und Realität in der Berliner Schule" geht Kramarz mit keinem Wort auf eine Notwendigkeit zur Verkürzung der West-Berliner Grundschuldauer ein.
[546] vgl. BLZ H.6 1992, S.8

In dem recht kurzen Teil "Schule" der **Koalitionsvereinbarung** findet sich allerdings **kein Wort über eine mögliche Verkürzung der Grundschuldauer.** Dort heißt es:

"Der Aufbau der Schularten setzt kontinuierlich grundsätzlich in Klasse 7 ein."[547]

Auch die Einführung von Maßnahmen der äußeren Differenzierung in den Klassen 5 und 6 wurde von der Koalition nicht angestrebt. Im wesentlichen - so schien es - sollte der Status quo erhalten werden, und es sollten Angleichungen des Bildungssystems Ost-Berlins an die West-Berliner Struktur stattfinden. Auch war kaum noch davon die Rede, reformpädagogische Innovationen an den Grundschulen zu induzieren.[548] Schulpolitische und -organisatorische Kontroversen spielten sich zu Beginn der Legislaturperiode vorwiegend in der Frage der Sekundarstufengestaltung des ehemaligen Ostsektors, des 13. Schuljahrs, der Spezialschulen und Sparmaßnahmen ab. Die sechsjährige Grundschule stand dagegen laut Koalitionsvereinbarungen nicht zur Debatte.[549]

Nach den ersten Aussagen des neuen Schulsenators Jürgen Klemann sollte dies auch in Zukunft so bleiben. Auf meine entsprechende Frage schreibt er im Februar 1991, daß "der Zufriedenheitsgrad der Berliner Elternschaft mit der Vielfalt des Grundschulsystems und den sich daraus ergebenden Entwicklungsmöglichkeiten in den weiterführenden Schulen ... offenkundig sehr hoch" sei.[550] Allerdings weist er in Analogie zur Argumentation von 1950/51 zugleich darauf hin, es müsse, wenn Berlin **Hauptstadt** werden sollte, sichergestellt werden, "daß Kinder von Familien, die funktions- oder berufsbedingt aus anderen Bundesländern (auch temporär) zuziehen, ohne Beeinträchtigungen ihrer Schullaufbahnen in das Berliner Schulsystem eingegliedert werden können".[551]

Im Herbst 1991 deutet die vom Schulsenator geplante Umwandlung zweier ehemaliger Ost-Berliner Spezialschulen zu **grundständigen Gymnasien** eine Tendenz an, die sich in der Folgezeit verdichten sollte.[552] Eines dieser Gymnasien sollte "bilinguale Bildungsgänge" (Deutsch/Russisch und Deutsch/Englisch)[553] ab Klasse 5 erhalten, das andere sollte nur Jugendliche mit "einer besonderen musikalischen Befähigung" aufnehmen und Musik bis zum

---

[547] Koalitionsvereinbarung CDU/SPD, Berlin, Jan. 1991, S.55

[548] vgl. ebenda S.55ff

[549] vgl. etwa BLZ H.5 1991, S.8ff und S.21ff. Die Abschaffung oder Ausweitung der ehemaligen Ost-Berliner Spezialschulen (z.B. musisch orientierte) ist selbst in der Berliner GEW umstritten: West-Berliner Lehrkräfte kritisieren das damit verbundene Wiederaufleben des statischen Begabungsbegriffs, Ost-Berliner halten den Wunsch nach Vielfältigkeit des Schulwesens und das konstatierte Scheitern der nach ihrer Meinung zu wenig individualisierenden Polytechnischen Oberschulen dagegen. Vgl. z.B. BLZ H.5 1991, S.24f

[550] Brief von Jürgen Klemann an den Verfasser vom 28.2.1991

[551] ebenda

[552] vgl. Artikel "Grundständige Gymnasien mit neuen Sprachen in Ost-Berlin" in der Berliner Tageszeitung: "Tagesspiegel" vom 17.4.1991 und BLZ H.5 1991, S.24f

[553] D.h. nicht nur der Fremdsprachenunterricht wird in der Fremdsprache abgehalten. Diese Schulform wird in Berlin auch "Europaschule" genannt.

Abitur als zentrales Leistungsfach verpflichtend machen. Schließlich wurden im Schuljahr 1992/93 drei Spezialschulen Ost-Berlins in grundständige Gymnasien umgewandelt.[554] Das Besondere an solchen grundständigen Gymnasien ist, daß sie im Gegensatz zu den West-Berliner Schulen diesen Typs neusprachlich sind. Von daher besteht die Möglichkeit, daß hier Eltern - anders als bis dahin in West-Berlin - durch erhöhte Anmeldezahlen Druck auf die Ausweitung dieses Schultyps machen, und dies wiederum, falls es in der Breite Erfolg haben sollte, zu einer Gefährdung der leistungsmäßigen Durchmischung der sechsjährigen Grundschule führen könnte.

Im **September 1992** verdichten zwei Anhaltspunkte entsprechende Befürchtungen der Berliner GEW: Zum einen beantragt das Bezirksamt Zehlendorf, an vier der fünf Gymnasien[555] in ihrem Bezirk ab Klasse 5 beginnende Züge einzurichten, zum anderen kündigt Senator Klemann in einer Anhörung am 9.9.1992 an, daß verschiedene Modelle für eine zukünftige Organisation des Gymnasiums erprobt werden sollten: die Kurzform von Klassenstufe 7 bis 12, das Modell sogenannter "Schnellerner- bzw. Schnelläufer-Klassen mit Expreß-Abitur" von Klassenstufe 5 bis 12 sowie humanistische, musische, sportbetonte und bilinguale Spezialschulen, die die Klassenstufen 5 bis 13 umfassen.[556] Diese verschiedenen Modelle hatte Klemann zuvor unter dem geschickt gewählten Titel "Individualisierung des gymnasialen Bildungsganges" in einer Arbeitsgruppe aus Fachvertretern seiner Behörde prüfen lassen.[557]

Mit der Veröffentlichung des Abschlußberichtes dieser Arbeitsgruppe begann in Berlin im September 1992 erneut eine öffentlich ausgetragenen **Kontroverse** über die Frage der Ausweitung von grundständigen Gymnasien und die mögliche Gefährdung der sechsjährigen Grundschule. Die CDU konzentrierte sich, unterstützt von der FDP, die "viele Blumen blühen" sehen wollte, in der Diskussion vor allem auf die vom Schulsenator favorisierte Variante, das **Problem des dreizehnten Schuljahrs mit der Grundschuldauer zu verknüpfen**[558] und vier oder fünf Gymnasien mit insgesamt sieben Klassenzügen einzurichten, die von Klasse 5 - 12 zum Abitur führen sollten.

Die schulpolitischen Sprecherinnen der SPD, Petra Merkel und Ursula Leyk, erklärten nach der Veröffentlichung der Absichten der Schulverwaltung, daß die SPD diesen Plänen nicht

---

[554] vgl. Antwort des Senats auf eine "Kleine Anfrage" (Nr.2775 15.9.92) des Abgeordneten Jürgen Kriebel (SPD) vom 27.10.1992. Zu den vier West-Berliner grundständigen Gymnasien (Französisches Gymnasium, Goethe-Gymnasium, Gymnasium Steglitz und Bertha-von-Suttner Oberschule) kamen noch die Schulen: 2.OG Lichtenberg, 4.OG Friedrichshain und 5.OG Prenzlauer Berg

[555] Vgl. Berliner Morgenpost vom 14.10.1992. Nach diesem Artikel wollten laut aktueller Umfrage des Zehlendorfer Bezirksamtes 40,3% der Eltern von Kindern Zehlendorfer Grundschulen ihre Kinder an grundständige Gymnasialzüge anmelden. Auch Zehlendorfer Realschulen wollten laut mündlicher Auskunft der Berliner GEW-Bildungsreferentin, Sabine Dübbers, vom 10.1.1994 ggf. mit Klasse 5 beginnen können.

[556] vgl. Tagesspiegel 10.9.1992 und BLZ H.10 1992, S.10 und H.11 1992, S.4 und S.15f

[557] vgl. Abschlußbericht der Arbeitsgruppe "Individualisierung des gymnasialen Bildungsganges" beim Senat der Stadt Berlin, Berlin 1992

[558] Laut mündlicher Auskunft der Berliner GEW-Referentin für Bildungspolitik, Sabine Dübbers, vom 10.1.1994 hat die Streichung des 13.Schuljahrs in Berlin besonders viele Anhänger - auch innerhalb der GEW - im Ostteil der Stadt. Dies bestätigt ein Artikel der Berliner Morgenpost vom 22.9.1993.

zustimmen werde, weil sie darin eine Gefährdung der sechsjährigen Grundschule sieht.[559] Auch die Fraktionen Bündnis 90/Grüne (Alternative Liste/Unabhängiger Frauenverband) und die PDS kündigten mit demselben Hauptargument sofort ihren Widerstand gegen die Pläne des Schulsenators an.[560] Zugleich bildete sich eine **"Initiative gegen die Aushöhlung und für die Weiterentwicklung der Berliner sechsjährigen Grundschule,"** an der neben vielen Lehrkräften auch Vertreter und Vertreterinnen der Parteien, Verbände und der Erziehungswissenschaft teilnahmen. Zu den an diesem Aktionsbündnis beteiligten Verbänden gehörten u.a. der ANE, der Landeselternausschuß, der Grundschulverband Arbeitskreis Grundschule, der VBE und nicht zuletzt die GEW-Berlin, die schon im April 1992 von entsprechenden Überlegungen in der Schulverwaltung erfahren und ihre Gegnerschaft zu "'Schnellerner-Klassen' an der Hildegard-Wegscheider-Schule" betont hatte.[561] Dieses Bündnis organisierte eine am 9.11.1992 stattfindende Protestveranstaltung und eine Unterschriftensammlung, in der sich bis zum Februar 1993 über 10.000 Personen gegen die Pläne des Schulsenators aussprachen. Auch die Bezirkschulbeiräte und Bezirkselternausschüsse lehnten die Pläne Klemanns schließlich ab. Letztlich unterstützten nur der Berliner Elternverein mit ihrer Vorsitzenden, der nunmehr zur CDU-Abgeordneten gewählten Charlotte Wegener, und die antragstellenden Gymnasien die Absichten Klemanns, Züge für "begabte Schnellerner" einzurichten.[562] Am 7.1.1993 und am 28.1.1993 machte die SPD dem Koalitionspartner CDU in einem Schulausschuß zu diesem Thema erneut deutlich, daß sie wie Bündnis 90/Grüne und PDS die Pläne des Schulsenators ablehnte.

Dennoch gab Schulsenator Klemann am 4.2.1993 durch Landesschulrat Pokall in einem Rundschreiben bekannt, daß nicht nur vier Gymnasien mit insgesamt sieben "Schnellerner-Zügen", sondern auch ein mit Klasse 5 beginnender altsprachlicher Zug in Ost-Berlin und ein grundständiger Zug des bilingualen deutsch-spanischen Gymnasiums zum Schuljahr 1993/94 eingerichtet werden würde.[563] Möglicherweise wollte er auf diese Weise auf dem Verwaltungsweg unverrückbare Fakten schaffen. Begründet wurde seine Maßnahme damit, daß Berlin den Bonner Regierungsbeamten für ihre Kinder den gewohnten Übergang zum Gymnasium nach Klasse 4 anbieten müsse, eine Förderung von besonders begabten Kindern sinnvoll und der Wegfall des dreizehnten Schuljahrs aufgrund der internationalen Wettbe-

[559] vgl. Tagesspiegel 10.9.1992 und Presseerklärung der SPD (Nr.332) vom 6.11.1992
[560] vgl. Presseerklärung der Fraktion Bündnis 90/Grüne vom 9.9.1992 und der PDS-Fraktion vom 15.9.1992, u.a. wiedergegeben in dem nur als Fotokopiensammlung erschienenen Materialienband der Initiative "SOS! Berliner Grundschule in Gefahr!", Stellungnahmen gegen die Aushöhlung und für die Weiterentwicklung der Berliner sechsjährigen Grundschule, Berlin 1992, S.20 und S.22
[561] vgl. Presseerklärung der GEW-Berlin vom 9.4.1992 und die beiden als Fotokopiensammlung erschienenen Materialienbände der Initiative "SOS! Berliner Grundschule in Gefahr!": Stellungnahmen gegen die Aushöhlung und für die Weiterentwicklung der Berliner sechsjährigen Grundschule sowie Materialsammlung Oktober 1992, beide: Berlin 1992
[562] vgl. ebenda; Presseerklärungen der GEW Berlin vom 7.1. und 16.2.1993; Tagesspiegel vom 12.11.1992; Beschluß des Bezirkselternausschusses Wilmersdorf vom 16.12.1992; Berliner Morgenpost vom 12.11.1992;
[563] vgl. Rundschreiben VI Nr.17/1993 der Senatsverwaltung für Schule, Berufsbildung und Sport vom 4.2.1993

werbssituation wichtig sei und einen Beginn des Gymnasiums in Klasse 5 nötig mache.[564] Nach der im Rundschreiben veröffentlichten Ansicht der Senatsverwaltung bringt diese Maßnahme "keinerlei Veränderung des langjährig bewährten sechsjährigen Berliner Grundschulsystems". Diese Meinung wiederholte Klemann mehrfach, obwohl es in dem von ihm begrüßten Abschlußbericht der Arbeitsgruppe "Individualisierung des gymnasialen Bildungsganges" seines Hauses zu dem Modell 5 - 12 unter Punkt 4. "Allgemeine Einschätzung" heißt:

> "Die 6-jährige Grundschule wird angetastet. ... Ein u.U. erforderlicher NC müßte sich an den Regelungen für altsprachliche Gymnasien ab Kl. 5 orientieren."

Klemann aber berief sich darauf, daß die Schulversuche quantitativ sehr begrenzt seien und daher die sechsjährige Grundschule nicht gefährdeten. Die Gegner aber ließ der qualitativ neue Charakter der grundständigen Gymnasien fürchten, daß große Anmeldezahlen auch alle anderen Gymnasien in Zugzwang brächten, entsprechende Züge anzubieten, um nicht Gymnasien "zweiter Klasse" zu werden.[565] Weiterhin argumentierte der GEW-Landesvorsitzende Erhard Laube:

> "Wenn nun gerade die leistungsstärkste Gruppe einer Grundschulklasse nach der 4. Klasse auf das Gymnasium wechselt, verändert und verschlechtert dies das gemeinsame Lernen des "Restes": - Durch sinkende Frequenzen drohen Klassenzusammenlegungen. - Das Leistungsniveau der Grundschulklassen sinkt. Aber auch in den Klassen 1 bis 4 setzt ein stärkerer Leistungsdruck ein. Denn zunehmend mehr Eltern fordern, daß ihre Kinder Teil der vermeintlichen neuen Elite werden. ... Der Elternwille einzelner muß da seine Grenzen finden, wo er Schülergruppen vom öffentlichen Bildungsangebot auszuschließen versucht. Der Zuzug von Bonner Ministerialbeamten kann keine Begründung für die Veränderung der Berliner Schulstruktur sein. Auch zu West-Berliner Inselzeiten kamen viele westdeutsche Arbeitnehmer nach Berlin. Es ist nicht bekannt, daß sie die Stadt wegen der sechs Jahre dauernden Grundschule wieder verlassen hätten."[566]

Entsprechend gab es nach Bekanntwerden des erwähnten Rundschreibens erneut starke **Proteste der Gegner der grundständigen Gymnasien** (SPD, Bündnis 90/Grüne, PDS, GEW, ANE usw.) und am 18.2.1993 eine **Krisensitzung der Koalitionspartner**. Die SPD zwang den Schulsenator, die im Rundschreiben veröffentlichte Ankündigung in dieser Form zurückzunehmen. Allerdings erreichte sie neben der versprochenen Neugründung einer Gesamtschule in Zehlendorf in der **Koalitionsübereinkunft** mit der CDU vom Frühjahr 1993 nur, daß nicht fünf oder vier, sondern drei solcher Gymnasialmodelle von Klasse 5 - 12 "für Schnellerner" eingerichtet wurden und sich die Schulversuche jeweils auf einen Zug beschränken. Zudem gelang es der CDU, den angekündigten altsprachlichen Gymnasialzug in

---

[564] Bei dieser Argumentation wurde allerdings vernachlässigt, daß die Europäisierung eher eine längere Primarschulzeit nahelegt. Vgl. Abschlußbericht der Arbeitsgruppe "Individualisierung des gymnasialen Bildungsganges" beim Senat der Stadt Berlin, Berlin 1992; Berliner Morgenpost vom 14.10.1992, 8.1.1993 und 19.2.1993; Tagesspiegel vom 10.9.1992

[565] vgl. Berliner Morgenpost 6.12.1992; Tagesspiegel vom 8.1.1993

[566] Erhard Laube in einem Gastkommentar der Berliner Morgenpost vom 6.12.1992

Ost-Berlin und den grundständigen Zug am bilingualen Gymnasium (Spanisch/Deutsch) in Reinickendorf durchzusetzen, die beide mit der fünften Klasse beginnen und mit dem 13.Schuljahr enden.[567] Zwar war die SPD nach Angaben ihrer schulpolitischen Sprecherin, Ursula Leyk, mit diesem Ergebnis zufrieden, aber die übrigen Gegner der Maßnahmen waren es keineswegs. Sie bemängelten, daß die SPD zu wenig bedacht habe, daß es nicht so sehr auf die Zahl der neuen grundständigen Züge ankäme, sondern auf den neuen Charakter dieser Schulversuche, der über den Hebel von zunehmenden Anmeldezahlen zur Auflösung der sechsjährigen Grundschule führen könne.[568] Zwar beendete die Übereinkunft vom Februar 1993 den Streit der Regierungsparteien in dieser Frage zunächst. Sie beendete aber nicht die Aufrechterhaltung der unterschiedlichen Standpunkte der Parteien.[569] Insofern sind hier nach den nächsten Wahlen zum Berliner Abgeordnetenhaus neue Auseinandersetzungen zu erwarten.

Dabei wird eine wichtige Rolle spielen, zu welchen Auswirkungen die Ausweitung der Zahl und die neue Qualität der grundständigen Gymnasien führen wird. Bis 1991 sorgten die Aufnahmemodalitäten an den grundständigen Gymnasien (z.b. Begrenzung auf altsprachliche Bildung bzw. Französisches Gymnasium) für eingeschränkte **Anmeldezahlen**, so daß die potentielle Gefährdung der sechsjährigen Grundschule bis 1991 als gering eingeschätzt werden konnte. Nach Umwandlung dreier Ost-Berliner Spezialschulen in grundständige Gymnasien konnten 1992 an den nunmehr insgesamt sieben Standorten mit Gymnasialklassen 5 zwei Drittel der insgesamt 987 angemeldeten Kinder aufgenommen werden.[570] Im März 1993 aber veröffentlichte die Berliner Morgenpost Zahlen, nach denen angeblich über 700 Eltern ihre Kinder für die zur Verfügung gestellten 90 Plätze der neuen "Schnellernerzüge" anmelden wollten.[571] Diese Zahlen verband die Zeitung mit dem Hinweis, daß nun die Ausweitung der Zahl solcher Versuche nötig sei.

Aufgrund solcher Perspektiven und einer Presse, die den grundständigen Gymnasien Sympathie entgegenbringt, befürchtet die GEW einen schleichenden Prozeß der "**unauffälligen Beseitigung**" der sechsjährigen Grundschule. Würde es zur diskutierten "Autonomie der

---

[567] vgl. Ergebnisse der Gespräche der Fraktionsvorsitzenden von CDU und SPD am Donnerstag, 18.Februar 1993. Die mit Klasse fünf beginnenden Gymnasialzüge wurden an Gymnasien in Zehlendorf, Wilmersdorf und Spandau eingerichtet.

[568] vgl. Tagesspiegel vom 19.2.1993; Berliner Morgenpost vom 19.2. und 20.2.1993; die tageszeitung (taz) vom 20.2.1993; Presseerklärung der GEW Berlin vom 19.2.1993

[569] Vermutlich aus Gründen der Koalitionsräson nimmt die CDU in ihrem Berliner Programm vom Juni 1993 nicht zu diesem Problem Stellung. Sie betont nur, daß "stärker als bisher auch leistungsstarke Schülerinnen und Schüler so gut wie möglich ihren Anlagen entsprechend zu förden und zu fordern" sind. Vgl. CDU-Fraktion im Berliner Abgeordnetenhaus (Hrsg.): Die Starken fordern, die Schwachen fördern, CDU-Thesen zur Leistungsfähigkeit der Berliner Schule, Berlin, Juni 1993, S.21

[570] Die Zahlen schwanken je nach Standort zwischen 47 und 90%. Vgl. Antwort des Senats auf eine "Kleine Anfrage" (Nr.2775 15.9.92) des Abgeordneten Jürgen Kriebel (SPD) vom 27.10.1992.

[571] vgl. Berliner Morgenpost vom 18.3.1993

Schulen" kommen und würde eine solche "Autonomie" allen Gymnasien ermöglichen, mit Klasse 5 zu beginnen, so käme es in Bezirken mit hohem Anteil an einkommensstarken Schichten (z.b. Zehlendorf und Wilmersdorf) nach Einschätzung der Berliner GEW-Referentin Sabine Dübbers bald zu einem mißlichen Effekt. Aus Konkurrenzgründen würden dann alle Gymnasien solche "Elite-Klassen" anbieten. Etwa drei Viertel der Eltern dieser Stadtteile würden diese Klassen dann wählen, um ihren Kindern die in den gehobenen Schichten angesehenste Bildung zu verschaffen.[572] Schaut man auf die aktuelle Entwicklung der Förderstufe in Hessen, so ist der Hinweis der Berliner GEW, daß die sechsjährige Grundschule bezirksweise zur Restschule werden könnte, nicht gänzlich von der Hand zu weisen.[573] Insofern könnte eine Dynamik entstehen, die - vorausgesetzt die Stellungnahmen der Verbände und Parteien geben deren tatsächliche Meinung wieder - heute niemand anstrebt, der in Berlin relevante bildungspolitische oder pädagogische Funktionen innehat.

Auch Carl-Heinz **Evers** warnt vor einem solchen Prozeß und wirft der Berliner SPD bei seinem **Parteiaustritt 1993** vor, sich angesichts des in den Koalitionsvereinbarungen abgeschlossenen "schulpolitischen Stillhalteabkommens" nicht genügend gegen den Abbau der sechsjährigen Grundschule einzusetzen:

> "Nun aber nimmt, jenseits der Koalitionsvereinbarung, die SPD hin, daß ihr Partner mit den sog. "Elite"-Klassen die Axt an die sechsjährige Grundschule legt. So etwas wäre in der damaligen Großen Koalition (1959 - 1963, d.V.) unmöglich gewesen. Und nicht mal die CDU/FDP-Koalition bis 1989 hat sich an die sechsjährige Grundschule herangewagt."[574]

Andererseits ist noch einmal zu betonen, daß die Möglichkeiten der Kräfte, die die obligatorische sechsjährige Grundschule erhalten möchten, aufgrund des generell hohen Zustimmungsgrades in Berlin groß sind.

Auch bestätigten sich die Befürchtungen der GEW Berlin und die von der Berliner Morgenpost gemeldeten Anmeldezahlen zu den "Schnellerner-Zügen" 1993 noch nicht; denn tatsächlich meldeten nicht 700, sondern nur 150 Eltern ihre Kinder für diese drei Klassen an, so daß sich die bei den grundständigen Gymnasien eingependelte Zweidrittel-Aufnahmequote erhalten hat.[575] Insofern hat sich zunächst die Auffassung des Schulsenators bestätigt, nach der die sechsjährige Grundschule nicht gefährdet ist.

Zudem haben die konservativen Parteien und Verbände in Berlin bisher ihre Position, die sechsjährige Grundschule zu erhalten, nicht revidiert und grundständige Gymnasialzüge bisher bewußt als Einrichtung für wenige Kinder proklamiert. Wie ernst es ihnen damit auch

---

[572] Einschätzung von Sabine Dübbers in einem Gespräch mit mir am 10.1.1994. Eine Umfrage hatte in Zehlendorf ergeben, daß 1992 40,3% der Eltern von Grundschulkindern für ihre Kinder einen Übergang nach Klasse 4 anstreben.
[573] BLZ H.1 1993, S.14f und S.18
[574] Evers in der Frankfurter Rundschau vom 3.3.1993
[575] vgl. Berliner Morgenpost, die tageszeitung (taz) und Tagesspiegel vom 22.9.1993

bei einer möglicherweise zunehmenden Zahl von Anmeldewünschen zu grundständigen Gymnasialzügen sein wird, ist noch ungeklärt. Von den Ergebnissen der nächsten Wahlen zum Berliner Abgeordnetenhaus hängt es zudem ab, welche Durchsetzungsbereitschaft und - möglichkeit die einzelnen schulpolitischen Kräfte besitzen werden.

Resümierend läßt sich vermuten, daß im Zusammenhang der Umwandlung Berlins zur Hauptstadt die Debatte um die Grundschuldauer in der neuen Legislaturperiode **ab 1995 wieder aufleben** und die Zahl der grundständigen Gymnasien weiter erhöht werden könnte. Da jedoch die Zustimmung der Berliner Eltern und der pädagogisch sowie politisch Tätigen zur sechsjährigen Grundschule sehr hoch ist und eine breite Bereitschaft zur Verteidigung der sechsjährigen Grundschule besteht, ist m.E. eine generelle Verkürzung der Grundschuldauer in den nächsten Jahren eher unwahrscheinlich. Nicht auszuschließen ist dennoch eine Entwicklung, die wie in Bremen 1957 die sechsjährige Grundschule nur für einen Teil der Kinder erhält und die die im Laufe der letzten 40 Jahre eingetretene Stabilisierung der sechsjährigen Grundschule gefährdet.

Auch wenn vorläufig festzuhalten ist, daß sich die äußere Gestalt der Berliner Grundschule bis heute behauptet hat, ist damit über die mindestens ebenso wichtige innere pädagogische Gestalt dieser Schule und deren Bedingungen bzw. Auswirkungen noch wenig gesagt. Dies soll im folgenden anhand von Befragungen geschehen, die Einschätzungen der Berliner Schulleiterinnen und -leiter zu Problemen und Erfolgen der sechsjährigen Grundschule beinhalten.

4.6. Befragung der West-Berliner Leiter bzw. Leiterinnen der sechsjährigen Grundschulen zu deren pädagogischer und schulorganisatorischer Gestalt

Im Dezember 1990 und Februar 1991 schickte ich an die Schulleiterinnen bzw. -leiter der 230 staatlichen und 20 privaten Grundschulen West-Berlins einen zweiseitigen Fragebogen mit offenen und geschlossenen Fragen zur sechsjährigen Grundschule und ihrer pädagogischen Praxis.[576] Davon antworteten 127, also etwas mehr als die Hälfte, wobei 11 Leiterinnen bzw. Leiter mit der Befragung nicht einverstanden waren bzw. nicht genügend Zeit dafür zur Verfügung hatten, so daß 116 Fragebogen in die Auswertung einbezogen wurden. Das sind 46,4%, also ein durchaus repräsentativer Anteil.[577]

Zudem konnten schriftliche Einschätzungen der bereits in Abschnitt 4.4.2. genannten Fachleute für die Grundschule, zwei Tageshospitationen an West-Berliner Grundschulen und Meinungen und Antworten, die z.T. auf meine Rückfragen in einer Runde von Grundschulleiterinnen und -leitern auf dem Symposium im September 1990 geäußert wurden, als zusätzliche Informationen verwendet werden.[578]

Trotz dieser Ergänzungen und der hohen Rücklaufquote bleibt eine schriftliche Befragung immer nur ein grobes Meßinstrument zur Beurteilung der Schulwirklichkeit und kann Mikrountersuchungen an einzelnen Schulen nicht ersetzen. Sie ist aber m.E. wichtig, um neben der genaueren Untersuchung einer einzelnen Schule (siehe Kapitel 5) einen Einblick in quantitative Ausprägungen der Einschätzungen zur sechsjährigen Grundschulorganisation zu bieten.[579]

Im wesentlichen interessierten mich dabei drei Gesichtspunkte, die im folgenden in dieser Reihenfolge behandelt werden sollen:

(1) Welche Meinungen und Beobachtungen werden zur schulorganisatorischen Gestalt der sechsjährigen Grundschule und zu Übergängen geäußert?

---

[576] Fragebogen siehe Anhang. Nach einem Pretest wurde die Zahl der offenen Fragen erweitert, um weniger Anwortmöglichkeiten vorzugeben. Es wurden auch die Gesamtschulen mit Grundstufe (John-F.-Kennedy-Schule, Walter-Gropius-Schule und Fritz-Karsen-Schule) angeschrieben, nicht jedoch die Waldorfschulen, da letztere ein eigenes, bereits breit publiziertes pädagogisches Konzept besitzen.

[577] Die Antwortanzahl repräsentiert zudem etwa die Bezirksgrößen, überall antworteten mindestens ein Drittel (Wilmersdorf) und höchstens 60% (Zehlendorf) der Schulen des Bezirks. Auch die Antworten auf die Frage nach den tatsächlichen Übergängen stimmen gut mit den bezirksweisen amtlichen Übergangsstatistiken überein. Gegenüber ihrem tatsächlichen Anteil von 8,6% sind die Grundschulen in privater Trägerschäft in dieser Befragung mit 11,6% zwar ein wenig, aber nicht gravierend überrepräsentiert. Dennoch ist die Genauigkeit der Zahlenangaben in der folgenden Auswertung nicht überzubewerten.

[578] Zur Praxis der Berliner Grundschule vgl. insbesondere auch Heyer/Valtin S.66- S.138 und S.173ff

[579] Bei den folgenden Ergebnissen ist besonders zu beachten, daß es sich hier um Meinungen und Einschätzungen der Schulleiter und -leiterinnen handelt, die sich nicht unbedingt mit der Wirklichkeit decken müssen. So ist z.B. zu vermuten, daß die Leiter und Leiterinnen eher die positiven Aspekte ihrer Schule herausstreichen und über Mißerfolge seltener berichten. Dennoch scheinen sie mir den größten Kenntnisgrad über die West-Berliner Grundschulen zu besitzen und am ehesten über Entwicklungen, Stimmungen, Beobachtungen, Probleme und Erfolge Auskunft geben zu können.

(2) Wie wird die pädagogische Gestalt der sechsjährigen Grundschule in West-Berlin beschrieben, und welche Faktoren spielen dabei eine Rolle?

(3) Welche Probleme und Erfolge werden genannt, und welche pädagogischen Perspektiven hat die Berliner Grundschule?

4.6.1. Beobachtungen und Einschätzungen zur schulorganisatorischen Gestalt der sechsjährigen Grundschule und zu Übergängen auf die Oberschulzweige

Auf die Frage, wie lange ihres Erachtens die Grundschule dauern sollte, schreiben von 114 darauf antwortenden Schulleiterinnen bzw. -leitern **94,7%** "sechs Jahre", nur 4,4% "vier Jahre" und 0,9% "zehn Jahre".

Tabelle 1. Gewünschte Grundschuldauer:	absolut	Prozent
für sechsjährige Grundschule:	108	94,7
für vierjährige Grundschule:	5	4,4
für zehnjährige Grundschule:	1	0,9
keine Antwort:	2	

Auch wenn dieses Ergebnis noch weiter zu interpretieren sein wird, kann hier erneut die **breite Zufriedenheit mit der sechsjährigen Grundschuldauer** in Berlin hervorgehoben werden. Bei wievielen der Befragten diese Zufriedenheit **durch pädagogische Aspekte untermauert** ist, zeigen z.T. die beiden folgenden Frageauswertungen:

Etwas negativer, aber immer noch sehr positiv fällt das Urteil über den "gemeinsamen Unterricht von Kindern unterschiedlicher Leistungsfähigkeit in Klasse 5 und 6" aus. **85,6%** sind der Meinung, daß dieser **gemeinsame Unterricht** in den meisten Fällen zur **gegenseitigen Anregung** der Kinder führt, wobei drei Viertel aller Antwortenden weder eine Hemmung für leistungsstärkere Kinder noch eine Frustration der leistungsschwächeren sehen.[580] Diese Ansicht wird besonders häufig an den Grundschulen vertreten, die hohe Übergangszahlen zu Gesamtschulen und Gymnasien zu verzeichnen haben. Sowohl eine überwiegende Hemmung der leistungsstärkeren Kinder als auch eine häufige Frustration der leistungsschwächeren glauben 10% der Schulleiter bzw. -leiterinnen beobachtet zu haben. Zusätzlich sind 12% der Auffassung, daß allein die Einschränkung der leistungsstärkeren Kinder, und 3%, daß nur die Frustration der leistungsschwächeren zutrifft.

---

[580] Es konnten auch zwei oder drei der Antwortvorgaben angekreuzt werden.

Tabelle 2. Anregung, Hemmung bzw. Frustration durch gemeinsamen Unterricht in Kl.5 u. 6:

	absolut	Prozent	kumulativ %
Anregung für alle (1):	84	75,7	75,7
Anregung und Hemmung (1+2):	6	5,4	81,1
Anregung und Frustration (1+3):	2	1,8	82,9
Anreg., Hemmung und Frust.(1+2+3):	3	2,7	85,6
Hemmung Leistungsstarker (2):	7	6,3	91,9
Frustration Leistungsschwacher (3):	1	0,9	92,8
Hemmung und Frustration (2+3):	8	7,2	100,0
keine Antwort:	5		

Mit der hohen Zustimmung zur These, daß der Unterricht in den heterogenen Gruppen der Klasse 5 und 6 in den meisten Fällen zur gegenseitigen Anregung der Kinder führt, scheint ein wesentlicher Faktor für die Zufriedenheit mit der sechsjährigen Grundschule gegeben zu sein. Dennoch überrascht es, daß selbst das Viertel der Schulleiterinnen bzw. -leiter, das diese These nicht uneingeschränkt teilt, mehrheitlich für die sechsjährige Dauer der Grundschule plädiert. Für sie muß es noch andere, ggf. außerpädagogische Gründe geben, für die verlängerte Grundschuldauer zu votieren.

Zudem war zu überprüfen, ob die Befürwortung der sechsjährigen Grundschule auf die Vorstellung einer verbesserten Selektion zurückgeht. Ein Anhaltspunkt für eine **optimierte Auslese** ist m.E. dann gegeben, wenn sich Einschätzungen der Grundschule über die Leistungsfähigkeit der Kinder in den letzten zwei Grundschuljahren noch wesentlich verändern und damit in relevantem Maße **spätere Entwicklungen** bei der Empfehlung für die weiterführenden Schulen noch **berücksichtigt** werden können. Eine solche Untersuchung erweist sich jedoch als schwierig, da viele Schulleiter bzw. -leiterinnen angeben, "eine die Empfehlung zur Oberschule entscheidend beeinflussende Veränderung der Leistungsentwicklung von Klasse 4 zu Klasse 6" **nicht beurteilen** zu können, da nur nach der Klasse 6 und nicht nach der Klasse 4 eine Grundschulempfehlung für die weiterführenden Schulen ausgesprochen wird. Als Beispiel für diese Position sei folgende Antwort wiedergegeben:

"Eine Veränderung bezogen auf die Empfehlung könnte nur dann beobachtet werden, wenn sich der Unterricht sozusagen im Vorgriff durch den Lehrer auf ein Gymnasialniveau ausrichten würde. Dies steht im Widerspruch zu unseren Vorstellungen über den Erziehungsauftrag der Grundschule."

Infolgedessen beantworten die gestellte Frage nur 62,1% der Grundschulleiterinnen bzw. -leiter. Davon meint ein Viertel, keine oder kaum Veränderungen (d.h. bei weniger als 10% der Kinder) beobachtet zu haben. Dagegen sind von den hier Antwortenden 38,9% (24,1% von allen) der Auffassung, daß sich eine solche Entwicklungswandlung in starkem Maße, d.h. bei 30% und mehr der Kinder feststellen ließe, und 36,1% (22,5% von allen) sehen solche Veränderungen noch bei 10 bis 30% der Kinder.

Nach der Tendenz der Entwicklungsschwankungen gefragt, meinen etwa zwei Drittel der solche Wandlungen konstatierenden 54 Schulleitungen, daß eine Veränderung "in Richtung auf Schulen mit höherem kognitiven Anspruchsniveau" stattfindet. Gravierende Zusammenhänge der Beobachtungen zu Veränderungen in Klasse 5 und 6 mit Bedingungen, Größe, Bezirk, Trägerschaft, Problemen und Erfolgen der Schule und sozialer Herkunft der Kinder konnten nicht festgestellt werden.

Tabelle 3. Entscheidende Veränderung der Leistungsentwicklung von Klasse 4 zu Klasse 6:

	absolut	Prozent
keine Angabe bzw. kaum zu beurteilen:	44	37,9
Veränderungen bei weniger als 10% der Kinder:	18	15,5
Veränderungen bei mehr als 10% der Kinder:	26	22,5
Veränderungen bei 30% und mehr der Kinder:	28	24,1
Veränderungsrichtung: eher leistungsstärker:	35	64,8
Veränderungsrichtung: eher leistungsschwächer:	5	9,3

Zwar wird durch die Befragung die Behauptung, daß durch die sechsjährige Grundschule eine bessere Selektion für die weiterführenden Schulen gewährleistet wird, von Beobachtungen vieler Grundschulleiterinnen bzw. -leiter gestützt. Doch scheint dieses Argument nur eine **untergeordnete Rolle** zu spielen, denn eine große Zahl der der sechsjährigen Grundschule zustimmenden Leiter und Leiterinnen meint, solche Veränderungen nicht beobachten bzw. als im Prinzip nicht beobachtbare Tatsache angeben zu vermögen und damit auch schwerlich als Argument anführen zu können.

Sind aber rund drei Viertel der die Frage beantwortenden Schulleiterinnen und Schulleiter der Meinung, daß sich durch die verlängerte Grundschuldauer zumeist Anregungen ergeben und daß sich Veränderungen in der Leistungsentwicklung feststellen und damit berücksichtigen lassen, so wünschen sich nur noch etwa zwei Drittel die sechsjährige Grundschule ohne jegliche äußere Differenzierung. Betrachtet man die Tatsache, daß in Westdeutschland sowohl in der Förder- und Orientierungsstufe als auch im übrigen Sekundarschulwesen eine äußere Differenzierung überall zumindest in Mathematik und der ersten Fremdsprache praktiziert wird, so ist es jedoch m.E. bemerkenswert, daß **zwei Drittel der West-Berliner Grundschulleitungen eine sechsjährige Grundschule ohne äußere Differenzierungen wünschen.** Zudem befürworten selbst die äußere Differenzierung fordernden Schulleiter bzw. -leiterinnen noch in der großen Mehrheit eine Kombination aus äußerer und innerer Differenzierung.

Darüber, daß eine **Binnendifferenzierung** in Klasse 5 und 6 sinnvoll ist, besteht breiter Konsens: **86,1%** sind dieser Auffassung. Etwa derselbe Anteil (83 von 97, d.h. 85.6%) gibt auch an, daß an ihrer Grundschule eine solche Binnendifferenzierung schon durchgeführt wird. Auf die später in Abschnitt 4.6.2. behandelte Frage nach der pädagogischen Gestalt ihrer Grundschule sehen allerdings nur 60% (nämlich 69) der Grundschulleiterinnen bzw.

-leiter die Binnendifferenzierung als eine die "spezifische Schulwirklichkeit" ihrer Grundschule kennzeichnende Größe an, so daß davon ausgegangen werden kann, daß nicht in allen dieser 86,1% Grundschulen der Binnendifferenzierung eine besondere Aufmerksamkeit gewidmet wird und einige Grundschulleitungen hier sehr wohl verstärkte Bemühungen für nötig halten. Anhand späterer Fragen zur pädagogischen Gestalt der Grundschule wird zudem zu klären sein, wie intensiv und in welcher Form diese Binnendifferenzierung praktiziert wird.[581]

Tabelle 4. gewünschte Differenzierungart:

	absolut	Prozent	kumulativ %
Binnendifferenzierung:	60	55,6	55,6
z.T. Binnen-, z.T. keine Differenzierung:	8	7,4	63,0
alle Arten je nach Situation:	1	0,9	63,9
z.T. Binnen-, z.T. äußere Differenzierung:	24	22,2	86,1
äußere Differenzierung:	13	12,0	98,1
keine Leistungsdifferenzierung:	2	1,9	100,0
keine Antwort:	8		

Auffällige Zusammenhänge von gewünschten Differenzierungsarten mit den Items Bedingungen, Größe, Bezirk, Erfolge der Schule und soziale Herkunft der Kinder konnten nicht festgestellt werden.[582]

Von den Schulleitungen, die zumindest partiell eine äußere Differenzierung wünschen, wird als hierfür wichtigstes Fach die **erste Fremdsprache** genannt (87%). Zudem glauben 74% dieser Antwortgruppe, daß in **Mathematik**, und 61%, daß in **Deutsch** leistungshomogene Kurse gebildet werden sollten.[583]

Als wichtigstes Ergebnis bei der Frage nach der gewünschten Differenzierungsart bleibt aber die hohe positive Wertung festzuhalten, die die Binnendifferenzierung bei den West-Berliner Grundschulleiterinnen und -leitern erhält. Könnte man die Auffassungen zur Differenzierungsart direkt mit den Wünschen nach der Organisation der 5. und 6. Klassen gleichsetzen, so würde noch etwa eine Zwei-Drittel-Mehrheit der Grundschulleitungen eine den Förder- bzw. Orientierungsstufen ähnliche Gestaltung der obersten beiden Jahrgänge der sechsjährigen Grundschule ablehnen.

---

[581] Es wird z.B. zu klären sein, ob Freiarbeit nach dem Wochenplan stattfindet und verschieden anspruchsvolle Aufgaben gestellt werden oder ob unter Binnendifferenzierung schon die Berücksichtigung unterschiedlicher Leistungsstärken im Unterrichtsgespräch verstanden wird.

[582] Aufgrund der geringen absoluten Zahlen nur als Hinweis auf mögliche Zusammenhänge ist auch das Ergebnis zu betrachten, daß 9 von 18 Schulleitern bzw. -leiterinnen, die als Problem "gewalttätige bzw. verhaltensauffällige Kinder" angeben, eine äußere Differenzierung wünschen, dagegen 15 von 18, die einen hohen Ausländeranteil als Problem notieren, statt äußerer eine Binnendifferenzierung für sinnvoll halten. Etwas häufiger wird äußere Differenzierung von den Schuldirektionen der privaten als von denen staatlicher Schulen gewünscht (Privatschulen: 6 von 13, d.h. 46,4%; Staatsschulen: 31 von 95, d.h. 32,6%).

[583] Andere Fächer werden von nicht mehr als einer Person genannt.

Bei der bisherigen Auswertung der Befragung sind zwar einige Problembereiche der Berliner Grundschule erwähnt worden, dennoch zeigte sich der weitaus größte Teil der Schulleitungen mit dem bestehenden Zustand zufrieden.

Obwohl die Zufriedenheit bei der Frage, wie die **Bedingungen der Schule** (Klassenfrequenzen, Aussiedlerquote u.ä.) eingeschätzt werden, sinkt, kreuzen dennoch 37,1% an, daß die Bedingungen an ihrer Schule "günstig", und 37,9%, daß sie "durchschnittlich" seien. Nur ein Viertel hält sie für "ungünstig". In bezug auf die "soziale Herkunft" sehen 16,4% der Schulleitungen die Kinder ihrer Schule als "privilegiert", 57,4% als "durchschnittlich" und 26,1% als "unterprivilegiert" an. Die Anzahl der Lehrkräfte an der Schule, die einen Hinweis auf die Schulgröße gibt, wird von 31,4% mit weniger als 28 (klein) und von 9,8% mit mehr als 45 Personen (groß) angegeben und liegt im Mittel bei 32,5 Lehrerinnen bzw. Lehrern.[584]

Neben dem regulären Übergang nach Klasse 6 gehen nach Angaben der Schulleitungen nur **3,7%** der Grundschulkinder schon nach der vierten Klasse in ein staatliches oder privates **grundständiges Gymnasium**. Zwar ist diese Zahl insgesamt relativ gering, was, wie erwähnt, auf die altsprachliche Orientierung der grundständigen Gymnasien und das genügend attraktive Angebot innerhalb der sechsjährigen Grundschule zurückgeführt wird. Doch auch hier sind die **Unterschiede enorm**.

Tab. 5: Abgang zum Gymnasium nach Klasse 4:	absolut	Prozent	kumulativ %
nie oder selten (bis 1,6%):	55	48,7	48,7
kaum (1,6% bis 4%):	33	29,2	77,9
erwähnenswert (4% bis 8%):	10	8,9	86,7
erheblich (8% bis 12%):	5	4,4	91,2
hoch (12% bis 20%):	7	6,3	97,3
sehr hoch (20% und mehr):	3	2,7	100,0
keine Antwort:	3		

Während in 77,9% der West-Berliner Grundschulen höchstens 4%, also im Durchschnitt kein oder ein Kind pro Klasse nach Klasse 4 auf das Gymnasium wechseln, sind es in 9% der Schulen im Schnitt mehr als 12% der Kinder, also vier Kinder und mehr pro Klasse.

Daß dies ein das Klassenklima durchaus beeinflußender Faktor ist, der zu einem erhöhten Leistungsdruck innerhalb der Grundschule führt, wird dadurch belegt, daß nur ein Grundschulleiter dieser Schulen mit erhöhtem Übergang nach Klasse 4 angibt, daß "ein Auslesedruck und die Anforderungen des Gymnasiums" nicht bzw. kaum in ihre Grundschule zurückwirken. Sechs dieser Gruppe sehen solche Rückwirkungen mindestens bis in die vierte Klasse, zwei sogar bis in die erste Klasse. Auch die übrigen Antworten bestätigen den Zusammenhang, daß **je größer der Anteil der nach Klasse 4 abgehenden Kinder** ist, **desto**

[584] Die Standardabweichung beträgt 11,6 Lehrkräfte. 6,3% sehen es als wichtiges Problem ihrer Schule an, daß sie zu groß ist.

eher Rückwirkungen in Form von Auslesedruck bzw. gymnasialen Anforderungen wahrgenommen werden.

Tab. 6: Auslesedruck durch Gymnasium:	absolut	Prozent	kumulativ %
ja, bis zur Klasse 1:	4	3,6	3,6
ja, bis zur Klasse 3:	2	1,8	5,4
ja, bis zur Klasse 4:	12	10,7	16,1
ja, bis zur Klasse 5:	14	12,5	28,6
ja, bis zur Klasse 6:	6	5,4	33,9
nein bzw. kaum:	74	66,1	100,0
keine Antwort:	4		

Obwohl - wie der Schulleiter der Lenau-Grundschule betonte[585] - der Auslesedruck durch die gymnasialen Oberschulzweige in der zurückliegenden Zeit der sinkenden Zahlen von Schülerinnen und Schülern abgenommen habe, da die Gymnasien fast alle, die es anstrebten, aufgenommen hätten, nehmen insgesamt immer noch **ein Drittel** der Grundschulleitungen einen solchen **Anforderungsdruck** wahr.

Dies ist ein m.E. nicht unerheblicher Anteil, der verschiedene Facetten haben könnte. So war zum einen bei einer Grundschulhospitation im mit überwiegend einkommensstarken Eltern bewohnten Grunewaldviertel unübersehbar, daß bei einzelnen Schulen ein Druck des Gymnasiums bzw. besser: die Antizipation gymnasialer Anforderungen durch die Eltern zu einem Problem für den Unterricht und die Kinder werden kann. Zum anderen könnte der wahrgenommene Druck aber auch ein Indikator für die hohe Empfindlichkeit der Grundschullehrerinnen und -lehrer gegenüber solchen Einwirkungen gymnasialer Leistungsanforderungen in die Grundschule sein.[586]

Betrachtet man nun die Antworten zur Frage nach den **Übergangsempfehlungen** und zum tatsächlichen Übergang nach Klasse 6, so fallen drei Ergebnisse auf:

(1) Die Empfehlungen zum Übergang auf die verschiedenen Oberschulzweige sind **etwa gleichverteilt** (Hauptschulzweig 30%, Realschulzweig 36%, Gymnasialzweig 34%).

(2) Die **Unterschiede von Schule zu Schule** sowohl bei den Grundschulempfehlungen als auch bei den tatsächlichen Übergängen sind **erheblich**. Die Standardabweichungen liegen zwischen 10 und 20,[587] die Spannbreiten zwischen 50 und 94 Prozentpunkten, wie aus folgendem Diagramm genauer zu ersehen ist.

---

[585] Laut eigener Mitschrift in der Runde der Schulleiter bzw. Schulleiterinnen auf dem erwähnten Symposium im Herbst 1990 geäußert.

[586] vgl. Brief von Frau Dr.Laurien an den Verfasser vom 15.11.1990, S.2

[587] Zur Erläuterung: Eine Standardabweichung von 20 Prozenteinheiten bei einem Mittelwert von z.B. 37% bei dem tatsächlichen Übergang zum Gymnasialzweig bedeutet unter Annahme einer Normalverteilung nach Gauß, daß aus nur etwa 68% aller West-Berliner Grundschulen zwischen 17% und 57% (37% +/- 20%) der Schülerinnen und Schüler nach der sechsten Klasse den Gymnasialzweig besuchen, alle anderen Grundschulen haben also niedrigere oder höhere Übergangsquoten.

Tab. 7. Mittelwerte und Streuungen der empfohlenen und tatsächlichen Übergänge:[588]

	Mittelwert	Standardabw.	Spannbreite
Empfehlung für Hauptschule:	30,0	17,1	2 - 73
Empfehlung für Realschule:	35,8	11,1	3 - 70
Empfehlung für Gymnasium:	34,2	17,2	8 - 95
Übergang Gesamtschule:	25,6	16,1	1 - 95
Übergang Hauptschule:	12,0	10,1	0 - 50
Übergang Realschule:	25,3	11,0	0 - 60
Übergang Gymnasium:	37,1	19,6	2 - 95

Um diese Streuung deutlich sichtbar zu machen und größere Übersichtlichkeit zu erreichen, gruppierte ich die Übergangsempfehlungen und tatsächlichen Übergänge nach ihrer Besonderheit und erhielt das im folgenden Schaubild abzulesende Ergebnis:

Tab. 8a. Übergangsempfehlungen nach Gruppen:	absolut	Prozent	kumulativ %
sehr hoher Anteil Hauptschulempfehl. (>=60%):	9	8,6	8,6
hoher Anteil Hauptschulempfehlung (>=45%):	14	13,3	21,9
Anteil Real- und Hauptschulempfehlung hoch:	11	10,5	32,4
etwa gleichverteilte Anteile:	25	23,8	56,2
Anteil Realschul- und Gymnasialempfehlung hoch:	26	24,8	81,0
hoher Anteil Gymnasialempfehlung (>=45%):	10	9,5	90,5
sehr hoher Anteil Gymnasialempfehlung (>=60%):	10	9,5	100,0
keine Antwort	11		

Tab. 8b. tatsächlicher Übergang nach Gruppen:	absolut	Prozent	kumulativ %
sehr hoher Anteil Hauptschule (>33%):	4	3,9	3,9
hoher Anteil Hauptschule (>20%):	9	8,7	12,7
Anteil Real- und Hauptschule hoch:	2	1,9	14,6
durchschnittliche Anteile:	12	11,7	26,3
Anteil Realschule und Gymnasium hoch:	10	9,7	36,0
hoher Anteil Gymnasium (>=45%): ˋ	17	16,5	52,5
sehr hoher Anteil Gymnasium (>=60%):	16	15,5	68,0
hoher Anteil Gesamtschule (>33%):	33	32,0	100,0
keine Antwort	13		

Hier fällt erneut die geringe Zahl von Schulen mit durchschnittlicher Verteilung auf. Auch beim tatsächlichen Übergang auf Gymnasial- bzw. Gesamtschulzweige sind große Unterschiede zwischen den verschiedenen Grundschulen festzustellen.

[588] Angaben in Prozentpunkten.

(3) Als drittes Ergebnis läßt sich feststellen, daß der **tatsächliche Übergang sich gravierend von den Grundschulempfehlungen unterscheidet.** Nur noch etwa 12% wechseln auf den Hauptschulzweig. Obwohl ein - wenn auch kleiner - Teil der Kinder mit Gymnasialempfehlung auf die Gesamtschule wechseln, liegt der Anteil der tatsächlich auf den Gymnasialzweig übergehenden Kinder (37%) höher als der Prozentsatz, der eine Empfehlung auf das Gymnasium vorsieht (34%). Auch der Statistik der Berliner Schulbehörde für das Jahr 1990 ist zu entnehmen, daß relativ gesehen wenige Kinder mit Gymnasialempfehlung die Gesamtschule und daß eine nicht geringe Anzahl mit Realschulempfehlung den Gymnasialzweig besuchen.[589]

Obwohl einige dieser Kinder nach dem Probehalbjahr das Gymnasium wieder verlassen müssen, verbleibt der weitaus größte Anteil dieser Gruppe auf dem Gymnasium. Entsprechendes gilt für die Kinder, die mit einer Hauptschulempfehlung die Realschule besuchen. Auf diesem Hintergrund ist auch die Forderung mancher Verbände nach Abschaffung der Grundschulempfehlungen zu betrachten.[590]

Des weiteren stellt sich die Frage, ob sich ein Zusammenhang zwischen der Arbeit der Grundschulen und der Zustimmung zu Formen längeren gemeinsamen Lernens feststellen läßt, der sich in den Übergängen zur Gesamtschule manifestiert, oder ob die Sekundarschulwahl fast ausschließlich vom Sozialstatus bzw. anderen Faktoren geprägt ist.

In der schriftlichen Befragung der Schulleitungen fällt dazu zwar auf, daß reformpädagogisch ausgerichtete Grundschulen[591] relativ hohe Übergangszahlen zu Gesamtschulen und Gymnasien haben, Grundschulen mit sozialpädagogischem oder ohne spezifisches Profil z.T. starke Übergänge zu Hauptschulen verzeichnen und Grundschulen, die auf erhöhte Leistungsanforderungen orientiert sind, einen erhöhten Anteil an Übergängen zum Gymnasium besitzen - die Zusammenhänge halten jedoch einer Signifikanzprüfung nicht stand.

Um hier weitere Informationen zu bekommen, stellte ich den genannten pädagogischen Fachleuten die Frage nach **Zusammenhängen zwischen dem pädagogischen Profil der Grundschulen und den Übergangszahlen.** Sie vermuten hier Unterschiedliches. Während Helmut Grothe einen solchen Zusammenhang nicht sieht, sind sich die übrigen einig, daß binnendifferenzierende Maßnahmen und eine erfolgreiche pädagogische Arbeit der Grundschule die Eltern zu einer positiven Einstellung zu Formen längeren gemeinsamen Lernens (z.B. Gesamtschule) veranlassen.

In der erwähnten Symposiumsrunde spricht auch der Schulleiter der reformorientierten Lenau - Grundschule, Herr Franz, von einem solchen Zusammenhang und erhält dabei überwiegend

---

[589] Etwa 12% der Kinder mit Gymnasialempfehlung gegenüber etwa 37% derjenigen mit Hauptschulempfehlung und 32% derjenigen mit Realschulempfehlung besuchen die Gesamtschule. Etwa 26% der Kinder mit Realschulempfehlung besuchen den Gymnasialzweig. Die Zahlenangaben entstammen statistischem Material, das mir die Berliner Schulbehörde zusandte.
[590] siehe Abschnitt 4.5.2.
[591] vgl. dazu Abschnitt 4.6.2.

Zustimmung. Ein anderer Schulleiter relativiert dies jedoch und glaubt, daß reformpädagogisch gestaltete Gymnasien einen noch höheren Zulauf als entsprechende Gesamtschulen haben würden. Insofern, so stimmt auch Herr Franz zu, sei auch bei reformpädagogisch orientierten Grundschulen der Übergang zur Gesamtschule von deren Gestalt und leistungsmäßiger Durchmischung abhängig. Dies läßt vermuten, daß bei positiven Erfahrungen in der sechsjährigen Grundschule nicht unbedingt traditionell arbeitende Gesamtschulen verstärkt nachgefragt werden, sondern Schulen, die die innere Reform unter voller Ausschöpfung der Leistungsförderung weitertragen.[592]

Anhand der schriftlichen Befragung der Schulleitungen ist im übrigen zu beobachten, daß von privaten Grundschulen relativ viele Kinder auf das Gymnasium überwechseln und auch bei kleinen Grundschulen eher eine solche Tendenz besteht als bei großen Grundschulen.

Gesichert sind **große bezirksweise Unterschiede**: Während in den eher von der Oberschicht geprägten Bezirken Wilmersdorf, Zehlendorf und Steglitz meist mehr als 60% zum Gymnasium übergehen, sind in den Bezirken Kreuzberg und Schöneberg auch starke Übergangszahlen zur Hauptschule bzw. wie in Wedding, Spandau und Neukölln zur Gesamtschule zu verzeichnen. Diese Verteilung weist auf den "sozialen Status" als relevanten Faktor bei der Sekundarschulwahl hin. Entsprechend haben 68,8% der Grundschulen, die Übergänge zum Gymnasium von 60% und mehr haben, nach Auskunft ihrer Schulleitungen von der sozialen Herkunft her "privilegierte" Schülerinnen und Schüler.[593] Dagegen besuchen nach Meinung ihrer Schulleitungen überwiegend "unterprivilegierte" Schülerinnen und Schüler drei Viertel jener Schulen, die hohe oder sehr hohe Prozentsätze an Übergängen zur Hauptschule aufweisen und 48,3% der Schulen mit hohem Anteil an Übergängen zur Gesamtschule.[594]

Insgesamt ist hier also für West-Berlin festzustellen, daß, obwohl die Gesamtschule eine im Vergleich zu anderen Bundesländern große Zahl von Jugendlichen beschult und in Fortsetzung von reformpädagogischen Ansätzen einiger Grundschulen durchaus nachgefragt wird, der **Gymnasialzweig trotz sechsjähriger Grundschule ein hohes Prestige genießt** und Kinder mit privilegierter sozialer Herkunft im allgemeinen auch hier eher zum Gymnasium überwechseln, da sich offenbar die meisten Eltern vom Gymnasialbesuch die größten Aufstiegschancen für ihre Kinder versprechen.[595]

---

[592] Ein abgesicherteres Ergebnis wäre hier nur durch Elternbefragungen zu erzielen, die den Rahmen der Arbeit überstiegen hätten.

[593] Diese Schulleitungen bezeichnen die Bedingungen ihrer Schule im übrigen fast durchweg als günstig.

[594] vgl. die Gesamtwerte: 17,6%: privilegiert; 53,9%: durchschnittlich; 28,4%: unterprivilegiert.

[595] Von den Schulabgängern der Gesamtschule schlossen im Schuljahr 1988/89 nur 14,3% mit der allgemeinen Hochschulreife ab. Vgl. amtl. Statistik Abschnitt 5.3., S.227

4.6.2. Beobachtungen und Einschätzungen zur pädagogischen Gestalt der West-Berliner Grundschule

Um in die pädagogische Ausgestaltung der West-Berliner Grundschule einen Einblick zu gewinnen, wurde zunächst im Zusammenhang mit der Frage nach der gewünschten Grundschuldauer in offener Form ergänzend um Auskunft gebeten, worauf die Berliner Grundschule "pädagogisch stärker ausgerichtet sein" sollte. Von den 63 Grundschulleitungen, die hierzu ihre Meinung kundtun,[596] geben 32 **reform-** bzw. **sozialpädagogische** Aspekte an. Dazu gehören vor allem Forderungen nach einer stärkeren Ausrichtung auf "soziales Lernen", "kreative Projekte und außerunterrichtliche Angebote", "offenen binnendifferenzierenden Unterricht", "freie Arbeit im Wochenplan", "fächerübergreifenden Unterricht", "Integration Behinderter", "interkulturelle Erziehung", "gemeinsame Erziehung aller in einem Bereich wohnenden Kinder" u. ä. Nur achtmal sind Wünsche nach vermehrter Orientierung auf Leistungsanforderungen und leistungsstarke Kinder notiert. Schließlich nennen 23 Schulleitungen divergente oder schwer einzuordnende Gesichtspunkte wie z.B. eine stärkere Ausrichtung auf die "Förderung sowohl leistungsschwacher wie leistungsstarker Kinder", auf "verschiedene individuelle Fähigkeiten und Fertigkeiten", auf "Grundkenntnisse und Lernen, wie man lernt" sowie auf "den der Grundschule eigenen Bildungsauftrag" oder auf "eine bessere Lösung der Übergangsprobleme".

Neben dieser eher normativ orientierten Frage nach Zielvorstellungen wurden die Schulleiter und -leiterinnen im Fragebogen gebeten, "die pädagogische Gestalt der spezifischen Schulwirklichkeit" ihrer Grundschule in offener Form oder durch Ankreuzen von vorgegebenen Stichworten zu beschreiben.[597] Von den 115 hier ihre Beschreibung abgebenden Schulleitungen nennen 79,1% "Fördermaßnahmen für Leistungsschwache" und 60,9% "Förderung und Integration der Kinder von Eltern ausländischer Herkunft" als kennzeichnendes Moment ihrer Schulpraxis. Dies macht m.E. die starke soziale Orientierung der West-Berliner Grundschule deutlich. Hierfür spricht auch der hohe Anteil von 40,9%, die die "Integration Behinderter" als wichtigen Aspekt ihrer Schule ansehen. Andere weitverbreitete Forderungen dieser Richtung wie "Eingangsstufe bzw. Vorklassen" (13,9%) und "Ganztagsschule" (9,6%) scheinen aufgrund der vom Senat vorgegebenen engen Finanzspielräume noch relativ gering in die West-Berliner Grundschulen eingangen zu sein.[598] Zugleich konzentrieren sich die Grund-

---

[596] vgl. Bemerkungen zum Ende dieses Abschnitts zu diesem geringen Anteil an Antworten

[597] Die offene Form wählen 21, kreuzen aber meist zusätzlich Stichworte an und nennen kaum über die Stichworte oder die Antworten nach den Erfolgen hinausgehende Aspekte, so daß ich mich auf die Auswertung der Stichwortantworten konzentrieren kann.

[598] Zu den verschiedenen Themenkomplexen bietet das Buch von Heyer/Valtin mehrere Einzelbeiträge, so den Beitrag über zweisprachige Erziehung in der Berliner Grundschule (von Ulrike Harnisch, Wolfram Klose und Monika Nehr, S.132 - S.138), über die Integration behinderter Kinder (von Peter Heyer, S.124 - S.131), über die Eingangsstufe (von Inge Sukopp, S.67 - S.72) sowie über eine Ganztagsschule (von Wilfried Mahler und Hans-Jürgen Seidel, S.106 - S.112)

schulen in der Außenorientierung trotz der Werbung des alten SPD/AL-Senats für "community-schools"[599] eher auf den Kreis der Eltern bzw. Schulgemeinde (33,0%) als auf den Stadtteil (7,8%).

Tab.9: pädagogische Gestalt der Grundschule:	absolut	Prozent[600]
Fördermaßnahmen für leistungsschwache Kinder	91	79,1
Förderung/Integration von Ausländerkindern	70	60,9
Integration Behinderter	47	40,9
Beobachtungsklassen	2	1,7
Eingangsstufe	16	13,9
Ganztagsschule	11	9,6
intensivierte Elternarbeit/Schulgemeinde	38	33,0
Stadtteilorientierung	9	7,8
Ausweitung der verbalen Beurteilung	63	54,8
musisch-künstlerische Bildung	37	32,2
sportbetonte Züge	7	6,1
Vorbereitung auf das Gymnasium	8	7,0
1. Fremdsprache Latein	6	5,2
1. Fremdsprache Französisch	33	28,7
Fördermaßnahmen für leistungsstarke Kinder	16	13,9
Frühbeginn Englisch oder Französisch	6	5,2
Binnendifferenzierung	69	60,0
Projektarbeit	30	26,1
Wochenplan/freie Arbeit	32	27,8
jahrgangsübergreifendes Lernen	3	2,6
fachübergreifender Unterricht in Klasse 5/6	17	14,8
offener Anfang/veränderte Zeitstruktur	24	20,9

Bemerkenswert hoch ist m.E. mit 54,8% der Anteil, der eine "Ausweitung der verbalen Beurteilung" über das 1. Schuljahr hinaus als spezifisches Kennzeichen für die eigene Schule ansieht. Genauer gibt die Schulverwaltung über die Regelung und Verbreitung der verbalen Beurteilung in der West-Berliner Grundschule im Januar 1990 Auskunft:

"In der *1. Jahrgangsstufe* erhalten alle Schülerinnen und Schüler am Ende des Schuljahres eine "Allgemeine Beurteilung" ohne Noten. In der 2. *Jahrgangsstufe* kann auf Antrag statt mit Noten verbal beurteilt werden. ...In den *Jahrgangsstufen 3 und 4* ist die verbale Beurteilung als abweichende Organisationsform geregelt. Grundlage ist das Rundschreiben III Nr.96/1989 (...). Insgesamt 50 dritte Klassen haben sich in diesem Schuljahr für die verbale Beurteilung entschieden. Zusätzlich konnte erstmals beantragt werden, das Halbjahreszeugnis durch Gespräche der Klassenlehrer/innen mit den Erziehungsberechtigten zu ersetzen. Diese Möglichkeit wird in 24 dritten Klassen erprobt. Von den 9 dritten Klassen aus vier Grundschulen, in denen im Schuljahr 1988/89 verbal beurteilt wurde, machen noch 4 nunmehr 4.Klassen einer Grundschule von den ganz neuen Möglichkeiten Gebrauch, diese individualisierende Beurteilungsform fortzusetzen und am Ende des 1.Halbjahres ein Gespräch zu führen. ..."[601]

---

[599] vgl. z.B. die bereits erwähnte Broschüre der Senatsverwaltung für Schule, Berufsausbildung und Sport (Hg.): Eine Schule für alle - Nachdenken über die Berliner Schule, Berlin, August 1990, S.55f
[600] Mehrfachantworten möglich
[601] Rundschreiben III Nr.96/1989; Pädagogisches Zentrum Berlin (Hg.): Integration konkret, H.2 März 1990, S.19 (Hervorhebungen im Orginal) und vgl. S.24 (Zustimmung der Klassenleitung, der Klassen- und Schulkonferenz und von zwei Dritteln der Eltern der betroffenen Klasse nötig); vgl. dazu auch Helene Buschbecks Beitrag in Heyer/Valtin S.117 - S.123

Neben der Ausweitung der verbalen Beurteilung werden häufig auch die "musisch-künstlerische Bildung" (32,2%), weniger häufig "sportbetonte Züge" (6,1%) als bezeichnend für die Praxis der eigenen Grundschule genannt. Wie schon bei der Frage nach der gewünschten pädagogischen Ausrichtung, so spielen auch hier relativ selten Kennzeichen der Orientierung auf Leistungsanforderungen der Gymnasien ("Fördermaßnahmen für Leistungsstarke" 13,9%, "Vorbereitung auf Gymnasium" 7,0%, "1.Fremdsprache Latein" 5,2%,[602]) eine dominante Rolle.

Reformpädagogische Aspekte wie "Projektarbeit" (26,1%), "fachübergreifender Unterricht in 5/6" (14,8%), "jahrgangsübergreifendes Lernen" (2,6%), "Frühbetreuung/veränderte Zeitstruktur" (20,9%) finden zwar sehr unterschiedliche Verbreitung, tauchen dagegen insgesamt wesentlich stärker unter den Stichworten auf, mit denen die Schulleitungen die pädagogische Gestalt ihrer Grundschule beschreiben.[603]

Anhand der Beantwortung dieser Frage kann zudem die erwähnte Tatsache präzisiert werden, daß 83 Schulleitungen angeben, daß in ihren Grundschulen eine Binnendifferenzierung durchgeführt wird: 69 Schulleitungenen (60%) geben bei der Frage nach der pädagogischen Gestalt ihrer Grundschule die Binnendifferenzierung als kennzeichnendes Moment und 32 (27,8%) den "Wochenplan bzw. die Freie Arbeit" als Form an, in der die Binnendifferenzierung praktiziert wird.

Zwar ist damit noch wenig über den **Anteil der Wochenplanarbeit** innerhalb der jeweiligen Schulen gesagt, dennoch scheint es eine nicht geringe Zahl von Grundschulen zu sein, in denen die Arbeit auf diese reformpädagogischen Methoden in einem das Schulklima beeinflußenden Maße umgestellt wurde.

Um weitere Quantifizierungen zu erhalten, stellte ich die Frage, wieviel Lehrpersonen der jeweiligen Schule "ihren Unterricht durch reformpädagogische Methoden (z.B. Wochenplan) entscheidend umorganisiert" haben. Dazu sind zwei Vorbemerkungen nötig:

Erstens ist die Bezeichnung "reformpädagogische Methoden" für vielfältige Deutungen offen, so daß an dieser Stelle Unschärfen nicht ausgeschlossen werden können. M.E. steht aber kein trennschärferer Begriff zur Verfügung, da Bezeichnungen wie "offener Unterricht" u.a. ähnlichen Problemen unterliegen. Statt also Ersatzbegriffe zu wählen, versuchte ich durch den Zusatz "(z.B. Wochenplan)", durch die Einschränkung auf "entscheidende" Umorganisationen und durch die Möglichkeit, das Gemeinte in einem Kommentar zu erläutern, Verwässerungen und Fehldeutungen des Begriffs zu verringern. Dennoch konnten sie sicher nicht gänzlich vermieden werden. Wenn also hier von "reformpädagogischen Ausrichtungen" o.ä. die Rede ist, so ist damit im wesentlichen die Arbeit nach dem Wochenplan gemeint. Sie schien mir der am stärksten kennzeichnende Aspekt reformpädagogischer Arbeit zu sein, weil sie - obwohl sie zugegebener Maßen nicht immer so praktiziert wird - sowohl gemeinschaftliche

---

[602] 1.Fremdsprache Französisch notieren dagegen 28,7%
[603] vgl. dazu auch die Beiträge in Heyer/Valtin S.80 - S.112

Sozialformen, z.B. die Wochenplanung zu Beginn und den Rückblick auf Geleistetes und eine Konfliktbewältigung zum Ende der Woche (Moment der selbstregulierenden Gemeinschaft), wie auch binnendifferenzierende und Selbstbestimmung ermöglichende "Freie Arbeit" (Neigungslernen und selbsttätiges Arbeiten) beinhaltet und häufig mit fach- oder jahrgangsübergreifender bzw. projektorientierter Unterrichtsgestaltung (ganzheitliches und jahrgangsübergreifendes Lernen) und einer verbalen Beurteilung (Verzicht auf Benotung) einhergeht.[604]

Zweitens war bei Durchsicht der Fragebögen festzustellen, daß die 28 diese Frage nicht beantwortenden Grundschuldirektionen bei dem vorangegangenen Aspekt "pädagogischen Gestalt der Grundschule" auch "Wochenplan/Freie Arbeit" nicht ankreuzten, so daß davon auszugehen ist, daß an ihren Grundschulen kaum Lehrkräfte auf diese Weise ihren Unterricht gestalten. Daher erscheint eine Zurechnung dieser fehlenden Antworten zur Gruppe sinnvoll, die angibt, daß keine Lehrerinnen und Lehrer der eigenen Schule mit reformpädagogischen Methoden wie dem Wochenplan arbeiten.[605] Demnach sind an 37,9% der West-Berliner Grundschulen den Schulleitungen keine Lehrpersonen ihrer Schule bekannt, die auf diese Weise ihren Unterricht entscheidend umorganisiert haben. Grundschuldirektionen, die eine solche reformpädagogische Neugestaltung bei einer geringen Zahl des Kollegiums (1% bis 10%) feststellen, sind mit 19,8%, solche die sie bei einer schon gewichtigeren Zahl von Lehrerinnen und Lehrern der eigenen Grundschule (11% bis 20%) bemerken, sind mit 21,6% vertreten. An 16,3% der Grundschulen arbeitet ein erheblicher Anteil (21% bis 50%) und an 4,3% der Grundschulen gestalten ihren Unterricht mehr als die Hälfte des Kollegiums nach Angaben der Schulleitung mit reformpädagogischen Methoden wie dem Wochenplan.

Tabelle 10. reformpädagogisch arbeitende Lehrpersonen:

Anteil in der Grundschule	absolut	Prozent	kumulativ %
keine Angabe	28	24,1	24,1
0%	16	13,8	37,9
1 - 5%	8	6,9	44,8
6 - 10%	15	12,9	57,7
11 - 15%	11	9,5	67,2
16 - 20%	14	12,1	79,3
21 - 30%	9	7,7	87,0
31 - 40%	5	4,3	91,3
41 - 50%	5	4,3	95,7
mehr als 50%	5	4,3	100,0

---

[604] Die in Klammern ergänzten Begriffe entsprechen den in Abschnitt 2.4. herausgearbeiteten Kennzeichen der reformpädagogischen Praxisversuche der Versuchsschulen nach dem Ersten Weltkrieg.
[605] Im Gegensatz zu dieser Antwortauswertung sind die fehlenden Angaben bei den anderen Fragen nicht mit in die Berechnung eingeflossen bzw. gesondert ausgewiesen.

Zwei Quantifizierungen erscheinen mir im Zusammenhang mit der Verbreitung reformpädagogischer Unterrichtsgestaltung in West-Berlin besonders bedeutsam. Zum einen ist dies die Zahl der so arbeitenden Lehrkräfte: Dies sind nach Angaben der Schulleitungen bei einer hier ermittelten durchschnittlichen Schulgröße von 32,5 Lehrkräften im Mittel 4,3 Lehrerinnen bzw. Lehrer pro Grundschule (13,2%).[606] Dabei bestehen allerdings - wie an der Tabelle 10 sichtbar - große Unterschiede zwischen den einzelnen Grundschulen (Standardabweichung 6,6 Lehrkräfte). Von daher scheint mir zum anderen noch bedeutsamer, an wie vielen West-Berliner Grundschulen diese Lehrkräfte einen maßgeblichen Einfluß auf das Schulklima haben. Hier läßt sich feststellen, daß **in etwa einem Fünftel bis einem Viertel der West-Berliner Grundschulen die reformpädagogische Arbeit einen maßgeblichen Einfluß hat** bzw. von der Schulleitung als wesentlicher Faktor der Schulpraxis begriffen wird.[607]

Um Informationen zur pädagogischen Gestalt der West-Berliner Grundschulen zu erhalten, die diese Befragung ergänzen sollten, stellte ich zudem den **Grundschulexperten** Helmut Grothe, Renate Valtin, Peter Heyer, Helene Buschbeck und Siegmund Dobe die Frage: "Wie sehr sind Ihrer Meinung nach reformpädagogische Ansätze (z.b. Wochenplan) in der Berliner Grundschule gegenwärtig (bzw. seit dem 2.Weltkrieg und voraussichtlich in Zukunft) verbreitet?"

Darauf antwortet Helmut Grothe, daß sich viele Grundschulen "um ein eigenständiges pädagogisches Profil" bemühen und "dabei natürlich auch 'reformerische' Vorbilder" aufnehmen. Man könne jedoch seiner Meinung nach, die im Gegensatz zu meiner Auffassung steht, die gegenwärtigen Bewegungen nicht mit dem Etikett "Reformpädagogik" kennzeichnen. Er begründet dies damit, daß erstens die reformpädagogische Epoche eine vergangene und abgeschlossene Epoche sei und zweitens seitdem eine "tiefgreifende Weiterentwicklung" stattgefunden habe, die "nur noch Einzelbeschreibungen pädagogisch wertvoller eingeschätzter Maßnahmenbündel" erlaube und sich nicht in eine zusammenhängende Richtung "Reformpädagogik" einordnen lasse, zumal die "äußeren Bedingungen (z.B. hoher Teil an Teilzeitkräften)" "den traditionell reformpädagogisch bezeichneten Konzeptbereichen strikt entgegenlaufen."[608]

Dagegen stimmen die übrigen Berliner Grundschulexperten dem Verfasser durchaus zu, die binnendifferenzierenden Maßnahmen wie "Freie Arbeit nach dem Wochenplan", verstärkte

---

[606] Bei der Berechnung des Mittelwerts der reformpädagogisch arbeitenden Lehrkräfte wurden, entsprechend der vorangegangenen Begründung, die fehlenden Angaben als "keine Lehrpersonen" in die Rechnung einbezogen. Tut man dies nicht, so ergibt sich ein Anteil von 5,7 Lehrkräften pro Schule (17,1%).

[607] Nimmt man als Grenzwert die Tätigkeit von mehr als 20% der Lehrkräfte, das sind bei einer Durchschnittsgröße von 32 Lehrpersonen pro Schule 7 und mehr Lehrer bzw. Lehrerinnen, so sind es 20,7% der Schulen für die dieses zutrifft. Nimmt man dagegen als Maßstab das Empfinden der Schulleiter, so spielt die reformpädagogische Arbeit nach dem Wochenplan in der Schulwirklichkeit von - wie erwähnt - 27,8% der West-Berliner Grundschulen eine gewichtige Rolle.

[608] Brief von Helmut Grothe an den Verfasser vom 11.12.1990, vgl. auch Niederschrift der Rede von Helmut Grothe mit Datum 26.9.1990, S.4

fach- oder jahrgangsübergreifende Projektarbeit und Ausweitung der verbalen Beurteilung als eine kohärente Tendenz mit dem Etikett "reformpädagogisch" zu bezeichnen, auch wenn sie z.T. nur partiell verwirklicht werden.

Peter Heyer ist allerdings der Auffassung, daß "selbst wenn die Entwicklung dahin gerade in den letzten Jahren sehr heftig zunehmend verlaufen ist," diese Ansätze selbst in Berlin noch immer zu gering verbreitet seien und nicht von einer generellen "Bewegung" gesprochen werden könne. Zudem nimmt er für die Zukunft an, daß "im Zusammenwachsen beider Stadthälften (...) natürlich mit Verlangsamungen oder Rückwärtsentwicklungen zu rechnen" sei.[609] Ähnlich hatte schon im Oktober 1990 der Kreuzberger Stadtrat der AL, Jordan, konstatiert, daß die Führung der DDR reformpädagogische Impulse verschüttet habe und die **Vereinigung** daher eher **Tendenzen zum kopflastigen Lernen** bringe.[610] Auch der Berliner Bildungsrat bestätigt diese Vermutung:

"Individualisierung, Beachtung der Eigeninitiative von Lernenden und Aufgreifen subjektiver Lerninteressen sind auch durch langjährige schulpolitische Restriktionen zu gering ausgeprägt. Die Orientierung an einer einheitlich voranschreitenden Lerngruppe konnte auch so lange aufrechterhalten werden, weil es in Ost-Berlin erheblich weniger Kinder mit anderem kulturellen Hintergrund (wenig ausländische Schülerinnen und Schüler) gibt als in West-Berlin. Hinzu kam, daß eine Überweisung leistungsschwacher Schüler in Hilfsschulen nahezu ausschließlich bereits in den ersten Klassen erfolgte. ... Die Kenntnis von und die praktische Rezeption reformpädagogischer Ansätze ist gering, das Interesse daran jedoch groß."[611]

In bezug auf die Vergangenheit West-Berlins meinen Siegmund Dobe und Helene Buschbeck, daß es ab den 60er Jahren bis 1973 nur vereinzelte reformpädagogische Ansätze gab, diese aber etwa ab 1980 verstärkt Verbreitung fanden.[612] Helene Buschbeck bezeichnete den Anteil der überwiegend mit reformpädagogischen Methoden arbeitenden Berliner Grundschullehrer bzw. -lehrerinnen in einem mündlichen Gespräch mit etwa 10%, was mit dem hier in der Befragung der Grundschulleitungen ermittelten Wert von 13,2% gut übereinstimmt.[613] Wichtig erschien mir aber nicht nur der Prozentsatz der ihren Unterricht reformpädagogisch gestaltenden Lehrkräfte, sondern auch die Tendenz der **Ausbreitung** dieses Anteils. Dazu machen im Fragebogen 31,0% der Grundschulleitungen keine Angaben, 2,6% meinen, daß der Anteil sinkt, 28,4%, daß er gleichbleibend ist, aber 37,9% meinen, daß er **steigend** ist. Damit wird insgesamt eine Zunahme der Zahl der reformpädagogisch arbeitenden Lehrpersonen angegeben. Diese Tendenz ist um so stärker, je mehr Lehrkräfte ohnehin schon an der jeweiligen Grundschule auf diese Weise arbeiten.[614] Die Überzeugungskraft dieser Methoden

---

[609] Brief von Peter Heyer an mich vom 18.12.1990
[610] vgl. BLZ H.10 1990
[611] Bericht des Berliner Bildungsrates S.2
[612] vgl. Brief an mich vom 18.12.1990
[613] siehe dazu auch die Ergebnisse der Befragung in Abschnitt 4.6.2.
[614] Der Korrelationskoeffizient weist diesen Zusammenhang als schwachen, aber auf dem 5%-Niveau signifikanten Zusammenhang aus (Rangkorrelationskoeffizient nach Spearman r=0,41).

ist damit für die Lehrkräfte offenbar am größten, wenn sie an der eigenen Schule von Kollegen bzw. Kolleginnen praktiziert werden.

Eine weitere Teilfrage zu diesem Komplex beschäftigte sich damit, in welchen **Klassenstufen** die reformpädagogische Gestaltung des Unterrichts am verbreitetsten ist.

Tabelle 11. Klassenstufen mit reformpädagogischer Gestaltung des Unterrichts:[615]

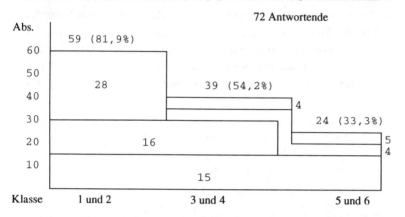

Aus dem Schaubild ist ersichtlich, daß der **Schwerpunkt** der reformpädagogischen Tätigkeiten nach den Angaben der Schuldirektionen **in den ersten Schuljahren** zu finden ist und in den Klassen 5 und 6 wesentlich weniger auf diese Weise gearbeitet wird.

Genau dieser Sachverhalt wurde auch auf der bereits erwähnten Schulleiterrunde des Berliner Symposiums zur sechsjährigen Grundschule im Herbst 1990 hervorgehoben und von Frau Buschbeck auf der dort stattfindenden Podiumsdiskussion bekräftigt.[616] Hier wurde die Auffassung vertreten, daß die Chance der kontinuierlichen Einflußnahme und des verlängerten gemeinsamen Lernens in der sechsjährigen Grundschule in West-Berlin noch nicht genügend genutzt werde. Pädagogische Grundschulreform-Elemente, wie individualisiertes Voranschreiten, Gruppenarbeit, Gemeinschaft betonende Formen und eine nicht an Fächergrenzen haltmachende Orientierung an kindlichen Interessen seien noch nicht genügend in die fünften und sechsten Klassen der Berliner Grundschule vorgedrungen. So sei die unnötige Fächerung in diesen Klassen vor allem durch die vielen Lehrer und Lehrerinnen ausgeweitet worden, die im Zuge demographischer Veränderungen aus Sekundarschulen an die Grund-

---

[615] Von 72 antworteten: gleichmäßig verteilt: 15, Klasse 1 und 2: 28, Klasse 1 bis 4: 16, Klasse 3 und 4: 4, Klasse 5 und 6: 5, Klasse 3 bis 6: 4. Eine Stufung in Klasse 1 und 2, 3 und 4 sowie 5 und 6 sieht auch der Rahmenplan der Berliner Grundschule vor; vgl. Heyer/Valtin S.66, S.79 und S.88
[616] laut eigener Mitschrift; auch Hermann Schwarz kommt in seiner Darstellung zu dem Schluß, daß die Hauptdefizite der Berliner Grundschule in der zu geringen und mangelhaften Praktizierung der "Gemeinschaftsförderung" und der "Binnendifferenzierung" - vor allem in den Klassen 5 und 6 - liegen; vgl. Schwarz in Heyer/Valtin S.164ff; siehe auch Heyer/Valtin S.175ff

schulen gekommen seien. Insgesamt hätte sich dadurch eine stärkere Orientierung der Grundschule an der Arbeit der Sekundarstufenschulen ergeben.

Auch bei zwei Hospitationen und Gesprächen in West-Berliner Grundschulen im Herbst 1990 wurde mir von den Lehrkräften bestätigt, daß die an die Grundschule gekommenen Sekundarstufenlehrer bzw. -lehrerinnen häufig in den höheren Klassen stilprägend seien, dagegen vorwiegend in den untersten Jahrgängen mit reformpädagogischen Methoden wie dem Wochenplan gearbeitet wird. Lehrkräfte einer von mir besuchten Grunewalder Grundschule betonten, daß die geringere Verbreitung reformpädagogischer Methoden auch darin seinen Grund habe, daß die Eltern der hier überwiegend vertretenen Oberschicht zu stark darauf drängen, ihr soziales Prestige vermittelt über "Bildung" an ihre Kinder weiterzugeben. Daher beschwerten sie sich gegen Ende der Grundschulzeit ihrer Kinder häufig, daß nicht genügend auf das Gymnasium vorbereitet würde.

Als günstige Bedingung für eine Wochenplanarbeit habe sich dagegen die Möglichkeit des gleichzeitigen Unterrichtens zweier Lehrpersonen (Doppelbesetzung) - zumindest in einigen Stunden - und die Einrichtung von Integrationsklassen mit Behinderten erwiesen, da hier die Betreuungsintensität während der binnendifferenzierten Phasen größer und die Notwendigkeit eines reformpädagogischen Konzepts, das unterschiedliches Voranschreiten erlaube, offensichtlich sei.

Neben dem relativ geringen Alter der Lehrkräfte, die auf diese Weise ihren Unterricht gestalten, fiel auf, daß an dieser Schule, an der nur wenige Lehrkräfte mit dem Wochenplan arbeiten, diese Kolleginnen und Kollegen einen relativ unabhängigen Sonderstatus an der Schule haben und als außergewöhnlich engagiert gelten.[617]

Im übrigen bestätigten sie die an früherer Stelle vertretene These, daß eine Verbreitung dieser Ideen über persönliche Kontakte stattfinde und der Anteil reformpädagogisch arbeitender Lehrkräfte am stärksten dort steige, wo schon solche Ansätze an den Schulen vorhanden seien. Als sehr wirkungsvoll betrachteten sie zudem eine Oberschulrätin des Bezirks, die Werbung für reformpädagogische Umgestaltungen betreibe. Eine stärkere Verbreitung reformpädagogischer Methoden dürfe nicht über Verordnungen betrieben werden, da diese nicht argumentativ überzeugten. Stattdessen seien pädagogische Kampagnen nötig.

Des weiteren scheint es einen großen Einfluß auf den Anteil reformpädagogisch arbeitender Lehrkräfte zu haben, welche **Auffassung** die **Schulleitung** von solchen Methoden hat. Auf diesen Sachverhalt deutet zumindest die Auswertung der Kreuztabelle hin, die den Anteil reformpädagogisch arbeitender Lehrkräfte mit der von dem Schulleiter bzw. der Schulleiterin

---

[617] Ihre Wochenplanarbeit war ähnlich gestaltet wie die an der Marburger Ubbelohde-Schule, die in Kapitel 5 beschrieben werden wird, so daß ich an dieser Stelle nicht näher auf sie eingehe. Beispiele für Wochenplanarbeit und Projektunterricht an Berliner Grundschulen finden sich auch in Heyer/Valtin: Klassen 1 und 2 S.74 - S.78; Klassen 3 und 4 S.80 - S.87 sowie Klassen 5 und 6 S.89 - S.93. Generell ist zu den von mir hier erwähnten Beobachtungen zu ergänzen, daß ihre Aussagekraft aufgrund der geringen Zahl begrenzt ist und sie daher nur einen ergänzenden Hinweis auf die pädagogische Praxis an den West-Berliner Grundschulen bieten.

gewünschten stärkeren Orientierung der Berliner Grundschule in Beziehung setzt. Während in den Schulen, bei denen die Schulleitung eine stärkere reform- oder sozialpädagogische Ausrichtung der Berliner Grundschule wünscht, im Schnitt 25% bzw. 24% der Lehrkräfte ihren Unterricht mit reformpädagogischen Methoden entscheidend umorganisiert haben, sind es bei Schulen, bei denen der Schulleiter bzw. die Leiterin eher eine Ausweitung der Leistungsanforderungen oder andere Maßnahmen fordert, durchschnittlich nur 11% bzw. 12%.

Aufgrund der hohen Zahl von Schulleiterinnen und -leitern, die bei der Frage, wie die Berliner Grundschule stärker pädagogisch ausgerichtet sein sollte, keine genauen Angaben machen, ist diese Deutung jedoch mit Vorbehalt zu betrachten. Der Sachverhalt, daß 53 Fragebögen hier ohne Angaben bleiben, mag darin begründet sein, daß einige Leiter bzw. Leiterinnen nicht so viel Zeit für die Beantwortung dieser offenen Frage aufwenden wollten. Es kann aber auch ein Hinweis darauf sein, daß sie mit der pädagogischen Ausrichtung der Berliner Grundschule, so wie sie ist, zufrieden sind oder sich relativ wenig Gedanken darüber machen.

Um pädagogischen Orientierungen der Grundschule zu bestimmen und Anhaltspunkte für die Intensität der Überlegungen der Grundschulen bezüglich einer pädagogischen Profilbildung zu erhalten, versuchte ich zudem aufgrund der Angaben der Schulleitungen im nachhinein eine **Gruppierung der Grundschulen** in folgende fünf, mir typisch erscheinende Ausrichtungen, vorzunehmen:[618]

In der ersten Gruppe werden Grundschulen zusammengefaßt, in denen mehr als 15% der Lehrkräfte **reformpädagogisch** arbeiten, in denen die Schulleitung sich tendenziell eine stärkere reformpädagogische Ausrichtung und eine Binnendifferenzierung wünscht (Frage 1, Teil 2 sowie Frage 3) bzw. Erfolge in diesem Bereich betont und in denen überwiegend "Wochenplan, Freie Arbeit", "Frühbetreuung/veränderte Zeitstruktur", "Projektarbeit", "Binnendifferenzierung", "Ausweitung der verbalen Beurteilung", "jahrgangsübergreifendes Lernen" und "fachübergreifender Unterricht in Klasse 5 und 6" als "pädagogische Gestalt der spezifischen Schulwirklichkeit" der eigenen Grundschule angegeben werden. Die Grundschulen mit einer solchen Orientierung werden als "reformpädagogisch ausgerichtet" bezeichnet.

Schulen, bei denen diese Bedingungen nicht erfüllt sind, bei denen aber Maßnahmen wie "Förderung und Integration der Kinder von Eltern ausländischer Herkunft", "Fördermaßnahmen für Leistungsschwache", "Eingangsstufe", "Ganztagsschule", "Integration Behinderter", "Stadtteilorientierung" und "Elternarbeit/Schulgemeinde" angekreuzt sind und bei denen sich die Schulleitung eine stärkere sozialpädagogische Orientierung mit einer Grundschule als Schonraum wünscht oder hier Erfolge der eigenen Grundschule sieht, werden von mir unter dem Titel "**sozialpädagogische Ausrichtung**" geführt.[619]

---

[618] Im Gegensatz zu den vorangegangenen Aspekten wurden hierzu also keine explizite Frage gestellt, sondern eine Kategorisierung aufgrund der übrigen Antworten erstellt, die daher sicher mit größerer Vorsicht zu betrachten ist.

[619] Schulen, die sowohl die Kriterien für eine reform- wie für eine sozialpädagogische Ausrichtung erfüllen, werden in der ersten Gruppe aufgeführt.

Die dritte Gruppe bilden Schulen, die **"in Hinblick auf weiterführende Schulen anforde-**
rungsbetont" sind. Hierunter fallen Grundschulen, deren Schulleitung sich eine stärkere
kognitive Leistungsorientierung und äußere Differenzierung der Berliner Grundschule
wünschen und meinen, daß die Leistungsstarken in der sechsjährigen Grundschule zu sehr
gehemmt werden sowie "Fördermaßnahmen für Leistungsstarke", "1. Fremdsprache Latein"
und "Vorbereitung auf Gymnasien" als Kennzeichen der Schulpraxis der eigenen Grundschule angeben bzw. in eben diesen Bereichen Erfolge nennen.

Grundschulen, die sich nicht in eine dieser drei Gruppen einordnen lassen, werden entweder,
wenn die Angaben in Hinblick auf gewünschte Orientierung sowie Praxis und Erfolge der
eigenen Grundschule das musisch-kreative und sportliche Element betonen, der vierten
Gruppe der **"musisch-sportbetonten Ausrichtung"** zugeordnet oder sie werden unter die
fünfte Gruppe der Schulen mit **"divergenter oder unspezifischer Ausrichtung"** subsumiert.
Letztere werden von den Schuldirektionen in der Eigeneinschätzung häufig auch als "normale
Grundschulen" bezeichnet.

Quantitativ läßt sich für die West-Berliner Grundschulen nun folgender Überblick geben:[620]

Tabelle 12. Tendenz pädagogische Ausrichtung:	absolut	Prozent
reformpäd. bzw. reform- und sozialpädagogisch	29	25,2
sozialpädagogisch	17	14,8
kognitv anforderungsbetont	10	8,7
musisch-sportbetont	20	17,4
divergent bzw. unspezifisch	39	33,9

In einem Brief eines ehemaligen Berliner Entscheidungsträgers[621] an mich wurde die
Meinung vertreten, daß es bei der Beurteilung der Grundschularbeit kaum auf die Ausrichtung der Grundschule ankäme, sondern auf das pädagogische Engagement des Kollegiums.
Hierbei sei für West-Berlin festzustellen, daß es in etwa einem Drittel der Grundschulen
pädagogisch engagiert sei und in 10% pädagogisch uninteressiert und inaktiv.

Zwar ist m.E. für die Kinder sehr wohl von Bedeutung, ob sich die Grundschule z.B. auf
kognitive Leistungsanforderungen konzentriert oder die soziale Erziehung in den Vordergrund stellt, dennoch ist sicherlich mit der Angabe der pädagogischen Ausrichtung noch nicht
viel über die Einlösung der von der Schulleitung angegebenen Ansprüche und über die Intensität des Engagements ausgedrückt.

---

[620] Der Anteil der Schulen, in denen reformpädagogische Ausrichtungen feststellbar sind, stimmt hier mit den
vorher gemachten Angaben zur pädagogischen Gestalt und zu reformpädagogisch arbeitenden Lehrkräften gut
überein. Eventuell erscheinen hier Schulen mit "sozialpädagogischer Orientierung" in zu geringer Anzahl
(14,8%), da wie erwähnt Grundschulen, die sowohl die Kriterien für eine reform- wie für eine sozialpädagogische Ausrichtung erfüllen, in der ersten Gruppe aufgeführt sind. Ggf. höher als hier angegeben ist die Zahl der
Schulen, die nicht mit einem pädagogischen Profil aufwarten, da vermutlich erstens die Schulleitungen in Befragungen dazu tendieren, ihre Schule als pädagogisch besonders profiliert und attraktiv zu beschreiben, und
zweitens inaktive Grundschulleiter bzw. -leiterinnen möglicherweise weniger häufig geantwortet haben.
[621] Die Person bat mich, die Angabe nicht personengebunden zu zitieren.

In jedem Fall ist festzuhalten, daß es sowohl in bezug auf die pädagogische Gestalt und Ausrichtung als auch in Hinblick auf das pädagogische Engagement **große Unterschiede** zwischen den Berliner Grundschulen gibt. Insgesamt ist ein **großer Anteil an reform- bzw. sozialpädagogisch orientierten Grundschulen** (zusammen 40%) zu registrieren und ein äußerst **geringer Prozentsatz von anforderungsbetont auf weiterführende Schulen ausgerichteten Grundschulen** (8,7%) auszumachen. Wie groß dabei die bezirksweisen Unterschiede West-Berlins sind und mit welchen Aspekten die pädagogische Ausrichtungen zusammenhängen, soll im folgenden analysiert werden.

Die in der Schulleiterrunde des Berliner Grundschulsymposiums 1990 aufgestellte These, daß sehr große **bezirksweise Diskrepanzen** der West-Berliner Grundschulen in der Verbreitung von reformpädagogischer Arbeit zu beobachten seien, konnte durch die schriftliche Befragung bestätigt werden. So findet sich, wie von den Schulleitungen vermutet, die größte Zahl von reformpädagogisch orientierten Grundschulen u.a. in Kreuzberg, wo sie vom Stadtrat für Volksbildung Jordan besonders gefördert werden.[622] Aber auch in den Bezirken Schöneberg und Wedding ist ein hoher Anteil solcher Grundschulen zu verzeichnen, während sie in Neukölln noch sehr selten sind.

Weiterhin überrascht nicht, daß die Leitungen der Grundschulen, die einen hohen Anteil an reformpädogogisch arbeitenden Lehrkräften haben, alle für die Binnendifferenzierung als tragendes Prinzip eintreten und in der sechsjährigen Grundschule in der Regel eine Anregung für alle Kinder sehen, während in Grundschulen, deren Direktorien für vierjährige Grundschulen oder für äußere Differenzierungen plädieren, eher wenige oder keine Lehrkräfte methodisch dergestalt arbeiten.

Zwischen der pädagogischen Ausrichtung und der Größe sowie der Trägerschaft der Grundschule konnten dagegen in der schriftlichen Befragung keine markanten Zusammenhänge festgestellt werden.

Ebenso scheint auch unter ungünstigen Bedingungen der Schule eine reformpädagogische Arbeit möglich. Zwar erschweren laut Meinung einiger Grundschulleitungen hohe Klassenfrequenzen und eine große Anzahl von "Problemschülern" reformpädagogische Arbeit. Da aber zugleich Probleme der Unterschichten mehr Engagement nötig machen und traditionelle Methoden, die für Oberschichtkinder ausreichen, hier nicht mehr greifen, würden methodische Reformen zur Notwendigkeit. Sie schlagen sich häufig in einer sozialpädagogischen Orientierung nieder, während Schulen mit guten Bedingungen auffallend oft eine musisch-sportbetonte Ausrichtung aufweisen.

Andererseits konnten Vermutungen nicht gesichert werden, daß in Grundschulen mit einem hohen Anteil an Kindern aus "unterprivilegierten" Schichten aufgrund der sozialpädagogischen Notwendigkeit eher reformpädagogisch gearbeitet werde als in Grundschulen mit

---

[622] vgl. auch Frankfurter Rundschau vom 4.10.1990, S.25 und BLZ H.6 1989, S.4

Kindern "privilegierter" Eltern, die stärker traditionell gymnasialorientierte Methoden wünschen würden. Zwar besitzen erstgenannte Grundschulen häufig eine reformpädagogische bzw. noch häufiger eine sozialpädagogische Ausrichtung, doch gibt es auch in einigen Grundschulen mit sozial "privilegierten" Kindern einen hohen Anteil an reformpädagogisch arbeitenden Lehrkräften. Offenbar kann die Verbreitung reformpädagogischer Methoden einerseits sowohl durch Elternhäuser, die den Lehrkräften viel Unabhängigkeit lassen, begünstigt werden als auch durch Zwänge, die sozial schwierige Kinder mit sich bringen; andererseits können partiell auch bildungsbewußte Elterngruppen, die ihre eigenen Wünsche in die Grundschule einbringen, reformpädagogische Umgestaltungen verstärken.[623]

Überwiegend wird von den Grundschulleitungen die Meinung vertreten, daß, wer reformpädagogisch arbeiten will, es meist auch kann. Im wesentlichen scheint es also von den Möglichkeiten und der Bereitschaft der Grundschullehrkräfte selbst und der Anregung, Fortbildung und Unterstützung, die sie von der Schulleitung, anderen Lehrkräften und der Schulbehörde bekommen, abzuhängen, welche pädagogische Ausrichtung die Schule erhält. Entsprechend ist unter reformorientierten Schulleitungen die Forderung nach selbstorganisierter Fortbildung für die Lehrkräfte groß. Z.T. wünschen sie sich die Möglichkeit, reformpädagogisch interessierte Lehrkräfte an die eigene Schule holen zu können und ein Wahlkollegium zu bilden.

4.6.3. Probleme, Erfolge und Perspektiven

Aus der Sicht der Schulleitungen ist die pädagogische Gestalt ihrer Schule jedoch meist nicht das Hauptproblem. An erster Stelle und von 34,4% der die offene Frage[624] nach den Problemen der eigenen Grundschule beantwortenden 96 Schulleitern bzw. -leiterinnen wird nämlich "Raumknappheit" als Problem genannt. Sehr stark werden auch "Probleme der Kinder im Elternhaus bzw. im sozialen Umfeld" (22,9%), "Probleme aufgrund eines hohen Anteils der Kinder von Eltern ausländischer Herkunft" (21,9%), Schwierigkeiten mit "gewalttätigen bzw. verhaltensauffälligen Kindern" (20.8%) und "Probleme mit zu hohen Klassenfrequenzen" (18,8%) beklagt. Auch "zu belastete, kranke, konzentrationsschwache Kinder" (10,4%), "Fluktuationen aufgrund von Umsiedlern u.ä." (9,4%) und eine "zu geringe Elternmitarbeit" (9,4%) werden in nennenswertem Umfang als Probleme angeführt.

---

[623] vgl. z.B. die Otto-Ubbelohde-Schule in Marburg; Kap. 5

[624] Im Vergleich zur geschlossenen Frage hat die offene Frage den Vorteil, daß Aspekte genannt werden können, an die der Ersteller des Fragebogens nicht gedacht hat. Sie ist allerdings schwieriger auszuwerten, da eine Vielzahl von verschiedenen Antworten auftauchen und z.t. gebündelt werden müssen. Zudem ist die Antworthäufigkeit eines Merkmals (z.B. hier: Raumknappheit) in der Regel geringer, wenn die befragte Person es in der offenen Frage selbst nennen muß, als wenn es vorgegeben ist und nur angekreuzt werden muß. Vgl. auch Jürgen Friedrichs: Methoden empirischer Sozialforschung, Opladen 1980, S.198ff

Tabelle 13. Probleme:	absolut	Prozent[625]
Probleme wegen Raumknappheit	33	34,4
Prob. der Kinder im Elternhaus/sozialen Umfeld	22	22,9
Prob. wegen hohem Anteil an Ausländerkindern	21	21,9
gewalttätige bzw. verhaltensauffällige Kinder	20	20,8
Probleme mit zu hohen Klassenfrequenzen	18	18,8
zu belastete, konzentrationsschwache Kinder	10	10,4
Fluktuationen aufgrund von Umsiedlern u.ä.	9	9,4
Probleme durch zu geringe Elternmitarbeit	9	9,4
reformunmotiviertes/wenig qualifiz. Kollegium	6	6,3
zu große Schule/Filialbetrieb	6	6,3
zu wenig Vertretungs- und Finanzmittel	6	6,3
Umweltbelastung im Schulumfeld	5	5,2
zu hohe Elternansprüche	5	5,2
zu wenig Lehrkräfte	3	3,1
hemmendes Fachlehrerprinzip	3	3,1
hemmende Schulbürokratie	3	3,1
Konflikte im Kollegium	3	3,1
Probleme mit der Integration Behinderter	3	3,1

Grundsätzlich lassen sich anhand dieser Aussagen, die durch Stellungnahmen des bereits erwähnten Berliner Bildungsrates und der anderen von mir angeschriebenen Fachleute für Fragen der West-Berliner Grundschule ergänzt werden,[626] drei Problembereiche ausmachen: Erstens werden **gestörte außerschulische soziale Bedingungen** vieler heute aufwachsender Kinder genannt, auf die die Schule reagieren muß. Als dringlichste Aufgabe der Grundschule steht damit im Bewußtsein der Grundschulleiter und -leiterinnen weniger das kognitiv orientierte als das soziale Lernen. Die Grundschule muß auf gestörte Eltern-Kind-Beziehungen reagieren. Das heißt bei aufstiegsbetonten Eltern, sie sollte die Kinder häufig vor zu hohen Leistungsansprüchen schützen. Bei sozial zerrütteten oder bildungsfernen Familien bedeutet es, den Kindern verläßliche, motivierende und kontinuierliche Beziehungen zu ihren Lehrpersonen zu ermöglichen.[627] Auch dies mag ein wichtiger Grund sein, warum die längere Grundschulzeit, die größere Einwirkungsmöglichkeiten bietet, von den Berliner Grundschulleitungen als hilfreich empfunden wird. Daneben muß die Grundschule aber auch auf gestörte Beziehungen der Kinder untereinander, auf durch ihr soziales Umfeld entstandene gewaltbetonte Reaktionsweisen und auf soziale Aussonderungen und interkulturelle Spannungen reagieren. Hier gewinnen die Schulsozialarbeit und soziales Lernen im unterrichtlichen und außerunterrichtlichen Raum der Schule an Bedeutung. Das Motto "Schule als Lebensraum" erhält erst auf dem Hintergrund dieser Problemsicht eine Qualität, für die die Berliner Grundschulleiterinnen und -leiter offensichtlich sensibilisiert sind.

---

[625] Mehrfachnennungen möglich. Es werden nur Probleme aufgeführt, die mindestens drei Schulleitungen genannt haben.
[626] Letzteren stellte ich schriftlich die Frage: "Welches sind Ihrer Beobachtung nach die größten Probleme in Klasse 5 und 6 sowie des Übergangs in die Oberschule, und wie sollte darauf reagiert werden?"
[627] In seiner Antwort an mich nennt Helmut Grothe hier das Problem, daß durch die hohe Zahl von Teilzeitkräften personale Bindungen verschlechtert werden. Erfolge sieht er allerdings durch den schulpsychologischen Dienst gegeben.

Der zweite Problembereich betrifft die **innerschulischen materiellen und personellen Bedingungen**. Sowohl aufgrund der im ersten Bereich genannten erweiterten Aufgabenstellung der Schule als auch, um die allgemeinen Lernbedingungen zu verbessern bzw. nicht zu verschlechtern, werden Probleme genannt, die eine bessere Ausstattung nötig machen. Hier stehen Forderungen nach Senkung der Klassenfrequenzen und, damit verbunden, nach höherer Zuweisung von Lehrkräften sowie nach Ausweitung der Räumlichkeiten im Vordergrund. Auch Peter Heyer vom Pädagogischen Zentrum Berlin schreibt, daß die finanziellen Aufwendungen für die Grundschule, verglichen mit Aufwendungen für Gymnasialklassen 5 und 6, zu gering seien.[628]

Von Verbesserungen in diesem Bereich erhoffen sich die Grundschulleitungen offenbar günstigere Bedingungen für soziale und pädagogische Maßnahmen. Einige sehen sie sogar als Voraussetzungen für solche Maßnahmen bzw. für reformpädagogische Innovationen an: Meine Befragung hat diese Auffasssung, wie erwähnt, nicht bestätigt. Nachdem auch der Berliner Bildungsrat die aufgrund der erhöhten Aus- und Umsiedlerzahlen und der geburtenstarken Jahrgänge steigenden Klassenfrequenzen und damit einhergehenden Verschlechterungen der räumlichen Bedingungen kritisiert hatte, beklagte er in seiner Stellungnahme vom Juni 1990

> "fehlende finanzielle Mittel, um reformpädagogische Zielsetzungen wie Binnendifferenzierung, gemeinsame Erziehung bei unterschiedlichen Anforderungen, Verbesserung für ausländische Schüler, ökologische Schulbauten und -höfe ... anders als durch 'Umschichtung' ... realisieren zu können."[629]

Damit ist schon der dritte Problemkomplex angesprochen, in dem im weiteren Sinne **didaktische Fragestellungen** gebündelt sind. Hier ist bemerkenswert, daß mögliche Defizite wie "ungenügende Lehrpläne" oder "ineffektiver Unterricht, der keine hinreichende Leistungsfähigkeit erzeugt", überhaupt nicht als Problem genannt werden.

Von wenigen wird dagegen das Fachlehrerprinzip als hemmendes Problem kritisiert. Auch der Seminardirektor a.D. Helmut Grothe schreibt zum Komplex "Probleme der Berliner Grundschule":

> "Der 'Fachunterricht' wird seit 1968 oft zu rigide als Grundmuster aufgefaßt - trotz mannigfacher Bestrebungen fachübergreifender Gestaltung. Stärker hervortreten müßte die Tendenz dessen, was ich 'situative Binnendifferenzierung' nenne, dazu gehört vor allem die Nutzung der Chance, Komponenten vorfachlicher Unterrichtsgestaltung einzulagern."[630]

Peter Heyer sieht ergänzend als pädagogisch-konzeptionelles Problem trotz einiger erfolgversprechender Ansätze für die Klassenstufe 5 und 6 "zu wenig dieser Altersstufe entsprechende 'faszinierende' Lernangebote, die einzelne und Gruppen stark ansprechen und herausfordern."[631]

---

[628] Brief von Peter Heyer an den Verfasser vom 18.12.1990
[629] Bericht des Berliner Bildungsrates S.1
[630] Brief von Helmut Grothe an den Verfasser vom 11.12.1990, S.3
[631] Brief von Peter Heyer an den Verfasser vom 18.12.1990, S.2

Manche Grundschulleiter bzw. -leiterinnen kritisieren eine die pädagogischen Entscheidungs-kompetenzen einengende Schulbürokratie oder bemängeln ein für pädagogisch-didaktische Reformen kaum zu motivierendes, überaltertes oder zu wenig weitergebildetes Kollegium. Konzeptionelle Aspekte wie eine stärkere Verzahnung von Grund- und Oberschule tauchen im Bewußtsein der Grundschulleitungen als Problembereich kaum auf. Dagegen werden sie von den nicht in der Schule tätigen Experten bzw. Expertinnen sehr viel eher genannt. So sehen Peter Heyer, Siegmund Dobe und Helene Buschbeck sehr wohl eine fehlende "Kooperation zwischen Grund- und Oberschule" als Problem an und fordern eine institutio-nelle Verankerung einer solchen Zusammenarbeit. Und Helmut Grothe empfindet es als problematisch, daß die Grundschulempfehlungen für die Übergänge zunehmend von Eltern nicht befolgt werden und deshalb seiner Meinung nach mehr Jugendliche auf der Oberschule versagen. Er ist jedoch auch der Auffassung, daß sich angesichts des gesellschaftlichen Drangs zum Gymnasium dies Problem durch Beratung nicht beheben lasse und durch Zwang nicht gelöst werden sollte.

Probleme wie Lehrplanrevisionen oder ähnliches werden dagegen weder von den Grund-schulleitungen noch von den Grundschulexperten und -expertinnen als vordringlich betrach-tet. M.E. zu recht wird der Rahmenplan für die Berliner Grundschule offenbar als besonders zeitgerecht und angemessen empfunden.[632]

Im Vergleich zu sozialen und Ausstattungsaspekten werden die Probleme des Berliner Schulwesens insgesamt also weniger im pädagogisch-konzeptionellen Bereich gesehen. Das muß nicht heißen, daß die Schulleiter und Schulleiterinnen diesem Bereich keine Aufmerk-samkeit schenken. Er kann insbesondere dann relevant werden, wenn die personellen und materiellen Voraussetzungen als gegeben betrachtet und in ihrer Folge Verbesserungen im sozialen Lernen eingefordert werden. Die Konzentration der Aufmerksamkeit auf oftmals schwierige außerschulische soziale Bedingungen und nötige personelle und materielle Verbesserungen bedeutet - wie vor allem in Abschnitt 4.6.2. deutlich wurde - auch nicht, daß nicht schon oftmals schulintern mit pädagogischen Weiterentwicklungen begonnen wurde. So zeigen die verschiedenen Konzepte, die das soziale Lernen, projektorientierte oder außerun-terrichtliche Aktivitäten in den Mittelpunkt stellen, durchaus, daß einige Berliner Grundschu-len nicht nur auf Verbesserungen durch den Senat oder der gesellschaftlichen Rahmenbedin-gungen warten, sondern innerschulische Konsequenzen aus den für vordringlich gehaltenen Problemen ziehen und versuchen, "Schule als Lebensraum" zu gestalten, in dem soziale Ver-haltensweisen, Toleranz gegenüber Andersartigkeit und schöpferisches Erleben gelernt wird.

Die These, daß die Gestaltung ihrer Schule als kreativ- und sozialbildender Lebensraum zur Zeit der Befragung (1991/92)[633] den Schwerpunkt im Bewußtsein vieler West-Berliner

---

[632] vgl. z.B. Heyer/Valtin S.66, S.79 und S.88
[633] Zu diesem Zeitpunkt wurde noch nicht über die Verlängerung der Arbeitszeit der Lehrkräfte diskutiert.

Grundschuldirektionen bildete, wird durch die Ergebnisse zur offenen Frage[634] nach den "Erfolgen" weiter gestützt:

Dort werden nämlich als "größte **Erfolge**" der jeweiligen Grundschule von 42,7% der diese Frage beantwortenden 82 Schulleiter bzw. -leiterinnen "musische, sportliche oder andere außerunterrichtliche Aktivitäten" angegeben. Immerhin 19,5% betrachten die in ihrer Schule geleistete "interkulturelle Erziehung" als erfolgreich. Nimmt man die Merkmale "Erfolge durch die Schulsozialarbeit und mit sozialem Lernen" (11%), mit der "Integration Behinderter" (9,8%) und der "Förderung leistungsschwacher Kinder" (7,3%) hinzu, so wird das Gewicht deutlich, das die **sozialen und integrativen Aspekte** sowohl als Erfolgsmaßstäbe als auch als gemeldete tatsächliche Erfolge besitzen.

Dagegen tauchen eher kognitiv bezogene Kriterien bzw. Erfolgsmeldungen wie "gute Vorbereitung auf die Lernanforderungen der weiterführenden Schulen" (15,9%) und "gutes Erlernen der Fremdsprache" (6,1%) in nicht so starkem Maße auf.

Eher werden noch die **personenorientierten** Aspekte wie die gute "Zusammenarbeit mit bzw. die Zufriedenheit der Eltern" (23,2%) und das "gute Klima in der Schule" (12,2%) bzw. "die positive Zusammenarbeit im Kollegium" (9,8%) als Erfolge hervorgehoben.

Tabelle 14. Erfolge:	absolut	Prozent[635]
musisch-sportl./außerunterrichtl. Aktivitäten	35	42,7
Zusammenarb. mit und Zufriedenheit der Eltern	19	23,2
interkulturelle Erziehung	16	19,5
Vorbereitung auf weiterführende Schulen	13	15,9
gelungene Projekte und Binnendifferenzierung	10	12,2
gutes Schulklima	10	12,2
verbessertes soziales Lernen/Schulsozialarbeit	9	11,0
Integration Behinderter	8	9,8
Zusammenarbeit und Fortbildung im Kollegium	8	9,8
gelungene Förderung Leistungsschwacher	6	7,3
außerschulische Aktivitäten	5	6,1
gute Fremdsprachenvorbildung	5	6,1
Schulfreude der Kinder	5	6,1
gelungene Ganztagsbetreuung	3	3,7

Insgesamt läßt sich also feststellen, daß die Grundschulleitungen vor allem Probleme in der materiellen Ausstattung und in bestimmten Bezirken durch die sozialen Bedingungen des Schulumfeldes sehen. Entsprechend heben sie Erfolge hervor, wenn sie die Probleme durch sozial- oder reformpädagogische Maßnahmen mildern konnten. Da die Rahmenbedingungen sich jedoch vermutlich kurzfristig nicht verbessern werden und sich Lehrkräfte immer stärker zu veränderten Methoden teils gezwungen, teils angeregt sehen, wären dies Gründe dafür, daß sich der Trend zu **reform- und sozialpädagogischen Maßnahmen** fortsetzen könnte.

---

[634] Hier hat die offene Stellung der Frage den Vorteil, daß Kriterien für einen Erfolg nicht vorgegeben, sondern selbst genannt werden müssen und dadurch ein zusätzlicher Aufschluß über die Orientierung der Schulleitung geboten wird.

[635] Mehrfachnennungen waren möglich. Es werden nur Erfolge aufgeführt, die mindestens drei Schulleitungen genannt haben.

Für Grundschulen, deren Umfeld weniger zu solchen Reformen drängt, scheint sich die Perspektive zu bieten, Erfolge in **musischer oder sportbetonter Ausrichtung** vorzuweisen. Trotz des relativ hohen Anteils an Grundschulen, die in West-Berlin die äußere Reform der sechsjährigen Grundschule mit verschiedenen inneren Reformen füllen, ist neben der auffällig geringen Zahl von anforderungsbetonten Grundschulen immer noch ein Anteil von etwa einem **Drittel** der Grundschulen zu beobachten, die **keinen ausgeprägten pädagogischen Gestaltungswillen** zeigen.

Obwohl es - wie erwähnt - Gründe gibt, die innere Grundschulreform voranzutreiben, könnte der Anteil der Schulen ohne diesen pädagogischen Gestaltungswillen jedoch in **Zukunft** wieder zunehmen, wenn die Erhöhung der Pflichtstunden die Innovationsbereitschaft der Kollegien bremsen und eine Tendenz zu zeit- und aufwandsparenden traditionellen Methoden begünstigen wird.[636] Neben den bereits erwähnten, möglicherweise bremsenden Effekten durch die Vereinigung könnte auch die im Anschluß an das Kienbaum-Gutachten bundesweit entfachte Diskussion über Einsparmöglichkeiten im Bildungsbereich, die insbesondere auf die Verringerung der Stundenermäßigungen für außerunterrichtliche Tätigkeiten zielen, Bemühungen für eine Umgestaltung der Schule als Lebensraum konterkarieren.[637]

Auch wenn perspektivisch mit größeren Schwierigkeiten für die Fortführung der Grundschulreform in Berlin gerechnet werden muß, bleibt festzuhalten, daß diese innere Reform in vielen West-Berliner sechsjährigen Grundschulen relativ weit gediehen ist, wenn es auch nach wie vor eine nicht geringe Anzahl von Grundschulen gibt, die sich in ihrer pädagogischen Gestalt nicht von traditionell vierjährigen Grundschulen Westdeutschlands unterscheiden. In den Klassen 5 und 6 orientiert sich ihr Unterricht je nach der sozialen Zusammensetzung der Schülerschaft eher an der Hauptschule oder am Gymnasium. Außerdem ist eine Binnendifferenzierung in West-Berlin relativ verbreitet, so daß es kaum zu Problemen in Hinblick auf einen niveauangemessenen Unterricht bzw. wahrgenommene kognitive Defizite kommt. Zumindest werden sie im Bewußtsein der Schulleitungen in Relation zu den Komplexen "materielle und personelle Ausstattung der Schule" sowie "soziale und psychische Situation der Schülerschaft" weit in den Hintergrund gedrängt. Letztere lenken die Aufmerksamkeit auf die veränderten Bedingungen von Kindheit heute und damit auf soziale Aspekte des Lernens. Und hier scheint die Sechsjährigkeit der Grundschule, wie schon in der historischen Diskussion häufig hervorgehoben, durch längere Einwirkungsmöglichkeiten, verringerten Selektionsdruck und weniger auf Trennung als auf Gemeinsamkeit angelegtes Lernen Vorteile zu bieten. Zumindest empfinden dies in West-Berlin neben den schon erwähnten Verbänden, Parteien, Grundschulexperten und -expertinnen in ihrer großen Mehrheit (95%) auch die Grundschulleitungen.

---

[636] vgl. BLZ 1992

[637] vgl. Kienbaum Unternehmensberatung GmbH: Organisationsuntersuchung im Schulbereich, im Auftrag des Kultusministers des Landes NRW, Düsseldorf, 9.9.1991, (insbesondere Summary S.5ff)

Kapitel 5: Der hessische Modellversuch "Sechsjährige Grundschule" der Otto-Ubbelohde-Schule Marburg: Verbindung von äußerer und innerer Reform - und die Perspektive für die Entwicklung sechsjähriger Grundschulen in der Bundesrepublik

5.1. Bedeutung und politische Durchsetzung des Modellversuchs im Rahmen der hessischen Auseinandersetzungen um die Förderstufe

Nachdem im vorangegangenen Kapitel in einer Makroanalyse die sechsjährige Grundschule aus pädagogischer und politischer Perspektive in ihrer **obligatorischen und flächendeckenden** Form untersucht wurde, wird in diesem Kapitel in einer qualitativen Mikroanalyse ein **fakultativer Schulversuch** mit sechsjähriger Grundschule beleuchtet. Dabei zielt mein Erkenntnisinteresse darauf, zu klären, inwiefern es sich auf die pädagogische Gestalt und die politischen Auseinandersetzungen auswirkt, ob die sechsjährige Grundschule als fakultativer Schulversuch oder als flächendeckende Regelschule eingeführt ist. Wie verlaufen bei einem Schulversuch die überregionale und lokale Initiierung und die politische Durchsetzung der sechsjährigen Grundschule? Wer sind die treibenden Kräfte? Gibt es weniger Proteste des konservativen Blocks? Sind das pädagogische Konzept und die pädagogische Praxis bei einem Schulversuch tendenziell ausgereifter? Ist das Kollegium engagierter? Sind die materiellen und personellen Bedingungen günstiger? Welche Probleme und welche Erfolge bringt das verlängerte gemeinsame Lernen hier? Tauchen bei einer fakultativen Form neue Schwierigkeiten auf, etwa verstärkte Konkurrenzsituationen oder Probleme aufgrund des Versuchsschulstatus'? Regt ein erfolgreicher Schulversuch mit sechsjähriger Grundschule andere Grundschulen zur Nachahmung an?

Da der im folgenden behandelte Schulversuch "Sechsjährige Grundschule" der Marburger Otto-Ubbelohde-Schule bundesweit bis dato der einzige Schulversuch ist, der explizit eine fakultative sechsjährige Grundschule erprobt, kommt ihm einerseits eine große Bedeutung bei der Klärung dieser Fragestellungen zu. Andererseits bedarf es weiterer Schulversuche, um Hinweise, die der Marburger Versuch gibt, auf eine gesichertere Basis zu stellen. Zwar ist es möglich, Fragen, die den Initiierungsprozeß betreffen, anhand von weiteren Bemühungen, fakultative sechsjährige Grundschulen zu gründen, zu behandeln. Dies wird in Abschnitt 5.7. getan. Aber um die pädagogische Gestalt eines solchen Schulversuchs näher zu beleuchten, bleibt die Forschung bisher auf die Untersuchung der Otto-Ubbelohde-Schule beschränkt. Deshalb ist es sinnvoll, diesen Schulversuch intensiv zu analysieren. Im Gegensatz zum vorangegangenen Kapitel werden hier daher stärker qualitative Verfahren wie teilnehmende Beobachtungen und offen strukturierte Interviews mit Schülerinnen, Schülern, Eltern und Lehrkräften angewandt. Um jedoch den pädagogischen Rahmen des Schulversuchs angemessen zu bewerten, ist zuvor eine Beschreibung seiner politisch günstigen Voraussetzungen nötig, ohne die es zu diesem Versuch sicher nicht gekommen wäre.

Schon in den 60er Jahren waren in Hessen die Vorschläge des Deutschen Ausschusses für eine Förderstufe im Vergleich zu anderen Flächenstaaten des Bundes auf relativ positive Resonanz gestoßen und entsprechende einzelne Versuche eingerichtet worden.[1] Die **flächendeckende Einführung der Förderstufe** wurde allerdings trotz eines seit 1969 bestehenden Gesetzesauftrags immer wieder verschoben.[2] Ebenso war die **sechsjährige Grundschule** kein Thema, bis im Zuge der **Koalitionsbildung 1984** erstmals **SPD und GRÜNE** zusammenarbeiteten und beide Schulmodelle verhandelten.[3]

Dabei zielte die SPD als Idealmodell auf eine nur vierjährige Grundschule mit nachfolgender sechsjähriger Gesamtschule, in die eine zweijährige, nunmehr flächendeckend einzuführende Förderstufe integriert sein sollte. Für die Sekundarstufe II zog die SPD große dreijährige Oberstufenzentren vor. Dagegen gingen die Grünen vom Modell der sechsjährigen Grundschule mit darauf aufbauender siebenjähriger integrierter Gesamtschule (ohne große Oberstufenzentren) aus.[4]

Währenddessen protestierten die **Gruppen des konservativen Blocks** mit den altbekannten Argumenten entschieden gegen den gemeinsamen Unterricht in Klasse 5 und 6. Aus Anlaß einer Klage von Eltern im Schwalm-Eder-Kreis erging ein Urteil des **Hessischen Staatsgerichtshofs**, das die landesweite Einführung der Förderstufe durch Gesetz zwar für möglich hielt, aber gewisse äußere Differenzierungen in Klasse 5 und 6 gerichtlich vorschrieb, so daß die sechsjährige Grundschule als Regel kaum mehr durchführbar war.[5] Eine weitere Folge dieses Urteils war zudem, daß die SPD nunmehr befürchtete, daß das gesamte Förderstufenabschlußgesetz für nichtig erklärt würde, wenn es äußere Differenzierungen in nur geringem Maße enthielte.[6] Vor allem meinten ihre Vertreter, daß die sechsjährige Grundschule zusätzlich Unruhe in die Förderstufendiskussion bringe[7] und die - dann nur noch vierjährigen - Gesamtschulen in ihrem Bestand gefährdet wären.

Diese Kontroverse war jedoch nicht nur auf Hessen bezogen. Mit ihr ist zugleich der zentrale Streitpunkt in den aktuellen Auseinandersetzungen um die sechsjährige Grundschule in allen reformbereiten Bundesländern genannt, auf die ich im Abschnitt 5.7. eingehe.

---

[1] siehe auch Kapitel 4.2.

[2] vgl. Klafki, Wolfgang: Förderstufe/Orientierungsstufe - gemeinsam länger lernen, in: Pädagogisches Zentrum Berlin (Hg.) Gesamtschul-Informationen, H.1/2 1985, S.183

[3] vgl. Koalitionsvereinbarungen von SPD und GRÜNEN in Hessen 1984, Abschnitt Bildung

[4] laut Auskunft der bildungspolitischen Sprecherin der GRÜNEN-Landtagsgruppe, Priska Hinz, vom 6.11.1986 an den Verfasser

[5] vgl. Klafki, Wolfgang: Förderstufe/Orientierungsstufe - gemeinsam länger lernen, in: Pädagogisches Zentrum Berlin (Hg.) Gesamtschul-Informationen, H.1/2 1985, S.183; Hessischer Kultusminister (Hg.): Materialien über die höchstrichterliche Rechtsprechung zur sechsjährigen Förderstufe, Hektogramm Wiesbaden, Jan. 1985. Klafki weist in diesem Zusammenhang darauf hin, daß der Staatsgerichtshof die eigenen Kompetenzen überschreitet und sich anmaßt, pädagogische Detailfragen über sinnvolle Arten der Differenzierung juristisch festzulegen.

[6] vgl. Klafki: Förderstufe/Orientierungsstufe - gemeinsam länger lernen, S.185

[7] Mit diesem Argument stimmte z.B. auch die DKP im Marburger Stadtparlament dem Schulversuch sechsjährige Grundschule nicht zu, sondern enthielt sich der Stimme (vgl. Protokolle der Marburger Stadtverordnetenversammlung).

Das Ergebnis der hessischen Verhandlungen war schließlich eine **modifizierte Förderstufe**. In Klasse 5 sollte noch keine äußere Differenzierung stattfinden. In Klasse 6 durfte auf Schulbeschluß in den Fächern mit äußerer Differenzierung (Mathematik, 1.Fremdsprache) statt auf drei nur auf zwei Niveaus unterrichtet werden. In Hinblick auf die durch die Grünen eingebrachte Forderung nach sechsjährigen Grundschulen hieß es in den hessischen Koalitionsvereinbarungen von 1984 aber auch:

"Mit dem Ziel eines sechsjährigen gemeinsamen Bildungsweges für alle Schüler wird die Förderstufe in der Regel Bestandteil der Grundschule ..."[8]

"Langfristiges Ziel ist der volle zweijährige Kernunterricht auch in den Klassen 5 und 6 mit innerer Differenzierung. ... Die sechsjährige Grundschule kann auch als Schulversuch genehmigt werden."[9]

Neben Einigungen in der Förderstufengestaltung, die die innere Differenzierung betonten, finden wir auch hier wieder das Motiv des **Schulversuchs**. Angesichts des Urteils des Staatsgerichtshofs und der Chance, über Versuche den Gedanken der **sechsjährigen Grundschule** weiter zu verbreiten, ist diese Koalitionsvereinbarung m.e. trotz der geringen quantitativen Resonanz, die die sechsjährige Grundschule durch sie erhielt, kaum als Ablenkungsmanöver, sondern als Möglichkeit zur Reetablierung der sechsjährigen Grundschule zu betrachten. Der auf Landesebene gefällte Beschluß, ab 1986 die Förderstufe in allen Kreisen und Städten Hessens obligatorisch einzuführen, legte 1985/86 den Kommunen die Verpflichtung auf, geeignete Standorte für die Förderstufe zu finden. Damit wurde die Debatte um die Förderstufe und um Versuche mit sechsjähriger Grundschule **kommunalisiert**. Dabei zeigte sich, daß das Thema "Sechsjährige Grundschule" zunächst nur in Mörfelden-Walldorf, im Main-Kinzig-Kreis und in Marburg aufgeworfen wurde. Dies waren Kommunen mit rot-grünen Bündnissen, in denen von politischer Seite die Grünen die Forderung nach sechsjähriger Grundschule aufstellten. Während in Mörfelden - Walldorf und im Main-Kinzig-Kreis entsprechende Bemühungen schließlich scheiterten,[10] gelang es in der Universitätsstadt **Marburg** einen Schulversuch "Sechsjährige Grundschule" einzurichten. Begünstigt wurde dies in Marburg u.a. durch die Diskussion um Förderstufenstandorte. Einerseits wollten alle Grundschulen, nicht zuletzt um der Gefährdung durch zurückgehende Schülerzahlen zu begegnen und die eigene Bedeutung zu erhöhen, ihre Schülerinnen und Schüler gern noch zwei Jahre länger behalten. Zugleich forderten die Eltern wohnortnahe Schulen und scheuten einen möglichen zweimaligen Schulwechsel für ihre Kinder, der einen Übergang nach Klasse 4 von der Grundschule in eine Förderstufe an einer anderen Schule und nach Klasse 6 ggf. wieder in eine andere Sekundarschule bedeutet hätte. Daher gab es an

---

8 Koalitionsvereinbarungen 1984, Abschnitt Bildung S.2. In anderen Fällen sollte sie an die Gesamtschulen angebunden werden.
9 ebenda S.3f
10 vgl. Kapitel 5.7.

fast allen Grundschulen Bemühungen, **Förderstufenstandort** zu werden. Andererseits war im Förderstufenabschlußgesetz festgelegt worden, daß die Förderstufe "mindestens zweizügig" sein sollte.[11] Grundschulen wie die Marburger Ubbelohde-Schule, die eine Zweizügigkeit nicht durchgängig gewährleisteten,[12] konnten daher nicht damit rechnen, Förderstufenstandort zu werden. Für einen Schulversuch "Sechsjährige Grundschule" war die Zweizügigkeit dagegen nicht Vorbedingung.

Zudem war in den **Marburger Koalitionsvereinbarungen zwischen SPD und Grünen** vereinbart worden, daß zwei Schulversuche mit sechsjährigen Grundschulen vom Magistrat zu unterstützen seien. Obwohl dieses Anliegen von den Grünen eingebracht wurde, zeigte sich die örtliche SPD angesichts der geschilderten Situation in der Standortdebatte sehr entgegenkommend und drängte gemeinsam mit Landtagsabgeordneten der Grünen das Kultusministerium, den Schulversuch zu genehmigen. Auch der örtliche Schulrat Hartmut Schrewe und der Erziehungswissenschaftler Wolfgang Klafki trugen zur positiven Entscheidung bei.

Dabei erwies es sich als vorteilhaft, daß von allen Beteiligten das Modell der sechsjährigen Grundschule hier nie als Konkurrenz, sondern immer nur als **ergänzendes Alternativkonzept** zur Förderstufe in die Debatte eingeführt wurde.[13] Mit dieser Vorstellung konnten sich auch die SPD-Vertreter anfreunden. Da zudem die Fraktion der örtlichen Grünen an einem Schulversuch "Sechsjährige Grundschule" interessierte Schulen suchte, waren die **politischen Voraussetzungen** für einen solchen Schulversuch **sehr günstig**.

Eine zunächst von den örtlichen Grünen ins Auge gefaßte kleine ländliche Grundschule schied schließlich aus der Debatte aus, weil das Kollegium meinte, durch einen Versuchsstatus überfordert zu werden. Interessant scheint mir aber vor allem der Fall einer anderen, zunächst ebenfalls diskutierten Grundschule, die Kinder aus einem sozialen Brennpunkt und aus einem einkommensstärkeren Viertel vereinigt. Diese Grundschule wurde von den Kommunalpolitikern der SPD und der Grünen für einen Schulversuch mit sechsjähriger Grundschule **nicht** für **geeignet** erklärt, da man aufgrund der sozialen Divergenzen Probleme im gemeinsamen Unterricht in Klasse 5 und 6 sowie Fluchttendenzen der Akademikereltern aus dem Schulversuch befürchtete.[14] Wenn auch verständlich sein mag, daß die SPD/Grüne-Koalition als Pilotprojekt keine Schule mit besonders schwierigen Rahmenbedingungen

---

[11] vgl. Förderstufenabschlußgesetz

[12] Erst mit der Etablierung des Schulversuchs wurde die Ubbelohde-Schule durchgängig zweizügig. Vgl. Eltern-info der Otto-Ubbelohde-Schule 1992, S.8.

[13] vgl. Elschner-Heuberger, Christina und Sauer, Wilfried in: Kubina, Christian (Hrsg.): Die sechsjährige Grundschule in Marburg. Zur Alltagspraxis eines Schulversuchs und zur Geschichte einer pädagogischen Idee. Hessisches Institut für Bildungsplanung und Schulentwicklung (HIBS), Materialien zur Schulentwicklung H.17, Wiesbaden 1992, S.12; Klafki, Wolfgang: Gutachterliche Stellungnahme zum Antrag auf Genehmigung eines Schulversuchs: Errichtung einer sechsjährigen Grundschule an der Otto-Ubbelohde-Schule in Marburg, Marburg 14.4.86, abgedruckt in: Kubina: Die sechsjährige Grundschule in Marburg, S.124

[14] Diese Überlegungen in den internen Koalitionsverhandlungen sind nicht schriftlich fixiert worden. Der Verfasser kann hierüber aufgrund der eigenen Teilnahme an den Koalitionsverhandlungen berichten.

wählte, so induzierte sie mit dieser Entscheidung doch das Vorurteil, daß das Modell "Sechs-jährige Grundschule" nur für Grundschulen in homogenen Akademikervierteln geeignet sei. Schließlich wurde mit der **Ubbelohde-Schule** eine Grundschule sechsjährig, deren Schülerin-nen und Schüler **überproportional aus Akademikerschichten** kommen. An dieser Schule stieß die Ende 1984 an die Schulleitung und einige Elternvertreter herantretende schulpoliti-sche Sprecherin der Grünen-Fraktion auf große Offenheit und auf bereits ähnlich reform-orientierte Diskussionen und Vorarbeiten.[15]

---

[15] vgl. Elschner-Heuberger/Sauer in Kubina: Die sechsjährige Grundschule in Marburg. S.12

5.2. Initiierung, Genehmigung und Ausstattung des Modellversuchs "Sechsjährige Grund-
schule" an der Otto-Ubbelohde-Schule Marburg

Die pädagogische Gestalt der Otto-Ubbelohde-Schule fiel noch im Schuljahr 1985/86 nicht
aus dem Rahmen des Üblichen. Der Schulleiter beschreibt:

> "Der Unterricht wurde bis zum Beginn des Schulversuchs in der Regel im tradi-
> tionellen Stil abgehalten. Es bestand eine gute Arbeitsatmosphäre im Kollegium,
> und auch das Verhältnis zu den Schülern konnte als gut beschrieben werden.
> Dennoch: Unzufriedenheit über SchülerInnenunlust und SchülerInnenversagen
> bei KollegInnen, Diskussionen mit besorgten Eltern und LehrerInnen der weiter-
> führenden Schulen führten dazu, sich Gedanken zu machen, wie Unterricht so
> verändert werden kann, daß er den SchülerInnen und ihrem veränderten Verhalten
> und ihren Ansprüchen mehr entgegenkommt und damit auch den LehrerInnen
> mehr Zufriedenheit gibt."[16]

Auch das 100 Jahre alte Backsteingebäude war renovierungsbedürftig. Der schlechte bauliche
Zustand und die beengten Raumverhältnisse, veranlaßten den Magistrat, eine **Ausweitung**
und Erneuerung zuzusagen.[17]

Entsprach die ein- bis zweizügige Ubbelohde-Schule 1985/86 mit ihren auf sieben Klassen[18]
verteilten 133 Schülerinnen und Schülern und sechs Lehrerinnen sowie dem Schulleiter in
den meisten Merkmalen einer durchschnittlichen Grundschule, so weist ihr **Einzugsgebiet**,
ein um die Jahrhundertwende entstandenes, inzwischen begehrtes Wohnviertel einen über-
durchschnittlich hohen Anteil von jungen, politisch reformorientierten Akademikerfamilien
auf.[19] Mit zunehmender Dauer des Versuchsstatus dieser Schule wächst die Tendenz der
Homogenisierung der Elternschaft hin zu pädagogisch besonders interessierten, häufig beruflich pädagogisch tätigen und entsprechend ausgebildeten Eltern; denn gerade diese Eltern
wählen ihre Kinder in den nicht an Schulbezirksgrenzen gebundenen Versuch ein.

Auf diesen Elterntyp mag in besonderem Maße zutreffen, was Preuss-Lausitz einen "epochalen Wandel in den Erziehungseinstellungen der - jüngeren - Eltern" nennt, der "mit einer
veränderten Haltungen zur Schule" einhergeht:[20]

> "Werte wie Selbständigkeit, Respekt vor kindlichen Wünschen, Toleranz gegen-
> über fremden kulturellen Traditionen und individuellen Interessen, und damit
> verbunden die Unterstützung von Kreativität und Ganzheitlichkeit einbeziehender
> Lernformen breiten sich nun, auch über die Medien, immer weiter aus (bei
> Aufrechterhaltung aller Leistungserwartungen)."[21]

---

[16] Elschner-Heuberger/Sauer in Kubina: Die sechsjährige Grundschule in Marburg. S.11f
[17] vgl. Elschner-Heuberger/Sauer in Kubina: Die sechsjährige Grundschule in Marburg. S.11
[18] einschließlich einer Vorschulklasse
[19] vgl. Elschner-Heuberger (a) in: Preuss-Lausitz u.a. (Hrsg.): Selbständigkeit für Kinder - die große Freiheit?
Weinheim und Basel 1990, S.75; Reineking, Peter in Kubina: Die sechsjährige Grundschule in Marburg. S.61.
Nach Wahlstimmen sind die Grünen die stärkste Kraft in diesem Viertel, sein SPD-Ortsverein gilt als besonders
fortschrittlich.
[20] Preuss-Lausitz S.61
[21] Preuss-Lausitz S.61

Diese **veränderte Erziehungshaltung der Eltern** erzeugt für einen erheblichen Teil der Kinder nicht leicht auszuhaltende Spannungen. Zum einen müssen sie häufig Widersprüche zwischen pressionsfreier Erziehungshaltung und hohen Leistungserwartungen der Eltern aushalten, zum anderen treffen sie ggf. in der Schule auf Schwierigkeiten, diesen veränderten Erziehungseinstellungen gerecht zu werden. In Hinblick auf derartige Problem schreibt Preuss-Lausitz:

> "Sozialisationsdiskrepanzen zwischen Schule und Alltagswelt gerade in der Frage der Selbständigkeit von Schülern sind die m.E. entscheidenden Gründe für die diffuse Unzufriedenheit mit heutiger Schule bei Kindern und Jugendlichen."[22]

Eine solche Unzufriedenheit spürten die Eltern, Kinder und Lehrerinnen der Ubbelohde-Schule Mitte der 80er Jahre in besonderem Maße. Sie war schließlich der Anlaß für das Kollegium und die Eltern, über Veränderungen an der Ubbelohde-Schule nachzudenken.[23] Dabei forderten insbesondere Alleinerziehende, die in der Elternpopulation dieser Schule 30 - 40% ausmachten, Reformen, die die Selbständigkeit ihrer Kinder erhöhen.[24]

Bevor jedoch an dieser Schule über die Verlängerung der Grundschulzeit nachgedacht wurde, begann bei einzelnen Lehrkräften die **innere Reform**. Zunächst weckte die Lehrerin Teetz, die ihren Unterricht auf Wochenplanarbeit umgestellt hatte, sowohl im Kollegium als auch bei Eltern das Interesse für Reformpädagogik. Unterstützt durch den neuen Schulleiter Sauer wurden die Diskussionen um innere Veränderungen intensiviert, Anregungen aus anderen Schulen eingeholt und partiell Arbeitsweisen der Reformpädagogik (z.B. Tagespläne) eingeführt. Erst "aus der neu erwachten Freude am Unterricht" ist nach Auskunft dieser beiden Lehrkräfte bei einigen Eltern und Kolleginnen der Wunsch entstanden, "diesen Unterrichtsstil über einen längeren Zeitraum, nämlich 6 Jahre lang mit Schülern zu praktizieren."[25]

Als in dieser Situation (Ende 1984) von politischer Seite die Idee der "Sechsjährigen Grundschule" an die Ubbelohde-Schule herangetragen wurde, trafen also mehrere für einen solchen Versuch **günstige** (z.T. schon erwähnte) **Faktoren** zusammen: Erstens lag, initiiert von einer Lehrerin und dem Schulleiter, in der Schule selbst "pädagogische Veränderung in der Luft".[26] An der Schule arbeiteten also Menschen, die die Reformen persönlich trugen. Dies ist für

---

[22] Preuss-Lausitz S.63; vgl. auch Büchner, Peter: Einführung in die Soziologie der Erziehung und des Bildungswesens. Darmstadt 1985, S.118ff

[23] vgl. Teetz, Eva: Halbzeit im Schulversuch - Und was kommt danach. In: Portmann, Rosemarie/Wiederholdt Karl A./Mitzlaff, Hartmut (Hrsg.): Übergänge nach der Grundschule. Arbeitskreis Grundschule e.V. - Frankfurt a.M. 1989, S.165; Teetz, Eva: Festrede zum 100jährigen Bestehen der Otto-Ubbelohde-Schule (maschingeschriebenes Manuskript) S.2; de Boer, Heike: Das Problem der sechsjährigen Grundschule - Das Beispiel: Otto-Ubbelohde-Schule in Marburg. Wissenschaftliche Hausarbeit im Rahmen der Ersten Staatsprüfung für das Lehramt an Grundschulen, Gießen 1988, S.67; Elschner-Heuberger (a) in Preuss-Lausitz S.69f und S.72ff; Informationsschrift der Otto-Ubbelohde-Schule, Marburg o.J. (circa 1990) S.2

[24] vgl. Teetz in Portmann u.a. S.162 und S.164

[25] vgl. Teetz Festrede S.2; Elschner-Heuberger/Sauer in Kubina: Die sechsjährige Grundschule in Marburg. S.12; de Boer S.67

[26] Teetz Festrede S.2

solche Veränderungen offenbar unabdingbar. Zweitens wünschten viele Eltern einen methodisch gewandelten Unterricht bis Klasse 6 an dieser Schule und keinen zweimaligen Schulwechsel. Drittens plante der Magistrat ohnehin bauliche Erneuerungen und Ausweitungen. Viertens erübrigte die landesweit gefallene Entscheidung für die flächendeckende Förderstufe Diskussionen über einen Gymnasialbesuch ab Klasse 5. Fünftens standen sowohl Teile der örtlichen Schulverwaltung als auch der Erziehungswissenschaften unterstützend zur Seite. Sechstens waren die Grünen auf der Suche nach einer für einen Versuch motivierten Grundschule. Und schließlich regierten siebtens sowohl im Bundesland Hessen als auch in der Stadt Marburg SPD/Grüne-Koalitionen, die die sechsjährige Grundschule als Versuch vereinbart hatten.[27]

Trotz der günstigen Umstände war es noch ein weiter Weg, bis der Schulversuch beginnen konnte. Rückblickend nennt die Schulleitung 1993 drei Gründe für das damalige **Zögern des Kollegiums**:

> "1. ... Es erschien uns ein hohes Risiko, eine Schulform neu einrichten zu wollen, die keine äußere Differenzierung zum Ziel hat, ohne konkrete Ergebnisse der inneren Differenzierung vorlegen zu können.
> 2. Im Kollegium gab es zu dieser Zeit zu wenige konkrete Vorstellungen, wie sich eine Sechsjährige Grundschule von einer Grundschule mit Förderstufe unterscheiden sollte. Wir waren alle sehr unsicher ...
> 3. ... Wird diese Schulform auch die entsprechende Unterstützung bei Politikern und dem Schulträger finden?"[28]

Nach einigen Besuchen bei reformorientierten Grundschulen setzte sich das Kollegium mit inhaltlichen und organisatorischen Fragen der sechsjährigen Grundschule und des Versuchsschulstatus auseinander. Dabei waren die Bedenken keineswegs gering. In einer schriftlichen Befragung wurden vor allem Ängste deutlich, daß die eigene Arbeit zu sehr der öffentlichen Diskussion ausgesetzt werde, die Schule als einzige sechsjährige Grundschule Hessens zu sehr im Blickpunkt stehe und die drohende Mehrarbeit und steigende Erwartungen nicht zu bewältigen seien.[29] Einige Lehrerinnen befürchteten, eigene Unterrichtsstile, bei denen sie sich sicher fühlten, zugunsten von Methoden ersetzen zu müssen, mit denen sie noch keine Erfahrungen hatten und bei denen sie gegenüber hier erfahreneren Kolleginnen meist zurückstehen würden.[30] Die Frage war, ob die Solidarität im Kollegium, die eigene Kraft bei Rück-

---

[27] Zu den günstigen Voraussetzungen vgl. auch Teetz Festrede S.2f; Elschner-Heuberger/Sauer in Kubina: Die sechsjährige Grundschule in Marburg. S.12; de Boer S.67ff; Elschner-Heuberger (a) in Preuss-Lausitz S.71f

[28] zitiert aus einem Brief der Schulleitung der Ubbelohde-Schule vom 24.3.1993 an die Fraktion der Grünen im Hessischen Landtag, S.1

[29] H. de Boer und ich baten 1988 die Lehrkräfte, einen Fragebogen auszufüllen, in dem auch nach den Einstellungen des Kollegiums zum Beginn des Versuchs gefragt wurde. Aus den fünf (von dreizehn ausgegebenen) beantworteten Bögen kann u.E. zwar nicht auf das gesamte Kollegium zurückgeschlossen werden, doch scheinen manche Äußerungen für einen Einblick in die Diskussionsprozesse des Kollegiums erwähnenswert. Vgl. auch de Boer S.68 und Anhang (Dokumentation des Fragebogens).

[30] vgl. de Boer S.68; Elschner-Heuberger/Sauer in Kubina: Die sechsjährige Grundschule in Marburg. S.12; eigene Interviews

schlägen und die öffentliche Unterstützung[31] ausreichten, um den Versuch langfristig erfolgreich und freudig zu bewältigen.

Es spricht für den Mut der Lehrerinnen und die Überzeugungskraft des von ihnen in Hospitationen betrachteten reformpädagogischen Unterrrichts, daß das Kollegium sich trotz dieser - auch weiterhin präsent bleibenden - Bedenken mehrheitlich für einen solchen Schulversuch aussprach. Eine Lehrerin entschied sich allerdings aufgrund dieses Beschlusses, die Schule zu wechseln.[32] Im Gegensatz zu den meisten Grundschulen, auch den meisten West-Berliner Grundschulen, kann damit von einer gewissen Geschlossenheit des Kollegiums in der bekundeten reformpädagogischen Intention gesprochen werden, die die Identifikationsmöglichkeit aller Beteiligten mit der Schulgemeinde vergrößert, womit nicht gesagt sein soll, daß etwa die unterrichtliche Praxis an dieser Schule homogen wurde.

Nachdem in Klassenelternversammlungen, Gesamtkonferenzen und Elterninformationsabenden[33] im Laufe des Schuljahres 1985/86 noch weiterhin intensiv über das Thema "Sechsjährige Grundschule" diskutiert wurde und erneut deutlich geworden war, daß der Schulversuch primär als **Verbindung von innerer und äußerer Reform** gewünscht wurde, stimmten schließlich die Eltern von 104 Kindern für den Versuch, während nur 11 Nein-Stimmen und 18 Nichtbeteiligungen zu verzeichnen waren.[34]

Diese Abstimmung war schließlich für das Kollegium der Anlaß, die sechsjährige Grundschule zu beantragen. Dies bestätigt die Schulleitung:

> "Ausschlaggebend für die Antragstellung war dann das überwältigende Abstimmungsergebnis und das Engagement der Eltern der Schule für die Sechsjährige Grundschule und die Unterstützung der SPD-Fraktion und der Mitglieder der Fraktion der Grünen im Marburger Stadtparlament, aber auch das Versprechen von Grünen Abgeordneten im Landtag, sich für uns einzusetzen."[35]

Der bald nach der Abstimmung der Eltern am 4.2.1986 abgeschickte Antrag auf Genehmigung des Schulversuchs "Sechsjährige Grundschule an der Otto-Ubbelohde-Schule" wurde allerdings zunächst vom Kultusministerium mit der Auflage versehen, ein umfassenderes, auf dem "mathetischen Prinzip" beruhendes Konzept nachzureichen, das die pädagogischen Ziele, Begründungen und Umsetzungsmaßnahmen des Schulversuchs beschreiben sollte.[36]

---

[31] Die Lehrerinnen hielten sowohl räumliche, materielle und personale Verbesserungen als auch eine Unterstützung durch die wissenschaftliche Begleitung und eine wohlwollende Behandlung durch die politischen Gremien für nötig.

[32] vgl. de Boer S.68

[33] Ein Informationsabend der Grünen-Fraktion mit einem Berliner Grundschullehrer fand am 7.3.1986 statt.

[34] vgl. Elschner-Heuberger/Sauer in Kubina: Die sechsjährige Grundschule in Marburg. S.13

[35] zitiert aus einem Brief der Schulleitung der Ubbelohde-Schule vom 24.3.1993 an die Fraktion der Grünen im Hessischen Landtag, S.2

[36] vgl. auch die Forderung nach dem "mathetischen Prinzip" im Genehmigungsschreiben des Hessischen Kultusministeriums vom 3.6.1986; de Boer S.69; Elschner-Heuberger/Sauer in Kubina: Die sechsj. Grundschule ... S.16. Der Begriff "mathetisches Prinzip" wurde von Hartmut **von Hentig** eingeführt, um die Eigentätigkeit und die Wünsche der Schülerinnen und Schüler in den Mittelpunkt des Unterrichtsprozesses zu stellen. Er wird - wie später erläutert wird - heute nicht mehr für das pädagogische Konzept der Ubbelohde-Schule verwendet.

Diese im folgenden Abschnitt behandelte Beschreibung des pädagogischen Konzepts wurde dann von der Schulleitung recht kurzfristig im März 1986 auf Grundlage der bis dahin im Kollegium und der Elternschaft diskutierten Anliegen unter Beteiligung von mit reformpädagogischen Methoden vertrauten Experten und Expertinnen erarbeitet,[37] am 2.4.1986 eingesandt und durch eine gutachterliche Stellungnahme von Wolfgang Klafki ergänzt.[38] Durch einen engagierten Einsatz dieser Personen, der durch unterstützende Interventionen von örtlichen Landtagsabgeordneten und Kommunalpolitikern der SPD und der Grünen begleitet wurde, konnte die zwischenzeitlich von der Kultusbürokratie ins Auge gefaßte Variante, den Schulversuch zunächst nur für die erste und nicht für die fünfte Klasse zuzulassen, dahingehend geändert werden, daß schließlich am **3.6.1986** - wie beantragt - die "Umwandlung der Grundschule Otto-Ubbelohde-Schule in Marburg in eine sechsjährige Grundschule als Versuchsschule zum 1.August 1986, beginnend mit den Jahrgangsstufen 1 und 5", **genehmigt** wurde.[39]

Als **Schwerpunkte** des Schulversuchs wurden im Genehmigungsschreiben die "Ausweitung der inneren Differenzierung", das "Einüben in Formen des projektorientierten Arbeitens", die "Berücksichtigung des mathetischen Prinzips" und die "verstärkte Einbeziehung der Elternschaft" hervorgehoben. Von großer Bedeutung für die Ubbelohde-Schule war zudem, daß sie nun im Gegensatz zu den anderen Marburger Grundschulen aufgrund ihres formalen Versuchsstatus' **nicht** mehr **auf** ihren **Einzugsbereich** (Südviertel) **festgelegt** war. Das heißt, daß seit 1986 die Eltern aus dem Südviertel ihre Kinder andere Grundschulen besuchen lassen können und im Gegenzug Eltern aus anderen Wohngebieten ihre Kinder an der Ubbelohde-Schule anmelden können, wenn die Kapazität der Schule ausreicht.

In der Praxis bedeutete dies, daß ein **verstärkter Andrang** auf diese Schule eingesetzt hat und nicht alle Kinder aufgenommen werden können, deren Eltern es beantragt haben.[40] Dazu schreibt die Schulleitung im Februar 1992:

> "Seit Beginn des Schulversuchs sind die Schülerzahlen kontinuierlich gestiegen. Das freut uns insbesondere für die Klassen 5 und 6, die beide seit diesem Schuljahr zweizügig sind. D.h. es gab weder am Ende des Schuljahres 89/90 noch am Ende des Schuljahres 90/91 nennenswerte Abgänge nach Klasse 4 zu verzeichnen."[41]

---

[37] Hier sind vor allem der Schulamtsdirektor Schrewe und die Stadtverordnete der Grünen Brigitte Görg-Kramß zu nennen.

[38] vgl. Klafki, Gutachterliche Stellungnahme, in Kubina: Die sechsjährige Grundschule in Marburg. S.123 - 131

[39] Genehmigungsschreiben des Hessischen Kultusminister und des Gießener Regierungspräsidenten datiert mit: "Wiesbaden, den 3.Juni 1986", "der Regierungspräsident in Gießen, 7.Juli 1986" und "Eingang Otto-Ubbelohde-Schule: 23.9.1986", S.1

[40] vgl. Elschner-Heuberger (a) in Preuss-Lausitz S.74

[41] Eltern-info der Otto-Ubbelohde-Schule, Schuljahr 1991/92, Marburg Februar 1992, S.8; vgl. auch Elternbrief der Otto-Ubbelohde-Schule, Schuljahr 1989/90, Marburg 1990, S.5f. Im Eltern-info 1992 ist auch die Zahl der Schülerinnen und Schüler angegeben. Sie betrug im Schuljahr 85/86: 156, 86/87: 198, 87/88: 216, 88/89: 214, 89/90: 215, 90/91: 233, 91/92: 250. Inzwischen schwanken die Zahlen für die Klassen 5 und 6 von Jahrgang zu Jahrgang. Die durchschnittliche Klassengröße beträgt nunmehr circa 22 Kinder.

Einen Überblick über die **Abgänge** von der Ubbelohde-Schule nach der vierten Klasse bietet
die folgende Graphik:

Prozent   Abgänge nach der vierten Klasse[42]

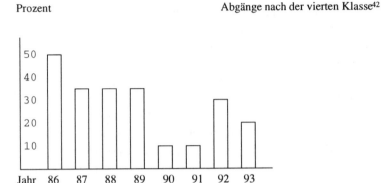

Im Gegensatz zu den Grundschulen mit Förderstufen, die inzwischen nach Klasse 4 sehr viel
höhere Abgangszahlen zu verkraften haben, besteht an der sechsjährigen Grundschule seit
1989 in der Regel die Chance, bis in die Klasse 6 **kontinuierlich** mit den Kindern eines Jahr-
ganges zu arbeiten. Der Nachteil des Versuchsstatus' ist aber, daß inzwischen etwa die Hälfte
der Kinder, die die Otto-Ubbelohde-Schule besuchen, außerhalb des Schuleinzugsbereiches
wohnen.[43]

Nicht genehmigt wurde im Schreiben des Kultusministers der beantragte Ersatz der Ziffernzeugnisse durch verbale Beurteilungen für alle Klassen.[44]

Auch die **wissenschaftliche Begleitung**, die "nicht als Effektivitätskontrolle in Hinblick auf
einen Vergleich differierender und konkurrierender Systeme", sondern als "prozeßbegleitende
Beobachtung und Dokumentation" sowie als Beratungs- und Koordinationsinstanz vorgesehen war, wurde nicht im beantragten Umfang eingesetzt. Zwar wurden der Ubbelohde-Schule
über die allgemeine Stellenzuweisung hinaus die geforderten 22,5 Stunden für unterrichtliche
Maßnahmen und 4 Stunden für Koordination für die Arbeit als Versuchsschule bewilligt,

---

[42] vgl. Jahresbericht der Otto-Ubbelohde-Schule, Schuljahr 1992/93 und Elschner-Heuberger (a) in Preuss-
Lausitz S.74. Der erneut starke Übergang nach der Klasse 4 im Jahre 1992 ist laut Aussagen des Schulleiters in
einem Gespräch am 27.10.1993 auf den Wunsch vieler Eltern zurückzuführen, ihrem Kind den Besuch des
humanistischen Gymnasiums zu ermöglichen. Dies ist nur durch einen Übergang nach der Klasse 4 möglich.
[43] vgl. Eltern - info der Otto-Ubbelohde-Schule, Schuljahr 1991/92, Marburg Februar 1992, S.2; Elschner-
Heuberger (a) in Preuss-Lausitz S.74; mündlich für die Einschulungen 1992 und 1993 bestätigt durch den
Schulleiter in einem Gespräch am 27.10.93
[44] vgl. Genehmigungsschreiben S.2. In den Anfangsklassen werden in Hessen generell keine Ziffernzeugnisse
vergeben.

dennoch reichen sie wie die wissenschaftliche Begleitung[45] nach Auskunft der beteiligten Lehrkräfte und beratend tätigen Personen keineswegs aus, um die vorhandene Mehrarbeit etwa durch die verlangten Jahresberichte und die vielen Anfragen von Grundschulen auszugleichen, geschweige denn notwendige methodische Fortbildungen vorzunehmen.[46] Die Mittel für die Unterrichtsmaterialien, die für ein selbständiges Arbeiten notwendig sind, und die Umgestaltung der Klassenräume durch Regale, Sofas, Teppiche, Pinnwände u.ä. wurden durch Gelder aus dem Grundschulsonderprogramm der Stadt Marburg, später durch Sondermittel des Kultusministeriums bestritten. Einen nicht unerheblichen Anteil an der Materialbeschaffung und Umgestaltung hatten aber auch die Lehrkräfte, Kinder und Eltern, womit zugleich die Indentifikationsmöglichkeiten mit dem Schulversuch stiegen.[47] Ebenso wichtig war die im Zuge der Renovierung des gesamten Schulgebäudes vorgenommene **Erneuerung und Ergänzung der räumlichen und sächlichen Ausstattung.**[48] Auch wenn diese Unterstützung der Kommune und des Landes Hessen den Rahmen des Notwendigen kaum überschritt, so bildete sie doch die Gewähr, daß sich die Lehrkräfte in ihren Bemühungen nicht allein gelassen fühlten und die Bereitschaft zeigten, pädagogisch innovativ zu arbeiten. Ohne diese Bereitschaft wäre das pädagogische Konzept sicher weitgehend Makulatur geblieben.

---

[45] Der Etat der wissenschaftlichen Begleitung war auf nur 10.000 DM (später 15.000 DM) pro Jahr festgesetzt. Im wesentlichen wurden die Gelder für eine Stelle auf ABM-Basis, angegliedert an den Fachbereich Erziehungswissenschaften, verwendet. Die wissenschaftliche Begleitung wird in einer pädagogischen Runde mit den Lehrkräften wirksam. In einer Koordinationsgruppe stimmen sich die daran beteiligten Institutionen ab. Für die "schulinterne Lehrerfortbildung und didaktisch-methodische Beratung" ist das Hessische Institut für Lehrerbildung, für die "prozeßbegleitende Beobachtung" das Institut für Erziehungswissenschaften der Universität Marburg zuständig, für spezielle Aspekte der Beratung und Dokumentation das Hessische Institut für Bildungsplanung und Schulforschung in Wiesbaden und für die Koordination der pädagogischen Beratung und Betreuung das Staatliche Schulamt für den Landkreis Marburg-Biedenkopf. Daneben sind alle Lehrkräfte Mitglieder der "Planungskonferenz", die das Schulkonzept weiterentwickeln soll, und es existieren Koordinationsgruppen für einzelne Jahrgänge oder besondere Themen. Vgl. Kubina, Christian: Skizzen im Hinblick auf eine Konzeption der Wissenschaftlichen Begleitung des Schulversuchs "Sechsjährige Grundschule" an der Otto-Ubbelohde-Schule in Marburg, (Material des Hessischen Instituts für Bildungsplanung und Schulforschung) Wiesbaden 17.10.1986, abgedruckt in: Kubina: Die sechsjährige Grundschule in Marburg. S.135f und S.140; Informationsschrift der Otto-Ubbelohde-Schule S.37ff

[46] Wolfgang Klafki hatte in seiner gutachterlichen Stellungnahme auf dieses voraussichtliche Defizit schon 1986 hingewiesen. Vgl. Klafki, Gutachterliche Stellungnahme, in Kubina: Die sechsjährige Grundschule in Marburg, S.130f. Zu späteren Stundenzuweisungen vgl. 5.6.

[47] vgl. Elschner-Heuberger/Sauer in Kubina: Die sechsjährige Grundschule in Marburg. S.15f

[48] vgl. Elschner-Heuberger/Sauer in Kubina: Die sechsjährige Grundschule in Marburg. S.16; vgl. auch Elternbrief der Otto-Ubbelohde-Schule, Schuljahr 1989/90, Marburg 1990, S.2f. In den letzten Jahren wurden zudem die Flure so eingerichtet, daß hübsche kleine Arbeitsecken für Schülerinnen und Schüler entstanden sind.

5.3. Das pädagogische Konzept des Schulversuchs: Verbindung von äußerer und innerer Reform

In dem 1986 konzipierten Schulversuch der Otto-Ubbelohde-Schule geht es nicht darum, neue pädagogische Elemente zu kreieren oder historische Vorbilder zu kopieren, sondern um die Nutzung des um zwei Jahre verlängerten gemeinsamen Lernens für ein individuell höchstmögliches Maß an sozialer, kognitiver, praktischer und emotionaler Kompetenz. Zugleich ist das im wesentlichen auf den drei Säulen "Kontinuität", "Binnendifferenzierung" und "Projektorientierung" beruhende Konzept offen für Veränderungen.[49] Wolfgang Klafki schreibt dazu in seinem Gutachten:

> "Ich halte es für günstig, daß das Konzept des geplanten Versuchs nicht auf eines der in der älteren und/oder jüngeren Reformpädagogik entwickelten Modelle - Montessori-Pädagogik oder Peter-Petersen- bzw. Jena-Plan-Schule oder Freinet-Pädagogik o.ä. - hin festgelegt worden ist. ... [Denn es, d.V.] haften jenen "prägnanten" Modellen neben ihren jeweiligen Stärken doch jeweils auch Elemente an, die mit solchen Zielvorstellungen, pädagogisch-psychologischen Voraussetzungen und didaktischen Auffassungen ihrer Begründer zusammenhängen, die heute als wissenschaftlich überholt oder mindestens als fragwürdig angesehen werden müssen. Daher ist es m.E. angemessen, wenn in das Konzept des beantragten Versuchs Anregungen aus verschiedenen Ansätzen der Schulreformbewegung aufgenommen worden sind, ohne das nun etwa eklektisch unvereinbare Elemente addiert worden wären."[50]

Obwohl das Konzept also nicht auf einzelne reformpädagogische Vorbilder festgelegt ist, zeigt es neben der Anlehnung an die **Grundschulreform der 70er Jahre** eine hohe Affinität zu den Grundsätzen der **Lebensgemeinschaftsschulen der 20er Jahre**,[51] die z.T. modifiziert wiederaufgenommen wurden und m.E. den Kern des Konzepts der Otto-Ubbelohde-Schule ausmachen. Dabei lassen sich folgende drei Leitaspekte herausschälen:[52]

- Gemeinschafts- und Kontinuitätsorientierung
- selbstbestimmtes, binnendifferenziertes Arbeiten
- projektorientiertes Schulleben.

---

[49] Ein anderer Anspruch wäre angesichts des kurzen Erarbeitungszeitraums und der inzwischen eingetretenen Veränderungen der Rahmenbedingungen (Aufhebung der flächendeckenden Förderstufe) auch kaum vertretbar gewesen.

[50] Klafki, Gutachterliche Stellungnahme, in Kubina: Die sechsjährige Grundschule in Marburg. S.125; vgl. auch Informationsschrift der Otto-Ubbelohde-Schule S.20 und Elschner-Heuberger/Sauer in Kubina: Die sechsjährige Grundschule in Marburg, S.17

[51] vgl. die Abschnitte 4.3.6 und 2.4.

[52] vgl. Elschner-Heuberger/Sauer in Kubina: Die sechsjährige Grundschule in Marburg, S.17 und Abschnitt 2.4. Aspekt (1), (2)+(3), (4)+(5)+(6). Der ebenfalls beantragte, auch in den Lebensgemeinschaftsschulen erprobte Aspekt "Verzicht auf Ziffernzeugnisse zugunsten verbaler Beurteilung" wurde - wie erwähnt - nicht genehmigt, weil er nach Meinung der Kultusverwaltung einer längeren Vorbereitung bedürfe (vgl. Genehmigungsschreiben S.2). Die Ubbelohde-Schule entwickelte hier keine von Erfolg gekrönten Bemühungen, dies zu ändern, entschied aber in einer pädagogischen Gesamtkonferenz im Herbst 1991, auch in den Klassen 1 bis 6 auf den Zeugnissen mehr "Erläuterungen zu den einzelnen Noten und den Leistungsbemühungen einzelner SchülerInnen" vorzunehmen. (Eltern - info 1992, S.19)

Anhand dieser drei Leitaspekte soll im folgenden das Konzept der Ubbelohde-Schule erläutert werden.

(1) Gemeinschafts- und Kontinuitätsorientierung für ein um zwei Jahre verlängertes Klassenleben

Diese konzeptionelle Orientierung zielt auf eine Steigerung der Fähigkeit der Schülerinnen und Schüler ab, solidarische und kooperative Bindungen einzugehen und konstruktive Auseinandersetzungen führen zu können.[53] Im Konzept dieser Schule wird nun die sechsjährige Dauer der Grundschule als besonders günstige Voraussetzung für dieses Ziel genannt; denn:

"Für die Personwerdung des jungen Menschen sind dauerhafte und vertrauensvolle Bindungen zu Mitschülern und zum Lehrer von besonderer Bedeutung."[54]

Insbesondere bei heutigen Kindern, die z.T. häufig schon Erfahrungen mit wechselnden Frühgruppen gemacht hätten, sei Kontinuität nötiger denn je. So schreibt eine Lehrerin der Ubbelohde-Schule:

"Immer wichtiger erscheint es mir nun, diesen Kindern Zeit zu gewähren, ihnen Zuverlässigkeit und Gewohnheit zu vermitteln. Der aufgeweckte Eindruck, den die Mehrheit der Kinder macht, steht in keinem Verhältnis zu ihrer Unsicherheit und ihrem Bedürfnis nach Beruhigung."[55]

Aufgrund der hier konstatierten Notwendigkeit, **längerfristige Bindungen** zu schaffen, wird in der Ubbelohde-Schule versucht, die Kontinuität der Lerngruppe und der in ihr praktizierten Methoden vom ersten bis zum sechsten Schuljahr zu gewährleisten. Zudem wird mit Ausnahme des Förderunterrichts auf eine **äußere Differenzierung verzichtet.**[56] Damit bleibt im Gegensatz zur Förder- bzw. Orientierungsstufe die Klassengemeinschaft auch in der Fremdsprache und in Mathematik erhalten. Dies hält Klafki für ein besonders erprobenswertes Element des Schulversuchs:

"Was die Förderstufe (bzw. Orientierungsstufe) anbelangt, so zeigen die Erfahrungen und wissenschaftlichen Untersuchungen, daß die äußere Niveaudifferenzierung, vorwiegend in Mathematik und Englisch, selbst dann, wenn sie erst vom 6. Schuljahr ab praktiziert wird, jenes Element der Konzeption ist, das angesichts der Zielsetzung, alle Kinder in längerem gemeinsamem Lernen optimal zu fördern, immer noch erhebliche Probleme aufwirft. Ich halte das für eine strukturell bedingte Schwierigkeit, nicht nur für ein allmählich überwindbares Realisierungsproblem: Niveaugruppendifferenzierung bleibt eben dominant ein Element der Selektion."[57]

---

[53] vgl. Beschreibung des Schulversuches sechsjährige Grundschule, Marburg April 1986 (maschinengeschriebenes Manuskript), S.2; Informationsschrift der Otto-Ubbelohde-Schule S.8
[54] vgl. die in Anlehnung an die Rahmenrichtlinien Nordrhein-Westfalens erfolgte Begründung des Schulversuchs in: Beschreibung des Schulversuches S.2
[55] vgl. Teetz in Portmann u.a. S.165
[56] vgl. Beschreibung des Schulversuches S.1 und Informationsschrift der Otto-Ubbelohde-Schule S.4
[57] Klafki, Gutachterliche Stellungnahme, in Kubina: Die sechsjährige Grundschule in Marburg. S.124

Klafki und die Verfasser bzw. Verfasserinnen des Konzepts erhofften sich von dem fehlenden Einschnitt nach Klasse 4 im übrigen, daß sich Entwicklungsverzögerungen unkomplizierter beheben ließen, die Sicherheit der Wahl und die Überschaubarkeit des Bildungsweges besser werde und "Investitionen an Engagement von seiten der Lehrer und der Eltern in die pädagogische Gestaltung bzw. Mitgestaltung" dieser Schule lohnender werden, "weil sie für längere Zeit gelten."[58] Ein Beispiel dafür mag sein, daß die Kinder vom zweiten bis zum sechsten Schuljahr in "ihrem" Klassenraum zusammenbleiben, also eine räumliche Kontinuität gewährleistet ist, und sich somit das starke Engagement bei der Einrichtung dieser Räume auszahlen kann.[59]

Des weiteren sollte das Prinzip, der Klassenlehrerin bzw. dem **Klassenlehrer möglichst viele Unterrichtsstunden** in ihrer Klasse zu überlassen, auch in der 5. und 6. Klasse durchgehalten werden, damit die für die pädagogischen Maßnahmen, nicht zuletzt für die soziale Erziehung nötige Zeit und personelle Kontinuität erreicht werden kann.

Andererseits erscheint es dem Kollegium und dem Schulelternbeirat wichtig, einmal, nach drei Jahren, die Klassenleitung zu wechseln, um den Schülern und Schülerinnen Erfahrungen mit anderen Personen zu ermöglichen.[60] Dieses Spannungsverhältnis von Geborgenheit bietender Kontinuität und anregendem Wechsel durch jeweils dreijährige Phasen zu lösen, ist ebenfalls aus der Jenaer und einer Hamburger Lebensgemeinschaftsschule bekannt.[61]

Zu der angestrebten sozialen Bindung und Erziehung trägt auch die besondere Stunde am Schluß der Woche - der sogenannte "**Klassenrat**" - bei, weil hier nicht nur ein sachbezogener Wochenrückblick geleistet, sondern auch personenbezogene Konflikte angesprochen und bearbeitet werden sollen.[62] Gerade in solchen Stunden besteht Gelegenheit, ein solidarisches Auseinandersetzungsverhalten zu erlernen und als Gegengewicht zu den Individualisierungsmaßnahmen wichtige gemeinschaftsfördernde Elemente wie z.B. Klassenfeiern, gemeinsames Singen u.ä. zu integrieren.

Im Konzept ausgeführt werden Formen der Partner- und Gruppenarbeit, die die "Kooperationsfähigkeit" steigern und gegenseitiges Helfen und Korrigieren anregen sollen.[63]

---

[58] ebenda S.125; Beschreibung des Schulversuches S.1

[59] vgl. Elschner-Heuberger/Sauer in Kubina: Die sechsjährige Grundschule in Marburg, S.19. Für die ersten Klassen ist das Erdgeschoß reserviert, damit sie bei ihren häufigeren "Sausepausen" die anderen Klassen nicht stören und noch beweglicher sind.

[60] vgl. Eltern-info 1992, S.19

[61] vgl. Abschnitt 2.4.

[62] Die Bedeutung dieser Stunde wird von Klafki in seinem Gutachten (S.128f) betont. In der ersten Formulierung des Konzepts der Ubbelohde-Schule ist sie implizit im Begriff "Wochenplanarbeit" enthalten, in neueren Beschreibungen wird sie explizit hervorgehoben. In den Anfangsklassen wird sie statt "Klassenrat" "Erzählkreis" genannt. Vgl. Beschreibung des Schulversuches S.4f und Elschner-Heuberger/Sauer in Kubina: Die sechsjährige Grundschule in Marburg, S.21

[63] vgl. Beschreibung des Schulversuches S.4; Elschner-Heuberger/Sauer in Kubina: Die sechsjährige Grundschule in Marburg, S.20f

Nicht enthalten im Konzept der Ubbelohde-Schule ist die in Berlin fortgeschrittene Integration Behinderter.[64] Auch die dort verbreitete Integration von Kindern mit Eltern ausländischer Herkunft wird an der Ubbelohde-Schule konzeptionell nicht erwähnt. Aufgrund der geringeren Anzahl dieser Kinder und der Tatsache, daß in Marburg der Anteil von Ausländern mit akademischer Ausbildung hoch ist, scheint dieser Verzicht auch kaum problematisch. Vergleicht man zudem den Schulversuch der Ubbelohde-Schule mit den ersten Phasen einiger Lebensgemeinschaftsschulen der 20er Jahre, so spielt die Selbstregulierung der Klassengemeinschaft im Konzept der Ubbelohde-Schule nur eine untergeordnete Rolle. Anders als bei "Freien Schulen"[65], die diesen Gedanken der Lebensgemeinschaftsschulen sehr viel stärker aufgenommen haben, ist es in der Ubbelohde-Schule nach wie vor zentrale Aufgabe der Lehrperson, den Unterricht zu gestalten, Lernpensen vorzugeben, die Klasse falls nötig zu disziplinieren und unregelmäßigen Unterrichtsbesuch zu sanktionieren. Dennoch ist auch hier, wie im folgenden ausgeführt wird, eine veränderte Lehrrolle hin zur Lernberatung sowie eine gewisse Selbsttätigkeit und Selbstbestimmung der Schülerinnen und Schüler vorgesehen.[66]

(2) Neigungslernen und selbsttätiges, binnendifferenziertes Arbeiten in der Klasse

Die wichtigste konzeptionelle Maßnahme zur Erreichung von mehr Selbständigkeit, Eigenverantwortung, Kooperationsfähigkeit sowie einer optimalen "Förderung aller Schüler bei der Aneignung von Erkenntnissen, Kenntnissen, Fähigkeiten und Fertigkeiten" ist die "**innere Differenzierung**".[67] Da "die homogene Lerngruppe des Klassenverbandes eine Fiktion" sei,[68] müsse auf ein gleichmäßiges Fortschreiten der Lerngruppe verzichtet und an **individuelle Voraussetzungen und Bedürfnisse** angeknüpft werden. Implizit steht hinter dieser Forderung die Annahme, daß der Lernprozeß eines Individuums umso erfolgreicher verläuft, je mehr er von ihm selbst (mit)-gesteuert wird. Voraussetzung dafür ist, daß es zugleich lernt, seine eigenen Fähigkeiten und Wünsche zu erkennen und umzusetzen. Daher genießt die schrittweise Erhöhung der Steuerungskompetenz der Lernenden die höchste Aufmerksamkeit.[69]

---

[64] Obwohl die Integration Behinderter zu erweiterten Ergebnissen im sozialen Lernen führen könnte, wird sie an der Ubbelohde-Schule vermutlich deshalb nicht angestrebt, weil sie in einem anderen Marburger Schulversuch (Cappel) erprobt wird und vom Kollegium ggf. als Überforderung und für das Konzept als Überfrachtung empfunden worden wäre.

[65] Hiermit werden nicht alle Schulen in freier Trägerschaft vom Verfasser bezeichnet, sondern nur diejenigen, die ihre Wurzeln in der antiautoritären Bewegung der 70er Jahre haben. In Marburg existiert seit 1986 eine solche "Freie Schule" als kleine Grundschule mit Förderstufe.

[66] vgl. Elschner-Heuberger/Sauer in Kubina: Die sechsjährige Grundschule in Marburg, S.21

[67] Beschreibung des Schulversuchs S.1; vgl. auch Informationsschrift der Otto-Ubbelohde-Schule S.3 und S.23f; Teetz in Portmann u.a. S.161; Elschner-Heuberger/Sauer in Kubina: Die sechsjährige Grundschule in Marburg, S.20

[68] Beschreibung des Schulversuchs S.3

[69] ebenda S.1

Noch weiter geht das Genehmigungsschreiben für den Schulversuch der Ubbelohde-Schule, weil es eine "Berücksichtigung des **mathetischen Prinzips**" fordert.[70] Dieses Prinzip wurde von Hartmut von Hentig in seinem Gutachten zur Beschreibung des pädagogischen Konzepts der Freien Schule Frankfurt begrifflich eingeführt und setzt den Akzent darauf, daß das Kind aus eigenem Antrieb und eigener Erfahrung lernt, ohne belehrt werden zu müssen. Dies Prinzip taucht jedoch weder im ersten Konzept der Ubbelohde-Schule noch in späteren Beschreibungen explizit auf. Konsequent umgesetzt hätte es auch vorausgesetzt, daß der Schulversuch wie manche der damaligen Lebensgemeinschaftsschulen und heutigen "Freien Schulen" nicht an staatlicherseits vorgegebene Lehrpläne bzw. Rahmenrichtlinien gebunden wäre. Das Konzept der Ubbelohde-Schule sieht dagegen vor, daß sich die Schule u.a. wegen der Gewährleistung problemloser Übergänge "bei der Ausgestaltung der Lern- und Arbeitsprozesse ... an die Rahmenrichtlinien für die Primar- und an die einschlägigen Bestimmungen des Sekundarstufe I (Förderstufe) halten" wird.[71]

Die mit der Genehmigung des Schulversuchs verbundene Forderung, das mathetische Prinzip zu berücksichtigen, wird von manchen Lehrerinnen als Belastung empfunden:

> "Manchmal fühle ich mich gezwungen, etwas zu machen, was ich selbst noch nicht genügend durchdacht habe, z.B. das mathetische Prinzip ist von oben verordnet und noch nicht genügend abgeklärt."[72]

Dennoch meint die heutige Konrektorin der Schule noch 1991, daß sich die Ubbelohde-Schule das mathetische Prinzip z.T. zu eigen gemacht hat:

> "Die zentralen Anliegen der Mathetik sind andererseits auch zentrale Anliegen der Schulversuchs. Diese wesentlichen Bestrebungen münden in der Zielsetzung, die Eigentätigkeit, Selbständigkeit und Eigenverantwortlichkeit der SchülerInnen im Lernprozeß zu fördern. Sie konkretisieren sich in der Projektorientierung, der Wochenplanarbeit und der Freien Arbeit."[73]

Im Laufe des Schuljahrs 1991/92 wird aber die Verknüpfung des Konzepts des Schulversuchs mit dem Begriff "mathetisches Prinzip" durch das Kollegium der Schule "gekippt", weil man mit dem Begriff nicht erfüllbare Erwartungen und eine zu große Nähe zur Pädagogik der "Freien Schulen" verband. Trotzdem bleiben die hier von der Konrektorin Elschner-Heuberger aufgeführten Arbeitsformen integraler Bestandteil des pädagogischen Konzepts der Schule.[74]

---

[70] Genehmigungsschreiben S.1; siehe auch entsprechende Anmerkung in Abschnitt 5.2.

[71] Beschreibung des Schulversuchs S.3. Die im Gegensatz zu einigen Freien Schulen erfolgte Beibehaltung mancher herkömmlicher Strukturen, wie etwa die Jahrgangsklasse, veranlaßte Klafki zu betonen, daß der Schulversuch "mit Augenmaß" verfahre und die innovativen Möglichkeiten des Kollegiums und der Eltern nicht überschätze. Vgl. Klafki, Gutachterliche Stellungnahme, in Kubina: Die sechsjährige Grundschule in Marburg. S.125

[72] Äußerung einer Lehrerin in einem Interview mit Elschner-Heuberger abgedruckt in einem unveröffentlichten Entwurf von Elschner-Heuberger (e) (Kap 7, S.16) für Kubina: Die sechsjährige Grundschule in Marburg.

[73] ebenda Kap.3, S.13; vgl. auch Informationsschrift der Otto-Ubbelohde-Schule S.3

[74] Eigene Mitschrift des Berichts von Elschner-Heuberger u.a. über die Ubbelohde-Schule im Rahmen einer Veranstaltung des Hessischen Instituts für Lehrerfortbildung am 27.4.1992

Sie sollen die Entscheidungsfähigkeit der Kinder zunehmend erhöhen, selbst zu bestimmen, was sie, wann, wo, mit welchem Tempo, mit wem und mit welchem Material lernen.

Das strukturierende Gerüst für den verbreiterten Freiraum bieten die schon genannten **Tages- und Wochenarbeitspläne.**[75] Sie haben in der Regel eine doppelte Bedeutung: Erstens stellen sie eine Aufgabenliste dar, in der festgelegt bzw. vorgeschlagen ist, in welchen Sozialformen und mit welchen Materialien welche obligatorischen und freiwilligen Aufgaben innerhalb des Tages bzw. der Woche vom Kind erledigt werden sollen bzw. können. Zweitens haben sie die Bedeutung eines Zeitplans, in dem die für die binnendifferenzierende Arbeit an diesen Aufgaben vorgesehenen Stunden ("Freie Arbeit" bzw. "Wochenplanarbeit") genauso angegeben sind wie herkömmliche Fachstunden, Klassenratsstunden oder Zeiten für die unterschiedlichsten Projekte.

In der 1. Klasse sollen die für kleinere Kinder überschaubareren Tagespläne zu Beginn des Tages den Schülerinnen und Schülern im Morgenkreis ausgehändigt und mit ihnen besprochen werden. Diese Pläne sollen den Vormittag in angemessene Abschnitte unterteilen. Am Ende des Tages ist laut Konzept der Schule die ggf. individuell differenziert geleistete Arbeit von den Kindern vorzustellen und - soweit noch nicht von ihnen selbst genügend kontrolliert - von der Lehrkraft zu überprüfen. Zugleich sollen daran anknüpfende Interessen und Lerninhalte besprochen werden.

Bei der ab dem 2.Schuljahr einsetzenden Wochenplanarbeit zieht sich der Planungszeitraum über eine ganze Woche hin. Hier sollen die Schüler und Schülerinnen in den Besprechungen am Beginn und am Ende der Woche eigene Vorschläge einbringen und während der Woche in dafür vorgesehenen Zeiten ihre Arbeitspläne erledigen. Diese sollen vorwiegend Formen des Übens, Sicherns, Variierens des Lernstoffs enthalten, aber auch der eigenständigen Erarbeitung von neuen Themen oder freien Vorträgen dienen. Insbesondere in den fachungebundenen Phasen der Arbeit am Wochenplan ("Freie Arbeit") sollen die Schüler und Schülerinnen in begrenztem Maße ihren eigenen Neigungen nachgehen, zwischen verschiedenen Inhalten bzw. Aufgaben wählen und Ergänzungen einbringen können.[76]

Aber auch im "fächerorientierten Epochalunterricht als Wahlpflichtbereich" soll es laut Konzept ein auf eigene Neigungen abgestimmtes Lernen geben:

> "Neben den Tages- und Wochenarbeitsplänen ist noch fachorientierter Unterricht vorgesehen, und zwar in den Fächern Musik, Kunst, Sport und Werken/Polytechnik. Auch in diesen Fächern soll den Schülern ein Angebot gemacht werden, aus dem sie sich, entsprechend ihren Neigungen, für eine begrenzte Zeit ein Thema auswählen können."[77]

---

[75] vgl. Beschreibung des Schulversuchs S.4f; Elschner-Heuberger/Sauer in Kubina: Die sechsjährige Grundschule in Marburg. S.23ff

[76] vgl. Informationsschrift der Otto-Ubbelohde-Schule S.13ff und S.18ff; Elschner-Heuberger/Sauer in Kubina: Die sechsjährige Grundschule in Marburg. S.22. Die "Freie Arbeit" wird seit dem Schuljahr 1993/94 in Hessen nicht mehr gesondert in der Stundentafel aufgeführt, stattdessen soll sie in den Fachunterricht integriert werden.

[77] Beschreibung des Schulversuches S.7. Klafki empfiehlt hier den Zeitraum der Epochen z.T kürzer als ein halbes Jahr zu wählen. Vgl. Klafki, Gutachterliche Stellungnahme, in Kubina: Die sechsj. Grundschule ... S.126

Eine weitere Möglichkeit des Neigungslernens bieten Wahlpflichtkurse, die "offenes Angebot" heißen. Sie werden wegen ihres jahrgangsübergreifenden Charakters in Abschnitt (3) beschrieben.

Die Schülerinnen und Schüler sollen aber nicht nur auf den Inhalt, sondern auch auf die zeitliche Gestaltung des Lernprozesses Einfluß nehmen und entscheiden, an welchem Tag der Woche sie mit welchem Tempo die Vorhaben erledigen. Auch der "**offene Schulanfang**" soll den zeitlichen Dispositionsraum der Schülerinnen und Schüler erhöhen. Sie haben hier eine halbe Stunde vor Unterrichtsbeginn unter Betreuung von Lehrkräften die Möglichkeit, ihre Wochenplanaufgaben zu erledigen, zu spielen oder sich mit Schulfreunden bzw. -freundinnen zu unterhalten.[78]

Zudem wird es im Konzept des Schulversuchs als Vorteil angesehen, "daß Schüler und auch Lehrer nicht im genau festgelegten 45-Minuten-Rhythmus ein Stundenziel erreichen müssen."[79] Allerdings bleibt das Konzept der Ubbelohde-Schule bzgl. der zeitlichen Strukturierung vage; denn es geht aus dem Text weder hervor, wie lange einzelne Unterrichtsabschnitte dauern und in welcher Stunde des Vormittags sie liegen sollen, noch wird deutlich, welchen zeitlichen Umfang die verschiedenen Arbeitsformen (wie z.B. "Freie Arbeit") haben sollen. Dies bietet zwar die Möglichkeit, daß die einzelnen Lehrkräfte diesen Entscheidungsraum nach eigenem Ermessen füllen, hat aber den Nachteil, daß in einigen Klassen "Freie Arbeit" recht eingeschränkt verwirklicht werden könnte. Leider hat die Schule Klafkis Vorschlag konzeptionell nicht übernommen, der eine Strukturierung in ein etwa 90-minütiges Breitband für fächerübergreifende bzw. epochalisierte Arbeit im Rahmen des Wochenplans, ein etwa 45-minütiges Schmalband für Freie Arbeit und den Rest der Stunden für nicht an die Klasse gebundene Aktivitäten wie Wahlpflichtunterricht und jahrgangsübergreifende Angebote vorsah.[80]

Neben einer gewissen zeitlichen Flexibilität besitzen die Schülerinnen und Schüler aufgrund des auf Selbsttätigkeit ausgerichteten Unterrichts die Chance zu entscheiden, mit wem sie an einer Aufgabe arbeiten wollen, von wem sie sich etwas beibringen lassen wollen und wem sie helfen wollen. Die verschiedenen Arbeitsformen ermöglichen konzeptionell zugleich die **Wahl zwischen Einzel-, Partner- und Gruppenarbeit.**[81]

Im Konzept wird weiterhin ein Angebot an **Unterrichtsmaterialien** angestrebt, aus dem die Kinder z.T. nach ihren eigenen Vorstellungen auswählen können. Neben herkömmlichen Materialien (z.B. Lehrbüchern) sollen im Handel erworbene oder selbst hergestellte Arbeits-

---

[78] vgl. Beschreibung des Schulversuches S.10; Informationsschrift der Otto-Ubbelohde-Schule S.20; Elschner-Heuberger/Sauer in Kubina: Die sechsjährige Grundschule in Marburg, S.26f. Im übrigen kommt der offene Anfang berufstätigen Eltern entgegen.
[79] Beschreibung des Schulversuches S.5; vgl. Informationsschrift der Otto-Ubbelohde-Schule S.18
[80] vgl. Klafki, Gutachterliche Stellungnahme, in Kubina: Die sechsjährige Grundschule in Marburg. S.126ff
[81] "Frontalunterricht soll situations- und themenbedingt gestaltet werden." Siehe Beschreibung des Schulversuches S.3f und vgl. Elschner-Heuberger/Sauer in Kubina: Die sechsjährige Grundschule in Marburg, S.20.

mittel wie Rechtschreib- und Lernkarteien, Lexika, vorstrukturierte Arbeitsblätter bzw. von den Kindern aus ihrer Alltagswelt mitgebrachte Materialien benutzt werden.[82]

Eine weitere, im Konzept an einigen Stellen erwähnte Möglichkeit, die Selbststeuerungsfähigkeit der Kinder zu erhöhen, besteht darin, daß sie Einfluß auf ihren **Lernort** gewinnen. Zum einen können durch die im Konzept geforderte Umgestaltung der Klassenräume mit Leseecke, Spielecke, Experimentierecke u.a. die Wünsche der Kinder stärker berücksichtigt werden, zum anderen kann sich das Kind in den Stunden der "Freien Arbeit" seinen Arbeitsplatz häufig selbst wählen. Dabei soll der Wirkungsraum auf die inzwischen attraktiv mit kleinen Lernbereichen ausgestatteten Flure ausgedehnt werden können.[83]

Zwar soll laut Konzept der Unterricht überwiegend binnendifferenziert gestaltet werden, doch werden Phasen des Frontalunterrichts und der zeitlich begrenzten Ausgliederung von Kindern für Fördermaßnahmen nicht ausgeschlossen. Allerdings wird erwähnt, "daß die Fördermaßnahmen auch nach dem Prinzip des Teamteaching zu planen und auszuführen" sind.[84] Dazu schreibt die heutige Konrektorin:

> "Da im Rahmen des Schulversuchs ganz auf Formen äußerer Differenzierung verzichtet wird, ergeben sich durch die Doppelbesetzung verschiedene Möglichkeiten. Z.B. kann mit leistungsschwächeren SchülerInnen Unterrichtsstoff noch einmal aufgearbeitet werden, oder SchülerInnen, die länger gefehlt haben, können Stoff nacharbeiten; aber auch leistungsstarke SchülerInnen können über den allgemeinen Unterricht hinaus gefordert werden."[85]

In der Begründung der Notwendigkeit von Eigentätigkeit und Selbststeuerung werden vor allem die veränderten Bedingungen heutiger Kindheit angeführt, aber auch Verbindungen zum dritten Leitaspekt des eigenen Schulkonzepts hergestellt:

> "Die Lebenswelt von Kindern wird immer komplexer. Viele Kinder haben durch ein sich immer weiter auffächerndes Medienangebot (wie Fernsehen, Videos, Kassetten, technisches Spielzeug, vorgegebene Spielstrukturen etc.) kaum noch eigene Erfahrungen in direktem Umgang mit Menschen und Dingen. Vieles erleben sie nur noch aus zweiter Hand. Der damit verbundene Verlust an Eigentätigkeit in der Auseinandersetzung mit ihrer Umwelt wird immer weniger den Anforderungen gerecht, die Kinder zur Bewältigung ihrer Zukunftsaufgaben benötigen. Deshalb wollen wir in unserem Unterricht die Dinge wieder begreifbar machen und die vielen Einzelbestandteile der kindlichen Lebenswirklichkeit zusammenführen."[86]

---

[82] Beschreibung des Schulversuches S.4; vgl. Informationsschrift der Otto-Ubbelohde-Schule S.18; Elschner-Heuberger/Sauer in Kubina: Die sechsjährige Grundschule in Marburg. S.25ff

[83] vgl. Beschreibung des Schulversuches S.13; Informationsschrift der Otto-Ubbelohde-Schule S.5; Elschner-Heuberger/Sauer in Kubina: Die sechsjährige Grundschule in Marburg, S.18f. Im Konzept wird ein jederzeit für Schüler und Schülerinnen zugänglicher Arbeitsmittelraum pro Etage gefordert.

[84] Beschreibung des Schulversuches S.12f; vgl. auch ebenda S.4

[85] Elschner-Heuberger (e) in einem unveröffentlichten Entwurf (Kap 3, S.9) für Kubina: Die sechsjährige Grundschule in Marburg. Laut Bericht von Elschner-Heuberger u.a. über die Ubbelohde-Schule im Rahmen einer Veranstaltung des Hessischen Instituts für Lehrerfortbildung am 27.4.1992 gab es 1992 im Englisch- und Deutschunterricht der fünften und sechsten Klassen je zwei Stunden, in denen zwei Lehrkräfte gemeinsam unterrichteten.

[86] Informationsschrift der Otto-Ubbelohde-Schule S.12

**(3) Ganzheitliches Lernen im fachübergreifenden und projektorientierten Klassen-
unterricht sowie verbessertes Schulleben durch jahrgangsübergreifende Projekte und
Elternmitarbeit**

Durch die **Projektorientierung** wird im Konzept des Schulversuchs nicht nur das Zusam-
menführen von Einzelaspekten der kindlichen Lebenswelt angestrebt. Sie soll auch "die
Entwicklung verschiedener Persönlichkeitsdimensionen und ihrer wechselseitigen Beziehung
anregen und unterstützen"[87] und den Kindern durch eine Verbindung von Schule und außer-
schulischer Alltagswelt für ihre Situation relevante Erfahrungen ermöglichen. Dazu ist in der
Informationsschrift der Ubbelohde-Schule folgendes vermerkt:

> "Erfahrungen werden erlebt, sie sind ganzheitlich und lassen sich nicht künstlich
> aufspalten in Wissen, Fühlen und sinnliche Wahrnehmungen. Projektorientierter
> Unterricht versucht, dieser Erkenntnis zu entsprechen. Unter einem projektorien-
> tierten Vorhaben verstehen wir einen vom Schüler mit Hilfe des Lehrers weitge-
> hend selbständig geplanten und durchgeführten Unterricht, der in ein vorweisba-
> res, möglichst verwendbares Arbeitsergebnis oder eine Aktion mündet."[88]

Organisatorisch sollen Projekte laut Konzeptionsbeschreibung der Ubbelohde-Schule auf drei
Arten stattfinden: Erstens tauchen sie in einer jeweils von der Klasse "in Verbindung mit dem
Klassenlehrer und den Fachlehrern unter Einbeziehung der Eltern" geplanten Projektwoche
auf.[89]

Zweitens soll auch die Arbeit im Rahmen des Wochenplans zunehmend fächerübergreifend
organisiert werden, die außerschulische Umwelt miteinbeziehen, gemeinsam geplant und
ausgewertet werden und - wo möglich - mit der Erstellung von Produkten enden.[90]

Dazu zwei Zwischenbemerkungen: Vergleicht man die Konzeptionsbeschreibung im
Antragsverfahren und die inzwischen von der Ubbelohde-Schule herausgegebenen Informa-
tionsschriften und Konzeptbeschreibungen, so scheint dieser Aspekt der Projektorientierung
stärker in den Vordergrund zu rücken. Damit ergäbe sich konzeptionell eine stärkere Integration des Projektunterrichts in den alltäglichen Unterrichtsvormittag, so daß eine Sonderstellung von Projekten verhindert werden kann.[91] Um ein häufiges Anbieten von Projekten zu
erleichtern, wurde zudem inzwischen ein "Dokumentationszentrum" an der Schule einge-

---

[87] Beschreibung des Schulversuches S.1

[88] Informationsschrift der Otto-Ubbelohde-Schule S.25f, vgl. auch die dort im folgenden aufgeführten Möglichkeiten des Projektunterrichts und die S.8 sowie Elschner-Heuberger/Sauer in Kubina: Die sechsjährige Grundschule in Marburg, S.25f.

[89] Beschreibung des Schulversuches S.5f

[90] Informationsschrift der Otto-Ubbelohde-Schule S.16 und S.18

[91] Schon Klafki hatte in seiner gutachterlichen Stellungnahme eine Präzisierung des Verhältnisses dieser Unterrichtsformen gefordert, da in der Beschreibung des Schulkonzepts u.a. nicht deutlich wurde, welchen Stellenwert
der Projektunterricht im Rahmen des alltäglichen Unterrichtsvormittags haben sollte. Vgl. Klafki, Gutachterliche
Stellungnahme, in Kubina: Die sechsjährige Grundschule in Marburg. S.126 und Elschner-Heuberger/Sauer im
selben Buch, S.25f

richtet, in dem thematisch sortiert Materialien und Beschreibungen von bereits durchgeführten Projekten gesammelt werden.[92]

Die zweite Zwischenbemerkung bezieht sich auf einen Vergleich mit West-Berlin. Da die dortige landesweite Konzeption den gesamten Unterricht der Klassen 1 bis 4 als vorfachlich bzw. fachübergreifend auffaßt, geht sie m.E. in diesem Punkt über die Konzeption der Ubbelohde-Schule hinaus. Aber auch in West-Berlin wird m.E. zu recht nicht ausgeschlossen, daß - wenn es das Thema erfordert - zeitweilig fachlich akzentuierte Sequenzen in den Unterricht integriert werden.

Die dritte Organisationsgestalt des projektorientierten Unterrichts ist nach dem Konzept der Ubbelohde-Schule das **jahrgangsübergreifende "offene Angebot"**.[93] Auch diese Form des jahrgangsübergreifenden Lernens, das in der Ubbelohde-Schule wöchentlich zwei Stunden am Mittwoch-Vormittag stattfindet, ist, wie geschildert, schon in den 20er Jahren durch einige Lebensgemeinschaftsschulen (Hamburg-Tieloh und Jena) erprobt worden. Durch die "zeitlich begrenzte Auflösung des Klassenverbandes" und "durch die altersgemischte Struktur" erhofft sich auch die Ubbelohde-Schule, daß "unterschiedlich entwickelte Fähigkeiten und Fertigkeiten im Sinne eines gemeinsamen Arbeitsvorhabens genutzt werden."

> "Die Kooperation zwischen älteren und jüngeren Schülern ermöglicht Lern- und Erziehungsprozesse, die im Rahmen eines lehrerzentrierten Unterrichts innerhalb einer Jahrgangsklasse nicht denkbar sind: ältere Schüler betreuen jüngere Schüler; es bilden sich oder vertiefen sich Freundschaften zwischen einzelnen Jahrgängen; das Nebeneinander der einzelnen Jahrgänge in der Schule wird mehr und mehr aufgelöst; Kinder werden zur Verantwortlichkeit erzogen; ..."[94]

Bis auf das 1.Schuljahr, das "wegen der Besonderheiten im Anfangsunterricht ausgenommen ist", wählen alle Kinder der Ubbelohde-Schule sich aus den vorwiegend musischen, sprachlichen und sportlichen Angeboten einen dann schließlich verbindlichen Wahlpflichtkurs aus.[95] Nach etwa sechs bis acht Wochen wird das jeweilige Projekt mit Vorführungen oder Ausstellungen abgeschlossen und ein neues Angebot zur Wahl gestellt.

Gerade in der gegenüber der ohnehin nicht homogenen Jahrgangsklasse vorgenommenen Steigerung der Heterogenität während des "offenen Angebots" wird im Konzept der Schule ein Vorteil gesehen, da davon ausgegangen wird, daß die Unterschiedlichkeit der Kinder aufgrund ihres verschiedenen Alters eher akzeptiert und berücksichtigt wird.

> "Dominanz- oder Autoritätsprobleme, Arbeitsunlust oder Versagensangst sind in den jahrgangsübergreifenden Gruppen des offenen Angebots Fremdwörter."[96]

---

[92] vgl. OUS-Zeitung (Eltern-Information der Otto-Ubbelohde-Schule), Marburg, Februar 1993, S.9
[93] vgl. Beschreibung des Schulversuches S.6f und S.8ff; Elschner-Heuberger/Sauer in Kubina: Die sechsjährige Grundschule in Marburg, S.26
[94] Beschreibung des Schulversuches S.6
[95] Informationsschrift der Otto-Ubbelohde-Schule S.22; vgl. auch Beschreibung des Schulversuches S.9
[96] Informationsschrift der Otto-Ubbelohde-Schule S.22

Abgesehen von der Frage, ob diese von den Vertretern bzw. Vertreterinnen der Ubbelohde-Schule erhofften Erfolge in der Praxis tatsächlich erzielt werden, ist diese Durchbrechung des Klassenprinzips jedoch auch konzeptionell kritisch zu betrachten, weil sie - zumindest auf den ersten Blick - dem Prinzip der Kontinuität der Lerngruppe widerspricht. Mag der individualisierende Unterricht im Klassenverband noch durch den Verzicht auf äußere Differenzierung, durch den Klassenrat und andere auf soziales Lernen und Solidarität ausgerichtete Verfahren kompensiert werden, so scheint die individuelle Gestaltung des Lernweges über die eigene Klasse hinaus doch der im Punkt (1) behandelten Gemeinschafts- und Kontinuitätsorientierung entgegenzustehen und - wie Klafki bemerkt - möglicherweise "des Guten zuviel" zu sein.[97]

Mehrere Argumente relativieren jedoch m.E. diese Befürchtung erheblich. Betrachtet man erstens Grundschulen, die noch nicht entscheidend von der Grundschulreform der 70er und 80er Jahre beeinflußt sind, in denen in der Regel Unterricht in fragend-entwickelnder oder monologischer Form überwiegt, so stellt man trotz der Beibehaltung der Jahrgangsklasse meist ein größeres Maß an Vereinzelung der Schülerinnen und Schüler fest als es in dem auf Kooperation ausgerichteten Unterricht der Ubbelohde-Schule möglich wäre. Entsprechend bezieht sich zweitens der Kontinuitätsaspekt des Schulversuchs nicht nur auf die über sechs Jahre zusammenbleibende Lerngruppe, sondern auch auf die Kontinuität der Methoden. Dabei soll der jahrgangsübergreifende Unterricht ebenso binnendifferenziert und gemeinschaftsbindend gestaltet werden wie der Klassenunterricht.[98] Drittens soll das altersgemischte Angebot auf zwei Stunden in der Woche und zusätzlich eine Projektwoche im Jahr beschränkt bleiben. An eine Aufhebung der Jahrgangsklassen etwa nach dem Prinzip des Jena-Plans ist nicht gedacht.[99] Allerdings wird in neueren Konzeptbeschreibungen von einer anzustrebenden Strukturierung des Schulangebots in die Einheiten 1 - 3 und 4 - 6 gesprochen.[100]

Insgesamt scheint mir im Konzept des Schulversuchs eine hinreichende Lösung für das Spannungsverhältnis von Kontinuität in der Lerngruppe und Anregung in jahrgangsübergreifenden Angeboten gefunden zu sein, da letztere so konzipiert sind, daß sie zeitlich begrenzt und in ihrer Gestalt dem gemeinschaftsbezogenen Lernen nicht entgegenstehen, sondern durch die Förderung der Schulgemeinschaft über die Klassengemeinschaft hinausweisen.

Wesentlich zur Bildung dieser Schulgemeinschaft trägt die **Beteiligung der Eltern** an dem "offenen Angebot" bei, die in Ausnahmen sogar so weit geht, daß Eltern in eigener Regie einen Kurs anbieten können. Die Entwickler des Konzepts der Ubbelohde-Schule erhofften sich durch die auch im Genehmigungsschreiben zum Schwerpunkt erklärte verstärkte Eltern-

---

[97] Klafki, Gutachterliche Stellungnahme, in Kubina: Die sechsjährige Grundschule in Marburg. S.127
[98] vgl. Beschreibung des Schulversuches S.9
[99] Selbst die Organisation nach dem Jena-Plan steht jedoch m.E. dem Kontinuitätsaspekt nicht entgegen, da bei dem jährlichen Wechsel immer 2/3 der Lerngruppe konstant bleibt.
[100] vgl. Elschner-Heuberger (f) in Kubina: Die sechsjährige Grundschule in Marburg, S.72. Das offene Angebot wird seit 1993 zeitweise für die Klassen 5 und 6 gesondert angeboten.

mitarbeit, daß außerschulische Fachleute oder Helfer in die Schule einbezogen werden können. Dies soll nicht nur zur quantitativen und qualitativen Verbesserung des Schulange- bots führen, sondern auch die Schule mit den "Alltagserfahrungen der Kinder" intensiver verbinden und den Kommunikationsprozeß zwischen Schule und Elternhaus optimieren.[101] Nicht thematisiert werden im Konzept der Schule mögliche Probleme, die eine ggf. fehlende pädagogische Ausbildung, unterschiedliche zeitliche Möglichkeiten der Eltern bzw. ein zu starker Anspruch von Eltern auf die Entscheidungen über die Unterrichtsgestaltung hervorru- fen könnte. Hierauf ist in den Praxisbeobachtungen und Befragungen zu achten.

Neben der direkten Beteiligung am Unterrichtsangebot und den üblichen Elternabenden und -gesprächstagen sollen die Eltern an der Ubbelohde-Schule auch durch eine erhöhte Zahl von Schulfesten, Ausstellungen und Unterrichtsbesuchen integriert werden, so daß sie die Arbeit und Entwicklung ihrer Kinder intensiv verfolgen können und der Schulgemeindegedanke wächst.[102]

Insgesamt läßt sich also festhalten, daß es das konzeptionelle Ziel des Schulversuchs ist, unter Berücksichtigung der eigenen Voraussetzungen die Chance des um zwei Jahre verlängerten gemeinsamen Lernens intensiver zu nutzen, als es die meisten West-Berliner Grundschulen trotz ihres längeren Erfahrungszeitraumes tun,[103] um durch Gemeinschafts- und Kontinuitäts- orientierung, Binnendifferenzierung und projektorientiertes Schulleben optimale Vorausset- zungen für soziale, kognitive, praktische und emotionale Lernprozesse zu erreichen.

Im folgenden wird zu untersuchen sein, wie sehr dies in der Praxis gelingt.

---

[101] Beschreibung des Schulversuches S.18f
[102] Informationsschrift der Ubbelohde-Schule S.32 und S.35
[103] Die entsprechenden Konzepte einzelner West-Berliner Grundschulen mögen allerdings ebenso weit gedie- hen sein, vor allem wenn man bedenkt, daß der Ubbelohde-Schule - wie erwähnt - vertiefte Erfahrungen mit der Integration und Förderung behinderter Kinder und Kinder ausländischer Herkunft fehlen.

5.4. Beispielhafte Beobachtungen zur Praxis der Ubbelohde-Schule und ihrer Auswirkungen

Da die Anwendung reformpädagogischer Methoden in den Grundschulklassen 1 bis 4 inzwischen häufiger untersucht wurde,[104] konzentrierte ich meine Beobachtungen auf die Klassen 5 und 6. Dabei ist zu berücksichtigen, daß diese Schülerinnen und Schüler - mit einigen Ausnahmen zu Beginn des Versuchs - bereits vier Jahre in der Tages- bzw. Wochenplanarbeit geübt sind und eine Kontinuität des Schul- und Unterrichtslebens besteht. Im Kontext dieser Arbeit interessiert vor allem, welche Probleme durch das um zwei Jahre verlängerte gemeinsame Lernen etwa aufgrund möglicher kognitiver, interessenspezifischer, sozialer oder anderer Auseinanderentwicklungen bei Kindern im Alter von zehn bis zwölf auftreten, wie wirkungsvoll reformpädagogische Umgestaltungen Probleme mildern bzw. neue schaffen sowie welche positiven Möglichkeiten durch die innere Grundschulreform in den Klassen 5 und 6 entstehen und umgesetzt werden können. Damit stellt sich die Frage, in welchem Umfang in der Praxis die konzeptionell angestrebten Ziele verwirklicht werden können:
- (1) die kontinuitäts- und gemeinschaftsorientierte Bindungs- und Mitbestimmungfähigkeit zu entwickeln bzw. zu fördern,
- (2) Selbstständigkeit, selbstbestimmte Eigentätigkeit und lustbetontes Lernen zu entfalten und mit kognitiven Ansprüchen zu verbinden sowie
- (3) ein ganzheitliches, kreatives und altersübergreifendes Projektlernen zu gestalten.
Entsprechend gliedere ich im folgenden die Auswertung meiner Beobachtungen.
Zur Untersuchung der Praxis der Ubbelohde Schule werden von mir und von der wissenschaftlichen Begleitung[105] durchgeführte Befragungen sowie teilnehmende Beobachtungen herangezogen. Im Zeitraum vom 2.12.1987 bis zum 7.3.1988 besuchte ich an 11 Vormittagen (meist gegen Ende der Woche) die damals einzige 6.Klasse, also den ersten Jahrgang, der die Ubbelohde-Schule mit der 6.Klasse verließ. Anschließend nahm ich noch an drei Tagen der Woche vom 14.3. - 18.3.1988 am Unterricht der Klasse 5 teil.
Zunächst berichte ich von der Klasse 6 anhand von eigenen ausführlichen Beobachtungsprotokollen.

---

[104] vgl. dazu z.B. die Schriftenreihe des Arbeitskreises Grundschule e.V. - Frankfurt a.M., herausgegeben von R. Schmitt und R. Valtin.
[105] vgl. Kubina: Die sechsjährige Grundschule in Marburg und Berichte im Rahmen der wissenschaftlichen Begleitung Nr.5 (Elschner-Heuberger (b)) S.9f und Nr.6 (Elschner-Heuberger (c)) S.4

5.4.1. Kontinuitäts- und gemeinschaftsorientierte Bindungs- und Mitbestimmungsfähigkeiten, beobachtet während des Klassenrats einer sechsten Klasse

Als besonderes Element der Förderung sozialer Fähigkeiten ist der **Klassenrat** bereits erwähnt worden. Ich greife dieses Element exemplarisch heraus, weil sich hieran m.E. am ehesten Kontinuitäts- und Gemeinschaftsorientierungen beobachten lassen.
In der Klasse 6 protokollierte ich dazu folgendes:[106]

<In dieser Klasse heißt der Klassenrat "Streitstunde"; sie liegt am Freitag in der vierten Stunde. Hier findet die Wochenabschlußbesprechung statt.
Die Schülerinnen und Schüler ziehen die Schuhe aus und setzen sich in die Lese- und Besprechungsecke auf die Sofas und Kissen im Kreis. In die Mitte wird ein Adventskranz mit zwei brennenden Kerzen gestellt. Es ist gemütlich, alle sitzen eng beieinander, der Körperkontakt scheint von den Kindern eher angenehm empfunden zu werden, sie wirken ausgeglichen, aber gespannt.
Die Lehrerin, Frau A., eine leger und gepflegt gekleidete Mittdreißigerin, eher klein, drahtig und energisch, meist freundlich, manchmal zum Lachen bereit, hat nach meinen vorangegangenen Beobachtungen die Klasse fest im Griff. Zugleich gewährt sie den Schülern und Schülerinnen Freiräume und diszipliniert nur bei dauerhaften oder starken Unterrichtsstörungen. Heute beginnt sie die Runde.
Dazu holt sie einen kleinen Gong. Wird er geschlagen, darf nur der Besitzer etwas sagen. Wer sonst etwas sagen will, muß von dem, der gerade den Gong hat, drangenommen werden. Das Ende wird durch einen zweiten Gongschlag angezeigt. Der Gong wird reihum gegeben. Wer nichts sagen will, gibt den Gong weiter.
Die Lehrerin beginnt damit, daß sie sagt, sie habe mitbekommen, daß die meisten Kinder gestern nachmittag noch viele von den im Wochenplan notierten Aufgaben zu Hause erledigen mußten. Sie bittet darum, sich doch das nächstemal die Arbeit besser einzuteilen, so daß nicht alles am Donnerstagnachmittag zu bewältigen ist. Frau A. ergänzt dann noch, daß sie wieder mehr selbstverantwortlich zu erledigende Aufgaben im Wochenplan stellen würde, damit auch beim Ausfall von Stunden wieder mehr für den Wochenplan geleistet werde könne. Dazu machen zwei Schüler Themenvorschläge, die von der Klasse positiv aufgenommen werden.
Ein Problem gibt es bei J., er wird von vielen kritisiert und umgekehrt. Er hat sich einen Zettel gemacht und aufgeschrieben, was ihm in der letzten Woche alles nicht gepaßt hat, äußert aber nur, daß es ihn geärgert hat, daß er wegen des Versteckens eines Mäppchens verdächtigt wurde. Ich habe das Gefühl, daß er noch schwer daran zu arbeiten hat, daß er in einer der vorangegangenen Stunden nicht, wie er erwartet hatte, zum Klassensprecher gewählt wurde. Es bleibt aber bei seinen wenigen Äußerungen. Nach ebenso wenigen Entgegnungen, die er zuläßt, wird der Konflikt nicht "hochgekocht", sondern man läßt ihn auf dem erreichten Stand der Aussprache.
Das häufigste Thema der Runde sind Prügeleien. Die Kinder sprechen sich direkt an, stecken persönliche Kritik gut weg, wirken konstruktiv. Es wird auch relativ viel gelobt: die Woche hätte Spaß gemacht, das Thema wäre interessant gewesen, dieser Schüler oder jene Schülerin wäre nett gewesen usw. Sicher werden nicht alle Konflikte gelöst, aber schon das Aussprechen scheint viele Kinder zu erleichtern. Soziale Strukturen der Klasse sowie beliebte und unbeliebte Kinder werden während des Klassenrats für Beobachter, Lehrkräfte und Kinder erkennbar. Auch wenn Vorwürfe hart, direkt und unverklausuliert ausgesprochen werden, ist allen anzumerken, daß sie sich um die Integration jedes Kindes bemühen. Die Schüler und Schülerinnen dieser Klasse haben ein gutes Gespür dafür, wann auf jemandem genug "herumgehackt" wurde; sie versuchen ausgleichend zu wirken.>

---

[106] Ähnliche Beobachtungen in anderen Klassen dieser Schule machte Reineking, vgl. Reineking in Kubina: Die sechsjährige Grundschule in Marburg, S.54ff

Eine Woche später:

<Ich komme zur Pause vor der dritten Stunde. Ich sehe fast die ganze Klasse gemeinsam "Kriegen" spielen. Ihr Zusammenhalt scheint groß zu sein. Die Jungen "kriegen" die Mädchen (Verhältnis 8:6) und umgekehrt. Es geht nicht ohne Streit und Kabbeleien ab. Als sie in den Klassenraum kommen, ziehen sie sich gleich die Schuhe aus und setzen sich zur "Streitstunde" in die Sofaecke. Viele Kinder wollen anfangen. Wer die Regeln - z.b. Personen direkt ansprechen, keine allgemeinen Formulierungen - nicht einhält, wird sowohl von der Lehrerin als auch von anderen Kindern darauf aufmerksam gemacht. F. schlägt vor, daß schriftlich vornotierte Kritik nicht eingebracht werden dürfe. Frau A. meint, daß Kritik ja nur beim letzten Mal schriftlich vorbereitet worden sei, das käme nicht wieder vor.

Diesmal wird wieder viel Kritik an irgendwelchen Rempeleien während des Pausenspiels geäußert. Die Kinder hören einander aber wenig zu. Z.T. werden keine ernst gemeinten Vorgänge ("Das hat mich geärgert ...") geäußert, sondern Verhalten kritisiert, um dabei einen Witz zu machen. Es wird auch weniger als das letztemal gelobt. Mit dem Wochenplan sind die meisten zufrieden.

Einigen fällt es, wenn sie sich gemeldet haben, schwer zu akzeptieren, daß sie von dem Kind, das gerade den Gong hat und zum Aufrufen an der Reihe ist, nicht drangenommen werden. Die Äußerungen sind ungleich verteilt, einige Kinder sagen sehr wenig, andere reden häufig und viel. Bei manchen Kindern merkt man, daß ihnen das, was sie erwähnen, auf der Seele liegt, bei anderen ist dies nicht so deutlich. Auch die Lehrerin wird kritisiert und kommt bei ihren Meldungen nicht immer an die Reihe.

Im weiteren hat ein Kind die Idee, ein neues Pausenspiel zu spielen. Frau A. schlägt vor, Montag in der zweiten großen Pause im Klassenzimmer zu bleiben und sich neue Regeln für das Pausenspiel auszudenken, oder die Kinder sollten sich an den von einer Lehrerin angebotenen Pausenspielen beteiligen. Die Schülerinnen und Schüler entscheiden sich für die erste Alternative, da die angebotenen Spiele nur etwas für Kleinere seien.

Gegen Ende der Runde stehen Stellungnahmen im Vordergrund, bei denen sich leistungsschwächere Schüler beklagen, daß die Tischgruppe, zu der der Klassensprecher und seine Vertreterin sowie zwei weitere beliebte und leistungsstarke Kinder gehören, zu laut sei. Mir scheint ein gewisser Neid auf diesen stark zusammenhaltenden Tisch durchzuschimmern. Neue Sitzordnungen (und damit neue Beziehungen) werden gefordert. Nachdem sich Klagen und wenig konstruktive Vorschläge häufen, unterbricht die Lehrerin die Runde, sagt, sie hätte jetzt genug davon, sie würde sich am Wochenende überlegen, ob die Klasse nicht einmal eine Hufeisensitzform ausprobieren sollte. Einige Kinder schimpfen, andere finden die Idee nicht schlecht. Frau A. bricht die weitere Diskussion ab, was von den Kindern akzeptiert wird. Sie liest noch etwa 5 Minuten vor, wobei die Zeit "überzogen" wird.>

Eine weitere Woche später:

<Ich komme erneut freitags zur dritten Stunde und werde von einigen Schülerinnen bzw. Schülern freundlich begrüßt. Der Klassenraum hat sich verändert. Statt der Gruppentische finde ich - wie angekündigt - im vorderen Teil der Klasse die Tische in Hufeisenform zusammengestellt. Drei Drittklässler sind noch im Raum, einige Schüler und Schülerinnen stehen um sie herum, denn sie sammeln Unterschriften, viele unterschreiben. Der Kontakt zwischen jüngeren und älteren Kindern wirkt hier selbstverständlich.

Zunächst wird noch eine Lektüre besprochen. Dabei setzt Frau A. ihre Meinung nicht unbedingt durch, wenn die Schülerinnen und Schüler eine andere Meinung haben. Sie kennzeichnet die ihrige als "persönliche" Ansicht. Z.B. sagt sie zu einem Kind, das anderer Meinung ist: "Ich finde es nicht gut, wenn der Vater mit dem schlechten Gewissen des Kindes arbeitet. Das kannst Du aber anders sehen."

M. drängt auf die "Streitstunde", muß sich aber noch etwas gedulden. Erst 20 Minuten vor Stundenende fragt Frau A., ob die Kinder für die "Streitstunde" nicht so sitzen bleiben wollen. Sie möchten aber lieber ihr Ritual beibehalten, die Schuhe auszuziehen und in der Sofaecke sitzen. So geschieht es. Frau A. sagt zu mir, sie hätte gestern da sein sollen, da hätte ich einen heftigen Streit zwischen K. und J. erleben können. Heute seien beide so erschöpft, daß sie fehlten. Auf meine Bemerkung, daß ich J. seit der Niederlage bei der Klassensprecherwahl

sehr niedergeschlagen erlebt hätte, anwortet Frau A., daß sie sich schon vorgenommen hätte, mit ihm einmal intensiver zu sprechen bzw. ihn anzurufen.
Während der "Streitstunde" fragt ein Kind, ob es auch zu abwesenden Kindern etwas sagen dürfe. Einige Kindern erwidern: "Natürlich nicht, Du möchtest ja auch nicht, daß über Dich geredet wird, wenn Du nicht da bist." Das wird eingesehen. Der Klassensprecher betont, daß er die neue Sitzordnung ganz schlecht finde, insbesondere weil sein Vierertisch auseinandergesetzt wurde. Außerdem würde er sich "ab vom Schuß" fühlen und nun bei Meldungen übersehen werden. Die Sitzordnung sei zudem unpraktisch, da so nur noch selten ein Kreis gemacht würde. Er erhält allgemeine Zustimmung. Vorweg hatte er den Wochenplan gelobt. M. muß trotz der knappen Zeit erneut ausführlich über einige Mitschüler klagen. Er spielt sich dabei ein wenig auf und wird deshalb sowohl von den Kindern als auch von der Lehrerin gemahnt und schließlich unterbrochen. Andere folgen mit kurzen Einzelkritiken etwa in der Form: "P., ich finde nicht gut, daß Du mir oft mit der Hand auf den Kopf schlägst." Verteidigungen werden von den Kindern diesmal nur selten zugelassen.
Der Unterricht zum Thema "Indianer", der in der letzten Woche intensiviert wurde, wird allgemein gelobt. Alle drei Kinder, die mit am Tisch des Klassensprechers sitzen, beklagen sich ebenfalls über die neue Sitzordnung, andere Kinder nicht. Die stellvertretene Klassensprecherin erwähnt, daß sie die ganze Woche deshalb geweint hätte, und bekommt auch jetzt eine weinerliche Stimme. Sie sieht nicht ein, warum sie auseinandergesetzt wurden, die anderen seien auch nicht leiser. Sie empfindet die von der Lehrerin allein vorgenommene Veränderung der Sitzordnung als unbegründete Strafaktion gegen ihre Gruppe. Zum Schluß ergreift Frau A. den Gong und das Wort. "Sie will das letzte Wort haben", bemerken einige Kinder. Frau A. begründet die Sitzordnung damit, daß sie nur mal einen Versuch starten wollte. Die Klasse hätte ja nun gemerkt, welche Vorteile die alte Sitzordnung hätte und wie wichtig es sei, andere Kinder nicht mehr abzulenken, so daß zu der alten Sitzordnung zurückgekehrt werden könnte. Auf erneute Nachfrage und Versicherung, nicht mehr laut zu sein, antwortet Frau A., sie hätte die neue Sitzordnung ja nicht nur wegen des Vierertisches gewählt, aber am Montag werde sie die Tische wieder umräumen und z.T. neue Namensschilder auf den Tischen plazieren; es würden nur noch kleine Umsetzungen erfolgen. Bei der erwähnten Vierergruppe herrscht nun große Freude, andere äußern Umsetzungswünsche, manche murren aufgrund befürchteter Umsetzungen. Die Zeit für die Stunde ist erneut überzogen.>

Vergleicht man die in kleinen Auszügen dargestellte Praxis der Ubbelohde-Schule mit ihrem Konzept, so läßt sich m.E. (unter Ergänzung durch Beobachtungen aus weiteren Stunden) in Hinblick auf kontinuitäts- und gemeinschaftsorientierte Bindungs- und Mitbestimmungfähigkeiten vorläufig folgendes festhalten:

1. Die Einrichtung des Klassenrats ("Streitstunde") ist für alle Beteiligten äußerst wichtig und spielt im Schulleben der Kinder die zentrale Rolle. Hier finden bis auf wenige Ausnahmen die intensivsten und emotional aufwühlendsten Auseinandersetzungen statt, wobei sich die Einführung von Gesprächsregeln als sehr hilfreich erweist.[107] Die Kinder mögen auf diese institutionalisierte und ritualisierte Stunde nicht verzichten und fordern die Einhaltung eingespielter Formen ein.

2. Inhaltlich beschäftigt sich die Gruppe im Klassenrat vorwiegend mit sozialen Konflikten in der Klassengemeinschaft; unterrichts-, themen- oder methodenzentrierte Aspekte werden zwar angesprochen, jedoch in weit geringerem Maße. Individuelle Ergebnisvorstellungen von geleisteter Arbeit, Büchern u.ä. sind in dieser Klasse an dieser Stelle sehr selten.

---

[107] vgl. auch ebenda

3. Räumlich und atmosphärisch wird von den Kindern für die "Streitstunde" die Geborgenheit der Sofarunde gesucht, die zugleich viel Nähe und Verbundenheit ermöglicht.

4. Gemeinschaftsbildung wird hier offensichtlich nicht durch altersspezifische Auseinandersetzungen verhindert. Die Klassengemeinschaft ist intakt, zumindest bemühen sich alle Kinder darum, obwohl die im Konzept geforderte Kontinuität nicht eingehalten wurde, weil erstens die Klasse aus zwei vierten Klassen zusammengesetzt wurde und zweitens noch einige Seiteneinsteiger hinzukamen und ein Zusammenwachsen erschwerten. Nachdem die Schule aber heute den Aufbau abgeschlossen hat und die Klassen vom ersten bis zum sechsten Schuljahr durchgängig beisammen bleiben, dürften entsprechende Probleme geringer geworden sein. Dennoch gibt es auch in der Ubbelohde-Schule heute noch partiell Außenseiter und Ausgrenzungen. Diese Probleme aufzufangen bzw. zu bearbeiten ist eine Aufgabe für gemeinsame Unternehmungen[108] oder für den Klassenrat. Wenn sie nicht in der Klasse gelöst werden können, bleibt nach Angaben von Lehrerinnen nur noch die Chance von außerschulischen Maßnahmen bzw. von einem Klassen- oder schließlich einem Schulwechsel.[109] Der Klassenrat bietet nach meinen Beobachtungen jedoch einige Möglichkeiten, entsprechende Konflikte zu bearbeiten.

5. Die Möglichkeit, Konflikte auszutragen, verhindert nicht ihre Entstehung. Die freie Wahl der Gruppe bei der häufig binnendifferenzierten Arbeit dieser Schule führt nicht nur zu einem angenehmeren Arbeiten, sie verstärkt neben dem bewußteren Erleben der Außenseiterproblematik z.T. auch die Gefahr der Cliquenbildung.

6. In dieser Klasse orientierten sich einige Kinder nach meinen Beobachtungen beim Aufbau ihrer Freundschaftsbeziehungen z.T. an ähnlichen kognitiven Fähigkeiten der von ihnen gewählten Kinder. Dadurch entstand u.a. eine relativ dominante Vierergruppe sehr leistungsstarker Kinder.[110] Einen solchen Zusammenhang sahen angesprochene Lehrerinnen für andere Klassen jedoch nicht. Und auch in dieser Klasse verlief die Freundschaftsbildung bei manchen Kindern nach meinen Beobachtungen nach anderen Kriterien. Bei einigen spielten freundschaftliche Beziehungen der Eltern eine Rolle. Ein wenig beliebter leistungsstarker Junge tat sich mit einem leistungsschwächeren zusammen, half ihm häufig und wurde dafür von ihm bei Konflikten unterstützt. Insofern bietet das längere gemeinsame Lernen, auch wenn m.E. ähnliche kognitive Fähigkeiten bei der Freundschaftsbildung eine Rolle spielen können, den Vorteil, daß Kinder in der Wahl ihrer Freundschaften nicht durch eine frühe schulische Trennung eingeengt werden.

---

[108] In einer vierten Klasse des Schuljahres 1992/93 wurde z.B. versucht, das Gemeinschaftsgefühl durch eine gemeinsame Übernachtung in der Schule zu stärken. Vgl. den begeisterten Bericht von Schülerinnen in: OUS-Zeitung (Eltern-Information der Otto-Ubbelohde-Schule), Marburg, Februar 1993, S.25

[109] vgl. in Kubina: Die sechsjährige Grundschule in Marburg: Reineking S.48 und Kahl/Kubina/Ruth-Reulen/Lambrich S.102. Ähnlich lauteten mündliche Äußerungen von zwei Lehrerinnen in einer Veranstaltung in der Ubbelohde-Schule am 27.4.1992.

[110] vgl. ebenda S.105f und S.67

7. Waren Probleme und Entwicklungsdivergenzen in dieser Klasse in relevantem Maße festzustellen, so waren die sozialen Kompetenzen, damit umzugehen, nach meinem Eindruck bei
den meisten Kindern größer als bei vielen Erwachsenen. Zwar mußte M. noch lernen, die
"Streitstunde" nicht auszunutzen, um sich in den Mittelpunkt zu stellen, zwar waren einige
Kinder in manchen Stunden weniger fähig zuzuhören oder sich konstruktiv zu beteiligen,
doch war insgesamt ein erhebliches Empathievermögen und eine erstaunliche Fähigkeit
wahrzunehmen, Kritik zu äußern, entgegenzunehmen und auszuhalten. Dabei enthielt diese
Kritik auch umfangreiches Lob und erschien meist sehr ehrlich. Dazu kommt schließlich die
Bereitschaft, sich gemeinschaftlich einsichtig akzeptierten Regeln zu unterwerfen, an ihrer
Interpretation bzw. Verbesserung mitzuwirken und ihre Einhaltung einzufordern.

8. Dennoch regelte diese Klasse ihre Angelegenheiten nicht vollständig selber. Auch hier
trifft zu, was Reineking für diese Schule wie folgt beschreibt: "Der Klassenlehrer greift ein,
wenn Regelverletzungen eintreten oder wenn er zum Beispiel beobachtet, daß die Schülerinnen mit ihrer Zeitplanung nicht zurechtkommen."[111] Zwar ließ Frau A. Vorschläge machen,
auch mitbestimmen, die letzte Entscheidung und "das letzte Wort" behielt sie sich aber vor.
So setzte sie etwa das Thema "Indianer" gegen den Willen der Mehrheit der Klasse durch, da
sie meinte, daß die Kinder noch nicht wissen könnten, wie interessant, lehrreich und Spaß
bringend das Thema sei. Sie empfand m.E. zu recht eine starke Verantwortung, den gruppendynamischen Prozeß der Klasse zu beeinflussen, ihn notfalls abzubrechen und durch neue
Impulse gesteuert fortsetzen zu lassen. Im Interesse eines Lernfortschritts der Kinder hätte sie
m.E. den Schülerinnen und Schülern z.T. noch deutlicher machen können, warum sie in die
sozialen Prozesse der Klasse in dieser oder jener Weise eingriff.

Andererseits fühlte sie sich ebenfalls an die Regeln im Klassenrat gebunden und sagte nur
etwas, wenn ihre Meldung von den Kindern entgegengenommen wurde. Zudem ließ sie sich
durch Argumente oder Gefühle der Kinder in ihrer Entscheidung - z.B. in der Frage der Sitzordnung - korrigieren.

9. Die Kinder fühlen sich von der Lehrerin ernst genommen, und das Verhältnis Lehrerin-
Klasse ist von gewachsenem Vertrauen und der Fähigkeit geprägt, sich gegenseitig einschätzen zu können. Frau A. bekommt durch die Klassenratsstunde viele über den Unterricht
hinausreichende Informationen über die sozialen Beziehungen in der Klasse und das emotionale Empfinden einzelner Kinder. Eine Voraussetzung für das vertrauensvolle Verhältnis
scheint es zu sein, daß sie überwiegend in der Klasse unterrichtet und dadurch den Großteil
der Konflikte miterleben und beurteilen kann. Insofern zeigt sich das Klassenlehrerprinzip
hier dem Fachlehrerprinzip überlegen. Es wird jedoch dadurch begrenzt, daß generell nach
der dritten Klasse ein Wechsel der Klassenleitung stattfindet[112] und in den höheren Klassen -
wie auch hier - etwa die Hälfte des Unterrichts von ein oder zwei anderen Fachlehrkräften

---

[111] vgl. ebenda S.48
[112] vgl. Eltern-Info der Otto-Ubbelohde-Schule für das Schuljahr 1991/92, Marburg im Februar 1992, S.19

gegeben wird, um Kontinuitätsanprüchen und fachübergreifenden Orientierungen einerseits und Fachansprüchen andererseits zu genügen.

10. Der festgelegte Zeitpunkt der Klassenratsstunde hat Vor- und Nachteile. Als Nachteil zeigte sich, daß bestimmte Probleme - etwa der Streit zwischen J. und K. - sich nicht verschieben lassen und sofort bearbeitet werden müssen. Sonst müssen die Kinder es in der Regel einige Zeit aushalten, bis sie am Freitag ihnen wichtige Konflikte ansprechen können. Umgekehrt passiert es, daß an manchen Freitagen wenig Ernsthaftes anliegt, so daß Selbstdarstellungen und Langeweile überwiegen. Der Vorteil dieser Lösung ist jedoch, daß sich die Schüler und Schülerinnen darauf einstellen und verlassen können, daß zu diesem Termin Konfliktbewältigungen möglich sind. Im übrigen konnte ich beobachten, daß die Lehrkräfte den Kindern bzw. einzelnen Gruppen auch in anderen Stunden Raum lassen, sehr dringliche Probleme zu besprechen.

11. Im Gegensatz zu Berichten aus den Klassen 5 und 6 des Jahres 1991 haben die Klassensprecher in dieser Klasse während des Klassenrates keine hervorgehobene Position. Verantwortung für die Regelung des Klassenlebens fühlen nicht nur die gewählten Kinder. Es werden vorwiegend Angelegenheiten der Klasse und nicht - wie neuerdings zu beobachten - Aspekte der Schule oder der Schüler-Vertretung besprochen.[113]

12. Insgesamt trägt der Klassenrat in dieser Klasse zu einer Gemeinschaftsorientierung bei, die die Individualisierung eines Teils des Unterrichts ausgleicht. Trotz innerer Differenzierung wird dadurch die Gefahr des Zerfalls der Klasse behoben. Es erweisen sich nicht die Phasen der Individualisierung, sondern diese **kollektive Phase als Mittelpunkt des Schullebens** und als Ort für soziales Lernen. Insofern erscheinen solche Formen der Gemeinschaftsbildung in der sechsjährigen Grundschule eine notwendige Ergänzung zur Binnendifferenzierung zu sein.

5.4.2. Selbständigkeit und selbstbestimmte Eigentätigkeit in der Wochenplanarbeit

Schon in den im letzten Abschnitt wiedergegebenen Beobachtungsprotokollen wurde deutlich, daß die Planung der eigenen Arbeit innerhalb des Wochenplans manchen Kindern noch große Schwierigkeiten bereitet und sie z.T. am Donnerstagnachmittag viel Liegengebliebenens aufarbeiten müssen, um es am Freitagmorgen vorzustellen bzw. kontrollieren zu lassen.[114] Was sich sonst im Unterricht nach dem **Wochenplan** wahrnehmen ließ, soll erneut anhand meiner Beobachtungsprotokolle - ergänzt durch Berichte der wissenschaftlichen

---

[113] vgl. Reineking in Kubina: Die sechsjährige Grundschule in Marburg, S.56f
[114] Die Kontrolle der Wochenplanarbeit findet vor dem Klassenrat statt. Vgl. zu diesem Problem auch den Abschnitt 5.5.1.

Begleitung - geklärt werden.[115] Ich beginne mit Aufzeichnungen des Besuchs der erwähnten 6.Klasse im "**offenen Anfang**":

<Ich komme am Mittwoch den 2.12.1987 um 7.30 Uhr in die Ubbelohde-Schule. Ein Lehrer und der Schulleiter sind schon da und die Schule ist offen, damit die Kinder schon früh eintreffen können, um zu spielen oder Aufgaben im Rahmen des Wochenplans zu erledigen. Die meisten Schülerinnen und Schüler kommen aber erst kurz vor acht. Im Schulgebäude wird viel herumgelaufen. An ruhige Arbeit oder ruhiges Spiel wäre nicht zu denken. Es wird "Fangen" gespielt, und die Kinder toben sich aus.>

Auch an den anderen Tagen, an denen ich den "offenen Anfang" beobachtete, arbeiteten selten Kinder am Wochenplan. Toben und Unterhalten, bevor der Unterricht beginnt, waren die stärksten Bedürfnisse der Schüler und Schülerinnen.

Besprochen wurde der Wochenplan in der 6.Klasse jeweils Montag morgens:

<Um kurz vor acht betrete ich die Klasse. Einige Kinder sitzen schon in der Sofaecke, andere räumen an ihren Tischen. Die Lehrerin, Frau A., bemerke ich erst einige Minuten später, sie sucht etwas auf ihrem Tisch und setzt sich anschließend ohne Aufforderungen an die sich ebenfalls dort einfindende Klasse in die Sofaecke. Ein Junge kommt etwas zu spät. Ohne daß irgendjemand davon Aufhebens macht, setzt er sich in den Kreis.
Frau A. fragt nach, wer von seinen Wochenenderlebnissen erzählen möchte. Vier bis fünf Kinder erzählen kurz, was sie gemacht haben, z.B. über Ausflüge mit den Eltern. Persönliches wird nicht ausgespart. Frau A. fragt einzelne, die in der letzten Woche krank waren, nach ihrem Befinden, u.a. J., dem es in der letzten Zeit auch psychisch nicht gut zu gehen scheint. Es herrscht eine ruhige, freundliche Atmosphäre. Frau A. teilt einen für jeden fotokopierten Wochenplan aus.[116] Sie läßt die Pflicht- und freiwilligen Wahlaufgaben von einem Mädchen vorlesen. Außerdem hat sie ein grünes Steckbrett mit ungefähr 15 Karteikarten bestückt, auf denen Aufgaben stehen wie: "Fasse das dritte Kapitel des Indianerbuches 'Blauvogel' zusammen und sprich es auf Toncassette." Jedes Kind soll sich im Laufe der Woche zwei Aufgaben von den Karteikarten abschreiben und sie erledigen. Das kann es in der Stunde "Freie Arbeit", zu Hause oder in den von der Klassenlehrerin gegebenen Englisch- bzw. Deutschstunden tun, wenn gerade nichts erklärt oder besprochen werden muß, sondern Stillarbeit angesagt ist. Die von den beiden anderen Lehrkräften gegebenen 14 Stunden sind nicht in die Wochenplanarbeit integriert.
Nach der Wochenplanvorstellung setzen sich nun alle Kinder an die Tische und schreiben - wie in der Regel jede Woche um diese Zeit - ein kurzes Übungsdiktat.
Ich schaue mir währenddessen den Raum an. Durch Regaltische ist er in zwei Teile geteilt. Im hinteren Teil befindet sich die Sofaecke, in der von den Eltern beschaffte alte Sofas stehen. Zudem ist dort eine abgetrennte kleine Arbeitsecke, in der sich auch eine Freinet-Druckerei befindet. Im vorderen Teil des Raumes stehen drei Gruppentische und etwas abseits in der einen Ecke der Tisch der Lehrkräfte, in der anderen die Tafel.
An den Wänden hängen Kartonplakate, auf denen die Namen der Schüler und Schülerinnen stehen und auf denen sie ihre erledigten Aufgaben notieren. Ich sehe drei Zeichen (+, I, -), die den Erarbeitungsgrad angeben. Ein Wochenplan hängt an der Stirnseite. Auch Pinntafeln mit Aufgabenkärtchen für die "Freie Arbeit" sind an den Wänden angebracht. In den Schränken stehen viele Arbeitsmaterialien für Einzel- und Partnerarbeit mit Selbstkontrolle. Jedes Kind hat in den Regaltischen ein eigenes Fach, in dem Bücher, Hefte und Arbeitsblätter liegen. Auf einem Regaltisch stehen neben Geschichtswerken und Atlanten Bücher zum jeweils aktuellen Thema, z.B. "Steinzeit", "Indianer" o.ä. Die Wände sind mit Zeichnungen der Schüler und Schülerinnen geschmückt. Vor dem Klassenraum hängt eine Plakatausstellungswand, auf der jedes Kind ein spezielles Bild mit Erläuterungen gemalt hat, um den anderen Schülerinnen und Schülern zu zeigen und sie daran zu beteiligen, was die Klasse gerade lernt.

---

[115] vgl. Reineking in Kubina: Die sechsjährige Grundschule in Marburg, S.33ff, insb. S.46ff
[116] siehe Anlage

Nach dem Übungsdiktat (82 Wörter) tauschen die Kinder ihre Hefte mit vorher festgelegten, meist unterschiedlich leistungsstarken Partnern aus und korrigieren sich gegenseitig. Frau A. notiert sich die stark differierenden Fehlerzahlen nicht. Bei den Kindern ist vor und beim Schreiben des Diktats keine Aufgeregtheit oder Angst zu spüren. Hinterher teilen sich die Kinder ihre Fehlerzahlen z.T. mit, auch in der Art: "Weißt Du wieviel Fehler der M. gemacht hat?" - "Was, so viele?"
Fehler werden korrigiert, die richtige Version auf eine Karteikarte geschrieben und geübt. Die Karten werden nach wiederholtem Richtigschreiben später wieder aussortiert. Kinder mit vielen Fehlern haben den Nachteil, daß sie sehr viele Karteikarten vollschreiben müssen und deshalb länger mit dieser Arbeit beschäftigt sind. Andere fangen schon mit Aufgaben aus dem Wochenplan an. Zwar entsteht so kein Leerlauf und alle können ihr eigenes Lerntempo bestimmen, dennoch könnte meinem Eindruck nach das häufige Hinterherhinken bei den leistungsschwächeren Kindern zu Frustrationen führen. Die Leistungsstärkeren werden hier jedenfalls in ihrem Lernen keinesfalls durch langsamere bzw. leistungsschwächere Kinder behindert.
Bei den Wochenplanaufgaben wählen die Schülerinnen und Schüler z.T. von sich aus die Partnerarbeit, andere arbeiten lieber allein. Es sollen z.B. Ländernamen in Lücken eines Arbeitsblatts eingetragen werden. Für das Ausfüllen des Arbeitsblatts dient der Atlas und der Globus als Hilfe. Z.T. erzählen die Kinder nebenbei Geschichten von Abenteuerreisen, die von den erfragten Ländern handeln. Die Arbeit scheint den meisten Spaß zu machen. Ab und zu fordern sie sich gegenseitig zur Ruhe auf, um ungestörter arbeiten zu können. Arbeitspausen können selbständig eingelegt werden, ich nehme kaum untätige Kinder wahr. Am Schluß der zweiten Stunde differieren die Schüler und Schülerinnen stark in den bereits erledigten Wochenplanaufgaben. Danach fahren sie für zwei Schulstunden in eine entfernt liegende Sporthalle.
Nur in einer Unterrichtsstunde der ganzen Woche, montags in der fünften Stunde, wird der Unterricht geteilt. Frau B. bleibt mit 9 Kindern im Klassenraum, 5 schreibschwache Jungen gehen mit Frau G. eine Treppe höher zum Rechtschreibförderunterricht. Da der Gong kaputt ist und die Kinder noch auf dem Schulhof spielen, müssen beide Lehrerinnen zunächst noch etwas warten. Als die Schüler und Schülerinnen hereinkommen, ruft sie Frau G., eine etwa dreißigjährige, studentisch leger gekleidete Frau, energisch "ihre" Kinder zusammen. Heute wiederholen und lernen sie mit Hilfe der Rechtschreibkartei die von ihnen im morgendlichen Diktat falsch geschriebenen Wörter. Frau G. bestätigt meinen Eindruck, daß sie es nur sehr mißmutig tun. Gegen Ende der Stunde werde es regelmäßig sehr chaotisch. Die Schüler haben keine Lust zum Förderunterricht und fühlen sich durch ihn herabgesetzt.
Frau B., eine etwa fünfzigjährige Frau, die die übrigen Kinder unterrichtet, bespricht Gedichte. Offiziell heißt die Stunde "Literaturunterricht". Frau B. bemerkt mir gegenüber, daß die Kinder ihren Unterricht als Zusatzstunde empfinden und deshalb wenig Interesse zeigen. Das letztemal wären sie sehr undiszipliniert gewesen, hätten aber für heute Besserung versprochen. Mit diesen Worten beginnt sie auch ihren Unterricht. Die Kinder bejahen, daß sie sich "brav" verhalten wollen. Frau B. sagt, daß sie erst das Gedicht "Herr von Ribbeck auf Ribbeck im Havelland" lesen und dann ein Arbeitsblatt ausfüllen sollen. Zum Schluß könnten sie das Gedicht auf einer von einer Schülerin mitgebrachten Cassette anhören; darauf freuen sich die Kinder. Eine Schülerin äußert verantwortungsbewußt, daß auch ich ein Arbeitsblatt erhalten solle. Frau B. fühlt sich trotz der relativen Ruhe öfter gestört, wenn mehrere Kinder reden, und fordert zur Disziplin auf. Auch sie erlaubt jedoch das spontan von den meisten Kindern gewählte Arbeiten mit einem Partner bzw. einer Partnerin. Der weitere Unterricht unterscheidet sich nicht von herkömmlichen Formen des fragend-entwickelnden Unterrichts, angereichert mit Arbeitsblättern.>

Bereitete den leistungsstarken Kindern dieser **herkömmliche Unterrichtsstil** wenig Schwierigkeiten, so kam die ganze Klasse nach einer allerdings vorangegangenen aufregenden Klassensprecherwahl mit der Unterrichtsgestaltung des Religionslehrers weniger zurecht:

<Die Kinder wirken aufgedreht. Herr R. ruft zur Ruhe, läßt Bücher austeilen und abschnitts-
weise vorlesen, um dann Fragen zu stellen, Antworten zu geben und zu kommentieren. Es
beteiligt sich höchstens die Hälfte der Kinder, und zwar hauptsächlich die Leistungsstärkeren.
Andere schalten völlig ab.
Es herrscht allerdings eine offene Gesprächsatmosphäre. Die Kinder fragen, ob denn alles
wahr ist, was in der Bibel steht, ob die Kirche früher nicht sehr grausam gewesen wäre und
warum sie als evangelische Schülerinnen und Schüler ein katholisches Religionsbuch haben.
Der Lehrer geht darauf jedoch nicht ein, weil er beim Thema "Bibel" bleiben will. Daraufhin
entsteht Unzufriedenheit unter den Kindern. Nach der Stunde erzählt mir Herr R., daß er
momentan lieber etwas "Substantielles" machen wolle, nicht nur "Ethik und Umweltschutz
und ähnliches". Ein Vater, der Theologieprofessor sei, frage oft nach dem Lehrplan. Deshalb
müsse jetzt "auch mal was geboten werden".>

Auch an einem Freitagmorgen erlebe ich zunächst eine traditionelle Mathematikstunde im
fragend-entwickelnden Stil. Große kognitive Divergenzen, die eine Differenzierung erzwun-
gen hätten, konnte ich dabei nicht beobachten. Auch die nachfolgende Englischstunde begann
zunächst ohne Individualisierungen. Einem Vokabelspiel mit hohem Wettkampfcharakter
folgte Einzel- bzw. Gruppenarbeit mit verschiedenen Materialien: Aufgabenkarteien und
-puzzles, Buchstabenrommé, amerikanische Lektüre:

<Frau A. und ich gehen herum und helfen gelegentlich. Die Kinder gehen unterschiedlich mit
Aufgaben um, bei denen die Lösung zur Selbstkontrolle auf der Rückseite steht: einige
gucken vorher, andere nicht. Wer seine Aufgaben bis zur großen Pause nicht erledigt hat, darf
sie danach fortführen. Das Arbeitstempo ist erneut sehr unterschiedlich, wobei langsamere
Kinder häufig sorgfältiger arbeiten. Die Schnelleren machen inzwischen freiwillige Zusatz-
aufgaben im Fach Erdkunde, die sie in der Stunde "Freie Arbeit" fortführen wollen. Die
Langsameren erledigen dort Pflichtaufgaben.
Die dritte und vierte Stunde gehen ineinander über. Das Pausenzeichen soll zwar zur Orientierung dienen, jedoch ohne bindende Wirkung sein. Daran haben sich aber noch nicht alle Kinder gewöhnt, denn ab und zu wird nachgefragt, ob denn nicht eine neue Stunde begonnen
habe.
Schließlich bittet Frau A., die Arbeiten zu beenden und sich in den Sofakreis zu setzen. Drei
Kinder stellen nacheinander ein Buch vor, das sie aus der Klassenbibliothek entnommen und
gelesen haben. Angaben zum Autor, Inhaltsangabe und eine eigene Meinung haben sie
schriftlich verfaßt, tragen aber mündlich vor und lesen noch einen Ausschnitt aus den
Büchern vor. Den ersten beiden Mädchen gelingt dies ausgezeichnet. Die Geschichten sind
z.T. sehr tragisch, Selbstmordgedanken der kindlichen Heldin, Trennung der Eltern usw
spielen eine Rolle. Obwohl ich das Gefühl bekomme, daß auf diese inhaltliche Problematik
eingegangen werden müßte, geschieht dies nicht. Nach jeder Vorstellung beurteilen die
Kinder die Referentinnen, wobei sehr viel gelobt wird, jedoch auch - wenn nötig - negative
Aspekte genannt werden. Die Schülerinnen besitzen dabei eine hohe Fähigkeit, Kritik entgegenzunehmen.>

Generell wird während des Wochenplans viel in **Gruppen- und Partnerarbeit** erledigt.
Während dies meist reibungslos geschieht, erlebe ich im Polytechnikunterricht bei der
Partner- und Gruppenarbeit Probleme:

<Die letzten beiden Stunden dieses Tages findet das Polytechnik-Projekt "Wir entwerfen eine
Reise" statt. Anhand von Prospekten, die von den Kindern aus Reisebüros geholt werden,
planen sie ein vollständiges Angebot für eine Reise. Obwohl der Lehrer für kostengünstige
Reisen plädiert, die auch als Klassenfahrt unternommen werden könnten, sind Fernreisen in
die USA am beliebtesten.

Die Schüler und Schülerinnen brauchen eine lange Anlaufzeit und haben viel vergessen, da der letzte Unterricht zu diesem Thema eine Woche zurückliegt. Erneut müssen einige Kinder noch zu Reisebüros, um sich fehlende Auskünfte zu holen. Es wird zumeist in Vierergruppen gearbeitet. Wie schon in den vorangegangenen, von mir beobachteten Polytechnik-Stunden konzentriert sich die Arbeit in den jeweiligen Gruppen häufig auf ein oder zwei Kinder. In einer Zweiergruppe hat ein Mädchen nichts mitgebracht und keine Lust, das andere ist daraufhin beleidigt und läuft häufig weg. In einer Dreiergruppe kann sich ein Junge mit seinem Reisewunsch nicht durchsetzen und schweigt frustriert. In einer Vierergruppe, in der zwei Kinder massiv dominieren und von den anderen häufig gefragt werden, ob dies oder jenes so gemacht werden könnte, scheinen sich die kaum beteiligten Kinder nicht unwohl zu fühlen und lehnen sich bequem zurück, während die aktiven Kinder froh sind, daß die Gruppenentscheidungen von ihnen bestimmt werden. Dadurch entsteht eine relativ stabile, aber nicht für alle Kinder produktive Gruppenstruktur. Auf eine dies kritisierende Bemerkung von mir reagiert die Gruppe ablehnend. Der Lehrer greift kaum ein, um - wie er mir nebenbei erläutert - die Schülerinnen und Schüler ihre Arbeitszusammenhänge selbständig gestalten zu lassen.[117] Er hilft aber bei den inhaltlichen Planungen.

Mit Ausnahme der gruppendynamischen Probleme macht die Arbeit den meisten Kindern Spaß, obwohl sie recht schwierig und komplex ist. Sie dürfen umherlaufen, müssen nicht leise sein, können ihre Phantasie spielen lassen und werden zu kognitiven Planungsarbeiten und künstlerischen Darstellungen angeregt.>

Neben Schwierigkeiten, die die Kinder bei der Gruppenarbeit miteinander haben, gibt es auch das Problem, daß in manchen Gruppen inhaltlich nicht effektiv genug gearbeitet wird. Meine entsprechenden Wahrnehmungen bestätigt Reineking:

"In den Wochenplan-Stunden war zu beobachten, daß SchülerInnen immer wieder versuchen, sich Freiräume zu erobern, in denen sie unbeobachtet vom Lehrer agieren können. Eine Möglichkeit bietet dabei das Arbeiten auf dem Flur, außerhalb vom Klassenzimmer. Hier finden sich Arbeitsgruppen, die nach außen die Erfüllung der Aufgaben des Wochenplans vorgeben; tatsächlich aber schaffen sie sich Handlungsspielräume, um sich zu unterhalten, den anderen persönliche Erlebnisse mitzuteilen, um zu meckern, herumzualbern oder sich zu verabreden."[118]

Ein weiteres Problem bei der Erziehung zur Selbständigkeit, die personenbezogene variable Rückmeldungen erfordert, ist die Konfrontierung der Kinder mit der traditionellen Zensurengebung, die ich in der fünften Klasse erlebe:

<Als Herr S. hereinkommt, ist es ruhig. Es wird ganz still, als er erwähnt, daß die Mathematikarbeit nicht so gut ausgefallen ist: dreimal "mangelhaft", viermal "ausreichend", neunmal "befriedigend", viermal "gut" und viermal "sehr gut". Eine leise Zwischenbemerkung eines Jungen ("Wer eine 3 hat, kommt nicht auf's Gymnasium!") wird von ihm aufgegriffen: "Das warten wir mal ab, darüber können wir uns vielleicht nächstes Jahr mal unterhalten." In der Klasse herrscht große Spannung, als er die Arbeit austeilt und zu den einzelnen Kindern Bemerkungen macht. Einige sitzen ziemlich deprimiert da. Die Kinder sollen möglichst gleich mit der Berichtigung anfangen; wer fertig sei, könne am Wochenplan arbeiten oder sich mit der Rechenkartei beschäftigen. Herr S. geht herum und hilft nach Bedarf.

---

[117] In einer späteren Stunde ermutigte er allerdings die zurückhaltenden Kinder, mehr Verantwortung zu übernehmen.

[118] vgl. Reineking in Kubina: Die sechsjährige Grundschule in Marburg, S.48

... Nach der Rückgabe einer Englischarbeit weint ein Junge mit einer 4 und liegt den ganzen Rest der Stunde, den Kopf auf den Arm gelegt, auf der Tischplatte. Ein anderer flucht über seine 4, schmeißt seine Sachen auf den Fußboden und schimpft über die Lehrerin. Er ist ziemlich verzweifelt und erzählt mir, daß er in diesem Schuljahr nur Vieren geschrieben hätte, obwohl er oft üben würde. Jetzt würde zu Hause sein Vater wieder seiner Mutter die Schuld geben, daß sie ihn nicht richtig erziehe, und die Eltern würden miteinander streiten. Seine Mutter würde dann verzweifelt sein und auf ihn schimpfen. Er hat ein schlechtes Gewissen. Frau A. kommt zu ihm und geht auf ihn ein, sagt zu mir, daß sich manche für "Kings" hielten, zu wenig täten und dann das böse Erwachen käme. Seine Banknachbarn versuchen, ihn aufzumuntern.
Andere Kinder sind schnell fertig mit ihrer Berichtigung. Frau A. spielt mit ihnen eine Art englisches "Stadt, Land, Fluß-Spiel". Die Kinder mit den schlechten Noten haben z.T. mit ihrer Berichtigung noch nicht angefangen bzw. noch viel zu tun. Da sie außerdem wegen des Förderunterrichts noch eine Stunde länger bleiben müssen als die anderen Kinder, sind sie doppelt frustriert.>

In dieser fünften Klasse gab es insgesamt mehr Schwierigkeiten als in der sechsten Klasse.

Zwar wurde offiziell auch hier nach dem Wochenplan gearbeitet, doch blieb der Freiraum hier wesentlich geringer,[119] wie überhaupt die Atmosphäre in dieser Klasse eine andere war:

<Der Lehrer dieser Klasse legt Wert auf Pünktlichkeit, so daß ihn meine durch Schnee bedingte Verspätung ärgert. Die Schülerinnen und Schüler freuen sich jedoch über das undisziplinierte Verhalten.
Der Raum ist hier anders gestaltet, drei Dinge fallen sofort auf: Mit 16 Jungen und 9 Mädchen sind hier fast doppelt so viele Kinder wie in der 6.Klasse. Im Raum fehlen Arbeits- und Sofaecke, und schließlich ist die Sitzordnung frontal auf den Lehrer ausgerichtet. Regale mit Arbeitsmitteln stehen an der Wand, Kinderbilder sind angebracht. An einer Pinnwand sind unter der Überschrift "Freie Texte" etwa zehn selbstgeschriebene Geschichten angeheftet.
Im Gegensatz zu den übrigen Lehrkräften, bei denen ich mich selbst vorstellte, übernimmt dies hier Herr R.. Er redet vor der Klasse viel, ist dabei sehr ruhig und freundlich. Die Schülerinnen und Schüler mögen ihn, kommen aber nicht voll zur Entfaltung. Das Vorlesen des Wochenplans übernimmt er selbst. Es folgen Erläuterungen. Die Kinder wirken an der Gestaltung des Wochenplans nicht mit. Hier ist an der "Freien Arbeit" nur die Wahl der Reihenfolge der Bearbeitung frei, freiwillige oder wahlweise Aufgaben tauchen kaum auf. Einmal begründet er die Streichung von zwei wahlweisen Aufgaben damit, daß sie nicht vergleichbar wären. Seine Frage, ob jemand etwas vom Wochenende erzählen will, hat rhetorischen Charakter. Einen Montagmorgenkreis und einen Klassenrat gibt es nicht. Da er in der letzten Woche gefehlt hatte, wobei sich die Kinder über den hohen Unterrichtsausfall freuten, versucht er, im Unterrichtsgespräch schnell voranzukommen. Die Schüler und Schülerinnen sind nicht besonders aufmerksam, sie reden viel mit den Banknachbarn. Herr R. erzählt mir, daß es noch lauter war, als es Gruppentische gab. Er erläutert an der Tafel, wie Holzfäller in den tropischen Regenwäldern arbeiten. Nach Aufforderung tragen die Schülerinnen und Schüler die Ergebnisse des Unterrichtsgesprächs in ihr Heft.
Fünf Minuten vor Pausenbeginn packen einige Kinder ihr Brot aus und fangen an zu essen. Dies war als eine Klassenregel erlaubt worden. Auf einem Plakat sind folgende Regeln notiert:

---

[119] vgl. auch de Boer S.77f

Klassenregeln 5
§ 1 Man darf seinen Nachbarn nicht ablenken und bequatschen.
§ 2 Jeder bleibt auf seiner Tischhälfte.
§ 3 Wenn der Lehrer auf einen Schüler sauer ist, soll die Restklasse so freundlich
      wie möglich behandelt werden.
§ 4 5 Minuten vor der ersten Pause ist Frühstückspause.
§ 5 Bei Streit erst reden, dann Eltern oder andere Lehrer einschalten.
§ 6 Wer Dreck macht, reinigt auch unaufgefordert den Klassenraum.
§ 7 Lehrer müssen alle Schüler gleich behandeln.
§ 8 In der Klasse wird kein Kaugummi gekaut.
§ 9 Wer schlägt, boxt oder würgt, hat immer unrecht.
§10 Schwierigkeiten miteinander werden im Gespräch gelöst.
§11 Niemand soll Witze auf Kosten von anderen machen.
§12 Die Dienste in der Klasse müssen gut funktionieren.
§13 Bei Klassenarbeiten ist absolute Ruhe.

Ein Junge erklärte mir, daß die Paragraphen 1 bis 7 vorwiegend von der Klasse selbst stammen. Er beklagte sich aber zugleich, daß der Lehrer noch die Paragraphen 8 bis 13 ergänzt hätte.

In der folgenden Stunde findet "Freie Arbeit" statt. Einige Kinder nehmen ein Biologie-Arbeitsblatt mit dem Thema "Ohr" vor, andere einen auszufüllenden Arbeitsbogen zu den tropischen Regenwäldern, wenige suchen sich aus einem Aktenordner Themenanregungen für einen Deutschaufsatz mit wörtlicher Rede. Ein Junge wählt das Thema "Kindesmißhandlung", ein Mädchen das Gebiet "Veränderungen im Schulunterricht".
Auf dem Pult steht ein Plastikmodell eines Ohrs. Die Kinder, die an diesem Thema arbeiten, schauen aber lieber in ihr Buch und schreiben die gesuchten Begriffe dort ab. Der Arbeitsbogen ist stark analytisch orientiert. Bezüge zum eigenen Körper, Sinneserfahrungen tauchen nicht auf bzw. werden nicht erfragt. Im Arbeitsblatt auftauchende Anforderungen, die nicht durch das Schaubild im Buch zu lösen sind, wie z.B. die Aufgaben der verschiedenen Bestandteile des Ohres zu bestimmen, empfinden die Kinder als zu schwierig. Herr R., der herumgeht und hilft, erklärt mir, daß er die schwierigen Punkte später im Unterrichtsgespräch klären will. Die Kinder arbeiten je nach ihren Wünschen teils allein, teils in Partner-, seltener in Gruppenarbeit. Ich nehme sie als aufmerksamer wahr als in den Phasen des fragend-entwickelnden Unterrichts.>

Für die von mir und durch Mitarbeiter der wissenschaftlichen Begleitung gemachten Beobachtungen lassen sich in bezug auf die im Konzept "innere Differenzierung und Wochenplan" genannten Unterrichtsformen des Schulversuchs vorläufig folgende Feststellungen treffen:

1. In etwa einem Drittel bis einem Sechstel des Unterrichts, überwiegend in den Stunden der Klassenleitung und den "Frei-Arbeitsstunden", findet binnendifferenziertes eigenständiges Arbeiten der Kinder statt. Ein Großteil des übrigen Unterrichts unterscheidet sich praktisch kaum von dem in traditionellen Grundschulen.[120]

2. Formell findet heute in allen Klassen der Schule eine Strukturierung der Arbeitsweise und -zeit nach Tages- bzw. Wochenplänen statt. "Freie Arbeit als Unterrichtsprinzip muß genau-

---

[120] Der von Reineking vertretenen Auffassung (in Kubina S.35), daß die individuellen Arbeitsphasen "fast die Hälfte des Unterrichts an der OUS" ausmachen, wurde in einem Gespräch mit dem Verfasser auch von seiten der wissenschaftlichen Begleitung widersprochen.

sowenig diskutiert werden wie Projektunterricht und entdeckendes Lernen."[121] Die Arbeit mit dem Wochenplan, die darin ausgewiesenen Stunden der "Freien Arbeit" und die Klassenraumgestaltung[122] werden in den verschiedenen Klassen jedoch sehr unterschiedlich gehandhabt. Diesen Eindruck bestätigt auch der Hospitationsbericht von de Boer:

"In allen Klassen, die ich kennenlernte, wurde nach dem Wochenplan gearbeitet, seine inhaltliche und organisatorische Ausgestaltung zeigte jedoch in jeder Klasse eigene Formen. ... Gründe für die differierende Verwirklichung sind einerseits sicherlich in einem unterschiedlichen Wochenplanverständnis der Lehrer/innen zu suchen sowie in dem Grad der Erfahrenheit mit der Anwendung von Wochenplänen. Andererseits verlangen die jeweilig verschiedenen Klassensituationen mit unterschiedlichen Kindern und deren Voraussetzungen, Schwierigkeiten und Problemen eine Anpassung des Wochenplans an diese Verhältnisse."[123]

Folgende Unterschiede und Verwendungen des Wochenplans lassen sich in der Praxis der Otto-Ubbelohde-Schule beobachten:
- Der Wochenplan wird nicht in allen Klassen in Anlehnung an den Epochalunterricht unter ein bestimmtes, meist fachübergreifendes Schwerpunktthema gestellt, das sowohl in Unterrichtsgesprächen als auch in individualisierten Phasen bearbeitet wird.[124]
- Er wird z.t zur Orientierung ausgehängt, z.t. wird er den Kindern in die Hand gegeben.
- In einigen Klassen fungiert er als bloßer Stundenplan, der mit Übungs- und Hausaufgaben der Klassenleitung angereichert ist.
- Er wird je nach Lehrkraft unterschiedlich stark von den Kindern mitbestimmt.
- Zwar enthält er überall obligatorische und in der Reihenfolge der Bearbeitung freie Aufgaben, die Möglichkeiten, freiwillige bzw. Wahlaufgaben zu erledigen, differieren jedoch von Klasse zu Klasse erheblich.
- Nur in einigen Klassen gehört zum Wochenplan auch eine ausgehängte Kontrolltafel, auf der der Arbeitsstand notiert wird.
- Die Arbeitsaufgaben im Wochenplan betreffen meist nur die von der Klassenleitung gegebenen Fächer; sie können aber auch auf andere Fächer ausgeweitet sein.
- Es unterscheidet sich von Klasse zu Klasse, ob die Aufgaben stärker zu Hause, in den Stunden der "Freien Arbeit" oder auch in manchen Stunden der Klassenlehrerin bzw. des Klassenlehrers bearbeitet werden.
- In einigen Klassen dient die "Freie Arbeit" allen Arten von Aufgaben, in anderen nur den freiwilligen Anteilen.

[121] Teetz in Portmann u.a. S.163
[122] Heute sind Gruppentische die Regel.
[123] de Boer S.72
[124] vgl. dazu die Auffassung von Teetz in de Boer S.72

- In den meisten, aber nicht in allen Klassen beginnt der Wochenplan mit einer ausführlichen Montagsbesprechung und endet mit Vorstellungen und Kontrollen sowie dem Klassenrat am Freitag.[125]

3. Die Freistellung der Handhabung des Wochenplans für die Klassenlehrerin bzw. den Klassenlehrer ermöglicht ihr bzw. ihm ein authentisches und auf die individuellen Erfahrungen, Fähigkeiten und Ansichten abgestimmtes Unterrichten. Ohne zusätzliche Koordinationsbemühungen der Lehrkräfte verhindert diese formale Liberalisierung aber die Entwicklung gemeinsam anerkannter Prinzipien der Wochenplangestaltung. Die Kinder werden mit den unterschiedlichen Gestaltungsstilen der Lehrkräfte durch Berichte von anderen Klassen, in jahrgangsübergreifenden Angeboten und in Klasse 5 und 6 durch die Mischung aus Klassen- und Fachlehrerprinzip konfrontiert. Das kann sich als Vorteil erweisen, weil die Schüler und Schülerinnen auch in den Sekundarschulen diese Probleme verarbeiten müssen und sich traditionelle und emanzipatorische Arbeitsweisen ggf. sinnvoll ergänzen können. Die Unterschiedlichkeit der pädagogischen Arbeit kann die Kinder aber auch verunsichern und die Erziehung zur selbstbestimmten Eigentätigkeit beeinträchtigen.

Durch die Einführung einer "pädagogischen Runde" und kleinerer Arbeitsgruppen bemüht sich das Kollegium inzwischen, zu mehr Einheitlichkeit in der pädagogischen Arbeit zu kommen.

4. Die Anforderungen des Gymnasiums wirken sowohl auf einige Lehrkräfte als auch auf manche Schüler und Schülerinnen ab Klasse 5. Obwohl die Mehrheit des Kollegiums und der Eltern sich von den Anforderungen der Gymnasien nicht drängen lassen möchte, meinen einige Lehrkräfte, sie müßten ab Klassenstufe 5 eine stärkere kognitive Orientierung durchsetzen und fühlen sich hierzu von manchen Eltern aufgefordert. Paradoxerweise sollte ausgerechnet der traditionell von kognitiven Ansprüchen relativ freie Religionsunterricht ein Beispiel für diesen Sachverhalt bieten. Bei der Rückgabe der Mathematikarbeit in Klasse 5 wurde der Druck deutlich, unter dem manche Schülerinnen und Schüler trotz der Versuche des Lehrers, Ängste abzubauen, stehen. Andererseits nahm dieser Druck nach den Angaben der Lehrkräfte und der wissenschaftlichen Begleitung in der Klasse 4 im Vergleich zur vierjährigen Grundschule ab.

Frau Elschner-Heuberger berichtet, daß die Neuregelung des hessischen Förderstufenabschlußgesetzes durch die damalige CDU-FDP-Koalition im Jahre 1987, die neben der Förderstufe wieder das dreigliedrige Schulsystem einführte, sich erheblich auf die Realisierbarkeit der Schulversuchsziele auswirkte:

> "Seitdem besteht die Schwierigkeit, sich einerseits in Lernzielen und Leistungsniveau gymnasialen Ansprüchen anzugleichen, um einen problemlosen Übergang nach dem sechsten Schuljahr auf alle Schulzweige zu ermöglichen, andererseits

---

[125] vgl. auch Reinekings Bericht über die Klasse 5 von 1991 im genannten unveröffentlichten Entwurf (Kap 5, S.46) für Kubina: Die sechsjährige Grundschule in Marburg

eine sozial und leistungsmäßig heterogene Zusammensetzung der Schülerschaft zu etablieren. Nicht bei vergleichbar heterogen zusammengesetzten Förderstufenklassen wird jetzt die Meßlatte angelegt, sondern an den 5. und 6. Klassen der Gymnasien.[126]

Dieses Problem verunsichert nicht nur die Eltern, sondern auch die Schülerinnen und Schüler sowie einige Lehrkräfte. Zwar spielt es aufgrund positiver Erfahrungen bei den Übergängen nicht mehr eine so große Rolle. So wird etwa in der Unterrichtsgestaltung der Klassen 1 bis 4 keine Rücksicht auf Eltern genommen, die ihr Kind schon in der Klasse 5 auf ein Gymnasium schicken wollen, aber in Klasse 5 und 6 wird inzwischen dennoch stärker auf gymnasiale Anforderungen Rücksicht genommen.[127]

5. Neben den in die Grundschule hineinreichenden Anforderungen des Gymnasiums wirkt auch die Nutzung einer Stunde Förderunterricht zur äußeren Differenzierung im Fach Deutsch wie ein Fremdkörper. Bei den hier beobachteten Schülerinnen und Schülern ist sie äußerst unbeliebt und wird z.T. als Strafe empfunden; den Kindern kann diese Einrichtung nicht einsichtig gemacht werden, da z.B. das Üben mit der Rechtschreibkartei zugleich in die Wochenplanarbeit integriert ist und sich der Mathematik- und Englischunterricht auch ohne äußere Differenzierung als unproblematisch erweist.

6. Dagegen erfreut sich die selbsttätige Arbeit im binnendifferenzierten Unterricht mit Arbeitsblättern, Karteien u.ä. sowie freien Vorträgen und Texten größter Beliebtheit. Besonders wenn die Aufgaben freiwillig und mit selbst zu wählendem Material und Partnern zu erledigen sind, arbeiten die Kinder gern.[128] Am liebsten sitzen sie dabei möglichst ungestört in einer Ecke oder auf dem Flur. Häufig arbeiten sie intensiv, nicht selten schaffen sie sich aber auch die oben von Reineking beschriebenen Freiräume, um sich auszutauschen und konzentriertes Arbeiten zu vermeiden. Dies weist einerseits darauf hin, daß für die Kinder die Schule als Kommunikations- und Lebensraum an Bedeutung gewinnt und ihnen unbeobachtete Momente dafür gestattet, andererseits zeigt es aber auch, daß die Lust an schulischem Arbeiten auch in der Ubbelohde-Schule begrenzt ist und die Wochenplanarbeit nicht nur intensive Phasen hat.

7. Schwierigkeiten bei dem gemeinsamen, aber binnendifferenzierten Unterricht in Klasse 5 und 6 haben meiner Beobachtung nach - wenn überhaupt - die leistungsschwächeren Kinder oder die Kinder, die im Elternhaus nicht zur Selbständigkeit erzogen werden. Kinder von Akademikereltern, die von früh an zur Eigenverantwortung und Selbständigkeit angehalten wurden, bei denen sich die Bemühungen der Schule zur Selbständigkeitserziehung also mit denen des Elternhauses decken, profitieren in starkem Maße von dem im Schulversuch praktizierten binnendifferenzierten Unterricht. Sie können mit Planungsproblemen und Freiwillig-

---

[126] Elschner-Heuberger (a) in Preuss-Lausitz S.72

[127] Der Schulleiter, Herr Sauer, relativierte in einem Gespräch mit dem Verfasser am 27.10.1993 sehr stark Stellungnahmen von Frau Elschner-Heuberger, die sie in einer Veranstaltung in der Ubbelohde-Schule am 27.4.1992 geäußert hatte, wonach wenig Rücksicht auf gymnasiale Anforderungen gelegt werden.

[128] vgl. Reineking in Kubina: Die sechsjährige Grundschule in Marburg, S.31ff

keit bestimmter Anforderungen gut umgehen und genießen ein hohes Maß an Anerkennung, etwa wenn ein freier Vortrag oder freier Text gelungen ist. Sie können ihre eigenen Interessen bei der "Freien Arbeit" meist befriedigen. Sie arbeiten gern zusammen und fördern sich gegenseitig.

Anders ist die Situation für Kinder, bei denen im Elternhaus die Bemühungen der Schule um mehr Selbständigkeit nicht unterstützt werden. Sie haben es schwerer, ohne Druck zu lernen, ihre Arbeit über eine Woche zu planen und freiwillige Aufgaben zu leisten. Wenn sie zudem in ihrer Leistungsentwicklung oder in ihrem Arbeitstempo den anderen Kindern unterlegen sind, werden sie häufig frustriert.

Leistungsschwächere Kinder kommen seltener dazu, etwas über die Pflichtaufgaben hinaus zu leisten und die meist attraktiveren Zusatzangebote zu bearbeiten. Dementsprechend erhalten sie weniger Anerkennung. Da sie meist mehr Fehler machen, haben sie außerdem umfangreichere Korrekturleistungen zu erbringen. Nicht selten werden sie von Kindern abgelenkt, die mit ihrer Arbeit schon fertig sind.[129] Schließlich steigern sich ihre Enttäuschungen noch dadurch, daß die Ziffernbenotung sie im Vergleich zu den anderen Kindern herabsetzt, statt wie bei verbaler Beurteilung Ermunterungen zu ermöglichen.

Gerade dieser Gruppe müßte also auch im binnendifferenzierenden Unterricht erhöhte Aufmerksamkeit gelten. Dies ist von Ausnahmen abgesehen den Lehrkräften bewußt, und sie versuchen häufig, diese Kinder zu ermutigen. Eine sinnvolle Möglichkeit der Berücksichtigung der Interessen dieser Schüler und Schülerinnen war in einer 2.Klasse zu beobachten, in der die Stunden "Freie Arbeit" für attraktive Zusatzangebote von allen Kindern genutzt wurden, unabhängig davon, ob sie ihre Pflichtaufgaben erfüllt hatten oder nicht.[130]

M.E. sollte auf Maßnahmen, die von diesen Kindern als diskriminierend empfunden werden, etwa auf einen zusätzlichen Förderunterricht, verzichtet werden. Auch eine durchgängige Einführung der verbalen Beurteilung würde die Konsistenz des pädagogischen Konzepts nach meinem Eindruck erhöhen. Zudem müßten die Lehrkräfte vermehrt Aufgaben stellen, bei denen leistungsschwächere Kinder besondere Anerkennung erhalten können. So könnten die Stärken des binnendifferenzierten Unterrichts, z.B. die individuelle Wahl des Arbeitstempos und Schwierigkeitsgrades, die auch den leistungsschwächeren Kindern wahrnehmbar hilft, noch deutlicher in den Vordergrund treten.

8. Die Zusammenarbeit von leistungsschwächeren und leistungsstärkeren Kindern in einer Gruppe führt nicht automatisch zu gegenseitiger Anregung und einer ausgewogenen Verteilung der Expertenrollen, wie Reineking aus seinen Beobachtungen gelungener Kooperation verallgemeinernd schließt.[131] Sie kann - wie im Polytechnikunterricht der Klasse 6 zu

---

[129] vgl. de Boer S.77
[130] vgl. ebenda
[131] vgl. Reineking in Kubina: Die sechsjährige Grundschule in Marburg, S.37. Reineking behauptet, "daß jedes Kind in irgendeinem Bereich Experte ist." Meine Beobachtungen stützen eine solche, tendenziell Ausgewogenheit suggerierende These nicht.

beobachten war - auch zu einer Rollenverfestigung beitragen, wenn sich Durchsetzungsinteressen leistungsstarker Kinder mit Bequemlichkeitsbestrebungen weniger motivierter Kinder decken bzw. leistungsschwächere Kinder sich in eine inaktive Position fügen. In einem solchen Fall kann der Selbstregulierungsprozeß der Gruppe - unter Lerngesichtspunkten betrachtet - ein negatives Ergebnis bringen, so daß die Lehrkraft - wie auch Reineking formuliert - gefordert ist, verfestigte Strukturen aufzubrechen:

> "Die Förderung selbständigen Lernens ist für die LehrerInnen in den Unterrichtssituationen immer wieder mit der Entscheidung verbunden, ob einem fragenden Schüler eher Hilfestellungen gewährt werden sollen oder ob es sinnvoller ist, ihn zu ermutigen, selbst zu arbeiten, Hilfsmittel zu Rate zu ziehen oder ihn an MitschülerInnen zu verweisen. ... Ähnliche Entscheidungen sind auch hinsichtlich der sozialen Konstellationen in der Klasse zu treffen."[132]

Dabei ist es hilfreich, daß die Lehrkräfte aufgrund ihrer meist kontinuierlichen Arbeit in der Klasse die Kinder relativ gut kennen.

Die Gefahr der Rollenfixierung wird auch dadurch geringer, daß die Schülerinnen und Schüler in wechselnden Zusammensetzungen kooperieren und so mit unterschiedlichen Gruppenstrukturen konfrontiert werden. Meist arbeiten die Kinder fruchtbar zusammen oder regeln ein Aktivitätsgefälle selbst, indem sie den Konflikt austragen oder sich andere Partner suchen.

9. Reineking beurteilt die Wirkungen der Wochenplanarbeit bzw. der Erziehung zur Selbständigkeit auf die Beziehungen zwischen den Kindern und Erwachsenen in der Ubbelohde-Schule besonders positiv:

> "Der allmähliche Ausbau eigenständiger Arbeitsphasen im Unterricht und die von den SchülerInnen dabei erfahrene Unterstützung durch die LehrerInnen hat zu einem partnerschaftlichen Verhältnis unter ihnen geführt. Die Lehrerin oder der Lehrer ist Partner im Lernprozeß. Die Sozialisationserfahrungen der Kinder innerhalb der Familien finden in der Schule ihre Fortsetzung. Die Erwachsenen in der Schule nehmen die Kinder in ihren Bedürfnissen ernst."[133]

Unberücksichtigt bleibt m.E. hierbei die Inhomogenität der Sozialisationserfahrungen der Kinder in den verschiedenen Familien und den außerschulischen Lebenswelten, zumal selbst die schulischen Erfahrungen mit der Selbst- und Mitbestimmung im Rahmen des Wochenplans differieren. Allerdings ist inzwischen die Schülerschaft der Ubbelohde-Schule in bezug auf Sozialisationserfahrungen homogener geworden, da verstärkt Eltern ihre Kinder von außerhalb des Schulbezirks in den Schulversuch einwählen, weil sie hoffen, daß sich das Konzept dieser Schule mit ihren eigenen erzieherischen Vorstellungen deckt.

10. Insgesamt waren meiner Beobachtung nach die Stunden mit selbsttätiger Arbeit neben dem Klassenrat in Hinblick auf Aufmerksamkeit und Lernintensität die erfolgreichsten Stunden. Sie sorgten für ein hohes Maß an Variabilität und Attraktivität in den Unterrichtsformen,

---

[132] vgl. ebenda S.36
[133] ebenda

motivierten die Kinder und kamen ihren Bedürfnissen nach einem Wechsel von Bewegungs- und Ruhemöglichkeiten entgegen.

11. Es wäre allerdings übertrieben zu sagen, daß die Kinder in dieser Schule in der Mehrheit aus eigenem Antrieb arbeiteten. Im "offenen Anfang" und solange die Lehrkraft nicht den Unterricht begonnen hatte, wurde die Zeit eher für die soziale Kontaktaufnahme und eine Befriedigung des Bewegungsdranges genutzt als dafür, an Wochenplanaufgaben zu arbeiten. Spaß am Lernen war zwar nicht selten zu beobachten, doch wäre der Schluß falsch, an dieser Schule würde das Lustprinzip dominieren. Vor allem in den höheren Klassen werden auch an dieser Schule Kinder auf gymnasiale Anforderungen eingestellt und kognitive Ansprüche erfolgreich durchgesetzt, wobei es in vielen Fällen gelingt, diese mit den übrigen Zielen des Schulversuchs zu verbinden und Zwang zu reduzieren. Jedoch können entsprechende Erwartungen der Eltern und Kinder von den Lehrkräften nicht immer erfüllt werden; sie werden, wie in Befragungen[134] noch deutlicher wird, von ihnen als hohe Belastung empfunden.

5.4.3. Ganzheitliches und kreatives Handeln in Projekten

Neben dem Gemeinschafts- und Kontinuitätsaspekt und der binnendifferenzierenden Arbeit innerhalb des Wochenplans bildet die Projektorientierung die dritte Säule des Schulversuchs- konzeptes.

Der fachübergreifende Epochalunterricht zum Thema "Indianer" und das Klassenprojekt "Reise" im Rahmen des Polytechnikunterrichts sind im vorangegangenen Abschnitt schon erwähnt bzw. vorgestellt worden. Beide Projekte endeten mit einem Aushang an der Klas- senwand, das Reiseprojekt wurde zudem auf einem Elternabend vorgestellt.

Die schon erwähnten Beobachtungen bei diesen Projekten ergänze ich nun durch Unter- richtsprotokolle über "offene Angebote". Außerdem ziehe ich bei der Ergebniszusammen- stellung wieder Berichte der wissenschaftlichen Begleitung heran.

<Am Mittwoch, dem 2.12.1987, besuche ich das zweistündige "offene Angebot". In fast jedem Raum wird ein anderes Angebot gemacht, und zwar für alle Schüler und Schülerinnen der Klassen 2 bis 6. Diese wählen sich alle drei Monate in ein Kursangebot ein. Es sind im Alter und Geschlecht sehr gemischte Gruppen. Die Angebote stammen fast alle aus dem musisch-künstlerisch-handwerklichen Bereich: "Anfertigung von Stoffpuppen", "Gipsen und Bemalen", "Flöten", "israelische Feste", "Theater", "kleine Apotheke", "Scherenschnittbü- cher", "Backen", "Werken" u.a. Dieser Bereich scheint sich für jahrgangsübergreifenden Unterricht anzubieten, da ein selbständiges Arbeiten und Erfolgserlebnisse auf verschiedenen Ebenen ermöglicht und intellektuelle Unterschiede eine geringere Bedeutung haben.
Ich beginne bei dem Ehepaar T., das mit den Kindern "israelische Feste" feiert. Beide sitzen an einem langen Tisch, er, Pfarrer, an einem Kopfende, sie, Religionslehrerin, am anderen. Sie spielen die Eltern, die Schülerinnen und Schüler die Kinder. Ich setze mich dazu und

---

[134] vgl. dazu Abschnitt 5.5.3.

stelle mich und mein Vorhaben kurz vor. An der Reaktion der Kinder wird deutlich, daß sie das Bewußtsein haben, an einer besonderen Schule zu sein. Ein Schüler erzählt mir, daß es in Berlin auch sechsjährige Grundschulen gibt, und fragt mich, ob ich die mit ihrer Schule vergleichen will.

Auf dem Tisch steht ein kleiner siebenarmiger Leuchter. Er wird heruntergenommen, weil heute ein anderes Fest gefeiert wird: Chanukka. Herr T. erzählt dazu eine Geschichte, die die Entstehung des Festes und seine Gestaltung erklärt. Es ist relativ ruhig, die Kinder hören - gleich welchen Alters (7 - 11) - gut zu und tragen durch Zwischenfragen einiges bei. Es wird Chanukka-Geld an alle Kinder verteilt. Methodisch ist die Stunde auf Erzählungen der Lehrkräfte und Dialoge zwischen ihnen und den Schülerinnen bzw. Schülern konzentriert. Es herrscht eine ruhige und feierliche Atmosphäre, die die Kinder zu genießen scheinen.

Nach einer halben Stunde wechsle ich zum nächsten Angebot.

Frau A. bietet die "Anfertigung von Stoffpuppen" an. Als ich in den Raum komme, liest sie gerade eine Geschichte vor, während die meisten Kinder dabei basteln. Einige hören so gebannt zu, daß sie die Arbeit unterbrochen haben. Ein Junge steht an einem Schranktisch und liest; ein anderer, der oft dazwischen redet, wird um Ruhe gebeten.

Die gebastelten Puppen sind aus Filz mit einer Murmel als Kopf. Sie werden an einer Tischschräge hinuntergekullert, wobei sie lustige Kapriolen schlagen. Die Kinder unterschiedlichen Alters sitzen an Gruppentischen, arbeiten aber überwiegend allein.

Beim dritten Angebot "Gipsen und Malen" ist zusätzlich eine Hospitantin anwesend. Hier bemalen Kinder mit viel Eifer Gipsmasken, die sie selbst hergestellt haben. Auch dieses Vorhaben scheint für verschiedene Altersgruppen attraktive Ergebnisse zu bringen, wobei je nach Alter von den Erwachsenen unterschiedlich viel geholfen wird.

Beim Angebot "Backen" werde ich gleich zum Öffnen der Rumaromas für die zu knetenden Rumkugeln herangezogen. Die Kinder sind sehr aufgeschlossen und auskunftsfreudig. Auch hier wird den Jüngeren durch die Lehrerin und eine anwesende Mutter stärker geholfen. Alle kneten Rumkugeln, teils allein, teils zu zweit; einige werden in bunte Streusel, andere in Kakaopulver oder Kokosraspeln gewälzt und anschließend gegessen oder mit nach Hause genommen.

Ein Junge sitzt abseits und rechnet an Mathematikaufgaben, die er im Rahmen des Wochenplans erledigen muß. Er mag - wie er mir mitteilt - keine Rumkugeln.

Das fünfte Angebot klingt vielversprechend: "Der kleine Apotheker". Die Leiterin, eine Mutter, teilt mir mit, daß heute leider nur eine Füllstunde stattfindet, in der alle Kinder auf den "gleichen Stand" gebracht werden müßten und die übriggebliebenen Stationen durchlaufen sollen. Nächste Woche dürfen alle Hustensaft herstellen. Die Utensilien, ein Pillendrehbrett, eine Waage, Schalen und Spatel zum Anrühren von selbstgemachten Cremes, Pulvern und Kosmetika erzeugen bei den Kindern ein hohes Interesse.

Während in den übrigen Gruppen etwa 15 Kinder teilnehmen, ist hier die Zahl auf zehn beschränkt, weil die Mutter sonst die in Zweier- und Dreiergruppen arbeitenden Kinder nicht intensiv genug betreuen kann. Sie hat letztes Jahr hospitiert und leitet nun auf Anregung einer Lehrerin diesen Kurs allein. Dabei wirkt sie unsicherer als die professionellen Lehrerinnen und betont mir gegenüber, daß sie keine pädagogische Ausbildung hat und die Durchführung der beiden Stunden nicht ganz einfach sei, zumal sie die Kinder kaum kenne. Dennoch ist ihr Angebot sehr stark gefragt.

Zum Schluß gehe ich zur Gruppe "Scherenschnitt-Bilderbuchgeschichten". Ich muß leise sein, weil gerade eine Kassettenaufnahme stattfindet. Zwei Gruppen schneiden aus schwarzer Pappe Figuren - meist Tiere - aus, die sie von Bilderbüchern abgezeichnet haben, und kleben sie anschließend auf Transparentpapier. Diese zu einer Bildergeschichte hintereinandergeklebten Blätter werden dann in ein selbstgebautes Papptheater eingesetzt. Während die Bildergeschichte auf Papprollen durchgedreht wird, ist eine von den Kindern im Rollenwechsel gelesene Geschichte zu hören, die auf Kassette aufgenommen wurde. Ich beobachte hier manchen Leerlauf, weil nur ein Aufnahmegerät vorhanden ist und einige Gruppen nicht ohne Hilfe der Lehrerin arbeiten. Dennoch werden andere Kinder nicht gestört, man unterhält sich leise, und es ergeben sich beiläufig viele Gespräche zwischen den Kindern verschiedener Jahrgänge.>

Neben diesem jahrgangsübergreifenden "offenen Angebot"[135] und im normalen Unterricht der Klasse stattfindenden Projekten und epochalen Wochenthemen gibt es an der Ubbelohde-Schule noch Klassen- und Schulprojektwochen, die über ein bis drei Wochen jeweils in zwei Stunden pro Tag durchgeführt werden. Von einem Zeitungs-Projekt der vierten Klassen und von einer Erkundung des eigenen Stadtviertels in einem jahrgangsübergreifenden Vorhaben der fünften und sechsten Klassen berichtet Reineking ausführlich, während die Theaterpäd-agogin Stefanie Vortisch das von ihr geleitete und von allen zweiten bis sechsten Klassen aufgeführte Schultheaterstück "Marburg im Mittelalter" dokumentiert hat.[136]

Diese Projektberichte und die Hospitationen des Verfassers lassen m.E. - bei allem Vorbehalt mit Rücksicht auf die begrenzte empirische Basis der Aussagen folgende Vermutungen zu:

1. An der Projektarbeit haben die Schülerinnen und Schüler der Ubbelohde-Schule häufig viel Spaß. Zugleich führt sie meistens zu einem höheren Anteil an Eigentätigkeit, Kreativität, Ganzheitlichkeit und Lebensweltorientierung als der übrige Unterricht. Z.T. werden außer-schulische Lernorte von den Lehrkräften der Ubbelohde-Schule produktiv genutzt. Die Dar-stellung der Ergebnisse für die schulische und außerschulische Öffentlichkeit motiviert die Kinder und verschafft ihnen ein Gefühl, etwas geleistet zu haben.

2. Die Sechsjährigkeit der Ubbelohde-Schule erweist sich bei der Projektarbeit als großer Vorteil, da durch die älteren Kinder auch anspruchsvollere Arbeiten geleistet werden können.

3. Unverständlich bleibt, warum Fächer wie Kunst und Polytechnik nicht in den Projektunter-richt integriert, sondern als Fachstunden ausgewiesen werden. Den Kindern fällt es in diesen jeweils nur an einem Tag mit zwei Stunden pro Woche angesetzten Fächern schwer, an die Arbeit der letzten Woche nahtlos anzuknüpfen. Der von mir beobachtete Kunstunterricht zielte im übrigen nicht immer auf Kreativität. So verlangte ein Lehrer z.B. von einem Jungen im Kunstunterricht, statt einer vereinfachten abstrahierten eine "technisch detaillierte" Lokomotive darzustellen, weil diese anspruchsvoller sei.

4. Durch Wochenleitthemen, an denen mehrere Stunden gearbeitet wird, steigt der Bezug der Schülerinnen und Schüler zum Stoff, nimmt ihre Arbeitsintensität zu und werden die Arbeiten eher abgeschlossen, insbesondere dann, wenn sie in irgendeiner Form veröffentlicht werden.

5. Die Möglichkeiten, bei der Projektgestaltung mitzubestimmen, sind zwar mit steigendem Alter der Kinder größer, dennoch werden an der Ubbelohde-Schule die Schülerinnen und Schüler nur bei wenigen Vorhaben in die Projektplanung miteinbezogen. Offenbar ist es

135 Themen des offenen Angebots 1989/90 vgl. Elternbrief der Otto-Ubbelohde-Schule im Schuljahr 1989/90, Marburg 1990, S.9f sowie 1991/92 vgl. Eltern-Info der Otto-Ubbelohde-Schule für das Schuljahr 1991/92, Marburg im Februar 1992, S.18
136 vgl. Reineking in Kubina: Die sechsjährige Grundschule in Marburg, S.49ff und S.59ff; ders.: Arbeitsbe-richt Nr.7 der wissenschaftlichen Begleitung vom Januar 1990; Eltern-Info der Otto-Ubbelohde-Schule für das Schuljahr 1991/92, Marburg im Februar 1992, S.16f; Elternbrief der Otto-Ubbelohde-Schule im Schuljahr 1989/90, Marburg 1990, S.10f sowie Stefanie Vortisch: Kinder spielen die Geschichte ihrer Stadt. In: Grund-schule, Zeitschrift für die Grundstufe des Schulwesens, H.5, Braunschweig 1988, S.27 - 29; zum Projekt "Früher" vgl. Dröge, Uwe: Arbeitsbericht Nr.8 der wissenschaftlichen Begleitung vom November 1989

häufig organisatorisch schwierig, zeitaufwendig und vorbereitungsintensiv, die Schülerinnen und Schüler an der Planung zu beteiligen . Auch ohne eine solche Beteiligung verbleibt für die Lehrkraft im Vergleich zum traditionellen Unterricht ein erhöhter Aufwand an Vorbereitung und Organisation der Arbeit. Zudem war zu beobachten, daß es nicht immer gelingt, alle Kinder jederzeit mit für das Projekt nützlichen und eigenständig zu bewältigenden Aufgaben zu beschäftigen.

6. Während für Klassenprojekte eine Gestaltung, die sehr verschiedene Fächer übergreift, realisierbar ist, hat sich in der Praxis der Ubbelohde-Schule für Angebote, die viele Jahrgänge umfassen, ein eher auf den musisch-künstlerisch-praktischen Bereich konzentrierender Unterricht herausgebildet. Offenbar ist es - zumindest wenn in den Anfangsjahren noch wenig Erfahrungen vorliegen - schwierig, im kognitiven Bereich alle Altersstufen ansprechende, gemeinsame Angebote zu machen bzw. eine innere Differenzierung für große Altersunterschiede angemessen durchzuführen.

7. Die jahrgangsübergreifenden Angebote führen in der von der Ubbelohde-Schule durchgeführten Form nicht dazu, daß z.B. in der Pause häufiger der Kontakt mit Kindern anderer Jahrgänge gesucht wird. So schreibt auch Reineking über ein Wohnumfeldprojekt:

> "Obwohl das Projekt jahrgangsübergreifend für die fünfte und sechste Jahrgangsstufe konzipiert war, trafen in den Arbeitsgemeinschaften zum allergrößten Teil SchülerInnen einer Klasse zusammen."[137]

Zwar wird die intensive Bindung in der Klasse meist vorgezogen, doch wird am Schultheater und der Hilfsbereitschaft während des offenen Angebots auch deutlich, daß das jahrgangsübergreifende Angebot das Verhältnis von Kindern verschiedenen Alters positiv prägen kann. Dies gilt insbesondere dann, wenn die Altersunterschiede eher groß und die Konkurrenz klein ist.

Eine Gemeinschaftsbildung von benachbarten Jahrgängen nach dem Vorbild der Jena-Plan-Schulen ist an der Ubbelohde-Schule nicht vorgesehen, weil sich das Kollegium damit überfordert sieht.

8. In der Projektarbeit kommen in der Regel kollektive Formen der Rückmeldung ohne Zensuren zum Einsatz. Individuelle Notenbewertung tritt zurück. Das erleichtert eine gemeinsame Arbeit verschieden leistungsfähiger Kinder.

9. Die Elternmitarbeit im offenen Angebot und im übrigen Unterricht ist geringer, als nach dem Konzept zu erwarten war. Väter arbeiten höchst selten mit. Zwar sind die Unsicherheiten aufgrund fehlender pädagogischer Ausbildung und Vertrautheit mit der Schule und ihren Menschen bei den Eltern größer als bei den Lehrkräften, doch können sie weniger routinierte und ungewöhnlichere Angebote machen, wie das Beispiel des "Apotheken"-Themas zeigt.

---

[137] Reineking in Kubina: Die sechsjährige Grundschule in Marburg, S.67

Inzwischen ist die Elternmitarbeit im regulären Unterricht der Ubbelohde-Schule fast ganz eingestellt worden. Sie wird sowohl von der Mehrheit der Eltern abgelehnt, weil berufstätige Eltern nicht die Möglichkeit dazu haben und nicht "Lücken der dürftigen Lehrerversorgung" schließen wollen, als auch von dem Kollegium ungern gesehen, weil die Lehrkräfte befürchten, daß einige Eltern ihnen dann noch stärker die Unterrichtsarbeit vorschreiben wollen, als sie es ohnehin schon tun.[138] Von beiden Gruppen wird daher eher der Projektunterricht und das offene Angebot als Ort für die Elternmitarbeit gesehen, weil sie als aus dem Rahmen fallende Angebote betrachtet werden. Allerdings werden keine Kurse mehr allein von Eltern gegeben, wofür rechtliche Aufsichtsfragen verantwortlich gemacht werden.[139]

---

[138] vgl. Berichte im Rahmen der wissenschaftlichen Begleitung Nr.5 (Elschner-Heuberger (b)) S.9f und Nr.6 (Elschner-Heuberger (c)) S.4 und nachfolgende Abschnitte 5.5.2. und 5.5.3.
[139] laut mündlicher Auskunft von zwei Lehrerinnen in einer Veranstaltung in der Ubbelohde-Schule am 27.4.1992

5.5. Einschätzungen zum Schulversuch aus der Sicht der beteiligten Gruppen

5.5.1. Befragungen der Schülerinnen und Schüler der Klassen 5 und 6

Ergänzend zu den Berichten der wissenschaftlichen Begleitung und meinen Beobachtungen sollen im folgenden die unmittelbar am Schulversuch beteiligten Personen zu Wort kommen. Gemeinsam mit Heike de Boer[140] interviewte ich alle sechs Schülerinnen und acht Schüler der beobachteten 6.Klasse anhand eines strukturierten Leitfadens mit 15 stichpunkthaft notierten Fragen.[141]

(1) Zunächst sollen die Antworten der Schülerinnen und Schüler nach ihren Empfindungen in bezug auf den **Kontinuitäts- und Gemeinschaftsaspekt** wiedergegeben werden.

Viele Kinder geben an, daß für sie bzw. ihre Eltern - neben dem kurzen Schulweg und den Lehrkräften - die Möglichkeit, ohne weiteren Schulwechsel zwei Jahre länger mit bekannten Kindern in vertrauter Umgebung gemeinsam lernen zu können, ausschlaggebend für den Verbleib auf der Ubbelohde-Schule war, während in ihrem Bewußtsein das besondere pädagogische Konzept bei der Entscheidung kaum eine Rolle gespielt hat:

Mark:[142] Ich bin hier in der Ubbelohde-Schule geblieben, weil es mir hier unheimlich gut gefällt und weil ich mit dieser Schule ziemlich gut vertraut bin. Und wenn ich jetzt gleich in eine andere Schule gegangen wäre, das wäre auch nicht so gut. Sechs Jahre gefallen mir auch ganz gut hier. Und wir haben auch immer nette Lehrer gehabt, und ich möchte mich ja auch nicht sofort nach dem vierten Schuljahr umstellen. Da war ich ziemlich froh, daß es bis zum sechsten Schuljahr ging.

Paul: (Ich bin geblieben, d.V.), weil der Schulweg kurz ist, weil neue Lehrer da sind und weil das 'ne kleine Klasse ist, da kann man besser lernen.

Vera: Wenn ich auf die Emil-von Behring-Schule (Förderstufe, d.V.) gegangen wäre, müßte ich ja sowieso nach zwei Jahren wieder runtergehen, darum bin ich dann hiergeblieben. ... Aber was besonderes ist diese Schule sonst glaube ich nicht.

Mathias: Ich wollte eigentlich selbst hierbleiben, weil ich jetzt schon hier die Lehrer kannte und ich das mal ausprobieren wollte mit der sechsjährigen Grundschule. Meine Schwester ist ja auch hier, und die macht das dann wahrscheinlich auch.

Charlotte: Wir hatten ja Zwangsförderstufe, also ich hätte auf kein Gymnasium gehen können. Und die Förderstufen waren nicht gut, deswegen bin ich auf die OUS gegangen, und auch damit man länger zusammenbleibt, einfach. Das ist schöner, daß man auf den weiterführenden Klassen auch noch zusammenbleibt, daß noch 'ne Gemeinschaft bleibt.

---

[140] Heike de Boer forschte an der Ubbelohde-Schule aus Anlaß ihrer Wissenschaftlichen Hausarbeit im Rahmen der Ersten Staatsprüfung für das Lehramt an Grundschulen im gleichen Zeitraum. Eine Zusammenarbeit bot sich auch deshalb an, weil das Kollegium bat, den Schulalltag durch Forschungsarbeiten nicht zu sehr zu stören. Vgl. de Boer S.81ff

[141] vgl. Anhang. Die etwa 15-minütigen Interviews, bei denen jeweils nur das Kind und H. de Boer bzw. der Verfasser anwesend waren, wurden mit dem Kassettenrekorder aufgezeichnet und sind ausschnittsweise wortwörtlich aufgeführt.

[142] Die Namen der Kinder wurden geändert.

Obwohl etwa ein Drittel dieser Klasse nicht von Beginn an die Ubbelohde-Schule besuchte und die Fluktuation in der Klassenzusammensetzung zu Konflikten geführt hatte, wird von 12 Kindern die **Klassengemeinschaft** als inzwischen gut bezeichnet. Dabei heben einige das lange Zusammensein mit einem Teil der Gruppe ab Klasse 1, andere die geringe Größe der Klasse oder die Gruppenarbeit, die meisten aber die im **Klassenrat (Streitstunde)** geführten Auseinandersetzungen positiv hervor.

Charlotte: Ich bin auf der Otto-Ubbelohde-Schule geblieben, damit wir länger zusammenbleiben. ... Man kommt sich irgendwie näher durch die sechs Jahre. Am Anfang, da war es immer so, man hat sich geärgert, man hat sich sitzengelassen, und dann war auch noch gar nicht so die Gemeinschaftsarbeit, aber seit der Gruppenarbeit, da versteht man sich viel besser, kann über alles sprechen.

Vera: Ich find 'ne kleinere Klasse auch besser, weil man sich die Meinung sagen kann. Aber das geht bei uns auch nicht immer. Wenn's 'n großer Streit ist, nicht so. Wenn so viele da dran beteiligt sind, dann sagt jeder was anderes. Wenn ich mich nur mit einem streite, kann ich das sagen. Ja, es ist besser, wenn man das dann bei der Streitstunde sagt, dann hört man auch richtig mit zu, wenn man es nur so sagt, dann hört man nicht so richtig zu, dann hält man sich auch nicht so richtig dran.

Frank: Also die Streitstunde finde ich gut, weil da muß man nicht alles runterschlucken, da kann man das auch sagen, und es wird besprochen und wird dann halt meistens gleich aufgeklärt. ... Die Klassengemeinschaft ist ganz gut, weil wir sind schon ziemlich lange zusammen, und da ist das Verhältnis ziemlich gut.

Mark: (Die Klassengemeinschaft und die Umgehensweise in der Klasse finde ich, d.V.) ziemlich gut, bis auf ein paar Tage, wo ich meine Wutanfälle kriege und da um mich schlage, weil die ziemlich doll ärgern in unserer Klasse. ... Ich sage ziemlich gerne was, bei der Streitstunde. Das gefällt mir eigentlich, daß man seinen Ärger da loswerden kann. Bei anderen Sachen geht das ja nicht, weil die anderen einem da nicht zuhören.

An der Klassenratsstunde finden die meisten Kinder also besonders hilfreich, daß sie die Konflikte nicht verdrängen müssen. Auch wenn sie es als "hart" empfinden, Kritik einstecken zu müssen, ist es ihnen meist lieber, wenn Probleme offen angesprochen werden. Zugleich begrüßen die Schülerinnen und Schüler die Gesprächsregeln, die sich als sinnvoll erwiesen haben und einen Lernfortschritt im gegenseitigen Zuhören und in Richtung konstruktiven Verhaltens erbrachten. Zu ähnlichen Ergebnissen kommt auch Reineking in seiner Befragung einer 5.Klasse dieser Schule (1991).[143]

Auch wenn die Klassengemeinschaft als überwiegend gut empfunden wird und der Klassenrat bzw. die Streitstunde bei Konflikten hilft, loben die Kinder sie nicht pauschal, sondern benennen differenziert die Grenzen (z.B. Thomas und Charlotte). Vereinzelt gibt es Kinder wie Moritz und Max, die trotz genereller Zustimmung mehr oder weniger starke Skepsis gegenüber dem Klassenrat äußern oder wegen ihrer Außenseiterrolle und wegen Problemen mit Cliquenbildungen noch unzufrieden sind.

---

[143] vgl. Reineking im genannten unveröffentlichten Entwurf (Kap 5, S.44ff) für Kubina: Die sechsjährige Grundschule in Marburg

Thomas: In einer kleineren Klasse kann man sich besser die Meinung sagen. Die Streitstunde finde ich auch unheimlich gut, weil manchmal traut man sich dann trotzdem noch nicht, einem die Meinung so richtig zu sagen, in der Streitstunde da wird ja auch sowas gefordert, da traut man sich das schon eher. Manchmal ist es aber auch so, daß man nach der Streitstunde lieber mit einem redet, aber das sagt man da auch.

Charlotte: Bei der Streitstunde finde ich einerseits gut, daß man die Wut mal so richtig rauslassen kann. Aber ich laß nicht immer alles raus. Also man kann da ja auch nicht so fies sein, was ins Gesicht knallen, also das würde ich persönlich nicht machen.

Moritz: Manchmal ist es schon schwierig, auch so mit Verabredungen, daß es da so bestimmte Cliquen gibt, daß ich mich ausgeschlossen fühle. Das ist immer schwierig bei so einer kleinen Klasse. Sonst läuft's ganz gut. Die Streitstunde, die ist ja auch ganz gut für solche Streits und so. Wenn mir jemand irgendwas unwahrscheinlich Blödes gesagt hat, was mich getroffen hat, aber das hört sich ziemlich lächerlich an, dann kann ich das in der Streitstunde sagen und kann mich da aussprechen und das ist gut. Aber immer hilft es nicht, wenn man es nur anspricht, z.b. das mit den Cliquen. Aber vielleicht hängt das auch von mir selber ab.

Max: Es gibt viele in der Klasse, die mit mir, z.B., von Anfang an nicht klargekommen sind. ... Die Hauptpersonen sind Vera und Mathias. Wenn jemand was falsch gemacht hat, entweder lachen sie Dich aus oder sie verkaufen Dich für dumm und stellen sich eine Gruppe zusammen und kämpfen gegen Dich an. Gestern war Streit zwischen Paul und Anna, und ich halt mich aus der Sache ganz raus, aber dann kommen die anderen von ihrem Tisch und helfen ihr noch dabei. ... Da haben wir den Paul im Auto mitgenommen, sonst hätte es 'ne riesengroße Prügelei gegeben und alle Mann auf'n Paul, das hätte ich mir bestimmt auch nicht angeguckt. Dann wär' bestimmt der und der mit 'm blauen Auge wiedergekommen. ... Ja, man kann das in der Streitstunde aussprechen, aber man hat so'ne Wut auf denjenigen, also, für mich ist die Streitstunde überhaupt nicht nützlich. ... Also für mich nützt das eigentlich überhaupt nichts. Vielleicht wird's dem anderen helfen, daß er endlich den Dampf ablassen kann. Aber ich finde, man sollte das doch lieber unter sich ausmachen. Wenn's zu 'ner Prügelei kommt, kommt's halt eben zu 'ner Prügelei. Wenn's auf dem Schulhof ist und es ist ziemlich arg, dann sollte der Lehrer schon dazwischen kommen. Aber sonst sollte man es unter sich ausmachen, denn wenn der Lehrer dabei ist, muß man die Worte ziemlich im Inneren halten. ... Das habe ich bisher in mich reingefressen, und wenn ich das nicht länger aushalte, dann warte ich bis nach der Schule, dann kriegt er halt eben eins verpaßt.

Offensichtlich ist also der Klassenrat nicht für alle Kinder und alle Probleme das geeignete Forum. Dennoch betonen die meisten Kinder den Erfolg der Streitstunden und meinen, daß die genannten Probleme in der Klassengemeinschaft verringert wurden:[144]

Anna: Mit der Streitstunde das ist gut, da wird das geklärt, nicht daß da der eine dann noch dauernd sauer auf einen ist. Seit dem wir weniger sind, verstehen wir uns auch viel besser. Davor waren das immer so Gruppen, die haben sich gegen andere zusammengeschlossen. Das passiert zwar jetzt auch noch manchmal, aber nicht mehr so doll. Es gibt mehr Spaß. ... Also der Frank, Mathias, die Beate und ich, wir spielen montags immer zusammen. Aber sonst verstehen wir uns aber auch mit allen gut. ... Ich glaube nicht, daß es sonst noch so Gruppen gibt.

---

[144] vgl. auch die Interviewwiedergabe von de Boer S.93

Catharina: Die Streitstunde, die ist gut, weil früher haben wir es ja nicht so richtig einstecken können, als wir angefangen haben mit der Streitstunde. Und da sind eben die meisten aufeinander losgegangen. Aber sonst ist es ganz gut, jetzt ist es besser geworden. ... Wir haben das gelernt, Sachen einzustecken, die der andere nicht so gut findet, und daß man versucht, das eben besser zu machen. ... Früher gab es feste Cliquen und manche von uns wurden ausgeschlossen. ... (Dies zu ändern, d.V.) haben wir einfach so geschafft, wir haben in der Streitstunde gesagt, daß wir das doof finden, ausgeschlossen zu werden. Ja und dann hat sich 's gebessert. Zwar waren die ziemlich sauer, die die Clique gebildet haben, aber macht ja nichts; sie haben 's eingesehen, glaub' ich.

Als besonders hilfreich werden die Regeln der Streitstunde von den Kindern empfunden:

Jasper: Also die Umgangsweise, auch Streit, die sind ganz okay, - ich will jetzt nicht sagen, daß ich Streit okay finde - dadurch, daß wir halt diese Streitstunde haben, daß die Streite mehr oder weniger besprochen werden. ... Wenn ich beispielsweise den anderen anmotze und sage, das und das hat mir gestunken, und der aber darf nicht antworten, höchstens wenn er sich meldet und ich ihn drannehme. Dann kann er noch 'was berichtigen. - Das finde ich gut.

Paul: Wenn einer Streit hat mit dem anderen, wird das meistens freitags in der Streitstunde erledigt. Die finde ich auch ganz gut. Wir haben ja auch so Regeln aufgestellt, die sind auch ganz gut, daß man nicht antworten darf, wenn einen derjenige nicht drannimmt, der sich über den einen dann beklagt hat. ... Man kann offen alles sagen. Das ist manchmal ganz schön hart. Aber so ganz doll habe ich es eigentlich noch nicht erlebt. Das muß dann schon schlimm sein. Aber meistens wird man damit fertig; nämlich wenn der eine das gesagt hat, vertragen sich die beiden meistens wieder.

Ebenso positiv schätzen die befragten Schülerinnen und Schüler das **Verhältnis zu ihren Lehrkräften** und ihre eigenen **Mitbestimmungsmöglichkeiten** ein.

Während Reineking für die Klasse 5 des Jahres 1991 zu dem Schluß kommt, daß die von ihm beobachteten und befragten Kinder ein hohes Maß an eigenen Entscheidungsmöglichkeiten im Klassenrat, in der Wochenplanarbeit und im "offenen Angebot" besitzen und damit sehr zufrieden sind, weist de Boer darauf hin, daß die Beteiligung der Schülerinnen und Schüler an der Organisation des Unterrichts weitgehend vom "Wochenplanverständnis des einzelnen Lehrers" abhängt.[145] Da die meisten Lehrkräfte in der von mir beobachteten und befragten Klasse 6 des Schuljahres 1987/88 den Kindern einen breiten Raum für eigene Vorschläge boten, äußern sich auch die Schülerinnen und Schüler dieser Klasse zu den von den Lehrkräften eingeräumten Gesprächs- und Mitbestimmungsmöglichkeiten positiv:[146]

Anna: Das Verhältnis zu den Lehrern ist gut. Bei den Vorschlägen kommt es darauf an, was ich da vorschlage. Manchmal sind wir zu lustig, und wenn wir da Vorschläge machen, dann sind sie damit nicht so zufrieden und lehnen die ab. Wenn man was ernsthaft vorschlägt, dann merken die sich das auch und schreiben es auf den Wochenplan.

---

[145] vgl. Reineking im genannten unveröffentlichten Entwurf (Kap 5, S.44ff) für Kubina: Die sechsjährige Grundschule in Marburg; de Boer S.72, S.77f und S.95
[146] weitere Zitate bei de Boer S.96; vgl. auch Reineking im genannten unveröffentlichten Entwurf (Kap 5, S.45f) für Kubina: Die sechsjährige Grundschule in Marburg

Charlotte: Ja, man kann das den Lehrern offen sagen, was man denkt. Das finde ich irgendwie gut. Bei anderen Schulen stell' ich mir das so vor, daß die Lehrer ziemlich streng sind, oder man darf die nicht duzen oder so. Auf unserer Schule, das finde ich halt das Tolle, da sind die wie Bekannte, wie 'n Freund, zu denen kann man dann alles sagen, was man blöd fand und was man gut fand im Unterricht und so.

Eng verknüpft mit der Empfindung, Unterrichtsinhalte und das Leben in der Klassen mitbestimmen zu können, ist also das Gefühl, von den Lehrkräften verstanden und angemessen ernst genommen zu werden und mit ihnen offen reden zu können. Auch wenn das sechsjährige gemeinsame Lernen viermal, die Freiheiten bei der Wochenplanarbeit sechsmal und das offene Angebot viermal - und damit durchaus häufig - auf die Frage nach den Besonderheiten der Ubbelohde-Schule genannt werden, antworten die weitaus meisten der Befragten dieser 6.Klasse, nämlich zehn von vierzehn Kindern, daß sich ihre Schule besonders durch "tolle Lehrer" auszeichne. So ist das enge und positive Verhältnis zu ihren Lehrern und Lehrerinnen, insbesondere zur Klassenlehrerin, der in fast allen von Heike de Boer und mir durchgeführten Interviews vermittelte nachhaltigste Eindruck.[147]

Auffällig ist vor allem, daß diese Schülerinnen und Schüler die relativ geringe Distanz zu ihren Lehrkräften begrüßen und dennoch für deren hartes Durchgreifen Verständnis besitzen bzw. es einfordern. Offenbar können die Kinder dieser Klasse den Widerspruch in der Rolle der Lehrkräfte aushalten, eine Art "Freund und Berater" zu sein und zugleich disziplinieren, zensieren und selektieren zu müssen.

Ihr Vertrauen zu den Lehrkräften wird durch die Beurteilung mittels **Ziffernbenotung** nicht feststellbar geschmälert, auch wenn ihre Urteile über diese Benotung auseinandergehen.[148]

Dabei fällt vor allem auf, daß die leistungsschwächeren Kinder Noten einfordern, um sich orientieren zu können, während die leistungsstärkeren sie eher als Bruch in der gemeinschafts- und nicht konkurrenzorientierten Konzeption der Schule empfinden.

Mark: Im Prinzip finde ich Notengebung gut, weil irgendwie kann man seine Leistung drinne sehen, ob sie gut ist oder schlecht, und dann kann man sich verbessern, weil man weiß, wo man noch üben muß und wo man halt nicht üben muß.

Charlotte: Also Noten finde ich eigentlich bescheuert, weil da gibt es immer viel Enttäuschung. Z.B. wenn es eine Mathearbeit zurückgibt, dann schreien die einen "juhu" und die anderen sitzen dann da und heulen oder sowas. Das finde ich dann blöd, wenn man da zugucken muß. Ich find die Noten einerseits sinnvoll, daß man weiß, was man verbessern muß. Wenn überhaupt nichts gesagt würde, wenn man die einen einfach machen ließen, dann weiß man gar nicht, was schlecht ist und was gut ist. An anderen Schulen kommt man dann ja nicht mit, wenn man gar nichts weiß.

Anna: Ich fände es besser, wenn wie in der ersten Klasse da ein Kommentar druntergeschrieben ist, weil manche geben sich ja auch Mühe. Ich find Noten eigentlich im allgemeinen ein bißchen unfair.

---

[147] vgl. auch de Boer S.94ff

[148] Acht Kinder befürworten die Ziffernbenotung als notwendig, sechs lehnen sie ab bzw. befürworten eine verbale Beurteilung.

Meine partiellen Beobachtungen, die einen Zusammenhang von Schulleistungen und Freundschaftsbildung vermuten ließen, werden von den befragten Schülerinnen und Schülern dieser Klasse verneint. Nach ihrer Meinung sind ihre sozialen Kontakte und ihre Bereitschaft mit anderen zusammenzuarbeiten unabhängig davon, ob ein Kind gute oder schlechte Noten bekommt.

(2) Die Meinungen der Schülerinnen und Schüler zur **binnendifferenzierten Arbeit** wurde unter verschiedenen Aspekten erfragt. Die erste Frage dazu lautete, wie die Kinder eine getrenntes Unterrichten von leistungsstärkeren und leistungsschwächeren Schülern und Schülerinnen empfinden, wie es für sie beispielsweise nach den Sommerferien in der Teilung Gymnasium und Realschule sein werde. Hier gehen ihre Auffassungen erneut auseinander. Zwar bedauern fast alle Kinder die zukünftige Trennung, fünf halten sie aber für nötig, während acht Kinder sich gegen eine Trennung aussprechen.

Beate: Die Trennung finde ich blöd. Das ist so eine Unterordnung, das ist genauso wie A-, B- und C-Kurse; das ist blöd, daß solche, die schlechter sind auf'ne andere Schule kommen, als solche, die 'n bißchen besser sind.

Anna: Ich hätte es besser gefunden, wenn wir jetzt (nach der sechsten Klasse, d.V.) weiter zusammengeblieben wären, wenn wir alle auf dieselbe Schule gegangen wären, daß die Klassengemeinschaft erhalten geblieben wäre. Ich gehe dem neuen Schuljahr mit gemischten Gefühlen entgegen. ... Wenn wir z.B. einen ziemlich blöden Lehrer kriegen, weiß ich nicht, ob ich den überhaupt was fragen würde oder ob der was sagen würde.

Weitere Fragen betrafen konkret die innere Differenzierung im Rahmen des **Wochenplans**. Hier empfinden es alle Kinder sehr positiv, daß verschieden leistungsstarke Schülerinnen und Schüler in Gruppen zusammmenarbeiten und ihnen ein erhöhter Planungs- und Entscheidungsfreiraum eingeräumt wird.[149]

Anna: Ich glaube nicht, daß die Trennung gut ist, weil die, die nicht so gut mitkommen, die sehen dann ja auch, wenn sie mit Besseren in der Klasse zusammen sind, was sie falsch machen. Die müssen doch von den anderen sehen, wie es richtig ist, da lernen sie doch bestimmt auch was. Ich bin mit dem Zusammenlernen gut zurechtgekommen. ... Das (der Wochenplan, d.V.) ist gut, aber manchmal ist noch ziemlich viel drauf, dann muß man sich ranhalten. Aber wenn man es der Helga sagt, dann beachtet sie das auch und macht auf den nächsten Wochenplan weniger drauf. Ja und dann kann man halt viel freiwillig machen. Das finde ich toll. ... Mit der zeitlichen Einteilung, das finde ich gut, denn an manchen Tagen habe ich was vor, und dann kann ich halt nicht so viel machen und an anderen Tagen kann ich halt viel machen.

Thomas: Mit Wochenplan ist es viel besser. Wenn man selber 'was beitragen will, kann man viel mehr von sich aus 'was machen. ... Man kann sich das besser selber einteilen, also für mich ist das besser. ... Beim Zusatz kommt's drauf an, ob ich Lust dazu habe.

---

[149] weitere Zitate bei de Boer S.81f

Charlotte: Es ist unheimlich toll mit freier Arbeit und Wochenplan, also daß du da so freie
Auswahl hast, was Du machen kannst. ... Man kann den Wochenplan gut über-
schauen, dann geht das Einteilen ganz leicht und dann macht man einfach, wozu man
gerade Lust hat.

Beate: Da (bei dem Wochenplan, d.V.) kann man sich nämlich selber einteilen, wann man
was macht, und da kann man auch mal einen Tag nichts machen und dafür den nächsten Tag mehr machen. Man hat auch nicht jeden Tag sowas ganz Bestimmtes auf,
sondern irgendwie mehr Auswahl. ... Dann kann man auch noch den Zusatz machen.
Das finde ich gut, dann strengt man sich irgendwie an, das fertig zu kriegen, das man
auch noch den Zusatz machen kann.

Zwar scheint die zeitliche Planungskompetenz bei den meisten Kindern inzwischen verbessert, doch haben immer noch einige Kinder Schwierigkeiten, die anstehenden Arbeiten
jedesmal angemessen zu verteilen.

Mark: Also ich komm mit dem Wochenplan halb-halb zurecht. Einmal schaff' ich's nicht,
einmal schaff' ich's schon. Meistens schaff' ich's zwar, aber zweimal habe ich's jetzt
nicht geschafft. Das ist auch ziemlich ärgerlich, weil das ist so'n gutes Thema,
manchmal, und dann schaffst Du das nicht, obwohl Du das gerne machen möchtest.
Aber sonst ist der Wochenplan ganz gut.

Max: Ja, ich finde es (den Wochenplan, d.V.) schon besser, weil wenn dir dann irgendjemand
etwas aufgibt, dann meinen die meisten (Lehrer an anderen Schulen, d.V.) damit, daß
du dies in dieser Stunde fertigkriegen sollst und dann geben sie dir noch Hausaufgaben. Das ist halt beim Wochenplan anders. ... Dann kann man sich das natürlich auch
so einteilen, daß man halt noch Freizeit hat. Manchmal gibt es ein paar Sachen, da ist
es halt pingelig mit der Zeit. ... In der Zeit, wo ich hier bin, gab es drei oder vier
Wochenpläne, wo ziemlich viel drauf war, also zu viel für mich, das haben auch
andere gesagt.

Moritz: Ja, der Wochenplan gefällt mir ganz gut, nur manchmal ist es etwas problematisch,
weil ich einfach keine Lust dazu habe und erst die anderen Hausaufgaben (in den
nicht am Wochenplan beteiligten Fächern, d.V.) mache. Aber das liegt dann auch an
mir, wenn ich 'n bißchen schlure. ... Dann muß ich mich eben nachher ranhalten. Das
ist auch ganz gut, dann macht man eben auch Erfahrungen. ... Manchmal tu' ich's
einfach bewußt nicht, weil ich dann montags und dienstags nichts mache, aber das
liegt dann auch an mir. Aber eigentlich finde ich das ganz gut.

Auch wenn einige Kinder noch Schwierigkeiten mit der eigenen Zeiteinteilung haben und
selten zu den oft attraktiven freiwilligen Aufgaben vordringen, überwiegt keinesfalls die Enttäuschung, sondern die Zufriedenheit, selbständig über Reihenfolge, Materialien, Lernort und
Arbeitsform entscheiden zu können.[150] Die leistungsstärkeren bzw. schneller arbeitenden
Kinder scheuen keine Mehrarbeit und freuen sich sogar, wenn sie die zusätzlich gestellten
Aufgaben noch bearbeiten können. Wenn einmal ein Wochenplan diese Möglichkeiten zu
sehr beschränkt, können die Kinder offenbar erfolgreich in der Klassenratsstunde intervenie-
ren:

---

[150] vgl. auch de Boer S.82

"Anders als die um vier Jahre jüngeren Kinder des 2.Schuljahres sind die Schüler dieser 6.Klasse schon fähiger, dieses Mitspracherecht zu nutzen und ihre eigenen Interessen und Vorstellungen zum Ausdruck zu bringen."[151]

Insgesamt herrscht also trotz mancher Schwierigkeiten eine hohe Zufriedenheit mit dem Wochenplan als Zeit- und Arbeitsplan und mit der Wochenplanarbeit bzw. der freien Arbeit als Selbsttätigkeit ermöglichende Arbeitsform. Auf die Frage nämlich, ob sie Gruppen-, Partner-, Einzelarbeit oder lehrerzentrierten Unterricht bevorzugen, überwiegen Antworten, die Gruppen- oder Partnerarbeit präferieren. Dies bedeutet nicht, daß die Schüler und Schülerinnen hier einer Meinung sind oder unabhängig von Personen, Themen und Unterrichtsphasen zu jeder Zeit mit jedem anderen zusammenarbeiten möchten.

Paul: Das ist unterschiedlich, welche Art ich mag, je nach Thema. Beim Thema "Indianer" habe ich mit meinem Nachbarn zusammengearbeitet, das hat ganz schön Spaß gemacht.

Anna: In Gruppen zu zweit oder alleine finde ich besser zu arbeiten, weil das Spaß macht, wenn man sich mit den anderen unterhalten kann und es weniger eintönig ist. Es ist besser, weil man mit anderen mehr zusammen ist und weil man mehr selbständig ist und mehr machen kann, also nicht nur, was der Lehrer einen da fragt, sondern sich auch selber was ausdenken kann. Man kann machen, wozu man Lust hat.

Max: Ich arbeite schon ziemlich gerne in der Gruppe, aber es kommt drauf an, was für Leute drin sind. Wenn sich welche nicht vertragen, gibt es ganz schön Keif. Das ist mir dann zu anstrengend, wenn man dazwischen sitzt. Aber wenn man mit anderen arbeitet, so in der Zweiergruppe, da ist das eigentlich ganz gut so. Zweier- oder Dreiergruppen das geht noch, aber so Vierergruppen, das ist nicht mehr so ganz gut. ... Bis man sich da entschieden hat, ist die Schose schon wieder zu Ende. ... Wenn ich Fragen vom Lehrer gestellt bekomme, muß ich alleine grübeln. Also in der Gruppe da ist es besser, wenn der eine darauf nicht die richtige Antwort findet und der andere überlegt halt eben oder weiß halt eben etwas mehr über dieses Fach, weil er das z.B. in einem Buch gelesen hat, da sagt er, da kommt das und das hin. Und bei der nächsten Frage ist er halt eben stutzig und dann kann man sich besser beraten. Man kann auch zwischendurch mal ein Witzchen untereinander erzählen, man kann sich untereinander unterhalten, und dann sitzt man nicht da so allein trüb in der Ecke und grübelt darüber nach, was der Lehrer jetzt wissen will.

Charlotte:[152] Ich finde die Gruppenarbeit schöner, weil da ist man mehr zusammen, und die Lehrer sind auch wie so'n Freund, nicht so, daß er in Anzug und Krawatte vor der Tafel steht, sondern, daß wir mit ihm reden können. Und das wir in der Gruppenarbeit viel gemeinsam machen, da lernt man sich auch viel besser kennen. ... Manchmal geht es nicht zu viert, weil das zu viel ist; wir machen meistens zu zweit, nur wenn wir ein größeres Thema haben, machen halt vier zusammen. ... Es gibt aber auch manchmal Unterricht, da muß man ja auch mal ein bißchen was lernen, nicht nur mit sich selber was machen, sondern auch, daß der Lehrer ein paar Tips gibt und daß er auch mal 'was erklärt an der Tafel. In Mathe z.B., wenn einer gar nichts kapiert, muß ja an der Tafel 'was stehen. Wenn die anderen Kinder es bei der Gruppenarbeit nicht erklären können, muß der Lehrer auch mal einspringen.

---

[151] de Boer S.82f

[152] vgl. auch Charlottes in Abschnitt (1) wiedergegebene Antwort zur Frage, was sie zum Verbleiben an der Ubbelohde-Schule bewegt hat.

Neben dem erwähnten positiven Verhältnis zu den Lehrkräften spielen also die durch den Wochenplan gegebenen Freiräume und Möglichkeiten zur Zusammenarbeit in der Einschätzung der Ubbelohde-Schule bei den befragten Kindern eine wichtige Rolle. Auch für die von den Lehrkräften Annegret Kahl und Joachim Ruth-Reulen sowie den Mitarbeitern des Hessischen Instituts für Bildungsplanung und Schulentwicklung Christian Kubina und Hans-Jürgen Lambrich untersuchte Klasse 5 des Schuljahres 1989/90 wird ähnliches festgestellt:

> "Die positive Einstellung zur Schule, die in der Aussage deutlich wird, daß die Schule Spaß macht, wird in den Interviews mehrmals auf die besondere Art des Unterrichts zurückgeführt, der den Kindern mehr Freiheitsspielräume in der Arbeit ermöglicht."[153]

(3) Wie schon die selbsttätige Arbeit im Rahmen des Wochenplans, so begrüßen die Schülerinnen und Schüler auch die partiell praktizierte **projektorientierte Gestaltung des Unterrichts**.

Der erste Schritt zur Projektorientierung, die **Aufhebung strenger Fachgrenzen** in den von der Klassenlehrerin gegebenen Fächern Gesellschaftslehre und Deutsch, z.T auch Englisch, wird von allen Kindern der befragten 6.Klasse positiv hervorgehoben. Gerade das zuletzt von der Klasse durchgeführte Projekt "Indianer" ist ihnen noch in angenehmer Erinnerung.

Anna: Das finde ich gut, daß das mit GL und Deutsch so verbunden wird. Weil Deutsch, wenn das so eintönig ist, mit Grammatikregeln und so, so mehr Spaß macht und man mehr Zeit hat.

Vera: Mit dem Thema "Indianer", das fand ich gut. Das ist besser als immer nur so kurz ein Thema. Und dann kann man auch noch nach einer Woche Material dazu bringen, und dann wird es auch nicht so schnell geändert.

Charlotte: Ich fand das gut, daß manchmal ganz viele Stunden zusammengemacht wurden. Also daß nicht, wenn jetzt der Gong ist, und wir haben danach GL, wenn wir vorher Deutsch hatten, daß wir dann gleich alles einpacken, sondern lassen wir das noch ausklingen oder machen noch die Stunde weiter. Das ist einfach schöner.

Jasper: Das war ganz okay. Da hat man halt über all die Sachen mehr erfahren. Also, daß man halt in einem Fach mehr von der Sprache her oder so etwas gemacht hat, diese Zeichensprache beschrieben hat und in einem anderen die Sitten.

Aus den Antworten wird sichtbar, daß die Kinder an der fachübergreifenden Arbeitsweise unterschiedliche Dinge schätzen: das längere, ruhigere und weniger durch Pausen unterbrochene Arbeiten, die größere Chance, sich selbst durch Mitgebrachtes zu beteiligen sowie die größere Vielseitigkeit des Lernangebots.

Das **"offene Angebot"** wird wegen der Wahlmöglichkeiten und der projektorientierten Arbeitsweise von allen Kindern gern wahrgenommen. Umstritten ist aber der **jahrgangs-**

---

[153] Kahl/Kubina/Ruth-Reulen/Lambrich in Kubina: Die sechsjährige Grundschule in Marburg, S.104

übergreifende Aspekt dieses Angebots. 6 von 14 Kindern der befragten 6.Klasse betonen, daß sie gerne mit jüngeren Kindern zusammenarbeiten.[154]

Beate: Finde ich ganz toll. Da kann man sich selbst etwas aussuchen. ... Da lernt man auch die anderen Kinder besser kennen.

Mathias: Ich find' gut, daß man den Kleineren dann meistens helfen kann. Und wenn die das nicht können, daß man denen das dann erklären kann, das finde ich eigentlich toll.

Frank: Im offenen Angebot mit Jüngeren zusammenzuarbeiten, das macht auch Spaß, weil ja immer mit Größeren ist das auch langweilig. Mir würde das auch Spaß machen, wenn ich mit Kleineren machen könnte, dann könnte ich denen mal ein bißchen helfen. ... Ja, manchmal, wenn unsere Klassenlehrerin oder irgendjemand krank ist, dann werden wir auf verschiedene Klassen verteilt, dann kommen wir ja auch oft zu Kleineren und können ein bißchen beim Unterricht mithelfen. Das macht einen ziemlichen Spaß.

Das konzeptionelle Ziel, die Schulkinder verschiedenen Alters dazu zu veranlassen, gern, helfend und produktiv zusammenzuarbeiten sowie Freundschaften über Klassengrenzen hinweg zu schließen, stößt jedoch in der Praxis nicht bei allen Kindern auf Gegenliebe.

Vera: Na ja, wenn das so ganz Kleine sind, find ich es nicht so gut.

Lisa: Das offene Angebot finde ich ganz toll. ... Mit den Jüngeren da geht's so. Wenn man zu zweit arbeitet, Ältere und Jüngere, dann machen die Jüngeren dann meistens nicht so viel.

Catherina: Tja, das find ich nicht so gut, weil man dann immer so einen Babykram machen muß. Und dann sitzt man stundenlang da oder muß denen helfen, bis die das kapiert haben, was sie machen sollen.

Moritz: Ja manchmal macht es mir keinen Spaß, weil ich dann gerne auch etwas Schwieriges machen würde. So in dem Marionettenkurs z.B., finde ich, war das sehr gut, weil dann jeder seine eigene Marionette bauen konnte, mit schwierigeren Kleidungs-stücken oder mit leichteren machen konnte. Also eher 'was Allgemeineres würde ich da begrüßen.

Moritz weist hier mit Recht darauf hin, daß die jahrgangsübergreifenden Angebote für alle Altersstufen angemessen und herausfordernd sein müssen. Es scheint aber schwierig zu sein und nicht immer zu gelingen, entsprechende Themen darzubieten. Schon de Boer wies 1988 darauf hin, daß es erprobenswert sei, das jahrgangsübergreifende Angebot jeweils für die Klassen 1 - 3 und 4 - 6 getrennt anzubieten, um die durch die extreme Altersspanne erzeugten Probleme zu mildern.[155]

---

[154] vgl. auch de Boer S.83ff
[155] vgl. de Boer S.87

Eine ähnliche Veränderung hat die Ubbelohde-Schule seit dem Schuljahr 1993/94, in dem der Polytechnikunterricht hessenweit in den fünften und sechsten Klassen weggefallen ist, eingeführt. Sie gestaltet das offene Angebot nunmehr abwechselnd in Blöcken von 8 Wochen unterschiedlich: einmal wie bisher für die Klassen 2 bis 6 gemeinsam und einmal neu für die Klassen 2 bis 4 und die Klassen 5 und 6 gesondert. Der Block für die Klassen 5 und 6 ersetzt dabei teilweise den alten Polytechnikunterricht.[156]

Trotz des zeitweisen Verzichts auf ein Angebot, das fast alle Alterstufen umfaßt, werden durch die inzwischen gefundene Lösung, **Patenschaften** zwischen den Kindern des ersten und vierten Jahrgangs einzurichten, die bis zu drei Jahren dauern können, den Kindern, die dies gern wahrnehmen, genügend Möglichkeiten eröffnet, altersübergreifende Kontakte aufzubauen.[157] Insofern dürfte sich die von einigen Kindern des 1988 befragten Jahrgangs geübte Kritik an der jahrgangsübergreifende Form des "offenen Angebots" inzwischen relativiert haben.

Daneben scheint es mir für die befragte Klasse wichtig festzuhalten, daß es von allen Kindern begrüßt wird, daß der Unterricht phasenweise projektorientiert erteilt wird.

Insgesamt beurteilen die Schülerinnen und Schüler der befragten 6.Klasse ihre mit dem Schulversuch gemachten **Erfahrungen** als **ausgesprochen positiv.** Meist bedauern sie das Auseinandergehen, und bis auf Vorschläge zur äußeren Umgestaltung (Schulhof, Räume) fällt ihnen kaum etwas ein, was sie geändert haben möchten.

Mark: Ich würd' das Baugerüst abschaffen. ... Aber sonst würd' ich nichts ändern. Vielleicht noch ein bißchen alles moderner machen. Aber das muß ja auch nicht sein, 'ne alte Schule ist ja auch schön. ... Die Lehrer sollten vielleicht noch ein bißchen strenger durchgreifen, z.B. das mit der Pausenaufsicht ist ja auch nicht das Wahre.

Moritz: Das freie Angebot würde ich aktueller gestalten. Ich weiß nicht, vielleicht ist das Phantasie, aber Computersachen oder sowas, weil ich selber einen hab', irgendwie sowas, was einen fachlich mehr interessiert.

Jasper: Was ich verändern würde? Eigentlich überhaupt nichts.

Betrachtet man die Kriterien, die für die positive Einschätzung des Schulversuchs durch die befragten Kinder wichtig sind, so scheinen die Beziehungen zu den Personen der Schule (Lehrkräfte, Mitschüler und -schülerinnen, Hausmeister) offenbar die entscheidende Rolle zu spielen. Aspekte der methodischen Gestaltung des Unterrichts - etwa die Arbeit nach dem Wochenplan, Projekte u.a. - sind demgegenüber zwar eindeutig nachgeordnet, können aber die Verhältnisse zu den Mitschülern und -schülerinnen verbessern, weil mehr Möglichkeiten zur Zusammenarbeit sowie größerere Freiräume für Gespräche und Freundschaften entstehen. Wegen der größeren Anzahl von persönlich geführten Gesprächen werden z.T. auch die

---

[156] laut Schulleiter Sauer in einem Gespräch mit dem Verfasser vom 27.10.1993

[157] vgl. OUS-Zeitung (Eltern-Information der Otto-Ubbelohde-Schule), Marburg, Februar 1993, S.11 und S.13

481

Beziehungen zu den Lehrkräften vertieft. Mit anderen Worten: die als intensiv empfundenen persönlichen Beziehungen können durch die Strukturveränderungen an der Ubbelohde-Schule begünstigt worden sein.

Zu diesen positiv empfundenen Strukturveränderungen gehören insbesondere die durch die Binnendifferenzierung und Wochenplanarbeit gewonnenen Freiräume und die fachübergreifende Arbeit in Projekten der Klasse bzw. im "offenen Angebot". Die Verlängerung der Grundschulzeit tritt im Bewußtsein der Schülerinnen und Schüler weniger stark hervor als erwartet werden könnte. Dies mag auch daran liegen, daß in der von mir untersuchten Klasse zu Beginn des Schulversuchs noch nicht die gewünschte Kontinuität von der ersten bis zur sechsten Klasse erreicht werden konnte. Außerdem konnten die Kinder kaum Vergleiche zu anderen Schulformen in der Stufe 5/6 ziehen, da sie sie meist nicht erlebt hatten. Positiv wird aber von einigen Kindern im Vergleich zum Gymnasium hervorgehoben, daß nach der vierten Klasse kein Schulwechsel erfolgen mußte und die Ubbelohde-Schule nicht so "schwer" und "elitär" sei. Danach gefragt, ob sie das um zwei Jahre verlängerte gemeinsame Lernen aus der gemachten Erfahrung begrüßen, waren sich die Schülerinnen und Schüler dieser Klasse alle einig, daß sie den Schulversuch "Sechsjährige Grundschule" sehr positiv einschätzen, z.T. von ihm begeistert sind und den Besuch dieser Schule keineswegs bereuen. Ein Teil der Klasse wollte ihn sogar über sechs Jahre hinaus verlängert sehen.[158]

5.5.2. Einschätzungen der Eltern

Für die Beschreibung und Interpretation der Elternmeinungen liegt von Christina Elschner-Heuberger erarbeitetes Material in Form von Interviewprotokollen und Analysen vor. Sie führte im Schuljahr 1987/88 offene Interviews mit 74 Eltern der Klassen 1, 5 und 6 durch, das sind 85% der Eltern dieser Klassen. Sie bieten m.E. genügenden Aufschluß über die Einschätzungen der Eltern zum Schulversuch, so daß ich auf eigene Befragungen verzichte, allerdings um eigene Interpretationen und Strukturierungen bemüht bin.[159]

(1) Bei den Fragen nach mit dem Schulversuch verbundenen **Voreinstellungen, Erwartungen und Zielen** äußern fast alle Eltern, daß sie ihre Kinder nicht an der Ubbelohde-Schule angemeldet hätten, weil sie Gegner der Förderstufe seien, sondern weil sie die sechsjährige Grundschule für die bessere Alternative hielten.[160] Neben den reformorientierten Unterrichtsmethoden seien drei Gründe für ihre Entscheidung ausschlaggebend gewesen, die

---

[158] Elschner-Heuberger berichtet im Rahmen einer Veranstaltung des Hessischen Instituts für Lehrerfortbildung am 27.4.1992, daß die meisten Kinder auch noch nach der sechsten Klasse gerne zusammenbleiben möchten.
[159] vgl. Elschner-Heuberger (b): Berichte im Rahmen der wissenschaftlichen Begleitung Nr.5, 30.11.1988, siehe auch Elschner-Heuberger (a) in Preuss-Lausitz S.72f
[160] vgl. Elschner-Heuberger (b) S.2

Kinder nach der vierten Klasse auf der Ubbelohde-Schule zu belassen bzw. sie in den Schulversuch einzuwählen: Sie begrüßen das gemeinsame längere Lernen in festen Bezugsgruppen, den Verzicht auf äußere Niveaudifferenzierungen und den fehlenden Schulwechsel, der bei Grundschulen ohne Förderstufe nötig wäre.[161]

Die Zustimmung vieler Eltern zu Formen des gemeinsamen längeren Lernens wird auch in der positiven Einstellung zur Integrierten Gesamtschule deutlich. So sehen manche Eltern die sechsjährige Grundschule auch als gewünschte "Annäherung an die Einheitsschule" oder als ersten Schritt zur "flächendeckenden Gesamtschule".[162] Seit den 90er Jahren geht ein Großteil der Schülerinnen und Schüler nach der sechsten Klasse gemeinsam in die integrierte Gesamtschule am Ort über.

Auch auf dem von mir besuchten Elternabend (16.3.1988) des ersten Schulversuchsjahrganges äußerten Eltern den Wunsch, die sechsjährige Grundschule bis zur Klasse 10 zu verlängern bzw. die Kinder gemeinsam an eine weiterführende Schule zu schicken. Während ersteres vom Schulleiter als unrealistisch verworfen wurde, scheiterte der gemeinsame Schulwechsel daran, daß nach Meinung der Eltern, die für ihre Kinder die mittlere Reife anstrebten, die besichtigte Haupt- und Realschule gegenüber der Gesamtschule das bessere pädagogische Klima bot, die Eltern, die für ihre Kinder das Abitur wünschten, aber einen Realschulbesuch nicht in Betracht zogen. Generell war bei diesen Eltern ein starkes Interesse an pädagogischen Konzepten wahrnehmbar, das bei der Entscheidung für den zukünftigen Schulbesuch ihrer Kinder ein wichtiges Kriterium bildete.

Auch in den Befragungen von Elschner-Heuberger wird das pädagogische Konzept der Schule von vielen Eltern als relevanter Grund genannt, ihre Kinder die Ubbelohde-Schule besuchen zu lassen. Insbesondere die Verbindung von sechsjähriger Grundschule mit einer besonderen pädagogischen Gestalt der Schule überzeugt die Eltern, weil sie darin eine "realisierbare Möglichkeit, Schule anders zu machen", sehen und die Grundideen des Konzept mit den eigenen Erziehungsvorstellungen harmonieren.[163]

Generell wird die Otto-Ubbelohde-Schule als Regelschule mit experimentellem Charakter eingeschätzt, die sich sowohl von einer in Marburg angebotenen privaten "Freien Schule" als auch von herkömmlichen Grundschulen unterscheidet, weil sie einerseits als Regelschule die staatlichen Rahmenpläne erfüllt, andererseits aber pädagogische Reformen entschieden vorantreibt. Dabei ist auffällig, daß viele Eltern eher den Wunsch nach Andersartigkeit und nach einer "Alternative zur herkömmlichen Schule" als den Wunsch nach Anpassung an traditionelle Schulstrukturen äußern und vor allem erwarten, daß die Grundschulreform an der Ubbelohde-Schule entschiedener und erfolgreicher als anderswo betrieben wird.[164]

[161] vgl. ebenda S.12
[162] ebenda
[163] ebenda S. 2, vgl. auch S.13
[164] ebenda S.4 und S.13

Da es ein gemeinsames pädagogisches Konzept der Schule gibt, haben die Eltern den Eindruck, daß die Lehrkräfte dieser Schule kooperativer und engagierter als an anderen Schulen sind. Sie erwarten zudem, daß die Lehrerinnen und Lehrer ihrem Kind eine größere emotionale Nähe entgegenbringen und es individuell einfühlsam behandeln. Viele Eltern hoffen, daß die von ihnen als Fehlentwicklung beschriebene Tendenz der Bildungsreform der 60er und 70er Jahre, rationalisierte unpersönliche Lernbetriebe zu schaffen, an der Ubbelohde-Schule zugunsten eines Schullebens vermieden wird, das Wert auf die emotionale Entwicklung der Kinder legt. Diese Erwartungen und Hoffnungen meinen die Eltern auch nach den ersten Erfahrungen mit der Ubbelohde-Schule nicht revidieren zu müssen.[165]

Fast alle Eltern äußern, daß ihnen an der Ubbelohde-Schule wichtig ist, daß ihren Kindern Raum und Zeit für die individuelle Entwicklung gegeben wird und sie möglichst ohne Druck und Angst mit Freude lernen. Sie stimmen insbesondere der inneren Differenzierung zu, da sie darin eine individuell auf ihr Kind abgestimmte Förderung der Selbständigkeit, der Leistungen und der Kooperation mit anderen Kindern sehen.[166]

Generell stimmen die Erziehungsvorstellungen der befragten Eltern mit denen heutiger Akademiker-, insbesondere Pädagogenschichten in starkem Maße überein: Sie erziehen in der Regel sehr bewußt und verantwortungsvoll, begreifen Schule als ein Moment der Erziehung und wünschen sich insofern eine Übereinstimmung dieser mit eigenen Vorstellungen bzw. eine Ergänzung oder sogar einen Ersatz für selbst nicht geleistete Erziehungsarbeit.[167]

Aus den Erwartungen der Eltern in Hinblick auf das Lernen und Leben in der Schule lassen sich zunächst zwei Grundstränge herausarbeiten: Erstens hoffen die Eltern, daß ihre Kinder **humaner** bzw. kindgerechter lernen. Sie sollen Zufriedenheit im Augenblick der Gegenwart erleben, so daß ihre emotionale Persönlichkeit möglichst ohne große Frustrationen wachsen kann. Ihre individuellen und momentanen Lustbedürfnisse sollen berücksichtigt werden. Einige Eltern betonen aber auch, daß Berücksichtigung der Bedürfnisse des Kindes nicht immer mit deren Befriedigung gleichgesetzt werden kann. Allerdings erwarten sie, daß dies in den meisten Fällen möglich ist. So formuliert ein Elternteil: "Bestimmte Sachen muß jeder wissen, und das muß auch gegen die Interessen der Schüler gemacht werden, aber generell soll Lernen stärker mit Freude verbunden sein."[168]

Zweitens hoffen die Eltern, daß ihre Kinder **erfolgreicher** lernen. Sie sollen für die Zukunft vorbereitet sein und durch eine auch kognitiv gewachsene Persönlichkeit eine günstige Ausgangsposition für ihren beruflichen und privaten Werdegang besitzen.

Elschner-Heuberger faßt die Erwartungen der Eltern daher als Doppelwunsch zusammen:

---

[165] vgl. ebenda S.3ff und S.17f
[166] vgl. ebenda S.4f und S.18
[167] vgl. ebenda S.5 und Elschner-Heuberger (a) in Preuss-Lausitz S.73
[168] Elschner-Heuberger (b) S.18

"Die Eltern wünschen sich für ihre Kinder sowohl eine möglichst lange kindgerechte Grundschulzeit als auch einen gehobenen Bildungsabschluß."[169]

Zwar ist diese Aussage zutreffend, aber sie legt vereinfachend nahe, daß die Eltern eine
optimale Vorbereitung ihrer Kinder auf die Zukunft mit einer Befähigung zum Gymnasialbesuch gleichsetzen. Aber von den meisten Eltern werden nicht nur die Quantität des Wissens
und die Fähigkeit zu strukturiertem und kreativem Denken, sondern auch soziale Kompetenzen wie Teamfähigkeit, Selbständigkeit und Selbstbewußtsein als wichtige Komponenten des
beruflichen und privaten Erfolges angesehen.[170] Daher erscheint mir eine Erweiterung der
beiden Leitwünsche angemessen, die die gegenwarts- und zukunftsbezogenen Ziele der Eltern
verbindet, so wie schon Schleiermacher einen Verzicht auf eine "Aufopferung der Gegenwart
für die Zukunft" forderte:

"Die Lebenstätigkeit, die ihre Beziehung auf die Zukunft hat, muß zugleich auch
ihre Befriedigung in der Gegenwart haben; so muß auch jeder pädagogische
Moment, der als solcher seine Beziehung auf die Zukunft hat, zugleich auch
Befriedigung sein für den Menschen, wie er gerade ist. Je mehr sich beides durch-
dringt, um so sittlich vollkommener ist die pädagogische Tätigkeit. Es wird sich
aber beides desto mehr durchdringen, je weniger das eine dem anderen
aufgeopfert wird."[171]

Eine solche Integration der gegenwarts- und zukunftsbezogenen Ziele wünschen sich auch die
meisten Eltern. Dabei lassen sich m.E. vier Aspekte erkennen:

1.) Die Kinder sollen sich in der Schule wohlfühlen und **Spaß am Lernen** haben, auch um
ihnen für den späteren Lebensweg eine positive Grundhaltung zum Lernen zu vermitteln.

2.) Sie sollen für die Gegenwart und für die Zukunft **Selbständigkeit in praktischen Alltags-
fragen** und im Lernprozeß gewinnen. Viele Eltern wünschen sich dies auch zur eigenen
Entlastung und zur Erleichterung der Berufstätigkeit beider Elternteile:

"Wir kümmern uns nicht viel. Es ist gut, wenn Kinder selbständig arbeiten."

"Z.B. kann sich das Kind morgens selbst versorgen, sich alleine beschäftigen, das
Zimmer alleine aufräumen, selbständige Hilfe im Haushalt leisten. Es kann seine Hausaufgaben selbständig anfertigen."

"Selbständigkeit ist kein so vordringliches Ziel, sondern zwangsläufig notwendig durch
die persönliche Situation."[172]

Der Wunsch nach selbständigen Kindern ist sicher in den meisten Fällen ein die kindliche
Entwicklung förderndes Moment. Problematisch erscheint er mir, wenn er dazu führt, daß die

---

[169] ebenda S.7
[170] vgl. ebenda S.18f
[171] Schleiermacher, Friedrich: Pädagogische Schriften 1, die Vorlesungen aus dem Jahre 1826, hrsg. von Erich
Weniger, Frankfurt/Mn, Berlin, Wien, 1983, S.48
[172] alle Zitate Elschner-Heuberger (b) S. 19, siehe auch Elschner-Heuberger (a) in Preuss-Lausitz S.713

Kinder zu viel allein gelassen werden. Anhand der Elternäußerungen läßt sich jedoch nicht erkennen, ob konkrete Vernachlässigungen vorliegen.

Selbständigkeit ist für die Eltern nicht nur ein Ziel bzw. eine Notwendigkeit in Hinblick auf die Organisation des Alltags, sondern auch in bezug auf die Fähigkeit der Kinder, eigene Entscheidungen zu treffen und diese zu verantworten.[173]

3.) So wünschen sie sich, daß ihre Kinder auf der Ubbelohde-Schule für die Gegenwart und Zukunft ein **soziales Verhalten** lernen, das Eigenverantwortlichkeit, Selbständigkeit in Entscheidungen (ohne zu überfordern), Solidarität und Kritikfähigkeit beinhaltet. Sie erwarten, daß durch die lange gemeinsame Grundschulzeit, durch den Klassenrat und die Gruppenarbeit im Wochenplan ihre Kinder lernen - wie ein Elternteil formuliert - "sich gegenüber Mitschülern durchzusetzen, auf andere einzugehen, diese zu akzeptieren, ihnen zu helfen, Schwierigkeiten von anderen zu erkennen, sich selbst helfen zu lassen."[174]

4.) Nicht zuletzt ist es den Eltern aber auch sehr wichtig, daß ihre Kinder einen **hohen kognitiven Leistungsstand** erreichen, der - wie es viele Eltern formulieren - "vergleichbar mit anderen Schulen" ist.

> "Der Leistungsstand muß gewährleistet sein, damit bei Umzug oder Schulwechsel der Anschluß nicht so schwer fällt."

> "Das eigene Kind ist sehr leistungsstark. Wenn es nicht so wäre, weiß ich nicht, wie ich dann dazu stehen würde."

> "Das Kind soll das Ziel erreichen, auf's Gymnasium gehen zu können. Es sollen ihm durch die sechsjährige Grundschule keine Nachteile entstehen."

> "Wichtig ist auch der vergleichbare Leistungsstand."[175]

Problematisch sind diese Zielformulierungen erstens, weil mit "Vergleichbarkeit" fast immer die Erreichung eines Leistungsstandes gemeint ist, der zum erfolgreichen Besuch des Gymnasiums oder gymnasialer Kurse bzw. Zweige von Gesamtschulen ausreicht, und zweitens, weil das Ziel "Gymnasium" häufig als Conditio sine qua non betrachtet wird und damit auf den Lehrkräften und den Kindern ein hoher Erwartungsdruck liegt.[176]

Zwar ist es verständlich, daß die Eltern den eigenen Kindern große Chancen im verschärften Konkurrenzkampf um berufliche und soziale Positionen eröffnen möchten, doch bringt ihre Erwartung, daß das pädagogisches Konzept nicht nur zu Spaß am Lernen, Selbständigkeit und sozialem Verhalten führt, sondern auch "höhere Leistungen"[177] bewirkt, nach den Beobachtungen von Lehrkräften nicht selten Verunsicherungen mit sich.[178]

---

[173] vgl. Elschner-Heuberger (b) S.19
[174] ebenda S.20
[175] ebenda S.21
[176] vgl. ebenda S.6f
[177] ebenda S.22
[178] vgl. Abschnitt 5.5.3. und Eltern-Info der Otto-Ubbelohde-Schule für das Schuljahr 1991/92, Marburg im Februar 1992, S.10

Z.T. befürchten Eltern, daß ihre Kinder mit dem in der Ubbelohde-Schule entwickelten sozialen Verhalten im Gymnasium Schwierigkeiten bekommen werden, da dort anonymer, mit weniger Freiheiten, alleine und unter höherem Druck gearbeitet werden müsse.[179] Selten beruhen solche Befürchtungen jedoch auf realen Erfahrungen, denn nur in wenigen Fällen gibt es Berichte von Übergangsschwierigkeiten,[180] zumal selbständiges und kooperatives Arbeiten an einigen heutigen Gymnasien durchaus gewünscht wird.

Zudem bleibt unklar, welche Konsequenzen nach Meinung dieser Eltern für das pädagogische Konzept der Ubbelohde-Schule zu ziehen sind. Zwar ist anzunehmen, daß manche Eltern meinen, der Modellversuch "Sechsjährige Grundschule" dürfe sich in seinen Erziehungsgrundsätzen nicht zu weit von gymnasialen Anforderungsprofilen unterscheiden, entsprechende explizite Äußerungen sind in den Interviews jedoch nicht auffindbar. Dagegen sprechen auch die eingangs angeführten Aussagen vieler Eltern, die sich wünschen, daß die Ubbelohde-Schule "eine Alternative zu herkömmlicher Schule" sei.

Insgesamt bleibt der Eindruck von einer Ambivalenz in den Elternerwartungen bestehen, die erst aufgelöst werden könnte, wenn sich Formen des gemeinsamen längeren Lernens gesellschaftlich durchsetzen, die human sind, Selbständigkeit und soziales Verhalten entwickeln und mit dem Erreichen eines hohen Bildungsabschlusses verbunden sind. In der augenblicklichen Situation bleibt der dargestellte Widerspruch, den eine Mutter als "Widerspruch zwischen Kopf und Gefühl"[181] beschreibt, sowohl für das Kollegium[182] als auch für Eltern wahrnehmbar existent. Sie versuchen, ihn in manchen Jahren dadurch zu mildern, indem sie Absprachen über den Besuch der weiterführenden Schulen treffen. So organisieren die Eltern der sechsten Klassen die Informationsabende zu den Übergangsentscheidungen in eigener Regie. Jeweils drei bis vier Elternteile besuchen eine weiterführende Schule und berichten den anderen Eltern über ihre Eindrücke. Anschließend wird versucht, daß möglichst viele Kindern in eine gemeinsame Klasse an einer weiterführenden Schule kommen. Sie hoffen, dadurch sowohl Schwierigkeiten im Leistungsbereich und in der Anpassung an den neuen Unterrichtsstil zu vermeiden als auch die an der Ubbelohde-Schule gebildeten gemeinsamen Erziehungsvorstellungen in die neue Schule zu übertragen.[183]

(2) Bei den von Eltern genannten **Erfahrungen** fällt zunächst die große **Zufriedenheit** auf, die die Eltern gegenüber den **reformorientierten Unterrichtsmethoden** wie Wochenplan,

---

[179] vgl. Elschner-Heuberger (b) S.7f
[180] vgl. Kölle-Remer, Annemarie: Der Übergang von der OUS auf weiterführende Schulen; dargestellt anhand von Schüler- und Lehrermeinungen, nicht zur Veröffentlichung freigegebener, im Rahmen der wissenschaftlichen Begleitung entstandener Bericht, Marburg, August 1993; Eltern-Info der Otto-Ubbelohde-Schule für das Schuljahr 1991/92, Marburg, Februar 1992, S.2 und S.8; Elternbrief der Otto-Ubbelohde-Schule im Schuljahr 1989/90, Marburg 1990, S.14f und Elschner-Heuberger (b) S.8 sowie Abschnitt 5.3.
[181] ebenda S.8, vgl. auch Elschner-Heuberger (a) S.77
[182] vgl. folgenden Abschnitt 5.5.3.
[183] vgl. auch Elschner-Heuberger (a) S.78

offenes Angebot, Projektunterricht u.ä. äußern. Auf diese Elemente führen sie es zurück, daß ihre Kinder inzwischen selbständiger und kooperativer arbeiten und gerne zur Schule gehen:[184]

> "Das Kind löst eigenständig Arbeiten und braucht wenig Unterstützung. Das hat auch damit zu tun, wie in der Schule Lernen vermittelt wird. Das Kind hat gelernt, selbständig die Zeit einzuteilen. Es hat eine stabilisierende, Selbstbewußtsein stärkende Schulzeit durchlaufen. Es hat positive Schulerfahrungen gemacht."

> "Die Wochenplanarbeit regt zum Mitdenken an."

> "Das offene Angebot ist der Höhepunkt der Woche, verstärkt die positive Einstellung zur Schule."

> "Gut ist das offene Angebot, fächer- und klassenübergreifender Projektunterricht."

> "Die Entwicklung des Kindes ist positiv verlaufen. Ich war froh, daß es weiterging. Das Kind hat gelernt, selbständig zu arbeiten, freiwillig zu denken. Das soziale Verhalten hat sich weitaus gebessert. Alles, was vorher negativ war, hat sich positiv entwickelt. Die Kinder können sich persönlich einbringen, es wird ihnen Freiraum gelassen."

> "Weil die Kinder nach 6 Jahren nach Hause kommen und sagen, es war schön in der Schule, deshalb ist die OUS eine gute Schule."

Negative Äußerungen wie die Einschätzung, daß das eigene Kind zu stark "einer sozialen Kontrolle unterliegt" und sich "nach den bestimmenden Kindern" richtet, bleiben die Ausnahme.[185]

Auch auf die in der sechsjährigen Grundschule **unterbleibende äußere Differenzierung** führen Eltern zurück, daß sich ihr Kind positiv entwickelt und kein unangemessenes "Konkurrenzverhalten" ausgeprägt hat.

(3) Ein ähnliches Bild ergibt sich für die Eltern in bezug auf das **Kollegium**. Die meisten Eltern sehen sich in ihren Voreinstellungen bestätigt, daß die Lehrkräfte der sechsjährigen Grundschule kooperativ und engagiert sind. Besonders begrüßen sie die Stabiltität in den Beziehungen zu den Lehrerinnen und Lehrern. Die wenigen kritischen Stimmen zeigen aber auch, daß es Unterschiede in der Zufriedenheit der Eltern mit der Umsetzung des pädagogischen Konzepts gibt und daß die Eltern erfahren haben, daß Erfolge und Mißerfolge der pädagogischen Bemühungen der Ubbelohde-Schule in sehr großem Maße von der jeweiligen Lehrkraft abhängig sind.[186]

---

[184] alle Zitate Elschner-Heuberger (b) S.15f, vgl. auch S.4
[185] ebenda S.16
[186] vgl. ebenda S.14f

(4) Interessant ist zudem die überwiegende Zufriedenheit der Eltern in Hinblick auf die **Zusammenarbeit mit anderen Eltern**:

> "Das Klima in der Elternschaft ist angenehm. Eltern können wesentliche Dinge gut miteinander diskutieren."

> "Zwischen den Eltern ist eine gute Zusammenarbeit. Das hängt auch mit dem Süd-Viertel zusammen. Man kennt sich. Eltern kennen sich und treffen sich."

> "Eltern sind an der OUS gut miteinander im Gespräch. Sie sind von ihren Ansichten her sehr ähnlich. Sie tragen das pädagogische Konzept mit und gehen locker und ungezwungen miteinander um. Das ist auch abhängig vom sozialen Umfeld."[187]

Ähnliche Eindrücke konnte ich auf dem bereits erwähnten Elternabend des ersten Abschluß-jahrgangs sammeln. Auch dort fiel der starke Zusammenhalt der Eltern auf, die gemeinsam die Durchsetzung der sechsjährigen Grundschule betrieben hatten. Alle duzten sich, witzelten miteinander und trafen sich anschließend noch in einer Gaststätte. Zwar schienen sich die Akademiker untereinander besser zu verstehen, dennoch war ein großes Bemühen um Gemeinsamkeit erkennbar.

Zu dem guten Klima innerhalb der Elternschaft der Ubbelohde-Schule mag auch beitragen, daß sie sich - wie übereinstimmend festgestellt wird - "mehrheitlich aus Akademikern zusammensetzt".[188] Dafür gibt es mindestens zwei Gründe. Zum einen ist der Anteil von Akademikern im Schuleinzugsbereich hoch, zum anderen melden eher bildungsbewußte Elternschichten aus anderen Stadtteilen ihre Kinder in den Schulversuch ein. Diese Tendenz nahm Ende der 80er Jahre zu. So wohnten 80% der von Elschner-Heuberger befragten Eltern des 5 und 6 Schuljahres im Südviertel, während die Eltern der Erstklässler ihre Kinder zur Hälfte von außerhalb des Einzugsbereiches an der Schule angemeldet hatten.[189]

Diese **überproportionale Vertretung von Akademikereltern, insbesondere von Pädagogen** wird auch von den Eltern selbst wahrgenommen, jedoch unterschiedlich bewertet. Einerseits begrüßt man homogene Kommunikationsstile, Interessen und Auffassungen, andererseits wird eine "Überpädagogisierung", "Cliquenbildung" und fehlende Heterogenität befürchtet. Manche Eltern fühlen sich von den Lehrereltern an den Rand gedrängt:[190]

> "An Elternabenden ist immer eine bestimmte Clique, die ihre Meinung sagt und Zeit hat. Vielleicht sind auch viele Lehrer dabei."

> "Es wird befürchtet, daß die homogene Sozialstruktur des Süd-Viertels zu einer Überpädagogisierung durch Eltern führen kann, was auch das Klima an der Schule beeinflussen würde."

---

[187] ebenda s.22

[188] Elschner-Heuberger (a) S.75. Die Autorin weist hier zurecht darauf hin, daß eine solche Homogenität in der Sozialstruktur meist auch an reformorientierten Schulen wie Landerziehungsheimen, Waldorfschulen u.a., aber auch in vielen Ballungszentren mit sozial differenzierten Stadtvierteln besteht.

[189] vgl. Elschner-Heuberger (a) S.74

[190] alle Zitate Elschner-Heuberger (b) S.22f, vgl. auch S.8

489

"Es besteht die Gefahr, daß sich an der OUS ein elitärer Klüngelhaufen zusammenfindet. ... Ich bin etwas enttäuscht, weil die Schülergruppe nicht heterogen zusammengesetzt ist, nicht normal in bezug auf das Sozialgefüge."

Insgesamt äußert sich die Mehrheit der Eltern aber eher zufrieden über das Zusammengehörigkeitsgefühl in der Elternschaft. Es erleichtere zudem eine gewisse Identifikation mit der Ubbelohde-Schule.

Außerdem würden durch den "Freundeskreis" der Eltern auch die Freundschaften der Kinder "nachmittags über den Schulbesuch hinaus" gefördert. Im übrigen ist es für die befragten Eltern der 5. und 6. Klasse eine positive Erfahrung gewesen, daß durch die verlängerte Grundschulzeit der Zusammenhalt und die gute Beziehung der Kinder untereinander erhalten bleiben konnte.[191] Einige Eltern äußern, daß, wenn die Freunde ihrer Kinder schon nach der vierten Klasse die Ubbelohde-Schule verlassen hätten, auch ihr Kind mitgegangen wäre.[192]

(5) Weit auseinander gehen die Meinungen der Eltern in Hinblick auf die Erfahrungen und Einschätzungen mit der im pädagogischen Konzept hervorgehobenen **Elternmitarbeit und der Einbeziehung der Eltern in die pädagogischen Entscheidungen**. So wünscht sich ein Teil der Eltern, daß das pädagogische Konzept mit den Eltern "abgesprochen" wird, sie "mitentscheiden" und "durch eigene Vorschläge Einfluß nehmen" können. Andere Eltern äußern:[193]

"Eltern sollen sich nicht so viel reinhängen. Wenn Eltern größeren Einfluß haben, ist das nicht immer positiv. Es sind meist nur wenige, die etwas sagen, und die bestimmen dann."

"Es ist problematisch, wenn Eltern sich zu viel in den Schulbetrieb einmischen."

"Es ist nicht gut für Kinder, wenn die Eltern zu oft in der Schule sind."

"Schule und Elternhaus sind getrennte Bereiche."

Obwohl manche Eltern eine Mitarbeit im Unterricht durchaus begrüßen, nehmen viele Eltern - nicht zuletzt aus den an der Ubbelohde-Schule gemachten Erfahrungen heraus - entschieden gegen eine Elternmitarbeit im regulären Unterricht Stellung.

"Elternmitarbeit im Unterricht ist problematisch. Eltern orientieren sich nur am eigenen Kind, wollen nur sehen, was es macht. Kinder von Eltern, die häufig in den Unterricht gehen, bekommen einen Sonderstatus. Kinder berufstätiger Eltern fühlen sich zurückgesetzt."

"Eltern sollen nicht zu Hilfslehrern werden, kein Ersatz dafür sein, daß zu wenig Personal da ist."

---

[191] ebenda S.23f
[192] ebenda S.24
[193] alle Zitate Elschner-Heuberger (b) S.24

"Elternmitarbeit ist problematisch, weil es etwas von Kontrolle der Eltern über die Lehrer beinhaltet."[194]

Die Vielzahl von Äußerungen zu diesem Punkt läßt vermuten, daß dieses Thema in Elternversammlungen intensiv mit den Lehrkräften diskutiert wurde und daß daraufhin wie die Mehrheit des Kollegiums auch die Mehrheit der Eltern einer Teilnahme am Unterricht oder einer Einflußnahme auf den Unterrichtsstil eher skeptisch gegenübersteht.[195] Einig sind sich die Eltern darin, daß es begrüßt wird, wenn Eltern ihre Berufswelt oder ihr Spezialwissen den Kindern vorstellen, sie aufgrund eines Wunsches der Lehrkraft insbesondere in den Anfängerklassen beobachtend oder helfend dabei sind oder Eltern im Unterricht von Klassen oder Angeboten helfen, an denen ihre Kinder nicht teilnehmen. Vor allem wird eine Beteiligung an Projekten und am offenen Angebot von den Eltern gern gesehen. Das gilt auch für eine aktive Teilnahme am 1991 gegründeten "Verein der Freunde und Förderer der 6-jährigen Grundschule e.V.", der helfen möchte, die sechsjährige Grundschule zu "unterstützen und weiterzuentwickeln".[196] Einig ist sich die Elternschaft auch darin, daß Elternmitarbeit nicht verpflichtend sein darf.

Generell wünschen sich die Eltern aufgrund der vorliegenden Erfahrungen, daß die Lehrkräfte deutlicher machen, wann und in welcher Form sie eine Mitarbeit oder Einflußnahme von Eltern wünschen. An diesem Punkt scheint es zu Schwierigkeiten in der Beziehung zwischen der Eltern- und Lehrerschaft gekommen zu sein.[197]

(6) Faßt man die Stellungnahmen der Eltern zu einer **Bewertung** des Versuchs aus Sicht der Eltern zusammen, so findet sich fast durchgängig eine positive Einschätzung, die angesichts der hohen Erwartungshaltung bemerkenswert ist. Die Eltern selbst führen den Erfolg der sechsjährigen Grundschule im wesentlichen auf die gelungene Verbindung von verlängerter Grundschulzeit, pädagogischen Reformen und engagiertem Kollegium zurück.[198] Dabei stellt sich der Erfolg für sie im einzelnen wie folgt dar:
Erstens haben die Kinder an der Ubbelohde-Schule nach der Beobachtung ihrer Eltern häufig Freude am Lernen. Sie gehen in der Regel gerne in diese Schule und haben dort viele Freundschaften geschlossen. Da die Kinder an der Ubbelohde-Schule meist aus bildungsbewußten Elternhäusern kommen, sind viele Eltern über die dort geschlossenen Freundschaften froh. Die soziale Kontrolle über die Beziehungen ihrer Kinder bleibt ihnen erhalten, ohne daß sie restriktiv einschreiten müssen.[199] Die relativ große Homogenität der Elternhäuser bewirkt

---

[194] alle Zitate Elschner-Heuberger (b) S.25f
[195] vgl. Abschnitt 5.5.3.
[196] vgl. ebenda S.28, Elschner-Heuberger (f) S.73f und Eltern-Info der Otto-Ubbelohde-Schule für das Schuljahr 1991/92, Marburg im Februar 1992, S.4 und S.6 sowie Elternbrief der Otto-Ubbelohde-Schule im Schuljahr 1989/90, Marburg 1990, S.8
[197] vgl. Elschner-Heuberger (b) S.29
[198] vgl. dazu auch Elschner-Heuberger (f) S.75
[199] vgl. Elschner-Heuberger (a) S.77

zudem ein starkes Gemeinschaftsgefühl und erleichtert die Identifikation mit der Schule. Nur wenige Eltern bedauern, daß ihre Kinder vornehmlich mit Kindern der gleichen sozialen Herkunft konfrontiert sind. Auch mit der emotionalen Aufnahme ihrer Kinder durch die Lehrkräfte sind die Eltern meistens zufrieden, ebenso mit der Transparenz des Schullebens. Da sie meist eine hohe Übereinstimmung der Erziehungsstile der Schule mit den eigenen Vorstellungen empfinden, glauben sie, die richtige Schule für ihr Kind gefunden zu haben.[200]

Zweitens erleben die Eltern, daß ihre Kinder in der Organisation ihres Alltags durch die Arbeitsweisen der Ubbelohde-Schule selbständiger geworden sind. Dies ermöglicht den Eltern und insbesondere den Müttern, mehr Zeit und gedankliche Energie den eigenen Interessen zu widmen oder einer eigenen Berufstätigkeit nachzugehen.

Drittens sehen sie durch die Ubbelohde-Schule die Fähigkeit ihrer Kinder zu Kooperation, Hilfsbereitschaft, Rücksichtnahme und angemessener Kritik gesteigert. Dies wird sowohl in Hinblick auf das private als auch in Hinblick auf das spätere schulische und berufliche Leben der Kinder begrüßt.

Viertens schließlich herrscht Zufriedenheit unter den Eltern, weil der überwiegende Teil der Kinder nach der sechsten Klasse auf gymnasiale Bildungsgänge übergeht und dort meist keine auffälligen Schwierigkeiten auftauchen.[201]

Die Möglichkeit, zwei Jahre später über den zukünftigen Bildungsgang zu entscheiden, empfinden die Eltern in der Regel als entlastend. Solange nach der vierten Klasse leistungsstarke Kinder auf der Ubbelohde-Schule verbleiben, haben die Eltern auch keine Angst, daß ihr Kind in der fünften und sechsten Klasse kognitiv zu wenig Anregungen bekommt.[202] Unter diesen Umständen halten sie auch eine äußere Differenzierung nicht für notwendig, im Gegenteil wegen der negativen emotionalen und sozialen Wirkung der zeitweisen Trennung sogar für schädlich.

Die Sechsjährigkeit dieser Grundschule wird daher von den Eltern sehr begrüßt, zumal viele Erfolge auf die durch die verlängerte Grundschuldauer erreichte Kontinuität zurückgeführt werden.[203]

Die geäußerte Skepsis nimmt demgegenüber einen verschwindend kleinen Raum ein. Einige kritisieren sich zu stark einmischende Eltern oder eine fehlende Ausgewogenheit in der sozialen Herkunft der Kinder. Andere meinen, daß nicht alle Lehrkräfte gleichermaßen engagiert sind. Wieder andere Äußerungen betreffen in manchen Klassen wahrgenommene negative Gruppenstrukturen oder Überforderungen in der Erziehung zur Selbständigkeit. Angesichts der in Akademikerkreisen meist stark ausgeprägten Neigung zur Kritik fällt das Resümee der Eltern über die sechsjährige Grundschule in Marburg jedoch äußerst positiv aus.

---

[200] vgl. auch de Boer S.103
[201] vgl. Eltern-Info der Otto-Ubbelohde-Schule für das Schuljahr 1991/92, Marburg im Februar 1992, S.2 und S.8; Elternbrief der Otto-Ubbelohde-Schule im Schuljahr 1989/90, Marburg 1990, S.14f; Kölle-Remer S.49
[202] zu den Übergängen vgl. Graphik in Abschnitt 5.3.
[203] vgl. auch Elschner-Heuberger (f) S.76

Ein Indikator dafür, daß die Eltern das Image der Ubbelohde-Schule verbreiten, "ganz toll"[204] zu sein, ist auch die Tatsache, daß weiterhin mehr Anmeldungen für diese Schule vorliegen, als Plätze vorhanden sind.[205]

5.5.3. Stellungnahmen der Lehrkräfte

Auch die Darlegung der Einschätzungen der Lehrkräfte beruht im wesentlichen auf Befragungen, die von Christina Elschner-Heuberger durchgeführt wurden. Sie interviewte zwischen den Oster- und Sommerferien 1989 in einer strukturierten offenen Befragung 15 der 16 zu diesem Zeitpunkt an der Ubbelohde-Schule beschäftigten Lehrkräfte.[206] Hierbei bearbeite ich im wesentlichen die im Material der wissenschaftlichen Begleitung niedergeschriebenen Protokolle der Äußerungen der Lehrkräfte, da sie - anders als manche Zusammenfassungen von Elschner-Heuberger[207] - die kritischen Stimmen deutlicher werden lassen. Ergänzt werden diese Interviewprotokolle durch schriftliche Stellungnahmen, die fünf Lehrkräfte auf Wunsch von Heike de Boer und mir während unseres Beobachtungszeitraumes 1988 anfertigten.[208]

(1) Für die Beurteilung der **Äußerungen zu persönlichen Unsicherheiten, Belastungen, Einstellungen und Erwartungen** des Kollegiums ist es wichtig, sich noch einmal die Ausgangssituation 1985/86 ins Gedächnis zu rufen. Bis auf eine Lehrerin und den Schulleiter ging die Initiative für den Schulversuch weniger vom Kollegium als von Vertretern der GRÜNEN und einem Teil der Elternschaft der damaligen 4.Klasse aus. Die übrigen fünf Lehrkräfte besaßen kaum Erfahrung mit reformpädagogischen Methoden. Daher benötigten sie Mut, die eigenen Zweifel zu überwinden. De Boer bemerkt zur Anfangssituation des Schulversuchs:

---

[204] Elschner-Heuberger (b) S.16

[205] Es mußten Kinder von außerhalb des Einzugsbereiches abgelehnt werden: 1986/87 47, 1987/88 27, 1988/89 29, 1991/92 32. Vgl. Elschner-Heuberger (a) S.74, Eltern-Info der Otto-Ubbelohde-Schule für das Schuljahr 1991/92, Marburg im Februar 1992, S.2 sowie Auskunft von Elschner-Heuberger u.a. Kolleginnen im Rahmen einer Veranstaltung des Hessischen Instituts für Lehrerfortbildung am 27.4.1992

[206] Elschner-Heuberger, Christina (c): Ergänzung der bereits durchgeführten Elternbefragungen durch Lehrerbefragungen, mit dem Ziel der Dokumentation des Schulversuchs aus unterschiedlichen Perspektiven, erstellt im Rahmen der Berichte der wissenschaftlichen Begleitung Nr.6, Marburg, 30.10.1989 sowie das hierfür von ihr erstellte Vorbereitungspapier (d): Lehrerbefragung, maschinengeschriebenes Manuskript, Marburg, Juli 1989. Ich zitiere relativ umfangreich aus letzterem Papier, da hier die Stellungnahmen der Lehrkräfte uninterpretiert niedergeschrieben sind.

[207] vgl. Elschner-Heuberger (f) S.77ff

[208] Wir hatten die Lehrkräfte um Stellungnahmen zum Schulversuch, zu veränderten Unterrichtsmethoden, zu Wirkungen auf die Schülerinnen und Schüler, zur Notengebung, zur eigenen Rolle, zum Kollegium und zur Elternschaft gebeten. Vgl. auch de Boer S.68 und Anhang

"Nur aufgrund des guten und persönlichen Schulklimas war die Verwirklichung des Schulversuchs, der schließlich eine methodische Umstellung nach sich ziehen sollte, denkbar. ... Auf der einen Seite standen so Hoffnung und Motivation, einen positiveren Schulalltag für Lehrer/innen und Schüler/innen schaffen zu können, auf der anderen Seite aber auch Unsicherheit gegenüber dem Zeit- und Kraftaufwand, den die methodische Umstellung erforderte."[209]

Die Ambivalenz in den Empfindungen der Lehrkräfte wird auch in den fünf 1988 verfaßten schriftlichen Stellungnahmen deutlich, in denen **Ängste vor zu hohen Erwartungen**, zu starken Veränderungen, einer kritischen Öffentlichkeit und einer möglichen eigenen Inkompetenz geäußert werden.[210]

Auch Christina Elschner-Heuberger stellt in ihrer Befragung vom Frühjahr und Sommer 1989 fest, daß viele Lehrkräfte von Beginn des Schulversuchs an mit relativ wenig Erfahrung, die sie mit den veränderten Unterrichtsmethoden besaßen, einer erhöhten Aufmerksamkeit der Öffentlichkeit, der Eltern, Politiker und Erziehungswissenschaftler gegenüberstanden. Als Lehrkräfte der einzigen sechsjährigen Grundschule in Hessen glaubten auch die unerfahrenen Lehrerinnen und Lehrer, das pädagogische Konzept der Schule möglichst sofort und so optimal wie ihre erfahrenen Kolleginnen umsetzen zu müssen. Diesen Erwartungsdruck empfanden viele von ihnen als einengend und verunsichernd.

"Belastend war die Umstellung und das Gefühl, die anderen können alles besser. Auch von den Eltern fühlte ich mich kontrolliert."[211]

"Anfangs hatte ich schon das Gefühl, es ist ein Druck vorhanden. Ich hatte immer das Gefühl, mich rechtfertigen zu müssen. Das ist jetzt nicht mehr so stark."[212]

"Zu Beginn habe ich versucht, den Anspruch mit der Gruppenarbeit, dem Wochenplan u.ä. zu kopieren. Dabei habe ich mich selbst verleugnet. Keiner kann etwas machen wie der andere. Ich habe es versucht, aber es ist zuerst "in den Bach gegangen". Ich selbst war unglücklich mit meiner Arbeit. Jetzt habe ich mich davon gelöst, habe meinen eigenen Weg gefunden, das pädagogische Konzept umzusetzen."[213]

"Die Wochenplanarbeit ist mir am Anfang etwas schwer gefallen, obwohl ich Arbeitsformen wie selbständiges Arbeiten und innere Differenzierung schon vor dem Schulversuch praktiziert habe."[214]

"Ich bin selbst noch am Ausprobieren und in manchen Punkten nicht sicher."[215]

Schon in der Befragung der Eltern wird erkennbar, daß die Elternschaft der Ubbelohde-Schule den Schulversuch mit besonders hohen Erwartungen verknüpft. Neben der mit methodischen Umstellungen verbundenen Unsicherheit bezeichnen die Lehrerinnen und Lehrer

---

[209] de Boer S.101
[210] vgl. auch de Boer S.68
[211] Elschner-Heuberger (d) S.15
[212] ebenda S.32
[213] ebenda S.12
[214] ebenda S.10f
[215] ebenda S.5

daher den **durch manche Eltern erzeugten Druck** als besonders belastend. Auch die Lehrerin der Ubbelohde-Schule Teetz bemerkt in ihrem Beitrag für den Arbeitskreis Grundschule e.V., daß die Lehrkräfte nicht nur die Zunahme des Anteils von Kindern alleinerziehender Eltern, sondern vor allem die "steigende Erwartungshaltung der Eltern beunruhigt".[216] Obwohl die Äußerungen der meisten Eltern auf eine große Zufriedenheit mit der Arbeit der Lehrkräfte hinweisen und sich viele Eltern aktiv in das Schulleben einbringen, scheint - wie es in Elternbefragung sehr viel gemäßigter anklang - die Beziehung zwischen einigen Eltern und einigen Lehrkräften zum Zeitpunkt der Befragung gestört:[217]

"Elternmitarbeit stellt ein Problem dar, wenn es bedeutet, daß Eltern alles mitbestimmen und mitentscheiden wollen und können. Belastend empfinde ich, wenn Eltern auf LehrerInnen einreden, ihnen Vorwürfe machen und sie unter Druck setzen. Wenn Eltern erwarten, daß wir alles so umsetzen, wie es in den Büchern steht, und wenn sie erwarten, daß wir erreichen, was sie selbst nicht umsetzen können. Es überschreitet die pädagogische Kompetenz der Eltern in der Schule und beschneidet die pädagogische Freiheit der LehrerInnen, wenn Eltern erwarten, daß wir alles so machen, wie sie es wollen. Es gibt Dinge, da sind LehrerInnen den Eltern keine Rechenschaft schuldig. Ich würde mir mehr Vertrauen in meine Arbeit von Elternseite wünschen und mehr Unterstützung dahingehend."

"Elternerwartungen stellen eine Belastung dar, weil Eltern versuchen, ihren eigenen Schulfrust miteinzubringen und zu kompensieren. Sie versuchen, für ihre Kinder das zu vermeiden, und bringen ständig Probleme, die ihre Kinder gar nicht haben. Eltern erwarten sehr viel von der Schule. Sie haben ein großzügiges Konzept vor, sind aber in kleinen Dingen nachlässig. Sie kümmern sich wenig um alltägliche Schuldinge, wissen wenig über Selbstverständliches. Oft akzeptieren Eltern ihre Kinder total und unkritisch, haben ein falsches Bild von ihnen und ein oberflächliches Selbstvertrauen ins Kind gesetzt."

"Eltern empfinden aus meiner Sicht immer, ihre Kinder sind alle Engel. Sie wissen alles besser und mischen sich zu viel in die Schularbeit ein. Sie können es schlecht akzeptieren, wenn LehrerInnen etwas anderes machen, als sie sich es vorstellen. Sie vergessen oft, daß zwanzig Kinder sehr verschieden sind und wünschen sich, daß LehrerInnen immer auf die Probleme *ihres* Kindes eingehen. Sie versuchen, ihre Ziele durchzusetzen. Eltern schließen sich auch gegen LehrerInnen zusammen. D.h. sie sprechen einiges nicht erst mit LehrerInnen ab, sondern hinter ihren Rücken. Sie sehen oft nicht, daß Eltern und LehrerInnen zusammen arbeiten müssen, um Kindern Gutes zu tun."

"In meiner Klasse sind acht Einzelkinder, acht Kinder sind erste in der Geschwisterreihe, nur vier Kinder haben Geschwister in der Schule. Daraus erklärt sich die Elternerwartung. In der ersten Zeit war es schwierig. Die Kinder waren so individualistisch, fast schon egoistisch. Zuerst habe ich viel zu tun gehabt, in Hinblick auf soziales Lernen. Dafür hatten die Eltern anfangs kein Verständnis. Eltern haben die Erwartung, das reine Lustprinzip ist wichtig, alles soll immer Spaß machen. M.E. sollen Kinder auch mal 'was durchhalten. Vor allem wollen die Eltern, daß trotzdem ein Ende Leistung heraus kommt. Z.T. erlebe ich die Eltern als "Besserwisser". Ich habe in Gesprächen mit Eltern geklärt, daß die Umsetzung von Theorie in die Praxis ganz anders aussieht."

---

[216] Teetz in Portmann u.a. S.163f; vgl. auch Elschner-Heuberger (c) S.4f
[217] alle Zitate aus Elschner-Heuberger (d) S.20ff

"Ich stehe unter einem permanenten Druck, daß Eltern sich beklagen, mein Unterricht ist nicht gut und anspruchsvoll genug."

"Es geht eine furchtbare Unsicherheit in der Kindererziehung von den Eltern aus. ... Wenn den Kindern keine Grenzen gesetzt werden, kann ich damit schlecht umgehen."

"Als sehr belastend empfinde ich, daß einige Eltern viel Druck machen, damit der Anschluß an Gymnasien klappt."

"Eltern an der OUS sind ein Fall für sich."

Diese Äußerungen weisen m.E. auf vier wesentliche Probleme hin, die von den Lehrerinnen und Lehrern als belastend bezeichnet werden. Sie werden auf das Verhalten von Eltern zurückgeführt, die als sehr kritisch, pädagogisch interessiert, leistungsbewußt oder überwiegend "wenig Grenzen setzend", "lustbetont" bzw. "individualistisch" erziehend beschrieben werden: Erstens gehen nach Ansicht der Lehrkräfte die Beteiligung und die Mitbestimmungserwartungen vieler Eltern über das wünschenswerte Maß hinaus und werden als "Einmischung" in den eigenen Kompetenzbereich empfunden. Zweitens verkennen viele Eltern nach Ansicht der Lehrkräfte, daß sich ihre Kinder in der Schule anders als in der Familie verhalten können und z.T. kritisiert werden sollten. Sie verkennen nach Meinung dieser Lehrkräfte weiterhin, daß Erziehung und Leben in der Schule anders als in der Kleinfamilie gestaltet werden muß, da die Zahl der Kinder eine größere Rücksichtnahme, engere Grenzen und häufigeren Verzicht auf individuelle Wünsche der Kinder erfordert. Drittens fühlen sich die Lehrkräfte in den Schwierigkeiten, die eine Umsetzung des theoretischen pädagogischen Konzepts in die alltägliche schulische Praxis erfordert, von den Eltern nicht verstanden und empfinden die Erwartung der Eltern, daß ihr Unterricht den Kindern immer Spaß machen soll, als überzogen. Viertens fühlen sich die Lehrkräfte insbesondere von Eltern überfordert, die erwarten, daß ihr Kind in jedem Fall den Wechsel zum Gymnasium reibungslos schafft und dabei durchgängig ohne Druck und gern lernt. Nur vier von fünfzehn Lehrkräften, die Elschner-Heuberger dazu befragte, sehen in dem Verhältnis zu den Eltern keine Belastung. Das erstaunt umso mehr, da umgekehrt die Eltern die Lehrerinnen und Lehrer in der Befragung von Elschner-Heuberger ganz überwiegend loben und die dargestellten Probleme in weit geringerem Maße hervorheben.

Zwar mag es sein, daß die Lehrkräfte nicht zu Unrecht überzogene Erwartungen und übertriebene Mitentscheidungswünsche von einigen Eltern kritisieren. Andererseits fällt in den meisten Stellungnahmen die Pauschalisierung auf, mit der ohne weitere Differenzierung von "den Eltern" gesprochen wird. Hier werden m.E. in einem kollektiven Kommunikationsprozeß der Lehrerschaft Einzelerfahrungen auf die gesamte Elternschaft projiziert. Die Gefahr liegt nahe, daß in der Folge manche Lehrkräfte Diskussionen mit Eltern meiden. Besser wäre es sicher, in den Gesprächen bei der Anmeldung zur Schule und in weiteren Elternkontakten zu hohe Erwartungen der Eltern zu dämpfen, für alle Eltern Klarheiten über den an der Schule gepflegten Erziehungsstil zu schaffen und ihnen die vom Kollegium gewünschten Möglich-keiten und Grenzen der Mitbestimmung mitzuteilen. Die Äußerung einer Lehrkraft zeigt zu-mindest, daß im Einzelfall Störungen in der Eltern-Lehrer-Beziehung aufgehoben werden konnten:

> "Ja, daran (an dem Verhältnis zu den Eltern, d.V.) habe ich arbeiten müssen. Es lag auch an der Atmosphäre, die mir in dieser Schule entgegengetreten ist. Das ging gar nicht so von den Eltern aus. Da war auch Angst vor den Eltern vorhanden. Jetzt lebe ich besser damit, bin bereit, mit Eltern darüber zu reden."

Während die "Einmischung" von Eltern überwiegend als belastend empfunden wird, gelingt es manchen Lehrkräften, ein positives Eltern-Lehrer-Verhältnis aufzubauen, indem sie Eltern im Unterricht helfend teilnehmen lassen. Die Eltern scheinen so, die Probleme der Lehrkraft besser verstehen und ihre Kinder in einem neuen Licht sehen zu können:

> "Auch die Elternmitarbeit ist gut. Eltern erhalten dadurch die Gelegenheit zu erfahren, was Schule heute ist. Eltern können erfahren, welchen Schwierigkeiten LehrerInnen ausgesetzt sind."[218]

Andere Lehrkräfte lehnen eine solche Mitarbeit im Unterricht ab bzw. wollen sie auf koope-rative Eltern beschränkt wissen, weil sie die Beschneidung der eigenen Kompetenz fürchten. Wie von den Eltern, so wird auch von den Lehrkräften einhellig die **Mitarbeit der Eltern** bei organisatorischer Arbeit bei Festen o.ä., beim offenen Angebot und bei allen Projekten begrüßt.[219] In diesen Bereichen fühlen sich die Lehrerinnen und Lehrer des Schulversuchs of-fenbar nicht so sehr der Kritik mancher Eltern ausgesetzt und können mehr positives Schul-leben vermitteln. Insofern bitten sie die Eltern, sich stärker diesen Bereichen zu widmen.

Dies scheint inzwischen auch gelungen, denn nach Einschätzung des Schulleiters sind der Unterrichtsablauf und die Reformelemente der Ubbelohde-Schule heute für die neue Eltern-generation der Schule sehr viel selbstverständlicher geworden. So habe sich die Aktivität der Eltern sehr stark auf "äußere Aktivitäten" wie den Förderverein, Elternrat und Elternbeirat verlagert. Die Schulleitung begrüßt diese Entwicklung, weil Probleme aufgrund zu starker Einmischung von Eltern in den Kompetenzbereich der Lehrkräfte "heute weniger eine Rolle spielen" und die positive Wirkung der Eltern nach außen, auch gegenüber den politischen Entscheidungsträgern, für die Schule sehr hilfreich sei.[220]

Zum Zeitpunkt der Befragung ist für die meisten Lehrkräfte neben der damals z.T. schwieri-gen Kommunikation mit den Eltern der **gestiegene Aufwand in der Arbeitszeit** belastend. Je nach Lehrkraft habe der zeitliche Aufwand für die eigene Vorbereitung und Einarbeitung, für die Erstellung von Unterrichtsmaterial, für schulinterne Beratungen und Konferenzen sowie

---

[218] ebenda S.6
[219] vgl. ebenda S.31ff
[220] mündliche Äußerung des Schulleiters in einem Gespräch mit dem Verfasser am 27.10.1993

für Hospitationen, Fortbildungen und Lehrgänge zugenommen. Hier zwei exemplarische Stellungnahmen:[221]

> "Für viele ist der Arbeitsaufwand größer. Schon das Erstellen eines Wochenplans ist mit großer Arbeit verbunden. Auch durch regelmäßige Treffen in den AGs und pädagogischen Runden ist der Zeitaufwand größer."

> "Die Belastungen sind ganz anders geworden. Die Materialerstellung erfordert einen größeren Zeitaufwand. Die Arbeit bei der Vorbereitung konzentriert sich weniger auf didaktische Überlegungen - Einstieg, Motivationsphase, etc. - als auf ständig motivierende Materialien. Sie wird dadurch aufwendiger."

Andererseits geben einige Lehrkräfte an, daß ihnen die Arbeit jetzt mehr Vergnügen bereitet und anders verteilt ist:

> "Für mich ist es lustbetonter geworden, deshalb kann ich das nicht in Stunden aufrechnen. Es sind keine sturen Korrekturarbeiten. Es sind Erfahrungen, die ich in anderem Unterricht nicht machen konnte. ... Ich erfahre viel über einzelne Schüler und kann individuell auf Probleme eingehen."

> "Die Vorbereitungszeit ist mehr geworden. Dafür ist der Unterricht viel streßfreier geworden."

> "Die Belastung ist anders. Sie konzentriert sich mehr auf's Wochenende, was Korrekturen und Vorbereitung anbelangt. Das nimmt Wochenendfreizeit, ist aber in der Woche weniger."

Zwar halfen die an der wissenschaftlichen Begleitung beteiligten, **außerhalb der Schule stehenden Einrichtungen** bei theoretischen Problemen hinreichend, doch wurden deren Möglichkeiten, "praxisorientierte Hilfestellungen" zu geben, aufgrund des finanziell und konzeptionell reduzierten Umfangs der wissenschaftlichen Begleitung von den Lehrkräften der Schule überwiegend nicht als ausreichend empfunden.

> "Was ich an Hilfen nicht gebrauchen kann, sind theoretische Hilfen oder Papiere. Literatur gibt es genug. Zeitschriften lese ich selber. Gut wäre es, wenn wir in jedem Schuljahr in eine andere Schule fahren könnten, zum Hospitieren. Das wäre anregend und eine Hilfe für die Praxis. Gut wäre, auch mal Videoaufnahmen vom eigenen Unterricht zu machen und zu analysieren."[222]

Unzufrieden sind manche Lehrkräfte auch damit, daß ihnen von außen manches aufgesetzt wurde und daß von der Schulbürokratie den Lehrkräften abgefordert wurde, Jahresberichte u.a. Berichte über ihre Arbeit zu verfassen, die dann aber wegen der eingeschränkten wissenschaftlichen Begleitung nicht aufgearbeitet würden:[223]

---

[221] alle Zitate aus Elschner-Heuberger (d) S.14f, vgl. auch die von Elschner-Heuberger ((f) S.71f) aufgelistete Vielzahl von Lehrerkonferenzen und -arbeitsgruppen
[222] Elschner-Heuberger (d) S.30
[223] ebenda S.32f

"Bei manchen Dingen habe ich das Gefühl, sie sind aufgesetzt worden, d.h. nicht im Kollegium gewachsen. Z.B. das Projekt "Süd-Viertel" oder Schlagworte wie "mathetisches Prinzip"."

"Die Berichte hatten schon etwas Zwanghaftes, weil ich nicht das Gefühl hatte, ich schreibe sie für mich oder für uns. Das kommt auch daher, weil es nicht wieder aufgearbeitet wurde."

Zwar ist man sich im Kollegium einig, daß von seiten der Schulbürokratie mehr materielle Hilfe, mehr Verständnis in pädagogischen Fragen und mehr Entlastungsstunden nötig sind, man ist sich aber nicht einig, ob die innerkollegialen Kommunikationsdefizite ohne oder mit Personen, die "von außen" kommen, behoben werden sollten:[224]

"Ich würde mir mehr Koordinationsstunden wünschen. Die LehrerInnen sollen sich untereinander mehr Hilfestellung bieten. Die Konferenzen sind zwar da, aber mehr Koordination in Fächern und Jahrgangsstufen ist wichtig. Dafür sollte es auch Entlastungsstunden geben, denn die Regelmäßigkeit ist wichtig."

"Wichtig wäre mehr innerkollegiale Kommunikation über aktuelle Probleme. Von außen soll mehr finanzielle und materielle Hilfe kommen."

"In der pädagogischen Runde sollte nicht nur "gejammert" werden, sondern strukturierter vorgegangen werden. Es wäre gut, wenn jemand von außen käme."

"Dabei sollte der Gesprächspartner nicht von "außen" kommen, sondern "mitten drin" stehen. Hilfe von "außen" sollte beim Aufbau des Lern- und Dokumentationszentrums kommen, sowohl finanzielle als auch beratende und unterstützende Hilfe."

"Methodisch gibt es viel Hilfe von außen. Wenig Hilfe kommt von der Bürokratie. Wir stoßen ständig auf pädagogisches Unverständnis der Bürokratie."

Neben der als zu gering eingestuften Unterstützung von der Schulverwaltung fühlten sich viele Lehrkräfte während der Regierungszeit der hessischen **CDU/FDP-Koalition** von 1987 bis 1991 durch die Veränderung der Rahmenbedingungen belastet. So schreibt die Konrektorin Elschner-Heuberger:

"Seit Abschaffung der flächendeckenden Förderstufe besteht für die OUS das Problem, daß nicht mehr bei vergleichbar heterogen zusammengesetzten Förderstufenklassen die Meßlatte angelegt wird, sondern an den fünften und sechsten Klassen der Gymnasien. Das bedeutet für die LehrerInnen, sie können sich nicht ausschließlich dem Erreichen der pädagogischen Schulversuchsziele widmen, sondern geraten auch unter einen gewissen Leistungsdruck, der durch den Vergleich mit den vermeintlichen Anforderungen in den Eingangsklassen des Gymnasiums entsteht."[225]

Andere Lehrerinnen und Lehrer der Schule empfinden dies ähnlich:[226]

---

[224] alle Zitate aus Elschner-Heuberger (d) S.29ff, vgl. auch Elschner-Heuberger (e, Kap.7) S.16 und (f) S.80
[225] Elschner-Heuberger (e, Kap.7) S.14, (d) S.17 und (f) S.79, vgl. auch eine ähnliche Formulierung von ihr (a) in Preuss-Lausitz S.72
[226] Elschner-Heuberger (e, Kap.7) S.14f und S.17

"In der schulpolitischen Konstellation sehe ich ein Problem, dadurch daß das Förderstu-fenabschlußgesetz nicht mehr besteht."

"Bezogen auf die Übergänge auf weiterführende Schulen setzt uns das momentan unter Druck, Leistungsdruck. Das behindert uns z.b. bei der Realisierung des pädagogischen Konzepts."

"Als problematisch empfinde ich den Druck der weiterführenden Schulen im Nacken. Lieber würde ich nur fördern, aber anderseits muß auch Leistungsbewertung gemacht werden."

"Dabei sehe ich in den Übergängen schon ein Problem. Selbständige Arbeit ist an Gymnasien nicht gefragt. Die Kinder haben Übergangsprobleme, solange sich die Gymnasien nicht gewandelt haben. Deshalb müssen wir darauf achten, daß es die Kinder nicht zu schwer haben, und können nicht so starr auf dem pädagogischen Konzept beharren"

Auch in der von de Boer und mir durchgeführten schriftlichen Befragung von 1988 wird von einer Lehrkraft Kritik an der veränderten Stellung des Schulversuchs in der schulpolitischen Landschaft Hessens geäußert.

"Die Otto-Ubbelohde-Schule wird ein Exot in der hessischen Schullandschaft bleiben, wir sind ein ungewolltes Kind und stehen ständig im Profilierungsdruck. Am Eltern-willen (am manipulierten) wird eine regelschulmäßige Übertragbarkeit scheitern. Die Konzeption einer sechsjährigen undifferenzierten Schule ist zeitgemäß und kindgemäß, daran ist wohl nicht zu zweifeln. Aber sie steht vielerlei Interessen fast antagonistisch gegenüber (leider!)."[227]

Trotz der von den Lehrkräften dieser Schule empfundenen Verschlechterung der Rahmenbe-dingungen seitens der CDU/FDP-Landesregierung, ist festzustellen, daß es zu keiner Zeit Versuche dieser Regierung gab, den Schulversuch der Otto-Ubbelohde-Schule zu beenden oder direkt zu behindern. Allerdings gab es von dieser Seite auch kein Bemühen, diesen Versuch besonders zu fördern oder auf andere Schulen auszuweiten.

Die Hoffnung, daß der Schulversuch mit der Regierungsübernahme von SPD und GRÜNEN rechtlich und finanziell besser dastehen würde, hat sich nach Meinung des Kollegiums nicht erfüllt. Zwar droht keine Beendigung des Versuchs, aber die SPD will keine weiteren sechs-jährigen Grundschulen zulassen, und die GRÜNEN konnten sich mit ihrer Forderung nicht durchsetzen, die "Sechsjährige Grundschule" im neuen hessischen Schulgesetz als Regelein-richtung zu etablieren, und verfolgen ihre Unterstützung nach Meinung der Schulleitung zu wenig. Zudem wurde auch die Ubbelohde-Schule von den aus Anlaß der schwierigen finan-ziellen Situation des Landes beschlossenen Sparmaßnahmen betroffen und das Stundenkon-tingent um 11 Koordinierungsstunden gestrichen, so daß nur noch 20 Stunden für Differenzie-rungsmaßnahmen und den offenen Anfang verbleiben.[228] Insofern fühlt sich das Kollegium

---

[227] siehe auch de Boer S.104f
[228] laut Auskunft des Schulleiters vom 27.10.1993

des Schulversuchs von den landespolitischen Entscheidungsträgern verlassen und ungenügend unterstützt.[229]

Die Lehrkräfte wurden aber nicht nur nach den für sie eingetretenen Be- und Entlastungen, sondern auch nach den **persönlichen Einstellungen und Intentionen** befragt, die sie motivierten, an dem Schulversuch teilzunehmen. Darauf wurde geantwortet:[230]

"Die geistige Mobilität, mein Bedürfnis, etwas Neues zu probieren, sind meine Intentionen. Weiterhin habe ich negative Erfahrungen an anderen Schule gemacht. Daraus ist der Anspruch entstanden, etwas im Grundschulbereich zu verändern, zu versuchen, Kinder individueller wahrzunehmen, durch persönliche Erfahrungen mit Kindern unterschiedliche Schülerstrukturen wahrzunehmen."

"In dem Schulversuch sehe ich die Chance, alle Kinder in einer schönen Atmosphäre zu unterrichten und nach sechs Jahren gefestigt zu entlassen."

"Mir macht es auch Spaß, was Neues zu probieren, mich so an den Kindern abzuarbeiten. Es macht Freude zu sehen, wenn Unterricht für Kinder mit eifrigen Aktivitäten, Erkenntnissen und Erlebnissen verbunden ist."

"Mir ist wichtig, daß Kindern das Lernen interessanter und lebensnaher gemacht wird."

Nach den wichtigsten eigenen Erziehungszielen gefragt, nennen die Lehrkräfte am häufigsten die Erziehung zur Selbständigkeit und die Vermittlung eines positiven Selbstwertgefühls. Häufig ist es auch ihr Ziel, bei Kindern vielseitige Interessen zu wecken und ihnen Ruhe und Geborgenheit zu bieten. Auch die Entwicklung zu einer sozialen Grundhaltung und Kritikfähigkeit ist den Lehrerinnen und Lehrern ein wichtiges Anliegen:[231]

"Mir ist wichtig: Kooperationsbereitschaft, Hilfsbereitschaft, Kritikfähigkeit, also sowohl sich selbst und sein Handeln kritisch beurteilen können als auch Kritik annehmen zu können; weiterhin Gewaltlosigkeit und Selbständigkeit. ... Zum selbständigen Arbeiten gehört m.E. auch, mal etwas zu arbeiten, wozu man gerade keine so große Lust hat."

"Wichtig ist den Kindern Selbstwertgefühl und Selbstvertrauen zu vermitteln, egal wo die Begabungen liegen."

"Wichtig ist, bei Kindern vielseitige Interessen zu wecken und ihr Interesse daran, etwas zu lernen. Wichtig ist auch, Kinder angstfrei, ohne Druck zu erziehen. Der Zeitraum der Entwicklung spielt keine so große Rolle. Kindern soll Zeit gelassen werden, sich zu entwickeln. Ein umfangreiches Angebot soll die Kinder zu selbstverantwortlichem Lernen führen.

"(Im Vordergrund steht, d.V.), die Kinder zu selbständigem, selbstbewußtem Denken und Nachdenken zu erziehen, dazu, daß sie ihre Vorstellungen durchsetzen können. Grenzen müssen aber sein."

---

[229] dazu mehr in Abschnitt 5.6.
[230] alle Zitate aus Elschner-Heuberger (d) S.2f und S.17ff
[231] alle Zitate aus Elschner-Heuberger (d) S.18ff

Auch in diesen Ausschnitten der Stellungnahmen der Lehrkräfte wird m.E. deutlich, daß die Lehrerinnen und Lehrer zu den im pädagogischen Konzept der Schule enthaltenen Grundintentionen stehen, aber aus ihren Praxiserfahrungen mit Eltern und Kindern heraus meinen, besonders betonen zu müssen, daß emanzipatorische und auf Selbstbestimmung und freie Entfaltung des Individuums gerichtete Erziehung in der Schule Grenzen, Rücksicht und Anpassung an Regeln der Gemeinschaft benötigt. Die durch die verlängerte Grundschuldauer ermöglichte größere Ruhe und vermehrte Zeit zur Einwirkung auf die Kinder wird daher besonders begrüßt.

Auch nach Ansicht der Lehrkräfte decken sich ihre persönliche Vorstellungen über die Erziehung in der Schule und der ihr angemessenen Struktur mit wenigen Ausnahmen weitgehend mit dem pädagogischen Konzept. Eine Lehrkraft wünscht eine der Förderstufe ähnliche Konzeption, eine andere eine stärkere Abweichung von den Regelschulen:

"Der Schulversuch war eigentlich nicht das, was ich erwartet hatte. Er ist weniger frei, als ich gedacht habe. Z.B. ist der Klassenverband nicht aufgelöst."[232]

Während die Lehrerinnen und Lehrer mehrheitlich mit der Konzeption des Schulversuchs einverstanden sind, werden von vier Lehrkräften Differenzen zwischen den eigenen Idealen und der Umsetzung des Konzepts in die Praxis gesehen. Sie kritisieren, daß z.T. Arbeitsbögen überhand nehmen, von Kindern eingebrachte Themen behandelt werden, die für das Alter und für manche schwächere Schüler noch verfrüht sind, und die "fächerübergreifende Zusammenarbeit mit Kollegen" verstärkt werden müßte.[233]

(2) Bei den **Äußerungen zur Zusammenarbeit und zum Klima im Kollegium** ist zu berücksichtigen, daß neben den politisch bedingten Veränderungen und dem inzwischen vollzogenen Umbau der Schule enttäuschte Erwartungen bei der Besetzung der Konrektorstelle und personelle Veränderungen Unruhe in das Kollegium brachten.[234] Durch die annähernde Verdoppelung der Zahl der Schülerinnen und Schüler der Ubbelohde-Schule wuchs die Größe des Kollegiums erheblich. Obwohl es im Gegensatz zu den Förderstufen keine Probleme mit Abordnungen gab und meist engagierte Lehrerinnen und Lehrer der Schule fest zugewiesen wurden, die sich gern am Schulversuch beteiligen wollten und belebend und konstruktiv wirkten,[235] mußten immer wieder neue Lehrkräfte mit dem pädagogischen

---

[232] ebenda S.2

[233] vgl. ebenda S.15f

[234] laut Auskunft von seiten der wissenschaftlichen Begleitung, vgl. auch Elschner-Heuberger (e, Kap.7) S.1 und 3 sowie (f) S.71 und Elternbrief der Otto-Ubbelohde-Schule im Schuljahr 1989/90, Marburg 1990, S.6f

[235] Wie Elschner-Heuberger ((f) S.77) beschreibt, waren die der Schule zugewiesenen Lehrkräfte alle vorher über den Schulversuch informiert und entschieden sich freiwillig, daran teilzunehmen. Wie schon durch die Befragung der Schülerinnen und Schüler deutlich wurde, ist es äußerst wichtig, daß auch die neuen Lehrkräfte zu dem Konzept der Schule stehen. Insofern erscheint mir für den Erfolg einer Versuchsschule ganz entscheidend, ob es gelingt, Einfluß auf die Stellenbesetzung zu nehmen und engagierte und fähige Lehrkräfte für die Schule zu gewinnen.

Konzept vertraut gemacht werden. Dies gelang nicht immer zur Zufriedenheit aller. Zwar wird in den Stellungnahmen der Lehrkräfte in der Regel die Teamfähigkeit und das Klima im Kollegium als positiv beschrieben, bei einigen gab es aber auch Enttäuschungen:

"Für Leute, die den Schulversuch nicht kreiert haben, ist er wie ein Dschungel, der im Alleingang bewältigt werden muß. Sie erfahren keine Einführung in den Schulversuch. Alles sind auch so schwammige Begriffe. Man schwimmt als Neuer ganz schön, ist bei der Umsetzung ziemlich allein. Sonst ist aber viel Kollegialität da."[236]

"Eine intensivere Zusammenarbeit mit Kollegen, mehr Teamarbeit und Kooperation würde die Arbeit erleichtern."[237]

"Ich habe gemerkt, daß pädagogische Dinge nicht so sehr im Vordergrund stehen, daß die pädagogische Zusammenarbeit nicht immer gelingt. Ich wünschte mir Schule mehr als pädagogische Einheit."

"Die Belastungen sind anders und mehr geworden. Anders deshalb, weil ich viel Koordination gewöhnt war, fruchtbare Diskussionen. Ich bin hier schon allein. ... Hier vermisse ich stark den Erfahrungsaustausch mit Kollegen über Fehler und Probleme bei der Umsetzung. Hier zweifele ich oft an mir, wenn etwas nicht klappt, weil mir die Rückmeldung fehlt."[238]

Andere Lehrkräfte heben gerade die gelungene Zusammenarbeit mit ihren Kolleginnen und Kollegen positiv hervor:[239]

"Positive Erfahrungen habe ich im Kollegium gemacht. Wir helfen uns gegenseitig. Keiner hält seine Hilfe zurück. Probleme werden aufgegriffen. Es ist eine schöne pädagogische Zusammenarbeit."[240]

"Ich bin sehr erleichtert, daß ich nicht im Alleingang arbeiten muß, sondern daß ein Austausch von Erfahrungen und Materialien stattfindet."[241]

Offenbar ist die Kooperation der Lehrerinnen und Lehrer unterschiedlich intensiv:

"Entscheidend ist die Zusammenarbeit der LehrerInnen. Es ist abhängig davon, wer noch in der Klasse arbeitet, wie der/die arbeitet."[242]

Wenn die Intensität der Zusammenarbeit im Kollegium auch noch nicht allen Lehrkräften genügt, so wird doch zumindest die allseitige Bereitschaft zur Kooperation geäußert.

(3) Auch in bezug auf die **Wirkungen des Schulversuchs auf die Lehrer-Schüler-Beziehung und die Entwicklungen der Schülerinnen und Schüler** sind die Stellungnahmen der Lehrkräfte aufschlußreich.

---

[236] Elschner-Heuberger (d) S.13
[237] ebenda S.13
[238] ebenda
[239] Das von mir in der Hospitationszeit beobachtete Team-teaching in einer Englischstunde verlief ebenfalls sehr reibungslos und erfolgreich. Team-teaching fand aber selten statt.
[240] Elschner-Heuberger (d) S.4
[241] ebenda S.5
[242] ebenda S.13

So wird z.b. deutlich, daß sich die Lehrkräfte mit einer **neuen Rolle** zurechtfinden müssen, die sie als einschneidende, aber auch positive Veränderung wahrnehmen:[243]

> "Die Veränderung der Lehrerrolle war für mich eine starke Motivation, Unterrichtsstil und Methoden zu verändern. Wer wollte nicht lieber Berater und geliebter Anreger als Kontrolleur und Dozierer sein? Die Umstellung hat mir also großen Spaß gemacht, zumal ich hoffte, daß mit dem Verzicht auf die klassische Einpaukerrolle auch die Möglichkeit wachsen würde, sensibler Schwierigkeiten einzelner Kinder wahrzunehmen."

> "Im Vergleich zu meiner letzten Schule in Berlin hat sich meine Rolle erheblich geändert, ich bin eher ein "Kumpel", dessen Autorität rollenkonform allerdings bestehen bleiben muß."

Nicht bei allen Lehrkräften geht die veränderte Auffassung von ihrer Rolle mit einem in allen Klassen revidierten Unterrichtsstil konform. So schreibt die zuletzt zitierte Lehrkraft über ihre Art, den Unterricht zu gestalten:

> "Ich bevorzuge einen Mischstil, bei dem der vermittelnde "Frontalunterricht" einen maßgeblichen Platz einnimmt. Der Stil richtet sich auch nach der Klassensituation. Diese Klasse 5 z.b. braucht bei offener Unterrichtsarbeit noch sehr viel Einzelzuwendung und häufige Erfolgskontrollen - macht dem Unterrichtenden viel Zusatzarbeit."

In der Regel wird aber von den Lehrkräften des Schulversuchs der Unterricht überwiegend so gestaltet, daß die Schüler und Schülerinnen selbsttätig Aufgaben erledigen können. Oft wird von den Lehrerinnen und Lehrern betont, daß die selbständige Arbeit der Kinder intensiv angeleitet und vorbereitet werden muß. In einigen wenigen Fällen arbeiten die Kinder sogar so motiviert und erfolgreich, daß die Lehrkraft zurücktreten kann. So schreibt eine Lehrerin:

> "In fachübergreifendem und projektorientiertem Untericht bin ich inzwischen mehr Mitlernende als Lehrende."[244]

Überwiegend verstehen sich die Lehrkräfte stärker als Personen, die Material bereitstellen, die Kinder bei ihrer Arbeit beraten und ihnen bei schulischen und außerschulischen Problemen helfend und vertrauensvoll zur Seite stehen.[245]

Durch die veränderte Unterrichtsgestaltung haben die Lehrerinnen und Lehrer nach ihrer Auffassung mehr Zeit und Gelegenheit, sich intensiv und individuell angemessen den Schülerinnen und Schülern zu widmen und deren Arbeitsverhalten und bereits erreichte Fähigkeiten genauer kennenzulernen.

Durch den reformpädagogischen Unterricht seien die **Kinder dieser Schule** mit wachsenden Erfahrungen vermehrt in der Lage, selbständig zu arbeiten und zu lernen sowie ihre eigenen Interessen einzubringen. Zugleich sei die Planungskompetenz der meisten Kinder gestiegen,

---

[243] eigene schriftliche Befragung, abgedruckt auch in de Boer S.95f
[244] eigene schriftliche Befragung, abgedruckt auch in de Boer S.95
[245] vgl. auch Elschner-Heuberger (e, Kap.7) S.5

so daß sie ihre Zeit einteilen könnten und ein ihnen angemessenes Lerntempo gefunden hätten.[246] Auch wenn die Erfahrungen mit dem Wochenplan und dem projektorientierten Arbeiten von den Lehrkräften generell positiv eingeschätzt werden, so gibt es doch drei Punkte, die von einigen von ihnen kritisch angemerkt werden:

Erstens gebe es Kinder, die mit dem selbständigen Arbeiten und dem erhöhten Planungs- und Entscheidungsfreiraum noch nicht gut zurechtkommen und den Unterricht stören. In Hinblick auf das Ziel "Selbständigkeit" wirke sich dabei besonders negativ aus, wenn die Eltern zu rigide oder überbehütend erziehen. Umgekehrt gilt nach Elschner-Heuberger:

> "Am wenigsten Schwierigkeiten bereitet das selbständige Arbeiten und Lernen den Kindern, bei denen sich das Erziehungskonzept und das Verhalten der Eltern mit dem der Schule weitestgehend deckt."[247]

Die Fälle für sie schwieriger Kinder treten nach Angaben der Lehrkräfte nicht häufiger auf als im herkömmlichen Schulbetrieb. Außerdem empfinden sie es gerade bei diesen Kindern als Vorteil, mehr Zeit zu besitzen, sich den Kindern individuell zuzuwenden.[248]

Als zweiter kritischer Aspekt bei der freien und projektorientierten Arbeit wirkt sich für manche Lehrerinnen und Lehrer der Zwang aus, durch **Ziffern benoten** zu müssen. Während andere Lehrkräfte in ihrer schriftlichen Stellungnahme keinen Widerspruch zwischen der Ziffernbenotung und der Idee der pädagogischen Gestalt des Schulversuchs sehen, ist er für einige, die z.T. auch eine zu enge Bindung an die Rahmenrichtlinien kritisieren, gravierend.[249]

Der dritte mit der Wochenplanarbeit verbundene Bereich kritischer Anmerkungen der Lehrkräfte bezieht sich auf eine durch diese Arbeitsform z.T. **verstärkte Begünstigung von Individualisierung, Oberflächlichkeit und Konsumhaltung.** Ohnehin seien die Kinder dieser Schule durch die Erziehung im Elternhaus häufig stark darauf ausgerichtet, ihre individuellen Interessen durchzusetzen und eine Vielzahl von Angeboten zu erhalten. Dies werde durch den individualisierenden Angebotscharakter und die Vielzahl von Arbeitsblättern im Wochenplanunterricht noch verstärkt.[250]

> "Anfangs hatte ich große Probleme mit den Kindern. Vorher kannte ich vorwiegend autoritär erzogene Kinder, die brav waren. Die Kinder hier sind ganz anders. Das Problem liegt vielleicht darin, daß die Kinder zu entdeckendem Lernen erzogen werden und die Kinder eigene bestimmte Vorstellungen haben. Sie sagen auch: Das mache ich nicht. ... Negativ erlebe ich den Wahnsinnsanspruch der Kinder: Schule ist zur Belustigung und Freude der Kinder da. Es ist auch ein gewisses Konsumverhalten dabei. Die Kinder können und kennen schon Vieles aus dem Freizeitbereich, weil die Eltern ihnen ein riesiges Angebot bieten."

---

[246] vgl. auch Elschner-Heuberger (e, Kap.7) S.4f; (d) S.4ff
[247] Elschner-Heuberger (e, Kap.7) S.12f, (d) S.23ff und (f) S.78
[248] Elschner-Heuberger (e, Kap.7) S.13 und (f) S.78
[249] vgl. auch de Boer S.100
[250] alle Zitate aus Elschner-Heuberger (d) S.5ff

"Mir fällt auf, daß die Kinder unheimlich "Ich-bezogen" sind, wenig Gemeinschaftsge-fühl ausgeprägt haben. Es herrscht eine Konsumhaltung vor gegenüber Unterrichtsan-geboten, bei Arbeitsblättern. Eins nach dem anderen wird "runtergeratscht", möglichst viel. Ich vermisse das Eingehen auf den Banknachbarn, überhaupt auf andere. Das soziale Verhalten enttäuscht mich. Ich hatte höhere Erwartungshaltungen."

"Ich habe nie den Eindruck, daß Kinder Schuldruck empfinden. Andererseits eskaliert es leicht, erschwert gezieltes Arbeiten. Da, wo Anweisungen gegeben werden müssen, wo keine freie individuelle Entscheidung gefordert wird, haben sie Schwierigkeiten und wollen meist nicht. Es ist die Frage, ob sie sich auf eine Sache nicht konzentrieren wollen oder es nicht können. Ich weiß nicht immer, wie ich mit der Individualisierung umgehen soll. Eigentlich finde ich sie positiv, aber sie ist nicht immer möglich, z.b. im Fachunterircht. Sehr stark habe ich empfunden, daß viele Sachen wie programmiertes Lernen ablaufen. Schüler machen Vieles ganz schnell. Dabei steht Quantität, nicht Qualität im Vordergrund. Es entsteht so eine Art Wettkampf: Wer zuerst am meisten hat. Es ist auch oft zuviel, was an Arbeitsblättern reingegeben wird. Das fördert weiter die Individualisierung, die eh schon vorhanden ist. Schwierig wird die Kommunikation mit anderen, den anderen auch mal zuzuhören."

"Bei der Wochenplanarbeit habe ich das Gefühl, es geht vielen Kindern ab, gemeinsam etwas zu tun, mit der ganzen Klasse und der/dem LehrerIn gemeinsam auch Spaß zu haben, mit dem Partner auch "mal gammeln" zu können."

"Die Wochenplanarbeit wird nicht immer sinnvoll und maßvoll gehandhabt. Ich habe in vielen Klassen festgestellt, die Kinder bearbeiten Arbeitsbogen, sind aber nicht zu Gesprächen bereit. Kommunikation findet nur in Kleingruppen statt. Die Klasse als Ganzes kann nicht mehr gut kommunizieren. Das finde ich bedenklich. Zu viele indivi-dualisierte Arbeitsaufträge sehe ich daher kritisch."

Entsprechend bezeichnen es viele Lehrkräfte als nicht immer leicht zu bewältigende Aufgabe, "die Berücksichtigung individueller Interessen, Fähigkeiten und Möglichkeiten mit den Prin-zipien des sozialen Lernens zu koordinieren".[251] Um der mit der Wochenplanarbeit verbun-denen Gefahr der zu individualisierten, oberflächlichen und konsumorientierten Arbeitsweise zu begegnen, erscheint es unbedingt nötig, gemeinschaftsbildende Elemente wie den Klassen-rat zu intensivieren. Zudem erscheint es wichtig, nicht zu viele Arbeitsblätter zu verteilen und stärker auf vertiefende, kommunikative und aktive Lernprozesse zu achten, die die Schülerin-nen und Schüler fordern, selbst eingebrachte Inhalte konzentriert zu bearbeiten und in die Gemeinschaft einzubringen.

Gerade in der Verbindung der beiden Aspekte "Berücksichtigung des Individuums" und "soziales Lernen in der stabilen und langfristigen Gemeinschaft" kann aber, wie m.E. die Unterrichtsbeobachtungen zeigen, die Stärke dieses Schulversuchs liegen. Offenbar gelingt diese Verbindung nach Auffassung einiger Lehrkräfte in manchen Klassen der Ubbelohde-Schule nicht so gut wie in der von mir beobachteten Klasse 6.

Trotz der von einigen bemängelten Kritikpunkte wird von den meisten Lehrerinnen und Lehrern die Arbeit nach dem Wochenplan und die fachübergreifende und projektorientierte

---

[251] Elschner-Heuberger (f) S.78. Die Fachlehrkräfte haben laut haben damit Elschner-Heuberger ((e, Kap.7) S.16) im übrigen mehr Schwierigkeiten als die Klassenlehrer und -lehrerinnen.

Arbeit insgesamt aber als positiv für die Entwicklung der Schülerinnen und Schüler beschrieben. Sie seien im Durchschnitt selbständiger, planungskompetenter, kritikfähiger, motivierter, lebendiger, freier, offener, selbstbewußter, könnten sich und andere besser einschätzen und besser vortragen als Kinder in anderen Schulen.[252] Auch wenn z.T. übertriebene Individualisierung, Oberflächlichkeit und Konsumhaltung, z.T. Ziffernbenotung und Differenzen im Erziehungsstil zwischen Schule und Elternhaus Schwierigkeiten aufwerfen, kann doch diese positive Entwicklung in der Selbständigkeit der Kinder und der verbesserte persönliche Kontakt zwischen Kindern und Lehrkräften nach Angaben der Lehrerinnen und Lehrer die Probleme größtenteils aufwiegen.[253] Insgesamt betrachtet erscheint insofern den Lehrkräften "das pädagogische Konzept generell für alle Kinder geeignet", wenn auch nicht für alle Kinder gleich gut.[254]

Zugleich erhöht das Gefühl, den Schülerinnen und Schülern individuell besser gerecht werden zu können, die Zufriedenheit und Motivation der Lehrkräfte. Die Förderung des Individuums sollte nach den Wünschen einiger Lehrerinnen und Lehrer allerdings noch stärker mit der Förderung des Gemeinschaftssinns verbunden und damit die Möglichkeiten der verlängerten Grundschulzeit besser ausgenutzt werden.

(4) Die **sechsjährige Grundschulzeit** ermöglicht nach den Angaben der Lehrkräfte in sehr viel stärkerem Maße kontinuierliche und intensive Klassengemeinschaften. Sie erleichtert es, soziale Lernziele und schrittweise Erfolge zu erreichen. Insofern geben die Lehrkräfte mit nur einer Ausnahme an, daß für sie "die sechsjährige Grundschulzeit von gravierender Bedeutung für ihre pädagogische Arbeit" ist.[255]

Zudem meinen die Lehrerinnen und Lehrer beobachtet zu haben, daß die Kinder psychisch entlastet werden, weil ihnen der Druck genommen werde, im 4. Schuljahr die Zulassung zum Gymnasium bzw. im 5. und 6. Schuljahr hohe Kurseinstufen zu erreichen. Am Ende der 6. Klasse seien sie dann reifer und stabiler, an Übergangsentscheidungen mitzuwirken bzw. sie zu verkraften.[256]

> "Kinder haben hier mehr Zeit, sich auf das Erwachsenen- und Jugendlichenalter vorzubereiten. Nach vier Jahren Schule sind Kinder noch nicht so weit, daß man entscheiden kann, zu welcher Schulform sie wechseln können. ... Außerdem bieten die zwei Jahre den Kindern die Möglichkeit, sich eher und mehr auf andere Schulformen einzustellen. Der Sprung von der "heilen Welt" in schulische Wirklichkeit ist nicht so groß."

> "Die Entwicklung zur Selbständigkeit braucht länger als vier Jahre."

---

[252] vgl. Elschner-Heuberger (d) S.5ff
[253] vgl. auch de Boer S.95f
[254] Elschner-Heuberger (e, Kap.7) S.12, (d) S.23ff und (f) S.78
[255] Elschner-Heuberger (f) S.79
[256] ebenda, alle folgenden Zitate aus (d) S.1ff und S.34ff

"Das pädagogische Konzept läßt sich besser über einen längeren Zeitraum verwirklichen."

"Bei den Übergängen fallen die Kinder in ein Loch. Aber nach sechs Jahren fallen sie später in das Loch. So wie an Gymnasien unterrichtet wird, ist es überhaupt nicht motivierend. Hier wird bewußt ein Schonraum geschaffen. Nach sechs Jahren können die Kinder das Gymnasium besser aushalten. Kinder haben zwei Jahre länger das Gefühl, daß sie noch nicht so weit entfernt sind von den anderen. Sie sehen die Schwächen und Stärken von sich und anderen. Keiner hat das Gefühl, daß ausgewählt wird. Kinder selektieren noch nicht bewußt."

"Die Förderstufe habe ich als nicht so gut empfunden."

"Da zum Beispiel an der Förderstufe durch Administration vieles von dem, was als Idee drin steckte, nicht in vollem Umfang zu realisieren ist, besteht die Hoffnung, daß dies an einer sechsjährigen Grundschule eher zu realisieren ist. Das Hauptinteresse an dem Schulversuch liegt jedenfalls bei einer sechsjährigen gemeinsamen Grundschulzeit. Das pädagogische Konzept ist nicht von der sechsjährigen Grundschule zu trennen."

"Aufgrund vorliegender Erkenntnisse ist eine sechsjährige Grundschulzeit viel besser, weil pädagogisch sinnvoller und angebrachter. Insbesondere, weil ohne äußere Differenzierung gearbeitet wird."

"Es ist der wichtigste Punkt überhaupt, daß die Arbeit aus vier Grundschuljahren ohne äußere Differenzierung weitergeführt wird."

"Die Sechsjährigkeit hat einen ziemlich hohen Stellenwert. Die Kinder kommen erst im Alter von zwölf Jahren in ein größeres System. Sie finden sich deshalb zurecht. Mit zehn Jahren ist es zu früh. Ich habe immer wieder erlebt, daß die Kinder es im großen System, egal ob Gesamtschule oder Gymnasium, es nicht packen. Sie finden sich nicht zurecht. Das liegt z.T. auch an der Unwirtlichkeit der Klassenräume. Hier können sie länger Kinder sein. Im Gegensatz zum Gymnasien kommen hier pädagogische Gesichtspunkte vielmehr zum Tragen. Auch der Fachegoismus der LehrerInnen ist an Gymnasien größer. Die Gefahr, daß die Kinder den Anschluß nicht bekommen, sehe ich nicht."

Glaubt man den Erfahrungen des Kollegiums dieser Schule, so sind nur durch die über sechs Jahre andauernde kontinuierlich geleistete Unterrichtsarbeit, durch den Verzicht auf frühe Selektionsentscheidungen und durch die vertraute und überschaubare Umgebung bei den Kindern des Schulversuchs in so starkem Maße Selbständigkeit und Selbstbewußtsein entwickelt worden. Vor allem die durch diese Faktoren ermöglichte Ruhe in der pädagogischen Arbeit habe die schrittweise Steigerung der Fähigkeit ermöglicht, selbsttätig arbeiten und die eigenen Interessen einbringen zu können.[257]

Zwar befürchteten einige Lehrkräfte zur Zeit der Befragung (1988/89), daß die selbständige Arbeit "an Gymnasien nicht gefragt sei" und die seit 1987 eingetretene "schulpolitisch bedingte Situation, daß die Kinder aus der sechsjährigen Grundschule in 7.Klassen kommen, die schon einen Klassenverband gebildet haben," es einigen Kindern an Gymnasien schwer

---

[257] Elschner-Heuberger (f) S.79. Äußere Differenzierungen wie in der Förderstufe werden nur von einer Lehrkraft gewünscht, vgl. Elschner-Heuberger (d) S.1f

mache. Aber die sechsjährige Dauer der Ubbelohde-Schule und die dadurch erweiterten eigenen Arbeitsmöglichkeiten werden dennoch von den Lehrern und Lehrerinnen dieser Schule
eindeutig begrüßt.[258]
Dies mag auch darin begründet sein, daß keine generellen bzw. bedeutenden negativen Erfahrungen in Hinblick auf die Entwicklungen der Schülerinnen und Schüler an den weiterführenden Schulen bekannt wurden, sondern im Gegenteil inzwischen mündliche Berichte von
positiven Erfahrungen durch eine im Rahmen der wissenschaftlichen Begleitung von Annemarie Kölle-Remer durchgeführte Befragung bestätigt wurden.[259]
Anhand der pauschalisierenden und ablehnenden Haltung der Lehrerinnen und Lehrer der
Ubbelohde-Schule gegenüber der Gymnasialpädagogik wird m.E. allerdings deutlich, daß die
Kontakte des Kollegiums mit den Marburger Gymnasien verstärkt werden müssen, um ein
differenzierteres Bild von dem dort praktizierten Unterricht zu gewinnen und für die Fortführung der eigenen Erziehungsziele zu werben. Offensichtlich wurde dies auch vom Kollegium
der Ubbelohde-Schule so empfunden, denn zu Beginn der 90er Jahre wurden Kontakte zu den
weiterführenden Schulen intensiviert. Dabei scheint zumindest bisher die Kooperation mit der
einzigen integrierten Gesamtschule am Ort gelungen.[260]

---

[258] Elschner-Heuberger (e, Kap.7) S.13ff, (d) S.34ff und (f) S.79
[259] vgl. dazu die 1992/93 im Rahmen der wissenschaftlichen Beratung entstandene, nicht zur Veröffentlichung
freigegebene Befragung von Annemarie Kölle-Remer, Marburg, August 1993 sowie den Abschnitt 5.6.
[260] vgl. Elternbrief der Otto-Ubbelohde-Schule im Schuljahr 1989/90, Marburg 1990, S.14f

5.6. Erfahrungen, Probleme, Perspektiven und Bewertung des Modellversuchs

In den vorangegangenen Abschnitten wurde deutlich, daß alle beteiligten Gruppen den Modellversuch sechsjährige Grundschule an der Otto-Ubbelohde-Schule trotz offen genannter Probleme insgesamt sehr positiv bewerten. Neben den genannten erfolgreichen Veränderungen an der Schule führen m.e. mindestens vier Gründe, die die **Stellung des Modellversuchs in der Öffentlichkeit** betreffen, dazu, daß die an dem Schulversuch beteiligten Personen ihr Engagement für die sechsjährige Grundschule fortsetzen: Erstens hat selbst die konservative Landesregierung von 1987 - 1991 den unter der Regie der SPD und der Grünen gestarteten Schulversuch nicht angetastet. Zweitens blieb der Schulversuch seit seiner Gründung auch in der kommunalpolitischen Landschaft Marburgs unumstritten und erfuhr von der Lokalzeitung äußerst positive Berichterstattung.[261] Drittens wurde der Schulversuch bisher von überhaupt keiner Seite nennenswert kritisiert. Im Gegenteil stieß er viertens bei einer zunehmenden Anzahl von Grundschulen auf Interesse und den Wunsch, Entsprechendes nachzuahmen. Andererseits ist die aktuelle Unzufriedenheit im Kollegium groß. Die hessenweite Reduzierung der Stundentafel trifft auch die Lehrkräfte der Ubbelohde-Schule, die nunmehr auch Stunden an anderen Schulen geben müssen. Die ohnehin große Arbeitsbelastung nahm durch die gestiegene Anzahl von Anfragen zu. Zugleich blieb die geforderte Entlastung der Lehrkräfte aus. Stattdessen wurde die Erarbeitung von Unterrichtsmaterial nicht mehr gefördert und die wissenschaftliche Begleitung sowie das Stundenpool reduziert. Die Politik der Landesregierung, weitere Versuche mit sechsjährigen Grundschulen nicht zu forcieren, bewirkt, daß übertragbare Forschungsergebnisse der Ubbelohde-Schule unwichtiger werden und sich die Schule isoliert sieht. Der Schulleiter ist verärgert, daß die Bezahlung der an dem Schulversuch beteiligten Personen nicht adäquat zur Förderstufe verläuft und die Schulleitung den Versuchsstatus quasi "ehrenamtlich" mitbearbeiten müsse. Auch eine ausreichende Unterstützung der Landtagsfraktionen von SPD und Grünen vermißt er. Ihm reicht es nicht, daß sich die Parlamentarier der Grünen erst um die Einrichtung weiterer sechsjähriger Grundschulen bemühen wollen, wenn die interessierten Schulen jeweils einen vom Kollegium, dem Schulelternbeirat und dem Schulträger unterstützten Antrag auf einen Schulversuch vorweisen können, denn seiner Meinung nach ist eine Verstärkung der Bemühungen interessierter Schulen schon im Vorfeld wichtig. Resümierend formuliert er: "Wir sind auf uns selbst gestellt."[262] Obwohl aufgrund dieser Einschätzung ein deutlicher Rückgang an Engagement im Kollegium zu spüren sei und sich die beteiligten Personen nunmehr häufiger fragten, warum sie den Versuch noch fortsetzten, erhebe sich im Kollegium keine Stimme, die ernsthaft eine Beendigung des Schulversuchs fordere. Die Fortführung des Schulversuchs sei immer noch Konsens unter den Beteiligten, weil der Zuspruch der Eltern und der Schülerinnen und Schüler so groß sei.

---

[261] Hier konzentrierte sich der Streit auf die "Freie Schule Marburg".
[262] zitiert nach einem Gespräch am 27.10.1993

Dieser Zuspruch läßt nach Elschner-Heuberger die Möglichkeit offen, daß auch in **Zukunft** die erwähnten und erkannten Schwierigkeiten das Kollegium veranlassen, das pädagogische Konzept des Versuchs in der Theorie, besonders aber in der Praxis weiterzuentwickeln.[263] Dennoch wird seit den 90er Jahren von seiten des Kollegiums und der Schulleitung weniger die Notwendigkeit von Neuentwicklungen als die **Konsolidierung** des bereits an der Schule erreichten Standes betont.[264]

Bei der **Bewertung** des Schulversuchs fällt zunächst der Tatbestand auf, daß die Ubbelohde-Modellschule in den Veröffentlichungen bisher nur positive Kritiken erfuhr und Probleme des Versuchs eher in den Hintergrund drangen oder intern besprochen wurden. Es muß allerdings eingeräumt werden, daß der Schulversuch bisher noch nicht von Wissenschaftlern untersucht worden ist, die dem Schulversuch skeptisch gegenüberstanden bzw. nicht selbst in ihn involviert waren. Zwar ist es lobenswert, daß viele an Auswertungen des Schulversuchs beteiligte Personen, in einem Prozeß teilnehmender Handlungsforschung an einer kritisch-konstruktiven Verbesserung des Konzepts arbeiten, doch muß bei einer kritischen Bewertung des Schulversuchs beachtet werden, daß z.B. Christina Elschner-Heuberger, die auch im Rahmen der wissenschaftlichen Begleitung den größten Anteil zu den Forschungen über den Schulversuch beigetragen hat, als Konrektorin der Schule eher an einer positiven Darstellung des Modellversuchs in der Öffentlichkeit interessiert ist. Insofern hielt ich es für wichtig, mich nicht allein auf Zusammenfassungen der wissenschaftlichen Begleitung und der direkt beteiligten Personen zu verlassen, sondern Primärprotokolle und eigene Untersuchungen zur Grundlage einer Bewertung zu verwenden.[265]

Kritisch muß noch angemerkt werden, daß in einzelnen Fällen von Teilen der Koordinationsgruppe das Argument des Datenschutzes über das m.E. sinnvolle Maß hinaus verwendet wurde, um Materialien der wissenschaftlichen Begleitung zurückzuhalten oder mit Zitierverbot zu belegen bzw. z.T. eine Benutzung vom Wohlwollen des Autors abhängig zu machen.[266] M.E. kann es jedoch nicht Sinn einer wissenschaftlichen Begleitung sein, im wesentlichen Arbeitsberichte zu erstellen, die nicht zur Veröffentlichung freigegeben werden. Insgesamt gesehen war die Informationsbereitschaft der beteiligten Personen jedoch sehr zufriedenstellend, so daß es mir gelang, in umfangreichen Maße Untersuchungsgrundlagen zu

---

[263] Elschner-Heuberger (f) S.80

[264] Elschner-Heuberger u.a. Kolleginnen in einem Bericht über die Ubbelohde-Schule im Rahmen einer Veranstaltung des Hessischen Instituts für Lehrerfortbildung am 27.4.1992

[265] Die von Elschner-Heuberger im Rahmen der wissenschaftlichen Begleitung entstandenen internen Berichte (c) und (d) behandeln die beschriebenen Probleme sehr viel ausführlicher und kritischer als die in Kubina von ihr (f) erschienene Zusammenfassung.

[266] Dies geschah, obwohl eine Verwendung zugesagt wurde, die den datenrechtlichen Schutz der Personen gewährleistet. Zwar könnte es sein, daß die politische Brisanz des Themas "Sechsjährige Grundschule" noch immer so groß ist, daß einige der beteiligten Personen meinten, die Schwierigkeiten des Versuchs nicht zu sehr offenlegen zu können und sich bzw. andere vor Kritik schützen zu müssen, ich habe aber den Eindruck, daß die partiell erlebte Zurückhaltung in der Herausgabe von Materialien in dem Glauben geschehen ist, daß sie aus Gründen des umfassenden Datenschutzes nötig ist.

bekommen bzw. einzusehen.[267] Sie zeigen, daß eine Furcht vor möglichen negativen Schlußfolgerungen bezüglich des Schulversuchs völlig unbegründet ist. Mir erscheint aber notwendig, auf die mit diesem Versuch verbundenen **Probleme und Schwierigkeiten** hinzuweisen,
um angemessen über eine Fortsetzung bzw. Weiterentwicklung des Versuchs entscheiden zu
können.

Dabei ist m.E. - soweit möglich - folgende Unterscheidung von **Problemen** hilfreich: erstens
personen- bzw. schulspezifische, vom Modell unabhängige Probleme, zweitens Probleme
bezüglich der pädagogischen Gestalt und drittens Probleme, die mit der Sechsjährigkeit dieser
Grundschule zusammenhängen.

Verbesserungen, die weder direkt mit dem pädagogischen Konzept noch mit der verlängerten
Grundschuldauer verbunden sind, wären m.E. möglich in Hinblick auf:
- eine breitere Kooperation im Kollegium, die eine größere Einheitlichkeit in der praktischen
Umsetzung des Konzepts ermöglicht, die Abhängigkeit des Erfolges von den jeweiligen
Lehrpersonen verringert und besonders Fachlehrerinnen und neue Lehrkräfte integriert,[268]
- eine Ausweitung der Räumlichkeiten für musisch-kreative und sportliche Aktivitäten und
für die Mittagsbetreuung sowie eine umfassende Erneuerung des Schulhofes,[269]
- eine erneute Klärung der gewünschten Formen und angemessenen Intensitäten von Mitarbeit
und Mitentscheidungen der Eltern,
- einen Abbau übertrieben hoher Erwartungen von Eltern
- und eine stärkere soziale Durchmischung der Kinder.

Zum Problem der sozialen Zusammensetzung der Schülerinnen und Schüler der Ubbelohde-
Schule ist zu bemerken, daß, falls aufgrund des Einzugsbereiches dieser Schule eine starke
Überrepräsentanz von Akademikerkindern nicht zu vermeiden ist, es sinnvoll wäre, in einem
sozial heterogen zusammengesetzten Viertel eine weitere Grundschule in eine sechsjährige
Grundschule umzuwandeln.

Eine weitere Möglichkeit wäre es, an der Ubbelohde-Schule verstärkt Kinder aus sozialen
Brennpunkten aufzunehmen, die an herkömmlichen Grundschulen nicht erfolgreich beschult
werden. Dies scheint aber auf den Widerstand von Lehrkräften der Ubbelohde-Schule zu treffen, die befürchten, daß ihre Schule zum Sammelbecken für schwierige Kinder wird, und die
besonders gegenüber der verstärkten Aufnahme von Kindern von Asylbewerbern des im Einzugsbereich liegenden Aufnahmeheims Skepsis verbreiten. So berichteten Lehrkräfte der
Ubbelohde-Schule auf einer Veranstaltung zum Thema "Sechsjährige Grundschule", daß Eltern, die die Aufnahme ihres Kindes in die erste Klasse dieser Schule mit dem Argument beantragen, ihr Kind sei schwierig und es werde daher eher mit dem pädagogischen Konzept des

---

[267] Dafür sei diesen Personen hiermit mein Dank ausgesprochen.
[268] vgl. auch Elschner-Heuberger (c) S.3
[269] Zwar hat die Ubbelohde-Schule von der Stadt 120.000DM für die Schulhoferneuerung erhalten, dies war
aber nach Angaben des Schulleiters zu wenig, um die nötigen Umgestaltungen vorzunehmen.

Schulversuchs als an anderen Grundschulen zurechtkommen, damit rechnen müßten, daß ihr Kind nicht die Ubbelohde-Schule besuchen werde, weil man nicht zu viele schwierige Kinder aufnehmen wolle.[270] Zwar schreibt Christina Elschner-Heuberger kritisch, daß viele Versuchsschulen ihre Ziele auch deshalb erreichen, weil sie aufgrund der beschriebenen Situation weniger "Ausländer- und Unterschichtkinder" einbeziehen,[271] aber es wird an der Ubbelohde-Schule nicht die Konsequenz gezogen, solcher Kritik dadurch zu begegnen, daß bewußt nicht in den bisherigen Akademikerrahmen passende Kinder aufgenommen werden.[272]

Dies hätte allerdings möglicherweise zur Folge - so verteidigt der Schulleiter[273] das Verhalten der Schule in dieser Frage nicht zu Unrecht -, daß bei einem übermäßig hohen Anteil von schwierigen Kindern das auf Selbständigkeit ausgerichtete Konzept der Schule so nicht verwirklichbar wäre. Nach meinen, vom Schulleiter bestätigten Beobachtungen scheint es allerdings an der Ubbelohde-Schule nicht überrepräsentativ viele "schwierige" Kinder zu geben. Es liegt also keine Situation vor, die eine Zurückweisung weiterer "schwieriger" Kinder rechtfertigen könnte.

Neben der ab 1992 erfolgten Ergänzung des pädagogischen Konzepts um eine Mittagsbetreuung und der beantragten Einrichtung der Ubbelohde-Schule als "betreute Grundschule"[274] wären m.E. in Hinblick auf Schwierigkeiten, die mit dem pädagogischen Konzept dieser Schule zusammenhängen, folgende Verbesserungen hilfreich:
- eine Verstärkung der im Unterricht nach dem Wochenplan in einigen Klassen bemängelten zu geringen Verbindung der Aspekte "Gemeinschaftsbildung" und "individuelle Arbeit",
- eine Reduzierung der zusätzlichen Belastung des Kollegiums durch Mehrarbeit, Konferenzen, Tagungen und viele Anfragen von anderen Schulen durch vermehrte Entlastungsstunden
- und eine Ausweitung und Klärung der wissenschaftlichen Begleitung.
Die Tatsache, daß die Erfolge des Schulversuchs von einem relativ unerfahrenen Kollegium ohne erhebliche Verbesserung des Stundenkontingents und der materiellen Ausstattung erzielt werden konnten, spricht für das Engagement der Lehrkräfte und für die Übertragbarkeit des Versuchs.

---

[270] Elschner-Heuberger u.a. Kolleginnen in einem Bericht über die Ubbelohde-Schule im Rahmen einer Veranstaltung des Hessischen Instituts für Lehrerfortbildung am 27.4.1992

[271] Elschner-Heuberger (a) S.76

[272] Meine Kritik abschwächend ist allerdings anzufügen, daß Begriffe wie "schwierige" Kinder und "Ausländer- und Unterschichtkinder" sicher nicht synonym zu verwenden sind.

[273] laut Gespräch vom 27.10.1993

[274] vgl. Eltern-info der Otto-Ubbelohde-Schule, Schuljahr 1991/92, Marburg Februar 1992, S.11. In dem Gespräch vom 27.10.1993 erläuterte mir der Schulleiter, daß die Mittagsbetreuung durch den Förderverein der Eltern und den Elternrat der Klassen 1 - 3 organisiert werde, inzwischen drei feste Arbeitsplätze entstanden seien und die Kosten von 100.000DM jeweils zur Hälfte von der Stadt und den Eltern aufgebracht werden. Darüber hinaus sei die Genehmigung des Antrags auf "Schule mit festen Öffnungszeiten" für das Jahr 1994 versprochen. Die Ubbelohde-Schule habe dafür ein besonderes Konzept erarbeitet, daß die Integration der Betreuungszeiten, der Zeiten für die Zubereitung des Mittagessens und der Zeiten für offene Angebote im musischen und handwerklichen Bereich vorsieht.

Indessen kann man nicht ohne weiteres davon ausgehen, daß das Kollegium der Ubbelohde-Schule den gleichen hohen Einsatz wie in den vorangegangenen Jahren langfristig durchhalten kann. Eigentlich wäre nicht nur eine Stärkung der wissenschaftlichen Begleitung über das bisherige Ausmaß hinaus wünschenswert, sondern auch Stundenentlastungen für das Kollegium, um seine Arbeitskraft und seine Motivation zu erhalten und es zu befähigen, die Übertragung des Konzepts auf interessierte Schulen vorzubereiten und zu unterstützen.[275] Zugleich würde durch solche Maßnahmen das Interesse anderer Kollegien an der Übernahme und Fortentwicklung dieses Versuchs gesteigert.

Die unterschiedlichen Aufgaben der wissenschaftlichen Begleitung und der übrigen Beratungs-, Kontroll- bzw. Kooperationseinrichtungen müßten m.E. aber klarer getrennt und definiert werden. Einerseits sollte es in die Schule integrierte pädagogische Berater geben, die den Lehrkräften auch bei den alltäglichen Problemen helfen und ihr Selbstbewußtsein stärken, so daß die Offenheit für Kritik größer wird. Zugleich müßte daneben die wissenschaftliche Untersuchung des Versuchs auch durch Personen gewährleistet sein, die unäbhängig und distanzierter als dort unterrichtende Personen arbeiten und ihre Berichte veröffentlichen können. M.E. könnten so die Lehrkräfte klarer zwischen Personen unterscheiden, die sie beraten, und Personen, die nicht sie als Lehrkräfte, sondern den Erfolg des Schulversuchs kontrollieren.

Die bestehenden Unklarheiten führten zeitweise dazu, daß das Verhältnis des Kollegiums zu den sie beratenden Institutionen unbefriedigend gespalten war. Während die wissenschaftliche Begleitung laut Auskunft von Lehrkräften der Schule die Aufgabe übernahm, dem Kollegium "den Rücken frei zu halten", war die Beziehung zur gemeinsam mit dem Schulamt (Federführung), der Universität, dem HIBS und dem HILF gebildeten "Koordinations-Gruppe" zeitweise "gestört". Dem Kollegium war nicht immer deutlich, ob diese Einrichtungen kontrollieren oder beraten, es fühlte sich zu sehr "auf dem Präsentierteller".[276] Auch wenn laut Auskunft des Schulleiters Sauer vom 27.10.1993 der Konflikt inzwischen durch viele Berichte verschiedener Lehrkräfte in der Koordinations-Gruppe behoben sei und diese Institution, insbesondere in Person der Schulaufsichtsbeamtin, Frau Tänzler, und des Universitätsvertreters, Prof. Büchner, nunmehr ein wichtiger "Schutzschirm" sei, wäre m.E. eine Klärung von Aufgaben der Beratung, der Kontrolle und der wissenschaftlichen Untersuchung hilfreich. M.E. kann es nicht die primäre Aufgabe einer auf kritische Untersuchung und öffentliche Dokumentation ausgerichteten wissenschaftlichen Begleitung sein, das Kollegium vor Kritik zu schützen bzw. Probleme einer internen Schuldiskussion vorzubehalten. Wenn

---

[275] Laut eines Berichts von Elschner-Heuberger u.a. Kolleginnen im Rahmen einer Veranstaltung des Hessischen Instituts für Lehrerfortbildung am 27.4.1992 hat die Ubbelohde-Schule wegen der mit dem großen Andrang verbundenen gestiegenen Arbeitsbelastung die Zahl der Hospitationen und Informationsveranstaltungen stark eingeschränkt.

[276] Eigene Mitschrift des Berichts von Elschner-Heuberger u.a. über die Ubbelohde-Schule im Rahmen einer Veranstaltung des Hessischen Instituts für Lehrerfortbildung am 27.4.1992

das Kollegium verständlicherweise stützende Kräfte benötigt, so sollten dies nicht mit der wissenschaftlichen Untersuchung beauftragte Personen sein. Zugleich erscheint es nicht sinnvoll, wenn eine Einrichtung wie die "Koordinations-Gruppe", die für eine gelungene Zusammenarbeit sorgen soll, Kontrollfunktionen ausübt und das Kollegium mit Forderungen nach einer Vielzahl von Berichten und Dokumentationen überbelastet. Insofern ist die hier teilweise praktizierte Korrektur des Vorgehens der Koordinations-Gruppe zu begrüßen. Es fehlt aber weiterhin eine unabhängige wissenschaftliche Begleitung, die den Versuch nicht nur für interne Beratungen kritisch untersucht.

Vom Versuchsschulstatus unabhängige Probleme, die der Schulversuch, bedingt durch die verlängerte Grundschulzeit, mit sich bringt, sind m.E. kaum auszumachen. Zwar differenzieren sich die einzelnen Persönlichkeiten der Kinder mit wachsendem Alter weiter aus, zugleich nimmt aber auch das Verständnis und die Möglichkeit der Kinder zu, mit Unterschieden angemessen umzugehen.[277] Fehlende äußere Differenzierungen bzw. möglicherweise zu geringe kognitive Anregungen für leistungsstarke Kinder werden hier von niemandem beklagt. Zwar gab es in manchen Jahren einen erhöhten Abgang zu den Gymnasien schon nach Klasse 4, dies ist aber inzwischen seltener ein Problem.[278]
Ebenso ist der auf dem Kollegium lastende Druck, Übergänge auf das Gymnasium ohne Schwierigkeiten zu leisten, durch die **Berichte von positiven Lernentwicklungen der Schülerinnen und Schüler der Ubbelohde-Schule auf den weiterführenden Schulen** geringer geworden. Dennoch - so gesteht der Schulleiter ein - wird "wegen der Übergänge zum Gymnasium inzwischen ab und zu mehr Frontalunterricht abgehalten."[279] Nach wie vor überwiege aber die selbständige Erarbeitung von Unterrichtsinhalten. An den weiterführenden Schulen hätten sich die meisten Schülerinnen und Schüler nach einem halben Jahr an den anderen Unterrichtsstil gewöhnt.[280] An der Gesamtschule müßten sie sich am wenigsten umstellen.

Diese Einschätzung des Schulleiters wird durch die 1992/93 von Annemarie Kölle-Remer durchgeführte Untersuchung der weiteren Entwicklung der Ubbelohde-Schüler und -schülerinnen bestätigt.[281] Leider befragte sie nur den Jahrgang der Kinder, die im Sommer 1991 auf

---

[277] Auch wenn die Unterschiede der Kinder aufgrund der eingeschränkten Heterogenität in der sozialen Zusammensetzung der Ubbelohde-Schule begrenzt ist, lernen die Schülerinnen und Schüler im fünften und sechsten Schuljahr hier intensiver als auf den Formen des gegliederten Schulwesens, sich mit den anders verlaufenden Entwicklungen ihrer Mitschülerinnen bzw. Mitschüler auseinanderzusetzen.

[278] Eigene Mitschrift des Berichts von Elschner-Heuberger u.a. über die Ubbelohde-Schule im Rahmen einer Veranstaltung des Hessischen Instituts für Lehrerfortbildung am 27.4.1992 und Jahresbericht 1993, S.6; siehe auch Graphik in Abschnitt 5.3.. Die Ubbelohde-Schule muß auch Kinder des Einzugsbereichs aufnehmen, die nach der vierten Klasse die Schule verlassen. Da die Ubbelohde-Schule bewußt ausschließlich Englisch als erste Fremdsprache anbietet, wechseln vor allem Kinder, deren Eltern Latein als erste Fremdsprache wünschen, nach der vierten Grundschulklasse auf das örtliche humanistische Gymnasium.

[279] mündliche Äußerung des Schulleiters in einem Gespräch mit dem Verfasser am 27.10.1993

[280] vgl. auch Kölle-Remer S.27 und S.11f

[281] vgl. ebenda S.7, S.12, S.39, S.41

weiterführende Schulen übergegangen waren. Von 18 Schülerinnen und Schülern der Klasse 6 dieses kleinen Jahrgangs interviewte Frau Kölle-Remer ein Jahr nach dem Übergang 15.[282] Da von diesen 15 Schülerinnen und Schülern 12 zur Gesamtschule überwechselten, gibt der Bericht kaum Auskunft darüber, wie die ehemaligen Ubbelohde-Schülerinnen und -schüler auf Schulen des dreigliedrigen Systems zurechtkommen.[283] Die Tatsache, daß zudem zwei von drei Kindern, die zunächst zum Gymnasium wechselten,[284] u.a. aufgrund der positiven Berichte ihrer ehemaligen Mitschülerinnen später auch zur Gesamtschule übergingen, bietet jedoch einen Anhaltspunkt dafür, daß die Gesamtschule die als angenehm empfundene Methodik und Atmosphäre der Ubbelohde-Schule am ehesten fortsetzt. Hinzu kommt, daß dieser Jahrgang der Ubbelohde-Schule fast geschlossen in eine einzige Klasse der Gesamtschule übernommen wurde, so daß sich alte Freundschaften fortsetzen ließen.[285]

In Hinblick auf die gezeigten Leistungen kommt Frau Kölle-Remer zu dem Schluß, daß die Prognosen der Lehrkräfte der Ubbelohde-Schule bei ihren Schülerinnen und Schülern meistens sehr gut zutreffen.[286] Hiernach bewahrheitet sich die These, daß die Voraussagen über die weitere Lernentwicklung nach der sechsjährigen Grundschule gesicherter sind als nach der vierjährigen.

An der Gesamtschule bewähren sich laut Befragung die ehemaligen Schüler und Schülerinnen der Ubbelohde-Schule "im sozialen und leistungsbezogenen Bereich" und gehören in vielen Fächern - vor allem im Englischen - zum "oberen Leistungsdrittel."[287] Sie arbeiten auch in der siebten und achten Klasse meist gerne miteinander[288] und bevorzugen die "Freie Arbeit" und den Unterricht nach dem Wochenplan. Auf die Frage, was sie an der Ubbelohde-Schule geschätzt hätten und an der neuen Schule auch gern sähen, nennen sie vor allem Projektwochen, das "offene Angebot" und ein persönliches Verhältnis zu den Lehrkräften.[289]

Die Lehrerinnen und Lehrer der Gesamtschule kritisieren an den Jungen der Ubbelohde-Schule eine geringere Bereitschaft, sich gegenüber neuen Mitschülern zu öffnen. Außerdem hätten die Jungen zunächst häufig zur "Selbstüberschätzung" geneigt, das habe sich aber inzwischen gebessert.[290]

Die befragten Lehrkräfte der Gesamtschule sind sich aber einig, daß die Schülerinnen und Schüler der Ubbelohde-Schule in der Regel sozial, emotional und kognitiv sehr erfolgreich

---

[282] Ein Kind lehnte die Befragung ab, ein zweites war fortgezogen und ein drittes hatte die Ubbelohde-Schule zu kurz besucht.

[283] vgl. Kölle-Remer S.4f

[284] Der dritte Gymnasialschüler besucht das private Landerziehungsheim "Steinmühle". Vgl. ebenda S.4

[285] Während die Lehrkräfte der neuen Schule es lieber gesehen hätten, wenn die Gruppe getrennt worden wäre, begrüßten die Kinder die Möglichkeit, in der neuen Klasse zusammenzubleiben. Vgl. ebenda S.4, S.30, S.39

[286] vgl. ebenda S.49

[287] ebenda S.49, S.15

[288] In Einzelfällen gibt es altersübliche Reibereien und Auseinanderentwicklungen von Freundschaften.

[289] vgl. ebenda S.47ff. Es fiel ihnen schwer, ihre neuen Lehrkräfte mit "Sie" anzureden. Vgl. auch ebenda S.7, S.10f, S.30, S.40, S.43

[290] vgl. ebenda S.30ff, S.7 und S.46

auf der Gesamtschule mitarbeiten. Mit Erstaunen hätten sie nach einiger Zeit festgestellt, daß diese Schülerinnen und Schüler "auch dann arbeiten, wenn sie schwätzen".[291]

Schwierigkeiten deuteten sich vor allem dort an, wo der Unterrichtsstil der Lehrenden eher frontal und autoritär sei und weniger kreatives als genaues und gründliches Arbeiten gefordert würde.[292] Der Schüler, der als einziger dieses Jahrgangs die gymnasiale Privatschule besucht, klagt zudem über die zu große Zahl von Lehrkräften, die ihn nunmehr mit sehr unterschiedlichen Methoden unterrichten.[293]

So berichtet auch der Schulleiter der Ubbelohde-Schule, daß es in den meisten Jahren bei den Kindern, die auf das Gymnasium übergehen, weniger Schwierigkeiten in kognitiver Hinsicht als in der Anpassung an die veränderten und divergierenden Unterrichtsmethoden gebe. Dies sei jedoch stark von den jeweiligen Lehrkräften und den Schulen abhängig. Besonders bei einem Wechsel zu Realschulen habe es methodische Umstellungsprobleme gegeben. Dagegen seien in den meisten Jahrgängen die Schwierigkeiten bei den Übergängen auf die integrierte Gesamtschule und das private Landerziehungsheim (Gymnasium) geringer.

Entsprechend gehen immer mehr Schülerinnen und Schüler der Ubbelohde-Schule nach der Klasse 6 auf diese beiden Schulen über. Während die Anteile der Übergänge nach der Klasse 6 zur Realschule abnahmen (1988: 50%, 1989: 24%, 1990: 35%, 1991: 6%, 1992: 6%, 1993: 5%), wechselten seit 1991 im Durchschnitt fast die Hälfte der Kinder auf die integrierte Gesamtschule (1988: 0%, 1989: 33%, 1990: 5%, 1991: 83%, 1992: 47%, 1993: 32%).[294]

Das Kollegium der Gesamtschule bemüht sich nach dem Eindruck der Schulleitung der Ubbelohde-Schule sehr um einen Übergang dieser Kinder auf ihre Schule, weil es hofft, durch die Erhöhung der Zahl der Akademikerkinder in ihrer Schule das Image als Schule eines sozialen Brennpunktes abzulegen und den eigenen Gymnasialzweig zu stärken. Andererseits sei der Übergang von Schülergruppen der Ubbelohde-Schule nur bei Erfüllung der Erwartungen der Eltern zu erreichen. Die Eltern aber wünschten engagierte Lehrkräfte und Methoden, die die Arbeit der sechsjährigen Grundschule fortführen.

Auch die inzwischen z.T. sehr selbstbewußt vorgetragenen Forderungen der Eltern nach einer Anpassung der weiterführenden Schulen an den in der Ubbelohde-Schule gepflegten Unterrichtsstil sind m.E. ein Indiz dafür, daß die Eltern die Arbeit der sechsjährigen Grundschule sehr positiv einschätzen und die anfängliche Unsicherheit bezüglich der Folgen ihrer Entscheidung für die Ubbelohde-Schule abgenommen hat. Fast alle Beteiligten sind sich

---

[291] ebenda S.30
[292] vgl. ebenda S.30
[293] vgl. ebenda S.8
[294] In diesen sechs Abgangsjahren wechselte von 152 Kindern erst ein Kind zur Hauptschule, insgesamt gingen 47% zum Gymnasium, 36% zur Gesamtschule, 16% zur Realschule über. Angaben laut Jahresbericht der Ubbelohde-Schule 1993, S.8f. 1993 wechselten laut Angabe des Schulleiters die meisten Kinder zum privaten Landerziehungsheim (Gymnasium). Die starken Schwankungen sind dadurch zu erklären, daß die meisten Eltern stark durch die Wahl meinungsführender Eltern beeinflußt werden und ein Zusammenhalt der Klasse angestrebt wird.

bewußt, daß der Modellversuch "Sechsjährige Grundschule" an der Otto-Ubbelohde-Schule Marburg insgesamt sehr **erfolgreich** verläuft. Diese Einschätzung wird durch die in dieser Arbeit aufgeführten Beobachtungen und Befragungen bestätigt. Auf den Kindern und Eltern lastet nicht der frühe Selektionsdruck. **Die in einem pädagogisch reformorientierten Rahmen verlängerte Grundschulzeit ermöglicht den Kindern offenbar eine Entwicklung zu ausgeprägter Selbständigkeit, sozialer Sensibilität und emotionaler Stabilität, ohne kognitive Lernleistungen zu beeinträchtigen.**

Dabei sind nach Meinung des Schulleiters für diese positive Persönlichkeitsentwicklung der Kinder besonders das fünfte und in noch stärkerem Maße das sechste Schuljahr relevant. Insofern sei es wichtig, daß eine konzeptionell auf die Entwicklung von Selbständigkeit und Solidarität ausgerichtete Grundschule die Jahrgänge 5 und 6 erhalte.[295]

Zwar ist es schwer meßbar, ob diese Kinder sich nicht auch ohne diesen Schulversuch ebenso erfolgreich entwickelt hätten, doch zeigt der Versuch zumindest, daß die sechsjährige Grundschule, auch wenn sie nicht flächendeckend eingeführt ist, in einem reformorientierten und akademisch geprägten Stadtviertel zur kurz- und langfristigen Zufriedenheit aller Beteiligten die Schullandschaft bereichern kann.

Da die Ergebnisse sechsjähriger Grundschuldauer von Berlin und Brandenburg nicht gesichert auf Schulen übertragbar sind, die in der Schuldauer in Konkurrenz zu anderen Schulen stehen, ist eine Fortsetzung des Schulversuchs Ubbelohde-Schule unbestritten sinnvoll. Er müßte m.E. aber durch Versuche in weiteren Schulen mit gänzlich anderen Umfeldern erweitert werden, damit deutlich wird, welchen Einfluß die soziale Zusammensetzung der Schülerschaft auf den Erfolg einer fakultativen sechsjährigen Grundschule hat.

Wie im folgenden gezeigt wird, ist die soziale Zusammensetzung der Elternschaft zumindest mitentscheidend dafür, ob ein solcher Schulversuch eingerichtet wird.

Weitere Schulversuche würden zudem die öffentliche Aufmerksamkeit nicht mehr allein auf die Ubbelohde-Schule konzentrieren und damit ihr Kollegium entlasten.

Zwar hat die Schule die **Zusage** vom Kultusministerium, daß sie als **sechsjährige Grundschule erhalten bleibt**; nach Auffassung der Schulleitung "kann dies aber nicht das einzige Ziel der Schule sein".[296] Entsprechend bemüht sich die Schulleitung der Ubbelohde-Schule, auch wenn sie sich dabei von den Parteien und Mandatsträgern allein gelassen fühlt, Überlegungen zur Umwandlung in die Sechsjährigkeit an anderen Grundschulen zu unterstützen.[297]

---

[295] mündliche Äußerung des Schulleiters in einem Gespräch mit dem Verfasser am 27.10.1993
[296] ebenda
[297] Meinem Eindruck nach ist jedoch der von der Schulleitung gepflegte Stil, z.T. frustriert und empfindlich auf die eingeschränkte politische und finanzielle Unterstützung zu reagieren und Entscheidungsträger mit Klagen zu überhäufen bzw. intern Ansätze von Resignation zu verstärken, wenig hilfreich. Die Schulgemeinde kann zu Recht stolz auf die geleistete Arbeit sein. Es liegen genügend Erfolge vor, um durch zu geringe Unterstützung von außen entstandene Frustrationen zu verarbeiten und selbstbewußt und ohne Resignation das eigene Konzept zu verbreiten und zu verbessern.

5.7. Versuche zur Gründung weiterer sechsjähriger Grundschulen Anfang der 90er Jahre

5.7.1. Koalitionsvereinbarung der SPD und der Grünen 1991

Nachdem es in Hessen bei den **Landtagswahlen 1991** abermals zu einem Umschwung gekommen war, der der **SPD und den Grünen** die Mehrheit der Sitze einbrachte, verhandelten diese beiden Parteien erneut auch über die sechsjährige Grundschule. Während sich beide Koalitionspartner einig waren, daß die Förderstufe nicht wieder hessenweit obligatorisch eingeführt werden sollte und für den Schulwechsel nach Klasse 4 oder 6 der Elternwille allein maßgeblich sein sollte, bestanden in der Frage der sechsjährigen Grundschule die unterschiedlichen Auffassungen der achtziger Jahre fort: Die Grünen begrüßten dieses Modell, und die SPD wollte neben der Förderstufe keine konkurrierende Organisationsform, zumal sie im Rahmen der Unterstützung der Gesamtschulen einen Einschnitt nach Klasse 4 bevorzugte. Schließlich einigten sich die beiden Parteien auf eine Formulierung, die der Koalitionsvereinbarung von 1984 ("Die sechsjährige Grundschule kann auch als Schulversuch genehmigt werden.") ähnelt, aber verbindlicher formuliert wurde.:

> "Auf Antrag werden **sechsjährige Grundschulen als Versuchsschulen** eingerichtet."[298]

Die SPD konnte damit durchsetzen, daß diese Organisationsform keine Regeleinrichtung wurde. Die Grünen konnten für sich verbuchen, daß Schulen, die sechsjährige Grundschulen werden wollten, dies auch können sollten, wenn der Schulträger zustimmt.[299]

Schon 1992 kam es im Rahmen der Verhandlungen zum neuen Hessischen Schulgesetz zu neuen koalitionsinternen Beratungen über eine Konkretisierung der Koalitionsvereinbarung. Die unterschiedlichen Standpunkte wurden aber nicht öffentlich ausgetragen.[300] Obwohl die Grünen auf einem vom hessischen Kultusministerium angestrebten und dokumentierten Fachgespräch von Erziehungswissenschaftlern wie Theodor Klaßen und Michael Seyfahrt-Stubenrauch am 13.3.1992 in ihrer Forderung nach sechsjährigen Grundschulen unterstützt wurden,[301] konnten sie sich erneut nicht mit ihrem Anliegen durchsetzen, die sechsjährige

---

[298] Koalitionsvereinbarungen zwischen SPD und Grünen in Hessen 1991, Abschnitt "Bildung und Erziehung", S.6

[299] In einem Brief an die GEW in Marburg vom 11.3.1991 schreibt der bildungspolitische Sprecher der Landtagsfraktion der Grünen, Fritz Hertle: "In Zukunft, und darüber freuen wir uns als GRÜNE natürlich sehr, wird es möglich sein, sechsjährige Grundschulen auf Antrag des Schulträgers einzurichten und zu genehmigen."

[300] Meine Informationen beruhen auf mündlichen Berichten des bildungspolitischen Sprechers der Landtagsfraktion der Grünen, Fritz Hertle, auf vorgelegten internen Beratungspapieren und auf einem Telefongespräch mit dem Regierungsdirektor Dr. Karl-Heinz Burk im Hessischen Kultusministerium vom 27.5.1992.

[301] In dem Statement von Klaßen und Seyfahrt-Stubenrauch heißt es: "Dennoch brauchten wir nicht ausdrücklich darauf hinzuweisen, wenn die bekannten Argumente für eine mindestens sechsjährige Grundschule nicht so gravierend wären." Zitiert nach der Schriftenreihe des Hessischen Kultusministeriums (Hrsg.): Im Gespräch 3, Erziehungswissenschaftler zum Schulgesetz, Wiesbaden im Mai 1992, S.14. Das neue Hessische Schulgesetz trat zum Schuljahr 1993/94 in Kraft.

Grundschule als Regeleinrichtung im Schulgesetz zu erwähnen. Einer mit dem Kultusminister Hartmut Holzapfel abgesprochenen Vorlage des Regierungsdirektors im Hessischen Kultusministerium, Karl-Heinz Burk, wurde schließlich von beiden Parteien zugestimmt. Sie besagt, daß **Grundschulen mit Förderstufen** vom Schuljahr 1993/94 ab per Schulkonferenzbeschluß die Form von sechsjährigen Grundschulen annehmen können, indem sie völlig **auf äußere Differenzierungen verzichten** und entsprechende innere Ausgestaltungen wie einen Verzicht auf den Einschnitt nach Klasse 4 vornehmen. Auf Wunsch der SPD, die - wie erwähnt - keine neue Organisationsform als Regelschule wollte, sollen sich solche Schulen aber nicht "Sechsjährige Grundschule" nennen, sondern bei der Bezeichnung "Grundschule mit Förderstufe" bleiben. Koalitionsintern wurde allerdings zusätzlich vereinbart, daß Anträge auf Schulversuche "Sechsjährige Grundschule" "wohlwollend geprüft" werden; jedoch nur, wenn sowohl der Schulträger als auch die Gesamtkonferenz und der Schulelternbeirat der beantragenden Schule zustimmen.

So heißt es in einem Brief der Landtagsfraktion der Grünen vom 13.6.1993 an die Marburger Otto-Ubbelohde-Schule über die getroffenen Koalitionsabsprachen:

"1. Grundschulen können wie weiterführende Schulen mit einer Förderstufe verbunden sein.

2. Die Förderstufe kann nach Beschluß der Schulkonferenz äußerlich undifferenziert gestaltet sein und damit weitgehend die pädagogischen Ansätze der ersten Grundschuljahre fortführen und erweitern. Die Grundschule mit Förderstufe kommt damit der inneren Gestaltung der sechsjährigen Grundschule nahe.

3. Unbeschadet davon können Schulkonferenzen und Schulträger Anträge auf den Schulversuch "sechsjährige Grundschule" stellen. Mit dem Koalitionspartner ist die Unterstützung dieser Anträge vereinbart.

... Lange Rede kurzer Sinn: wir brauchen die Beschlüsse der Schule und möglichst die Haltung des Schulträgers zum Schulversuch "sechsjährige Grundschule", dann können und werden wir uns mit den uns zur Verfügung stehenden Mitteln für weitere sechsjährige Grundschulen in der Koalition und gegenüber dem Kultusministerium einsetzen."[302]

5.7.2. Bemühungen hessischer Grundschulen um Schulversuche "Sechsjähre Grundschule"

Aufgrund der Ermutigung in der Koalitionsvereinbarung entstanden in den Jahren **1991 und 1992** an einigen **hessischen Grundschulen** mehr oder weniger weitreichende **Bemühungen**, einen Antrag auf einen Schulversuch "**Sechsjährige Grundschule**" zu stellen. Zwar war es nicht möglich, über alle Diskussionen, die in dieser Frage an hessischen Grundschulen statt-

---

[302] Auszüge eines Briefes des bildungspolitischen Sprechers der Landtagsfraktion der hessischen Grünen, Fritz Hertle, an die Ubbelohde-Schule vom 13.6.1993, nachdem diese nachgefragt hatte, warum es nicht zur Einrichtung weiterer sechsjähriger Grundschulen komme.

fanden, Informationen zu erhalten, da die Auseinandersetzungen meist nicht öffentlich geführt wurden. Dennoch gelang es mir, die Entwicklung derartiger Bemühungen bei einigen Schulen zu verfolgen, die ihr Interesse gegenüber der Ubbelohde-Schule in Marburg geäußert haben.[303]

Demnach gab es 1991/92 an mindestens 20 hessischen Grundschulen Personen, die eine Diskussion zu einer Umwandlung der eigenen Grundschule in eine sechsjährige Grundschule angeregt haben.

Die Antworten der angeschriebenen Grundschulen belegen, daß die **Initiative** zu solchen Überlegungen in den meisten Fällen von einzelnen Lehrkräften, kleinen Gruppen des Kollegiums oder Schulleitungen ausging, dagegen weniger - wie es bei der Ubbelohde-Schule der Fall war - von Eltern oder Parteien. Konkreter Anlaß und Ermutigung war für die meisten interessierten Schulen die zitierte Koalitionsvereinbarung von 1991.[304]

Oft konnten die Initiatoren in den angeschriebenen Schulen ihr Kollegium für eine längere Grundschuldauer interessieren. Aber schon auf dieser Ebene wurde bei einigen Schulen die Diskussion beendet, da nur ein kleinerer Teil des Kollegiums das Modell der sechsjährigen Grundschule begrüßte.[305] Mit Ausnahme der Grundschule Mörfelden-Waldorf, von der später noch die Rede sein wird, wurden die Pläne für eine längere Grundschuldauer aufgegeben, wenn nicht die Mehrheit des Kollegiums zustimmte.

So berichtet ein Lehrer der Grundschule **Hofheim**, daß sein Kollegium nicht von dem Modell der sechsjährigen Grundschule zu überzeugen war, weil die Mehrheit der Lehrkräfte der Meinung war, daß in Konkurrenz zu den Gymnasialklassen nur eine sehr frühe äußere Differenzierung Eltern motiviere, die Förderstufe an der Grundschule nicht "sterben" zu lassen. Daher würde im Landkreis Main-Taunus auch an den Gesamtschulen ab Klasse 5 niveaudifferenziert.[306]

Auch in den Grundschulen, in denen die Lehrkräfte mehrheitlich die Umwandlung in eine sechsjährige Grundschule interessierte, war die Zustimmung der Eltern Voraussetzung für eine positive Stellungnahme des Kollegiums. Diese konnte z.B. in Kiedrich, Marburg-Wehrda und Marburg-Cappel nicht erreicht werden.

So schrieb mir die **Kiedrich**er Schulleiterin, daß der Anlaß für die internen Überlegungen zur Umwandlung in eine sechsjährige Grundschule die Tatsache war, daß das Kollegium ihre "an dem Jena-Plan orientierte Versuchsschule" ausdehnen wollte, um "2 jeweils 3 Jahrgänge umfassende Stammgruppen bilden" zu können.

---

[303] Das Kultusministerium gab über derartige Bemühungen von Grundschulen keine Auskunft.

[304] Die folgenden Aussagen stützen sich auf Antworten von 12 Schulen, die ich von den angeschriebenen 20 Vertretern bzw. Vertreterinnen der interressierten Grundschulen erhalten habe. Der Schulleiter der Ubbelohde-Schule erwähnte noch weitere Anfragen aus Frankfurt, Gießen, Bad Homburg, Gemünden, Witzenhausen, Wetzlar, Gelnhausen, Darmstadt u.a. Orten, die im folgenden nicht berücksichtigt werden, weil er sie nicht präzisieren konnte bzw. weil ich keine Antwort von diesen angeschriebenen Schulen erhielt.

[305] Z.B. in Gießen-Allendorf und in Hofheim.

[306] Telefongespräch mit diesem Lehrer am 7.11.1993

"Diese Überlegungen wurden nach kurzer Diskussion mit dem Schulelternbeirat fallengelassen, da die Tendenz der Eltern dahin ging, den Schulwechsel nach der Klasse 4 zu vollziehen, um eine "Benachteiligung" der Kiedricher Schüler bei einem Einstieg erst in Klasse 7 der weiterführenden Schulen zu vermeiden. Inzwischen bilden wir Stammgruppen, die nur 2 Jahrgänge umfassen."[307]

In **Marburg-Wehrda** fand sich 1991/92 zwar eine engagierte und hoffnungsvoll gestartete "Elterninitiative 6jähriges Lernen in Wehrda", die die Umwandlung in eine sechsjährige Grundschule zum Ziel hatte, aber sie konnte die Mehrheit der Eltern nicht überzeugen. Nicht zuletzt um den Standort für die Klassen 5 und 6 zu sichern, hatte das Kollegium hier Interesse an einer Umwandlung in eine sechsjährige Grundschule bekundet. Allerdings machten die Lehrkräfte mit einer Dreiviertel-Mehrheit zur Vorraussetzung, daß mindestens Zweidrittel der Eltern einem solchen Schulversuch zustimmen und ihre Kinder dort anmelden müßten, damit die Klassen 5 und 6 quantitativ und (unter Leistungsgesichtspunkten) qualitativ nicht gefährdet seien. Da in der durchgeführten Abstimmung nur 42% der Eltern die Umwandlung in eine sechsjährige Grundschule begrüßten, verfehlte die Elterninitiative dieses Quorum. Ein Grund dafür dürfte sein, daß - anders als bei der Ubbelohde-Schule - die Mehrheit der Eltern dieses Stadtviertels eher reformfern orientiert ist[308] und den frühen Übergang ihrer Kinder zum Gymnasium bevorzugt. Die Schulleiterin schreibt dazu, daß das Kollegium "nach wie vor mehrheitlich 6-jähriges Lernen befürwortet, aber andererseits das Wahlverhalten der Elternschaft nach dem 4.Schuljahr zeigt, daß kein Interesse daran vorliegt." Daher habe man akzeptieren müssen, daß die Marburger Stadtverordnetenversammlung 1993 Wehrda als Förderstufenstandort gestrichen habe.[309]

Neben der Grundschule Wehrda wurde von der Stadtverordnetenfraktion der Grünen 1991 auch das Kollegium der Schule in **Marburg-Cappel** gefragt, ob sie nicht als zweite Schule in Marburg einen Schulversuch "Sechsjährige Grundschule" beantragen wollten. Nachdem es im Kollegium dafür Interesse gab, wurde auch hier die Elternschaft um ihre Meinung gebeten. Diese hielt die praktizierte und nicht bedrohte Förderstufe der Schule für so erfolgreich, daß sie keine Notwendigkeit für einen solchen Schulversuch sah, zumal die Schule schon die Integration von Behinderten als Modellversuch betreibt.

Wiederum anders ist der Fall der Bürgermeister-Klingler-Schule in **Mörfelden-Waldorf** gelagert.[310] Hier unterstützten die Eltern die bereits 1984/85 geäußerten ersten Bemühungen eines kleinen Kreises von Lehrkräften zur Einrichtung einer vollständigen oder partiellen

---

[307] Brief der Schulleiterin an den Verfasser vom 3.11.1993
[308] Im Gegensatz zum Marburger Südviertel, in dem die Grünen bei Wahlen sehr stark sind, bekommt in Marburg-Wehrda meist die CDU die Mehrheit der Stimmen.
[309] Brief der Schulleiterin an den Verfasser vom 5.11.1993
[310] Die folgenden Informationen begründen sich auf ein Gespräch, daß ich mit der dortigen Lehrerin Birgit Schüller am 25.10.93 geführt habe und auf eine Selbstdarstellung und einen Bericht des Arbeitskreises "Sechsjährige Grundschule" in: Arbeitskreis "Sechsjährige Grundschule", 6 Jahre Grundschule , maschinengeschriebene Materialsammlung mit einem Protokoll der Informationsveranstaltung des Arbeitskreises vom 24.10.1986, Mörfelden-Walldorf 1986.

sechsjährigen Grundschule. Gemeinsam begannen Eltern und Lehrkräfte im Februar 1986 in dem von der Lehrerin Birgit Schüller ins Leben gerufenen Arbeitskreis "Sechsjährige Grundschule" mit ihrer Initiative zur Umwandlung der Schule. Während die Mehrheit des Kollegiums einer verlängerten Grundschuldauer skeptisch gegenüberstand, unterstützte der damalige Schulleiter die Aktion.

Über 100 Eltern und Lehrkräfte nahmen an einer Podiumsdiskussion teil, die der Arbeitskreis am 24.10.1986 in Mörfelden-Walldorf mit dem Ziel durchführte, über die "Durchführung der sechsjährigen Grundschule an der Bürgermeister-Klingler-Schule" als Schulversuch zu informieren.[311] Dort wurde eine große Unzufriedenheit mit dem frühen Übergang nach der Klasse 4 geäußert. Die sechsjährige Grundschule sei unter pädagogischen Gesichtspunkten die bessere Schulform, weil die Entwicklungspsychologie gezeigt habe, daß die Einteilung in Entwicklungsphasen eher einen Abschnitt "6 - 12jährige Kinder" hervorbringe. Eine Kontinuität von der ersten bis zur sechsten Klasse stütze Kinder, erleichtere eine soziale und nationale Integration über 6 Jahre und erhöhe die Chancen für Spätentwickler.[312]

Unterstützung fand der Arbeitskreis bei der Landtagsfraktion der Grünen. Auch das Kultusministerium zeigte sich zunächst dafür offen, verschob aber die Einführung einer sechsjährigen Grundschule in Mörfelden-Walldorf, weil es kurz vor den Wahlen keine umstrittenen Modellversuche durchsetzen wollte.

Nach den Landtagswahlen 1987, die einen Erfolg der CDU und FDP mit sich brachten, versuchte die Lehrerin Birgit Schüller, anstatt des nunmehr nicht mehr durchsetzbar scheinenden Modellversuchs eine interne Regelung mit dem Schulamt und dem Schulträger (Kreis) zu treffen. Nach ihrer Aussage hätte sie es 1988/89 "fast geschafft" ihre Klasse 4 geschlossen in den Jahrgängen 5 und 6 der Gesamtschule fortzuführen. Damit wäre für eine einzige Klasse gleichsam eine partielle sechsjährige Grundschule geschaffen worden, die Vorreiter für eine generelle Umwandlung hätte sein können. In diesem Bemühen wurde die Lehrerin von dem Schulrat Heiliger nachhaltig unterstützt. Schließlich sei diese Regelung daran gescheitert, daß keine Lehrkräfte der Gesamtschule im Gegenzug an der Grundschule unterrichten wollten.

Nach dem Scheitern dieses Vorhabens und der 1991 getroffenen Koalitionsvereinbarung von SPD und Grünen starteten die an einer verlängerten Grundschuldauer interessierten Lehrkräfte und Eltern 1992/93 einen dritten Versuch. Ihr Ziel war es diesmal, einen Klassenzug ohne Kooperation mit der Gesamtschule in der Grundschule zu behalten und damit eine in Klasse 5 und 6 einzügige sechsjährige Grundschule zu werden. Erneut stimmte der Klassen- und Schulelternbeirat einem solchen Versuch zu. Während auch der Schulrat Baldur Schmidt dieses Anliegen unterstütze, war die neue Schulleitung diesmal auf seiten der Mehrheit des Kollegiums und lehnte die Bestrebungen für den Modellversuch ab. Verantwortlich für diese

---

[311] vgl. Bericht des Arbeitskreises "Sechsjährige Grundschule" in Mörfelden-Walldorf S.31
[312] vgl. ebenda

Ablehnung scheinen, bei einigen Lehrkräften Ängste vor zu starker Beobachtung und vor einer möglichen Raumnot und bei anderen Lehrkräften generell negative Einstellungen gegenüber einem verlängerten gemeinsamen Lernen zu sein. Mitentscheidend für das Scheitern der Bemühungen des Arbeitskreises war aber auch die ablehnende Haltung der Gesamtschule, die einem solchen Versuch nur zustimmen wollte, wenn wie bei der 1988/89 abgesprochenen Regelung die Klassen an der Gesamtschule fortgeführt würden. Da sie ihre Schulform durch eine sechsjährige Grundschule gefährdet sahen, unterstützten auch die örtlichen Gesamtschulbefürworter in der GEW und der SPD die Umwandlung in eine sechsjährige Grundschule nicht. Zwar intervenierte der bildungspolitische Sprecher der Grünen, der Landtagsabgeordnete Fritz Hertle, beim Kultusminister Hartmut Holzapfel (SPD), eine solche Umwandlung vorzunehmen, aber das Kultusministerium antwortete mit Recht, vereinbart sei, nur dann grünes Licht für den Versuch zu geben, wenn der Schulträger (Kreis) zustimmt. Da die Kreis-SPD dies aber nicht tat, wirkte das von den Koalitionspartnern verabredete Prinzip der Dezentralisierung in diesem Fall gegen den Reformversuch einer sechsjährigen Grundschule.

Anders als an den im vorangegangenen behandelten Grundschulen konnte an den nun folgenden Schulen sowohl die Zustimmung des Kollegiums (Beschluß der Gesamtkonferenz) als auch der Eltern (Beschluß des Schulelternbeirates) erreicht werden. Bekannt geworden sind mir hier die Grundschulen in Wabern, in Kassel-Harleshausen, in Bellersheim-Obbornhofen, drei Grundschulen in Frankfurt (Adolf-Reichwein-Schule, Albert-Schweitzer-Schule, Frauenhof-Schule) sowie die beiden Grundschulen in der Stadt Alsfeld (Gerhart-Hauptmann-Schule und Stadtschule). Bevor ich jedoch auf die Entwicklung an diesen Schulen im einzelnen eingehe, sei auf die landespolitische Entwicklung im Jahre 1992 hingewiesen.

Im Frühjahr 1992 erwähnt der zuständige Regierungsdirektor im Hessischen Kultusministerium, Karl-Heinz Burk, daß zu diesem Zeitpunkt "mehrere Voranfragen" im Kultusministerium eingegangen seien, die auf Modellversuche "Sechsjährige Grundschule" zielten. Es sollten jedoch seitens des Kultusministeriums keine flächendeckenden Versuche zugelassen werden, wie sie in der Stadt Alsfeld anvisiert waren, sondern nur hessenweit gestreut höchstens 10 Versuche mit besonders ausgeprägten pädagogischen Konzepten.[313]

Hier wird m.E. deutlich, daß das Kultusministerium im Frühjahr 1992 zunächst nur darauf abzielte, Schulversuche mit verlängerter Grundschuldauer nicht zahlreich und schnell zuzulassen, aber grundsätzlich die Möglichkeit zu Versuchen offen hielt. Erst ab Sommer 1992 entwickelte sich eine generelle Abwehrhaltung des Kultusministeriums gegen Schulversuche

---

[313] Mündlich Auskunft von RD Dr. Burk in einem Referat im Rahmen einer Veranstaltung der GEW-Mittelhessen in Lollar am 18.3.1992 und in einem Telefongespräch mit dem Verfasser vom 27.5.1992. Diese Auskunft wurde von Christina Elschner-Heuberger im Rahmen einer Veranstaltung des Hessischen Instituts für Lehrerfortbildung am 27.4.1992 bestätigt.

524

"Sechsjährige Grundschule". Schulen, die Voranfragen stellten, wurden zum einen nicht ermutigt und zum anderen auf die Möglichkeit verwiesen, ihre angestrebten inneren und äußeren Reformen durch die im Schulgesetz vorgesehene Variante der "Grundschule mit Förderstufe ohne äußere Differenzierung" oder durch das Konzept der "Grundschule mit festen Öffnungszeiten und Betreuungsangeboten" umzusetzen.[314]

So schreibt der Schulleiter der **Helfensteinschule**, einer Grundschule mit Förderstufe in **Ahnatal-Weimar** bei Kassel:

> "Wir haben die Einrichtung einer "Sechsjährigen Grundschule" nicht weiter verfolgt, sondern die Einrichtung der Grundschule mit "Festen Öffnungszeiten und Betreuungsangeboten" verwirklicht, so daß wir im Zusammenhang mit unserer Förderstufe eine sechsjährige Schulzeit anbieten können."[315]

Ähnliches berichtet eine Lehrerin der Grundschule **Kassel-Harleshausen**. An ihrer Schule hätten die Gesamtkonferenz und der Schulelternbeirat auf Vorschlag der Schulleiterin einem Antrag auf "Sechsjährige Grundschule" mit besonderem pädagogischen Profil zugestimmt, um den Bestand der Förderstufe "auch bei Einzügigkeit zu gewährleisten". Auf den Antrag habe der Kultusminister nicht direkt geantwortet, sondern bei einem Besuch signalisiert, daß das pädagogische Konzept auch in der Organisationsform "Grundschule mit Förderstufe" umsetzbar sei. Dies habe die Schule dankend aufgenommen. Da durch das neue Schulgesetz die Förderstufe auch bei Einzügigkeit erhalten bleiben könne, habe die Schule auf den Antrag zur Umwandlung in eine sechsjährige Grundschule verzichtet, zumal die Unterschiede zu dem nunmehr praktizierten Konzept nicht als gravierend angesehen wurden.[316]

Anders sieht dies die Gesamtkonferenz der Grundschule in **Bellersheim-Obbornhofen**. Sie hält ihren Antrag auf Umwandlung in eine sechsjährige Grundschule auch für das Schuljahr 1994/95 aufrecht, obwohl entsprechende Anträge bereits 1991, 1992 und 1993 vom Schulträger abgelehnt wurden. Dazu schreibt der Schulleiter Günther Pohl:

> "Die Initiative an unserer Schule wurde durch die Koalitionsvereinbarung 1991 ausgelöst. Es gründete sich ein gemeinnütziger, eingetragener Verein mit dem Ziel der sechsjährigen Grundschule Bellersheim-Obbornhofen. Die Initiativen wurden durchgängig vom Elternverein und der Lehrerschaft getragen. Über 90% der Eltern hatten mehrere Jahre lang ihre Kinder für die angestrebte Sechsjährige Grundschule angemeldet. Eines der wichtigsten Argumente war die Wohnortnähe und die Zufriedenheit mit der Grundschule vor Ort. Die Methoden der Grundschule, insbesondere die Wochenplanarbeit, sollten fortgeführt werden.
>
> Alle Anträge wurden bisher vom Schulträger "begrüßt" (bisher rot/grün; jetzt rot/schwarz), aus finanziellen Überlegungen heraus aber abgelehnt."[317]

---

[314] vgl. dazu den Brief der Ubbelohde-Schule an die Landtagsfraktion der Grünen vom 24.3.1993 und den folgenden Abschnitt
[315] Brief des Schulleiters Zammert an den Verfasser vom 8.11.1993
[316] Auskunft der Lehrerin Brigitte Hansen in einem Schreiben vom 10.11.1993 an den Verfasser
[317] Schreiben des Schulleiters an den Verfasser vom 15.11.1993

Obwohl die Grundschule in Bellersheim-Obbornhofen bereits "ein schulpädagogisch in Theorie und Praxis reflektiertes Schulprofil"[318] besitzt, strebt sie weiterhin die Umwandlung in eine sechsjährige Grundschule an, weil sie sich "durch den schulinternen Übergang von Klasse 4 nach Klasse 5" eine bessere "inhaltliche und methodische Verzahnung"[319] verspricht. Trotz des ausgereiften pädagogischen Konzepts der Schule und trotz der gutachterlichen Unterstützung durch die Gießener Erziehungswissenschaftler Theodor Klassen und Michael Seyfahrt-Stubenrauch[320] gelang es der Schule bisher nicht, den Schulträger zu überzeugen, daß ein finanzielles Engagement für die Einrichtung eines Schulversuchs mit sechsjähriger Grundschule in Bellersheim-Obbornhofen sinnvoll ist. Entsprechend sah auch das Kultusministerium noch keinen Anlaß, einen solchen Schulversuch dort einzurichten.

Weniger aus finanziellen als aus politischen Gründen scheiterte der Versuch der beiden **Alsfelder Grundschulen** (Gerhart-Hauptmann-Schule und Stadtschule), Umwandlungen in sechsjährige Grundschulen zu errreichen.

Nach der Aufhebung der flächendeckenden Förderstufe durch die CDU/FDP-Landesregierung gingen immer mehr Schülerinnen und Schüler der beiden Grundschulen mit Förderstufe direkt nach der vierten Klasse zum Gymnasium über. Die Kollegien der beiden Schulen gewannen zunehmend den "frustrierenden" Eindruck, daß ihre Förderstufe "amputiert wird" und "sieben Jahre nach ihrer Einrichtung bereits wieder ein auslaufendes Modell" ist.[321] Insofern waren beide Schulleiter erfreut, als ihnen vom Schulamtsleiter Eifert in einem Schulleitergespräch am 15.2.1991 vorgeschlagen wurde, die Möglichkeiten der neuen Koalitionsvereinbarung zu überdenken und u.a. über die Einrichtung von sechsjährigen Grundschulen "offene Diskussionen zu führen".[322] Noch im Frühling 1991 stießen die beiden Schulleiter bei ihren Kollegien und bei den Schulelternbeiräten auf Zustimmung, der Umwandlung in eine sechsjährige Grundschule Priorität einzuräumen.[323]

---

[318] Theodor F. Klassen und Michael Seyfahrt-Stubenrauch: Gutachterliche Stellungnahme zum Konzept "Sechsjährige Grundschule Bellersheim-Obbornhofen", Gießen, 13.7.1993, S.1

[319] Konzept: Sechsjährige Grundschule Bellersheim-Obbornhofen, geplantes, unveröffentliches Schulkonzept vom 12.11.1992, S.1

[320] Theodor F. Klassen und Michael Seyfahrt-Stubenrauch: Gutachterliche Stellungnahme zum Konzept "Sechsjährige Grundschule Bellersheim-Obbornhofen", Gießen, 13.7.1993

[321] "Denkschrift zur Umgestaltung des Schulwesens in Alsfeld und der Region Alsfeld" des Schulleiters der Stadtschule Alsfeld, Ingo Stöppler, maschinengeschriebenes, unveröffentliches Skript, Alsfeld, den 5.4.1991, S.2 sowie Beschluß der Gesamtkonferenz der Gerhart-Hauptmann-Schule vom 21.6.1991, S.1

[322] Zitiert aus einem Brief des Schulleiters der Stadtschule Alsfeld, Ingo Stöppler, an seine Amtskollegen vom 19.3.1991, in dem er diese für den 24.4.1991 zu einem Meinungsaustausch über Reformmöglichkeiten einlädt. Auch der Schulleiter der Gerhart-Hauptmann-Schule, Christop Kramer, bestätigt in einem Gespräch mit mir am 5.9.1991 die Anregung durch den Schulamtsleiter, ergänzt aber, daß zugleich auch der Arbeitskreis Grundschule seines Kollegiums die Umwandlung in eine sechsjährige Grundschule vorschlug.

[323] In dem vom Schulelternbeirat einstimmig und von der Gesamtkonferenz mehrheitlich verabschiedeten Beschluß der Gerhart-Hauptmann-Schule vom 21.6.1991 heißt es genauer: "Alternativ zu einer möglichen Rückkehr zur Förderstufe fordert die Gesamtkonferenz der Gerhart-Hauptmann-Schule eine sechsjährige Grundschule, die als europäisch erprobtes Modell die besten Möglichkeiten für integriertes Lernen mit optimaler Entscheidungsfindung für die daran anschließende Schullaufbahn bietet."

Beide Kollegien und Schulleiter begründen ihre Befürwortung der sechsjährigen Grundschule wie der Schulamtsleiter Eifert vor allem damit, die begonnene Grundschulreform mit Wochenplanarbeit u.ä. vorantreiben zu wollen.[324] Eine nötige "Kinderorientierung" könne nicht durch weitere Kämpfe um die Förderstufe wiedergewonnen werden, sondern brauche neue Impulse und eine "inhaltliche Akzentsetzung", wie sie die sechsjährige Grundschule biete. Im übrigen habe die äußere Niveaudifferenzierung die Grundschulreform behindert. Eifert und Kramer sind sich einig, daß es vor allem an der Gerhart-Hauptmann-Schule bereits erfolgreiche Versuche mit inneren Reformen gibt, die durch eine sechsjährige Grundschule gestärkt werden könnten. Da die Stadtschule nicht benachteiligt und das Schulsystem übersichtlich werden solle, sei es sinnvoll, beide Alsfelder Grundschulen in sechsjährige Schulversuche umzuwandeln. Schulpolitisch war laut Eifert die damalige Situation noch offen, da die konservativen Gruppierungen sich in Alsfeld bisher nur gegen die Förderstufe gewandt hätten und Schulversuche mit sechsjährigen Grundschulen ideologisch noch nicht in ähnlicher Weise belastet seien. Allerdings sei es ein Problem, daß die Schulpolitiker der SPD-Kreistagsfraktion in der sechsjährigen Grundschule eher die Schule der "Kinder von Alternativen und Akademikern" sehen und nicht die Schule der ihrer Ansicht nach primär zu fördernden "Arbeiterkinder". Überraschenderweise habe auch die Grüne-Kreistagsfraktion noch keine Initiative für sechsjährige Grundschulen ergriffen.

Tatsächlich warteten die Parteien des Vogelsbergkreises zunächst ab. Daher hofften die beiden Grundschulen im Schuljahr 1991/92 vergeblich auf eine Entscheidung des Schulträgers (Kreis). Schulleiter Kramer schreibt dazu in einem Brief an den Verfasser:

"Ein gemeinsamer Beschluß der Gesamtkonferenz sowie des Schulelternbeirates mit der Aufforderung an den Schulträger, ein sechsjähriges System - bevorzugt eine sechsjährige Grundschule - einzurichten, wurde vom Schulträger hinhaltend damit beantwortet, die Verabschiedung des Hess. Schulgesetzes abzuwarten und die damit verbundenen Möglichkeiten auszuloten.

Im Februar 1992 verabschiedete der Kreistag einen Beschluß, zum 1.8.92 die flächendeckende Förderstufe im Vogelsbergkreis wieder einzurichten. Aus Sorge um die Anfechtbarkeit dieses Beschlusses wurde die Umsetzung dann auf den 1.8.1993 (nach Inkrafttreten des Hess. Schulgesetzes) verschoben. Eine Realisierung scheiterte an den politischen Mehrheitsverhältnissen nach der Kommunalwahl im April 93. Bereits in der konstituierenden Sitzung wurde dieser Beschluß rückgängig gemacht (CDU, REP und Grüne!). Nach dem Scheitern selbst dieser Variante kam die Diskussion um ein weitergehendes Modell, wie es die sechsjährige Grundschule bedeutet hätte, wegen Aussichtslosigkeit völlig zum Erliegen."[325]

---

[324] Schulamtsleiter Eifert sprach mit mir am 21.1.1992, Schulleiter Kramer am 5.9.1991. Zu den Begründungen der beiden Schulen vgl. oben genannte Denkschrift von Dr. Stöppler und Beschluß der Gesamtkonferenz der Gerhart-Hauptmann-Schule vom 21.6.1991.
[325] Schreiben des Schulleiters der Gerhart-Hauptmann-Schule, Christoph Kramer, an mich vom 5.11.1993. Der Fraktionsvorsitzende der Grünen des Vogelsbergkreises wurde daraufhin auch innerhalb des Hessischen Landesverbandes der Grünen heftig kritisiert und ihm wurde der Parteiausschluß angedroht.

Auch der Fall Alsfeld zeigt m.E., daß von seiten der Grundschulen die sechsjährige Dauer auf großes Interesse stößt, weil damit pädagogische Innovationsimpulse verbunden werden, daß aber die Umsetzung häufig an politisch festgefahrenen Denkansätzen der Parteien scheitert. Das Beispiel des Vogelsbergkreises belegt auch, daß nicht nur Wünsche nach früher Auslese der CDU und unflexibles Festhalten der SPD an alten Förderstufenvorstellungen die Reform behinderten, sondern auch Grüne Parlamentarier z.T. lokale Abstimmungssiege gegenüber der SPD dem eigenen landespolitischen Programm unterordneten. Selbst die Landtagsfraktion der Grünen war nicht zum richtigen Zeitpunkt aufmerksam und engagiert genug, um den jeweiligen Initiativen für sechsjährige Grundschulen zur Durchsetzung zu verhelfen.

Auch in **Frankfurt** scheiterten die engagierten Bemühungen einiger Grundschulen schließlich am Votum des Schulträgers, an der fehlenden Durchsetzungsfähigkeit der Grünen und an der abwehrenden Haltung des Kultusministeriums.

So berichtet mir die Schulleiterin der **Adolf-Reichwein-Schule in Frankfurt-Zeilsheim**, Frau Renate Kummetat, in einem Gespräch am 22.12.1993 von den intensiven Bestrebungen ihrer Schule, sechsjährige Grundschule zu werden: Anlaß für die Bemühungen sei der Wunsch des Kollegiums gewesen, die häufig sozial und erzieherisch vernachlässigten Kinder ihres Einzugsgebietes kontinuierlicher und intensiver zu fördern. In der im Schulentwicklungsplan Frankfurts für ihre Schule vorgesehenen Form "vierjährige Grundschule mit dreijähriger Hauptschule (7 - 9)" sahen die Lehrkräfte dagegen keine sinnvolle Perspektive. Stattdessen forderten sie ein durchgängiges sechsjähriges gemeinsames Lernen ohne Selektion und begannen 1991, an einem entsprechenden Konzept zu arbeiten.

Im Jahr 1992 sah es für die Schulleiterin zunächst so aus, als ob der Einrichtung einer sechsjährigen Grundschule nichts mehr im Wege stünde. Die Gesamtkonferenz und der Schulelternbeirat stimmten einem entsprechenden Antrag im Frühjahr 1992 zu. Frau Prof. Beck-Schlegel von der Universität Frankfurt sagte ihre Unterstützung zu.

Zudem fühlte sich die Schule mit ihrem Anliegen nicht allein, denn zwei weitere Frankfurter Grundschulen strebten ebenfalls die Einrichtung eines solchen Schulversuchs an.

So entschied sich die Gesamtkonferenz der **Frauenhofschule** am 9.9.1992, einen Antrag auf sechsjährige Grundschule zu stellen.[326] Schon 1991 reichte die **Albert-Schweitzer-Schule**, deren Schulleiter, Alexander Zabler, einflußreicher SPD-Politiker ist, einen Antrag auf "Sechsjährige Grundschule" ein. Dazu schrieb Alexander Zabler an mich:

---

[326] Laut mündlicher Auskunft der Lehrerin Susanne Hoeth (Frauenhofschule) vom 25.2.1994 war bereits am 13.11.1991 von der Gesamtkonferenz und am 26.3.1992 vom Elternbeirat beschlossen worden, ein "sechsjähriges System" zu beantragen. Schließlich habe man sich an der Schule für das Modell der sechsjährigen Grundschule entschieden, weil man keine durch Wechsel der Klassenleitung, gesonderte Förderstufenleitung und Niveaukurse abgetrennte Stufe 5 und 6 angliedern, sondern die Grundschulklassen bis 4 kontinuierlich in die Klassen 5 und 6 fortentwickeln wollte.

"An unserer Schule wird schon seit über 14 Jahren um die Einführung einer Förderstufe bzw. einer Sechsjährigen Grundschule gekämpft. Hierüber bestand wegen einer jederzeit umfassenden öffentlichen und gewerkschaftlichen Auseinandersetzung in dieser Frage immer Einigkeit bei allen beteiligten Gruppierungen bis hin zum Stadtteilparlament. Kernargument für eine "Verlängerung der Grundschulzeit" war der aus unserer Sicht völlig verfrühte Zeitpunkt für den Übergang in eine sogenannte weiterführende Schule, gegen das objektive Interesse des Kindes, aber auch gegen eine zu frühe äußere Differenzierung in den Jahrgangsstufen 5 und 6. So hätte es bei uns wahrscheinlich nie ein A-B-C- Modell gegeben. Seit Grün-Rot in Frankfurt regiert, war für unser Vorhaben eine große Bereitschaft vorhanden, eine Sechsjährige Grundschule exemplarisch an der Albert-Schweitzer-Schule einzurichten (als ganze Halbtagsschule mit entsprechenden Angeboten), was sicherlich auch eine Antwort auf unsere jahrelange Arbeit in dieser Frage war und letztendlich deswegen auch im Schulentwicklungsplan der Stadt Frankfurt durch die Stadtverordnetenversammlung festgeschrieben wurde."[327]

Auch die Frankfurter Schuldezernentin Jutta Ebeling (Grüne) befürwortete die Anträge. Doch als sie im Sommer und Herbst 1992 die Vorlage auf Einrichtung von sechsjährigen Grundschulen in den Frankfurter Magistrat einbrachte und mit dem Kultusministerium absprach, stieß sie auf entschiedenen Widerstand der SPD, die keine neue Organisationsform genehmigen wollte. Auch eine Intervention der Schulleiterin der Adolf-Reichwein-Schule bei dem bildungspolitischen Sprecher der hessischen Grünen, Fritz Hertle, brachte keinen Erfolg; denn Hertle wies darauf hin, daß der Schulträger den Anträgen zustimmen müsse und erst dann die hessischen Grünen eine landespolitische Durchsetzung erreichen könnten. Im Dezember 1992 erhielt die Schulleiterin dann von der Schuldezernentin die Auskunft, daß im Magistrat und Kultusministerium die Entscheidung gegen die sechsjährige Grundschulde gefallen sei. Die Albert-Schweitzer-Schule bekam nach Auskunft ihres Schulleiters die Mitteilung: "Die schulgesetzliche Entscheidung lautet: Sechsjährige Grundschule ist nicht mehr möglich."[328] Eine ähnliche Antwort erhielt die Frauenhofschule im Juni 1993. Zugleich bekamen diese Frankfurter Grundschulen aber mitgeteilt, daß sie zukünftig als **Grundschule mit Förderstufe** im Rahmen des neuen Schulgesetzes **wie eine sechsjährige Grundschule arbeiten** dürften.

Diese Entscheidung ist an der Adolf-Reichwein-Schule laut Schulleiterin "bei den Eltern schlecht angekommen, weil sie die Förderstufe für durchgekaut halten". Daher hätten die meisten Eltern der Klassen 4, die sich für die sechsjährige Grundschule engagiert hatten, ihre Kinder zum Schuljahresende abgemeldet. Dennoch wäre in der Gesamtkonferenz und im Schulelternbeirat beschlossen worden, die Grundschule mit Förderstufe möglichst wie eine sechsjährige Grundschule zu gestalten. Das bedeute z.B., daß die Klassenleitungen nach der vierten Klasse nicht wechseln und keine äußere Differenzierung angewandt wird. Nach

---

[327] Schreiben von Alexander Zabler an mich vom 14.1.1994; vgl. dazu auch die Schulzeitschrift der Albert-Schweitzer-Schule "Pelikan Express", Heft 1, Frankfurt, Februar 1993, S.1

[328] Schreiben von Alexander Zabler; vgl. dazu auch Heft 1 der vorgenannten Schulzeitschrift der Albert-Schweitzer-Schule

Einschätzung der Schulleiterin wird auch die neu eingerichtete Schulkonferenz für die Zukunft entsprechende Beschlüsse bestätigen. Sicher sei dies allerdings nicht. Insofern meint sie, daß sowohl konzeptionell als auch in Hinblick auf die Schülerzahlen größere Unsicherheit besteht, als es bei einer grundsätzlichen Entscheidung für eine sechsjährige Grundschule der Fall gewesen wäre. Auch die erzwungene Neuaufnahme vieler Schülerinnen und Schüler anderer Grundschulen in die fünfte Klasse der Adolf-Reichwein-Schule schaffe Diskontinuitäten und Unruhe. Insofern empfindet sie es als gravierenden Nachteil, daß der Antrag der Schule auf Umwandlung in eine sechsjährige Grundschule vom Magistrat abgelehnt wurde.

Auch an der Frauenhofschule war die Enttäuschung über den abgelehnten Antrag und die Abwehrhaltung gegenüber der angebotenen Förderstufe groß. Schließlich entschied die Schuldezernentin dennoch, dort eine Förderstufe einzurichten. Da zudem das Raumangebot nicht erweitert wurde, beteiligte sich das Kollegium nur mit begrenztem Engagement an der Ausgestaltung der eigenen Förderstufe, so daß alle Seiten mit dem Ergebnis dieser Auseinandersetzungen nicht zufrieden waren.

An der Albert-Schweitzer-Schule dagegen wurde versucht, die urspüngliche Konzeption beizubehalten. So schreibt ihr Schulleiter, daß es schon in der ersten Sitzung der neugeschaffenen Schulkonferenz am 2.12.1993, "beantragt durch SV, Schulelternbeirat und Gesamtkonferenz", ein klares Mehrheitsvotum "zugunsten einer nicht äußerlich differenzierten Förderstufe" gab, "und zwar unter dem Titel 'Sechs Jahre gemeinsam Lernen an der Albert-Schweitzer-Schule'."[329]

Selbst wenn neben dem Schulelternbeirat und der Gesamtkonferenz auch der Schulträger einer Umwandlung zustimmte, kam es nicht - wie in der Koalitionsvereinbarung vorgesehen - zur Einrichtung einer sechsjährigen Grundschule. Wie im Fall von Kassel-Harleshausen, so erteilte das Kultusministerium auch im Falle der **Grundschule Wabern** keine eindeutige Antwort auf den Umwandlungsantrag der Schule. Im Gegensatz zu Kassel-Harleshausen war man dort allerdings nicht mit der Auskunft zufrieden, daß das pädagogische Profil auch als Grundschule mit Förderstufe verbessert werden könne.

Ermutigt durch die Koalitionsvereinbarungen und getrieben durch pädagogisch anspruchsvolle Alternativangebote der umliegenden Schulen stellte die Grundschule Wabern schon am 19.11.1991, initiiert durch den Schulleiter Helmut Dieck, einen Antrag auf einen Schulversuch "Sechsjährige Grundschule".[330] Zuvor hatte das Kollegium im September 1991 die Ubbelohde-Schule in Marburg besucht. Nachdem ein gemeinsamer Ausschuß aus 6 Eltern und 6 Lehrkräften ein pädagogisches Konzept erarbeitet hatte, wurde dem Antrag in Verbin-

---

[329] Schreiben von Alexander Zabler; vgl. dazu auch Heft 5, S.1 der vorgenannten Schulzeitschrift der Albert-Schweitzer-Schule.
[330] Die folgenden Angaben beruhen auf einem mündlichen Bericht des Schulleiters Helmut Dieck vom 11.11.1993 an den Verfasser.

dung mit dem Konzept von der Gesamtkonferenz mit nur einer Gegenstimme und anschließend vom Schulelternbeirat zugestimmt. Nachdem der Antrag Anfang 1992 noch überarbeitet worden war, unterstütze auch das Schulamt und - ohne konfliktreiche Debatten - der Schulträger den Antrag auf "Sechsjährige Grundschule". Auch der bildungspolitische Sprecher der SPD, Herr Kahl, ermutigte im Dezember 1991 die Schule in Wabern zu ihrem Antrag. Insofern war es für den Schulleiter unverständlich, daß aus dem Kultusministerium im Jahre 1992 keine Antwort erfolgte. Auf mehrfache Nachfrage habe er schließlich die Auskunft erhalten, daß der Antrag zurückgestellt werde, weil das neue Schulgesetz die Thematik im Sinne der Schule lösen werde. Da dies nicht der Fall gewesen sei, habe er im April 1993 über den Schulträger erneut nachgefragt. Daraufhin habe das Kultusministerium dem Schulträger mitgeteilt, daß man davon ausgehe, daß die Schule inzwischen gar keine Umwandlung in eine sechsjährige Grundschule mehr anstrebe. Dies traf aber nach Auskunft des Schulleiters nicht zu, denn es gebe keine neue Beschlußlage der Schule. Die Schule hätte auch 1993 noch zu ihrem Antrag gestanden, nun aber sei es schwierig, die Motivation des Kollegiums und der Eltern über eine so lange Zeit aufrecht zu halten.

Mit der Strategie, der Schule keine oder ausweichende Antworten auf ihren Antrag zu erteilen, erreichte das Kultusministerium schließlich, daß einerseits die Koalitionsvereinbarungen nicht gebrochen und andererseits keine neue sechsjährige Grundschule eingerichtet werden mußte. Auch die Grünen ergriffen keine rechtzeitige und entschiedene Initiative, um den Antrag der Schule durchzusetzen. In einem Koalitionsgespräch am 29.11.1993 wurde ihnen vom Kultusministerium mitgeteilt, daß keine Anträge auf Umwandlung in eine sechsjährige Grundschule beim Kultusministerium vorlägen.[331]

Die beteiligten Personen der Grundschule in Wabern sind mit dem Ablauf des Verfahrens höchst unzufrieden. Aus meiner Sicht wurde ihr Antrag offenbar nicht unter pädagogischen Gesichtspunkten geprüft, sondern blieb aus Gründen politischer Differenzen zwischen den Koalitionspartnern im Kultusministerium unbearbeitet. Die fehlende Entscheidung kommt dabei einer negativen Entscheidung gleich, mit dem Unterschied, daß ein Koalitionsstreit vermieden wird.

Faßt man die Ergebnisse der einzelnen Fälle zusammen, in denen in Hessen Anfang der 90er Jahre die Umwandlung in sechsjährige Grundschulen angestrebt wurden, so lassen sich mehrere Gründe für das **Aufkommen und Scheitern** der Bemühungen feststellen:

1. Für die Bestrebungen, die eigene Schule in eine sechsjährige Grundschule umzuwandeln, bot die Koalitionsvereinbarung 1991 den Anlaß und die Hoffnung auf Erfolg. Als Gründe dafür, daß dieser Anlaß in konkrete Bemühungen umgesetzt wurde, sind m.E. vorwiegend zu nennen:

- die Hoffnung auf eine Stärkung der begonnenen inneren Reform,

---

[331] Auskunft des bildungspolitischen Sprechers der hessischen Grünen, Fritz Hertle, vom 3.12.1993.

531

- der Wunsch nach einer kontinuierlichen erzieherischen Einwirkung auf die Kinder,
- der Verzicht auf einen Einschnitt nach Klasse 4 (Klassenleitungswechsel, Unruhe durch Schulwechsel u.ä.),
- die negativ bewerteten Erfahrungen mit Niveaudifferenzierung und früher Selektion,
- das Bemühen, den eigenen Förderstufenstandort als kleines sechsjähriges System zu erhalten,
- das Ziel, Akademikerschichten vom frühen Abmelden ihrer Kinder an die Gymnasien abzuhalten und damit sozial heterogene Zusammensetzungen in Klasse 5 und 6 zu gewährleisten.

2. Nicht immer gelang es den sich für die sechsjährige Grundschule einsetzenden Lehrkräften, ihr Kollegium zu überzeugen. Sprach aber die Schulleitung engagiert für eine Umwandlung, so war in der Regel auch die Gesamtkonferenz dazu bereit.[332]

3. In den meisten Schulen, in denen die Gesamtkonferenz sich für einen Schulversuch "Sechsjährige Grundschule" aussprach, stimmte auch der Schulelternbeirat zu. Nur in konservativ geprägten Stadtvierteln zogen die Eltern mehrheitlich einen Wechsel ihrer Kinder zum Gymnasium nach Klasse 4 vor. Wurden sie vor die Alternative "Sechsjährige Grundschule oder Förderstufe" gestellt, so gewannen sie in den mir bekannten Fällen mit einer Ausnahme (Marburg-Cappel) der sechsjährigen Grundschule eine größere Sympathie ab. Nicht selten gehörten Teile der Eltern zu den aktivsten Trägern der Schulinitiativen für eine sechsjährige Grundschule.

4. Die Ebene der örtlichen Schulverwaltung ermutigte in der Regel die Schulen eher zur Beantragung eines Schulversuchs oder verhielt sich neutral.

5. In einigen Fällen traten besonders die Vertreter der Gesamtschulen (z.T. in Verbindung mit der örtlichen GEW oder SPD) gegen Versuche zur Verlängerung der Grundschuldauer auf, weil sie befürchteten, daß dadurch die Jahrgänge 5 und 6 ihrer Schulform gefährdet seien.[333]

6. Häufig gelang es den antragstellenden Schulen nicht, den Schulträger - also die politische Ebene - für einen positiven Beschluß zu gewinnen. Dabei fällt auf, daß es in keinem Fall pädagogische Argumente waren, die zu einer Ablehnung des Schulträgers führten. Stattdessen spielten finanzielle Gründe (z.B. Obbornhofen), parteipolitische Machtkämpfe (z.B. Alsfeld) oder Wünsche, keine zur Förderstufe konkurrierende Schulform aufkommen zu lassen (z.B. Frankfurt), die entscheidende Rolle.

7. Der zuletzt genannte Grund war auch dafür verantwortlich, daß das von der SPD geführte Kultusministerium die entsprechend bemühten Schulen nicht ermutigte und letztlich die Genehmigung von weiteren Schulversuchen "Sechsjährige Grundschule" vermied. So setzte die SPD und ihr Kultusminister in den Verhandlungen mit den Grünen durch, daß diese

---

[332] Der Schulleiter der Ubbelohde-Schule in Marburg merkt hierzu an, daß die Besoldungssituation die Schulleitungen und Kollegien eher dazu veranlaßt, die mit der sechsjährigen Grundschule verbundene Mehrarbeit zu meiden; denn sie wird nicht entgolten, weil die Besoldung wie in der vierjährigen Grundschule erfolgt.
[333] Ich erlebte dies besonders bei einer Podiumsdiskussion der GEW Gießen am 31.10.1991

Schulform im neuen Hessischen Schulgesetz nicht genannt wird und neben der Zustimmung der Gesamtkonferenz und des Schulelternbeirats auch der positive Beschluß des Schulträgers nötig ist.

8. Andererseits hatte das Kultusministerium unter pädagogischen Gesichtspunkten nichts gegen die sechsjährige Grundschule einzuwenden, weshalb es Beschlüsse zur Umwandlung in eine "Grundschule mit Förderstufe nach dem Konzept einer sechsjährigen Grundschule" durch die neu eingerichtete Schulkonferenz erleichterte. Damit wurde und wird den antragstellenden Grundschulen zugleich eine Alternative angeboten, die die Diskussion beruhigte und z.T. gerne wahrgenommen wurde.

9. Wünschten sich Grundschulen nach wie vor einen Schulversuch "Sechsjährige Grundschule" und besaßen sie dafür die Zustimmung der Gesamtkonferenz, des Schulelternbeirats und des Schulträgers, so wurden sie vom Kultusministerium hingehalten, bis sie nicht mehr die Kraft hatten, die neuen Elterngruppen und das gesamte Kollegium für die pädagogische Arbeit eines Schulversuchs zu motivieren, dem die Unterstützung des Kultusministeriums fehlt (z.B.Wabern).

10. Selbst die einzigen parteipolitischen Verfechter der sechsjährigen Grundschule, die Grünen, richteten gegen dieses Vorgehen nichts aus. Sie wurden nicht entscheidend und rechtzeitig initiativ, sondern warteten auf Beschlüsse der entmutigten Schulen und Schulträger, meldeten nur koalitionsintern Protest an und waren mit den neuen Möglichkeiten des Hessischen Schulgesetzes zufrieden.

Generell ist m.E. aber nicht von einem Scheitern der Bemühungen für eine sechsjährige Grundschule zu sprechen. Zwar halten einige antragstellende Grundschulen die Variante, "Grundschule mit Förderstufe nach dem Konzept einer sechsjährigen Grundschule" zu werden, für die schlechtere Alternative. Ihrer Meinung nach schreckt der Namensteil "Förderstufe" einige Eltern ab und bringt einen organisatorisch und pädagogisch unerwünschten Einschnitt, Diskontinuität in der Klassenleitung und Unruhe durch partiellen Wechsel der Schülerschaft nach Klasse 4. Zudem fehlen die mit einem Schulversuchsstatus verbundenen Vorteile (z.B. mögliche Einwahl der Kinder außerhalb des Schuleinzugsbereiches). Andererseits bietet das neue Hessische Schulgesetz die Chance, Konzepte für eine sechsjährige Grundschule weitgehend zu verwirklichen. Insofern haben die Initiativen für diese Schulform, m.E. durchaus einen nicht zu unterschätzenden **Teilerfolg** erreicht, obwohl sie sich z.T. zu Recht durch die Landesregierung getäuscht und vernachlässigt fühlen.

Diesen Tatbstand bestätigt auch das Schreiben des Hessischen Kultusministeriums auf meine Anfrage nach der **Perspektive der sechsjährigen Grundschule in Hessen.** Auf meine Frage, ob "die Gründung eines weiteren Schulversuchs (neben der Otto-Ubbelohde-Schule Marburg) in Hessen prinzipiell möglich" ist, antwortet Regierungsdirektor Burk für das Hessische Kultusministerium am 23.12.1993:

"Im Rahmen des derzeit geltenden Schulgesetzes ist es möglich, Grundschulen mit Förderstufen nach dem Konzept einer sechsjährigen Grundschule zu gestalten. Daher besteht kein bildungspolitisches Interesse an weiteren Schulversuchen."[334]

Weiter führt Regierungsdirektor Burk aus, daß der Schulversuch an der Otto-Ubbelohde-Schule Marburg "nicht befristet" ist. Auf meine Frage, ob "an eine Reduzierung oder an eine Ausweitung der für den Schulversuch bereitgestellten Mittel gedacht" ist, verweist er darauf, daß die Zuweisung von Landesmitteln "sich nach der jeweiligen Haushaltslage" richtet.

Mit anderen Worten: Das Hessische Kultusministerium läßt zwar die Ubbelohde-Schule weiter als sechsjährige Grundschule arbeiten, sie kann aber angesichts der angespannten Haushaltslage des Landes und des fehlenden "bildungspolitischen Interesses" nicht mit einer Unterstützung des Kultusministeriums rechnen. Weiterhin macht Regierungsdirektor Burk für das Kultusministerium deutlich, daß Anträge auf Einrichtung von weiteren Schulversuchen mit sechsjährigen Grundschulen chancenlos sind.

Insofern scheinen das erst Ende 1993 geäußerte Anliegen des Schulleiters der Friedrich-Ebert-Schule in Darmstadt, Glanz,[335] und die noch aufrechterhaltenen Anträge anderer Schulen, Schulversuch "Sechsjährige Grundschule" zu werden, wenig aussichtsreich.

Zwar ist die Möglichkeit, mit Hilfe der Grünen einen entsprechenden weiteren Schulversuch einzurichten, nicht auszuschließen, aber dann müßten die Hessischen Grünen dies entschiedener, als sie es bis heute taten, sowohl in Koalitionsrunden auf Landesebene als auch in Bündnissen auf Kreisebene (Schulträger) gegen die SPD und das Kultusministerium durchsetzen.

Erstens scheint dies kaum möglich, zweitens würde einem solchen weiteren Schulversuch in der nachfolgenden praktischen Arbeit die ideelle und finanzielle Unterstützung des Kultusministeriums fehlen, drittens ist für die interessierten Schulen der Vorteil eines Schulversuchs "Sechsjährige Grundschule" gegenüber dem angebotenen Modell "Grundschule mit Förderstufe nach dem Konzept einer sechsjährigen Grundschule" nicht so groß, daß dafür kraftraubende Durchsetzungskämpfe geführt würden.

Insofern ist für die aktuelle Situation in Hessen festzuhalten, daß die sechsjährige Grundschule weder flächendeckend noch als Schulversuch eine Perspektive besitzt, wohl aber in der verdeckten Form der "Grundschule mit Förderstufe ohne äußere Differenzierung". Obwohl bisher kein Verband und keine Partei für diese im Schuljahr 1994/95 erstmals allein durch Schulkonferenzbeschluß herbeizuführende Möglichkeit in öffentlich wirksamer Weise geworben hat, ist noch nicht abzusehen, wie häufig sie zukünftig wahrgenommen wird.

---

[334] Regierungsdirektor Burk für das Hessische Kultusministerium in einem Schreiben an den Verfasser vom 23.12.1993

[335] Herr Glanz schrieb mir am 12.12.1993, daß ihn die "negative Entwicklung der Förderstufe" und ein Besuch in Berlin angeregt hat, das Modell "Sechsjährige Grundschule" zu wählen. Beschlüsse seien noch nicht gefaßt worden, aber die Grünen im Schulausschuß, das Darmstädter Schuldezernat und die Schulamtsdirektorin unterstützten sein Anliegen.

5.7.3. Bundesweite Perspektive der sechsjährigen Grundschule (Bremen, Niedersachsen)

Anfang der 90er Jahre gab es nicht nur in Hessen, sondern auch in **Bremen** Bemühungen, einzelne Schulversuche "Sechsjährige Grundschule" einzurichten. Ausgangspunkt war wie in Hessen eine Ende 1991 unter Einschluß der Grünen neu gebildete Regierungskoalition, die in diesem Fall neben der SPD und den Grünen auch die FDP einbezog. Um die im Abschnitt Schule aufgetauchten Differenzen zwischen den Koalitionspartnern zu überbrücken, vereinbarten die drei Regierungsparteien neben der Einrichtung von zwei durchgängigen Gymnasien[336] und einer integrierten Stadtteilschule die Einsetzung einer Expertenkommission. Unter dem Vorsitz von Wolfgang Klafki sollte sie konsensfähige Reformvorschläge und Konkretisierungen ausarbeiten.[337]

Obwohl die Frage der sechsjährigen Grundschule in der Koalitionsvereinbarung nicht erwähnt wird, schlägt die Kommission nach einer einjährigen Beratung in ihrem Endbericht im Februar 1993 u.a. folgendes vor:

> "a) Es sollte an einem geeigneten Standort ein Versuch mit einer **sechsjährigen Grundschule** (ggf. mehrere Versuche an verschiedenen Standorten) eingerichtet werden.
>
> b) Zusätzlich sollten Versuche mit neuen Konzepten eines engen **kooperativen Verbundes** zwischen Grundschulen und Orientierungsstufen angeregt und gefördert werden.
>
> c) Darüber hinaus sollte es einen oder mehrere Versuche mit engem **kooperativen Verbund der Klassen 1-10** (ggf. einschließlich der Vorklasse), z.B. auch als "Schulversuche" im Sinne des Schulgesetzes, geben."[338]

Grundsätzlich stellt die Expertenkommission das Bremer Stufenschulsystem und den Einschnitt nach Klasse 4 nicht in Frage. Sie ist der Meinung, daß die horizontale Stufung einschließlich der Orientierungsstufe vor allem Durchlässigkeit erleichtert und daher trotz einiger Schwächen in Fragen der Übergänge von Klasse 4 nach 5 und von Klasse 10 nach 11 keine zwingenden Gründe für die Abschaffung dieses Systems sprechen. Zudem sei es - auch angesichts der begrenzten finanziellen Ressourcen und der politischen Differenzen - sinnvoll, an bestehende Strukturen anzuknüpfen. Diese müßten aber durch Schulversuche aufgelockert werden. Außerdem sollten nach Auffassung der Kommission die Übergänge zwischen den horizontalen Stufen erleichtert werden. Wenn man - wie vor allem die FDP - in der Frage der Übergänge zwischen 10 und 11 mehr Durchgängigkeit fordere und damit die Notwendigkeit einer Vergrößerung der Zahl der Gymnasien, die die Klassen 7 bis 13 umfassen, begründe,

---

[336] In Bremen dominiert das horizontale Stufenschulsystem mit generellen Einschnitten nach Klasse 4 und 10 und Schulzentren im Sekundarbereich I, die mit additiven bzw. kooperativen Gesamtschulen vergleichbar sind.
[337] vgl. Senator für Bildung und Wissenschaft (Hrsg.): Innovation und Kontinuität, Empfehlungen zur Schulentwicklung in Bremen, Bericht der Kommission zur Weiterführung der Schulreform in Bremen, Bremen, Februar 1993, S.4f
[338] ebenda S.107f, Hervorhebungen im Orginal

müsse man auch Versuche zulassen, die dem Prinzip der Durchgängigkeit in Form von Schulen Geltung verschaffen, die die Klassen 1-6 oder 1-10 umfassen.[339] Der Vorsitzende der Kommission, Wolfgang Klafki, begründet die Position der Experten, sich auf einzelne koordinierte Verbesserungs- und Schulversuchsvorschläge für das Bremer Schulwesen zu beschränken, damit, daß die Experten der Kommission "weder den Auftrag noch die Absicht noch die Möglichkeit hatten, eine "Bildungsrevolution" in Bremen auszurufen".[340] Aus bildungspolitischen und finanziellen Gründen seien die Empfehlungen in der Frage der sechsjährigen Grundschule wie auch in anderen Aspekten realistisch beschränkt, u.a. auch deshalb, um keine vehementen Gegenreaktionen auszulösen. Während Vorschläge zur inneren Schulreform von allen Koalitionspartnern befürwortet worden seien, habe sich im Vergleich zur SPD und den GRÜNEN vor allem die FDP gegenüber einer äußeren Schulreform distanziert gezeigt.[341]

Vorwiegend seien es zwei Momente, die auch viele reformbereite Kräfte in der Bremer Schulverwaltung in der Frage der Einrichtung von sechsjährigen Grundschulen sehr stark zögern ließen. Erstens laste die 1956/57 gefällte Entscheidung gegen die Weiterführung der obligatorischen sechsjährigen Grundschule auf neueren Diskussionen zu diesem Thema.[342] Offenbar hat man Angst, daß es gegenüber den Reformkräften zu ähnlichen Protesten kommen könnte wie damals, so daß man dieses Problem nicht gerne berührt. Zweitens - und dies scheint noch entscheidender - fürchten die Skeptiker Gefährdungen und Proteste der Sekundarstufen-I-Zentren,[343] die die Orientierungsstufen umfassen. Da sie ohnehin nur bis zur zehnten Klasse zu besuchen sind, wird vermutet, daß sich diese Schulen gegen eine Verkürzung um die Klassen 5 und 6 wehren.

Trotz dieser Bedenken habe sich die Kommission entschlossen vorzuschlagen, daß neben mindestens einem Kooperationsversuch von 1 - 10 wenigstens an einer Primarschule ein Versuch mit einer sechsjährigen Grundschule gemacht werden solle. In dieser Frage habe die Kommission nicht an jüngere Diskussionen anknüpfen können, sondern hätte einen eigenen Vorstoß gewagt.

Für solche Versuche sprach sich die Kommission vor allem deshalb aus, weil auf diesem Weg "allen Schülerinnen und Schülern in der Langzeitperspektive ein hohes Maß von Kontinuität ("Durchgängigkeit")" gesichert werde.[344] Im übrigen verweist der Kommissionsbericht im Anschluß an die Darstellung der veränderten Bedingungen von Kindheit und Jugend darauf, daß "die Abnahme persönlicher Bindungen von der Schule die verstärkte Übernahme erziehe-

---

[339] vgl. ebenda S.27ff

[340] Klafki, Wolfgang: Die Empfehlungen zur Weiterführung der Schulreform in Bremen, in: Die Deutsche Schule, H.3 1993

[341] Diese wie auch die folgenden Bemerkungen äußerte Klafki in einem Brief an den Verfasser vom 4.11.1993.

[342] vgl. Abschnitt 3.3.3.3.

[343] Dies sind additive bzw. kooperative Gesamtschulen, die jedoch z.T. nur selten schulformübergreifend arbeiten.

[344] Bericht der Bremer Expertenkommission S.24, vgl. auch S.30ff

rischer Aufgaben" erfordere.[345] Ein erzieherischer Einfluß aber benötige Zeit, so daß er unbestreitbar leichter in länger andauernden Schulabschnitten zu erreichen sei als in kürzeren. Die Argumentation und der Ansatz der Kommission, "Innovation und Kontinuität" zu verbinden und auf der Grundlage des bestehenden Schulsystems viele, in einem sinnvollen Zusammenhang stehende Einzelvorschläge zu formulieren, die die Absichten der Koalitionspartner und die eingeschränkte Finanzsituation berücksichtigten, überzeugte offenbar auch die drei Regierungsparteien. Nachdem die Kommission ihren Bericht im Februar 1993 abgestattet hatte, beschloß die Bremer Bürgerschaft anschließend mit den Stimmen der Abgeordneten der SPD, FDP und GRÜNEN mehrheitlich, die Empfehlungen der Kommission zur Leitlinie der weiteren Bremer Schulentwicklung zu machen.

In bezug auf den Vorschlag der Kommission, an einem einzigen Standort einen Modellversuch "Sechsjährige Grundschule" einzurichten, kam es zu schnellen, aber unterschiedlichen Reaktionen der Schulen. In einem unveröffentlichten Vorentwurf der Bremer Kultusbehörde vom November 1993 heißt es dazu:

> "Weit über die sehr zurückhaltende Empfehlung der Schulreformkommission wurde im Primarbereich (im Fachreferat wie in Schulen) die 6jährige Grundschule positiv aufgenommen. Mehr als ein Drittel der Bremer Grundschulen haben Interesse an einem Versuch bekundet. Zu betonen ist jedoch, daß "eine prinzipielle Revision der Grundstruktur des Schulaufbaus, nämlich des Stufenprinzips", von der Schulreformkommission nicht empfohlen wurde. Entsprechend skeptisch bis ablehnend haben sich zu dieser Empfehlung das Fachreferat und die Schulen im Sekundarbereich I geäußert."[346]

Zwei gegenläufige Tendenzen sind m.E. festzuhalten: Einerseits gibt es in Bremen wie in Hessen von seiten der Sekundarstufen I, also der additiven und integrierten Gesamtschulen, Widerstand gegen die sechsjährige Grundschule, weil sie durch die Einrichtung von sechsjährigen Grundschulen eine Verkürzung ihrer Schuldauer befürchten. Die Fachabteilungen der Bremer Schulbehörde vertreten offenbar primär die Interessen der ihnen zugeordneten Schulen, so daß auch innerhalb der Behörde Kontroversen entstehen.

Andererseits überrascht der starke Andrang der Bremer Grundschulen, das Modell der "Sechsjährigen Grundschule" zu übernehmen. Der Vorentwurf spricht von "mehr als einem Drittel" interessierter Grundschulen. An anderer Stelle ist dort notiert:

> "Mindestens 10 Grundschulen (von 71 in Bremen, d.V.) haben Interesse an der Entwicklung eines Konzeptes zur 6jährigen Grundschule signalisiert."[347]

---

[345] ebenda S.21

[346] Unveröffentlichten Vorentwurf der Bremer Kultusbehörde vom November 1993 (S.5) unter dem Titel: "Diskussions- und Planungsstand zur Umsetzung der Empfehlungen der Schulreform-Kommission". Die im folgenden aufgeführte Seitennumerierung ist mit Unsicherheit belastet, da das mir vorliegende Exemplar aus kopierten Einzelabschnitten besteht.

[347] ebenda S.7. Zu den unterschiedlichen Interessen der Grundschulen und Sekundarschulen vgl. auch die hier nicht mehr eingearbeitete Schrift: GEW Bremen (Hg.): "Vier- oder sechsjährige Grundschule?" Broschüre von Jürgen Burger zur Vorbereitung der GEW-Tagung am 2./3.Juni 1994, Bremen 1994. Sie spricht auf S.46 von über 20 interessierten Grundschulen.

Dieser Wunsch nach einer Umwandlung in eine sechsjährige Grundschule ist gekoppelt mit einer Bereitschaft zur inneren Reform. Im zitierten Vorentwurf der Bremer Schulbehörde heißt es dazu:

> "Die Grundschulen gelten allgemein, so auch in Bremen, als der reformfreudigste Bereich im Bildungswesen in den letzten Jahren. Diese Einschätzung ist um so bemerkenswerter, als weder das Durchschnittsalter der Kollegien noch die personelle und sächliche Ausstattung der Schulen als günstiger gegenüber anderen Schulstufen bezeichnet werden kann. Offensichtlich sind weitere Faktoren für den beachtlichen Reformprozeß an Grundschulen wirksam.
>
> ... Zahlreiche Vorschläge (der Schulreformkommission, d.V.) wurden bereits in Ansätzen praktiziert oder befanden sich in einem fortgeschrittenen Planungsstand. Dies betrifft z.B. die Veränderung des - integrierten - Schulanfangs, die Einrichtung "Jahrgangsübergreifender Klassen", die Entwicklung von "vollen Halbtagsschulen" und von "Betreuungsangeboten" sowie die "Öffnung von Schulen" (besonders im benachteiligten Stadtteil) und weitere unterrichtliche Maßnahmen ("offener Unterricht", "Wochenplanunterricht" bzw. "Freie Arbeit")."[348]

Im Zusammenhang mit dieser Reformfreudigkeit streben viele Bremer Grundschulen "Freiräume für pädagogische Gestaltungsprobleme" an. Sie glauben, noch größere Erfolge erzielen zu können, wenn die reformpädagogische Unterrichtsgestaltung ohne Einschnitt nach Klasse 4 in die fünfte und sechste Klasse fortgesetzt wird. Die Schulbehörde stellt dazu fest, daß hier "in großem Maße Konsens" besteht, "daß die Entwicklung zu einer 6jährigen Grundschule Übergangsprobleme für die Schülerinnen und Schüler mindern könnte."[349]

Unterstützt wird diese Argumentation auch aus dem Bereich der Sonderschulen. Dort werden laut Vorentwurf "durchgängige Bildungsgänge von 1 - 6 oder von 1 - 10 als sehr hilfreich angesehen."[350]

Trotz der hohen Zahl an einer Umwandlung interessierten Grundschulen scheint die Bremer Schulbehörde nicht bereit, die in der Formulierung der Schulreform-Kommission enthaltene Öffnungsklausel ("ggf. mehrere Versuche an verschiedenen Standorten") aufzunehmen und mehr als einen Standort für Modellversuche "Sechsjährige Grundschule" zuzulassen. Laut angesprochenem Vorentwurf soll "eine Arbeitsgruppe aus Vertreterinnen/ern der interessierten Schulen und der Behörde" gebildet werden, die "einen Vorschlag für einen Modellversuch" entwickelt. Weiter heißt es:

> "An einem Standort sollen Erfahrungen im Schuljahr 1994/95 gesammelt werden. Ein Zwischenbericht wird zum Ende des Jahres vorliegen. Er wird auch Vorschläge für eine größere Kontinuität der Schülerlaufbahnen beim Übergang von der Grundschule zur Orientierungsstufe beinhalten."[351]

---

[348] ebenda S.5
[349] ebenda S.7
[350] ebenda S.13, vgl. auch S.15
[351] ebenda S.9

Laut Befragungen der Schulbehörde sind nicht nur viele Grundschulen bestrebt, eine Umwandlung in eine sechsjährige Grundschule zu erproben, sondern auch viele Lehrerinnen und Lehrer der Orientierungsstufen bereit, sich im Unterricht der Grundschulen einsetzen zu lassen. Insofern besteht nach Ansicht der Schulbehörde Hoffnung, daß die Kooperation zwischen Grundschulen und benachbarten Orientierungsstufen generell verbessert wird.[352] Neben dem Modellversuch "Sechsjährige Grundschule" und der verbesserten Abstimmung zwischen Grundschulen und benachbarten Orientierungsstufen wird offenbar auch der weitgehende Vorschlag der Kommission, einen durchgängigen Bildungsgang 1 bis 10 einzurichten, nicht vergessen. So heißt es in dem Vorentwurf:

> "Langfristig wird im Zuge der Bausanierung an der Gesamtschule West auch die Möglichkeit einer durchgehenden Schule der Jahrgänge 1 bis 13 diskutiert."[353]

Auch in **Niedersachsen** sind eventuell ab 1994 Diskussionen um die Einführung von Schulversuchen "Sechsjährige Grundschule" zu erwarten. Die dortige obligatorische Orientierungsstufe, die als selbständige Einheit grundsätzlich an die Sekundarschulen angebunden ist, löst zunehmend Proteste von verschiedenen Seiten aus.

Wurde sie bei ihrer Vorbereitung und Einführung durch die Kultusminister Langeheine (CDU), von Oertzen (SPD) und Remmers (CDU) Ende der sechziger bzw. in den siebziger Jahren noch von der CDU und der SPD getragen, so haben konservative Elternverbände und der Philologenverband inzwischen einen Sinneswandel bei der CDU erzeugt. Auch die FDP fordert laut ihrem bildungspolitischen Sprecher Michael Goldmann "eine Abschaffung der Orientierungsstufe als Regelschule mit entsprechenden regionalen Übergangsregelungen." Eine Meldung der Celleschen Zeitung vom 6.5.1993, nach der die FDP stattdessen die sechsjährige Grundschule fordert, wird von Michael Goldmann als "redaktioneller Fehler" bezeichnet. In seinem Schreiben an den Verfasser heißt es weiter:

> "Die von der Orientierungsstufe derzeit in Anspruch genommene Schulzeit von zwei Jahren soll den weiterführenden Schulen zugute kommen. ... Die Orientierungsstufe beschneidet die Bildungsgänge der einzelnen Schulformen, ohne etwas Entsprechendes dagegensetzen zu können. Sie verzögert die individuelle Förderung der Kinder in einem besonders aufnahmefähigen Alter. Festgestellte negative Auswirkungen hat die Orientierungsstufe für leistungsschwächere Schüler. Dieser spätere Hauptschüler wird demotiviert und frustriert, da er sich immer mit den Leistungsstärkeren vergleichen muß und sich ständig am unteren Ende der Leistungsskala befindet."[354]

Ohne diese Argumentation hier bewerten zu wollen, bleibt festzustellen, daß sie altbekannte Begründungsstränge gegen das um zwei Jahre verlängerte gemeinsame Lernen wiederholt.

---

[352] vgl. ebenda S.22
[353] ebenda S.22
[354] Schreiben des bildungspolitischen Sprechers der FDP-Fraktion im Niedersächsischen Landtag vom 5.11.1993 an den Verfasser.

Mit anderer Zielrichtung, aber mit ebensowenig neuen Argumenten wird die Orientierungsstufe in Niedersachsen von den Grünen kritisiert. Sie sehen in ihr zwar einen "Fortschritt"[355] gegenüber der Auslese nach dem vierten Schuljahr, meinen aber, daß die sechsjährige Grundschule größere Vorteile biete:

"... Denn jetzt wird den Kindern zwar die Auslese am Ende der vierten Klasse erspart, aber dafür geraten sie in der fünften und sechsten Klasse in eine Schulform, deren Aufgabe es ist, quasi in einer zwei Jahre während Dauerprüfung auf diese Selektion hinzuarbeiten. Hierfür werden im Abstand von zwei Jahren zweimal die sozialen Bezugssysteme der Schülerinnen und Schüler weitgehend zerrissen."[356]

Zur Zeit darf die Orientierungsstufe nur in Ausnahmefällen an die Grundschule angebunden sein. Dies halten die niedersächsischen Grünen für einen Fehler.

In ihren Reihen gibt es jedoch auch Bedenken gegen eine flächendeckende Einführung der sechsjährigen Grundschule, die vor allem von den Gesamtschulvertretern innerhalb der Grünen geäußert werden. So schreibt Wilhelm Pieper, Leiter einer Braunschweiger Gesamtschule, zur Forderung nach sechsjährigen Grundschulen:[357]

"Als Lehrer einer Schule, die etwa 10-jährige Kinder aufnimmt und dann 6 Jahre Zeit hat, sie zu erziehen und auszubilden, sehe ich eine Verkürzung dieser gemeinsamen Sekundarstufen-I-Schulzeit als problematisch an. ...

Es muß in diesem Zusammenhang im übrigen auch darüber debattiert werden, daß die anderen Schulen, ganz besonders das Gymnasium und die Realschule, auch gerne Kinder ab der 5.Klasse an unterrichten wollen. Sie sehen insbesondere die Gesamtschulen hier in einer bevorzugten Position. Dem ist entgegenzuhalten, daß der Zeitpunkt Ende der 4. Schulklasse für eine langfristige Aufteilung der Schüler nun wirklich zu früh ist. ...

Es ist sinnvoll, an ausgewählten Standorten mit einer sechsjährigen Grundschule niedersächsische Erfahrungen zu sammeln. Es müßte dabei im Rahmen eines Schulversuchs sehr genau überprüft werden, ob und mit welchem Aufwand die Neuorganisation der Kollegien und Lehrpläne gelingt. Auch die pädagogischen Rückwirkungen der neuen Zuweisungsfunktion Ende der 6.Klasse sollte beobachtet werden."[358]

---

355 Kalle Puls-Janssen in: Die Grünen - Landesverband Niedersachsen (Hrsg.): Auf dem Prüfstand: Erfahrungen und Perspektiven grüner Kinder-, Jugend- und Bildungspolitik, Bildungskongreß Lernen und Leben zwischen Individualität und Solidarität, Hannover, 6.2.1993, S.63

356 ebenda S.64

357 Wilhelm Pieper, Ehemann der ehemaligen niedersächsischen Staatssekretärin im Kultusministerium Renate Pieper (Grüne), ist Vorsitzender der niedersächsischen Gemeinnützigen Gesellschaft Gesamtschule (GGG) und Mitglied der Grünen. Auf seine Initiative hin ist in Braunschweig 1989 eine reformpädagogisch orientierte integrierte Gesamtschule eingerichtet worden.

358 Wilhelm Pieper in: Die Grünen - Landesverband Niedersachsen (Hrsg.): Auf dem Prüfstand: Erfahrungen und Perspektiven grüner Kinder- und Bildungspolitik, Bildungskongreß Lernen und Leben zwischen Individualität und Solidarität, Hannover, 6.2.1993, S.88 und S.91; sowie in: Jahrbuch der IGS Franzsches Feld, Buch 2 für die Schuljahre 1991/92 und 1992/93, Braunschweig 1993, S.35 und S.37

Diese Position ist in die bildungspolitische Konzeption der niedersächsischen Grünen inzwischen aufgenommen worden. Sie möchten nur dort die Klassen 5 und 6 an die Grundschule angegliedert wissen, wo keine Konkurrenz zu einer Gesamtschule entsteht.[359] Sollte die SPD/GRÜNE-Regierungskoalition bei den Landtagswahlen 1994 bestätigt werden, so planten die Grünen laut ihrem bildungspolitischen Sprecher Hermann Schulze nicht die flächendeckende sechsjährige Grundschule nach dem Berliner und Brandenburger Modell, sondern die Einrichtung von einzelnen Schulversuchen mit besonderem pädagogischen Profil als Forderung in die Koalitionsverhandlungen einzubringen.[360] Zwar schätzte Hermann Schulze die Chancen für eine Vereinbarung im Sinne des Vorschlags der Grünen positiv ein, da seiner Meinung nach die Mehrheit der SPD-Abgeordneten gegen innovative und pädagogisch profilierte Schulversuche nichts einzuwenden habe. Zudem gäbe es bereits an einigen Grundschulen Initiativen, die an einem Schulversuch "Sechsjährige Grundschule" interessiert seien.[361] Da die SPD jedoch bei der Landtagswahl 1994 die absolute Mehrheit der Sitze errang, kam es nicht zu Koalitionsverhandlungen.

Die niedersächsische SPD hält unter ihrem Kultusminister Rolf Wernstedt nach wie vor an der Orientierungsstufe fest. Nach ihrer Auffassung hat sie den großen Vorteil, eine hohe Prognosesicherheit zu bieten. Zudem habe sie sich seit Jahren bewährt. Insofern ist in Niedersachsen nur bei einer zukünftigen Regierungsbeteiligung der Grünen mit einer Debatte über die Einführung von sechsjährigen Grundschulen zu rechnen.

In bezug auf **bundesweite aktuelle Tendenzen** in der Frage der Grundschuldauer bleibt festzustellen, daß in allen Bundesländern mit einer Regierungsbeteiligung der Grünen Anfang der 90er Jahre bis heute Vorschläge zur sechsjährigen Grundschule eingebracht wurden bzw. werden. Bis auf Brandenburg und Sachsen-Anhalt beschränken sie sich aber überall auf die Einrichtung von wenigen Modellversuchen. Obwohl in dem Moment, in dem sie die Möglichkeit angeboten bekommen, sich in sechsjährige Primarschulen umzuwandeln, viele Grundschulen Interesse anmelden, wird die Frage der Grundschuldauer in der aktuellen bildungspolitischen Situation als Randproblem behandelt.

Sind sich die alten Gegner des verlängerten gemeinsamen Lernens weitgehend einig, so ist es inzwischen innerhalb der Reformkräfte zur Spaltung gekommen. Fast man generelle Linien zusammen, so favorisieren die SPD und die Sekundarschulvertreter von GEW und GGG den Einschnitt nach Klasse 4 mit anschließender Gesamtschule oder Orientierungs- bzw. Förderstufe. Dagegen sehen Grüne, Reformpädagogen bzw. -pädagoginnen und Grundschulvertreter bzw. -vertreterinnen - ohne gegen die Gesamtschule zu sprechen - in der Orientierungs- bzw.

---

[359] So ihr bildungspolitischer Sprecher, Hermann Schulze, am 12.12.1993 in einem Telefongespräch mit dem Verfasser.
[360] ebenda
[361] ebenda

Förderstufe häufig einen Mangel an Kontinuität im Lernprozess und eine zu starke Betonung des Ausleseprozesses.[362] Sie schlagen deshalb die Einrichtung von sechsjährigen Grundschulen als Alternative dort vor, wo sie von Eltern und Lehrkräften gewünscht wird, wo ein reformpädagogisch orientiertes Konzept angeboten wird und wo keine pädagogisch erfolgreichen Formen des gemeinsamen längeren Lernens gefährdet werden.

Gerade aber die Furcht vor einer Gefährdung der Gesamtschulen hat der Forderung nach sechsjährigen Grundschulen neue Gegner geschaffen. Daher ist zu vermuten, daß es nur in Einzelfällen zur Einrichtung von weiteren sechsjährigen Grundschulen kommen wird.

Die Prozesse in Hessen belegen, daß es nur wenigen Initiativen für "Sechsjährige Grundschulen" gelingt, alle Vorbedingungen für eine Genehmigung zu erhalten. Weiterhin zeigen sie, daß selbst bei Erfüllung aller Vorbedingungen und einer Einigung der Koalitionspartner, Schulversuche "Sechsjährige Grundschule" zuzulassen, das Kultusministerium, ohne große Proteste der Vertreterinnen und Vertreter der Grünen, der reformpädagogisch orientierten Erziehungswissenschaftler oder der Grundschulen zu provozieren, Initiativen für die Einrichtung solcher Schulversuche scheitern lassen kann. Wenn nicht das Kultusministerium selbst an der Einrichtung von solchen Modellversuchen interessiert ist, ist es offenbar äußerst schwierig, eine Umwandlung in eine sechsjährige Grundschule durchzusetzen.

Dagegen zeigt die Bremer Entwicklung, daß eine SPD-dominierte Kultusbürokratie in Einzelfällen durchaus an solchen Schulversuchen interessiert sein kann, solange sie damit eine innovative Haltung belegen kann und keine quantitativ weitreichenden Nachfolgeforderungen befürchten muß. Insofern ist es nicht auszuschließen, daß es in eingeschränkten Maße in einigen Bundesländern zur Einrichtung von Schulversuchen "Sechsjährige Grundschule" kommt.

Dagegen scheint es - mit Ausnahme von neuen Bundesländern mit Regierungsbeteiligung von Bündnis 90/Grüne - in keinem weiteren Bundesland in absehbarer Zeit zur Einführung von flächendeckenden sechsjährigen Grundschulen kommen zu können. Im Gegenteil ist - wie am Ende des Kapitels 4 beschrieben - in Berlin möglicherweise mit einer weiteren Aufweichung des obligatorischen Charakters der dortigen sechsjährigen Grundschule zu rechnen. Diese Tatsache ordnet sich zudem in den bundesweiten Trend ein, vielfältige Schulformen und -profile den Betroffenen oder regionalen bzw. örtlichen Instanzen zur Wahl zu stellen und weniger verordnete Einheitlichkeit anzustreben, selbst wenn dadurch der Anspruch auf Chancengleichheit aufgegeben wird.

Problematisch wird diese Vielfalt m.E. dann, wenn sie wie im Falle der Berliner Entwicklung keine Wahl zwischen pädagogisch unterschiedlich gestalteten, aber gleichberechtigten Schulformen schafft, sondern der Einrichtung von elitenorientierten und hierarchisch abgestuften Bildungsinstitutionen Vorschub leistet. Aus pädagogischer Perspektive gibt es nach meinen

---

362 Vgl. z.B. Position des Arbeitskreises Grundschule e.V. im Frankfurter Grundschulmanifest, vgl. Frankfurter Manifest in: Arbeitskreis Grundschule e.V.(Hg.): Informationen - Veröffentlichungen, Frankfurt a.M. 1989, S.5f. Für eine argumentative Auseinandersetzung zu diesem Konflikt vgl. auch Kap.6 Antwort 11, 17 und 18.

Untersuchungen in Kapitel 4 m.E. keinen Grund, der eine Auflösung der sechsjährigen Grundschule in Berlin rechtfertigen würde.

Zusammenfassend läßt sich sagen, daß die derzeitige bildungspolitische Entwicklung dem von seiten der Grundschulen oft geäußerten Interesse an der sechsjährigen Dauer nicht gerecht wird. Während in Berlin und Brandenburg um ihren Erhalt gestritten wird, ihre landesweite Einführung in Sachsen-Anhalt sehr fraglich ist und in den übrigen Ländern ohne Regierungsbeteiligung der Grünen das Thema augenblicklich keine Rolle spielt, kann es in den alten Ländern mit einer Regierungsbeteiligung der Grünen (zur Zeit: Hessen und Bremen) zur Einrichtung von verdeckten oder als Schulversuchen titulierten sechsjährigen Grundschulen kommen.[363] Es bleibt abzuwarten, ob die Wirkung, die von solchen Versuchen ausgeht, zu einer breiteren Durchsetzung dieser Schulform führt.

Der Versuch der Otto-Ubbelohde-Schule in Marburg hat hier gezeigt, daß eine solche Breitenwirkung begrenzt blieb, obwohl eine sehr erfolgreiche Arbeit geleistet wurde.

---

[363] vgl. "Stellungnahmen zur Dauer der Grundschulzeit" in: Heyer/Valtin S.25 - S.35. Dort werden von den Kultusministerien in Bremen, Hessen, Saarland Stellungnahmen abgegeben, die der sechsjährigen Grundschule offen bzw. nicht ablehnend gegenüberstehen, auch wenn nicht für eine baldige flächendeckende Einführung plädiert wird. Die Kultusministerien in Bayern, Baden-Württemberg, Rheinland-Pfalz, Thüringen und Sachsen legen ihre Ablehnung der sechsjährigen Grundschule dar. Die von der Minderheitsregierung (SPD und Bündnis 90/Grüne) in Sachsen-Anhalt 1995 entfachte neuere Diskussion über die flächendeckende Einführung der Förderstufe bzw. der sechsjährigen Grundschule konnte nicht mehr bearbeitet werden.

Kapitel 6: Schlußbetrachtung

Für die Schlußbetrachtung erscheint es mir sinnvoll, eine Form des Resümees zu wählen, die um Verständlichkeit bemüht ist und auf übergreifende Forschungsfragen eingeht. Daher habe ich versucht, die wichtigsten im Laufe meiner Arbeit zum Thema "Sechsjährige Grundschule" an mich gestellten Fragen zu notieren, möglichst auf die eigenen Forschungsergebnisse konzentrierte Antworten zu geben und beides in Form eines fiktiven Interviews niederzuschreiben:[364]

Frage 1: Sie haben sich jetzt sechs Jahre mehr oder weniger intensiv mit den Auseinandersetzungen um die Grundschuldauer beschäftigt, spielte dieses Problem überhaupt eine so große Rolle, daß ein solcher Aufwand gerechtfertigt ist?

Antwort 1: Nun, wenn man sich so lange mit einem Thema beschäftigt, neigt man sicher dazu, seinen **Stellenwert** zu überschätzen. Tatsache aber ist, daß das Problem, ob und wie lange alle Kinder gemeinsam unterrichtet werden sollten, in Deutschland seit über 200 Jahren diskutiert wird, wenn auch zu verschiedenen Zeitpunkten in unterschiedlicher Intensität. Aber erst als nach dem Ersten Weltkrieg die parlamentarische Demokratie und die obligatorische Grundschule eingeführt wurde, konnte es zum ersten großen Höhepunkt der Auseinandersetzungen um die Grundschuldauer kommen. Nachdem in Verfassungsberatungen sogar eine achtjährige Grundschule auf der Tagesordnung stand, war die reichsweite Einführung einer sechs Jahre dauernden Grundschule damals durchaus im Bereich des Möglichen. Dabei ging es um mehr als um die angemessene Unterrichtsform für Zehn- bis Zwölfjährige. Die pädagogische Dimension des Problems wurde verknüpft mit einer politischen bei der zugleich Fragen sozialer Chancenverteilung angesprochen waren. Das macht die Auseinandersetzung mit dem Problem der Grundschuldauer besonders interessant.

Frage 2: Historisch bedeutete sicher schon die Einführung der Grundschule als solche einen Fortschritt. Welche Gründe führten **1920** dazu, daß ihre Dauer zunächst auf vier Jahre begrenzt wurde?

Antwort 2: Hierfür gab es mehrere Gründe. Zum einen wurde die Problematik der Grundschuldauer durch die Auseinandersetzungen um die **Bekenntnisschule** überlagert. Der im Konfessionsschulstreit erzielte Erfolg der konservativen und kirchlichen Kräfte "auf der Straße" und im Parlament stärkte ihre Position und Aufmerksamkeit auch in anderen Konfliktfeldern des Schulwesens und bewirkte eine größere Zurückhaltung der MSPD bei

---

364 Für detailliertere und differenziertere Ergebnisse und Belege vgl. Einzelkapitel.

dem Problem der Grundschuldauer. Zweitens verhinderten die **Auseinandersetzungen zwischen MSPD und USPD** um die Regierungsform (parlamentarische Demokratie versus sozialistische Räterepublik) 1918/1919 ein gemeinsames Vorgehen der Sozialdemokraten, die damals die Regierungsgewalt übernahmen. Die geringe Absicherung der parlamentarischen Demokratie verstärkte die Tendenz ihrer Anhänger, breite Mehrheiten zu suchen, so daß die MSPD das Regierungsbündnis und den Kompromiß mit der DDP und dem Zentrum suchte. Drittens fiel die **Vorentscheidung** für die vierjährige Grundschule nicht auf einer zunächst geplanten, dann aber verschobenen Reichsschulkonferenz, die die sechsjährige Grundschule mit pädagogischen Argumenten hätte befürworten können. Sie fiel auch nicht im Parlament, sondern auf der administrativen Ebene der **Kultusministerkonferenz** im Oktober 1919. Bei der Vorentscheidung der z.T. noch mit kaisertreuen Beamten besetzten Kultusverwaltungen mag auch eine Rolle gespielt haben, daß die Einführung einer vierjährigen Grundschule verwaltungstechnisch wesentlich einfacher war als die einer sechsjährigen, weil so keine Veränderungen im Bereich des mittleren und höheren Schulwesens notwendig wurden. Obwohl angesichts der Debattenbeiträge der Parteienvertreter eine parlamentarische Mehrheit für die sechsjährige Grundschule nicht ausgeschlossen war, erschien viertens den Vertretern der MSPD bei der vorgezogenen Verabschiedung des Grundschulgesetzes eine **konsensorientierte Absicherung der Grundschule** wichtiger als die Frage ihrer Dauer. Zudem ging die MSPD davon aus, nach erwarteten Wahlgewinnen und erfolgreichen Versuchen mit sechsjährigen Grundschulen die Verlängerung der Grundschule ohnehin später durchsetzen zu können. Darin täuschten sie sich, denn im weiteren Verlauf der Weimarer Republik ging es eher darum, die vierjährige Grundschule gegen die Betreiber der Vorschulen, der Privatschulen und die Befürworter von dreijährigen Elementarschulen für "Begabte" zu verteidigen. Vor allem dem Zentrum war es nun zu verdanken, daß es nicht zu dreijährigen Sondereinrichtungen kam, sondern nur die kaum attraktive und meines Wissens wenig angenommene **Möglichkeit des Übergangs** zum Gymnasium **nach der dritten Klasse** der Grundschule eingeräumt wurde.

Frage 3: Sie sprechen den Einfluß verschiedener Parteien und Gruppierungen an. Können Sie genauer formulieren, welche gesellschaftlichen Kräfte in der Frage der Grundschuldauer damals wirkten?

Antwort 3: M.E. lassen sich für das 19. und beginnende 20. Jahrhundert trotz durchaus nicht immer bestehender Einigkeit zunächst **drei gesellschaftliche Grundströmungen** ausmachen: zum ersten die auf die Bewahrung ständischer Elemente setzenden konservativen Gruppierungen, zum zweiten die Befürworter einer liberalen bürgerlichen Demokratie und zum dritten die aus der Arbeiterbewegung entstammenden Anhänger sozialistischer und kommunistischer Systeme. Zur ersten Gruppe, die auf der Ebene des Schulaufbaus das **vertikale**

Säulenmodell befürwortete und als konservativer Block schulpolitisch relativ geschlossen auftrat, gehörten überwiegend die Aristokratie, das höhere Beamtentum, Agrarier, Großbürger, Kirchenführer, Philologen und Hochschullehrer; in der Parteipolitik der Weimarer Republik vor allem die DNVP und mit Abstrichen die DVP. Die zweite Gruppe, die das **Gabelungsmodell** mit gemeinsamer Elementarschule favorisierte, repräsentierte das aufstrebende Mittel- und Kleinbürgertum, zu denen z.b. mehrheitlich die Volkschullehrer zu zählen waren. In der Weimarer Republik wurden sie durch die DDP vertreten. Das Zentrum und die MSPD nahmen eher eine Mittelstellung ein. Beide Parteien waren Anhänger der bürgerlichen Demokratie, das Zentrum neigte in religiösen Fragen aber zur ersten Gruppe und die MSPD war als Arbeiterpartei programmatisch z.T. noch auf sozialistischem Kurs und versuchte häufig sozial-egalitäre Verhältnisse begünstigende Entscheidungen herbeizuführen. So befürwortete sie zwar das Gabelungssystem, sprach sich aber wie Teile der DDP für eine mindestens sechsjährige gemeinsame Grundschule aus. Dennoch zog sie einen klaren Trennstrich zur dritten, parlamentarisch von der USPD bzw. KPD vertretenen Gruppe, der der sozialistisch-kommunistisch und antiparlamentarisch orientierte Teil der Arbeiterschaft und der Intellektuellen angehörte. In den Fragen des Schulaufbaus befürwortete diese dritte Strömung konsequente **Einheitsschulmodelle** ohne vertikale Gliederungen.

Frage 4: Nach Ihren bisherigen Ausführungen war die Entscheidung zur Grundschuldauer eine **politisch** und nicht **pädagogisch** motivierte. Spielten Pädagogen oder pädagogische Argumente damals keine Rolle?

Antwort 4: Sie spielten eine untergeordnete Rolle. Die Entscheidung war tatsächlich eine primär politische, die aber durch die ökonomischen und soziokulturellen Bedingungen gedeckt war. Dennoch versuchten auch die Entscheidungsträger im politisch-administrativen Bereich pädagogisch zu argumentieren. Dabei hatte vor allem die eingeschränkte Rezeption der sogenannten "**Begabungsforschung**" eine nicht unwesentliche Bedeutung. Obwohl Einigkeit darin bestand, daß Begabung bzw. Leistungsfähigkeit nicht allein durch die Vererbung determiniert, sondern beeinflußbar sei, wurde mit dem Begriff Begabung häufig so operiert, als bezeichne er eine feststehende Eigenschaft. Dabei hatte Wilhelm Stern den Einfluß der frühkindlichen Sozialisation schon früh festgestellt. Aus seinen Ergebnissen, die durchschnittlich höhere Leistungen der Kinder von privilegierten Schichten belegten, zog er jedoch den Schluß, daß vorhandene Standesprivilegien in gesonderter und besserer Schulbildung zu recht abgesichert werden müßten. Dagegen meinte Ernst Meumann, daß diese Ergebnisse nicht gegen die Einheitsschule sprächen, da die Beeinflussung der Begabungsentwicklung durch Umweltfaktoren, zu denen neben dem Elternhaus auch die schulische und vorschulische Einrichtungen zu rechnen seien, auch bedeuten könne, daß mit besseren Bedingungen für Unterschichten, Kompensationsmaßnahmen und methodischen Reformen auch unterprivilegierte Kinder besser gefördert werden könnten. Im übrigen wurden sehr verschiedene Begabungstypen ausdifferenziert, die sich keineswegs auf einen theoretischen und praktischen Typ reduzieren ließen. Auch lagen keine gesicherten Untersuchungen über den Zeitpunkt vor, zu dem stabil bleibende Begabungsunterschiede festgestellt werden könnten. Insofern wurden die Ergebnisse der Begabungsforschung in den Debatten um die Grundschuldauer von einflußreichen Pädagogen wie Georg Kerschensteiner unkorrekt wiedergegeben, wenn behauptet wurde, daß die "Begabungshöhe" oder zumindest die "Begabungsrichtung" (praktisch oder theoretisch) in vielen Fällen frühzeitig und gesichert feststellbar seien. Kerschensteiner schlug eine vierjährige Grundschule mit weiteren Übergangsmöglichkeiten nach der achten Klasse vor. Dagegen sprach sich der Erziehungswissenschaftler Wilhelm Rein für einen gemeinsamen Unterricht eines größeren Teils von Kindern in Klasse 5 und 6 aus. Weiter gingen die Erziehungswissenschaftler Paul Natorp, Peter Petersen und Aloys Fischer mit ihrer Forderung nach sechsjährigen Grundschulen, für die sie zugleich **innere Reformen** vorschlugen. Außerdem eröffneten Hermann Lietz, Gustav Wyneken und Paul Geheeb mit der Landerziehungsheimbewegung und die Pädagogen des Bundes entschiedener Schulreformer mit ihren Vorschlägen zu einem Kern-Kurssystem, innerer Differenzierung und reformpädagogischen Umgestaltungen neue Perspektiven für ein verlängertes gemeinsames Lernen, das in Versuchsschulen erprobt werden sollte.

Diese auf der Reichsschulkonferenz hervorgehobenen Anregungen kamen jedoch für die bereits **politisch getroffene Entscheidung** zur Grundschuldauer zu spät. Zudem waren die Diskussionen auf der **Reichsschulkonferenz** von Verbandsinteressen dominiert. Dabei war der zur Grundschuldauer Stellung nehmende Ausschuß mehrheitlich mit Vertretern der konservativen Verbände der Höheren Schulen und Hochschulen besetzt, so daß - wenn auch die Einrichtung von verschiedenen Schulversuchen und ein gemeinsamer Unterbau von Mittlerem und Höherem Schulwesen eine Mehrheit fanden - die vor allem vom DLV unterstützte sechsjährige Grundschule auch dort abgelehnt wurde.

Frage 5: Können Sie die angeführten **Positionen und Argumentationen** noch einmal genauer fassen?

Antwort 5: Es gab im wesentlichen fünf Positionen: die **Vorschulbefürworter**, die Anhänger von in der vierjährigen Grundschule einzurichtenden **dreijährigen Begabtenzügen**, die Befürworter der **vierjährigen Grundschule**, die Unterstützer der **sechsjährigen Grundschule** und die Positionen für ein **längeres als sechsjähriges** gemeinsames Lernen.

Für die Argumentationen ist festzustellen, daß nach dem Ersten Weltkrieg der gegen die alte Ständegesellschaft gerichtete politische Emanzipationsschub und nationale sowie soziale Integrationsbemühungen die Begründungen für ein gemeinsames Lernen aller Kinder stützten. Unbestritten wurde eine Erziehung gefordert, die die nationale Einheit und eine staatsbürgerliche Haltung fördert. Dies war jedoch für eine Legitimierung der sechsjährigen Grundschule nicht ausreichend, denn die Vorschulbefürworter meinten, daß eine solche Erziehung auch in getrennten Schulen möglich sei, und die Anhänger der vierjährigen Grundschule argumentierten, daß mit der gemeinsamen Elementarschule und der Einführung des Faches Staatsbürgerkunde diese Erziehungsziele schon erreicht würden. Ebensowenig konnten politische Argumentationen der Sozialdemokraten greifen, die ein sechsjähriges oder längeres gemeinsames Lernen mit der notwendigen und zu erwartenden sozialen Emanzipation der Arbeiterklasse begründeten. Gewichtiger waren Argumentationen der Anhänger der sechsjährigen Grundschule, die alle Gruppen der Gesellschaft umfassende **soziale Motive** in den Vordergrund rückten. Sie meinten, daß ein langes gemeinsames Lernen sozial gerechter sei, soziale Unterschiede eher ausgleiche und zu sozialen Einstellungen gegenüber allen gesellschaftlichen Gruppen führe. Während die Vorschulbefürworter und die Anhänger von dreijährigen Begabtenzügen diese Behauptungen bestritten, gestanden die Protagonisten der vierjährigen Grundschule der sechsjährigen Grundschule durchaus eine bessere soziale Wirkung zu. Sie waren allerdings der Meinung, daß **ökonomische und begabungstheoretische** Aspekte eher für die vierjährige Grundschule sprächen und gewichtiger seien.

So konstatierten sie eine durch die empirische Forschung nicht gedeckte "**prästabilierte Harmonie**" zwischen der jeweils dreigliedrigen ökonomisch-beruflichen Gesellschaftsstruktur und der Verteilung der Begabungstypen, die sich in der Schulorganisation wiederfinde und in Form von frühen Differenzierungen erhalten bleiben müsse. Insgesamt blieben Begründungen mit ökonomischem Akzent aber untergeordnet. Vertreter der Arbeitgeberverbände traten in der Debatte kaum in Erscheinung. Offenbar sahen sie ihre Argumente durch Sprecher anderer Gruppen genügend vertreten und ihre ökonomischen Interessen durch die Entwicklung hin zur vierjährigen Grundschule, zur Verstärkung des Leistungsprinzips und zu einer Erweiterung schulischer Angebote im Sekundarbereich gewahrt.

In Reaktion auf Positionen der Befürworter dreijähriger Vorschulen oder Begabteneinrichtungen, die das Elternhaus als zentrale begabungsbestimmende Größe in den Mittelpunkt rückten und damit eine frühe Trennung mit einer ungebrochenen Wirksamkeit der frühkindlichen Sozialisationsfaktoren begründeten, bestritten die Anhänger der vierjährigen Grundschule die Wirkungen des Elternhauses auf die "Begabung" und betonten den Faktor **Vererbung**. Da die Befürworter der vierjährigen Grundschule im Gegensatz zu manchen Vorschulbefürwortern eine schichtenspezifische Gleichverteilung der angeborenen Fähigkeiten annahmen, schloß der Faktor Vererbung für sie eine Privilegierung der führenden Schichten in der schulischen Auslese aus. Stattdessen erforderte diese Tatsache nach ihrer Meinung eine für alle gemeinsame Grundschule, bei der das Schwergewicht auf der möglichst treffenden und frühzeitigen Erkennung der erblich festgelegten Begabung lag.

Mit dieser Argumentation waren sie weit erfolgreicher als die Befürworter einer Grundschule mit verlängerter Dauer, die den Einfluß des Elternhauses nicht leugneten, daraus aber die

Notwendigkeit einer auf die Unterschichten abgestimmten schulischen Förderung und eines längeren Entwicklungs- und Beobachtungszeitraumes schlossen. Allein die Lehre von der erblich festgelegten Begabungshöhe und -richtung sprach jedoch noch nicht gegen die Sechsjährigkeit der Grundschule. Dazu kamen die nicht erwiesene Behauptung der Befürworter der vierjährigen Grundschule, daß die Leistungsentwicklung in den meisten Fällen **mit 10 Jahren prognostizierbar** sei. Da von ihnen zugleich die **äußere Differenzierung** als selbstverständliche Form einer angemessenen Berücksichtigung von Leistungsunterschieden und die innere Differenzierung als zu wenig erprobt angesehen wurde, konnten sie einen Schulaufbau mit einer vierjährigen Grundschule und einer nachfolgender Trennung in unterschiedliche Schultypen als begründet postulieren.

Die **Gründe für die Durchsetzung der** mit der vierjährigen Grundschule verbundenen **Begabungstheorien** waren vielfältig. Erstens befriedigten sie das Bedürfnis nach überschaubaren Einteilungen und eingängigen Theorien. Zweitens legitimierten sie mit der These von der prästabilierten Harmonie zwischen Begabungs-, Schul- und Berufsstruktur nicht nur die bestehende Gliederung des Sekundarschulwesens, sondern auch die gesellschaftliche Schichtenstruktur. Drittens entsprachen sie mit der Hervorhebung des Leistungsgedankens und mit der Vorstellung von begrenzten sozialen Aufstiegschancen Strukturen der bürgerlichen Gesellschaft sowohl in politischer als auch in ökonomischer Hinsicht. Und viertens konnten die Anhänger der vierjährigen Grundschule sich als gemäßigt progressiv bezeichnen, weil sie gegen ständische Privilegien auftraten, formale Chancengleichheit konstatierten und Versuchsschulen befürworteten, die von den Anhängern des längeren gemeinsamen Lernens gefordert wurden.

Frage 6: Sie sprechen **Versuchsschulen** an. Gab es in der Weimarer Republik Grundschulen mit verlängerter Dauer?

Antwort 6: Obwohl es entgegen den mehrheitlichen Anliegen der Reichsschulkonferenz und der Nationalversammlung nicht zu offiziellen Versuchen mit sechs- oder achtjährigen Grundschulen kam, ist festzustellen, daß die etwa 200 bis 300 reformpädagogischen Volksschulen, die z.T. Versuchsschulstatus hatten, z.T. sogenannte weltliche Schulen waren und sich überwiegend zum Verband der **Lebensgemeinschaftsschulen** zusammenfanden, häufig **sieben- bzw. achtjährige Grundschulen** darstellten. Fast alle dieser Schulen hatten die Tendenz, den dort praktizierten Schwerpunkt der inneren Reform mit dem Anliegen der äußeren Reform (Einheitsschule) zu verbinden. Wenn sich nicht gerade wie in Hamburg, Berlin und später in Magdeburg reformpädagogische Höhere Schulen vor Ort fanden, versuchten sie erfolgreich, ihre leistungsfähigsten Schülerinnen und Schüler mindestens bis einschließlich zum siebten Schuljahr zu halten. Oft schloß sich daran entweder ein eigener dreijähriger **Oberbau** mit

Abschluß "Mittlerer Reife" oder aber der Besuch von **Aufbauschulen** mit der Möglichkeit, das Abitur abzulegen, an.

Frage 7: Wenn - wie Sie sagen - diese Schulen auch in der fünften bis siebten Klasse meist Kinder allen Niveaus unterrichteten, ist zu fragen, welche Erkenntnisse sie für die pädagogische Gestaltung von sechsjährigen Grundschulen brachten?

Antwort 7: Ich habe versucht, diese Frage anhand von sechs, m.E. wesentlichen Momenten der Gemeinschaftsschulen zu beantworten.

Für den ersten dort erprobten Aspekt, die "**sich selbstregulierende Gemeinschaft**", ist zu sagen, daß eine starke Gemeinschaftsorientierung auch in den höheren Jahrgängen ein Auseinanderfallen in Leistungsgruppen verhindert und daher m.E. in einer sechsjährigen Grundschule unbedingt notwendig ist. Die Gemeinschaftsschulen haben dabei erfahren, daß die Gemeinschaftsorientierung sich nicht allein aus den Kindern heraus entwickelt, sondern daß Regelvorgaben oder institutionalisierte Schülergremien und vertrauensbildende Maßnahmen der Lehrkräfte dafür nötig sind. Erst wenn hinreichende soziale und solidarische Haltungen und Verfahren entstanden sind, kann die "Selbstregulierung" der Klassengemeinschaft im eigentlichen Sinn erfolgreich verlaufen. Eine längere gemeinsame Schulzeit wirkt dabei als günstige Voraussetzung.

Der zweite für die Frage der verlängerten Grundschule bedeutende Aspekt, den die Gemeinschaftsschulen erprobten, war das Lernen nach eigenen **Neigungen**. So gab es die Möglichkeit, Themen vorzuschlagen und verschiedene Kurse und Arbeitsgemeinschaften zu wählen. Dabei zeigte sich, daß ein Bedürfnis nach niveaubezogener äußerer Differenzierung selbst in den sehr heterogenen Gruppen der Gemeinschaftsschulen kaum auftrat. Allerdings wurde eine themenspezifische und flexible Einrichtung von altersgemischten Arbeitsgemeinschaften und Kursen, also eine neigungsbezogene Differenzierung, sehr positiv aufgenommen. Die Zahl der Kurse sollte nach den Erfahrungen der Lebensgemeinschaftsschulen jedoch nicht so groß sein, daß die gemeinsame Arbeit im Kernunterricht beeinträchtigt wird. Stattdessen wurden in diesen Weimarer Versuchsschulen zunehmend die Methoden der inneren Differenzierung und der Arbeitsteilung im Klassenverband realisiert, weil sie gemeinsames Lernen und individuelle Interessen am ehesten verbanden.

Auch die Erfolge mit **selbsttätiger Arbeit**, dem dritten erprobten Element, bestätigen die Bedeutung der Binnendifferenzierung für verlängerte Grundschulen. Durch sie können unterschiedliche Arbeitsweisen und -tempi sowie verschiedene Lerntypen und Fähigkeiten berücksichtigt werden. Auf diese Weise wird das Problem der Unterforderung des einen Teils der Klasse und der Überforderung des anderen begrenzt.

Viertens legen die Erfahrungen der Gemeinschaftsschulen nahe, für leistungsheterogene Gruppen der verlängerten Grundschule eine nicht nur auf kognitive und sprachliche Anforderungen ausgerichtete Schulgestalt zu wählen. Stattdessen sollte versucht werden, **ganzheitliches und fachübergreifendes Lernen und ein Ganztagsangebot** zu verwirklichen. Das Schulleben sollte nicht nur auf den Unterricht begrenzt sein, sondern unterschiedliche Fähigkeiten ansprechen, damit auch Kinder und Jugendliche mit handwerklichen, künstlerischen und emotionalen Fähigkeiten hervorragen können und Anerkennung genießen.

Die **jahrgangsübergreifende** Gestaltung von Unterricht, die ich hier als fünftes relevantes Moment erwähne, brachte m.E. zwei gegensätzliche Ergebnisse. Zum einen zeigen die Erfahrungen der Gemeinschaftsschulen, daß eine Verstärkung der Leistungsheterogenität durch altersgemischte Gruppen bewirken kann, daß durch wechselnde Altersrollen weniger Überheblichkeit oder Frustration entsteht und stärker voneinander sowie konkurrenzfreier gelernt wird, weil die altersbedingten Leistungsunterschiede als natürlich empfunden werden.

Andererseits erfordern jahrgangsübergreifende Gruppen nach den Erfahrungen dieser Schulen Überschaubarkeit, erschweren Lehrgangs- und Plenumsformen oder schränken - bei nur partieller Einrichtung - die Bildung von festen Lerngemeinschaften ein. Zudem äußerten die Schüler und Schülerinnen der Versuchsschulen kein starkes Bedürfnis nach altersgemischten Gruppen.

Sechsjährige Grundschulen der heutigen Zeit sollten schließlich sechstens die Erfahrungen der Gemeinschaftsschulen mit einem **Verzicht auf Ziffernzeugnisse und Leistungsdruck** beachten. Weil in den verbalen Beurteilungen die Unterschiedlichkeit der Leistungsstärke weniger herausgestellt, der Konkurrenzcharakter vermindert und allen individuell angemessen Mut gemacht wurde, blieb die Eigenmotivation der Schüler und Schülerinnen erhalten.

Trotz der heute veränderten Situation von Kindern und Schule, die die Übertragbarkeit der Ergebnisse einschränken, ist angesichts des hier aufgezeigten großen Erfahrungsschatzes der Gemeinschaftsschulen die Unterbrechung dieser Tradition durch die Nationalsozialisten mehr als bedauerlich, denn heutige Reformschulen und sechsjährige Grundschulen müssen sich viele der damals erprobten Aspekte mühsam wieder erarbeiten und aneignen.

Frage 8: Sie erwähnen, daß die **Nationalsozialisten** die Gemeinschaftsschulen weitgehend geschlossen haben. Wie standen eigentlich die Nationalsozialisten zur Frage der Grundschuldauer?

Antwort 8: Im Gegensatz zu massiven Umgestaltungen der Bildungsinhalte in Richtung auf eine faschistische Indoktrination **änderten** die Nationalsozialisten **nichts Wesentliches am Schulaufbau**. Zwar forderten sie 1930 vereinzelt die achtjährige Grundschule, aber ihre sozialrevolutionäre Propaganda durfte nicht darüber hinwegtäuschen, daß sie nach der Machtergreifung eher eine Bildungsbegrenzung der unterprivilegierten Schichten betrieben, faschistische Eliteschulen einrichteten und am Schulaufbau allein die Umorganisation der Volksschuloberstufe zu Hauptschulen veränderten. Sogar die Möglichkeit des Übergangs zur Höheren Schule nach drei Jahren Grundschule ließen sie bestehen. Allerdings unterminierten sie das Konfessionsschulwesen, obwohl die katholische Kirche das Naziregime 1933 rückhaltlos anerkannt hatte. Sie schufen damit für die Kirchen nach dem Zweiten Weltkrieg eine Legitimationsbasis für Forderungen nach einem verstärkten Wiederaufleben der Bekenntnisschulen.

Frage 9: **Nach dem Zweiten Weltkrieg** stand die Frage der Grundschuldauer erneut auf der Tagesordnung. Welche Entscheidungen wurden getroffen und welche Faktoren waren dabei wirksam?

Antwort 9: Nach 1945 schien die politische Lage mit dem Übergang der Entscheidungsgewalt an die Besatzungsmächte Schulorganisationsreformen wie eine Einführung einer sechsjährigen Grundschule zunächst zu begünstigen. Nachdem in der ersten Phase der Besatzungszeit (1945/46) aufgrund ungenügender Vorplanungen aller Besatzungsmächte das dreigliedrige Schulwesen und die vierjährige Grundschule reetabliert worden waren, kam es 1947 - ausgelöst durch den Bericht der Zook-Kommission - zu starken schulreformerischen Impulsen durch die US-Militärregierung. Obwohl in den übrigen Entscheidungsbereichen von einer gemeinsamen Politik nicht mehr die Rede sein konnte, forderten nunmehr alle **Besatzungsmächte** die Veränderung des dreigliedrigen Schulwesens und eine mindestens **sechsjährige Grundschule**. Die USA und die UdSSR betrieben sogar noch bis ins Jahr 1949 eine partiell kongruente Bildungspolitik, weil sie in ihren Heimatländern selbst auf ein verlängertes gemeinsames Lernen vertrauten und aus gesellschafts- und sicherheitspolitischen Gründen die Demokratiefähigkeit aller Deutschen und damit eine auf die Breite und nicht auf die Elite ausgerichtete Bildungsförderung befürworteten.

In der **deutschen Bevölkerung** und den führenden schulpolitischen Kreisen der Deutschen dominierten dagegen mit wenigen Ausnahmen Anschauungen, die - und das scheint mir ein in der bisherigen Forschung zu wenig hervorgehobener Punkt - den Aufbau einer Demokratie nicht primär durch Hebung der Fähigkeit aller meinten verwirklichen zu können, sondern vor allem durch eine **humane Elite**. Das durch den Faschismus verstärkte Mißtrauen gegenüber der "Masse" und die Vollständigkeit des Zusammenbruchs ließen den Ruf nach neuer "geistiger Führung" anschwellen. Obwohl sich auf internationaler Ebene längere Grundschulzeiten durchsetzten, gewannen in Deutschland die Vertreter der Institutionen Kirche, Universität und Höhere Schule, die sich nicht durch antifaschistische Traditionen auszeichneten, in Verbindung mit konservativen deutschen Schulpolitikern maßgeblichen Einfluß. So fanden auch ihre Forderungen nach der Beibehaltung von neunjährigen Höheren Schulen, insbesondere von Humanistischen Gymnasien, breiten Anklang.

Die CDU (mit Ausnahme einiger Kultusminister), die FDP, der Philologenverband, der Mittelschulverband, Elternverbände an Höheren Schulen, Hochschulen, Kirchen, Wirtschaftsverbände und manche Erziehungswissenschaftler wandten sich z.T. scharf gegen die sechsjährige Grundschule. Sie lehnten äußere Schulreformen ab, während sie innere begrüßten. Sie verstanden darunter aber nicht die Wiederaufnahme reformpädagogischen Gedankenguts der Entschiedenen Schulreformer oder der Lebensgemeinschaftsschulen, sondern die Stärkung christlicher, humanistischer und ethischer Gesinnungsschulung.

Zwar gingen von den ehemaligen Widerstandskämpfern und zurückkehrenden Emigranten wenig Aktivitäten zur Schulorganisationsreform aus, aber da **SPD, KPD, Gewerkschaften und einige Pädagogen die sechsjährige Grundschule befürworteten** und noch entschiedener die amerikanische und sowjetische Besatzungsmacht auf eine Verlängerung der Grundschule drängten, wurde die sechsjährige Grundschule neben der Konfessionsschule zum umstrittensten Thema in der Bildungspolitik der Besatzungszeit.

Am Ende des dritten Kapitels gibt eine Tabelle einen Überblick zur Schulreformbereitschaft 1947/48. Sie zeigt, daß die Ausgangsbedingungen und Entwicklungen der einzelnen **Länder** in dieser Frage sehr **unterschiedlich** waren und neben der **Parteiendominanz** und der Position des jeweiligen **Kultusministers** die Politik der zuständigen **Besatzungsmacht**, der Einfluß der **Kirche** und die konfessionelle Zusammensetzung der Bevölkerung, die Aktivitäten der **Verbände** und die Verankerung von schulpolitischen **Traditionen** in der Bevölkerung eine Rolle spielten.

Die Entwicklung in **Bayern** machte die Grenzen der auf Schulreformen ausgerichteten Politik der US-Besatzungsmacht deutlich. Trotz des Besatzungsstatuts und trotz Unterstützung durch die SPD und den Verband der bayerischen Volksschullehrer und -lehrerinnen (BLV) gelang es ihr nicht, fehlende Mehrheiten im bayerischen Landtag und ein geschicktes Taktieren des ultrakonservativen CSU-Kultusministers Aloys Hundhammer zu kompensieren. Vermutlich wäre eine Verlagerung des amerikanischen Engagements auf **Hessen und Württemberg-Baden** und eine frühe Genehmigung der Pläne der CDU-Kultusminister Erwin Stein und Theodor Bäuerle, die eine sechsjährige Grundschule mit förderstufenähnlicher Gestalt vorsahen, sinnvoller gewesen. Da dort weder die konservativen Parteien noch die SPD entsprechende Pläne entschieden unterstützten, blieb es bei der vierjährigen Grundschule.

Auch in den französisch besetzten Ländern - **Württemberg-Hohenzollern, Baden, Rheinland-Pfalz und Saarland** - blieb es bei der vierjährigen Grundschule, nachdem sich die sehr ungeschickt und inkonsequent operierende und kaum mit deutschen Schulreformern zusammenarbeitende Besatzungsmacht nicht gegen die konservativ dominierten Landtage und Landesregierungen durchsetzen konnte. Dies lag auch daran, daß die französische Besatzungsmacht weder von der wenig an Schulorganisationsfragen interessierten SPD noch von den zu spät zugelassenen Lehrervereinen unterstützt wurde. Zudem bestimmten auch hier die Kirchen, insbesondere die katholische Kirche, mit der Auseinandersetzung um Konfessionsschulen das schulpolitische Feld.

Da sich die britische Militärregierung weitgehender Eingriffe in Fragen des Schulaufbaus enthielt, kam es in ihrer Besatzungszone kaum zur Konfrontation zwischen Besatzungsmacht und deutschen Akteuren. Maßgeblich waren hier neben schulpolitischen und konfessionellen Traditionen die Aktivitäten der Verbände, die Zusammensetzung der Landtage und die Positionen der jeweiligen Kultusminister.

Im katholischen und CDU-dominierten **Nordrhein-Westfalen** konnten schon sehr früh konservative, klerikale und auf Eliten orientierte Personen um Schnippenkötter in den Schulverwaltungen Einfluß gewinnen und die sogenannte "rheinisch-westfälische Schulreform" mit einem für alle Höheren Jungenschulen obligatorischen Lateinbeginn in Klasse 5 und einer Konfessionalisierung des Schulwesens durchsetzen. Zwar wurde der Vorschlag der sechsjährigen Grundschule von dem mit der SPD-Fraktion zerstrittenen stellvertretenden Kultusminister Koch (SPD) eingebracht, aber nach innerministeriellen Debatten zugleich als Fernziel zurückgestellt, da erst die Frage der Sprachenfolge geklärt sein müßte. Im Verlaufe der nachfolgenden, auch innerhalb der CDU geführten Auseinandersetzungen um die Sprachenfolge zeigte sich, daß die in der ersten Phase der Besatzungszeit getroffenen Entscheidungen nur schwer rückgängig gemacht werden konnten und eliteorientierte Gruppen die schulpolitischen Entscheidungen in NRW maßgeblich beeinflußten. Zusätzlich drängte die starke Betonung der Konfessionsschule das Problem der Verlängerung der Grundschuldauer in den Hintergrund.

Generell war die Bevölkerung in der britischen Besatzungszone laut einer damaligen Umfrage nur zu etwa einem Viertel der Auffassung, daß eine sechsjährige Grundschule sinnvoll sei.

Dies wirkte sich auch auf die Auseinandersetzungen in **Niedersachsen** und die dort vom Kultusminister Adolf Grimme dominierte Schulpolitik aus. Grimme meinte, daß durch die generelle Verlagerung des Lateinbeginns auf Klasse 7 und Lehrplanangleichungen in Klasse 5 und 6 zunächst vorsichtige Schritte in Richtung sechsjährige Grundschule erfolgen und länderübergreifende Maßnahmen abgewartet werden sollten. Doch gemäßigte Schulreformpläne garantierten nicht gemäßigten Protest. Als selbst die bescheidenen Maßnahmen auf den heftigen Widerstand konservativer Gruppen und Parteien stießen, die SPD und Lehrergewerkschaften Grimme zu wenig unterstützten, Konfessionsschulstreitigkeiten ausbrachen und Niederlagen im Schulgeld- und Lernmittelfreiheitsgesetz zu verzeichnen waren, zeigte Grimme wenig eigene Durchsetzungsbereitschaft. Sein Versuch, die sechsjährige Grundschule nunmehr durch Anordnung der britischen Militärregierung zu realisieren, scheiterte an der Haltung der Besatzungsmacht. Diese befürwortete zwar die sechsjährige Grundschule, war aber nicht bereit, sie auf dem Anordungsweg durchzusetzen. Die 1948 getroffene Entscheidung des neuen Kultusministers Voigt (SPD), das Augenmerk auf Versuche mit dem "Differenzierten Mittelbau" zu lenken, brachte zwar keine flächendeckende Reform, aber sie wirkte in den Plänen zur niedersächsischen Orientierungsstufe 1968/69 nach.

Dagegen kam es im amerikanisch besetzten Bremen und im britisch besetzten Hamburg und Schleswig-Holstein insbesondere aufgrund von SPD-Mehrheiten und entschlosseneren SPD-Kultusministern zunächst zur **Einführung der sechsjährigen Grundschule.**

Das Beispiel **Schleswig-Holstein** macht dabei deutlich, daß auch die schnelle Einführung der verlängerten Grundschuldauer im März 1948 nicht zu ihrer Stabilisierung beitrug, sondern daß - verstärkt durch fehlende Vorbereitungen und nachkriegsbedingte Mängel - der Protest der konservativen Gruppen in der Bevölkerung überwiegend auf Zustimmung stieß. Daher wurde nach den Wahlerfolgen des konservativen Blocks 1950 die vierjährige Grundschule umgehend wieder eingeführt.

In den ebenfalls evangelischen, traditionell aber schulreformbereiten Stadtstaaten **Hamburg und Bremen** standen starken konservativen Verbänden reformfreudige Schulräte und Lehrerverbände gegenüber. Mit ihrer Unterstützung und den Stimmen der SPD und KPD konnten die beiden aus der Weimarer Schulreform kommenden sozialdemokratischen Senatoren Heinrich Landahl und Christian Paulmann die Einführung der sechsjährigen Grundschule nach einigen Vorbereitungen 1950 erreichen. Wie in Schleswig-Holstein kehrte man jedoch auch in Hamburg nach einem Wahlerfolg der zum Hamburger Block zusammengeschlossenen konservativen Parteien **zur vierjährigen Grundschule zurück.** Offenbar reichte der kurze Zeitraum von 1950 bis 1953 aufgrund der restaurativen soziokulturellen Gesamtlage und der - der sechsjährigen Grundschule angelasteten - schlechten materiellen und personellen Bedingungen nicht aus, die sechsjährige Grundschule als selbstverständliche Gegebenheit zu etablieren. Obwohl die SPD mehr Stimmen erhielt als bei den vorangegangenen Wahlen und nur durch die geringe Stimmenzahl der KPD und die Blockbildung der Oppositionsparteien unterlag, wurde der Hamburger Regierungswechsel von 1953 in den Reihen der SPD bundesweit als Reaktion auf die Kampagne des geschlossenen "konservativen Blocks" gegen die sechsjährige Grundschule interpretiert und in den späteren Jahren als Warnung vor schulorganisatorischen Veränderungen in Richtung eines verlängerten gemeinsamen Lernens betrachtet. Auch deshalb wurde die vierjährige Grundschule nach dem Wahlsieg der SPD 1957 beibehalten. Dies zeigt zudem ebenso wie die Situation der hessischen Förderstufe Anfang der 90er Jahre, daß Parteien bei mehrmals wechselnden Mehrheitsverhältnissen offenbar der Bevölkerung nicht vermitteln können, die Schulorganisation innerhalb weniger Jahre häufiger zu ändern.

In Bremen behielt die SPD zwar durchgängig die Regierungsgewalt, war aber in der Zeit der bildungspolitischen Restauration Mitte und Ende der 50er Jahre aus wahl- und koalitionstaktischen Erwägungen bereit, die Schulorganisation den jeweiligen Zeitströmungen anzupassen. Entsprechend dem Vorschlag einer Sachverständigenkommission wurde 1957 die partielle Aufhebung der obligatorischen sechsjährigen Grundschule durch Einrichtung von Gymnasialklassen 5 beschlossen. Wie sich im weiteren Verlauf zeigte, desavouierte dies die Idee des gemeinsamen längeren Lernens und führte faktisch zur Auflösung der sechsjährigen Grundschule.

Allein in **West-Berlin** konnte sich eine längere Grundschuldauer halten, obwohl auch hier mit der Verkürzung der 1948 eingeführten **achtjährigen Grundschule auf sechs Jahre** dem

Aufschwung und der Regierungsbeteiligung der konservativen Kräfte 1951 Tribut gezollt werden mußte. Das Beispiel West-Berlin weist zugleich darauf hin, daß es für konservative Parteien ohne überwältigende Mehrheit äußerst schwierig ist, eine zu einem günstigen Zeitpunkt eingeführte, weitgehende Reform vollständig zurückzunehmen. Denn während der kurzen Phase der CDU/FDP-Koalition 1954 gelang es der CDU nicht, in West-Berlin zur vierjährigen Grundschule zurückzukehren. Dies war vor allem darin begründet, daß die FDP sich anders als in Hamburg und Schleswig-Holstein nicht eindeutig in die Phalanx des konservativen Blocks einreihte, die SPD nur eine kurze Zeit von der Regierung ausgeschlossen blieb und die einflußreiche Expertengruppe der Schulräte und die Lehrergewerkschaft die Schulreform über die gesamte Zeit aktiv mittrugen und verteidigten. In den Folgejahren des in dieser Frage vereinbarten status quo etablierte sich die sechsjährige Grundschule in West-Berlin zunehmend, so daß auch die "Kraft des Faktischen" es für die konservativen Gruppen nicht mehr sinnvoll erscheinen ließ, die sechsjährige Dauer der Elementarschule zu bekämpfen.

Frage 10: Sie erwähnen mehrfach schulpolitische Blockbildungen. Lassen sich im Vergleich zu den eingangs geschilderten gesellschafts- und schulpolitischen Grundströmungen, die bis zur Zeit der Weimarer Republik wirkten, nach dem Zweiten Weltkrieg bis heute **Veränderungen** in der **Ausgangslage** und in den schulpolitischen **Bündnissen** ausmachen?

Antwort 10: Generell läßt sich eine **Kontinuität der Bündnisse** feststellen. Diese muß jedoch für einige Akteure differenziert und modifiziert werden. Doch zunächst zu den Veränderungen und Parallelen in der Ausgangslage.

Im Gegensatz zur Zeit nach dem Ersten Weltkrieg fielen die Entscheidungen über die Grundschuldauer ab 1945 auf Länderebene. Auch standen nach dem Zweiten Weltkrieg hinter den Forderungen nach Schulorganisationsänderungen **keine** größeren **Basisbewegungen** der Arbeiter- oder Volksschullehrerschaft. Nach dem Ersten Weltkrieg herrschte eine Aufbruchstimmung vor. Ein großer Teil der Arbeiterschaft und sozialdemokratischen Intellektuellen wurde von der Hoffnung auf einen neuen sozialen und gemeinschaftsorientierten Menschen und auf eine sich zur sozialen Egalität hin entwickelnden Gesellschaft getragen, die in einer alle umfassenden, nicht-hierarchischen Schule ihren Ausdruck finden sollte. Dagegen dominierte - wie erwähnt - nach dem Zweiten Weltkrieg in der deutschen Bevölkerung ein rückwärtsgewandtes, auf humanistisch gebildete Eliten und altbewährte Institutionen wie Kirche und Universität orientiertes Bewußtsein.

Andererseits existieren auch **Parallelen**. Beide Male ging ein Krieg voraus. Dies deutet darauf hin, daß Schulreformdebatten auf gesellschaftliche Krisen folgen. Im Gegensatz zu den 60er Jahren standen nach beiden Kriegen **politische Krisenbedingungen** gegenüber ökonomischen im Vordergrund. Bildungsökonomische Aspekte führten eher zur Ausweitung des

Mittel-, Fach- und Berufsschulwesens und zu Wünschen nach verbesserter Auslese als zur Verwirklichung von egalitären Schulmodellen wie Gesamtschule oder sechsjährige Grundschule.

Außerdem gingen sowohl nach 1918 als auch nach 1945 Konflikte um die Konfessionsschule voraus, die den konservativen Gruppierungen Auftrieb und Geschlossenheit gaben und häufig Sozialdemokraten vor weiteren bildungspolitischen Konfliktfeldern zurückscheuen ließen. Wie bereits erwähnt, sind Parallelen vor allem aber in der schulpolitischen **Bündnisbildung** festzustellen.

Die bereits in und vor der Weimarer Republik gegen Schulreformen aufgetretenen Gruppen schließen sich nach 1945 erneut zusammen und konzentrieren sich neben der Einführung der Bekenntnisschulen auf die Verhinderung der sechsjährigen Grundschule. Da eine Rückkehr zur Vorschule oder zu Übergängen nach drei Jahren nicht mehr ernsthaft vertreten wird, stehen zunächst die Hochschulen und Kirchen (primär die katholische), nach ihrer Zulassung auch die Verbände des Höheren und Mittleren Schulwesens und - so weit sie sich äußern - konservative Erziehungswissenschaftler und Wirtschaftsverbände sowie die christ- und liberaldemokratischen Parteien (mit den erwähnten Ausnahmen) hinter der Forderung der vierjährigen Grundschule. In Hamburg und Schleswig-Holstein gelingt es diesen Parteien Anfang der 50er Jahre sogar, die Einigkeit in schulpolitischen Fragen in eine Zusammenarbeit in einem erfolgreichen Wahlblock umzusetzen.

Wenn ihnen auch der Zusammenschluß zu schulpolitischen Bündnissen meist besser gelang als den reformbereiten Kräften, gab es jedoch auch unter den **konservativen Gruppen** unterschiedliche Auffassungen in Hinblick auf die Einführung der Förderstufe (Privilegiensicherung durch frühzeitige Ausleseentscheidungen versus stärkere Ausschöpfung von "Begabungsreserven" durch Auslesestufen). In diesem Zusammenhang wirken wirtschaftliche Interessen im Vergleich zu Standesinteressen von Philologen und privilegierten Eltern eher innovativ. Das belegen neben den Diskussionen um den Rahmenplan Ende der 50er, Anfang der 60er Jahre m.E. auch die neueren Auseinandersetzungen in der niedersächsischen CDU um die Orientierungsstufe. Dennoch gelang es den konservativen Akteuren bis heute, überwiegend geschlossen aufzutreten und einen erfolgreichen Kampf gegen solche Kräfte zu führen, die das gemeinsame Lernen verlängern wollten.

In diesem historischen Prozeß hat sich allerdings die Bedeutung einzelner Gruppen im Bündnis verschoben. So haben die Kirchen und mit Abstrichen die Universitäten an Einfluß verloren. Dafür gelang es konservativen Elterngruppen, die Elternvertretungen zu beherrschen und neben den Philologenverbänden und der CDU den stärksten Widerstand gegen ein verlängertes gemeinsames Lernen zu leisten.

Festzuhalten ist aber auch, daß Positionen, die eine Rückkehr zur Ständegesellschaft und zur Ständeschule fordern, nach 1945 nicht mehr zu registrieren sind. Konservative Gruppierungen nach 1945 bewegen sich innerhalb der Positionen der bürgerlichen Leistungsgesellschaft und

akzeptieren das "bürgerliche" Gabelungsmodell des Schulaufbaus und den Ersatz der Primärdeterminanten des Begabungsprozesses (wirtschaftliche und soziale Herkunft) durch die
Sekundärdeterminanten (Fähigkeit und Neigung). Innerhalb des bürgerlichen Modells vertreten die konservativen Gruppen aber nach wie vor meist Positionen, die auf eine Privilegienabsicherung und eine möglichst starke Wirkung der elterlichen Förderung durch frühzeitige
Gabelungen des Schulwesens zielen.

Da zudem in der Bundesrepublik nach 1945 die KPD an Einfluß verlor und 1956 verboten
wurde und auch später **kommunistische** Parteien und Gruppierungen nur eine marginale
Rolle spielten, ist nach 1945 eine breite **Akzeptanz** der bürgerlich-demokratischen Gesellschaftsordnung und des **Gabelungsmodells** festzustellen.

Auch die **Sozialdemokraten** bewegten sich auf dieses Modell zu. Kam die MSPD noch 1920
in große Konflikte, weil die Differenz zwischen ihrem revolutionären Programm und ihrem
"bürgerlichen" Handeln spürbar war, so vollzog die SPD nach 1945 den Wandel in der schulpolitischen Praxis bildungstheoretisch nach und rückte schrittweise von Positionen der klassenlosen Gesellschaft und der Einheitsschule ab.

Da jedoch die Sozialdemokraten, reformbereite Schulräte, Pädagogen und Lehrergewerkschaften - zu Beginn der Bundesrepublik vor allem in Norddeutschland, Bayern und West-
Berlin - durchaus sozial-egalitäre Tendenzen vertraten, kam es in der Frage des verlängerten
gemeinsamen Lernens erneut zu einer Gegenüberstellung der alten schulpolitischen Fronten,
die sich im wesentlichen bis heute erhalten haben.

Innerhalb des **Schulreform-Bündnisses** verloren allerdings aufgrund der quantitativen
Veränderungen des dreigliedrigen Schulwesens die Volksschullehrerinnen und -lehrer
zunehmend an Bedeutung. Vielmehr steht nun die GEW mit Lehrkräften aller Schulformen
für die reformbereite Lehrerschaft. Die Gruppierung der Entschiedenen Schulreformer gründete sich nach dem Zweiten Weltkrieg nicht neu. Dafür gewannen die Grundschullehrerinnen
und -lehrer mit ihrer Ende der 60er Jahre eingeleiteten Grundschulreform in Fragen der
inhaltlichen Reform der Schulen an Relevanz. Zudem fordert ihr bedeutenster Verband, der
Arbeitskreis Grundschule e.V., die sechsjährige Grundschule. Erziehungswissenschaftlerinnen und -wissenschaftler erreichten - vereinfachend formuliert - zwar im allgemeinen nicht
mehr Einfluß,[365] sind aber in ihrer Mehrheit ab den 70er Jahren eher im schulreformerischen
Spektrum zu finden und unterstützen überwiegend Formen des verlängerten gemeinsamen
Lernens. Während Ende der 60er bis Anfang der 80er Jahre sich auch die FDP in das
Reformbündnis einreihte, kamen in den 80er Jahren die Grünen als neue Reformpartei hinzu,
ohne allerdings annähernd das parlamentarische Gewicht der SPD zu erreichen.

Auch nach 1945 waren es primär die Sozialdemokraten, die - unterstützt von Besatzungsmächten - zumindest in Bremen, Hamburg, Schleswig-Holstein und West-Berlin an der Spitze

---

[365] Sozialwissenschaftler wie Helmut Schelsky und Jürgen Habermas gewannen nur in den 60er Jahren Einfluß
auf die schulorganisatorischen Debatten.

der Schulreformer standen. Im Gegensatz zu 1920 waren sie 1948 - 1951 nicht bereit, von ihrer Forderung nach einer längeren Grundschulzeit Abstand zu nehmen. Nach den Niederlagen in den Wahlen der 50er Jahre und dem damit verbundenen Trauma in bezug auf die sechsjährige Grundschule versuchten sie in den 60er und 70er Jahren, bildungspolitisch egalitäre Ansätze in Form von Gesamtschulen zu verfolgen.

Zwar tauchten schon in der Besatzungszeit bei der SPD Argumente auf, die die bessere Auslese zur Begründung der sechsjährigen Grundschule in den Vordergrund rückten. Doch erst in den 60er und 70er Jahren gewannen im Zuge der Forderungen nach "Ausschöpfung aller Begabungsreserven" **Ausleseaspekte** innerhalb der SPD-Argumentationen eine ähnliche Bedeutung wie auf gemeinsames Lernen gerichtete **sozial-egalitäre Positionen**. Diese Entwicklung wurde auch daran deutlich, daß die SPD in Westdeutschland die sechsjährige Grundschule programmatisch zugunsten der Förder- bzw. Orientierungsstufe aufgab.

Erst die Partei der Grünen machte die Forderung nach sechsjährigen Grundschulen innerhalb des schulreformerischen Bündnisses wieder hoffähig, so daß in den 80er und 90er Jahren in rot-grünen Regierungen über die Frage Förder- bzw. Orientierungsstufe oder sechsjährige Grundschule gestritten wurde.

Dabei bestätigen die Auseinandersetzungen zwischen SPD und GRÜNEN in Hessen m.E., daß es neben konservativen grundsätzlich verschiedene gesellschaftliche wie schulorganisatorische Positionen gibt. Sie zeigen allerdings zugleich, daß liberale, auf Auslese und Chancengleichheit setzende Positionen und sozial-egalitäre Grundströmungen zum Zwecke des Abbaus von Privilegien Koalitionen eingehen können, die gemeinsam Schulreformen verwirklichen. Dafür bietet nicht nur die Bildungsreform der 60er und 70er Jahre mit ihren Bemühungen um Gesamtschulen und Förderstufen ein Beispiel, sondern auch die aktuelle Einrichtung von Schulversuchen mit "Sechsjährigen Grundschulen" in Hessen und Bremen.

Frage 11: Wie ist die sechsjährige Grundschule in Anbetracht der in Ihrer Arbeit gefundenen Ergebnisse im **Vergleich** zur **Förder- bzw. Orientierungsstufe** zu werten, die ab Ende der 50er Jahre zunehmend an Bedeutung gewann und heute in einigen Bundesländern mehr oder weniger erfolgreich umgesetzt ist?

Antwort 11: Diese Frage muß ich unter dem Vorbehalt behandeln, daß ich keine empirische Vergleichsanalyse vorgenommen habe und hier sehr stark eigene subjektive Meinungen einfließen lasse. Weiter möchte ich vorausschicken, daß ich die Begriffe Förder- und Orientierungsstufe im folgenden trotz der in meiner Arbeit beschriebenen Unterschiede synonym verwende und der Einfachheit halber durchgängig von "Förderstufe" spreche.

Zunächst einmal ist m.E. zu unterscheiden, ob die Förderstufe an die Grundschule oder die Sekundarschule angegliedert oder eine selbständige, organisatorisch völlig unabhängige Stufe ist.

Eine zweijährige Förderstufe als **organisatorisch unabhängige Stufe** hat den Nachteil eines mindestens zweimaligen Schulwechsels. Die Kinder können sich in dieser kurzen Zeit an die Lehrkräfte und die Schule wenig gewöhnen. Da unabhängige Förderstufen meist noch eine sehr große Jahrgangsbreite aufweisen, sind sie für die Schüler und Schülerinnen wenig überschaubar und bieten selten eine Stätte, in denen sich die Kinder geborgen fühlen. Zudem tritt sowohl mit der abgebenden Grundschule als auch mit der aufnehmenden Sekundarschule ein Koordinationsbedarf auf. Der Koordinationsbedarf und die Übergangsschwierigkeiten verringern sich, wenn die Förderstufe an die Grundschule oder Sekundarschule angegliedert ist.

Wenn sie an die **Sekundarschule angegliedert** ist, ist wiederum wichtig, ob dies eine integrierte oder eine additive Gesamtschule oder eine Schule des dreigliedrigen Systems ist. In bezug auf den letzteren Fall meine ich, daß der Sinn der Förderstufe nicht erfüllt ist, da die Entscheidung über die weitere Schullaufbahn hier weitgehend nach der vierten Grundschulklasse gefallen ist oder ein weiterer Schulwechsel mit den oben beschriebenen Nachteilen nötig ist. Fakultative Förderstufen an Hauptschulen oder an mit Realschulen verbundenen Hauptschulen haben den Nachteil, daß hier kaum Kinder angemeldet werden, die sich in der Grundschule als leistungsstark hervorgetan haben.

Förderstufen **an Gesamtschulen** oder Schulzentren gewährleisten eine Verschiebung der Entscheidung über die weitere Schullaufbahn um zwei Jahre. Dabei ist der Einschnitt nach Klasse 6 an additiven bzw. kooperativen Gesamtschulen oft größer als an integrierten, weil an letzteren der Klassenverband erhalten bleiben kann.

In allen diesen Fällen liegt aber ein gravierender Schulwechsel von der Grundschule auf die Sekundarschule im Alter von 10 Jahren vor. Es ist meist ein Wechsel vom kleinen überschaubaren, Geborgenheit bietenden System zum größeren, noch unbekannten System. Oft ist ein weiterer Schulweg zurückzulegen. In jedem Fall müssen gleichzeitig eine örtliche Umstellung, ein methodischer Wechsel, eine stärkere fachsystematische Orientierung, neue Fächer (z.B. eine Fremdsprache) und vor allem eine personelle Neuorientierung in einem relativ frühen Alter verkraftet werden. Zwar mag dies vielen Kindern gelingen, aber m.E. gibt es einen nicht unbeträchtlichen Anteil von Schülerinnen und Schülern, denen ein Übergang von der Primar- zur Sekundarschule zwei Jahre später leichter fällt. Andere behaupten, der Übergang mit 12 Jahren sei ungünstig, da er in die Zeit der Pubertät falle.[366] Bei vielen heutigen Kindern bzw. Jugendlichen beginnt die Pubertät jedoch mit 10 Jahren. Zumindest scheinen die Schülerinnen und Schüler mit 12 Jahren selbstsicherer und gefestigter als im Alter von 10. Dies zu belegen, bedarf es allerdings weiter gehender empirischer Untersuchungen.

Das z.T. gegen den Übergang im Alter von 12 Jahren angeführte Argument, die Kinder seien vor allem im Alter von 10 bis 12 besonders merkfähig, weshalb hier früh die gesteigerten

---

[366] Vgl. z.B. Wilhelm Piepers Beitrag in: Die Grünen - Landesverband Niedersachsen (Hrsg.): Auf dem Prüfstand: Erfahrungen und Perspektiven grüner Kinder-, Jugend- und Bildungspolitik, Bildungskongreß Lernen und Leben zwischen Individualität und Solidarität, Hannover, 6.2.1993, S.88

560

Anforderungen der Sekundarstufen einsetzen müßten,[367] trifft m.E. nicht. Mit der Möglichkeit der inneren - bei der Förderstufe teilweise äußeren - Differenzierung sind nämlich auch an der Primarschule Methoden vorhanden, unterschiedliche Kinder angemessen und anspruchsvoll zu fordern und zu fördern.

Bei einer **Angliederung der Förderstufe an die Grundschule** oder bei einer sechsjährigen Dauer der Grundschule gewinnt die Elementarschule an Möglichkeiten, länger, kontinuierlich und intensiv auf die Kinder einzuwirken und Ziele wie soziales, ganzheitliches und selbsttätiges Lernen umzusetzen. Viele der befragten Lehrkräfte und Grundschulexperten erwähnen, daß die Angliederung der Klassen 5 und 6 auch Auswirkungen auf die Pädagogik in den Klassen 1 bis 4 hat, weil wesentlich ruhiger und ohne die frühe Entscheidung, welche Sekundarschule gewählt werden soll, gearbeitet werden kann. Die Ergebnisse meiner Untersuchungen zu West-Berlin und Marburg bestätigen dies.

Bleibt noch gegeneinander abzuwägen, ob eine **sechsjährige Grundschule** oder eine vierjährige Grundschule mit Förderstufe zu bevorzugen ist. Der wesentliche Unterschied dieser beiden Modelle zeigt sich daran, wie die Frage beantwortet wird, ob in der Fremdsprache und der Mathematik eine äußere Differenzierung nötig ist.

Historisch war der schon ähnlich nach dem Ersten (Rein) und Zweiten Weltkrieg (Stein, Bäuerle, Bayerischer Lehrerverband u.a.) eingebrachte Gedanke des Deutschen Ausschusses von 1959, die Jahrgänge 5 und 6 zumindest teilweise äußerlich zu differenzieren, ein Kompromißangebot an konservative Gruppen, um ihren Widerstand gegen eine Verlängerung der Grundschuldauer zu mildern. Wie u.a. das erwähnte Beispiel Niedersachsen zeigt, war dies in den 60er und 70er Jahren z.T. durchaus wirkungsvoll. Heute gilt dies nicht, denn die Proteste der konservativen Gruppierungen gegen die obligatorische Förderstufe (in Niedersachsen: Orientierungsstufe) sind enorm. Sie sind zumindest nicht geringer als die Skepsis gegenüber der sechsjährigen Grundschule. Der Vorsitzende des mehrheitlich konservativen Berliner Landeselternausschusses Moers formulierte für mich überraschend, daß die Berliner Eltern, als sie die Kämpfe um die Förderstufe in Westdeutschland erlebten, froh waren, in Berlin die unkomplizierte und solide sechsjährige Grundschule zu haben.

Damit ist aber noch nicht geklärt, ob die partielle äußere Differenzierung in Klasse 5 und 6 pädagogisch sinnvoll ist oder nicht. Meine Ergebnisse zu Berlin weisen darauf hin, daß eine äußere Differenzierung nicht nötig ist, wenn genügend binnendifferenziert wird. Die West-Berliner Grundschulleitungen bevorzugen zumindest mit großer Mehrheit die innere Differenzierung und berichten, daß der gemeinsame Unterricht von Kindern unterschiedlicher Leistungsfähigkeit in Klasse 5 und 6 meist zur gegenseitigen Anregung führt.

Die äußere Niveaudifferenzierung schafft eine hierarchische Gruppierung, die von den Kindern oft negativ erlebt wird und zu Zielkonflikten zwischen Auslesenotwendigkeiten und

---

[367] Ein noch späterer Wechsel sei hier außer acht gelassen.

sozialen Lernzielen führen kann. In diesem Punkt stimme ich Wolfgang Klafki zu, der äußert, daß die äußere Niveaudifferenzierung jenes Element der Förderstufenkonzeption ist, "das angesichts der Zielsetzung, alle Kinder in längerem gemeinsamem Lernen optimal zu fördern, immer noch erhebliche Probleme aufwirft," daß sie "dominant ein Element der Selektion" ist und damit "eine strukturell bedingte Schwierigkeit" schafft.[368] Neben dem Verzicht auf äußere Differenzierung haben die von mir untersuchten sechsjährigen Grundschulen m.E. noch die Vorteile, daß sie auch bei geringer Jahrgangsbreite durchgeführt werden konnten und einen Einschnitt nach der Klasse 4 mit einem Wechsel der Lehrkräfte und des pädagogischen Konzepts vermeiden konnten. Meine durch West-Berlin, z.T. auch Hessen und Bremen gestützten Beobachtungen lassen vermuten, daß Grundschule und Eltern, wenn sie heute vor die Alternative Förderstufe oder sechsjährige Grundschule gestellt werden, meist eher die sechsjährige Grundschule bevorzugen.

Die genannten Vorteile der sechsjährigen Grundschule sind aber wohl nicht so gravierend, daß deshalb erfolgreich arbeitende Förderstufen an Grundschulen umgewandelt werden müßten. In **Hessen** ist es inzwischen sogar per Schulkonferenzbeschluß möglich, eine **Grundschule mit Förderstufe wie eine sechsjährige Grundschule zu gestalten**. In diesem Fall wäre es allerdings konsequenter, auch den Namen "Sechsjährige Grundschule" zuzulassen.

Aus meinem Blickwinkel ist es allerdings am wichtigsten, Förderstufen an die Grundschule anzubinden und der Grundschulreform folgende Konzepte zu verwirklichen.

Frage 12: Sie erwähnten Erfahrungen aus **West-Berlin**. Warum wurde dort die sechsjährige Grundschule bis heute erhalten?

Antwort 12: Ich sprach bereits davon, daß die Versuche der CDU/FDP-Koalition zur Wiedereinführung der vierjährigen Grundschule 1954 mißlangen, nur wenige grundständige Gymnasien zugelassen wurden und die nachfolgenden großen Koalitionen den status quo in der Schulorganisationsfrage vereinbarten. Die 50er Jahren waren zudem in West-Berlin im Vergleich zum westdeutschen Bundesgebiet bildungspolitisch durchaus nicht nur restaurativ, wie die Einführung eines zehnten Hauptschuljahres zeigte.

Das Aufleben einer innovativen bildungspolitischen Diskussion um den **Rahmenplan** und den **Bremer Plan** Ende der 50er, Anfang der 60er Jahre manifestierte sich in Berlin an der im wesentlichen von Carl-Heinz Evers erarbeiteten "Denkschrift zur inneren Schulreform" von

---

[368] Klafki, Gutachterliche Stellungnahme, in Kubina: Die sechsjährige Grundschule in Marburg. S.124. Hurrelmanns Untersuchungen von 1972 stützen die Auffassung, daß äußere Niveaudifferenzierung in der fünften Klasse zu früh einsetzt und im Vergleich zur inneren Differenzierung eher negative Auswirkungen hat. Vgl. Hurrelmann, Klaus: Auswirkungen der Leistungsdifferenzierung auf die Leistungs- und Sozialentwicklung der Schüler (1972). In: Keim, Wolfgang (Hg.): Kursunterricht - Begründungen, Modelle, Erfahrungen, Darmstadt 1987, S.398 - S.437

1962. Evers (SPD) argumentierte, nachdem er 1963 Tiburtius (CDU) als Schulsenator abgelöst hatte, auch in den folgenden Jahren - und das war neu - vorwiegend mit statistischem Material. Er führte damit die auch in anderen Bereichen (z.b. Stadtplanung) sich durchsetzende **empirische** Entwicklungsplanung in den Bildungsbereich mit ein. Zugleich war er ein typischer Vertreter der Schulreformer der 60er Jahre, die - wie er selbstkritisch rückblickend feststellte - zu starkes Gewicht auf bildungsökonomische Argumentationen legten. Entsprechend wurde auch die sechsjährige Grundschule mit einer besseren Ausschöpfung der "**Begabungsreserven**" und der im Vergleich zum westdeutschen Bundesgebiet führenden Position Berlins in der Abiturientenquote begründet. Durch den Vorschlag des Deutschen Ausschusses, eine Förderstufe einzuführen, fühlte sich der Berliner Senat zwar in der sechsjährigen Dauer der Primarstufe bestätigt, lehnte aber die Förderstufe ab, da sie gegenüber der sechsjährigen Grundschule keine Fortschritte brächte. Differenzierungsmaßnahmen in Klasse 5 und 6 wünschte sich der Senat weniger in der äußeren als in der inneren Form und schlug verschiedene gruppenunterrichtliche bzw. binnendifferenzierende Verfahren vor.

Einen weiteren "Begründungsschub" gewannen die Formen des verlängerten gemeinsamen Lernens in den 60er Jahren durch die seit den 20er Jahren erstmals wieder auftauchende **Kritik an** den vorherrschenden **Begabungstheorien**, die durch Heinrich Roth eingeleitet wurde. Die Leistungsfähigkeit wurde danach nicht mehr als eine vorwiegend ererbte und mit 10 Jahren weitgehend sichtbare stabile Eigenschaft angesehen, sondern als durch soziales und schulisches Umfeld sowie schulische Fördermaßnahmen beeinflußbar und nicht als von vornherein erblich begrenzt betrachtet. Daraus wurden in Berlin die verstärkte Notwendigkeit von Fördermaßnahmen und das Recht jedes Kindes auf intensivste Bildung und späte Selektionsentscheidung abgeleitet.

Angriffe der Berliner CDU-Opposition richteten sich in den 60er Jahren mehr auf eine zu starke Ausweitung der Gesamtschulversuche. Die sechsjährige Grundschule wurde in West-Berlin kaum mehr in Frage gestellt, allenfalls **Niveaukurse in Klasse 5 und 6** sowie eine **Ausweitung der grundständigen Gymnasien** gefordert. Das änderte sich selbst mit der Übernahme der Regierungsgewalt durch **CDU und FDP** von 1981 bis 1989 nicht. Die CDU-Schulsenatorin Laurien, als Verfechterin des dreigliedrigen Schulwesens bekannt, versuchte leistungsstarke Kinder in den Klassen 5 und 6 gesondert zu fördern, ließ aber die Grundschuldauer unangetastet. In einem Schreiben an mich begründete sie dies damit, daß sie einen polarisierten Streit in dieser für sie nachrangigen Frage vermeiden wollte, zumal für die Berliner die sechsjährige Grundschule selbstverständlich sei.

Generell ist in West-Berlin bei allen Parteien, Verbänden und Eltern seit den 60er Jahren ein breiter **Konsens in der Befürwortung der sechsjährigen Grundschule** festzustellen. Insofern gibt es Anlaß zur These, daß sich, wenn sie die ersten Auseinandersetzungen etwa 15 Jahre überdauert hat, die sechsjährige Grundschule ebenso etabliert, wie es die mindestens vierjährige Dauer der Grundschule getan hat. So ergaben meine Befragungen in West-Berlin, daß überwiegend und fast unumstritten die "Kraft des Faktischen" als wesentlicher Grund für den breiten Konsens genannt werden.

Daneben werden in starkem Maße auch die in der Grundschule geleistete Arbeit, die pädagogischen Verbesserungen und die pädagogischen Gründe (verlängerte Einwirkungsmöglichkeit und Schonzeit) für den hohen Zustimmungsgrad zur sechsjährigen Grundschule verantwortlich gemacht. Aber auch die von mir außerdem angesprochenen Gründe wurden von den befragten Experten und Verbandsvertretern bestätigt: bessere bzw. gesichertere Auslese, vermehrte Zuweisung zu Gymnasien sowie organisatorische und personelle Schwierigkeiten bei einer Rückkehr zur vierjährigen Grundschule. Offenbar erwies sich auch in Klasse 5 und 6 eine äußere Leistungsdifferenzierung als nicht dringlich, so daß das Förderstufenmodell wenig Anhänger fand. Zudem gab es mit den grundständigen Gymnasien sowie Latein- und Französischkursen in Klasse 5 und 6 für protestbereite Eltern ein Ausweichventil. Die grundständigen Gymnasien waren bisher aber in ihrer Zahl und in ihrem sprachlichen Angebot so begrenzt, daß sie nicht zur Gefährdung der sechsjährigen Grundschule führten.

Nachdem im Zuge der Wiedervereinigung während des kurzen Intermezzos der **SPD/AL**-Regierung die **sechsjährige Grundschule auch in Ost-Berlin eingeführt** wurde, weitet erst die 1991 gebildete **große Koalition** unter Führung der CDU die Ausnahmen von der sechsjährigen Grundschule aus. Die **CDU** nennt drei Begründungen: Erstens müsse den im Zuge der wiedererlangten Hauptstadtfunktion nach Berlin ziehenden Westdeutschen für ihre Kinder ein in den westdeutschen Ländern üblicher früher Übergang zu Gymnasien geboten werden. Zweitens sei die Fortführung ehemaliger Ost-Berliner Spezialschulen als grundständige Gymnasien nötig. Und drittens bringe die zu erwartende Kürzung des dreizehnten Schuljahrs die Notwendigkeit einer Erprobung von Gymnasien mit sich, die das 5. bis 12. Schuljahr umfassen.

Dennoch beteuern auch heute noch alle Berliner Parteien und Verbände, daß die obligatorische sechsjährige Grundschule sich bewährt habe und nicht aufgehoben werden soll.

Frage 13: Welche Erkenntnisse hat West-Berlin für die **pädagogische Gestalt** der sechsjährigen Grundschule erbracht?

Antwort 13: Zunächst einmal war zu untersuchen, welche pädagogische Gestalt die sechsjährige Grundschule in West-Berlin hat. Neben der einschlägigen Literatur und eigenen Hospitationen versuchte ich durch umfassende Befragungen von Grundschulexperten und Schulleitungen, auf diese Frage eine Antwort zu finden.

Danach sind unter dem Vorbehalt schwieriger Abgrenzungen und eingeschränkter Erhebungsmethoden die West-Berliner Grundschulen zu etwa 15 bis 25% **reformpädagogisch** orientiert, ebenfalls zu etwa 15 - 25% **sozialpädagogisch** ausgerichtet, etwa ein gleicher Prozentsatz hebt **musische und sportliche Aktivitäten** hervor. Allerdings weisen zugleich

etwa 25 - 35% **kein besonderes pädagogisches Profil** auf. Dagegen richten nur ungefähr 5 -
10% der Grundschulen in den Augen ihrer Schulleitungen ihren Blick primär auf **kognitive
Leistungsanforderungen**. Bei reformpädagogischen Grundschulen fällt neben ihrem steigenden Anteil auf, daß die Umgestaltungen wesentlich eher in den Anfangsklassen vorgenommen wurden und in den Klassen 5 und 6 noch Nachholbedarf besteht.
Generell ist die innere Reform in vielen West-Berliner sechsjährigen Grundschulen relativ
weit gediehen. Gezielte Fördermaßnahmen (80%), Binnendifferenzierung (60%), Förderung
und Integration der Kinder von Eltern ausländischer Herkunft (60%), Ausweitung verbaler
Beurteilungen (55%), Integration Behinderter (40%), Eltern- und Schulgemeindearbeit (33%),
musisch-künstlerische Bildung (32%) sowie freie Arbeit mit dem Wochenplan (28%) und
Projektunterricht (26%) werden häufig als Stichworte genannt, mit denen die Grundschulleitungen die pädagogische Gestalt ihrer Grundschule umschreiben.
Andererseits lassen sich je nach sozialer Zusammensetzung des Stadtviertels **große Unterschiede** in den West-Berliner Grundschulen ausmachen. In den Klassen 5 und 6 orientiert
sich ihr Unterricht je nach schichtenspezifischer Zusammensetzung der Schülerschaft eher an
der Hauptschule oder am Gymnasium. In den heterogenen Lerngruppen ist die Binnendifferenzierung - auch wenn die meisten Grundschulexpertinnen und -experten eine weitere
Ausweitung fordern - relativ verbreitet, so daß es offenbar kaum zu Problemen in Hinblick
auf einen niveauangemessenen Unterricht bzw. wahrgenommene kognitive Defizite kommt,
die die sechsjährige Grundschuldauer in Frage stellen könnten. Zumindest werden solche
Probleme im Bewußtsein der Schulleitungen in Relation zu den Komplexen "materielle und
personelle Ausstattung der Schule" sowie "soziale und psychische Situation der Schüler-
schaft" weit in den Hintergrund gedrängt.
Die Aufmerksamkeit der West-Berliner Grundschulpädagogen und -pädagoginnen richtet sich
eindeutig auf die veränderten **Bedingungen von Kindheit heute** und damit auf soziale
Aspekte des Lernens. Hier scheint die **Sechsjährigkeit** der Grundschule, durch längere
Einwirkungsmöglichkeiten, verringerten Selektionsdruck und weniger auf Trennung als auf
Gemeinsamkeit angelegtes Lernen **Vorteile** zu bieten. Zumindest empfinden dies in West-
Berlin neben den schon erwähnten Verbänden, Parteien, Grundschulexperten und -expertin-
nen in ihrer großen Mehrheit (95%) auch die Grundschulleitungen.
West-Berlin zeigt aber auch, daß die Chancen der sechsjährigen Grundschule in einer
Verbindung mit innerer Reform liegen. Diese Möglichkeiten sind nach Einschätzungen von
bildungspolitisch und pädagogisch engagierten West-Berliner Personen verschiedener politischer Coleur allerdings auch dort noch längst nicht ausgeschöpft.

Frage 14: Lassen sich aufgrund der vorliegenden Erfahrungen hinreichend begründete
Aussagen darüber treffen, mit welchem **Alter** (ggf. in welchem Fach) eine **Trennung** in
Lerngruppen nach dem jeweiligen Leistungsniveau nötig ist?

Antwort 14: Im Grunde genommen ist nur klar, daß es keinen solchen für alle Kinder und Jugendlichen "richtigen" Zeitpunkt gibt.

Die für die **Grundschuldauer** debattierten Zahlen drei, vier, sechs oder acht sind primär **historisch-national bestimmt**. Auch fünf, sieben, neun oder zehnjährige Grundschulen wären denkbar, wenn die Realisierungen und pädagogischen Ausgestaltungen der Elementarschulen im Ausland betrachtet werden.[369] Unbestritten findet mit zunehmendem Alter eine kognitive Auseinanderentwicklung statt. Aber auch in der ersten Klasse kann es schon zu sehr leistungsheterogenen Gruppen kommen. Die weitere Entwicklung kann bei Kindern und Jugendlichen in keinem Lebensalter generell sicher prognostiziert werden. In jedem Fall ist es m.E. zweifelhaft, bei Kindern eine hierarchisch gestufte Festlegung vorzunehmen, die zudem noch die Aufmerksamkeit allein auf die kognitiven Äußerungen des Kindes richtet. Zumindest für die Erreichung auf soziales und ganzheitliches Lernen ausgerichteter Ziele scheint dies problematisch.

Andererseits ist es unstrittig, daß es für Schülerinnen und Schüler **subjektangemessene, differenzierte Förderungen** und Anforderungen geben sollte. Fachlich spezifiziert dominieren - auch unter den West-Berliner Grundschulleitungen - die Auffassungen, die vor allem in der ersten Fremdsprache und Mathematik, z.T. auch im Fach Deutsch, Differenzierungen im Anspruchsniveau als notwendig ansehen.

Die eigentliche Frage ist nun, ob und wenn ja, mit welchem Alter eine Trennung in niveaudifferenzierte Fachlerngruppen, Klassen oder Schulen notwendig ist oder ob bzw. bis wann gezielte und differenzierte Angebote in leistungsheterogenen Gruppen sinnvoller sind. Auch die Ergebnisse dieser Arbeit geben für diesen Grundsatzstreit keine hinreichende Antwort. Aber die West-Berliner und Marburger Erfahrungen legen nahe, daß bei innerer Differenzierung auch in heterogenen Gruppen bis zum zwölften Lebensjahr keine äußere niveaudifferenzierte Trennung notwendig ist und eher gegenseitige Anregungen und positive soziale Wirkungen des gemeinsamen längeren Lernens überwiegen.

Frage 15: Sie führen hier auch Ihre Untersuchungen des bisher einzigen Schulversuchs "Sechsjährige Grundschule" an, der außerhalb Berlins und Brandenburgs besteht: die **Otto-Ubbelohde-Schule in Marburg**. Arbeitet diese Schule so erfolgreich, daß eine Ausweitung von Schulversuchen zu empfehlen ist?

Antwort 15: Für den Marburger Schulversuch, der im Gegensatz zu West-Berlin und Brandenburg die **fakultative sechsjährige Grundschule** beinhaltet, zeigen meine Hospitationen

---

[369] Die Grundschuldauer beträgt z.B. 5 Jahre in Frankreich, Italien, den Ländern der ehemaligen UdSSR und in der Türkei; sie beträgt u.a. 6 Jahre in Finnland, Belgien, Luxemburg und weitgehend in Großbritannien, 7 Jahre in Schottland, 8 Jahre in den Niederlanden, Spanien, Rumänien und in den Gebieten des ehemaligen Jugoslawien sowie schließlich 9 Jahre in Dänemark, Schweden und Norwegen. Vgl. Becher, Hans Rudolf und Bennack, Jürgen (Hg.): Taschenbuch Grundschule. Hohengehren 1993, S.359 sowie Heyer/Valtin S.13

und Interviews, daß diese sechsjährige Grundschule gerade wegen ihrer **reformpädagogischen Ausrichtung** breite **Zustimmung** findet. Auf diese Ausrichtung weist auch die Tatsache hin, daß schon vor Antragstellung innere Reformen an der Schule stattfanden und die Eltern entsprechende Ausweitungen forderten. Erst als der Schulversuch auf sechsjährige Dauer mit einem reformpädagogischen Konzept verbunden und entsprechend von Erziehungswissenschaftlern unterstützt wurde, genehmigte ihn 1986 das Kultusministerium.

Bei der Realisierung dieses Konzepts zeigten sich große **Erfolge**, die allerdings auch von den **Lehrpersonen abhängig** waren. So war nicht nur das Verhältnis der Lehrkräfte zu ihren Schülerinnen und Schülern sehr unterschiedlich, sondern auch die Gestaltung der insgesamt erfolgreichen **binnendifferenzierenden** Arbeit mit dem Wochenplan.

Während Schüler und Schülerinnen, die auch vom Elternhaus zur Selbständigkeit erzogen werden, von den mit dem Wochenplan verbundenen Freiheiten stark profitierten, gab es bei Kindern Schwierigkeiten, die ein rigide oder aber überbehütend erziehendes Elternhaus hatten. Die Berücksichtigung individuell unterschiedlicher Sozialisationen, Interessen, Fähigkeiten und Möglichkeiten der Kinder mit den Prinzipien des sozialen Lernens zu koordinieren, empfanden viele Lehrkräfte als eine nicht immer leicht zu bewältigende Aufgabe.

Häufig wurde im Kollegium eine zu häufige Verwendung von Arbeitsblättern kritisch bewertet. Um der mit der Wochenplanarbeit verbundenen Gefahr einer zu individualisierten, oberflächlichen und konsumorientierten Arbeitsweise zu begegnen, richtete die Ubbelohde-Schule erfolgreich intensive **Projektarbeit** und **gemeinschaftsbildende Elemente** wie den sogenannten "**Klassenrat**" ein. Daduch konnte die Gefahr eines Zerfalls der Klasse weitgehend aufgehoben werden. Auch in den Augen der Schülerinnen und Schüler erwies sich der Klassenrat als Mittelpunkt des Schullebens und als Ort für soziales Lernen, der eine notwendige Ergänzung zur Binnendifferenzierung darstellte.

Generell scheinen für die positive Einschätzung des Schulversuchs durch die befragten **Schülerinnen und Schüler** die als intensiv empfundenen Beziehungen zu den Personen der Schule (Lehrkräfte, Mitschüler und -schülerinnen, Hausmeister) eine wichtigere Rolle zu spielen als Aspekte der methodischen Gestaltung des Unterrichts. Andererseits konnten die Arbeit nach dem Wochenplan, Projekte u.a. die Verhältnisse zu den Mitschülern und -schülerinnen verbessern, weil mehr Möglichkeiten zur Zusammenarbeit, größere Freiräume für Gespräche und Freundschaften und intensivere Beziehungen zu den Lehrkräften entstanden.

Auch wenn die Verlängerung der Grundschulzeit in ihrem Bewußtsein weniger stark hervortrat, waren sich die befragten Schülerinnen und Schüler in ihrer positiven Einschätzung des Schulversuchs einig. Zudem erwähnten sie, meist "Spaß am Lernen" gehabt zu haben.

Trotz der Freude am Lernen dominierte nicht das Lustprinzip. Vor allem in den höheren Klassen werden auch an dieser Schule Kinder auf gymnasiale Anforderungen eingestellt und **kognitive Ansprüche** erfolgreich durchgesetzt. Dabei gelingt es in vielen Fällen, diese mit den übrigen Zielen des Schulversuchs zu verbinden und Zwang zu reduzieren. Jedoch können entsprechende Erwartungen der Eltern und Kinder von den Lehrkräften nicht immer erfüllt werden, so daß der **Anforderungsdruck der Gymnasien**, vor allem, seitdem 1987/88 wieder fünfte Klassen in Gymnasien zugelassen wurden, von den Lehrkräften als Belastung empfunden wird. Mit der Verlängerung der Grundschule wurde jedoch zumindest die vierte Klasse von diesem Druck befreit.

Mitentscheidend für die Erwartungen der **Eltern** scheint auch ihre soziale Herkunft. Unbestritten ist der Anteil **akademisch gebildeter reformorientierter Eltern** an dieser Schule überproportional hoch. Typisch für diese Elterngruppe scheint die **Ambivalenz in ihren Erwartungen** zu sein. Einerseits begrüßen sie den auf Selbständigkeit und Solidarität ausgerichteten pädagogischen Stil der Ubbelohde-Schule, andererseits befürchten sie nicht selten, daß ihre Kinder mit dem dort entwickelten sozialen Verhalten im Gymnasium Schwierigkeiten bekommen werden. Dabei vermuten sie, daß auf dem Gymnasium anonymer, mit weniger Freiheiten, alleine und unter höherem Druck gearbeitet werden müsse. Diese Bedenken sind jedoch durch die Berichte von positiven Lernentwicklungen der Schülerinnen und Schüler der Ubbelohde-Schule auf den weiterführenden Schulen geringer geworden. Dennoch wird wegen der Erwartungen der Eltern in bezug auf Übergänge zum Gymnasium inzwischen mehr Frontalunterricht abgehalten. Allerdings überwiegt nach wie vor die selbständige Erarbeitung von Unterrichtsinhalten. Die geringsten Umstellungsprobleme haben offenbar Schülerinnen und Schüler, die zur Gesamtschule oder zum privaten gymnasialen Landerziehungsheim am Ort wechseln. Aus all diesen Gründen gehen nach der sechsten Klasse die meisten Kinder nach Absprache der Eltern in eine gemeinsame Klasse der Gesamtschule (z.T. auch des Landerziehungsheims) über.

Daneben fiel bei den Befragungen die große Zufriedenheit auf, die die Eltern gegenüber den reformorientierten Unterrichtsmethoden wie Wochenplan, offenes Angebot, Projektunterricht u.ä. äußern. Auf diese Elemente führen sie es zurück, daß ihre Kinder inzwischen selbständiger und kooperativer arbeiten und gern zur Schule gehen. Zudem glauben sie, daß ihren Kindern der mangelnde Selektionsdruck und die durch die verlängerte Grundschulzeit erreichte Kontinuität sehr gut getan haben.

Da die **Prognosen** der Lehrkräfte der Ubbelohde-Schule bei ihren Schülerinnen und Schülern in Hinblick auf die gezeigten Leistungen meistens sehr gut zutreffen, wurde auch die These gestützt, daß die Voraussagen über die weitere Lernentwicklung nach der sechsjährigen Grundschule gesicherter sind als nach der vierjährigen.

Vom Versuchsschulstatus unabhängige Probleme, die der Schulversuch, bedingt durch die verlängerte Grundschulzeit, mit sich bringen könnte, wie etwa fehlende äußere Differenzierungen bzw. möglicherweise zu geringe kognitive Anregungen für leistungsstarke Kinder, wurden weder von Kindern, Eltern und Lehrkräfte genannt noch waren sie von mir auszumachen. Zwar differenzieren sich die Persönlichkeiten der einzelnen Kinder mit wachsendem Alter weiter aus, zugleich nimmt aber auch das Verständnis und die Möglichkeit der Kinder zu, mit Unterschieden angemessen umzugehen. Da für die Persönlichkeitsentwicklung der Kinder besonders das fünfte und sechste Schuljahr relevant sind, scheint es wichtig, daß eine konzeptionell auf die Entwicklung von Selbständigkeit und Solidarität ausgerichtete Grundschule die Jahrgänge 5 und 6 erhält.

Vor allem in einer Verbindung der Aspekte "Berücksichtigung des Individuums" und "soziales Lernen in einer stabilen und langfristigen Gemeinschaft" liegt m.E. die Stärke dieses Schulversuchs.

Das Marburger Beispiel belegt, daß eine reformpädagogisch geprägte sechsjährige Grundschule, auch wenn sie nicht flächendeckend eingeführt ist, in einem reformorientierten und akademisch geprägten Stadtviertel den Kindern eine Entwicklung zu ausgeprägter Selbständigkeit, sozialer Sensibilität und emotionaler Stabilität ermöglichen kann, ohne kognitive Lernleistungen zu beeinträchtigen. Eine **Ausweitung** solcher Versuche - und damit verbundener wissenschaftlicher Untersuchungen - ist m.E. nicht nur sinnvoll, weil der Marburger Schulversuch zur Zufriedenheit aller Beteiligten die Schullandschaft bereichert und bisher noch von keiner Seite in nennenswerter Weise kritisiert wurde, sondern auch, weil die bisherigen Ergebnisse mit fakultativer sechsjähriger Grundschule durch **Versuche in anders zusammengesetzten Stadtvierteln** zu bestätigen sind.

Frage 16: Wenn sie die Erfahrungen der **Gemeinschaftsschulen** der Weimarer Republik mit **gegenwärtigen sechsjährigen Grundschulen** in Berlin und dem Schulversuch in Marburg **vergleichen**: Könnten die damaligen Erfahrungen heute noch etwas für die Gestaltung von sechsjährigen Grundschulen erbringen?

Antwort 16: Sicher haben sich die historischen Rahmenbedingungen verändert, aber es ist immer wieder erstaunlich, welch reichhaltige **Fundgrube** die Konzepte und Erfahrungen der Gemeinschaftsschulen zur Zeit der Weimarer Republik für die heutigen reformorientierten Grundschulen bieten. Zwar zeigen die heutigen Grundschulen in West-Berlin, daß offenbar auch diejenigen sechsjährigen Grundschulen zufriedenstellend arbeiten, die kein besonderes Profil vorweisen, doch sind die Erfahrungen der damaligen Gemeinschaftsschulen für die sechsjährigen Grundschulen sehr wohl wichtig, da die dort erprobten inneren Reformen den Zusammenhalt der Klassen und gegenseitige Anregungen im fünften und sechsten Schuljahr verbessern und damit die Qualität der verlängerten Grundschuldauer zum Ausdruck bringen können. Insbesondere gewinnt eine fakultative sechsjährige Grundschule wie die Marburger erst durch die **Koppelung von reformpädagogischem Konzept und längerer Grundschuldauer** an Attraktivität.

Dies haben sowohl die Ubbelohde-Schule Marburg als auch zunehmend Berliner Grundschulen erkannt. Wie die Gemeinschaftsschulen versuchen sie, den Lernprozeß durch Selbsttätigkeit und Lernen nach Neigungen zu individualisieren und zugleich eine starke Gemeinschaftsorientierung durch gegenseitige Hilfe, gemeinsame Feiern, Exkursionen und Projekte sowie gemeinsame Aussprachen zu sozialen Konflikten und inhaltlichen Themen des Lernens zu verwirklichen. Die von mir angesprochenen Grundelemente "sich selbstregulierende Gemeinschaft", "Neigungslernen", "selbsttätiges Arbeiten", "ganzheitliches Lernen", "jahrgangsübergreifende Gruppen" und "Verzicht auf Benotung" sind mehr oder weniger auch wesentliche Aspekte dieser heutigen sechsjährigen "Reformgrundschulen". Nach der in der nationalsozialistische Epoche gewonnenen Erfahrung bzgl. der Integration des Gemeinschaftsgedankens in die Führerideologie ist allerdings besonders zu betonen, daß Gemeinschaftsbildung im Sinne kritisch-konstruktiver Konfliktregelung verstanden werden muß. Durchlebten einige damalige Gemeinschaftsschulen, wie z.b. die Berlinertor- und die Wendeschule in Hamburg, in bezug auf gemeinschaftsorientierte Selbstregulation zudem einige Klärungsprozesse, die später auch die antiautoritäre Erziehungsbewegung und heutige Freie Schulen durchmachten, so konnten die heutigen "Reformgrundschulen" auf diese Erfahrungen zurückgreifen und einen Erziehungsstil des "Aushandelns" realisieren. Hierzu dient heute auch das Element des "Klassenrates" (z.T. auch der "offene Anfang"). Zudem wird häufig die damals begonnene institutionalisierte Mitbestimmung der Schülerinnen und Schüler praktiziert.

Für das selbsttätige Arbeiten und das Lernen nach Neigungen wurden vor allem die "freie Arbeit" und das "Lernen nach dem Wochenplan", aber auch wieder freie Arbeitsgemeinschaften und Neigungskurse[370] an heutigen "Reformgrundschulen" eingeführt. Auch ganzheitliches Lernen streben diese sechsjährigen Grundschulen heute noch an. Während die Marburger Schule teilweise fachübergreifenden Unterricht realisiert, sind die West-Berliner Grundschulen mit ihrem weitgehend ungefächerten Unterricht in den Klassen 1 bis 4 hier schon länger Vorreiter.

Jahrgangsübergreifende Aktivitäten werden in Marburg im "offenen Angebot" und durch das Patensystem verwirklicht. Auch wenn sich das Jena-Plan-System mit jahrgangsübergreifenden Gruppen von 1 - 3 und 4 - 6 weder bei den damaligen Gemeinschaftsschulen noch bei den heutigen sechsjährigen Grundschulen durchsetzte, ist es doch an wenigen Grundschulen mit Förderstufe (z.B. Reformschule Kassel) eingeführt worden und bietet auch manchen Grundschulen (z.b. in Kiedrich) Anlaß, sich für die sechsjährige Grundschuldauer zu interessieren. Auch Bemühungen um einen Ersatz der Ziffernnoten durch verbale Beurteilungen sind in heutigen "Reformgrundschulen" aktuell und in Berlin für die ersten Grundschuljahre obligatorisch.

Grundlegend gewandelt haben sich die **Rahmenbedingungen** und das Klima an heutigen Schulen, und zwar z.T. in die von den Gemeinschaftsschulen vorgelebte Richtung. Heute ist der Verzicht auf Prügelstrafe in allen Schulen selbstverständlich. Das Verhältnis zwischen

---

[370] Siehe z.b. das "offene Angebot" an der Ubbelohde-Schule Marburg oder die Berliner "Interessen-Arbeitsgemeinschaften"

Schülerinnen bzw. Schülern und Lehrkräften hat sich - wie generell die Atmosphäre heutiger Schulen - humanisiert und demokratisiert. Die Curricula sind modernisiert und von "volkstümlichen" Bildungskonzepten ebenso befreit worden wie von kirchlicher Bevormundung. Der schon in den Gemeinschaftsschulen angestrebte Abbau von sozialer Benachteiligung ist vorangeschritten, Formen verlängerten gemeinsamen Lernens und Bildungsangebote insgesamt sind ausgeweitet worden.[371] Als neue Herausforderung stehen die Integration von behinderten Kindern und die Einbindung von Kindern mit Eltern ausländischer Herkunft auf der Tagesordnung.

Auch wenn unter diesem Blickwinkel einige Errungenschaften der Gemeinschaftsschulen zur Normalität geworden sind und sich inzwischen viel verändert hat, können diese Schulen - selbst in der Perspektive der **Bedingungen heutiger Kindheit** - vielfältige Anregungen geben. Als solche Bedingungen werden häufig eine zu stark mediatisierte Umwelt, eingeschränkte Erfahrungsräume für Kinder, zunehmende Berufstätigkeit von beiden Elternteilen bzw. ein größerer Anteil von Alleinerziehenden sowie steigende Defizite im Bereich sozialer und gemeinschaftsorientierter Lernprozesse u.a. ausgemacht. Erziehungswissenschaftler und -wissenschaftlerinnen fordern daher, in den Grundschulen stärkeres Gewicht auf kontinuierliche und intensive personelle Bindungen, auf ganzheitliches Lernen aus erster Hand, auf das außerschulische Umfeld, auf soziales Lernen und auf Erziehung zu Selbständigkeit und gestärkter Persönlichkeit zu legen.[372] Damit sprechen sie sowohl innere als auch äußere Reformen an, die kontinuierliches gemeinsames Lernen verbessern. Da die Gemeinschaftsschulen in diesen Bereichen große Erfolge erzielten, sind sie m.E. für die heutigen bildungspolitischen Debatten ebenso aktuell wie für die innere Gestaltung von sechsjährigen Grundschulen. Zugleich bilden die Bedingungen heutiger Kindheit ein gewichtiges Argument für entsprechend weiterentwickelte sechsjährige "Reformgrundschulen".

Frage 17: Sie sprechen hier von einem neuen Argument für sechsjährige Grundschulen und erwähnten bereits die Begründungen, die in den Auseinandersetzungen zu Beginn der Weimarer Republik eine Rolle spielten. Welche **Veränderungen und Kontinuitäten** sind in den jeweiligen **Argumentationen** festzustellen?

---

[371] vgl. z.B. Klemm u.a. S.48ff
[372] vgl. z.B. Preuss-Lausitz u.a. (Hrsg.): Selbständigkeit für Kinder - die große Freiheit? Weinheim und Basel 1990; Büchner, Peter: Einführung in die Soziologie der Erziehung und des Bildungswesens. Darmstadt 1985, S.118ff und Büchner in Kubina, Christian (Hrsg.): Die sechsjährige Grundschule in Marburg. Zur Alltagspraxis eines Schulversuchs und zur Geschichte einer pädagogischen Idee. Hessisches Institut für Bildungsplanung und Schulentwicklung (HIBS), Materialien zur Schulentwicklung H.17, Wiesbaden 1992, S.107ff; Senator für Bildung und Wissenschaft (Hg.): Innovation und Kontinuität, Empfehlungen zur Schulentwicklung in Bremen, Bericht der Kommission zur Weiterführung der Schulreform in Bremen, Bremen, Februar 1993, S.21

Antwort 17: Auch hier sind sowohl starke Kontinuitäten als auch Akzentverschiebungen und neue Argumente zu beobachten.[373]

Gehen wir zunächst die Argumente der **Befürworter der sechsjährigen Grundschule** durch, so haben die Hinweise auf positive **sozialintegrative Wirkungen** der verlängerten Grundschuldauer heute wie damals eine starke Bedeutung. Sie werden im übrigen auch von den Gegnern nicht bestritten.[374] Auch die Behauptung, daß in heterogenen Lerngruppen eine stärkere gegenseitige Anregung der Kinder stattfindet als in homogenen Gruppen, wurde seit 1920 kontinuierlich vertreten. Die Befürworter der sechsjährigen Grundschule warnten im übrigen durchgängig vor zu frühen Übergangsentscheidungen, da sich Kinder noch weiter entwickeln und der weitere Bildungsweg länger offen bleiben müsse. Besonders unter dem Blickwinkel der sozialselektiven Wirkung der Schule wurde von einer frühen Auslese abgeraten. Vor allem Arbeiterkinder würden bei einer frühen Selektion benachteiligt. Auch wenn inzwischen in bezug auf die Chancengerechtigkeit historische Fortschritte erzielt wurden, so spielt dieses Argument doch auch heute noch eine Rolle, da erstens die sozialen Benachteiligungen nicht aufgehoben sind und zweitens Kinder von Ausländern die Gruppe unterprivilegierter Schülerinnen und Schüler erweitern.

Die größten zeitlich bedingten **Unterschiede** lassen sich in den Begründungen der Befürworter in bezug auf die **gesellschaftliche** Wirkung einer verlängerten Grundschuldauer feststellen. 1920 wurden die Schulreformer von einer starken Hoffnung getragen, die Gesellschaft bewege sich auf eine demokratischere, konfliktfreiere und sozialere Gemeinschaft zu, in der eine gemeinsame Erziehung aller Kinder ein gut Teil zu einer solchen Entwicklung zu einem "neuen Menschen" beitragen könnte. Auch nach dem Zweiten Weltkrieg wurde von den Besatzungsmächten und deutschen Schulreformern die sechsjährige Grundschule vor allem deshalb vorangetrieben, weil sie hofften, mittels gemeinsamer Schulerziehung den preußischen Untertanengeist durch eine demokratische Haltung ersetzen zu können.

In den 60er Jahren dagegen betonten die Protagonisten des verlängerten gemeinsamen Lernens, durch entsprechende Schulreformen "Begabungsreserven" fördern und die ökonomische Potenz der Gesellschaft im internationalen Wettbewerb erhöhen zu können. Mit dem Aufleben der empirischen und sozialwissenschaftlichen Methoden drangen Begründungen in den Vordergrund, die für die sechsjährige Grundschule eine bessere Prognosesicherheit und höhere Abiturientenzahlen statistisch belegten. Beides seien vor allem unter dem Gesichtspunkt gesellschaftlicher Effizienz wichtige Kriterien. Zu erzielende positive soziale Wirkungen und Bewußtseinsveränderungen blieben argumentativ untergeordnet.

---

[373] Die heutigen Argumentationen lassen sich z.B. gut an den Stellungnahmen der Kultusministerien der Länder von 1991 verfolgen, die in Heyer/Valtin auf S.25 - S.35 abgedruckt sind. Sie bieten auch die Grundlage für meine folgenden Bemerkungen.

[374] vgl. z.B. die Stellungnahme des Bayerischen Staatsministeriums für Unterricht, Kultus, Wissenschaft und Kunst in Heyer/Valtin, S.26

Der Demokratisierungsschub Ende der 60er, Anfang der 70er Jahre lenkte die Aufmerksamkeit der Schulreformer dagegen erneut auf mögliche emanzipatorische und enthierarchisierende Implikationen des verlängerten gemeinsamen Lernens.

Nachdem diese Hoffnungen - z.T. wegen steckengebliebener Reformen, z.T. wegen überspannter Erwartungen - zu nicht geringem Anteil enttäuscht wurden, dominiert heute wiederum die Ansicht, daß gesellschaftliche Auswirkungen von Schulreformen sehr begrenzt seien.[375] Nunmehr richtet sich das Augenmerk der Befürworter von Schulreformen wie der sechsjährigen Grundschule auf die **Folgen für das Individuum.** Es wird weniger die Frage gestellt: "Was bringt die sechsjährige Grundschule für die Gesellschaft?" als: "Was bringt die sechsjährige Grundschule für das Kind?" Entsprechend werden die Bedingungen analysiert, in denen Kinder heute aufwachsen, und Konsequenzen für die Schule abgeleitet.[376] Stichworte wie "Schule als Lebensraum", "Schonzeit", "kindgerechte Schule", "ganzheitliche Erziehung", "ruhige, kontinuierliche Lernbedingungen", "personelle Konstanz bei Mitschülern und Lehrkräften" dominieren in Argumentationen, die die sechsjährige Grundschule in reformpädagogischer Gestalt in den Mittelpunkt der Diskussion stellen. Eine solche Schule leiste es, das Fächerungsprinzip den Kindern in allmählichen Schritten zu vermitteln.[377] Vor allem aber biete die sechsjährige Grundschule eine längere Zeit für erzieherische Einwirkungen und günstigere Bedingungen für die Entfaltung von sozialem Lernen, da kein früher Auslesedruck die Kinder und Lehrkräfte belaste. Dagegen schaffe ein früherer Schulwechsel Probleme durch längere Schulwege, neue soziale Bezugssysteme, neue Lehrkräfte und einen in diesem Alter häufig schwer zu verkraftenden Verlust von Freunden bzw. Freundinnen.[378]

Mit den erprobten Möglichkeiten der inneren Differenzierung und mit den inzwischen fortgeschrittenen Ergebnissen in der Begabungsforschung, die belegen, daß keine zu einem bestimmten Zeitpunkt stabilen und nicht weiter förderbaren Begabungen existieren, besitzen die Befürworter der sechsjährigen Grundschule heutzutage zudem Argumente, die die Begründungssysteme der Gegner der verlängerten Grundschuldauer schwächen.

Damit kommen wir zu den Argumenten der **Gegner der sechsjährigen Grundschule.** Hier läßt sich m.E. eine **größere Kontinuität** feststellen als in den Begründungslinien der Befürworter. Auch hob der konservative Block schon immer stärker auf individuumsbezogene Kriterien wie etwa unterschiedliche Begabungen ab, um die Schädlichkeit einer Grundschulzeitverlängerung zu belegen.

---

[375] Dies schließt nicht aus, das realistische Bilanzen der vergangenen Schulreformen gezogen werden, die auch auf gesamtgesellschaftlich positive Wirkungen der Reformbewegung hinweisen. Vgl. z.B. Klemm u.a. sowie Klafki, Wolfgang: Zur pädagogischen Bilanz der Bildungsreform (1982). In: Gewerkschaft Erziehung und Wissenschaft - Landesverband Hessen (Hg.): Konturen moderner Erziehungswissenschaft und Bildungspolitik. Ein Quellenband zur bundesdeutschen Schulreform 1965 - 1990, Bad Homburg v.d.H. 1990, S.249 - S.270

[376] vgl. z.B. Heyer/Valtin S.10f

[377] vgl. z.B. die Stellungnahme des Brandenburgischen Ministeriums für Bildung, Jugend und Sport in Heyer/Valtin S.27

[378] vgl. z.B. Heyer/Valtin S.10f

Daneben spielten jedoch zwei Argumentationsstränge eine wichtige Rolle, die auf **gesell-schaftliche Auswirkungen** bezogen waren. Die erste, zu allen hier diskutierten Zeiten verwendete Begründungslinie behauptet, daß es für die kulturelle, ökonomische und politische Leistungsfähigkeit eines Staates vor allem auf die Ausbildung einer hochqualifizierten und gebildeten Führungsschicht ankomme. Wurden nach dem Ersten Weltkrieg die Kulturleistungen der deutschen Vorkriegselite hochgehalten, um das bestehende Schulwesen zu legitimieren, so mußten sie nach dem Zweiten Weltkrieg dafür herhalten, traditionell konservative Institutionen wie Kirche, Universitäten und (humanistische) Gymnasien in den Mittelpunkt der Schulpolitik zu stellen. Auch wenn dies durchaus im Glauben geschah, eine Abkehr des deutschen Volkes vom Nationalsozialismus durch eine humane Führungselite zu erreichen, so wurde damit eine umfassende und demokratisierende Bildung breiter Schichten vernachlässigt. Bis heute lebt dieses postulierte **Primat der Ausbildung der Führungsschichten** zumindest implizit fort, um zu begründen, warum Schulorganisationsveränderungen das Gymnasium nicht antasten dürften. Durch die mögliche Streichung des 13.Schuljahres gewinnt das Argument, die 5. und 6.Klasse müsse dem Gymnasium verbleiben, da sonst die für ein späteres Studium notwendigen Voraussetzungen nicht erreicht werden könnten, in den aktuellen Diskussionen - etwa in Berlin - noch an Bedeutung.

Der zweite, auf gesellschaftliche Bedingungen abzielende Argumentationsstrang betrifft die Anfang des Jahrhunderts aufgestellte und bereits mehrfach erwähnte These, es bestehe eine Art "natürliche" bzw. "organisch entwickelte" "prästabilierte Harmonie" zwischen einer jeweils dreigliedrigen Begabungs- und ökonomisch-beruflichen Gesellschaftsstruktur, die ihren Ausdruck in einer dreigliedrigen Schulorganisation finden müsse. Insofern solle der "theoretische Begabungstyp" in einer ausreichenden Zeit wissenschaftlich ausgebildet werden, um Fürungsaufgaben in der Gesellschaft qualifiziert ausfüllen zu können. Analog brauche auch der "theoretisch-praktische Typ" im mittleren und der "praktische Typ" im Volks- bzw. Hauptschulwesen genügend spezifische Ausbildungszeit, um ihn für seine späteren vermittelnden bzw. ausführenden Tätigkeiten zu befähigen. Nachdem die Typenlehre in den sechziger Jahren mit erdrückenden wissenschaftlichen Belegen bezweifelt worden war, wurde die Dreigliedrigkeit des Sekundarschulwesens durch den funktionellen Argumentationsansatz legitimiert, der allein noch auf eine **Trichotomie der Ausbildungsanforderungen** abhob. Diese Begründungen tauchen zumindest partiell auch heute noch in Stellungnahmen konservativ regierter Länder auf.[379]

Dominierend blieben bei den Gegnern der sechsjährigen Grundschule aber immer auf das **Kind als Individuum** bezogene Argumente. Dabei war und ist die Behauptung zentral, daß

---

[379] So argumentieren die Kultusministerien von Bayern und Rheinland-Pfalz noch 1991, daß durch eine verlängerte Grundschule nicht nur den Gymnasien zu wenig Zeit bleibt, sondern auch der um zwei Jahre verkürzten Hauptschule für eine notwendige spezielle Berufsvorbereitung zu wenig Zeit zur Verfügung steht. Vgl. Heyer/Valtin S.25 (Bayern) und S.33 (Rheinland-Pfalz), zur Schulzeitverkürzung auch: S.34ff (Sachsen und Thüringen)

etwa im Alter von zehn Jahren die kognitiven Differenzen so groß werden, daß es für das jeweilige Kind besser sei, in möglichst homogenen Lerngruppen bzw. Unterrichtsanstalten beschult zu werden.[380] Da gerade das Alter von 10 bis 12 eine fruchtbare Zeit für spezielle kognitive Förderungen sei, habe es das leistungsfähige Kind am einfachsten, wenn es früh das Gymnasium besuchen könne. Im Gegensatz zur sechsjährigen Grundschule, die nur Englisch anböte, sei durch die verschiedenen Gymnasialangebote auch eine frühe Wahl der Fremdsprachen möglich. Die besondere fachqualifizierte Ausbildung der Gymnasiallehrkräfte erlaube für diese Kinder eine frühe fachliche, spezifizierte und effiziente Bildung, die Grundschulen vor allem bei kleinen Kollegien nicht bieten könnten. Blieben die Kinder zwei Jahre länger auf der Grundschule, so lauten heute wie damals die Argumente konservativer Gruppierungen, komme es zu einer **Unterforderung leistungsstarker** und zu einer **Überforderung und Frustration leistungsschwacher Kinder.** Für die individuell angemessene Förderung sei daher eine frühe äußere Differenzierung nötig.[381]

Vor allem ist es erstaunlich, wie sehr die schon 1920 verfälschten bzw. verkürzten Rezeptionen der **Begabungstheorien** der frühen diagnostischen Pädagogik fortleben. Wenn auch nach der Etablierung der dynamischen Begabungstheorie von Heinrich Roth erbbiologische Legitimationssysteme, wie sie nach dem Ersten und Zweiten Weltkrieg eine große Rolle spielten, von den Gegnern der sechsjährigen Grundschule nicht mehr in der alten Form aufrecht erhalten werden, so scheinen sie jedoch weiterhin in den Argumentationsmustern konservativer Gruppierungen durch, die auch heute noch - zumindest implizit - eine frühe Erkennbarkeit und Festigung von Begabungen postulieren, um damit eine Trennung der Schullaufbahnen im zehnten Lebensjahr zu rechtfertigen.

Zugleich fällt auf, daß sich die Gegner der sechsjährigen Grundschule heute wie damals häufig nicht mit der inneren Differenzierung auseinandersetzen und es für selbstverständlich halten, daß unterschiedliche Lernangebote in unterschiedlichen Schulen zu erfolgen haben. Z.T. wird angeführt, daß in getrennten Schulen die unterschiedlichen Niveaus der jeweiligen Lernangebote weniger problematisch empfunden werden bzw. leichter darzubieten sind.

Auf den Bedeutungszuwachs und die Ergebnisse **psychologischer und sozialstatistischer** Forschungen reagierten die Gegner der sechsjährigen Grundschule mit dem Argument, ein Einschnitt vor der Pubertät sei besser als in der Pubertät. Zudem sei nicht erwiesen, daß die Verlängerung der Grundschuldauer eine erhöhte Prognosesicherheit und eine gestiegene Abiturientenquote nach sich ziehe.[382]

Als weitere Änderung in den Argumentationen ist festzuhalten, daß schon nach dem Zweiten Weltkrieg von keiner relevanten Gruppe mehr behauptet wurde, daß der gemeinsame Unter-

---

[380] Deutlich wird dies auch in der seit der Wende geäußerten Argumentation, die DDR-Einheitsschule habe zu wenig individuelle Förderung getrieben, daher müsse das Schulsystem der neuen Länder den Schwerpunkt auf begabungsspezifische Bildungseinrichtungen legen. Vgl. ebenda S.36 (Thüringen)

[381] vgl. ebenda S.26, S.32f

[382] vgl. ebenda S.26 (Bayern) und S.31 (NRW)

richt schädliche soziale Wirkungen auf Kinder der Oberschicht habe. Die zumindest vierjährige Dauer der Grundschule wurde von diesem Zeitpunkt ab weder faktisch noch argumentativ ernsthaft in Frage gestellt, so daß sie sich fest etabliert hat.

Wie in Berlin die **Kraft des Faktischen** für den Erhalt der sechsjährigen Grundschule wirkt,
so wird sie heute in Ländern mit vierjähriger Grundschule für das Festhalten an der kürzeren
Grundschuldauer herangezogen. So seien etwa die Gebäude, die Lehrerbildung und die Lehrpläne auf die vierjährige Grundschule ausgerichtet. Eine Änderung der Grundschuldauer
erfordere einen großen finanziellen, zeitlichen und organisatorischen Aufwand.[383]

Durch die Einführung von **Förder-, Orientierungs- und Beobachtungsstufen** veränderte
sich die Argumentation gegen die sechsjährige Grundschule auch dahingehend, daß geäußert
wird, nunmehr sei den Forderungen nach späteren Übergangsmöglichkeiten genüge getan. So
böten die auf Orientierung ausgerichtete Anfangsphase der Sekundarstufe I, das freie Wahl-
recht der Eltern, die Zusammenarbeit zwischen den Schulstufen und die Lehrplanangleichungen in Klasse 5 und 6 bereits ausreichende Möglichkeiten, die Grundschule vom Auslesedruck zu befreien und eine allmähliche Überleitung zur 7.Klasse der Sekundarschule zu
gewährleisten.[384]

In den Bundesländern, in denen die Wahl für Formen des verlängerten gemeinsamen Lernens
offen steht, wird heute auch damit argumentiert, daß den Eltern keine Schulformen aufgezwungen werden dürften. Generell wird der starke Andrang auf das Gymnasium häufig als
Wunsch der Eltern nach früh einsetzender gesonderter Bildung ausgelegt.

Neu sind Begründungen für die Vierjährigkeit der Grundschule, in denen behauptet wird,
durch eine Angliederung der Klassen 5 und 6 an die **Grundschule** würde diese zwangsläufig **weniger kindgerecht** und wohnortnah, da aufgrund einer notwendigen fachspezifischen
Ausweitung des Bildungsangebotes Grundschulen zusammengelegt, höhere kognitve Ansprüche gestellt und eher fachlich orientierte Lehrkräfte Grundschulen zugewiesen werden
müßten.[385]

Neu ist auch, daß mit der partiellen Einführung von **Gesamtschulen** Argumente gegen die
sechsjährige Grundschule angeführt werden, die von Befürwortern eines darüber hinaus
reichenden verlängerten gemeinsamen Lernens stammen. Wie erwähnt, ist für sie der Zeitraum von sechs Jahren gemeinsamer Schulzeit zu kurz. Obwohl eine Gesamtschule - wie
Berlin zeigt - im Prinzip auch nach Klasse 6 einsetzen könnte, meinen manche ihrer Anhänger, die bestehenden Gesamtschulen mit dem Argument sichern zu müssen, daß ein Einschnitt
nach Klasse 4 günstiger sei als nach Klasse 6.

---

[383] vgl. ebenda S.31ff (NRW und Rheinland-Pfalz)
[384] vgl. ebenda S.25, S.29, S.31 und S.35
[385] vgl. ebenda S.32f und S.35

Frage 18: Welche Argumente lassen sich durch die mit der sechsjährigen Grundschule gemachten Erfahrungen **entkräften**, welche **bestätigen**?

Antwort 18: Ich will auf diese Frage nicht umfassend eingehen, da im Vorangegangenen schon einige Antworten dazu erfolgt sind.

Generell scheint durch die reale Entwicklung in West-Berlin inzwischen belegt, daß die Verbissenheit der politisch motivierten Auseinandersetzungen um die sechsjährige Grundschule in keinem angemessenen Verhältnis zu den politisch-gesellschaftlichen Folgewirkungen der umstrittenen zwei Jahre steht. Sie ist im wesentlichen daraus zu erklären, daß hier **stellvertretend** um das Prinzip "Gemeinsames Lernen aller" versus "gesonderte und verstärkte Förderung einer Leistungselite" gestritten wurde und mit dieser Frage soziale Privilegien bzw. Aufstiegschancen berührt sind. Läßt man diesen - nicht unwichtigen, aber hier nicht zu entscheidenden - grundsätzlichen Streit einmal außen vor, so sind die zwei Jahre unter gesellschaftlichen Aspekten sicher nicht so gravierend, daß die Entscheidung unter diesem Blickwinkel zu fällen wäre. Z.B. bestreitet niemand, daß Abiturienten und Abiturientinnen in West-Berlin genauso leistungsfähig sind wie in Westdeutschland.

Auch die "Kraft des Faktischen" kann in einer prinzipiellen theoretischen Erörterung weder für die vier- noch für die sechsjährige Grundschule ein gravierendes Entscheidungskriterium sein. Selbst das Argument, mit Förder- und Orientierungsstufen sowie Koordinationen zwischen Primar- und Sekundarschulen sei den über die vierjährige Grundschule hinausgehenden Ansprüchen genüge getan, kann nicht ausschlaggebend sein, da es, wie oben bereits erläutert, gravierende Unterschiede zwischen diesen Lösungen und der sechsjährigen Grundschule geben kann.

Insofern bleibt vor allem die **Frage nach den Auswirkungen auf die Kinder entscheidend**. Erfahrungen mit innerer Differenzierung und die wissenschaftlich nicht widerlegte dynamische Begabungstheorie besagen hier, daß eine frühe Trennung der Kinder unter dem Gesichtspunkt ihrer intellektuellen Entwicklung nicht sinnvoll, zumindest nicht nötig ist. Die Lehre von der prästabilierten Harmonie zwischen Begabungs- und Gesellschaftsgliederung ist offensichtlich unhaltbar. Die Befragung der West-Berliner Schulleitungen legt zudem eindeutig nahe, daß sich Kinder in diesem Alter mit ihren unterschiedlichen Fähigkeiten eher anregen und Frustrationen durch Unter- oder Überforderungen die Ausnahme bilden. Auch die unumstrittenen sozialintegrativen Wirkungen und die angesprochenen Lebensbedingungen heutiger Kinder scheinen mir zu begründen, daß in Hinblick auf die individuelle Entwicklung des Kindes das verlängerte gemeinsame Lernen Vorteile besitzt.

Die Erfahrungen in West-Berlin und Marburg zeigen auch, daß eine Angliederung der Klassen 5 und 6 an die Grundschule diese keineswegs weniger kindgerecht und wohnortnah macht. Die geringe Größe der Grundschule kann durchaus erhalten bleiben. Zusammenlegungen sind nicht erforderlich. Die Kompetenz der Grundschullehrkräfte für einen angemessenen

Unterricht im Jahrgang 5 und 6 scheint mir in den meisten Fällen gegeben. Betrachtet man die Entwicklung der pädagogischen Innovationsfähigkeit in den letzten Jahren, so scheinen mir die Grundschulen die Gymnasien und Realschulen häufig sogar weit überholt zu haben (Freiarbeit, Wochenplan, Klassenrat usw.). Zudem halte ich nach den Marburger Erfahrungen die Hoffnung für nicht unbegründet, daß integrationsbereite Lehrkräfte aus den Sekundarschulen die Grundschulkollegien kompetent ergänzen.

Zumindest bei fakultativen sechsjährigen Grundschulen spricht einiges dafür, daß sie die Möglichkeiten, die ein um zwei Jahre verlängertes gemeinsames Lernen bietet, durch ein eigenes pädagogisches Konzept sinnvoll ausfüllen. Ob diese Chancen auch bei einer obligatorischen sechsjährigen Grundschule immer genutzt werden, ist allerdings nach den Beobachtungen in West-Berlin eine andere Frage. Hier besteht an einigen Grundschulen durchaus noch Nachholbedarf.

Frage 19: Sie haben **aktuellere Auseinandersetzungen** in der Frage der sechsjährigen Grundschule erwähnt. Welches sind die Ergebnisse dieser Konflikte, und welche **Perspektive** hat, daraus abgeleitet, die sechsjährige Grundschule angesichts heutiger und zu erwartender Rahmenbedingungen?

Antwort 19: Neben den bereits geschilderten aktuellen Auseinandersetzungen in Berlin, die die Möglichkeit der Gefährdung der sechsjährigen Grundschule durch eine Ausweitung der grundständigen Gymnasien offenlassen, scheinen mir vor allem die Konflikte in **Hessen** interessant.

Der Schulversuch in Marburg geht auf das Eintreten der Grünen für die sechsjährige Grundschule in den **Auseinandersetzungen** um die Einführung der flächendeckenden Förderstufe zwischen **SPD und Grünen** in den hessischen Koalitionsverhandlungen 1984 zurück. Nachdem es der hessischen CDU/FDP-Koalition nach ihrem Wahlsieg 1987 gelungen war, die flächendeckende Förderstufe aufzuheben, beabsichtigte auch die 1991 neu gebildete Koalition aus SPD und Grünen nicht, die Förderstufe wieder verpflichtend einzuführen. Auf Wunsch der Grünen wurden weitere Schulversuche "Sechsjährige Grundschule" zugelassen, jedoch nur dann, wenn die beantragenden Grundschulen sowohl die positiven Beschlüsse der Gesamtkonferenz als auch der Elternbeiräte als auch des örtlichen Schulträgers vorweisen konnten. Nachdem die Koalitionsvereinbarungen zu diesem Punkt 1991/92 mehr als **20 hessische Grundschulen** angeregt hatten, sich für das Modell "Sechsjährige Grundschule" zu interessieren, blockte das SPD-geführte Kultusministerium jedoch 1992/93 entsprechende Bemühungen dieser Grundschulen selbst dann ab, wenn sie die oft nicht überwindbare Hürde der erforderlichen Beschlüsse erfolgreich hinter sich gebracht hatten. Andererseits wurde es den Grundschulen mit Förderstufe im neuen Hessischen Schulgesetz ermöglicht, durch Beschluß der neu eingeführten Schulkonferenz eine nach dem Konzept einer sechsjährigen

Grundschule (ohne Benutzung dieses Begriffs) arbeitende Schule zu werden. Wie sehr diese Möglichkeit wahrgenommen wird, ist heute noch nicht abzusehen.

Im Vergleich zu Berlin zeigt das Hessische Beispiel, daß es nicht unwichtig ist, ob die sechsjährige Grundschule ein **Modellversuch oder eine flächendeckende Regelschule** ist. Schulversuche mit der "Sechsjährigen Grundschule" haben den offensichtlichen Nachteil, daß sie nicht alle Schulen erreichen oder wie in Hessen sogar nur auf eine Schule beschränkt bleiben. Sie besitzen aber den Vorteil, die Verbindung von äußerer und innerer Reform voranzutreiben. Zudem mindern sie die Angst konservativer Gruppierungen, ihre Kinder in eine ihnen nicht sinnvoll erscheinende Schule schicken zu müssen. Wenn sie schulpolitische Konflikte damit auch nicht verhindern, so schränken Schulversuche sie im Vergleich zu flächendeckenden Maßnahmen jedoch ein. Insofern werden Schulversuche "Sechsjährige Grundschule" auch in Bundesländern möglich, die zu einer generellen Verlängerung der Grundschule nicht bereit sind.

Auch in **Bremen** sind Schulversuche "Sechsjährige Grundschule" aktuell, weil sie eine Fortführung der sich verbreitenden Grundschulreform, Kontinuität ohne Auslesedruck und Verminderung von Übergangsproblemen zwischen viertem und fünftem Schuljahr versprechen, ohne gravierende Veränderungen nach sich zu ziehen. Nachdem 1993 die von der Ampel-Koalition eingesetzte Sachverständigenkommission einen Schulversuch "Sechsjährige Grundschule" vorgeschlagen hatte, meldeten sich unerwartet viele Grundschulen mit dem Interesse, einen solchen Schulversuch zu praktizieren. Darüber hinaus weist der auf Anregung der Sachverständigenkommission geplante Versuch, die Elemente der sechsjährigen Grundschule mit denen der integrierten Gesamtschule zu verbinden und ein zehnjähriges gemeinsames Lernen in einer Schule zu ermöglichen, darauf hin, daß sich beide Modelle nicht unvereinbar gegenüberstehen müssen.

Auch die Entwicklungen in den **neuen Bundesländern** scheinen mir interessant. Zwar hatten SPD und GEW in den neuen Ländern nach der Wende dazu aufgerufen, die zehnjährige polytechnische Oberschule nicht völlig abzuschaffen und die sechsjährige Grundschule, erweitert um eine zweijährige Förderstufe, einzuführen, aber diejenigen neuen Länder, die von der CDU und FDP regiert wurden, installierten das dreigliedrige Schulwesen nach westdeutschem Vorbild. Noch nicht abzusehen ist, ob bei einem Wahlerfolg von SPD und Bündnis 90/Grüne die sechsjährige Grundschule auch in den neuen Bundesländern, die sie nicht - wie Ost-Berlin und Brandenburg - eingeführt haben, ein debattiertes Modell werden könnte. Die aktuellen Entwicklungen in Sachsen-Anhalt, die hier nicht mehr verfolgt werden können, geben Anlaß zur Vermutung, daß dies möglich ist.

Auf dem Gebiet der **alten Bundesrepublik** scheint die sechsjährige Grundschule nur bei einer Regierungsbeteiligung der **Grünen** diskutiert zu werden, obwohl sowohl die historischen Forderungen zur ersten Hälfte dieses Jahrhunderts als auch die Realisierungen in Norddeutschland nach dem Zweiten Weltkrieg als auch die noch heute vertretenen Positionen in

Berlin und Brandenburg eine enge **Verbindung des Modells sechsjährige Grundschule mit der SPD** belegen.

Fragt man neben den politischen Entwicklungen nach den ökonomischen und soziokulturellen Rahmenbedingungen, so fallen mindestens vier Aspekte ins Auge, die Forderungen nach der Einführung von sechsjährigen Grundschulen **nicht begünstigen.** An erster Stelle ist hier die Finanzknappheit der Länder und des Bundes zu nennen. Zweitens hat die Furcht vor einer Gefährdung der Gesamtschulen der Forderung nach sechsjährigen Grundschulen neue Gegner geschaffen. Drittens werden heute generell keine äußere Schulreformen mehr vorangetrieben; im Gegenteil: die Bereitschaft zu Ausweitungen im Bildungswesen stagniert. Dagegen sind Forderungen nach einer Abschaffung des dreizehnten Schuljahrs aktuell und bieten den Gegnern von sechsjähriger Grundschule und Förderstufe Anlaß zu Forderungen nach grundständigen Gymnasien. Viertens kommt auch der Prozeß der Europäisierung, der bei Vereinheitlichungen im Schulwesen eine verlängerte Grundschuldauer bringen könnte, nicht voran. Stattdessen verfestigen sich nationalstaatlich unterschiedliche Regelungen im Bildungswesen.

Andererseits geben die im Zusammenhang mit den erwähnten Veränderungen der heutigen Kindheit aufgestellten Forderungen und die **Bemühungen von vielen Grundschullehrerinnen und -lehrern** Anlaß zu pädagogischen Fortentwicklungen **in Richtung auf sechsjährige "Reformgrundschulen".**

Diese sich jenseits der traditionellen politischen Schulfrontenbildung herausbildenden, pädagogisch motivierten Veränderungen der Schulgestalt sehen sich durch die Starrheit dieser Fronten jedoch in starkem Maße blockiert. Angesichts der beschriebenen schulpolitischen **Verfestigung** existieren heute kaum Möglichkeiten zu offenen und konsensorientierten Debatten über sinnvolle Schulreformen oder zumindest zu ernsthaft und argumentativ geführten Diskussionen, wie sie noch weitgehend auf der Reichsschulkonferenz von 1920 möglich waren. Und obwohl die sechsjährige Grundschule dort, wo sie heute verwirklicht ist, unumstritten befürwortet wird, gelangt auch sie in den übrigen Gebieten Deutschlands bisher nicht aus dem Schatten eingefrorener Schulpolitik.

Frage 20: Welche **Untersuchungen** müssen zur sechsjährigen Grundschule noch näheren Aufschluß bringen, und welche **Folgerungen** sollten aus ihrer Arbeit gezogen werden?

Antwort 20: Ich habe versucht, einen weitgefaßten Gesamtüberblick über die politischen Auseinandersetzungen und die Probleme der pädagogischen Gestalt der sechsjährigen Grundschule zu bieten. Weitere Detailuntersuchungen über die Praxis der Gemeinschaftsschulen und über die Auseinandersetzungen nach dem Zweiten Weltkrieg in einigen Ländern, insbesondere der französischen Besatzungszone, könnten darüber hinausgehende Ergebnisse bringen. Vor allem fehlt in meiner Arbeit eine Analyse der Entwicklungen in der ehemaligen **SBZ und DDR.** Auch die nach der Wende eingeführte Brandenburger sechsjährige Grundschule lohnt sicher weitere wissenschaftliche Nachforschungen. Zudem halte ich eine genauere Analyse der Praxis der Berliner Grundschulen und eine fortschreibende Untersuchung aktueller Auseinandersetzungen um die Grundschuldauer etwa in Berlin, Bremen bzw. ggf. weiterer Länder für nötig. Vor allem wäre eine Ergänzung meiner Arbeit durch **empirische Vergleichsstudien** "Förderstufe versus sechsjährige Grundschule" hilfreich.

Trotz dieser **Forschungsdesiderate** haben meine Untersuchungen zu Berlin und Marburg m.e. gezeigt, daß mit einer Einführung von sechsjährigen Grundschulen durchaus eine politisch und pädagogisch relativ breite Zufriedenheit erreicht werden kann.

Bei einer flächendeckenden Einrichtung - wie etwa in Sachsen-Anhalt debattiert - käme es m.E. jedoch darauf an, zugleich die beschriebenen Maßnahmen zur inneren Reform (Binnendifferenzierung usw.) zu etablieren und auszubauen, damit die erwähnten Möglichkeiten der sechsjährigen Grundschule zum Wohle der einzelnen Kinder genutzt werden.

Für die Verbindung von innerer und äußerer Reform bieten bei Neueinführung einzelne Schulversuche die größere Gewähr. Vor allem den Grundschulen, deren Eltern und Lehrkräfte hinter der Forderung nach sechsjähriger Grundschule stehen, die ein geeignetes Konzept entworfen haben und denen es nicht in erster Linie darum geht, Schülerinnen und Schüler von anderen Schulen abzuziehen, sollte eine verlängerte Grundschuldauer zugestanden werden. Insbesondere sind Schulversuche in Stadtvierteln mit weniger bildungsbewußten Eltern nötig, um zu klären, ob auch unter solchen Bedingungen ähnliche Erfolge wie in der Ubbelohde-Schule Marburg erzielt werden können.

Auch wenn meine Arbeit den politischen Charakter der Auseindersetzungen um die Grundschuldauer hinreichend bestätigt und unterschiedliche Interessenlagen nicht verschweigt, wird m.E. zugleich deutlich, daß eine Fortführung der schulpolitischen Debatten mit den altbekannten Argumenten und altbekannten Blockbildungen an den Veränderungen der pädagogischen Möglichkeiten und Notwendigkeiten vorbeigeht und eine offene Aufnahme neuer Perspektiven verhindert.

Insofern könnte die sechsjährige Grundschule auch von den politischen Entscheidungsträgern in ihrem neuen pädagogischen Gewand als eine dieser Perspektiven sehr viel stärker wahrgenommen werden als es die aufgezeigten Entwicklungen offenbaren. Die bisherigen Erfahrungen zeigen zumindest, daß die sechsjährige Grundschule **sowohl mit dem Modell der Gesamtschule als auch mit dem dreigliedrigen Schulwesen** einschließlich des Gymnasiums **vereinbar** ist und keine relevanten Übergangsschwierigkeiten oder Leistungsdefizite erzeugt. Weder Befürchtungen noch Hoffnungen im Hinblick auf gravierende Veränderungen sozialer Hierarchien durch die um zwei Jahre verlängerte Grundschuldauer sind begründet. Allerdings spricht nach meinen Untersuchungen einiges dafür, daß die individuelle Entwicklung vieler Kinder durch die sechsjährige Grundschule gefördert werden kann, daß ihre Einführung die Grundschulen pädagogisch belebt und aufwertet und schließlich auch politisch einen relativ dauerhaften und breiten Konsens ermöglichen kann.

Literaturverzeichnis:

1. Darstellungen:

Adorno, Theodor W.: Die Auferstehung der Kultur in Deutschland? Frankfurter Hefte Bd. 5, 5.Jg. 1950

Alt, Robert (Hg.) (a): Erziehungsprogramme der französischen Revolution, Berlin/Leipzig 1949

ders. (Hg.) (b): Das proletarische Kind, Ost-Berlin 1958

Amlung, Ullrich/Haubfleisch, Dietmar/Link, Jörg-W./Schmitt, Hanno (Hg.): Die alte Schule überwinden. Reformpädagogische Versuchsschulen zwischen Kaiserreich und Nationalsozialismus. Frankfurt am Main, 1992

Amlung, Ullrich: Adolf Reichweins Alternativschulmodell Tiefensee 1933 - 1939. Ein reformpädagogisches Gegenkonzept zum NS-Erziehungssystem. In: Amlung u.a. S.268 - S.288

Arbeitskreis Lichtwarkschule (Hg.): Die Lichtwarkschule, Hamburg 1979

Badisches Ministerium des Kultus und Unterrichts (Hg.): Denkschrift über die Schulreform, Freiburg 1948

Bäuerle, Theodor: Die Schulreform im Urteil der Bevölkerung, Stuttgart 1950

Bajohr, Frank/Behrens-Cobet, Heidi/Schmidt, Ernst: Freie Schulen. Eine vergessene Bildungsinitiative. Essen 1986

Balfour, Michael: Vier-Mächte-Kontrolle in Deutschland, Düsseldorf 1959

Bartel, Karl-Max: Tests und Schulpolitik 1945 - 1980, Gießen 1989

Baske, Siegfried und Engelbert, Martha: Zwei Jahrzehnte Bildungspolitik in der Sowjetzone, Berlin 1966

Becher, Hans Rudolf und Bennack, Jürgen (Hg.): Taschenbuch Grundschule. Hohengehren 1993

Behrend, Felix (a): Die Zukunft des deutschen höheren Schulwesens, Breslau 1925

ders. (b): Bildung und Kulturgemeinschaft, Leipzig 1922

ders. (c): Die Stellung der höheren Schule im System der Einheitsschule, Tübingen 1919

Berg, Christa (a): Die Okkupation der Schule, Heidelberg 1973

dies. (b) (Hg.): Handbuch der deutschen Bildungsgeschichte. Bd. IV 1870 - 1918. Von der Reichsgründung bis zum Ende des Ersten Weltkriegs, München 1991

Bergner, Reinhard: Magdeburger Schulversuche mit Berthold Ottos Schulkonzept zur Zeit der Weimarer Republik. In: Amlung, Ullrich/Haubfleisch, Dietmar/Link, Jörg-W./Schmitt, Hanno (Hg.): Die alte Schule überwinden. Reformpädagogische Versuchsschulen zwischen Kaiserreich und Nationalsozialismus. Frankfurt am Main, 1992, S.158 - S.184

Bernfeld, Siegfried.: Sisyphos oder die Grenzen der Erziehung, 1925, Wiederaufl. Frankfurt a.M. 1967, 3.Aufl. 1979

Beyme, Klaus v.: Do parties matter? Der Einfluß der Parteien auf politische Entscheidungen. In: Politische Vierteljahresschrift 1981, S.343ff

Biebel, Charles D.: Erziehungspolitik gegen Ende der Besatzung. In: Bildung und Erziehung, Köln 1981, S.181 - S.195

Bildungsrat, Deutscher: Gutachten und Studien der Bildungskommission des Deutschen Bildungsrates. Bd.4 hrsg. von Heinrich Roth: Begabung und Lernen. Stuttgart 1969

ders. (Hg.): Empfehlungen der Bildungskommission: Strukturplan für das Bildungswesen. Stuttgart 1970

Binet et Simon: Nouvelles recherches sur la mesure du niveau intellectuel chez les enfants d'école, anneé psychologique 17, 1911

Blankertz, Herwig: Die Geschichte der Pädagogik, Wetzlar 1982

582

Boehling, Rebecca: Das antideutsche Vorurteil in den USA und seine Wirkung auf die Nachkriegspolitik in der US-Zone 1943 - 1947. In: Bildung und Erziehung 1981, S.132 - S.149

Böhm, Winfried: Kulturpolitik und Pädagogik Paul Oestreichs, Bad Heilbrunn/OBB 1973

Böhme, Günther: Franz Hilkers Tätigkeit nach dem Zweiten Weltkrieg in Hessen, mit Dokumenten. Frankfurter Beiträge zur Historischen Pädagogik, hrsg. von Hans-Michael Elzer, Richard Freyh und Martin Rang. Frankfurt a.M., Berlin, Bonn, München 1967

Böhret, Carl/Jann, Werner/Junkers, Marie Therese/Kronenwett, Eva: Innenpolitik und politische Theorie, Opladen 1979

Bolte, K.M./D.Kappe/F.Neidhardt: Soziale Schichtung, Struktur und Wandel der Gesellschaft, Reihe B der Beiträge zur Sozialkunde, Opladen 1966

Bracher, Karl-Dietrich/Eschenburg, Theodor/Fest, Joachim C./Jäckel, Eberhard (Hg.): Geschichte der Bundesrepublik Deutschland in fünf Bänden, Bd.4, Stuttgart und Wiesbaden 1984

Breyvogel, Wilfried und Kamp, Martin: Weltliche Schulen in Preußen und im Ruhrgebiet. Forschungsstand und statistische Grundlagen. In: Amlung, Ullrich/Haubfleisch, Dietmar/Link, Jörg-W./Schmitt, Hanno (Hg.): Die alte Schule überwinden. Reformpädagogische Versuchsschulen zwischen Kaiserreich und Nationalsozialismus. Frankfurt am Main, 1992, S.185 - S.220

Brühl, Michael: Benachteiligte Kinder als pädagogische Provokation, Beiträge zur Reform der Grundschule, Bd.4, Frankfurt a.M. 1970

Brühl, Wather L.: Schule und gesellschaftlicher Wandel, Stuttgart 1968

Buchinger, Hubert: Volksschule und Lehrerbildung im Spannungsfeld politischer Entscheidungen 1945 - 1970. Schulgeschichte Bayerns. München 1975

Büchner, Peter: Erziehung zur Selbständigkeit in der Otto-Ubbelohde-Schule als (notwendige) Reaktion auf den Wandel der Kindheit? In: Kubina, Christian (Hg.): Die sechsjährige Grundschule in Marburg. Zur Alltagspraxis eines Schulversuchs und zur Geschichte einer pädagogischen Idee. Hessisches Institut für Bildungsplanung und Schulentwicklung (HIBS), Materialien zur Schulentwicklung H.17, Wiesbaden 1992, S.107 - S.121

ders.: Einführung in die Soziologie der Erziehung und des Bildungswesens. Darmstadt 1985

Büsch, O./W.Haus/G.Kotowski/H.J.Reichhardt (Hg.): Berliner Demokratie 1919 - 1985, Bd.2, Berlin - New York 1987

Bund-Länder-Kommission für Bildungsplanung: Bildungsgesamtplan - Teil I, Stuttgart 1973

Bungardt, Karl (Hg.): Der "Bremer Plan" im Streit der Meinungen. Im Auftrage des Vorstandes der AGDL zusammengestellt, Frankfurt a.M. 1962

Bungenstab, Karl-Ernst: Umerziehung zur Demokratie? Re-education-Politik im Bildungswesen der US-Zone 1945-1949, Düsseldorf 1970

Carnap, Roderich/Edding, Friedrich: Der relative Schulbesuch in den Ländern der Bundesrepublik 1952 - 1960, Frankfurt a.M. 1962

Cauer, Paul: Aufbau oder Zerstörung? Münster 1919

Cloer, Ernst: Bildungspolitik und universitäre Pädagogik in der Geburtsstunde des Landes Niedersachsen 1945-1948. In: Overesch, Manfred (Hg.): Zeitenwende, Hannover 1986, S.85 - S.111

Comenius (Komensky), Johann Amos: Große Didaktik (Didactica magna, 1628); in neuer Übersetzung hrsg. von Andreas Flitner, Düsseldorf/München 1959

Conrad, Christof: Schulsysteme im quantitativen Vergleich - Hamburg und Westberlin, Berlin 1972

Cramer, Hans und Strehler, Adolf: Schulreform in Bayern. Arbeitsergebnisse der Stiftung zum Wiederaufbau des bayerischen Erziehungs- und Bildungswesens, Bad Heilbrunn/OBB. 1953

ders. für den Philologenverband in: Neues Land 1950, S.1 - S.5 und S.25 - S.28

583

Dahrendorf, Ralf (a): Bildung ist Bürgerrecht, Hamburg 1965

ders. (b): Arbeiterkinder an Deutschen Universitäten, Recht und Staat in Geschichte und Gegenwart, Heft 302/303, Tübingen 1965

Daschner, Peter und Lehberger, Reiner (Hg.): Hamburg - Stadt der Schulreformen, Hamburg 1990

Deiters, Heinrich (Hg): Die Schule der Gemeinschaft. Im Auftrage des Zentralinstituts für Erziehung und Unterricht, Leipzig 1925

ders.: Bildung und Leben. Erinnerungen eines deutschen Pädagogen. Hrsg. und eingeleitet von Detlef Oppermann. Köln, Wien 1989

Denkschrift der Universität Hamburg: Die Schule in unserer Zeit, Hamburg 1949

Denkschrift des Kultusministeriums Nordrhein-Westfalen über die Reform der Schulorganisation, Gelsenkirchen 1947

Denkschrift des Landesverbandes Hessen der Lehrkräfte an den höheren Schulen zur Schulreform. In: Pädagogische Provinz 1949, S.136 - S.139

Deutscher Bildungsrat (Hg.): Empfehlungen der Bildungskommission: Strukturplan für das Bildungswesen. Stuttgart 1970

Deutscher Philologenverband (Hg.): Der Rahmenplan. Stellungnahme des Deutschen Philologenverbandes. Sonderheft der Zeitschrift "Die Höhere Schule", Düsseldorf o.J., c.a. 1959

Dewey, John: Democracy and Education, 1916

Dithmar, Reinhard und Willer, Jörg (Hg.): Schule zwischen Kaiserreich und Faschismus. Zur Entwicklung des Schulwesens in der Weimarer Republik, Darmstadt 1981

Drechsel, W.U.: Erziehung und Schule in der Französischen Revolution, Frankfurt a.M. 1969

Dresdener Versuchsschule (Hg): 1.Jahresbericht (1921-1922) der Schule am Georgsplatz. Unterrichtspraxis und jugendkundliche Beobachtung an der Dresdener Versuchsschule. Leipzig 1922

Edelhoff, Ch./Mittelberg, M. (Hg.): Kritische Stichwörter - Gesamtschule, München 1979

Education and Cultural Relations Division der Militärregierung in Hessen: Hessische Beiträge zur Schulreform. Grundsätzliches zur Demokratisierung des deutschen Bildungswesens. Ein Beitrag zur hessischen Schulreform der Education and Cultural Relations Division der Militärregierung, Wiesbaden 1949

Eich, Klaus -Peter: Schulpolitik in Nordrhein-Westfalen 1945 - 1954, Düsseldorf 1987

Eierdanz, Jürgen: Auf der Suche nach der neuen Erziehung, Dissertation Gießen 1984

ders. mit Bernhard, Armin (Hg.): Der Bund der Entschiedenen Schulreformer. Eine verdrängte Tradition demokratischer Pädagogik und Bildungspolitik, Frankfurt a.M. 1991

Ellerbrock, Wolfgang: Der Beitrag Paul Oestreichs zur Umgestaltung und Neuordnung des Berliner Schulwesens nach 1945. In: Eierdanz, Jürgen und Bernhard, Armin (Hg.): Der Bund der Entschiedenen Schulreformer. Eine verdrängte Tradition demokratischer Pädagogik und Bildungspolitik, Frankfurt a.M. 1991, S.166 - S.195

Elschner-Heuberger, Christina (a): Elternwünsche an die Schule. Ein Schulversuch in Hessen. In: Preuss-Lausitz, Ulf u.a. (Hrsg.): Selbständigkeit für Kinder - die große Freiheit? Weinheim und Basel 1990, S.69 - S.79; ((b), (c), (d) und (e) siehe sonstige Materialien)

dies. (f): Erste Einschätzungen zum Schulversuch. In: Kubina, Christian (Hg.): Die sechsjährige Grundschule in Marburg. Zur Alltagspraxis eines Schulversuchs und zur Geschichte einer pädagogischen Idee. Hessisches Institut für Bildungsplanung und Schulentwicklung (HIBS), Materialien zur Schulentwicklung H.17, Wiesbaden 1992, S.71 - S.81

dies. mit Sauer, Wilfried: Zur Entstehungsgeschichte des Schulversuchs und zum pädagogischen Konzept. In: Kubina, Christian (Hg.): Die sechsjährige Grundschule in Marburg. Zur Alltagspraxis eines Schulversuchs und zur Geschichte einer pädagogischen Idee. Hessisches Institut für Bildungsplanung und Schulentwicklung (HIBS), Materialien zur Schulentwicklung H.17, Wiesbaden 1992, S.11 - S.29

Empfehlungen und Gutachten des Deutschen Ausschusses für das Erziehungs- und Bildungswesen 1953 - 1965 (Rahmenplan). Gesamtausgabe besorgt von Bohnenkamp/Dirks/Knab, Stuttgart 1966

Engel, Ernst: Die Gemeinschaftsschule, Leipzig 1922

Erlinghagen, Karl: Katholisches Bildungsdefizit in Deutschland, Freiburg i.B. 1965

Espe, H.: Die soziale Gestaltung der Schule. In: Schola, Offenburg 1949, S.834 - S.838

Faulstich, Peter: Die Bildungspolitik des Deutschen Gewerkschaftsbundes 1949-1979, Stuttgart 1980

Feidel-Mertz, Hildegard (Hg.): Schulen im Exil. Die verdrängte Pädagogik nach 1933. Reinbek bei Hamburg 1983

Fiedler, Rudolf: Differenzierter Mittelbau - Förderstufe - Hauptschule, 1964

Fiege, Hartwig: Fritz Köhne - Ein großer Hamburger Schulmann 1979 - 1956, Hamburg 1986

Fiege, Hartmut: Der Heimatkundeunterricht, Bad Heilbrunn 1967

Fischer, Aloys: Der Einheitsgedanke in der Schulorganisation, Jena 1914

Flechtheim, Ossip K.: Dokumente zur parteipolitischen Entwicklung, Bd II und III, Berlin 1962-1971

Foerster, Friedrich Wilhelm: Programm einer Lebensarbeit, Freiburg 1961

ders. mit Seyfert, Richard: Für und Wider die allgemeine Volksschule, Leipzig 1918

Friedrichs, Jürgen: Methoden empirischer Sozialforschung, Opladen 1980

Frings-Lambrecht, Gabriele: Parteilich oder neutral? Die Hamburger Versuchsschulen in der Weimarer Republik. In: Demokratische Erziehung 12 (1986), H.3. S.26-29

Froese, Leonhard: Bildungspolitik und Bildungsreform, München 1969

Frommelt, Bernd (Hg.): Beispiel Förderstufe - Probleme einer strukturverändernden Reform und ihrer wissenschaftlichen Begleitung, Frankfurt a.M. - Berlin - München 1980

Fuchs, Hans Werner und Pöschl, Klaus Peter: Reform oder Restauration? München 1986

Führ, Christoph: Zur Schulpolitik der Weimarer Republik, Weinheim 1970

Füssl, Karl-Heinz und Kubina, Christian (a): Berliner Schule zwischen Restauration und Innovation: Zielkonflikte um das Berliner Schulwesen 1951 - 1968, Frankfurt a.M. 1983

dies. (b): Zeugen zur Berliner Schulgeschichte (1951 - 1968), Berlin 1981

Furck, L. u.a.: Condorcet, Weinheim 1966

Gebhard, Julius (a): Die Schule am Dulsberg. Das Werden einer neuen Hamburger Volksschule. Jena 1927

ders. (b): Ertrag der Hamburger Erziehungsbewegung, Hamburg 1955

Geiersbach, F.W./Rösner, E.: Orientierungsstufe, in: Ch.Edelhoff/M.Mittelberg (Hg.): Kritische Stichwörter - Gesamtschule, München 1979

Gemünder, Ulrich: Kritische Theorie: Horkheimer, Adorno, Marcuse, Habermas, Stuttgart 1985

Gerhardt, Wolfgang: Die bildungspolitische Diskussion in der FDP von 1945-1951, Diss. Marburg 1971

Gewerkschaft Erziehung und Wissenschaft - Landesverband Hessen (Hg.): Konturen moderner Erziehungswissenschaft und Bildungspolitik. Ein Quellenband zur bundesdeutschen Schulreform 1965 - 1990, Bad Homburg v.d.H. 1990

Giesecke, Hermann (a): Bildungsreform und Emanzipation. Ideologische Skizzen. München 1973

ders. (b): Schulpolitik der Sozialdemokratie, 1965

Giesecke-Teubner (Hg.): Das Gymnasium und die neue Zeit, Leipzig/Berlin 1919

Gläser, Johannes (Hg.): Vom Kinde aus. Aufsätze des Päd. Ausschusses Hamburg. Hamburg/Braunschweig 1920

Gläß, Theodor: Die Entstehung der Hamburger Gemeinschaftsschulen und die pädagogischen Aufgaben der Gegenwart, Gießen 1932

Greiffenhagen, Martin: Tendenzwende oder Gegenreform? In: Die Neue Gesellschaft, 1976

Grimme, Adolf: Lateinunterricht an den höheren Schulen. In: Die Schule, H.10/11, Hannover 1947, S.1 - S.6 und in: Schola, Offenburg 1948, S.34 - S.41

ders.: Zum Neuaufbau des Schulwesens. In: Die Schule, H.2/3, 1. Jg. 1946, S.12 - S.26

Grosser, Alfred: Geschichte Deutschlands seit 1945, München 1974

Grothe, Helmut: Drei Jahrzehnte Berliner Grundschule. Innere und äußere Entwicklungen von 1951 bis 1981. Hrsg. und mit einer Einführung von Benno Schmoldt. Materialien und Studien zur Geschichte der Berliner Schule nach 1945, Bd. 6, Berlin 1985

Grünthal, Günther: Reichsschulgesetz und Zentrumspartei in der Weimarer Republik, Düsseldorf 1968

Günther, Karl-Heinz/Hofmann/Hohendorf/König/Schuffenhauer (Hg.): Geschichte der Erziehung, 12.Aufl. Ost-Berlin 1976

Gürtler, Helga: Der Beitrag der Eltern zur Reform der Berliner Grundschule. In: Heyer/Valtin S.55 - S.59

Habermas, Jürgen (a): Pädagogischer "Optimismus" vor Gericht einer pessimistischen Anthropologie. Schelskys Bedenken zur Schulreform. In: Neue Sammlung, H.4. 1961

ders. (b): Konservativer Geist und die modernistischen Folgen. In: Schorb, Alfons-Otto: Für und Wider den Rahmenplan. Eine Dokumentation. Stuttgart 1960

ders. (c): Legitimationsprobleme im Spätkapitalismus, Frankfurt am Main 1973

Hackl, Bernd: Die Arbeitsschule, Wien 1990

Haenisch, Hans: Förder- und Orientierungsstufe. In: Bernd Frommelt (Hg.): Beispiel Förderstufe - Probleme einer strukturverändernden Reform und ihrer wissenschaftlichen Begleitung, Frankfurt a.M. - Berlin - München 1980, S.46 - S.74

Haenisch, Hans/Ziegenspeck, Jörg: Die Orientierungsstufe. Schulentwicklung zwischen Differenzierung und Integration, Weinheim und Basel 1977

Härtig, Paul: Schulreform an der Wasserkante. In: Pädagogische Welt, Donauwörth 1950, S.401ff

Hagener, Caesar: Die Hamburger Versuchsschulen der Weimarer Jahre. Ihre Programmatik und Realität im Umfeld gesellschaftlicher Bewegungen. In: Daschner/Lehberger S.26 - S.41

Hagener, Dirk: Radikale Schulreform zwischen Programmatik und Realität. Die schulpolitischen Kämpfe in Bremen vor dem ersten Weltkrieg und in der Entstehungsphase der Weimarer Republik. Bremen 1973

Hamm-Brücher, Hildegard: Auf Kosten unserer Kinder, 1965

Halbritter, Maria: Schulreformpolitik in der britischen Zone von 1945-1949, Weinheim 1979

Hars, Rudolf: Die Bildungsreformpolitik der Christlich-Demokratischen Union in den Jahren 1945-1954, Frankfurt a.M./Bern 1981

Hartnacke, W. : Zur Verteilung der Schultüchtigen auf die sozialen Schichten. In: Zeitschrift für Päd. Psychologie und Experimentelle Pädagogik, Heft 1/2, 18.Jg. 1917

Hartwich, Hans-Hermann: Sozialstaatspostulat und gesellschaftlicher status quo, Köln 1970

Hasler, Herbert: Zur Dauer der Grundschule: Um Abstieg und Aufstieg. In: Westermanns Pädagogische Beiträge, Heft 11 1966, S.534f

Haubfleisch, Dietmar: Schulfarm Insel Scharfenberg. Reformpädagogische Versuchsschularbeit im Berlin der Weimarer Republik. In: Amlung, Ullrich/Haubfleisch, Dietmar/Link, Jörg-W./Schmitt, Hanno (Hg.): Die alte Schule überwinden. Reformpädagogische Versuchsschulen zwischen Kaiserreich und Nationalsozialismus. Frankfurt am Main, 1992, S.65 - S.88

Hearnden, Arthur: Bildungspolitik in der BRD und der DDR, Düsseldorf 1973

Heerwagen, Fritz: Prüffeld des Neuen - Berlin als Pionier in der Bildungspolitik, Düsseldorf 1966

Heinecker, Willy: Das Problem der Schulorganisation auf Grund der Begabung der Kinder, Langensalza 1913

Heinemann, Manfred u.a.: Umerziehung und Wiederaufbau, Stuttgart 1981

Heinrich, Irma: Ist die höhere Lehranstalt eine Standesschule? In: Pädagogische Welt 1947, S.162

Helling, Fritz und Kluthe, Walter (Hg.): Dokumente zur demokratischen Schulreform in Deutschland 1945-1948, Schwelm 1960

Hentig, Hartmut v.: Aufwachsen in Vernunft, Stuttgart 1981

Herrlitz, Hans-Georg/Hopf/Titze: Deutsche Schulgeschichte von 1800 bis zur Gegenwart, Königsstein 1981

Hessischer Kultusminister (Hg.): Im Gespräch 3, Erziehungswissenschaftler zum Schulgesetz, Schriftenreihe des Hessischen Kultusministeriums, Wiesbaden, Mai 1992

Heumann, Günther: Die Entwicklung des allgemeinbildenden Schulwesens in Nordrhein-Westfalen (1945/46 - 1958), Frankfurt a.M. 1989

Heyer, Peter: Sechs Thesen zur Grundschulreform: In: Berliner Lehrerzeitung H.1 1973, S.21f

Heyer, Peter und Valtin, Renate (Hg.): Die sechsjährige Grundschule in Berlin, Beiträge zur Reform der Grundschule des Arbeitskreises Grundschule e.V. - Band 82, Frankfurt am Main 1991

Hierl, Ernst (a): Lehrer und Gemeinschaft, München 1919

ders. (b): ohne Titel. In: Wychgram, Jakob: Die Deutsche Schule und die deutsche Zukunft, Leipzig 1916, S.162 - S.165

Hildebrandt, Klaus: Von Erhard zur Großen Koalition 1963-1969. In: Karl-Dietrich Bracher/Theodor Eschenburg/Joachim C. Fest/Eberhard Jäckel (Hg.): Geschichte der Bundesrepublik Deutschland in fünf Bänden, Bd.4, Stuttgart und Wiesbaden 1984

Hilker, Franz (Hg.): Deutsche Schulversuche, Berlin 1924

Himmelstein, Klaus (Hg.): Otto Koch - Wider das deutsche Erziehungselend, Frankfurt a.M., Bern, New York, Paris 1992

Hitpass, Josef: Zum Streit um Orientierungsstufe und Gesamtschule. In: Die Höhere Schule, H.1 1975, S.14 - S.21

Hoffmann, Alfred: Die bildungspolitischen Vorstellungen der CDU und der SPD (1945 - 1965), Diss. Erlangen 1968

Hohendorf, Gerd (a): Die pädagogische Bewegung in den ersten Jahren der Weimarer Republik, Ost-Berlin 1954

ders. (b): Revolutionäre Schulpolitik und marxistische Pädagogik im Lebenwerk Clara Zetkins, Ost-Berlin 1962

Huden, Daniel P.: Gleichheit und Elitestreben in der Erziehungspolitik der Besatzungszeit. In: Bildung und Erziehung, Köln 1981, S.150 - S.160

Huelsz, Isa: Schulpolitik in Bayern zwischen Demokratisierung und Restauration in den Jahren 1945-1950, Hamburg 1970

Humboldt, Wilhelm von: Gesammelte Schriften. Hrsg. von der Preußischen Akademie der Wissenschaften, Bd.I - XVII (hier Bd.XIII), Berlin 1903 - 1936

Hurrelmann, Klaus: Auswirkungen der Leistungsdifferenzierung auf die Leistungs- und Sozialentwicklung der Schüler (1972). In: Keim, Wolfgang (Hg.): Kursunterricht - Begründungen, Modelle, Erfahrungen, Darmstadt 1987, S.398 - S.437

Huster, Ernst-Ulrich/Kraiker, Gerhard/Scherer, Burkhard/Schlotmann, Friedrich-Karl/Welteke/Marianne (Hg): Determinanten der westdeutschen Restauration 1945-1949, Frankfurt a.M. 1972

Huster, Ernst-Ulrich und Schweiger, H.: Die vergessene Einheitsschule - Schulpolitik in Hessen zwischen Neuordnung und Restauration 1945 - 1951. In: Die Deutsche Schule, Hannover 1979, S.740 - S.758

Hylla, Ernst: Vergleichende Leistungsmessung im vierten und fünften Schuljahr, München 1949

Ingenkamp, Karlheinz: Pädagogische Diagnostik in Deutschland 1885 - 1932, Bd.I der Reihe "Geschichte der Pädagogischen Diagnostik", hrsg. von demselben und Laux, Hermann, Weinheim 1990

Jahr, Friedrich/Rutz, Georg: Drei Modelle zur äußeren Differenzierung in der Grundschule. In: Westermanns Pädagogische Beiträge, Heft 10 1967, S.475ff

Jeismann, Karl-Ernst und Lundgreen, Peter (Hg.): Handbuch der deutschen Bildungsgeschichte. Bd. III 1800 - 1870. Von der Neuordnung Deutschlands bis zur Gründung des Deutschen Reiches, München 1987

Jeziorsky, Walter: Allgemeinbildung in der Grundschule, Hamburg 1948 bzw. ders. Allgemeinbildender Unterricht in der Grundschule, Braunschweig 1965

Jürgens, Eiko: 20 Jahre Orientierungsstufe, Sankt Augustin 1991

Kaack, Heino: Parteiensystem, Opladen 1971

Kahl, Annegret/Ruth-Reulen, Joachim/Kubina, Christian/Lambrich, Hans-Jürgen: Sozialbeziehungen, Freundschaften und Lernen in der Otto-Ubbelohde-Schule. In: Kubina, Christian (Hg.): Die sechsjährige Grundschule in Marburg. Zur Alltagspraxis eines Schulversuchs und zur Geschichte einer pädagogischen Idee. Hessisches Institut für Bildungsplanung und Schulentwicklung (HIBS), Materialien zur Schulentwicklung H.17, Wiesbaden 1992, S.97 - S.106

Karsen, Fritz (a): Die Schule der werdenden Gesellschaft, Stuttgart/Berlin 1921

ders. (b): Deutsche Versuchsschulen der Gegenwart und ihre Probleme, Leipzig 1923

ders. (c): Die neuen Schulen in Deutschland, Langensalza 1924

ders. mit Taut, Bruno: Die Dammwegschule Neukölln, Berlin 1928

Karstädt, Otto (a): Neuere Versuchsschulen und ihre Fragestellungen. In: Jahrbuch des Zentralinstituts für Erziehung und Unterricht, Jg.4, 1922, Berlin 1923, S.87 - S.133

ders. (b): Versuchsschulen und Schulversuche. In: Nohl, Hermann/Pallat, Ludwig (Hg.): Handbuch der Pädagogik, Bd.4, Langensalza 1928, S.333 - S.364

Kawerau, Siegfried: Sozialistische Pädagogik, 2. Aufl. Leipzig 1924 (1. Aufl. 1921)

Keim, Wolfgang (Hg.) (a): Sekundarstufe I - Modelle, Probleme, Perspektiven, Königstein i.T. 1978

ders. (Hg.) (b): Kursunterricht - Begründungen, Modelle, Erfahrungen, Darmstadt 1987

ders. (c): Erziehung im Nationalsozialismus. Ein Forschungsbericht. Beiheft zur Zeitschrift "Erwachsenenbildung in Österreich", Wien 1990

Kerschensteiner, Georg: Das einheitliche deutsche Schulsystem, Leipzig/Berlin (1.Aufl. 1916), hier 2.Aufl. 1922

ders (b): Der Begriff der staatsbürgerlichen Erziehung, 6.Aufl. München 1928

Kienbaum Unternehmensberatung GmbH: Organisationsuntersuchung im Schulbereich, im Auftrag des Kultusministers des Landes NRW, Düsseldorf, 9.9.1991

Kirsch, Hans-Christian: Bildung im Wandel, Frankfurt a.M. 1980

Klafki, Wolfgang (a): Die fünfziger Jahre - eine Phase schulorganisatorischer Restauration. Zur Schulpolitik und Schulentwicklung im ersten Jahrzehnt der Bundesrepublik. In: Bänsch, Dieter (Hg.): Die fünfziger Jahre, Tübingen 1985, S.131 - S.161

ders. (b): Aspekte kritisch-konstruktiver Erziehungswissenschaften, Weinheim und Basel 1976

ders. (d): Neue Studien zur Bildungstheorie und Didaktik, Weinheim und Basel 1985

ders. (e): "Förderstufe/Orientierungsstufe - gemeinsam länger lernen", in: Gesamtschul - Informationen des Pädagogischen Zentrums Berlin, H.1/2 1985, S.177 - S.196

ders. (g): Die Empfehlungen zur Weiterführung der Schulreform in Bremen. In: Die Deutsche Schule, H.3 1993

ders. (h): Zur pädagogischen Bilanz der Bildungsreform (1982). In: Gewerkschaft Erziehung und Wissenschaft - Landesverband Hessen (Hg.): Konturen moderner Erziehungswissenschaft und Bildungspolitik. Ein Quellenband zur bundesdeutschen Schulreform 1965 - 1990, Bad Homburg v.d.H. 1990, S.249 - S.270

Klauer, Karl Josef: Neuere Untersuchungen zur Psychologie und Pädagogik der Zehn- bis Zwölfjährigen, in: Peterßen, Wilhelm H. (Hg.): Orientierungsstufe - Beiträge aus Bildungspolitik, Erziehungswissenschaft, Praxis. Ravensburg 1975

Klemm, Klaus/Rolff, H.G./Tillmann, K.J.: Bildung für das Jahr 2000, Hamburg 1985

Klewitz, Marion: Berliner Einheitsschule 1945-1951, West-Berlin 1971

Kley, Otto: Die deutsche Schulreform der Zukunft. Tatsächliches und Grundsätzliches zur Einheitsschulfrage. Köln 1917

Kochan, Barbara/Neuhaus-Siemon, Elisabeth (Hg.): Taschenlexikon Grundschule, Königstein/Ts 1979

Kocka, Jürgen: Lohnarbeit und Klassenbildung. Arbeiter und Arbeiterbewegung in Deutschland 1800 - 1875. Berlin, Bonn 1983

König, Helmut (Hg.): Zur Geschichte der Nationalerziehung in Deutschland im letzten Drittel des 18.Jahrhunderts, Monumenta Paedagogica Bd.I, Ost-Berlin 1960

ders. (b): Beiträge zur Bildungspolitik (1918-1923), Monumenta Paedagogica Bd.IV, Ost-Berlin 1968

Kopitzsch, Wolfgang: Gewerkschaft Erziehung und Wissenschaft (GEW) 1947-1975, Heidelberg 1983

Koselleck, Reinhart: Preußen zwischen Reform und Revolution, Stuttgart, 2.Aufl. 1975, (1.Aufl. 1967)

Krause-Vilmar, Dieter (Hg.): Lehrergewerkschaft, Republik und Faschismus 1918 - 1933, Köln 1978

Kropat, Wolf-Arno: Hessen in der Stunde Null, Wiesbaden 1979

Kubina, Christian (Hrsg.): Die sechsjährige Grundschule in Marburg. Zur Alltagspraxis eines Schulversuchs und zur Geschichte einer pädagogischen Idee. Hessisches Institut für Bildungsplanung und Schulentwicklung (HIBS), Materialien zur Schulentwicklung H.17, Wiesbaden 1992

ders.: Skizzen im Hinblick auf eine Konzeption der Wissenschaftlichen Begleitung des Schulversuchs "Sechsjährige Grundschule" an der Otto-Ubbelohde-Schule in Marburg, (Material des Hessischen Instituts für Bildungsplanung und Schulforschung) Wiesbaden 17.10.1986, abgedruckt in: ders.: Die sechsjährige Grundschule in Marburg, S.133 - S.146

Kühnhagen, Oskar: Die Einheitsschule im In- und Auslande. Kritik und Aufbau. Gotha 1919

Küppers, Heinrich: Bildungspolitik im Saarland 1945 - 1955, Habilitationsschrift 1983

Kuhlemann, Frank-Michael: Modernisierung und Disziplinierung: Sozialgeschichte des preußischen Volksschulwesens 1794 - 1872, Göttingen 1992

Kuhlmann, Caspar (a): Schulreform und Gesellschaft in der Bundesrepublik Deutschland 1946-1966. In: Robinsohn, Saul B.: Schulreform im gesellschaftlichen Prozeß I, Stuttgart 1970

589

ders. (b): Versäumte Chancen in der Neuordnung des westdeutschen Schulwesens nach 1945. In: Speck, J.: Probleme der Curriculum-Forschung, München 1969, S.43 - S.57

Kullnick, Max: Wegweiser durch das deutsche höhere Schulwesen in der amerikanischen und britischen Besatzungszone, Schuljahr 1948, Frankfurt a.M. 1950

Kunz, Lothar: Reformerische und restaurative Tendenzen der schulpolitischen Auseinandersetzungen zur Zeit der Weimarer Republik. In: Dithmar, Reinhard und Willer, Jörg (Hg.): Schule zwischen Kaiserreich und Faschismus. Zur Entwicklung des Schulwesens in der Weimarer Republik. Darmstadt 1981, S.125 - S.153

Landé, Walter: Die Schule in der Reichsverfassung, Berlin 1929

Lange-Quassowski, Jutta-B.: Neuordnung oder Restauration. Das Demokratiekonzept der amerikanischen Besatzungsmacht und die politische Sozialisation der Westdeutschen: Wirtschaftsordnung - Schulstruktur - Politische Bildung. Opladen 1979

Langewiesche, Dieter und Tenorth, Heinz-Elmar (Hg.): Handbuch der deutschen Bildungsgeschichte, Bd V 1918 - 1945, München 1992

Lehberger, Reiner: Zur Geschichte der Versuchsschule Telemannstraße 10. In: de Lorent/Ullrich (Hg.): Der Traum von der freien Schule, Hamburg 1988, S.273 - S.287

ders.: Hamburgs Schulen unterm Hakenkreuz: Die nationalsozialistische "Reform" des Hamburger Schulwesens. In: Daschner, Peter und Lehberger, Reiner (Hg.): Hamburg - Stadt der Schulreformen, Hamburg 1990

ders.: "Schule als Lebensstätte der Jugend". Die Hamburger Versuchs- und Gemeinschaftsschulen in der Weimarer Republik. In: Amlung, Ullrich/Haubfleisch, Dietmar/Link, Jörg-W./Schmitt, Hanno (Hg.): Die alte Schule überwinden. Reformpädagogische Versuchsschulen zwischen Kaiserreich und Nationalsozialismus. Frankfurt am Main, 1992

Lemke, Dietrich: Bildung 2000 in Hamburg, Hamburg 1988

Lemm, Werner: Die Rolle der SPD bei der Entwicklung des Westberliner Schulwesens, Ost-Berlin 1962

ders. u.a.: Schulgeschichte in Berlin, Berlin-Ost 1987

Leonhard, Wolfgang: Die Revolution entläßt ihre Kinder, Köln 1961

Leschinsky, Achim und Roeder, Peter Martin: Schule im historischen Prozeß: zum Wechselverhältnis von institutioneller Erziehung und gesellschaftlicher Politik. Frankfurt a.M., Berlin, Wien 1983

Leski, Horst: Schulreformprogramme des Niedersächsischen Kultusministeriums 1945 - 1970; Hannover 1991

Link, Jörg-W.: Das Haus in der Sonne. Eine Westerwälder Dorfschule im Brennpunkt internationaler Landschulreform. In: Amlung u.a. S.247 - S.267

Löffelholz, Michael: Eduard Spranger. In: Scheuerl, Hans (Hg.): Klassiker der Pädagogik II, München 1979, S.258 - S.276

(Kerlow)-Löwenstein, Kurt (a): Sozialistische Schul- und Erziehungsfragen, 2. veränd. Aufl. Berlin 1922

ders. mit Adler, Max (b): Soziologische und schulpolitische Grundfragen der weltlichen Schulen. Hrsg. vom Bund der freien Schulgesellschaften Deutschlands, Magdeburg 1925

Lorent, Hans-Peter de/Ullrich, Volker (Hg.): "Der Traum von der freien Schule". Schule und Schulpolitik in Hamburg in der Weimarer Republik. Hamburg 1988

Louis, Gustav: Neugestaltung des Schulwesens, Berlin 1920

Lundgreen, Peter: Sozialgeschichte der deutschen Schule im Überblick, Teil 1, Göttingen 1980

Maaßen, Nikolaus: Geschichte der deutschen Mittelschulbewegung, Hannover 1959

Marburger Forschungsstelle für vergleichende Erziehungswissenschaft (Hg.): Bildungsreform und technisch-sozialer Wandel in den USA und der UdSSR, H.5, Marburg 1973

Mayer, Josef: Der Wiederaufbau des bayerischen Volksschulwesens, Passau 1965

Merkt, Hans: Dokumente zur Schulreform in Bayern. Hrsg. vom Bayerischen Ministerium für Unterricht und Kultus, München 1952

Merritt, Richard L.: Öffentliche Perspektiven zur amerikanischen Erziehungspolitik. In: Bildung und Erziehung, Köln 1981, S.161 - S.180

Meumann, Ernst: Vorlesungen zur Einführung in die experimentelle Pädagogik und ihre psychologischen Grundlagen, Bd.2 und Bd.3, (2.Aufl. Leipzig 1913) hier 2. erweiterte Aufl. Leipzig 1920

Meyer, Adolf: Wilhelm von Humboldt. In: Scheuerl, Hans (Hg.) (b): Klassiker der Pädagogik, Bd.1, München 1979, S.198 - S.216

Michael, Berthold und Schepp, Heinz-Hermann: Politik und Schule von der Französischen Revolution bis zur Gegenwart, Bd. I und II, Frankfurt a.M. 1973 (Bd.I) und 1974 (Bd.II)

Mielke, H.: Differenzierung - ein pädagogisches Problem. In: Berliner Lehrerzeitung H.1 1964, S.9 - S.11

Monumenta Paedagogica siehe unter Herausgebern: König und Uhlig

Morsey, Rudolf: Die Deutsche Zentrumspartei 1917-1923, Düsseldorf 1966

Müller, Detlev K. und Zymek, Bernd: Sozialgeschichte und Statistik des Schulsystems in den Staaten des Deutschen Reiches, 1800 - 1945, Datenhandbuch zur deutschen Bildungsgeschichte, Göttingen 1987

Müller, Hugo: Die Gefahren der Einheitsschule für unsere nationale Erziehung, Gießen 1907

Mut zur Erziehung. Beiträge zu einem Forum am 9./10. Januar 1978 im Wissenschaftszentrum Bonn - Bad Godesberg, Stuttgart 1978

Natorp, Paul (a): Volk und Schule Preußens, Festrede gehalten auf der Deutschen Lehrerversammlung zu Dortmund 1908, Gießen 1908

ders. (b): Sozialpädagogik, 2. vermehrte Aufl. Stuttgart 1904

Nave, Karl-Heinz: Die allgemeine deutsche Grundschule, Weinheim 1961

Neumann, Frank: Heinrich Schulz und die sozialdemokratische Bildungspolitik im wilhelminischen Deutschland 1893 - 1906, Diss. Marburg 1979

Neuner, Ingrid: Der Bund entschiedener Schulreformer 1919-1933, Bad Heilbrunn/OBB 1980

New Education Fellowship: "Die umfassende Schule". In: Bildung und Erziehung, Wiesbaden 1951, S.28 - S.38

Niclauss, Karl-Heinz: Demokratiegründung in Westdeutschland (1945-1949), München 1974

Der Niedersächsische Kultusminister (Hg.): Der Differenzierte Mittelbau, Hannover 1963

Nieser, Bruno: Gesamtschulreform in Frankreich, München 1984

Nitsch, Ulla und Stöcker, Hermann: "So zeichnen wir nicht nach irgendeiner muffigen Methode ...". Aus der Praxis ästhetischer Erziehung an der Bremer Arbeits- und Gemeinschaftsschulen in der Weimarer Zeit, In: Amlung, Ullrich/Haubfleisch, Dietmar/Link, Jörg-W./Schmitt, Hanno (Hg.): Die alte Schule überwinden. Reformpädagogische Versuchsschulen zwischen Kaiserreich und Nationalsozialismus. Frankfurt am Main, 1992, S.137 - S.157

Nohl, Herman: Die Pädagogische Bewegung in Deutschland und ihre Theorie, Frankfurt a.M. 1961

ders. mit Pallat, Ludwig (Hg.): Handbuch der Pädagogik, Bd.4, Langensalza 1928

Nydahl, Jens: Das Berliner Schulwesen, Berlin 1928

Oestreich, Paul (a): Die elastische Einheits-, Lebens- und Produktionsschule. Vorträge gehalten in der pädagogischen Osterwoche 1921 des Zentralinstituts für Erziehung zu Berlin. Berlin 1923

ders. (Hg.) (b): Schöpferische Erziehung, Berlin 1920

ders. (c): Ein großer Aufwand, schmählich!, ist vertan - Rund um die Reichsschulkonferenz, Leipzig 1920 (auch: Heft 23 der Reihe: Entschiedene Schulreform, Leipzig 1924)

ders. (Hg.) (d): Entschiedene Schulreform, Vorträge, Berlin 1920

ders. (Hg.) (e): Menschenbildung - Ziele und Wege der entschiedenen Schulreform, Vorträge, Berlin 1922

ders. (f): Die Schule zur Volkskultur, Leipzig 1923

ders. (g): Umriß einer Versuchs-Einheitsschule als einer Schule der Menschenbildung und Selbstentdeckung. In: Oestreich, P. und Müller, I.: Die freie studentische Produktionsgemeinschaft als Vorstufe der Einheitsschule, Berlin-Fichtenau 1920

ders. (h): Entschiedene Schulreform, Texte eingeleitet, ausgewählt und erläutert von H. König und M. Radke, Berlin-Ost 1978 (titel-, aber nicht inhaltsgleich mit (d))

Oppermann, Detlef: Gesellschaftsreform und Einheitsschulgedanke. Zu den Wechselwirkungen politischer Motivation und pädagogischer Zielsetzungen in der Geschichte des Einheitsschulgedankens. Frankfurt a.M. 1982

Pakschies, Günther: Umerziehung in der britischen Zone 1945-1949, Weinheim 1979

Paulsen, Wilhelm (a): Die Überwindung der Schule. Begründung und Darstellung der Gemeinschaftsschule, Leipzig 1926

ders. (b): Das neue Schul- und Bildungsprogramm, Osterwieck am Harz 1930

ders. (c): Der Neuaufbau unseres Schulwesens. Im Auftrage des Geschäftsführenden Ausschusses des Preußischen Lehrervereins. Osterwieck am Harz 1931

Pehnke, Andreas: Der Leipziger Lehrerverein und seine Connewitzer Versuchsschule - Impulsgeber für reformpädagogische Initiativen im sächsischen Schulwesen. In: Amlung, Ullrich/Haubfleisch, Dietmar/Link, Jörg-W./Schmitt, Hanno (Hg.): Die alte Schule überwinden. Reformpädagogische Versuchsschulen zwischen Kaiserreich und Nationalsozialismus. Frankfurt am Main, 1992, S.107 - S.136

Peisert, Hansgert: Soziale Lage und Bildungschancen in Deutschland, München 1967

Petersen, Peter (Hg.)(a): Der Aufstieg der Begabten, Leipzig/Berlin 1916

ders. (b): Gemeinschaft und freies Menschentum. Eine Kritik der Begabungsschulen. Gotha 1919

ders. (c): Der Kleine Jena-Plan, Langensalza 1927

ders. (d): Innere Schulreform und neuere Erziehung, Jena 1925

ders. (e): Schulleben und Unterricht einer freien allgemeinen Volksschule nach den Grundsätzen Neuer Erziehung, Weimar 1930

ders. (f): Die Neueuropäische Erziehungsbewegung, Weimar 1926

ders. (g): Führungslehre und Unterricht, Braunschweig 1953, (1. Aufl. 1937)

Peterßen, Wilhelm H. (Hg.): Orientierungsstufe - Beiträge aus Bildungspolitik, Erziehungswissenschaft, Praxis. Ravensburg 1975

Picht, Georg: Die deutsche Bildungskatastrophe, Olten und Freiburg i.B. 1964

Pieper, Wilhelm: Zum Streit um die Gliederung des Schulwesens. In: Die Grünen - Landesverband Niedersachsen (Hg.): Auf dem Prüfstand: Erfahrungen und Perspektiven grüner Kinder-, Jugend- und Bildungspolitik, Bildungskongreß Lernen und Leben zwischen Individualität und Solidarität, Hannover, 6.2.1993, S.84 - S.91; sowie in: Jahrbuch der IGS Franzsches Feld, Buch 2 für die Schuljahre 1991/92 und 1992/93, Braunschweig 1993, S.31 - S.37

Porger, Gustav (Hg.): Neue Schulformen und Versuchsschulen, Bielefeld und Leipzig 1925

Portmann, Rosemarie/Wiederholdt Karl A./Mitzlaff, Hartmut (Hg.): Übergänge nach der Grundschule. Arbeitskreis Grundschule e.V., Beiträge zur Reform der Grundschule -Bd. 77. Frankfurt a.M. 1989

Presse- und Informationszentrum des Deutschen Bundestages (Hg.): Fragen an die deutsche Geschichte, Bonn 1983

Pretzel, Carl Louis Albert: Geschichte des deutschen Lehrervereins, Leipzig 1921

Preuss-Lausitz, Ulf u.a. (Hg.): Selbständigkeit für Kinder - die große Freiheit? Weinheim und Basel 1990

    ders.: Kinder zwischen Selbständigkeit und Zwang. In: ders. u.a. (Hg): Selbständigkeit für Kinder - die große Freiheit? Weinheim und Basel 1990, S.54 - S.68

Pross, Helge: Über die Bildungschancen von Mädchen in der Bundesrepublik, Frankfurt a.M. 1969

Puls-Janssen: Statement zum Bildungskongreß. In: Die Grünen - Landesverband Niedersachsen (Hg.): Auf dem Prüfstand: Erfahrungen und Perspektiven grüner Kinder-, Jugend- und Bildungspolitik, Bildungskongreß Lernen und Leben zwischen Individualität und Solidarität, Hannover, 6.2.1993, S.61 - S.64

Quarck, Max: Schulkämpfe und Schulkompromisse im deutschen Verfassungswerk 1919. In: Die neue Zeit, Bd.38 I, Jg. 1, 1919/20

Radde, Gerd: Fritz Karsen, Berlin 1973

    ders.: Schulreform in Berlin am Beispiel der Lebensgemeinschaftsschulen. In: Amlung, Ullrich/Haubfleisch, Dietmar/Link, Jörg-W./Schmitt, Hanno (Hg.): Die alte Schule überwinden. Reformpädagogische Versuchsschulen zwischen Kaiserreich und Nationalsozialismus. Frankfurt am Main 1992, S.89 - S.106

    ders. mit Fedke, Hubertus (Hg.): Reform und Realität in der Berliner Schule, Braunschweig 1991

    ders.: Ansätze eines Kursunterrichts an Berliner Lebensgemeinschaftsschulen während der Weimarer Zeit. In: Keim, Wolfgang (Hg.): Kursunterricht - Begründungen, Modelle, Erfahrungen, Darmstadt 1987, S.177 - S.193

Rang, Adalbert: Historische und gesellschaftliche Aspekte der Gesamtschule. In: Zeitschrift für Pädagogik, 14.Jg., 1968

Rauschenberger, Hans: Allgemeine Lernziele der Orientierungsstufe. In: W.H.Peterßen (Hg.): Orientierungsstufe - Beiträge aus Bildungspolitik, Erziehungswissenschaft, Praxis. Ravensburg 1975

    ders.: Eine Schulstufe für die Zehn- bis Zwölfjährigen, in: Frommelt, Bernd (Hg.): Beispiel Förderstufe - Probleme einer strukturverändernden Reform und ihrer wissenschaftlichen Begleitung, Frankfurt a.M. - Berlin - München 1980

Ratzke, Erwin: Die Stellung des Lehrerverbandes Niedersachsens (GEW) in der niedersächsischen Schulpolitik 1946-1954, Diss. Frankfurt a.M. 1981

Die Reichsschulkonferenz von 1920. Ihre Vorgeschichte und Vorbereitungen und ihre Verhandlungen. Amtl. Bericht des Reichsministeriums des Innern, Leipzig 1921; Nachdruck: Glashütten 1972

Reimers, Hans in: Schulbehörde der Hansestadt Hamburg (Hg.): Die Neuordnung des Hamburger Schulwesens. Entwurf und Erläuterungen zu einem Gesetz über das Schulwesen der Hansestadt Hamburg. Hamburg 1949, S.111 - S.115

Rein, Wilhelm: Die nationale Einheitsschule, 2.Aufl. Osterwieck-Harz und Leipzig 1918

Reineking, Peter: Beispiele aus dem pädagogischen Alltag des Schulversuchs. In: Kubina, Christian (Hg.): Die sechsjährige Grundschule in Marburg. Zur Alltagspraxis eines Schulversuchs und zur Geschichte einer pädagogischen Idee. Hessisches Institut für Bildungsplanung und Schulentwicklung (HIBS), Materialien zur Schulentwicklung H.17, Wiesbaden 1992, S.31 - S.57

Retzlaff, Max: Die höhere Schule in Hessen 1945 - 1961. In: Die Höhere Schule. Düsseldorf 1962, S.102

Richert, H.: Die Ober- und Aufbauschule, Leipzig 1923

Richter, Wilhelm: Berliner Schulgeschichte, Berlin 1981

Ried, Georg: Kulturauftrag der höheren Schule und sechsjährige Grundschule. In: Pädagogische Welt 1948, S.77 - S.87

593

Ries, Emil: Die Gefahren der allgemeinen Volksschule, 1901

Rissmann, Robert: Geschichte des deutschen Lehrervereins, Leipzig 1908

Rodehüser, Franz: Epochen der Grundschulgeschichte, Bochum 1987

Rödler, Klaus: Vergessene Alternativschulen, Weinheim und München 1987

Rolff, Hans-Günter (a): Sozialisation und Auslese durch die Schule, Heidelberg 1967

ders. (b): Soziologie der Schulreform, Weinheim 1980

ders. mit Hansen, G./Klemm, K./Tillmann, K.J. (Hg.): Jahrbücher der Schulentwicklung, Weinheim 1980, 1982, 1984 ff

Rommel, H.G.: Förderstufe in Hessen, Stuttgart 1969

Roth, Heinrich (a): Jugend und Schule zwischen Reform und Restauration, Hannover 1961

ders. (b): Pädagogische Anthropologie, Hannover-Berlin-Darmstadt-Dortmund 1966 (Bd.I) und 1971 (Bd.II)

ders. (c): Pädagogische Psychologie des Lehrens und Lernens, 1.Aufl. Hannover 1957, (S.73 - S.90 und S.139 - S.170 bilden eine Erweiterung des Aufsatzes (d))

ders. (d): Begabung und Begaben. In: Die Sammlung. 7.Jg. 1952, S.395 - S.407

ders. (e) in: Schorb, Alfons-Otto: Für und Wider den Rahmenplan. Eine Dokumentation. Stuttgart 1960, S.93 - S.96

ders. (f): Zur Psychologie der Zehn- bis Zwölfjährigen mit Konsequenzen für eine Pädagogik der Förderstufe, Ausschnitt in: Die Deutsche Schule, 52.Jg., Heft 4 1960, S.206 - S.216

ders. (g) (Hg.): Begabung und Lernen. Gutachten und Studien der Bildungskommission des Deutschen Bildungsrates Bd.4, Stuttgart 1969. Zitiert als Bildungsrat.

Rudolf, J.: Verpaßte Chancen der Schulreform. In: Schola, Monatszeitschrift für Erziehung und Bildung, 3.Jg., Offenburg 1948, S.130

Ruge-Schatz, Angelika (a): Umerziehung und Schulpolitik in der französischen Besatzungszone 1945 - 1949, Frankfurt a.M. 1977

dies. (b): Grundprobleme der Kulturpolitik in der französischen Besatzungszone. In: Scharf, Claus und Schröder, Hans-Jürgen (Hg.): Die Deutschlandpolitik Frankreichs und die französische Zone 1945 - 1949, Wiesbaden 1979, S.91 - 110

Rutt, Theodor (Hg.): Peter und Else Petersen. Die Pädagogische Tatsachenforschung. Paderborn 1965

Sandfuchs, Uwe: Die weltlichen Schulen im Freistaat Braunschweig: Schulpolitischer Zankapfel und Zentren der Schulreform. In: Amlung, Ullrich/Haubfleisch, Dietmar/Link, Jörg-W./Schmitt, Hanno (Hg.): Die alte Schule überwinden. Reformpädagogische Versuchsschulen zwischen Kaiserreich und Nationalsozialismus. Frankfurt am Main, 1992, S.

Sauberzweig, Dieter (Hg.): Adolf Grimme, Briefe, Heidelberg 1967

Scharf, Claus und Schröder, Hans-Jürgen (Hg.): Die Deutschlandpolitik Frankreichs und die französische Zone 1945 - 1949, Wiesbaden 1979

Scharfenberg, Günther: Dokumente zur Bildungspolitik der Parteien, Bd. 1 - Bd.3, West-Berlin 1976

Scheibe, Wolfgang: Die reformpädagogische Bewegung 1900 - 1932, Weinheim 1962

Schelsky, Helmut: Anpassung oder Widerstand. Soziologische Bedenken zur Schulreform. Heidelberg 1961

Scheuerl, Hans (a): Die Gliederung des deutschen Schulwesens, Stuttgart 1968

ders. (Hg.) (b): Klassiker der Pädagogik, Bd.1 und Bd.2, München 1979

594

Schirmer, Bernd: Wie geht es weiter mit der Berliner Schule? In: Radde, Gerd und Fedke, Hubertus (Hg.): Reform und Realität in der Berliner Schule, Braunschweig 1991, S.152 - S.157

Schlaak, Gustav: Schulleistungen und Schulmodelle - Vergleichsuntersuchungen von Elementarleistungen an verschiedenen Schultypen und Erfahrungen mit den Berliner Schulmodellen der Oberschulen Praktischen und Technischen Zweiges und der sechsjährigen Grundschule, Essen 1963

Schlander, Otto: Reeducation - ein politisch-pädagogisches Prinzip im Widerstreit der Gruppen, Frankfurt a.M. 1975

Schleiermacher, Friedrich: Pädagogische Schriften I. Die Vorlesungen aus dem Jahre 1826. Hrsg. von Erich Weniger. Frankfurt a.M., Berlin, Wien 1983

Schmelzle, Karl (a): Zur Frage der Schulreform. In: Pädagogische Welt 1947, S.75 - S.104 und S.208 - S.219

ders. (b): Die bayerische Schulreform. In: Pädagogische Welt 1947, S.467 - S.471

Schmid, Jakob Robert: Freiheitspädagogik. Schulreform und Schulrevolution in Deutschland 1919 - 1933. Reinbek 1973

Schmidt, Ferdinand Jakob: Das Problem der nationalen Einheitsschule, Jena 1916

Schmitt, Hanno (a): Topographie der Reformschulen in der Weimarer Republik: Perspektiven ihrer Erforschung. In: Amlung, Ullrich/Haubfleisch, Dietmar/Link, Jörg-W./Schmitt, Hanno (Hg.): Die alte Schule überwinden. Reformpädagogische Versuchsschulen zwischen Kaiserreich und Nationalsozialismus. Frankfurt am Main, 1992, S.9 - S.31

ders. (b): Versuchsschulen als Instrumente schulpädagogischer Innovation vom 18.Jahrhundert bis zur Gegenwart. In: Jahrbuch für Historische Bildungsforschung Bd.1, hrsg. von der Historischen Kommission der Deutschen Gesellschaft für Erziehungswissenschaft, Weinheim und München 1993, S.153 - S.178

Schmittlein, Raymond: Die Umerziehung des deutschen Volkes. In: Vaillant, Jérôme (Hg.): Französische Kulturpolitik in Deutschland 1945 - 1949, Konstanz 1984, S.161 - S.185

Schmoldt, Benno (Hg.): Schule in Berlin. Gestern und heute. Berlin 1989

Schön, Alfred: Dauer der Grundschule und der höheren Schule. In: Pädagogische Welt, Donauwörth 1950, S.57 - S.63

Schonig, Bruno: Berliner Reformpädagogik in der Weimarer Republik. In: Schmoldt, Benno (Hg.): Schule in Berlin. Gestern und heute. Berlin 1989, S.31 - S.53

Schorb, Alfons-Otto: Für und Wider den Rahmenplan. Eine Dokumentation. Stuttgart 1960

ders. mit Fritzsche, Volker: Schulerneuerung in der Demokratie. Ein kritischer Vergleich: Die Reichsschulkonferenz von 1920 und der Deutsche Ausschuß für das Erziehungs- und Bildungswesen, Stuttgart 1966

Schramm, Franz (a): Gedanken und Bedenken zur Schulreform. In: Pädagogische Provinz 1948, S.321 - S.328

ders. (b): Das Hessische Schulgrundgesetz. In: Die Pädagogische Provinz 1949, S.65 - S.68 und S.408 - S.411

Schulbehörde der Freien und Hansestadt Hamburg (Hg.): Schule und Universität - Spiegel der Zeit, 1945 - 1960. 15 Jahre Hamburgisches Schul- und Erziehungswesen. Hamburg o.J. [um 1960]

Schulbehörde der Hansestadt Hamburg (Hg.): Die Neuordnung des Hamburger Schulwesens. Entwurf und Erläuterungen zu einem Gesetz über das Schulwesen der Hansestadt Hamburg. Hamburg 1949

Schulte am Hülse, Heinrich: Die verbindliche sechsjährige Grundschule in Bremen als Politikum (1949 - 1957), Bremen 1970

Schulz, Heinrich (a): Die Schulreform der Sozialdemokratie, Dresden 1911, erweiterte Aufl. 1919

ders. (b): Sozialdemokratie und Schule, 2. Aufl. Berlin 1919, (1. Aufl. 1907)

ders. (c): Der Weg zum Reichsschulgesetz, Leipzig 1920

ders. (d): Die deutsche Schulreform. Ein Handbuch für die Reichsschulkonferenz. Hrsg. vom Zentralinstitut für Erziehung und Unterricht, Leipzig 1920

Schumann, Hans-Gerd: Konservatismus, Köln 1974

Schwänke, Ulf: Das Hamburger Schulwesen - Ein Leitfaden, Hamburg 1981

Schwartz, Erwin: Die Grundschule, Funktion und Reform, Braunschweig 1969

ders.: Ist die Grundschule reformbedürftig? In: Westermanns Pädagogische Beiträge, Heft 10 1967, S.474f

Schweim, Lothar: Schulreform in Preußen 1809-1819, Weinheim 1966

Senat der Freien Hansestadt Bremen (Hg.): Gutachten des Bremer Grundschul-Ausschusses, Bremen 1955

Senat der Freien und Hansestadt Hamburg (Hg.): Empfehlungen und Gutachten der unabhängigen Kommission für das Hamburger Schulwesen, Hamburg 1957

Senator für das Bildungswesen (Hg.): Die bremischen Schulen 1955 - 1965, Bremen 1966

Senator für das Bildungswesen (Hg.): 10 Jahre Wiederaufbau - Die Bremischen Schulen 1945 - 1955, Bremen 1955

Senator für Bildung und Wissenschaft Bremen (Hg.): Innovation und Kontinuität. Empfehlungen zur Schulentwicklung in Bremen. Bericht der Kommission zur Weiterführung der Schulreform in Bremen. Bremen, Februar 1993

Senator für das Schulwesen (Hg.): Das Bildungswesen des Landes Berlin, Berlin 1964 (2.unwesentl. veränderte Aufl. 1965)

Senator für das Schulwesen (Hg.): Wege zur Schule von morgen. Entwicklungen und Versuche in der Berliner Schule. Berlin o.J. (vermutlich 1964)

Senator für Volksbildung (Hg): Denkschrift zur inneren Schulreform, Berlin 1962

Senatsverwaltung für Schule, Berufsausbildung und Sport (Hg.): Eine Schule für alle - Nachdenken über die Berliner Schule, Berlin, August 1990

Seyfert, Richard (a): Das schulpolitische Programm der Demokratie. Erschienen in der Reihe: Flugschriften aus der DDP. Leipzig 1919

ders. mit Foerster, F.W. (b): Für und Wider die allgemeine Volksschule, Leipzig 1918

Sickinger, Anton: Arbeitsunterricht, Einheitsschule, Mannheimer Schulsystem, Leipzig 1920

Siemsen, Anna: Möglichkeit der Linienführung in Grundschule und Aufbau. In: Porger, Gustav (Hg.): Neue Schulformen und Versuchsschulen, Bielefeld und Leipzig 1925, S.280 - S.283 sowie in: Oestreich, Paul (Hg.): Zur Produktionsschule (Entschiedene Schulreform III), 3.Aufl. Berlin 1922, S.24 - S.27

Sienknecht, Helmut: Der Einheitsschulgedanke, Weinheim, Berlin 1968

Sporn, Carl: Schulgrundgesetz und Humanismus. In: Die Pädagogische Provinz 1949, S.193 - S.196

Spranger, Eduard (a): Lebensformen, Halle (Saale), (1.Aufl. 1914), hier 2.Aufl. 1921

ders.(b): Die drei Motive der Schulreform. In: ders.: Kultur und Erziehung, Leipzig 1925, S.115 - S.137

ders. (c): Volk, Staat, Erziehung, Leipzig 1932

ders. (d): Innere Schulreform. In: ders.: Pädagogische Perspektiven. Beiträge zu Erziehungsfragen der Gegenwart. 1.Aufl. Heidelberg 1950 (6. Aufl. 1960), S.58ff

Stein, Erwin (a): Berichte über die Pläne zur Erneuerung des Schulwesens im Lande Hessen. In: Die Pädagogische Provinz, 1.Jg. 1947

ders. (b): Wiedergutmachung nationalsozialistischen Unrechts im hessischen Schulwesen. In: Die Pädagogische Provinz 1950, S.3 - S.16

Stellungnahme der evangelischen Kirche in Hessen und Nassau zur Schulreform bzw. zum "Schulgrundgesetz". In: Die Pädagogische Provinz 1948, S.524 - S.532 und 1949, S.513 - S.515

Stephani, Heinrich: System der öffentlichen Erziehung, Berlin 1805, (2.Aufl. Erlangen 1813)

Stern, Wilhelm (a): Psychologische Begabungsforschung und Begabungsdiagnose. In: Petersen, Peter (Hg.)(a): Der Aufstieg der Begabten, Leipzig/Berlin 1916, S.105 -120

ders. (b): Die differentielle Psychologie in ihren methodischen Grundlagen, Leipzig 1911

ders. (c): Die Intelligenzprüfung an Kindern und Jugendlichen, 2.Aufl. Leipzig 1916

Storbeck, A.C.: Die Regierungen des Bundes und der Länder seit 1945, München 1970

Stubenrauch, Herbert: Die Gesamtschule im Widerspruch des Systems, 2. Aufl. München 1972

Stübig, Frauke: Erziehung zur Gleichheit. Die Konzepte der "éducation commune" in der Französischen Revolution. Dissertation Marburg 1973

Teetz, Eva: Halbzeit im Schulversuch - Und was kommt danach. In: Portmann, Rosemarie/Wiederholdt Karl A./Mitzlaff, Hartmut (Hrsg.): Übergänge nach der Grundschule. Arbeitskreis Grundschule e.V. - Frankfurt a.M. 1989, S.161 - S.167

Tenorth, H.E.: Hochschulzugang und gymnasiale Oberstufe in der Bildungspolitik von 1945-1973, Bad Heilbrunn 1975

Tews, Johannes (a): Ein Jahrhundert preußischer Schulgeschichte, Leipzig 1914

ders. (b): Die Deutsche Einheitsschule. Freie Bahn jedem Tüchtigen. 2. Aufl. Leipzig 1916

ders. (c): Ein Volk - eine Schule. Darstellung und Begründung der deutschen Einheitsschule. Osterwieck/Harz 1919

ders. (d): Sozialdemokratie und öffentliches Bildungswesen, 5. Aufl. Langensalza 1919

Thron, Hans-Joachim: Schulreform im besiegten Deutschland. Die Bildungspolitik der amerikanischen Militärregierung nach dem 2.Weltkrieg. Diss. München 1972

Twellmann, Walter (Hg.): Handbuch Schule und Unterricht, Bd. 5.1., Düsseldorf 1981

Uhlig, G. (Hg.): Der Beginn der antifaschistisch-demokratischen Schulreform 1945-1946, Monumenta Paedagogica Bd.II, Ost-Berlin 1968

Ullrich, Volker: Arbeiter- und Soldatenrat und Schulreform 1918/19. In: de Lorent/Ullrich (Hg.): Der Traum von der freien Schule, Hamburg 1988, S.11 - S.24

Upleger, Fritz/H.Götz: Die förderstufenähnlichen Schulversuche in Hessen, Hannover - Berlin - Darmstadt - Dortmund 1963

Vaillant, Jérôme (Hg.): Französische Kulturpolitik in Deutschland 1945 - 1949, Konstanz 1984

Verein der Freunde und Förderer der Peter-Petersen-Schule (Hg.): Schule kann auch anders sein. Peter Petersens Jenaplan. Frankfurt a.M. 1981

Vogt, Adolf (Hg.): Schule des Volkes. Die Referate der pädagogischen Tagung in Gelsenkirchen mit der Denkschrift des Kultusministeriums Nordrhein-Westfalens über die Reform der Schulorganisation, Gelsenkirchen 1947

Vortisch, Sybille: Kinder spielen die Geschichte ihrer Stadt. In: Grundschule, Zeitschrift für die Grundstufe des Schulwesens, H.5, Braunschweig 1988, S.27 - 29

Wagner-Winterhagen, Luise: Schule und Eltern in der Weimarer Republik. Untersuchungen zur Wirksamkeit der Elternbeiräte in Preußen und der Elternräte in Hamburg 1918 - 1922, Dissertation Göttingen, verlegt in Weinheim und Basel 1979

Wehler, Hans-Ulrich (a): Deutsche Gesellschaftsgeschichte. Bd.1 - 4., München 1987

ders.(b): Das deutsche Kaiserreich 1871 - 1918, Göttingen, 4.Aufl. 1980 (1.Aufl. 1973)

Weingardt, Erich: Die Auslese im Spiegel der Bewährungskontrolle. In: Bildung und Erziehung, Wiesbaden 1951, S.751 - S.768

Weniger, Erich: Die Epoche der Umerziehung 1945-1949, Westermanns Pädagogische Beiträge, H. 10/12, 11.Jg. 1959 sowie Fortsetzung in H. 1/2, 12.Jg. 1960

Wieck, Hans G. (a): Die Entstehung der CDU und die Wiedergründung des Zentrums im Jahre 1945, Düsseldorf 1953

ders. (b): Christliche und Freie Demokraten in Hessen, Rheinland-Pfalz, Baden und Württemberg 1945/46, Düsseldorf 1958

Wilhelm, Theodor: Georg Kerschensteiner. In: Scheuerl, Hans (Hg.): Klassiker der Pädagogik II, München 1979, S.103 - S.126

Willführ, Karl-Heinz: Individualisierung und Differenzierung, ein Beispiel aus der Jenaplanschule Steinau-Ulmbach. In: Grundschule, Heft Nr.5, (13) 1981

Winkeler, Rolf (a): Schulpolitik in Württemberg-Hohenzollern 1945-1952, Diss. Stuttgart 1971

ders. (b): Das Scheitern einer Schulreform in der Besatzungszeit. In: Heinemann, Manfred u.a.: Umerziehung und Wiederaufbau, Stuttgart 1981, S.211 - S.228

ders. (c): Die Diskussion um die Orientierungsstufe in den Schulformansätzen seit 1945. In: Die Schulwarte H.8/9 1974, S.41 - S.63 und in: Ziegenspeck, Jörg (Hg.): Bestandsaufnahme Orientierungsstufe, Braunschweig 1975, S.18 - S.55

Wolfrum, Edgar: Französische Besatzungspolitik und deutsche Sozialdemokratie, Düsseldorf 1991

Wulff, Hinrich (a): Schule und Lehrer in Bremen 1945 - 1965, Bremen 1966

ders. (b): Geschichte der Bremischen Volksschule, Bad Heilbrunn/OBB. 1967

Wychgram, Jakob (Hg.): Die Deutsche Schule und die deutsche Zukunft, Leipzig 1916

Wyenbergh, Jakob van den: Die Organisation des Volksschulwesens auf differentiell-psychologischer Grundlage, Diss. Gießen, Leipzig 1918

Zeidler, Kurt: Die Wiederentdeckung der Grenze, Jena 1926, (Neuausgabe: Kommentar und pragmatische Bibliographie von Uwe Sandfuchs, Hildesheim und New York 1985)

ders. (b): Der Wiederaufbau des Hamburger Schulwesens nach dem Zusammenbruch 1945, Hamburg 1974

Ziegenspeck, Jörg: Von der Förderstufe zur Orientierungsstufe. In: Bernd Frommelt (Hg.): Beispiel Förderstufe Frankfurt a.M. 1980

ders. (Hg.) Bestandsaufnahme Orientierungsstufe, Braunschweig 1975

ders.: Zum Planungs- und Entwicklungsstand der Orientierungsstufe in den Ländern der Bundesrepublik Deutschland. In: Walter Twellmann (Hg.): Handbuch Schule und Unterricht, Bd. 5.1., Düsseldorf 1981

Zook-Kommission: Erziehung in Deutschland. Berichte und Vorschläge der Amerikanischen Erziehungskommission. In: Die Neue Zeitung, o.J. (um 1946)

2. Zeitschriften, Zeitungen, Mitteilungsblätter:

Arbeitskreis aktuell. Mitteilungen des Arbeitskreises Grundschule e.V., Frankfurt am Main. Aufruf zum Frankfurter Grundschulmanifest in: Arbeitskreis Grundschule e.V. (Hg.): Informationen - Veröffentlichungen, Frankfurt a.M. 1989, S.7

Berliner Lehrer(Innen)zeitung. Zeitschrift für LehrerInnen, ErzieherInnen und WissenschaftlerInnen in der GEW Berlin. Berlin ab 1947

Berliner Elternverein (Hg.): 1975 - 1985: 10 Jahre Berliner Elternverein, Mitteilungen, Berlin 1985

ders.: Standpunkte zur schulischen Erziehung, Nr.3: Charlotte Wegener: Forderungen und Vorschläge des Berliner Elternvereins zur Berliner Schulpolitik, Berlin 1981, S.5

Berliner Morgenpost. Tageszeitung Berlin. Hier Ausgaben vom 14.10.1992, 12.11.1992, 6.12.1992, 8.1.1993, 19.2.1993, 20.2.1993, 18.3.1993 und 22.9.1993

bildung konkret. Zeitschrift des Deutschen Lehrerverbandes (DL).

Bildung und Erziehung, Monatszeitschrift für Pädagogik. Hrsg. von Franz Hilker, später von Oskar Anweiler u.a., Frankfurt a.M., später Wiesbaden; Lippstadt; Düsseldorf; Köln, Weimar, Wien, erschienen ab 1947

Bremer Lehrerzeitung. Hrsg. vom Verband Bremer Lehrer und Lehrerinnen, Bremen, erschienen ab Jan.1951

Die deutsche Berufsschule. 1948

Die Deutsche Schule. Monatszeitschrift des DLV. Berlin, Hannover, Darmstadt , erschienen ab 1909; später Zeitschrift für Erziehungswissenschaft, Bildungspolitik und pädagogische Praxis, hrsg. von der GEW im DGB, Weinheim

Erziehung und Wissenschaft. Allgemeine Deutsche Lehrerzeitung. Mitgliederzeitschrift der GEW im DGB. Frankfurt a.M. ab 1948

Frankfurter Rundschau. Tageszeitung Frankfurt, hier Ausgaben vom 4.10.1990, 15.3.1991 und 3.3.1993

Die Gewerbeschule. Karlsruhe 1948

Hamburger Lehrerzeitung. Zeitschrift für Schul- und Sozialpädagogen. Hamburg ab 1948

Hessische (Lehrerinnen und) Lehrerzeitung. Zeitschrift der GEW Hessen für Erziehung, Bildung, Forschung. Frankfurt a.M. ab 1948

Hessischer Philologenverband. Mitteilungsblatt, erschienen ab 1949/50

Die Höhere Schule. Zeitschrift des Deutschen Philologenverbandes. Düsseldorf ab 1948

Integration konkret - Beiträge zur Berliner Grundschulpraxis, hrsg. vom Pädagogischen Zentrum, Berlin

Lebensgemeinschaftsschule. Mitteilungsblatt der neuen Schulen in Deutschland. Hrsg. von Fritz Karsen, Langensalza 1924 - 1926

Mitteilungsblatt des Deutschen Philologenverbandes. Landesverband Berlin. West-Berlin

Die Neue Erziehung, Zeitschrift für entschiedene Schulreform und freiheitliche Schulpolitik. Zugleich Organ des Bundes Entschiedener Schulreform. Hrsg. von Baege und Kawerau, Berlin bzw. Jena 1919 - 1933

Die Neue Schule. Hrsg. von Karl Sothmann, Ost-Berlin, Leipzig, ab 1946; später "Die deutsche Schule" bzw. "Deutsche Lehrerzeitung". Organ des Ministeriums für Volksbildung und des Zentralvorstandes der Gewerkschaft Unterrricht und Erziehung (DDR), Leipzig ab 1953

Neue Deutsche Schule. Zeitschrift der GEW in NRW, Essen ab 1954

Neues Land. 1950

Niedersächsische Lehrerzeitung. Hrsg. vom Gesamtverband Niedersächsischer Lehrer (GNL). GEW im DGB. Hannover ab 1950

Die Pädagogische Provinz. (Hessen). Hrsg. von Franz Schramm, Frankfurt a.M., erschienen ab 1947

599

Pädagogische Rundschau. (NRW). Hrsg. von Joseph Antz und Bernhard Bergmann, Köln, später Ratingen, erschienen ab 1947

Pädagogische Welt. (Bayern). Monatszeitschrift für Erziehung, Bildung, Schule. Hrsg. von der Pädagogischen Stiftung Cassianeum, Donauwörth ab 1946

Schola. (Baden). Monatszeitschrift für Erziehung und Bildung, Offenburg ab 1945

Die Schule. Hannover 1947

Schule und Gegenwart. Hrsg. Bayerischer Lehrer- und Lehrerinnenverein, München ab 1949

Die Schulwarte. 1974

Spinnen-Hefte. Mitteilungsblätter, hrsg. von der AG-Spinnendifferenzierung (c/o Monika Rebitzki), Berlin 1989

Tagesspiegel. Berliner Tageszeitung. Hier: "Grundständige Gymnasien mit neuen Sprachen in Ost-Berlin", Berlin 17.4.1991 sowie Ausgaben vom 10.9.1992, 12.11.1992, 8.1.1993, 19.2.1993, 22.9.1993

die tageszeitung (taz). Tageszeitung. Ausgabe Berlin vom 20.2.1993,

VBE-Informationen. Mitteilungsblatt der Verband Bildung und Erziehung, Landesverband Berlin. West-Berlin

Westermanns Pädagogische Beiträge. Monatszeitschrift für Pädagogik. Braunschweig

3. Sonstige Materialien: Quellentexte, politische Vereinbarungen, Presseerklärungen, Statistiken, Einzelbroschüren, Mitschriften, Briefe, unveröffentlichte Arbeiten u.ä.:

Abschlußbericht der Arbeitsgruppe "Individualisierung des gymnasialen Bildungsganges" beim Senat der Stadt Berlin, Berlin 1992

Akten der Oberschulbehörde Hamburg, Staatsarchiv Hamburg, Vg.114b Bd.I

Antwort des Senats auf eine "Kleine Anfrage" (Nr.2775 15.9.92) des Abgeordneten Jürgen Kriebel (SPD) vom 27.10.1992.

Arbeitskreis "Sechsjährige Grundschule", 6 Jahre Grundschule in Mörfelden-Walldorf, maschinengeschriebene Materialsammlung mit einem Protokoll der Informationsveranstaltung des Arbeitskreises vom 24.10.1986, Mörfelden-Walldorf 1986

Baumgart, Stefan: Die Hamburger Lebensgemeinschaftsschulen. Geschichte und Praxis. Unveröffentlichte Pädagogische Hausarbeit, Universität Marburg 1988

Beschluß des Bezirkselternausschusses Wilmersdorf vom 16.12.1992

Beschluß der Gesamtkonferenz der Gerhart-Hauptmann-Schule in Alsfeld vom 21.6.1991

Beschreibung des Schulversuches sechsjährige Grundschule, (maschinengeschriebenes Manuskript zur Otto-Ubbelohde-Schule), Marburg April 1986

Bildung für die 90er Jahre. Wahlkampfbroschüre der Liste "DIE GRÜNEN/AL", Berlin 1990

Boer, Heike de: Das Problem der sechsjährigen Grundschule - Das Beispiel: Otto-Ubbelohde-Schule in Marburg. Unveröffentlichte wissenschaftliche Hausarbeit im Rahmen der Ersten Staatsprüfung für das Lehramt an Grundschulen, Gießen 1988

Brief des bildungspolitischen Sprechers der Landtagsfraktion der Grünen, Fritz Hertle, an die GEW in Marburg vom 11.3.1991

Brief des bildungspolitischen Sprechers der Landtagsfraktion der Grünen, Fritz Hertle, an die Ubbelohde-Schule vom 13.6.1993

Brief der Schulleitung der Ubbelohde-Schule vom 24.3.1993 an die Fraktion der Grünen im Hessischen Landtag

Bundesminister für Bildung und Wissenschaft: Grund- und Strukturdaten 1989/90, Bad Honnef 1989

CDU-Fraktion im Berliner Abgeordnetenhaus (Hrsg.): Die Starken fordern, die Schwachen fördern, CDU-Thesen zur Leistungsfähigkeit der Berliner Schule, Berlin, Juni 1993

Dröge, Uwe: Berichte im Rahmen der wissenschaftlichen Begleitung Nr.8, Projekt "Früher", (unveröffentlichtes Material der AG Pädagogische Beratung der Otto-Ubbelohde-Schule), Marburg, November 1989

Drucksache des Hessischen Landtags, I.Wahlperiode, Abt. I.B.1, No.155

Elschner-Heuberger, Christina (b): Berichte im Rahmen der wissenschaftlichen Begleitung Nr.5, Auswertung der bereits durchgeführten Elternbefragungen im 1., 5. und 6. Schuljahr an der Otto-Ubbelohde-Schule, (unveröffentlichtes Material der AG Pädagogische Beratung der Otto-Ubbelohde-Schule) Marburg, 30.11.1988

dies. (c): Berichte im Rahmen der wissenschaftlichen Begleitung Nr.6, Ergänzung der bereits durchgeführten Elternbefragungen durch Lehrerbefragungen, mit dem Ziel der Dokumentation des Schulversuchs aus unterschiedlichen Perspektiven, (unveröffentlichtes Material der AG Pädagogische Beratung der Otto-Ubbelohde-Schule) Marburg, 30.10.1989

dies. (d): Lehrerbefragung, mit dem Ziel der Dokumentation des Schulversuchs der Otto-Ubbelohde-Schule aus unterschiedlichen Perspektiven, Vorbereitungspapier für (c), unveröffentlichtes, maschinengeschriebenes Manuskript, Marburg, Juli 1989

dies. (e): unveröffentlichter Entwurf für den Materialienband Kubina, Christian: Die sechsjährige Grundschule in Marburg. (HIBS). Wiesbaden 1992. (Kap 7) Marburg 1991

Elternbrief der Otto-Ubbelohde-Schule, Schuljahr 1989/90, Informationsbroschüre, Marburg 1990

Eltern-info der Otto-Ubbelohde-Schule, Schuljahr 1991/92, Informationsbroschüre, Marburg, Februar 1992

Eltern-Information der Otto-Ubbelohde-Schule: OUS-Zeitung, Marburg, Februar 1993

Entwurf für den Materialienband von Kubina, Christian: Die sechsjährige Grundschule in Marburg. (HIBS). Wiesbaden 1992. Unveröffentlichte Manuskripte, 1991

Ergebnisse der Gespräche der Fraktionsvorsitzenden von CDU und SPD am Donnerstag, 18.Februar 1993, erhältlich in den Fraktionssekretariaten der beiden Parteien, West-Berlin

Förderverein Reformschule Wahlershausen (Hg.): Festschrift zur Eröffnung der Reformschule in Kassel Wilhelmshöhe/Wahlershausen, Kassel 1988

Genehmigungsschreiben des Hessischen Kultusminister und des Gießener Regierungspräsidenten für den Schulversuch "Sechsjährige Grundschule" an der Otto-Ubbelohde-Schule Marburg, datiert mit: "Wiesbaden, den 3.Juni 1986", "der Regierungspräsident in Gießen, 7.Juli 1986" und "Eingang Otto-Ubbelohde-Schule: 23.9.1986

GEW Bremen (Hg.): "Vier- oder sechsjährige Grundschule?" Broschüre von Jürgen Burger zur Vorbereitung der GEW-Tagung am 2./3.Juni 1994, Bremen 1994

Die Grünen - Landesverband Niedersachsen (Hg.): Auf dem Prüfstand: Erfahrungen und Perspektiven grüner Kinder-, Jugend- und Bildungspolitik, Bildungskongreß Lernen und Leben zwischen Individualität und Solidarität, Hannover, 6.2.1993

Hessischer Kultusminister (Hrsg.): Materialien über die höchstrichterliche Rechtsprechung zur hessischen Förderstufe, Hektogramm Wiesbaden, Januar 1985

Informationsschrift der Otto-Ubbelohde-Schule, Marburg o.J. (circa 1990)

Jahresbericht der Otto-Ubbelohde-Schule, Schuljahr 1992/93, (nicht zur Veröffentlichung freigegeben), Marburg 1993

Klafki, Wolfgang (c): Vorlesungsprotokolle: Grundzüge der Bildungspolitik und der Schulentwicklung seit 1945 in den Westzonen bzw. der Bundesrepublik, Marburg 1985

ders. (f): Gutachterliche Stellungnahme zum Antrag auf Genehmigung eines Schulversuchs: Errichtung einer sechsjährigen Grundschule an der Otto-Ubbelohde-Schule in Marburg, Marburg 14.4.86. In: Kubina, Christian (Hg.): Die sechsjährige Grundschule in Marburg. Zur Alltagspraxis eines Schulversuchs und zur Geschichte einer pädagogischen Idee. Hessisches Institut für Bildungsplanung und Schulentwicklung (HIBS), Materialien zur Schulentwicklung H.17, Wiesbaden 1992, S.123 - S.131

Klaßen, Theodor F. und Seyfahrt-Stubenrauch, Michael: Gutachterliche Stellungnahme zum Konzept "Sechsjährige Grundschule Bellersheim-Obbornhofen", Gießen, 13.7.1993

Koalitionsvereinbarung CDU/SPD, Berlin, Jan. 1991

Koalitionsvereinbarung zwischen SPD und Grünen in Hessen 1984 sowie 1991 (siehe auch: Vereinbarungen zur Koalition)

Kölle-Remer, Annemarie: Der Übergang von der OUS auf weiterführende Schulen; dargestellt anhand von Schüler- und Lehrermeinungen. Nicht zur Veröffentlichung freigegebener, im Rahmen der wissenschaftlichen Begleitung entstandener Bericht. Marburg, August 1993

Materialienbände der Initiative "SOS! Berliner Grundschule in Gefahr!": Stellungnahmen gegen die Aushöhlung und für die Weiterentwicklung der Berliner sechsjährigen Grundschule sowie Materialsammlung Oktober 1992, beide: Berlin 1992

Mitschrift des Berichts von Elschner-Heuberger u.a. über die Ubbelohde-Schule im Rahmen einer Veranstaltung des Hessischen Instituts für Lehrerfortbildung am 27.4.1992

Mitteilungen des Präsidenten des Abgeordnetenhauses Nr.40 betreffend kleine Anfrage Nr.282 vom Senat beantwortet am 19.10.1965

Niederschrift (eigene) der Abschlußdiskussion des Symposiums zum 40jährigen Bestehen der Berliner Grundschule am 26.8.1990 in Berlin

Niederschrift der Rede von Helmut Grothe auf dem Symposium zum 40jährigen Bestehen der Berliner Grundschule am 26.8.1990

OUS-Zeitung: Eltern-Information der Otto-Ubbelohde-Schule, Marburg, Februar 1993

Plan für den einheitlichen Aufbau des gesamten Erziehungswesens. Vom Vorstande des Sächsischen Lehrervereins den Bezirksvereinen zur Vorberatung für die Vertreterversammlung vorgelegt (1924). Abgedruckt in: Keim, Wolfgang (Hg.): Kursunterricht - Begründungen, Modelle, Erfahrungen, Darmstadt 1987, S.219 - S.226

Presseerklärung der Berliner SPD (Nr.332) vom 6.11.1992

Presseerklärung des Magistrats von Berlin und des Presse- und Informationsamtes des Landes Berlin vom 28.9.1990

Presseerklärungen der GEW Berlin vom 7.1., 16.2. und 19.2.1993

Reineking, Peter : Berichte im Rahmen der wissenschaftlichen Begleitung Nr.7, "Südviertel-Projekt", (unveröffentlichtes Material der AG Pädagogische Beratung der Otto-Ubbelohde-Schule), Marburg, Januar 1990

Riege, Jochen: Peter Petersen und Jena-Plan-Schule, unveröffentlichte Hausarbeit unter der Leitung von Prof. Klafki , Marburg 1986

Rundschreiben III Nr.96/1989 sowie VI Nr.17/1993 (vom 4.2.1993) der Senatsverwaltung für Schule, Berufsbildung und Sport

Schriftenreihe des Hessischen Kultusministeriums (Hg.): Im Gespräch 3, Erziehungswissenschaftler zum Schulgesetz, Wiesbaden, Mai 1992

Schulprogramm der CDU Berlin, Berlin 1990

Schulpolitik von A - Z. Broschüre der "ALTERNATIVEN LISTE", Berlin 1989

Schulzeitschrift der Albert-Schweitzer-Schule Frankfurt: "Pelikan Express", Heft 1 und 5, Frankfurt 1993

Sechsjährige Grundschule Bellersheim-Obbornhofen, unveröffentliches Schulkonzept für eine geplante sechsjährige Grundschule, Bellersheim-Obbornhofen 12.11.1992

Senator für Bildung und Wissenschaft Bremen: "Diskussions- und Planungsstand zur Umsetzung der Empfehlungen der Schulreform-Kommission. Unveröffentlichter Vorentwurf der Bremer Kultusbehörde vom November 1993

Senatsverwaltung für Schule, Berufsausbildung und Sport (Hg.): Amtliche Statistiken zu Übergängen im Berliner Schulwesen. Unveröffentlichtes statistisches Material. Berlin 1990

Ständige Konferenz der Kultusminister der Länder der Bundesrepublik Deutschland (KMK): Schulbesuch 1961 bis 1970 - Erster Bericht der Arbeitsgruppe für Fragen der Bedarfsfeststellung, o.O. 1965

Statistisches Bundesamt (Hg.): Fachserie A, Reihe 10, Wiesbaden, laufende Jahrgänge

Stenographische Berichte des Abgeordnetenhauses (West-Berlin) über die 75. und 76.Sitzung am 7/8.7.1966

Stenographische Berichte der Verhandlungen der verfassungsgebenden Nationalversammlung 1920 und des Verfassungsausschuß, Bd. 332 - 343, 1920

Stenographische Berichte über die Sitzungen der Bürgerschaft zu Hamburg, Hamburg 1949 - 1951

Stöppler, Ingo: Denkschrift zur Umgestaltung des Schulwesens in Alsfeld und der Region Alsfeld. Maschinengeschriebenes, unveröffentlichtes Skript. Alsfeld 5.4.1991

Teetz, Eva: Festrede zum 100jährigen Bestehen der Otto-Ubbelohde-Schule. Maschinengeschriebenes Manuskript. Marburg 1987

Vereinbarungen zur Koalition zwischen SPD und Grünen in Hessen 1984 sowie 1991, zu beziehen bei den jeweiligen Landesgeschäftsstellen in Wiesbaden

Volkholz, Sybille: Zum 40jährigen Bestehen der Berliner Grundschule. Niederschrift der Rede von Frau Volkholz, gehalten auf dem Symposium zum 40jährigen Bestehen der Berliner Grundschule am 26.8.1990

daneben diverse Briefe von Berliner Persönlichkeiten und Hessischen Grundschulleitungen an den Verfasser

Anlage:

Fragebogen zur Berliner Grundschule:

Die Angaben sind datenrechtlich geschützt. Auf Wunsch erhalten Sie die Auswertung der Ergebnisse.

---

1) Meines Erachtens sollte die **Grundschule** ☐ Jahre **dauern** und pädagogisch stärker ausgerichtet sein auf:_____

---

2) Der gemeinsame Unterricht von Kindern unterschiedlicher Leistungsfähigkeit in Klasse 5 und 6:
führt in den meisten Fällen zur gegenseitigen **Anregung** der Kinder: ○
hemmt überwiegend die Leistungsstärkeren: ○
frustriert meist die Leistungsschwächeren: ○

3) In Klasse 5 und 6   halte ich für sinnvoll: führen wir durch:
keine Leistungsdifferenzierung: ○   ○
eine **Binnen**differenzierung: ○   ○
eine **äußere** Differenzierung
in Leistungsgruppen: ○   ○
– in den Fächern:_____ _____

4) Zum Besuch eines **grundständigen** Gymnasiums verlassen unsere Grundschule nach Kl. 4 etwa ☐ % (bzw. von durchschnittlich ☐ Kindern etwa ☐ Kinder).

5) Ein **Auslesedruck** und die Anforderungen des Gymnasiums wirken in unsere Grundschule zurück:
ja, bis in die Klasse: ☐   nein bzw. kaum: ○

6) Durchschnittlich **empfehlen** wir in Kl.6:   wechseln **tatsächlich:**
     zur Gesamtschule: ☐ %
zur O.Hauptsch.: ☐ %   zur O.Hauptsch.: ☐ %
zur O.Realsch.: ☐ %   zur O.Realsch.: ☐ %
zur O.Gymnasium: ☐ %   zur O.Gymnasium ☐ %

7) Eine die Empfehlung zur Oberschule entscheidend beeinflussende **Veränderung** der Leistungsentwicklung von **Klasse 4** zu **Klasse 6**:
– ist kaum zu beobachten bei etwa ☐ Kindern pro Jahrgang.
– in Richtung auf Schulen mit höherem kognitiven Anspruchsniveau,
     ist wohl zu beobachten bei etwa ☐ Kindern pro Jahrgang.
– in Richtung auf Schulen mit niedrigerem kognitiven Anspruchsniveau,
     ist wohl zu beobachten bei etwa ☐ Kindern pro Jahrgang.

siehe Rückseite!!!

8) Die **Bedingungen** unserer Schule (Klassenfrequenzen, Aussiedlerquote usw.) sind eher:

günstig: ○   durchschnittlich: ○   ungünstig: ○

Von der **sozialen Herkunft** sind unsere Kinder eher:

privilegiert: ○   durchschnittlich: ○   unterprivilegiert: ○

9) Die **pädagogische Gestalt** der spezifischen Schulwirklichkeit unserer Grundschule läßt sich am besten mit folgenden Stichworten umschreiben (auf Wunsch ankreuzen der nachfolgenden Stichworte möglich):_____

_____

_____

_____

(Eingangsstufe○ Ganztagschule○ Frühbetreuung/veränd. Zeitstruktur○ Fördermaßnahmen für Leistungsschwache○ bzw. Leistungsstarke○ 1.Fremdspr. Latein○ bzw. Französisch○ Frühbeginn Engl. oder Frz.○ Vorbereitung auf Gymn.○ musischkünstl. Bildung○ sportbetonte Züge○ Projektarbeit○ Binnendifferenzierung○ Wochenplan/freie Arbeit○ jahrgangsübergreifendes Lernen○ fachübergreif. Unterricht in 5 und 6○ Beobachtungsklassen○ Ausweitung der verbalen Beurteilung○ Integration Behinderter○ Stadtteilorientierung○ Elternarbeit/Schulgemeinde ○ Förderung und Integration der Kinder von Eltern ausländischer Herkunft ○)

10) Von circa   Lehrpersonen unserer Schule haben ihren Unterricht durch **reformpädagogische** Methoden (z.B. Wochenplan) entscheidend umorganisiert: ▢ Ggf. Kommentar:_____

Ihr Anteil ist: steigend: ○   gleichbleibend: ○   fallend: ○
Sie arbeiten damit vorwiegend in den Klassen: 1-2: ○   3-4: ○   5-6: ○

11) Die größten **Probleme** unserer Grundschule sind:_____

_____

_____

Die größten **Erfolge** sind:_____

_____

_____

Ggf. weitere Ausführungen, Begründungen, Hinweise, Meinungen zur Grundschuldauer in Lehrer- und Elternschaft:

Schülerinterviews

1   Warum bist du auf der Otto-Ubbelohde-Schule geblieben?
     (Elterneinfluß/eigene Entscheidung?)

2   Glaubst du, die Otto-Ubbelohde-Schule ist anders als andere
     Schulen? Was ist besonders?

Ihr bekommt jede Woche einen Wochenarbeitsplan, der einen Pflicht- und
einen freiwilligen Anteil enthält.

3   Wie kommst du damit zurecht?
3.1 Schaffst du die Aufgaben innerhalb einer Woche?
3.2 Gelingt es dir, Zeit und Arbeit einzuteilen?
3.3 Kommst du noch zu den freiwilligen Aufgaben?

4   Wie gefällt dir der fächerübergreifende, themenorientierte Unter-
     richt, in dem z.B. das Thema "Indianer" aus der Sicht verschiedener
     Fächer behandelt wird?

5   Magst du es lieber, wenn der Lehrer/die Lehrerin im Unterricht
     Fragen stellt, die ihr beantworten sollt oder arbeitest du lieber in
     Gruppen zu zweit, viert etc.?

6   Gefällt dir das offene Angebot?
6.1 Wie fühlst du dich als Älteste/r?
6.2 Arbeitest du gern mit jüngeren Schülern zusammen?

Ihr seid eine ziemlich kleine und überschaubare Klasse und kennt euch
schon sehr lange.

7   Könnt ihr euch die Meinung sagen?
7.1 Wie findest du die Streitstunde?
7.2 Wie empfindest du eure Umgangsweise untereinander?
7.3 Habt ihr Cliquen in der Klasse, feste oder wechselnde Freundschaf-
     ten?

8   Hast du das Gefühl eine bestimmte Rolle in der Klasse zu haben?
8.1 Fühlst du dich wohl darin?
8.2 Möchtest du sie ändern?

9 Kannst du in der Streitstunde z.B. auch Kritik am Unterricht
  einbringen und Verbesserungsvorschläge machen?
9.1 Werden deine Ideen und Vorschläge im Unterricht berücksichtigt?
9.2 Meinst du, deinen Lehrern/innen ist wichtig, was du denkst?
9.3 Kannst du offen sagen, was du denkst?
9.4 Kannst du alles fragen?
9.5 Kannst du dich absetzen?

10 Wie kommst du mit deinen Lehrern/innen zurecht?

11 Welche Stellung nehmen für dich Noten ein?
11.1 Setzst du positive und negative Leistungen mit Noten gleich?
    Glaubst du, Noten erfassen alle Leistungen, die in der Klasse er-
    bracht werden? Sind sie gerecht?
11.2 Gibt es einen Zusammenhang zwischen Leistungen und Freundschaf-
    ten, daß z.B. "gute" Schüler am liebsten zusammen sitzen und ar-
    beiten?
11.3 Findest du es gut, daß demnächst alle guten Schüler in eine Schule
    gehen, bzw. alle schlechten auch in eine?
11.4 Sind eure Leistungen, die ihr schafft, in der Klasse sehr unter-
    schiedlich?
    Wie schätzt du deine eigene ein?

12 Bist du gerne auf die Otto-Ubbelohde-Schule gegangen?
12.1 Bedauerst du, daß die Klasse bald auseinandergeht?
12.2 Was hat dir am besten gefallen?
    Gibt es etwas, was dir nicht gefallen hat?
    Was möchtest du verändern?

Schriftliche Befragung des Kollegiums der Otto-Ubbelohde Schule durch Heike de Boer und Jochen Riege

Liebe Lehrerinnen und Lehrer der Otto-Ubbelohde Schule,

vorweg bedanken wir uns für Ihre Bereitschaft, diesen Fragebogen auszufüllen. Falls Ihnen Fragen nicht gefallen oder die Beantwortung zu viel Zeit in Anspruch nimmt, wählen Sie die für Sie wichtigsten Fragen aus. Für weitere Ergänzungen sind wir dankbar. Bitte benutzen Sie für Ihre Antworten gesonderte Blätter und notieren Sie zu jeder Antwort die dazugehörige Nummer der Frage.

I Bezug zum Schulversuch

1. Wie ist aus Ihrer Sicht die Initiierung und Durchsetzung des Versuchs sechsjährige Grundschule verlaufen?

2. Welchen Einfluß haben Sie auf die inhaltliche Gestaltung des Schulversuchs?

3. Welche Rolle spielen nach Ihrer Ansicht bildungspolitische und welche pädagogische Gesichtspunkte bei dem Schulversuch?

4. Durch welche Besonderheiten zeichnet sich der Schulversuch Ihrer Meinung nach aus?

II Lehrerinnen/Lehrer-Bezug zu veränderten Unterrichtsmethoden

1. Mit welchen Methoden, in welcher Art unterrichten Sie persönlich am liebsten und warum?

2. Hat sich der von Ihnen zu leistende Arbeits- und Zeitaufwand durch den Versuchsstatus geändert, und wird das entsprechend vergütet?

3. Was hilft Ihnen bei der Arbeit, was hemmt? (Erhalten Sie z.B. Anregungen oder Materialien für differenzierende Maßnahmen im Unterricht?)

4. Wie empfinden Sie die Situation, durch den Schulversuch dem ständigen Interresse der Öffentlichkeit ausgesetzt zu sein?

III Wirkung der veränderten Unterrichtsmethoden und der verlängerten Grundschulzeit auf die Schüler

1. Welche Veränderungen durch den Schulversuch beobachten Sie an den Schülerinnen und Schülern, und worin liegt die Ursache dieser Veränderungen bzw. welche Auswirkungen haben bestimmte Teilaspekte des Schulversuchs?

a) Wochenplanarbeit/freie Arbeit

b) fächerübergreifender Unterricht

c) jahrgangsübergreifender Unterricht

d) längere Grundschulzeit

2. Welche Unterrichtsmethoden bevorzugen die Schülerinnen/Schüler Ihrer Meinung nach?

3. Welche Mit- und Selbstbestimmungsmöglichkeiten haben die Schülerinnen/Schüler? Wie kommen Sie damit zurecht? Wie sind diese gegebenenfalls ausweitbar?

4. Was hat die Schüler-Lehrerbeziehung verändert?

5. Spielen Leistungsunterschiede in Freundschaftsbeziehungen unter den Kindern und in ihrer Bereitschaft zusammenzuarbeiten eine Rolle?

6. Welche Vor- und Nachteile hat die Fortsetzung der heterogenen Leistungszusammensetzung in den Klassen 5 und 6 (z.B. Frustrationen von vornehmlich leistungsschwächeren Schülern, Unterforderung von leistunggsstärkeren, Rollenfestschreibungen, gegenseitige Anregungen)?

IV Notengebung

1. Empfinden Sie das Unterrichtskonzept der Schule als im Widerspruch zur Notengebung stehend?

2. Sehen Sie eine Möglichkeit, die Leistungen von Schülern/Schülerinnen in einer anderen Form als in Noten erfassen zu können?

3. Welche Schwierigkeiten könnten Ihrer Meinung nach bei einem Verzicht auf Noten auftreten?

V Lehrerrolle und Kollegium

1. Inwieweit hat sich die Lehrerrolle verändert?

2. Hat der Schulversuch das Klima innerhalb des Kollegiums beeinflußt?

VI Elternbeteiligung und Elternvorstellungen

1. Kommt es zu Kollisionen zwischen Ihren Erziehungsvorstellungen und denen mancher Eltern? Wie gehen Sie damit um?

2. Wie stehen Sie zur Elternmitarbeit, und wie stellen Sie sie sich optimal vor? Wie verläuft sie in der Praxis?

3. Deckt sich das individuelle Interesse jedes Elternteils, für sein eigenes Kind das Beste zu wollen, mit dem Gesamtinteresse der ganzen Klasse?

VII Einschätzung des Schulversuchs

1. Wie stehen Sie heute nach zweijähriger Erfahrung zum Schulversuch? Müssen Ihrer Meinung nach Änderungen vorgenommen werden?

2. Von welchen Faktoren hängt Ihrer Meinung nach die Qualität des Schulversuchs ab (von der Schülerzahl und Klassengröße, vom kontinuierlichen sechsjährigen Lernprozeß, von der Elternmitarbeit, von den Lehrerpersönlichkeiten und Ihrem persönlichen Engagement, von den Unterrichtsmethoden...)?

3. Wie schätzen Sie die bildungspolitische und pädagogische Stellung des Schulversuchs ein, und welche Konsequenzen sollten daraus gezogen werden (z.B. Übertragbarkeit)?

4. Wäre eine Verlängerung des Schulversuchs bis Klasse 10 sinnvoll und durchsetzbar?

5. Mit welcher Zukunftserwartung betrachten Sie den Schulversuch?

Wochenplan der Klasse 6 der Otto-Ubbelohde-Schule für die Woche vom 7.-11.3.88

	Montag	Dienstag	Mittwoch	Donnerstag	Freitag
1	*Wochenplan-Besprechung*	Englisch	offenes	Englisch	Englisch
2	*Übungsdiktat*	Religion	Angebot	*Deutsch*	*Deutsch* Erg. Wo.plan
3	Sport	*Deutsch*	Kunst	*Freie Arbeit*	Gesellsch.l./ Streitstunde
4	Sport	*Gesellschaftslehre*	Englisch	Mathematik	Mathematik
5	Deutsch 2 Gruppen	Mathematik	*Gesellschaftslehre*	Naturwissenschaften	Polytechnik
6	-	Kunst	Mathematik	Naturw.	Polytechnik

Thema: Indianer (kursiv, d.V.)

Pflichtaufgaben	freiwillige Aufgaben
- Lies das 3. und 4.Kapitel von Blauvogel	- Wähle weitere Arbeitsaufträge vom grünen Brett aus
- Wähle aus und bearbeite mindestens 2 der Arbeitsaufträge, die am grünen Brett hängen	- Male eine große Amerika-Karte für unsere Klasse
	- Englisch-Kartei
- Beschrifte das Arbeitsblatt 'Amerika' mit Hilfe des Atlas	- Deutsch-Kartei
	- Englisch-Lernkiste
	- UDIS
- Bearbeite deine Rechtschreibkartei (2x)	- Brief an Andreas
	-

Englisch:
- Partnerdiktat 'Mini Model Text' S.76
- Schreibe einen Text: 'Dear World' (vgl. S.77)

STUDIEN ZUR BILDUNGSREFORM

Herausgeber: Wolfgang Keim

Band 22 Inge Hansen-Schaberg: Minna Specht – Eine Sozialistin in der Landerziehungsheimbewegung (1918-1951). Untersuchung zur pädagogischen Biographie einer Reformpädagogin. 1992.

Band 23 Ulrich Schwerdt: Martin Luserke (1880 - 1968). Reformpädagogik im Spannungsfeld von pädagogischer Innovation und kulturkritischer Ideologie. 1993.

Band 24 Kurt Beutler: Geisteswissenschaftliche Pädagogik zwischen Politisierung und Militarisierung – Erich Weniger. 1995.

Band 25 Barbara Siemsen: Der andere Weniger. Eine Untersuchung zu Erich Wenigers kaum beachteten Schriften. 1995.

Band 26 Charlotte Heckmann: Begleiten und Vertrauen. Pädagogische Erfahrungen im Exil 1934 - 1946. Herausgegeben und kommentiert von Inge Hansen-Schaberg und Bruno Schonig. 1995.

Band 27 Jochen Riege: Die sechsjährige Grundschule. Geschichtliche Entwicklung und gegenwärtige Gestalt aus pädagogischer und politischer Perspektive. 1995.

Erika Fischer

Grundschule heute
Impulse für eine reformorientierte Weiterentwicklung
der Grundschule – Aufsatzsammlung

Frankfurt/M., Berlin, Bern, New York, Paris, Wien, 1993. 289 S., 14 Abb.
Europäische Hochschulschriften: Reihe 11, Pädagogik. Bd. 546
ISBN 3-631-46111-9   br. DM 84.--*

Die Erkenntnis, daß Kinder heute unter Umweltbedingungen leben, die ihre psychische und physische Konstitution beeinträchtigen, fordert die Grundschule heute in hohem Maße heraus, durch besondere Unterrichtsangebote dem entgegenzuwirken. Die didaktischen Unterrichtskonzepte der 80er Jahre haben ihren Ursprung zum Teil in der reformpädagogischen Tradition und beinhalten wichtige Grundsätze wie freie Arbeit, Selbständigkeit durch Selbsttätigkeit, ganzheitliches Lernen etc. Diese Aufsatzsammlung soll einen Beitrag leisten für konstruktive Diskussionen in Theorie und Praxis.
Aus dem Inhalt: Offener Unterricht · Handlungsorientierung · Differenzierung · Integration · Integration von Erziehung und Unterricht · Geschlechtsspezifische Erziehung · Montessori

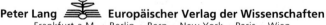

Peter Lang ≋ **Europäischer Verlag der Wissenschaften**
Frankfurt a.M. • Berlin • Bern • New York • Paris • Wien
Auslieferung: Verlag Peter Lang AG, Jupiterstr. 15, CH-3000 Bern 15
Telefon (004131) 9402121, Telefax (004131) 9402131
- Preisänderungen vorbehalten - *inklusive Mehrwertsteuer